谨以此书献给

为贵州高速公路发展事业作出贡献的决策者、建设者、管理者

图1　2001年11月，时任交通部部长黄镇东（前排右二）在省领导陪同下调研西南出海通道辅助通道大纳公路时，受到当地群众的热烈欢迎

图2 1988年12月21日，交通厅厅长杨守岳（前排右三）、总工程师邓时恩（前排左二）在贵黄公路建设现场向分管省领导汇报工程进展情况

Record of Expressway Construction in
—— Guizhou ——

图1　2001年11月，时任交通部部长黄镇东（前排右二）在省领导陪同下调研西南出海通道辅助通道大纳公路时，受到当地群众的热烈欢迎

图2　1988年12月21日，交通厅厅长杨守岳（前排右三）、总工程师邓时恩（前排左二）在贵黄公路建设现场向分管省领导汇报工程进展情况

图3 2009年12月7日,省交通运输厅党委书记彭伯元(前右一)在坝陵河大桥工地调研听取汇报

图4 2013年5月，省交通运输厅厅长陈志刚（中）在银百高速公路贵州境贵阳至瓮安段建中隧道检查指导工作

Record of Expressway Construction in
Guizhou

图3 2009年12月7日，省交通运输厅党委书记彭伯元（前右一）在坝陵河大桥工地调研听取汇报

图4 2013年5月，省交通运输厅厅长陈志刚（中）在银百高速公路贵州境贵阳至瓮安段建中隧道检查指导工作

图5 2015年4月21日，交通运输厅厅长王秉清（左二）到高速公路建设工地调研督导

图6 贵阳至黄果树汽车专用公路（贵州省第一条高等级公路）

图7 沪昆高速公路贵州境清镇至镇宁段安顺南互通

图8 都香高速公路贵州境六盘水至六枝段

图9 厦蓉高速公路贵州境贵阳至都匀段

图10 杭瑞高速公路贵州境大兴至思南段

图11 厦蓉高速公路贵州境水口至格龙段

Record of Expressway Construction in
Guizhou

图12 银百高速公路贵州境惠水至罗甸段

图13 沪昆高速公路贵州境凯里至麻江段
（贵州省第一条按高速公路标准设计的公路）

图14 贵阳绕城高速公路西南段牛郎关枢纽互通（贵州省规模最大的枢纽互通）

图15 惠水至兴仁高速公路

图16　松桃至铜仁高速公路

图17　凯里至羊甲高速公路

贵州
高速公路建设实录

图18 银百高速公路贵州境贵阳至瓮安段清水河大桥（主跨1130m）

图19 银百高速公路贵州境福寿场至和溪段芙蓉江大桥

图20 沪昆高速公路贵州境镇宁至胜境关段坝陵河大桥（主跨 1088m）

图21 沪昆高速公路贵州境清镇至镇宁段红枫湖大桥

图22 贵阳至黔西高速公路鸭池河大桥（主跨 800m）

图23 杭瑞高速公路贵州境毕节至都格段北盘江大桥（桥高 565m）

图24 杭瑞高速公路贵州境毕节至都格段总溪河大桥

图25 汕昆高速公路贵州境板坝至江底段马岭河大桥

图26 毕节至威宁高速公路赫章大桥（墩高 195m）

图27 六盘水至盘县高速公路北盘江大桥（主跨290m）

图28 黔西至织金高速公路六冲河大桥

图29 息烽至黔西高速公路六广河大桥

图30 望谟至安龙高速公路北盘江大桥

图31 贵阳市环城高速公路南环线花溪大桥

图32 思南至剑河高速公路木蓬大桥（主拱圈采用悬臂浇筑工艺）

图33　沪昆高速公路贵州境凯里至麻江段老猫冲隧道

图34　兰海高速公路贵州境崇溪河至遵义段凉风垭隧道

图35　厦蓉高速公路贵州境水口至格龙段肇兴隧道

图36 六盘水至盘县高速公路松河隧道
（左幅4760m、右幅4722m）

图37 六盘水至盘县高速公路发耳隧道
（瓦斯浓度和穿越煤层数在国内公路隧道中极为罕见）

图38 沪昆高速公路贵州境镇宁至胜境关段晴隆隧道

Record of Expressway Construction in
Guizhou

图39
杭瑞高速公路贵州境遵义至毕节段水洋湾服务区

图40
兰海高速公路贵州境贵阳至遵义段久长服务区

图41
杭瑞高速公路贵州境大兴至思南段向阳服务区

图42 银百高速公路贵州境流河渡至陆家寨段湄潭东服务区

图43 银百高速公路贵州境贵阳至惠水段惠水服务区

图44　兰海高速公路贵州境贵阳至新寨段贵阳东收费站

图45　兰海高速公路贵州境崇溪河至遵义段遵义收费站

图46　蓉遵高速公路赤水至仁怀段茅台收费站

图47　杭瑞高速公路贵州境大兴至思南段大兴收费站

图48　厦蓉高速公路贵州境格龙至都匀段丹寨收费站

图49　凯里至雷山高速公路西江收费站

图50 杭瑞高速公路贵州境大兴至思南段梵净山东收费站

图51 凯里至羊甲高速公路凯里东收费站

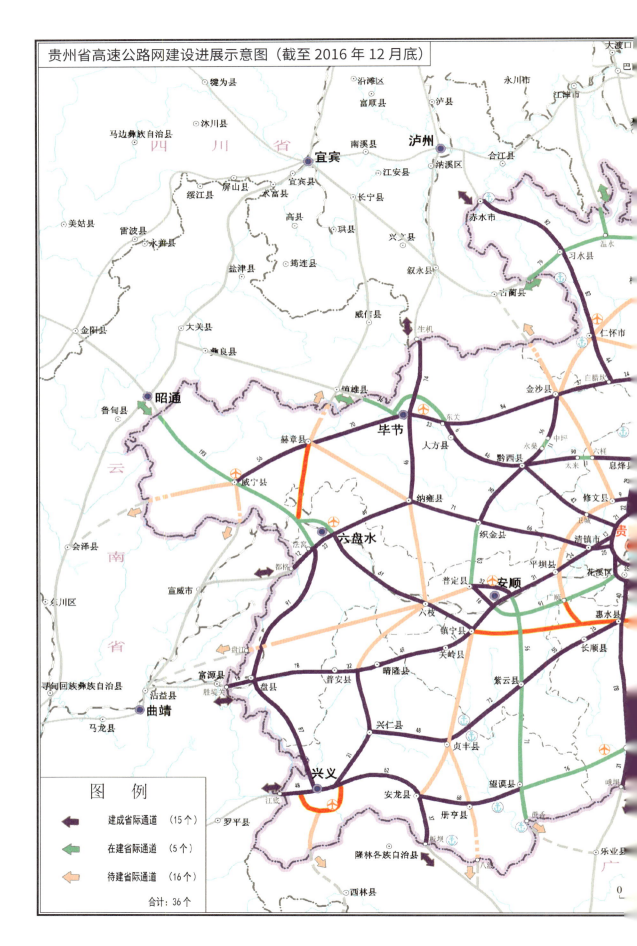

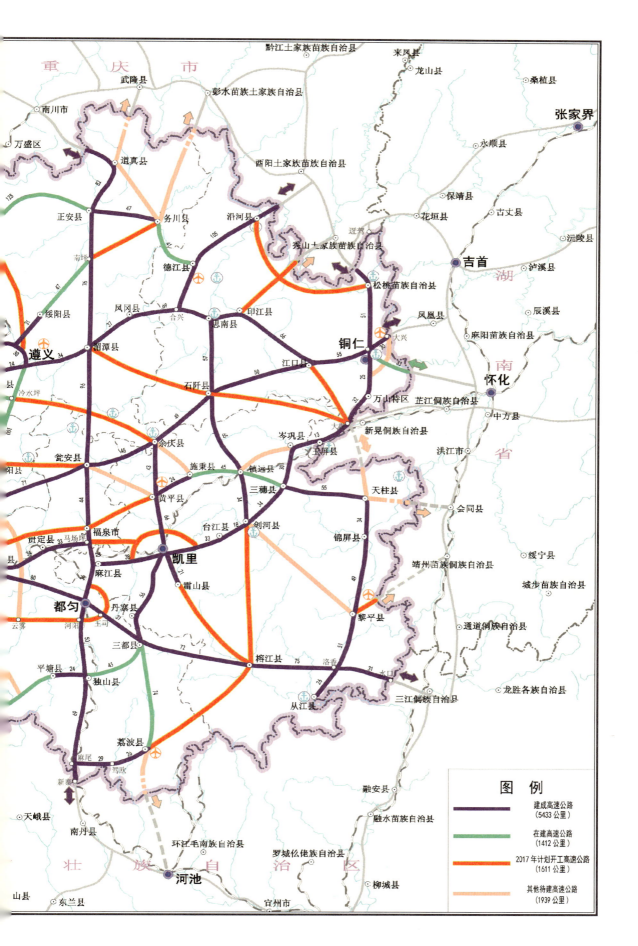

"十三五"国家重点图书出版规划项目

中国高速公路建设实录

Record of Expressway Construction in
Guizhou

贵州高速公路建设实录

贵州省交通运输厅

China Communications Press Co.,Ltd.

内 容 提 要

本书是《中国高速公路建设实录》系列丛书之贵州卷,内容分为6章,包括贵州高速公路建设发展历程、综合交通运输与贵州经济社会发展、高速公路建设与运营管理、高速公路科研与技术运用、高速公路文化建设、贵州高速公路,以及贵州高等级高速公路建设大事记(1986—2016年)、贵州省高速公路项目表(国家高速公路项目)两个附录。

本书全面系统总结了贵州高速公路建设发展成就,详细记述了高速公路建设过程中的管理经验、科技创新、文化传承以及项目建设实情,具有很强的史料价值。本书可供交通运输建设行业相关人员阅读、学习与查询参考。

图书在版编目(CIP)数据

贵州高速公路建设实录 / 贵州省交通运输厅组织编写. — 北京:人民交通出版社股份有限公司,2018.9
 ISBN 978-7-114-14165-2

Ⅰ.①贵… Ⅱ.①贵… Ⅲ.①高速公路—道路建设—贵州 Ⅳ.①U412.36

中国版本图书馆 CIP 数据核字(2017)第 224701 号

"十三五"国家重点图书出版规划项目
中国高速公路建设实录

书　　名:	贵州高速公路建设实录
著　作　者:	贵州省交通运输厅
责任编辑:	刘永超　周　宇　牛家鸣
责任校对:	孙国靖　尹　静
责任印制:	张　凯
出版发行:	人民交通出版社股份有限公司
地　　址:	(100011)北京市朝阳区安定门外外馆斜街3号
网　　址:	http://www.ccpress.com.cn
销售电话:	(010)59757973
总 经 销:	人民交通出版社股份有限公司发行部
经　　销:	各地新华书店
印　　刷:	北京雅昌艺术印刷有限公司
开　　本:	787×1092　1/16
印　　张:	67.25
字　　数:	1300 千
版　　次:	2018 年 9 月　第 1 版
印　　次:	2018 年 9 月　第 1 次印刷
书　　号:	ISBN 978-7-114-14165-2
定　　价:	450.00 元

(有印刷、装订质量问题的图书由本公司负责调换)

《贵州高速公路建设实录》
编审委员会

主　任：王秉清　高卫东

副主任：章征宇　潘　海　任　仁　汪金育
　　　　姚　磊

委　员：龙平江　方志江　康厚荣　丁　振
　　　　周权茂　王宜治　廖正海　林　松
　　　　李世凡　唐晓敢　文永生　袁金富
　　　　刘金坤　徐仕江　丁志勇　谢建平
　　　　李黔刚

顾　问：杨守岳　彭伯元　许德友　肖泽章
　　　　何宗华

《贵州高速公路建设实录》
编纂工作委员会

主　　任：潘　海
副 主 任：龙平江　吴　俊　粟周瑜　马显红
　　　　　　陈圣唐
委　　员：张晓忠　姜　凯　熊　文　董　亮
　　　　　　刘金坤　杨　俊　张　恒　傅忠模
　　　　　　陈志宏　孙德彬　姚　进　张胜利
　　　　　　王铁红　郭伍军　马　涛　鲜峻岭
　　　　　　孙胜海　郑　鸿

主　　编：潘　海
副 主 编：张晓忠
执行主编：孟昭华
编　　辑：郭国华　杨　逊　吴大鸿　张鹤然
　　　　　　肖龙平　张天余

序
Preface

贵州,自古有"八山一水一分田"之说,境内山高谷深,沟壑纵横,山地丘陵占全省总面积的93%,特殊的地形地貌决定了贵州交通发展的复杂性和艰巨性,历代仁人志士不屈不挠奋斗与开拓,没有从根本上改变贵州封闭、半封闭的交通状况。贵州的疆域开发史以及贵州的经济社会发展史综合起来可称之为贵州交通变革史。

中共十一届三中全会明确了解放思想、实事求是的思想路线,作出了改革开放的战略决策,给贵州交通发展注入了强大的动力。贵州交通改革开放以来,经历了指导思想、发展方式的不断调整、丰富和完善,感受了生产力水平和科学技术进步带来的强大动力,体会了交通发展对经济社会进步作出的巨大贡献,跨过了改革开放过程中出现的困难和阵痛,走上了快速协调可持续发展的科学发展道路。

1986年8月15日,贵阳至黄果树汽车专用公路的开工建设,拉开了贵州高等级公路建设的帷幕,标志着贵州交通发展一个新的时期的来临。1998年,国家开始实施西部大开发战略,给贵州带来了难得的发展机遇,国家有关部委在政策上、资金上向西部地区倾斜,交通部加大了对贵州的帮扶力度,贵州省委、省政府提出坚持把以公路为重点的交通基础设施建设摆在经济社会发展的当务之急和重中之重,银行等金融组织积极支持交通建设。由此,贵州的重点公路建设速度全面加快,高等级公路建设充分利用"贷款修路、收费还贷、滚动发展"政策加快建设步伐,国家补助资金和省财政投入资金使用效益得到极大发挥,贵阳至新寨、贵阳至毕节、凯里至麻江等高速、高等级公路相继建成通车,玉屏至铜仁、关岭至兴义、镇宁至水城、清镇至黄果树等一批高速、高等级公路开工建设。依托国道主干线经过贵州省境内路段,贵州省提出了构建"二横二纵四联线"高等级公路骨架体系的发展目标,该规划的出台,为贵州一段时期内加快高速、高等级公路建设,明确了发展目标和方向。2008年,贵州对全省高速公路网规划进行修编,并经省委、省政府决定,省级财政以当年10亿元为基数、每年递增10%专项用于省级高速公路资本金。2009年2月14日,贵州省人民政府批复《贵州省高速公路网规划(2008—2030)》,提出用10年时间实现全省所有县市通高速。

随着国家新一轮西部大开发、"一带一路"和长江经济带等战略的实施,贵州省委、省政府坚持交通优先发展战略,在国家发展改革委、交通运输部等有关部委支持下,举全省之力发展交通基础设施建设。一系列贵州高速公路建设标志性事件如串串珠玑绚丽多彩,充分展示了贵州高速公路建设发展历程。

2009年1月18日,石阡县经镇远县至剑河县高速公路开工,贵州"县县通高速"交通发展战略正式启动。

2009年12月,国内跨度最大的钢桁加劲梁悬索桥贵州省镇宁至胜境关高速公路坝陵河大桥竣工。

2010年11月18日,贵州省依靠省、地共同组建的高速公路融资平台建设的第一条高速公路三穗至黎平高速公路开工。

2011年4月,贵州省创新采用"BOT"投资模式建设的首条高速公路贵阳至都匀高速公路全线通车试运营。

2013年4月18日,贵州高速公路招商引资推介会暨签约仪式在贵阳举行。这是贵州省首次将高速公路待建项目进行集中招商。

2014年11月25日,环贵州高速公路(南部三州段)开工仪式在独山县举行。

2015年9月26日,贵州省最大跨径桥梁、单跨钢桁梁的长度时为世界山区钢桁梁悬索桥的第一位、高度为世界第二高桥的贵瓮高速公路清水河大桥顺利合龙。

2015年12月31日,贵州提前3年实现县县通高速公路目标。

2016年7月,800米主跨径世界第一跨径的钢桁梁斜拉桥贵阳至黔西高速公路鸭池河特大桥建成通车。

2016年12月29日,桥面距水面达565米世界第一高桥杭瑞高速毕都高速北盘江特大桥建成通车。

2016年,贵州高速公路完成投资887亿元,投资额居全国第一位。全年在建高速公路项目22个1412公里,新建成8个305公里,至2016年底全省高速公路通车里程达5433公里。

2016年,贵州实现货物周转量873.23亿吨公里,增幅居全国第一。

贵州高速公路建设的迅猛推进,有力助推了全省经济社会快速发展。贵州省连续6年GDP增速居全国前三位,5年来共减少贫困人口656万人,全面建成小康社会指数提高到82%左右,35个贫困县、744个贫困乡镇摘帽,贫困发生率下降到14.3%。全省高速公路已连接70多个国家级、省级风景名胜区,所有的5A级和主要的3A、4A级以上景区可实现30分钟进入高速公路系统。2016年全省接待游客5.31亿人次、旅游总收入5027.54亿元,同比分别增长41.2%、43.1%,实现了井喷式增长,"通道效应"在旅游行业得以迅速释放。

正是因为有了高速公路的外联内通,交通成为老百姓获得感最多的行业,贵州正在撕掉贫困的标签,贴上靓丽的名片,为全省决胜脱贫攻坚、同步全面小康,开创百姓富生态美的多彩贵州新未来提供了强有力的交通运输保障。

30年的贵州高等级、高速公路发展历程,是一座不朽的丰碑,关心和支持及贵州交通基础设施建设者的伟绩镌刻其上。愿《实录》在我们心中永恒并激励和昭示后来者!

贵州省交通运输厅党委书记、厅长

2018年9月

前言
Foreword

2014年11月底,根据《交通运输部关于编撰〈中国高速公路建设实录〉的通知》精神,贵州省交通运输厅分管副厅长率厅基本建设管理处、史志办有关人员赴京参加了《中国高速公路建设实录》启动大会。会后厅党委听取了汇报并进行研究,成立了以厅主要领导为主任委员的贵州省高速公路建设实录编审委员会和以分管副厅长为主任委员的贵州省高速公路建设实录编纂委员会,由厅建管处牵头,以厅史志办为基础组建了编辑部,充实了编写人员。2015年2月初,厅召开《贵州高速公路建设实录》(以下简称《实录》)编纂工作启动大会,明确了责任分工,落实了责任主体。会议讨论通过了编写大纲,同时对编写工作安排部署,建立了编纂工作机制。会后向各有关单位下发了《贵州省交通运输厅关于编纂〈贵州高速公路建设实录〉的通知》,明确了编纂工作组织机构,对工作内容、时间节点及相关要求予以明确。

《实录》编纂工作启动后,厅党委高度重视该项工作,截至2017年7月,先后8次召开专题督导会,即便是班子成员变化,厅党委对《实录》的关注仍一如既往,从未松懈。《实录》参编单位近30家,参编人员百余人,其中不乏贵州交通系统的老领导、老专家和众多一线高速公路建设者。在此,向致力于《实录》编纂工作的参编人员致敬!

《实录》如实记载了1986—2016年贵州高速公路从"零"起步到5434公里的沧桑巨变,其中折射着党中央、国务院、国家有关部委和历届省委、省政府对交通的高度重视,更蕴含着高速公路建设者和管理者不畏艰辛、攻坚克难、与时俱进、开拓创新的实践。正是那些无数的高速公路建设者和管理者,创造了贵州交通建设后发赶超的时代奇迹和山区修建高速公路的"贵州速度"。

《实录》为贵州交通讴歌,为改革开放礼赞,倘能在存史、资政、育人方面有所裨益,实乃编撰《实录》之初衷,也是编纂者的心愿。30年过去,弹指一挥间。贵州交通永远在路上,贵州交通人永远是发展之路上不知疲倦的歌者、舞者,是他们奏响了时代的最强音,也是他们,为贵州的基础设施建设作出了杰出的贡献,为贵州与全国同步进入小康奠定了坚实的基础。

编 者
2017 年 10 月

目录 Contents

第一章　贵州高速公路建设发展历程 ··· 1
　第一节　贵州省情与高速公路发展现状 ··· 1
　第二节　贵州高速公路发展路线图 ··· 3
　第三节　贵州高速公路发展历史阶段 ·· 9

第二章　综合交通运输与贵州经济社会发展 ··· 17
　第一节　综合交通运输体系的构建 ·· 17
　第二节　综合交通运输对贵州经济社会发展的推动作用 ···························· 25
　第三节　综合交通运输与贵州经济协调发展展望 ······································ 31

第三章　高速公路建设与运营管理 ··· 34
　第一节　贵州省"四个交通"建设 ··· 34
　第二节　高速公路建设管理 ·· 42
　第三节　高速公路运营管理 ·· 57

第四章　高速公路科研与技术运用 ··· 83
　第一节　科学研究 ·· 84
　第二节　技术应用 ·· 116
　第三节　科技成果推广 ··· 139
　第四节　创新能力建设 ··· 148

第五章　高速公路文化建设 ··· 158
　第一节　高速公路文化创建活动 ·· 158
　第二节　新闻宣传 ·· 166
　第三节　人物事迹 ·· 194
　第四节　高速公路文学作品 ·· 203

第六章　贵州高速公路 ·· 215
　第一节　国家高速公路 ··· 215

第二节　省级高速公路 …………………………………………………………………… 638
附录一　贵州高速公路建设大事记（1986—2016 年）………………………………………… 978
附录二　贵州高速公路项目表 …………………………………………………………………… 1012

第一章
贵州高速公路建设发展历程

贵州1986年开始修建的第一条高等级公路,全长137km的贵阳至黄果树汽车专用公路,是贵州交通建设史上的一个标志性事件,是贵州交通的一个分水岭,标志着贵州交通进入了高速公路发展的新时期。2015年底,贵州成为中西部地区第一个实现县县通高速公路的省份。截至2016年年底,贵州高速公路通车里程达到5433km,其中,国家高速公路3178km,地方高速公路2255km。经过30多年的发展,贵州基本形成了高效、安全、便捷的高速公路网。

第一节 贵州省情与高速公路发展现状

一、贵州省情

贵州位于中国西南部,历史悠久。明永乐11年(公元1413年)贵州布政使司建立,贵州成为全国第13个行省。明正德年间,王守仁谪居贵州龙场,成就"心即理"和"知行合一"学说。清雍正年间形成了今天贵州的地域范围。1935年1月召开的遵义会议,成为中国共产党历史上的重要转折点。抗日战争时期,贵州是大后方和西南大通道,为抗战胜利做出了积极贡献。1949年11月15日中国人民解放军解放贵阳。

贵州简称"黔"或"贵",辖6个地级市、3个自治州,共有88个县(市、区、特区),土地面积17.6万km^2,其中民族自治地方占全省总面积的55.5%。据第六次人口普查数据,全省常住人口3475万人,少数民族人口占全省总人口的36.1%。贵州是一个山川秀丽、气候宜人、资源丰富、人民勤劳、少数民族聚集、发展潜力很大的省份。贵州境以丘陵和山地为主要地貌特征,占全省面积的92.5%。喀斯特地貌为10.9万km^2,占全省土地总面积的61.9%。贵州资源丰富,全省能源资源以水能和煤炭为主,具有"水火互济"的优势,长于10km或流域面积大于20km^2的河流有984条,煤炭保有储量500多亿吨,是"西电东送"的重点省份。

贵州地处西南腹地,与湖南、重庆、四川、云南、广西等省份相邻,处在"一带一路"倡议的重要连接地带,随着贵阳到周边省会城市、全国主要经济区高速通道加快形成,贵州作为西南陆路交通枢纽的地位将进一步凸显。贵州处于云贵高原台地上，省内地形、地貌复杂多变，山高谷深、沟壑纵横，92.5%的面积为山地和丘陵，是全国唯一没有平原支撑的省份。特殊的地理特点决定了交通在贵州经济社会发展中的重要性，从秦开"五尺道"、汉通"西南夷"，到奢香夫人建驿道，历史上每次交通取得进步的时期，都是经济社会加快发展的时期。

由于历史、地理以及经济的原因，"欠发达、欠开发"仍然是当前贵州的基本省情和经济社会发展最显著的特征。"欠发达、欠开发"作为基本省情的总概括，制约贵州经济社会的主要障碍仍然是路和水。因此，加快以交通为重点的基础设施建设，是改变贵州落后面貌，加快转型，加快发展，推动跨越的有效途径。

二、贵州高速公路发展现状

1949年以前，贵州交通基础十分薄弱，新中国成立后，国家加大了对贵州交通的投入力度，从第一个五年计划实施开始至改革开放前，贵州公路、水路交通全面起步，逐步提速，公路建设在先后改建黔桂、黔滇两条国道基础上，逐步建成了一些通往边远少数民族地区的公路，建成了一批重要桥梁，到20世纪60年代掀起了公路建设高潮，通车里程快速增加，1964年全省实现县县通公路。

改革开放给贵州交通发展注入了强大的动力，交通发展理念不断创新、投入力度不断加大，公路、水路交通展现出新的生机和活力。1999年西部大开发战略实施以来，是贵州交通发展成就最大的一个时期。国家进一步加大了对贵州交通建设的资金投入和政策倾斜力度，贵州交通工作坚持抢抓机遇，基础设施建设取得突破性进展，交通落后面貌得到极大改善。公路通车总里程从新中国成立时的1950km迅速上升到2015年的18.38万km。2002年实现了乡乡通公路，2003年实现了县县通油路。2006年基本消除了国省干线上的等外级公路。2012年实现100%的乡镇通油路，100%的建制村通公路。

"十二五"期是贵州交通发展历史上投资规模最大、发展速度最快、发展成效最显著的时期。贵州各级交通运输主管部门认真贯彻落实国发〔2012〕2号文件精神，紧紧抓住国家深入实施西部大开发战略、集中连片特困地区交通建设扶贫等重大机遇，全力推进交通运输各领域发展，取得了显著成效，顺利完成了"十二五"规划和部省协议提出的各项目标任务。贵州交通运输发展实现了新跨越，在优化投资环境、拉动经济增长、增强对外交流、促进民生改善等方面发挥了突出重要的作用，有效支撑和引领了经济社会发展。

"十二五"期间，贵州累计完成公路水路交通固定资产投资4431亿元，远超"十二五"规划目标(2750亿元)，是"十一五"期的3.5倍，首次位居全国前列，在经济下行压力较大的形势下，对保障贵州经济平稳较快增长和带动就业发挥了重要作用。投资结构不断优化，高速公路、普通国省干线、农村公路、内河水运和枢纽场站建设分别完成投资3456亿元、450亿元、441亿元、63亿元和21亿元，分别是"十一五"期的4.1倍、3.8倍、1.7倍、7.3倍和1.7倍。尤其是高速公路、国省干线、内河水运等相对短板领域的投资快速增长，增幅十分显著。从资金来源看，公路建设投资方面，中央车购税补助资金922亿元、占21%，省级财政资金投入147亿元（含中央代发地方债券36亿元、成品油税2亿元）、占3.4%，市（州）县两级自筹资金约414亿元、占9.5%，另有国内银行贷款和其他社会资金约2885亿元、占66%；水路建设投资方面，中央补助资金11.2亿元、占19%，省级财政及燃油税投入10.8亿元以及占17%，地方自筹资金10.8亿元以及贷款及其他投入30.2亿元、占64%。

公路网规模持续扩大，技术水平明显提升。到"十二五"末，全省公路网总里程达到18.38万km，较"十一五"末增加3.1万km，超额完成"十二五"规划确定的16万km目标。公路网密度达到103.7km/100km^2，较"十一五"末提高17.6km/100km^2。从技术等级看，路网中二级及以上公路里程达到1.24万km，约占公路总里程的6.8%，较"十一五"末提高3.3个百分点。

高速公路建设取得重大突破，网络初步形成。"十二五"期间，贵州建成高速公路3600km，是之前所有年份建成总里程的2.4倍。到2015年年底，全省高速公路通车总里程达到5128km，超规划目标（4500km）628km，基本形成内连外通的高速公路网络，全面实现县县通高速公路，彻底打破传统交通格局和时空观念，基本构建形成了"2小时"通达黔中经济圈、"4小时"通达全省、"7小时"通达周边省会城市的交通圈。

第二节 贵州高速公路发展路线图

一、二横二纵四联线

1978年后，贵州交通建设进入了一个改革发展的新时期，随着交通建设的步伐加快，交通规划的重要性日益突出。1981年交通部颁发《国家干线公路网（试行方案）》后，相继编制了一系列交通发展规划。贵州省交通厅结合贵州省情和贵州公路、水路通道的发展要求，从1985年开始至2009年先后编制了一系列公路、水运、渡口、客运场站建设等中长期交通发展规划，用于指导贵州交通建设助推贵州经济的发展。

1985年，省交通厅拟定了《贵州省公路、航道通道布局规划》，提出了发展高等级公路"一横二纵三联线"的构想。1992年5月至1996年3月将近4年时间里，省交通厅在原构想的基础上编制了《贵州省公路网规划（1991—2020年）》，即贵州30年路网规划。该规划以"一横二纵四联线"为骨架，辅之以连接线，进一步充实完善了原构想，更具指导性和操作性。

1998年9月17日,贵州省人民政府批复了该规划。2000年4月,为贯彻落实党中央西部大开发战略,《贵州省公路网规划(1991—2020年)》调整为"二横二纵四联线",在原规划基础上增加了一横,即对国道326线的改造,该规划具体内容如下。

"一横":一条东西向公路,由湘黔省界起,经玉屏、三穗、凯里、马场坪、贵阳、安顺、镇宁、关岭、盘县至滇黔省界,全长734km,与交通部规划的上海—长沙—贵阳—昆明—瑞丽国道主干线相吻合,是该主干线的贵州境段。该公路是贵州省东西向最主要的通道连接凯里、贵阳、安顺三个市(地、州),服务于贵州西部工矿区和东部的国家磷矿基地。

"二横:一条东西向公路,属国道326线,由渝黔边的坝芒起,全长830km,贯穿贵州省北部,是贵州北部东联重庆、西接云南的主要通道,途经贵州沿河、德江、凤冈、湄潭、遵义、金沙、大方、毕节、赫章、威宁等县(市),是国家实施西部大开发的重点国道改造项目。

"一纵":由重庆往南,在川黔省界的崇溪河附近进入贵州,经桐梓、遵义、贵阳、贵定、马场坪、都匀、独山至黔桂省界新寨,全长537km,是交通部规划的重庆—贵阳—南宁—湛江国道主干线的贵州境段,是西南出海大通道的重要路段,穿越遵义、贵阳、都匀三个地(州、市),是贵州乃至西南部分省份出海的最近通道。

"二纵":由川黔省界赤水河进入贵州境,经大方、织金、安顺、镇宁、贞丰、安龙,跨南盘江进入广西至百色,贵州境内长530km,是贵州另一条南北向的主要通道。向北进入四川经泸州至隆昌与成渝高速公路连接,向南至广西百色经南宁至湛江,是"一纵"的分流和补充。

"四联线"是指"二横二纵"未经过的四个地(州)所在地与"二横二纵"通道公路相连接,需建设的四条联络线。

"一联线":由关岭经兴仁至兴义,全长218km,连接黔西南州首府兴义市。

"二联线":由玉屏至铜仁,全长68km,连接铜仁地区。

"三联线":由贵阳经修文、黔西、大方至毕节,连接毕节地区,全长178km。

"四联线":由镇宁经六枝至水城,全长142km,连接六盘水市。

以上道路总长3204km,重复里程300km,实际建设里程2904km。

二、三纵三横八联八支线

1992年,贵州省以"五纵七横"国道主干线规划为基础,编制了《贵州省干线公路网规划(1991—2020年)》,确定了全省的骨架公路网布局方案为"一横三纵四联线"。2000年4月,为贯彻落实党中央西部大开发战略,贵州省骨架公路网规划调整为"二纵二横四联线"。2001年12月,交通部根据国家公路建设的实际情况,编制了《国家重点公路建设规划》,用于指导21世纪前20年我国的公路建设。

第一章
贵州高速公路建设发展历程

2002年11月,党的十六大提出了全面建设小康社会、加快推进社会主义现代化的要求。为贯彻落实总体要求,有计划、有步骤地建设好贵州省境内的国家重点公路和国家高速公路,优化国道主干线、国家重点公路和国家高速公路与其他主要公路之间的衔接,更好地指导21世纪全省的骨架公路网建设,迫切需要在国家重点公路规划和国家高速公路网的基础上,编制新的骨架公路网规划。

这一阶段规划确定的骨架公路网采用纵线、横线和联线、支线网格相结合的布局形态,构成由纵贯南北、横连东西的公路交通大通道,包括3条南北纵向线、3条东西横向线和8条联线、8条支线,即"三纵三横八联八支",简称为"3388网",总规模约7400km(不计重复里程),其中高速公路约2960km,一、二级公路约4440km。

三条纵线分别是:

"一纵":道真至黎平,自渝黔界经道真、务川、德江、思南、石阡、镇远、台江、黎平至黔桂界,全长515km,其中高速公路160km,二级公路355km。

"二纵":崇溪河至新寨,自崇溪河经桐梓、遵义、息烽、贵阳、龙里、贵定、麻江、都匀、独山至新寨,全长523km高速公路。

"三纵":毕节至安龙,自川黔界经毕节、纳雍、六盘水、盘县、兴义、安龙至黔桂界,全长465km高速公路。

三条横线分别是:

"一横":铜仁至威宁,自湘黔界经铜仁、江口、印江、思南、凤冈、湄潭、遵义、金沙、大方、赫章、威宁至黔滇界,全长745km,其中高速公路475km,二级公路270km。

"二横":鲇鱼铺至胜境关,自鲇鱼铺经玉屏、岑巩、三穗、剑河、台江、凯里、麻江、贵定、龙里、贵阳、清镇、平坝、安顺、镇宁、关岭、晴隆、普安、盘县至胜境关,全长650km高速公路。

"三横":从江至兴义,自从江经榕江、三都、独山、平塘、罗甸、望谟、册亨、安龙、兴义至江底,全长660km,其中高速公路100km,二级公路560km。

八条联线分别是:

"一联":天星坡至玉屏,自天星坡经松桃、大兴、铜仁、万山至玉屏,全长170km,其中高速公路70km,二级公路100km。

"二联":沿河至丹寨,自沿河经德江、凤冈、湄潭、余庆、黄平、凯里、雷山至丹寨,全长455km,其中高速公路30km,二级公路425km。

"三联":赤水至马场坪,自赤水经习水、仁怀、遵义、瓮安至马场坪,全长380km高速公路。

"四联":黄花坪至望谟,自黄花坪经大方、织金、普定、安顺、紫云至望谟,全长330km,其中高速公路60km,二级公路270km。

"五联":烟堆山至安龙,自烟堆山经威宁、六盘水、关岭、贞丰至安龙,全长585km,其中高速公路35km,二级公路550km。

"六联":江口至大方,自江口经石阡、余庆、瓮安、开阳、久长、扎佐、修文、黔西至大方,全长442km,其中高速公路27km,二级公路415km。

"七联":清镇至纳雍,自清镇经织金至纳雍,全长140km高速公路。

"八联":三都至兴仁,自三都经丹寨、都匀、惠水、长顺、紫云、者相至兴仁,全长355km二级公路。

八条支线分别是:

"一支":沿河至习水,自沿河经务川、正安、桐梓至习水,全长300km二级公路。

"二支":道真至遵义,自道真经正安、绥阳至遵义,全长180km二级公路。

"三支":独山至荔波(大沙坡),全长80km二级公路。

"四支":贵阳至罗甸,自贵阳经惠水、罗甸至黔桂界,全长170km二级公路。

"五支":锦屏至三穗,自锦屏经天柱至三穗,全长90km二级公路。

"六支":岑巩至马场坪,自岑巩经镇远、施秉、黄平至马场坪,全长160km二级公路。

"七支":晴隆至兴义,自晴隆经兴仁至兴义,全长100km高速公路。

"八支":星子界至榕江,自星子界(省界)经黎平至榕江,全长165km二级公路。

2006年1月10日,《贵州省骨架公路网规划(2003—2020)》经省政府批复正式实施。

三、六横七纵八联线

高速公路是国民经济和社会发展重要的基础设施。规划建设贵州省高速公路是全面建设小康社会的需要,将极大改善全省物流条件,对提高公路交通运输速度和质量,满足日益增长的公路交通运输需求,统筹城乡、区域协调发展,进一步改善投资环境,加快推进全省工业化和城市化进程,优化产业布局、促进资源开发具有重要的作用,建好现代化公路网络,关系国计民生,需要经过几代人、几十年时间的不懈努力才能实现。党的十七大提出了全面建设小康社会奋斗目标的新要求,并从全国发展大局出发作出"继续深入推进西部大开发"的战略部署。胡锦涛总书记非常关注贵州发展,要求贵州要努力实现经济社会发展的历史性跨越。2008年5月,吴邦国委员长在贵州调研时指出:"贵州要坚持交通优先发展战略,力争用10年左右的时间使贵州交通状况得到彻底改善。"2007年两会期间,温家宝总理参加贵州代表团审议时特别强调:"改善贵州的生产生活条件,重点看来首先还是路和水。"这是制约贵州发展的两大瓶颈。在党和国家对西部大开发战略的指导和支持下,贵州省将迎来难得的历史机遇。根据国家西部大开发的总体部署和胡锦涛总书记的重要讲话精神,贵州省提出"实现经济社会发展历史性跨越"的总体构想,力争用15年的时间实现全省人民生活水平总体上由温饱到总体小康再到全面小康的历史性跨越。

交通运输是国民经济和社会发展的基础性和先导性产业,是经济社会健康、快速、持续发展的基础保障。高速公路是现代交通的主要运输方式之一,是综合运输体系的重要组成部分,着力构建功能明确、结构合理、布局完善、服务高效的高速公路网络,是贵州实现交通运输现代化,支撑和引领经济社会历史性跨越的重要任务。

到2008年,贵州公路交通对外通道仍然不足,通达深度不够,道路等级低、质量差,严重制约了经济社会发展。为落实贵州省"实现经济社会发展历史性跨越"的战略构想,贵州省第十一届人民代表大会通过的《2008年贵州省政府报告》提出要实行"交通优先发展"战略,加快交通基础设施建设步伐,加快形成以高速、高等级公路和铁路为骨架,多种运输方式相配套的综合交通运输体系;并明确提出"使所有县市都有高速公路连接"。

此阶段贵州省高速公路网规划布局是以"6横7纵8联"(简称"678"网)为主,总规模约6851km,其中国家高速公路2251km、省高速公路4600km,分别占高速公路总规模的32.9%和67.1%。

6横线:德江至习水、大兴至威宁、江口至都格、鲇鱼铺至胜境关、水口至江底、余庆至安龙。

7纵线:松桃至从江、沿河至榕江、道真至新寨、崇溪河至罗甸、赤水至望谟、生机至兴义、威宁至板坝。

8联络线:绥阳至遵义、黔西至大方、扎佐至修文、天柱至黄平、都匀至织金、惠水至安顺、大山至六盘水、榕江至麻尾。

城市环线:贵阳环线、遵义环线、六盘水环线、安顺环线。

四、环贵州高速公路大通道

建设环贵州高速公路是贵州省委、省政府继实施高速公路"三年会战"之后,着眼长远做出的又一项重大战略部署,是全省人民翘首以盼的一件大事喜事,从而掀起贵州省新一轮高速公路建设的高潮。环贵州高速公路的开工建设有三个重要意义:一是促进互联互通,加快全省高速公路连环成网步伐,实现省内之间、与周边省市区高速公路的无缝连接,最大程度发挥高速公路网的综合效益。二是推动民族地区发展,顺应沿边少数民族地区各族群众最大的愿望和最普遍的民生需求,改善生产生活条件,引领南部三州经济社会转型升级、跨越发展。三是增进百姓福祉,有效整合沿线丰富的能矿、产业、旅游等资源,把珍珠串成项链,形成一条辐射带动全省发展的经济大动脉。

环贵州高速公路总规模1952km,总投资约1978亿元。沿线涉及遵义、铜仁、六盘水、毕节、黔南、黔东南、黔西南等7个市(州)、35个县(市、区)、340个乡(镇),覆盖全省重点打造的37个产业园区,其中1个千亿元级园区、2个200亿元级园区、5个百亿元级园区;

覆盖全省重点打造的33个旅游景区,其中6个国家级风景名胜区、1个国家森林公园、2个国家级自然保护区、10个省级风景名胜区;覆盖全省重点打造的30个现代高效农业示范园区、23个示范小城镇和44个城市综合体;覆盖全省"一干十三支"机场规划中的10个机场和"两主四辅"水运主通道中的9大港口。环贵州高速公路建成后,将与周边广西、湖南、重庆、四川、云南5个省份形成23条高速公路出省通道、73条普通国省干线公路出省通道,辐射其19个县(市、区)、1032万人,惠及省内外区域总人口达2630万人。

2014年11月25日上午,环贵州高速公路(南部三州段)开工仪式在素有"贵州南大门"之称的独山县举行。省委书记赵克志出席开工仪式。省委副书记、省长陈敏尔讲话并宣布开工。省委常委、省委政法委书记、副省长秦如培主持开工仪式。环贵州高速公路南部三州片区总里程为815km,占南部三州高速公路规划总里程2960km的28%,起点在六盘水与黔西南州交界的铁山,终点在黔东南州与湖南省交界的坪能。2016年,环贵州高速公路已建成895km、在建367km、待建690km。截至2017年年底,新建成高速公路400km以上,实现环贵州高速公路通车里程达1370km以上;到2018年,力争新建成高速公路515km以上,实现1952km环贵州高速公路全线贯通。

五、"十三五"期高速公路重点建设项目

国家高速公路:六盘水至威宁、都匀至安顺、纳雍至晴隆、仁怀至遵义等。

主要通道扩容改造:兰海高速公路遵义至贵阳段、遵义至崇溪河段。

高速公路省际出口:道真至武隆、江津至古蔺、铜仁至怀化、威宁至围仗等。

黔中城市群城际通道:贵阳至安顺、织金至普定、开阳至息烽等。

省域高速公路网互联互通:德江至务川、正安至习水、盘县至兴义等。

重点城市过境路线:遵义、都匀等地级中心城市过境路线。

建设高速公路3450km(含续建),其中国家高速公路846km,省级高速公路1598km,地方高速公路项目1006km。建成高速公路7196km,建成和在建高速公路里程8578km。

六、《贵州省高速公路网规划(加密规划)》

2016年10月19日,贵州省政府原则同意省交通运输厅报请审批的《贵州省高速公路网规划(加密规划)》,该规划在原"678"网和《省政府高速公路建设三年会战实施方案》确定的7768km高速公路网基础上,从加密黔中路网、完善省际出口、提升通道能力、强化市州辐射、提高过境效率、加强路网衔接6个方面进行补充完善,共增加高速公路2328km,调增以后全省高速公路网规划总里程为10096km,其中国家高速公路4127km、省级高速公路3641km、地方高速公路2328km。

规划特点。实现《规划》目标,贵州省高速公路网将凸显"六个特点"。一是中心集

聚。黔中经济区核心城市与周边节点城市间基本实现1小时互联互通,形成以贵阳为中心连接各市(州)行政中心的3小时交通圈。二是多极辐射。形成以市(州)行政中心为圆心,便捷连接周边市县的2小时交通圈,并在9个市(州)行政中心城市布设高速公路绕城环线。三是互联互通。加快构建连接珠三角、成渝、长株潭等重要经济区、城市群的高速公路通道,实现贵州与相邻省份有4条以上高速公路通道,至周边省份中心城市8小时到达。四是覆盖广泛。高速公路网通达所有市县,覆盖全省所有3A级及以上旅游景区及大部分乡镇,连接国家公路枢纽、铁路枢纽、机场等重要交通运输枢纽及产业基地。五是能力充分。经济区之间、城市群城际间高速公路通道能力更加充分,主要通道高速公路车道数达8车道及以上。六是衔接顺畅。高速公路网络化程度进一步提升,节点间迂回绕行距离进一步缩短。全省高速公路的面积密度将达到5.7km/100km^2,人口密度将达到2.7km/万人,均居于全国领先水平。具体来讲,除四个直辖市、内蒙古、新疆、西藏、宁夏等一些不完全具有可比性的省份外,贵州省高速公路网规划面积密度将达到第三位,仅次于广东和福建,人口密度和综合密度将达到第一位,贵州交通发展史上将迎来又一个不平凡的新阶段。

建设时序。为了增强规划的可行性和可实施性,贵州省在综合考虑发展需求、资金条件等因素的基础上,合理确定了建设重点和建设时序。将按照"服务全局、先行引领,统筹规划、适度超前,功能导向、科学布局,创新机制、协同推进"的原则,坚持"一张蓝图干到底",举省内外交通之力推进攻坚决战。一是积极优先实施国家和"678网"省级规划高速公路项目。加快推进在建1033km高速公路项目建设,抓紧开工建设国高都匀至安顺、遵义至重庆段(贵州境)扩容工程、仁怀至遵义等项目共19个1540km。二是积极大力实施新增的省际通道、市(州)绕城和放射线、重要通道扩容项目。加快与周边省(市、区)的协调协商,共同推进互联互通,新增一批出省通道,高速出省通道从2015年的15个增加至17个以上;增加凯里、铜仁、都匀等城市绕城线,增加市州放射性项目;提前实施沪昆高速公路扩容项目,上述项目共10个777km。三是积极研究实施其他项目。结合项目区域经济社会发展,项目经济效益、地形地质条件及实施难度,在条件成熟后启动实施联网路、打通断头路,拟实施项目共11个937km。

第三节 贵州高速公路发展历史阶段

一、建设起步阶段(1986—1997年)

党的十一届三中全会召开后,贵州交通部门正确面对改革开放后农业生产生活和农产品量的大幅增长,带来了更加严重的运力紧缺矛盾,省交通系统鼓励个体(联户)、集体或其他经济实体车辆参与市场运输,解决运力严重不足问题,特别是1983年全国交通工作会议提出"有河大家走船,有路大家行车"、1984年全国交通工作会议提出"各部门、各行业、各地区一起干"和"国营、集体、个体一起上"的运输发展方针,交通运输市场逐步放开,出现了多家经营、多层次、多渠道、多形式的运输格局,人民群众长期困扰的"乘车难、运货难、修车难"问题得到缓解。

1984年,胡耀邦总书记在视察贵州公路时指出:"不要搞'单相思',过去一讲交通,就只想到铁路,没想到水路、公路,云贵川要帮助农民富起来,就要把公路提到非常重要的地位,没有交通,就没有商品,产品就要变成废品,需要把各部门的思想弄通。"胡耀邦的讲话在贵州引起强烈反响,公路交通在贵州社会经济发展中的地位和作用得到加强。在结合国家库存粮、棉、布补助,采取"民办公助""以工代赈"等办法加快建设县、乡公路的政策,贵州省农村公路建设迎来了新一轮发展的同时,贵州高等级公路建设提上议事日程。1985年12月6日,省政府批准成立贵州省重点公路工程建设指挥,副省长刘玉林任指挥长,厅长杨守岳任副指挥长,总工程师邓时恩任指挥部总工程师兼指挥部办公室主任。有关地(州、市)负责人参加指挥。重点工程所在地(州、市)设分指挥部。确定马临—合江公路(三级)、大方—纳溪公路(二级)、贵阳—花溪公路、贵阳—黄果树改建为一、二级公路为重点工程项目,计划"七五"期末完成。1986年3月26日,贵州省重点公路工程建设指挥部正式成立。

1986年8月15日,贵阳至黄果树汽车专用公路开工建设,由此开贵州高等级公路建设之先河,标志着贵州交通发展一个新时期的来临。在随后的几年里,贵阳西南环线公路、贵阳至花溪公路、大方至纳溪公路等一批高等级公路开工建设并竣工通车,贵州省委、省政府出台了《省人民政府关于贵阳至黄果树等重点公路工程项目征地及拆迁补偿的通知》等一批文件,解决公路建设征地拆迁中存在的问题,采取"自家娃娃自家抱走"的办法,加快征拆进度,并明确从省级财政拿出一定的资金支持交通建设,全省高等级公路建设开始起步。

1987年,贵州省委书记胡锦涛对贵州交通工作给予高度评价:"近几年交通建设成绩显著。望交通厅继续在深化改革、抓好落实上下功夫。"胡锦涛的批示鼓舞了全省交通系统广大干部职工,贵州基础设施建设全面推进,交通建设成为当时经济社会发展的一大亮点。贵州省在建设资金严重不足的情况下,相继开工建设了贵阳至遵义、贵阳东出口、贵阳东北绕城线等高等级公路,制定了"一横一纵四联线"公路骨架路网规划,加快高等级公路建设的指导思想开始明确,高等级公路建设的一系列配套措施和办法规定开始制定完善。

1992年,经贵州省机构编制委员会(以下简称省编委)批准同意,为有利于全省高速、高等级公路集中统一指挥,提高管理效益,撤销省高等级公路征费处、管理处及所属各机构,建立省高等级公路管理局,省高等级公路管理局的主要职能是:负责全省高等级公路及公路设施的修建、养护、维修和路政、运政、稽查、收费等工作;负责道路绿化、监控、车辆救援和服务设施的经营管理以及公路正式接养前的临时养护管理。1992年12月,省重点公路工程指挥部办公室归并省交通厅。1993年,经贵州省人民政府办公厅批复同意,在原省重点公路建设指挥部基础上成立贵州高速公路开发总公司,负责全省高等级公路的筹资、建设和建成后的营运工作。1994年7月,省重点公路工程指挥部办公室更名为省重点公路建设办公室。

1986年至1997年,贵州省主要重点公路项目有:

马临至合江公路。该公路是黔北通向四川长江的重要出口公路。1986年1月25日,马合公路开工建设,1988年4月,马合公路竣工。全路土石方179万m^3,防护工程138万m^3,桥梁1157m/28座,涵洞4039m/397道。实际总投资2504万元。马合公路是贵州第一条验收合格的三级公路,构成黔、川两省与长江的水陆联运通道。马合公路建成通车,改变了仁怀、习水、赤水三县交通落后的面貌,缩短了黔北与长江中下游地区的运输距离,开发了黔北地区的煤炭资源,促进了沿线的工农业生产。

贵阳至黄果树公路。贵黄公路是贵州省内第一条高等级公路,是320国道(上海至昆明)贵州境西段,也是五纵七横国道主干线G60(上海至瑞丽)在贵州境西部的重要段。公路全长137.25km,路线设计标准为一级、二级汽车专用公路。1986年8月贵黄公路工程在清镇县城东门桥开工建设。1990年12月,贵黄公路竣工,1991年5月16日,交通部王展意副部长、刘玉林副省长共同组织了贵黄公路竣工验收,项目综合评分92.02分,工程质量优良,同意竣工验收。1991年9～11月,贵州审计局对贵黄公路进行了审计。贵黄公路核定概算3.09亿元,竣工决算3.03亿元,节约投资600万元,降低成本2%。

贵阳西南环线公路。贵阳西南环线公路按山岭重丘区二级公路标准建设。1986年8月30日,西南环线一期工程龙洞堡至二戈寨段开工建设。1989年8月19日,重公办组织一期工程交工验收。1987年12月30日,二戈寨至烂泥沟二期工程开工建设。1990年7月21日,省交通厅主持西南环线交工验收,同意交工验收并通车试营运。

大方至纳溪公路。1987年12月15日,大方至纳溪公路黔境段开工建设。该公路是黔西北乌蒙山区第一条二级公路,是重要的省际通道。一期工程于1992年12月26日试通车运营,1993年7月31日至8月2日,通过交通部、国家交通投资公司、省交通厅和四川省交通厅联合组织竣工验收。大纳公路黔境段经过3年的运行后,其泥结碎石路已不适应交通的发展和需要,余家沟大桥至湾潭大桥10km范围路基边坡多处坍塌。交通部、省交通厅决定进行二期路面改建工程,将一期工程的泥结碎石路面改建成水泥混凝土路面。1997年12月,大纳路贵州境二期工程竣工。

贵阳至花溪公路。贵花大道(现名花溪大道)是贵阳市区南出(入)干线公路,也是贵州建成的第一条一级公路。贵花大道1989年3月开工建设,1990年9月建成通车,1992年11月11日通过竣工验收。

贵阳东出口公路。湘黔公路是贵阳市东南方向出黔进湖南两广的主要通道,经油榨街、冒沙井、龙洞堡、下坝、二堡、千家卡进入龙里县境,是210国道和321国道共用路段。道路等级低,沿路厂矿企业多,公路沿线街道化程度高,交通拥挤,通行能力低,公路运输状况十分紧张。1991年,交通部批准贵阳东出口公路按山岭重丘区一级汽车专用公路建设。1992年4月17日,东出口公路开工建设。1997年5月20日,东出口公路建成通车。1998年12月21日,省交通厅代交通部组织了东出口公路竣工验收,工程质量优良。

贵阳至遵义公路。1991年7月13日,国家计委批准建设贵阳至遵义公路。同年,交通部批准了贵遵公路初步设计,批准概算7.64亿元人民币。贵遵公路全长140.94km。按山岭重丘区汽车专用公路测设,其中一级汽专50.37km,二级汽专105.15km,1992年6月4日,贵遵公路开工仪式在贵阳市乌当区长坡岭举行。1997年11月29日,贵遵公路建成通车。1999年5月,贵遵公路通过了国家环保总局环境保设施竣工验收。

贵阳东北绕城公路。1993年10月14日,为改善贵阳市区交通压力,交通部同意建设贵阳东北绕城公路。贵阳东北绕城公路全长19.71km,按山岭重丘区一级汽车专用公路设计。1996年11月28日,该工程开工建设。1998年12月17日,高总司组织贵阳东北绕城公路交工验收。

1986年至1997年间,先进的公路建设、运营观念开始融入贵州高等级公路建设之中,党和国家的方针、政策为贵州的重点公路建设指明了方向。

二、建设提速提质增效阶段(1998—2010年)

1999年,国家开始实施西部大开发战略,给"欠发达、欠开发"的西部内陆山区贵州带来了难得的发展机遇,国家有关部委在政策上、资金上向西部地区倾斜,交通部加大了对贵州的帮扶力度,贵州省委、省政府提出坚持把以公路为重点的交通基础设施建设摆在经济社会发展的当务之急和重中之重,银行等金融组织积极支持交通建设。这些无疑给积累了一定的发展经验和人员、队伍、设备等储备的贵州交通增添了引擎和动力。

1998年9月2日,省政府把公路建设作为全省交通建设的重中之重抓紧抓落实;积极为公路建设提供宽松的投资环境;切实做好公路建设征地拆迁工作;强化管理,抓好工程质量,加快公路建设;抢抓机遇,以公路建设带动全省经济加快发展。2000年5月,贵州省委、省政府明确指出,要加强以公路为重点的交通建设,从战略眼光出发,下更大的决心,以更大的投入,先行建设,适当超前,集中力量解决基础设施落后这个主要矛盾。

从这个时期开始,贵州高等级公路建设充分利用"贷款修路、收费还贷、滚动发展"政策加快建设步伐,国家补助资金和省财政投入资金使用效益得到极大发挥,贵阳至新寨、贵阳至毕节、凯里至麻江等高速、高等级公路相继建成通车,玉屏至铜仁、关岭至兴义、镇宁至水城、清镇至黄果树等一批高速、高等级公路开工建设。依托国道主干线经过贵州省境内路段,提出了构建"二横二纵四联线"高等级公路骨架体系的发展目标,从而为贵州一段时期内加快高速、高等级公路建设明确了发展目标。2002年,党的十六大提出了科学发展观的发展理念,确立了加快小康社会和社会主义和谐社会的发展目标,给贵州交通工作指明了前进的方向;国家决定继续实施西部大开发战略,给贵州交通工作增添了强大动力,全省交通工作迎来了千载难逢的黄金发展期。这个时期成了有史以来贵州交通建设投资最多、规模最大、效益最高、质量最好、速度最快的一个时期。这一时期,贵州交通建设投融资体制改革取得突破,充分利用好国家倾斜政策、补助资金和交通规费资金,鼓励和引导各级地方政府和社会力量以多种方式参与建设,共办交通取得新进展。将效益好的路和效益不好的路进行捆绑融资,实行统贷统还,为筹措贵州省二级以上公路建设资金蹚出了新路。贵阳至都匀高速公路项目采用BOT方式招标选择投资人取得实质性成果。对水城至盘县等高速公路项目采用施工总承包加部分投资人招标筹集建设资金进行了新尝试。此间,清镇至黄果树、崇溪河至遵义、三穗至凯里、玉屏至三穗、镇宁至胜境关、扎佐至南白、玉屏至铜仁、镇宁至水城、关岭至兴仁、兴仁至兴义等一批高速高等级公路相继建成通车,上海至瑞丽和重庆至湛江公路经贵州的一横一纵两条国道主干线基本建成。开工建设了贵阳西南绕城公路、都匀至新寨、白腊坎至茅台、水口至格龙、格龙至都匀、贵阳至都匀、贵阳南环线绕城公路、水城至盘县等一大批高速公路,另有国家高速公路网项目和一批省规划高速公路项目前期工作全面展开。至2010年底,贵州省公路总里程达14.98万km,公路通行条件显著改善,干支结合、四通八达的公路网基本形成。其中,高速公路通车里程1507km,在建高速公路里程达2555km,全省88个县(市)中已建成和已开工建设高速公路的县达77个。2010年底,贵州省共有公路客运车辆27936辆;开行客运班线6330条;全省公共交通客运汽车4984辆,公共客运线路411条,全省有40个县(市、特区)开行城市交通定线客运。年旅客运量92426万人;旅客周转量320.46亿人公里(1986年旅客运量9387万人,旅客周转量28.70亿人公里)。2010年底,全省营运载货汽车共177861辆,年货运量31409万t;年货运周转量293亿吨公里(1986年年货运量4510万t,年货运周转量20.44亿吨公里)。

三、初步形成便捷、高效、绿色、安全的交通运输体系(2011—2016年)

2011—2015年,贵州省交通运输系统围绕"贵州交通'十二五'规划"目标,开创新常态下交通运输发展新局面,到2015年初步形成便捷、高效、绿色、安全的交通运输体系,基本适应国民经济和社会发展的需要。

2011年,面对省级资本金筹措难、银行贷款资金到位难的双重压力,贵州省交通运输厅把资金筹集作为交通建设工作的重中之重，及时调整高速公路建设融资思路，通过与多家银行开展合作，千方百计筹措资金偿还银行贷款，增加银行现金流，全省筹措还贷87.26亿元，获得银行贷款实际到位335.4亿元。为使高速公路建设资金不断链，在增加融资成本的基础上多渠道筹资。加大金融创新力度，充分利用信托、短融等金融创新产品，向银行筹集高速公路建设资金107亿元，基本保证了在建高速公路资金需求。当年基本建成沪昆高速公路贵阳至清镇段、汕昆高速公路板坝至江底段、黎平至洛香等10个项目（段）。新开工道真至瓮安、独山至平塘等9条高速公路及茅台至坛厂一级公路，比当年初计划4个项目287km增加6个项目369km。完成投资427.1亿元。

2011年，贵州省公路总里程达157820km，公路密度达到89.6km/100km，其中新建成高速公路516km，高速公路建成总里程达到2023km，全省通高速公路的县从37个增加到47个，新开工高速公路9条588km，在建里程超过2680km。全年公路运输完成客运量11.44亿人，旅客周转量422亿人公里，货运量4.25亿t，货物周转量384亿吨公里，同比增长24%、32%、35%、31%；四项增幅指标在全国分别排在第1位、第1位、第2位和第3位，公路运输对贵州省经济社会加速发展的贡献凸显。

2012年，贵州省领导多次到国家有关部委汇报工作，签署了部、省会谈纪要，增大了国家对贵州交通的支持总量。"十二五"交通切块资金支持增加到645.7亿元，是"十一五"的2.28倍，位居全国前列；其中2012年补助资金150亿元，争取总额排全国第二位。将1300km省级高速公路新增为国家高速公路，部分省级高速公路作为国省道改造项目列入支持范围；集中连片特困地区交通扶贫三年增加补助127.74亿元，占国家交通扶贫资金总量的11.6%，高于全国平均水平2.1个百分点。12个省高项目视作国高解决了5540hm^{2}用地指标，是历史上最多的一年。

筹资引资方面通过BOT+EPC、BOT+EPC+政府补助等模式，招商引资项目8个600km，总投资609亿元；利用短融、信托、工程保理、保险基金等，争取银行贷款416.5亿元，达成银行贷款协议资金272.5亿元，协调省外银行贷款取得新成果。与中交集团签署了战略合作协议，协议投资达1000亿元，为其后拓宽合作领域、提高合作水平、构建一体化交通发展格局奠定了基础。

2012年，建成杭瑞高速公路遵义至毕节高速公路金沙至毕节段等7条（段）607km，全省高速公路通车里程达2630km。新增大方、江口、凤冈等13个县（区）通高速公路，全省通高速公路的县（市、区）达到60个。

2012年，贵州省启动高速公路建设"三年会战"工作，实现贵阳至惠水、凯里至羊甲、毕节至生机、织金至纳雍、三穗至黎平等22个项目1699.4km实质性开工（含2010年宣布开工的7个项目535.6km、2011年宣布开工7个项目548.8km和2012年新开工项目8个615km），由此，贵州省通县高速公路项目全部开工建设。

2013年,贵州省公路总里程达172563.68km。其中,高速公路3284.2km,二级及以上公路7667.36km,等级公路95418.96km,二级及以上公路和等级公路分别占总里程的4.44%和55.29%。沥青路面6861.96km,水泥混凝土路面24937.38km,全省路面铺装率(含简易铺装)为38.34%。全省公路行政等级分,国道4559.83km,省道8581.51km,县道17571.56km,乡道18463.09km,村道122629.11km,专用公路758.59km。公路密度按国土面积计算为97.99km/100km^2,按人口数量计算为49.75km/万人。2013年全省新增公路8021.96km,其中新增高速公路654.09km,二级及以上公路798km,等级公路8842.19km。

全年完成公路水路固定资产投资858.6亿元,同比增长40.2%,投资总额位居全国前列,是历史上最多的一年。其中,高速公路完成700.6亿元,同比增长39.9%。通过BOT+EPC、BOT+EPC+政府补助、融资+合作建设等模式,已建、在建BOT项目18个1398km、总投资1427亿元。利用多种方式融资762亿元,同比增长79%,创历史最佳水平;直接融资等多元化融资到位170亿元,首次实现零突破。贵州高速公路集团有限公司成为国家开发银行全国15家重点客户之一。

2013年,贵州省高速公路建设"三年会战"圆满开局,新建成高速公路651km,高速公路通车里程突破3000km达3281km,新增印江、赤水等8个县市通高速公路,通高速公路县达68个,新增贵阳至兴义双通道连接,形成9条高速公路出省大通道;新开工高速公路项目10个789km,全省在建高速公路项目达33个2663km,"678"高速公路网逐渐成形。高速公路通车里程、建设规模进入西部12个省份第一方阵,建设速度位居全国前列。

2014年,面对全球经济持续低迷、国内经济下行压力加大、融资环境趋紧等带来的影响,贵州省交通运输系统紧紧围绕经济社会发展大局,坚持既定思路,主动精准发力。当年,省委书记赵克志、省长陈敏尔多次调研交通建设,听汇报鼓干劲,指方向解难题;副省长秦如培下一线作调研,赴部委争取项目,召开金融机构座谈会筹资金,亲自协调部门凝心聚力,在解决资金、土地、前期工作等问题中发挥了关键性作用;省人大、省政协多次听取汇报,组织代表、委员开展视察,积极为贵州交通建设出谋划策;各级党委、政府鼎力支持,公路沿线市(州)、县(市、区)政府顾大局勇担当,设法做好资本金筹集、征地拆迁和环境保障工作;省直相关部门、各金融机构紧密配合,在项目审批、资金拨付、土地手续、银行贷款等方面全力支持,为完成当年责任目标提供了强有力支撑。当年完成固定资产投资1185.6亿元,同比增长38.1%,相当于"十一五"投资总和,其中公路投资占全国公路投资总额的7.6%,排全国第2位。至此,2011—2014年共完成投资3177.1亿元,提前1年完成"十二五"投资计划并超额462.82亿元。全年筹集重点公路和路网改造建设资金1026亿元,为历史上最多的一年。招商引资已建、在建BOT项目20个1536km、总投资1609亿元。

2014年,贵州省新建成高速公路16条721km,约占全国新增高速公路里程的10%;

高速公路通车里程突破4000km达4002km,排全国第17位,同比上升2位;新增11个县通高速公路,通高速公路的县达79个,形成10条高速公路出省通道;同年11月25日,启动环贵州高速公路南部三州段项目建设;高速公路"三年会战"项目建设用地全部获得国务院批复。

2015年,全省高速公路建设总投资4000亿元,新建成高速公路2500km,实现通车里程5128km,全省88个县实现了县县通高速公路目标,贵阳市与其他市(州)政府所在地有两条通道连接;与相邻各省(区、市)形成两个以上省际通道,高速公路出省通道达15条;高速公路覆盖全省规划的5个1000亿元产业园区、10个200亿元产业园、20个100亿元产业园区以及18个国家级风景名胜区。

2016年,贵州省筹集交通建设资金1559亿元,其中高速公路建设融资到位资金1018亿元,实现历史性突破。设立了总规模400亿元的交通产业发展基金,首期90亿元运行正常,解决了重大项目建设资本金不足和地方资本金欠账等问题。当年,贵州省编制了《贵州省高速公路规划(加密规划)》,启动了1万km高速公路建设攻坚决战;新开工高速公路项目9个618km,在建高速公路项目达27个1705km,新增高速公路通车里程305km,全省高速公路通车里程达5433km。

第二章
综合交通运输与贵州经济社会发展

综合交通运输体系包括水路运输系统、公路运输系统、铁路运输系统、民用航空运输系统、管道运输系统等。贵州高速公路、高速铁路、民用机场、轨道交通、内河航运等多种交通方式的快速发展,加快了现代综合交通运输体系的构建,推动形成了多式联运、互联互通的大交通格局,促进了地方经济社会的发展。

第一节 综合交通运输体系的构建

贵州综合交通运输体系经过不断的发展建设已初具规模,到"十二五"期末以交通、水利为重点的基础设施建设取得突破性进展,基本解决制约贵州交通的瓶颈问题。根据"十三五"规划,到2020年贵州现代综合交通运输体系将基本建成。综合交通运输发展将实现新跨越,对进一步优化投资环境、拉动经济增长、增强对外交流、促进民生改善等方面必将发挥重要作用,有效支撑和引领贵州经济社会发展。

一、高速公路建设

"天无三日晴,地无三里平""江南千条水,云贵万重山"自古就是外界对贵州的评价和写照,贵州92.5%的面积为山地和丘陵,是全国唯一没有平原支撑的省份。"自古蜀道难于上青天,黔道更比蜀道难",交通的不便严重制约了贵州社会经济的发展。

2016年底,贵州省高速公路通车里程达到5433km,高速公路路网密度达到2.9km/100km^2,在西部地区位居前列;形成15条高速公路出省通道,与相邻省(区、市)形成两条以上高速公路通道。全省88个县(市、区、州)均已贯通高速公路,成为西部地区第一个实现县县通高速公路的省份,也是全国县县通高速公路为数不多的省份之一。贵州县县通高速公路具有历史的里程碑意义,必将载入西部交通建设和贵州经济社会发展的史册。贵州相继做出了"交通优先发展"战略和"交通引领经济"的发展决策,坚持"一张蓝图干到底",举全省之力加大交通基础设施建设力度。特别是"十二五"期间,贵州交通基础设施建设不论资金投入、建设规模还是建设速度,都堪称历史空前,取得了辉煌的成就。

一是破解资金难的问题。贵州省县县通高速公路建设需要大量的资金投入,在国家给力、自身努力、借助外力这三个"力"的作用下,截至2014年年底,贵州省累计完成公路基础设施建设投资3136亿元。到2015年,全省累计完成公路交通固定资产投资约4461亿元,是"十一五"期的3.6倍,超额完成"十二五"规划目标(2725亿元),首次位居全国前列。从投资方向看,"十二五"期高速公路建设完成投资约3505亿元,普通国省干线公路完成485亿元,农村公路完成450亿元,公路运输站场建设完成约21亿元。2016年,全省完成公路水路固定资产投资1500亿元,同比增长20%,约占全省投资的12%、全国交通投资的8%,投资总额位居全国第一,实现历史性突破。

二是破解建设难的问题。在山区复杂条件下,贵州在大型桥梁建设技术、特殊地质环境的公路修筑、复杂地质条件下的隧道建设、高性能机制砂混凝土应用等方面取得了重大突破。以桥梁、隧道为例,全省高速公路平均桥隧比例达到55%左右。2008—2015年,全省新建成高速公路桥梁1549km/6015座、隧道1003km/984座,建成的桥隧总长度达到2552km,相当于贵阳至北京的路线长度。新建成高速公路4206km,路网密度达到2.9km/100km^2,在西部地区位居前列。与相邻省份形成两条以上高速公路通道。向东,将打通连接长三角的高速公路通道;向西,将形成通向东盟的国际高速公路大通道;向南,将更快地融入珠三角;向北,实现与古丝绸之路经济带的高速公路连接。贵州与外界的联系更加畅通快捷,创造了高原山区建设高速公路的"贵州速度"。图2-1为贵瓮高速公路实景。

图2-1 贵瓮高速公路(刘叶琳 摄)

同时,在科技攻关引领行业创新,围绕贵州交通发展中出现的科技需求,一批省部级重大科研项目攻关,重点突破一批关键、共性技术难题,在支撑工程建设、引领行业创新发展方面成效显著。针对西部山区复杂地质地形条件,从勘察设计、建设施工、养护管理和生态环保等方面系统开展基础研究和技术开发,形成一批山区高速公路修筑技术,其成果居国内先进水平,有力支撑了复杂山区环境下高速公路项目建设;完成了"贵州乌蒙山区毕都高速公路安全保障科技示范工程"等交通运输部科技示范项目,有力推动了交通科技成果推广应用;以"互联网+便捷交通"推进智慧交通建设,率先开展智能交通云的建设和应用。交通运输科技成果连续3年获得贵州省科技进步和成果推广一等奖。贵州交通科技发展折射了交通改变地理劣势、奋斗推动跨越的创新精神,是一笔当代贵州的可贵财富。

三是着力提升高速公路的综合服务水平。"十二五"以来,贵州省大力推进国家公路运输枢纽场站、县级汽车客运站、重要风景旅游区客运站和农村客运站建设,积极支持和引导综合客运枢纽建设。枢纽场站建设取得新进展,交通衔接转换效率不断提升。同时,2014年贵州省启动"多彩贵州·最美高速"创建工作,要求通过完善管理制度、绿化美化公路和服务区环境治理,对高速公路服务区、收费站等实施星级服务、特色经营、景观改造和智能建设,打造出"一条大道、两路风景、三季有花、四季常绿、常年洁美"的高速公路亮丽风景线。通过充分发挥高速公路流通服务功能,有利于贵州大扶贫战略行动的强力推进,有利于贵州积极参与"一带一路"倡议和长江经济带国家战略的实施,加快构建全方位的对外开放新格局。

"十二五"以来,贵州创新发展,按照创新模式、创新投融资体制的要求,吸引中国交建、中国铁建等大型央企,采用BOT模式建设高速公路1589km,吸引企业投资1770亿元,借助外来资金、管理方式,对提前实现高速公路规划目标起到了重要作用,也对原定到2018年实现"县县通高速"目标提前3年实现奠定了坚实基础。2016年,贵州省编制了《贵州省高速公路规划(加密规划)》,新增高速公路通车里程305km,全省高速公路通车里程达5433km。

二、水运航道建设

"十二五"期间,贵州投资63亿元加快水运基础设施建设,全面完成国家规划的西南水运出海中线通道(贵州段)航运扩建工程和乌江航运建设工程(图2-2);打通西南地区连

图2-2 乌江峡谷思林水电站

注:2016年1月5日,思南县乌江峡谷里的思林水电站,一艘货船在通过大坝500吨级升船
机提升后,翻越大坝向前航行。至此,贵州省乌江航道实现全线航道。

接长三角、珠三角地区水运通道，重点推进红水河龙滩、乌江构皮滩等水利枢纽通航设施建设，并全面推进都柳江干流航电结合梯级开发。同时，水利建设空前加快，开工和建成黔中水利枢纽、夹岩水利枢纽、马岭河水利枢纽等一批大中型水利工程，预计新增供水能力18亿m³，新增农田有效灌溉面积451万亩❶，解决1300万农村人口的饮水安全问题。

三、铁路建设

"十二五"时期是贵州省突破瓶颈制约、基础设施变化最大的五年。贵州大力推进铁路建设，扩大路网覆盖面。其中，2015年，成都铁路局在贵州省投资290.6亿元。其中，基建投资276.8亿元、更新改造资金8.9亿元、货场建设资金4.9亿元。2015年年内，沪昆高速铁路贵阳至长沙、贵阳枢纽龙里至白云联络线、林织铁路（林歹至织金）、织纳铁路（织金至纳雍）和织毕铁路（织金至毕节）5条铁路建成通车，纳雍结束了不通铁路的历史。作为隆黄铁路叙永至织金段的重要组成部分，织毕铁路的建成通车贯通了成渝铁路和贵昆铁路，西南地区大宗货物出海又增加了一条重要的南下通道。同时，贵南（贵阳至南宁）高速铁路、六盘水至安顺城际铁路、隆黄铁路叙永至毕节段、湖林支线（湖潮至林歹）改线工程4条铁路于2016年内开工建设。六盘水至安顺城际铁路于2016年6月正式开工建设，六安城际铁路全长120.79km，设计速度250km/h，建成后，六盘水将融入沪昆高速铁路网络，届时，贵阳至六盘水只需约1小时。

按照国家和贵州省铁路建设规划，到2020年，全省铁路里程将达到4400km以上，其中高速铁路接近2000km，基本建成适应贵州省经济社会发展的现代化铁路网，为贵州与全国同步全面建成小康社会提供坚实的交通运输保障。

"十三五"期间，贵州省将规划建设贵阳至南宁、贵阳至郑州、贵阳经兴义至河口的省际高速铁路，这意味着到"十三五"结束，贵州省将至少拥有5条省际高速铁路线路。同时，贵州省还将规划贵阳经安顺至六盘水、贵阳经开阳至遵义、贵阳经都匀至凯里等城际铁路。力争到2020年建成贵阳至省内主要城市群1小时，至周边省会城市2小时，至全国主要经济区3~7小时的高速铁路交通网。目前贵州省第一条高速铁路是已经于2014年12月26日开通的贵广高铁，此后，沪昆高速铁路贵州段于2015年6月30日开通运营（图2-3），2015年9月20日白龙客运专线开通运营、高速铁路龙洞堡站投入使用。此外，贵阳至各市州中心城市将基本实现高速铁路连接，相邻市州中心城市铁路连接加快建设，至2020年，贵州将初步建成"北连川渝、南通两广、西通云南、东南亚、东连长三角"的铁路大通道，构建出一张通江达海、功能完善的现代化铁路网络。

---

❶ 1亩=666.6m²。

图 2-3　沪昆高速铁路三穗站

注：2015 年 6 月 18 日，沪昆高速铁路正式通车。

铁路建设的快速发展对构建综合交通运输体系、推动贵州省产业结构优化升级、促进区域协调发展、加快城镇化和工业化进程、带动沿线旅游商贸等服务业的快速发展发挥了重要作用。

四、航空运输体系建设

现代交通是一个综合体系，多种运输方式各有所长，相互之间既有一定的替代性，也有一定的不可替代性。在我国现阶段，大宗货物远距离运输，铁路是最佳选择；近距离的客货集散，公路最为经济；石油、天然气则适合采用管道运输；航空运输的优势是快捷、安全、舒适。因此，不同运输方式虽然在某些时候、某些场合存在竞争性，但是在更多时候、更多场合表现出互补性。无论是客运还是货运，都不能一概而论，旅客有多种层次、多种需求，货物也有多种性质、多种形式，因此可供选择的运输方式应当是越多越好。就目前来看，国际旅行、国内远距离公务商务出行和旅游、部分高附加值产品和鲜活产品的运输主要依赖于航空，而且其绝对数量和相对数量都会随着经济增长而不断增长。当前，贵州省航空运输体系发展迅速，在国家"十三五"规划中，迎来了"遍地开花"的繁荣景象。2015 年 10 月 27 日，梦想 787 宽体客机首航贵阳（图 2-4）。

作为西南地区重要省份，贵州近年来在航空领域发展迅猛。2014 年，贵州省各机场累计完成旅客吞吐量 1420 万人次，同比增长 26.2%，增速名列全国第一。通航机场实现 9 个市（州）全覆盖，民航进出港旅客人数增速位居全国前列。贵州省有望在 2020 年形成"一干十五支"的机场布局。而 2015 年支线机场已实现旅客吞吐量保障 240 万人次。"十三五"规划中，贵州将规划建设"一干十五支"机场，2020 年贵州省至少有 13 个支线机场可通航营运（图 2-5）。与此同时，贵州将努力增加运力投放，2016 年内新开（加密）航

图 2-4　客机抵达贵阳机场

注：2015 年 10 月 12 日，梦想 787 宽体客机首航贵阳。

线 30 条以上，开辟贵阳至拉萨、银川等省会城市航线，实现与各省会城市航班无盲点运行；开通贵阳至国内主要门户机场中转联程至欧洲、美国、澳大利亚、日本、韩国的国际通道，新开 1~2 条贵阳至东南亚国家的国际航线。通过优化航线，逐步形成以贵阳龙洞堡机场为中心的干支联动的航空辐射网络，构建干支协调发展格局。

图 2-5　贵州省一干十三支机场分布图

2016 年，贵州省机场集团运输生产量保持快速增长。其中，贵阳机场旅客吞吐量突破 1500 万人次，创历史新高，在全国民用机场当中位列第 23 位；遵义机场旅客吞吐量突破 100 万人次，成为贵州首个突破百万的支线机场；毕节机场旅客吞吐量达 73.3 万人次；铜仁机场和兴义机场双双突破 50 万人次。

五、综合交通运输系统存在的不足

交通运输与经济协调发展，能为经济发展提供良好的支撑条件，促进经济的快速、健康发展,带来巨大的社会和经济效益。然而现实中,交通运输与经济往往处于不协调发展状况,严重影响社会经济的发展。交通运输系统与经济系统协调发展是区域发展的重要条件之一,研究两系统如何协调发展是实现区域健康发展的重要一环。而要达到区域经济系统与交通运输系统的协调发展,就要找寻经济系统与交通运输系统协调发展的评价方法与实现手段。

尽管贵州交通运输发展已取得了丰硕的成果,但是与经济社会发展的宏观战略要求相比,与各族群众"脱贫致富奔小康"的重大期盼及日益增长的交通运输需求相比,仍存在供给不足、结构不优、品质不高、发展不协调等问题和薄弱环节,突出表现在以下方面。

1. 交通供给总量仍然不足,结构不尽合理

高速公路网络仍存在薄弱环节。尽管贵州省高速公路建设取得了突出成绩,但网络仍然不够完善,新增国家高速公路中,尚有600多公里未建成通车,省际通道中北向、东向仍有较大的强化空间。一些对于提升路网衔接转换效率具有重要作用的路线尚未建成,部分大中城市过境仍然不畅。同时,随着经济的快速发展和汽车保有量的不断提升,部分早期建成的重要通道逐渐呈现通行能力不足、效率不高等问题,难以适应长远发展需要。

普通国省干线公路技术等级严重偏低。到"十二五"末,规划调整后的普通国道二级及以上公路比重仅为53%,与全国平均水平(70%)仍存在较大差距。普通省道由于主要从县乡道中纳入,基础十分薄弱,二级及以上公路比例仅为10%,并且还存在约2600km无路或等外路段,路网整体技术等级严重偏低,干线路网功能未能有效发挥。

农村公路通畅水平有待进一步提高。到"十二五"末,全省仍将有25%的建制村难以实现通硬化路。部分通村油路路面宽度窄、安保设施不足,存在较大的安全隐患,难以满足农村客运安全运营的要求。农村公路网覆盖不足,6051个撤并建制村和2106个异地移民安置点中,分别仅有235个和966个实现通硬化路。农村公路技术状况不佳,等外公路占到了50%以上,铺装路面比重仅为33%,均较全国平均水平低30余个百分点。农村公路网络化水平低,仍以树状形态为主,断头路普遍存在。早期建设的县乡公路路面破损较为严重,亟待进行改造。

水运基础设施建设滞后,通道尚未形成。"十二五"末,全省高等级航道里程共800多公里,只有通航总里程的五分之一,三级航道和千吨级及以上码头泊位几乎为零。乌江、南北盘江—红水河由于电站未建过船设施,水运通道尚未形成。水运发展状况尚不能适应全省经济跨越式发展和运输需求不断提高的需求,是综合运输体系中最薄弱的环节。

2. 综合运输衔接协调不畅,整体效率较低

综合客运枢纽建设推进困难。受部门分割等体制因素影响,在铁路和机场的规划、设计和建设中大多未考虑公路客运站设置的问题,且协调难度大,综合客运枢纽建设推进十

分困难。贵州省已建和在建的高铁线路涉及车站中,公路客运站和高铁站普遍没有实现一体化设计,换乘不便、土地浪费等问题普遍存在,"零距离换乘"的理念未能有效体现。

港口集疏运道路建设滞后。随着内河航行条件的逐步改善,港口集疏运公路建设滞后的问题逐渐显现。目前贵州省已建和规划的地区重要港口集疏运公路总里程为685km,其中二级及以上公路为71km,仅占总里程的10%。港口集疏运公路等级偏低,与重要节点通达性较差,通行效率和能力难以满足港区未来发展的需要。

3. 运输服务发展仍显滞后,服务品质不高

客运站场建设运营状况不佳。公路、铁路、航空、城市公交等运输方式在换乘枢纽建设上缺乏统一布局,衔接不畅。部分县城客运站由于建成年限较长,存在设施设备老旧、公交等配套服务缺失、交通组织不畅等问题。乡镇客运站受选址远离乡镇中心及进站费用高、进站车辆少等因素制约,投入运营的仅占建成数的34.8%,闲置问题突出。

城市公交仍无法满足需求,出租汽车行业管理有待改善。场站等城市公共交通基础设施供给不足。公交基础设施建设不足、路权优先保障欠缺、线网布设不合理等问题突出,9个市(州)政府所在城市中心区的公交车中可实现集中停放的比例仅40%,余下车辆仍占道停放,新建居民住宅区、交通综合枢纽的配套公共交通设施与项目主体建设不同步。公交优先发展未得到重视,各地在城市总体规划编制中,对公交优先发展战略重视不够,公交车辆运行速度低下、服务水平不高、线网布设不合理、覆盖面较低等因素,制约了人们选择公交出行的意愿,城市拥堵较为严重。出租汽车行业供给总量仍然不足,市场秩序有待规范。贵阳等部分城市出租车总量不足,市民出行打车难的问题长期存在。油费高、交通堵、管理费用高、非法营运等因素对已有经营权车辆造成了较大影响。非法营运现象严重,"黑车"屡禁不止,对出租车市场造成了严重干扰。随着网上召车等新模式的不断出现,相关法规法律不健全,监管手段相对落后,管理难度较大。

农村客运发展水平不高。截至2014年年底,全省仍有28%的建制村不通客运班车,农民群众的基本出行需求仍未满足。已开通的农村客运班线普遍存在班次数量少、车辆技术水平低、便利性和舒适性较差等问题。同时,受农村客源分散、客流量小等因素影响,农村客运运营成本高,客运班线开通后维持较为困难。

物流业发展水平较低。全省大多数物流节点城市缺乏相应的物流中转、交易、配送等服务功能,缺乏功能完备的现代物流产业基地。物流企业"小、散、弱"问题突出,缺乏龙头企业带动,个体运输户占到了全省道路货物运输业户总数的98%。运输组织方式不够先进,公路运输仍以零担为主,集装箱运输方式少,甩挂运输、多式联运、城市共同配送等先进运输组织模式发展较为滞后。

4. 智慧交通发展基础薄弱,支撑能力不足

交通信息服务发展总体滞后。公众出行信息服务系统建设进展缓慢,与社会公众的

需求还存在较大差距。交通监测监控系统建设相对滞后,运行监控能力不足,目前尚未实现视频监控系统对重点路段和重要交通枢纽的全面覆盖,部分重点运输车辆未安装卫星定位系统,无法实现对营运车辆的全过程动态监控。

信息化对行业发展的支撑作用尚未充分发挥。交通信息化建设"重建设、轻管理、轻应用"的现象仍然存在,对日常业务运行的支撑和改造不足,信息化条件下的业务模式创新、业务流程优化、业务机制重构尚未起步,信息化对交通运输转型发展的作用尚未充分体现。

5. 管理体制机制仍不适应,亟待优化完善

管理体制机制需进一步理顺。"大交通"管理体制改革尚未得到有效推进,综合交通运输发展缺乏顶层规划,各运输方式间协调困难。公路水路养护资金保障机制尚未有效建立,养护市场化推进困难。市、县两级运管机构合并工作推进缓慢,城乡分割、多头管理现象明显。

行业治理能力有待进一步增强。行业法律法规体系和标准化建设还不够完善,公路水路行政执法管理缺乏更完善且可执行性强的法律法规依据。综合交通、城市公交、现代物流、智能交通、节能环保等新兴领域还欠缺相应的法规、标准和规范。

第二节　综合交通运输对贵州经济社会发展的推动作用

"十三五"规划中,贵州进一步提出了构建现代综合立体交通网络方针。加快铁路建设,建成贵阳至昆明、重庆、成都、南宁等高速铁路,形成贵阳与周边省会城市2~3小时交通圈,构建通达全国的高速铁路网。同时,规划建设"三环八射"铁路网和贵阳至兴义等城际铁路,支持贵阳、遵义、六盘水等城市轨道建设,打造贵阳至黔中城市群其他中心城市1小时、至其他市(州)中心城市2小时铁路交通圈。加快高速公路建设,建成环贵州高速公路,形成省内"六横七纵八联四环线"高速公路网络,增加出省通道,完善高速公路路网连接通道。加大国省干道改造养护力度,推进基础设施向县以下延伸,实现村村通沥青路或水泥路、村村通客运。加快完善民用航空体系,形成"一枢纽十六支"机场布局。大力推进乌江、南北盘江—红水河、都柳江、清水江通航设施建设,形成通江达海的水运出省通道。建成一批"多式零距离换乘"交通枢纽。国家在交通运输体系上的全面布局意味着贵州省综合运输体系将进一步实现加快发展、提质增效、转型升级的局面。

一、为贵州经济发展提供有力支撑

不沿边、不沿江、不沿海,地处典型内陆山区的地理条件,决定了发展交通在贵州势在必行。尽管这对财政收入并不充裕的贵州来说,困难大一些,可交通发展的黄金机遇期不

容错过。"十二五"以来,贵州举全省之力加快以道路交通为重点的基础设施建设,交通运输工作取得巨大成就。公路、水路建设全面提速,服务保障能力不断提升,与全国公路网的连接更加紧密,交通瓶颈制约得到了有效缓解,贵州综合交通运输体系建设完善之后反作用于贵州经济,经济发展速度加快。

贵州经济的发展以前过于单一化,交通的落后与单一也是造成经济增速慢的主要原因之一,现在高速公路、水运、高速铁路、航空运输的快速发展,对贵州的经济发展推动性较大,交通便利了,经济推动就更加方便,支撑起贵州越来越多的产业,随着大数据、旅游业等蓬勃兴起,交通运输体系的完善确实保障了产业的发展,这样经济推动就更加有层次感,贵州越来越多的产业为人所熟知,也能通过广阔的交通运输体系推广到五湖四海。以最重要的高速公路运输发展为例,高速公路发展带来产业的调整。2015年贵州实现了县县通高速公路。贯穿东西南北,省县乡道纵横交错,农村路网四通八达。以毕节地区的黔西县为例,境内正在加快建设的高速公路全长310.5km,加上当年56km的铁路建设,从黔西县到贵阳经过黔贵高速公路仅仅用时40分钟,在原来的基础上缩短了两个半小时。截至2016年年底,该县形成铁路、高速公路、省道县道、乡村道路纵横交错、四通八达的立体化、网络化交通大格局,成为连通贵州西部与大西北的重要通道。这些高速公路,成为当地农民就业和增收的"助推器",被群众称之为"幸福路"。同时,该县坚定不移利用高速路带动产业发展实施扶贫攻坚项目,推动区域经济实现转型跨越发展,给农民带来产业调整,桂花基地、水果基地等一系列基地等生态种植技术的诞生,助推该县的经济发展,带动群众决战贫困、奔小康。高速公路网络的不断完善,正在引领贵州新一轮产业转移和产业结构的调整。贵州先后吸引了微软、西门子、修正等26家500强企业和阿里巴巴等优强企业入驻,为贵州产业结构调整和优化带来新的契机。贵州省高速公路已覆盖全省规划重点产业园区85%以上,52个示范小城镇、53个重点旅游景区、63个现代高效农业示范园区与高速公路实现连接。

二、为贵州经济发展提速

综合交通运输体系的建设一方面改善了贵州交通运输网结构,缓解了交通拥挤落后的状况,提高了贵州综合交通运输的效益和服务水平;另一方面,促进了沿线经济的发展和结构调整,加强了与沿海地区、工业中心的联系,增加了区位发展优势。

综合交通运输体系对经济的贡献主要为:一是综合交通运输体系建设中拉动国民经济发展;二是综合交通运输体系日益完善之后,综合交通运输所创造的价值;三是综合交通运输体系的建成,所创造的巨大的社会效益,这部分难以定量计算。贵州省综合交通运输体系可以从以下方面拉动经济增长:一是综合交通运输体系可以对国民经济各部门产生直接需求,综合交通运输体系方面的投资增加可以促进建筑业,交通运输设备制造业,电子及通信设备制造业,专用设备制造业等行业的发展;二是对国民经济各部门的生产产生诱发影响,综合交通运输体系投资不仅直接影响部分行业生产的增加,而且更重要的是由于这些行业生产的增加诱发了国民经济各部门生产的增加。

这些成就的取得与贵州综合交通运输体系发展有十分密切的关系。在生产经营中,综合交通运输体系作为物资生产部门本身创造价值。综合交通运输体系的完善建成,一方面减少了经济往来的在途时间,降低了生产成本和消耗,为运输企业创造了更多的利润;另一方面提高了贵州交通运输的竞争力,吸引更多的物流和人流,扩大了市场份额,使得综合交通运输尤其是陆运和空运运输呈大幅度增长趋势,增加了交通运输业的附加值。综合交通运输体系的建成极大改善了运输条件,使得客货运输呈大幅度增长,增加了交通运输业的附加值,推动经济的增长;同时由于贵州省综合交通运输体系的完善,改善了投资环境,促进了沿线地区经济的发展,据统计,沿线地区工业产值在交通运输体系完善建成之后与建成之前相比明显增加,经济发展步伐明显加快。

三、带动各地区旅游业的发展

综合交通运输是实现旅游流要素有机结合的必要条件,是除旅游资源自身条件外影响旅游资源开发的首要因素(包括交通时间、费用、安全等),因此旅游业与公路发展密不可分。高速公路有力促进了沿线旅游点的开发,由于缩短了时间距离,扩大了服务范围,促进了旅游人数和收入的增加,可以说没有高速公路就没有旅游业的快速发展。贵州省旅游资源十分丰富,贵黄及贵遵高速公路开通后,促进了黄果树、遵义等地旅游的发展。据统计,1996—2009年,贵州旅游在国内游客及收入方面增势强劲,年增长率平均在50.32%以上;而贵黄及贵遵线开通前的1990—1995年间,国外游客年增长率基本稳定在10%左右,增长幅度很小。相比较而言,赤水地区有丰富的旅游资源,但由于交通条件限制,特别是没有开通高速公路,使许多旅游资源没有得到很好地开发和利用,旅游人数和收入较少,影响了全省旅游业的发展。以黔西县为例,2014年12月31日,黔西县至大方高速公路正式开通。来黔西旅游的客人,看完百里杜鹃、乌骆坝观光园、水西古城后,就直接到大方,游览奢香大院、九洞天等风景。加上黔织高速公路的开通,旅客游览杜鹃花之后,直接乘车半小时就可以到达织金龙宫。2015年国庆期间,黔西县的游客人数在上年的基础上增加3倍以上,其原因就是该县的交通便利及该县的旅游景区风景迷人。由于交通条件便利,贵州省很多县(市)陆续进行旅游开发、农业产业化发展、生态乡村建设、精准扶贫攻坚深度融合,发展集民风民俗体验、田园风光观光于一体的乡村旅游产业带,为"高速时代"后的"全域旅游"奠定了基础。

四、加快城市化进程

综合交通运输体系以其发展速度快、能力强等特点缩短了大城市间的时间距离,加强了城市间的交流,增强了大城市的集聚效应,扩大了其服务范围,从而有力地吸纳农村劳动力从事第二、三产业,提高了全省城市化水平;贵州省综合交通运输体系的发展促进了城镇体系的建设和发展。沿线建设城镇,根据贵州省综合交通运输体系调整城镇布局,一方面使城镇有了便捷的交通条件,另一方面通过综合交通运输沟通村镇与大中城市的联系,有利于商品的流通,促进了地方经济的发展,使城镇经济快速增长,吸引更多的农村人口,提高了城镇化水平。贵州省城市化水平有了较快提高,按非农人口占总人口比重计算,1999年城市化水平为14.51%,到2009年约为30%,翻了一番。

根据贵州省人民政府《关于深入推进新型城镇化建设的实施意见》(黔府发〔2016〕14号),贵州以构建"一核、一群、两圈、六组、多点"省域城镇体系为导向,突出贵阳中心城区、贵安新区同城发展的主核,积极发展贵阳—安顺都市圈和遵义都市圈,培育发展黔中城市群。加快建设六盘水市、安顺市、毕节市、铜仁市、黔东南州、黔南州、黔西南州等市(州)政府所在地城市,提高城市建设品质。着力发展一批节点城市、县城和重点景区,提高县域经济支撑作用。整体推进小城镇扩容提质发展,夯实城镇化发展基础。分类推进美丽乡村建设,提高城乡统筹发展能力。到2020年,基本形成"个(黔中城市群)、十[9个市(州)所在地城市和贵安新区]、百(100个县城及重点景区)、千(1000个小城镇)、万(10000个风貌村庄)"的城镇化空间格局,黔中城市群城镇人口发展到1100万人左右。

五、提高运输质量和服务水平

长期以来,由于公路、水路等级低运输条件较差不能形成运输主通道,使贵州省综合交通运输的服务质量和水平较低,而综合交通运输体系以其能力大,速度快,安全性能好等优点改变了综合交通运输的被动局面。截至2015年年底,贵州省高速公路达5000余公里,形成了高速公路主骨架,提高了公路网等级。高速公路以其速度快、运能大,安全性能好、成本低等优势,极大地改善了人们出行的条件,城市间旅行时间仅为原先的一半左右;由于有了较好的基础设施,促进了车辆的更新换代,许多运输公司引进越来越多性能优良的车辆,淘汰了现有陈旧的车辆,公路运输安全性、舒适性和运输效率有了大幅提高。加上运输价格具有竞争优势,吸引越来越多的客货运输量,改变了全省的运输结构,提高了服务质量和水平。

六、促进人们观念现代化和社会文明的进步

贵州是一个多民族的省份,由于喀斯特生态环境脆弱,自然条件恶劣,交通闭塞,人们习惯"日出而作、日落而息"的小农经济,恋乡情结较重,思想陈旧,观念落后,缺乏商品意识。过去没有见过汽车,没有走出过山门的大有人在。随着综合交通运输体系快速发展,形成了沟通四面八方的"交通网",为山里人走出大山,创造了条件,加强了"贵州山里人"与外界的联系,广大人民群众纷纷走出自己的家乡,融入市场经济建设的大潮中,开阔了

眼界,扩大了对外交流,特别是"多彩贵州",向世人宣传贵州民族风情,"蝉之声"侗族大歌,在全国原生态歌曲中一举夺得银奖,让人们知道贵州不仅山美、水美,而且人也美。路通了,人们从封闭环境走向开放,增强了自我的商品意识、竞争意识、开放意识和发展意识,拓宽了发展经济脱贫致富的思路,综合交通运输体系经过的市镇建设明显加快,贵州的经济建设和社会文明建设取得了前所未有的进步,增长速度飞快,每年由于交通运输带来的经济增长显而易见,交通运输体系的全面开展必将带来贵州经济的全面提升。

七、提升贵州经济健康稳定上扬

1. 综合交通运输增加了城市吞吐量,城市拥挤情况缓解

综合交通运输使得较早的比较落后的运输渠道逐渐淘汰。原先落后的交通运输使得本来就平原较少的贵州省变得异常拥堵,例如贵阳市、遵义市等,路面狭窄,而随着交通运输体系的完善建成,轻轨、高架桥通道,改变了贵州省内单一的交通运输方式,这样完善的交通运输带来了客流量,也稳定解决了城市内的拥挤。

城市交通路段的四通八达,交通运输体系的不断进步,对贵州省接纳更多的外来人口提供了便利。以贵阳市为例,大力建设立体式交通,随着贵阳市轨道交通1号线、2号线等相继完工,不仅仅将缓解贵阳市的交通拥挤问题,对贵阳运输行业的发展也极为重要。道路顺畅了,交通运输更加便捷之后,贵州的经济发展才能更加趋于健康,才能在提速中稳定上扬。

综合交通运输体系的建成,对贵州省交通客运运输、物流运输等行业都是一个利好消息,以前贵州客运速度较迟缓,而且多以走危险山路绕行为主,这样的交通运输不能保障贵州经济的稳定发展。而贵州交通运输体系完善成型之后,高速公路、高速铁路、贵州省内部分地区的机场建设完善,客运压力减小,提升了客运的速度以及往来之间的方便性,物流运输安全性加大,贵州与省外的联系更加紧密。综合交通运输体系带来的是经济发展的更加合理性,带来的是经济发展的稳定健康。

1986—2016年间,贵州省道路客货运输量及周转量分别见表2-1、表2-2。

贵州省1986—2016年道路旅客运输运量及周转量　　表2-1

年份(年)	客运量(万人)	旅客周转量(亿人公里)	年份(年)	客运量(万人)	旅客周转量(亿人公里)
1986	9387	28.70	1992	20262	69.84
1987	11854	39.60	1993	22010	75.12
1988	12564	44.14	1994	25313	84.53
1989	13125	47.16	1995	34304	88.32
1990	15682	53.34	1996	40245	96.84
1991	17718	62.52	1997	44416	92.52

续上表

年份(年)	客运量(万人)	旅客周转量(亿人公里)	年份(年)	客运量(万人)	旅客周转量(亿人公里)
1998	45987	99.97	2008	75350	241.15
1999	46807	109.95	2009	80044	264.06
2000	50313	116.54	2010	92426	320.46
2001	52154	125.76	2011	11.44亿人次	422.01
2002	53478	133.60	2012	7.66亿人次	420.76
2003	52695	135.31	2013	8.81亿人次	507.43
2004	56077	150.79	2014	8.02亿人次	412.92
2005	61414	164.91	2015	8.28亿人次	440.59
2006	65786	186.91	2016	8.21亿人次	443.09
2007	70377	206.40			

贵州省1986—2016年道路货物运输运量及周转量　　　　表2-2

年份(年)	货运量(万吨)	货物周转量(亿吨公里)	年份(年)	货运量(万吨)	货物周转量(亿吨公里)
1986	4510	20.44	2002	12685	74.25
1987	5479	26.87	2003	12886	76.63
1988	6413	33.50	2004	13541	84.27
1989	7170	38.96	2005	15082	94.15
1990	7414	41.84	2006	17284	114.48
1991	7551	42.51	2007	18834	127.99
1992	8752	49.84	2008	26156	234.96
1993	8851	49.12	2009	27031	241.60
1994	9453	50.06	2010	31409	293.00
1995	9806	51.34	2011	4.15亿吨	384.03
1996	9192	51.07	2012	4.50亿吨	467.61
1997	10117	54.06	2013	5.45亿吨	584.51
1998	10219	54.84	2014	7.65亿吨	776.58
1999	10449	60.28	2015	8.46亿吨	897.46
2000	11684	65.86	2016	8.22亿吨	873.23
2001	12114	70.36			

2. 地方劳务输出方便快捷

以往贵州除了几个经济发达的市县之外,大部分的地区比较落后,而造成区域落后的原因绝大部分在于交通闭塞,城市之间往来不紧密,而农村人民劳动力无法输出,没法方便快捷地走出村镇,随着综合交通运输体系的发展,县与县、市与市之间的联系越发紧密,使得劳动力能够更好地输出到需要的地方,农民的收入不断提高。经济发展的健康上扬带来了更好的社会效应。

3. 综合交通运输体系使得贵州省内外经济往来更加密切

贵州省内外的沟通也因为综合交通的发展越发方便快捷,贵州省内部分产业通过完善全面的综合交通运输体系得以走出去,产业的省内外市场拓展很大程度上促进了经济的飞速发展。

第三节 综合交通运输与贵州经济协调发展展望

1. 实现"加速发展、加快转型、推动跨越",要求交通运输行业保持加快发展、适度超前的良好势头

一方面,随着基础设施和公共事业的不断完善,产业基础不断巩固,改革红利、资源红利、政策红利集中释放,"十三五"期贵州将迎来后发赶超、推动跨越的重要战略机遇期,进入工业化、城镇化加快推进的新阶段。全省经济总量将不断扩大,市场活力不断增强,人员和物资流动不断加快,公路客货运需求将保持持续旺盛的增长趋势,迫切要求加快交通运输发展,进一步提升交通基础设施供给能力和服务能力。另一方面,从宏观形势看,在发展方式转变、经济结构调整的特殊阶段,拉动经济的"三驾马车"存在着投资增长乏力、新的消费热点带动不足、外需没有大的起色等突出问题,经济面临下行压力。对于贵州而言,传统的以投资作为增长主引擎的经济发展模式在短期内难以得到根本性转变,"十三五"期仍需要发挥交通基础设施建设对消化过剩产能、稳定经济增长、促进民生改善的重要作用。无论从支撑需求升级,还是从拉动经济增长的角度,"十三五"期贵州交通运输都需要保持一定的发展规模和速度,全力巩固稳中向好的发展态势,为实现经济社会发展目标提供有力支撑。

2. 参与"一带一路"倡议、长江经济带国家战略实施,要求构建互联互通交通网,巩固西南重要陆路交通枢纽地位

党中央、国务院统筹国际、国内两个大局,先后提出了"一带一路"倡议、长江经济带建设的战略构想,要求建立区域互动、优势互补、紧密协作的区域发展新格局,促进全面对外开放,实现区域经济一体化发展。贵州处于"丝绸之路经济带"和"海上丝绸之路"的重

要交汇点,是长江经济带的重要腹地,地缘优势十分突出。未来一段时期,贵州将抢抓国家重大战略实施的大好机遇,努力培育开放型经济,积极参与区域产业转移和分工协作,打造面向东盟的开放前沿地带,进一步发挥在中国—中南半岛经济走廊、孟中印缅经济走廊中的重要作用。这就要求加快现代综合交通运输体系建设步伐,进一步完善跨区域物流大通道,加快打造跨省互联互通先行区,并加强集疏运网络、综合客运枢纽等综合交通运输衔接转换环节建设,促进公路、水路、铁路、民航等多种方式的深度融合和顺畅衔接。

随着《贵州省高速公路网规划(加密规划)》的实施,必将加快构建黔中连接珠三角、成渝、长株潭等重要经济区、城市群的高速公路通道,高速公路网通达所有市县并覆盖全省所有3A级及以上旅游景区及大部分乡镇,连接国家公路枢纽、铁路枢纽、机场等重要交通运输枢纽及产业基地。届时,综合交通运输对贵州经济社会发展的推动作用将会凸显。

3. 促进集中连片特困地区开发,确保同步实现全面小康,要求提升交通基本公共服务水平

"十三五"期是贵州全面建成小康社会的攻坚时期。由于历史和自然条件制约,贵州集中连片特困地区、民族地区和广大农村地区经济基础薄弱,基础设施条件较差,贫困程度深,是全面建成小康社会的薄弱环节和短板。"十三五"期,贵州将继续以集中连片特困地区为"主战场",以国家扶贫开发工作重点县、贫困乡、贫困村为突破口,以贫困户为着力点,大力推进扶贫开发,强化贫困地区基础设施,壮大特色优势产业,提升区域城乡协调发展水平。交通运输作为基础性、先导性产业和服务性行业,是保障和改善民生的重要支撑,是体现国家公共基础服务的重要载体。支撑和保障全面建成小康社会,要求进一步完善农村公路网络,提高通达深度、改善技术状况,提升交通运输基本公共服务水平。

4. 培育经济发展新业态、促进行业转型升级,要求以信息化引领运输服务品质提升和行业转型升级

"十三五"期,国家将进一步鼓励"大众创业、万众创新",大力培育经济发展新业态、新模式。贵州省将坚持创新驱动发展,促进经济转型和提质增效升级,打造经济新的增长点。以移动互联网、大数据、云计算、物联网等为代表的新一轮科技创新快速兴起,将对生产生活方式、客货出行选择、产业发展形态、交通服务模式带来革命性的影响。这就要求交通运输行业紧随形势,主动响应国家"互联网+"行动计划,支持交通大数据建设,推进新一代信息技术加速与交通运输产业融合,积极推进新业态发展,以信息化建设推动运输服务产业重构再建,有效提升交通运输的服务品质和智能化水平,并加快培育交通运输领域的新兴经济增长点。

5. 打造生态文明先行区、实现可持续发展,要求构建绿色低碳、安全可靠的交通运输体系

党和国家高度重视生态文明建设工作,将生态文明建设纳入了"五位一体"总体布局。习近平总书记明确指示,要求贵州守住发展和生态两条底线。贵州省从全力保护和发展好生态优势出发,提出要"打造生态文明先行区 建设生态贵州、美丽贵州",提升贵州形象、建设多彩贵州。贵州交通运输发展要坚持生态文明和集约发展理念,转变发展方式,提高资源利用效率,促进绿色交通发展,建设资源节约、环境友好型交通运输体系。同时,贵州地质地形条件复杂、自然灾害发生频率高、生态环境脆弱等特点,要求交通运输增强安全保障能力,完善安全监管与应急体系,有效提升交通系统迅速应对突发事件和自然灾害、应急保障的能力,最大限度地降低安全风险。

6. 全面深化改革和加快推进依法治国,为发展提供动力和保障,要求加强行业改革创新,提升治理能力和水平

"十三五"期是贵州省交通运输深化重点领域改革的重要时期,行业在优化自身结构的同时,要加快推进交通投融资体制改革,理清各层次路网的事权归属和支出责任,优化投融资体制框架,积极破解深层次矛盾和问题,为全省交通运输持续健康发展构建良好的体制基础和政策框架。要积极推进管理职能转变,以行政审批制度改革为重点,加快转变政府职能,深入推进交通运输行政审批制度改革,优化行政审批程序。要建立交通运输行业向社会力量购买公共服务制度,引入市场机制,规范向社会力量购买交通公共服务,着力解决购买服务质量不高、规模不足等问题。

贵州经济的发展与综合交通运输体系的建成完善紧密相联,综合交通运输体系在贵州经济发展道路上起到了协调、加速、健康稳定等作用,这对于贵州经济来说有着极其重要的意义,综合交通运输体系对于贵州经济而言,重要性越发凸显,而且随着运输体系不断完善,贵州经济必将达到一个高峰。

第三章
高速公路建设与运营管理

第一节 贵州省"四个交通"建设

2014年,交通运输部提出加快推进"综合交通、智慧交通、绿色交通、平安交通"发展的战略决策,为交通运输的科学发展指明了方向。

一、综合交通

综合交通运输体系包括水路运输系统、公路运输系统、铁路运输系统、民用航空运输系统、管道运输系统等。贵州高速公路、高速铁路、民用机场、轨道交通、内河航运等多种交通方式的快速发展,加快了现代综合交通运输体系的构建,推动形成了多式联运、互联互通的大交通格局,促进了地方经济社会的发展。其中,综合交通的发展概况详见本书第二章。

二、智慧交通

随着贵州高速公路路网的形成,经济和社会活动日益频繁,交通在人、车、路、环境、管理等方面资源失衡、矛盾加剧,高峰流拥堵、事故救援难、行车难、维护管理成本高等成为高速公路亟待解决的突出问题。为提升高速公路的营运管理水平和服务功能,使交通资源高效有序运行,贵州省建立了信息三级管理的架构模式。省监控中心下辖9个区域中心(贵州省含9个地州),区域中心按地域管理路段及收费站,按权限及优先等级、业务职能实行有效管理。顶层省中心是高速公路监控、通信、收费及隧道管理救援的信息汇集和指挥中心。

贵州省智慧交通发展基础相对薄弱,支撑能力不足,交通信息服务发展总体滞后。公众出行信息服务系统建设进展缓慢,与社会公众的需求还存在较大差距。交通监测监控系统建设相对滞后,监控能力不足,目前尚未实现视频监控系统对重点路段和重要交通枢纽的全面覆盖,部分重点运输车辆未安装卫星定位系统,无法实现对营运车辆的全过程动态监控。

信息技术对行业发展的支撑作用尚未充分发挥。交通信息化建设"重建设、轻管理、轻应用"的现象仍然存在,对日常业务运行的支撑和改造不足,信息化条件下的业务模式创新、业务流程优化、业务机制重构尚未起步,信息化对交通运输转型发展的作用尚未充分体现。

考虑到贵州高速公路智慧交通的基础情况,结合现有的机电技术和工程经济水平,主要推进了以下工作。

1. 监控系统

实现了节点交通量自动采集及分析、多路径识别、车牌自动识别、全程视频监控、交通事件自动检测、服务区信息化管理,布设了高速公路气象站及管理系统、智能雾灯及管理系统等。

2. 通信系统

建立了高速公路通信骨干网,除满足现有需求并保证通信冗余外,全程通信管道满足国家"十三五"规划基本要求,逐步改造了能力不足的通信系统。

3. 收费系统

实现了全省收费站不停车收费(ETC)、智能收费亭推广及收费机电设备高度集成,建立了收费纠纷管控系统,倡导收费员文明服务及实现了高速公路匝道排队检测等。

4. 隧道机电

实现了智能照明及节能系统开发和应用、火灾自动报警及联动、环境自动监测及风机联动、事件监测及无人值守等。

5. 综合管理

逐步建设了一路三方(营运、路政、交警)管理平台,有效促进了交通管理、救援、突发事件的处理,实现了推送重点路段、事故多发点、立交、景区、服务区视频及数据至路政、交警管理及其他道路使用平台。省中心智能交通管控平台整合底层监控数据,使上传的监控信息在所有道路使用者、信息采集和信息发布设施、区域中心智能平台之间定向迅速传递,通过预防和快速消解交通冲突,充分发挥高速公路通行能力,均衡区域路网通行负载,改善交通参与者出行体验,保障路网安全、有序、畅通,减少城市环境污染。

三、绿色交通

在全国范围内大力推进绿色公路建设是缓解全球能源危机、促进生态环境保护的需要。我国政府相关部门高度重视,采取了一系列与应对能源紧张和气候变化相关的对策措施。自2012年党的十八大以来,生态文明建设已经纳入中国特色社会主义建设"五位一体"总体布局。2015年,党的十八届五中全会提出"创新、协调、绿色、开放、共享"五大发展理念,指出坚持绿色发展,必须坚持节约资源和保护环境的基本国策,坚持可持续发展,推进美丽中国建设。

2016年交通运输部印发《关于实施绿色公路建设的指导意见》,明确了绿色公路的发展思路和建设目标,提出了五大建设任务,决定开展五个专项行动,推动公路建设发展转型升级。

在2016年发布的"十三五"规划建议中,绿色发展首次作为五大发展理念之一被纳入并系统化。绿色公路作为绿色交通的重要组成部分,在生态文明建设中得到高度重视。在全球资源节约、环境友好要求的新形势下,必须以全面实施绿色公路建设作为推进绿色交通发展的切入点,以节能减排、资源节约与循环利用和生态环保为核心价值理念,积极研究探索新能源、新材料、新设备和新工艺,大力推进先进技术和产品,实现公路在全寿命周期的能源消耗和碳排放显著降低、环境效益明显改善的发展模式,将绿色发展和生态保护理念引入并贯穿于公路交通规划过程,提升交通生态环境保护品质,促进资源节约和循环高效利用,实现公路建设与经济社会和自然环境的协调发展。

贵州省创建绿色交通重点突出节能减排工作,主要抓好公路建设养护、公路运输和水路运输三个方面的节能减排。为此,贵州省交通运输厅成立了"贵州省交通运输厅节能减排工作领导小组"和"贵州省交通运输厅节能办",明确了相应的职责,与厅属有关单位和各市(州)交通运输部门签订了责任书,将交通节能减排工作纳入目标考核,2016年节能减排目标已全部完成。制定了《贵州省交通运输节能环保"十三五"发展规划》,编制了《贵州省实施绿色公路建设的指导意见(初稿)》,全面贯彻落实绿色发展理念,推动绿色交通实现跨越式发展,加快建设绿色交通省,促进节能减排工作开展。高速公路建设方面,先后将道安高速公路、盘兴高速公路列为创建绿色公路重点项目。2016年,兰州至海口国家高速公路重庆至遵义段(贵州境)扩容工程以及都匀至香格里拉国家高速公路都匀至安顺段两条高速公路在初步设计阶段就已融入了绿色公路建设理念,均编制了绿色公路建设指导意见。

1. 道安高速公路

交通基础设施的低碳化是构建绿色循环低碳交通运输体系的重要内容,如何协调高速公路建设与绿色循环低碳的关系成为实现绿色循环低碳交通运输体系的关键。2010年7月,国家发展改革委下发了《关于开展低碳省区和低碳城市试点工作的通知》,将五省八市(包括贵阳市)列入低碳试点城市。2011年2月,交通运输部发布了《建设低碳交通运输体系指导意见》和《建设低碳交通运输体系试点工作方案》,将十个城市(包括贵阳市)列为第一批低碳交通运输体系试点城市。将道安高速公路打造为一条绿色循环低碳高速公路,是贵阳市结合交通运输部绿色循环低碳交通运输体系和国家发改委低碳城市试点要求所做的一项重要工作,是在高速公路行业贯彻绿色循环低碳理念的一次重要实践,是贵州省交通生态文明建设的重要一环,具有十分重要的现实意义。从功能定位上,道安高速公路项目的建设可以完善贵州省高速公路路网,贯通与重庆对接的第二通道。该路也是贵州乃至西部省份南下北部湾以及联系东盟自由贸易圈的又一条重要的出海、出边快捷通道。通过交通发展推动新一轮"西部大开发",对促进黔北经济区建设,推动工业强省战略,以及加快沿线城镇化建设、促进沿线地区资源集约开发具有重要的意义。同时,沿线社会人文环境独特,自然风光优美,公众对环境保护要求高,将该路打造成为低碳示范公路具有现实需求与基础。

道安高速公路在建设过程中,立足实际,遵循"绿色、循环、低碳"核心理念,分别围绕专项资金支持项目、绿色循环类项目和地方配套项目三个方面,创新集成应用了23项节能减排新材料、新技术、新工艺措施,从而实现了道安高速公路全寿命周期内的节能减排目标,全方位打造了"贵之道,节至安"的试点示范公路。

道安绿色循环低碳公路主题示范性项目依托道安高速公路新建工程,结合项目技术特点和贵州地区地方特色,在工程建设初期提出了本主题示范性项目的总体目标规模,经由交通运输部审核批复,最终形成的本主题示范性项目总体目标如下:通过各项节能减排技术措施的实施,施工阶段节能目标达到20.58万t标准煤,减少CO_2排放量20.62万t;建成后运营阶段形成每年1.95万t标准煤的节能能力,每年减少CO_2排放量2.19万t。

2. 盘兴高速公路

贵州盘兴高速公路于2015年4月被交通运输部列为创建绿色公路项目。该项目是贵州省落实国务院《贵州省生态文明先行示范区建设实施方案》、省人民政府《绿色贵州建设三年行动计划(2015—2017年)》和《"多彩贵州·最美高速"创建工作实施方案》等重大战略的重要举措。本项目的实施,将使盘兴高速公路绿色低碳管理能力明显提升,信息化管理水平显著提高,绿色低碳理念得到宣传和深化;将形成一套完整的绿色循环低碳管理规范与制度体系,建立一套高速公路节能减排能耗统计监测考核体系,总结一套可操作性强、建设模式新颖、技术创新程度高的绿色公路建设模式或技术,以指导将来贵州省乃至全国的公路建设,实现公路建设绿色低碳节能减排体系化和规模化,对我国全面建设绿色循环低碳交通运输体系具有重要示范意义。

本项目拟开展的绿色低碳项目共计40项,涵盖了节约能源消耗、循环集约利用资源、生态与环境保护三大领域。目前各项重点支撑项目进展顺利,配套资金基本落实。根据项目主体工期进度,现已实施完成或正在实施的重点支撑项目共计21个,其余19个重点支撑项目均已纳入施工图设计。截至2016年6月,已实施的重点支撑项目共实现总节能量约2.01万t标准煤,降低CO_2排放量约4.37万t,节能减排效益显著。

四、"多彩贵州·最美高速"暨"平安高速"创建

2014年11月14日,贵州省"多彩贵州·最美高速"创建工作正式启动。根据《省人

民政府关于"多彩贵州·最美高速"创建工作实施方案的批复》,2015年3月18日,省交通运输厅成立了"多彩贵州·最美高速"创建办公室。厅创建办公室在全省"多彩贵州·最美高速"创建工作联席会议办公室的领导下开展工作,办公室设在省高速公路管理局。省高速公路管理局抽调业务骨干参与创建工作。

2015年3月19日,贵州省"平安高速"创建三年行动实施方案正式印发。根据《省人民政府关于"平安高速"创建三年行动实施方案的批复》,2015年7月3日,省交通运输厅成立"平安高速"创建三年行动工作组及办公室,厅创建办公室在全省"平安高速"创建工作联席会议办公室的领导下开展工作。其中,营运高速办公室设在省高速公路管理局,与厅"最美高速"创建办合并办公;在建高速办公室设在省交通建设工程质量监督局。"平安高速"创建办公室负责督促指导高速公路营运和在建各有关单位开展创建工作,全面提升高速公路安全保障能力,确保高速公路安全、有序、畅通,营造良好的道路通行环境。

1. "多彩贵州·最美高速"创建活动目标

通过3年努力,建设和改造服务区113对,形成布局合理、功能配套的服务区。服务区加油(加气、充电)站、汽修、餐饮、加水、商场、住宿以及高速公路沿线广告、高速公路物流配送功能进一步完善,经营行为更加规范、环境更加舒适优美、综合服务能力全面提升,打造特色服务区27对、星级服务区9对以上;形成风貌独特、简洁实用的收费站。新建收费站200个,改造收费站34个。完善收费站各项检测、信息服务功能,实现全省主线收费站ETC覆盖率达100%,匝道收费站ETC覆盖率不低于90%;形成科学规范、功能完善的标识系统。交通标志设置进一步规范,监测预报预警及消防避险等设施设备进一步完善。高速公路智能化建设水平大幅提升,气象、路况、收费等信息服务渠道不断拓宽,快速反应和应急处置能力全面提高;形成顺畅通达、平稳舒适的路况环境。高速公路路产设施完好率达98%以上,技术状况指数(MQI)达85以上,路况优良率达95%以上;交通违法百车违法率降至5%以下,路产损坏赔补率达96%以上,恶性超限超载车辆控制在3.5%以下;形成融入本土、自然和谐的沿线景观。地域生态环境、历史文化、产业特色、民族风情充分展示,营造"人在车中坐、车在画中行"的道路环境,形成"一条大道、两路风景、三季有花、四季常绿、常年洁美"的沿线景观。

2. "平安高速"创建总体目标

通过3年的努力,实现"三下降、四提升"目标,即高速公路各类事故、违法违章、涉路案件明显下降,公路技术状况、道路通行环境、企业安全达标、安全监管水平明显提升,营造高速公路安全通行良好环境。

3. 主要工作

2015年,省高管局创建办承担了省"多彩贵州·最美高速"联席办公室的工作职能,先后制定了《贵州省高速公路服务区服务质量等级评定办法》《贵州省高速公路收费站服务质量等级考核评定办法》《贵州省高速公路路容路貌考核评定办法》《"多彩贵州·最美高速"创建工作地方政府及高速公路执法单位考核评定办法》及《"多彩贵州·最美高速"创建工作综合考核办法》，并对全省高速公路进行摸底，明确以57条创建路段为考核主体，申报水洋湾、虾子等4个全国百佳示范服务区及遵义等10个优秀服务区。建章立制，全面摸底，为创建工作打下基础。

　　2015年5月，在省交通运输厅的组织领导下，配合相关单位组织召开省"多彩贵州·最美高速"工作推进会。6月，对全省几条重要路段及著名风景区附近的服务区等进行了一次摸底，汇总了服务区存在的问题，同时，排查了在建及已建设完成未投入使用的服务区，拟定限时一览表，要求经营单位按照时限建设服务区并投入使用。对全省高速公路路段进行划分，并汇总统计了路段内的服务区、收费站、地方政府、执法单位等信息。组织各单位划定了考核路段。拟定各路段责任人、区长，制订通信表。6月12日，召开了行动会议，组织实施《两创工作集中整治月行动方案》，并汇总拟制全省服务区、停车区存在问题汇总表。7月，按照相关文件部署，开展检查工作，同时代厅拟发了卫生间环境卫生专项整治通知；组织召开了全省高速公路服务区服务质量等级评定工作培训会；开编创建工作简讯；收集省际交接路段、服务区、收费站数据信息；印发文件汇编、记分表；7月底，组织省内专家开展全省服务区质量等级评定初评工作。8月，协助省厅召开了由副省长慕德贵主持，全省创建相关单位参与的全省电视电话会议，并于会后落实视频会议慕德贵副省长讲话的相关内容。组织开展了视频会议督办落实检查。根据交通运输部文件要求，组织了省级评定委员会对服务区进行初评、复评，两次检查均印发通报，要求经营单位进行整改。9月，按照省级评定委员会对服务区的评定结果，将服务区申报名单及表格上报中国公路学会。配合全国评定委员会第五专家组对贵州省申报的百佳示范服务区、优秀服务区进行考核评定。各高速公路管理机构按全省电视电话会议的相关要求，建立了高速公路整改台账，督促高速公路经营单位进行整改。10月，为迎接国庆长假，节前部署了专项检查工作，并在节日期间，按照相关要求责令不达标的龙洞堡服务区停业整顿。设计制作了宣传展板，宣传最美高速、平安高速创建精神。按省厅要求，交通运输厅党委副书记李程，厅党委委员、副厅长罗强分为两组，赶赴遵义、安顺、兴义、水城、铜仁等市（州）对全省有缺水、乱搭乱建等问题的服务区开展了专项现场督办、协调等工作。2015年9月，下发《全省高速公路创建情况通报》，通报里阐述了全省高速公路目前的创建状况、存在的问题、下一步工作建议。11月，根据全国评定委员会考核评定结果，贵州省获评3对全国百佳示范服务区、11对优秀服务区、27对达标服务区，15对停车区全部达标。12月，省"多彩贵州·最美高速"创建联席会议办公室组织省文明办、省交通运输厅、省公安厅、省商务厅、省旅游局、省工商局、省环境保护厅、省林业厅、省国土资源厅、省住房城乡建设厅等联席会议成员单位共同开展了贵州省"多彩贵州·最美高速"暨"平安高速"2015年创建工作年度综合考核检查。

2015年，省创建办召开两创工作会议17次，制发17个创建工作文件，部署节假日专项检查5次，开展各项督查检查工作17次，参与督查检查人员257人次，出动检查车辆31车次，组织各类媒体宣传11次，宣传报道100余篇，下发创建工作通报2次，简讯6期。同时，各高速公路管理机构定期组织经营单位对服务区、加油站、收费站、路容路貌进行综合检查，创建工作各项措施有序开展。

2016年，创建联席会议办公室分3个考评小组于6月20~30日对盘县至兴义、水城至威宁、毕节至二龙关、花溪至安顺、安顺至紫云、白蜡坎至黔西、罗甸至望谟、开阳至息烽、息烽至黔西、遵贵扩容、江津至习水至古蔺（贵州段）等11条在建高速公路项目进行了"平安高速"半年考核。考评小组按照《贵州省交通建设工程"平安高速"创建三年行动实施工作考核办法》的要求，对各创建项目及项目业主单位进行了考核评价，随机抽取30%的施工单位及对应的监理单位进行考评，共考评了11个项目建设单位、23个监理驻地办、34个施工合同段。通过考核，"平安高速"创建活动开展不理想，大部分项目重视程度不够，未严格落实创建活动相关要求，考核项目均未达到"平安高速"创建示范项目标准，示范创建单位较少，各项目"平安高速"创建力度相差大，个别项目内部执行力度不一致，各合同段、驻地办也存在较大差异。

针对上述存在的问题，省创建办要求各项目业主应充分发挥牵头作用，进一步加强对"平安高速"创建工作开展情况的检查力度及管控工作，制定详细的考核评价实施细则及奖惩措施，规范各类安全管理行为，强化质量安全管理，让参建各方高度重视此项工作，落实各类安全生产制度，与"平安工地"相结合，积极主动地开展"平安高速"建设活动，保证"平安高速"创建取得实效。

4. 平安工地·施工标准化示范创建工作

2011—2012年，为了推动平安交通建设，全省范围内开展了轰轰烈烈的平安工地·施工标准化示范创建活动，通过示范引领，带动了全省高速公路建设标准化建设、安全生产工作迈上新台阶。主要工作如下。

（1）强化"三个"责任，确保部署落实到位。

一是强化领导责任。按照"党政同责、一岗双责、失职追责"的要求，省厅制定了《贵州省交通运输厅安全生产管理责任制度》，要求省交通质监局主要领导做到"五个一"，即主持召开一次安全工作专题会议，带队开展一次安全生产督查检查，牵头负责制定一项安全工作制度，总结调研分析一份安全生产报告，与从业单位主要负责人进行一次安全工作鼓励、诫勉谈话，切实落实安全生产责任，形成了"党政同责、一岗双责、失职追责"的良好氛围。

二是强化各地监管责任。依法履行交通建设工程安全生产监管职责,不断加大检查指导和督促监管的工作力度,重点加强春运、两会、汛期等重要节假日及特殊时间的安全管控,对交通建设工程领域进行重点集中整治。定期召开两周工作例会,及时传达学习上级关于安全生产工作的重要决策部署及重要指示批示精神,分析安全生产形势,研究部署安全生产工作,形成逢会必讲安全,到基层检查必查安全的工作格局。始终将业务工作与安全工作同部署、同检查、同考核。年初,与各市(州)交通质监站(处)签订安全生产工作目标责任书,年终进行目标考核,形成一级抓一级、层层抓落实的责任体系。

三是强化企业主体责任。采取加大行政处罚力度、建立诚信体系、不定期约谈、强化专项整治、加强监督检查、挂牌督办、曝光事故、开展"打非治违"等方式,督促企业按照"五落实五到位"的要求,完善制度、强化责任、增加投入、加强管理,提高强化管理人员和从业人员业务素质、安全意识和职业健康的教育培训。

(2)开展"三类"活动,改善安全生产环境。

一是开展专项整治活动。按照省厅和省交通质监局的工作要求,成立安全生产领导小组,采取强有力的措施密集开展"打非治违""安全隐患大排查大整治""汛期专项检查""平安高速创建考评""特种设备专项检查""隧道工程专项检查""建设项目质量安全综合大检查""岁末年初大检查"等多项专项活动。

二是开展"平安工地"创建活动。按照省政府、交通运输部关于推进"平安交通"的有关安排和部署,紧紧围绕《贵州省"平安交通"行动方案》,突出交通建设领域,把握教育培训、监管监控、环境营造、查办查处四个关键环节,大力实施安全生产标准化、信息化及品质工程建设,扎实有序推进"平安交通"建设工作。

三是开展宣传教育培训活动。首先,省交通质监局对每一个新开工的项目进行平安交通建设的宣贯;其次,省交通质监局组织对全省9个市(州)公路管理局、交通运输局及其所属质监机构的相关技术人员,共计1792人进行施工标准化、安全标准化、平安工地、法律法规、试验检测等培训,提高各级交通质量监督机构管理水平和业务能力。组织全省9个市(州)公路管理局相关技术人员到遵贵高速公路扩容项目及开息高速公路项目进行施工标准化及安全标准化现场观摩学习,发挥示范工程的带动效应,提高县级交通质量监督机构管理水平和业务能力,进一步强化普通国省干线、农村公路质量安全监督工作。

(3)创新工作机制,提升安全监管水平。

一是创新隐患排查整改机制,形成多级联动。依托各类专项活动,建立在建高速"每日排查、多级联动"的隐患排查逐级上报机制,每半月汇总通报,层层落实责任,及时发现隐患、督办隐患、消除隐患。同时,对重大隐患实行挂牌督办,认真督促责任单位严格按"五落实"要求进行整改。

二是创新风险等级管理机制,精细化推进安全监管。在工程建设领域对桥梁、隧道、高边坡施工安全风险评估实行事前评估、过程跟踪、施工全过程动态评价的机制；对施工路段进行地质灾害评估，全面推进安全风险管理。

三是充分利用新工艺、新工法，强化"智慧交通"理念。其一，大力推广使用隧道施工凿岩多臂台车，降低作业人员劳动强度，提高施工机械化程度，以及安装隧道进出口人员、车辆进出洞门自动识别、定位、通信系统，在开挖台车及二次衬砌台车上安装视频监控、通信系统，便于实时监控洞内施工情况；其二，在特殊桥梁施工时安装高清视频监控系统，适时监控施工过程情况；其三，在桥梁工程中全面推行使用新型材料盘扣满堂支架，实现专业化施工管理；其四，全面推行每天班前安全教育。

（4）加强安全生产标准化及制度建设。

一是将建设工程施工标段纳入安全达标考评。对考评未达标企业或不参加达标考评的企业，责令进行整改，并纳入"打非治违"的重点对象。

二是先后制定出台《贵州省交通建设工程质量安全监督条例》《贵州省高速公路建设重大质量安全隐患挂牌督办制度》《关于进一步加强公路建设安全监管的有关规定》（简称"8488"规定）、《贵州省交通建设工程建设重大事故隐患清单管理规定》等法规及规范性文件。上述举措有力加强了贵州省公路工程建设安全生产管理工作，有力推动了重大事故隐患排查治理工作，达到了遏制重特大生产安全事故发生的目的。

（5）多部门联合开展建筑施工安全执法督查。

一是根据《关于印发贵州省建筑施工安全联合执法实施计划方案的通知》要求，由建筑、交通、水利、电力等部门组成开展安全联合执法督查行动。

二是针对各高速公路建设项目特种设备管理普遍缺位的问题，省交通质监局联合省技监局对在建高速公路的特种设管理及使用进行专项整治活动。

第二节　高速公路建设管理

一、管理机构及经营单位

1986年起，贵州省负责高等级、高速公路建设及管理的部门主要有贵州省重点公路建设办公室、贵州省高速公路管理局、贵州高速公路集团有限公司、贵州省公路局等单位。省交通运输厅基本建设管理处承担公路、水路交通基础设施建设市场监管工作，贵州省交通建设工程质量监督局对全省交通建设工程质量实施监督管理，为全省交通工程建设提供质量监督保障。1997年4月后，中交、中铁、中建、中冶等大型国企逐步参与到贵州省高速公路建设、运营管理之中。

1. 贵州省重点公路建设办公室

1986年3月,省重点公路工程建设指挥部成立,副省长刘玉林兼任指挥长,杨守岳等3人任副指挥长,邓时恩任总工程师兼办公室主任。1992年12月,省公路重点工程指挥部办公室归并省交通厅,事业编制35人。1994年7月,省重点公路建设指挥部办公室更名为省重点公路建设办公室(以下简称"省重公办"),为省交通厅所属县级事业单位,内设机构有:行政科、计划财务科、工程管理科、技术监督科。其主要职能是负责全省重点公路建设的规划、设计、施工和质量监督等工作。8月,省重公办内设机构和职能进行调整,下设工程指挥部、财务部、行政部,负责全省重点公路的建设和管理等项工作。1999年3月,省重公办编制增至45名,内设行政部、财务部、计划合同部、总监理工程师办公室、对外经济协作部。2002年6月,省编办对省重公办的宗旨和业务范围进一步明确,其宗旨是对全省重点公路建设进行协调和管理。业务范围是受省交通厅委托,负责全省重点公路建设的规划、设计、施工的组织协调;承担省重点公路建设的质量监督和管理工作。

2. 贵州省高速公路管理局

1988年10月,贵阳至黄果树汽车专用公路开建后,贵州省交通厅随即成立贵州省高等级公路机动车辆通行费征收处(以下简称"省高征处"),为省交通厅所属县级事业单位,下设贵阳、清镇、平坝、安顺4个通行费征收所,核定编制120名,其中处机关8名。1990年7月,省公路局成立贵州省高等级公路管理处(以下简称"省高管处"),为局所属县级事业单位,下设贵阳、安顺两个管理分处,核定编制310名,其中处机关18名,省公路局局长兼任处长。1992年7月,根据省政府、交通部关于高等级公路实行集中统一管理的文件精神,省交通厅将省高征处、省高管处及所属各机构合并,成立贵州省高等级公路管理局(以下简称"省高管局")。2009年7月,全省高速公路收费、养护管理体制进行改革,省高管局负责的高速高等级公路收费、养护职能及相应的人员、财产整体划转贵州高速公路开发总公司。2010年1月起,省高管局按改革后的职能履行工作职责。

2010年8月31日,根据省编办文件,省交通运输厅撤销原高管局、征稽局及其下设机构,组建了贵州省高速公路管理局(贵州省高速公路路政执法总队),为省交通厅所属正县级事业单位,下设贵阳、遵义、安顺、都匀、凯里、铜仁、毕节、水城、兴义9个高速公路管理处(分别加挂高速公路路政执法支队牌子)及贵州省高速公路联网收费管理中心,均为局所属副县级事业单位。2012年7月16日,经省编办下文,成立贵州省高速公路监控与应急处置中心,为局所属副县级事业单位。截至2016年7月,9个高速公路管理处共下设88个高速公路路政执法大队和20个高速公路超限超载检测站(均为正科级事业单位)。

2013年底,由高速公路管理机构直接负责的高速公路清障救援业务、清障救援人员及设备、肇事车辆停放场地等整体一次性移交各高速公路经营单位。改革后,高速公路管理机构的清障救援职责调整为负责事故现场清障救援的组织工作,不再承担具体的清障救援工作。

3. 贵州省公路局

省公路局成立于1983年12月,1997年10月1日,经省政府批准为副厅级事业单位。2009年2月,省公路局成立高速公路建设管理办公室,作为业主参与高速公路建设,负责全省二级公路及部分高速公路的建设和管理。

4. 贵州省交通建设工程质量监督局

1990年1月,为适应交通建设的需要,交通质量监督机构应运而生,贵州省交通建设工程质量监督站组建,拉开了交通建设政府监督的序幕。1992年5月,贵州省交通建设工程质量监督站经交通部质监总站考核验收合格。1998年,与原挂靠单位彻底脱离,省编办正式将其明确为正处级事业单位,编制20名。伴随贵州省公路水运建设的快速发展,作为省级交通主管部门具体承担工程质量安全监督职责的专门机构,贵州交通质监队伍不断成长壮大。2009年,贵州省交通建设工程质量监督站更名为贵州省交通建设工程质量监督局(以下简称"省交通质监局")。2010年,设立贵州省交通建设工程质量监督局党委。至2016年,省交通质监局人员编制50余名,39名事业在编职工中具有中级以上专业技术职称的人员34人,占在编人员的87.17%,其中具有正高级职称4人,高级职称21人,中级职称9人。具有本科及以上学历36人,占在编人员的92.31%,其中博士研究生2名,硕士研究生2名。中共党员27名,占职工总数的69.23%。省交通质监局直接承担全省高速公路建设项目工程质量安全的监督工作;承担全省交通公路水运工程、地方铁路建设质量安全行业管理和业务指导工作;承担全省交通行业监理,试验检测单位及其人员的培训、考核、发证以及资质管理工作;承担全省交通建设安全监管工作。

5. 贵州省交通建设工程造价管理站(贵州省交通技术中心)

贵州省交通建设工程造价管理站的前身为贵州省交通工程定额站,成立于1990年8月,为全省公路、水运建设工程定额管理的行业归口单位。2000年,贵州省交通工程定额站更名为贵州省交通建设工程造价管理站,从省交通规划勘察设计研究院分离,成为省交通厅所属县级事业单位,核定事业编制20名。管理站主要负责全省交通建设工程的定额管理、造价管理、计价费用标准管理、造价人员资格管理及造价信息服务等工作。

2013年,根据省编办《关于贵州省交通运输厅所属事业单位清理规范意见的通知》(省编办发〔2012〕269号),贵州省交通建设工程造价管理站与贵州省交通技术中心合并,正式更名为贵州省交通建设工程造价管理站(贵州省交通技术中心),为省交通运输厅所属正处级事业单位。

6. 贵州交通信息与应急指挥中心（贵州省路网中心）

1993年9月，贵州省交通通信中心成立，为省交通厅所属县级事业单位，核定编制15名。2005年8月，整合贵州省交通通信中心和省交科所、交通科技信息站，成立贵州交通信息中心，核定编制25人，综合科、通信科、信息科。其主要职能是为全省交通行业提供通信保障和信息服务。

2014年7月，贵州交通信息中心、贵州省高速公路监控与应急处置中心、贵州高速集团路网中心进行职能整合，组建贵州交通信息与应急指挥中心，加挂贵州省路网中心牌子。核定编制65名，内设综合科、信息科、工程技术科、监控与应急科、公共服务科。其主要职能是承担交通运输应急体系的运行管理，以及突发事件应急值守和指挥调度工作；承担全省交通运输数据中心及智能交通云平台的建设运行维护工作；承担省交通厅电子政务及门户网站的建设运行维护、公众出行信息的收集发布，以及交通服务监督电话的运行管理工作；承担交通运输信息化项目的建设管理工作；承担以高速公路为主的机电系统的建设管理和运行工作。

7. 贵州高速公路集团有限公司

贵州高速公路集团有限公司的前身为1993年3月11日成立的贵州省高等级公路建设总公司，同年4月，更名为贵州高速公路开发总公司（以下简称"高总司"）。2004年5月8日，贵州省人民政府办公厅将高总司划归省人民政府国有资产监督管理委员会管理。2007年4月中旬，经贵州省人民政府研究决定，高总司成建制由省国资委划归省交通厅领导，公司规格、机构性质等维持不变。2009年7月，根据省交通厅《贵州省高速公路收费养护管理体制改革方案》，省高等级公路管理局负责的高速高等级公路收费、养护职能划归高总司。2013年4月，高总司更名为贵州高速公路集团有限公司（以下简称"贵州高速公路集团"）。贵州高速公路集团是全省重点公路及其他交通基础设施项目的资本运营平台和建设经营管理主体，其主要职责重点是围绕全省高速公路建设进行投融资。

8. 贵州交通建设集团有限公司

贵州交通建设集团有限公司成立于2013年9月24日，是省人民政府授权省交通运输厅履行出资人职责的省管大（二）型国有独资企业，接受省交通运输厅监管。公司注册资本为人民币55亿元。公司的经营范围为交通基础设施项目的投融资、建设及经营管理；交通工程设计、施工、监理及咨询服务；仓储、物流；交通运输节能环保；物资贸易；土地开发、房地产开发；旅游及矿产资源开发利用。公司定位为通过整合交通运输资源，实行市场化运作，重点以BOT模式对高速公路、专用公路、水运设施和仓储物流等交通运输产业进行投融资、建设及经营管理；推动监管企业改革重组和结构调整，培育壮大企业集团；实施国有资产和股权管理，提升企业资产质量和经济效益，推动企业上市，努力打造国际知名、国内一流、省内领先的骨干企业,实现出资人价值最大化和国有资产保值增值。

二、建设市场与招投标管理

1986年贵州省公路重点工程建设指挥部(以下简称"省指")成立后,项目工程所在地(州、市)相应成立分指挥部,进行统一领导。省指的成立体现了全民办交通的设想,从根本上打破了多年形成的交通部门独家经营办交通的封闭式格局。在建设管理方面,坚持统一领导、分级负责的原则,依靠各级政府实施分级管理。

公路建设项目采用投资包干制,省交通厅同项目所在地(州、市)指挥部签订公路建设投资包干责任书。地(州、市)指挥部负责征地拆迁等工作,高总司通过招标选择施工单位,实行承包责任制,明确责、权、利,从根本上改变了交通部门一家办交通的局面,调动了地方政府发展交通的积极性。1986年以后,省、地、县各级政府制定了多项向交通倾斜的政策,给交通以扶持。如省政府《关于贵阳至黄果树等重点公路工程项目征地及拆迁补偿的通知》的实施,使拆迁费用由原占工程概算投资的20%~23%,降低到8%~11%。其他如养路费上交能交基金全部返还用于交通建设等优惠政策的制定和实施,是当时贵州省交通事业得以顺利发展的关键。

公路勘察设计按公路测设、交通工程(含交通安全设施、房建、机电等)、绿化、景观设计等专业委托多家勘察设计单位参与公路勘察设计工作。从镇胜公路开始,贵州省实行通过招标方式选择两阶段勘察设计单位,咨询单位则通过咨询单位库随机选择或通过招标选择。

2012年12月,为深入贯彻党的十八大和省委十一届二次全会精神,认真落实《国务院关于进一步促进贵州经济社会又好又快发展的若干意见》(国发〔2012〕2号)有关要求,尽快建立起适应贵州省经济社会跨越发展的高速公路路网体系,省政府决定,从2013年起,在全省范围内开展高速公路三年建设会战。在此情况下,贵州省公路建设规模大幅增加。对此,省交通运输厅着力加强公路建设市场监管,立足本省实际,以强化制度建设为重点,建立健全规章制度和责任体系,严格招标程序,突出质量监管,强化科技支撑,积极引进和应用新技术、新工艺、新材料、新设备,克服施工期短等不利因素的影响。同时,不断创新管理理念,坚持依法行政,有力地推动了相关工作的开展,取得了明显成效。

1. 制度建设

为加强公路建设市场管理,规范公路建设市场秩序,保证公路工程建设质量,促进公路建设市场健康发展,省交通运输厅按照有关法律法规,结合贵州省实际情况,在招标投标方面制定和完善了相关的配套措施,先后印发了《关于进一步规范贵州省农村公路招标投标活动的若干意见的通知》《关于进一步规范全省交通建设项目招标投标活动的若干意见》《关于加强评标专家抽取工作监督管理的通知》《关于进一步加强工程建设项目招标投标监督管理的指导意见》《关于加强地方公路招标投标监督管理工作的通知》等文件,对全省的交通建设项目招标投标工作进行指导。国家发改委等九部门联合编制的《标准施工招标文件》及交通运输部2009年版的行业范本出台后,贵州省均在规定执行的日期前即提前执行,并于2010年11月配套制定印发了《关于进一步加强高速公路建设项目招标投标监管工作的通知》(黔交建设〔2010〕196号),对加强招标投标过程的监管,遏制招标投标过程中的串标、围标等不良行为,规范招标投标市场起到了积极作用。

为进一步适应全省高速公路建设"三年会战"的新形势,省交通运输厅总结了黔交建设〔2010〕196号执行过程中的经验,对有关规定进行了重新修改完善,于2013年制定印发了《关于进一步加强和改进高速公路招投标及相关工作的通知》(黔交建设〔2013〕36号)和《关于高速公路建设项目招标投标有关事宜的通知》(黔交建设〔2013〕230号)。

公路建设市场采取了信用管理制度,为维护省交通建设市场秩序,强化交通建设从业单位的监督管理,规范从业单位的市场行为,形成诚信激励、失信惩戒的机制,建立完善、统一、开放、有序竞争的交通建设市场,确保交通建设项目的质量、安全起到了积极作用。2006年,交通部《关于建立公路建设市场信用体系的指导意见》印发后,省交通厅按照该指导意见的精神,制定了《贵州省交通建设从业单位及主要从业人员信用评价管理制度(试行)》,并于2007年7月1日起试行,对进入贵州省交通建设市场的从业单位进行了2007年、2008年、2009年三个年度的评价。2009年,交通运输部陆续印发了《公路建设市场信用信息管理办法》《公路施工企业信用评价规则》《水运工程建设市场信用信息管理办法(试行)》《水运工程建设市场主要责任主体不良行为记录认定标准(试行)》《公路水运工程监理信用评价办法(试行)》《公路水运工程试验检测信用评价办法(试行)》等文件。为贯彻落实好交通运输部有关管理制度,2011年1月,省交通运输厅制定了《关于加强贵州省交通建设从业单位信用信息管理的实施意见》(以下简称"《实施意见》")。该《实施意见》按照上述交通运输部的相关文件对原2006年制定的评价规则进行了修改:一是将评价分数的计算从打分方式改为扣分方式;二是将评价主体由原来的三方(交通主管部门、建设单位和质量监督机构)改为建设单位,即投标行为(GLSG1)由招标人负责评价,履约行为(GLSG2)由项目法人负责评价,其他行为(GLSG3)由省交通运输厅及各市(州)交通运输局按各自的项目管辖权限评价;三是规定监理企业和试验检测机构由省交通建设工程质量监督局负责评价,评价结果报省交通运输厅审定;四是增加了对勘察设计单位的评价。由于当时交通运输部尚未出台相关评价规则,处在过渡阶段,为使各评价主体单位统一评价标准,省交通运输厅参照施工企业的评价方式,以交通运输部《水运工程建设市场主要责任主体不良行为记录认定标准(试行)》为基础,制定了《贵州省公路水运勘察设计企业信用行为评定标准(试行)》,并开展了相关评价工作。2016年,省交通运输厅总结多年来的信用评价实践经验,重新修订了信用评价办法,印发了评价的实施细则。

2. 信用等级应用

为充分运用交通建设从业单位信用评价结果,将奖惩手段与投标行为挂钩,省交通运输厅要求各建设项目业主单位在编制招标文件时按投标人的信用评价等级做出明确的奖惩规定。即在资格预审和评标时,对信用评价高的从业单位给予优惠,对信用评价低的单位给予限制。如按照从业单位的信用评价等级,招标人可以在资格预审和招标文件中明确从业单位允许购买和中取标段的数量,并对其投标担保、履约担保、质量保证金的额度区别对待,给予AA及A级从业单位一定比例的减免优惠。在评标办法中,评标得分计算时,按信用等级进行奖惩;采用综合评分法的,采取加减分的方式奖惩;采用合理低价法的,按信用等级调整投标人的投标报价(签约合同价按实际报价),A级及以上的,向趋近评标基准价的方向调整其报价,C级的,则向偏离评标基准价的方向调整其报价;采用最低价法的,也采取调整报价的方式奖惩,调减为奖励,调增为处罚(签约合同价按实际报价)。2013年10月,省交通运输厅进一步对采用合理低价法的调整报价方式,修改为直接加减分方式,并在信用等级方面增加了一个连续两年评价为AA的档次。

3. 信用信息应用

省交通运输厅充分发挥全国公路建设市场信用信息管理系统平台的独特优势,利用其从业单位的企业和人员业绩经过业绩所在地交通运输主管部门审核而具有权威性的特点,强制要求投标人的业绩必须载入该系统平台。从业单位投标时只需要提供经系统查询的业绩显示页面打印件即可,不需要再提供其他佐证材料,既提高了招标的透明度,也节约了资源和交易成本,并基本解决了投标人业绩弄虚作假的问题。

4. 规范招标投标环境

随着"县县通高速"的快速推进,全省高速公路在建项目日益增多,工程规模越来越大,市场竞争越来越激烈,加之建设项目业主多,监管方式不尽统一,在招标投标监管方面暴露出不少薄弱环节。为进一步加强招标投标过程的监管,遏制投标过程中的串标、围标等不良行为,规范招标投标环境,省交通运输厅在招标中采取了以下主要方式:

(1)为尽量减少投标人围标串标的机会,同时也降低招标人和投标人双方的经济成本和时间成本,提高招标工作的效率,更好更快地完成招标工作,资格审查提倡采取资格后审,并采取合格制,尽量扩大投标人的数量。对于一次招标有多个合同段的项目,现场考察安排在各投标人的拟投标合同段确定前;不召开标前会解答投标人的问题,投标人的所有问题均以书面方式提出,由招标人在资审文件、招标文件中写明的网站上答复,告知所有投标人,但不能泄露问题的来源。

(2)对于一次招标有多个合同段的施工项目,招标人根据各合同段工程对投标人资格的需求,将所有合同段进行分类。投标人根据自身具备的资质及业绩等情况,按类别进行资格预审申请。通过资格预审的单位名单在递交投标文件截止日期之前严格保密。资审完成后,对于同一类别中合同段数超过 3 个的,招标人根据投标人所申请合同段的类别及数量,按随机分配的方式进行合同段的分配;对于同一类别中合同段数不超过 3 个的,则要求投标人对所有合同段均进行投标,在开标时再随机抽取实际拆封投标文件的合同段编号。

(3)投标阶段同时设置投标控制价的上限和下限,只有在限价范围内的报价才能参与评标基准价的计算。为增大施工招标项目投标人围标、串标的难度,在评标基准价的计算上,还进一步采取随机抽取方式增加随机性,在开标现场从有效报价中随机抽取 1/2 或 1/3 数量(按 4 舍 5 入取整)的报价作为评标基准价计算的样本。

鉴于"三年会战"期间,省高速公路项目采取 BOT 方式建设的居多,需要进行施工招标的项目也是实行大标段方式招标,满足工程规模要求的投标人相对减少,随机分配标段已意义不大,不再强制随机分配标段。

5. 清标工作

为进一步确保清标工作的质量,确保公平和公正,省交通运输厅要求各业主单位采取以下措施:第一,加强清标工作,依据工作量的大小,增加清标工作人员,保证合理的清标工作时间,不催不赶,加强交叉审查,切实提高清标工作质量,避免发生"对不同的投标人采取不同的标准进行清标"或者"隐瞒对利害关系人不利的信息"情况的发生。第二,组织对清标专家的培训,提高业务素质,加强道德教育,重视对清标工作人员的工作质量考核。第三,继续利用相关部门的网络数据库,加大对投标人所提供证件、业绩等的网络对比和核查。另外,还增加了对公示中标候选人各种证照等原件的核查,发现弄虚作假的,或有其他不再满足中标资格条件的问题的,将取消中标资格。

在专家抽取方式方面,对高速公路建设项目评标专家,省交通运输厅均通过网上的交通运输部公路工程评标专家管理系统进行随机抽取。

在评审(评标)监督方式方面,高速公路项目招标评审(评标)均采取封闭方式进行,除直接参与的工作人员和专家外,评审(评标)地点对其他任何人都要求保密。省交通运输厅监督部门派员进行现场监督。在监督过程中,监督人员不干预评标专家的工作,只负责对国家的相关法律法规及有关部委的管理办法和省厅制定的管理规定进行解释,对评标纪律进行监督,对评标过程中出现的大的问题及处理情况进行记录备忘,对专家的业务水平、职业道德素质等进行评价。2014 年起,招标投标统一进入公共资源交易中心进行,招标投标的监督工作按中心的要求改为通过场外监控视频方式进行监督,监督人员不再进入评标现场。

6. 招标代理机构的管理

2007年之前,贵州省高速公路项目建设单位只有贵州高速公路开发总公司(现更名为贵州高速公路建设集团有限公司)一家,采取的是自行招标。2009年起,项目业主增加后,多数业主单位缺乏自行招标的能力,才开始引入招标代理,一般均由业主单位自行选择,省交通运输厅未专门对此出台管理规定。贵州省高速公路项目招标的代理机构主要有:华杰工程咨询有限公司、北京中交建设工程招标有限公司、河北华能招标有限责任公司、贵州省招标公司、贵州黔通招标代理有限公司等。

7. 资金筹措

贵州省公路建设在争取国家投资资金的同时,省委、省政府出台了各种优惠政策以促进交通建设。1986年初,省政府出台相关文件(黔府49号),其主要内容一是对重点公路征地、拆迁补偿费实行限额包干,补偿费用只相当于其他基本建设征地拆迁费的1/16~1/10;二是全民所有制单位的土地、房屋、电力、电信、水利等设施在拆迁时自行消化,称之为"各家娃娃各家抱走"。其他还有许多优惠政策,如:公路建设减免税款和返还能源交通基金;缓纳养路费调节基金;收取客票附加费,建立交通建设基金;自1990年8月1日起,提高养路费征收标准,增收的养路费用于重点公路建设等。同时,改革公路建设投资体制,将过去由国家包揽投资改革为国家投资、地方集资、社会各方资助和施工企业做贡献等多层次、多形式、多渠道的立体投资体制,走出了"国家适当资助,主要依靠地方"兴建高等级公路及"依靠大家集资办交通"的新路子。

"十二五"期间,贵州省在积极争取国家支持的同时,坚持自力更生,不断创新筹资融资方式。在全国率先探索BOT+EPC、BOT+EPC+政府补助、PPP+EPC+营运期补贴等方式,积极开展与大型央企合作,推动社会资本参与交通建设,全省招商引资建设高速公路项目21个,总长1589km,投资达1770亿元,约占全省已建和在建高速公路总规模的四分之一。启动了一批PPP高速公路投资人招标工作。加强与金融机构沟通对接,高速公路项目累计融资到位3569亿元,是"十一五"融资总和的8倍。扩大融资合作领域,省地共建筹集地方资本金288.22亿元,引入社保基金95亿元、人保资金30亿元投资建设高速公路,形成了多元化筹融资格局。

三、勘察设计管理

为加强高速公路勘察设计市场管理,规范高速公路建设市场秩序,保证高速公路勘察设计质量,促进高速公路建设市场健康发展,贵州省交通运输厅按照有关法律、法规,结合贵州省实际情况,从勘察设计项目的招投标、勘察设计全过程、后期服务等方面做了全面的监督管理工作。

在高速公路勘察设计招投标方面,从2002年镇胜高速公路起,贵州省开始通过招标方式选择勘察设计单位,按公路测设、交通工程(含交安设施、房建、机电等)、绿化、景观设计等专业进行招标,选择勘察设计单位。咨询单位则通过咨询单位库随机选择或通过招标选择。

在高速公路勘察设计管理方面,贵州省交通运输厅根据国务院《建设工程勘察设计管理条例》和交通运输部《关于进一步加强公路勘察设计工作的若干意见》的要求,结合贵州省的实际,先后发布了《贵州省交通运输厅关于近期高速公路建设管理工作要点的通知》《贵州省高速公路勘察设计指导意见》《关于进一步加强高速公路景观绿化工程设计、施工管理的通知》等文件,就高速公路的标准化设计、总体设计、路线、路基路面及排水、桥梁涵洞、隧道、路线交叉、交通工程及沿线设施、环境保护及景观工程、概预算等各个专业的勘察设计及后期服务提出了较为详细的指导意见和要求,对提升和保证勘察设计质量,从制度上提供了有力的支撑。

贵州省交通运输厅还发布了《关于进一步加强贵州省高速公路勘察设计验收及审查会议管理的通知》,就贵州高速公路勘察设计各阶段验收时间节点、外业踏勘现场、汇报工作内容等提出了明确要求。贵州高速公路设计项目一般都开展了初步设计外业验收、初步设计文件审查和批复、施工图设计外业验收、施工图设计文件审查和批复等环节的工作,对于特殊复杂结构,还增加了技术设计阶段、专题方案审查、风险评估审查等程序,对规范、高效地开展高速公路勘察设计项目,保证勘察设计质量有着极其重要的意义。

在高速公路勘察设计阶段采用"双院制",引入满足要求的第三方机构对高速公路勘察设计进行咨询审查,省交通运输厅还在2015年发布了《贵州省高速公路勘察设计咨询审查工作制度》,对勘察设计咨询工作提出了详细要求。勘察设计咨询单位对勘察设计进行全过程咨询审查,保证了设计文件的质量。

在勘察设计的后期服务工作方面,省交通运输厅在2013年发布了《贵州省交通运输厅关于进一步加强高速公路设计后期服务管理工作的通知》,对施工过程中的后期服务做出了相关规定,明确了变更程序、变更方案的确定、后期服务的时间等有关要求,有效地保证了各项目的顺利实施。

在从业单位的市场行为监督管理方面,制定了《贵州省公路水运勘察设计企业信用行为评定标准(试行)》,并开展了相关评价工作,形成了诚信激励、失信惩戒的机制;并充分运用交通建设从业单位信用评价结果,将奖惩手段与投标行为挂钩,建立了完善、统一、开放、有序竞争的勘察设计市场,确保了交通建设项目的质量、安全。

2010年和2011年,贵州省交通运输厅先后印发了《贵州省高速公路前期工作及勘察设计指导意见》《贵州省高速公路勘察设计咨询审查工作制度》和《贵州省高速公路前期工作及勘察设计指导意见(2011年修订版)》,对统一高速公路设计思想、明确设计重点、提高贵州省高速公路勘察设计质量起到了积极作用,推动了贵州省高速公路建设水平的提高。贵州省高速公路实施"三年会战"后,高速公路设计理念发生了一定变化,建设过程中也出现了一些新的问题,原《指导意见》和《工作制度》已不能满足又好又快地建设贵州省高速公路的实际需要。为全面贯彻落实党的十八大精神,认真落实贵州省高速公路三年建设会战实施方案和"多彩贵州·最美高速"的有关要求,提高贵州省高速公路勘察设计水平,贵州省交通运输厅根据交通运输部《关于进一步加强公路勘察设计工作的若干意见》(交公路发〔2011〕504号),并结合贵州省实际情况,在充分总结贵州省高速公路勘察设计经验、吸收国内外高速公路建设精髓的基础上,对《指导意见》和《工作制度》再次进行了修订。2015年1月8日,发布了《贵州省高速公路勘察设计指导意见(2015年版)》和《贵州省高速公路勘察设计咨询审查工作制度(2015年版)》,用于指导贵州境内建设高速公路的初步设计和施工图设计工作。《贵州省高速公路勘察设计指导意见(2015年版)》中要求在高速公路长隧道、特长隧道中设置环形被动反光环,改善隧道内的行车诱导效果。贵州松铜、凯羊高速公路部分隧道内加装反光环后,隧道内边界轮廓清晰,行车诱导效果明显改善,隧道照明用电量降低,经济、环境和社会效益突出。

随着贵州省经济社会的迅速发展及高速公路通车里程的不断增加,人民群众对高速公路服务质量的要求也在不断提高。路缘石起着界定路面范围、保护路面边缘、诱导视线和美化环境等作用,对高速公路的服务质量水平具有一定影响。贵州省高速公路采用的路缘石类型主要有齐平式和凸起式两种,其中,齐平式路缘石具有可提高舒适性能、避免路面积水、利于路面清洁、降低施工难度、节约费用等优点。2016年1月28日,贵州省交通运输厅印发了《高速公路中央分隔带采用齐平式路缘石的通知》,要求从通知下发之日起,省内续建、新建高速公路中分带路缘石均采用齐平式。续建高速公路设计已经审批的,按设计变更程序完善手续。

四、工程质量监督与安全监管

1. 质量监督

(1)监督模式。"十二五"期间,是贵州公路建设大发展的关键时期,这期间省交通建设工程质量监督局共受理52个高速公路监督项目,是"十一五"监督项目数量的2倍。省交通建设工程质量监督局为适应贵州省高速公路量大、点多、面广的特点,高速公路监督采取矩阵式管理,采用"监督组+专家"的监督模式,有效克服了人员不足、工作任务重的矛盾。在监督管理思路上,严把前期工作、过程监管和交工验收等关口,加强服务和监督执法双重并举,采取事前引导、事中服务过程监督、事后处罚的管理体系,理顺了质量监督工作思路,达到了事半功倍的效果。编制出台了《贵州省交通建设工程质量安全监督行政处罚文书示范文本(试行)》《贵州省交通建设工程质量监督局行政处罚自由裁量执行标准》《贵州省公路水运工程质量事故等级划分和调查处理规定》。

（2）监督方式。

日常监督巡查：由各项目的质量安全监督小组负责，对单独在建项目进行检查，检查结束后发出《质量安全监督检查通知》。

专项监督检查：主要采取临时组织方式进行，如桥梁、隧道、路面专项检查，检查结束后发出《专项监督检查报告》。

综合监督检查：待项目全面开工后进行。检查内容包括质量安全管理行为、实体质量安全状况以及主要原材料半成品的质量等，检查完毕形成综合文字报告。

交工验收检测：在工程项目拟交工验收前进行，按相关规定要求，通过对路基、路面、桥梁、隧道、交通安全设施、机电工程等单位工程进行全面抽查检测，形成《交工质量检测报告》，提交上级交通运输主管部门，作为核备工程开放试运营的重要依据。

产品质量监督抽查：组织开展在建项目交通运输产品质量监督抽查，每半年对不合格产品进行公布，督促相关单位严格按照相关规范标准及合同采购符合行业和国家标准的产品，打击假冒伪劣产品，规范交通运输产品质量。

采用综合督查、巡查和专项检查相结合的方式，强化整改检查，对发现的质量安全问题、隐患，切实做到跟踪闭合；对较差的项目加大巡查力度；注重对工程细节的检查，制订监督工程师巡查"必检八细节"；对存在重大问题的项目，密切追踪质量安全状况，并进行挂牌督办；通过《贵州省高速公路建设项目现场检查扣分通知单》，在日常巡查、督查中对发现的质量安全问题进行扣分，年终汇总形成施工标准化考评报告，将日常扣分情况运用在针对单位和个人的信用评价中。对检查中存在的重大问题，各监督组在日常巡查中进行整改复查，对未整改到位的继续追踪其质量安全状况。被扣分及挂牌督办的合同段必须对存在的问题进行整改，并经监督工程师现场确认后方能网上销号。仅"十二五"期间，省交通建设工程质量监督局对全省在建高速项目进行了67次综合督查、30次专项督查、680余次常规巡视检查。每次综合检查、专项检查后均形成质量和安全综合督查通报（报告）、专项督查通报、复查通报。在综合检查、专项检查及常规巡查中，累计下发抽检意见通知书206份，其他书面通知48份、全省通报4份、挂牌督办12次、扣分通知单90份、停返工通知书2份。

（3）管理制度建设。以全国率先通过实施的《贵州省交通建设工程质量安全监督条例》为基础，强化制度建设和依法监督，出台了普通国省干线、农村公路、水运工程质量安全监督实施意见，在认真总结质量安全事故的基础上，出台了加强公路建设施工安全监管"8848"规定，结合贵州省高速公路建设条件，制定了《山区高速公路工程施工安全生产标准化指南》《贵州省公路水运工程特种设备安全管理实施细则》《桥梁预应力工程控制要点与管理规定》等26个与质量安全管理有关的文件，有效解决了交通建设领域的关键性问题,对规范公路建设从业各方的管理行为,提高建设质量安全起到了明显作用,使贵州省高速公路的质量安全状况总体上了一个台阶。

2. 安全监管工作

(1)安全工作制度建设。通过建立健全安全生产监督管理规章制度,督促建设各方加强领导、提高认识、加强管理,先后建立和完善了一系列行之有效的安全监督工作制度,主要包括:《贵州省交通建设工程安全责任制度》《贵州省公路建设工程项目经理部现场安全生产条件监督检查标准》《贵州省公路工程施工安全监理指南(试行)》《贵州省交通建设工程平安工地·施工标准化示范标段创建现场安全文明标志图册(试行)》《贵州省交通建设项目平安工地·施工标准化建设工程现场临时用电安全管理实施细则(试行)》《贵州省交通建设工程平安工地·施工标准化示范标段创建场站管理办法(试行)》《贵州省交通建设工程平安工地·施工标准化建设施工现场安全生产标准化实施细则(试行)》《贵州省高速公路建设安全监督管理实施意见》《贵州省高速公路建设重大质量安全隐患挂牌督办制度》《贵州省高速公路监理机构考评、管理及人员工资费支付办法(试行)》《贵州省交通建设工程监理人员行为准则》《贵州省普通国省干线公路工程质量安全监督实施意见》《贵州省农村公路建设质量安全监督实施意见》《特种设备安全生产监督管理办法》。

(2)安全现场检查。"十二五"期间,贵州省强化现场安全监督,确保了全省交通建设工程安全生产形势稳定。根据高速公路新开工项目多、建设工程安全问题突出的特点,省交通建设工程质量监督局扎实做好以监督为主,"监、帮、促"相结合,通过加大巡查、专项检查、综合大检查等多层次的监督检查手段,采用事前预控、事中检查、事后复查等办法,督促建设各方健全安全保障、安全检查和安全监督三个体系,全面落实安全职责,规范安全管理行为,提高工程安全管理能力。

(3)建立隐患排查和整改落实的长效机制。坚持"严口进、严口出",深入开展公路水运安全生产隐患大排查大排除专项行动,在已建立的高速公路安全隐患"多级联动每日排查"的基础上,跟踪隐患治理情况,督促隐患排除销号。制定了《贵州省高速公路建设重大质量安全隐患挂牌督办制度》等文件,公开曝光存在问题,持续加大排查治理力度。

(4)安全教育培训宣传。为增强新形势下交通建设安全生产管理工作的紧迫感、责任感、使命感,多次牵头组织联合国家安全生产监督管理总局培训中心、贵州高速公路开发总公司等单位,对交通建设工程项目办(总监办)分管安全的领导和质安科负责人,项目经理部的项目经理、项目副经理、项目总工、项目安全部门负责人,驻地监理办,驻地高监、安全监理工程师,举办"高速公路工程建设施工现场安全生产管理"培训班。几年来,共开展安全生产相关培训班30期,培训人数近8000人,通过培训达到了强化意识、学习经验、提升管理的目的,全省交通建设工程的安全生产工作得到稳定提高。

(5)平安工地·施工标准化建设。2010年交通运输部在新一轮加快建设之际,为贯彻落实党中央、国务院有关方针政策,基于"减少安全事故发生,保障人员平安;提高工程质量,保障工程平安"这一宗旨,深入开展了"平安工地"建设活动。根据"抓基础、抓示范、抓关键"的原则,以工地标准化为手段,以施工标准化为核心,以管理标准化为保障,为大力推进交通建设行业管理进程,切实将法律法规和技术标准落实到基层,使建设各方责任得到落实,项目管理水平得到提升,施工过程得到有效控制,每一个建设者都能在平安健康的建设环境中放心工作,2011年初,交通运输部开展了"高速公路施工标准化活动"。2011年9月起,省交通运输厅成立了贵州省交通建设工程平安工地·施工标准化示范标段创建领导小组,开展了示范标段创建活动,有效推动了贵州省高速公路平安工地·施工标准化建设活动。先后印发《关于贵州省开展公路水运工程"平安工地"建设活动实施方案的通知》(黔交建设〔2010〕48号)、《贵州省交通建设工程平安工地·施工标准化示范标段创建实施意见》(黔交建设〔2011〕172号)和《关于开展高速公路施工标准化活动的通知》(黔交建设〔2011〕144号),在全省开展平安工地·施工标准化示范标段创建活动。因地制宜,群策群力,积极组织各项标准化施工的建设活动,起到了良好的效果。

"十二五"以来,贵州省高速公路在建项目未发生重大安全事故,省交通建设工程质量监督局以"平安工地"为载体,多措并举,形成了"政府统一领导、部门依法监管、企业全面负责、群众监督参与、社会广泛支持"的安全生产工作格局,基本建立了安全生产长效机制,实现了安全生产形势持续明显好转。

3. 监督行业管理

(1)监理、检测行业管理:以信用评价为抓手,开展了对参与贵州省高速公路、水运工程监理的甲、乙级监理企业、监理工程师的信用情况评价。"十二五"期间,共评出监理企业AA级16家、A级125家、B级18家、C级1家、D级3家。贵州省获得公路水运资质的试验检测机构共36家,其中:公路工程综合甲级资质4家、桥隧专项资质2家、综合乙级资质18家、综合丙级资质13家,公路工程桥隧增项3家,公路工程综合甲级增项1家,水运工程材料乙级资质2家、结构甲级资质1家、乙级资质1家。开展了工地试验室能力认定,已对617个高速公路项目工地试验室完成了能力认定。负责了全国公路水运工程试验检测人员考试(贵州考区)考务工作,自2011年起,共受理报名3177人,总科次5435科。"十二五"期间,共组织开展5期公路工程监理业务培训班,832名监理人员参加了监理概论、质量监理、进度监理、费用监理、合同管理等科目的学习;共组织开展4个年度全国公路、水运工程监理工程师执业资格考试(贵州考区),考试人次达2540人次;共开展5期公路工程安全环保监理业务培训班,培训人数达602人。

(2)地方质监机构行业管理:开展目标责任管理,每年初,组织召开全省交通建设工程质量安全监督工作会议,通报上一年度对全省各市(州)、行业交通质监站(处)、省直管县交通质监站的目标考核情况,签订本年度质量安全目标责任书。通过年度目标考核,各站(处)达到了有效沟通监督经验、取长补短的效果,形成了比学赶帮的氛围。组织各市(州)、水运、省公路局质监站参观学习高速公路建设管理的先进经验,有效提升了各站(处)监督管理水平。开展公路水运工程质量监督、法律法规、标准方面的培训班、公路水运工程质量监督执法培训班,提升了各市(州)、县、行业交通质监站的技术管理水平。

4.《贵州省交通建设工程质量安全监督条例》立法工作

"十二五"期间,在省人大法制委、法工委、财经委、省政府法制办的关心支持下,贵州省交通运输系统法制工作建设取得了积极进展。2012年9月起,贵州省交通运输厅全面启动了《贵州省交通建设工程质量安全监督条例》(以下简称"《条例》")立法相关工作,成立起草小组,经过16个月紧锣密鼓地起草调研论证、审议审查等大量阶段性工作,2014年1月9日,省十二届人大常委会第六次会议审议表决通过了《条例》,并于2014年3月1日起正式实施。这是贵州省交通运输行业法制建设的一件大事,也是贵州省先行先试的通过地方立法来提高交通建设工程质量安全,突出建设各方的主体责任和突出质监机构执法主体地位的当务之举。同时,《条例》规范了建设各方行为,建立了长效机制,并为今后贵州省交通建设工程质量安全监督工作创新质量安全监管模式,对应梳理和制定质量、安全、监理、试验检测、环保,以及国道、省道和水运建设等工程的监督细则、管理办法、规范性文件等提供了法律支撑和法制保障。

5. 构建公路水运工程质量发展纲要,开展品质工程建设

拟定了《贵州省公路水运工程质量发展纲要(2016—2020年)》(以下简称"《纲要》"),并于2016年5月23日正式印发。《纲要》是贵州省交通行业落实质量兴省工作的一项重要举措,是贵州省"十三五"在交通工程建设质量领域工作的纲领性文件。《纲要》规定:大力开展品质工程建设,保障品质工程各项具体指标的实现,成立品质工程领导小组,并建立相关制度,做好每一项工程的首件工程总结工作,对首件工程各项指标满足要求的,要做好总结工作,在项目范围内予以推广;对不满足要求的,要坚决报废,并吸取经验教训,通过改进工艺工法,总结提升,重新施工,直至该首件工程相关指标满足要求。省交通建设工程质量监督局加大对各项具体指标的抽检力度,在抽检过程中若发现存在对不满足指标要求的工序、分部分项工程予以验收的,或未验收就已开展下一道工序的,视该工程对品质工程指标的影响情况,对业主、监理、施工单位进行处罚,对影响品质工程目标实现的工程,无论后续工程施工到何种程度,坚决予以报废。弘扬品质工程质量文化建设。采取宣贯、培训等多种手段营造良好的文化气氛,通过3个高速公路示范项目、10个国省干道示范项目、15个农村公路示范项目、2个水运工程示范项目推进品质工

程建设。通过省交通运输厅网站建立品质工程信息平台,创办品质工程建设期刊(季度),由建设单位、施工、监理、质监机构及省交通运输厅相关部门共同组建工作小组,建立品质工程考核办法及考核标准。通过曝光、晾名单、通报、现场观摩等手段对建设单位不作为进行处罚。

6. 质量诚信建设,提升质量监管效果

为加强诚信体系建设,提升工程质量,省交通建设工程质量监督局强化了诚信体系建设。针对交通运输部有关信用评价、"施工标准化""平安工地"考评活动在实施过程中抓手不足的问题,以省交通运输厅出台的《切实加强贵州省高速公路建设质量安全管理工作实施意见》(黔交建设〔2013〕137号)为契机,制定了《贵州省高速公路建设项目现场检查扣分通知单》,严格按137号文中的主要质量安全问题及扣分标准对实体工程进行考评,使信用评价、"施工标准化""平安工地"考评活动融入日常检查之中。督促各项目落实项目负责人质量安全管理第一责任人制度,建立信息化考勤系统,试验数据远程同步采集系统,并开始关注对施工环节"关键人"的监督管理,即对实施质量控制最关键一环——项目经理的管理。出台了《贵州省高速公路建设领域项目经理职业信用评价规则(试行)》。针对监理人员在工程建设过程中的重要作用,制定了《贵州省交通建设工程监理人员行为准则》和《贵州省高速公路监理机构考评、管理及人员工资费支付办法(试行)》。这些制度和办法,进一步规范了项目经理和监理人员的从业行为,使母体单位加强了对项目经理和驻地监理的管理,项目经理和监理人员的责任及质量安全意识得到加强,工作积极主动性大幅度提升,这些制度在国内交通行业属首次实行。

第三节　高速公路运营管理

一、经营单位

2009年7月,根据省交通厅《贵州省高速公路收费养护管理体制改革方案》,省高等级公路管理局负责的高速高等级公路收费、养护职能划转贵州高速公路开发总公司。此前,贵州省大部分高速公路高等级公路收费、养护等运营管理工作由省高等级公路管理局承担。其后,高速公路运营管理由业主单位负责,贵州省本土负责高速公路经营的单位有:贵州高速公路集团有限公司、贵州交通建设集团有限公司、贵州省公路开发有限责任公司(2016年12月9日,在省公路局高建办基础上成立)。2015年5月7日,中国交建集团成立中交资产管理有限公司(以下简称"中交资管"),主要负责中国交建自有收费高速公路、港口的统一运营管理和资产证券化工作。

二、通行费征收

1. 收费标准

贵阳至黄果树公路是贵州省第一条高等级公路,也是当时西南地区第一条汽车专用公路。1990年7月9日,省人民政府发布《贵黄公路收取机动车通行费暂行办法》,规定从贵阳到黄果树全程137km(含24km一级路)一般车辆的通行费收取标准为:摩托车全程4元;小型客货车全程8元;中型客货车全程15元;大型客货车全程25元。大型及特种车辆收费标准为:大型货车10t以上至20t全程34元;大型货车20t以上至30t全程47元;重型货车30t以上至45t全程63元;特型货车45t以上至65t全程90元;特型货车65t以上至100t全程110元。

由于物价上涨和职工工资调整,养护、管理成本随之增加。为维护和使用好贵州现有的高等级公路,增强偿还贷款本息能力,加快高等级公路建设步伐,促进贵州交通事业发展,促进贵州省经济社会发展,根据省政府关于"逐步、适当提高高等级公路及干线公路通行费征收标准"的精神,自1993年4月起,贵州省高等级公路及高速公路通行费征收标准经历了数次调整。在调整前都进行了充分论证,由物价主管理部门召开听证会,广泛征求社会各界意见,经省政府同意批复后实施。通行费征收标准调整情况如下:

1993年4月1日起首次调整贵黄公路通行费征收标准,一级公路调整前每车每公里0.125元,调整后每车每公里0.17元,增幅为36%;二级公路调整前每车每公里0.04元,调整后每车每公里0.07元,增幅为75%。

1997年11月1日起调整贵黄公路及贵花大道、西南环线通行费征收标准,一级公路调整前每车每公里0.17元,调整后每车每公里0.18元,增幅为0.6%;二级公路调整前每车每公里0.07元,调整后每车每公里0.15元,增幅为114%。

1999年5月10日起第三次调整高等级公路通行费征收标准,一级公路调整前每车吨每公里0.18元,调整后每车吨每公里0.25元,增幅为39%;二级公路调整前每车吨每公里0.15元,调整后每车吨每公里0.20元,增幅为33%。

为贯彻落实交通部、国家发改委《关于降低车辆通行费收费标准的意见》的要求,规范公路收费行为,鼓励发展高效运力,降低运输成本,减轻企业负担,推动道路运输结构调整,同时鼓励使用多轴大型运输车辆,依法增加运量,提高运输质量和效益,缓解当时运输紧张的状况,促进道路运输健康快速发展,结合贵州省实际,经省政府同意,决定自2005年4月10日起,降低五类、六类货车通行费收费标准(降幅为20%~30%)。

自2007年6月1日起,贵州省高等级(高速)公路实行统一收费标准,即:高速公路、一级公路车辆通行费征收标准调整为每吨公里0.50元,二级公路调整为每吨公里0.35元,对符合收标条件的桥隧单独计费,在收取车辆通行费时合并征收,收费金额根据车辆、桥隧类别不同制定相应的标准。如一类客车通过一类桥隧的收费标准为每车次1.1元，一类货车通过一类桥隧的收费标准为每车次1.65元，客车车型分四类，货车车型分五类。

2009年9月8日，贵州省物价局、交通运输厅对高速公路联网收费的有关问题通知如下：联网收费以后新建、规模或等级扩建的路段收费里程以具有资质的测量单位实测的里程数据为准，其中道路主干线、收费站匝道按高速公路收费标准执行；收费站引道按封闭式二级公路收费标准执行；在联网收费标准的计算中，道路收费里程以公里为单位，精确到小数点后三位；桥隧收费里程以米为单位，精确到小数点后两位；同一桥梁或隧道上行方向和下行方向长度不同的，收费里程按算术平均数计算；在联网收费标准的计算中，通行费额的取整采用"四舍五入"的原则；拾元以上千元以下的通行费额采用"二舍八入，三七作五"的原则对个位数圆整；千元以上的通行费额采用"圆整后个位数舍去"的原则；联网收费以后若不能精确识别车辆行驶路径，按照最低收费额路径收费标准执行。贵州省高速公路车型分类及车辆吨位折算系数如表3-1所示；贵州省高速公路桥隧分类及折算系数如表3-2所示。

贵州省高速公路车型分类及车辆吨位折算系数　　　　表3-1

车型分类	类别	车型及规格			
		客车	车辆吨位折算系数	货车	车辆吨位折算系数
A	一类	≤7座	1.0	≤2t	1.5
B	二类	8～19座	1.5	2～5t(含5t)	3.5
C	三类	20～39座	2.0	5～10t(含10t)	6.0
D	四类	≥40座	3.5	10～15t(含15t)，20英尺❶集装箱车	7.5
E	五类	—	—	>15t，40英尺集装箱车	9.5

贵州省高速公路桥隧分类及折算系数　　　　表3-2

车型分类	桥隧分类	折算系数
一类	四车道500～1000m，二车道800～1500m	1
二类	四车道1000～1500m，二车道1500～2000m	2
三类	四车道1500～2000m，二车道2000～2500m	3
四类	四车道2000～2500m，二车道2500～3000m	4
五类	四车道2500m以上，二车道3000m以上	5

截至2015年年底，贵州省收费公路里程5112.4km（不含已取消收费公路，下同），占贵州省公路总里程19万km的2.7%。其中，高速公路5051.1km，一级公路25.6km，二级经营性公路35.8km，分别占收费公路里程的98.8%、0.5%、0.7%。

---

❶ 1英尺=0.3048m。

2. 收费管理

(1) 收费队伍：随着高等级公路（高速公路）建设的快速发展，收费队伍不断扩大，根据国家改革用工制度的精神，为适应改革开放和高等级公路管理的需要，结合征费岗位的特点，经省交通厅同意，决定自1993年起，面向社会招聘临时员工。

聘用征费员每年要与用工单位签订一次劳动合同，并在德、能、勤、绩四个方面接受考核，考核结果作为奖励、续聘、解聘的主要依据。应聘人员被录用后需交纳一定数额的保证金，待正常解除合同后可全额返还，如非正常解除合同，需扣除保证金的部分或全部，以冲抵其造成的损失。聘用人员必须服从管理，遵守用工单位的规章制度及国家法律，如违反合同有关规定，用工单位有权对其作解聘或辞退处理。

为深化劳动人事用工制度改革，增强职工队伍活力，建立一支能上能下、能进能出、高效廉洁的职工队伍，根据《中华人民共和国劳动法》及贵州省有关劳动法规，制定了《贵州高速公路开发总公司聘用临时员工的管理办法》，经高开司办公会议审议并征得省有关部门同意，决定自1995年起正式实施。《管理办法》招聘员工的范围从征费岗位扩大到工程、养护、救援、驾驶等岗位。招聘程序更为规范，在合同签订、续（解）聘时有法可依、有章可循。

(2) 收费办法：

①人工收费。贵州省第一条高等级公路投入使用时，收费管理全部由人工操作进行，车辆进站时由收费员判断、确认车型后收费，并在收费票证上加盖日戳和收费员号码章。出站时收费员需对车型重新确认、核对票额无误及票证有效后再予放行。收费发票是组合票，由1~50元不同面额组成，收费员需在每张票证上盖两个章，这种收费方式既费时间，收费员的工作量又大，过往车辆密集时，还易出现排长队而招致驾乘人员的不满。在收费初期，这种现象比较普遍。为尽量减少驾乘人员的排队时间，局、处、站三级组织制订了多种措施，如在车辆高峰阶段迅速加开通道或开启边道，由征费站行管人员顶岗收费；节日期间，省高管局要组织机关干部分赴贵阳地区各收费站点，协助维持收费秩序、疏导交通。由于贵黄公路收费站都建在主通道上，除金关收费站外，其他二级路段收费站只建"一岛二通道"，即往返各一个通道，为充分发挥高等级公路的社会效益，省高管局许可，若开启边道后仍不能缓解高峰车辆，可免费放行或在下一站交费，这就造成了通行费流失的后果。人工收费的弊端在通行费征收站内部也有所表现，收费队伍中有极少数人在市场经济大环境中，经不起金钱的诱惑，见利忘义、违规收费、中饱私囊，主要表现手段有：收钱后故意少付票额，特别是对于驾驶大型货车进行长途运输的驾驶员，其行驶路程远、车型吨位重，通过收费站时需交纳的通行费数额较大，收到的各种面额的通行费票证也多，由于疏忽、麻痹大意或出于对收费员的信任而没有当面点清票款，待事后或出站验证时才发现短少。在只设一个收费站的城郊路段，因购票后不需再验，易发生少收费不给票据的情况。

②计算机收费。为改变落后的人工收费模式,充分发挥高等级公路的社会效益和经济效益,经高总司同意,决定自1998年起,逐步对贵州高等级公路收费站实行计算机监控收费管理。实行计算机收费后,收费员在收费过程中的言行都在计算机监控之下,违规收费现象大为减少。由于计算机能根据收费员输入的车型自动计算并打印出票价票据,既减轻了收费员的劳动强度,也缩短了收费时间。计算机收费能及时、准确汇总各类报表,详细反映各类车型及对应收取的票款,从而解决了票款滞留的问题。对于闯关车辆可录下车型、牌照全貌,便于事后处理。通行费征收工作因种种原因,征交双方的矛盾乃至冲突时有发生,在人工收费时要公正处理此类事件有一定的难度,即便公安机关出面处理也不一定能让双方信服,计算机监控因能准确录入事件发生的全过程,也就能使事件得到公正、客观处理。至2002年,贵州省境内收费站全部实行了计算机监控收费管理。

③计算机联网收费。随着贵州省高速公路网的逐步成型,分路段计算机收费模式已不能适应路网发展的形势,在高速公路比较集中的交会地附近,由于主道站多,过往车辆停车交费的次数也多,不仅给高速公路使用者带来不便,也使高速公路排长队等候交费的现象时有发生。为改变滞后的收费模式,自2003年起,贵州省投入巨资进行计算机联网收费建设。2009年12月21日,都匀至新寨段高速公路实行联网收费,都匀南临时主线收费站停止运行并撤除,全省联网收费"一卡通"全面实现。

计算机联网收费系统是利用现代化交通工程、信息管理技术、计算机网络技术、自动控制技术对高速公路信息、数据、图像进行处理,实施综合管理的系统。由收费系统、监控系统、通信系统三大部分组成的联网收费系统具有较高的经济效益和社会效益;收费相对公平合理;减少出入口手续,提高道路的通行能力;减轻收费人员的劳动强度,提高工作效率;杜绝或减少漏收和作弊行为,增加通行费收入。联网收费实行统收统分结算模式,即通行费统一征收,按各业主的道路里程、实际交通量等因素,经高速公路经营单位共同商定的分配比例,通过收费结算中心,按照"准确、公正、高效"的要求,对各收费单位收取的通行费定期进行拆分和清算。驾驶员进征费站时领取一张交通IC卡,就能跑遍全省高速公路且中途不需停车,待驶出高速公路时,通过计算机迅速、准确地计算出行车里程后交纳通行费,让驾驶员、旅客真正体验到高速公路的畅通、安全、方便、快捷、舒适。联网收费的实行,最大限度减少了收费站数量,节省了建站及管理成本。通过"监控中心"可对全路网收费工作进行监控,大大提高了处理突发事件的能力,也便于社会各界监督通行费征收工作。

2010年11月3日,省高总司联网收费管理中心完成了贵遵路、崇遵路、茅台路、清黄路、镇胜路、凯麻路、贵新路、玉凯路合计428条车道的车牌识别设备供货与安装、监理和检测。建成后的车牌识别系统可进一步完善收费系统,提高收费综合管理水平和服务水平。

④通行费统缴。为使各级领导和有关单位的车辆行驶高等级公路更为方便,结合贵州省具体情况,省交通厅、省高管局研究决定自1993年起,对有关车辆行驶高等级公路实行统一缴费制度,实行对象包括:担任现职的省委、省政府、省人大、省政协副职以上领导用车;省重点公路工程建设指挥部及其所属分指挥部的小车;养征系统的稽查车;公安系统以维护高等级公路交通安全的车辆(限额);高等级公路属地地、市、县领导用车(限额);经交通厅、高管局领导批准的有关单位车辆。省级机关、交警总队,经交通厅、高管局领导批准的有关单位车辆统一在高管局征费科办理;地(市)机关由当地高管处征费科办理;县(市)机关由当地征费站办理。根据行驶线路和物价水准收取一定的费用及工本费。统缴征使用期为一年,专车专用,不得转借和涂改,一经发现,征费站有权予以没收、并视其情节分别给予批评、教育、罚款处理,对伪造统缴征者将追究其法律责任。

自2004年起,年票只限在未进入电脑联网收费的路段使用。2005年2月后,停止办理统缴证。

⑤预付卡收费。2005年,经省交通厅研究并征得省委、省政府同意,对行驶高等级公路的车辆实行预付卡收费。实施方案和具体使用办法为:自2005年2月1日起,停止办理"高等级公路车辆通行费年票证(统缴证)"。除本实施方案规定可不办理预付卡的车辆外,其余车辆实行高等级公路通行费预付卡(黔通卡)收费制;需办理预付卡的车辆,一律在贵阳市及各市(州、地)建设银行受理通行费预付卡业务的储蓄网点办理黔通卡;任何大型会议及其他特殊活动均不予办理车辆免(减)通行费手续。在确有需要时,经协商同意,活动主管(主办)单位可以提前办理交费手续,收费站给予开辟礼宾通道或专用通道,保证会议或重大活动等车辆优先、快速、安全通行;中外合作公司经营管理的高速公路、其他国省(县)干线收费公路仍暂按原收费方式收取车辆通行费。免(减)征车辆通行费的对象参照本实施方案的规定执行;高等级公路管理部门要切实提高服务水平,缩短过往车辆通行收费站的时间;各收费站点要对拒交、逃交、少交车辆通行费而故意堵塞收费道口、强行冲卡、殴打收费公路管理人员、破坏收费设施或者从事其他扰乱收费公路经营秩序活动,构成违反治安管理行为的,报请公安机关依法予以处罚;构成犯罪的,依法追究刑事责任。

预付卡办理及具体使用办法为:预付卡是指非接触式IC卡电子货币,对行驶高等级公路的车辆使用计算机信息技术和网络技术,在收费站出入口刷卡扣费的一种结算工具。非接触式IC卡分两种类型:记名型IC卡,专车专用,可以办理挂失、转户等业务;不记名型IC卡,任何车辆均可使用,功能灵活,但不能办理挂失。单位和个人在办卡时可自由选择。非接触式IC卡业务受理点为指定的建设银行贵州省分行储蓄网点。各受理点可办理IC卡新办、充值、挂失、补办、换卡、转户、查询等业务。凡需新办IC卡的用户,持本人身份证及行驶证,填写"IC卡业务申请表",缴纳工本费,自由选择办理记名型或不记名型

IC卡。IC卡每次充值金额为100元的整数倍,多充不限,充值最低限要保证足够支付一个行程往返的通行费。持IC卡行驶高等级(高速)公路在进站入口刷卡,登记入口信息(车牌、入口地、时间等);出口刷卡,计算机根据车型、行驶路程和省物价局批准的收费标准,计算出应缴费额并从IC卡中自动扣费,收费站出口车道每次均显示IC卡当次消费情况及卡内余额。收费站收费人员在出入口要认真输入车牌、车型等信息,确保数据准确无误,使计算机自动完成收费运行工作。持IC卡用户若遇停电、设备故障、卡内余额不足等情况无法使用时,用户可用现金支付当次通行费。

⑥试行货车计重收费。2007年4月15~16日,省物价局、省交通厅根据《政府价格决策听证办法》的有关规定,在凯里召开了由省人大代表、省政协委员、党委政府有关部门、专家学者、工会、消协、道路运输使用者(消费者)、道路运输经营者共计29名代表参加的听证会,听证会由省物价局局长陈仁贵主持,同时还邀请《贵州日报》、贵州电视台等18家新闻单位的记者到会进行采访和宣传报道。与会代表总体上认为:调整收费公路收费标准和高速高等级公路试行货车计重收费的听证方案是可行的,基本符合贵州地理环境复杂、山高谷深、沟壑纵横、高速公路、高等级公路存在桥隧多、造价高、车流量小、资金投入大、还贷能力弱的实际。绝大多数代表认为:通过适当调整车辆通行费标准,提高偿还银行贷款利息和贷款本金,是符合法律法规和有关政策规定的,社会各界及道路运输使用者是可以理解的。高管局还组织和参与地方政府、公安、武警等有关部门协调会议15次,召开调标和计重收费准备会10次,发放宣传资料60万份,举办职工计重收费培训班34期(2635人次参加)。2007年5月29日,省政府召开了全省调整收费公路车辆通行费标准和高速高等级公路货车试行计重收费电视电话会议,副省长孙国强作了电视讲话,省物价局副局长傅永华传达了省政府办公厅《关于调整收费公路车辆通行费标准和高速高等级公路货车试行计重收费有关问题的通知》文件,各市(州、地)政府组织当地有关单位和部门收看了电视讲话会议实况。

自2007年6月1日起,全省高等级(高速)公路货车试行计重收费。按照计重收费的规定,货车通过收费公路时,以收费站实际测量确定的车货总质量为依据,以车货总质量每吨公里的单价再乘以里程为收费额,收费基本费率为0.09元/吨公里,桥梁、隧道计重收费基本费率为0.32元/吨公里,对货车试行计重收费,体现了"多用路者多交费,少用路者少交费"的原则,同时能有效遏制"大吨小标"超限运输现象,收费标准更为合理。

⑦电子不停车收费(ETC)。电子不停车收费系统是国内外最先进的路桥收费方式之一。不停车收费系统又称电子收费系统(Electronic Toll Collection System,简称ETC系统),是利用车辆自动识别(Automatic Vehicle Identification,简称AVI)技术完成车辆与收费站之间的无线数据通信,进行车辆自动识别和有关收费数据的交换,通过计算机网路进行收费数据的处理,实现不停车自动收费的全电子收费系统。使用该系统,车主只需在车

窗上安装感应卡并预存费用,通过收费站时无须停车,通行费将从卡中自动扣除。这种收费系统每车收费耗时不到2s,可大幅提高车辆通行能力。

2010年8月,贵州省高速公路联网管理中心开始实施ETC测试示范工程建设前期准备工作。

(3)票证管理:通行费票据为有价证券,从制作、领发、保管及使用都有严格的规定。2001年7月,省高管部门进一步完善了《贵州省高等级公路管理局票据管理办法》,对有关事项作如下规定:高总司负责通行费票据印制计划的审批;高管局负责设制定额票、月票式样,编制票据印制计划,制定各种票据报表、账册格式等;局机关负责票据印制、保管、发放、核销、检查等全面管理工作;各处、站所需定额票向上级单位请领,严禁相互借用、调剂、购买,征费员所需定额票一律在本站票据员处请领核发。请领核发票据时,必须严格填写"票据请领核发清单",领用单位(人)如发现差错应按有关规定立即处理;局、处、站根据职责管理范围对库存票据的安全负责。除发生非人力所能抗拒的损失并经当地公安机关或局有关科室证明外,经鉴定属于经办人责任而发生丢失、短少的,由责任人按损失金额进行赔偿。造成严重损失的按《中华人民共和国发票管理办法》及其他实施细则的规定追究相关责任;额票必须顺号使用,不得涂改金额。征费员收费后应主动迅速地将票据递予付款的驾乘人员。由于各种原因,对驾乘人员未取走的票据应投入废票箱,由票据员定时搜集,月末按征费员分类进行统计,年末编报清册,经上级主管部门批准后销毁。征费员使用定额票时应完整保留存根联,不得拆散,并将存根交回票据员作为销号依据。定额票存根保存期为5年,期满后由票据员填写销毁清册,经上级有关部门核查后由局报请税务机关查验销毁。

(4)收费稽查:

①稽查机构。为加强征费管理工作,保障各项规章制度的顺利实施,强化征费员的职业道德意识,2001年7月,经省交通厅党组同意,高管局新设稽查科,其主要职能是监督、指导各处、站稽查人员认真贯彻执行局稽查工作的规章制度,做到以身作则、坚持原则、秉公办事;负责对各处、站稽查情况进行检查,组织下属有关单位互查工作;负责对各处、站征费岗位进行随机稽查,充分掌握征费工作一线情况;查处征费工作中的违纪违规行为,对稽查中发现的问题及时做出书面结论并提出处理意见;监督检查各处、站通行票、证、卡的保管、发放、使用、核销工作。通过数年的工作实践,因高管局稽查科和征费科的职能出现交叉、重叠,为理顺关系,提高工作效率,更好地发挥职能部门的积极性,在编制有限的情况下,2004年7月撤销稽查科,稽查工作由局征费科统一管理。

②内部稽查。为建立一支高效廉洁、文明礼貌的收费队伍,确保通行费征收工作顺利进行,各级稽查部门建立了稽查制度,定期或不定期地对征费班组、征费人员的工作进行检查。稽查的主要内容有:贪污挪用、滞留及坐支通行费;售抽心票、回笼票及作废通行

票;伪造通行票证、收钱不撕票或少给票;内外勾结,串通驾驶员逃票;盗窃他人通行票证、票款;携带私款、通信工具上岗;放人情车及带车逃费;发现他人明显违纪而隐瞒不报;未保管好票据和现金或借用、混用票据而造成责任事故;脱岗、睡岗、着装不规范;长款或短款;上班看书报、下棋打牌;容留非当班人员进入收费亭;服务态度差,造成不良影响等。对稽查中发现的问题按有关规章制度处理。

③外部稽查。为维护正常的收费秩序,防止通行费流失,对行驶高等级公路车辆的购票情况进行稽查,从稽查中发现有部分驾驶员存在"买短跑长"、冲关逃费、串用、转借、涂改通行费年票,使用假证、卡,虚报吨位,超载运输等违规行为。稽查部门对以上违规行为能按规章及时予以处理,尽量减小通行费的损失。据1998年统计,通过稽查,全年共补收通行费811860元,仅金关收费站每月补收通行费即达到数万元。

省高管局成立之初,局、处机关不定期地组织有关人员上路稽查。由于这种稽查方式须在途中随机拦车检查,尽管参与稽查工作的人员统一着装且标志明显,但不少驾驶员对此持有异议,特别是夜间稽查,驾驶员会产生恐惧心理。随后,这种原始的稽查方式在治理公路"三乱"中被废止,改为采取在收费通道出口安装电动挡板、在收费通道进口设置减速带等方式,这些办法虽能防止车辆冲关逃费,但电动挡板设在道路下面,目标不明显,按电钮后自动弹起或收缩,曾发生多起因收费员操作失误或驾驶员有意冲关造成的车辆受损事故。减速带设置在通道进口处,也给驾驶员行车带来不便,特别是雨、雪天气更容易发生交通事故,此方式实施不到一年时间也停止使用。其后,采用当时国内外普遍使用的安装电动挡杆机的方法,防堵车辆冲关,由于挡杆结构比较轻便,目标明显,征费员容易操作,即便偶有失误也不会造成大的事故,使用至今得到社会各界的理解与配合。另外,加强了对征费人员的培训工作,提高了其业务水平,增强了其识别有关证件真伪的能力。对超载车辆的鉴别也由过去的目测方式改为由科学仪器测定。"十一五"期间,省高管局共对外稽查62.47万车次,对内稽查47.2万人次,补收车辆通行费3825.9万元。

三、公路养护

1.养护机构

高等级公路的养护管理实行全省统一、集中、高效、特管的原则。贵州高等级公路管理局、高等级公路管理处分别设立计划工程科,负责贵州省高等级公路的养护计划、道路维修、绿化美化等管理工作。

贵州省第一条高等级公路贵黄公路开通前,根据省交通厅的安排,主要从公路系统抽调从事公路工程、道路养护、行政管理等有关人员组建"贵州省高等级公路管理处",以承担贵黄高等级公路开通后的全面管理养护工作。贵阳、安顺地区根据管养里程的需要,分别由当时的贵阳公路养护总段、安顺公路养护总段抽调有关人员组建高等级公路管理分处。贵阳分处下设"贵阳管理站",负责贵黄公路贵阳至清镇一级路段的养护工作。安顺分处下设平坝、镇宁管理站,负责贵黄公路清镇至黄果树二级路段的养护工作。贵黄公路开通后,省高管处、省高等级公路机动车辆通行费征收处(以下简称省高征处)、交警贵黄支队参与管理。为形成集中统一指挥和高效管理,1992年7月,建立了贵州省高等级公路管理局,撤销省高管处、省高征处及所属各机构。省高管局负责高等级公路的养护与维修、质量监理与路况评定、灾害抢修、车辆救援与保畅以及公路绿化与监控。贵州省高等级公路管理局成立后,随着省高等级公路建设的快速发展,至2004年,全省各市(州、地)相继组建了贵阳、安顺、遵义、都匀、凯里、毕节、关兴、镇水高等级公路管理处。上述市(州、地)高等级公路管理机构,负责所辖高等级公路通行费征收与征费稽查、养护维修,质量监理与路况评定,灾害抢修,车辆救援,公路绿化与监控,公路交通安全设施维护,公路行政执法与路产路权维护,公路巡查与公路污染查处及超限运输管理等工作。

2004年7月,贵州省高等级公路养护中心(简称"省养护中心")成立,省高等级公路管理局和各高等级公路管理处负责的养护与维修、灾害预防及抢修等职能划转养护中心。2009年7月,根据《贵州省高速公路收费养护管理体制改革方案》,省高等级公路管理局负责的高速高等级公路收费、养护职能划转贵州高速公路开发总公司,同年,贵州高速公路开发总公司营运管理中心成立,负责高速公路的收费及养护管理。2010年,高总司首次在省高速公路小修保养工程采用总承包方式,该方式明确了承包人为小修保养工程的唯一责任主体,减少了工程实施的中间环节,提高了小修保养工作效率,减轻了省营运管理中心、地区中心工程部门的日常工作量,充分体现了路况水平为考核唯一标准,充分发挥了承包人的主观能动性。2010年8月31日,贵州省高速公路管理局成立,省养护中心随之撤销。至2016年年底,全省高速公路养护工作由业主单位负责。

2. 养护线路及里程

至2010年年底,贵州高速公路开发总公司实际养护里程1936.119km(含匝道222.476km),其中高速路923.524km、一级路5.844km、二级路784.275。桥梁1614座,隧道左右洞150座、单洞33座,涵洞6006道。截至2016年年底,全省高速公路总里程5433.207km,养护里程5433.207km。

3. 养护人员及养护经费

贵州省高等级公路日常的养护工作结合省内实际情况并借鉴外省的经验,按高速公路1.8人/km、二级路0.9人/km配置,招聘了一支编外的保洁队伍,从事高等级公路的道路保洁工作。具体办法是由各管理站和沿线乡(镇、办事处)签约,根据保洁工作的需要,由居委会、村民组推荐,招聘身体健康、品德端正、热心公路保洁工作的当地中青年村

（居）民，经乡（镇、办事处）核定后与管理站签订保洁工作合同。管理站根据工作量大小、难易程度及经费的实际情况，将管养路段划分成若干个保洁工程责任段，一般每个责任段招聘一名保洁工，4~5个责任段为一个保洁组，由保洁人员民主选举或管理站指定一名组长，3~5个保洁组由管理站明确一名养护人员管理。保洁工是临时工、季节工用工性质，在正常情况下，待遇不低于当时当地最低工资标准。招聘保洁工进行道路保洁的措施因效果较好，至今还在采用。1995年后，根据高总司制定的《聘用临时员工的管理办法》精神，新增养护管理人员也实行聘用制，其福利待遇和聘用征费员基本相同。因此，由正式职工、聘用员工、保洁工组成了省高等级公路养护队伍。

贵州高等级公路养护资金主要来源于车辆通行费和路政索赔返还用于恢复养护设施的经费。养护资金必须专项用于高等级公路养护，专款专用，不得挪用和挤占。各高管处按规定的计划项目，于当年11月底前编制次年度建议计划报省高管局，省高管局根据国家有关高等级公路养护计划管理的方针政策，在确保道路畅通的前提下，遵循"先重点，后一般；先干线，后主线"的原则，对交通量较大的国道主干线和具有政治、经济、国防意义的养护工程、抗灾抢险工程优先安排，并结合各处的建议计划和道路的实际情况，于当年12月底前编制次年度养护计划，报高总司批复后按期下拨资金实施，年中根据实际情况进行一次调整。单项工程投资在50万元以上（含50万元）的工程项目报高总司审批，50万元以下的工程项目由省高管局审批，10万元以上的工程项目审批文件须向高总司报备。2008年6月4日，省交通厅下发《关于下达2008年第一批养护支出计划的通知》，标志着省高速公路养护支出计划由省交通厅直接管理。为进一步加强公路养护工程管理，规范养护工程计划、设计文件及预算的报批等工作，2008年10月，省交通厅下发了《关于进一步加强省高管局公路养护工程管理有关事项的通知》，对高管局养护工程计划报批程序的调整和有关事项明确为：日常养护和小修工程，由省高管局将项目计划报省交通厅，省交通厅在年度计划中核定后下达；大、中修及改建工程，由省高管局组织设计，编制项目预算，报省交通厅及高总司审核，高总司审查后将意见报省交通厅，由省交通厅审批后方能列入计划；公路大、中修及改建工程项目达到招标规模的，应按规定实行招标投标制度，要积极引入市场竞争机制，确保养护工程质量，提高投资效益；省高管局应进一步加强项目前期工作管理，列入当年实施计划的项目应在上一年完成设计方案及预算的审批工作。要逐步建立起公路养护工程项目库，实行动态管理，确保公路养护工程项目能够得到及时实施，提高服务质量和水平；对需要进行紧急抢险的工程，省高管局可先进行紧急抢险处理，同时按规定的程序报相关单位批复，并附相关的影像资料说明紧急抢险的情形；省高管局应进一步加强项目管理，设计方案及预算一经审批，原则上不应再调整投资。

4. 高速(高等级)公路绿化

1990年年底,贵州省第一条贵黄高等级汽车专用公路竣工通车之前,省长王朝文主持召开了关于贵黄公路两侧荒山绿化的专题会议,省林业厅、财政厅、交通厅、贵阳市、安顺地区主要领导及有关部门的负责人出席了会议,就贵黄公路全程两侧荒山绿化工作进行了研究和部署。省政府决定把贵黄公路沿线荒山绿化列入省"八五"期间的一项重大工程,称为"贵黄绿色工程"。1990年12月15日,省政府成立贵黄公路绿化工程指挥部,省长王朝文任指挥长。同日,省政府召开了由贵阳地区的省(市)机关、企事业单位、大专院校、部队、武警、街道居委会和中央驻筑单位的主要负责人及安顺地区以及贵黄公路沿线各县(市)党委、政府、财政、林业、城建部门的主要负责人共1200多人参加的"齐心协力、真抓实干,为贵黄绿色工程争做贡献"动员大会。省长王朝文在动员大会作了讲话,要求做好广泛发动群众、切实加强领导;因地制宜、合理布局、分年实施;明确任务、划片包干、限期完成;稳定完善林业政策;广泛筹集资金、加快绿化进程;严格检查验收、开展评比兑现奖惩6个方面的工作。动员会上同时明确贵黄绿色工程由沿线各级政府组织实施,公路部门负责公路绿化,要尽快把贵黄公路建成贵州高原的绿色长廊。

公路绿化是公路养护管理的组成部分,是美化路容、协调景观、达到恢复植被、防止水土流失、提高公路抗灾能力的一项重要措施。省高管局针对高等级公路绿化工作主要采取了三个方面的措施。

一是对通车即有绿化的线路根据原线路的绿化情况进行巩固和完善。如贵黄公路,由于省委、省政府的重视和当地政府的支持,通车即实现了全路段绿化(以速生乔木为主),高管局在此基础上不断完善,逐年安排实施以女贞、夹竹桃、侧柏、红子母等亚乔木、灌木为主的绿篱、景点绿化工程和生物防治边坡试点工程(栽植小冠花、狗芽根、黑麦草、羔羊毛等)工作,使贵黄公路基本达到以乔、灌、花、草的立体型绿化。1999年11月和12月,《贵州日报》《中国交通报》分别对贵黄公路声障墙进行了专题报道,盛赞贵黄公路绿化工作。贵黄公路成为引以为荣的全国绿色通道示范路。2001年后,贵州的高等级(高速)公路的绿化在工程建设期间就进行了较详尽的设计和实施,绿化工程投入资金约4.2亿元,占公路建设资金约1.68%,共植草1900万m^2,栽植乔灌木320万株、花卉72万多株。后期通车的公路,从项目的前期准备工作到竣工验收交付使用及运营管理过程中,每个环节都重视绿化和环境保护。在运营管理中主要以维护现有成果、加强日常管护及受损恢复为主,对个别达不到行车要求的路段进行局部改造。如2002年投资200万元,对贵新线中分带绿篱因"防眩"功能弱化进行了改造,新栽毛叶6434株、海桐11835株、移植苗木22541株,使其达到防眩功能。

二是对通车时未进行公路边坡绿化的路段逐年投入,进行生物防治和立体绿化相结合,实行全路段绿化,对宜绿化的路段尽快实施绿化,对不宜绿化的路段通过改造创造条件后进行绿化,如贵遵公路、贵阳东出口及东北绕城公路。在贵遵公路上实施了全路段生物防护边坡工程和以亚乔木、灌木为主的绿化工程,使贵遵公路顺利通过环保验收和交通部竣工验收。1998年后,每年投入100余万元对贵遵公路进行公路绿化,将公路留地范围内弃渣场、取土场、料场等全面清理、平整,覆盖种植土进行绿化。2000年,栽植毛叶丁香35452株,植草198777m^2,大叶女贞9280株,其他苗木5016株。石砌挡墙1510.91m^3,平整场地11712.8m^2,换填土5725m^3。由于公路绿化成效显著,贵遵公路K99~K141路段被遵义县确定为水土保持示范段。2001年,省绿化委员会及有关专家对贵遵公路绿色通道建设给予了肯定。期间,东出口和东北绕城公路的绿化工作也通过国家环保总局的验收。

三是加强日常管护,维护绿化成果。"改善公路行车环境,维护现有绿化成果"是高管局绿化养护管理的重要工作,维护绿化成果坚持做到"三分栽,七分管"。1998年,公路绿化正式列入高管局制定的《高等级公路养护质量考评办法》,成为日常和季度考核项目。2005年,省高管局制定了《贵州省高等级公路绿化日常管护细则》,进一步明确了绿化日常管护的内容,使管护的高等级公路绿化工作更具有明确的目的性和可操作性,推动全局公路绿化及管理工作稳步发展。2010年,贵州高速公路种植毛叶丁香、侧柏、小叶女贞、大叶黄杨等绿植29274株。

截至2016年年底,全省高速(高等级)公路绿化统计里程4757.634km(省公路局管理部分除外),可绿化里程3528.595km,已绿化里程3526.297km。

四、路政执法

1991年,根据省政府《贵州省高等级公路养护管理暂行办法》和省交通厅《关于高管处管理体制及处内部机构设置的批复》文件精神,经省高管处研究,决定在贵黄公路设置三个路政中队,一中队负责贵阳艺校立交桥—清镇庙儿山、庙儿山—塔山支线的路政管理工作;二中队负责平坝管理站所辖线路的路政管理工作;三中队负责镇宁管理站所辖线路的路政管理工作。贵花线、贵阳西南环线设置一个路政中队。路政中队隶属管理站,在分处路政大队指导下负责所辖区域的路政管理工作。省高管局组建后,沿袭了这种路政管理模式,即:局设路政支队、处设路政大队、站设路政中队。

2003年,贵州高等级公路建设快速发展、道路等级不断提高,道路设施也不断增多,原有的路政管理机制无法适应新形势的发展需要,为加强路政管理工作、加大管理力度,经省高管局党委研究并报省交通厅同意,根据省编委《关于建立关兴高等级公路管理处的批复》,路政中队从管理站分离,升格为各高管处所属科级事业单位。

2009年8月,贵州省高速公路管理局成立,原贵州省高等级公路管理局所属的27个路政中队被撤销,贵州省高速公路管理局加挂贵州省高速公路路政执法总队牌子,设立贵阳、遵义、安顺、都匀、凯里、铜仁、毕节、水城、兴义高速公路管理处,分别加挂高速公路路政执法支队牌子,为贵州省高速公路管理局(贵州省高速公路路政执法总队)所属副县级事业单位。同时设立30个相应高速公路路政执法大队,为各高速公路管理处(高速公路路政执法支队)所属正科级事业单位。

贵州高等级公路管理局成立后,高速(高等级)路政管理经费和路政人员工资及福利列入省高管局养护管理支出计划,同时,从省财政厅返还的罚没款中按比例提取路政管理经费。路政管理机构的装备也随管护里程的增多及任务的需要逐步完善,每中队原则上配备巡查车4辆、救援车3辆、不同型号的清障车3辆、大吊车1辆、装载救援设施的车辆1辆、救援破拆工具2套和通信及其他必要的装备。根据交通部2002年《公路监督检查专用车辆管理办法》的规定:公路监督检查专用车辆的车型、标志和示警灯由交通部统一规范,车型包括轿车、越野车和轻型客车三类;专用车辆的基本色为白色,沿车辆前保险杆水平环绕车身以下部分为橙黄色,车身两侧统一喷印"中国公路"文字标识,字体为黑体,文字颜色为黑色;专用车辆的示警灯为红、黄、蓝三色固定式排灯,安装在车顶前部,示警灯排灯中间装备圆形红底白色公路路徽。

路政管理工作具有行政执法职能,省高管局历来对路政人员的选调非常重视、严格把关,并按上级的要求,对全体路政人员分别进行了岗位培训,经考试合格后由省交通厅颁发执法证。要求路政管理人员做到廉洁自律、依法行政、文明执法、热情服务,执行公务必须按规定着装、佩戴有效证件。

贵州省高速(高等级)路政管理的主要工作有:对高速公路(含匝道)用地及附属设施、公路建筑控制区、加油站、服务区(停车场)等进行路政巡查;对公路用地和公路设施等路产进行管理;对非公路标志管理,非公路标志管理是指商品经营者或者服务提供者,以及其他法人、经济组织或个人,利用高速(高等级)公路、公路附属设施、公路用地和公路两侧建筑控制区,通过设立标牌、灯箱、标语等广告有形物,直接或间接地介绍自己所推销的商品或者所提供的服务的商业广告,非公路标志以外的单位名牌、地方名牌等的管理;对建筑控制区管理,《贵州省高等级公路管理条例》第十九条规定:高等级公路两侧边沟外缘起向外延伸20m为高等级公路建筑控制区。除高等级公路防护、养护需要并经批准外,禁止在建筑控制区内修建建筑物和地面构筑物。需要在建筑控制区内埋设管线、电缆等公益设施的,应经高等级公路管理机构批准后方能办理有关手续。

1997年,共查处违章建筑23起,堵断私开道口9处,拆除沿线乱设标牌113块,清理占道摊点72处,完成车辆救援任务951台次。1998年,共查处违章建筑21起,拆除乱设标牌193块,清理占道摊点57个,追查逃逸车辆21台次,破获盗窃团伙3个。2001年,共查处违章建筑47起,查封私开道口16处,完成车辆救援任务2621台次,追缴肇事逃逸车辆12起,在公安机关协助下,抓获盗窃交通标志犯罪团伙4个、犯罪嫌疑人5名。配合贵阳市积极开展的"三创一办"工作,在全省开展"规范和治理高速公路沿线广告牌"专项工作,对高速公路沿线广告牌进行了清理,拆除违章建筑(广告牌)242处,取缔非法加水点320处。同时,督促广告牌所有者对其存在脱色、破损、陈旧的广告牌进行维修、翻修或拆除,确保高速公路沿线广告牌安全、美观、整洁。2003年1~3月,开通不久的凯麻高速公路有29块反光标志、标牌被盗或损毁,损失折价261多万元。针对这一情况,路政管理部门积极组织有关人员加大巡查力度、蹲点守候,配合沿线当地公安机关全年共破获盗窃公路设施团伙9个,抓获盗窃公路设施嫌犯40余人,其中23人受到法律惩处。"十一五"期间,共查处路政案件3.38余万起,结案3.3余万起,查处率100%,结案率96.6%;实施车辆救援4.2余万车次。

贵州省高等级公路开通后,由于道路运输竞争激烈,受经济利益的驱动,超限、超载运输比较严重,特别是国家实施"西部大开发"和"西电东送"后,大型、大吨位运输车辆日益增多,由于贵州省高等级公路桥梁多,大桥、特大桥所占比例大,类型、结构多样,一些路段设计荷载已不能适应重大超限运输车辆通行,省高管局管辖路段车辆设计荷载为:贵黄公路汽—20,挂—100;其余公路汽—超20,挂—120。

按照《超限运输车辆行驶公路管理规定》,超限运输车辆行驶公路前,其承运人应按照有关规定向公路管理机构提出书面申请。为确保经审批的超限运输车辆安全行驶,省高管局严格审批制度,车货总重超过桥涵设计荷载的先由高管局审核,再报高总司审批;车货总质量不超过桥涵设计荷载的由高管局审批,100t以上的须及时报高总司备案;不超重,仅几何尺寸超限而又可以通过的,均由高管局授权的下属机构审批。超限运输审批由于技术、业务性较强,对严重超载的须由工程技术部门会同路政管理部门审批,分管技术的领导对重大的审批还须签署意见。为防止运输者瞒报,审批机构要对车辆进行实地检查、测称,查验有关货运单及附属质量。

2004年4月,为维护社会主义市场经济秩序,解决货运机动车辆超限超载问题,减少道路安全事故的发生,保护人民群众生命和国家、集体、个人财产安全,经国务院同意,交通部等八部委联合印发了《关于在全国开展车辆超限超载治理工作的实施方案的通知》,治理工作按照"广泛宣传,统一行动;多方合作,依法严管;把住源头,经济调节;短期治标,长期治本"的要求,对超限超载车辆进行综合治理,保护并鼓励合法道路运输,坚决打击车辆超限超载、"大吨小标"和非法改装等违法行为。在省政府、省交通厅的统一部署下,省高管局主要做了四个方面的工作:

一是根据省政府、交通厅关于在全省开展公路超限运输专项整治工作的决定,结合高等级公路的实际,拟定了《省高等级公路超限运输综合整治方案》,明确了组织机构、治理对象和标准、治理措施等相关工作。

二是加大对治超有关法律、法规和政策的宣传力度。在各高等级公路显著位置悬挂宣传标语、增设限载标志，散发宣传资料，使广大道路运输者认识到超限超载运输的危害性和治超工作的重要性、紧迫性，自觉遵守有关规定。

三是加大路政巡查制度，强化执法力度。全国集中治超工作开展后，高管局组织900多人参与此项工作。治超人员严格掌握政策界限，把治超工作的行政手段与经济手段相结合，对恶性超限运输车辆坚决按规定卸载，对一般超限而又无法卸载的大型货运车辆，按章收缴公路赔（补）偿费。针对部分超载车辆有意逃避检测的情况，采取有效措施管控。如贵阳处路政人员在巡查中发现有部分货运车辆在毕扎征费站绕磅、逃磅或不过磅的情况时，抽调一台移动超限设备、一辆执法车和10名路政执法人员对逃避检测的货运车辆进行检测。

四是加大资金投入，提高治超科技含量。省高管局组建后，路政、征费站工作人员对超限的认定主要以目测和简单仪器测量为依据，特别是以目测的方式对超载的认定，既不科学也不准确，双方为此经常发生争执、引发纠纷。根据八部委的通知精神，自集中治超工作开展至2009年体制改革时，累计投入建设资金200多万元，在管辖路段共设置了30个超限运输检测站（点），配有必要的称重设备、卸载机具和卸载场地。

2006—2010年期间，由高管局管辖的高等级公路货车通行量年均约为260万辆，每年平均检测12万余超限运输车辆。从2007年6月1日起，结合省高速公路货车计重收费的实施，贵州省各条高速公路征费站均安装了称重设施。经过治理，有效地遏制了超限超载现象，恶性超限运输车辆控制在3.5%以内，超限车辆比例控制在5%以下，保障了高等级公路桥梁和路面等基础设施的完好，降低了交通安全事故的发生。为进一步加强对超限运输车辆行驶公路的管理，保障公路完好与畅通，根据《中华人民共和国公路法》和有关法规的规定，省高管局在各进、出口征费站设立超限运输稽查点，对超限运输车辆收取公路赔（补）偿费。

2011年6月8~17日，由上海市城乡建设和交通委员会作为组长单位，黑龙江省交通运输厅、交通运输部公路科学研究院、江苏省南京市公路管理处公路科学研究院组成全国干线公路养护与管理检查组，对贵州省国省干线公路养护与管理工作进行了检查。为迎接国检，贵州省路政执法人员"依法行政、应收不漏""依法治路、严格管理"，在求创新、求实效上下功夫，全面梳理各项工作制度和管理办法，结合实际和科学发展的思路，对已建立的制度进行完善和修改，对尚未建立的制度深入研究探讨，制定出全面、完善、可行、规范的路政工作制度体系。依法行政，规范管理，窗口文明，服务优良，队伍整齐，在道路保畅、迎检礼仪工作上的积极配合，给检查组留下了深刻印象，使检查组在比较短的时间里按照交通运输部的要求全面完成了检查任务。

2011年8~9月，贵州省"酒博会暨投洽会"及"第九届全国少数民族传统体育运动会"相继在贵阳举办，为做好道路安全保畅工作，贵州省高管局路政执法人员坚守岗位，认真履行职责,着装整齐,文明礼貌,并督促加油站、服务区内完善各种标志、标线、标牌,做到清晰、有效、齐全、醒目,确保有序引导车流、客流。运动会进行期间,展现了高速公路路政文明执法的良好形象,确保了高速公路的安全畅通。

2011年,全省各高管处路政大队每日对管辖路段的路面状况、安全设施、公路用地、建筑控制区、收费站、服务区和公路施工养护作业等实施路政巡查和监督检查,制作详尽的路产档案,了解路产的完好及损坏状况,及时督促全省高速公路经营单位修复受损的交通安全设施,确保高速公路交通安全设施齐全有效。2011年全年路政部门共出动巡查车辆28104次,巡查公路总里程177.12万km,步查2595次,步查里程100254km。

2011年1月,贵州省出现凝冻天气期间,为保障高速公路的安全畅通,路政部门加大巡查力度,对桥梁及易冻路段加强监控,发现凝冻情况及时处置。督促并协助经营业主单位做好撒防滑盐、防滑沙的工作;协助交警部门对车辆进行交通管制、车辆分流等工作,圆满完成了抗凝冻、保畅通任务。2011年年内,路政部门共实施车辆救援9321次。针对当前各类突发事件和自然灾害多发的情况,路政部门对原有及新增救援设备进行了合理配置。救援工作中,始终将安全及时清障当作救援管理工作目标。路政部门不定期开展高速公路突发事件的应急演练,一定程度上解决了多方协调配合上的一些问题,提高了救援效率,最大限度地保障了道路安全畅通,取得了较好的社会效益。

随着全省高速公路建设的快速推进,产生了大量涉及新建高速公路与现有高速公路交叉、搭接等行政许可事项,同时超限运输等许可事项也时有发生。省高管局路政部门坚持既严格按有关规定进行审查、严格按有关程序进行办理,同时要求转变工作作风,不断提高工作效率,特别是最大限度地服务好高速公路的建设工作,维护高管队伍的良好形象。同时,督促有关单位做好保畅方案和应急预案,确保施工所涉高速公路路段的安全。2011年,共办理施工类行政许可57件、广告类行政许可28件。

为贯彻落实交通运输部冯正霖副部长2011年在全国交通运输安全生产紧急电视电话会议上的讲话精神,省高管局制定下发了《关于进一步加强治理超限运输车辆工作的通知》,严格超限检测站实行24小时工作制,在强化源头管理的基础上,进一步加大路面巡查执法力度,巡查过程中发现疑似超限运输车辆,对其进行引导至最近的治超站点核实吨位,严格责任追究制,各处路政大队管辖路段必须严防死守,严禁非法超限车辆上路。如查实路上行驶车辆系违法超限车辆,将倒查其所经线路未对其查处的高管处责任。随着当年大龙、胜境关等治超站点的投入使用,治超工作得到了进一步的加强,对审批同意的超限运输车辆认真审查,并加大了对运输不可解体物品的大件超限车辆的护送工作,确保公路、桥梁和运输安全。2011年,省高管局路政管理部门共办理超限运输车辆通行证238件;治理超限运输车辆178873辆将恶性超限运输率控制在3.5%以内,确保了桥梁、隧道的安全畅通。

2011年,省高管局路政管理部门依照法律、法规、规章,多次联合当地政府、安监部门、公安、交警、应急办等单位联合执法,制止和查处在高速公路上及公路用地范围内的摆摊设点、设置非法加水点、利用公路边沟排放污物或者进行其他损坏、污染公路和影响公路畅通的活动;采取坚决打击"疏堵结合"的方法,有效保护公路路产,维护路权,保障高等级公路完好、安全、畅通。2011年内,路政部门共拆除违章建筑156处、广告牌155处,取缔非法加水点692余处。

路政部门依法履行对高速公路加油站、服务区(停车区)、广告牌等综合服务设施的行业管理工作,建立了相应的管理制度,协调、组织、沟通相关部门建立考核、检查、评比、处罚的管理机制。同时,督促广告牌所有者对其存在脱色、破损、陈旧等问题的广告牌立即进行维修、翻新或拆除,确保高速公路沿线广告牌安全、美观、整洁。

2012年4月,为配合和贯彻《贵州省高速公路管理条例》施行,省高管局路政管理部门对《路政巡查制度》《超限运输治理工作管理办法(暂行)》等相关路政业务管理制度进行修订,并下发征求意见稿。

2012年,省高管局路政管理部门办理各项涉路行政许可审批22个。其中,涉路施工许可9个,包括思南至剑河岑松溪互通与沪昆高速公路三穗至凯里段搭接、六枝至镇宁高速公路杨家山互通与沪昆高速公路K1961+020~K1963+595段搭接等,有力保障了贵州省"678网"高速公路规划建设项目的顺利开展;非公路标志许可13个,包括毕节地区旅发大会设置百里杜鹃旅游景点指示牌、贵阳市重点招商引资项目孟关国际汽贸城设置指示牌等,为贵阳乃至贵州省的旅游、商贸工作提供大力支持。2012年,路政管理部门牵头组织对沪昆高速公路球磨机施救吊装方案、贵阳龙洞堡机场临时开口及交通组织方案、马岭河大桥亮化工程施工及交通组织方案、贵阳市息烽工业园煤化工大道穿越兰海高速公路小寨坝互通立交施工方案、中卫—贵阳联络线天然气管道工程穿越兰海高速公路施工方案等涉路施工项目进行行政许可审批,有效支持和配合贵州地方工业建设工作。

2012年,路政管理部门治理超限运输车辆147230辆。路政管理部门在加强源头管理的同时,充分利用收费站监控系统,加强对过境车辆的检测与管理,开展固定站点治超与流动治超相结合的方式,严禁非法超限、超载车辆上路,确保了上半年治超工作取得实效。为支持省委、省政府地方工业建设,路政管理部门共办理风力发电设备超限运输通行证603余件。

2013年3月,省高管局路政部门开展了高速公路违法加水及违法摆摊贩卖活动专项整治工作,取缔或动员违法经营者自己拆除违法加水点1617处、违法摆摊贩卖882处、违法搭建用于加水和贩卖的临时建筑物157处(含重复搭建后取缔)。各高管处一是主动与有关部门、单位联系,形成了政府牵头,高速交警、营运中心、公安部门、沿线派出所、街道办事处等多部门联合执法的格局,统一制订整治方案,齐抓共管,确保了整治成效。二是加大宣传力度。在开展专项整治前和行动中,都加大对沿线村寨的法制宣传教育工作,充分利用广播、电视、报刊等媒体对高速公路沿线村民、广大交通参与者进行宣传,增加群众对《中华人民共和国公路法》《公路安全保护条例》《贵州省高速公路管理条例》等法律法规的了解。同时还在收费站、违法加水点向村民、驾驶员发放《致高速公路沿线村民的一封信》和《致广大驾驶员朋友的一封信》等宣传资料,增强了村民对道路交通安全意识,让沿线村民认识到违法加水及摆摊贩卖行为的是违法的、需要承担法律责任,促使他们自行消除违法行为。三是加大巡查力度,监管责任落实到人。在每日巡查中,各高管处明确要求发现一处清除一处。

2013年7月,省高管局下发了《关于开展对高速公路沿线非法广告牌等非公路标志进行专项整治的通知》(黔高管〔2012〕168号),要求各处将此项工作作为当时高速公路文明大道创建及路政管理的一项重要工作,对高速公路沿线非法广告等非公路标志进行摸底清查,严格按照《中华人民共和国公路法》《中华人民共和国行政强制法》《贵州省高速公路管理条例》等法律法规依法开展整治工作。截至2013年12月31日,治理各类违法广告212处。

随着贵州省高速公路建设的快速推进,省高管局受理审核审批大量涉及新建高速公路与现有高速公路穿跨、搭接等涉路行政许可事项,同时地方工业建设物资的超限运输许可审核审批工作也同比增加。省高管局路政部门严格按有关规定进行审查、按有关程序进行办理,同时转变工作作风,联合多部门实地查勘、现场办公,不断提高工作效率,最大限度地服务好高速公路的建设工作,维护高管队伍的良好形象。

2013年,省高管局路政部门对华能风电韭菜坪项目、龙源风电威宁项目、大唐风电台江项目、长征风电四格项目等不可解体的风力发电设备700余车次通行高速公路审批。运输单位提出的超限运输行政许可申请,省高管局路政部门均采取集中统一受理、登记、审批、发证、一站式办理,超限运输通行证由省高管局统一办好下发至各高管处,风电设备运输车辆进入贵州省境内即可领取通行证,优化超限审批流程,缩短审批时限。对一般未超过120t的大型超限运输车辆做到当日申请、即时办理"超限运输许可证",为贵州省工业化建设营造良好发展环境。

随着贵州省高速公路建设的快速推进,省高管局受理、审核、审批了大量涉及新建铁路、轻轨、城市道路,以及新建高速公路与现有高速公路的上跨、下穿、互通搭接等涉路行政许可事项。省高管局严格按照《中华人民共和国公路安全保护条例》《贵州省高速公路管理条例》相关规定执行,同时积极协调有关部门、单位对需经省交通运输厅批复设计的涉路施工申请,均采取实地查勘、现场办公、现场开会审查等形式,对符合条件的同意先期进入路外(建筑控制区内)施工,后期抓紧完善相关资料和方案,例如沪昆客运专线七里塘和张家湾项目、三黎高速公路屏树枢纽互通上跨和搭接沪昆高速公路项目、中石化贵阳至桐梓成品油管道下穿高速公路项目等 18 个涉路施工许可。同时,在优化审批流程后,均在下发"行政许可受理通知书"10 天内送达了行政许可证书,缩短了许可时限。

2013 年,"中国国内旅游交易会""贵州省酒博会暨投洽会"相继在贵阳举办,为做好道路安全保畅工作,省高管局路政执法人员坚守岗位,认真履行职责,着装整齐,文明礼貌,并督促加油站、服务区内完善各种标志、标线、标牌,做到清晰、有效、齐全、醒目,确保有序引导车流、客流。会议期间,展现了高速公路路政文明执法的良好形象,确保了高速公路的安全畅通。截至 2013 年 12 月 31 日,路政部门共实施车辆救援 14438 次。针对当前各类突发事件和自然灾害多发的情况,路政部门对原有及新增救援设备进行了合理配置。救援工作中,始终将安全及时清障当作救援管理工作目标。路政部门不定期开展高速公路突发事件的应急演练,一定程度上解决了多方协调配合上的一些问题,提高了救援效率,最大限度地保障了道路安全畅通,取得了较好的社会效率。按照省交通运输厅高速公路救援划转工作部署,省高管局要求各处路政部门加强救援人员和设备移交及组织实施救援工作,确保高速公路安全畅通。

2013 年,全省高速公路各超限检测站严格按照国家有关规定实行 24 小时工作制,在此基础上,进一步加大路面巡查执法力度,巡查过程中发现疑似超限运输车辆,对其进行引导至最近的治超站点进行检测,实行了严格的责任追究制,要求各处必须严防死守,严禁非法超限车辆上路,如查实路上行驶车辆系违法超限车辆,将倒查其所经线路未对其查处的高管处责任。对不可解体的超限运输车辆严格按照审批程序进行审批,如同意其通行高速公路的,认真审查其"过桥方案",并加大了对运输不可解体物品的大件超限车辆的护送工作,确保公路、桥梁安全畅通。2013 年,大龙、胜境关等治超站点投入使用,治超工作得以加强。

2013 年,共办理各类超限运输车辆通行证 800 余件;共治理超限运输车 304040 辆;卸载货物 750 余吨,转运货物 1300 余吨,消除车辆违法状态;劝返车辆 7261 次。通过全体路政执法人员共同努力,将恶性超限运输率控制在 3.5% 以内,确保了高速公路的安全畅通。

截至 2013 年 12 月 31 日,贵州省高速公路货运车辆通行数量为 25995666 辆,治理超限运输车辆 304040 辆,超限运输车辆控制在 1.1% 以内,即恶性超限车辆控制在 3.5% 以内。

从 2014 年 4 月 1 日起,省高管局将高速公路、高速公路用地、高速公路建筑控制区范围内架设埋设管道、电缆等设施,设置广告牌、地名牌,车货总重 120t 以下的超限运输许可等六项行政许可下放到各高速公路管理处办理。高管局只保留了两项行政许可事项,并从 2014 年 12 月 8 日起,高管局行政许可事项的审核、审批转为由省政务服务中心统一办理。高管系统共办理行政许可事项 1274 件。

2014 年,省高管局执法标志标识、执法证件、人员服装实行统一,有 46 个基层执法单位完成执法场所外观统一改造建设工作(占基层执法单位实际成立总数的 56%)。水城高管处盘县大队、兴义高管处兴义大队开展了"三基三化"试点工作。出台了《贵州省高速公路行政处罚案件办案规范》《贵州省高速公路行政处罚文书制作规范》《贵州省高速公路路政执法准军事化管理规定》等制度。组织对2014年新招聘的300余人参加交通运输行政执法资格上岗培训,并全部取得资格证。

2014年,贵州高速公路执法部门查处路政案件7453起,结案7229起,全年结案率达到96%以上;拆除违法建筑86处、非公路标志117处,取缔非法加水点1400余处(次)、非法摊点1000处(次),治理超限运输车辆30.7万辆(次),恶性超限运输车辆控制在3.5%以内。在各经营单位的大力支持下,新设置的路政大队、治超站执法车辆基本到位。

2015年,全省高速公路营运服务管理工作继续保持了良好的发展势头。高速公路路政执法全年查处路政案件10221件,结案率97.5%。拆除违法建筑87处、非公路标志164处,取缔非法加水点1010处(次)、非法摊点1984处(次)。治理超限运输车辆28万辆(次),恶性超限运输车辆控制在3.5%以内。全系统办理涉路施工行政许可190件,超限运输行政许可2100余件。开展了"内强素质求突破、外树形象促发展"岗位练兵技能竞赛活动。

五、公路救援

贵黄公路开通时由于经费困难及受设备和技工人员的限制,没有建立高等级公路救援机构。为不影响事故车辆的救援工作,1991年5月28日,在省交通厅的协调下,由杨来保副厅长主持、召开了"贵黄公路救援工作"会议,原省高管处和省运输管理局有关负责人参加了会议,会议针对贵黄公路车辆救援工作的机构设置、人员及设备的配置、经费开支和救援程序等问题进行了研究,根据厅领导的意见,会议决定如下:

(1)分别由省运输公司汽车三场、安顺汽车运输公司组建贵阳、安顺两个救援站,各配备12名救援人员。救援站人员配置、规章制度的建立及正常管理工作,由各自企业负责。两救援站负责贵黄公路辖线的车辆救援工作。

(2)贵阳、安顺救援站购置12t吊车、东风加长拖板车各一辆,所有权属省高管处,由救援站使用、保管。车辆购置费、油料保障、维修等费用由省高管处开支,救援站凭发票在省高管处报销。

(3)救援站人均月包干经费500元及水电、房租等费用由省高管处拨给。

(4)救援站实行有偿服务,对外收费由省高管处进行,单独列账核算。收费标准由两企业拟出意见,报运管局审核后,由省交通运输厅另行规定。

(5)救援任务由省高管处通知,救援站要认真做好值班和登记工作。

省高管局组建后,沿袭了上述救援体制。通过数年的救援实践,发现在救援工作中存在一些弊端,交通厅也曾多次召开协调会。为加强救援管理工作,经与省运管局商议,从

1994年4月起,由高管局调派人员到救援站担任领导和管理工作。此后,救援管理工作虽然有所改善,但同时又出现了新问题,高管局人员调入后,救援站存在分别来自企业和事业单位的两类职工,由于体制不同,两类职工的工资及福利待遇存在差异,导致来自企业的职工情绪不稳定,影响救援工作的正常运转。在因体制问题短期内无法改变的情况下,为尽快解决因救援不及时而发生肇事路段车辆拥堵现象,路政部门结合路产维护,在救援站的救援人员不能及时赶赴事故现场时,参与了救援工作。贵黄直属支队交警一度在贵黄路上救援肇事车辆。由于多头救援、职责不清,彼此之间的矛盾增加,给路产索赔工作增大难度。

随着经济体制改革的深化,由企事业单位共管的救援体制已不能适应改革和交通发展的需要,1997年年初,省交通厅党组提出了救援体制改革精神,具体组织实施了救援体制改革工作,针对救援体制存在的诸多问题,经省高管局党委研究,决定撤销救援站,救援职能划归管理站。同时,积极向省有关部门反映,对交警参与肇事车辆救援一事应予制止(1999年5月,经省九届人大常委会通过的《贵州省高等级公路管理条例》第三章第二十三条,首次以法规明确"高等级公路的道路清障、车辆救援,由高等级公路管理机构负责")。为使此次救援体制改革工作进行顺利,实施前,省高管局和两家企业领导协商、征求意见,以求思想认识统一,同时组织救援站职工学习,提高思想认识,宣传改革的重大意义。通过协调,贵阳汽车三场的12名职工和安顺汽车运输公司的9名职工回到原单位工作。2003年,路政中队从管理站分离后,救援职能划转路政中队,并进一步健全相应的管理制度,逐步建立了一支统一、高效、规范的高等级公路救援队伍。要求各路政机构在接到救援任务后快速反应,排障救援车辆及人员要在5分钟内出发,30分钟内赶赴现场开展施救(自然因素及不可抗力除外)。在职能转换过程中,及时对外公布救援电话。

车辆救援收费标准:1991年7月,省交通厅、物价局、财政厅下发《关于高等级公路救援肇事车辆收费标准的通知》,明确在救援中使用机械及其他费用由肇事车主负担,并对收费标准规定为:按每救援一次,每次以4小时计费,其中:吊车每吨位小时收费6元;拖运车每吨位小时收费7.50元;救援中不另计人工费,发生捆扎用铁丝、垫木等辅材费,每次按10元计收;救援中,肇事车能拖至安全地带的就不应使用吊车。

由于当时贵州省高等级公路处于起步阶段,救援车辆类型单一、人员少,制定的收费标准具有临时性、应急性。随着贵州省交通事业的迅猛发展,高等级公路已有一定规模,年均救援达1500次,为满足救援需要,相应的救援设备、救援机构及人员也大大增加。为了保障救援工作的正常开展,同时维护肇事车辆的正当利益,根据交通部《公路工程机械台班定额》进行测算,结合贵州省实际,2000年6月,省物价局下发《关于调整高等级公路救援车辆收费标准的批复》,对高等级公路事故车辆救援收费标准作出调整(见表3-3)。该标准一直沿用至2010年。

贵州省高等级公路事故车辆救援收费标准表　　　　表3-3

序号	被救车辆类型	救援方式	基价（元）	超运距每级增加价（元）	超4小时后每时增加价（元）
1	摩托车	拖运	100	10	25
		吊车、拖运	200	25	50
2	一类车	拖运	250	30	65
		吊车、拖运	400	50	100
3	二类车	拖运	400	60	100
		吊车、拖运	600	80	125
4	三类车	拖运	550	100	140
		吊车、拖运	800	120	200
5	四类车	拖运	600	150	150
		吊车、拖运	1000	180	250

备注：1. 一类车（2t以下货车，20以下客车）；二类车（2.1～5t货车，21～50座客车）；三类车（5.1～15t货车，51座以上客车）；四类车（15.1～20t货车和集装箱车）。

2. 21t以上货车、集装箱车和拖挂车的施救，按核定载质量5t等差各分为一类，其收费标准在前一类的基础上加收10%，加收总额不得高于四类车救援基价。

3. 救援装载危险物品的车辆和其他特种车辆，加收30%。

4. 救援工作在4小时内，往返超过10km运距的，可按表中规定计算加收超距费（往返1～10km为一级）；救援工作在4小时外加收超时费，但不得再计收超距费用。

5. 场地勘查清理费，救援车辆如在救援过程中发生场地勘查清理，可按以下标准收取费用：一类车（含一类）以下加收30元；二类车（含二类）以上加收50元。没有发生场地勘查清理不得收取场地勘查清理费。

2013年8月14日，贵州省交通运输厅党委会议纪要指出：随着贵州省高速公路建设模式转变、通车里程增加及国家相关规定出台，当前高速公路清障救援模式、运行机制已不能适应行业监督管理、应急处置和收费养护等方面的需要。按照国家事业单位分类改革意见，改革高速公路清障救援服务体制是大势所趋。2013年12月2日，厅印发了《贵州省高速公路清障救援业务划转移交工作实施方案》（黔交政法〔2013〕46号）。该方案要求在2013年12月31日前，由高速公路管理部门负责的高速公路清障救援业务、清障救援人员及设备、肇事车辆停放场地等整体一次性移交给各高速公路经营单位。考虑到维稳工作需要，明确高管部门现有的清障救援人员整体移交给贵州高速公路集团有限公司营运管理中心。2013年12月31日前清障救援人员的社会统筹保险缴纳、发生故障和事故肇事车辆的清障救援善后处理等工作由省高管局负责。从2014年1月1日起，划转后的清障救援人员的工资、福利、社保等由贵州高速集团营运中心负责。

为确保高速公路清障救援业务顺利划转移交，省高管局各高管处一是对清障救援人员、设备、肇事车辆停放场地等逐一进行摸底、登记造册及梳理存在的问题。二是及时向厅分管领导和厅人事处、法规处等有关部门汇报，衔接划转相关政策，研究梳理存在问题的解决办法，配合制订清障救援业务划转移交工作实施方案，罗强副厅长先后两次召开会议研究划转移交工作。三是主动牵头召开划转移交工作协调会。2013年11月22日，省高管局与贵州高速集团营运中心召开会议，共同就救援业务划转移交涉及人员、设备、场地等事宜进行讨论和研究，并共同成立了清障救援业务划转移交工作领导小组。2013年12月4日，省高管局与贵州高速集团营运中心再次召开会议，研究落实《贵州省高速公路清障救援业务划转移交工作实施方案》（黔交政法〔2013〕46号），省高管局、各高管处和贵州高速集团营运中心、各营运分中心的主要负责同志参加了会议，会议明确：高管部门和经营单位对于这次高速公路清障救援业务划转移交工作一定要按照厅单位的要求，统一思想、服从大局，落实方案、无缝衔接，加强领导、确保稳定。四是认真组织高速公路清障救援业务划转移交现场交接工作。2013年12月17~19日，省高管局、各高管处和贵州高速集团营运中心、各营运分中心组成了现场交接工作组到各市、州，共同完成了高速公路清障救援业务、人员、设备、停车场等划转移交工作，省高管局158名救援人员、145台套清障救援设备及有关停车场顺利划转移交至相应的业主单位。自此，按照厅党委的要求，省高管局与有关部门完成了全省高速公路清障救援体制改革任务。

根据厅党委的要求，高速公路清障救援体制改革后，高速公路清障救援服务工作由各业主单位承担，高管机构负责督促指导各业主单位开展清障救援服务和清障救援中的路政执法工作。为此，2013年12月12日，省高管局在征求各业主单位及有关部门意见的基础上，制定并印发了《贵州省高速公路车辆清障救援服务管理暂行规定》，对贵州省高速公路清障救援体制改革后的清障救援和行业监管工作作出了具体规定。

一是界定了高速公路车辆清障救援服务的内容和原则。高速公路车辆清障救援服务是指高速公路经营单位对高速公路上发生事故或故障的机动车进行排障、吊装、拖行，包括对车辆货物进行收集、装运等，并按规定收取相关费用的行为。高速公路车辆清障救援服务管理工作遵循"抢救生命优先、保障安全畅通、快捷高效统一"的原则。

二是明确了高速公路车辆清障救援服务的责任主体。高速公路经营单位负责建立专职车辆清障救援服务队伍具体承担高速公路车辆清障救援服务工作。高速公路经营单位之间在自愿互惠的基础上，一方负责具体承担的车辆清障救援服务工作可以委托另一方具体承担。高速公路经营单位应当根据车辆清障救援服务需要，合理布局和建设高速公路车辆清障救援服务站点，配备与车辆清障救援服务需要相适应的清障救援人员、专业清障救援设备、设施及车辆停放场地。省高管局及其所属的高速公路管理机构负责全省高速公路车辆清障救援服务的统一组织及监管工作。

三是明确了有关各方清障救援协作联动工作机制。省高速公路监控与应急处置中心统一设置全省高速公路车辆清障救援服务电话，并向社会公告。各高速公路经营单位应当设置高速公路车辆清障救援服务统一调度工作电话，并向省高速公路监控与应急处置中心和属地高速公路管理机构等部门备案。高速公路经营单位、省高速公路监控与应急处置中心和高速公路管理机构应当对高速公路车辆清障救援站点设置、清障救援人员、清障救援设施设备等情况建档建卡。

四是明确了清障救援协作联动工作流程。省高速公路监控与应急处置中心（"96196"）接到车辆清障救援或交通事故报警电话后，应立即向事发路段高速公路路政执法大队下达赶赴事发现场的指令，同时将情况通报事发地高速公路管理处和高速公路经营单位。路政执法大队执法人员到达事发现场后，应及时将现场情况及需要的清障救援人员、清障救援设备报告省高速公路监控与应急处置中心。省高速公路监控与应急处置中心接到路政大队执法人员在事发现场上报的有关情况后，应当根据事发现场实际情况立即向有关高速公路经营单位下达车辆清障救援服务指令。高速公路经营单位接到省高速公路监控与应急处置中心的车辆清障救援服务指令后，应当立即按有关要求安排清障救援人员和清障救援设备赶赴事发现场。被清障救援的车辆原则上拖移到最近的高速公路经营单位设立的停车场或高速公路出口处。高速公路经营单位对涉及损坏、污染高速公路路产设施的被清障救援车辆，应当根据事发路段高速公路路政执法大队出具的"高速公路路产案件车辆放行单"予以放行。

五是对清障救援服务工作收费进行了规范。高速公路经营单位从事车辆清障救援服务应当按照有关规定办理收费许可证。车辆清障救援服务的收费项目和收费标准按照省价格主管部门的规定执行。高速公路经营单位在实施车辆清障救援服务时，车辆清障救援服务人员应主动出示车辆清障救援服务的收费项目和收费标准文件，收费结算时应当主动告知当事人收费计算方法和全部所需费用，并提供合法、足额、有效的票据。

六是对高速公路经营单位及其服务人员、高速公路管理机构及其工作人员的服务和监督行为进行了规范。高速公路经营单位及其清障救援服务人员不得不按规定指令及时到达车辆清障救援事发现场，不得不按规定及时清除车辆清障救援事发现场的障碍物、遗洒物，不得未经交警及路政同意，擅自撤除、变动事故现场和放行被清障救援的车辆，不得擅自设立收费项目、扩大收费范围和提高收费标准，不得收费不开票、多收费少开票或者不提供合法、足额、有效票据，不得强制或者变相强制事故及故障车辆到指定的场所进行维修。高速公路管理机构及其相关工作人员不得不及时向高速公路路政执法大队和高速公路经营单位下达赶赴事发现场的指令，不得不按规定指令及时到达事发现场并认真履职，不得强制或者变相强制事故及故障车辆到指定的场所进行维修。

七是对清障救援服务工作接受监督和检查进行了规定。要求高速公路经营单位应当通过门户网站、救援站点、公示牌、电子信息板等向社会公示车辆清障救援的服务电话、投诉举报电话、收费项目、收费标准等信息，接受社会监督。要求省高速公路管理机构应当建立健全全省高速公路车辆清障救援服务的监督检查和考核制度,向社会公示车辆清障救援的服务电话和投诉举报电话,及时受理和查处高速公路清障救援服务投诉和举报案件,切实加强对高速公路车辆清障救援服务的监管工作。明确高速公路管理机构及其工作人员、高速公路经营单位及其车辆清障救援服务人员违反本暂行规定的,按照有关规定予以处理。

第四章
高速公路科研与技术运用

自1986年贵黄公路开工建设，特别是进入"十二五"后，贵州省先后启动了高速公路建设、水运建设"三年会战"，普通国省干线公路建设攻坚，"四在农家·美丽乡村"小康路行动计划，"多彩贵州·最美高速""多彩贵州·平安高速"创建等一系列行动，志在通过交通大建设一举打破大山的束缚，畅通经济发展的交通网络。贵州高速公路建设的快速发展为交通科技提供了广阔的舞台，交通科技工作面向高速公路建设主战场，以增强自主创新能力为主线，不断加大科技投入，改进科技管理，统筹推进关键技术研发、成果推广应用、标准指南制定、创新能力建设等各方面工作，取得了显著进展和成效，有力支撑了贵州省交通运输跨越式发展。

贵州省交通运输主管部门对科技创新工作高度重视，每年科技投入从100多万元增加到现在的1000万元，同时以交通运输部实施"西部交通建设科技项目"为契机，充分利用国家、部省、厅三级科技资源，平均每年总科研经费接近1亿元。采用"产学研用"的组织形式，通过300余个科研项目，联合60余所国内外大专院校、科研院所与参建单位共同攻关，在山区千米级悬索桥、大跨径斜拉桥、超高墩大跨径连续刚构桥、悬臂浇筑混凝土箱形拱桥施工工艺，复杂地质条件隧道建设、特殊地质环境的公路建设、边坡处治、灾害防治、交通安全、隧道路面、隧道照明、特殊土利用、高填方修筑、弃土场利用、高性能机制砂利用、标准化施工、安全生产等公路建设、养护技术等方面取得重大突破，解决了在建高速公路和国省干线不断出现的技术难题和管理问题。

贵州交通科技工作在近年来迅速发展，承担国家科技支撑计划1项，交通部西部交通建设科技项目21项，联合攻关项目1项，省重大专项2项，省科技厅项目20余项，省交通运输厅立项近300项，形成专利与软件著作权100余项，参编部行业规范2部，成果纳入部行业规范1部，编写地方标准7部、技术指南近30部、专著20余部，荣获国家科技进步奖二等奖3项、三等奖1项，省部级科技进步特等奖1项，一等奖23项，创造了连续4年获得贵州省科技一等奖的辉煌，填补了多项国内外技术空白；大大提高了交通行业创新能力，建立了国家级工程试验室、交通运输部首批行业研发中心、院士工作站、博士后工作站和多个省级创新人才团队，培养了大批建设人才。

贵州省交通运输行业将科技研发与工程建设有机结合，大力开展科技示范、成果宣传和技术培训等,加快了科研成果转化,引导科技成果工程应用。围绕重点领域,梳理省内外优秀科技成果,发布"贵州省交通运输成果推广目录",重点推广了机制砂自密实混凝土技术、煤系地层隧道建设技术、岩溶地区公路修筑技术、地质灾害及边坡监测技术、山区大跨径桥梁抗风技术及架设技术等成果,有效提升了贵州交通运输发展的科技含量,还为浙江、湖南、江西等其他省份高速公路建设提供技术服务和产品,增强了贵州省科研机构、交通建设企业等"走出去"的竞争实力。

第一节 科学研究

一、科学研究机构

(一)行政管理机构

贵州省交通运输厅科技教育处。2000年10月16日,经省人民政府批准,省交通厅机关内设机构进行调整,原科学技术处更名为科技教育处。主要职责为:拟订交通运输行业科技、教育、信息化发展规划和计划;实施重大交通科技项目攻关、技术引进和开发、科技成果鉴定、推广应用等工作;承担交通运输业信息化、节能减排、技术标准、质量和计量管理工作;指导交通运输业成人教育、职业技术教育工作。

(二)主要科研机构

参与贵州省高速公路建设的科研机构主要有:贵州省交通规划勘察设计研究院股份有限公司、贵州省交通科学研究院股份有限公司、项目业主单位、施工单位、国内交通规划勘察设计院和高校。

1. 贵州省交通规划勘察设计研究院股份有限公司

1958年8月,贵州省交通勘察设计院成立。1970年7月,该院撤销。1973年3月,该院恢复,院内设2室5科,下有3个公路测量队,1个航道测量队,1个钻探队,共有职工340人。1983年,更名为贵州省交通规划勘察设计院,增设交通规划办公室。1998年12月,又更名为贵州省交通规划勘察设计研究院(以下简称"省交勘院")。1999年6月该院所属各队及部分科室更名为处。2001年10月,改制为国有企业(2001年10月至2006年9月为改制过渡期)。2010年4月30日,由国有企业改制为股份有限公司。截至2016年年底,公司共有工程技术应用研究员67人,副高级职称251人、中级职称497人。享受国务院津贴专家3人,省政府特殊津贴专家4人,省核心专家1人,省管专家4人,市管专家6人,贵州省勘察设计大师7人。内设机构有:董事会办公室、审计部、综合管理部、人力资源部、财务部、总工程师室、生产管理部、策划经营部、企业管理部、海外事业部、工会、科技事业部、第一勘测设计分院、第二勘测设计分院、第三勘测设计分院、地质勘察设计分院、市政设计分院、桥梁设计分院、隧道交通工程分院、规划咨询分院、建筑设计第一分院、建筑设计第二分院、试验检测中心。

2. 贵州省交通科学研究院有限责任公司

1958年，贵州省交通科学研究所成立（以下简称"省交科所"），其后，因历史原因曾两次撤销，又两次恢复。1979年，省交科所内设机构有：办公室、桥梁研究室、道路研究室、汽车研究室、情报资料室，设备材料科，共5室1科。1984年，建立电子应用研究室。1987年，建立贵州省交通科技情报站（后更名为贵州省交通科技信息站）。1988年6月，建立贵州省汽车工业产品质量监督检验站。同年，设立贵州交通录像中心。1990年1月，建立贵州省交通建设工程监理站。1994年10月，建立贵州省交通建设工程检测中心。1996年6月，建立贵州桥梁设计院。同年10月，组建贵州省汽车检测设备计量检定站。1997年10月，建立贵州科达公路工程咨询监理有限公司。1998年，汽车研究室扩展为环保汽车研究室。1998年9月，建立贵州科海路桥新技术发展有限公司。1998年，贵州交通录像中心和贵州省交通建设工程质量监督站相继与省交科所剥离，成为省交通厅下属事业单位。2000年，贵州省交通技术中心成立，核定事业编制45人。2005年，贵州省交通科技信息站与省交科所剥离，并入贵州交通信息中心。2006年，贵州科海路桥新技术发展有限公司更名为贵州科海新技术发展有限公司。2006年9月，省交通厅研究同意省交科所更名，11月1日，经省工商局登记核准，省交科所更名为贵州省交通科学研究院（以下简称"省交科院"）。2008年8月，贵州省质量技术监督局授权成立贵州省公路汽车衡检定站。12月，院环保研究室更名为环境保护研究所。2009年3月，省交通厅《关于对贵州省交通科学研究院改制的批复》（黔交办〔2009〕16号）文件同意该院开展改制工作。2010年12月，贵州省人民政府黔府函〔2010〕215号文件批准该院实施产权制度改革，国有资产整体退出。2011年1月，经省工商局登记注册为贵州省交通科学研究院有限责任公司，经营性质为有限责任公司。2013年11月，公司与重庆市公路工程（集团）股份有限公司实施资产重组，转让公司60%股权，重庆市公路工程（集团）股份有限公司成为控股股东。公司内设机构有综合管理部、财务管理部、生产质安部、市场开发部、资产安保部、科研技术部、人事资质部、信息化办公室、审计监察室9个职能部门；公司注销合资公司，拥有4个全资子公司和2个非独立法人二级机构：贵州桥梁设计院有限公司、贵州科达公路工程咨询监理有限公司、贵州省交通建设工程检测中心有限公司、贵州科海新技术发展有限公司、环境保护研究所、贵州省汽车衡检定站。

二、公路工程技术研究

(一)综合技术研究

1. 岩溶地区公路修筑成套技术研究

2002年,贵州省交通科学研究所、贵州省交通规划勘察设计研究院、贵州省公路工程总公司、湖南省交通规划勘察设计院4家单位联合12家科研、设计、施工单位和高校,历时4年开展了交通部西部交通建设科技项目"岩溶地区公路修筑成套技术研究"。岩溶在我国分布广泛,约占全国国土面积的1/3。以贵州为中心的西南岩溶地区是世界最大的一片裸露型岩溶区。岩溶地区的地形地质、水文气象和自然生态环境特殊,公路工程与岩溶环境相互作用显著。岩溶地质的隐蔽性、多样性和不确定性大大增加了公路工程勘察评价的难度,甚至导致路面塌陷、桥梁坍塌、隧道突水等灾害;岩溶地区植被稀少,地表水与地下水系连通性强,公路建设和运营极易对沿线生态环境造成严重影响甚至破坏;岩溶地区优质筑路材料缺乏,需要因地制宜利用地方材料,以有效提高公路工程的经济性、适用性和耐久性。

该项目的主要创新点有:①首次提出了基于岩溶环境勘察、评价、利用、处治和保护的岩溶地区公路建设技术思想,并系统开发了岩溶地区公路工程地质勘察、公路基础稳定性评价、筑路材料资源利用、公路岩溶病害处治、公路岩溶环境保护等5项实用工程技术。②开发了用于溶洞探测的"甚高频电磁波多参数层析成像新技术"以及"甚高频电磁波多参数层析成像数据处理软件",拥有自主知识产权,解决了既有物探方法难以准确判断溶洞及其充填物的技术难题,为岩溶地基稳定性的定量评价创造了条件,为岩溶洞穴的工程处治提供了技术依据。③针对隐伏溶洞不能进入洞进行监测的难题,开发了"隧道工程变形监测方法与装置",并成功应用于实际,为溶洞顶板变形监控及稳定性评价提供了一种新的手段。④通过建立集料物理力学性能与岩石岩性、形成环境、地质时代、风化作用程度、节理发育程度之间的半定量关系,并评价岩溶地区主要石料用作公路工程集料的适宜性,形成了集料初步遴选技术。⑤提出了以级配、强度和可压实性为主要控制指标的公路路堤石质填料分类新方法,为填料的合理选择与利用提供了依据。⑥基于微观摩擦原理和硅质碳酸盐岩成岩机理,选取硅质碳酸盐岩作为抗滑集料,进一步提出了基于中心质结构模型的沥青混合料体积构成新原则和相应的抗滑表层沥青混合料设计新方法,改变了碳酸盐岩石不宜用作抗磨耗材料的认识,丰富了沥青混合料配合比设计方法。⑦对机制砂石粉含量高且除粉工艺复杂,难以配制高性能混凝土的难题进行了系统研究,突破了机制砂混凝土石粉含量的传统界限,提出了适应机制砂高性能混凝土的配制技术,节约了工程造价。⑧建立了溶洞—岩体—桥梁桩基三维有限元分析模型,系统分析了溶洞存在条件下桩与岩石共同作用效应及群桩效应;分析并预测了溶洞对桩(群桩)的荷载—位移曲线的影响;建立了考虑溶洞影响的桥梁桩基设计承载力确定方法,为现行规范的修订提供了可靠依据。⑨通过大型足尺模型试验,结合渗透变形试验,揭示了岩溶水对填石和土石混填两类路堤渐进破坏过程和长期稳定性的影响,提出了破坏模式和临界条件,建立了病害预测评价指标体系。⑩基于岩溶地貌类型及其环境特征,首次对公路建设的岩溶环境进行了敏感性分区,提出了公路路面径流污染保护临界分区范围,开发了沉淀—过滤洼地(池)路面径流污水处理技术,可简单有效地防治岩溶水环境污染。⑪发现了岩溶地区公路路域植被物种呈多样性递减、种群逆向演替的变化规律。筛选出适用于不同岩溶地区公路绿化的植物种类和植种组合,为岩溶地区公路防护和景观设计提供了参考依据。⑫针对岩溶地区公路建设所面临的工程地质、水文地质、气候气象、材料资源和自然生态等复杂的环境条件,以多指标体系为基础,完成了国内首个"公路工程岩溶环境区划",并初步建立了国内第一个公路工程岩溶环境地理信息系统,实现了岩溶地区公路环境信息的系统集成,为公路建设和岩溶环境保护提供了信息平台和决策支持。

项目采取产学研和国际合作方式,经过200多名科技人员4年多的刻苦攻关,综合应用岩溶学、工程地质学、材料学、道路工程学、环境学等理论和虚拟现实技术,通过近百项既有工程2000多公里的现场调研、2000多组室内试验、1000多组现场试验、130多项数值分析、33项依托工程的跟踪观测,取得了26项研究成果。开发了岩溶地区公路工程地质勘察等5项工程技术,建立了公路岩溶环境评价等4套评价方法,创建了公路工程岩溶环境区划和公路工程岩溶环境地理信息系统2个信息平台,编制了《岩溶地区公路基础设计与施工技术应用指南》等5部实用技术指南。

该项目的26项研究成果已成功应用于贵州遵义至崇溪河等6条高速公路,广西水任至南宁、桂林至阳朔、南宁至友谊关3条高速公路,湖南常德至张家界、衡阳至枣木铺2条高速公路,云南九石阿公路等4省(自治区)12条高速公路、33座大桥、11座隧道的建设工程中,解决了这些工程中的关键技术问题,有力支撑了这些重大工程的建设,取得了约1亿元的直接经济效益。根据国家公路网规划,岩溶地区将建设8000多公里的高速公路,以此估算,本项研究成果的潜在经济效益超过50亿元。该课题成果于2007年12月获中国公路学会颁发的科学技术特等奖,2008年12月获国家科学技术进步二等奖,同年获计算机软件著作权。

2. 贵州岩溶地区公路修筑技术研究与应用示范

2008年,该项目为由贵州省交通规划勘察设计研究院承担,由贵州高速公路开发总公司、贵州省交通科学研究院、贵州省公路工程集团总公司、中国地质科学院岩溶地质研究所、中国科学院武汉岩土力学研究所、湖南省交通规划勘察设计院、同济大学、西南交通大学参与的交通部西部交通建设科技项目。本项目旨在岩溶地区公路建设中推广应用

"岩溶地区公路修筑成套技术研究"的研究成果,通过在岩溶地区建设公路典型示范工程,推动岩溶成套技术研究成果在岩溶地区公路建设中应用,使交通科学技术转化为生产力,提高岩溶地区的公路建设水平,推动岩溶地区公路建设向资源节约型、环境友好型转变。主要推广的技术有:①综合勘察技术;②综合物探技术;③甚高频电磁波多参数层析成像技术;④综合评价技术;⑤隐伏溶洞变形监测技术;⑥机制砂高强混凝土技术;⑦机制砂自密实混凝土技术;⑧《贵州高速公路机制砂高强混凝土技术规程》;⑨病害处治技术。该项目于2012年6月完成验收,同年获贵州省科学技术成果转化一等奖。

3. 厦蓉线水都高速公路建设关键技术研究

2008年,该项目为由贵州省交通规划勘察设计研究院承担,由贵州高速公路开发总公司、中南大学、交通运输部公路科学研究所、招商局重庆交通科研设计院有限公司、重庆大学、同济大学、重庆交通大学参与的省科技厅重大专项科研项目。项目以厦蓉线水都高速公路为依托,分为6个子题开展研究。

(1)厦蓉线水都高速公路浅变质岩路堑边坡稳定性快速评价体系及辅助分析与设计系统研究。在贵州高速公路浅变质岩非边坡滑坡典型工程实例的基础上,重点开展以下内容的研究,建立常规设计方法和概率评价方法两方面进行边坡稳定性快速设计的方法:①贵州高速公路浅变质岩边坡破坏的不确定性研究;②边坡破坏模式识别、岩土力学参数概率反分析、参数分布及置信区间的确定、边坡稳定性的影响力研究;③总结浅变质岩边坡节理产状与破坏模式的关系,以便快速确定合理边坡坡率,使条件允许的边坡在开挖后,结合排水、边坡植被自然稳定;或者根据不同的边坡破坏特征,确定支挡结构物荷载计算模式,进行结构设计研究;④边坡危险性快速评价与防治措施研究;⑤针对依托工程进行现场试验及其成果应用;⑥编写贵州浅变质岩高速公路边坡设计与分析计算方法、设计程序、支护设计指南和程序应用手册,将先进的理论变为设计方法。

(2)厦蓉线水都高速公路高填方路基稳定性及施工技术研究。根据水都线地形、地貌、地表水和地下水出露情况、地基土类型和分布层厚度,结合路基填筑的特点,重点进行如下方面的研究:①高填方路堤下原地基评价与处治技术;②高填方路基的稳定分析方法研究;③高填方路基的沉降机理与变形规律研究;④高填方路基的工后沉降计算方法;⑤基于路面承受能力的高路堤工后沉降控制标准;⑥基于工后沉降控制标准(总沉降量、差异沉降率、沉降速率),结合水都线的地形地貌、地质状况、路基填料和排水条件等工程特点,总结出水都线高路堤的填料适用条件、压实标准、施工工艺、质量控制与监测方法、配套防护措施等。

(3)厦蓉线水都高速公路弃土场关键技术研究。包括:①水都线弃土场基本特性及其选址原则研究;②弃土场设计与施工关键技术研究;③弃土场综合利用技术研究。

(4)厦蓉线水都高速公路隧道洞口段设计与施工技术研究。包括:①特殊隧道洞口段的资料收集及洞坡联合作用分析研究;②不同的地质、地形条件下隧道洞口段工程的变形及典型破坏特征研究,确定隧道偏压计算模型;③复杂条件下隧道洞口段的设计和施工工序研究;④根据研究需要对依托工程进行系统、全面的监控量测,验证和调整科研成果,最终形成成熟可靠的复杂地质地形条件下隧道洞口段建设成套应用技术。

(5)厦蓉线水都高速公路T梁桥高墩合理结构形式及应用研究。包括:①山区公路桥梁在不同高度等级下的合适桥墩形状研究;②通过理论计算,研究山区高速公路桥梁高桥墩的结构特性及在各种荷载作用下的受力性能。

(6)厦蓉线水都高速公路桥隧铺装关键技术研究。包括:①通过对贵州省高速公路桥隧路面现状的调查研究,分析并发现贵州省目前高速公路桥隧路面存在的主要问题;②研究桥面铺装防水黏结体系及适宜铺装结构;③研究隧道路面温拌沥青混凝土铺装技术;④选择防水性能和黏结性能相对平衡的防水黏结材料,推荐适宜于水泥混凝土桥的桥面铺装结构;⑤桥隧铺装典型结构及施工技术指南的编写。

项目于2012年11月完成验收,2014年获贵州省科学技术进步一等奖。

4. 桥隧相连工程多源损伤的力学行为与控制技术研究

该项研究为由贵州省交通规划勘察设计研究院2009年承担的省科技厅工业攻关项目,通过多年的系统研究,该项目解决了以下主要关键技术问题:研制了桥隧相连工程室内模型试验系统,建立了研究桥梁、隧道和周边岩体之间的相互作用的室内模型试验平台;建立了桥隧相连工程中桥梁、隧道和周边围岩体之间的荷载传递扩散关系、多源损伤力学行为机理及相关损伤本构理论的理论体系;提出了一系列桥隧相连工程中车辆荷载及冲击作用所造成的桥梁、隧道、围岩及边仰坡防护工程的损伤及力学行为、动载响应的计算分析和评价方法;探讨、总结和分析了不同围岩条件和结构形式的桥隧相连工程施工中的一系列施工力学行为特征、结构及基础的合理选型、边仰坡稳定性分析与评价方法;提出了若干控制和预防不同围岩条件和结构形式的桥隧相连工程中多源损伤力学行为的分析方法、工程技术措施、设计施工优化方法或损伤加固措施。

项目于2014年10月完成验收。

5. 贵州省机制砂高性能混凝土应用技术研究

2001年,贵州省高速公路建设量巨大,涉及的大型、大跨度、高难度工程也越来越多。贵州地区的混凝土原材料特性及特征与其他地区有明显的差异。由于受到自然资源的限制,广泛地采用机制砂取代河砂作为细集料生产机制砂高性能混凝土。因此,全面研究机制砂的生产工艺、特性、技术指标及机制砂高性能混凝土技术,是摆在工程技术人员和管理、设计人员面前的迫切任务。

为此,在贵州省交通厅的支持下,同济大学联合贵州高速公路集团有限公司、贵州省交通规划勘察设计研究院、贵州省公路工程(集团)有限公司等多家单位共同承担了贵州省交通厅科技项目。经过十多年的研究与应用,根据贵州地区机制砂特性与高速公路工程建设中所需的不同类别的高性能混凝土,形成了机制砂普通强度高强高性能混凝土、机制砂大体积混凝土、机制砂超高泵送混凝土、机制砂自密实混凝土、机制砂水下抗分散混凝土、机制砂抗扰动混凝土等系列成果,提出了不同种类高性能混凝土的配合比设计方法、性能指标及配制技术、施工应用技术指南和技术规程等。可根据高速公路工程不同结构部位的混凝土性能需求,选择应用不同类别的机制砂高性能混凝土。

机制砂高性能混凝土研究成果综合技术通过省部级成果鉴定,达到国际先进或国内领先水平,并获得国家、上海市、贵州省等科技进步二等奖多项。成果技术十分成熟,已经在贵州省毕都高速公路、厦蓉高速公路贵州境水口(桂黔界)至都匀段、兰海高速公路贵州境崇溪河至遵义段韩家店1号特大桥、余庆至凯里(含施秉连接线)高速公路、凯里至羊甲高速公路段中沙坝大桥、鱼洞1号大桥等多项重点工程中得到应用,经相关机构检测,工程质量优异,用户评价高。

机制砂高性能混凝土的研究成果,能够促进贵州地区的区域社会发展,降低工程造价、施工成本,节省工期,并提高贵州地区混凝土工程质量与安全性,并使我国尤其贵州地区混凝土工程的施工技术达到新的水平,对贵州地区的各类建设的可持续发展起到示范与推动作用。

(二)道路专项技术研究

1. 云贵川高原潮湿路面凝冰(暗冰)防治技术研究

2008年,该项目为由贵州省交通规划勘察设计研究院、贵州省高等级公路管理局承担,由重庆鹏方路面工程技术研究院有限公司、武汉理工大学、贵州高速公路集团有限公司、贵州省公路局、哈尔滨工业大学、贵州省交通科学研究院、贵州省交通建设工程质量监督局参与的科技部国家科技支撑计划项目。项目以云贵川高原潮湿凝冰形成的气候特征为基础,分为两个子课题开展研究。

子课题1:云贵川高原潮湿山区路面抗凝冰技术研究

针对云贵川高原潮湿山区多发的路面凝冰灾害问题,拟通过对凝冰路面分布调查及凝冰形成环境的试验与分析,为抗凝冰路面的研究提供理论基础。

(1)路面凝冰环境及预警区划研究:①路面凝冰条件室内试验分析研究;②典型路段路面凝冰环境调查分析研究;③路面凝冰预警等级区划及对策要求研究。

(2)抗凝冰路面技术研究:①抗凝冰路面使用性能要求的研究;②抗凝冰路面技术与材料开发研究;③抗凝冰路面实体工程比选验证与性能观测。

(3)路面凝冰灾害技术对策与适应性配置研究。

子课题 2：凝冰路面损伤评估、防护及修复技术研究

在对国内外抗凝冰路面分析的基础上，结合凝冰环境条件调查分析报告和气象预警技术报告，开展路面凝冰的紧急处置技术和预防性处治技术研究。

（1）凝冰路面损伤评估技术研究：①沥青路面凝冰损伤评估技术研究；②水泥路面损伤评估技术研究；③沥青路面凝冰损伤防护技术研究；④水泥路面凝冰损伤防护技术研究。

（2）凝冰路面损伤修复技术研究：①沥青路面修复技术及其优化的研究；②水泥路面修复技术及其优化的研究。

项目于 2013 年 7 月完成验收。

2. 路用防排水材料的开发

2001 年，同济大学、北京神州瑞琪环保科技有限公司参与由贵州省交通规划勘察设计研究院承担的交通部西部交通建设科技项目。该项目根据公路排水设施的要求和土工防排水材料的性能特点，对土工防排水材料进行分类并完善产品系列，编写应用技术指南，指导土工合成材料在公路排水中的应用，以解决公路排水系统中存在的问题。项目于 2004 年 7 月 8 日通过交通部的验收鉴定，成果达国际先进水平。

成果的创新点：①提出了基于概率的土工织物等效孔径概念、梯度比判断土工织物淤堵的适用前提，以及用土与土工织物系统渗透系数作为淤堵判断指标，建立了确定土工织物垂直渗透系数的新方法，并提出了新的淤堵判断标准，具有新颖性。②研究了复合布——膜损伤对渗漏量的影响及施工中有效保护土工膜的措施，率先将复合布膜应用于公路排水设施。通过室内试验建立了塑料盲沟材料通水量与水力梯度的关系，首次开发了适合于公路排水设施的公路系列塑料盲沟材料。③建立了公路土工防排水材料分类指标体系，首次编制了《土工防排水材料应用技术指南》，填补了该领域的空白。

该项目发表论文 6 篇，获 2005 年贵州省科技进步三等奖，培养硕士 3 人。

3. 边坡加固新材料的研制与开发

2001 年，该项目为由贵州省交通规划勘察设计研究院承担，由重庆交通科研设计院参与的交通部西部交通建设科技项目。该项目针对公路边坡的表层、浅层、深层稳定处治中所急需的材料及相应的应用技术进行了深入研究。项目于 2004 年 3 月 30 日通过交通部的验收鉴定。成果达国际先进水平。

取得的成果如下：①首次开发了具有较高的抗折、抗压、抗拉强度、脆性小、抗裂性能好、抗渗性好、黏结和握裹强度大的高强度聚丙烯纤维水泥砂浆锚固新材料。系统地完成了聚丙烯纤维水泥砂浆的性能测试及应用研究，提出了聚丙烯纤维水泥砂浆锚固段长度的修正计算公式。首次设计并成功应用了"圆孔壁黏结强度测试方法"。提出了聚丙烯纤维水泥砂浆的施工工艺及设计指南,通过工程实践,验证了聚丙烯纤维水泥砂浆的优越性。②研究分析了边坡浅层灌浆加固机理及灌浆材料性能对边坡加固的影响,提出了灌浆加固边坡的施工工艺及设计指南和灌浆加固边坡检测的新方法,解决了边坡浅层滑动的处治问题,为边坡的生态恢复提供了条件。③提出了植被混凝土生产及施工的成套技术。首次开发了植被混凝土坡面防护技术,提出了采用分层涂敷法和中层干式振动法相结合的植生基材填充方法。率先在国内将该技术应用于公路岩石边坡生态防护工程。

该项目取得1项发明型专利——聚丙烯纤维水泥砂浆及其生产方法,发表论文4篇,其中核心期刊1篇,并获2005年贵州省科技进步二等奖。培养硕士研究生3名。

4. 深挖高填边坡破坏机理与稳定性评价方法研究

2001年,贵州省交通规划勘察设计研究院参与了由重庆交通科研设计院承担的交通部西部交通建设科技项目。该项目历时3年完成。项目从边坡破坏机理着手,采用调查总结分析、室内外试验、理论分析和数值分析等多种手段,就深挖高填边坡变形破坏发生发展规律、主要破坏模式及有关因素对边坡破坏的影响、高填路堤边坡稳定性计算方法、填土强度参数试验方法、土岩接触面强度参数、稳定安全系数等关键性技术问题和薄弱环节进行了深入研究。项目于2004年12月通过交通部的验收鉴定,成果达国际领先水平。

取得的成果如下:①深入研究了深挖高填边坡的主要破坏形式及其影响因素,得出了边坡变形与破坏规律,揭示了边坡破坏机理,为深挖高填边坡稳定性评价方法的建立及工程应用奠定了坚实基础。②建立了实用的极限平衡条分法稳定系数统一求解格式,提出了适合公路工程特点的边坡稳定性计算理论与方法,并考虑了雨水入渗对路堤边坡稳定性的影响,给出了相应的高填路堤稳定安全系数,对实际工程的应用具有重要意义。③引入有限元强度折减系数法,使该技术可以有效地分析边坡稳定问题,是边坡稳定性分析手段的重大突破。④结合依托工程,首次建立了碳质泥岩、滑带土抗剪强度与其控制性物理指标之间的统计关系,为这类控制稳定性的软弱层力学参数的取值提供了工程实用方法。改进了巴顿模型,建立了硬性结构面峰值抗剪强度的计算公式。⑤基于模糊数学和神经网络理论,建立了一套实用的路堑边坡岩体力学参数获取方法。在理论上有创新,对工程应用具有重要使用价值。

该项目2005年获重庆市科技进步二等奖、中国公路学会科学技术二等奖。

5. 公路石质边坡防护与环境保护研究

2001年,该项目为由贵州省交通科学研究所与重庆交通科研设计院、贵州工业大学、贵州高速公路开发总公司等单位联合完成的交通部西部交通建设科技项目。该项目对影响公路石质边坡防护与环境保护的地质条件、环境条件进行了深入综合的研究,并进行了工程实践,首次全面系统地总结了贵州省公路石质边坡的地质条件和环境条件,采用多因子分析,确定了公路石质边坡的地质条件和环境条件评价指标。运用神经网络分析方法,给出了公路石质边坡防护与环境保护的合理方案。综合地质和环境条件因素,应用 GIS 信息系统建立了公路石质边坡防护与环境保护信息系统平台,实现了对边坡防护与环境保护信息快速、准确地查询,为设计、施工、养护等提供参考。编制了公路石质边坡防护与环境保护的技术指南。通过依托工程的实践,取得了良好的社会经济效益,对工程应用具有指导价值。

6. 超薄层沥青混凝土面层技术研究

2001 年,该项目为由贵州省交通科学研究所、交通部公路科学研究院所属道路结构与材料交通行业重点实验室、省内外多所大学和公路管理局联合完成的交通部西部交通建设科技项目。该项目主要研究超薄层的沥青罩面对延长路面寿命、改善行驶质量、校正表面缺陷、提高安全特性(包括提高抗滑与排水)、减小噪声、增加路面强度等路面功能的相关技术。

该项目采用室内试验研究和现场实体工程同步开展的研究方案,结合以往的研究经验,从试验路配合比设计的研究入手,在实践中总结经验和教训,主要研究了以下几方面的技术性能指标:①超薄沥青混凝土的级配组成、物理、力学性质。针对超薄混合料的断级配密实型的级配特点,进行断级配和完全断级配的性能对比研究;从超薄型混合料断级配的体积参数出发,从级配稳定性的角度,研究增加级配控制筛孔效果。研究超薄层混合料级配的马歇尔力学指标的特点及不同最大公称粒径对马歇尔力学指标的性能影响。研究了不同超薄型混合料的水稳定性、高温性能、疲劳性能。进行超薄混凝土的抗压强度、疲劳强度、模量等力学指标研究和采用三轴、贯入等试验进行抗剪性能研究,研究不同超薄层混合料的力学作用机理。②超薄沥青混凝土的设计参数和设计指标。针对超薄层混合料的设计方法,全面研究了不同击实次数对超薄型混合料性能的影响,进行混合料的理论最大相对密度计算法和实测法的对比研究。进行混合料的毛体积相对密度测定方法研究,开展了大量的试验方法对比,从试验的准确性出发,提出了钻芯取样结合蜡封方法作为混合料毛体积相对密度的测定方法。根据超薄层混合料的特点,研究不同最大公称粒径对混合料的透水性和水稳定性的影响关系,得出超薄沥青混凝土由于其混合料粒径较小,在相同空隙率水平下,比一般粒径较大的混合料有更好的水稳定性的结论。根据超薄层作为表面功能层的特点,研究影响超薄层混合料的构造深度及其耐久性的主要因素,并提出了构造深度耐久性指标及试验方法。③研究了沥青混凝土薄面层结构组合及设计参数,提出了超薄层沥青混凝土与改性沥青防水层相结合的薄面层铺装结构。④超薄沥青混凝土的施工工艺研究。在广东、河北、四川、贵州等地,涉及华南地区、西南地区、轻冰冻地区,三个气候片区,修筑总长近 23km 的试验路和实体工程。采用的混合料级配有:SAC10、OGE10、SMA10、SMA13、SUP10 等;公路等级:高速公路、一级公路、二级公路及城市道路。有别于国外的超薄路面,这些试验路段基本属于重交通道路。对大量的施工实践经验进行全面、具体的分析,总结施工经验和教训,提出了超薄沥青混凝土设计施工技术指南。

超薄层沥青混凝土面层技术研究为新建与改建沥青路面的修建进行了必要的技术储备,特别是旧路改建养护,更具有显著的技术特点和经济优势。该技术能充分满足高等级公路使用性能的要求,而且建设成本大大降低,是一项很有推广价值的技术。超薄沥青混凝土可用于老路面抗滑性能的恢复,也可用于新建公路,通过该项目的研究,证明了这种沥青混合料具有行车安全舒适、噪声水平低、节约养护或建设成本的优势。

7. 废旧橡胶粉用于筑路的技术研究

2001年,由贵州省交通科学研究所参与交通部西部交通建设科技项目的研究。该项目采用室内试验研究和现场实体工程同步开展的研究方案,从试验路配合比设计的研究入手,在实践中总结经验和教训,取得的主要成果有:①路用橡胶粉技术指标的研究。从微观特性入手,采用电镜的手段,对不同目数、不同粉碎工艺的橡胶粉微观形状进行分析,提出适合路用的胶粉粉碎工艺。然后对比国外路用胶粉的要求,着重研究橡胶粉的纤维含量和天然橡胶含量对橡胶粉沥青混合料性能影响。结合国外的一些标准和室内试验研究成果,提出了国内路用硫化胶粉的推荐指标。②橡胶粉沥青混凝土物理、力学性质分析。采用常规性能指标和美国SHRP项目研究成果的一些沥青指标进行橡胶沥青的性能研究,全面研究了橡胶粉的掺入对沥青的高低温性能、弹性性能、抗老化性能的改善情况,确定了橡胶粉的掺量、目数、胶源、加工工艺和基质沥青对沥青这些性能改善的影响程度。结合国外橡胶沥青技术标准、大量橡胶沥青的试验结果和国内的具体情况,提出橡胶沥青技术标准的推荐稿。③橡胶粉沥青混凝土路用性质的评价。开展橡胶粉改性沥青混合料的全套试验。进行混合料的配合比设计的研究;橡胶粉混合料马歇尔指标的分析(橡胶粉混合料的路用性能(高温性能、低温性能、水稳性能、疲劳性能)研究;对橡胶粉沥青混合料的力学作用进行分析;全面研究橡胶沥青混合料的力学作用机理和工作性能;提出橡胶粉混合料技术标准的推荐稿。④橡胶粉沥青混凝土生产工艺的研究。在广东、山东、河北三个气候片区,修筑总长近30km试验路和实体工程。总结了施工经验和教训,提出了橡胶粉沥青混合料设计施工技术指南。本研究全面评价了废旧轮胎胶粉作为公路建筑材料,在公路特别是沥青混凝土中的使用性能,并制定相应的技术标准或指南,为在国内全面推广这项技术奠定基础。

8. 路用复合材料应用研究

2001年,该项目为由贵州省交通科学研究所与贵州工业大学、武汉理工大学、贵州高速公路开发总公司等单位联合完成的交通部西部交通建设科技项目。该项目结合贵州实际,对红黏土路用复合材料、工业废渣路用复合材料、路用水泥基复合材料、高强硬质矿渣沥青混合料进行了深入综合的研究和工程实践。该项目主要创新点和成果如下:研制了六组分固化剂,并将红黏土作为一种胶凝材料成功应用于路面基层。建立了工业废渣复合路面基层材料的组配设计方法,研制了性能满足要求的工业废渣复合路面基层材料。采用矿物细掺料、超塑化剂、钢纤维等材料,研制了高性能水泥混凝土,并提出了相应的配合比设计和施工方法。开发了以锰铁合金渣为主的硬质集料,建立了硬质矿渣复合材料中心质结构模型,进行了配合比设计和路用性能研究,并应用于示范工程。该项目获2006年贵州省科技进步三等奖、贵阳市科学技术二等奖。

9. 岩溶地区公路建筑环境保护研究

2002年,该项目为由贵州省交通科学研究所与湖南省交通规划勘察设计院、中南大学、贵州师范大学合作研究的西部交通建设科技项目。该项目根据岩溶地区水、植被及土壤的特征,首次将岩溶地区划分为8种环境地貌类型,并深入探讨了公路建设对水环境的不同影响。研究了岩溶地区公路建设的合理占地值,首次提出了岩溶地区公路占地修订系数,对于公路建设节约国土资源具有重要参考价值。结合研究成果,制定出《岩溶地区公路建筑环境保护技术指南》,并推广应用于衡枣等多条高速公路建设,取得了良好的环境、经济与社会效益。该项目荣获2006年湖南省科技进步三等奖、中国公路学会科学技术三等奖。

10. 岩溶地区筑路材料研究

2002年,该项目为由贵州省交通科学研究所、贵州高速公路开发总公司、贵州大学、武汉理工大学合作研究的交通部西部交通建设科技项目。项目分3个专题开展研究。专题一:贵州省筑路集料分布图研究。①基于贵州已建和在建各类各级公路的数百个大型料场石料和集料物理力学性能指标等数据,初步建立起贵州省公路筑路石料及集料物理力学性能基础数据库。②结合贵州岩溶地区公路工程实际情况,针对分布于岩溶地区最主要的碳酸盐岩类和物理力学性质较好也较重要的部分岩浆岩类岩石,进行了野外地质调查和相关试验研究,筛选出符合技术要求的石料,并根据不同用途(水泥混凝土路面、沥青路面)集料的技术要求,分别进行了岩石集料主要物理力学性能试验研究,进行了岩石集料类型划分,并在此基础上绘制出了贵州省岩石集料分布图。专题二:岩溶地区沥青路面抗磨耗材料的选择。针对岩溶地区广泛分布的碳酸盐岩抗滑性能普遍较差的现状,基于石料微观摩擦原理,通过大量试验,遴选出硅质碳酸盐岩、锰铁合金渣和玄武岩3种地方性抗磨耗材料,有效解决了沥青路面抗滑表层集料料源缺乏问题。针对上述3种地方性抗滑耐磨集料,通过理论分析和室内试验,提出了基于中心质结构模型的沥青混合料体积构成新原则和抗滑表层沥青混合料设计新方法,丰富了现有沥青混合料配合比设计方法。专题三:岩溶地区高性能机制砂混凝土应用研究。针对部分岩溶地区河砂资源匮乏、机制砂石粉含量高的现状,通过大量室内试验,总结了高石粉含量机制砂高性能混凝土的性能规律和配制技术,突破了机制砂高性能混凝土石粉含量界限,扩大了机制砂在高性能混凝土中的应用范围,节约了工程造价。提出了机制砂中石粉含量对 C50～C80 高性能混凝土的工作性、强度、掺合料掺量、变形性能和耐久性等的影响规律和机理。表明配制高性能混凝土的机制砂中石粉含量可以适当放宽:C50～C60 可放宽至 10.5%,C80 可放宽至 5%,且石粉的存在基本不影响掺合料的作用效果,而且可以作为掺合料使用,其取代数量大致为水泥用量的 10%。该成果得到广泛应用,对提高岩溶地区交通建设的技术水平和交通设施服务水平,延长岩溶地区公路工程的使用寿命等方面都有重要现实意义,社会经济效益显著。

11. 沥青路面施工质量过程控制研究

2003 年,该项目为由贵州省交通科学研究所与多家单位联合完成的交通部西部交通建设科技项目。从沥青面层原材料生产,沥青混合料拌和、运输、摊铺,沥青路面压实成型等方面,对影响沥青路面施工质量的关键因素进行了全面系统的研究,提出了基于过程控制的沥青路面质量保证体系。在依托大量工程的基础上,提出了减小沥青路面质量参数变异性的过程控制措施,编制了沥青路面质量过程控制的施工技术指南。首次集成应用红外成像、无核实时密度测定、沥青混合料转运和智能压实监控等先进技术,实现了对沥青路面施工质量关键工序的实时控制。首次从材料、设备、人员和工艺 4 个方面建立了沥青路面质量过程控制指标体系,开发了沥青路面质量过程控制软件。研究成果可有效地提高沥青路面质量控制水平,减少早期损害,保证工程质量,具有显著的社会和经济效益。该项目荣获 2008 年中国公路学会科学技术一等奖。

12. 西部地区公路地质灾害监测预报技术研究

2003 年,该项目为由贵州省交通规划勘察设计研究院承担,由中南大学、中国科学院、水利部成都山地灾害与环境研究所、贵州高速公路开发总公司参与的交通部西部交通建设科技项目。

项目针对西部地区公路地质灾害危险性区划、滑坡、崩塌与泥石流监测预报及地质灾害安全管理等关键技术问题进行了深入系统研究。项目于 2008 年 1 月 8 日通过交通部验收鉴定,成果总体达国际先进水平,其中公路地质灾害危险性分区、危险性分段预测两层次法和基于开挖、人工降雨诱发残坡积层滑坡的大型原位试验达国际领先水平。通过项目研究,提出了西部地区公路地质灾害危险性区划和分段的基本理论和方法,综合分析了公路沿线地质灾害的类型、成因机理、基本特征以及分布和演化规律,通过引入多元件多状态系统的可靠性分析理论,并结合区域地质灾害发生的特点和机理,建立了西部地区地质灾害危险性评价的多态系统可靠度计算模型。项目研究取得了14项科技成果(其中创新性成果8项),编写指南1本,开发应用软件1套(主要内容为:基础信息管理;地质灾害区划;地质灾害监测;边坡稳定性评价;地质灾害预报预警;专家知识反馈、复核、调整方法体系;公路地质灾害信息的快速网络发布),编制地质灾害区划图5张,已审查合格的发明专利2项。项目成果分别在贵新、崇遵、镇胜、贵阳南环、贵广等12条高等级公路40余处实体工程中应用,并进行了贵阳市政工程深基坑开挖监测的应用,取得良好的社会经济效益。

项目研究开发的《公路地质灾害监测预报系统软件》(原发软件)获2008年贵州省优秀软件一等奖;应用工程"王家寨滑坡监测预报项目"获2008年贵州省优秀勘察设计一等奖;该项目2008年获计算机软件著作权;2009年获发明专利1项,同年获中国公路学会科学技术一等奖。2014年《公路地质灾害监测预报系统软件》申报了交通部西部交通建设科技项目。

2012年,贵州省交通规划勘察设计研究院股份有限公司将该项目申报了省科技厅的重点成果推广项目。重点推广自主研发的"滑坡条带测缝监测法"发明专利技术及系统软件等成果,重点对贵州余凯、凯羊、仁赤等高速公路崩塌、滑坡、泥石流灾害进行监测预报,项目实施后能提高公路建设及运营管理水平,大大节约工程费用,确保人民生命财产安全。项目于2014年10月完成评价(验收)。

13. 公路地基土(路基和桥涵)承载力及其分类研究

2004年,贵州省交通规划勘察设计研究院参与、交通部公路科学研究院承担的交通部西部交通建设科技项目。项目历时4年,于2009年2月18日通过交通运输部验收鉴定。成果总体达到了国际先进水平,在公路路基地基的破坏模式及其承载力确定方面达到了国际领先水平。

取得的成果如下:①提出了公路路基和桥涵地基承载力的影响因素和地基破坏的表现形式。②明确了砾类土、砂性土和红黏土、膨胀土、黄土等细粒土地基承载力特征值的范围和受力变形特性。③确定了不同土质类型的公路路基和桥涵地基所适用的测试技术与方法。④揭示了柔性基础相对刚性基础,地基较晚进入塑性状态,地基的临塑荷载大的受力变性规律。⑤明确了公路路基地基发生整体剪切破坏和局部剪切破坏时塑性区发生、发展规律。⑥明确了公路桥涵地基的破坏类型和破坏机理。⑦通过离心模型试验,揭示了公路路基柔性荷载地基相对于刚性基础地基,极限承载力有明显的提高,沉降也相应增加的承载力特性。⑧确定了公路路基和桥涵地基承载力的评价方法。⑨建立了公路路基和桥涵地基承载力地理信息系统。项目于2009年获中国公路学会科学技术一等奖。

14. GPS长距离高精度高程传递关键技术研究

2006年,该项目为由贵州省交通规划勘察设计研究院参与的交通部西部交通建设科技项目,项目承担单位为交通部水运科学研究院。项目针对西部道路建设的实际特点,研究如何利用 GPS 定位技术,结合重力和水准的方法,实现 GPS 技术在高程传递中的应用,为西部开发的道路建设提供高新技术支撑。项目于 2010 年 11 月,通过交通运输部验收鉴定,成果达国内领先水平。

取得的成果如下:①完成了对于 GPS 代替水准进行高程传递的技术研究和方案设计。②编写完成了《似大地水准面精化-GPS 高程传递测量》软件系统。③撰写《GPS 水准高程传递关键技术研究》,获第五届长三角科技论坛测绘分论坛三等奖。

项目编写的软件 2007 年获计算机软件著作权登记。培养博士、硕士各 1 人。发表论文 6 篇。

15. 贵州山区浅变质岩系风化层路基边坡稳定性研究

2006 年,该项目为由贵州省交通规划勘察设计研究院承担,由湖南大学、武汉理工大学参与的交通部西部交通建设科技项目。该项目针对浅变质岩系风化层路堑边坡开展以下研究:①浅变质岩系风化层工程特性及边坡工程分类研究;②浅变质岩系风化层路堑边坡物理力学参数及其获取方法研究;③浅变质岩系风化层边坡破坏机理与模式及其稳定性评价研究;④浅变质岩系风化层边坡施工工艺与加固防护技术研究。项目于 2011 年 9 月完成验收,2013 年获贵州省科学技术进步一等奖。

16. 路基塌方沉陷快速修复技术研究

2006 年,该项目为由贵州省交通规划勘察设计研究院承担,由重庆交通科研设计院、中南大学、贵州省公路局、贵州省高等级公路管理局参与的交通部西部交通建设科技项目。路基塌方沉陷是山区公路中常见的灾害,每年雨季,全国很多地区都会发生路基塌方沉陷,严重的导致交通中断,甚至造成人员伤亡。为了减少由于交通中断带来的经济损失和社会影响,课题组开展了如下研究工作:在总结路基塌方沉陷的形成条件、研究降雨诱发塌方沉陷规律性的基础上,以物探技术为重点,研究塌方沉陷路基快速勘察技术;以掌握既有工作结构和隐蔽工程的运行状况和可利用性为目的,研究路基和隐蔽工程残存结构状况无损与快速检测技术;通过对塌方沉陷路基快速修复技术研究,提出塌方沉陷路基快速修复技术指南以及路基塌方沉陷快速修复应急预案,为快速恢复交通提供指导。项目于 2011 年 1 月完成验收,同年获中国公路学会科学技术二等奖。

17. 滇黔玄武岩地区公路地质灾害综合处治技术研究

2009 年,该项目为由贵州省交通规划勘察设计研究院承担,由中南大学、中国科学院武汉岩土力学研究所、中南大学、贵州省毕节地区高速公路开发总公司、贵州高速公路开发总公司参与的交通部西部交通建设科技项目。该项目的研究内容有以下 5 个方面。

(1) 玄武岩地区分区分带与时空演化特征。通过调研和测试试验,开展玄武岩风化岩土的物理力学特性研究；利用收集资料和原位测试综合手段寻求不同成因、不同区域的玄武岩及其风化土的力学特性空间展布特征，以及当地气象资料揭示玄武岩力学特性随气候环境的演化特征，建立玄武岩地区的分区分带和物理力学特性的时空演化模式，为玄武岩地区修筑公路提供综合性、基础性资料。

(2) 玄武岩地区地质灾害的分类区划及岩土工程力学特性。①开展玄武岩风化岩土现场取样，包括取原状样和扰动样，并对研究区域风化岩土进行分类。开展原状和扰动土物理力学性质的室内试验，确定风化岩土的胀缩等级和强度力学指标。②以风化岩土地层赋存结构空间特征为基础，综合分析原位试验以及相应室内土工试验成果，应用可拓学理论，对各地域风化岩土差异性进行可拓识别，获取区分归类指标。通过综合考虑地层结构、环境气候因素与风化土的基本物理力学指标，建立风化岩土地基承载力与变形参数的可拓学综合评价模型，提出其取值的可拓学确定方法。

(3) 玄武岩及其风化土成灾特点与致灾机理研究。针对不同类型地质灾害特征，结合气候因素、强度变化特征、物源特点进行崩塌、滑坡形成机制的研究；崩滑地质灾害成灾机制与规律研究包括崩塌、滑坡的类型及其发育规律、成因、机制研究，确定崩塌、滑坡发生的控制因素。重点研究不同类型崩塌、滑坡的发生与降雨及人为活动的相关性，包括崩塌、滑坡的发生与降雨的季节、降雨时间长短、降雨持续时间、降雨强度、降雨量等的关系以及崩塌、滑坡的发生与开挖斜坡的方式（机械或爆破）、开挖顺序、开挖深度、最终开挖高度、开挖后的暴露时间等的关系。

(4) 玄武岩地区地质灾害综合处治技术研究。针对玄武岩地区岩质边坡与土质边坡的不同特点，分别开展边坡的稳定性分析。对于土质边坡，基于优势流概念，建立反映玄武岩地区时间和空间变化的模型来模拟优势流，构建玄武岩风化红土及厚覆盖层边坡的渐进式破坏模式；开展干湿循环条件下的室内边坡模型试验，对边坡稳定性进行分析，提出基于土壤优势流理论、渐进式破坏理论、室内模型试验和离心模型试验及有限元数值模拟的边坡稳定性综合计算分析方法。对于岩质边坡，考虑人工开挖和气候环境变化对玄武岩的崩解性和岩层之间的软弱滑带土特性的影响因素，对不同地质特征的玄武岩边坡进行稳定性计算。针对不同类型边坡，提出相应的、合理的支护方法和灾害防治措施。

(5) 玄武岩地区地质灾害预警预报技术研究。基于神经网络理论、灰色理论、模糊理论、智能岩石力学等理论方法研制相应的监测数据处理系统，建立玄武岩地区区域降雨量的预测模型，同时建立相应的边坡破坏预测模型，确定相应的滑坡预报阈值；对不同类型地质灾害依托工程进行综合预警预报；基于GIS平台的玄武岩地区地质灾害分布点和雨量、雨强参数构建数据库和管理系统，建立基于一定准确率和精细化程度的地质灾害预报模型以及不同时空尺度的地灾预警预报模式，提升玄武岩风化土地区对地质灾害的防控能力。项目于2013年8月完成验收，2014年获贵州省科学技术进步三等奖、中国公路学会科学技术二等奖。

18.贵州风化玄武岩物理特性及边坡稳定性研究

2012年,该项目为由贵州省交通规划勘察设计研究院股份有限公司承担的贵州省省长基金项目。项目在收集、查阅、分析关于玄武岩成分、性质及风化条件等资料的基础上,对公路风化玄武岩典型路段采取风化玄武岩进行室内试验,测试、统计、分析风化玄武岩的物理力学特性,研究风化玄武岩的特殊物理力学性质。基于对风化玄武岩物理力学特性的研究,根据风化玄武岩边坡的受力特征,研究风化玄武岩边坡的稳定性,提出风化玄武岩边坡破坏模式。针对风化玄武岩边坡的破坏模式,提出防护治理风化玄武岩边坡有效经济的方法,形成对风化玄武岩边坡的设计思想和指导理念。项目于2014年8月完成验收。

19.贵州省高等级公路沥青路面典型结构研究

2004年,该项目为由贵州省交通规划勘察设计研究院承担,由同济大学参与的贵州省交通厅科技项目。针对贵州省部分公路沥青路面出现较严重的早期损坏现象,为提高贵州地区路面的使用品质,开展了高等级公路沥青路面典型结构的研究。

项目于2006年11月28日,通过省交通厅验收鉴定,成果达国内领先水平。取得的成果如下:①对贵州地区几条公路的交通量及累计轴载次数进行了研究,用提出的自适应改进型预测方法计算了设计年限内的交通量和年平均增长率,并对交通量等级进行了划分。②对贵州地区几条高等级公路的路面结构、破损状况进行了调查,分析了这些损坏现象出现的原因,并提出了一些解决方案以解决或减少贵州路面的早期损害。③对贵州地区的气候分区、土基分区进行了研究,在总结国内土基模量反算成果的基础上,提出了土基模量反算公式,并给出了贵州土基等级的划分。④对半刚性基层材料的物理力学性质和贵州地区路面的防排水设计进行了系统的研究,为路面设计提供参考。⑤通过理论分析,参考有关试验路的研究成果,推荐了适合贵州的高等级公路沥青路面典型结构,并加以图表化。典型结构采用级配碎石作垫层,水泥稳定碎石作底基层,沥青稳碎石作上基层,较好性能的沥青层作面层。这种结构充分考虑了贵州路面的损坏状况、贵州当地材料的性质、经济性和技术性方面的要求。项目发表论文4篇。

20.都新公路改扩建工程新旧路基不均匀沉降控制技术研究

2007年,该项目为由贵州省交通规划勘察设计研究院承担,由长安大学、贵州高速公路开发总公司、都新总监办参与的贵州省交通厅科技项目。主要研究内容为:①既有桥梁加固理论研究;②既有桥梁加固施工质量跟踪控制;③加固桥梁质量检评标准研究。项目于2011年11月完成验收,同年获贵州省科学技术进步三等奖。

21.复杂堆积体处治技术研究

2010年,该项目为由贵州省交通规划勘察设计研究院股份有限公司承担,由招商局重庆交通科研设计院有限公司参与的贵州省交通运输厅科技项目。本项目针对贵州地区松散堆积体边坡的变形稳定性问题,开展以下内容的研究:①复杂环境条件下松散堆积体物理力学性质研究。包括:松散堆积体地质特征与成因机制分析;松散堆积体工程特性试验研究。②复杂环境条件下松散堆积体稳定性分析评价。包括:松散堆积体边坡的失稳破坏模式和失稳机理研究;松散堆积体边坡在多因素作用下稳定性分析与评价。③松散堆积体边坡安全监测技术研究。④复杂环境条件下松散堆积体边坡综合处治技术研究。项目于2013年7月完成验收,2015年获贵州省科学技术进步三等奖。

22.贵州复杂地质条件下嵌岩桩承载力评价技术研究

2010年,该项目为由贵州省交通规划勘察设计研究院股份有限公司承担,由同济大学参与的贵州省交通运输厅科技项目。项目根据赫章特大桥超高墩处复杂的工程地质条件,如斜坡峡谷地形、11.5~33.5m的深厚覆盖层且岩性厚度变化较大以及复杂的地下水条件等实际情况,主要采用现场测试、离心模型试验、有限元模拟以及理论分析相结合的手段开展超高墩桩基承载特性研究。主要研究内容如下:①超高墩重荷载作用下桩侧、桩端和桩周岩土体受力特性及其荷载传递机理;②覆盖层厚度变化对基桩承载特性和沉降变形的影响及其控制技术;③深厚覆盖层条件下单桩和群桩承载特性和沉降变形;④考虑群桩—承台—上部结构三者共同作用下深基础承载、变形特性及其变化规律。

23.边坡开挖过程中的施工时序优化研究

2010年,该项目为由贵州省交通规划勘察设计研究院股份有限公司承担,由重庆大学参与的贵州省交通运输厅科技项目。主要研究内容如下:①据边坡现场监控量测成果、国内外大量相关文献资料及数值模拟等成果,归纳总结道路边坡施工期间主要变形破坏模式,分析道路边坡开挖过程中变形破坏特点、规律以及产生条件,并分析影响边坡稳定性的主要因素;②从现有的强度理论出发,分析现有强度理论针对岩土体材料适用性的优缺点,提出一个能综合反映道路边坡开挖过程岩土体力学性能的卸荷非线性强度理论;③建立道路边坡开挖施工力学模型,对施工的全过程进行数值仿真分析。项目于2015年5月完成验收,同年获贵州省科学技术进步三等奖。

24.温拌沥青混合料在贵州高速公路隧道铺装的应用研究

2010年,该项研究为贵州省交通规划勘察设计研究院股份有限公司承担的贵州省交通运输厅科技项目。本项目在借鉴国内外已有研究成果的基础上,形成了适合贵州地区隧道应用的温拌沥青混合料应用技术,创新点如下:提出了温拌沥青混合设计与性能评价方法;提出了隧道路面温拌沥青混合料施工工艺与质量控制方法;针对温拌沥青混合料因加热温度低而导致的残留含水率偏高,可能影响其水稳定性的问题,提出了一种评价方法。项目于2014年6月完成鉴定验收。

25. 晴兴高速公路煤系地层路基(边坡)稳定性评价及加固措施研究

2010年,该项研究为贵州省交通规划勘察设计研究院股份有限公司承担的贵州省交通运输厅科技项目。本项目采取现场调查、室内试验、现场试验、理论分析、地质建模和编程二次开发等方法,对煤系地层路基边坡稳定性进行了深入的研究,在稳定性评价的基础上,对煤系地层防护与加固措施从设计计算到施工图应用,进行了一系列的研究。

按照岩土材料分类,边坡的破坏模式分为岩质(石)边坡破坏和土质边坡破坏,并给出了煤系地层路基边坡破坏模式识别方法,主要有Hoek-Bray识别方法、赤平极射投影法和现场调研分析法;相对于土质,岩石的强度变化远远大于土质,水对岩石的软化作用很明显。通过岩石的饱水单轴抗压强度试验和天然单轴抗压强度试验,计算岩石的软化系数,结合其他试验成果,分析得出一项煤系地层岩石破坏的安全指标;采用了SMR和CSMR评价方法,对晴兴线煤系地层路基边坡稳定性给予评价,建立了适合于煤系地层路基边坡的稳定性评价方法;收集晴兴线地形等高线资料、钻孔数据资料、地质资料,建立晴兴线地质模型,研究了煤系地层地质构造活动;通过对煤系地层岩石基本物理力学试验、X射线衍射和SEM电镜扫描试验,分析岩石的微观结构构造,对岩石的岩相进行鉴定,判断煤系地层岩石强度的主要影响物质;选取典型的路基边坡进行现场监测,观察边坡变化情况,结合理论研究和试验研究,深度分析晴兴线路基边坡的稳定性机理,并对晴兴线路基边坡稳定性变化趋势给予预判,同时进行了软件开发。在煤系地层路基边坡破坏机理和稳定性评价的研究基础上,统计晴兴线支挡结构主要采用的类型和适用条件,针对煤系地层路基边坡的支挡结构设计,开发了边坡支挡结构设计软件《Slope-csu边坡设计》。项目于2014年8月通过鉴定验收。

26. 贵州山区公路边坡加固与防护应用技术研究

2007年,该项目为由贵州省交通规划勘察设计研究院承担的贵州省交通厅科技项目。本项目从工程生产实际出发,总结了贵州大量高速公路边坡的滑坡治理经验,提炼了设计生产中遇到的、迫切需要研究解决的一些重要的技术课题,形成一些重要的科研成果,用以指导公路设计与施工的实践工作。取得的成果如下:提出了贵州地区高速公路边坡主要破坏模式以及边坡破坏模式识别方法;总结出适合贵州山区高速公路边坡的支护方式;开发集边坡破坏识别、稳定性分析以及边坡支护设计为一体的程序。项目于2014年8月鉴定验收,2015年获贵州省公路学会科学技术一等奖。

27. 高速公路营运管理机构手册使用编制办法研究

2013年,该项目为由贵州省交通规划勘察设计研究院股份有限公司承担的贵州省交通运输厅科技项目。本项目通过对高速公路项目的基本资料、功能及特点进行全面介绍，有针对性地提出高速公路在后期营运管理过程中管理的相关要求、措施及注意事项等，以便营运管理人员能够快速掌握高速公路管理过程中的要点及措施，对高速公路进行科学、系统、可持续的管理，从而达到推进高速公路营运管理现代化目标，保障高速公路完好、安全、畅通和高效营运。项目于2014年12月完成验收。

28. 风化岩边坡稳定性分析与加固技术研究

2013年，该项目为由贵州省交通规划勘察设计研究院股份有限公司承担的贵州省交通运输厅科技项目。该项目针对风化岩边坡的特点和加固技术存在的问题，主要研究风化岩边坡的工程特性、边坡稳定性分析方法和风化岩边坡加固技术。项目研究内容如下：①风化岩边坡的工程特性调查分析；②风化岩边坡勘察与参数测试技术研究；③风化岩边坡稳定性分析；④风化岩边坡加固技术。

29. 公路工程机制砂高强混凝土强度快速检测与评价技术研究

2013年，该项目为由贵州省交通规划勘察设计研究院股份有限公司承担的贵州省交通运输厅科技项目。该项目结合机制砂高强混凝土的特点，开展回弹法测试机制砂混凝土技术的研究；提出回弹法检测贵州公路混凝土强度影响因素和测试方法，促进机制砂混凝土技术的进一步推广应用。

30. 公路路面排水基层排水系统优化设计关键技术研究

2013年，该项目为由贵州省交通规划勘察设计研究院股份有限公司承担，由中南大学参与的贵州省交通运输厅科技项目。本项目在调查研究贵州省高速公路路面水损害情况基础上，建立路表水渗入率计算的理论模型和数值仿真模型，解决排水基层设计时路面水渗入量的基本问题。进而通过试验进行排水材料的非饱和渗流性质和强度、排水基层材料的级配组成与非饱和渗透系数以及力学性能关系的研究；基于非饱和渗流理论，结合试验结果提出排水基层厚度—强度—渗透性平衡设计方法以及排水基层排水效率的评价方法。主要的研究内容如下：①路表水设计渗入量研究；②排水基层材料的级配组成与非饱和渗透系数以及力学性能的关系研究；③基于非饱和渗流理论的排水基层厚度—强度—渗透性平衡设计方法；④基于非饱和渗流理论的排水基层排水效率评价方法。

31. 新型组合式抗滑支挡结构机理研究

2014年，该项目为由贵州省交通规划勘察设计研究院股份有限公司承担的贵州省交通运输厅科技项目。项目针对当前西部交通建设中大中型边坡加固的难点及新型抗滑桩技术的发展趋势和应用前景，以H型组合式抗滑桩为研究对象，通过依托工程的设计和工程应用效果的反馈分析，基于全分布式传感测试技术（BOTDA）结合理论分析和数值模拟，研究H型组合式抗滑桩加固边坡的内在力学机理；揭示H型组合式抗滑桩桩土相互作用规律;探讨 H 型组合式抗滑桩在滑坡推力作用下,后排桩、连系梁以及前排桩所形成的平面刚架内的荷载传递和变形响应。研究目的是为边坡抗滑桩加固提供新的理论和技术基础,为西部交通建设边坡设计与施工提供依据。

32. 贵州省山区高速公路高填方路基变形规律及设计标准研究

2014 年,该项目为由贵州省交通规划勘察设计研究院股份有限公司承担的贵州省交通运输厅科技项目。该项目依托贵州省高速公路,针对山区高速公路高填方路基实际问题开展技术研究。研究采取理论研究与室内外试验相结合的研究方法,通过现场调研、理论研究、室内试验研究、现场试验路研究和工程示范的技术路线开展研究工作。主要研究内容:①对高填方路基研究成果进行调研,分析高填方路堤的主要破坏模式;②通过室内试验研究高填方填料的变形特性及本构关系;③通过室内离心试验研究高填方路基的变形规律;④通过室内实验、模型试验、现场试验及理论分析,研究高填方路基的施工控制标准及设计标准。

33. 基于国产卫星的高速公路生态环境遥感定量评价

2014 年,该项目为由贵州省交通规划勘察设计研究院股份有限公司承担,由长沙理工大学参与的贵州省交通运输厅科技项目。主要研究内容:①针对国产卫星遥感影像的特点,尽可能最大化地改善影像的色彩、饱和度和清晰度等,同时完成影像几何精校正等的图像预处理。②依据国家环境总局颁布的《生态环境状况评价技术规范(试行)》,确定高速路路域生态环境评价指标,对试验路段遥感影像进行信息提取,获取生态环境状况指数。③对试验路段路域生态环境状况进行评价分级,制作试验路段的生态环境状况分级图,为指导高速路生态环境保护工作起重要的技术支撑。

34. 路域环境多源数据三维建模方法研究

2015 年,该项目为由贵州省交通规划勘察设计研究院股份有限公司承担,由长沙理工大学参与的贵州省交通运输厅科技项目。该项目拟采用试验的方法探讨基于道路设计成果、竣工测量成果、变形监测成果、4D 数据、其他现场观测数据三维数字建模方法及与其他基础地理信息的无缝衔接和动态更新技术方法,解决路域环境的三维数字建模及动态维护的相关技术难题,促进道路信息化技术的发展。主要研究内容:①分析道路设计图、竣工测量成果等数据成果的特点,探讨融合多源数据的三维数字建模方法;②分析模型缝隙的特点及原因,通过试验的方法提出快速、简便的模型衔接的方法及三维道路数字模型与路域环境数字地面模型的无缝衔接方法;③提出基于边坡变形等监测数据的路域环境三维数字模型动态更新方法。

35. 集约式微型桩群快速加固公路边坡技术方法研究

2015 年,该项目为由贵州省交通规划勘察设计研究院股份有限公司承担的贵州省交通运输厅科技项目。该项目在广泛收集国内外相关研究工作的基础上,通过理论分析、数值计算等方法,对集约式微型桩群加固边坡的受力机制、计算理论等关键技术进行深入研究,对目前广泛应用但设计理论尚不完善的微型桩群支挡结构进行深入研究,对微型桩群的受力规律和优化设计及新型复合材料的应用进行理论探讨,为更合理经济的抗滑工程设计提供理论依据。

36. 三维影像技术在公路勘察中的综合应用研究

2015年,该项目为由贵州省交通规划勘察设计研究院股份有限公司承担,由成都理工大学参与的贵州省交通运输厅科技项目。主要研究内容:①研究三维激光扫描、无人机航拍、近景摄影测量技术,优化数据获取流程,评价数据质量、精度及各影响因素,完善数据的预处理进程。②依据行业规范并结合三维影像优势特点,快速开展空间建模、地形图提取、结构面识别、地质编录、尺寸量测、截断面获取、地质信息提取等内容的综合研究,涵盖天然斜坡、人工开挖边坡、交通隧道、溶洞等条件,可应用于滑坡、高边坡、危岩体、泥石流、地面塌陷、地裂缝等勘察中。

37. 岩溶地区跨孔电阻率CT勘探技术研究

2015年,该项目为由贵州省交通规划勘察设计研究院股份有限公司承担的贵州省交通运输厅科技项目。利用已有的大量物探工作经验,结合贵州高速公路的快速发展,研究跨孔电阻率CT勘探技术在岩溶地区公路工程地质勘察中的应用,以指导公路岩溶物探勘察,提高隧道等岩溶勘探的准确率,方便、快速地解决岩溶地区公路工程地质问题。主要研究内容:①孔内电极耦合方式确定;②山区复杂地质条件下模型的建立;③基于模型分析和现场试验,探索一套适用于贵州复杂地质情况下的观测系统及数据处理方式。研究在隧道等钻孔数少且孔间距大等工点勘察的应用方式。

(三)桥梁专项科研

1. 高墩大跨径弯桥设计与施工技术研究

2002年,该项目为由交通部公路科学研究院承担,由贵州省交通规划勘察设计研究院、长安大学、贵州省公路工程总公司、河海大学参与的交通部西部交通建设科技项目。该项目针对"高墩、大跨径、弯桥"这一西部区域性桥梁特点,并结合这些年来高墩大跨径弯桥发生的实际问题开展相应的研究。项目于2007年11月通过交通部验收鉴定,成果达国际先进水平。

项目取得的成果如下:①研制了两套专用程序BridgeKF和BridgeBW,并通过桥梁模型试验及与成熟软件的对比分析验证了其正确性。②开展了高墩稳定性及约束混凝土高墩极限承载力的研究,在系梁设置及弯桥高墩稳定系数计算等非线性方面提出了设计方法。③系统研究了高墩大跨径弯桥的设计与施工关键技术,在直弯分析界限、预应力设置等方面具有创新型。④编制的《高墩大跨径弯桥设计与施工技术建议》对高墩弯桥设计、施工具有较强的指导性。

该项目获得2008年度中国公路学会科学技术二等奖。

2. 坝陵河特大桥梁建设关键技术研究

2005年,该项目为由贵州高速公路集团有限公司承担,由中交公路规划设计院有限公司、西南交通大学、中国科学院地质与地球物理研究所、中国水电顾问集团中南勘测设计研究院、贵州省地矿局第二工程勘察院、贵州省桥梁建设集团有限责任公司、中交第二航务工程局有限公司参与开展的交通运输部西部交通建设科技项目。该项目以贵州坝陵河特大桥工程为依托,是大桥建设的技术支撑,也是国内外首次针对跨大峡谷的大跨径钢桁梁悬索桥开展的全貌系统研究。通过对坝陵河特大桥建设中所面临的关键技术问题进行系统的研究,确保了大桥的顺利建设,课题研究成果总体达到了国际领先水平。

(1)通过风剖面观测和风场地形试验,系统研究了山区深切峡谷风场特性,形成了一套确定山区深切峡谷桥梁设计风速的方法。

(2)首次研制了桥梁新型工程塑料(PPS)气动翼板抗风装置,并通过节段模型试验,揭示了风偏角变化对大跨径钢桁梁悬索桥颤振稳定性的影响规律,优化了依托工程的气动性控制措施,保证了坝陵河大桥的抗风稳定性。

(3)首次提出了"多尺度岩体溶蚀率"的概念,建立了裂隙溶蚀岩体质量评价及力学参数确定方法,发展了现场隧道锚缩尺试验与数值模拟的反演方法,得到了隧道锚承载力尺寸效应的定量影响规律,解决了世界最大规模的大断面、大倾角、小间距隧道锚的技术难题。总结形成了一套岩溶地区隧道锚综合勘察技术路线和方法。编写了《岩溶地区隧道锚巡检养护指南》。

(4)首次在国内悬索桥钢桁加劲梁架设中采用桥面吊机悬臂架设工法和两铰逐次刚结的钢桁加劲梁架设施工新技术,形成了山区钢桁加劲梁悬索桥施工成套技术。

(5)首次在国内应用了悬索桥柔性中央扣纵向约束体系,有效减小了加劲梁纵向位移,改善了短吊索的疲劳性能。

(6)结合桥面吊机的架设工艺,建立了钢桁梁悬索桥施工参数识别方法,完善了大跨度钢桁加劲梁悬索桥施工监控计算理论,形成了钢桁梁悬索桥施工监控准则。

研究成果成功解决了山区峡谷大跨径桥梁建设中诸多亟待解决的瓶颈问题,填补了国内空白,形成了成套核心技术。研究成果已陆续在贵州坝陵河大桥、甘肃刘家峡大桥、贵州毕都高速公路北盘江大桥和抵母河大桥等桥梁中得到推广应用,对推动行业技术发展及规范、标准的制定,提高我国山区峡谷大跨径悬索桥的设计和施工水平具有重要的支撑作用。

该项目共申请专利6项,软件著作权1项,申请工法3项,出版论著2本,在国内核心期刊发表学术研究论文12篇,培养博士5人,硕士14人。

3. 桁式组合拱桥病害成因和加固方法研究

2005年,该项目为由贵州省交通规划勘察设计研究院承担,由重庆交通大学、贵州交通科学研究所、贵州高速公路开发总公司、贵州省高速公路管理局、贵州省公路局、贵州省桥梁建设集团有限责任公司等单位参与的交通部西部交通建设科技项目。项目的主要研究内容为:子课题一"桁式组合拱桥病害调查与成因研究";子课题二"桁式组合拱桥加固维修技术研究";子课题三"改进的桁式组合拱桥设计与施工技术研究"。项目于2011年9月完成验收。

4. 山区桥址风环境及大跨度钢桁架加劲悬索桥风荷载研究

2006年,该项目为由贵州省交通规划勘察设计研究院承担,由同济大学参与的贵州省交通厅科技项目。该项目针对山区复杂地形大跨度桥梁的抗风开展研究工作。项目于2010年5月18日通过省科学技术厅鉴定,成果达国际先进水平。项目取得的成果如下:

(1)首次进行了我国山区复杂地形下特大型桥梁桥位风观测研究,填补了该领域的空白。在工程项目设计中起关键作用的风特性参数和风环境,除了受河谷的深度、宽度、走向等动力因子影响外,还受该地特殊的热力因子影响。现场实测的风参数正是在大气候背景下,结合该地局部的动力、热力因子共同作用的结果。项目研究之初,在风洞试验室中尚难以试验模拟复杂地形和下垫面的热力效应,因此,现场风特性观测不仅可以补充相关规范中无法涵盖的特种地形的风参数,积累了山区复杂地形风参数基础数据,也丰富了对山区复杂地形风环境基本规律的认识。

(2)提出了山区大跨度悬索桥基于能力的抗风设计思想。北盘江特大桥的抗风设计的关键问题之一就是基本风参数的选取,最终体现为颤振检验风速指标。北盘江特大桥桥位周边最近的气象观测站距离桥位仍有12.5km,气象数据对确定桥位风参数的指导意义十分有限;我国现行《公路桥梁抗风设计规范》中的地表分类很难直接应用于类似于北盘江特大桥这样的山区风环境,桥位所属区域的基本风速值对于桥梁抗风设计而言往往也是偏于保守的;桥位现场的气象观测数据应该是最直接的、可以反映桥位风环境特征的基础资料,但是山区桥梁桥位现场观测也面临选址困难和观测周期短等特点,使得数据的实用性要打折扣。因而,结合不同方法获得的桥位基本风参数和北盘江特大桥636m主跨钢桁架加劲梁悬索桥的结构形式,考察我国已建主要大跨悬索桥的颤振临界风速,最终确定了北盘江特大桥应有的抗风稳定性能。

(3)国内首次通过地形模型风洞试验和地形风环境数值模拟技术相结合的方法来研究山区复杂地形风环境。山区复杂地形的突出特点就是其风环境往往较大程度上受局部地形的影响,因而,课题组分别通过北盘江特大桥桥位地形模型风环境风洞试验和基于计算流体动力学的数值模拟技术进行桥位风环境的研究,获得了桥位关键控制点的风速剖面分布和风攻角等重要的桥位地形风环境参数。

(4)提出了确定山区桥梁设计风速的方法。结合桥址地形模拟风洞试验结果,对附近气象台站的气象资料进行统计推断,提出一种确定山区桥位设计基准风速的梯度风速修正法。对跨越V形峡谷的单跨悬索桥,桥面距离地面高度沿桥纵向变化很大,基于指数律方法难以确定桥面基准高度,为此提出一种以等效桥面高度计算桥面设计基准风速的简化方法。

(5)国内首次成功实现了钢桁架加劲梁悬索桥全桥气弹模型风洞试验模拟。钢桁架加劲梁悬索桥全桥气弹模型模拟的关键是在保证结构气动外形相似的同时满足结构刚度和质量的相似。传统的箱形、边主梁或叠合梁断面桥梁气弹模型的主梁模拟多通过置于主梁断面内的金属芯梁来提供主梁刚度,主梁的气动外形是不受金属芯梁影响的。而北盘江特大桥钢桁架加劲梁悬索桥的主梁模拟采用上面提到的常规模拟方法就很难实现。因而,提出了基于刚度等效原则模拟主梁的思想,并通过分离的金属芯梁来模拟加劲桁架梁刚度,通过包裹芯梁的外衣模型来严格满足主梁气动外形的相似。

(6)国内首次提出了采用中央稳定板提高钢桁架加劲梁悬索桥颤振稳定性的气动措施。针对钢桁架加劲梁主梁断面原型断面和两种不同中央稳定板设置下的节段模型颤振稳定性风洞试验研究,获得了有效提高原型断面颤振稳定性的气动措施,并进一步研究给出了气动措施对钢桁架加劲梁悬索桥气动稳定性能的影响机理。

(7)发展了用于分析大跨度桥梁气动耦合颤振方法,提出了一种实用的全模态分析方法——最小颤振频率法。该方法基于这么一个准则:系统发生颤振时各阶模态阻尼比不大于零的频率中最小值 ω_{min} 是颤振频率 ω_f 的充要条件。其物理意义为颤振临界状态时的颤振频率一定是该状态下所有可能发生发散振动的模态频率中的最小值。该方法在通用程序进行开发,物理意义明确,简单易行。

项目发表论文4篇,培养博士1人,并于2010年获省科学技术进步三等奖。

5.连续刚构施工过程底板混凝土防崩关键技术研究

2008年,该项目为由贵州省交通规划勘察设计研究院承担,由浙江大学宁波理工学院、中铁五局集团第一工程有限责任公司参与的贵州省交通厅科技项目。该项目研究针对底板混凝土崩裂的机理和设计参数对底板受力的影响,开展以下研究内容:

(1)在国内相关研究资料调查的基础上,分析总结大跨PC连续刚构桥梁施工过程底板崩裂的研究成果,并在此基础上根据PC连续刚构桥悬臂施工的施工特点,综合考虑悬臂施工过程中箱梁底板以直代曲、预拱度、合龙时高差、预应力管道定位误差、预应力管道空隙等因素,详细分析了预应力张拉产生的对底板径向外崩力,对目前这个领域的研究工作做出有效的补充,并为后期的有限元仿真模拟分析奠定基础。

(2)本项目将针对连续刚构施工过程跨中附近底板崩裂的特点,建立连续刚构桥中跨箱梁全局有限元模型,采用接触单元模拟张拉过程中底板拉索与混凝土孔道之间的关系,详细分析了预应力张拉时箱梁底板径向力及效应。

(3)利用 ANSYS 建立连续刚构箱梁梁段底板的局部有限元模型,对比分析了各种设计参数(波纹管净间距与波纹管外径之比、底板钢束净保护层厚度与波纹管外径之比、底板厚度与波纹管外径之比、合龙束张拉次序、底板横向加劲肋设置等)对底板应力状态的影响。依据上述计算结果的分析比较,对连续刚构跨中附近梁段的底板的设计提出构造建议。

(4)从设计和施工两个方面分析总结了连续刚构施工过程底板防崩的关键技术。

项目于 2011 年 11 月完成验收。

6. 贵州省贵新公路都匀至新寨段改扩建工程既有桥梁加固质量动态跟踪研究

2009 年,该项目为由贵州省交通规划勘察设计研究院承担,由长安大学、贵州高速公路开发总公司、都新总监办参与的贵州省交通运输厅的科技项目。项目从理论、应用等开展了以下 3 个方面的研究工作。

(1)既有桥梁加固理论研究:①不同加固方法对桥梁结构承载能力的影响;②不同加固方法对桥梁结构抗裂性能的影响;③不同加固方法对桥梁结构刚度的影响;④综合加固对桥梁结构受力性能研究。

(2)既有桥梁加固施工质量跟踪控制:①加固材料试验研究;②加固过程中施工控制研究;③既有桥梁加固施工指南的编制。

(3)加固的桥梁质量检评标准研究:①典型桥梁加固前后荷载试验对比分析;②加固质量检验与评定。

项目于 2012 年 12 月完成验收。

7. 机制砂混凝土斜拉主梁抗裂性能研究

2010 年,该项目为由贵州省交通规划勘察设计研究院股份有限公司承担的,由同济大学参与的贵州省交通运输厅科技项目。该项目研究结合六冲河大桥结构设计及采用机制砂的特点,对施工和使用阶段可能出现的各种开裂问题,在提高对六冲河大桥施工安全和质量保证性的基础上,研究复杂空间受力状态下机制砂混凝土构件的设计理论和方法,研究提炼此类问题的一般规律和解决对策。主要研究内容:①环境参数采集及机制砂混凝土材料特性试验研究;②基于耐久性数值模拟开裂时机及开裂影响分析;③预应力张拉崩裂评价与优化;④混凝土不同龄期结合收缩开裂评价;⑤主梁横向受力特性分析及开裂控制;⑥主梁纵向受力空间特性分析及开裂控制;⑦考虑材料性能的主梁寿命周期抗裂性能分析。项目于2013年7月完成验收。

8. 六冲河大桥数字化网络施工管理模型研究

2010年,该项目为由贵州省交通规划勘察设计研究院股份有限公司承担,由中南大学参与的贵州省交通运输厅科技项目。主要研究内容:①施工管理信息采集模块;②施工管理信息数据库模块;③桥梁施工管理4D模型构建模块;④三维可视化桥梁施工管理演示模块。项目于2013年8月完成验收。

9. 水盘高速公路北盘江特大桥关键技术研究

2010年,该项目为由贵州高速公路集团有限公司承担,由中交第二公路勘察设计研究院有限公司、贵州路桥集团有限公司、中交第二航务工程局有限公司、中铁武汉桥梁科学研究院有限公司、华中科技大学、山东大学、重庆交通大学、长安大学、同济大学参与的贵州省交通运输厅科技项目。该项目以贵州水盘高速公路北盘江特大桥为依托分为以下5个专题开展研究。

(1)新型空腹式连续刚构桥的结构要素与参数研究:①获得合理拓扑参数,提出空腹式连续刚构新桥型的设计指导原则;②通过拓扑优化和参数研究,优化北盘江特大桥的结构总体设计;③解决静动力拓扑优化领域的数值问题,完善空腹式连续刚构桥静动力拓扑优化理论体系。

(2)北盘江特大桥线性与非线性静动力学分析与适应性构造研究:①解决多跨高墩空腹式连续刚构桥设计中的关键问题,以指导设计;②开展角隅节点模型试验,验证设计的可靠性,提出改进意见;③开展全桥模型风动试验,验证结构的抗风性能,提出抗风措施。

(3)北盘江特大桥适应性预应力技术研究:①解决超长体内预应力索问题,确保大桥预应力的有效性和可靠性;②通过预留合理的、可更换的和可分期实施的体外索,克服大跨度连续刚构易出现的跨中下挠变形问题,确保结构的长期安全和耐久;③分析汇合节点空间预应力效应,保证节点构造的合理性。

(4)石灰岩质集料混凝土及北盘江特大桥长期性能研究:①建立不同强度等级机制砂混凝土早期强度与弹性模量关系模型、龄期与强度、收缩长期发展规律,提出合理的混凝土养护和预应力张拉龄期建议;②研究黔西山区机制砂混凝土的长期性能,确保北盘江特大桥混凝土的耐久性,并从建筑材料角度为长期健康检测与管理提供依据;③通过干缩试验、徐变试验、模拟连续小梁试验以及桥梁现场检测和超声检测试验,提出符合贵州实际的配筋混凝土模型;④建立新型空腹式连续刚构桥的收缩徐变分析模型,研究其长期变形特性。

(5)北盘江特大桥施工关键技术研究:①提出系统的高墩大跨空腹式连续刚构新桥

型施工方案;②研究新型适应性挂篮技术,实现北盘江特大桥下弦段悬臂浇筑;③解决三角区结构线形控制精度,保证结构线形最大程度接近设计最佳线形。

该项目研究已完成验收。

10. 深切峡谷大跨劲桥梁岸坡稳定性评价技术研究

2010年,该项目为由贵州省交通规划勘察设计研究院股份有限公司承担,由中国科学院武汉岩土力学研究所、毕节地区高速公路开发总公司参与的贵州省交通运输厅科技项目。主要研究内容为:①综合勘察技术研究;②岸坡稳定性评价方法与技术研究;③主跨墩位合理布设研究。

11. 朵冲大桥深桩基承载力性能评价及施工关键技术研究

2010年,该项目为由贵州省交通规划勘察设计研究院股份有限公司承担,由同济大学、晴隆至兴义高速公路项目业主办参与的贵州省交通运输厅科技项目。该项目根据朵冲桥区复杂的工程地质条件,如斜坡峡谷地形发育、覆盖层分布不均且局部为约90m厚的深厚覆盖层、非常复杂的溶洞以及复杂的地下水条件等实际情况,主要采用现场测试、室内试验和离心模型试验、有限元模拟以及理论分析相结合的手段开展深基础承载特性研究。主要研究内容如下:①斜坡峡谷地形对基桩承载特性的影响及其变化规律;②嵌岩桩和摩擦桩受力特性及其荷载传递机理;③覆盖层厚度变化对基桩承载特性和沉降变形的影响及其控制技术;④深厚覆盖层条件下单桩和群桩承载特性和沉降变形;⑤考虑群桩、承台和上部结构共同作用下深基础承载特性及其变化按规律;⑥地层特性评价与变异性分析;⑦关键施工技术研究:成孔、护壁、优化泥浆、压注浆、垂直度、桩底沉渣清理、浇筑水下混凝土等。项目于2014年8月完成验收。

12. 山区复杂地质条件桥梁桩基设计优化研究

2013年,该项目为由贵州省交通规划勘察设计研究院股份有限公司承担,由同济大学参与的贵州省交通运输厅科技项目。该项目针对贵州地区复杂的工程地质条件,如深厚覆盖层、软质岩和断层破碎带、斜坡峡谷地形发育、岩溶发育区等实际情况,主要采用资料收集、现场试验测试、有限元模拟以及理论分析相结合的手段与方法开展复杂地质条件下桥梁桩基承载力特性研究。项目于2016年1月11完成验收。

13. 贵州山区复杂地质条件下桥梁桩基优化设计研究

2014年,该项目为由贵州省交通规划勘察设计研究院股份有限公司承担的贵州省交通运输厅科技项目。通过对在建部分高速公路的调研,结合桩基设计相关规范和指南及相关研究成果,对常见复杂地质条件的类型进行划分,开展桥梁桩基设计技术研究,提出贵州山区复杂地质条件下桥梁桩基设计指导原则。项目于2016年1月完成验收。

14. 贵州山区公路桥梁伸缩缝和支座全寿命周期耐久性与标准化设计研究

2014年,该项研究为由贵州省交通规划勘察设计研究院股份有限公司承担的贵州省交通运输厅科技项目。该项目研究目标是根据山区桥梁结构的特点以及地理环境特点,开展伸缩装置和支座的使用状况调查、伸缩装置和支座的受力数值分析,最终提出适用于山区桥梁伸缩装置、支座设计、施工、养护的技术指标及要求,以便进行标准化设计和施工,确保桥梁结构的耐久性。

15. 悬臂浇筑与劲性骨架组合的大跨度混凝土拱桥技术关键与示范

2014年,该项目为由贵州省交通规划勘察设计研究院股份有限公司承担,由重庆交通大学、贵州桥梁建设集团有限责任公司共同参与的贵州省交通运输厅科技项目。主要研究内容:专题一、主拱圈构造与受力行为研究;专题二、劲性骨架构造研究与模型试验;专题三、主拱圈施工阶段截面应力与线形控制技术研究。

16. 贵州山区复杂地质条件下桥梁桩基设计技术指南

2014年,该项目为由贵州省交通规划勘察设计研究院股份有限公司承担的贵州省交通运输厅科技项目。该项目通过对在建部分高速公路的调研,结合桩基设计相关规范和指南及相关研究成果,对常见复杂地质条件的类型进行划分,开展桥梁桩基设计技术研究,提出贵州山区复杂地质条件下桥梁桩基设计指导原则。

17. 装配式宽桥设计关键技术研究

2015年,该项目为由贵州省交通规划勘察设计研究院股份有限公司承担,由长安大学参与的贵州省交通运输厅科技项目。主要研究内容如下:①宽桥空间受力分析及与桥梁常规结构分析对比;②宽桥横向分布计算分析;③宽桥横向变形及预拱度研究;④宽桥剪力滞效应研究;⑤支座对宽桥横向受力和变形影响研究;⑥提出装配式宽桥设计对策。

18. 山区公路桥梁伸缩装置受力性能特点及改进技术研究

该项目为贵州省交通规划勘察设计研究院股份有限公司于2012年自立科研项目。本项目开展了桥梁伸缩装置的技术性能研究,并研究了新型桥梁伸缩装置。主要内容为:①根据既有伸缩装置的结构构造,建立了伸缩装置的实体有限元模型,并对其受力进行了分析,结合调研结果统计,对伸缩装置产品本身存在的不足以及设计、施工、养护中存在的问题进行了深入分析,并得出了有益的结论;②首次结合钢筋混凝土结构钢筋与混凝土锚固长度计算公式,验证了模数式伸缩装置锚固环长度不足是导致伸缩装置无法有效工作的重要原因之一;③首次结合模数式伸缩装置的结构计算分析和构造特点,提出边梁锚固形式采用钢板与预埋钢筋焊接的新形式,确保边梁达到预期的锚固效果,并开展了产品的系列化设计;④结合钢制梳齿板伸缩装置的结构计算分析和构造特点,针对传统梳齿板不适应多向变位、根部锚固螺栓容易拔出的特点,首次提出了采用多点弹性阻尼锚固的措施,并开展了产品的系列化设计。项目于2014年7月完成验收。

19. 山区高墩大跨径桥梁新型减震系统设计

该项目为贵州省交通规划勘察设计研究院股份有限公司2012年自立科研项目。该项目经过两年的系统研究,取得了如下创新点:研发新型黏滞阻尼系统的结构,限制桥梁在地震时纵向和横向位移,同时解决大位移、大转角的漂浮体系桥梁在纵桥向和横桥向不能同时安装黏滞阻尼器的问题。项目于2014年7月完成验收。

20. 西南山区中小跨径桥梁支座耐久性设计与选型研究

该项目为贵州省交通规划勘察设计研究院股份有限公司2012年自立科研项目。该项目结合山区公路桥梁结构特点,开展了支座的耐久性设计与选型研究,开发了LQZ(G)系列球形支座,项目主要创新有5点:①通过对板式橡胶支座与球形支座在材料耐久性、工作原理、结构特点以及对弯桥、坡桥的适应能力等方面进行对比分析,明确了球形支座在西南山区桥梁上具有更优的适用性;②在西南山区创新性地使用综合性能优异的球形支座,可以避免采用盆式支座、板式支座需定期维护、更换的问题,保证与桥梁同寿命,同时在桥梁运行期间免维护、免更换,具有优异的性价比;③新开发的LQZ(G)支座在摩擦副结构上,根据西南山区车辆频繁制动、加速的特点,选用改性超高分子量聚乙烯滑板与不锈钢板匹配,保证了材料的耐久性,同时采用分片镶嵌、球面包覆不锈钢以及摩擦副分部密封三项专利技术,提高了摩擦副使用可靠性,大大提高了支座的使用寿命;④新开发的LQZ(G)在表面涂装上,针对西南山区气候环境特点,LQZ(G)系列球形支座表面采用重防腐涂装,特别是支座面漆采用具有自清洁功能氟碳面漆,可以充分有效保证支座耐候性能,进一步提高支座的使用寿命;⑤新开发的LQZ(G)在支座外围增设防水装置,可以避免西南山区多雨季节时雨水飞溅到高墩桥梁墩顶支座上,解决了支座表面的防水问题,进一步有效提高支座防腐性能。项目于2014年7月完成验收。

(四)隧道专项科研

1. 隧道路面结构与材料研究

2002年,该项目为由贵州省交通规划勘察设计研究院承担,由同济大学、贵州省镇宁(黄果树)至水城公路总监理工程师办公室参与的交通部西部交通建设科技项目。该项目针对我国隧道路面结构和材料研究相对薄弱的问题,探讨和研究隧道路面结构组合、铺装材料以及施工技术问题,为隧道路面结构设计、材料组成设计和施工工艺提供指导,保证隧道内路面工程建设质量,提高路面服务水平、延长使用寿命,充分发挥投资效益。项目于2005年4月20日通过交通部的验收鉴定,成果总体达国际先进水平。其中隧道路面结构与材料设计方法阻燃沥青开发等方面成果达国际领先水平。

项目取得的成果如下：针对西部隧道路面存在的问题，在总结现有路面材料和结构研究成果的基础上，着重根据隧道特有的工作环境，分析了隧道路面的结构受力特点，研究了新型路面结构材料和组合类型在隧道路面中的应用技术。系统地对多类型的隧道路面结构以及隧道路面材料进行研究，并且提出相应的设计指标体和标准，具有创新性。提出的设计指南和施工工艺技术指南，更具有可操作性。本项目综合考虑全寿命周期成本以及运营安全等因素，推荐的路面结构形式明显提高了隧道路面使用性能，减少了因隧道路面损坏对公路运营及安全的影响；具有良好的经济效益和社会效益。另外，推荐的多孔路面结构具有良好的降噪、防眩光功能，环境效益明显。

该项目共发表论文6篇，其中核心期刊4篇，获2006年贵州省科技进步三等奖。

2. 连拱隧道建设关键技术研究

2002年，该项目为由贵州省交通规划勘察设计研究院参与，云南省公路规划勘察设计院承担的交通部西部交通建设科技项目。该项目于2005年9月24日通过交通部验收鉴定，成果总体达国际先进水平，其中连拱隧道的设计模型部分成果达国际领先水平。

项目取得成果如下：①通过对云南、四川、贵州、福建等在建和已建连拱隧道的广泛调查，总结出了连拱隧道的裂缝分布规律。②从总量与增量控制两个角度给出了不同围岩级别下连拱隧道的监测预警值与判断标准。③充分利用连拱隧道中导洞先行施工的有利条件，提出了连拱隧道中导洞超前地质预报流程与方法，为业主决策提供了重要的依据。④进行了8组连拱隧道模型试验，得出了连拱隧道围岩压力分布的定性规律，建立数字照相变形技术，并应用于模型试验研究。⑤对连拱隧道进行了适应性研究，系统提出并从适用条件、过渡方式、过渡段长度、过渡段线形4个方面比较了连拱隧道的5种洞外接线方式。⑥系统分析依托工程的监测数据、模型试验、经验公式、理论计算围岩压力分布与确定情况，基于双坍落拱的假定首次建立了连拱隧道的荷载模式。⑦建立了有厚度的广义梁单元和广义杆单元方法，较好地解决了中墙与二次衬砌接头部位在设计计算中的尺寸效应问题。⑧首次提出了三层直中墙结构，建立了本课题推荐的三层中墙结构，建立了本课题推荐的三层中墙结构的成套设计与施工方法，总结、推荐并完成了成套的不同结构形式的连拱隧道设计计算方法。⑨利用极限平衡法和强度折减法对洞口的边仰坡进行了二维和三维的稳定性分析，并得出了实用性结论。

项目发表论文60篇，其中SCI 2篇，EI 5篇。培养博士5人，硕士7人。项目于2006年获云南省科技进步二等奖。

3. 隧道路面结构与材料的研究成果推广应用

2009年，该项目为由贵州省交通规划勘察设计研究院承担，由同济大学参与的省科学技术厅的重点成果推广项目。该项目拟重点推广的科技成果是公路隧道路面结构、隧道路面材料、隧道路面施工工艺指南。隧道路面结构：主要是推广水泥混凝土路面结构及复合式沥青路面结构两种形式。隧道路面材料：主要是推广适用于隧道特殊环境要求下的面层材料，包括水泥混凝土面层、沥青混凝土面层。隧道路面施工工艺指南：主要是推广隧道特殊环境下隧道路面施工工艺，包括原材料要求和配合比设计以及在隧道内的施工工艺，如混合料生产、运输和现场摊铺以及碾压。项目于2012年12月完成验收。

4. 贵州省公路隧道渗漏水病害快速治理关键技术研究

2009年，该项目为由贵州省交通规划勘察设计研究院承担，由贵州省高等级公路管理局、贵州高速公路开发总公司参与的贵州省交通运输厅科技项目。该项目主要研究内容如下：①隧道渗漏水的成因分析。通过大量的调研工作，结合设计文件、竣工文件及病害发生形式，详细研究此类病害产生的成因。②隧道渗漏水治理设计对策研究。在成因分析的基础上，结合以往的防排水设计方法及存在的问题，针对隧道渗漏水的形成原因，提出治理的设计对策，以避免由设计过程中产生的缺陷及施工工期等问题。③隧道渗漏水快速治理的施工对策研究。结合贵州省隧道渗漏水病害发生情况及以往的治理经验以及施工中的关键工艺和具体技术难题，落实施工对策，提出渗漏水治理过程中的施工控制环节，最终形成施工技术指导意见。④隧道运营管理要点分析及建议。针对隧道运营管理过程中容易忽视的导致渗漏水病害的细节进行分析整理，形成系统的指导意见，指导隧道运营管理，避免由于管理不到位造成渗漏水病害发生及扩大。项目于2015年6月完成验收。

5. 温拌沥青混合料在贵州高速公路隧道铺装的应用研究

2010年，该项目为由贵州省交通规划勘察设计研究院股份有限公司承担，由长沙理工大学、贵州高速公路开发总公司参与的贵州省交通运输厅科技项目。研究内容为：①项目前期调查研究；②温拌剂选型及温拌沥青混合料设计方法研究；③温拌沥青混合料力学性能和路用性能试验研究；④温拌沥青混合料施工工艺及质量控制技术研究；⑤温拌沥青混合料经济环境效益评价；⑥温拌沥青混合料路用性能跟踪观测及评价。项目于2014年6月完成验收。

6. 贵州省高速公路隧道消防用水的收集与应用研究

2014年，该项目为由贵州省交通规划勘察设计研究院股份有限公司承担的，由贵州高速公路集团有限公司参与贵州省交通运输厅科技项目。主要研究内容如下：①隧道消防雨水、山泉收集系统技术解决方案研究；②隧道涌水收集系统技术决方案研究；③隧道消防河水及水库收集系统技术解决方案研究；④隧道消防深井取水系统技术解决方案研究；⑤防渗漏低挥发消防水池技术解决方案研究；⑥隧道消防恒压低位水池技术解决方案研究。⑦高速公路消防管路保温技术解决方案研究。

第二节 技术应用

一、公路勘测技术

1. 卫星遥感技术(RS)的应用

遥感图像解译能快速、全面地从宏观上了解线路经过地区的工程地质条件,为线路方案的确定提供必要的地质依据。在岩溶地区公路工程地质勘察中,主要通过对岩溶正负地貌形态、岩溶地下形态、地层、岩性、地质构造、地下水等工程地质条件进行解译,配合工程地质调绘,了解线路经过地区岩溶发育状况,从宏观上把握大的岩溶地质问题,提示区域性岩溶发育规律,评价各段线路的稳定性,为线路方案和工程方案的确定提供地质依据,为公路线路的确定、避免出现大的区域性岩溶工程地质问题提供宏观资料。

镇宁至胜境关公路75%以上地段在岩溶地区穿越,主要为K0~K85和K132~K202段,根据工程可行性研究的要求,对全线进行了遥感工程地质调查,形成了遥感工程地质调查报告。测区位于贵州高原西部斜坡地带,西高东低,大部分地段为溶蚀地貌,地形条件复杂,交通极为不便,且地质、水文条件复杂,全线岩溶发育。应用遥感影像"透视"信息的优势,建立地质解译标志,对6条线路方案进行了较为详细的地质解译和实地调查核对。根据解译结果和地质调查结果,结合有关区域地质资料,对正线和各条比较线的地质条件作了综合评价,从工程地质角度分析比较,最终结论是正线工程地质条件优于比较线。

2. 地理信息系统(GIS)的应用

岩溶环境具有地域分布规律的特点,运用先进的GIS技术可以实现对公路工程岩溶环境区划、岩溶勘察、评价、资源利用、病害处治和环境保护等方面成果的系统整合。通过"公路工程岩溶环境地理信息系统",工程技术人员可以快速掌握公路沿线的岩溶地质条件、自然环境特点、筑路材料分布、潜在工程病害和环境影响,明确相应的对策措施,从而有效支撑公路工程的规划与设计,在宏观层面上实现公路工程与岩溶环境的协调发展。

该系统信息涉及各类岩溶环境的空间数据和属性数据,主要包括岩溶地区的路网信息、岩溶地质环境、岩溶病害与地质灾害、岩溶资源条件、岩溶环境保护、公路工程岩溶环境区划以及典型公路岩溶7个方面内容。

该系统在岩溶地区公路工程规划方面的应用包括3个方面:一是以公路工程岩溶环境区划为背景,直接在GIS地图上进行线路规划;二是通过空间分析技术,为不同方案的比选提供数据;三是根据岩溶地质环境特点,对已有线路规划方案进行修改。在公路工程岩溶勘察与评价方面,通过系统的空间分析技术,可以快速获取沿线不同标段的岩溶分布、岩溶地貌特点、地形坡度、大气降雨、公路影响范围地下岩溶水发育特点等相关岩溶环境资料,为岩溶地质勘察方法的选取和岩溶环境评价提供依据。在公路工程岩溶病害处治方面,通过系统的空间分析技术,对沿线不同标段不良地质体的分布、公路影响范围地质灾害发育特点等进行统计分析,为岩溶公路病害的处治和地质灾害防治提供数据。在公路工程岩溶资源利用方面,通过该系统可对沿线不同标段地方性筑路材料和可供利用的地下水露头分布进行分析,获取相应的资料,提供背景信息。在公路工程岩溶环境保护方面,通过系统的空间分析技术,可以全面了解沿线岩溶植被分布、水源涵养特点以及生物多样性等数据,为公路工程岩溶环境保护提供依据。

3. 地质勘察新仪器设备的应用

(1)声波仪。仪器包括 RS-ST01C 非金属检测仪和 RSM-SY5 声波仪,可采用的测量方式有:单孔声波、声波 CT、表面声波、声波反射、脉冲回波法等,主要用于探测岩体的完整性程度、风化程度、软弱夹层、岩溶、卸荷带深度等。

(2)钻孔电视。仪器包括 JL-IDOI(A)智能钻孔电视成像仪和 RS-DTV 数字式彩色钻孔电视,仪器采用先进的 DSP 图像采集与处理技术,系统高度集成,探头全景摄像,剖面实时自动提取,图像清晰逼真,方位及深度自动准确校准,可对所有的观测孔全方位、全柱面观测成像(垂直孔/水平孔/斜孔/俯、仰角孔),形成数字化钻孔岩芯,永久保存,特别适合于无法取得实际岩芯的破碎带地层,可用于观测钻孔中地质体的各种特征及细微构造,如地层岩性、岩石结构、断层、裂隙、软弱夹层、岩溶等勘探。

(3)地质雷达。为瑞典 RAMAC 系列雷达,配套天线分为孔内及地面天线,孔内天线为 100MHz 天线,地面天线包括 50MHz 超强地面耦合天线(RTA)及 100MHz、250MHz 等屏蔽天线,可进行钻孔电磁波 CT 及地面雷达测量,主要用于岩溶洞穴、岩体裂隙发育程度、卸荷带深度及隧道超前预报等探测。

(4)地震仪。仪器包括 S12、DZQ24 浅层数字地震仪,可用于反射、折射、面波勘探、地震 CT、脉动测量、地震映像、波速测试等测量,用于覆盖层、隐伏构造破碎带、岩溶、岩体风化带厚度和卸荷带深度、隧道超前预报等勘探。

(5)测斜仪。美国 Sinco 数字式测斜仪,主要用于监测斜坡地带及深开挖地区的地表位移,还可用于测量滑坡滑动面位置及滑动速度等,其次可用于测量钻孔的倾斜情况。

(6)高密度电法。仪器包括 WGMD-9、WGMD-3、E60bn 高密度电法仪,FlashRES64-61 超高密度电法仪,可用于测量覆盖层、隐伏构造破碎带、岩溶、岩体风化带厚度和卸荷带深度、滑坡、机械冲孔桩基底等勘探。

4. 物探新技术

物探是通过观测和研究各种地球物理场的变化来解决地质问题的一种勘察方法,主要特点是可以透过覆盖层寻找隐伏地质构造或了解岩土介质的分布,具有比钻探等其他直接地质勘察手段快速、经济的优点,已成为岩溶地区公路工程地质勘察所必须采用的勘探方法之一。根据所研究的地球物理场的不同,物探方法可分为地震勘探和声波探测、电法勘探、磁法勘探、重力勘探、核物理勘探和地热勘探等几类。在公路工程地质勘察中,主要采用地震勘探、电法勘探和声波探测,磁法勘探、重力勘探、核物理勘探和地热勘探应用较少。

二、路基、边坡技术

1. 聚丙烯纤维水泥砂浆专利

该技术是"边坡加固新材料的研制与开发"研究项目的成果之一。聚丙烯纤维水泥砂浆具有较高的抗压、抗折、抗拉强度,脆性小,抗裂性能好,抗渗性好,黏结和握裹强度高。该技术核心为:在水泥砂浆中加入一定量的聚丙烯纤维,以提高水泥砂浆的性能。该专利可以提高锚固灌浆材料的自身强度及钻孔壁的黏结强度,改善锚固段的受力变形特性,增强砂浆抗裂能力,提高锚索使用寿命,降低工程失事率;提高锚固能力达20%以上,从而减少锚固段长度,降低工程成本,每根1000kN级预应力锚固段工程可节约1000元左右。该技术在贵州省高速公路边坡加固中得到广泛应用,如崇溪河至遵义高速公路大坪岩堆治理、水黄公路巴纳英滑坡治理。

2. 浅层压力灌浆加固边坡

通过对现有灌浆材料的调研与分类,对水泥类灌浆材料进行性能测试,结合实际工程应用,分析了灌浆加固边坡的机理、影响因素及应用条件,研究压力灌浆加固边坡的新治理手段,开辟了加固边坡和绿化边坡并举的新途径,成功解决了高陡边坡多层次滑动面的处治问题。该课题将工业废渣推荐作为灌浆材料加固边坡,既经济又环保,特别在西部地区具有重要的长远的意义。该项研究成果应用于三凯高速公路鹅山冲滑坡治理,解决了鹅山冲滑坡治理难的问题,治理效果明显。

3. 植被混凝土坡面防护技术

该项目对植被混凝土的配合比、制作工艺、植生基材及灌注法、草种选择、施工工艺和养护管理措施进行了系统研究,形成了一套岩石边坡坡面防护新技术,并应用于崇遵高速公路董公寺互通立交匝道边坡防护工程。该技术为坡面防护增添了一种环保生态型新材料,不仅起到防护和绿化效果,同时避免边坡受到地表径流的侵蚀、风蚀,起到减少水土流失、防止尘土飞扬的作用,同时提高了公路边坡植被的使用质量和使用寿命。该课题研究成果达到国际先进水平,于2005年11月获贵州省科学技术进步二等奖。

4. 阻燃沥青在隧道路面中的应用

目前隧道路面使用的铺装材料主要有水泥混凝土路面和沥青路面,与水泥混凝土路面材料相比,沥青路面材料具有行车舒适、噪声低、抗滑性能好、交通安全性高、维修养护简单快速等特点,但以往长大隧道重大交通事故经验表明,普通沥青混凝土路面存在交通事故火灾后的重大安全隐患,所以研究和应用阻燃改性沥青,降低沥青材料的可燃性,使沥青转为不燃或难燃性材料,设计长大隧道阻燃沥青混合料铺装层,是解决目前公路长大隧道工程中行车舒适性与安全性的重要课题。

该项目以水都线长大隧道阻燃沥青混合料试验路为依托,通过一系列的试验和研究表明,SBS改性沥青添加复合阻燃剂后,没有使SBS改性沥青物理性能显著降低,基本能满足现行《公路沥青路面施工技术规范》的要求;而在合理采用阻燃剂类型和掺量的情况下,沥青氧指数可以达到23%以上,能够满足隧道路面防火阻燃的性能要求。

参照国外有关隧道内铺装改性沥青的有关规定并结合水都线长大隧道内特殊的使用环境条件,确定隧道内铺装阻燃SBS改性沥青技术要求,如表4-1所示。

阻燃SBS改性沥青技术要求 表4-1

试验项目		技术标准		试验方法
针入度(25℃,100g,5s)(0.1)mm			40~60	T0604
针入度指数 PI		最小	0	T0604
延度5℃,5cm/min(cm)		最小	20	T0605
软化点 $T_{R\&B}$(℃)		最小	60	T0606
溶解度(%)		不小于	92	T0607
弹性恢复25℃(%)		不小于	75	T0662
氧指数(%)		不小于	23	GB/T 10707
旋转薄膜烘箱老化后残留物	质量损失(%)	不大于	1.0	T0610
	针入度比(25℃)(%)	不小于	65	T0604
	延度5℃,5cm/min(cm)	最小	10	T0605

阻燃沥青隧道路面结构在水都线成功应用之后(表4-2),相继在省内多条新建高速公路中得到了推广和应用,获得了较为显著的经济和社会效益。

水都线隧道路面结构 表4-2

隧道长度		$L\leq 1$km		$L>1$km(上面层阻燃沥青复合路面)	
				入口300m(设置防水层)	其余路段(不设置防水层)
面层(厚度)	上面层	SMA-13	4cm	SMA-13(复合阻燃) 4cm	SMA-13(复合阻燃) 4cm
	中面层	AC-20	6cm	AC-20 6cm	AC-20 6cm
	防水层			防水层	
	下面层	水泥混凝土(26cm)		水泥混凝土(26cm)	水泥混凝土(26cm)
基层(厚度)		C20混凝土(20cm)		C20混凝土(20cm)	C20混凝土(20cm)
总厚度		56cm		56cm	56cm

5. 乳化沥青研制应用

省公路局试验室在20世纪80年代末引进省外乳化沥青生产和使用技术,开始在全省进行推广应用。与此同时,为解决乳化剂自主生产的问题,于1993年开展了利用造纸厂排出废水作为原料研制乳化剂的研究,历经数年研制成功。1996年获省科技进步二等奖,填补省内空白。

6. 旧沥青再生利用

省公路局技术室在20世纪90年代初开始旧沥青再生利用技术的研究,该技术的核心是旧沥青再生剂的研制,经数年研制成功,不仅填补省内空白,成果主要研究人还申请获得了国家专利。

7. 浇筑式沥青混凝土施工技术

2008年,在贵州镇胜高速公路北盘江大桥钢桥面铺筑施工中,省桥梁工程总公司首次采用了浇筑式沥青混凝土施工技术,施工中运用了大量的新工艺、新方法、新设备,是一次较大的技术创新,具有很高的科研价值和示范效应。

8. 高填方路基稳定性及施工技术

通过大量的工程调研、室内外试验和理论分析,系统研究了贵州高填方路基的病害类型与成因机理、稳定分析方法、沉降变形规律及施工工艺等,取得了丰富的创新性成果。成果于2015年荣获贵州省科学技术奖一等奖。

9. 贵州省红黏土与高液限土路基修筑技术

红黏土与高液限土具有高天然含水率、高液限、高孔隙比、施工压实难度大、水稳性差等特点,研究红黏土与高液限土的特殊路用性能,合理利用红黏土与高液限土填筑路基并确保其长期性能成为贵州省亟须解决的课题。通过研究,编写并颁布实施了《贵州省红黏土和高液限土路基设计与施工技术规范》(DB 52/T 1041—2015)。

10. 贵州高速公路红黏土边坡破坏机理与防护技术

工程实践表明,红黏土边坡稳定性较差,自然环境中极易出现破坏,严重影响工程施工进度及道路运营安全。本项目从红黏土边坡破坏机理、稳定性评价方法以及治理防护技术3个方面开展了深入系统的研究。

11. 地质灾害防治技术

本项目开展公路地质灾害防治技术及监测技术研究,成果已在贵州10多条公路上进行了推广应用,取得了显著的经济和社会效益。

三、桥梁工程技术

1. 珍珠大桥负角度竖转转体工艺

本项目为由省桥梁公司承担,省公路局参与研究的科技项目,依托位于务彭公路(贵州段)的珍珠大桥工程。该桥全长137m,为主跨120m的钢筋混凝土箱形截面悬链线双肋拱桥,大桥拱肋施工采用国内首创的负角度竖转转体工艺,大桥共有4片拱肋,每个箱肋的半拱旋转质量为620t,这一转体质量居当时世界第三位,国内第一位。课题经贵州省科技厅验收和鉴定,成果达到国际先进水平。

2. 丫髻沙大桥平竖综合转体施工技术

广州东南西高速公路西线丫髻沙大桥是跨珠江航道和丫髻沙岛的一座标志性特大桥梁,桥长1084m,主跨360m,跨度在世界同类桥梁中名列前茅。大桥采用岸上立架拼装拱肋、竖转加平转、合龙成拱的先进施工工艺,每侧转体质量约为13685t,在国内建桥史上尚无前例。为确保主拱卧拼精度,贵州路桥总公司设计了36m高的双悬臂特大型龙门吊,使主拱拼装过程能进行反复多次调整,主拱拼装精度完全满足设计要求,成功地解决了在施工中保证繁忙的珠江航运不断航的要求。仅此一项给珠江流域的航运减少的经济损失不可估量。如何保证主拱竖转过程既安全又能使其拱轴线形与设计保持不变,并且使两侧拱肋保持同步不产生扭转是一个重大技术难题,要做到这一点,必须保证两侧拱肋各两组竖转扣索共20台千斤顶分别保持同步,同时能不断调整两组扣索的张拉进尺。通过对竖转过程的理论计算结果进行分析研究后,根据两组扣索的索力变化关系,提出了以扣索索力控制为主,辅以分阶段实测高程校核的方案,协作单位及监控单位对此开发了施工电脑控制系统,很好地解决了这一难题。如何正确判断转动摩阻系数是确保结构平转成功的关键之一,根据拱座和主拱竖转完成后,即转盘在加载一定时间后再进行平转的实际,安排了有较高水平的科研机构进行试验室模拟试验,取得了一定加载时间后在相应荷载水平下,平转的静摩阻和动摩阻数据,并通过对拱座劲性骨架进行实地现场试转测取的数据进行对比,最终确定平转千斤顶的张拉能力要求及设备配置,从而保证了主拱平转的顺利完成。广州丫髻沙大桥2002年建成,2004年荣获首届"中国十佳桥梁",2006年荣获"中国土木工程(詹天佑)大奖"。

3. 乌江特大桥后张有黏结预应力橡胶管(棒)成孔成套技术

2002年,贵州省公路工程集团总公司独立完成的"后张有黏结预应力橡胶管(棒)成孔成套技术研究"课题,成功地将橡胶管(棒)成孔成套技术应用于桥梁桩基施工中,为贵州桥梁施工中降低建设成本提供了一种新的途径。在贵州省扎南高速公路乌江特大桥施工中,根据桥梁上构采用橡胶抽拔棒成孔原理,在桩基施工中采用橡胶抽拔棒造孔,代替钢管作为超声波检测的孔道,橡胶抽拔棒可以重复使用,节约了大量的钢材,并将该项目作为依托工程,开展该施工工艺研究。经贵州省交通厅科教处组织专家进行技术评审,技术先进适用、安全可靠、具有很好的经济效益和社会效益,随后申报贵州省省级工法,在2008年7月贵州省建筑业协会组织的综合评审中,评审专家一致通过。

4. 扒杆纵向钓鱼吊装施工工法

贵州省公路工程集团总公司在贵州省绥阳至道真二级公路第六合同施工中,针对该合同桥多孔数少的特点,在研究传统的扒杆吊装的基础上,结合现在的技术及设备,开发了新的扒杆吊装方法,吊装吨位大,取代了采用架桥机施工成本高、施工进度慢、工地转移困难的特点。同时,以该路段作为依托工程,进行了扒杆纵向钓鱼吊装施工工法研究开发,并将研发成果成功用于该项目桥梁的施工,解决了传统扒杆吊装吨位小、安全系数低的缺点,同时解决了架桥机施工成本高、桥梁间转移周期长的缺点,填补了架桥机施工的不足。该技术具有经济、安全、适用的特点,有明显的经济效益和社会效益。经贵州省交通厅科教处组织专家进行技术评审,认定该技术是山区30m以下简支梁(板)桥安装施工快捷有效的方法,其施工噪声小,对周围自然环境没有影响,在贵州省内比较先进。该工法在2008年7月贵州省建筑业协会组织的综合评审中,评审专家一致通过。

5. 鞍山大桥龙门吊及逆向转体工艺

2004年11月遵崇高速公路鞍山大桥建成通车,其中鞍山大桥龙门吊和鞍山大桥的转体是崇遵公路的最大亮点。鞍山大桥龙门吊采用万能杆件组拼,在经过仔细的整体稳定性分析和杆件应力分析后,设计出高度28m、跨度30m、起吊质量80t的龙门吊,实现了鞍山大桥的引桥采用龙门吊全幅吊装,全桥T梁在无其他辅助手段的情况下,实现了每片梁的精确就位。鞍山大桥主桥为转体T构,因跨越渝黔铁路,为不妨碍铁路的运营,先按照旋转45°修建,然后再逆向转体45°与主线重合,转体质量达8498t,为当时贵州最大的公路转体桥梁;对原来的转盘系统、转轴、牵引系统及安装工艺进行改进,主要改进的工作有:一是对原来的转盘增加劲性骨架,加大了转盘的整体刚度,减少了加工难度和提高了加工精度,同时减少了运输过程对转盘变形的影响;二是采用自制特殊配方,在转盘上粘贴不锈钢板和在上下转盘之间涂抹四氟润滑油,减少了在转体过程的摩阻;三是通过转盘下的定位架用螺栓对转盘的平整度进行精确调整,使之采用普通水平仪将3m直径的转盘的水平精度控制0.16mm以内,转轴的垂直度控制在1/2000以内;四是将牵引系统由原来的内置式改为外置式,提高了牵引索的可换性。该桥于2004年9月顺利转体成功,转体效果非常良好,被贵州省建筑业协会评为2008年度省优工程(即"黄果树"杯优质施工工程奖)。

6. 大段提升法、大型深水基础不封底单层钢板桩围堰及大跨度钢桁拱与混凝土三角刚构组合桥技术

广州新光大桥是珠江主航道的一座特大型桥梁,是世界上首座采用177m+428m+177m的三跨连续钢桁拱与混凝土三角刚构组合桥设计的桥梁。大桥主跨拱肋施工要适应通航的需要,减小对航道的影响,同时还要解决钢桁拱拱肋安装精度难控制的技术难题,为此主跨拱肋分三大段采用"异地拼装、水中提升"的同步液压提升技术安装。"大段提升法"施工机具简单,施工条件好,可确保钢结构的施工质量,主桥的施工能多工作面开展,可大大缩短工期,构思合理。两边大节段(简称边段)长度为85m,提升质量约1164t,中间大节段(简称中段)长度为172.0m,提升质量约3078t。安装顺序为先主拱边段,后主拱中段。大节段异地拼装、水上提升、曲梁合龙综合技术是转体法、缆索吊装法、大型起重船吊装法后大跨度桥梁又一新的施工方法,是计算机技术、自控技术、液压技术、信息传输技术、土木工程力与变位测量技术的完美结合;还成功地提出了大尺寸柔性钢结构杆件(主拱中段、边段)的滑移上船、浮运等技术,为今后类似工程提供了实践经验和理论基础。

广州新光大桥施工中,采用了大型深水基础不封底单层钢板桩围堰施工技术:主跨基础5号、6号桥墩,由36根桩及承台构成。桥墩处记录的最高潮水位为1998年的7.53m,高潮平均潮位5.78m,低潮平均水位4.4m,流速1.0~1.2m/s。施工单位观测到的高潮水位为6.90m。河床底有一定起伏,平均高程约-3.2m。河床为粉细砂、中砂,厚约10m,下伏基岩为粉砂质泥岩,表层有全风化带,下为强风化带。根据计算分析,钢板桩采用不封底的单层钢板桩围堰,钢板桩采用FSPⅣ型钢板桩,两条12m接驳为一条24m长,采用90kW振动锤打入。支撑体系由四层支撑组成。考虑桩土共同作用对钢板桩及围堰支护体系的强度进行检算,另外,重点分析了围堰基底的抗浮、抗渗稳定,使其在整个围堰抽水过程中保证安全。5号、6号墩钢板桩围堰体系抗渗稳定分析主要验算以下几方面问题:①5号、6号墩围堰内的渗水量,同时对封底与不封底两种方案的渗流情况进行了计算比较;②6号墩围堰底部砂层的渗透稳定性;③5号墩围堰底部淤泥的抗浮稳定性。根据地层特点,采用以二维剖面渗流计算程序为主,分析钢板桩透水、桩底绕渗及砂层抗渗稳定性。由于钢板桩围堰体系总体上属于柔性支护结构,在潮水涨落及船行的影响下,并不能完全封底。一旦封底混凝土板与钢板桩产生缝隙,渗流量就会增加,并与不封底渗流量相差无几,同时还会发生流沙现象。因此,不封底方案是适宜的。同时通过在基坑底设置反滤层及导渗沟,进一步保证了基坑底的稳定。

大跨度钢桁拱与混凝土三角刚构组合桥技术。由于解决了桥面系结构自重以及温度力对基础产生的不平衡力作用问题,使其对基础地质条件要求较低,应用范围更广;通过两种体系的结合增强了结构的刚度和稳定性,从而提高了边、中孔结构的跨越能力,三孔均容易满足航道要求,跨越通航水域的范围可以达到 800~1000m,提高了拱桥的适用范围和竞争力,为拱桥这一古老桥型又注入了新的活力。

7. 拱圈浇筑采用贝雷梁悬拼拱架

通达大桥为 120m 混凝土的箱形拱桥,其拱圈浇筑采用贝雷梁悬拼拱架,不仅实现了它的多用途,而且节约了工程成本。经过认真的空间分析和杆件应力分析以及在拱架悬臂拼装过程中的应力和稳定性分析,为拱架最终成功实施提供了可靠的保障。在拱架的悬臂拼装过程中,采用密集型扣索形式,不仅保障了拱圈的稳定性,而且便于扣索的安装。拱架成型后,根据计算机进行加载模拟,制订合理的加载程序,使拱架的应力和变形得到有效的控制。特别是在双幅桥的施工中,由于该拱架安装了横移系统,左右幅的拱圈浇筑可以采用同一套拱架,减少了拼装过程,提高了功效,节约了成本。

8. 镇胜高速公路北盘江大桥六种施工新技术

镇胜高速公路北盘江大桥北盘江大桥全长 1020m,主桥为跨径 636m 的单跨双绞简支钢桁梁悬索桥,两岸引桥分别为 4×45m 和 3×45m 预应力混凝土 T 梁和连续箱梁,桥梁横跨北盘江大峡谷,净高 330m,是镇胜高速公路的重点、控制性工程,为国内钢桁梁悬索桥中的第三大跨径。

其创新技术取得情况如下:

(1)钢桁加劲梁悬索桥采用全桥 636m 通长连续无缝钢桥面。北盘江大桥由于基准风速较大,且阵风系数达到 1.7 左右,抗风设计是设计控制中的一项重要因素。为减少横风作用下主桁杆件内力,通过对桥面系在纵、横、竖向与钢桁梁的变形协调性的分析,本桥钢桥面系采用了全桥 636m 通长连续的方式,既减少了风力作用下主桁杆力,节省了造价,又避免了中间设伸缩缝对行车平顺的不利影响。北盘江钢桥面系全桥连续为国内首创,连续长度 636m 为世界第一。

(2)钢桁加劲梁悬索桥首次在钢桥面系桥面中间纵梁下方设置 1.5m 高中央稳定板抗风措施。北盘江大桥工程区风环境复杂,且大跨径悬索桥为风敏感结构。桥面设计基准风速为 33m/s,紊流度大,阵风系数高达 1.7,风攻角范围为 -4°~4°。为提高大桥的抗风颤振稳定性,在桥面系中间纵梁下方,设置 1.58m 高中央稳定板。该抗风措施系在国内首次采用。

(3)缆索吊装施工采用钢桁架上弦刚接新工艺。由于主缆在吊装过程中的非线性效应明显,钢桁梁在架设过程中需要特别注意其杆件受力及相邻节段变形差的问题,同时还须考虑施工期间的结构抗风安全。通过对常规的铰接法、逐次刚结法、分段逐次刚结法进行研究后,为方便施工、确保结构安全,设计提出了适用于本桥的新连接方法:由跨中向两端对称进行吊装,吊装前 15 个钢桁梁节段时,将上弦以冲钉(即设置临时铰)连接,再吊装两个节段后将此前吊装的共17个梁段的上弦刚结,剩余节段在吊装就位后即与相邻节段的上弦刚结。

(4)采用缆索吊装法实现钢桁加劲梁悬索桥的钢桁加劲梁及正交异性钢桥面板整体阶段安装。镇胜高速公路北盘江大桥与世界上已经建成的大江大河、近海悬索桥不同:其一是桥下地形崎岖,没有运梁条件,其二是桥高数百米,起吊高度远超一般吊机要求。大桥采用缆索吊装法进行钢桁加劲梁及正交异性钢桥面系整体阶段安装,技术含量高、安装精度高、施工难度大。在同类型桥梁中,无论吊重还是吊装跨度以及吊装速度,均为国内领先。

(5)承重索锚固位置采用可自由旋转的平衡轮。使其6根主索循环组成一组,一个循环对应一个跑车,上下游侧各12根主承重索,单侧跑车设计为两个并列的六轮跑车,利用导向架、起重滑轮组与起重绳走线将两个跑车横向连接组成一跑车组,上下游各一组的两组跑车。北盘江大桥对以往的缆索吊装系统进行优化,将前后四组跑车改为两组跑车,很好地解决了四组跑车受力不均、故障率大的问题。

(6)钢桁梁节段拼装采取顺路线方向横式拼装,运梁平车通过主缆后液压自动旋转90°起吊。北盘江大桥钢桁梁吊装节段在岸上进行拼装,采取顺路线方向横式拼装,运梁平车通过主缆后液压自动旋转90°起吊。这一创新性思维很好地解决了因山区地形、场地受限而导致拼装场地受限和场地利用最大化的问题。

实践证明,该桥梁建设技术为在山区地形修建大跨径悬索桥建设提供了一种新的思路。

9. 乌江大桥全截面缆吊预应力悬拼的施工工艺

1997年建成的乌江大桥是世界上第一座PFG吊拉组合预应力索桥;其全截面缆吊预应力悬拼的施工工艺,获1999年度贵州省科学技术进步一等奖。

10. 坝陵河大桥移动滑模施工先进技术及飞艇牵引先导索

2005年4月开始修建的贵州镇胜高速公路坝陵河大桥为双塔单跨钢桁加劲梁悬索桥,是当时国内跨度最大的钢桁加劲梁悬索桥,桥长1546m,主跨1088m,大桥运用了移动滑模施工先进技术以及世界首创技术——飞艇牵引先导索。两岸主塔塔柱均采用液压爬模施工,东引桥及大花哨大桥箱梁采用移动模架(MZ50/1300型)施工,移动模架为贵州省内桥梁建设首次采用。

11. 鸭池河大桥塔身钢筋节段整体吊装

贵阳至黔西高速公路鸭池河特大桥主桥全长1240m,为双塔双索面大跨度混合式钢桁梁斜拉桥,大桥主跨800m,为目前世界跨度最大的公路钢桁梁斜拉桥。

塔身施工常规工艺一般采用钢筋在塔上散拼安装,正常施工6m一节需要7天时间;

为减少高空作业风险,加快塔身施工进度,该项目采用塔身钢筋节段整体吊装技术,在塔下进行钢筋预扎,采用大塔吊整体提升,塔上仅将主筋对位后连接直螺纹套筒,该工艺施工6m节段仅4~5天时间,比传统工艺每节节省2~3天。

12. 清水河大桥板—桁结合体系加劲梁技术

贵阳至瓮安高速公路清水河大桥全长2171.4m,主跨为1130m单跨简支钢桁梁悬索桥,是目前世界跨度最大的山区板桁结合加劲梁悬索桥。两岸索塔瓮安岸高236m,开阳岸高230m,是目前贵州境内最大跨径板桁结合体系的钢桁架梁,也是世界第二高桥。

建设过程中提出了采用板—桁结合体系加劲梁技术,上部构造工程造价节约10%;在国内首次采用千米级缆索吊,最大起吊质量达200t,水平运输距离达到1130m,大大节约工期;自主研发自行式主缆检查车及主缆防腐缠包带,均为国内首创。

13. 水盘高速北盘江大桥

水盘高速北盘江大桥主跨采用290m的预应力混凝土空腹(斜腿)式连续刚构,全长1261m,是世界上首创的空腹式连续钢构——跨度亚洲第一,也是世界上跨度排名第三的预应力混凝土连续刚构桥,因其技术工艺在世界上首创,故亦有"世界第一斜腿"之美称。

大桥主桥的高墩身、大跨度、长斜腿在同类桥梁中极其罕见,技术上具有挑战性和创造性。共开展5个专题研究,解决了大桥结构优化设计技术、全桥抗风技术、超长体内预应力索及可更换体外预留索技术、石灰岩质集料混凝土耐久性及多项施工关键技术。

14. 赫章大桥

毕威高速公路赫章大桥为预应力混凝土连续刚构桥,全长1073.5m,最高墩11号墩为195m,为目前同类桥型世界第一高桥墩。

开展了"赫章特大桥超高墩连续刚构桥设计施工关键技术研究"及"赫章特大桥超高墩桩基承载特性研究",首次采用分布式光纤技术进行超高墩桩基承载力受力机理分析及监测,并对高墩抗风进行受力分析,提出合理的抗风技术及安全施工管理。

15. 抵母河大桥建设技术

抵母河特大桥位于水城县董地乡东北约2km处的抵母河峡谷,是杭瑞高速公路贵州省毕节至都格(黔滇界)公路的三座特大桥之一,抵母河特大桥全长881.5m,主桥采用538m单跨钢桁梁悬索桥。

主要关键技术:①国内首次在悬索桥主缆材料中使用镀锌铝合金钢丝,提高防腐蚀性能。②国内首次在施工中采用专门研发的空中旋转吊具,实现钢梁在吊装过程中水平旋转90°。③两岸主塔采用高低塔设计(毕节岸主塔总高147m,都格岸主塔总高63.35m),刚度差异大,设计上大胆创新,通过调整两岸主塔的结构尺寸合理控制主塔刚度,确保主塔受力安全,为山区不对称地形下悬索桥主塔的设计提供了新的借鉴。

16. 毕(节)都(格)高速公路北盘江特大桥

毕(节)都(格)高速公路北盘江特大桥跨越贵州省六盘水市都格镇与云南省宣威市普立乡交界处,大桥为七跨连续钢桁梁斜拉桥,主跨为720m,全长1341.4m,桥面至江面最大高差为565m,是目前世界上最高的钢桁梁斜拉桥。

主要关键技术:①提出了山区深切峡谷大跨钢桁梁斜拉桥非平稳风作用等效静风载荷确定方法。②研制了钢桁梁整节段梁底轨道纵移悬拼施工新工艺及相关设备,开发了施工过程数据采集和姿态可视化动态监控系统。③提出了与板桁组合相适应的"中纵梁+大次横梁"结构体系。④研发了顶推设备自动跟随的钢桁梁节点步履式行走新工艺。⑤建立了覆冰预测理论模型,研发了大跨径钢桁梁斜拉桥的覆冰监测及图像识别预警系统。其中钢桁梁整节段梁底轨道纵移悬拼施工新工艺处于国际领先水平。

四、隧道工程技术

贵州省高速公路隧道设计技术创新主要体现在分岔隧道设计创新、三层直(曲)中墙连拱隧道技术创新、大跨度连拱隧道技术创新以及不良地质条件下隧道设计的技术创新等方面。

1. 分岔隧道

(1)分岔隧道结构设计:分岔隧道的实际开挖轮廓净距只有0.79~17.03m,远远小于规范要求值,隧道设计时根据隧道围岩类别和隧道的线间距等综合因素,将结构分为三种情况进行分段设计。连拱隧道段:本结构适用于线间距极小、开挖时难以保证中间岩柱的稳定而必须采用连拱隧道结构形式的段落,具体按中间岩柱小于3.5m时采用连拱结构。在设计时,调研了国内外小净距隧道的一些资料和规范,一般要求隧道中间岩柱的厚度应大于5m,左右洞的相互影响较小一些,如果按此设计,则意味着将更多的中间岩柱开挖掉,采用混凝土换填,同时增加了连拱隧道的长度,由此会带来更多的工程费用,所以设计在进行充分分析地质资料的基础上,进行计算分析,最终采用当中间岩柱厚度小于3.4m时采用连拱隧道。

(2)隧道防排水:分岔隧道的防排水设计重点是解决连拱隧道段的防排水问题,由于连拱段隧道结构采用了三层曲中墙结构形式,采用本结构形式后,隧道防排水系统可按分离式隧道进行,只不过隧道间的围岩用混凝土代替,所以隧道的防排水变得较为简单,且基本可解决连拱隧道的防排水问题。

隧道的所有结构形式的防排水系统可按分离式隧道的防排水体系进行设计。考虑到分岔隧道结构形式复杂,更主要的是隧道围岩裂隙水较发育,所以隧道采用了单层分区排水系统,本防排水体系在崇遵高速公路的已初步采用,其防水效果十分显著,其原理为通过在施工缝处设背贴式止水带,而止水带和防水板焊接,从而达到分区的目的。

2. 三层直中墙连拱隧道

(1) 结构形式的选择与设计。在2002年,连拱在全国修建的数量较少,较成功的经验也不多,当时国内所有连拱隧道均采用的是单层直中墙结构,如:小关隧道是在2000年年底完成的设计,该隧道是贵州较早设计和建成的连拱隧道。其他在建和已建连拱隧道也和小关隧道类似。而这种结构类型存在着明显的结构缺陷,所以连拱隧道设计时,在对国内连拱隧道进行充分调研后,认为要解决连拱隧道的技术问题,必须从结构自身调整开始,最终隧道选择了三层直中墙结构,该结构形式不论在改善围岩对隧道的压力还是在防排水方面,都有了较大的突破。

(2) 隧道优点及创新。根据现场对隧道的初步调研,设计者认为传统的连拱隧道(即整体浇筑的单层直中墙结构)存在的问题比较突出,而采用新的结构形式在防排水等一些方面都处理得比较成功。其优点表现为:

①解决了中墙顶普遍渗漏水的问题。以往采用的连拱隧道结构由于中墙顶部的施工和拱部二次衬砌施工间隔时间长,施工缝明显,加之在中墙顶由于受初期支护和施工工序的影响,保证防水板的完整性有困难,同时中墙处排水系统的施工条件差,很难保证排水系统的施工质量,所以中墙顶的渗漏水较为严重。本隧道所采用的三层直中墙结构,其防排水的设计和施工环境与分幅隧道无异,二次衬砌在中墙顶处一次成形,避免了在隧道中墙顶的V字形处的施工缝,防水板是在施工二次衬砌前铺设,其布置形式和分幅隧道一致,保证了防水板的施工质量,彻底解决了连拱隧道渗漏水的问题。

②隧道施工难度降低。隧道所采用三层直中墙的连拱隧道的中隔墙,只相当于隧道分幅隧道初期支护,而不像原连拱隧道中墙是二次衬砌的重要组成部分,降低了对中墙的施工精度和施工平整度的要求,使得在狭窄的中导坑内施工更容易达到中墙设计要求。单层中墙的连拱隧道的中墙顶部的模板很难架设,且中墙顶部和拱部衬砌的预留位置要求精确,同时在中墙顶还需预埋纵向的排水管,有的设计还需铺设防水板,并且将防水板安置在中墙上部之间,所以在施工中,施工单位很难做到顶部的回填质量。而三层直中墙的中隔墙施工则不存在任何问题,如设计时中导坑的设计偏一些,中隔墙右侧顶基本位于中隔墙的最高处,采用泵送混凝土,很容易保证中墙顶的回填质量。

③更有利于隧道施工过程中的稳定。三层直中墙结构的中墙顶的回填密实度更易保证,且顶部支撑范围远高于单层直墙的连拱隧道,使得在隧道主洞尚未开挖前,即隧道中墙顶的围岩在基本未发生变形和松弛时,三层直中墙的中隔墙就给予了围岩足够强度的支撑,从而有效地控制了隧道中墙顶围岩变形及松动区的发展。通过工程总结,对于连拱隧道来讲最不利的阶段是在一侧隧道已施工完毕,另一侧隧道尚未开挖或者已开挖并完成初期支护的阶段,由于右洞给中墙作用有较大的水平作用分力,使得中墙发生位移。如

果中墙发生位移,则对一侧已建成的隧道而言,其产生的破坏性是致命的,所以,以往连拱隧道设计时不惜以混凝土和土石回填,以使中墙稳定。对于三层直中墙结构来说,在中墙顶部,围岩可对中墙形成有效支撑,而其作用点又是在中隔墙顶部,其作用效果更加明显,加之中隔墙所受的外力主要为初期支护传递过来的,所以受不平衡的力较小,而单层直中墙连拱隧道结构由于上述原因,在中墙顶部围岩基本上不会对中墙有太大的弹性抗力,同时中墙承受了初期支护和二次衬砌施加的几乎所有隧道内力,中墙所受的不平衡力很大。本隧道为三层直中墙的连拱隧道,没有对中墙和中导坑开挖轮廓之间的孔隙进行回填,不会在施工过程中因为中墙稳定问题而发生任何的开裂变形。

④隧道外观容易保证。以前所采用的连拱隧道由于中墙和拱部施工不同步,施工单位往往会对中墙采用小模板施工,且中墙浇筑时施工场地狭窄,施工质量较差,而拱圈采用模板台车施工,这样很难保证隧道内表面的平整;其次由于中隔墙在施工过程中采用小模板会出现"跑模"等情况,比如所调研的小关、紫云山、大扁山等隧道的中墙顶处拱部和中墙间都有明显的错台和不整合,并且在中墙顶部明显不圆顺,视觉上有明显的折线。

三层直中墙结构形式,基本解决了连拱隧道建设中存在的关键问题,根据后来公路连拱隧道的建设来看,采用三层直(曲)中墙已经成为设计主流。由此可见,三层直(曲)中墙引领了连拱隧道设计的方向。

3. 大跨度连拱隧道技术

(1)隧道结构形式的选择:六车道连拱隧道由于跨度大和断面扁平,加上左右洞施工的相互影响、围岩的多次扰动等诸多因素,导致中墙在施工过程中的受力和变形极为复杂,中墙极易发生倾覆或破坏,而中墙的稳定是确保连拱隧道施工与运营安全的关键,合理选择中墙形式至关重要。灯草塘隧道所处围岩整体稳定性差,围岩级别为Ⅴ、Ⅵ级,隧道设计根据具体地质情况,通过计算分析,选用了对结构受力有利的三层曲中墙结构形式;该结构形式中墙为圆弧,利于成拱,提高了自身承载能力;同时衬砌成圆弧形,结构内力主要是轴力,有利于发挥混凝土的高抗压能力;防排水系统同分离式隧道形式的防排水方式相同,解决了中墙普遍渗水的情况。

(2)隧道洞口位置的选择及进洞措施:

①隧道洞口位置的选择。由于煤洞开采无规则性,走向错综复杂,给隧道设计带来了较大不确定性,且隧底采空区治理费用高,隧道设计时,为避开隧底采空区对隧道结构的影响,同时降低工程造价,采用了缩短隧道的方案,降低了施工难度,同时降低了工程造价。

②进洞措施。进出口边仰坡高(最高约70m),且仰坡地段位于采空沉陷变形区,地表有大量地裂缝及地面塌陷,同时坡体下方存在采空洞,给仰坡治理带来了很大难度,设

计中采用了锚索框架植草、锚杆框架植草、钢花管注浆及网喷等多种防护措施,同时通过加长明洞、回填反压等措施,保证了边仰坡的稳定性。隧道施工完成后经植草绿化,与洞外环境协调较好。

为确保安全进洞,隧道进口端超前支护采用了"长管棚+小导管"的形式,出口端超前支护采用了双层长管棚的形式,有效地控制了围岩变形,确保了隧道洞口的成洞。

(3)隧道洞身的设计:

①隧道洞口段位于采空沉陷区内,衬砌系统锚杆采用注浆钢花管,通过注浆固结岩体,提高围岩的物理力学参数,提高围岩自身承载能力以及岩体对结构的弹性抗力,改善结构受力条件。

②隧道进出口地质条件极差,为保证中墙的稳定性,中墙底部设置注浆钢花管,中墙后开挖一侧采用C10片石混凝土及时回填,同时为防止中隔墙顶部脱空,设计中要求预埋注浆管对脱空部位进行注浆充填。

③隧道洞身段地基软硬不均,设计中结合地质条件,隧道衬砌采用全封闭结构,减小了隧道变形,同时克服了不均匀沉降对隧道衬砌结构的不利影响,保证了结构安全。

(4)隧道采空区处理:

煤层的厚度、倾角以及倾向的不同,使采空区所处隧道断面内的位置各异。采空区位置的不同,使采空区对隧道稳定性的影响也不相同。因此,应根据煤层的赋存条件及采空区的状态不同,采用相应的处理措施。当采空区位于洞身上方,必须采用加强支护,即在隧道拱部应系统实施超前小导管预注浆和超前小管棚两种预支护措施,对松散岩体进行加固;当采空区横跨隧道中部,在隧道断面范围内的采空区,采煤时所填充的弃土等应予以挖除,而两端塑性区范围内的采空区,应采用浆砌片石或素混凝土充填,以便提高隧道开挖后所形成的塑性区范围内的支撑强度,防止出现大的变形;当隧道在倾斜、急倾斜、薄及中厚煤层穿过时,采空区将位于隧道断面内的顶部与底部,这时,顶、底部应分别治理,拱部应系统设置超前小导管和管棚,管内应注浆。另外,在拱顶空区也可设置混凝土护拱。至于隧道底板采空区,可换填片石、块石,并注入水泥砂浆固结后采用仰拱通过;当采空区位于隧道底板以下,未在隧道断面内出露,但距隧道底部较近时,可采用洞内注浆或洞内挖孔桩基础法,若采空区埋深较浅,可采用地表预注浆的方法,加固隧底,以防止隧道下沉。

(5)隧道设计重点及创新点:

大断面隧道相对于常规隧道主要存在以下特点:①开挖引起的围岩应力重分布加剧,围岩可能出现的塑性流动区域会较常规隧道倍数增加。②松弛压力增大。因开挖跨度及高度的增大,塑性区范围增加,如不在初期支护阶段加以控制,伴随着塑性流动及范围的进一步扩大,进入塑性区的大部分围岩也会以松散体自重的方式作用在衬砌体上,并给施工期间的安全性带来严重影响。③拱部易局部失稳。随着开挖跨度的增加,受节理裂隙严重分割的岩体中,拱部岩块的相互咬合性较差,极易产生局部岩块掉落。此时,初期支护体系中的锚杆及喷层的效果,如果得不到发挥,易产生小型塌方,甚至诱发大塌方。④支护结构体承载力降低。跨度大而矢高相对较小的拱式结构,在以上部竖向方向为主体的荷载模式下,因拱部弯矩值剧增,总体承载能力会下降。

4. 公路瓦斯隧道建设技术

贵州素有江南煤海之称,煤炭资源丰富,煤系地层是高速公路工程建设中典型的不良地质,处治不当将引发瓦斯爆炸等重大安全事故。为此,贵州省交通运输厅围绕高速公路瓦斯隧道设计和施工中亟待解决的技术与管理难题,先后立项多个科研项目,对瓦斯隧道地质勘察深度、瓦斯等级划分标准、防瓦斯结构设计、揭煤防突、机电防爆、通风与瓦斯检测、安全管理、应急救援、计量与预算定额等开展系统研究,取得大量研究成果,规范了高速公路瓦斯隧道的设计与施工,保证了瓦斯隧道的施工和运营安全,瓦斯隧道施工未发生任何安全事故,为贵州省高速公路建设提供了强有力的技术支撑和安全保障。主要取得的成果如下:

(1)根据公路隧道断面大小与工程特点,对公路瓦斯隧道进行了科学分类,制定了瓦斯工区等级划分标准与衬砌结构设防标准。

(2)进一步规范了瓦斯隧道工程可行性、初步设计、施工图设计三阶段瓦斯地质勘察工作及勘察技术深度,细化了瓦斯隧道专项设计的内容及技术要求。

(3)构建了以瓦斯地质宏观综合分析为主的规划选线、勘测与设计阶段瓦斯隧道分级综合评价方法,提高了瓦斯等级宏观判定准确性。

(4)提出了适应公路瓦斯隧道工程特点的施工安全专项设计、人员培训及其他施工准备工作的内容和技术要求,提出了不同等级瓦斯工区电气设备和作业机械的防爆技术与管理要求。

(5)基于瓦斯危险源事故致因理论,提出了瓦斯隧道通风主导型安全施工组织管理模式,突出了强化超前探测、通风系统配置及测风与瓦斯检测等对施工安全的核心作用。

(6)编制了包括超前探孔、瓦斯排放、隧道开挖、防气混凝土衬砌、通风、施工监测等项目在内的瓦斯隧道施工预算定额。

(7)首次正式颁布并出版了《贵州省高速公路瓦斯隧道设计技术指南》《贵州省高速公路瓦斯隧道施工技术指南》和《贵州省瓦斯隧道预算定额》,形成了涵盖瓦斯隧道勘察、设计、施工及施工预算在内的技术与管理体系。该体系是我国公路行业正式发布的第一套地方技术标准,填补了国内行业空白。

5. 浅埋偏压隧道设计施工关键技术

该研究揭示偏压隧道洞口段围岩及斜坡的变形特征与基本规律,提出偏压应力分布规律模拟与监测方法,分析偏压隧道围岩变形稳定性的关键控制因素,解决浅埋偏压隧道设计、施工及监控关键技术。

6. 岩溶富水公路隧道地下水综合处治与利用技术

该研究提出岩溶富水隧道地下水排放对生态环境影响评价指标体系和评估方法,解决了隧道设计、施工及监控关键技术。

水盘高速公路松河特长隧道的左线长度为4760m,右线长度为4722m,是贵州省内目前在建和已建公路中最长的隧道,地质情况异常(玄武岩裂隙发育、涌水较大、岩体结构松散),位于Ⅵ级围岩的冲沟浅埋段达230余米。建设过程中采用了洞口陡崖围岩加固、浅埋段超前支护、富水段加强防排水等多项技术。

7. 山区公路隧道照明及供配电系统节能技术

本技术的应用大大改善公路隧道内的行车环境条件,大幅降低公路隧道照明系统的装机容量,提高隧道供配电系统的可靠性,实现综合节能25%以上,实现节约资源、保护环境的新目标,经济效益和社会效益显著。其中基于人体工效学的短隧道照明安全及节能技术、基于光生物效应隧道节能光源的示范应用等部分技术处于国际领先水平。

五、养护工程技术应用

1. 微表处技术应用

2006年省公路局投入200万元购进微表处摊铺车一台,进行了试验路的铺筑,效果良好,该技术的应用对增强全省公路预防性养护的意识,提高养护水平,提供了先进的手段,具有良好的应用前景。

2. 稀浆封层技术的应用

2006年省公路局投入60万元,购进稀浆封层摊铺车一台,计划大范围推广应用该技术。稀浆封层是一种成熟、先进的预防性养护方法。

3. 冷补沥青技术的应用

2006年省公路局引进冷补沥青生产和使用技术,开始逐年在省内油路小修上推广应用。由于采用冷补方式,生产、使用环节既节约能源又不受季节、地域限制,较好地解决了沥青路面冬季修补的问题。

4. 新材料、新技术在省高速公路沥青路面养护中的应用

沥青路面在行车荷载和自然因素的长期作用下,会逐渐出现各种形式的路面病害。按照病害的现场原因和表现形式,沥青路面主要病害形式有车辙、水损害和裂缝类病害等三类。

沥青路面车辙表现为车辆轮迹带上的竖向凹陷变形，是沥青路面在高温环境下，由于交通荷载重复作用而形成的永久变形累计。车辙是国内公路沥青路面比较常见的病害，不仅发生在常年温度高的南方地区，在北方年平均气温较低的地区也时有发生。沥青路面的车辙主要有结构性车辙、流动性车辙、磨损性车辙以及压密性车辙四类。

贵州公路基层主要为半刚性的水稳基层，强度和刚度较高，几乎不会产生塑性永久变形，沥青路面车辙基本上是由于沥青混合料面层的永久变形而导致的流动性车辙，多发生在高温季节，特别是超载、重载车辆较多路段以及长大纵坡爬坡路段。水损害是贵州省高速公路沥青路面的主要病害形式，主要表现为路面出现松散、坑槽、辙槽、唧浆、沉陷等病害形式，使路面平整度变差，路面使用质量和服务水平明显降低。

裂缝类病害主要分为结构性破坏裂缝、非荷载病害以及沉降类病害等。针对贵州省高速公路沥青路面主要病害的具体状况，贵州高速公路业主单位积极开拓思路，积极引进新材料、新技术，从材料控制、施工工艺、维修手段、机械设备等多方面进行探索，以期更好地为贵州省高速公路广大用户提供优良的路用性能。

（1）LF-8000抗车辙剂。LF-8000是一种主要由多聚合物组成的功能强大、储存性能稳定的沥青混凝土添加剂。单个LF-8000微粒具有独特的空腔状表面结构，不同于其他沥青混合料添加剂，这使得它对沥青混凝土性能的改善超过采用工艺性聚合物改性沥青的沥青混凝土性能。

在拌和沥青混合料的过程中加入LF-8000，添加剂中正在融化的高聚合物成分在沥青中存在一个稳定的分散过程，分散过程一直持续到沥青混凝土凝固为止，形成高强度的固化结构，这种固化结构同时也增强了沥青的弹性。在普通沥青混凝土中添加0.8%的LF-8000后，沥青混合料的抗剪强度可比普通沥青混合料提高70%以上，高温抗车辙和低温抗裂能力比普通沥青混合料提高5倍以上，其力学性能甚至超过沥青玛蹄脂碎石，明显优于改性沥青混凝土及普通沥青混合料。

（2）现场热再生。旧路废料的再生和利用是路面大修工程中必须面临的问题。高速公路大修过程中翻挖铣刨的沥青混合料如果被废弃，不仅会对环境造成污染，而且是一种极大的浪费。对旧沥青路面材料进行再生利用不仅可节约沥青和砂石等材料，取得直接的经济效益，而且能保护生态环境，产生良好的社会效益。

2010年贵毕二级公路（K46+710~K135+760）利用现场热再生进行沥青路面大修改造。根据贵毕公路路况及病害类型，综合考虑气候条件、筑路材料、路基情况及路面结构的代表性和适宜性，并结合国内外已有的再生技术应用的成功经验，本着改善原路面结构的承载能力和处理车辙病害的目的。结合项目的实际情况，对出现车辙大于15mm的路段采用就地热再生原路面上面层6cmAC-16中粒式沥青混凝土，掺加占总料比例为10%的新拌AC-13沥青混凝土，起到调整原路面结构路面平整度差以及设计高程的作用。

贵毕公路现场热再生实施以后,较好地解决了贵毕公路严重的路面车辙变形问题,沥青路面性能较为稳定。

(3)现场冷再生。现场冷再生技术是采用专用的就地冷再生设备,对沥青路面进行现场冷铣刨、破碎,掺入一定数量的新集料、再生结合料、活性填料(水泥、石灰等)、水,经过常温拌和、摊铺、碾压等工序,一次性实现旧沥青路面再生的技术。根据添加黏结剂的不同,再生后的材料可以作为沥青路面的基层或者中下面层。

(4)CAP同步金刚砂完全封层。通车两年时间的路段,在雨水和车辆荷载的作用下,部分道路表面铺装层内开始产生局部的"水流通道",随着通车运营时间的不断延长,"水流通道"逐步扩大,病害也将成几何级数增长。CAP同步金刚砂完全封层就是封闭道路、桥梁铺装层所有可能的进水通道(病害)和水流通道,彻底切断水的来源,从而达到避免或推迟道路产生水损坏的目的。

2011年7月,高总司选取清镇至镇宁高速公路部分路段作为完全封层的试验路段。该高速公路于2004年10月通车,全路段采用改性沥青玄武岩铺装,为贵州省的第一条高标准高速公路。通车7年,路况保持优良,平整度非常好,可以看出,该路段的养护质量很精细。但伴随着通车时间的增长,沥青开始出现老化,具体表现为:缝病害增多,并有局部翻浆;料丢失,集料暴露,路面变得粗糙;路面集料脱落,局部出现小坑洞;路面局部松散、出现渗水。

六、公路检测技术

1. 基桩桩身完整性检测

(1)低应变反射波法。基桩完整性无破损检测一般采用低应变反射波法和声波透射法,低应变反射波法的理论基础为一维弹性波波动理论。贵州省桥梁桩基一般采用嵌岩桩,嵌岩深度大;或有时桩径大桩长短,不适于采用低应变反射法。此时,则可使用声波透射法,特别是对重要工程或重要部位,可采取与钻探取芯检测相配合的综合检测手段进行桩基完整性评价。低应变反射法使用的仪器主要为RS1616K动测仪,该仪器由信号采集、信号处理两部分组成。

(2)声波透射波法。声波透射波法基本原理是:由超声脉冲发射源在桩基混凝土内激发高频弹性脉冲波,用高精度的接收系统记录脉冲波在混凝土内传播过程中表现的波动特性,根据波的初始时间、能量衰减特性、频率变化及波形畸变程度等特征,可以判断桩体混凝土的密实程度,通过记录声测管之间不同高度上的超声波动特征,经过数字信号处理分析及综合整理,采用"PSD判别法"和"概率统计法"等分析方法,判别桩体内存在的缺陷及其位置。该方法使用的仪器为RS-ST01C数字超声仪、SYC非金属超声测试仪等。

(3)声波CT技术。声波CT层析成像技术是根据声波的射线几何运动学原理,将声波从发射点到接收点的时间表达成探测区域介质速度参数的线积分,然后通过沿线积分路径进行反投影来重建介质速度参数的分布图像。利用声波 CT 技术检测基桩可定量得到测区混凝土波速分布图,确定异常区的位置、尺寸及程度,推断缺陷的类型、强度,其结果全面、准确、直观。

2. 桥梁检测

桥梁检测是对其桥梁原型进行试验,目的是通过试验,掌握桥梁结构在试验荷载作用下的实际工作状态,判定桥梁结构的承载能力和使用条件,检验设计和施工质量。桥梁试验主要包括:确定新建桥梁结构的承载能力和使用条件;评估既有桥梁的使用性能与承载能力;研究结构(构件)的受力行为,总结结构受力行为的一般规律。

桥梁检测涉及桥梁的设计计算理论、试验测试技术、仪器仪表性能、数理统计分析、现场试验组织等方面,具有较强的综合性和复杂性。从试验方法可分为静载试验、动载试验和无损检测;从时间可分为短期试验和长期试验;从进行时期可分为成桥试验和施工阶段监测控制。

3. 隧道检测

隧道质量无损检测的主要内容有衬砌厚度及背后空洞无损检测、衬砌混凝土强度及缺陷无损检测、锚杆数量及长度无损检测等。

(1)衬砌厚度及背后空洞无损检测:采用较多且先进有效的方法有两种:①地质雷达:发射天线将高频电磁波以宽频带脉冲形式由衬砌表面定向送入衬砌体和围岩内,接收天线接收经存在电性差异的结构层或空洞等目标体反射回来的电磁波,通过接收的电磁波进行处理和分析,便可确定结构层或空洞等目标体的空间位置。该方法检测速度快、效率高、精度较高,可进行大面积检测。②声波法:由超声脉冲发射源在衬砌表面激发高频弹性脉冲波,用接收探头接收经存在波速差异的结构层或空洞等目标体反射回来的脉冲波,通过分析可以判断结构层或空洞等目标体的空间位置。该方法检测速度较慢,一般用于检测范围不大、要求检测精度较高的情况。

(2)隧道衬砌混凝土强度无损检测:采用的方法为超声回弹综合法。检测时使用声波仪和回弹仪在被检混凝土的同一测区测量声速值及回弹值,然后按专用或地区的超声回弹综合测强曲线,求得强度换算值,再根据有关规范,确定影响因素和影响系数,最终得到混凝土的强度推定值。

(3)锚杆数量及长度无损检测:主要采用高频检测雷达判断锚杆数量,用弹性波反射波法检测锚杆长度及砂浆饱和度。

(4)地基承载力及稳定性试验检测:贵州省地质条件极为复杂,施工中不可避免会出现地质条件与勘察资料不尽相符的情况,这就需要进行地基承载力及稳定性试验检测,确定地基承载力,判定持力层范围内有无影响地基稳定的软弱层或洞体。

试验检测方法有：①确定地基承载力：现场荷载试验、钻孔取样试验。②判定持力层范围内有无影响地基稳定的软弱层或洞体：钻孔法、地质雷达、地震反射法、面波法、高密度电法、跨孔声波透射法及电磁波CT技术。

（5）混凝土构件强度及缺陷无损检测：强度检测主要采用超声回弹综合法，缺陷检测主要采用超声波透射、反射及折射法。

（6）路面路基无损检测：路面检测是采用相关仪器对路基路面状况进行调查、检测，其目的是通过检测掌握路基路面现有的实际工作状态、检验设计和施工质量。其中路面检测主要项目有：路面弯沉、路面强度、抗滑性能、平整度、路面厚度、路况调查及路面旧料性能等。使用的仪器主要有检测雷达、弯沉仪、摩擦系数测试仪及弹性波系列仪器。

路面检测主要包括两个方面：检验新建路面的相关性能是否满足设计及规范要求；评估既有路面的使用性能，为改造设计提供技术参数。

（7）边坡注浆加固效果检测：使用地震仪、声波仪、面波仪等仪器，采用弹性波法进行检测。

七、信息化技术

1. 智能交通云

依托"云上贵州"平台的建设，以优势聚资源，以应用带发展，"智能交通云"率先成为贵州"7朵云"中的示范性典型代表和"排头兵"，形成了全国领先的交通行业云计算平台和大数据应用示范基地。

（1）打造贵州交通"一令通"，通过整合资源和机构重构，组建了贵州交通信息与应急指挥中心，实现路警联动"一路三方（路政、交警、业主）"的交通管理贵州模式。

（2）大数据应用让高速路网管理更便捷，实时跟踪路网运行动态，构建"一路三方"路网管理新模式。

（3）黔通途——打造贵州交通"一号通"及"一卡通"黔通途出行服务系统，提供一站式服务，包括：高速路线查询、路况直播、客运联网售票、城市智行公交出行、旅游景点介绍、地方名优推介等。

（4）交通运输行业专网实现省、市、县三级全覆盖，并与政务外网实现互备。

2. 贵州省智慧交通云计算服务与大数据应用

（1）数据聚集共享进展迅速，走在全省前列。一是推进跨部门在线协作。完成省政府交通大数据通用场景示范应用建设，实现交通、交警视频数据共建共用，并推进驾驶员数据、车辆数据、事故数据等信息的共享，深化与旅游、气象、国土等部门资源共享，在路网运行管理、查车找车、应急救援和公众服务等方面提升大数据应用能力。二是促进跨省区交通要素数据的共享。贵州省交通运输厅牵头建立了贵州、重庆、云南、四川、陕西"四省一市"交通运输行业信息交换共享机制,目前共聚集运政从业人员、运输业户、营运车辆、路况等数据信息1400多万条,新增广西、湖南两个省区参与。

(2)交通大数据出行服务能力进一步提升。一是实现更加便捷的票务服务。通过开展联网售票系统建设,年内完成全省89个客运站联网售票系统建设并开通网上售票功能。二是实现ETC卡一卡多用的便民服务。实现ETC卡在高速公路服务区、公交出行等方面的应用,拓展ETC卡第三方支付业务商户2000多家,ETC卡应用拟拓展到旅游卡和社保卡业务。三是建成交通一卡通省级服务平台。与全国110个城市实行互联互通,成为西部第一个全域交通一卡通互联互通省份。四是实现便捷的公交出行信息服务。开发智行公交APP,接入贵阳、六盘水、遵义、黔东南、黔南、铜仁6个市州主城区公交数据,为公众提供便捷准确的公交出行信息服务。五是在行业内率先开展"互联网+"农村出行服务。完成"通村村"农村客运APP开发,利用大数据技术,使运输企业和个体驾驶员的车辆信息、运行数据、图像数据等与村民的出行数据共享,实行了车辆实时定位、定制化叫车包车服务、车辆行驶安全预警、手机购票等功能,提高村民出行体验,被誉为"农村版的滴滴软件",已在雷山县开展了1年多的试点应用,现正逐步向全省推广。六是提供高效的物流信息服务。完成国家物流公共信息平台贵州区域节点建设并开始试运行,逐步接入各地物流企业数据,积极促进该平台与物流云、电商云的互联互通,实现物流运输提质增效。同时支持道坦坦公司深耕城市智慧物流配送,开发了"城配师"城市物流平台,致力以大数据、互联网创新物流服务体系。

(3)交通大数据行业管理能力明显提高。一是加强了对资金的监管能力。通过动态审计与造价监督系统,对工程建设中的数据信息进行解读、分析、整理,及时发现资金使用中的异常,从事后监督转为过程跟踪监督,实现监督前移,管好政府资金的使用。二是增强了路网监测管理能力。路网日常运行监测及突发事件信息采集能力明显提升,构建反应迅速的路网运行调度指挥体系,通过跨区域跨部门信息共享和业务协同,交通路网运行管理支撑能力进一步增强,交通事故发生率进一步下降,同时大大提高了事故处理的效率。三是强化了安全管理能力。完成安全隐患排查系统建设,对交通路网基础设施和在建工程安全隐患进行信息化管理,强化行业安全管理能力。四是提升了道路运输监管能力。全省所有"两客一危"车辆均接入贵州省重点营运车辆公共服务平台和道交安联网联控系统,实现对营运车辆和驾驶员违法违规行为实时监控管理,减少和避免重特大道路运输安全事故的发生。逐步落实动态监管过程及结果应用闭环机制,提升车辆入网率,通过与高速公路卡口数据比对等措施,有效提高了联网联控系统应用水平。

(4)大力推进行业重点应用系统建设。从2015年开始,先后启动了12个行业重点工程建设,完成其中6个系统的建设和试运行工作,为行业决策管理提供有力支撑。一是完成路网运行管理系统建设。通过路网运行管理系统建设,在现有数据资源的基础上,依托大数据分析,深化交警、气象、旅游等部门的异构数据聚集,开展找车、电子巡查、交通流量预测等大数据分析模型研发及大数据业务场景应用开发,路网日常运行监测及突发事件信息采集能力明显提升,构建反应迅速的路网运行调度指挥体系。二是开展贵州省交通运输建设投资领域数据铁笼工程建设。以造价"数据监督+行为监督"为工作思路,利用建模技术,把数据铁笼、廉政预警与数据技术有机结合起来,对交通建设工程项目实施过程中概算执行、合同签订、计量支付、设计变更、控制性工程、动态结算、征地拆迁等流程中的关键点、风险点和责任点进行动态监控,进行违规分析并预警,为把控政府投资风险、动态跟踪审计、廉政建设提供数据保障。截至2016年12月,系统共采集了26个高速公路项目的造价数据。2016年贵州省在建高速公路项目18个,已经采集数据的项目有14个,采集率超过77%。三是构建道路运输安全监管体系。全省所有"两客一危"车辆均接入贵州省重点营运车辆公共服务平台和道交安联网联控系统,实现对营运车辆和驾驶员违法违规行为实时监控管理,减少和避免重特大道路运输安全事故的发生。逐步落实动态监管过程及结果应用闭环机制,提升车辆入网率,通过与高速公路卡口数据比对等措施,有效提高联网联控系统应用水平。四是建设执法综合信息管理平台。为规范执法行为、提升执法监督能力,推进大数据在执法综合管理应用,交通运输行政执法综合管理信息系统及移动执法终端设备已陆续投入试运行,增强一线执法能力,提高全方位、全过程执法效率和监管水平,把执法权力关进"数据铁笼",有效预防趋利执法和执法腐败。另外,展开省"十三五"交通运输行政执法综合管理信息系统立项前期工作,力争列为部首批示范省份。五是建设交调和投资计划管理系统。提高行业特征分析、优化投资结构等科学决策能力,推进统计监测和计划管理以及交通情况调查自动化建设。投资计划管理、统计信息两大功能模块已正式运行,实现计划、统计业务的信息化和网络化,解决贵州省交通运输计划、统计工作手段落后、报送效率低、数据质量不高等问题。交通情况调查业务报送系统已投入试运行,目前已接入500余路交调设备,实现了交通情况调查统计报送与管理一体化,提升了贵州省交通运行状态掌握能力。六是强化了安全管理能力。完成安全隐患排查系统建设,对交通路网基础设施和在建工程安全隐患进行信息化管理,强化行业安全管理能力。

(5)科技支撑大数据效果明显。一是大数据科技示范工程和关键技术研究形成跨省数据交换共享平台、交通辅助决策分析系统、《贵州省交通行业数据资源管理体系规范》等阶段性成果,支撑交通大数据发展。二是黔通智联公司交通行业大数据研发中心通过厅评审,将在智慧路网和出行服务等领域开展研究。三是基于大数据和物联网技术开展沥青路面智能施工监控、贵州省高速公路建设质量管理智能化及监管体系研究等厅科技项目,以科技支撑工程建设和路政执法管理。

第三节　科技成果推广

一、毕都科技示范公路

毕节至都格高速公路是《国家高速公路网规划》("7918"网)中第12横——杭瑞高速公路的重要组成部分,起于毕节市城东南的龙滩边,终于六盘水市都格,全长141.2km。工程地处崇山峻岭的贵州西部乌蒙山区,沿线气候条件恶劣,地形地貌复杂,地质灾害频发,路线海拔高,长大纵坡安全隐患大,多座隧道穿越煤系地层,3座特大桥建设工程技术复杂。此外,沿线为少数民族聚居区,人文环境和自然资源独特,生态脆弱,施工中生态环保压力大,均成为项目建设与运营管理的技术难题。项目于2012年6月开工,2016年底全部完工。

经申请,交通运输部于2012年批准实施"毕都高速科技示范公路",根据项目工程特点及建设运营中面临的突出技术问题,本项目示范实施的项目分安全保障类、低碳环保类以及科技攻关等共19项技术。取得成果:出版3部专著、发布4部指南及规程,达到了预期示范效果。

科技示范成效如下:

1. 隧道进出口及长大纵坡抗滑技术

该技术抗滑性能优良,远远高于规范中对路面抗滑性能的要求。颜色富于变化,可根据景观或警示的需要采用不同色彩的抗滑路面,达到与周围环境协调与警示驾驶员的作用。

2. 高原山区新型交通安全设施应用技术

所开发的安全设施就地取材,节省大量材料运输费用,防撞性能高,缓冲吸能效果好,造价远低于同类型、同防护能力的产品。

3. 锚索(杆)施工控制与无损检测技术

锚索(杆)无损检测技术通过采集边坡锚索(杆)应力波信号,经信号处理技术取得对应检测锚索(杆)的实际施工长度与注浆饱满度两项指标,检测设备集成应力波采集、分析及评价,具有快速、无损、成本低等优点。

4. 不良气候条件下沥青路面抗凝冰技术

抗凝冰填料为一种可溶解在水中、能降低冰点的复合化合物。冰点较低的溶液,在路表和冰层之间形成不结冰或冰水混合的滑动层,可降低冰与路面的黏附力,使表面冰层在行车碾压下易破碎,不形成光滑的镜面,在降雨量或降雪量较小的情况下,能使路面不结冰。

5. 雾天行车智能诱导技术

在公路大雾易发路段,该技术发挥车辆行驶线形诱导、道路轮廓线强化、防追尾预警及可变情报板信息提示功能。毕都高速公路全线设置了30km的雾区诱导装置。

6. 路基高边坡地质灾害监测预报技术

毕都高速公路沿线地质条件复杂,经过大量岩溶地区、采空区地区、煤系地层地区,面临滑坡、崩塌等众多地质灾害问题。实施过程中主要针对7标、15标、17标三个重大边坡进行灾害监测,达到了动态设计和信息化施工目的,从而缩短工期和节约工程投资。

二、机制砂高性能混凝土在县县通高速公路中的推广

贵州地区高速公路桥隧比大,河沙严重匮乏,严重制约工程进度,影响工程质量,大型桥梁隧道工程对混凝土性能要求高,快速建设需要混凝土高性能化。经过多年、多家单位联合攻关,研制了系列机制砂高性能混凝土技术,取得了丰硕的成果。

本项目主要转化应用了三方面的高性能混凝土技术:

1. 高强度机制砂高性能混凝土技术

该项技术来源于交通部西部交通建设科技项目"岩溶地区公路修筑成套技术研究"中的高强度高性能混凝土技术,该项技术已于2008年获"国家科技进步二等奖"。成果列入了交通运输部科技项目"山区高速公路建设及运营管理技术在黔西毕都高速公路的推广应用"等计划推广。编制了国内第一部机制砂高强混凝土技术规程《贵州高速公路机制砂高强混凝土技术规程》,成功将该项技术应用于桥梁工程上部结构C50、C55、C60混凝土,支撑了县县通高速公路的大量桥梁建设。

2. 机制砂自密实混凝土技术

该项技术来源于贵州省交通运输厅科技项目"机制砂自密实混凝土应用技术""贵州地区石灰岩质块片石自密实混凝土施工技术研究",该项技术已于2005年和2013年获国家发明专利,成果列入了贵州省科技成果转化引导基金计划"贵州地区石灰岩质块片石自密实混凝土施工技术"进行转换推广。已成功将机制砂自密实混凝土与机制砂自密实片石混凝土技术应用于工程实际,满足了高速公路建设与养护过程中对自密实混凝土的特殊需求。机制砂自密实混凝土技术解决了工程中混凝土不易振捣部位的施工难题,保证了混凝土施工的质量。机制砂自密实片石混凝土技术大大突破了传统片石混凝土的片石掺量,给片石混凝土技术带来了一场革命,节约了工程投资,降低了人力成本。编制的"贵州地区石灰岩质块片石自密实混凝土施工工法"于2013年被中国公路建设行业协会

批准为"公路工程工法",2015年被住房和城乡建设部批准为"国家级工法"。

3.特种机制砂高性能混凝土技术

该项技术来源于贵州省交通运输厅科技项目"机制砂水下抗分散混凝土研究与应用""机制砂抗扰动混凝土的研究与应用""高墩泵送机制砂高性能混凝土应用技术",相关成果已列入贵州省科技成果转化引导基金计划"贵州省机制砂高性能混凝土应用技术推广"进行转化推广。编制了《贵州省高速公路机制砂高性能混凝土技术规程》,成功应用于贵州高速公路桥梁建设,满足了高速公路建设与养护过程中对高扬程泵送混凝土、大体积混凝土、水下抗分散混凝土、机制砂抗扰动混凝土的特殊需求。

在项目成果在转化应用过程中,还对相关技术进行了深化研究,提出了机制砂耐腐蚀混凝土技术和机制砂球体类似度测试新技术。

2008年以来,项目组研发的机制砂高性能混凝土技术在67个项目5098km高速公路中进行了转化应用,支撑7000多座高速公路桥梁建设,累计应用了系列机制砂高性能混凝土1853万 m^3,直接节约工程投资40.02亿元。通过系列机制砂高性能混凝土成果转化应用,提高贵州高速公路混凝土工程耐久性,支撑了毕都高速公路(全国安全保障科技示范路)、道安高速公路(全国"绿色循环低碳"示范路)、盘兴高速公路(全国"绿色公路"示范路)三条科技示范路建设。成果已被交通运输部科教司纳入全国交通建设科技成果推广目录并在全国进行推广转化,获得中国工业经济联合会"中国工业大奖提名奖"。

本项目已申请获国家发明专利9项,已获授权6项,出版了2部机制砂混凝土技术专著;发表44篇学术论文(SCI收录3篇,EI收录10篇)。依托项目,培养了一大批科技领军人才,建立了1个科研平台和1个人才培养平台,荣获第五届"全国专业技术人才先进集体"。

三、道安高速公路(全国"绿色循环低碳"示范路)

在党中央、国务院批准定期举办生态文明贵阳国际论坛,贵州省人民政府全面打造生态文明先行示范区的大背景下,秉承典型性与示范性,省厅提出将贵州道安高速公路作为落实绿色交通之交通生态文明建设的主要抓手,以申报部绿色循环低碳主题性项目为契机,将道安高速公路打造成"贵之道,节至安"的试点示范公路。

道安高速公路绿色循环低碳主题性项目为2014年度交通运输节能减排主题性示范专项资金补助项目。根据专家评审会的评审意见,确定重点支撑项目23个。

针对贵州省高速公路建设中节能减排与绿色环保方面存在的典型问题,充分推广利用交通行业已有的先进技术以及贵州省低碳公路建设的实践经验,以绿色低碳为理念,全过程采用绿色低碳特色技术,全寿命实现绿色低碳效益,全方位进行绿色低碳管理,全面展示绿色低碳成果,建成一条安全、绿色、能源节约、环境友好的高速公路,并总结形成道安高速公路的绿色循环低碳建设体系。

贵之道：重视道理，遵循道法，形成通道。节至安：节约有道，节能可度，节制为安。具体措施如下：

1. 温拌沥青技术

就是通过使用特定的技术或添加剂，使沥青能在相对较低的温度（一般拌和温度降低30℃以上）下进行拌和及施工，一般施工温度介于热拌沥青混合料（150～180℃）和冷拌（常温）沥青混合料之间，同时保持其不低于热拌沥青混合料（Hot Mix Asphalt，HMA）的使用性能的沥青混合料技术。

2. 可再生能源应用

项目所在地煤炭和水能资源非常丰富，但太阳能、风能等可再生能源非常有限。贵州年日照时数仅1297.7小时，年太阳辐射总量仅3350～4200MJ/m^2，是我国太阳能辐射值最低的五类地区（仅贵州和四川），不具备太阳能发电的客观条件；有效风能密度在50W/m^{2}以下，开发利用难度大，因此项目所在区域不具备大规模太阳能、风能等可再生能源利用的客观条件。太阳能热水器对太阳辐照强度要求相对不高，秉着实事求是的原则，仅对沿线附属服务区、收费站、运管中心等生活热水考虑利用太阳能，采用太阳能热水器。

3. 公路节能照明技术应用

近年来随着我国交通基础设施建设的大发展，照明设施的规模及数量越来越大，在高速公路正常运营过程中，其照明设施在使用中将消耗大量的电能。照明系统的节能措施除了合理选择设计参数外，科学选用电光源是照明节能的重要条件，目前最具实际意义的是全线隧道及公众区域在保证照度的前提下，推广应用高效节能的照明器具，同时使之具有合理的配光曲线，提高电能利用率，减少用电量。

4. 公路公众服务信息及低碳运行指示系统

公路公众服务信息系统面向公路管理者和公众信息服务的实际需求，主要为公众提供高速公路路况、气象、出行指南、公路养护、服务区信息、路径规划、地图、路政、运营等方面的信息。低碳运行指示系统主要为高速公路上的驾乘人员提供高速公路上通行车辆的平均时速、低碳车辆合理运行速度、当前高速公路的碳排放总量和断面交通量等低碳信息。

5. 车辆超限超载不停车预检管理系统建设

超限超载不停车预检系统又称为治超不停车预检系统，是在车辆正常行驶过程中，对超限超载车辆进行高速自动识别与自动检测，动态检测过往车辆的轴重、车长、高度等信息，提前对超限超载车辆进行超限预判和分拣，以减少对不超限车辆的二次检测工作，可以减少车辆停车检测产生的能耗，有效减少二氧化碳的排放。

6. 隧道通风智能控制系统

本项目隧道通风系统参照《贵州省高速公路机电系统总体方案》相关要求，按照如下原则进行设计：①对于长度 $L<800m$ 的中、短隧道，不设置机械通风；②对于长度 $800m \leqslant L < 2000m$ 的长隧道，只设置防灾机械通风系统；③对于长度 $L \geqslant 2000m$ 的长隧道，设置日常运营（含防灾）机械通风系统。隧道通风智能控制是针对日常运营的风机，利用各点分布的传感器，实时检测隧道各断面一氧化碳（CO）浓度和烟雾（VI）浓度，使风机在符合国家安全标准和隧道设计规范的前提下按照 CO/VI 浓度变频运行的公路隧道通风智能控制系统。

7. ETC 不停车收费车道建设

ETC 不停车收费是智能交通系统的一个重要组成部分，是采用现代通信、计算机、自动控制等高新技术为主要特点、实现公路不停车收费的新型收费系统。驾驶员只要在车窗上安装感应卡并预存费用，通过收费站时便不用人工缴费，也无须停车，通行费将从卡中自动扣除。这种收费系统每车收费耗时不到两秒，其收费通道的通行能力是人工收费通道的 5~10 倍。ETC 由于自身优势已成为国际上公路收费技术发展的主要趋势，其具有两大特征：一是采用高新科技实现收费电子化；二是实现了公路的不停车收费，也称为不停车自动收费，继而可以降低车辆怠速燃油消耗并减少环境污染。

8. 施工期集中供电措施应用

本项目采用永临结合方式，通过在全线的施工区统筹规划电力接入方案，布设变压器，减少各施工单位无组织发电对柴油发电机大量应用造成的能源浪费与污染排放，以有效节省施工期能耗，降低排放。

9. 施工机械低碳技术改造

施工期的机械耗能是能源消耗的一个重要环节。研究结果表明，在沥青路面施工过程中，各种施工机械是沥青路面建设主要的能耗与排放源。根据相关研究，沥青路面修筑中所涉及的各种拌和设备占投资比重最大。燃油占其机械成本的 30%~40%，燃油消耗成本是沥青拌和设备运行费用的主要成分。本项目重点针对沥青拌和楼进行油改气的改造，以节省能源，降低排放。

10. 供配电节能技术

在道安高速公路全线隧道监控部分采用供配电节能技术，通过采用三相 380V 输入，通过上端电源柜输出单相 3.3kV 电压（根据外场负载设备，可选择 660V~10kV 电压进行传输），通过 YJV-3.3kV-2×6 电缆将电力输送到各用电点。在用电点（一个、多个或串型用电点）再通过下端电源箱将 3.3kV 电压转变为 220V 电压向负载供电。

11. 运营能耗统计监测管理信息系统

本项目在运营阶段可以实现远程在线统计各种能源消耗数据，将能源消耗直接核算成为标准煤，用真实、有效的数据反映绿色低碳路的成果。

12. 隧道弃渣利用

在高速公路建设过程中,需要开挖隧道,同时还要开挖取土场填筑路基,因此隧道挖方的利用就成了重要的节约手段,高速公路的土石方平衡也体现了设计单位的整体水平。利用隧道弃渣,经筛选后就地加工破碎,优质碎石用于隧道衬砌混凝土集料,次级碎石用于路面碎石垫层,残渣用于填筑路基,通过"三级筛选"利用,减少弃渣,减少占地,减少采石场对自然环境的破坏,减少因外场砂石料的运输而带来的能耗,最终达到节能减排的目的。隧道弃渣利用技术是针对公路隧道弃渣进行回收利用,主要有以下三个方面的用途:①用于路基填筑、路面底基层及基层;②用于附属工程混凝土构件中,如混凝土挡墙、生态型砌块等;③隧道进出口附近放缓边坡、营造地形。

13. 废旧橡胶沥青路面

选用废胎胶粉橡胶沥青作为沥青结构层结合料具有高弹、高黏的特点,有利于提高沥青路面高温抗车辙能力、低温抗裂能力,防止沥青路面早期损坏现象发生,延长路面使用寿命。同时通过沥青混凝土功能性设计,可降低轮胎/路面噪声 4~6dB(A),路面行驶质量指数提高 1m/km 以上。

14. 采用机制砂

道安高速公路沿线无河砂资源,最近的河砂料在广西,如从广西采购河砂运距约 450km,运输浪费较大,成本较高。利用隧道弃渣生产机制砂,采用先进的生产加工工艺,生产的机制砂可满足全线混凝土工程需求。除利用隧道弃渣生产机制砂外,本项目还利用沿线石灰岩路堑开采渣等作为原料加工机制砂,并结合贵州省多年来积累的机制砂研究成果,加工生产的机制砂能够较好地满足本项目对机制砂质量和数量的要求。

15. 表土资源保护与土地复垦利用

本项目针对路基建设的清表施工作业,对林地、农田、果园的表土进行保护,可利用进行边坡、互通立交区及弃渣场等的生态恢复和绿化,也可作为临时场地地面建设、鱼塘回填、农田复耕复垦,或者考虑施工各标段之间的土方合理调配,甚至进入市场循环利用等。

16. 桥面径流净化与事故应急系统

本项目从进一步加强水环境保护的角度出发,对通常的桥面径流收集系统进行改进,建设"桥面径流监控及应急处理系统",不仅增加对桥面初期雨水径流的净化作用,而且进一步提高危险品泄漏的事故应急处理能力。

17. 路面径流净化工程

本项目经过道真县沙坝水库饮用水源准保护区、湄潭县城饮用水源准保护区内 K21+690 左侧 26m 处设置分离池 1 个,K163+860 左侧 62m 处设置分离池 1 个。根据工程实际情况,油水分离池方案也能较好地防止路面及路基边坡汇水直接进入水源保护地而造成的污染。

18. 公路附属设施运营水资源循环利用

对于污水产生量较大的沿线设施，如服务区、管理中心等区域，污水处理后回用于冲厕及绿化，既能彻底消除污染，又可节约宝贵水资源。结合本项目区域气候特点，采用接触氧化法对污水、雨水进行预处理后，再进入人工湿地系统进行深度处理，将污水、雨水处理成中水，回用于冲厕及绿化浇灌等。人工湿地是指人工筑成水池或沟槽，底面铺设防渗层，填充一定深度的土壤或基质，种植芦苇一类的维管束植物或根系发达的水生植物，污水由湿地的一端通过布水管渠进入，以推流方式与布满生物膜的介质表面和溶解氧进行充分的接触获得净化，其突出优点是运行耗能低。本项目污水深度处理选用以潜流人工湿地为核心工艺的水处理系统，同时结合地区连绵多雨气候特点，增加了场区雨水净化利用模块。

19. 路域碳汇生态建设

本项目主要从景观建设与生态恢复、路域碳汇建设两个方面来开展路域碳汇生态建设措施。其中，景观建设与生态恢复主要通过边坡生态恢复、路侧预留带绿化和立交区绿化的方式来提升景观效果，发挥碳汇作用；路域碳汇建设则主要通过在道路沿线种植碳汇植物，来实现消减噪声、水土保持和减少 CO_2 排放的积极作用。

本项目绿化工程植草 190.4 万 m^2，种植灌木 21.1 万 m^2，种植藤本 2.7 万株，种植乔木 13.2 万株，预计将形成年 1.7 万 t 的 CO_2 吸收能力。

20. 耐久性路面结构

本项目在对贵州地区沥青路面结构应用成功经验充分调研的基础上，综合考虑贵州地域特点和项目特性，对路基段设计了两种典型的耐久性沥青路面结构，确保全线路面结构整体耐久性。全线路基段推荐的主要路面结构为 4cm SMA13 型改性沥青混凝土 + 6cm AC20C 型沥青混凝土 + 8cm AC25C 型沥青混凝土 + 38cm 水泥稳定碎石基层 + 20cm 级配碎石，为提高路面结构整体耐久性，方案中上面层设计为 4cm 改性沥青 SMA，并采用进口改性沥青，放弃了在贵州地区传统使用的 SBS 改性沥青 AC-13C 型沥青混凝土的上面层结构。此外，针对桩号 K157 + 700 ~ K161 + 200（3.5km），主要为填方路段，路基相对薄弱，对路面结构耐久性有更高要求，因此对路面结构进行了进一步加强设计，推荐采用沥青路面结构方案为 4cm SMA13 型改性沥青混凝土 + 改性沥青防水黏结层 + 6cm AC20C 型 SBS 改性沥青混凝土 + 乳化沥青黏层油 + 10cm ATB-25 型沥青混凝土（50 号沥青）+ 改性乳化沥青下封层 + 40cm 5% 水泥稳定碎石基层 + 20cm 4% 水泥稳定碎石底基层。

按照评价期 20 年计算，使用耐久性沥青路面结构可减少路面中修罩面 1 次，减少路面大修 1 次。中修和大修的能源消耗分别按建设期能耗的 20% 与 50% 计算，则全线 254cm 耐久性路面减少的中修及大修工程共可节约标煤 18.08 万 t，减少 CO_2 排放 39.22

万 t；折算到运营期每年，相当于每年节约标煤 9040t，每年减少 CO_2 排放 19610t。

21. 高性能混凝土

高性能混凝土是一种新型高技术混凝土，是在大幅度提高普通混凝土性能的基础上采用现代技术制作的混凝土，它以耐久性作为设计指标。针对不同用途，高性能混凝土在耐久性、工作性、适用性、强度、体积稳定性等方面具有良好性能。配制高性能混凝土的矿物外加剂，是具有高比表面积的微粉辅助胶凝材料，如超细粉煤灰、硅灰、细磨矿渣微粉等，它利用微粉填隙作用形成细观的紧密体系，能够改善界面结构，提高界面黏结强度。

废旧橡胶沥青混凝土的利用，一方面提高沥青路面的耐久性能，另一方面体现公路工程建设的资源循环利用、减少环境污染的建设理念，是真正意义上的绿色环保路面。

由于节能供电系统减少了电缆使用种类和使用量，因此降低了供配电设备和电缆的造价。另外，可变信息屏和摄像机等设备属于电子负载，存在功率因数较低的问题，且很难在设备端进行功率因数补偿。智慧节能供电系统通过对供配电系统的功率因数补偿，可整体提高供配电系统的功率因数，实现节约用电量。

22. 隧道玻纤锚杆应用

本项目拟在全线所有隧道实施玻纤锚杆技术，采用 $\phi 22mm$ 玻纤锚杆、$\phi 25mm$ 玻纤注浆加固锚杆代替原设计的 $\phi 22mm$ 钢质锚杆、$\phi 25mm$ 钢质注浆加固锚杆。全线隧道玻纤锚杆实施率 100%。采用 $\phi 22mm$ 玻纤锚杆 492751m，$\phi 25mm$ 玻纤注浆加固锚杆 736252.97m。

23. 施工监测与信息化管理系统

本项目在全线设置 1 套施工监测与信息化管理系统，充分利用现代互联网技术建设项目综合业务管理信息平台，实现建设项目科学、高效、严谨的管理模式，避免资源浪费、提高管理效率。系统主要包括能耗监测系统、施工监测系统和公路建设信息化管理系统。

四、盘兴高速公路（全国"绿色公路"示范路）

盘兴高速公路地质条件复杂、长陡纵坡多、途经煤矿带和生态敏感区，是贵州省建设难度较大的建设项目之一。在本条高速公路全方位、多角度探索、应用推广高速公路节能减排、资源循环利用及绿色环保的技术、措施及管理方法，有助于打造贵州省公路交通节能减排品牌形象，有助于推进我国公路交通运输体系绿色低碳理念，加快节能减排、绿色环保体系建设。

贵州盘兴高速公路于 2015 年 4 月被交通运输部列为创建绿色公路项目。该项目是贵州省落实国务院《贵州省生态文明先行示范区建设实施方案》、省人民政府《绿色贵州建设三年行动计划（2015—2017 年）》和《"多彩贵州·最美高速"创建工作实施方案》等重大战略的重要举措。本项目将使盘兴高速公路绿色低碳管理能力明显提升,信息化管理水平显著提高,绿色低碳理念得到宣传和深化。项目的实施,将形成一套完整的绿色循环低碳管理规范与制度体系,建立一套高速公路节能减排能耗统计监测考核体系,总结一套可操作性强、建设模式新颖、技术创新程度高的绿色公路建设模式或技术,以指导将来贵州省乃至全国的公路建设,实现公路建设绿色低碳节能减排体系化和规模化,对我国全面建设绿色循环低碳交通运输体系具有重要示范意义。

本项目拟开展的绿色低碳项目共计 40 项,涵盖了节约能源消耗、循环集约利用资源、生态与环境保护三大领域。目前各项重点支撑项目进展顺利,配套资金基本落实。根据项目主体工期进度,现已实施完成或正在实施的重点支撑项目共计 21 个,其余 19 个重点支撑项目均已纳入施工图设计。截至 2016 年 6 月,已实施的重点支撑项目实现总节能量约 2.01 万 t 标准煤,降低 CO_2 排放约 4.37 万 t,节能减排效益显著。

五、专著

贵州省交通运输厅将科技研发与工程建设有机结合,大力开展科技示范、成果宣传和技术培训等,加快了科研成果转化,将工程中的技术成果进行总结、凝练、提升,2015 年出版技术专著和论文集 18 套(表4-3),为科技成果推广应用夯实了基础。

技 术 专 著　　表 4-3

编号	专著名称	主编单位
1	山区大跨径钢桁梁悬索桥建设技术	贵州高速公路集团公司
2	山区高墩大跨径连续刚构桥建设技术	贵州高速公路集团公司
3	公路隧道光环境技术	贵州高速公路集团公司
4	特殊土路基设计与施工技术	贵州高速公路集团公司
5	机制砂高性能混凝土的应用技术	贵州高速公路集团公司
6	毕都高速公路科技示范工程	贵州高速公路集团公司
7	贵州山区大跨径斜拉桥建设技术	贵州省交通规划勘察设计研究院股份有限公司
8	悬臂浇筑拱桥	贵州省交通规划勘察设计研究院股份有限公司
9	公路瓦斯隧道设计与施工技术	贵州路桥集团公司
10	贵州高速公路边坡设计与施工技术	贵州省交通规划勘察设计研究院股份有限公司
11	山区高速公路安全性评价和防治技术	贵州省交通规划勘察设计研究院股份有限公司
12	公路隧道支护技术	贵州路桥集团公司
13	公路路面新技术应用	江苏交通科研院
14	贵州高速公路环境保护与景观设计	重庆交通科研院
15	贵州省交通云建设技术	交通运输部规划院
16	乌江建设和通航技术	贵州省航务管理局
17	乌江船型技术	贵州省航务管理局
18	赤水河航运建设技术	贵州省航务管理局

六、指南标准

贵州省交通运输厅围绕行业重点工作,结合交通运输重点领域标准发展需求,加快标准化建设和重点标准指南制修订。2015年编制了《贵州省交通运输厅技术指南管理办法》,将技术指南作为标准的基础进行管理,通过指南的发布使用,适时升级为标准,做好标准的梯队建设,并明确将标准编制纳入厅科技经费给予支持。在基础设施、运输服务、安全应急、节能环保、智能交通等领域形成30部技术指南,编制地方标准7部,参与《道路工程制图标准》《道路工程术语标准》《公路工程地质勘察规范》等国家和行业标准制修订工作;编制的《贵州省高速公路安全性设计指南》《贵州高速公路绿化工程植物选择指南》《贵州高速公路瓦斯隧道施工技术指南》等在工程中推广应用,填补了行业空白,较好地指导了高速公路建设。

第四节 创新能力建设

一、科研平台建设

在全国率先开展"厅级研发中心"的认定,2014年"山地交通安全与应急保障技术交通运输行业研发中心"首批获得交通运输部认定。2011年,在国家发改委支持下,联合组建了"山地交通灾害防治技术国家地方联合工程实验室",实现国家级创新平台零的突破。

二、科技人才培养

依托重点科研实验基地、院士工作站和博士后工作站,聚集和培养了一批交通运输科技人才,有9位专家荣获国务院特殊津贴,培养核心专家1人、省管专家7人,建设贵州山区高速公路岩溶与灾害防治技术科技创新人才团队、贵州省大跨度桥梁设计技术创新人才团队、贵州省交通运输(燃料)节能减排科技创新人才团队、贵州桥梁建设集团有限责任公司技术中心4个省级创新人才团队,还荣获了第五届"全国专业技术人才先进集体",为贵州交通运输发展提供了更加有力的人才保障。

三、获奖情况

交通科技取得了一大批成果,极大支撑了高速公路建设。1986年以来,贵州省交通运输系统获得的省部级以上科学技术奖有98项(表4-4),其中国家科技进步奖4项,省部级特等奖1项、一等奖23项,2012—2015年连续4年获得省科技一等奖。

第四章 高速公路科研与技术运用

表 4-4

1986—2016 年贵州省高速公路建设科学技术研究获国家、省、部级奖励项目表

年份	获奖项目名称	获奖单位	获奖等级	获奖人员
1986	贵州省公路小桥涵设计暴雨洪峰流量计算方法研究		省科技成果三等奖	荀冶权,刘博文
	剑河大桥		交通部科技二等奖	潘成杰,陈天本等
1988	剑河大桥		国家科技三等奖	潘成杰,陈天本等
1990	导热由供热苯乐团在沥青年覆行中的应用研究		省科技进步三等奖	孙会元,喻稚君,卫祖森,陈麟祥,肖侰义
	红黏土修建加筋土挡墙研究		省科技进步二等奖	胡炳潘,晏森林,方建立,张群力,李道黔,黄经祥
	贵州省 150t 货驼		省科技进步三等奖	李冶生,王祥云,肖敏,谢长风
1991	南、北盘江、红水河水上运输方式及航行方案研究		省科技进步三等奖	陈惠存,陶海平,吴昌全,马世全,李冶生
	红黏土修建加筋土挡墙研究		省科技进步二等奖	胡炳潘,晏森林,方建立,张群力,李道黔,黄经祥
	刚度法计算刚性路面厚度	水城公路管理局	省科技进步四等奖	桂希衡
1992	旧沥青路面材料再生利用研究	贵州省交通科学研究院	省科技进步二等奖	邓时恩,陈翔午,石诚祥,黄正华,卫祖森,卫登礼,朱运甲
1993	贵黄山区汽车专用公路研究	贵州省交通科学研究院	省科技进步一等奖	邓时恩,杨守岳,康宏远,宋齐贤,胡炳潘,蒋休,蒋豁昌,蒋泽长,薛勇敢
1995	声障墙的研究	贵州省交通科学研究院	交通运输部二等奖	聂家萱,魏正萱,刘红,王润基,童淑芬
1996	江界河大桥——主跨 300m 桁式组合拱桥	贵州省交通科学研究院	省科技进步一等奖	陈天本,伍家新,畅健生,王长文,张忠智,杨征,童淑芬,刘扬,邓勋华
1997	江界河大桥——主跨 300m 桁式组合拱桥	贵州省交通科学研究院	国家科技进步二等奖	陈天本,伍家新,畅健生,王长文,张忠智,杨征,童淑芬,刘扬,邓勋华
	吊桥式缆索吊装施工方法	贵州省桥梁工程总公司	省科技进步二等奖	张友懋,甘鸿,许晓锋,薛勇敢,何宗华,何开智,黄福伟
1998	贵州省旧危桥加固与改造方案研究	贵州省桥梁工程总公司	省科技进步三等奖	王太普,潘万高,龚明福,宋胜友,杨志刚
1999	乌江 PFC 吊拉组合拱桥设计与施工工艺研究	贵州省交通厅	省科技进步一等奖	肖泽章,蒙云,高光礼,康宏远,张友德,刘东黎,明钟,上官兴,于秀荣

续上表

年份	获奖项目名称	获奖单位	获奖等级	获奖人员
2000	石方路堑边坡响室加顶裂一次爆破成型综合爆破技术	贵州省公路工程总公司	省科技进步三等奖	张林、廖勇、肖以杰、刘东刚、杨廷林
2002	丫鬐沙大桥平竖转综合体施工工艺研究	贵州省桥梁工程总公司	省科技进步一等奖	吴飞、赵渝、庄卫林、邹强、胡云汇、冉永志、程荣、沈晓松、阮有力、潘盛烈、杨贵平、何忠华、刘贵蜀、何宗华、李军
2003	丫鬐沙大桥平竖转体设计与施工成套技术研究	贵州省桥梁工程总公司	中国公路学会一等奖	吴飞、赵渝、庄卫林、邹强、胡云汇、冉永志、程荣、沈晓松、阮有力、潘盛烈、杨贵平、何忠华、刘贵蜀、何宗华、李军
2004	六广河大桥设计与施工技术研究	贵州省桥梁工程总公司	省科技进步一等奖	刘经建、阮有力、谢方臣、钟荣炼、陈才林、纪为祥、周承涛、马显红、杨胜江
2005	边坡加固新材料的研制与开发	贵州省交通规划勘察设计研究院	省科技进步二等奖	罗强、龙万学、周勇、魏涛、何文勇、张华君
2005	路用防排水材料的开发	贵州省交通规划勘察设计研究院	省科技进步二等奖	丁志勇、郭忠印、罗强、刘建华、吕晓琛
2006	红枫湖大桥设计与施工技术研究	贵州省桥梁工程总公司	省科技进步二等奖	潘海、赵渝、周仕文、杨杰、赵钦
2006	公路双连拱隧道关键技术与工程应用研究	贵州省桥梁工程总公司	省科技进步三等奖	王太普、何川、瞿三扣、张志强、汪会帮
2006	路用复合材料应用研究	贵州省交通科学研究所	省科技进步三等奖	郭明、余崇俊、朱立军、周明凯、吴大鸿
2006	隧道路面结构与材料的研究	贵州省交通科学研究院	省科技进步三等奖	丁志勇、郭忠印、余远程、罗强、杨群
2007	岩溶地区公路修筑成套技术研究	贵州省交通科学研究院	省科技进步一等奖	康厚荣、罗强、梅世龙、余崇俊、彭建国、凌建明、谭群华、吴大鸿
2007	贵州关兴公路建设工程生态恢复综合治理技术研究	贵州高速公路开发总公司	省科技进步三等奖	宋胜友、周显明、张万玉、黄坤全、罗碧荣
2007	岩溶地区公路修筑成套技术研究	贵州省交通科学研究院	中国公路学会科学技术特等奖	康厚荣、罗强、梅世龙、余崇俊、彭建明、凌建明、谭群华、张大鸿、吴大鸿、吴家胜、费建宁、费小申、芮勇勤、何文斌、马平均、林晓娟、陈勇、吴建宁、赵杰华、母进伟、辉、周雪明、杨德龙、杨志刚、何文勇、雷明堂、黄家会
2008	岩溶地区公路修筑成套技术研究	贵州省交通科学研究院	国家科技进步二等奖	康厚荣、凌建明、罗强、梅世龙、余崇俊、彭建国、谭群华、张林、吴大鸿、林家胜

续上表

年份	获奖项目名称	获奖单位	获奖等级	获奖人员
2008	岩溶地区公路工程地质勘察与综合评价技术研究	贵州省交通规划勘察设计研究院	省科技进步二等奖	罗强、陈勇、黄家会、汪稳、赵杰华、何文勇、芮勇勤
	雪峰山特长公路隧道施工技术综合应用研究	贵州省桥梁工程总公司	省科技进步三等奖	阮有力、李周、钟荣炼、王强、龚馨
	高速公路水泥混凝土路面全断面改造技术研究	贵州省高等级公路管理局	省科技进步三等奖	岳军声、李昌转、卢铁端、陈克群、朱胜友
	沥青路面工程质量过程控制的研究	贵州省交通科学研究所	中国公路学会科学技术一等奖	
	山区双车道公路线设计参数的研究	贵州省交通规划勘察设计研究院	中国公路学会科学技术一等奖	
	水泥混凝土路面再生利用关键技术研究	贵州省高等级公路管理局	中国公路学会科学技术二等奖	
	高墩大跨径弯桥设计与施工技术研究	贵州省交通科学研究所、贵州省公路工程总公司	中国公路学会科学技术二等奖	
	公路路侧安全评估及防护方法研究	贵州省公路局	中国公路学会科学技术三等奖	
	钢筋混凝土箱形拱桥负角度竖转工艺技术研究	贵州省桥梁工程总公司	中国公路学会科学技术三等奖	潘海、黄才良、张胜林、章征宇、康厚荣
	大跨度钢析拱与混凝土三角刚构组合桥技术	贵州省桥梁工程总公司	中国公路学会科学技术三等奖	
	虎跳河特大桥施工与控制关键技术研究	贵州省桥梁工程总公司	省科技进步三等奖	杨光华、杨昀、吴俊、潘盛烈、王磊
2009	西部地区公路地质灾害监测预报技术研究	贵州省交通规划勘察设计研究院	中国公路学会科学技术一等奖	龙万学、周勇、孔纪名、王卫东、傅鹤林、吴俊、何文勇、王成华、罗强、马平均、许湘华、赵杰华、谭罩华、李秀珍、董辉

续上表

年份	获奖项目名称	获奖单位	获奖等级	获奖人员
2009	公路地基土（路基和桥涵）承载力及其分类研究	贵州省交通规划勘察设计研究院	中国公路学会科学技术一等奖	何志军、韩洪举、王碧波、王涛、吴俊、邹强、曹洪武
2010	北盘江钢桁加劲梁悬索桥设计、施工、监控关键技术	贵州省公路桥梁工程总公司	省科技进步二等奖	吴怀义、陈艾荣、任仁、许湘华、马晓娟
2010	山区桥址风环境及大跨度钢桁架加劲梁悬索桥风荷载研究	贵州省交通规划勘察设计研究院	省科技进步三等奖	何志军、韩洪举、王碧波、王涛、吴俊
2010	北盘江钢桁加劲梁悬索桥设计、施工、监控关键技术	贵州省公路桥梁工程总公司	中国公路学会科学技术三等奖	
2010	混凝土桥梁服役性能与剩余寿命评估方法及应用	贵州省交通科学研究院	国家科技进步二等奖	岳军声、何兆益、陈克群、田小波、魏建明
2011	连续配筋混凝土路面修筑关键技术研究与应用	贵州省高速公路管理局	省科技进步三等奖	张喜刚、徐国平、王华年、赵君黎、王晓品、赵杯志、罗强、张杰、刘学增、薛亚东、任仁、刘元泉、王松根、冯茂
2011	西部地区公路桥隧工程风险评估研究	贵州省交通运输厅	中国公路学会科学技术一等奖	
2011	坝陵河特大桥梁建设关键技术研究	贵州高速公路开发总公司	中国公路学会科学技术一等奖	任仁、孟凡超、彭运动、罗强、周平、阮有力、刘波、刘高、纪力样、刘扬、覃宗华、黄坤全、吴俊、康育荣、廖海黎
2011	路基基翻方沉陷快速修复技术研究	贵州省交通规划勘察设计研究院股份有限公司、贵州省公路、贵州省高速公路管理局	中国公路学会科学技术二等奖	谭捍华、罗斌、赵炼恒、许湘华、唐树名、李亮、田小波、贾龙、柳治国
2011	连续配筋混凝土路面修筑关键技术研究	贵州省高速公路管理局	中国公路学会科学技术二等奖	岳军声、何兆益、陈克群、田小波、舞、舒建军、陈尚江、周承涛、吕鹏
2011	大跨桥梁抗风设计数值化技术与控制措施	贵州高速公路开发总公司	中国公路学会科学技术二等奖	刘高、葛耀君、孟凡超、朱乐东、张喜刚、刘天成、杨詠昕、吴宏波、赵林、王秀伟

续上表

年份	获奖项目名称	获 奖 单 位	获奖等级	获 奖 人 员
	坝陵河大桥建设关键技术研究	贵州高速公路开发总公司	省科技进步二等奖	任仁、孟凡超、彭运动、罗强、周平、阮有力、刘波
	贵州山区二级公路生态示范工程研究	贵州省公路勘察设计院	省科技进步三等奖	李松、林永明、晏平浩、杨赞明、秦榜明
	都新公路改扩建工程新旧路基不均匀沉降控制技术的研究	贵州省交通规划勘察设计研究院股份有限公司	省科技进步三等奖	王迪明、丛林、吕晓晖、乔东华、王家全
	连续刚构施工过程底板混凝土防崩关键技术研究	贵州省交通规划勘察设计研究院股份有限公司	省科技进步三等奖	乔东华、王家全
	钢筋混凝土箱形拱桥负角度竖转工艺技术研究	贵州桥梁建设集团有限责任公司	省科技进步三等奖	潘海、张胜秋、刘绍伟、章征宇、康厚荣
2012	岩溶地区公路修筑技术推广应用示范	贵州省交通规划勘察设计研究院有限公司	科技成果转化奖一等奖	罗强、康厚荣、谭厚华、梅世龙、吴大鸿、周正峰、母进伟、何文勇、阮有力、陈芳、谢明宇、龙万学、管桂平、周大庆
	贵州山区浅变质岩系风化层边坡稳定性研究	贵州省交通规划勘察设计研究院有限公司	中国公路学会科学技术一等奖	刘扬、陈昌富、康厚荣、谭厚华、张谢东、方理刚、陈芳、王佳权、许湘华、朱云升、吕晓舜、龙万学、刘晓明、欧阳萍、唐仁华
	西部山区农村公路交通安全防控对策研究及安保示范	贵州省公路局	中国公路学会科学技术一等奖	吴京梅、陈谕、吴玲涛、米晓艺、李金海、侯德藻、张鹪、孙传复、梁祖怀、胡晗、郭古洋、矫成武、谢尔庚、秦明、韩文元
	思南岩头河不对称连续刚构桥设计与施工关键技术研究	贵州省交通规划勘察设计研究院股份有限公司	省科技进步一等奖	刘扬、陈昌富、康厚荣、谭厚华、张谢东、方理刚、袁馨、许湘华、吴大鸿
	龙滩库区航运建设工程关键技术研究	贵州桥梁设计院	省科技进步三等奖	郑兴贵、母进伟、向学建、杨志军、李维明
2013	贵州省贵新公路都匀至新寨段改扩建工程既有桥梁加固质量跟踪研究	贵州省交通规划勘察设计研究院有限公司	省科技进步三等奖	马殿光、李玉林、王诚、刘新、李伯海
	硅质石灰岩在都新公路抗滑沥青表层的应用研究	贵州省交通规划勘察设计研究院股份有限公司	省科技进步三等奖	吴怀义、王勇、邬晓光、王迪明、张毅
		贵州省交通规划勘察设计研究院股份有限公司	省科技进步三等奖	吕晓晖、丛林、陈尚江、张晓燕、喻鑫

续上表

年份	获奖项目名称	获奖单位	获奖等级	获奖人员
2013	隧道路面结构与材料的研究成果推广应用	贵州省交通规划勘察设计研究院股份有限公司	科技成果转化奖二等奖	漆贵荣,吕晓霖,丛林,谭捍华,张晓燕,何东,陈尚江,卫斌,乔东华,袁馨
2013	厦蓉线水都高速公路建设关键技术研究	贵州省交通规划勘察设计研究院股份有限公司	省科技进步一等奖	许湘华,吴俊,方理刚,高世军,吴立坚,邓卫东,黄达,吴怀义,陈艾荣
2013	赫章特大桥超高墩连续刚构桥设计施工关键技术研究	贵州省交通规划勘察设计研究院股份有限公司	省科技进步二等奖	杨光强,周永兴,韦定超,李银斌,刘立民,杨健,张晓航
2013	赤水河航运建设关键技术研究	贵州省航务管理局	省科技进步二等奖	韩剑波,刘永凯,张鹫,冯小香,王丽铮,王诚,李伯海
2013	黔东南板岩骨料混凝土碱骨料反应抑制技术与应用研究	贵州高速公路集团有限公司	省科技进步三等奖	何东,乔东华,卫斌,蒋正武,李自康
2013	贵州地区石灰岩质块片石自密实混凝土施工技术研究	贵州省公路工程集团有限公司	省科技进步三等奖	母进伟,金书滨,胡涛,任达成,田洪松
2013	滇黔玄武岩地区公路地质灾害综合处治技术研究	贵州省交通规划勘察设计研究院股份有限公司	省科技进步三等奖	贾龙,王卫东,谭捍华,孟庆山,张世娟
2014	高性能隧道阻燃沥青路面一体化设计和应用研究	贵州高速公路集团有限公司	中国公路学会科学技术一等奖	卫斌,孙龙声,何荷,戴顺红,张世娟
2014	山区不对称连续刚构设计关键技术及示范应用研究	贵州省交通规划勘察设计研究院股份有限公司,毕节市交通投资建设集团有限责任公司,贵州高速公路集团有限公司	中国公路学会科学技术二等奖	向学建,杨昀,刘经伟,黄才栈,周勇军,齐铁东,杨志军,杨飞,王磊,陈国荣,荆友蘧,王晓雷,任达成,罗代标
2014	滇黔玄武岩地区公路地质灾害综合处治技术研究	贵州省交通规划勘察设计研究院股份有限公司	中国公路学会科学技术二等奖	贾龙,王卫东,谭捍华,孟庆山,张晓航,乔东华,张世娟,许湘华,柳治国,杨俊
2014	山区斜坡湿软地基路基病害机理及其防治技术研究	贵州省交通规划勘察设计研究院股份有限公司,贵州交通岩土工程有限责任公司	中国公路学会科学技术三等奖	刘怡林,黄茂松,向文勇,龙万学,支喜兰

第四章 高速公路科研与技术运用

续上表

年份	获奖项目名称	获奖单位	获奖等级	获奖人员
2015	水盘高速公路北盘江特大桥关键技术研究	贵州高速公路集团有限公司	省科技进步一等奖	王金青、彭元诚、韩洪举、应松、毛旭、宗昕、伍辛、杨金龙、秦林
	边坡开挖过程中的施工时序化研究	贵州省交通规划勘察设计研究院股份有限公司	省科技进步三等奖	谭捍华、许刚、王迪明、乔东华、范贵鹏
	复杂堆积体处治技术研究	贵州省交通规划勘察设计研究院股份有限公司	省科技进步三等奖	乔东华、严秋荣、柳治国、张晓航、王迪明
	高速公路高填方路基稳定性及施工技术研究	贵州省交通规划勘察设计研究院股份有限公司	省科技进步三等奖	覃俊、王迪明、张燮、许湘华、吴俊
	服役混凝土桥梁内部缺损无损可视化检测技术及装备研发	贵州高速公路集团有限公司	中国公路学会科学技术一等奖	
	高速公路早期凝冰预警及高危路段凝冰自动化处置技术研究	贵州省交通规划勘察设计研究院股份有限公司	中国公路学会科学技术二等奖	
	废旧轮胎制备高性能橡胶沥青技术在贵州省公路工程中的应用研究	贵州省公路局	中国公路学会科学技术二等奖	
	山区曲线斜拉桥的设计与施工技术研究	贵州高速公路集团有限公司	中国公路学会科学技术二等奖	
	贵州省普通干线公路沥青路面典型结构研究	贵州省公路局	中国公路学会科学技术三等奖	

续上表

年份	获奖项目名称	获奖单位	获奖等级	获奖人员
2015	厦蓉线水都高速公路隧道洞口段设计与施工技术研究	贵州省交通规划勘察设计研究院有限公司	中国公路学会科学技术三等奖	
	挂篮悬浇钢筋混凝土箱形拱桥设计与施工关键技术研究	贵州高速公路集团有限公司、重庆交通大学、贵州省交通规划勘察设计研究院有限公司、长沙理工大学	省科技进步二等奖	马显红、周水兴、何志军、卢云贵、韩洪举、李银斌、王贵明
	山区高速公路T梁桥下高墩合理结构形式及应用研究	贵州省交通规划勘察设计研究院有限公司、同济大学、贵州高速公路集团有限公司	省科技进步三等奖	吴怀义、陈文荣、刘扬、许湘华、向东
	公路隧道地下水限排标准确定方法及措施研究	贵州桥梁建设集团有限责任公司、中南大学	省科技进步三等奖	刘绍伟、程盼、丁善涛、杨杰、谭继光
	贵州省高速公路联网收费额计算系统与推广应用	贵州师范大学、贵州省高速公路联网收费管理中心、贵州高速公路集团有限公司	省科技成果转化二等奖	刘志杰、谢晓尧、游善平、喻国军、李健、陈彦、徐红、王家玮、黎瑞源、刘铁
	机制砂高性能混凝土在县县通高速公路中的推广应用	贵州省交通规划勘察设计研究院有限公司、贵州省公路工程集团有限公司、同济大学、贵州宏信创达工程检测咨询有限公司、贵州省公路局、贵州路桥建设集团有限公司、贵州桥梁建设集团有限责任公司	省科技成果转化二等奖	罗强、蒋正武、任仁、康厚荣、母进伟、漆贵荣、梅世龙、乔东华、吴大鸿、周大庆

续上表

年份	获奖项目名称	获奖单位	获奖等级	获奖人员
2015	LNG公交车成果转化与推广应用	贵阳市公共交通(集团)有限公司、贵州大学、奇瑞万达贵州客车股份有限公司、广西玉柴机器股份有限公司、贵州师范学院	省科技成果转化二等奖	何林、胡翔成、陈兵、闫建伟、刘开贵、孙超、盛利、张毅、唐霞、李文斌
	厦蓉线水都高速公路建设关键技术研究	贵州省交通规划勘察设计研究院股份有限公司、贵州高速公路集团有限公司、交通运输部公路科学研究所、招商局重庆交通科研设计院有限公司、重庆大学、同济大学	中国公路学会科学技术二等奖	
	赫章特大桥超高墩桩基承载特性研究	贵州省交通规划勘察设计研究院股份有限公司、同济大学	中国公路学会科学技术三等奖	
	挂篮悬浇钢筋混凝土箱形拱桥设计与施工关键技术研究	贵州高速公路集团有限公司、重庆交通大学、贵州省交通规划勘察设计研究院股份有限公司、长沙理工大学	中国公路学会科学技术三等奖	

第五章
高速公路文化建设

高速公路文化从广义上讲是一种现代文明形态,但它又具有区别于其他文化的独立特征和表现方式。从狭义上讲,它是一种行业文化,是伴随着高速公路的建设和发展而形成的具有明显时代特征的政治、经济、社会、文化投影,是带有高速公路特征的基本观念形态、是文化形式和价值体系的总和。

第一节 高速公路文化创建活动

为了给社会提供快速、安全、舒适、美观的道路和优质、高效、文明、周到的服务质量,伴随着贵州高速公路的建设、运营和管理,贵州开展了高速公路文明示范窗口、多彩贵州、最美高速等一系列精神文明创建活动,展现了贵州高速公路文化建设活动的丰富多彩,形成了贵州高速公路文化建设的独特魅力。

一、创建文明示范窗口

1992年2月,位于贵阳至黄果树高等级公路上的金关征费站被贵州省交通厅授予"文明收费站"。1996年4月,根据上级的要求,贵州省高等级公路管理局决定在全省范围内开展争当"青年岗位能手"、争创"文明收费站""青年文明号"等一系列文明服务示范窗口创建活动,并结合贵州省的实际情况,在交通部印发的《全国部级文明收费站标准》的基础上,制定了贵州省《高等级公路文明收费站创建标准》(以下简称《标准》),下发全省各管理处、征费站,要求征费站职工认真学习《标准》,熟悉业务知识,明确各自职责,规范自己的行为。省高管局将不定期组织有关部门,以《标准》为依据对征费站进行检查,年终统一考核评比,对被授予"文明收费站"称号的单位给予表彰奖励。1998年,通过检查考核,首次授予金关等8个征费站"文明收费站"称号。为使创建活动持久开展下去,2002年5月,在制定《贵州省高等级公路管理局征费工作人员手册》(以下简称《手册》)时,将"交通行业文明公约"列入《手册》,并对文明征费站建设要求如下:

一是向社会公开收费审批机关、主管部门、收费标准、收费单位、收费用途、监督电话。

二是严格执行国家有关收费的政策、法规。

第五章 高速公路文化建设

三是保持收费站工作区域秩序井然,无闲杂人员逗留,无治安隐患,符合"四防"标准(防火、防盗、防灾害事故、防人为破坏)。

四是保持站区环境清洁,绿化优美,常年地净、墙洁、窗明。

五是征管人员按规定统一着装(男员工不准留长发、蓄胡须,女员工不准化浓妆、染彩色头发、披肩发、戴首饰),持证上岗,挂牌服务,了解征收政策和法规,熟悉工作程序和操作,掌握各类车型收费标准和岗位职责。

六是收费人员列队上下岗,文明服务,依法收费,应征不漏。

七是规范使用文明用语,杜绝服务忌语,坚持唱收唱付;对驾乘人员礼貌、热情,解答问题细致耐心。

八是建立岗位责任制,实施目标管理。

九是发挥党支部的战斗堡垒作用和工会、共青团组织的纽带及桥梁作用,使精神文明建设有目标、有措施,落到实处。

自1996年4月开始实施争当"青年岗位能手"、争创"青年文明号"等一系列文明服务示范窗口创建活动以来,到2012年,先后有60多个先进集体、37名先进个人荣获贵州省文明委、共青团贵州省委、贵州省总工会、省委省政府、共青团中央、交通部授予的"文明示范窗口""五一劳动奖状""全国青年文明号""全国青年岗位能手""劳动模范""五一劳动奖章"等先进称号,见表5-1和表5-2。

1996—2012年获国家、省部级表彰的先进集体名录 表5-1

受表彰单位	荣誉称号	颁奖机关	获奖年份
云关征费站	先进集体	省总工会	1999
花溪征费站	青年文明号	省团委	1999
高管局团委	先进团组织	省团委	1999
遵义南征费站	文明示范窗口	交通部	2001
小碧征费站	文明大道创建工作先进单位	省文明委	2002
阳关征费站	文明大道创建工作先进单位	省文明委	2002
遵义南征费站	文明大道创建工作先进单位	省文明委	2002
高管局	文明大道创建工作先进单位	省文明委	2003
毕节高管处	文明大道创建工作先进单位	省文明委	2003
高管局	文明大道创建工作先进单位	省文明委	2004
毕节高管处	文明大道创建工作先进单位	省文明委	2004
息烽征费站	2001—2003年度文明窗口	省委省政府	2004
遵义南征费站	全国巾帼文明岗	交通部	2004
毕节高管处	文明大道创建工作先进单位	省文明委	2005
笋子林征费站	精神文明创建工作先进单位	省文明委	2005
铜仁综合站	文明大道创建工作先进单位	省文明委	2005

续上表

受表彰单位	荣誉称号	颁奖机关	获奖年份
都匀高管处	文明大道创建工作先进单位	省文明委	2005
阳关征费站	全国青年文明号	交通部团中央	2005
高管局	2003—2005年度精神文明建设先进单位	省委省政府	2006
毕节高管处	2003—2005年度精神文明建设先进单位	省委省政府	2006
都匀高管处	2003—2005年度精神文明建设先进单位	省委省政府	2006
安顺高管处	2003—2005年度精神文明建设先进单位	省委省政府	2006
贵遵扎佐征费站	2003—2005年度精神文明建设先进单位	省委省政府	2006
息烽征费站	2003—2005年度全国交通行业文明示范窗口	交通部	2006
小碧征费站	2003—2005年度全国交通行业文明示范窗口	交通部	2006
铜仁综合站	文明单位	省委省政府	2006
归化征费站	全国巾帼文明岗	交通部	2007
贵阳处机关	先进单位	省总工会	2007
红枫征费站	五一劳动奖状先进班组	省总工会	2007
高管局	2006—2007年度全国交通文明行业	交通部	2008
高管局	全国交通行业抗灾保通先进单位	交通部	2008
黔西征费站	全国交通行业巾帼文明岗	交通部	2008
都匀路政一中队	全国工人先锋号	交通部	2008
都匀路政一中队	工人先锋号	省总工会	2008
都匀路政二中队	春晖行动工作先进集体	省文明办省团委	2008
凯里三穗路政中队	工人先锋号	省总工会	2008
贵阳路政中队	五一劳动奖状	省总工会	2008
阳关征费站	全国交通行业文明示范窗口	交通部	2008
遵义高管处	全民健身与奥运同行百万职工体育健身活动先进单位	省总工会	2008
安顺高管处	精神文明单位	省文明委	2008
小碧征费站	模范职工之家	全国总工会	2008
凯里西征费站	全国青年文明号	团中央交通部	2008
福泉路政中队	工人先锋号	全国总工会	2008
福泉路政中队	工人先锋号	省总工会	2008
凯里高管处	交通行政执法责任制示范单位	交通运输部	2009
阳关征费站党支部	五好基层党组织	省委党的建设工作领导小组	2009
贵阳高管处乌当路政大队	2008—2009年全省交通行业文明示范窗口	交通运输部	2010
兴义高管处	模范职工之家	省总工会	2010

续上表

受表彰单位	荣誉称号	颁奖机关	获奖年份
乌当路政大队	巾帼文明岗	全国总工会	2011
遵义路政大队	工人先锋号	省总工会	2011
遵义路政大队	全省精神文明建设工作先进单位	省文明委	2011
凯里路政大队	贵州省模范职工小家	省总工会	2011
剑河路政大队	"一抗四保"工人先锋号	省总工会	2011
贵州省高管局	全省精神文明建设工作先进单位	省文明委	2012
花溪路政大队	工人先锋号	中国海员建设工会	2012
关岭路政大队	工人先锋号	中国海员建设工会	2012
凯里高管处	五一劳动奖状	省总工会	2012
铜仁高管处	全省精神文明建设工作文明单位	省委省政府	2012
水城高管处	全省精神文明建设工作文明单位	省委省政府	2012

1996—2012年获国家、省部级表彰的先进个人名录

表 5-2

姓名	单位	荣誉称号	颁奖机关	获奖年份
刘敏志	金关征费站	1991—1993年度全国交通系统先进工作者	交通部	1994
谢赣北	遵义高管处	五一劳动奖章	省总工会	1998
黄燕	平坝征费站	巾帼建功标兵	部文明办	1998
杨亮	遵义南征费站	安全先进个人	省总工会	1999
王力静	金关征费站	青年岗位能手	部、团中央	1999
李巧巧	遵义南征费站	优秀团员	省团委	2000
王珂	小碧征费站	1999—2000年度全国交通行业青年岗位能手	交通部	2001
兰光蓉	局机关	第二次全国公路普查工作先进个人	交通部、国家统计局	2002
杨正萍	遵义高管处	优秀团干部	省团委	2002
胡颖	息烽征费站	五一劳动奖章	省总工会	2002
胡萍	遵义南征费站	女职工双文明建功立业活动先进个人	省总工会	2003
张予健	遵义南征费站	劳动模范	交通部、人事部	2004
侯淑珍	小碧征费站	先进工作者	省政府	2005
王成伟	都匀高管处	全国公路交通系统金桥奖章	中国海员建设工会	2007
胡绍明	局机关	职业道德建设先进个人	省总工会	2007
胡绍明	局机关	职业道德建设十佳个人	省总工会	2007
陈文英	凯里西征费站	巾帼建功标兵	交通部	2007
钟玲玲	新寨征费站	2006—2007年度全国交通行业文明职工标兵	交通部	2008
颜修明	安顺高管处	抗灾保通英雄	交通部	2008
赵肖虎	上关征费站	团员青年抗灾救灾大行动先进个人	省团委	2008
吴开明	胜境关征费站	抗灾保通先进个人	交通部	2008
王珂	小碧征费站	五一劳动奖章	省总工会	2008

续上表

姓　名	单　位	荣誉称号	颁奖机关	获奖年份
王珂	小碧征费站	五一巾帼奖	省总工会	2008
马权	贵阳路政中队	全国交通行业抗灾保通先进个人	交通部	2008
龙生海	三穗路政中队	抗凝冻保民生工作先进个人	省委省政府	2008
刘伟	都匀路政一中队	抗雪凝保民生记一等功	省委省政府	2008
李鸿	毕节路政二中队	五一劳动奖章	省总工会	2008
韩波	南白路政中队	抗震救灾记一等功	省委省政府	2008
胡绍明	局机关	抗灾保通英雄	交通部	2008
范钟屏	凯里高管处	2007年度全国"安康杯"竞赛活动优秀组织者	全国总工会、安全生产监管总局	2008
金冠林	安顺路政中队	抗雪凝先进个人	省团委	2008
杨燕	安顺红枫征费站	优秀春晖使者	省文明办、省团委	2008
夏令	安顺高管处	三八红旗手	省妇联	2009
安阳	贵阳高管处	交通运输文明执法标兵	交通运输部	2010
张欢	省高管局机关	全国交通建设系统优秀工会工作者	中国海员建设工会	2011
姜志祥	凯里高管处	2011年"春运农民工平安返乡安全优质竞赛"先进个人	交通部、中国海员建设工会	2011
胡绍明	高管局机关	交通阻断信息报送先进个人	交通运输部	2012

二、文明服务区建设

由于各种原因，高速公路运营初期，沿线厕所稀少、简陋，给驾乘人员带来了极大的不便，影响了出行效率、地方发展和贵州形象。根据贵州省委、省政府的要求，贵州省交通运输厅出台了《贵州省高速公路服务区发展规划》（以下简称《规划》），着力构建"布局合理、功能完善、特点鲜明、服务高效"的高速公路服务区。从2012年起，对全省高速公路收费站及收费天棚进行整体改造，着力形成一道风景线、培育成一个服务业，全面提升贵州对外形象，推动高速公路服务区建设、经营、管理和服务水平迈上新台阶。

根据《规划》，服务区改造建设工程分为三期，全省将设置高速公路服务区259对，其中Ⅰ类服务区42对、Ⅱ类服务区74对、Ⅲ类服务区143对。

第一阶段改造乌江、云峰、久长、睄珠洞、麻江、三棵树、温泉7对服务区。第二阶段对贵州省境内兰海、沪昆高速公路沿线的52对服务区和停车区实施升级改造（其中服务区24对、停车区28对）。

全面实施服务区的升级改造，对所有服务区基本功能进行全面整治和改造，重点修缮基础设施、交通标识，整治"脏乱差"等突出问题，使服务区满足基本功能需要，全面提升管理服务水平。对需要提级改造、拓展功能的服务区，结合资金筹集、土地供给情况，注重与地方产业发展衔接,同步加快推进建设。《规划》要求,2018—2030年,将服务区改造建设纳入高速公路项目统筹建设。

2013年,在省交通运输厅的指导和支持下,贵州高速公路集团对久长服务区进行了大规模改造建设。在原来只是为驾乘人员提供简单的停车休息、加油、卫生间等基础服务的基础上,增加了免费加水点、汽车维修、残疾人卫生间、驾乘人员休息室、小超市和地方名优特产专卖区等功能性服务设施,引入一些知名品牌商家,为过往旅客提供多元化配套服务,让驾乘人员体验到贵州高速公路服务区美、服务人美,提升了贵州高速公路的社会美誉度。

1. 融入地方文化特色,打造物流旅游服务

贵州高速公路集团结合沿线特色经济、产业园区、旅游和城镇的发展需求,积极探索"物流型""旅游型"服务区建设,实现服务区与地方经济发展双赢,促进高速公路健康可持续发展。

通过改造,服务区外观造型等融入更多地方特色和文化元素,各项功能布局更加科学合理,各项服务设备设施更加完善,各项标识标牌标线更加清晰完整,服务区内外部环境亮化、美化、绿化更上新台阶。特别是新建服务区商业连廊,将服务区各功能板块有效连通,并在连廊引入经营商家,集中展销贵州特色产品、名优商品、旅游产品、民族工艺品等,使服务区真正成为展示和宣传贵州的重要形象窗口。

充分结合地方经济特色,开发与地方业态匹配的功能设置,是改造服务区的重点。在改造过程中,根据路网的布局,紧扣地方特色与主流业态。针对主要城市节点、工业园区周边服务区,以满足物流集散中心对仓储、装卸、停车、汽修、加油的需求为改造原则。对旅游景区周边的服务区改造,围绕旅游业"食、宿、行、游、购、娱"6大要素,充分满足就餐、购物需要;视当地旅游接待能力,适当开发住宿、娱乐设施。对大型农业生态示范区附近,考虑设置农产品展销、集散功能业态,带动周边区域的同步发展,实现辐射效应,推动城镇化进程。全线尽量建设"开放型"电子信息导航体系,实现信息资源的共享。

在道安高速公路的湄潭东服务区,两把象征着翠芽之乡的茶壶,一圆一方地坐落在公路两侧,寓意着天圆地方,外形别具一格。这对按花园式打造的服务区于2015年底投入使用。未来,这里将按照"茶主题休闲游"的目标,建设成一个集观光、休闲、养生等多功能于一体的服务区。

在道安南端的贵都高速公路上,改造完工的贵定天福服务区以全新面貌精彩亮相。它以高速公路为依托和窗口,对茶旅文化进行宣传推广,同时打造集茶叶种植加工、茶文化展示、茶旅休闲度假为一体的高速公路茶旅综合体,进而扩大贵定云雾山农业产业和云雾贡茶的知名度和品牌影响力。未来,这里不仅是一个单纯的服务区,而将成为贵都高速公路沿线一个不容错过的景点。

2. 制定规范，打造服务形象

贵州高速公路集团对服务区工作人员的着装、站姿、接待用语等统一管理规范，确保服务区窗口形象进一步提升。采取讲解示范、模拟演习、实践操作等多种形式进行培训，员工服务意识、能力素质水平有了较大转变和提高，在一定程度上塑造了良好的服务形象。

针对服务区超市长期存在商品陈列不规范、货架过于陈旧、商品标识标签缺失或不规范、服务意识淡薄、卫生保洁不理想等情况，贵州高速公路集团结合周边环境需求，多次研究，配合超市内装修风格，对超市内的货架样式进行选样定型。

贵州高速公路集团还制定了针对餐厅卫生、食品安全、服务质量及现代化就餐环境一条龙的标准化管理模式，同时监督经营方对餐厅和厨房加装灭蚊器材，对餐厅的窗户加装防蚊纱窗，餐厅内增加垃圾桶。厨房增加了物品摆放架，并做好生熟食分区管理，对生、熟食品储放冰柜进行更换，设置摆菜区及食品加工区，并做到统一规范的卫生管理，加强餐厅员工的服务、保洁、定期消毒的服务意识。

根据《交通运输部关于印发全国高速公路服务区服务质量等级评定办法（试行）的通知》文件精神，结合服务区实际情况，2013年，集团公司组组忠庄、桐梓、仁怀、水洋湾、久长、云峰、关岭、红果8对服务区分别创建"百佳示范服务区"和"优秀示范服务区"，全省服务区管理、经营状况明显好转。

3. 实现经营、管理、购物"相得益彰"

2014年，贵州高速公路集团所辖服务区在管理上实现了两项重要突破和转变创新：一是全面推行服务区物业直管，将服务区公共区域物业交由集团所属物业公司进行专业管理，实现了服务区物业服务标准的统一规范；二是将管理重心前移，试点推行服务区分区域运营管理，派管理人员常驻服务区现场进行日常运营管理，强化了对服务区日常经营行为和服务质量水平的指导与监管，实现了服务区管理的标准化、专业化、规范化、精细化，大大提升了管理水平，提高了服务质量，得到了社会各界的一致好评。

在经营上，贵州高速公路集团学习省外先进经验，研究制定招商政策，在服务区引入市场竞争机制，引导经营商户积极改进方法，提升服务水平和能力。同时，不断引进地方特色食品、土特产品、名优小吃和特色商品、旅游商品、民族工艺品等，不断丰富服务区经营业态和服务内容，满足过往驾乘人员的多样化、个性化消费需求，起到了宣传、推介贵州民俗文化、风物特产、旅游资源和展示多彩贵州形象的窗口、平台作用。在久长、云峰服务区引入了国际知名品牌西式快餐店，在乌江、云峰服务区引入自主品牌，在水洋湾、乌江、久长服务区引入知名品牌的特色小吃。

与此同时，贵州高速公路集团与贵州省公路局和贵州交建集团联手打造的多彩贵州最美高速名优特色产品专卖店,撑起了自建连锁商贸品牌的"天空"。过往群众在服务区购物消费更加便捷、实惠、放心。

三、多彩贵州·最美高速

2014年11月21日,贵州"多彩贵州·最美高速"创建工作动员大会在遵义召开,会议对加快提升贵州高速公路管理水平和服务质量,打造贵州交通新品牌,树立贵州对外开放新形象,全面推进"多彩贵州·最美高速"创建工作进行了安排部署。

"多彩贵州·最美高速"创建工作,以提升高速公路服务品质、提升综合交通服务能力为核心,突出工程设计、施工管理、生态保护、运营服务、执法建设、安全保障六个重点,狠抓理念创新、制度完善、功能拓展、经营增效、特色凸显、各方联动六个关键环节,大力实施星级服务、特色经营、景观改造、智能建设、绿色工程五项计划,加快推进高速公路专业化、规范化、精细化管理,努力实现全省高速公路管理大提升、环境大改善,使之成为"多彩贵州"一道亮丽的风景。

2014年,贵州省政府批复下发了《多彩贵州·最美高速创建工作实施方案》。该方案明确,到2015年底,全省将新建服务区71对、收费站167个,改造收费站34个,高速公路路况优良率达90%以上,创建"最美高速"示范路段2条以上,创建"最美高速"公路运营、管理示范单位8个。到2017年底,全省特色服务区将达到27对,示范服务区9对以上,高速公路交通标志和设施完善率达90%以上,高速公路绿化达标率达85%以上、路况优良率达95%,"最美高速"创建工作达标率达90%以上。

2013—2014年,贵州高速公路集团有限公司累计投入资金5亿多元,先后对59对高速公路服务区进行升级改造,并相继启动了大龙等8个收费站的改扩建以及胜境关收费站增加车道等项目。至2014年12月底,已完成了安顺东、平坝、遵义等10个收费站车道及天棚部分改造工程,有效缓解收费站通道不足导致车辆拥堵的问题。在对收费站进行升级改造的同时,该公司还对2012年以前建成的高速公路沿线绿化景观进行升级改造,里程达1400多公里。到2016年6月底,全省共改造完成服务区113对,投入使用98对,收费天棚改扩建73个;建成ETC车道303条,全省主线收费站ETC覆盖率达66.7%,匝道收费站ETC覆盖率达48.2%。高速公路呈现"一条大道、两路风景、三季有花、四季常青、常年洁美"的景观。

2015年9月20日至22日,全国百佳示范服务区验收第五考核组对贵州省的服务区文明服务创建工作进行了检查考核,形成如下意见:

贵州服务区对照142条创建标准,全面完善九大项目管理,实现了服务水平、管理水平的大幅提升,呈现出多彩纷呈的亮点,展现出贵州服务区的个性与魅力,可以总结为6大亮点。

一是地域特色出亮点。无论是创建全国百佳示范的4对服务区,还是达标等服务区,都立足地方文化、区域特色,打造地域特色鲜明的服务区。如水洋湾服务区构建混合制经济体,整合各方资源,发挥各方优势,增设充电设施,展示遵义旅游,提供舒适休息,集合地方美食,跳起服务区小苹果;久长服务区建筑体现遵义特色,餐饮业态丰富,实行6S管理,推行零距离工作;向阳服务区依托梵净山,挖掘地方特产,展示苗寨服饰,打造黔东旅游中转站;惠水服务区建筑融入青岩石古镇元素,彰显民族特色,炖上豆豉火锅,温暖旅客心窝。另外,还有富于浓郁民族风情的贵州特色伴手礼,印有"最美高速"标志的一批自主品牌商品,更加体现出鲜明的地域特色。

二是信息服务有亮点。服务区充分运用互联网,设置可变显示屏,室内覆盖wifi,建设微信平台、网站、手机网站,提供剩余车位预报服务、设置综合查询平台、ETC自助服务终端、旅游查询、售票机以及手机充电站等设备,建立起一整套信息服务体系。旅客通过这些,基本就可以获取与出行相关的全部信息。

三是桂花飘香透亮点。贵州服务区利用良好的自然气候条件,合理选择地被、灌木、乔木等植物,营造了布局美、色彩美、造型美、"三季有花""四季常绿"的"绿色服务区"。

四是优质服务有亮点。贵州服务区以142条为基本标准,从出行人角度细化人性化服务。母婴室温馨配置,场区播放舒缓音乐,第三方卫生间、残疾人卫生间安装扶手,从视觉、听觉、触觉等方面进行优化。

五是货车免费加水显亮点。服务区为大货车免费提供加水服务,提高了货车行车安全性,有效降低了贵州复杂地形下的大货车事故发生率。

六是行业文化上有亮点。服务区利用视频等媒介宣传社会主义核心价值观、交通企业文化和文明出行理念。开展"多彩贵州·最美高速""多彩贵州·平安高速""打造一条风景线,培育一个服务业"等活动和理念,用"爱心、诚心、热心、耐心、细心"营造温馨家园,形成了具有特色的行业文化。

2015年6月17日,习近平总书记视察贵州时专程到兰海高速公路(贵阳至遵义段)久长服务区超市调研食品安全工作;同年2月14日,李克强总理视察贵州时专程到黎洛高速公路黎平县中潮服务区看望返乡农民工,均对贵州不断完善的高速公路基础设施建设及配套服务表示充分肯定。

第二节 新闻宣传

贵州省交通系统新闻宣传工作主要由贵州省交通宣传教育中心(以下简称"宣教中心")负责。宣教中心为正县级全额拨款的事业单位,2005年在原贵州交通报社基础上挂牌成立,并于 2011 年与原贵州交通录像中心整合,内设办公室、宣传教育科、声像科。截至 2015 年,宣教中心有 11 人,核定编制数为 15 人。

宣教中心具体承担了全省交通运输行业发展的方针政策及法律法规的宣传教育,负责收集处理交通运输行业宣传资料,加强与报纸、广播、电视等社会主流媒体的宣传报道合作,开展交通运输行业相关知识的普及、培训及交流工作,承担《中国交通报》驻贵州记者站、贵州电视台交通记者站、《贵州交通》内部资料性刊物以及省交通运输厅官方微博、微信平台的工作。

多年以来,在省交通运输厅党委的正确领导下,宣教中心加强组织策划,扩大行业对外宣传工作,加强同交通运输部新闻办、省外宣办汇报联络,与中央及省内外多家主流媒体长期保持良好沟通合作。通过召开新闻宣传工作座谈会、新闻发布会、媒体通气会、邀请媒体深入工地现场集中采访等方式,对全省高速公路、国省干线公路、农村公路、水运建设等内容进行集中宣传报道,出色完成各项宣传工作目标任务,为全省交通运输事业跨越发展营造了良好的舆论环境。

特别是"十二五"以来,全省交通运输行业新闻舆论工作借势发力,主要依托于宣教中心统筹开展,成效明显。

一是瞄准着力点,营造行业发展良好舆论氛围。2012 年以来,贵州相继启动实施了高速公路、水运建设三年会战,普通国省干线建设攻坚、"四在农家·美丽乡村"小康路行动计划、"多彩贵州·最美高速"暨平安高速创建等,以超常规的发展路径推动行业建设后发赶超,成为贵州交通历史上投资规模最大、发展速度最快、发展成效最显著的时期。其中,高速公路里程达到 5128km,全国排名由第 17 位大幅上升到第 8 位,成为西部地区第一个实现县县通高速公路的省份,也是全国实现县县通高速公路为数不多的省份之一。全省公路、铁路、航空和水运等交通建设全面推进,无缝连接的立体交通网络日渐清晰,贵州交通"天亮了",贵州正迎来经济社会发展的春天。

2015 年 3 月 31 日上午,由中共贵州省委外宣办、省交通运输厅主办,贵州新闻图片社、贵州画报社承办的"多彩贵州风行天下"系列活动之"摄影名家'桥'瞧贵州"启动仪式在贵阳南明河畔甲秀楼广场举行,见图 5-1。

在此期间,通过宣教中心认真策划和开展各项舆论工作的调度、服务,省外媒体共刊播相关报道近 1 万余篇(条、幅),省内新闻媒体刊发各类稿件 4 万余篇(条、幅),在百度搜索"贵州交通运输成就"相关链接 500 余万条(仅 2015 年就有 200 余万条),相关新闻累计点击阅读量上 20 亿次,极大地提升了贵州对外新形象。

通过开展一系列新闻报道,宣传交通好故事,解读了大交通凸显大区位、引领大产业、助力大开放、促进大旅游、助推大扶贫、推动大物流、支撑大数据、激活大城镇、带动大投资、改善大民生等"十个大"效应,让社会公众肯定交通越来越成为贵州招商引资的一张名片、对外开放的一把钥匙、旅游推介的一扇窗口、产业升级的一副引擎、城乡连接的一张网络、经济腾飞的一双翅膀,营造了行业发展的良好舆论氛围。

图 5-1 摄影名家"桥"瞧贵州启动仪式

二是"县县通高速公路"集中宣传赢得如潮好评。宣教中心以编印一本画册、制作一部专题片、出版一套文集、征集一首歌曲等行业宣传"八个一"工程为抓手,通过系统谋划,邀请中央、邻省、香港特别行政区及省内等众多主流媒体展开了多轮次的集中宣传舆论攻势,使"县县通高速公路"这一重大历史事件在省内"影响大",省外"有影响",国外"有动静",被贵州省委宣传部领导高度赞许为全省重大主题宣传"部厅合作的典范"。2016年1月7日,《纽约时报》公布了当年世界上52个最值得到访的旅游目的地,中国仅有贵州和杭州上榜。某种程度上来说,与贵州交通的大力宣传有一定关系。

三是抓住全国"两会"重要节点,强化行业宣传效应。2016年全国"两会"期间,宣教中心在"县县通高速"宣传取得成功的基础上,认真策划,着力加强重要时间节点的行业新闻宣传工作,共刊播涉及贵州交通的消息、通讯、述评、访谈等各类新闻100条以上,平均每天播报新闻6条左右,在省内各厅局中发稿量名列前茅。其中新华网首页推出《推进供给侧结构性改革 提升交通运输供给的质量和效率》重点报道,对部领导杨传堂、戴东昌和省交通运输厅领导王秉清作专访报道;《经济日报》、中央电视台新闻联播、中央电视台财经频道、《中国交通报》等重点刊出对贵州交通运输的宣传报道。香港《文汇报》先后连续刊发4期专版深度报道,形成了报道上的大手笔和宣传上的大效应,在国际华人圈让贵州"县县通高速公路"引起轰动。

与此同时,宣教中心在其他方面的宣传工作也有序推进。积极应对雪凝灾害,快速反应,深入宣传交通职工抗凝保通事迹;做好春运、"五一"小长假及"十一"黄金周等重点时段的交通运输新闻宣传报道。宣教中心还采用新媒体手段传播贵州交通运输行业的好声音,讲述贵州交通运输行业的好故事。每天通过"贵州交通"官方微博和微信公众平台,发布推送动态消息,"两微"平均每天发送相关消息7条。官方微博创新尝试通过"微直播"方式,让网民直观深入了解贵州省在建高速公路项目进程、专家集中访谈和各类新闻发布会现场情况,让新闻报道"活"起来。

四是抓好行业舆论人才队伍建设。为积极培养锻炼在职人才和基层通讯员,宣教中心选送单位职工和基层通讯员参加新闻业务培训,激活新闻宣传"末梢神经",得到知名专家亲自授课,系统学习如何做好新闻报道策划、新闻采访与写作知识、交通电视专题宣传片制作、网站编辑的技巧、网络舆情危机应对、行业文化建设等内容,提升了行业舆论人才队伍的整体素质。

从1986年贵阳至黄果树汽车专用公路动工开始,贵州的高速公路建设就一直受到新闻单位的热切关注,省交通运输厅历届党组(委)对高速公路建设宣传工作高度重视,交通系统各级宣传工作者以做好高速公路建设宣传工作、为之营造良好的建设舆论环境为己任,全系统上下一心,社会各方协力,30余年在各级各类报纸杂志发表上万篇作品,全面立体地反映了贵州高速公路的建设发展历程,筑就了贵州交通新闻宣传前所未有的高峰,以数量大、历史资料性强及精彩纷呈成为贵州高速公路文化建设中的主要构成部分。

【精选之一】

美哉,贵州路!

(作者 潘帝都)

5月的贵州高原,风和日丽,群山布翠。16日上午,来自全省各族的群众代表和省、市党政军负责同志1000多人,汇集在贵(阳)黄(果树)公路的金关收费站口,热切地等待贵州公路建设史上一个重要时刻的到来。

10时许,被誉为"高原长城"的贵州第一条现代化高等级公路,由省长王朝文和交通部副部长王展意剪彩,宣布正式通车了!此时,锣鼓声、鞭炮声齐鸣,多少人激动得流下了热泪!

"不容易啊,60年才圆一梦,我终于看到了'飞鸟不通'的贵州走进了高等级公路的新时期。"65岁的省交通厅总工程师邓时恩激动地含着泪花对记者说。

素称"地无三里平"的贵州,人们世世代代都在做路的梦。公元1927年,贵州人民费了多少力气,才在贵阳至黄果树的驿道上修出了第一条简易公路,贵州山区也才有了第一辆汽车。60年过去了,决心改变长期交通闭塞的贵州各族人民,于"七五"计划的第一年,正式制定了修一条宽、平、直高等级公路的计划,并于1986年8月15日破土动工。从1927年到1986年正好是一轮甲子。

贵黄公路地处贵州高原中部,为峰峦幽谷中低山丘地貌,溶蚀槽谷齐全,地形地质情况十分复杂。要修筑一条高等级公路,必须劈山开道,遇水搭桥,高填深挖,工程浩大、艰巨,耗资更是要比修一般公路高得多。贵州经济拮据,但穷有穷的办法。贵州省委、省政府及时向全省发出呼吁:各行各业都来支援贵黄公路建设。同时,果断地出台了各项优惠政策,国家计委、交通部等也及时伸出援助之手,给予大力支持。工程建设的指挥者和广大工程技术人员,精打细算,艰苦奋斗,将每一分钱掰作两分钱花,尽力做到投资少而效益高……经过4年多的艰苦努力,全长137公里的高等级公路,终于以"造价低、工期短、质量高"的评价而宣告建成通车。

今天,驱车在这蜿蜒于崇山峻岭中的平坦大道上,人们无不从内心发出感叹:美哉,贵州路!

(原载《人民日报》1991年5月18日
作者时任《人民日报》贵州记者站记者)

【精选之二】

高原"长城"
——写在贵黄汽车专用公路通车前夕

(作者 谢 明 虞定浩)

万里长城,是中华民族智慧和伟力的象征之一。她以气吞万里的雄姿,永远展示着中华民族的巨大创造力和超凡的智慧。

今天,在祖国西南边陲的贵州高原上,也奇迹般地出现了一条"路长城"——贵黄汽车专用公路。说她是"路长城",是因为这条全长137公里的路,穿行于"地无三里平"的贵州高原,工程浩大,气势磅礴。路堑最深达到35米,路堤大多用几米甚至十余米的挡墙砌成。从贵阳出发4公里就能看到的蔡家关大拉槽,长度只有196米,最高处竟达62米,须仰视才见高顶。建这个拉槽,开挖土石方25万立方米,相当于平原地区修筑近20公里一级公路的土石方量。其工程艰巨可见一斑。只要去看过这条公路的人都感叹说:这哪里是修路,简直是修长城!

六十年圆一梦

素有"地无三里平"之说的贵州,世世代代的人们都在做路的长梦。那梦做到公元1927年,在贵阳通往黄果树原来的驿道上修了第一条简易公路,贵州才有了第一辆汽车。进入二十世纪八十年代,贵州人又开始做起在这条线上修建现代化公路的梦了。这个梦是美好的,也是遥远的。贵阳,全省政治、经济、文化的中心,工业产值占全省1/3。安顺,地处"黔之腹,滇之喉",有相当厚实的工业基础,十几家从沿海迁来的国防工厂驻扎在这里。黄果树大瀑布,是举世闻名的旅游胜景。贵阳到黄果树沿线附近,还有另外三处国家级旅游景区。但这条路又处于贵州高原中部,为峰峦幽谷中低山丘地貌,溶蚀槽谷齐全,局部有煤层出现和地下水露头,地形地质情况复杂。要修筑具有宽、平、直特点的高等级公路,必须劈山开道,遇水搭桥,高填深挖,工程艰巨。1986年8月15日,贵黄路正式破土动工。在之后的4年中,建设者们苦战了1400个日日夜夜,那惊天地泣鬼神的劳作是难以尽说的。终于把一个遥远的梦变成了活生生的现实。更有意思的是,从1927年贵州第一条简易公路修成,到1986年贵黄汽车专用路破土动工,正好是一轮甲子。斗转星移,贵州公路建设从此进入了一个高层次。

越落后,越需要高起点

在贫困落后的边远山区修筑现代化的高等级公路,没有非凡的魄力和勇气是不可思议的。

贵州资源富饶但却长期贫困,症结是交通。二十世纪八十年代,改革开放大潮将一批批沿海和海外的"觅宝者"推进贵州。然而,"谈资源点头,谈交通摇头,谈投资一去不回头",症结还是交通。

"发展交通,兴黔富民。"省长王朝文通过新闻媒介大声呼吁。"修好争气路,造福山区人。"省交通厅拟订的"七五"交通发展计划在憋着这样一口气的情况下出台了。这一计划的特点十分集中:在贵州公路发展史上第一次把修建高等级路提上日程。省委、省政府从"兴黔富民"的战略高度肯定了这一计划。

越落后,越需要高起点。贵州要将富饶的资源优势迅速地转化为商品优势,需要现代化的交通条件为依托。现代化的交通又将使封闭得太久的山区人的思维定式产生深刻的裂变,其意义巨大而深远。

经济和旅游的巨大潜在价值,使从上到下的目光倾注到这条线上。"新建贵黄公路,振兴黔中经济,带动全省经济"。在省委、省政府制定的贵州经济发展规划上,贵黄公路被用红笔重点突出,并要求它"高起点、新工艺、投资省、质量好"。

4年过去了,高起点带来了高效益。

试通车效益测算显示:每年直接经济效益近一亿元,3年实现经济效益相当于修路的全部投资。

中央电视台前不久播出条新闻:贵州红枫湖畔新建侗寨民俗风情旅游点迎来海外游客。而这,正是在新建了贵黄公路的背景下开启的商品经济意识苏醒的结果。许多山里人说:"我们知道了什么叫高等级公路。"

没有钱有政策

高等级公路无疑是启动社会经济发展的加速器,但启动这一"加速器"却需要巨额的资金投入。贵州经济拮据,不可能有大量的资金投入。贵黄公路的建设投资除了靠交通部的补助、省计委在能交基金返还方面的支持和省交通厅每年从微薄的养路费中硬挤出部分配套资金外,几乎没有其他来源。钱不够,怎么办?贵州有贵州的招数。省交通厅大胆地扬弃了"交通部门独家办交通"的旧模式,走"依靠大家集资办交通"的新路子,将"调动各级政府积极性制定优惠政策"作为推动工程建设的润滑剂。

贵州省委、省政府的领导对贵黄公路建设给予了格外的关怀和支持。省委书记刘正威明确指出,在贵州,"公路交通有不可替代的作用"。省长王朝文在《人民日报》发表文章:"用优惠政策促进交通建设是贵州人民较快脱贫的一大捷径。"副省长刘玉林指出:"全省各行各业都要支持交通建设。"领导态度鲜明,各项优惠政策纷纷出台。

黔府〔1986〕49号文件是一项有气魄的政策。它主要包含两条:一是对重点公路征地拆迁补偿费用实行限额包干,补偿费用只相当于其他基本建设征地拆迁费用的1/16~1/10;二是全民所有制单位拆迁自行消化,叫作"各家娃娃各家抱走"。

公路建设减免税(费);公路建设人工工资标准按一级工日工资1.36元计发;公路建材实行专户直供、特需供应和优先供应,并尽可能供应低价材料;缓征"一税两基金"……

这些优惠政策的运用,使交通部门掌握的专项资金一分钱发挥了两分钱的效益。如果说优惠政策体现的是各级政府对交通建设的关怀,那么成功地推行工程招标则是施工体制改革效益显著的一项重要措施。

贵黄公路工程指挥部不以概算作为承、发包的依据,而是组织强有力的班子认真编制施工预算作发包标底。预算立论有据,不仅满足了多家承包施工的普遍要求,同时在降低投资上效果明显,实际发包的投资金额比概算降低16%左右。

投资少而效益好,秘诀在此。

风采"将帅"好样的兵

古人用"飞鸟不通"形容黔道难。在贵州修筑高等级公路更是难上加难。"造价低、工期短、质量硬。"当人们对贵黄公路作如此的评价时,可曾想到它所凝结的正是多少人四载忘我劳作和无私奉献的结晶?在贵州各大型工程建设史上,没有哪项工程像贵黄路那样享有殊荣:省委书记、省长、省人大、省政协的主要负责同志多次亲临工地,现场办公。哪里出现难题,哪里就有省领导的身影。副省长兼省重点公路指挥部指挥长刘玉林更是殚精竭虑,经常深入各施工点。有时是天刚破晓,有时是夜半繁星,一有空他就跑到工地察看。他多次对工人们说:"搞工程建设,就要有一股拼劲。重点公路建设这趟列车不能晚点。"

省交通厅厅长杨守岳曾经是工人工程师和劳动模范。凭着对技术业务的熟悉和一股子不达目的不罢休的实干精神,几年之间,他来去匆匆地奔忙于贵州交通建设的各个工地,很少有时间在家与妻儿老小享受天伦之乐。他的脑中装的几乎都是与贵州交通建设有关的事情。

省交通厅暨省重点公路指挥部总工程师邓时恩,早年毕业于贵州大学工学院。他的一生与贵州的公路建设结下了不解之缘。贵黄公路动工那年,他60岁。作为工程建设的技术主帅,他提倡并坚持运用先进技术去降低成本,加快效率,提高效益。正由于他和广大科技人员的努力,贵黄工地上采用多项新技术,降低成本30%~50%,提高了施工效率。

贵阳市委书记李万禄,为落实贵阳金关收费站建设用地,一趟趟往来于贵阳至金关之间,直到问题圆满解决。贵阳市副市长刘兆桂,为抓好贵黄路贵阳段"绿色工程",与市园林局长一起,在各个方面都倾注了不少心血。

常宗惠,这位在解放大西南的战火硝烟中踏上贵州崎岖山道的老战士,曾任安顺行署副专员,退居二线后,组织上委派他出任重点公路安顺分指挥部指挥长。137公里长的贵黄路,安顺占了118公里,这118公里都是他办公的地方。记者问过常老:"你是离休老干部,不愁吃,不愁穿,奔波劳累图些啥?"他说:"我来到贵州40多年,吃穿都是人民的,总想在有生之年为贵州人民多做些贡献。"

作为工程建设主体的广大筑路职工和民工,他们的声名并不显赫,但正是靠着他们在默默劳作中流淌的血与汗,凝就了这刻在高原山地上的丰碑。在工地上,曾经传诵着"专啃硬骨头"的省公路公司和桥梁公司的业绩,传说着一个个抗灾救路、为了使公路早日修通推迟婚期、放弃探亲的动人故事。

如果说,两千多年前我国北方修筑万里长城是出自于防御和安边意识的话,那么,贵州高原出现的这条"长城"路体现的则是贫困地区人民尽早脱贫致富而致力于发展现代化交通的决心和伟力。

壮哉,贵州人!壮哉,高原路"长城"!

1991年5月11日刊登于《中国交通报》1版

【精选之三】

山高路远海相连
——大西南出海通道贵州段建设纪行之一

(作者 靳 杨 谢 明 韩世轶)

晚秋的贵州,依然水碧岭秀。然而吸引我们来到这里的却不仅仅是贵州那充满神秘色彩的自然美景,贵州正在以加速的发展改变着自然的制约。

在开发西部的热潮中,贵州的交通已经先行一步。由于自然和历史的缘故,贵州公路建设基础较为薄弱。1997年底,全省高等级公路共544公里。在国家重点建设大西南出海通道和加快公路建设双重机遇面前,贵州交通部门加大了建设力度:1998年全年公路建设投资达41.8亿元,比上年增加160%;1999年全省在建高等级公路里程达438公里,实现了历史性的大跨越。如今大西南出海通道贵州段的建设正如火如荼,为全国所瞩目。

高原之困

贵州发展交通的先天条件非常不好。由于地处云贵高原,贵州山地和丘陵占总面积的90%以上,平均海拔1000米左右,山高谷深,沟壑纵横,典型的喀斯特地貌使贵州地质条件复杂多变。所以自古以来"黔道更比蜀道难"。

贵州是资源大省,在探明储量的76种矿产,42种名列全国前十位,煤、磷、汞、铝等更是优势矿产。贵州又素有"公园省"美誉,旅游资源开发潜力巨大。然而,由于交通不便,贵州的资源优势没有得到很好的发挥。

贵州地处西南,是一个不沿海、不沿江、不沿边的内陆省份,同时又承南启北,是西南通往华中、华南地区的必经之地。特殊的自然环境与地理位置使贵州人对打通出海通道怀有异乎寻常的热情与渴望。

出海之路

重庆—贵阳—南宁—湛江大西南出海通道是国家重点建设"两纵两横三个重要路段"中的一条重要路段。这条出海通道是西南各省(区、市)优势互补,借港出海的经济动脉。川、黔、滇、渝四省市是我国资源最为丰富的地区之一,但由于属于内陆经济欠发达省份,交通条件差,资源开发、经济发展和对外开放受到严重制约,急需便捷快速的出海通道。出海通道建成后,不仅可以使各省(区、市)形成整体优势,而且对提高整体竞争能力,具有重要意义。

这条大通道在贵州境内北起崇溪河,南到新寨,全长570多公里,总投资约140亿元,分为几段建设,各段建设情况有所不同。

贵阳至遵义汽车专用公路已于1997年12月建成通车。贵遵路全长155.52km,1992年6月4日开工,总投资17.86亿元,是贵州第一条全立交、全封闭的高等级公路,同时也是贵州第一条采用业主负责制修建的高等级公路。贵遵路通车后投资效益、运输效益大幅提高,运输结构布局得到优化。1998年遵义市引进外资12亿元,到位率比1997年增长140%。据统计,仅里程减少、等级提高、时间缩短三项创造的直接经济效益一年达5000万元以上。通行贵遵公路的客运汽车由通车前的60多辆发展到目前的300余辆,并且向高档舒适化转变,货车向大吨位、专业化发展。

贵阳东北绕城高速公路全长27公里,位于贵阳市东北隅,起于贵遵公路尖坡,在云关坡与贵阳至新寨公路相接。该路于1996年11月开工,已于去年竣工通车。

贵阳至新寨高等级公路全长260公里,起于贵阳花溪区下坝,与贵阳东出口公路终点衔接,并与贵阳东北绕城公路相连,途经龙里、贵定、马场坪、大良田、都匀、独山、麻尾,终点是位于黔桂两省交界处的新寨。贵新路是西南出海通道的重要组成部分,总投资48亿多元,是贵州有史以来线路最长、工程量最大、技术标准最高,同时也是单项投资最大的公路建设项目。贵新路于1998年5月28日开工,截至目前已完成投资26亿元,工程进度超过原计划,预计2001年6月全线建成通车。

遵义至崇溪河公路全长124公里,均为山岭重丘地形,是西南出海通道的攻坚工程,估算投资为73亿元。该路段是四川、重庆南下出海的重要通道,也是贵州北抵长江的经济干线。目前前期工作进展顺利,预定于明年动工兴建。

贵阳至毕节高等级公路是西南出海通道的辅助通道,是成都到北海公路贵州境内的一段。贵毕路建设里程178.3公里,投资近20亿元。贵毕路于1998年8月动工,目前已完成60%,预计整个工程将于2001年完工。

鼎力而为

贵州人清楚,这条纵贯南北的出海通道寄托着他们多少年来走出封闭、走向大海、富民兴黔的梦想,他们必须加倍珍惜这历史性的发展机遇。基于此,贵州举全省之力,克服资金、地形、耕地等难题,使贵州段建设得以保质保量顺利进展。

为了支持重点公路建设,贵州省在公路建设贷款贴息、税费减免、征地拆迁等方面制定了一系列优惠政策,还在项目管理、资金投放、技术保障等方面做出了具体的安排。

贵新路是贵州省第一个使用外资修路的项目,也是第一个引进"菲迪克"条款的项目。在贵新路的建设中,贵州交通建设部门不但按照"菲迪克"条款建立了一整套严密的管理体系,而且形成了自己富有特色的管理观念和质量理念。目前,大西南出海通道贵州段建设进展很快,贵州省交通厅领导在接受记者采访时表示,只要遵崇路能如期开工,贵州段有望于21世纪初完全打通。

大通道打通后,贵阳向南到广西出海口将形成一条高等级公路通道,从贵阳出发一天之内可到北部湾海边,前景令人鼓舞。不少地方政府也以出海通道为依托,做出了远景规划。黔南州交通局局长蓝玉勇介绍说,黔南州处于大通道经过之地,他们正在规划新的公路联网计划,以达到"借路出海"的目的。

大西南出海通道在贵州,已经不仅仅是一条路,它代表着一种观念,一种希望,它预示着贵州这片古老的土地即将在21世纪焕发新的风采!

1999年11月26日刊登于《中国交通报》1版

【精选之四】

贵州交通"天亮了"
——贵州全面实现县县通高速公路目标

(作者 咸 通)

2015年12月31日,全省县县通高速公路暨2016年交通重点项目集中开工仪式在贵阳至瓮安高速公路清水河大桥举行。省委书记陈敏尔隆重宣布贵州省县县通高速公路目标全面实现,宣布"十三五"时期新一轮交通建设2016年度重点项目集中开工。省委副书记、代省长孙志刚讲话,省政协主席王富玉,省委副书记、省委政法委书记谌贻琴,省领导秦如培、慕德贵、龙超云、张群山、孙国强等出席,见图5-2。慕德贵主持。

图5-2　2015年12月31日,省委书记陈敏尔,省委副书记、省长孙志刚,省政协主席王富玉观看贵州高速公路三年会战摄影展(李枫　摄)

省委书记陈敏尔一行来到刚刚建成的清水河大桥上,仔细观看县县通高速公路成果展和重点项目宣传展板,认真听取全省高速公路建设情况汇报。清水河大桥是贵州省"十二五"交通建设重大项目,桥高406米,在目前世界钢桁加劲梁悬索桥中排名第六、中国排名第二,是贵州省最大跨径的桥梁。

陈敏尔说,在"十二五"收官之际,贵州省高速公路实现县县通,这是一个值得铭记的历史性时刻,也是贵州交通发展史上的一个重要里程碑,对于全省经济发展、民生改善、生态建设和环境保护,必将产生重大而深远的影响。我们必须始终牢记,县县通高速是党中央、国务院高度重视、亲切关怀的结果,是中央国家机关大力支持、鼎力帮助的结果,是历届省委、省政府励精图治、接续奋斗的结果,也是广大一线建设者夜以继日、辛勤劳动的结果。当前,贵州的交通"天亮了",发展的春天就到了。"十三五"时期,贵州造路的路还很长,交通建设一直在路上。要继续发扬"钉钉子"精神,持续加大建设和投入力度,着力打造现代综合交通运输体系,推动交通建设按下"快进键",跑出"加速度",打造"升级版"。要加快推动交通基础设施建设向县以下延伸,注重疏通"毛细血管",打通"最后一公里",努力让更多老百姓分享交通建设的红利。

省委副书记、代省长孙志刚在讲话中说,大道连八方寄托千秋梦想,县县通高速承载万民愿景。备受关注的贵州省县县通高速公路,经过七年的艰苦奋战,今天终于变成现实,"要致富、先修路,富得快、高速带"已成为全省上下抓交通、促发展的强烈共识。"十三五"是贵州省脱贫攻坚、同步小康的决战决胜时期,也是交通建设大有作为的重要战略机遇期。这次全省交通重点项目集中开工,标志着新一轮交通建设的冲锋号已经吹响,"十三五"交通建设新跨越的大幕已经拉开。希望全省交通战线乘势而上、开拓创新,再加油、再提速,确保到2020年建成"六横七纵八联"高速公路网。各地要进一步加强组织领导,高质量、高标准、高效率做好征地拆迁、资金筹集、配套服务等保障工作,确保项目建设顺利推进。

开工仪式上,省领导陈敏尔、孙志刚、王富玉和谌贻琴、秦如培、龙超云以及交通运输系统老同志代表、劳动模范代表、设计人员代表、施工人员代表共同点亮水晶球。省有关部门表彰了全省高速公路建设三年会战和劳动竞赛先进集体、先进个人,并通过LED显示屏连通了望谟至安龙高速公路项目通车现场、铜仁至怀化高速公路项目开工现场。

中国交通建设集团有限公司副总裁陈云,省委秘书长刘奇凡,省政府秘书长唐德智,省有关部门、各市州、贵安新区有关负责人,在黔投资高速公路项目企业代表和部分干部群众代表参加开工仪式。

省交通运输厅党委书记、厅长王秉清在仪式上发言,介绍了有关县县通高速公路的情况。

【精选之五】

打通内循环 架起"大立交"
——贵州省交通运输厅厅长王秉清谈贵州"县县通高速"

(《人民日报》记者采访稿)

记者:贵州于2015年底实现所有县(市、区、特区)都有高速公路连通,圆了世世代代贵州渴望改变交通面貌的梦想。请您介绍一下相关情况。

王秉清:到2015年底,贵州省高速公路通车里程超过5100公里,达到5121公里,高速公路路网密度达到每百平方公里2.9公里,在西部地区位居前列;形成15个高速公路出省通道,与相邻省(区、市)形成两个以上高速公路通道。全省88个县(市、区、特区)均已贯通高速公路,成为西部地区第一个实现县县通高速公路的省份,也是全国县县通高速公路为数不多的省份之一。贵州县县通高速公路具有历史的里程碑意义,必将载入西部交通建设和贵州经济社会发展的史册。成绩的取得,主要取决于历届省委、省政府领导在党中央、国务院关怀下,在交通运输部等国家相关部委的大力支持下,相继做出了"交通引领经济""交通优先发展"等重大战略决策,坚持"一张蓝图干到底",举全省之力加大交通基础设施建设力度。

记者:县县通高速公路对于贵州作为"西南陆路交通枢纽"的定位有什么样的意义?

王秉清:贵州县县通高速公路,其价值不仅仅在于为贵州而建,更是为西部而建。长远来看,其意义不仅作用于贵州,更作用于西南。县县通高速公路不仅实现了贵州人的交通梦,更是为改善整个西部、西南交通网络,为完善全国高速公路骨架网络建设做出了重要贡献——向东,将打通连接长三角的高速通道;向西,建设通向东盟的国际高速大通道;

向南,通过高速通道融入珠三角;向北,实现与古丝绸之路的高速连接。贵州与外界的联系实现"高速对接"的同时,逐步成为真正意义上的"西南陆路交通枢纽",将成渝经济区、长株潭经济区、黔中经济区等连在一起,缩短了中西部陆路交通的时空距离,为西部省份优化资源配置创造了良好条件。

记者:贵州地形地质条件复杂,财力又有限,县县通高速公路建设中有哪些经验值得借鉴?

王秉清:一是创新方式,省地联动,在全国形成了高速公路建设投融资的"贵州模式"。贵州县县通高速公路投资总规模和建设规模均为贵州历史空前,其中项目总投资超过4100亿元。在困难面前,我们倒逼模式创新,千方百计解决高速公路建设资金难的问题,主要是靠国家给力、自身努力、依靠外力这三个力。在争取国家更大力度支持和加大省级、市(州)政府投入的同时,积极向社会开放,提供优惠政策,创新采用"BOT+EPC+政府补助"等投融资模式,吸引和鼓励各类大型企业集团、民间资本以相应方式投资建设贵州高速公路共计21个项目约1589公里,吸引社会投资达1770亿元。二是创造了高原山区建设高速公路的"贵州速度"。贵州地形地貌起伏跌宕、地质条件十分复杂,建设难度很大。新建高速公路平均桥隧比约50%。为了解决建设难的问题,我们超前谋划、精心管理、统筹推进,充分依靠交通科技创新,全面推行标准化、规范化、精细化施工管理。8年来,平均每年建成高速公路500公里以上,创造了交通建设后发赶超的时代奇迹。我们还始终坚持守住生态底线,在建好经济路的同时,积极打造生态路、旅游路、景观路。贵州修路难,却提前3年完成县县通高速公路目标,创造了山区修建高速公路的"贵州速度"。

记者:随着县县通高速公路的实现,很多人都说现在贵州交通建设"天亮了",贵州"更贵了"。那么,这"亮"体现在什么地方,"贵"在哪里?

王秉清:一是大交通优化大区位。贵州作为西南陆路交通枢纽的地理区位优势将不断凸显,有利于贵州积极参与"一带一路"和长江经济带等国家战略的实施,精准对接珠三角,广泛借力长株潭、成渝经济圈,加快构建全方位对外开放新格局。二是大交通推动大发展。高速公路缩短了时空距离,带给贵州的机遇不仅是交通条件改善、物流成本下降,还将有效促进产业结构布局优化、城市生活品质提升,促进全省各县域间产业、城镇、风景的高度融合和各民族间生产、生活、生态的高度融合,激发了贵州人强烈的自豪感、自信心和干事创业的激情。三是大交通助力大扶贫。对推进乌蒙山、武陵山、滇桂黔石漠化集中贫困连片地区扶贫攻坚具有重要意义。65个贫困县全部通高速公路,其中集中连片特困地区高速公路里程达3700公里,约占全省的72%,极大地改善贫困地区路网结构,尤其是贫困地区交通面貌发生了巨大变化,老百姓获得感最多的就是交通运输条件的改善。

记者:"交通建设还在路上",这意味着贵州交通建设还将继续加力,"十三五"建设规划目标是什么?

王秉清:"十三五"期间,贵州交通用一句讲,那就是继续加大投入,公路水路投资达到5000亿元("十二五"4300亿元),铁路投资1200亿元,民航投资200亿元。全省将采用多种融资模式,进一步加大交通投入。公路网建设以高速公路为骨架、国省干道为支撑、县乡道为脉络、农村公路为基础的四级公路体系。

具体讲,"十三五"时期,将使高速公路总里程达到7000公里以上,规划的"六横七纵八联"高速公路网基本形成;继续加大普通国省道建设力度,建设普通国省道二级及以上公路4500公里,全省普通国道二级及以上公路比重达90%,省道三级及以上公路比重达到30%。

建设农村公路7万公里,实现四个兜底——第一个兜底,就是2017年实现建制村全部通水泥路,2015年,我们全面启动了农村公路建设3年大会战,准备用3年时间实现建制村100%通水泥路;第二个兜底就是至2020年,基本实现撤并建小村通沥青(水泥)路;第三个兜底,就是加大农村公路安防工程建设,特别对临水临崖路段,重点进行改造,全省实施农村公路安保工程2万公里,改造农村公路危桥1023座、3.2万延米;第四个兜底就是积极推进建制村优选通达线路中不能满足安全通客车要求的窄路基路面公路拓宽改造,全省实施1万公里窄路面加宽。"十三五"期间,贵州陆路建设将极大提升或告一段落,陆路交通基本形成。在水运方面,积极推进"北入长江,南下珠江"的水运体系建设,实现航道里程达到4000公里。

【精选之六】

告别昔日"地无三里平"　梦圆今朝"县县通高速"
——贵州高速公路建设纪事

(作者　李黔刚　孟昭华)

2015年12月31日,笔者很荣幸在贵阳至瓮安高速公路清水河大桥开阳岸参加了贵州县县通高速公路仪式采访活动。贵州成为西部第一个"县县通高速"的省,也是全国实现"县县通高速公路"的为数不多的省份之一。

作为在交通运输战线工作已三十年的职工,这些年,无数次深入到各条高速公路建设工地采访,见证了贵州从第一条高等级公路建设到实现县县通高速公路建设目标的历程,也亲身感受贵州交通人的神圣使命感和拼搏精神。

终将蓝图变现实

"不是夜郎真自大,只因无路去中原"。贵州境内山高谷深,沟壑纵横,因交通落后历来被视为畏途。山阻水隔的封闭环境也给贵州带来了经济社会相对"欠发达、欠开发"。全省人民迫切盼望交通加快发展,历史上多少仁人志士不屈不挠奋斗与开拓,试图改变贵州交通落后面貌。

坦途连万家,彩虹跨涧溪。在贵州省委、省政府的正确领导下,从20世纪80年代末期建设贵阳至黄果树高等级公路开始,在贵州省重点公路建设30年的日子里,不论是工程管理者还是设计、施工单位的员工,都把能够参与公路建设视为殊荣和提高锻炼自己的极好机会。为按时保质完成设计、施工任务,建设者们基本上没有节假日,日夜奋战在岗位上,在当地政府和群众的紧密配合下,谱写了一曲曲荡气回肠的英雄赞歌,铺筑了一条条环保之路、和谐之路、发展之路。

据了解,贵州省在新中国成立时仅有公路3943公里,其中勉强能维持通车的只有1950公里。至1985年,贵州省公路通车里程达到27999公里。然而,"量"的改观并没有带来"质"的发展,贵州仍然没有一条一级公路。

1986年是贵州交通发展的一个重要转折时期。当年8月15日,贵阳至黄果树汽车专用公路破土动工。这在经济落后的贵州修建高等级公路,从历史和现实的角度看都是一个大胆而又必需的决策。

全长137公里的贵黄公路作为我国西部地区最早开工建设的一条高等级公路,从开工至1991年竣工通车,它一直受到多方面的关注。交通运输部领导曾数次来黔考察调研,贵州省四大班子的领导多次到工地现场办公,为建设排忧解难,因而也出现了不少"路专员""桥县长"等的代名词。

现在回想起来,公路建设者修贵黄公路时,蔡家关大拉槽最为艰苦。这段长196米、高62米的拉槽开挖的石方就达25万立方米,相当于平原地区修建20公里一级公路的土石方量。

贵黄公路建成通车时,《人民日报》载文称赞"美哉,贵州路";中央电视台《新闻联播》以"神州山区第一路"为题作了深度报道;《中国交通报》发表评论称其"贵州人的骄傲"。据统计,贵黄公路总造价3.03亿元,通车后3年所产生的经济效益相当于修路的全部投资。如果没有贵黄公路,贵州的西线旅游和黔中腹地的经济不会有今天这样大的发展;没有贵黄公路,贵州的高速公路建设也不会像今天这样受到社会各方面的关注。

曾经有一位学者将贵黄公路誉为贵州公路交通发展的时代分野,这一点都不为过。事实证明,贵黄公路开启了贵州公路建设的新纪元,是贵州公路建设从此走向现代化的标志。

1992年6月,贵州第二条汽车专用公路——贵阳通往历史名城遵义、全长155公里的高等级公路动工。

当时,国家关怀贵州,但国家的资助与实际需要仍有很大距离,贵州省财政困难抽不出配套资金,怎么办？省政府采取"用优惠政策促交通发展。"公路建设用地实行低价征用,拆迁构造物"各家娃娃各家抱走",由地方政府负责;工程材料实行优惠价格;抽调到工程指挥部的工作人员工资由原单位发给,尽可能地采取一切措施让有限的资金用到非用不可的地方,让最少的投资发挥最大的效益。

历经5年多的时间,1997年11月,贵阳至遵义高等级公路建成通车。

1998年,国家开始实施西部大开发战略,给欠发达、欠开发的西部内陆山区贵州带来了难得的发展机遇,国家有关部委在政策上、资金上向西部地区倾斜,交通运输部加大了对贵州的帮扶力度,贵州省委、省政府提出坚持把以公路为重点的交通基础设施建设摆在经济社会发展的当务之急和重中之重,银行等金融组织积极支持交通建设。这些无疑给积累了一定的发展经验和人员、队伍、设备等储备的贵州交通增添了引擎和动力。

从这个时期开始,贵州重点公路建设充分利用"贷款修路、收费还贷、滚动发展"政策加快建设步伐,国家补助资金和省财政投入资金使用效益得到极大发挥,贵阳至新寨、贵阳至毕节、凯里至麻江等高速、高等级公路相继建成通车,玉屏至铜仁、关岭至兴义、镇宁至水城、清镇至镇宁等一批高速、高等级公路开工建设。依托国道主干线经过贵州省境内路段,提出构建"二横二纵四联线"高等级公路骨架体系的发展目标,从而为贵州一段时期内加快高速、高等级公路建设明确了发展目标。

2002年,党的十六大提出了科学发展观的发展理念,确立了加快小康社会和社会主义和谐社会的发展目标,给贵州交通工作指明了前进的方向,全省交通工作迎来了千载难逢的黄金发展期。

这期间,贵州交通建设投融资体制改革取得突破,充分利用好国家倾斜政策、补助资金和交通规费资金,鼓励和引导各级地方政府和社会力量以多种方式参与建设,共办交通取得新进展。将效益好的路和效益不好的路进行捆绑融资,实行统贷统还,为筹措贵州省二级以上公路建设资金蹚出了新路。此间,清镇至镇宁、崇溪河至遵义、三穗至凯里、玉屏至三穗、镇宁至胜境关、扎佐至南白、玉屏至铜仁、镇宁至水城、关岭至兴仁、兴仁至兴义等一批高速、高等级公路相继建成通车,上海至瑞丽和重庆至湛江公路经贵州的一横一纵两条国道主干线基本建成。开工建设了贵阳西南绕城公路、都匀至新寨(改扩建)、白腊坎至茅台、水口至格龙、格龙至都匀、贵阳至都匀、贵阳南环线绕城公路、水城至盘县等一大批高速公路,另有国家高速公路网项目和一批省规划高速公路项目前期工作全面展开。

至2010年底,贵州省公路总里程近15万公里,公路通行条件显著改善,干支结合、四通八达的公路网基本形成。其中,高速公路通车里程1507公里,在建高速公路里程达2555公里,全省88个县(市)中已建成高速公路的县达37个。2011年,面对省级资本金筹措难、银行贷款资金到位难的双重压力,贵州省交通运输厅把资金筹集作为交通建设工作的重中之重,及时调整高速公路建设融资思路,通过与多家银行开展合作,千方百计筹措资金偿还银行贷款,增加银行现金流。当年建成沪昆高速贵阳至清镇段、汕昆高速板坝至江底段、黎平至洛香等10个项目(段)。2012年,建成高速公路7条(段)607公里,全省高速公路通车里程达2630公里。新增大方、江口、凤冈等13个县(区)通高速公路,全省通高速公路的县(市、区)达到60个。

2013年是贵州省高速公路建设三年大会战的开局之年,新建成高速公路651公里,高速公路通车里程突破3000公里,达3284公里,新增印江、赤水等8个县市通高速公路,通高速公路县达68个,新增贵阳至兴义双通道连接,形成9条高速公路出省大通道,"678"高速公路网逐渐成形。高速公路通车里程、建设规模进入西部12省市区第一方阵,建设速度位居全国前列。

2014年,贵州省新建成高速公路16条(段)700多公里,约占全国新增高速公路里程的10%;高速公路通车里程突破4000公里达4007公里,排全国第17位,同比上升2位;新增11个县通高速公路,通高速公路的县达79个,形成10条高速公路出省通道。

现在回想起来,当贵州提出要用十年时间实现县县通高速的时候,全省高速公路通车里程不足1000公里,全省通高速公路的县(市、区)只有28个。那时,外省人问了两个问题:一是能不能,贵州穷省办大交通,有这个能力没有?二是有没有这个必要?

前不久,贵州省交通运输厅新闻发言人邱祯国自信坦言:"这些年我们不说话,就是埋头苦干。现在看来,这两个问题,我们提前三年时间可以作答了。"

2015年是贵州交通发展史上极不平凡的一年。这一年,新增9个县通高速公路,通高速公路的县达88个,高速公路通车里程将突破5100公里,全省实现县县通高速公路的宏伟目标。届时,贵阳与其他市(州)政府所在地有两条通道连接;与相邻各省(区、市)形成两个以上省际大通道,高速公路出省通道达15个。高速公路沿线广大人民群众依托这一条条通衢大道奔向小康的梦想正一天天地变成现实。

创新投融资体制

据统计,"十二五"期间,贵州在高速公路建设方面,共完成固定资产投资3450多亿元,是历史上投资最大、增长最快的五年。然而,仅依靠贵州自身的力量,这一切是无法完成的。

2013年4月,贵州召开全省高速公路招商引资推介会,推出高速公路招商引资项目15个共960多公里,总投资约940多亿元。

在引进资金的同时,贵州出台了一系列有利于加快高速公路建设的相关政策。在财政支持方面,从2008年开始,贵州省财政部门以10亿元为基数,每年按照10%的比例递增,专项安排用于高速公路项目建设,地方政府债券优先用于高速公路建设。

省交通运输厅大胆突破传统思维,以要素多样化推进交通筹融资改革,走多元化筹集资金的道路。在资源整合方面,将省内三家交通建设企业组建为交通建设集团,由施工企业向投资企业转型,采用BOT(建设—运营—移交)模式建设高速公路;在资本金筹集上,由省级高速公路投资企业与地方政府共同组建高速公路建设融资平台,把地方政府融资平台变为省级经营性融资平台,实现了地方业主项目的融资合法化,解决了地方融资平台不能贷款的问题;创新筹融资模式,积极推进股权投资、租赁融资、债券以及资产证券化筹资,促进融资主体多元化;深化省地融资合作,探索交通建设与土地、旅游、矿产等资源捆绑开发,稳步拓宽投融资渠道。

在高速公路建设模式上,省交通运输厅推出"BOT(建设—运营—移交)+EPC(设计—采购—施工)"模式,即在BOT项目基础上,实行EPC总承包模式建设,由投资人承担工程项目设计、采购、施工、试运行服务等工作,并对承包工程的质量、安全、工期、造价全面负责。这种新模式更有效地将投资人、设计与施工的优势整合在一起,催生了投资建设企业的内生动力,投资者更有积极性。贵州还推出了"BOT+EPC+政府补助"模式,对经测算运营亏损的高速公路项目,在建设期由政府进行补贴。政府补贴由省、市、县政府按比例承担,专项用于项目,不占项目投资股份。

此外,贵州交通运输部门积极贯彻落实财政部、交通运输部联合发布的《关于在收费公路领域推广运用政府和社会资本合作模式的实施意见》,在"BOT+EPC+政府补助"模式基础上加以创新,采取PPP(政府与社会资本合作)模式,即对经测算亏损的高速公路项目,从"补建设"向"补运营"转变,不仅提高了财政支出的引导和带动作用,而且相应缓解了政府筹资压力。

近5年来,贵州创新发展,按照创新模式、创新投融资体制的要求,吸引中国交建、中国铁建等大型央企,采用BOT模式建设高速公路1589公里,吸引企业投资1770亿元,借助外来资金、管理方式,对提前实现高速公路规划目标起到了重要作用,也对原定到2018年实现"县县通高速"目标提前3年奠定了坚实基础。

万里长路万里绿

贵州,崇山峻岭,沟壑纵横,给筑路建桥带来了许多难题。但通过科技攻关,贵州省高速公路照样穿山越岭,不断延伸。

据统计,贵州省高速公路平均桥隧比高达55%,高出其他地区25%以上。2008至2015年,全省新建成高速公路桥梁1549公里、6015座,隧道1003公里、984座,建成的桥隧总长度达到2552公里,相当于贵阳至北京的路线长度。

现在回想起来,能建成这一座座桥、一道道隧,确实来之不易。

这些年来,贵州省交通运输厅围绕全省交通发展中出现的科技需求,组织开展了一批省部级重大科研项目攻关,重点突破一批关键、共性技术难题,在支撑工程建设、引领行业创新发展方面成效显著。在山区复杂条件下大型桥梁建设技术方面，形成了千米级悬索桥、高墩大跨刚构桥和钢管混凝土拱桥等设计施工成套技术，成功建成了清水河大桥、坝陵河大桥、北盘江大桥、赫章大桥、木蓬大桥等一批世界级桥梁建设工程，实现了贵州省桥梁建设技术的大跨越；针对西部山区复杂地质地形条件，从勘察设计、建设施工、养护管理和生态环保等方面系统开展基础研究和技术开发，形成一批山区高速公路修筑技术，其成果居国内先进水平，有力支撑了复杂山区环境下高速公路项目建设；完成了"贵州乌蒙山区毕都高速公路安全保障科技示范工程"等交通运输部科技示范项目，有力推动了交通科技成果推广应用；以"互联网＋便捷交通"推进智慧交通建设，率先开展智能交通云的建设和应用。交通运输科技成果连续4年获得贵州省科技进步一等奖和成果转化一等奖。

正是这一项项技术突破，这一个个中国制造，使得黔路通大道，天堑变通途。正如贵州省交通运输厅党委书记、厅长王秉清所言，县县通高速，使层峦叠嶂、峰壑纵横的山地贵州成为通畅顺达的"平原贵州"。

今天，人们乘车行驶在贵州第一条双向六车道高速公路贵阳至清镇高速公路上，公路笔直宽阔，蜿蜒于群山之中，路旁山坡上满目苍翠，看不见裸露的岩石。湖光山色与田野上成片的油菜花构成一幅山水画，让人感受到路与大自然已融为一体。

万里长路万里绿，这是交通建设者奉献给大地母亲的礼物。在黔中大地上，绿色环保举措始终贯穿了一个理念：5000多公里的高速公路与大地母亲融为一体，不破坏就是最大的保护，让行车人如同穿越一条万里生态长廊。

在贵州建设中的高速公路工地，人们不难发现，为数众多的高边坡、高挡墙、高路堤、高桥墩以及相对集中的桥梁群和隧道群随处可见，工程的险、难程度令人惊叹，蜿蜒于崇山峻岭间的高速公路因而显得更加雄伟壮观。建设者们宁愿多打隧道、多架桥、多砌挡墙护边坡，也要多保留耕地，多进行绿化。

为了保护环境，建设者们在工程选线过程中，经过多次实地勘察，严格比选论证，尽量使用荒地、非耕地，尽量少占用基本农田，绕避环境脆弱、地质灾害频繁等区域，并采取切实可行的环境保护措施，避免产生新的生态环境问题，防止水土流失，加强对森林资源、水资源、风景名胜以及文物的保护。注重大型工程构造物与自然景观的协调，如镇宁至胜境关高速公路坝陵河大桥、六盘水至盘县高速公路北盘江大桥、贵阳至瓮安高速公路（图5-3）清水河大桥等与贵州特有的山河风光协调较好，工程与景观相得益彰、相互辉映。当初，贵阳至遵义公路扎佐至南白段由二级汽车专用公路改扩建为完全控制出入、全立交的双向4车道高速公路。该项工程新建仅36.21公里，利用老路改扩建48.29公里，可少占5000亩土地，节约投资约6亿元。这种合理选择、利用线位资源和线形指标节约土地，节约能源资源，大力发展交通循环经济的做法，在贵州高速公路建设中随处可见。

征地拆迁是一个复杂的系统工程，尤其是在贵州地质情况复杂和少数民族居住的山区,处理不好更容易出现问题。征地拆迁不仅涉及沿线群众和有关部门的切身利益,更关系到工程的进展以及社会的稳定。各项目办和总监办树立全局和发展的观点,以人为本,服务"三农",情系群众。不论是工程设计,还是制定征地拆迁的补偿政策和解决施工中的涉农问题,工作都有一定的预见性,掌握主动,把握全局,尽量减少和避免失误。

图5-3　2014年4月,贵州省交通运输厅宣教中心组织媒体记者
在贵阳至瓮安高速公路建中隧道建设现场采访

高速公路建设者们时刻牢记"和谐"二字,创新工作思路,主动与当地政府积极配合,将拆迁安置工作与全面建设社会主义新农村相结合,与党的富民政策相结合,与当地经济发展相结合,进行深入细致的前期调查,广泛听取当地政府和群众的意见,合理和科学地进行处理,共同营造和谐良好的施工环境,使许多安置点成为社会主义新农村建设的新亮点,成为农民致富的新起点。

厦蓉高速公路贵州境水口至都匀段全长200多公里。在这条高速公路的前期工作中,建设者把施工便道与通村公路相结合,统一规划,投入1亿多元资金用于施工便道建设,其中一半以上施工便道可以用作永久性通村公路。笔者曾在水口至都匀段AT23合同段采访时看到,这里仅4公里长的主线道路,却有20多公里长的施工便道。这些施工便道一旦出现坑槽,建设单位聘请的养护队员就会很快地向坑槽处填补碎石,确保便道上施工车辆的正常通行。

大通道效应凸显

交通的发展不仅在改变着贵州的地理,也改变着贵州的形象,交通已成为提升贵州形象的一扇窗口。贵州交通的巨大发展,正以惊人的速度缩短着贵州版图的时间距离,也在不断加快贵州与邻近省份的相互交往,使贵州省加大了区域经济圈的融入程度。

贵州高速公路的畅通产生了许多沿路的经济点、经济带、经济圈,促进了资源优势转化成经济优势,改善了投资环境,从而带动了经济社会的发展。一条充满活力的大通道,一个充满朝气的大市场正向我们走来。

据了解，随着西南外向型经济的快速发展，特别是在我国与东盟经贸往来日益密切的背景下，西南地区每年有2000多万吨货物出口，贵州省"678"高速公路网逐步建成，使四川、重庆、云南、湖南、广西与贵州连为一体，无疑会使新一轮人流、物流、信息流、资金流在贵州产生"通道效应"，形成新的投资热潮，为贵州带来新一轮发展机遇。一条条形象路、致富路横空出世，一条条希望路、发展路拓展延伸。

随着大兴至思南高速公路建成通车，贵州打通了第二条通往湖南、走向中国中部腹地以及东部沿海地区的高速通道。纵横延伸的高速公路让这片土地焕然一新，依托高速公路建设迅速聚集的人流、物流、技术流、资金流、信息流，为黔东经济社会发展带来了强劲活力。与此同时，大思高速公路东连铜仁市、湖南湘西自治州等武陵山区腹地，西接遵义、毕节等乌蒙山区要地，把两地紧紧连成一体。大思高速公路开通，有效促进了农用物资、农产品的转移，彻底扭转松桃农产品长期处于县内"自销"的局面。

现在每天通过贵新高速公路南下、北上的客车和货车都成倍地增长，到荔波、都匀去旅游的人也比以前增加了好几倍。通过这条路，福泉的魔芋丝、都匀的毛尖茶、独山的盐酸等有特色的农副产品都可以很快地运送到贵阳以及销往省外。

清镇至镇宁高速公路自2003年开通以来，安顺经济发展速度明显加快：全市2005年招商引资到位资金14.97亿元，较2004年增长57.9%；全市生产总值总量2004年比2003年增长10.1%，2005年比2004年增长了12.7%。清镇高速公路已成为安顺经济发展的强大动力。现在游客到贵州，一天就可以游完黄果树瀑布、龙宫、红枫湖、织金洞、马岭河峡谷等国家级风景名胜区。

80多年前，红军在娄山关击溃黔军、夺取遵义后，毛泽东同志写下了"雄关漫道真如铁，而今迈步从头越"的著名词句。现在，人们乘车不到一个小时就穿越了崇溪河至遵义高速公路酒店垭、清杠哨、"七十二道拐"和娄山关等四大险关。过去，一辆大型车辆在气候及车辆技术状况正常时经过"七十二道拐"路段大约需要一个多小时，而今通过崇遵高速公路凉风垭隧道只需4分钟。有副对联这样写道："七十二弯弯成历史，四千米洞洞穿未来"。难怪那些老驾驶员们会说："驾车经过凉风垭隧道感觉就像钻进了时空隧道。"而高速公路两旁的"遵义会议""娄山大捷""四渡赤水""抢渡乌江"的雕塑仿佛在轻轻述说当年在这片土地上发生的令人难忘的故事。

镇宁至胜境关高速公路通车后，大大缩短贵州向西开放的时空距离，打开贵州省"养在深闺"的资源宝库，川黔滇桂区域经济加快深度融合。从贵州省的盘县到云南省的富源县城从3个小时缩短到50分钟，到曲靖也只一个半小时，到昆明只需3小时。现在平均每天过往胜境关收费站车辆超过1万车次，遇节假日超过2万车次。交通的改善，让原本经贸交往就活跃的盘县和云南富源、曲靖、昆明等城市，合作的手握得更紧了。盘县方面曾做过这样的调查：每年盘县至少有600万吨原煤、焦炭进入云南；盘县市场上销售的材料、服装、日用品等大多是从云南批发过来的;每年盘县人在云南的消费超过2亿元,而两地的资金流量达20亿元以上。

2015年11月份,厦蓉高速公路贵州境毕节至生机段建成通车,标志着这条国家高速公路在贵州境内的"最后一公里"被打通,实现了全线贯通。这也是贵州与四川两省继蓉遵高速公路建成后又新增加的一条高速公路出省大通道。

如今,东接湖南,西连云南,北上四川、重庆,南下广西的高速公路网让贵州经济社会发展驶上了快车道,也使西南内陆各省盼望多年的"通江达海"之梦得以实现。贵州交通运输的发展缩短了时空距离,也促进了物流企业的发展。这是一条条经济贸易往来的大通道,是一条条带动沿线群众实现小康目标的大通道,是一条条黄金旅游的大通道,是一条条民族团结、民族融合、文明进步的大通道,是一条条交通科技创新、绿色环保的大通道。

还值得一提的是,近些年来,无论是"交通引领经济""交通优先发展"战略的确立,还是制定县县通高速公路宏伟目标,实施高速公路、农村公路、水运建设三年会战,国省干线提等升级攻坚,规划建设环贵州高速公路,以及启动"多彩贵州·最美高速""多彩贵州·平安高速"创建工作,无不体现了历届省委省政府领导同志着眼长远、"一张蓝图干到底"发展交通的胸襟伟略,无不贯穿着各级政府部门上下齐心、年复一年、驰而不息地加大力度闯难关、办实事的信心决心,无不凝结着广大交通建设者久久为功促进互联互通、增进百姓福祉的深重情义和攻坚克难的日夜拼搏精神。

自1927年贵州修建第一条公路以来,全省公路交通经历了从无到有、从少到多、由通到好、由低等级到高等级的发展历程。现在,环视贵州东西南北,一条总长约2000公里接连全省所有沿边地区的高速公路正在加快建设中。到2018年,随着一条条高速公路省际通道的陆续建成,贵州必将成为名副其实的"西南地区重要陆路交通枢纽"。到2020年,形成22个以上高速公路出省通道,助推黔中经济区、黔北经济协作区、毕水兴能源资源富集区以及"三州"民族地区可持续发展和跨越发展。

贵州交通天亮了,贵州交通人永远在路上。

随着一条条高速公路不断向前延伸,必将大大加快贵州的现代化进程。雄浑壮美、大气磅礴的高速公路将承载着贵州人"富民兴黔"的梦想,也寄托着奔向未来的无限希望。

【精选之七】

桥之贵州高速

(作者 刘叶琳)

从古至今,逢山开路,遇水搭桥,绵延不绝。于是,在人类文明的发展史上,"桥"见证了社会发展的变迁,也加速了社会文明的进步与创新。贵州是全国唯一一个没有平原支撑的省份，山高坡陡，沟壑纵横，闭塞的交通严重阻碍了贵州的社会经济发展和与外界的交流，那么桥之于贵州交通，恰如盐之于饮食。

虽然奔走在黔中大地上，乘车经过很多高速公路桥梁；在图片中也多次领略了高速公路桥梁的风采，看到一座座雄伟的大桥跨山越岭时，内心都十分激动，而第一次真正领略贵州大桥的风采是2014年初第一次踏上沪昆高速公路镇宁至胜境关段坝陵河大桥观光通道，实地感受了大桥的壮观，当时的感觉至今难忘，震撼、鬼斧神工……内心不知道用什么词语来形容。

当然除了震撼之外，严重恐高的我内心还是感到十分恐惧，生怕自己一不小心就从桥上掉下去，陪同参观的工作人员可能也看出来我的小心翼翼，一再强调大桥的安全性，最终还是在心惊胆战中从坝陵河大桥的这一端走到了另一头，用自己脚步全程实地丈量这座钢桁加劲梁悬索桥——世界排名第八、中国排名第三的大桥。

之后，因为工作的关系，到过很多大桥的施工工地，也攀爬过很多大桥的施工塔吊、施工猫道，但最有感情的还是贵阳至瓮安高速公路的清水河大桥。2015年12月31日，这座大桥正式建成通车，通车当天在现场和大桥项目书记高恒开玩笑说到，从大桥开工到建成通车的两年半时间，在他的印象中我前前后后差不多去过四五十次。从大桥开始挖桩基、主墩慢慢立起来直至封顶、大桥的猫道架设、第一块钢桁梁吊装、大桥钢桁梁合龙、第一次大桥路面沥青摊铺……直到大桥建成通车，每一次的感受还记忆犹新。最难忘记的是第一次走清水河大桥的施工猫道，在同事芍云和项目办刘绥伟的陪同下，一步一步从大桥主墩下沿着施工猫道行走，内心是那么恐惧、紧张和小心翼翼，一步一步往前挪，一直走完施工猫道，在过程中也慢慢地感觉没那么可怕了，到最后还能大步行走了，自我感觉还是很有收获的，再后来多次行走大桥的猫道，再也没有恐高的感觉了。作为一名交通行业的宣传工作者，能够在工作中一步一步见证清水河大桥这座世界级大桥的建成通车，内心是十分激动和自豪的。

崇山峻岭、沟壑纵横的喀斯特地貌，使得在"天无三日晴，地无三尺平"的贵州修路筑桥的难度系数很大，也迫使贵州交通人付出了更多的艰辛，在桥梁建设中，桥梁跨度、高度、桥墩高度等方面，不断地刷新一个个纪录，也成就了贵州桥梁在世界桥梁发展史上重要的地位。从古老孤悬一线的独木桥，到古驿道上的石拱桥，到今天高速公路上的大跨径悬索桥，一座座连接彼岸的桥，连通贵州内外，同时讲述着贵州交通快速发展的精彩故事，延续着多彩贵州这片土地上清晰的人文脉络。

贵黔高速公路鸭池河大桥、毕都高速公路北盘江大桥、望谟至安龙高速公路北盘江大桥、沿德高速公路马蹄河大桥、惠罗高速公路红水河大桥、道安高速公路芙蓉江大桥……回想自己去过的每一座大桥，每一次在现场采访时，建设者们那充满信心、甘于奉献的精神一直激励着自己去奔走前行，也为他们修建一座座漂亮、雄伟的大桥而自豪。

【精选之八】

壮哉！坝陵河大桥

（作者　焦　可）

　　坝陵河大桥位于贵州省关岭县，跨越坝陵河大峡谷。主桥为主跨1088m钢桁梁悬索桥，主桥跨径布置：(248+1088+228)m，桥梁全长2237m，东塔高186m，西塔高201m。该桥总投资约14.8亿元，于2005年4月开始开工建设，2009年12月建成通车。大桥西岸隧道式锚碇长74.34m，为世界第一大隧道锚；东岸重力式锚碇混凝土浇筑方量达8.2万m^3，居国内第一。

　　在高山峡谷区修建如此大跨度桥梁，在中国建桥史上尚属首次。坝陵河大桥的建成，不仅是贵州省桥梁建设史上新的里程碑，也是全国在高山峡谷区修建上千米超大跨径桥梁的新起点。

　　2005年，由贵州高速公路集团有限公司承担，中交公路规划设计院有限公司、西南交通大学、中国科学院地质与地球物理研究所、中国水电顾问集团中南勘测设计研究院、贵州省地矿局第二工程勘察院、贵州省桥梁建设集团有限责任公司、中交第二航务工程局有限公司参与，开展交通运输部西部交通建设科技项目坝陵河特大桥建设关键技术研究，项目负责人任仁。项目以贵州坝陵河特大桥工程为依托，是大桥建设的技术支撑，课题的研究是国内外首次针对跨大峡谷的大跨径钢桁梁悬索桥开展的全貌系统研究，通过对坝陵河特大桥建设中所面临的关键技术问题进行了系统研究，确保了大桥的顺利建设，课题研究成果总体达到了国际领先水平。

　　(1)通过风剖面观测和风场地形试验，系统研究了山区深切峡谷风场特性，形成了一套确定山区深切峡谷桥梁设计风速的方法。

　　(2)首次研制了桥梁新型工程塑料(PPS)气动翼板抗风装置，并通过节段模型试验揭示了风偏角变化对大跨径钢桁梁悬索桥颤振稳定性的影响规律，优化了依托工程的气动性控制措施，保证了坝陵河大桥的抗风稳定性。

　　(3)首次提出了"多尺度岩体溶蚀率"的概念，建立了裂隙溶蚀岩体质量评价及力学参数确定方法，发展了现场隧道锚缩尺试验与数值模拟的反演方法，得到了隧道锚承载力尺寸效应的定量影响规律，解决了世界最大规模的大断面、大倾角、小间距隧道锚的技术难题。总结形成了一套岩溶地区隧道锚综合勘察技术路线和方法。编写了岩溶地区《隧道锚巡检养护指南》。

　　(4)首次在国内悬索桥钢桁加劲梁架设中采用桥面吊机悬臂架设工法和两铰逐次刚结的钢桁加劲梁架设施工新技术，形成了山区钢桁加劲梁悬索桥施工成套技术。

(5)首次在国内应用了悬索桥柔性中央扣纵向约束体系,有效减小了加劲梁纵向位移,改善了短吊索的疲劳性能。

(6)结合桥面吊机的架设工艺,建立了钢桁梁悬索桥施工参数识别方法,完善了大跨度钢桁加劲梁悬索桥施工监控计算理论,形成了钢桁梁悬索桥施工监控准则。

研究成果成功解决了山区峡谷大跨径桥梁建设中诸多亟待解决的瓶颈问题,填补了国内空白,形成了成套核心技术。研究成果已陆续在贵州坝陵河大桥、甘肃刘家峡大桥、贵州毕都高速公路北盘江大桥和抵母河大桥等桥梁中得到推广应用,对推动行业技术发展及规范、标准的制定,提高我国山区峡谷大跨径悬索桥的设计和施工水平具有重要的支撑作用。

该项目共申请专利6项,软件著作权1项,申请工法3项,出版论著2本,在国内核心期刊发表学术研究论文12篇,培养博士5人,硕士14人。

【精选之九】

贵州最长悬索桥
——清水河大桥

(作者 咸 通)

清水河大桥是贵州实施"县县通高速公路"战略以来修建的最为宏伟的大桥。大桥为主跨1130m钢桁梁悬索桥,主塔塔顶至清水河江面垂直高度达540m,桥面距峡谷垂直高度达406m,当时在世界钢桁加劲梁悬索桥中排名第六、中国排名第二,是贵州省最大的跨径桥梁。

2015年9月26日,记者在贵阳至瓮安高速公路控制性工程清水河大桥工地采访时看到,随着最后一节钢桁梁吊装完成,标志着清水河大桥顺利合龙,贵瓮高速公路年底建成通车提上日程,也为全省今年"县县通高速公路"目标的实现奠定了坚实的基础。

贵州,自古就有"八山一水一分田"之说,全省92.5%的国土面积为山地和丘陵。这种典型的喀斯特地形地貌,注定了"黔道难"。千山有路桥万座,要让贵州的山水之间能够连通,一座座桥梁必不可缺。

唯有桥梁,才能成为降低大山高度、抬升峡谷深度的最好介质。长期以来,贵州交通建设不断增加桥梁的数量,也不断增加桥梁的种类。因而,贵州有了"桥梁博物馆"的美称,不同类型、不同施工工艺的桥梁数不胜数,不断创造纪录,又不断刷新纪录。

这些年,说起贵州的桥,很多人都会想到沪昆高速公路贵州境镇宁至胜境关段坝陵河大桥。2004—2009年间,记者也多次到坝陵河大桥工地上采访,见证了大桥建设的全过程。这座长2237m、主跨1088m、最高桥墩202m的特大桥,桥面至坝陵河水面的高度达370多米,高峻险难、气势磅礴,让国际低空跳伞极限运动员视其为不可多得的极佳位置。

坝陵河大桥一度被称为一座难以超越的桥,不仅壮观还美不胜收。不过,现在坝陵河大桥将被另一座同类型的桥梁超越了,这就是贵瓮高速公路上的清水河大桥。

清水河大桥总体设计打破了国内外已建大跨径悬索桥加劲梁采用板桁分离体系的传统。在建设过程中,建设者首次运用板桁结合钢桁加劲梁用于山区千米级悬索桥,这种技术的运用,为科学合理地解决施工效率低、养护成本高问题提供了有效的解决方案。建设中采用的千米级大吨位缆索吊施工方法,也大大缩短了大桥的建设周期,使用的技术也是同类型桥梁的首次。桥体抗风能力达到8~10级,抗震能力也超过6级地震。清水河大桥投资15.4亿元,是目前贵州桥梁建设投资最多的一座桥。

2015年年底,清水河大桥建成后,车辆通过仅需要两三分钟。届时,瓮安到贵阳时间将从以前的4.5小时缩短至1小时,拉近了两地的空间距离,使瓮安县融入黔中经济区1小时经济圈,是加强贵阳经济辐射,带动周边区域发展最便捷路段之一。

【精选之十】

北盘江上看桥

(作者 胡颂平)

北盘江古称牂牁江,源头在云南,主流在贵州。其途纳百川集细流,浩浩荡荡逶迤于峡谷中,流势犹如九曲回肠朝北端流去,故名北盘江。北盘江干流长449km,其中贵州境内长达327km。流域西北海拔1500~2000m,东南在800~1500m。贵州境内坡降大,滩多流急,河床切割深,以峡谷为主。

"隔河喊得应,相会要半天"。昔日流传在北盘江流域的一首民歌,极为形象地勾画出当地百姓出行的艰难。随着交通发展,公路桥梁连接两岸,境况虽有所改善,但囿于等级低,汽车仍然需要绕山绕水耗费多时才能翻越河谷。

"赤橙黄绿青蓝紫,谁持彩练当空舞?"如今,伴随一条条高速公路纵横黔西南,一座座各具形态的北盘江大桥横空出世,两岸人民出行难、怕出行的日子一去不复返。

"世界第一斜腿"

北盘江都格至毛口段为中游,全长100多公里,均在六盘水市境内。其中,以发耳、法都两段近40km流域最为险峻,为贵州峡谷之最。

这两段河流上既有清末修造的铁索桥,又有现代架设的公路桥梁。其中,领风骚者当数水盘高速公路北盘江大桥。

放眼望去，水盘北盘江特大桥凌驾于巍峨的群山之间，结构壮观，气势恢宏，令人叹为观止。这是世界上首次采用空腹式构造的预应力混凝土连续刚构桥，同时也是目前世界上跨度最大的空腹式连续刚构桥，有"世界第一斜腿"的美称。

水盘高速公路北盘江大桥主跨290m，开创了空腹式连续刚构的先河。据专家介绍，普通连续刚构桥跨度一般在200m以内，我国桥梁跨度在200m至400m多采用斜拉桥和悬索桥，但是造价成本高。空腹式连续刚构新桥型填补了同类型桥梁在这个区间的空白，为山区大跨度桥梁提供了新选择。

此前，在同类桥梁中，贵州省跨度最大的是贵毕公路上的六广河大桥，主跨为240m。

"空腹式连续刚构桥实质上是拱桥和梁桥的组合体，这种优化结构提升了桥梁的耐久性，后期养护简便。"桥梁专家、贵州路桥集团公司副总韩先举说。

据介绍，水盘高速公路北盘江大桥位于水城县发耳镇和营盘乡交界处，这一地带山高谷深、地质多变，在近200m高且陡峭不平的两山之间搭建长度为1261m的大桥施工难度非常大，特大跨、特高墩、长悬臂梁等对施工工艺及技术控制都是一个巨大考验。施工中，建设者针对空腹区的下弦箱梁自行研发了大吨位"上置斜爬式挂篮"，获得国家发明专利及实用新型专利。

都格，一个云贵边界上籍籍无名的小镇，因为交通的变迁，一夜之间声名大噪。这里不但是贵州高速公路的15个出省通道之一，还有堪与水盘高速公路北盘江大桥比肩、跨径排行世界第四的钢桁斜拉桥——毕都高速公路北盘江大桥。

毕都高速公路北盘江大桥全长1232m，主跨720m，主桁架采用普拉特式结构，是杭瑞高速公路上最引人注目的重难点控制性工程，从开工之初就备受关注。据称，在无通航河道的山区峡谷上，修建一座跨径达720m的钢桁梁斜拉桥在国内外均属首次，其设计、施工还是运营养护，均缺乏可借鉴的经验。

毕都高速公路是贵州第一条科技示范路，故而看桥还要看科技。

毕都高速公路北盘江大桥堪称"科技桥"，其中以桥梁管养综合信息化平台最具代表性。

大桥设计者针对大桥施工和建设特点以及后期运营养护中存在的工程量大、涉及面广、管理信息烦冗的问题，采用云技术，研发并建立了一个集建、管、养于一体的桥梁管养综合信息化平台（云信息平台）。这个平台将施工过程中的各种建设数据与后期运营过程中的结构健康监测数据建立起有机联系，形成整座桥梁的全寿命数据链。

"滇黔锁钥"今昔

北盘江毛口以下为下游，流经晴隆、关岭、贞丰、望谟等地。这一段自古便是贵州西出云南的交通干道，笔者的北盘江印象也主要集中在此。

第五章
高速公路文化建设

那年,沿 320 国道西行采风,车出关岭县城,一路上行,过一养护道班后,视线开阔起来,再无压迫感。倏忽间,车开始下行,进入雄浑无比的北盘江峡谷。

放眼远眺,苍山如海,如围似屏连绵起伏,横亘在天边。从山顶到谷底,公路并不是想象中那样弯弯曲曲的盘山公路,几乎呈一条直线,直插北盘江。原来,北盘江峡谷关岭一侧山峦坡度不大,山体斜面如刀削一般平整,像倾斜的坝子,实在令人诧异。

记忆里北盘江似乎不宽,桥也无出奇之处,所以没有上心,只听说这条公路的前身便是大名鼎鼎的史迪威公路,著名的晴隆盘江铁桥就在不远处。

过桥进入晴隆境内,地形陡变。这一侧山高坡陡,密密匝匝的盘山公路虽比不上二十四道拐,但也足以令人头昏脑涨,景致倒是不错,一路苍松翠柏、鸟语花香。

北盘江乃滇黔交通必经之地,桥梁以其独特的连接作用,至关重要,故享有"滇黔锁钥"之誉。然而,北盘江峡谷地形复杂、山大谷深、交通难的问题,非高速公路不能从根上解决。比如,过去汽车沿 320 国道翻越北盘江支流坝陵河峡谷需要半小时以上,现在通过镇胜高速公路坝陵河特大桥,跨越峡谷仅需 5 分钟。

随着时代变迁,"滇黔锁钥"也不尽相同。数得着的,有花江铁索桥、晴隆盘江铁桥、320 国道盘江新桥、210 省道花江大桥、关兴高等级公路北盘江大桥、镇胜高速公路北盘江大桥等。

"铁索黑水旧知名,天水曾当百万兵。试问临邛持节客,当年何路入昆明?"此诗出自清代诗人彭而述之手,诗中所写的"铁索"就是花江铁索桥。花江铁索桥建于明朝,是关岭西进贞丰、兴义,甚至昆明的必经之地,交通地位举足轻重,不愧为"滇黔锁钥"。

古时另一处"滇黔锁钥"便是晴隆盘江铁桥。盘江铁桥处原是渡口,明万历十一年(1583 年)始建木桥,明崇祯三年(1630 年)建成铁索桥。古铁索桥遗址的两岸石壁上,镌刻着许多古人留下的摩崖石刻和造像,据说徐霞客云游此间时,曾对盘江铁桥感叹不已。

盘江铁桥还是一座"抗战桥"。抗战期间,它是中国西南抗战大后方的国防要道咽喉,为抗日战争胜利发挥了重要的作用。然命运多舛,几经战事损毁,又几次修复。新中国成立后,320 国道兴建,其地位遂为北盘江新桥所替代。

若要论山势之险峻,景色之壮美,大桥之雄伟,上述称得上"锁钥"的桥梁里面,笔者以为非关兴高等级公路北盘江大桥莫属。

北盘江流经贞丰县北盘江镇的那一段被当地人称为花江。花江峡谷区海拔高度 448～1470m,相对高差 400～800m,地势险峻,似刀劈斧削,号称"地球裂缝"。关兴公路北盘江特大桥坐落在关岭与贞丰两县交界处,横跨花江大峡谷,为预应力混凝土加劲梁悬索桥,主跨 388m。桥面至江面高达 405m,曾被誉为世界上最高的桥梁。

关兴公路北盘江大桥附近峡谷深邃幽长,深切达 1000m 以上,险峻自不必说,还有极难得的自然风光,美轮美奂,非人力所可为。

一江碧水,两岸奇峰,千岩竞秀,花江峡谷犹如一幅波澜壮阔、气势磅礴的山水画卷。红色的关兴高等级公路北盘江大桥横跨其间,如彩练一般,让人顿生"此桥只应天上有"之感叹。

第三节 人物事迹

【事迹之一】

"五朵金花"耀"贵黄"
——记设计声障墙的五位女工程师

(作者 刘 群)

当行驶在贵黄公路上时,不难发现位于距贵阳城区3公里处,有座造型特别的墙。它高3.5m,长778m,两边是淡灰色的拉链式墙面,中间呈凸凹形状,给人以立体感;墙前、墙内载满爬墙虎,生气勃勃,跃跃欲上;花坛中花朵散发出阵阵幽香,远远望去,植物与墙面浑然一体,好似一幅多姿多彩的天然画卷。它,就是被誉为"中国公路第一墙"的贵黄公路声障墙。

提及贵黄公路,提及声障墙,人们大概已不陌生,但是,人们却难以想到,她的设计者是5位女工程师。

经过多次约定,终于有机会见到声障墙设计者——省交通厅童淑芬、魏正宣,她们刚从重点工程江界河大桥匆匆回来。本想到童工程师家里进行采访,但她不好意思说,由于工作太忙顾不了家,家里太乱,不便接待客人,我们的采访就在办公室里进行。

提起声障墙,童工程师却表现得那么全神贯注,话头滔滔不绝。那是1988年,拟建的贵黄公路将从贵州工学院北侧依山而过,通车后每日有上万辆汽车通过,噪声达79分贝,严重干扰贵州工学院宁静的学习环境,而离公路最近的是贵州工学院图书馆。充满担心和忧虑的贵工师生向省委及中央提出解决噪声的强烈要求。意见受到省委和省交通厅的高度重视,怎么办?把路向北移?那要开山劈岭;打隧道,须增加2000万元的投资,还要造成日后维修、保养等一系列麻烦。正在此时,北京情报研究所几位同志来贵阳,对公路进行环境影响评价,他们提出可以用建声障墙的办法来解决噪声问题。这一建议犹如雪中送炭,得到交通厅的支持,有关领导部门向贵工师生保证,如果采取措施解决不了噪声,那么赔你们一个图书馆。

说到这儿,魏工也走进来,她们是1957年从成都工学院桥梁专业毕业分配到贵州,一起工作了30多年。设计过几十座大桥,每次都那么一丝不苟,精益求精,可称得上是一对志同道合、亲密无间的战友。当她们刚接到设计声障墙的任务时,心里直发怵,国内没有搞过,连个参观的地方都没有,于是,她们借阅大量国外资料,反复思考反复设计怎样才能美观大方,而又达到减噪效果,为了使设计尽可能完善,她们两人各自设计一套,然后又汇在一起商量、研究、取长补短,最后选用生态墙为最佳方案,即:屏障选用混凝土预制空心砖按拉链齿的形式砌筑而成,砖内填有腐殖土,种上各种花草,待花草繁茂之时,整个墙面花团锦簇,这样既美观,又达到减噪效果。

为声障墙设计付出心血的还有3位女同志,由于她们远在北京,我没有采访,关于她们的事迹,我只请魏工和童工作介绍。这三位同志都是研究声学的,在北京交通科技情报研究所工作。

为找到一种适合建屏障墙吸声材料,王润基几乎跑遍了整个北京市。有一次,听说北京郊区一个工厂生产这种材料时,她顾不得交通不便,头顶烈日,饿着肚子,步行几十里,才找到那地方一看,材料又不适合。就这样,一次次地找,一趟趟的跑,最后终于在北京陶粒厂找到一种适合在室外使用的多孔吸声材料——以页岩陶粒为轻骨料的混凝土砌块吸声高、耐潮湿,施工方便且价格低廉。她还克服困难,按照交通噪声频谱特性,加工设计了一种玻璃钢穿孔板共振吸声件,为以后建造轻型结构的屏障开创了一条新途径。

课题组组长聂嘉宣,从研究大纲制订到研究报告撰写,从吸声材料的选取到屏障美化处理……一件件,一样样,她都反复研究,做到胸有成竹、有条不紊。在参考大量外国经验的基础上,她反复探索,对于公路交通噪声预测和声屏障的声学设计,都有创新和突破,找到适合我国交通状况的计算方法,填补了国内空白。

工地在贵阳,家在北京,她们必须南来北往。刘红曾10次下贵阳,爱人又常出差,每当设计任务紧时,她顾不得还有骨折卧床的70多岁的老母和年幼的女儿,常常给爱人留下交换家务工作的纸条,匆匆上路。

5位女工程师为了取得良好设计效果,长期泡工地,都是50多岁以上的人了,每次测试,都携带几十斤重仪器,或扛或背,到了工地,她们已大汗淋漓浑身湿透。在公路旁,一站就是几天,炎炎夏日,骄阳似火,晒得个个手臂上一片片红肿;"三九"严冬,寒风刺骨,手脚都冻木了;中午,啃几口干粮,喝口凉水就当午饭。但值得她们欣慰的是,在进行几十次测试中,共获取了32000个交通噪声监测数据,1062个交通噪声频谱数据,从中找到适合我国交通状况的噪声预测方法及声障墙实用计算方法。

在我写这篇报道向读者介绍这5位女工程师时,虽然她们都已年过半百,但我仍然乐意称她们为贵黄公路上"五朵金花"。因为从她们对事业执着追求中,我看到她们一颗颗永远年轻的心;因为从她们身上,我感受到她们永远洋溢着青春气息的耀眼光彩。

【事迹之二】

在 路 上
——记惠罗高速公路项目办主任旷光洪

(作者 王 杨)

"什么是幸福？就是坐在公路建设旁边的小山上，吃两个馒头，喝一瓶矿泉水，看到工程进展顺利，发自内心的微笑……"

"信用评价是企业生命线，他们对内要廉洁严格，对外要支持和保护，这样，别人才会服从他们的管理……"

"工程进展快慢与否，取决于拆迁工作，项目办领导应齐心协力抓好拆迁工作……"

这是一个公路建设者，记在工作日记上的密密麻麻的话……这样的工作日记，两年多来已经记了24个大笔记本。

他就是全国五一劳动奖章获得者、贵州高速公路集团有限公司高级工程师旷光洪。

旷光洪（图5-4）长期工作在施工一线，一直奋斗在交通建设的道路上，26个月完成惠水至镇宁高速公路建设，23个月完成惠水至罗甸高速公路建设，他创造和刷新了贵州省高速公路建设历史上的"贵州速度"。

图5-4 "白加黑"工作模式中的旷光洪（右）

问起旷光洪，他没有豪言壮语，只是言简意赅说出28个字："依托政府、创新思维、超前谋划、勤政务实、敢于担当、严于律己、干字当头"。就是这28字的实用战术，自始至终贯彻在高速公路建设中。

提前谋划 节约征拆时间

在项目的建设实践中，通过超前谋划，创新思维，在施工队伍尚未进场前，旷光洪就同地方指挥部提前实施征拆工作，并提出"先易后难，以点带面，全面推进，力保节点"的征拆思路，亲自组织项目办相关人员参与征地，丈量红线内土地，对控制性工程的房屋、坟墓、"三电"提前迁改，提前规划和丈量临时用地，主动帮助村寨修建道路，改善群众出行，为群众接通水管和修建水源点。由于很多拆迁户家中年富力强的劳动力基本外出打工，家里只有老人和小孩，他带领项目办和各参建单位主动无偿提供运输车辆和人员帮助老百姓搬家、收割粮食、砍伐树木等；并无偿提供帐篷，解决临时过渡安置住房。对拆迁难的户主，他主动上门，走家串户，耐心细致做思想工作。这些举动，温暖着路地老百姓的心。由于征拆工作快，至少比常规做法节约征拆时间在两三个月以上，施工单位进场就有工作面，从而带来了工程建设进度快，实现了惠镇提前通车、惠罗快速推进的目标。

超前考虑　施工节奏快而有序

要想在保证安全质量的前提下，努力推进施工进度，达到预期目标，只有"超前考虑，提前谋划"。旷光洪在项目建设管理过程中，始终采取"倒排工期、强攻节点、平行推进、包保到人、资源共享、互帮推进"的办法和措施，整体推进施工进度。往往在各参建单位尚未进场前，他就组织项目办和总监办相关人员，提前制定了《节点施工控制顺序框图》，把临时工程建设与实体工程建设同步计划，同步建设。从临时工程建设到实体工程施工每道工序都制定了开工时间、完成时间、控制节点时间。由于目标明确，责任到位，奖罚到位，惠罗高速公路项目各合同段实现了从合同谈判之日起，仅用 10 天时间就开挖桥梁孔桩，一个月内全面掀起施工高潮，4 个月开始架梁，真正实现"进场就施工，施工就加速"的管理理念。

工作中，旷光洪还打破了常规惯性做法和管理模式，抓住合同谈判这一机会，召开中标单位法人或主要领导参加的施工前动员大会，做出进场和施工节点时间要求，让法人单位领导给予项目人、财、物、机的大力支持，并指派一名公司副职蹲守现场，快速协调进场人员和设备，必要时单位主要领导亲临现场，组织快速进场施工。

质量是天　强化制度和奖惩激励

在项目建设中，质量是天，安全责任重于泰山。旷光洪始终从思想根源着手抓质量安全，从制度建设确保质量安全，严格按照施工标准化、平安工地建设的要求，做到钢筋集中加工，混凝土集中拌和，预制构件集中预制。严格执行模板准入制、首件工程验收制、质量责任登记制、质量事故追究制等各项管理制度，强化合同履约管理，强化标准化、安全、环保专项经费清单化管理，强化项目信息化建设。并坚持每月一考核，制订了一系列奖罚措施，设立单项奖、综合奖，评定优秀项目经理和最差项目经理，评定优秀标段长、一般标段长、最差标段长等。总之，采取一切可以鼓舞士气的办法，调动一切积极性，确保了项目质量和安全。

干字当头　带领团队只争朝夕

旷光洪时常告诫自己的团队：干部就是要"干"。只有"干字当头"，才有成效；只有奉献心血和汗水，才会有实现自身价值的可能。无论在惠镇还是在惠罗，他都带领整个团队，全力以赴地工作，坚持每天深入现场，全面了解施工现场质量安全及节点目标，发现问题及时调整，从施工组织安排到现场检查指导每个环节都从未放过。累了，就在车上稍事休息；饿了，就在工地上吃盒饭、吃点自带干粮。他和团队员工这种白天深入工地，检查督促工程进度，解决现场难题，为施工现场排忧解难，晚上整理内业资料的务实苦干和主动服务的工作作风，激励了参建单位的积极性，为惠罗高速公路项目的快速推进奠定了坚实基础。

但他知道，贵州交通建设任重道远；而惠罗高速公路的快速建成是沿线人民群众迫切的期望，这是历史赋予交通人的使命和责任。通过不懈努力，他带领惠罗高速团队实现了18天建成小型构件预制厂，1个月隧道全面进洞施工，3个半月开始架梁，4个月基本完成桥梁桩基施工，14个月建成公路41km且实质性通车31km，23个月全面建成的壮举，再一次刷新高速公路建设史的纪录。

旷光洪说，"我一己之力，是难当大任的。"有省委省政府的正确领导，有交通运输厅和集团公司领导的关心和支持，有地方各级政府的支持和帮助，有各参建单位的奋力拼搏，旷光洪和他的团队只争朝夕，以冲锋陷阵的锐气，在"县县通高速公路"大会战战场上留下光辉的战斗足迹，书写壮丽的人生。如今，新的征程已经开启，旷光洪又肩负起罗甸至望谟高速公路建设的新使命。

贵州交通天亮了，但是贵州交通建设者没有就此停下脚步，他们一直在路上！

【事迹之三】

敢做　敢当　敢为人先
——记贵瓮公司总经理张胜利的多彩人生路

（作者　钟　娇）

在贵阳至瓮安高速公路建设中，张胜利（图5-5）是人们听到的最多的名字。了解和熟悉他的人，都知道他既是一位优秀的"战斗员"，更是一位出色的"指挥员"。敢做、敢当，敢为人先是他行事的风格，任劳、任怨，任重道远是他做人的写照。

在他的身上，可以用诸多词语来描绘他的性格特质，如大气、豪爽、率真、乐观、自信、果敢等。翻看他的简历，有诸多荣誉称号，如"企业突出贡献奖""企业特别贡献奖""企业特等功""优秀项目经理""优秀共产党员""陕西省重点公路工程建设劳动竞赛先进个人""贵州省高速公路建设三年会战先进个人""贵州省五一劳动奖章"等。在诸多光环和荣誉的背后,张胜利到底有哪些不为人知的一面,今天,笔者将带你走进张胜利的多彩人生路。

图 5-5　张胜利总经理(左)接受媒体采访

不等不靠　知难求进

贵瓮高速公路为 BOT + EPC 管理模式,没有现成的经验作为管理指导;同时,项目建设规模大、工期紧,任务重、要求高。这对贵州中交贵瓮高速公路有限公司总经理张胜利来讲,也是一个不小的考验,毕竟这是他从业生涯第一次面对这种全新的管理模式。但是,他是那种敢于面对挑战、永不言败的人。

在工程建设前期,由于受到政策、施工环境等诸多因素的影响,在融资未到位的情况下,项目进展一度也比较缓慢。但是他总是以积极的心态全力以赴、知难求进、超前谋划、运筹帷幄,努力与省厅、各级地方政府、三大股东及公司董事会加强工作沟通,争取得到各方在政策、资金、地方协调等方面的全力支持和大力配合。同时,面对施工单位前期消极观望、止步不前的管理心态,他循序善诱、因势利导,组织召开全线施工单位动员大会,积极统一思想,排解他们心里的各种担忧和顾虑,妥善处理各参建单位在施工管理方面遇到的各种矛盾和问题,为工程施工的顺利展开扫除各种障碍。在他的领导下,公司管理关系逐步理顺,各项工作稳步向前推进,项目施工逐步迈向正轨。

锐意创新　敢为人先

作为一名筑路人,张胜利始终不愿停歇自己前进的脚步,不愿成为一个被年代定格化了的人物。他告诫团队,"道路在我们的施工下可以延伸长度,而人生只有在不断成长中才能增加厚度!"与时俱进,锐意创新,不断接受新挑战,追求更高、更远、更难的目标,始终是他人生积极向前的无限动力。

为积极响应贵州省高速公路建设三年大会战,张胜利积极主张要把贵瓮高速公路建成贵州高速公路的样板路。为此,他提出了"贵瓮高速公路路面 5 年无病害、10 年不大修""清水河大桥力争在2015年底提前1年建成,实现整体通车""清水河特大桥建成优质工程,争取荣获省部级奖项"等多项建设管理目标。为了实现这些目标,他在贵瓮高速公路全线全力推行"标准化施工,集约化管控"的管理模式,不断创新管理手段、整合管理力量、改进管理理念,提出了"抓重点、攻难点、树亮点"的管理思路和"精心组织、科学安排、精细管理"的管理方法,取得了良好成效。贵瓮高速公路被贵州省交通运输厅多次作为贵州省高速公路建设标准化施工的先进单位进行通报表彰和观摩学习。

清水河大桥作为贵瓮高速公路的形象工程,也是控制性工程之一,大桥为主跨1130m钢桁梁悬索桥,主塔塔顶至清水河江面垂直高度达540m,桥面距峡谷垂直高度达406m,在目前世界钢桁加劲梁悬索桥中排名第六、中国排名第二,是贵州最大跨径的桥梁,施工技术难度极大。在张胜利同志的目标引领下,清水河大桥项目管理团队在施工中不断进行科技攻关和管理创新,优化施工方案,"钢桁梁板桁结合结构、千米级缆索吊施工工法、悬索桥主动防腐关键技术"等先进施工技术在施工中被积极采用,清水河特大桥"山区大跨径板桁结合加劲梁悬索桥建设及管养关键技术研究"被列为贵州省交通运输厅2014年科技攻关计划项目。2015年中国桥梁建设年会也选定在清水河大桥召开。目前,大桥工程进展十分顺利,实现各项管理目标指日可待。

质量为本　精益求精

在张胜利的从业经历中,可以看到他大大小小已经参与过刘白高速公路4标、西汉高速公路26标、小康高速公路14标、安毛高速公路12标、西宁南绕城项目、贵瓮高速公路BOT+EPC项目等10多条道路的施工管理工作,担任过8个项目的项目经理职务,有着丰富的管理经验和人生阅历。在工作中,他总是不断告诫自己的员工:"工作是为自己做的,不是给别人看的。要把修建的每条路都当成一件人生的作品来用心完成!这样,当有一天我们驾车行驶在自己曾经修建过的高速公路上,我们就会为自己感到自豪和欣慰!"在他的心中,工程质量永远是追求的第一目标。他主持修建过西汉高速公路26标、小康高速公路14标、安毛高速公路12标、西临路面专项整治工程的多条高速公路获得业主嘉奖,被业主评为优质工程。

在贵瓮高速公路建设过程中,工程质量同样被张胜利视若为生命而过犹不及,他对工程质量的态度积极鲜明。贵瓮高速公路用于土建工程质量专项考核的资金达到了3000多万元,用于路面工程质量考核的资金达到了2400多万元。贵瓮项目各标段在施工中均存在一定范围的高液限红黏土,天然含水率高,在路基填筑质量上较易形成弹簧土和翻浆等质量隐患。虽然设计施工中允许采用红黏土施工,但是,为保证路基施工质量和运营期路床稳定,张胜利大胆决策,将高液限红黏土全部废弃,采用借石填方,一劳永逸地解决路基填料问题。为此,项目多投入 6000 多万元资金。

得道亲和　任重道远

"眼光有多远,事业就有多大。胸襟有多宽,队伍就有多强",这是张胜利对自己做人做事的要求。他之所以能在工作中获得如此佳绩,其秘诀在于他以自己高尚的人格力量和总能替别人着想的博大胸怀,团结带领出了一支特别能战斗、特别能吃苦、特别能奉献的卓越管理团队。

执行力文化是团队管理的灵魂,也是团队竞争力和生命力所在。作为项目管理团队的核心,张胜利敢于担当,积极充当团队执行力的塑造者、倡导者、引领者和组织者的角色,通过目标管理、制度保证、激励奖惩、和谐关爱等措施,打造出了一只作风硬朗、执行力强、精干高效的管理团队。

在公司内部,张胜利倡导积极向上、爱岗敬业的精神和团结协作、荣辱与共的氛围;强调高调做事,低调做人,摆正位置、放低姿态;讲究速度和效率,崇尚雷厉风行的工作作风;强化责任管理,严禁推诿扯皮事情的发生;关注结果,赏罚分明;可以允许犯小失误,但绝对不允许有拖、等、靠的无作为情况发生。

从毕业到现在一直跟着他的下属职工这样评价张胜利:"我们非常欣赏张总本人,十分认可他的管理方式,跟着他干事舒心,我们会认真做事,全力以赴!"

【事迹之四】

瓮安至马场坪高速公路项目公司总工程师丁善涛

贵州高速公路建设三年会战期间,丁善涛(图 5-6)任瓮安至马场坪高速公路项目公司总工程师。瓮马高速公路的建设过程中,丁善涛团队不断总结、创新施工工艺。瓮马高速公路工期短,按照常规思路施工,路堤自然沉降时间不足将带来通车后路堤不均匀沉降等病害。通过采用强夯补强夯实、桥梁桥台台背增加注浆工艺等方法,彻底解决了这一难题。瓮马高速公路通车两年多,没有产生这一质量通病。

项目施工组织设计阶段,丁善涛精心组织,统筹规划、科学决策、各工序无缝连接,带领各参建单位对瓮马高速公路全线便道、驻地、拌和场、梁场、料场等选址多次现场踏勘、讨论并进行了统一规划,将路面用料及路面施工问题提前纳入到一期土建工程施工规划中,不仅为路面施工及时提供了作业通道,还储备了路面砂石材料,使各工序基本达到了无缝连接,加快了施工进度,降低了工程成本。瓮马高速公路原设计的周家院大桥,初步设计为主跨 180m 的连续刚构桥,墩高达 100m,施工时间需要 17 个月。在得到交通厅的大力支持后,丁善涛团队组织优化设计,将其修改为 40m 跨的梁桥,施工时间缩短至 12 个月,大大加快了工程进度。

图 5-6　丁善涛(中)深入施工现场

瓮马高速公路自 2013 年 5 月实际开建,按照交通厅"一条大道、两路风景、三季有花、四季常绿、常年洁美"的建设理念,各工序无缝连接,于 2014 年 11 月底建成通车,建设周期 19 个月。瓮马高速公路的建设过程中,丁善涛始终如一、严谨求实、勤奋刻苦、兢兢业业,较好地完成了上级领导交办的各项工作,为"又快又好"地建设瓮马高速公路做出了重要贡献。

【事迹之五】

中交二院三分院院长何先志

何先志,中交第二公路勘察设计研究院有限公司三分院院长,长期从事公路勘察设计工作,承担过多条国家重点干线高速公路勘察设计的项目负责人及设计总负责人,见图 5-7。

图 5-7　何先志工作照

他熟悉公路勘察设计业务,对高速公路特别是山区高速公路路线的总体方案有较为独到的见解。能结合项目特点及具体的建设条件,准确把握路线、桥梁、隧道、特殊路基等关键因素之间的平衡关系,确定合理的总体设计方案。

2004年起,何先志开始负责中交二公院在贵州省的业务,对贵州高速公路建设特点的认识和把握逐步经历了"从陌生到熟悉、从片面到全面"的过程。他长期战斗在贵州省高速公路勘察设计的一线工地上,与分院员工一道,白天攀山越岭、勘测路线,晚上挑灯夜战、绘制图纸。作为项目负责人,他勇于担当,能合理调配各种资源,带领团队保质、保量地完成勘察设计任务。

三年会战期间,他主持设计了都香高速公路六盘水至威宁段、杭瑞高速公路毕节至都格段、江口至瓮安高速公路、贵阳至黔西高速公路、余庆至凯里高速公路、道真至新寨高速公路道真至瓮安段、余庆至安龙高速公路平塘至罗甸段等多个项目。其中都香高速公路六盘水至威宁段LWSJ-2合同段地处贵州西部地区,全长73.015km,地震烈度高,区域雨雾、凝冻灾害气候突出。结合项目建设特点,他率先提出了低线方案,既最大限度地减轻了凝冻、雨雾天气对高速公路运营的影响,同时有效地降低了工程规模。

此外,何先志同志还参与了惠水至罗甸高速公路、贵阳东北绕城高速公路尖坡至小碧段改建工程、赤水至望谟高速公路、余庆至安龙高速公路罗甸至望谟段、天柱至黄平高速公路三穗至施秉段等多个项目的设计咨询工作。在咨询过程中,坚持深入现场,同步研究总体设计方案,秉持"全过程咨询、实事求是"的理念,为项目的顺利推进做出了自己应有的贡献,赢得了同行与业主的赞许。尤其是惠水至罗甸段咨询过程中,为尽量避免项目推进过程中方案的反复,他与设计人员一道,冒着酷暑,对重要工点逐一现场踏勘,切实做到了"心中有数,对各方负责"。

在二十多年的技术工作中,他忠实地坚守着工程技术人员应有的那份初心,兢兢业业,一丝不苟,在公路勘察设计的道路上不断前行。由于贡献突出,荣获"第七届中国公路百名优秀工程师"等荣誉称号。

第四节　高速公路文学作品

贵州高速公路高歌猛进、跌宕起伏的发展历程,为高速公路文化发展提供了沃土,激发了省内外、国内外许多文艺工作者的创作热情,他们豪情满怀,情系贵州高速公路建设,创作出了一首首、一曲曲感人肺腑、动人心弦的艺术作品,展现了贵州高速公路文化建设五彩斑斓、多姿多彩的独特魅力。

一、诗歌

【精选之一】

我 们 的 路
——写在高等级的贵黄公路通车时

(作者 张 克)

我庆幸
终于有一条属于我们自己的大路了
一条好平好直好宽好大的路啊
这块自卑得抬不起头来的土地
而今面对广袤的天空
大笔一挥
写下了一百三十七公里自尊自信和自豪

走,朋友
上路吧
让我们上路吧
让我们往前走
从我们的城市出发
驶向我们的目的地

我们已经走得很累很累了
那些崎岖的山路
那些泥泞的羊肠小路
那些坑坑洼洼的乡村马路
那些等级公路外的公路
我们也走得太久太久了
在那条陈旧的老路上
那种不合人情的凑凑合合

哪里还来的通畅?
红灯 红灯 红灯

第五章
高速公路文化建设

警号　警号　警号

等待和叹息

把时间都染成了空白

不再拣那些偏僻的地方走了

我们有属于自己的高等级的大公路了

还有什么可犹豫的？

朋友

快上路吧

让我们往前走

从我们的城市出发

走出污泥空气的包围

走出杂乱建筑的败兴

奔向我们要去的地方

我们的路

建在一条全新的线上

村庄是新的

原野是新的

天空是新的

森林是新的

天空是新的

赶快松弛下来

我们有呼吸一下清新空气的自由了

这是中国的汽车和

我们的心灵

呼唤出来的大路啊

昨天的路讲着昨天的故事

堵车　撞车　翻车

今天的路讲着今天和明天的故事

开车人的现实

乘车人的梦幻

人生长途一段最佳的旅程

路面真干净

空气真新鲜

两边的景色真好

你看我指你的好看的东西

我看你指我的好看的东西

就连那一堆特殊构造的钢铁也人性起来

不枉自为中国和中国人

做了一辈子汽车

让我们上路吧

让我们往前走

该追就追

该超就超

在这幅长卷的尽头

那就是我们的目的地了

我们的向往

我们的理想境界

全都在那里在那里啊!

1991年1~2月于贵阳

注:作者系贵州省著名诗人、贵州人民出版社总编

【精选之二】

崇遵之歌
——献给崇遵高速公路的建设者

（作者　陈远松）

我们的车

行走在老的川黔公路上

那著名的七十二道弯

摇得我直想吐

因为弯急坡陡路窄

一辆拉铝锭的车

第五章
高速公路文化建设

就在我们的眼前翻倒路边
我听见每一个车轮
对高速公路多么急切的呼唤

这是西南出海大通道
最后修建的一段
施工难度最大的一段
也是最出彩最壮美的一段

六十八年前的红军
面对国民党的围追堵截
在这里交出了
具有历史意义的答卷
娄山关前战旗红
一代伟人写诗篇
六十八年后的今天
大自然向筑路人提出了挑战
看你们怎样跨过大河深谷
怎样穿越万重关山

崇遵路的建设者
从祖国的四面八方赶来
他们中有
年过花甲的老专家
二十几岁的美少女
远离家乡的小青年
他们勇敢地接受了挑战
于是,在黔北的崇山峻岭中
用他们的智慧
用他们的汗水
进行了一次又一次攻坚

宿工棚,喝山泉

顶烈日,抗风雨

夜以继日,苦干巧干

终于呵

桥梁连着桥梁

隧道接着隧道

桥梁通向隧道

挡墙美过长城

隧道威似巨龙

高桥形如长虹

一条和环境和谐

又使绿水青山更美的大道

昂首阔步展现在世人眼前

这条路

对川渝

是南下的通道

对贵州

是北上的坦途

同时又是一处独特的景观

对我们的祖国和人民

是筑路者

献上的一份珍贵情感

2003年6月至2005年12月31日于贵阳

二、县县通高速公路原创歌曲

2015年8月,贵州省交通运输厅为纪念2015年贵州实现县县通高速公路这一历史性事件,组织开展了"贵州山水间·最美交通人——纪念全省县县通高速公路歌曲征集活动"。全省交通运输系统各单位高度重视歌曲征集工作,广大专业创作者及省内外音乐爱好者积极响应和踊跃参加,共收到有效投稿作品60首。其中不乏总政歌舞团、二炮文工团、中央民族歌舞团有关国内顶尖级艺术家创作的作品如《多彩贵州路》《最美交通人》《高速向前》及省内著名歌唱家、音乐人参与创作的作品如《路通苗岭》《县县通了高速路》等。这些征集到的歌曲体现出了参与面广(各市州交通运输局、厅属各单位、社会各界音乐创作者积极投稿)、唱法多样(男、女独唱、联唱、合唱,民族、美声、民歌、通俗流行等各种唱法,四拍子、三拍子均有,集合了苗、侗、彝、布依族等贵州独有民族音乐特色)、题材丰富(涉及县县通高速公路、农村公路、路政、海事、道路运输等交通运输建设、服务、管理等各方面的内容以及综合的"交通人之歌"等)、汇聚明星(全国著名歌唱家蒋大为、王丽达,全国著名词作家石顺义,作曲家羊鸣、胡旭东以及省内著名歌唱家阿幼朵、穆维平、马关辉、杨春念等积极参与)等特点,征歌整体质量优良,具有很高的传唱价值和很强的感染力。征集活动以歌曲艺术的形式,生动地反映了贵州县县通高速公路这个伟大历史节点交通运输发展的时代风采,为贵州高速公路文化建设增添了浓墨重彩的一笔。

评委会由中国音协理事、贵州省音协副主席、秘书长、作曲家柴永兴为组长,贵州民族大学音乐舞蹈学院院长、贵州省音协副主席、国家一级作曲家唐德松,贵州省音乐文字学会会长、贵阳市音协主席、国家一级编剧、词作家丁时光,贵州工程应用技术学院音乐舞蹈学院院长、作曲家周正军,贵州省音协理事、贵州省民族管弦乐学会理事、音乐制作人、作曲家黄承志组成。

评审采取盲评形式。为体现公平公正公开,评审时将所有参评歌曲一律隐去词曲作者和演唱者的姓名。经过初评、复评、终评三轮次专家委员会评审,最终评选出"重磅金曲"1首、十佳歌曲10首、优秀歌曲15首。新华网、新浪网、腾讯网、中国交通报、贵州日报、当代贵州网、多彩贵州网、贵州综合广播、贵州交通广播、贵州音乐广播、贵阳晚报等十余家媒体到评审现场关注报道。

2015年12月3日,经过专家评审委员会的三轮评选,在十余家中央及省内主流媒体的全程见证下,歌曲征集活动评选结果揭晓,最终评选出十佳歌曲10首、优秀歌曲15首,涌现出了一批感染力强、充满情怀,富有时代特征和号召力,兼具行业特性和艺术美感,反映全省交通运输行业文明新形象的优秀原创歌曲。"重磅金曲"由黔西南州交通运输局选送,空政文工团著名词作家石顺义作词,著名作曲家羊鸣作曲,原中央民族歌舞团团长、著名歌唱家蒋大为,总政歌舞团青年歌唱家王丽达演唱的《多彩贵州路》摘得桂冠。新华网、新浪网、腾讯网、中国交通报、贵州日报、当代贵州网、多彩贵州网、贵州综合广播、贵州交通广播、贵州音乐广播、贵阳晚报等十余家媒体到评审现场关注报道。

评委专家们表示,这次歌曲征集活动"以县县通高速公路"为契机来开展,具有十分特殊的意义,很有时代感,征歌整体质量很高,超出预料,从质和量上均超越了以往的交通题材歌曲。评委组长柴永兴说:"今天这个评选,听到这么多好的歌曲,着实让我吃了一惊。在行业征歌中很少见到质量这么高的,在全省性歌曲征集中能达到这种效果的也为数不多,说明省交通运输厅高度重视,组织得好,以后我们会把这种行业征歌的经验做法进行推介。"

评委唐德松表示，征集活动介入的专业词曲唱作者很多，总体水平高，不光是歌唱了交通事业，唱出了行业好歌，更为全省音乐文化增添了色彩。评委丁时光说："尤其是《多彩贵州路》这首歌的词、曲、唱，都是国内最顶尖水平，可以说是强强结合。唱出了贵州交通的发展变迁，唱出了多彩贵州之美，更唱出了贵州人的自信，可以考虑将《多彩贵州路》这首歌打造成为贵州交通的文化品牌。光有这一首歌，整个活动就算很成功了，况且还有《路通苗岭》《想我就到贵州来》《山水之路》等那么多好歌！"评委周正军认为，这次征集歌曲活动，主题鲜明，全面紧扣交通题材，很有亮点，比如《多彩贵州路》这一首，歌词读起来都让人感到热血沸腾，更别说歌曲演唱的感染力了。评委黄承志说："穆维平演唱的《赶驾马车进城来》有点意思。几十首歌曲一口气听下来，大多数词曲不错，作品题材包罗万象，音效制作上也比较不错，音乐元素上融合了贵州少数民族音乐的风格，比如《路通苗岭》，很正宗和地道，太好听了，很多歌曲达到了出版级水平。行业征歌中能达到这样好的效果，确实可喜可贺。"

十佳歌曲：

1.《多彩贵州路》(黔西南州交通运输局选送)　作词：石顺义　作曲：羊鸣　演唱：王丽达、蒋大为

2.《路通苗岭》　词/曲：潘洪波　演唱：阿幼朵

3.《最美交通人》(黔西南州交通运输局选送)　作词：石顺义　作曲：胡旭东　演唱：蒋大为

4.《县县通了高速路》(省交通宣传教育中心选送)　作词：灵风　作曲：马关辉、孙家家　演唱：马关辉

5.《多彩贵州 最美高速》(凯里高速公路营运管理中心选送)　词/曲：张学霖　演唱：陈珠珠

6.《贵州舞起来》(安顺市交通运输局选送)　作词：丁杰　作曲：马关辉、孙家家　演唱：马关辉

7.《忘不了你》(黔东南州交通运输局选送)　作词：杨亚江　作曲：杨俊　演唱：张欢

8.《梦想的路》(黔东南州交通运输局选送)　作词：潘朝勇　作曲：杨亚江　演唱：苏玮

9.《铺路到天涯》(省公路局选送)　作词：梅君　作曲：贵州省公路局

10.《想我就到贵州来》(贵州路桥集团有限公司选送)　作词：潘家堂　作曲：杨亚江　演唱：杨春念

优秀歌曲 15 首：

1.《高速向前》(黔南州交通运输局选送) 作词:解明月 作曲:文永生 韦祖雄 演唱:蒋大为

2.《高速路政人》(省高速公路管理局选送) 作词:张学霖、刘勇 作曲:张学霖 演唱:孙鹏飞

3.《赶驾马车进城来》(省公路运输工会选送) 作词:溪木、万鸣、陈明 作曲:穆维平 演唱:穆维平

4.《我们向世界发出请柬》(黔南州交通运输局选送) 作词:罗世槐 作曲:覃智幹 演唱:王偲俪

5.《腾飞吧 梦想》(贵州交通职业技术学院选送) 作词:杨树枫 作曲:潘文海 演唱:徐辞、冯彭飞等

6.《四通八达 苗乡侗寨》(省道路运输局选送) 作词:杨长文 作曲:蒋步光

7.《九驿颂》(毕节市交通运输局选送) 作词:吴贵荣 作曲:肖矿 演唱:吴险峰

8.《贵州的交通无限美》(黔南州交通运输局选送) 作词:杨昌盛 作曲:葛焕扬 演唱:黎付丹

9.《山水之路》 作词:黄昌松、覃俊 作曲:杨家昭 演唱:杨家昭

10.《爱在黔山秀水间》(铜仁市交通运输局选送) 作词:马晓鸣 作曲:蔡健新 演唱:乔佳

11.《幸福速度》(黔南州交通运输局选送) 作词:韦龙冬 作曲:莫应勤 演唱:文子

12.《我们是光荣的交通人》(黔南州交通运输局选送) 作词:朱荣顺 作曲:吴庆

13.《我们是高原公路人》(省公路局选送) 词/曲:贵州省公路局

14.《纵横水陆圆梦小康》(黔南州交通运输局选送) 作词:颜家东、刘艺 作曲:刘艺 演唱:刘艺

15.《忠诚的公路人》(凯里高速公路营运管理中心选送) 词/曲/演唱:张学霖

三、电视报告文学

云 端 高 路
——贵州省县县通高速公路巡礼

初冬时节,贵阳至瓮安高速公路清水河大桥的施工现场一派繁忙。在 2015 年即将过

去的最后时刻,这座大桥的合龙通车及望谟至安龙高速公路的建成,将标志着贵州省在"十二五"收官之年,实现"县县通高速公路"的宏伟目标。

这是值得贵州永远铭记的一刻,在这个历史的坐标上,贵州交通写下了浓墨重彩的一笔:全省高速公路通车里程突破5100km,成为中国西部第一个"县县通高速公路"的省份,是全国实现"县县通高速公路"为数不多的省份之一。

回望来时之路,贵州高速公路的跨越发展,饱含着党中央国务院的深切关怀和大力支持。2012年春天,"国发2号文件"出台,将贵州定位为"西南重要陆路交通枢纽",随着县县通高速公路目标的实现,贵州正向着这一重要战略定位坚实迈进。

高速公路,承载着贵州各民族群众内接外联、奔向富裕的希望与梦想,凝聚着贵州历届省委省政府对科学发展、后发赶超、全面同步小康的关切和思考。贵州作为中国唯一一个没有平原支撑的省份,山地占全省总面积的93%,"地无三尺平"是贵州自古以来真实的地理写照,要实现社会经济的高速发展,交通必须突破千山万壑的阻隔,奋力当好发展先行官。

2008年,贵州省第十一届一次人民代表大会明确了"交通优先发展"战略,省委省政府瞄准珠三角发达地区,提出了贵阳至广州高速通道建设。将高速公路规划由"三纵三横八联八支"升级为"六横七纵八联"的"678"高速公路网,在全国率先提出了县县通高速公路的目标。由此,贵州高速公路建设进入了全面攻坚的新纪元。

2012年12月16日,中共贵州省委、省人民政府向全省发出高速公路三年建设会战的号召,要求以攻坚的勇气、会战的态势、决胜的信心,全面完成三年建设会战目标任务,为贵州省经济社会跨越发展提供强有力的交通保障。

一张蓝图干到底,不断升级的"678"高速公路网在国家的大力支持和历届省委省政府的强力推动下阔步向前。

国家给力,心系贵州。交通运输部、发改委等国家部委对贵州交通的发展从资金、政策、要素保障上给予了倾斜和支持。

自身努力,奋发有为。省委省政府在财力十分困难的情况下,每年挤出财政预算资金用于交通建设;地方政府千方百计筹措配套资金,不断创新征地拆迁模式;交通运输系统人,不甘落后,勇于担当;披星戴月、艰苦奋战,贵州大地上交通建设如火如荼。

借助外力,开放创新。这些年,贵州不断创新模式、创新投融资体制机制,优化的投资环境和规模空前的招商活动吸引了中国交建、中国铁建等大型央企,BOT等融资建设模式让贵州高速公路突飞猛进。

曾几何时,当贵州提出县县通高速公路的时候,却不乏质疑之声。因为在贵州要实现这一目标,投入前所未有,难度也是前所未有。但是贵州人打开思想的天窗,通过不断的

第五章
高速公路文化建设

改革创新,创造的奇迹也是前所未有!

穿行于贵州高速公路之上,桥梁和隧道是一道道壮美的风景,它们见证着贵州高速公路建设的奇迹。

毕威高速公路赫章特大桥11号主墩,高195m,它创造了世界上连续刚构桥梁第一高墩的纪录。

坝陵河特大桥雄伟壮观,建成时它是亚洲山区第一座千米级悬索桥,支撑起这座美丽大桥的,是多项在国际国内领先的技术。

水盘高速公路发耳隧道,是国内已建高速公路瓦斯浓度和穿越煤层数最为罕见的隧道,每一个参建者都在挑战"生命的禁区"。隧道的贯通标志着公路瓦斯隧道在瓦斯治理、揭煤防突领域取得新的突破,填补了该项技术领域的空白。

"一桥飞架南北,天堑变通途"。在贵州,高速公路的建设无处不在抒写着这样的诗篇。一段几分钟穿越的坦途,往往就有数百位交通建设者扎根深山几年的故事。据统计,贵州的高速公路桥梁、隧道几乎要占一条路的一半,每公里平均造价为1.1亿~1.2亿元,建设成本比全国平均水平高50%左右。与此同时,每1亿元高速公路的投资可直接产生1800个就业岗位,仅在三年会战期间,就拉动相关产业投资近1万亿元,创造了455万个就业岗位。

弯道取直,高路入云。随着贵州县县通高速公路目标的实现,"地无三尺平"的山地贵州正在变成一个"人畅其行、货畅其流"的"高速公路平原"。与飞速发展的贵州高铁、航空、水运交相辉映,贵州作为西南"交通中枢"的优势日益凸显,借力一条条快速通道,贵州与周边省市区互联互通、有效衔接发展的新格局正在形成。

如今,成环联网的高速公路网络,立体便利的综合交通体系已经成为贵州新一轮产业集聚和产业发展的引擎,外界活力要素源源不断汇入,富士康、微软、西门子、阿里巴巴、修正等一批批国内外大型企业陆续进驻,贵州在开放创新、八方助力的优良环境中,人流、物流、资金流、信息流逐步集聚,大数据、大健康等重要产业正在稳步前行。2014年,贵州地区生产总值增长10.8%,高出全国增长水平3.4个百分点,连续4年居全国前3位。

2015年,县县通高速公路为"十二五"的完美收官呈上了精彩的献礼,2016年,"十三五"带着未来美好的期盼又将启航。

未来五年,贵州省将大力推进综合交通、智慧交通、绿色交通、平安交通、文明(廉洁)交通五个重点,加速完善以"高速公路为骨架、国省干线为支撑、县乡公路为脉络、小康路为基础"的四级公路路网,全力建设西南重要陆路交通枢纽,积极融入"一带一路"和长江经济带发展,努力走出一条有别于东部、不同于西部其他省份的交通运输发展新路。

高速发展需要高速驱动,贵州曾因交通滞后而"欠发达、欠开发",也将因交通的带动而迅速起飞。我们坚信,行走在高速前行的快车道上,在党的十八大五中全会和贵州十一届六次全会精神引领下,通过推进实施"大扶贫""大数据"两大战略行动,贵州经济定能冲破发展的瓶颈制约,实现科学发展、后发赶超,在2020年的时间节点,与全国一起同步到达全面小康的终点,共同迈向高速发展的新时代!

第六章
贵州高速公路

贵州修建高等级公路始于1986年,经过30年的发展,到2015年年底,贵州高速公路通车里程达到5128km,其中,国家高速公路2668km,地方高速公路2440km。贵州成为中西部地区第一个实现县县通高速公路的省份,基本形成了高效、安全、便捷的高速公路网。

第一节　国家高速公路

国家高速公路途经贵州省境的有G56杭州至瑞丽(杭瑞)高速公路、G60上海至昆明(沪昆)高速公路、G69银川至百色(银百)高速公路、G75兰州至海口(兰海)高速公路、G75E兰州至海口(兰海)高速公路复线、G76厦门至成都(厦蓉)高速公路、G78汕头至昆明(汕昆)高速公路、G6001贵阳市绕城高速公路、G7611都匀至香格里拉(都香)高速公路、G7612纳雍至兴义高速公路、G4215成都至遵义高速公路。

G56杭州至瑞丽(杭瑞)高速公路贵州境内含大兴(湘黔界)至思南公路、思南至遵义公路、遵义至毕节公路、毕节至都格(黔滇界)公路。

G60上海至昆明(沪昆)高速公路贵州境内含玉屏至铜仁公路、玉屏至三穗公路、三穗至凯里公路、凯里至麻江公路、贵阳至新寨高等级公路、贵阳绕城公路西南段、贵阳至清镇公路、清镇至镇宁公路、镇宁至胜境关(黔滇界)公路。

G69银川至百色(银百)高速公路贵州境内含道真至瓮安(福寿场至和溪段、和溪至流河渡段、流河渡至陆家寨段)公路、贵阳至瓮安公路、遵义至贵阳公路扩容工程、贵阳绕城公路西南段、贵阳市环城高速公路南环线、贵阳至惠水高速公路、惠水至罗甸公路。

G75兰州至海口(兰海)高速公路贵州境内含崇溪河至遵义公路、贵阳至遵义公路、贵阳至遵义公路扎佐至南白段改扩建工程、贵阳至遵义公路(扎佐至尖坡段)、贵阳东北绕城公路、贵阳东出口公路、贵阳至新寨高等级公路、贵州省都匀至新寨(黔桂界)公路改扩建工程。

G75E兰州至海口(兰海)高速公路复线贵州境内含崇溪河至青山段(待建)、遵义至贵阳公路扩容工程(青山至李资段、李资至下坝段)。

G76厦门至成都(厦蓉)高速公路贵州境内含水口(桂黔界)至榕江格龙公路、榕江格龙至都匀公路、贵阳至都匀高速公路、贵阳绕城公路西南段、贵阳至清镇公路（与 G60 共线）、清镇至镇宁公路（与 G60 共线）、清镇至织金公路、织金至纳雍公路、毕节至都格（与 G56 共线）公路、毕节至生机（黔川界）公路。

G78 汕头至昆明（汕昆）高速公路贵州省境内为板坝（桂黔界）至江底（黔滇界）公路。

G6001 贵阳市绕城高速公路含贵阳东北绕城公路（与 G75 共线）、贵阳东出口公路（与 G75 共线）、贵阳绕城公路西南段（下坝至秦棋段与 G60 沪昆高速公路，秦棋至金华段与 G60 沪昆高速公路、G76 厦蓉高速公路共线）。

G7611 都匀至香格里拉（都香）高速公路含都匀至广顺段（待建）、贵阳（花溪）至安顺高速公路（在建）、清镇至镇宁公路（与 G60 共线）、六枝至镇宁高速公路、六盘水至六枝公路、六盘水至威宁（黔滇界）公路。

G7612 纳雍至兴义高速公路含纳雍至晴隆段（待建）、晴隆至兴义高速公路（与 S50 共线）。

G4215 成都至遵义高速公路含仁怀至赤水高速公路、罗旺田至海龙段（待建）、遵义北环（檬梓桥至乐理段）高速公路（与 S02 遵义绕城高速公路共线）。

一、G56 杭州—瑞丽高速公路贵州境路段

（一）G56 杭瑞高速公路大兴（湘黔界）至思南公路

1. 基本情况

（1）项目决策背景。为完善国家和贵州高速公路网，贯彻落实国家西部大开发战略部署，改善区域交通条件，促进沿线地区资源开发和经济社会协调发展，同意建设大兴（湘黔界）至思南公路。相关文件如下：2009 年 9 月 29 日，国家环境保护部《关于杭州至瑞丽国家高速公路贵州境大兴（湘黔界）至思南段环境影响报告书的批复》（环审〔2009〕444 号）；2009 年 11 月 24 日，水利部《关于杭州至瑞丽国家贵州境大兴（湘黔界）至思南段水土保持方案的复函》（水保函〔2009〕392 号）；2010 年 3 月 25 日，《国家发展改革委关于贵州省大兴（湘黔界）至思南公路可行性研究报告的批复》（发改基础〔2010〕572 号）；2010 年 7 月 13 日，交通运输部《关于大兴（湘黔界）至思南公路初步设计的批复》（交公路发〔2010〕331 号）；2011 年 7 月 24 日，《国土资源部关于杭瑞高速公路大兴（湘黔界）至思南段工程建设用地的批复》（国土资函〔2011〕454 号）；2011 年 12 月 31 日，贵州省交通运输厅《关于大兴（湘黔界）至思南公路施工图设计的批复》（黔交建设〔2011〕265 号）。2011 年 1 月正式开工建设。

（2）公路的功能、定位、里程。杭州至瑞丽国家高速公路贵州境大兴（湘黔界）至思南段公路工程（以下简称杭瑞高速公路大思段），是《国家高速公路网规划》"7918 网"中的

12横杭瑞高速公路的组成部分。本项目横贯铜仁地区,也是贵州省规划的"6横7纵8联"中第2横铜仁至宣威的主要组成部分。项目的建设将有利于贵州省贫困地区与贵阳、昆明等地的重要经济节点的紧密联系,极大地促进沿线区域乃至整个贵州省的资源开发和招商引资与对外开放,是连接我国西部欠发达地区和东南沿海地区的出海大通道。项目起点位于湘黔两省交界的贵州省松桃县大兴镇洞脑壳,湘黔两省交界处顺接湖南凤凰至大兴高速公路,经川硐、铜仁、八官溪、坝盘、江口县、太平、岳家寨、德旺、罗场、印江县城、思南县城,终点思南县双龙井,顺接杭瑞高速公路贵州境思南—遵义段起点,路线全线151.124km。

(3)技术指标。本项目按照部颁《公路工程技术标准》(JTG B01—2003)技术指标的规定,主线采用技术标准为:双向四车道高速公路,设计速度为80km/h,整体式路基宽度24.50m,分离式路基宽度12.25m,设计荷载等级为公路—Ⅰ级,主线路面采用沥青混凝土。

(4)投资规模。项目估算总投资约为123.9亿元,初步设计总概算146.46亿元,施工图预算145.07亿元。

(5)主要控制点、沿线主要地形地貌。路线位于贵州高原向湘西丘陵过渡的大斜坡地带,境内武陵山山峦起伏、沟壑纵横。主峰梵净山以东属沅江水系,地势稍缓;以西属乌江水系,切割较深。区域地貌复杂,低、中、高山地貌及峡谷、丘陵、河谷地貌并存。此外岩溶地貌发育,多见峰林、洼地、谷地、溶洞、落水洞等。段内隧道、桥梁众多,其中凉风坳隧道(图6-1)长4303m,茶园隧道长3998m,乌江特大桥1540m,施工难度较大。

图6-1 G56大兴至思南公路凉风坳隧道

(6)主要构造物。本项目全线土石方工程挖方2204万 m^3,填方2405万 m^3,涵洞418道,防护、排水100万 m^3,桥梁27263.8m/88座,隧道32926.25m/23座。

2.建设情况

(1)项目立项审批。《国家发展改革委关于贵州省大兴(湘黔界)至思南公路可行性研究报告的批复》(发改基础[2010]572号),《关于转下达2010年交通运输部固定资产投资调整计划用于大兴至思南高速公路建设的通知》(黔交规划[2011]31号)。

(2)勘察、设计、施工、监理。项目涉及勘察设计单位4家,施工单位55家,监理单位11家。详见G56杭瑞高速公路大兴至思南段参建单位表(表6-1)。

G56杭瑞高速公路大兴至思南段参建单位表 表6-1

参建单位	单位名称	合同段编号及起止桩号	主要负责人
项目管理单位	大兴至思南高速公路建设项目办公室	K0+000~K149+168.76	宋祖荣、方坤
勘察设计单位	贵州省交通规划勘察设计研究院	K0+000~K48+900	范贵鹏
	辽宁省交通规划设计院	K48+535~K99+014.366	王昕
	中交第一公路勘察设计研究院有限公司	K97+100~K149+168.76	任艺宏
	招商局重庆交通科研设计院有限公司	K0+000~K149+168.76	何跃
施工单位	四川武通路桥工程局	DSTJ-01 K0+000~K14+800	彭刚、朱丰刚
	中铁五局集团第一工程有限责任公司	DSTJ-02 K14+800~K25+380	王东川、吴跃光
	中铁五局集团第四工程有限责任公司	DSTJ-03 K25+380~K36+600	陈明君、李海忠
	贵州省公路工程集团有限公司	DSTJ-04 K36+600~K48+900	贺先访、张忠胜
	中铁二十局集团第二工程有限公司	DSTJ-05 K48+535~K56+750	祝建周、刘恒
	中铁二十局集团第一工程有限公司	DSTJ-06 K56+750~K68+650	罗万录、刘郁
	贵州路桥集团有限公司	DSTJ-07 K68+650~K84+600	汤利发、廖正杰
	中交第四公路工程局第二工程有限公司	DSTJ-08 K84+600~K99+014.366	唐峰、张彩
	中铁十六局集团第三工程有限公司	DSTJ-09 K97+100~K108+100	吴思国、胡世所
	中铁二局股份有限公司	DSTJ-10 K108+100~K113+500	肖永军、黄海
	中铁五局集团第一工程有限责任公司	DSTJ-11 K113+500~K118+560	马瑶林、梁远洪
	中铁五局集团有限公司	DSTJ-12 K118+560~K124+100	张海彬、龙威洪
	北京市海龙公路工程公司	DSTJ-13 K124+100~K128+400	常志龙、黄军
	北京市海龙公路工程公司	DSTJ-14 K128+400~K131+900	陆文军、袁誉胜
	中铁五局集团第一工程有限责任公司	DSTJ-15 K131+900~K136+700	熊进斌、彭正中
	贵州路桥集团有限公司	DSTJ-16 K136+700~K141+750	杨再瑞、申修会
	中铁二局股份有限公司	DSTJ-17 K141+750~K143+610	胡关江、罗飚
	中铁大桥局股份有限公司	DSTJ-18 K143+610~K145+195	田伟、刘向阳
	中铁十五局集团有限公司	DSTJ-19 K145+195~K149+168.76	张国锋、费茂盛
	贵州省公路工程集团有限公司	DSFJ-01 K0+000~K48+900	殷中辉、曾智鸿
	贵州省公路工程集团有限公司	DSFJ-02 K48+900~K99+014	郑文、郭长勋
	重庆海特建设工程有限公司	DSFJ-03 K99+104~K149+160	贺义军、李忠献

第六章
贵州高速公路

续上表

参建单位	单位名称	合同段编号及起止桩号	主要负责人
施工单位	贵州省交通工程有限公司	DSJA – 01 K0＋000～K48＋900	王军、封宁
	贵州省交通工程有限公司	DSJA – 02 K48＋535～K99＋014	吴敏慧、张进
	贵州省交通工程有限公司	DSJA – 03 K97＋100～K149＋160	张万茂、陈云章
	安徽皖通科技股份有限公司	DSJD – 01 K0＋000～K84＋600	高泉峰、夏丰年
	北京路安交通科技发展有限公司	DSJD – 02 K84＋600～K149＋160	范俊松、臧晓虹
	中铁十二局集团电气化工程有限公司	DSJD – 03 K0＋000～K48＋900	张建军、陈双寿
	中海网络科技股份有限公司	DSJD – 04 K48＋900～K70＋000	张利中、富松祥
	中铁电气化局集团有限公司	DSJD – 05 K70＋000～K99＋014.366	张晓东、付文高
	浙江浙大中控信息技术有限公司	DSJD – 06 K99＋014.366～K111＋550	姚建明、贺国军
	广东新粤交通投资有限公司	DSJD – 07 K111＋550～K122＋990	梁新江、詹润取
	北京云星宇交通工程有限公司	DSJD – 08 K122＋990～K132＋987	王占军、赵永忠
	紫光捷通科技股份有限公司	DSJD – 09 K133＋000～K149＋160	陈方伟、周继军
	河北冀安公共安全工程有限公司	DSJD – 10 K0＋000～K99＋014.366	蒋海英、张彦超
	中铁隧道股份有限公司	DSJD – 11 K97＋100～K149＋160	马守生、吕雪东
	贵州绿地园林建设实业有限公司	DSLH – 1 K0＋000～K25＋380	邹刚、夏万梅
	贵州黔贵园艺景观有限公司	DSLH – 2 K25＋380～K48＋900	刘玉、李涛
	贵州黔贵园艺景观有限公司	DSLH – 3 K48＋900～K68＋650	张焰玢、张晓龙
	河北国绿园林建设有限公司	DSLH – 4 K68＋650～K97＋100	杨林茹、玉秀藏
	河北国绿园林建设有限公司	DSLH – 5 K97＋100～K149＋160	刘爱芹、任夕杰
	河南金卉园林绿化工程有限公司	DFLH – 1 K0＋000～K68＋650	高继辉、李启龙
	贵州黔贵园艺景观有限公司	DFLH – 2 K68＋650～K149＋160	周明、王丽华
	贵州绿地园林建设实业有限公司	LH – 1 K0＋000～K14＋800	张凤泉、刘如峰
	贵州绿之春生态园林有限公司	DSTJS – 2 K14＋800～K25＋380	李权、龙梅
	四川凹凸环境营造有限责任公司	DLH – 3 K25＋380～K36＋600	杨冬文、彭学云
	贵州黔贵园艺景观有限公司	DLH – 4 K36＋600～K48＋900	周捍宏、李涛
	成都双流国际机场园林环保有限公司	DLH – 5 K48＋535～K56＋750	刘洋、陈柯
	重庆美宇园林绿化有限公司	DLH – 6 K56＋750～K68＋650	蒲从飞、周玉承
	贵州科农生态环保科技有限责任公司	DLH – 7 K68＋650～K84＋600	李全丽、刘俊娟
	成都双流国际机场园林环保有限公司	DLH – 8 K84＋600～K99＋014.366	王明全、王福顺
	广东如春园林工程有限公司	DLH – 9 K97＋100～K113＋500	谢润泽、江海东
	四川匹克生态景观工程有限公司	DLH – 10 K113＋500～K128＋400	刘锋、张建新
	河南金卉园林绿化工程有限公司	LH – 11 K128＋400～K141＋750	高继辉、徐赶年
	贵州凯山市政园林建设有限公司	LH – 12 K141＋750～K149＋168.76	易荣、高凤英

续上表

参建单位	单位名称	合同段编号及起止桩号	主要负责人
监理单位	贵州科达公路工程咨询监理有限公司	DSJL-1 K0+000~K36+600	张道友
	四川省公路工程监理事务所	DSJL-2 K36+600~K68+650	罗文强
	中国公路工程咨询集团有限公司	DSJL-3 K68+650~K99+014.366	柳林
	厦门港湾咨询监理有限公司	DSJL-4 K97+100~K113+500	宋宁
	广西桂通公路工程监理咨询有限责任公司	DSJL-5 K113+500~K128+400	周洪剑
	贵州陆通公路工程监理有限责任公司	DSJL-6 K128+400~K141+750	付天正
	北京中交安通工程技术咨询有限公司	DSJL-7 K141+750~K149+168.76	唐清林
	深圳市恒浩建工程项目管理有限公司	DSFJJL-1 K0+000~K149+160	廖仁昌
	贵州科达公路工程咨询监理有限公司	DSLHJA-01 K0+000~K48+900	董天镁
	贵州通力达公路工程监理咨询有限公司	DSLHJA-02 K48+535~K99+014	王脚
	贵州省交通建设咨询监理有限公司	DSLHJA-03 K97+100~K149+160	曹惠平
	四川公路工程咨询监理公司	DSJDJL-1 K0+000~K99+014.366	段永煌
	重庆中宇工程咨询监理有限责任公司	DSJDJL-2 K48+900~K122+990	陈倚东
	北京兴通工程咨询有限公司	DSJDJL-3 K97+100~K149+160	马达

(3)资金筹措。项目估算总投资为123.9亿元。其中,国家安排中央专项资金(车购税)45.49亿元作为项目的资本金,约占项目总投资的36.7%,其余78.41亿元资金利用国内银行贷款解决。

(4)招标投标。本项目于2009年2月开始勘察设计招标,2010年8月开始土建施工和监理招标,2012年6月对房建、交安、机电、绿化等后续工程进行了招标。

(5)征地拆迁。省交通运输厅、省公路局分别与铜仁市政府、市国土局签订了征地拆迁协议书,沿线各县、镇(乡)分别成立了协调服务指挥部。征地拆迁协调工作在各级政府和指挥部的领导下,在沿线人民的大力支持、紧密配合下,努力克服各种工作困难,积极处理各项群工纠纷,及时化解各类征拆矛盾,有效控制了阻工事件的发生,切实解决了损害群众利益的问题,为高速公路建设创造了良好施工环境,确保了工程建设的顺利实施。

截至2014年5月,共征用土地15303亩,拆迁房屋384129m^2,支付补偿费用9.56亿元。

(6)重大变更。增设朗溪(印江东)互通。

(7)交(竣)工。2013年6月28日,贵州省公路局组织了大兴至思南高速公路铜仁西互通至德旺段交工验收;2013年7月26日,贵州省公路局组织了大兴至思南高速公路大兴至铜仁西段交工验收;2013年10月10日,贵州省公路局组织了大兴至思南高速公路印江至思南段交工验收;2013年11月29日,贵州省公路局组织了大兴至思南高速公路德旺至印江段及土建18标交工验收。

3. 复杂技术工程

本项目的复杂技术工程主要有小江河特大桥、乌江特大桥。

（1）小江河大桥。小江河大桥采用分幅桥设计，左幅桥中心桩号 ZK22+527.000m，起点桩号 ZK22+074.032m，终点桩号 ZK22+887.920m，桥梁全长 813.888m；上部结构采用 4×30m 混凝土先简支后结构连续箱梁+(85m+3×160m+85m)预应力混凝土连续刚构+30m 简支箱梁；右幅桥中心桩号 YK22+520.000m，起点桩号 YK22+038.480m，终点桩号 YK22+880.920m，桥梁全长 842.440m，上部结构采用：5×30m 先简支后结构连续箱梁+(85m+3×160m+85m)预应力混凝土连续刚构+30m 简支箱梁。

（2）乌江大桥（图6-2）。主桥采用五跨预应力混凝土连续刚构桥，主墩墩梁固结。跨径布置为(108+3×200+108)m，主桥长 816m。桥梁全长 1540m（左线 1541.6m）。

图6-2　大兴至思南公路乌江特大桥

4. 营运管理

本项目共设服务区6处，分别为铜仁服务区、坝黄停车区、向阳服务区、苗匡停车区、德旺服务区、印江停车区。共设收费站10处，分别为大兴（省界）收费站、苗王城收费站、铜仁北收费站、坝盘收费站、江口收费站、梵净山东收费站、闵孝收费站、梵净山西收费站、印江收费站、思南东收费站。具体收费站点设置见表6-2。大思高速公路批准收费起讫时间为 2013年6月28日~2033年6月27日。截至2015年年底，收费金额共计 740578926.42元。

大兴至思南高速公路收费站点设置表　　表6-2

站点名称	车道数	收费方式	备注
大兴（省界）收费站	15	人工+ETC	
苗王城收费站	4	人工	

续上表

站点名称	车道数	收费方式	备注
铜仁北收费站	8	人工+ETC	
坝盘收费站	4	人工	
江口收费站	8	人工+ETC	
梵净山东收费站	8	人工+ETC	
闵孝收费站			接在建高速公路,已封闭
梵净山西收费站	4	人工+ETC	
印江收费站	8	人工	
思南东收费站	8	人工+ETC	

(二)G56 杭瑞高速公路思南至遵义公路

1. 基本情况

(1)项目决策背景。为完善国家和贵州高速公路网,贯彻落实国家西部大开发战略部署,改善区域交通条件,促进沿线地区资源开发和经济社会协调发展,同意建设思南至遵义公路。相关文件有:2009 年 9 月 29 日,国家环境保护部《关于杭州至瑞丽国家高速公路思南至遵义段工程环境影响报告书的批复》(环审〔2009〕443 号);2009 年 11 月 24 日,水利部《关于杭州至瑞丽国家高速公路贵州境思南至遵义段水土保持方案的复函》(水保函〔2009〕391 号);2010 年 3 月 16 日,《国家发展改革委关于贵州省思南至遵义公路可行性研究报告的批复》(发改基础〔2010〕458 号);2010 年 7 月 13 日,交通运输部《关于思南至遵义公路初步设计的批复》(交公路发〔2010〕332 号);2011 年 7 月 24 日,国土资源部《关于杭瑞高速公路思南至遵义段工程建设用地的批复》(国土资函〔2011〕455 号);2011 年 12 月 31 日,贵州省交通运输厅《关于思南至遵义公路施工图设计的批复》(黔交建设〔2011〕263 号)。2011 年 1 月正式开工建设。

(2)公路的功能、定位、里程。思南至遵义公路是《国家高速公路网规划》中第 12 横杭州至瑞丽公路的一段,对完善国家和贵州高速公路网,贯彻落实国家西部大开发战略部署,改善区域交通条件,促进沿线地区资源开发和经济社会协调发展,具有十分重要的作用。本项目起点位于思南县双龙井镇大同岩,接拟建的大兴至思南高速公路,路线经过思南、德江、凤冈、湄潭、遵义虾子、红花岗区,止于遵义县龙坑镇,与在建遵义至毕节高速公路相接。路线全长 163.155km。

(3)技术指标。全线采用四车道高速公路标准建设,其中起点至凤冈段 68km,设计速度 80km/h,路基宽度 24.5m,凤冈至遵义段 95km,设计速度 100km/h,路基宽度 26m。桥涵设计汽车荷载采用公路—Ⅰ级,其他技术指标按《公路工程技术标准》(JTG B01—2003)规定执行。互通式立交连接线采用二级公路标准建设。

（4）投资规模。项目总投资估算约为105.9亿元，初步设计总概算119.6102亿元，施工图预算114.1412亿元。

（5）主要控制点、沿线主要地形地貌。路线位于云贵高原黔北山地北缘与四川盆地的中部低山丘陵南缘的衔接地段，地形切割强烈（俗称鸡爪地形），总体地势南高北低，项目主要控制点为桐子园隧道、桐子园特大桥、天池特大桥、洛安江特大桥。全线四处跨城市主干道（思南双塘大道，湄潭园区1、3号路，红花岗区和平大道），三处跨河（德江大河、遵义洛安江、遵义湘江河），五处跨国省干线（G326、S205），一处跨渝黔铁路，二处跨旅游景区（遵义云门囤、湄潭茶海）。

（6）主要构造物。桥梁全长40806.33m/159座，占主线全长的25.01%；隧道全长6702.5m/8座，占主线全长的4.1%。路基挖方2751.4万m^3，防、排水砌体工程127.63万m^3，涵洞及通道370道。

2. 建设情况

项目立项审批。国家发展改革委《国家发展改革委关于贵州省思南至遵义公路可行性研究报告的批复》（发改基础〔2010〕458号），贵州省交通运输厅《关于转下达2010年交通运输部固定资产投资调整计划用于思南至遵义高速公路建设的通知》（黔交规划〔2011〕32号）。

（1）勘察、设计、施工、监理。思南至遵义高速公路项目涉及勘察设计单位5家，施工单位50家，监理单位9家。详见G56杭瑞高速公路思南至遵义高速公路参建单位表（表6-3）。

（2）资金筹措。项目估算总投资为105.9亿元，其中，国家安排中央专项资金（车购税）37.32亿元作为项目的资本金，约占项目总投资的35.2%，其余68.58亿元资金由国内银行贷款解决。

G56杭瑞高速公路思南至遵义段参建单位表　　　　　　　　表6-3

参建单位	单 位 名 称	合同段编号及起止桩号	主要负责人	备 注
项目管理单位	贵州省公路局	GK1458+432～GK1622+077	粟周瑜	
勘察设计单位	中交第一公路勘察设计研究院有限公司	GK1458+432～GK1515+905	赵小由	SZTJ-1～SZTJ-8
	中国公路工程咨询交通有限公司	GK1515+905～GK1570+331	丁清	SZTJ-9～SZTJ-11
	华杰工程咨询有限公司	GK1570+331～GK1622+077	杨明举、马鸿友	SZTJ-12～SZTJ-16

续上表

参建单位	单位名称	合同段编号及起止桩号	主要负责人	备注
勘察设计单位	中交第二航务工程勘察设计院有限公司	GK1458+432～GK1622+077		房建工程、项目经理
	中国公路工程咨询集团有限公司	GK1458+432～GK1622+077	王晓明、尉自彬	机电工程、项目经理
	中国公路工程咨询集团有限公司	GK1458+432～GK1622+077	王晓明、尉自彬	交安工程、项目经理
	招商局重庆交通科研设计院有限公司	GK1458+432～GK1622+077	何跃、兰州	绿化工程、项目经理
施工单位	贵州省公路工程集团有限公司	SZTJ-1（GK1458+432～GK1465+432）	李银兵	土建工程、项目经理
	贵州桥梁建设集团有限责任公司	SZTJ-2（GK1465+432～GK1470+432）	杨俊	土建工程、项目经理
	中铁二局股份有限公司	SZTJ-3（GK1470+432～GK1477+828）	康洁	土建工程、项目经理
	贵州桥梁建设集团有限责任公司	SZTJ-4（GK1477+828～GK1483+948）	郑昌礼	土建工程、项目经理
	中国路桥工程有限责任公司	SZTJ-5（GK1483+948～GK1491+228）	赵同顺	土建工程、项目经理
	贵州省公路工程集团有限公司	SZTJ-6（GK1491+228～GK1497+628）	杨志刚	土建工程、项目经理
	中国水电建设集团工程有限公司	SZTJ-7（GK1497+628～GK1504+928）	刘宇哲	土建工程、项目经理
	岳阳市公路桥梁基建总公司	SZTJ-8（GK1504+928～GK1515+905）	钟勇	土建工程、项目经理
	贵州省公路工程集团有限公司	SZTJ-9（GK1515+905～GK1535+705）	张道华	土建工程、项目经理
	中铁一局集团有限公司	SZTJ-10（GK1535+705～GK1557+705）	吴元平	土建工程、项目经理
	路桥集团国际股份有限公司	SZTJ-11（GK1557+705～GK1570+331）	杨东鹏	土建工程、项目经理
	广西壮族自治区公路桥梁工程总公司	SZTJ-12（GK1570+331～GK1577+261）	陈应基	土建工程、项目经理

续上表

参建单位	单位名称	合同段编号及起止桩号	主要负责人	备注
施工单位	中交第四航务工程局有限公司	SZTJ-13（GK1579+151~GK1586+081）	余应杰	土建工程、项目经理
	贵州路桥集团有限公司	SZTJ-14（GK1586+081~GK1597+071）	黄文华	土建工程、项目经理
	贵州桥梁建设集团有限责任公司	SZTJ-15（GK1597+071~GK1615+306）	王强	土建工程、项目经理
	中铁一局集团有限公司	SZTJ-16（GK1615+306~GK1622+077）	梁永	土建工程、项目经理
	广东立乔交通工程有限公司	SZJA-1（GK1458+432~GK1515+905）	何平峰	交安工程、项目经理
	江苏中路交通工程有限公司	SZJA-2（GK1515+905~GK1570+331）	赵从容	交安工程、项目经理
	北京汉威达交通运输设备有限公司	SZJA-3（GK1570+331~GK1622+077）	徐秋江	交安工程、项目经理
	贵州省交通工程有限公司	SZFJ-1（GK1458+432~GK1515+905）	余关江	房建工程、项目经理
	贵州省公路工程集团有限公司	SZFJ-2（GK1515+905~GK1570+331）	陈焱	房建工程、项目经理
	贵州省公路工程集团有限公司	SZFJ-3（GK1570+331~GK1622+077）	李东海	房建工程、项目经理
	陕西汉唐计算机有限责任公司	SZJD-1（GK1458+432~GK1622+077）	徐少明	机电工程、项目经理
	中铁十二局交通电气化工程有限公司	SZJD-2（GK1458+432~GK1470+432）	张家旭	机电工程、项目经理
	紫光捷通科技股份有限公司	SZJD-3（GK1470+432~GK1622+077）	李如彦	机电工程、项目经理
	山西四和交通工程有限责任公司	SZJD-4（GK1458+432~GK1622+077）	帅亮红	机电工程、项目经理
	广东能达高等级公路维护有限公司	SFLH-1（GK1458+432~GK1551+905）	冷方武	站点绿化工程、项目经理

续上表

参建单位	单位名称	合同段编号及起止桩号	主要负责人	备注
施工单位	福建腾辉环境建设集团有限公司	SFLH-2(GK1551+905~GK1622+077)	林志强	站点绿化工程、项目经理
	深圳市铁汉生态环境股份有限公司	SZLH-1(GK1458+432~GK1483+948)	杨洁梅	景观绿化工程、项目经理
	重庆嘉华园林绿化工程有限公司	SZLH-2(GK1483+948~GK1521+905)	邓元良	景观绿化工程、项目经理
	重庆金点园林股份有限公司	SZLH-3(GK1521+905~GK1551+905)	张仁平	景观绿化工程、项目经理
	贵州科农生态环保科技有限责任公司	SZLH-4(GK1551+905~GK1585+721)	晁建刚	景观绿化工程、项目经理
	贵州科农生态环保科技有限责任公司	SZLH-5(GK1585+721~GK1622+077)	申静	景观绿化工程、项目经理
	贵州黔贵园艺景观有限公司	SZBLH-1(GK1458+432~GK1465+432)	周捍宏	边坡绿化工程、项目经理
	广东如春园林工程有限公司	SZBLH-2(GK1465+432~GK1470+432)	陈友光	边坡绿化工程、项目经理
	西安华曦园林绿化工程有限公司	SZBLH-3(GK1470+432~GK1477+828)	张国栋	边坡绿化工程、项目经理
	重庆渝川园林(集团)有限公司	SZBLH-4(GK1477+828~GK1483+928)	陈智	边坡绿化工程、项目经理
	重庆渝川园林(集团)有限公司	SZBLH-5(GK1483+928~GK1491+228)	尹鸿达	边坡绿化工程、项目经理
	贵州黔贵园艺景观有限公司	SZBLH-6(GK1491+228~GK1497+628)	周明	边坡绿化工程、项目经理
	贵州凯山市政园林建设有限公司	SZBLH-7(GK1497+628~GK1504+928)	易荣	边坡绿化工程、项目经理
	贵州科农生态环保科技有限责任公司	SZTJS-8-1(GK1504+928~GK1515+905)	禄伟	边坡绿化工程、项目经理
	重庆渝川园林(集团)有限公司	SZTJS-8-2(GK1504+928~GK1515+905)	尹鸿达	边坡绿化工程、项目经理
	贵州黔贵园艺景观有限公司	SZBLH-9(GK1515+905~GK1535+705)	张晓龙	边坡绿化工程、项目经理
	贵州景天园林工程有限公司	SZBLH-10(GK1535+705~GK1557+705)	王清雨	边坡绿化工程、项目经理
	贵州凯山市政园林建设有限公司	SZBLH-11(GK1557+705~GK1570+331)	熊莹	边坡绿化工程、项目经理

续上表

参建单位	单位名称	合同段编号及起止桩号	主要负责人	备注
施工单位	西安华曦园林绿化工程有限公司	SZBLH-12（GK1570+331~GK1577+261）	王峰	边坡绿化工程、项目经理
	四川瑞云环境绿化工程有限公司	SZBLH-13（GK1579+151~GK1586+081）	陈志宇	边坡绿化工程、项目经理
	四川凹凸环境营造有限责任公司	SZTJS-14（GK1586+081~GK1597+071）	陈安权	边坡绿化工程、项目经理
	四川凹凸环境营造有限责任公司	SZBLH-15（GK1597+071~GK1615+306）	王成利	边坡绿化工程、项目经理
	四川凹凸环境营造有限责任公司	SZBLH-16（GK1615+306~GK1622+077）	汪光银	边坡绿化工程、项目经理
监理单位	贵州陆通公路工程监理有限公司	SZTJ-1（GK1458+432~GK1465+432）	姜明坤	土建工程、驻地高监
	贵州陆通公路工程监理有限公司	SZTJ-2（GK1465+432~GK1470+432）	姜明坤	土建工程、驻地高监
	贵州陆通公路工程监理有限公司	SZTJ-3（GK1470+432~GK1477+828）	姜明坤	土建工程、驻地高监
	贵州陆通公路工程监理有限公司	SZTJ-4（GK1477+828~GK1483+948）	姜明坤	土建工程、驻地高监
	河北华达公路工程咨询监理有限公司	SZTJ-5（GK1483+948~GK1491+228）	马震	土建工程、驻地高监
	河北华达公路工程咨询监理有限公司	SZTJ-6（GK1491+228~GK1497+628）	马震	土建工程、驻地高监
	河北华达公路工程咨询监理有限公司	SZTJ-7（GK1497+628~GK1504+928）	马震	土建工程、驻地高监
	河北华达公路工程咨询监理有限公司	SZTJ-8（GK1504+928~GK1515+905）	马震	土建工程、驻地高监
	浙江通衢交通建设监理咨询有限公司	SZTJ-9（GK1515+905~GK1535+705）	张邦	土建工程、驻地高监
	浙江通衢交通建设监理咨询有限公司	SZTJ-10（GK1535+705~GK1557+705）	张邦	土建工程、驻地高监
	重庆育才工程咨询监理有限公司	SZTJ-11（GK1557+705~GK1570+331）	林秀胜	土建工程、驻地高监
	重庆育才工程咨询监理有限公司	SZTJ-12（GK1570+331~GK1577+261）	林秀胜	土建工程、驻地高监
	武汉中交路桥设计咨询有限公司	SZBLH-13（GK1579+151~GK1586+081）	吴奇伟	土建工程、驻地高监

续上表

参建单位	单位名称	合同段编号及起止桩号	主要负责人	备注
监理单位	武汉中交路桥设计咨询有限公司	SZTJS－14（GK1586＋081～GK1597＋071）	吴奇伟	土建工程、驻地高监
	贵州科达公路工程咨询监理有限公司	SZBLH－15（GK1597＋071～GK1615＋306）	胡大乾	土建工程、驻地高监
	贵州科达公路工程咨询监理有限公司	SZBLH－16（GK1615＋306～GK1622＋077）	胡大乾	土建工程、驻地高监
	贵州陆通公路工程监理有限公司	SZJA－1（GK1458＋432～GK1515＋905）	王元智	交安工程、驻地高监
	贵州省交通建设咨询监理有限公司	SZJA－2（GK1515＋905～GK1570＋331）	周云波	交安工程、驻地高监
	贵州省交通建设咨询监理有限公司	SZJA－3（GK1570＋331～GK1622＋077）	周云波	交安工程、驻地高监
	东莞市宏业建设工程监理有限公司	SZFJ－1（GK1458＋432～GK1515＋905）	邓雪峰	房建工程、驻地高监
	东莞市宏业建设工程监理有限公司	SZFJ－2（GK1515＋905～GK1570＋331）	邓雪峰	房建工程、驻地高监
	东莞市宏业建设工程监理有限公司	SZFJ－3（GK1570＋331～GK1622＋077）	邓雪峰	房建工程、驻地高监
	北京路桥通国际工程咨询有限公司	SZJD－1（GK1458＋432～GK1622＋077）	贺亚平	机电工程、驻地高监
	北京路桥通国际工程咨询有限公司	SZJD－2（GK1458＋432～GK1470＋432）	贺亚平	机电工程、驻地高监
	北京路桥通国际工程咨询有限公司	SZJD－3（GK1470＋432～GK1622＋077）	贺亚平	机电工程、驻地高监
	北京路桥通国际工程咨询有限公司	SZJD－4（GK1458＋432～GK1622＋077）	贺亚平	机电工程、驻地高监
	贵州陆通公路工程监理有限公司	SFLH－1（GK1458＋432～GK1551＋905）	王元智	站点绿化工程、驻地高监
	贵州省交通建设咨询监理有限公司	SFLH－2（GK1551＋905～GK1622＋077）	周云波	站点绿化工程、驻地高监
	贵州陆通公路工程监理有限公司	SZLH－1（GK1458＋432～GK1483＋948）	王元智	景观绿化工程、驻地高监
	贵州陆通公路工程监理有限公司	SZLH－2（GK1483＋948～GK1521＋905）	王元智	景观绿化工程、驻地高监
	贵州省交通建设咨询监理有限公司	SZLH－3（GK1521＋905～GK1551＋905）	周云波	景观绿化工程、驻地高监

续上表

参建单位	单位名称	合同段编号及起止桩号	主要负责人	备注
监理单位	贵州省交通建设咨询监理有限公司	SZLH-4（GK1551+905～GK1585+721）	周云波	景观绿化工程、驻地高监
	贵州省交通建设咨询监理有限公司	SZLH-5（GK1585+721～GK1622+077）	周云波	景观绿化工程、驻地高监
	贵州陆通公路工程监理有限公司	SZBLH-1（GK1458+432～GK1465+432）	姜明坤	边坡绿化工程、驻地高监
	贵州陆通公路工程监理有限公司	SZBLH-2（GK1465+432～GK1470+432）	姜明坤	边坡绿化工程、驻地高监
	贵州陆通公路工程监理有限公司	SZBLH-3（GK1470+432～GK1477+828）	姜明坤	边坡绿化工程、驻地高监
	贵州陆通公路工程监理有限公司	SZBLH-4（GK1477+828～GK1483+928）	姜明坤	边坡绿化工程、驻地高监
	河北华达公路工程咨询监理有限公司	SZBLH-5（GK1483+928～GK1491+228）	马震	边坡绿化工程、驻地高监
	河北华达公路工程咨询监理有限公司	SZBLH-6（GK1491+228～GK1497+628）	马震	边坡绿化工程、驻地高监
	河北华达公路工程咨询监理有限公司	SZBLH-7（GK1497+628～GK1504+928）	马震	边坡绿化工程、驻地高监
	河北华达公路工程咨询监理有限公司	SZTJS-8-1（GK1504+92～GK1515+905）	马震	边坡绿化工程、驻地高监
	河北华达公路工程咨询监理有限公司	SZTJS-8-2（GK1504+92～GK1515+905）	马震	边坡绿化工程、驻地高监
	浙江通衢交通建设监理咨询有限公司	SZBLH-9（GK1515+905～GK1535+705）	张邦	边坡绿化工程、驻地高监
	浙江通衢交通建设监理咨询有限公司	SZBLH-10（GK1535+705～GK1557+705）	张邦	边坡绿化工程、驻地高监
	重庆育才工程咨询监理有限公司	SZBLH-11（GK1557+705～GK1570+331）	林秀胜	边坡绿化工程、驻地高监
	重庆育才工程咨询监理有限公司	SZBLH-12（GK1570+331～GK1577+261）	林秀胜	边坡绿化工程、驻地高监
	武汉中交路桥设计咨询有限公司	SZBLH-13（GK1579+151～GK1586+081）	吴奇伟	边坡绿化工程、驻地高监
	武汉中交路桥设计咨询有限公司	SZTJS-14（GK1586+081～GK1597+071）	吴奇伟	边坡绿化工程、驻地高监
	贵州科达公路工程咨询监理有限公司	SZBLH-15（GK1597+071～GK1615+306）	胡大乾	边坡绿化工程、驻地高监
	贵州科达公路工程咨询监理有限公司	SZBLH-16（GK1615+306～GK1622+077）	胡大乾	边坡绿化工程、驻地高监
设计咨询单位	中交第二公路勘察设计研究院	GK1458+432～GK1622+077		土建工程

(3)招标投标。思南至遵义公路项目原业主为贵州高速公路开发总公司,于2007年4月签订了勘察设计合同。2009年转换贵州省公路局为业主。2010年5月开始土建施工、监理等内容的招投标工作。

(4)征地拆迁。省交通运输厅、省公路局分别与遵义、铜仁市政府、市国土局签订了征地拆迁协议书,沿线各县、镇(乡)分别成立了协调服务指挥部。征地拆迁协调工作在各级政府和指挥部的领导下,在沿线人民的大力支持、紧密配合下,努力克服各种工作困难,积极处理各项群工纠纷,及时化解各类征拆矛盾,有效控制了阻工事件的发生,切实解决了损害群众利益的问题,为高速公路建设创造了良好施工环境,确保了工程建设的顺利实施。

截至2014年12月,全线共征收土地19995.1亩,拆迁房屋359391.2m^2,支付征拆资金8.73亿元。

(5)重大变更。思南至遵义高速公路建设过程中,铜仁地区行政公署提出在思南境增设沙沟互通的要求,省交通运输厅批示意见按预留互通立交变更设计执行,同意由地方政府另行申请立项审批后同步实施建设。沙沟互通式立交位于思南县东华乡沙沟村,互通形式采用单喇叭A型,中心桩号为K158+601.211;立交匝道占地119.3亩;立交区内匝道桥103m/2座,涵洞3道。

洛安江大桥原设计桥梁中心桩号为K271+370.0,起止桩号为K271+181.0~K271+559.0,全长378m,设计桥孔和跨径[3×30+(65+120+65)+1×30]m,主桥为预应力混凝土连续刚构,引桥上部结构采用预应力混凝土小箱梁,主桥桥墩为空心薄壁墩,引桥采用柱式墩、桩基础,桥台采用柱式台、桩基。变更后桥梁中心桩号为K271+377.0,起止桩号为K271+186.5~K271+567.5,全长381m,设计桥孔和跨径(95+180+95)m,为预应力混凝土连续刚构,桥墩为空心薄壁墩,桥台采用柱式台、桩基。

(6)交(竣)工。2013年6月27日,贵州省公路局组织了思南至遵义高速公路凤冈至遵义段交工验收(图6-3);2013年8月28日,组织了思南至遵义高速公路思南至凤冈段交工验收。

3. 复杂技术工程

思南至遵义高速公路项目复杂技术工程主要有桐子园特大桥、天池特大桥、洛安江特大桥。

(1)桐子园大桥(图6-4)。右线桩号K155+761~K156+909,桥梁跨径组成为[3×40+3×40+(79+150+79)+4×40+4×40+4×40+3×40]m,桥梁全长1145m,最大墩高103m。第三联为(79+150+79)m的预应力混凝土连续刚构,下部结构为单空心薄壁+双空心薄壁式组合桥墩;其他联为T形梁,下部结构为柱式桥墩。

左线桩号K155+726~K156+514,桥梁跨径组成为[3×40+3×40+(79+150+79)

+3×40+3×40]m,桥梁全长788m,最大墩高103m。第三联为(79+150+79)m的预应力混凝土连续刚构,下部结构为单空心薄壁+双空心薄壁式组合桥墩;其他联为T形梁,下部结构为柱式桥墩。

图6-3 凤冈至遵义段交工验收

图6-4 桐子园大桥

(2)天池大桥(图6-5)。桩号K180+481.25～K181+620.75,桥梁跨径组成为(12×40+65+120+65+12×40)m,桥梁全长1139.5m;主桥上部采用预应力混凝土变截面连续刚构,引桥上部采用装配式预应力混凝土连续T梁,下部采用柱式墩或矩形空心薄壁墩,桩柱式桥台。

(3)洛安江大桥。大桥位于遵义县乌江三级支流洛安江上,桥址区有乡间小路可与国道G326相通。桥梁桩号为K271+186.5～K271+567.5,设计桥孔和跨径(95+180+95)m,桥梁全长381m,上部结构为预应力混凝土连续刚构,桥墩为空心薄壁墩,桥台采用柱式台、桩基。

图 6-5 天池大桥

4. 营运管理

全线设服务区 3 处、停车区 3 处、匝道收费站 9 处、隧道管理救援站 1 处、监控通信分中心 1 处、养护工区 3 个。收费站点设置见表 6-4。思南至遵义高速公路批准收费起讫时间为 2013 年 6 月 28 日至 2033 年 6 月 27 日,截至 2015 年年底,收费金额达 931150980.55 元。

思南至遵义高速公路收费站点设置表　　表 6-4

站点名称	车道数	收费方式	站点名称	车道数	收费方式
合兴	4	人工	花坪	5	人工
沙沟	5	人工	湄潭	8	人工、ETC
煎茶	8	人工	虾子	8	人工、ETC
凤冈	8	人工、ETC	深溪	11	人工、ETC
永兴	5	人工			

(三) G56 杭瑞高速公路遵义至毕节段

1. 基本情况

(1) 项目决策背景。杭州至瑞丽高速公路(G56)是国家《国家高速公路网规划》的"7918"网中的第十二横,起点为浙江省杭州,途经浙江、安徽、江西、湖北、湖南、贵州、云南七省,终点止于云南省瑞丽,全长 3405km。遵义至毕节高速公路是杭瑞高速公路贵州省境内(全长约 616km)的重要组成路段,是《贵州省骨架公路网规划》(6 横 7 纵 8 联,简称"678"网)中的二横(铜仁至宜威)的组成路段。

（2）公路的功能、定位、里程。遵义至毕节高速公路（以下简称遵毕高速公路）连接铜仁、遵义及毕节地区，是横贯黔北的一条重要快速通道。该项目的建设是完善国家高速公路网、加快西部大开发、促进我国沿海地区与西部地区的经济文化交流、缩小东西差距、推动西电东送工程实施、形成黔西北新经济带、促进区域经济发展和旅游开发的重要基础建设项目，为全面建设小康社会和构建和谐社会，实现贵州省经济社会跨越式发展等方面，都具有极其重要的作用。

遵毕高速公路起点位于遵义县龙坑镇分水堰，与思南至遵义高速公路衔接，向西经鸭溪、马蹄、泮水至金沙城关镇、岩孔镇，进入大方县的雨冲乡、沙厂乡、百纳乡，再穿越百里杜鹃风景名胜区，止于毕节市鸭池镇石桥村与拟建的厦蓉高速公路相连。路线全长174.054km。

技术指标。根据交通部《公路工程技术标准》(JTG B01—2003)，并结合区域经济发展和沿线地形、地貌特征，本项目采用全封闭、全立交高速公路标准建设。其中，项目起点至白腊坎段长29.364km，设计速度100km/h，路基宽度33.5m，双向六车道；白腊坎至金沙段长38.105km，设计速度100km/h，路基宽度26m，双向四车道；金沙至项目终点长106.585km，设计速度80km/h，路基宽度24.5m，双向四车道。

遵毕项目设龙坑枢纽立交（图6-6）、乐理枢纽立交、鸭溪互通、白腊坎互通、泮水互通、金沙互通、新化互通、雨冲互通、百里杜鹃互通、大方互通、响水互通、归化互通，共计12座互通式立交，预留马蹄、凤山立交（应当地政府要求，马蹄、凤山立交两处立交在遵毕项目建设中先期实施），设置服务区3处，停车区4处。

图6-6　遵毕高速公路龙坑互通

重点控制性工程有金沙特大桥、垄井特大桥、落脚河大桥、磨乡大桥、百纳隧道、平子上隧道、云盘山隧道、谢都隧道等。

（3）投资规模。该项目初步设计总概算核定为118.619亿元。

(4) 主要控制点。遵毕高速公路位于贵州省北部,途经遵义市的遵义县,毕节市的金沙县、大方县和七星关区4个区县。路线起于遵义县龙坑镇东的分水垭,经鸭溪、马蹄、泮水、金沙(城关镇)、岩孔、西洛、平坝、新化、大田、雨冲、沙厂、百纳、普底、凤山、东关、竹园、响水、双山、梨树、鸭池,止于毕节市龙滩边。

(5) 沿线主要地形地貌。路线地处云贵高原东北部、贵州高原地貌三大区域的黔北山地,地势西高东低,海拔一般为900~1800m。沿线地貌类型可分为溶蚀洼地、峰丛洼地、峰林谷地、脊峰槽谷四种地貌单元。所在区气候属于亚热带湿润季风气候类型,多年平均降水量954~1180.8mm,多年平均气温11.8~15.7℃。土壤以黄壤、石灰土为主。项目区属亚热带常绿阔叶林植被区,现状植被多为常绿阔叶林破坏后次生的针叶林、针阔叶混交林、灌丛和灌草丛等植被类型,建群树种主要为马尾松、杉木、柏木及、火棘、悬钩子、蔷薇、茅栗等,林草覆盖率约为44.22%。公路沿线土壤侵蚀以中、轻度水力侵蚀为主,属水力侵蚀一级类型区中的西南土石山区,土壤容许流失量为$500t/(km^2 \cdot 年)$,公路沿线所经的遵义、金沙、大方和毕节4县、市属于乌江、赤水河上、中游重点治理区。另外,遵义县属于贵州省水土流失重点治理区,金沙县、大方县和毕节市属于水土流失重点监督区和水土流失重点治理区的重叠区域。

(6) 主要构造物。主要构造物包括金沙特大桥、垄井特大桥、落脚河大桥、磨乡大桥、百纳隧道、平子上隧道、云盘山隧道、谢都隧道等。

2. 建设情况

(1) 立项审批。国家发展和改革委员会以发改基础〔2009〕1673号文件批准遵毕高速公路项目立项;交通运输部以交公路发〔2009〕587号文件批复了工程初步设计;2009年2月4日,环境保护部以环审〔2009〕75号文件批复环境影响报告;水利部以水保函〔2009〕237号文件批复了水土保持方案;国土资源部以国土资函〔2010〕1084号文件批复了遵毕项目工程用地;贵州省交通运输厅以黔交建设〔2011〕56号文件批复了施工图设计。

项目业主贵州高速公路开发总公司根据交通部《公路工程质量监督规定》和贵州省交通厅《贵州省公路工程质量监督管理程序》等的相关规定,申请对本项目进行质量监督。贵州省交通建设工程质量监督局以《贵州省遵义至毕节高速公路项目监督申请受理通知单》(黔交质〔2011〕32号)批复了遵毕项目的监督申请,要求"项目实施期间,切实履行项目法人职责,加强管理,对工程建设的质量、安全、进度及投资进行有效监督"。全部批文到齐以后,向省交通运输厅上报了施工许可申请手续,获厅批准。遵毕高速公路从项目前期到工程实施阶段,按照国家法律法规和合同文件有序地进行建设、管理、监理、监督。由于各级政府的重视和支持,整个项目实施较为顺利。

(2) 勘察、设计。勘察工作在充分利用初勘成果的基础上,综合采用工程地质绸绘、钻探、物探等勘探手段,勘察方法和手段合理可行;野外钻孔测量定位、钻探取样、原位测试以及土工试验等各项质量指标基本满足现行规范要求。工程地质评价分析论证合理、结论正确,所取得的勘察成果基本满足相关规范及设计要求。

施工图设计阶段,设计单位根据初步设计省内预审意见、交通部初步设计批复意见、定测验收意见和历次会议纪要的精神对路线方案、平纵面线形、平纵面配合等进行优化调整,设计文件深度满足编制办法的要求。路线平、纵面设计合理,平纵配合合理,技术指标选用满足规范要求。

(3)施工、监理。针对工程项目建设实际,遵毕项目建立健全了各项管理制度,于2010年4月制定了《项目管理办法》,严格落实"法人负责、政府监督、社会监理、企业自检"的四级质量保证体系。加强监理队伍管理,加大工程抽检力度,积极主动接受上级各单位组织的检查和督查。管理制度及办法(包括:安全生产管理办法及奖惩制度、施工质量管理办法、工程进度管理办法、工程计量支付管理办法、工程设计变更管理办法、建设资金管理办法、合同履约管理办法、农民工用工管理办法、信用评价管理办法、环境保护管理办法、永久性工程材料管理办法等)。根据遵毕总监办《关于上报施工进度计划的紧急通知》(便签〔2010〕8号)、遵毕项目办《关于转发毕节地区行政公署 贵州省交通厅〈研究毕节地区高速公路建设事宜会议纪要〉的通知》(便签〔2010〕7号),要求2011年遵义至金沙段高速公路必须建成通车。为实现目标任务,施工单位加大人力、物力投入,优化施工方案;将金沙特大桥钻孔施工改为挖孔施工;将金沙特大桥主墩墩柱系梁取消并适当加强钢筋。2011年8月25日,金沙特大桥主墩中跨顺利合龙。

(4)资金筹措。根据《国家发展改革委关于贵州省遵义至毕节公路可行性研究报告的批复》(发改基础〔2009〕1673号),交通运输部《关于遵义至毕节公路初步设计的批复》(交公路发〔2009〕587号),遵义至毕节公路初步设计总概算核定为118.619亿元,交通运输部补助38.85亿元,其余资金由贵州高速公路开发总公司筹措。

(5)招标投标。遵毕公路项目勘察设计、施工及监理单位全部严格按照《中华人民共和国招投标法》执行,采取国内竞争性招标。全线共计完成5个勘测设计合同段、46个施工合同段(土建26个、路面3个、交通安全设施3个、景观绿化6个、站房站点3个、公路机电1个、隧道机电4个)、2个中心试验室及13个施工监理合同段的招投标工作,并按规定签署了合同文件。具体参建单位见表6-5。

(6)征地拆迁。遵毕公路获得批复建设用地共计1074.9705 hm^2,由当地人民政府按照有关规定提供,作为遵毕公路工程及拆迁安置用地。其中,服务区用地11.827 hm^2范围内的经营性用地以有偿方式供地,拆迁安置用地17.3102 hm^2由当地人民政府按规划和供地政策合理安排使用,其余建设用地以划拨方式供地。

G56 杭瑞高速公路遵义至毕节段参建单位表

表 6-5

通车里程桩号：K1622+265.462~K1795+912.711

参建单位	单 位 名 称	合同段编号及起止桩号	主要负责人	备　　注
项目管理单位	贵州高速公路开发总公司	K1622+265.462~K1795+912.711	任仁	
勘察设计单位	辽宁省交通勘测设计院	ZBSJ-1（1~8合同段）K1622+265.462~K1689+734.489	曲向进	路基土建1~8合同段、路面27合同段
勘察设计单位	中国公路工程咨询集团有限公司	ZBSJ-2（9~17合同段）K1689+734.489~K1741+030	王国峰	路基土建9~17合同段、路面28合同段
勘察设计单位	贵州省交通规划勘察设计研究院	ZBSJ-3（18~26合同段）K1741+030~K1795+912.711	张林	路基土建18~26合同段、路面29合同段
勘察设计单位	贵州省交通规划勘察设计研究院	ZBSJ-4，K1622+265.462~K1795+912.711	张林	全线交通工程（含交安、机电）
勘察设计单位	中交第二公路勘察设计研究院有限公司	ZBSJ-5，K1622+265.462~K1795+912.711	孟黔灵	全线站房站点工程、全线景观绿化工程
施工单位	贵州省公路工程集团总公司	ZB01，K1622+265.462~K1623+830	覃杰	土建工程
施工单位	中铁二局第一工程有限公司	ZB02，K1623+830~K1634+100	龙明华	土建工程
施工单位	中铁十局集团第二工程有限公司	ZB03，K1634+100~K1642+800	谢彦双	土建工程
施工单位	浙江省宏途交通建设有限公司	ZB04，K1642+800~K1650+600	郑兴康	土建工程
施工单位	中铁五局集团第一工程有限责任公司	ZB05，K1650+600~K1656+100	刘勇	土建工程
施工单位	四川武通路桥工程局	ZB06，K1656+100~K1669+600	张继锁	土建工程
施工单位	贵州省公路工程集团总公司	ZB07，K1669+600~K1682+260	覃杰	土建工程
施工单位	贵州省公路工程集团总公司	ZB08，K1682+260~K1689+734.489	覃杰	土建工程

续上表

参建单位	单位名称	合同段编号及起止桩号	主要负责人	备注
施工单位	广西壮族自治区公路桥梁工程总公司	ZB09，K1689+734.489~K1694+550	罗业凤	土建工程
	中铁一局集团有限公司	ZB10，K1694+550~ZK1700+819	孙永刚	土建工程
	中铁十七局集团第二工程有限公司	ZB11，ZK1700+819~GZK1707+713.121（改线桩号）	成志宏	土建工程
	中铁十六局集团第三工程有限公司	ZB12，ZK1706+000~K1711+500	郝孟广	土建工程
	中交第二航务工程局有限公司	ZB13，K1711+500~K1717+118	王海怀	土建工程
	中交第二航务工程局有限公司	ZB14，K1717+118~K1722+100	王海怀	土建工程
	广西壮族自治区公路桥梁工程总公司	ZB15，K1722+100~K1728+780	罗业凤	土建工程
	中铁十一局集团第四工程有限公司	ZB16，K1728+780~K1735+470	余先江	土建工程
	安徽省公路桥梁工程公司	ZB17，K1735+470~K1741+030	汪卫东	土建工程
	浙江交工路桥建设有限公司	ZB18，K1740+030~K1749+680	陈继禹	土建工程
	中铁二十局集团第二工程有限公司	ZB19，ZK1739+680~ZK1756+475.951，YK1739+480~YK1756+458.171	苗文怀	土建工程
	贵州省公路工程集团总公司	ZB20，ZK1726+475.981~K1761+240，YK1726+458.171~K1761+240	覃杰	土建工程
	中铁十二局集团第三工程有限公司	ZB21，K1761+240~K1766+382.344	张凤华	土建工程
	中铁十七局集团第一工程有限公司	ZB22，YK1766+317.793~YK1772+306.307	赵朴	土建工程
	贵州省公路工程集团总公司	ZB23，YK1772+306.307~YK1776+850.727	覃杰	土建工程
	广西壮族自治区公路桥梁工程总公司	ZB24，K1776+845.247~K1782+200	罗业凤	土建工程

续上表

参建单位	单位名称	合同段编号及起止桩号	主要负责人	备注
施工单位	广西壮族自治区公路桥梁工程总公司	ZB25,K1782+200~K1789+840	罗业凤	土建工程
	中铁十四局集团第三工程有限公司	ZB26,K1789+840~K1795+912.711	田执祥	土建工程
	贵州路桥集团有限公司	27,K1622+265.462~K1689+734.489	肖锡庄	路面工程
	中铁三局集团有限公司	28,K1689+734.489~K1741+030	郑刚	路面工程
	贵州省公路工程集团有限公司	29,K1741+030~K1795+912.711	覃杰	路面工程
	贵州省交通工程有限公司	30,K1622+265.462~K1689+734.489	雷虎	交通工程
	广东新粤交通投资有限公司	31,K1689+734.489~K1741+030	黄茂林	交通工程
	广西壮族自治区公路桥梁工程总公司	32,K1741+030~K1795+912.711	罗业凤	交通工程
	中铁四局集团电气化工程有限公司	33,全线	崔百灵	隧道机电
	紫光捷通科技股份有限公司	34,K1623+830~GZK1707+713.121		隧道机电
	贵州桥梁建设集团有限责任公司	35,ZK1706+000~ZK1756+475.951,YK1756+458.171	张浩平	隧道机电
	北京瑞华赢科技发展有限公司	36,YK1726+458.171~YK1772+306.307	符守春	隧道机电
	中铁四局集团电气化工程有限公司	37,K1766+317.793~K1795+912.711	张刚	隧道机电
	贵州绿地园林建设实业有限公司	38,K1622+265.462~K1650+600	邹刚	景观绿化
	河南金卉园林绿化工程有限公司	39,K1650+600~K1689+734.489	邹刚	景观绿化
	安徽开源园林绿化工程有限公司	40,K1689+734.489~K1711+500	张俊杰	景观绿化
	河南林峰园林绿化工程有限公司	41,K1711+500~K1741+030	张俊杰	景观绿化
	贵州科农生态环保科技有限责任公司	42,ZK1706+000~K1689+734.489	黄书屏	景观绿化

第六章
贵州高速公路

续上表

参建单位	单位名称	合同段编号及起止桩号	主要负责人	备注
施工单位	厦门厦生园林建设集团有限公司	43，K1772 + 306.307 ~ K1795 + 912.711	杨美官	景观绿化
	中铁二十局集团第六工程有限公司	44，K1622 + 265.462 ~ K1689 + 734.489	周盟	房建工程
	湖南省建筑工程集团总公司	45，K1689 + 734.489 ~ K1741 + 030	刘运武	房建工程
	七冶博盛建筑安装工程有限责任公司	46，K1741 + 030 ~ K1795 + 912.711	陈小军	房建工程
监理单位	贵州交通建设咨询监理有限公司	ZBJA（1 ~ 4），K1622 + 265.462 ~ K1650 + 600	邓勋华	
	贵州科达公路工程咨询监理有限公司	ZBJB（5 ~ 8），K1650 + 600 ~ K1689 + 734.489	胡绍刚	
	四川天接工程咨询监理有限公司	ZBJC（9 ~ 12）K1689 + 734.489 ~ K1711 + 500	肖飞	
	北京华通公路桥梁监理咨询有限公司	ZBJD（13 ~ 17），K1711 + 500 ~ K1741 + 030	雏玉军	
	武汉中交路桥设计咨询有限公司	ZBJE（18 ~ 21），K1741 + 030 ~ K1766 + 382.344	徐跃	
	贵州陆通公路工程监理有限责任公司	ZBJF（22 ~ 26）YK1766 + 382.344 ~ YK1765 + 912.711	夏建勇	
	贵州科达公路工程咨询监理有限公司	G ~ LM 驻监办（27）K1622 + 265.462 ~ K1689 + 734.489	胡绍刚	
	贵州陆通公路工程监理有限责任公司	H ~ LM 驻监办（28 - 29）K1689 + 734.489 ~ K1795 + 912.711	夏建勇	
	贵州省交通建设咨询监理有限公司	I 驻监办（30）K1622 + 265.462 ~ K1689 + 734.489	邓勋华	
	贵州陆通公路工程监理有限责任公司	J 驻监办（31、32）K1689 + 734.489 ~ K1795 + 912.711	夏建勇	
	西安金路交通工程科技发展有限责任公司	K 驻监办（33）全线	李辉	
	重庆中宇工程咨询监理有限责任公司	L 驻监办（34、35）K1623 + 830 ~ ZK1756 + 475.951，YK1756 + 458.171	奚嵩	
	北京华路捷公路工程技术咨询有限公司	M 驻监办（36、37）YK1726 + 458.171 ~ K1795 + 912.711	耿培侠	

续上表

参建单位	单位名称	合同段编号及起止桩号	主要负责人	备注
监理单位	贵州省交通建设咨询监理有限公司	I驻监办（38、39）K1622+265.462~K1689+734.489	邓勋华	
	贵州陆通公路工程监理有限责任公司	J驻监办（40、43）K1689+734.489~K1795+912.711	夏建勇	
	贵州省交通建设咨询监理有限公司	I驻监办（44）K1622+265.462~K1689+734.489	邓勋华	
	贵州陆通公路工程监理有限责任公司	J驻监办（45、46）K1689+734.489~K1795+912.711	夏建勇	
中心试验室	贵州省交通科学研究院	ZBJG,K1622+265.462~K1711+500	胡绍刚	
	贵州省交通建设咨询监理有限公司	ZBJH,K1711+500~K1795+912.711	邓勋华	

（7）重大变更。①遵毕公路YK1738+700~YK1743+310.127大方改线；②K1658+700~K1659+700金沙互通立交转移至仙人洞；③K1669+220~K1669+470段右侧边坡治理；④遵毕高速公路第10合同段K1667+640~K1668+080滑坡；⑤遵毕第18合同段K1714+900~K1715+400段软基处理；⑥遵毕第10合同段那木避险车道（L2K0+136~L2K0+274)取消挡土墙变更为填方；⑦1标龙坑大桥第20~24孔、龙坑互通B匝道桥1~2孔连续箱梁改为填方路基；⑧遵毕公路10标K1668+310~+602段右侧边坡开裂；⑨遵毕高速公路马蹄互通由预留改为同步实施；⑩遵毕高速公路凤山互通由预留改为同步实施；⑪遵毕高速公路新金沙服务区；⑫遵毕公路水洋湾服务区改造工程。

（8）交（竣）工。遵毕项目于2010年5月正式开工，2012年12月20日完工。根据《公路工程质量检验评定标准》（JTG F80/1—2004）及相关规范，结合施工单位工程质量自检评定/监理单位和项目法人质量评定，遵毕高速公路金沙互通至毕节石桥村段，全长106.585km达到设计要求，工程质量达到合格标准，通过交工验收，已开始通车运营。根据《公路工程质量检验评定标准》（JTG F80/1—2004）及相关规范，结合施工单位工程质量自检评定，监理单位和项目法人质量评定，遵毕高速公路遵义县龙坑镇分水堰至金沙县仙人洞段，全长67.469km，达到设计要求，工程质量达到合格标准，通过交工验收，已开始通车运营（图6-7）。

3. 复杂技术工程

为满足金沙特大桥（图6-8）目标任务，施工单位加大人力、物力投入，优化施工方案,将金沙特大桥钻孔施工改为挖孔施工;将金沙特大桥主墩墩柱系梁取消并适当加强钢筋。

图6-7　建成通车的遵毕高速公路

图6-8　遵毕高速公路金沙特大桥

4.营运管理

全线设Ⅰ类服务区1处(金沙),Ⅱ类服务区2处(鸭溪、响水),Ⅲ类服务区1处(新化),Ⅲ类停车区3处(石壁、百里杜鹃、联兴),匝道收费站12处(详见收费站点设置表6-6)、桥隧管理站共计4个,应急保畅中队共3个。监控管理所2个,养护站共计3个。本项目于2012年6月1日建成通车,批准收费时间为2012年12月30日,批准收费终止时间为2042年12月29日,通车至2015年8月,收费总计93395.997万元。通车至2015年8月,车流量共计12300812辆。

收费站点设置表　　　　　　　　　　　　　　　　　　表6-6

站点名称	车道数	收费方式
双山	3进5出(含ETC通道1进1出)	联网收费
响水	2进3出(含ETC通道1进1出)	联网收费
大方	2进5出(含ETC通道1进1出)	联网收费
凤山	3进3出(含ETC通道1进1出)	联网收费
百里杜鹃	3进4出(含ETC通道1进1出)	联网收费
雨冲	2进2出(未设置ETC通道)	联网收费
新化站	3进6出	人工+ETC还贷
金沙西	3进6出(含ETC通道1进1出)	联网收费
金沙	3进6出(含ETC通道1进1出)	联网收费
泮水	2进4出	人工+ETC还贷
马蹄	2进4出	人工+ETC还贷
鸭溪	3进4出	人工+ETC还贷

(四)G56杭瑞高速公路毕节至都格(黔滇界)段

1. 基本情况

(1)项目决策背景及过程。杭瑞高速公路贵州境毕节至都格(黔滇界)段(以下简称毕都高速公路)是《国家高速公路网规划》"7918网"中第12横线——杭州至瑞丽高速公路的重要组成部分,也是《贵州省高速公路网规划》"6横7纵8联"中"6纵"和"3横"的重要路段。由于毕都项目地处贵州省西北区域,北接毕生高速公路可直达四川泸州市,东接遵毕高速公路可直达遵义市,接织纳高速公路可直达省会贵阳,南接水盘高速公路可直达兴义市,西接普宣高速公路可直达云南曲靖市。因此,本项目的地理位置使其既起到将三省交界区域快速融入高速公路网,形成经济圈的重要作用,也拉动贵州省毕节市和六盘水市与省会城市贵阳之间的经济文化交流。毕都项目建设,对于打破交通瓶颈制约、形成高速公路网络体系、构建陆路交通枢纽、促进毕节和六盘水市的社会经济发展具有十分重要的意义。

2010年9月8日,国家发展改革委以《国家发展改革委关于贵州省毕节至都格(黔滇界)公路可行性研究报告的批复》(发改基础〔2010〕2885号),对工程可行性研究报告进行批复。2011年6月20日以《关于毕节至都格(黔滇界)公路初步设计的批复》(交公路发〔2011〕293号)对工程初步设计进行批复。据初步设计批复,本项目初步设计概算总金额141.37亿元,批复工期为4年。2011年10月31日贵州省交通运输厅以《关于毕节至都格(黔滇界)高速公路施工图设计(土建部分)的批复》(黔交建设〔2011〕199号)对工程施工图设计进行批复。

（2）公路的功能、定位、里程。杭瑞高速公路毕节至都格（黔滇界）段是《国家高速公路网规划》"7918网"中杭州至瑞丽高速公路在贵州境的重要组成部分，路线起于毕节市城南龙滩边，与拟建项目厦门至成都高速公路贵州境毕节至生机（川黔界）段公路起点相接，与在建的遵义至毕节高速公路终点相连。本项目起点桩号K79+000。自北向南，依次经朱昌、东关、化作、龙场，经勺坐大山西北，穿巴雍，在以角进入六盘水市境内。由董地跨抵母河，从六盘水市城东侧穿过，经俄脚至本项目终点都格，接云南省普立（黔滇界）至宣威高速公路，终点桩号K220+244.806。项目路线全长140.177km。

（3）技术指标。毕都高速公路全线双向四车道，设计速度为80km/h，整体式路基宽度24.50m，分离式路基宽度12.25m，停车视距110m，设计荷载等级为公路—Ⅰ级，主线路面采用沥青混凝土。各项技术指标见表6-7。

毕都高速公路技术指标　　　　　　表6-7

序号	指标名称	单位	指标
1	公路等级	级	四车道高速公路
2	设计速度	km/h	80
3	停车视距	m	110
4	平曲线一般最小半径	m	400
5	不设超高最小半径	m	2500
6	最大纵坡	%	5
7	最小坡长	m	200
8	凸形竖曲线最小半径	m	4500
9	凹形竖曲线最小半径	m	3000
10	路基宽度	m	24.5
11	行车道宽度	m	2—2×3.75
12	桥涵设计荷载	—	公路—Ⅰ级
13	地震动峰值加速度	—	0.05g

（4）投资规模。项目估算总投资约125亿元（静态投资约115.4亿元）。其中，国家安排中央专项基金（车船税）45.79亿元作为项目的资本金，约占项目总投资的36.6%；其余79.21亿元资金来源于国内银行贷款。据初步设计批复，本项目初步设计概算总金额141.37亿元。

（5）主要控制点。毕节市龙滩边、总溪河、勺坐大山、六盘水市抵母河、老鹰山、俄脚、都格。毕都高速公路位于贵州省西部山区，沿线经过的主要城市有毕节市和六盘水市。

（6）沿线主要地形地貌。项目区位于贵州西北部，位于滇东高原向黔中山区丘陵过渡的倾斜地带，地形起伏大，地貌类型多样，地表水系发育。由于地壳运动和自然风化的影响，断层和褶皱发育，地表破碎，重峦叠嶂，沟壑纵横，相对高差大。区内岩性多样，经风化、剥蚀,形成多种多样的地形地貌,同时也形成了复杂多变的不良地质种类,施工难度大。

(7)主要构造物。全线改扩建互通式立交5处,新建分离式立交1299.15m/32座、人行天桥852.74m/18道、通道兼排水2335.44m/115道,服务区2处;完成土石方880.33万m^3、填方746.70万m^3,软基换土填石125.5万m^3,土工格栅42万m^2;修建大桥7519.39m/24座,中桥787.84m/13座,小桥510.12m/15座,加固旧桥42座,拆除重建旧桥26座;新建隧道3143m/10座,修建涵洞8074.16m/401道;砌筑圬工砌体98.3万m^3、抗滑桩6299m、框架锚索6.81万m、植被混凝土及厚层植被基材25.79万m^2、锚杆260t;使用KST灌木护坡技术6.30万m^2;完成级配碎石底基层258.15万m^2、水泥混凝土基层254.25万m^2、沥青混凝土面层270.05万m^2;完成波形护栏33.64万m、标志标牌6479个、标线13.94万m^2、隔离栅27.38m;修建收费天棚6个、双向收费亭7个、单向收费亭28个、管理用房1.86万m^2。

2. 建设情况

(1)勘察、设计。毕都项目委托中交二院进行总体设计,初测于2009年5月初开始,至2009年10月基本结束,2010年1月11日至1月14日通过外业验收,于2010年3月20日按业主要求完成初步设计工作,2010年4月14~4月17日,贵州省交通厅组织专家组对本项目初步设计进行了预审,咨询专家提供了《杭瑞高速公路毕节至都格(黔滇界)段两阶段初步设计咨询意见》。2011年1月底完成了初步设计文件修编工作。2011年3月14~3月18日交通运输部组织专家对本项目初步设计进行了审查,并于2011年6月17日以交公路发〔2011〕293号文件批复了本项目初步设计。

项目施工图定测于2011年2月中旬开始,到5月中旬完成定测工作,2011年5月16日~5月19日贵州高速公路开发总公司总工办组织专家对杭瑞高速公路毕节至都格(黔滇界)段施工图定测进行了中间检查,2011年6月28日~6月30日通过定测验收,2011年8月10日按业主要求完成施工图设计文件。

(2)施工、监理。2012年5月,毕都项目动工。建设过程中实行"项目法人制、招标投标制、政府监督、社会监理、合同管理、廉政建设"等管理制度及质量保证体系,建立了质量责任制、质量检查和整改制度等。采取了如下措施:工程质量实行"三控制"措施——预防控制、过程控制和整改控制;制定相应的规章制度及质量控制文件、工作指示,如《冬季混凝土施工指南》《沥青混凝土施工技术指南》等,规范监理和施工,以达到保证工程质量的目的。对于重点、难点工程采取相应提高质量的保证措施。针对重点、难点工程,成立专家组,通过研讨、论证、交流等多种形式,做好详细的技术交底,确保工程安全,进一步确保工程质量。强化质量责任制,加强质量考核,制定激励制度,根据设计图、规范、《项目管理手册》等指导性文件,制定了《毕都项目工程建设检查办法》和《毕都项目奖惩管理办法》。跟踪检查施工现场质量状况,对承包人及驻监办奖优罚劣。组织施工单位进行质量管理知识考试、质量管理知识竞赛,提高工程技术管理人员的技术素质和质量意识,确保工程质量。针对部分监理工程师的业务技能缺乏,工作责任心不强的情况,组织全段监理进行业务知识考试,提高业务水平,以更好地从事本职工作,将对待监理工作严重缺乏责任心者清除出监理队伍。激励各施工单位和监理加强施工管理水平,针对项目建设情况,树立示范工程,邀请各建设单位召开现场会,互相激励学习,以实现共同进步。对监理、施工单位的技术创新、管理创新办法,组织全线各单位交流学习,并给予奖励,以鼓励施工、监理单位广泛推广应用新工艺、新材料、新技术、新办法。开工以来,项目部组织了路基填方、大桥下部工程、特大桥文明施工、隧道工程洞身开挖及初期支护、桥面系施工等现场会议进行交流学习。如图6-9所示为建设中的毕都高速公路北盘江大桥。

图6-9 建设中的毕都高速公路北盘江大桥

为便于控制,毕都项目总监办于2012年安排设计咨询单位进场,对软土地基、高挖方边坡、隧道等关键工程开始监控咨询。在全线动工前对原始地貌进行踏勘,对关键工程的技术可行性、经济合理性、安全可靠性指标进行综合评估,对后续施工可能遇到的问题先行掌握,与原设计单位及时讨论研究,将重大变更的初步方案及时上报,尽快确定解决方案。经过调查研究,对部分不合理、不完善的设计提前判断,拟出不能按照原设计施工的工点,列出清单下发各监理、施工单位,暂缓施工,避免因盲目施工造成不必要的经济损失。

在原施工方案变更方面,按照有关要求制定了毕都高速公路工程变更管理办法,外业实行现场组集体管理体制,按专业划分工作职责,使现场工程技术人员的专业强项得到充分发挥。对于较大的工程变更方案,必须经总监办办公会议集体决策。对于重大的工程变更,总监办先行确定初步方案后,及时上报总公司。严格按照总公司的指示实施,避免因考虑不充分以至变更方案错误,造成不必要的工程成本增加。

毕都项目地处崇山峻岭的贵州西部地区,沿线重峦叠嶂、沟谷纵横、气候条件恶劣,地形地貌复杂,桥隧比例高,施工难度大,三座特大跨钢结构桥梁技术复杂,科技含量高,多座隧道穿越煤系地层。毕都项目参建者众志成城,稳扎稳打,一步一个脚印地务实抓好建设工作。

为确保工程质量,毕都项目总监办建立了由总监理工程师任组长的质量领导小组,制订了防止质量通病的管理措施。在原材料控制方面,紧抓原材料和永久性工程材料质量,严把原材料进场关,对于砂石材料从地材选择,到加工生产,再到存储进行层层严控;对于钢材从选择入围,到进场后的存放,与标准化建设相结合进行控制。对需外委试验的材料由中心试验室牵头进行,做到未经检验合格的材料不准进场使用,材料检测台账每月上报,资料闭合,频率满足要求。工艺工序控制方面,结合标准化的相关工作,以首建制为突破口,以点带面,从单位工程的各个环节进行管控,把质量隐患消灭在萌芽状态,有效确保工程实体。如小型构件的预制,从模板工艺到生产,从生产到养护,从养护到存放层层标准化,从而保证了成品质量。对质量通病的治理方面,成立毕都项目总监办质量通病治理小组,明确治理目标,以预应力混凝土T梁、现浇箱梁、大体积混凝土构件为重点,举办操作培训,邀请专家现场授课和指导,层层进行技术交底,确保班组熟练掌握施工工艺控制要点,并对质量通病治理阶段性成果进行总结,就存在的通病问题进行剖析,以保证整理工作落到实处。另外,为确保毕都项目的施工质量满足规范要求,委托专业的检测单位对全线锚杆、锚索、桩基、初期支护、二次衬砌等进行检测,确保施工质量符合设计要求并提供质量控制数据。为提高路面施工质量,集团公司委托广西交科院对毕都路面施工质量进行了监控咨询,编制了路面施工技术指南,并下发了路面施工质量控制要点,从场站建设、原材料试验检测、配合比设计、施工机具组合以及各结构检测控制等方面进行了有效管控。为进一步确保毕都高速公路全线填方路基的压实效果,主动消除因自然沉降周期不够对路面产生的后续不良影响和工后沉降,防止反射裂缝的产生而导致路面结构层,特别是水泥稳定层的早期破坏,有效延长路面结构层的使用寿命,降低运营阶段的养护成本,提高行车舒适性,对高填方路基采取了统一的补强措施。为减少"三背回填"下沉现象,杜绝桥头出现"跳车"现象,采用分层回填结合注浆加固的控制工艺保证质量。同时,每季度开展质量安全综合大检查,对各合同段进行质量安全大评比,结合项目办、驻地办日常巡视检查和监理员旁站检查发现问题,进行目标考核,对质量控制不力、治理成效差的监理单位、施工单位予以全线通报批评,以此推进施工中突出的质量问题的治理工作,从而提升全线总体的工程质量水平。

定期核查施工单位的试验自检频率台账,以及监理单位、中心试验室的试验抽检台账。高度重视混凝土配合比试配工作,特别是高强度等级混凝土。钢筋的绑扎、焊接及垫块的安放,严格按规范及设计要求执行。"三背"回填所用填料质量、分层厚度及压实度等指标严格按照规范及总监办下发的相关"工作指示"执行。各施工标段建立了工程质量管理档案。

定期开展工地例会和监理例会,指出施工中和监理工作执行中存在的问题,并就如何解决问题提出意见和要求,并指定专人跟踪落实。施工单位所采用的施工技术措施,现场负责人严格把关,事先做好技术交底,做到人人心中有数,确保不出现质量问题。

监理人员加强对施工单位所用各种材料的监督及检查,不合格的材料严禁进入施工现场,主要材料必须按总监办下发的经总公司批准的入围厂家进货。

当质量缺陷出现在某道工序或单位工程完工后,且对下一道工序或分项工程产生质量影响时,总监办要求监理工程师必须拒绝检查验收和工程计量,并指令承包人进行返工处理。

通过采用承包人自控,驻监办监控,检测单位监督,总监办不定期地检查、监督、落实,这种规范化、多层次、互控式质量管理体系的良好运转,使全线工程实体质量均处于可控状态。

为保证施工进度,制订科学有效的施工组织设计,严格按照施工组织设计的要求监督计划的落实情况,督促施工单位投入资源、现场劳动力,配置符合施工进度要求的施工设备,督促施工单位购置材料,材料的储备要能满足施工生产的需要。加强对施工现场的管理力度,不定期地对全线的人员资质和机械进场情况进行检查核实;对上岗人员的从业资格及业务素质,以及到场的机械数量和完好率是否能够满足施工现场要求,进行检查和提出具体要求。同时对施工便道通行能力进行检查,为施工单位施工期材料到位和机械的进出场提供保障,这样,既保证其运输线的畅通,也保证了进度的顺利完成。

针对毕都高速公路建设标准高,工程量大,高边坡多,地形艰险,地质条件复杂,大桥、隧道施工条件差,参与的施工人员、机械多、战线长、点多面广等特点,始终坚持从安全生产入手,在全体参建职工中广泛进行了宣传、教育,并采取多项措施保证施工安全。开工初期检查各施工单位的安全生产许可证等资质;建设过程中积极与属地安全监督、特种设备监察、公安等部门取得联系,共同对施工现场开展安全督察活动;根据当前公路的安全生产形势,制定一系列的安全生产管理制度,建立健全了安全生产各项规章制度,并对施工安全管理、爆破作业、施工现场用电、路基工程、桥梁工程、隧道工程等方面做了全面的安全管理规定,未出现重大安全事故。

该公路建设过程中,质量管理机构健全、制度完善、责任明确,体现了较强的质量控制能力。施工中所采取的一系列质量管理措施比较得力,对确保工程质量发挥了较好的作用。毕都项目完成通车里程为128.8km,实现了与织纳、毕生、水盘高速公路的连接,使贵州省西部地区形成南北大通道,加快了沿线地区的经济发展。

(3)资金筹措。杭瑞高速公路毕节至都格项目批复概算总投资为141.3729亿元。其中,交通部资本金45.79亿元,银行贷款119.3685亿元。

(4)招标投标。项目所有参建单位均全部采用统一招标。杭瑞高速公路毕都项目办及总监办由贵州高速公路集团有限公司派出,项目实施中全面实行项目法人制、招标投标制、工程监理制及合同管理制。施工单位和监理单位通过社会招标选择确定,完善了项目质量监督手续。项目建设管理严格按政府监督、法人管理、社会监理和施工企业自检所形成的四级质量保证体系进行运作。项目资金的拨付按国家有关法规的要求为依据,严格按照合同及资金管理办法进行监督和监控,确保资金运行安全。

毕节至都格段工程路基土建工程18个合同段,路面工程、交通工程、绿化工程及房建工程均设2个合同段,交通机电设4个合同段,施工监理13个合同段,中心试验室3个合同段。全部采用国内竞争性招标。

监督机构是贵州省交通建设工程质量监督局。中心试验室由贵州省交通建设咨询监理有限公司、贵州工业大学土木工程试验检测股份有限公司、贵州省交通科学研究院有限责任公司组建。

监控、检测单位有贵州省交通规划勘察设计研究院股份公司、中铁西南科学研究院、贵州省交通科学研究院有限责任公司、长沙理工大学、中铁大桥局武汉桥科院、湖南联智桥隧技术有限公司、贵州省质安交通工程监控检测中心有限责任公司、上海同济建设工程质量检测站、贵州省交通规划勘察设计研究院股份有限公司、招商局重庆交通科研设计院有限公司、湖南中大建设工程检测技术有限公司、广西壮族自治区交通科学研究院、贵州地质工程勘察院、中交瑞通路桥养护科技有限公司、珠江水利委员会珠江流域水土保持监测中心站。详见表6-8。

杭瑞高速公路毕节至都格段参建单位　　表6-8

参 建 单 位	单 位 名 称	合同段编号及起止桩号	主要负责人
项目管理单位	贵州高速公路集团有限公司	K1622+265.462~K1795+912.711	任仁
勘察设计单位	中交第二公路勘测设计研究院有限公司	BDSJ-1,K1799+000~K1847+000	徐进前
	贵州省交通规划勘察设计研究院股份有限公司	BDSJ-2,K1847+000~K1891+785.221	陈华兴
	中交公路规划设计院有限公司	BDSJ-3,K1892+400~K1940+244.806	刘文华
	招商局重庆交通科研设计院有限公司	BDSJ-4,K1799+000~K1940+244.806	冯彦林
	中交第二公路勘测设计研究院有限公司	BDSJ-5,K1799+000~K1940+224.806	李升科
	北京交科公路勘察设计研究院有限公司	BDSJ-6,K1799+000~K1940+224.806	陈帅
施工单位	中国路桥集团西安实业发展有限公司	BD-T1,K1799+000~K1806+050	徐建新
	北京市海龙公路工程公司	BD-T2,K1806+050~K1820+750	苟涌泉
	贵州桥梁建设集团有限责任公司	BD-T3,K1820+750~K1830+600	刘彬
	中铁四局集团有限公司	BD-T4,K1830+600~K1838+600	海续侠
	中铁三局集团有限公司	BD-T5,K1838+600~K1847+000	李成权
	中铁十七局集团第一工程有限公司	BD-T6,K1847+000~K1859+000	陈二平

第六章
贵州高速公路

续上表

参建单位	单位名称	合同段编号及起止桩号	主要负责人
施工单位	中国路桥工程有限责任公司	BD－T7,K1859+000～K1869+552.313	宋伟
	廊坊市交通公路工程有限公司	BD－T8,K1869+503.909～K1878+400.000	李俊杰
	中交第二公路工程局有限公司	BD－T9,K1878+400.000～YK1881+300.000	关和平
	中交一公局三公司	BD－T10,K1881+300～K1891+785.221	陈涛
	浙江省宏途交通建设有限公司	BD－T11,K1892+400～K1900+340	彭军安
	江西省公路机械工程局	BD－T12,K1900+340～K1909+760	熊瑞忠
	中铁二局股份有限公司	BD－T13,K1909+760～K1916+200	康洁
	中铁四局集团第四工程有限公司	BD－T14,K1916+200～K1922+650	张勇
	核工业华南建设工程集团公司	BD－T15,K1922+650～K1929+730	刘育春
	广西壮族自治区公路桥梁工程总公司	BD－T16,K1929+7300～K1936+060	冯俊
	中交第二航务工程局有限公司	BD－T17,K1936+060～K1939+521.806	董正良
	贵州省公路工程集团有限公司	BD－T18,K1939+520.15～K1940+244.806	周大庆
	中交第一公路工程局有限公司	BD－29,K1799+000～K1878+750	郝以纯
	山东省公路建设(集团)有限公司	BD－30,K1879+288～K1938+903.406	王峰
	杭州公路交通设施工程有限公司	BD－31,K1799+000～K1869+552.313	项兆建
	广东省交通发展有限公司	BD－32,K1869+503.909～K1869+244.806	程近泉
	重庆市华驰交通科技有限公司	BD－33,K1799+000～K1854+295	罗云波
	贵州桥梁建设集团有限责任公司	BD－34,K1854+295～K1913+920	沈际霞
	重庆市华驰交通科技有限公司	BD－35,K1913+920～K1940+244.806	赵双红
	浙江高速信息工程技术有限公司	BD－36,K1799+000～K1940+224.806	李俊
	湖南柏加建筑园林有限公司	BD－37,K1799+000～K1869+552.313	曹宁
	广东能达园林生态工程有限公司	BD－38,K1869+552.313～K1940+224.806	余少亮
	中交第一公路工程局有限公司	BD－39,K1799+000～K1883+800	孙来超
	中铁十七局集团第一工程有限公司	BD－40,K1874+093～K1940+244.806	王岩
监理单位	重庆中宇工程咨询监理有限公司	A标,K1799+000～K1830+600	李兴学
	中国公路工程咨询集团有限公司	B标,K1830+600～K1847+000	朱孝伟
	北京华通公路桥梁监理咨询有限公司	C标,YK1847+000～K1878+000	王中红
	贵州省交通建设咨询监理有限公司	D标,K1878+000～K1891+785	李中华
	贵州陆通公路工程监理有限责任公司	E标,K1892+400～K1916+200	李波
	湖南金路工程咨询监理有限公司	F标,K1916+200～K1936+060	蒲水山
	贵州科达公路工程咨询监理有限公司	G标,K1936+060～K1940+244	李炎

续上表

参 建 单 位	单 位 名 称	合同段编号及起止桩号	主要负责人
监理单位	中国公路工程咨询集团有限公司	L米JL1,K1799+000~K1878+750	朱孝伟
	贵州科达公路工程咨询监理有限公司	L米JL2,K1879+288~K1938+903.406; K1940+142.806~K1940+244.806	陈超
	重庆中宇工程咨询监理有限责任公司	K标,K1799+000~K1940+224.806	李冰
	北京路桥通国际工程咨询有限公司	L标,K1799+000~K1940+244.806	吴良良
	贵州三维工程建设监理咨询有限公司	I标,K1799+000~K1883+800	隆益林
	湖南省交通建设工程监理有限公司	J标,K1869+503.909~K1940+244.806	彭华桥
中心试验室	贵州省交通建设咨询监理有限公司	Z1,K1799+000~K1847+000	张永贵
	贵州工业大学土木工程试验检测股份有限公司	Z2,K1847+000~K1891+785.221	杨鹏
	贵州省交通科学研究院有限责任公司	Z3,K1892+400~K1940+244.806	梁政

（5）征地拆迁。毕都项目征地拆迁工作始于2012年6月,在各级政府部门和总公司的关心支持下,总监办征拆及协调部门积极与地方各级政府征拆部门密切配合,加强沟通与联系,征拆工作开展正常,为进场的各施工单位做好了临时用地和先行动工用地的征用及协调等服务,为主线的施工打下了良好的基础。毕都项目共征地12808.41亩、拆迁1861户、迁坟2936座。

（6）交(竣)工。毕都项目交工验收分段进行。2014年12月30日,毕节至东关互通段(K79+000~K105+800)、水城东互通至双水段(K174+650~K179+600)交工验收;2015年9月30日,东关互通至龙场互通段(K105+800~K127+000)交工验收;2015年12月25日,龙场互通至水城东互通段(K127+000~K174+650)、双水至法窝互通段(K179+600~K207+800)交工验收;2016年12月28日法窝互通段至北盘江大桥(K207+800~K220+224.806)交工验收。交工验收的工程经过初步评定均为合格工程。

（7）重大变更。截至2015年年底,毕都项目共产生较大变更11份,具体如下：

一是K179+500~K182+200段毕都高速公路T11合同段果木冲大桥和T12合同段付家寨隧道含出口段至张家麻窝中桥处因水城市红桥新区大量弃土导致纵断抬高,变更费用896.7万元。果木冲大桥设计高程相应提高约12m,导致起点处左幅增加一跨30mT梁,终点处左右幅各增加一跨30mT梁,桥高增加约12m。付家寨隧道设计高程同步提高12m,隧道长度减少39m。

付家寨隧道出口处K181+500~K181+680段,现场填土高度约为15m,填土来源为红山大道修建和红桥新区建设场区整平带来的弃方,主要成分为开山石渣和地表耕植土,短时间内大范围堆弃,未进行粒径筛选和压实,不能满足高速公路路基地基承载力和稳定性要求,处治方案为部分翻挖强夯检测合格后按规范回填,控制强夯层总厚在6m以下。

该项变更根据毕都总监办纪要〔2012〕002 号；黔高总司纪要〔2012〕31 号确定施工方案。

二是 T7 合同段黄家屯大桥原设计为 4～30m 预应力混凝土连续 T 梁桥，从节约投资、消化废方、工期等因素综合考虑，变更黄家屯大桥为填方方案。将左侧洼地利用远运弃方填至一定高程后，在 K149+350 附近设一人行通道兼排水通道，以排泄左侧的汇水。填方路基范围溶洞进行回填后并进行强夯处理。变更费用 -262.7 万元。该项变更根据黔高总司纪要〔2012〕270 号和 275 号确定施工方案。

三是双水互通收费站增设区域监控分中心（管理分中心）房建及机电工程施工图设计变更。根据贵州省交通运输厅专题会议纪要第五十七期《贵州省交通运输厅关于"加快推进贵州省高速公路监控联网九个区域中心建设及所辖路段机电改造工程"专题会会议纪要》精神完成变更方案设计，变更费用 5941.2 万元。

四是 T2 合同段梅花箐隧道瓦斯突出工区施工图设计变更。梅花菁隧道出口 ZK98+762～ZK98+662、YK98+748～YK98+648 段瓦斯突出，变更结构方案为：①Ⅳ级围岩瓦斯段采用 20cm 厚 C20 气密性喷射混凝土，Ⅴ级围岩瓦斯段采用 26cm 厚 C20 气密性喷射混凝土。②Ⅳ级围岩超前支护采用超前小导管，初期支护采用Ⅰ16 工字钢，间距 0.8m；Ⅴ级围岩超前支护采用超前小导管，初期支护采用Ⅰ20b 普通工字钢，间距 0.6m。③Ⅳ级围岩瓦斯段二次衬砌采用 45cm 厚 C40 气密性钢筋混凝土，Ⅴ级围岩瓦斯段二次衬砌采用 50cm 厚 C40 气密性钢筋混凝土。④二次衬砌施工缝、沉降缝处增设背贴止水带以防瓦斯逸出。⑤环向全封闭采用隧道用贴布橡胶瓦斯隔离板，瓦斯隔离板垫层：4m 厚闭孔型泡沫塑料。⑥在穿越煤层地段，每次爆破后采用 10cm 厚气密性喷射混凝土封闭掌子面。⑦为减小瓦斯压力，纵向排水管设置水气分离装置，瓦斯气体通过电缆沟外侧排气管引出洞外，在高处排放。⑧横向排水管穿瓦斯隔离板部位作封闭处理，应经气密性检测。隧道施工前，根据超前钻孔揭煤情况，对穿越煤层打设超前钻孔进行瓦斯排放（根据实际情况计量），同时设计了超前周边注浆和径向注浆预案，根据现场实际情况确认是否采用。该项变更根据黔高速专议〔2014〕1 号纪要精神确定方案。变更费用 5567.8 万元。

五是 T14 合同段水菁沟隧道瓦斯突出工区施工图设计变更。水菁沟隧道 ZK199+095～ZK198+400，695m 高瓦斯隧道突出；ZK199+095～ZK198+500，595m 高瓦斯隧道突出；ZK198+530～ZK198+200、K189+500～ZK198+330 采用 S-Va，初期支护采用 26cm 厚 C25 气密性喷射混凝土，内设Ⅰ120b 型工字钢，纵向间距 60cm，二次衬砌采用 50cm 厚 C35 气密性混凝土，超前支护采用注浆小导管。该项变更根据黔高速专议〔2004〕147 号、〔2014〕354 号纪要精神确定方案。变更费用 5050.48 万元。

六是 T14 标合同段 ZK199+900～ZK200+260 段左侧路基边坡防护变更。ZK199+900～ZK200+260 段左侧为 4 级坡，该段地质情况为上覆第四系残积土。地表植被较茂盛,下覆强风化砂岩和全、强风化泥岩,岩体较破碎,岩层产状 28∠25 度岩层走向与线路呈 79°。根据黔高速专议〔2003〕165 号纪要精神,将该段路基边坡采用挂网喷射混凝土进行处理,同时打设仰斜式排水孔,将水渗出;对 ZK200+010 坡面裂缝处,打设钢花管进行注浆,以增强软弱土层抗力;对该段进行抗滑桩加固。变更费用 640.3 万元。

七是 T7 标 ZK141+180~ZK141+350 左侧挖方边坡设计变更。根据滑坡推力计算结果,采用分级支挡措施。①对原设计第一级抗滑桩进行加强:即对 ZK141+200~ZK141+290 段未施工 15 根桩径 2m×3m 抗滑桩桩径加大为 3m×3m,桩长分别为 20m、22m,桩间距为 6m,共 15 根。在距路基中线 90m 处增设桩径 2m×3m 抗滑桩 12 根,桩长 33m,桩间距分别为 6m;在距路基中线 150m 处增设桩径 2m×3m 抗滑桩 8 根,桩长 30m,桩间距分别为 6m;②对 ZK141+290~ZK141+315 已施工第一级抗滑桩段,在距路基中线 65m 处设置桩径 2m×3m 抗滑桩 4 根,桩长 33m,桩间距为 6m。为防止坡体从中间剪出,在第二、三、四级边坡坡面框架梁内设置 6 排独立锚索,锚索总长 3383m。排水:由于该段地下水及地表水发育,在每级边坡平台都设置一条截水沟,并且在坡体内加设仰斜式排水管排出地下水。

为保证开挖抗滑桩过程中的安全,对第一级边坡采用回填反压,回填高度至第一级平台,待抗滑桩施工完毕以后方可清除。为保证坡顶两座电信铁塔施工期间的安全,故在塔前设置两排钢管桩进行支护。该项变更根据 BDJC-07-024、黔高速专议〔2014〕184 号和黔高速专议〔2014〕233 号纪要精神确定方案。变更费用 1641 万元。

八是 T6 合同段 K135+600~K136+700 巴雍互通设计变更。地方政府要求为方便勺窝乡、骔岭镇等乡镇群众及企业进出毕都高速公路,带动该带地方经济发展。根据黔高总司纪要〔2013〕6 号、38 号、49 号及纳雍县高速公路建设指挥部委托书要求,同意巴雍互通与毕都项目同步实施,并原则上同意巴雍互通按 A 型单喇叭互通方案,被交路改线 1.005km,连接线长 160m,收费岛为 2 进 4 出,场坪占地 9 亩,主要工程规模为:土石方挖方 47.174 万 m^3,填方 42.7625 万 m^3,AK0+692.5 匝 A 跨线桥 7~20m 预应力混凝土连续箱梁,LK0+315 被交路跨线桥 5~20m 预应力混凝土连续箱梁。变更费用 12332.453 万元。

九是 T14 合同段 K199+450~K200+333 玉舍互通变更设计。根据《六盘水市交通运输局专题会议纪要》(六盘水交专议〔2014〕2 号)文件要求,为方便玉舍镇群众、企业上下毕都高速公路,带动该带地方经济发展,同意增设玉舍互通,并原则上同意按 B 型单喇叭互通方案,收费岛为 3 进 5 出,场坪占地 30 亩,主要工程规模为:土石方挖方 16.198 万 m^3,填方 117.188 万 m^3,K199+851(ZK199+790.1)1×30m 预应力混凝土现浇箱梁跨线桥。变更费用 12362.2546 万元。

十是 T17 合同段 K218+040~K218+380 右侧边坡优化设计变更。原设计 T17 标

K218+040~K218+380 右侧边坡高度过高,边坡治理难度大。根据黔高总司纪要〔2013〕14 号、黔高速专议〔2014〕233 号会议纪要的会议精神,变更设计主要内容为:①将 K218+040~K218+380 右侧边坡高度降低,降低边坡治理难度;②将 K218+115~K218+275 处避险车道进行调整;③在 K218+040~K218+380 段右侧高边坡采用抗滑桩边坡加固方案;④在二、三级边坡采用锚索框架,一级坡采用锚杆框架对坡面进行防护;⑤结合抗滑桩施工资料,进一步查明中间坍塌土体段落的地层地质情况,确定合理防护设计,锚杆可适当加长,并采用片石混凝土对泥槽土进行置换。变更费用 1688 万元。T3 合同段东关互通联络线设计变更。根据纳雍县高速公路建设指挥部《关于杭瑞高速毕都段纳雍境东关联络线重新设计出口的指示》和《肖军等 35 户 157 人信访事项的基本情况与化解方案》(黔高指呈〔2014〕12 号)中涉及东关互通连接线出口的相关要求,及《黔高速专议》(〔2014〕第 193 号)会议纪要精神,对东关互通联络线出口段进行重新设计。变更费用 911 万元。

十一是 T17 合同段 ZK217+062~ZK217+140 右侧边坡设计变更。根据黔高速专议〔2015〕211 号会议纪要的精神,将该段右侧边坡由于地表覆盖层较厚,在开挖揭示地质为碎石土,土石比约为 8∶2。因此,对该边坡进行放缓处理,放缓后为 7 级边坡,坡率从上到下为 1∶1.5、1∶1.5、1∶1.5、1∶1.25、1∶1、1∶0.75、1∶0.5;对第 7 级边坡坡面采用 6m 钢化管注浆固结,表面挂网喷锚封闭;第 2、3、4、5 级边坡采用锚索框架梁防护;第 1 级边坡具体防护形式待开挖完成后根据实际地质情况确定;组织对该段边坡进行地质钻探,探明下伏基岩的深度及完整性,设计单位根据探明的地质情况确定锚索长度;施工单位在边坡上设置观测点,以便及时掌握边坡的变化情况;与会人员结合现场实际和咨询单位意见经认真讨论:该处边坡高度大,地质为顺层边坡,岩石破碎,为保证结构安全和边坡稳定,同意一级边坡采用抗滑桩进行支挡,同时根据现场地质情况调整抗滑桩的长度和尺寸。变更费用 826 万元。

3. 复杂技术工程

(1) 总溪河大桥。主桥采用跨径 360m 的上承式钢管混凝土变截面桁架拱,拱轴线采用悬链线,拱轴线系数 $m=1.3$,矢高 $h=69m$,矢跨比 $f=1/5.217$。

主拱圈采用等宽度变高度空间桁架结构,断面高度从拱顶 6m 变化到拱脚 11m(中到中)。单片拱肋宽度 4m(中到中),横桥向两片拱肋间的中心距拱脚和拱顶处均为 14m。肋间设置横联和米字撑。上、下弦拱肋均采用变截面钢管,上拱肋管径由拱脚 $\phi1200\times26mm$ 变至拱顶 $\phi1200\times35mm$。下拱肋管径由拱脚 $\phi1200\times35mm$ 变至拱顶 $\phi1200\times26mm$。钢管拱肋对接接头采用内法兰盘栓接、管外焊接的形式进行连接。管内灌注 C55 自密实微膨胀混凝土。

总溪河大桥吊装主索空中检修如图 6-10 所示。

图 6-10　毕都高速公路项目控制性工程总溪河特大桥吊装主索空中检修（唐成事　摄）

主桥桥面系采用跨径 25.2m 的钢—混组合梁。钢纵梁梁高 1.5m，横向间距 2.18m，顺桥向每隔 6.3m 设置一道钢横梁，梁高 1m；钢纵、横梁均采用焊接工字形截面。桥面板采用 12cm 厚普通钢筋混凝土预制板，顶面采用 9cm 厚整体化现浇 CF50 钢纤维混凝土层，桥面铺装采用 9cm 厚沥青混凝土层。

引桥上构采用 30m 预应力混凝土预制 T 梁，预制梁梁高 2m，半幅桥每孔布置 5 片 T 梁，梁距 2.4m，边梁外侧翼板悬臂长 $(1.2 \pm \Delta b)$ m（Δb 为弦弧线间距离），预制梁横向采用湿接缝连接，缝宽 70cm。上部构造采用杭州至瑞丽高速公路（黔滇界）毕节至都格段《桥涵通用图》。毕节岸引桥桥跨布置为 $(4 \times 30 + 5 \times 30 + 5 \times 30)$ m，分为三联，都格岸为 4×30 m，仅一联。由于第一、二联平面位于小半径圆曲线及其缓和曲线段且墩高普遍较矮，采用先简支后桥面连续结构；第三、五联平面基本位于直线段且墩高较高，采用先简支后刚构—连续结构。

（2）梅花箐隧道。梅花箐隧道是一座上下行分离的四车道高速公路长隧道，采用灯光照明、机械通风。隧道左线长 1887m（ZK97+203～ZK99+090），右线长 1922m（YK97+185～YK99+107）；左线纵坡为 1.584%、-1.50% 的人字坡，右线纵坡为 1.6%、-1.50% 的人字坡，最大埋深约 190m。

梅花箐隧道于 2012 年 6 月 21 日开始施工，进口端与出口端相向掘进。至 2013 年 4 月，右线出口端已施工至 YK98+748 里程处（即右线总进尺为 359m），左线出口端已施工至 ZK98+762 里程处（即左线总进尺为 328m）。由于处于含煤地层段，2013 年 4 月 3 日右线出口端施工至 YK98+748 掌子面时，爆破后掌子面顶部揭露一层厚约 1.8m 的煤层，煤层倾角 25°（属正向揭煤）。爆破后掌子面瓦斯大量涌出，正常通风情况下局部瓦斯浓度超过 10%，回风瓦斯浓度 4% 左右。施工单位立即对右线出口下达停工整改。停工期间，左线出口端 ZK98+762 掌子面上台阶施工了一个水平超前探孔，探测结果显示掌子面前方 20m 处存在一层 1.8~2.0m 厚的煤层，探孔瓦斯大量喷出。经分析，该煤层与右线出口端 YK98+748 掌子面揭露煤层应为同一煤层。根据隧道施工记录，右线出口端已揭穿 3 层煤、揭露 1 层煤，左线出口端已揭穿 3 层煤，揭煤过程掌子面瓦斯涌出量较大，已揭煤层相关赋存参数未记录。经调研，邻近矿井马驼子煤矿主采 M16、M18、M29、M73 四层煤，均为突出煤层。2013 年 8 月中煤科工集团重庆研究院技术人员对自编 4 号煤层突出危险性进行预测，现场实测自编 4 号煤层瓦斯含量高达 $11.69 m^3/t$，大于《防治煤与瓦斯突出规定》判定突出的瓦斯含量 $8m^3/t$ 的临界值，现场实测掌子面自编 4 号煤层的钻屑瓦斯解吸指标 $K1$ 值最大值为 $0.65ML/(g·min^{1/2})$（湿），超过《防治煤与瓦斯突出规定》判定突出的钻屑瓦斯解吸指标 $K1$ 值临界值 $0.4ML/(g·min^{1/2})$（湿）。因此判定梅花箐隧道出口端自编 4 号煤层具有突出危险性，梅花箐隧道出口端为瓦斯突出工区。图 6-11 为梅花箐隧道出口天桥施工。

图 6-11　梅花箐隧道出口天桥施工（孙晓坤　摄）

梅花箐隧道关键技术集中在三个方面：

一是超前探孔设计与施工。对于穿越煤层的瓦斯隧道来说，及时掌握掌子面前方煤体的位置及赋存特征是避免因误穿煤层而导致瓦斯大量突然涌入引起瓦斯事故和煤与瓦斯突出事故的重要环节，因此，在掌子面临近煤层前的超前地质预报就必不可少。超前地质预报主要手段有物探和钻探两种。本次梅花箐隧道揭煤采取钻探的方式。梅花箐隧道在揭煤过程中为了减少钻孔工程量，节约时间，将超前地质探孔兼作区域预测钻孔，即在掌子面施工的超前钻孔若遇煤层，则进行区域突出危险性预测。由于需要穿过煤层较多，为了确保不误穿煤层，在开挖过程中，采取边探边掘措施，即采用钻机实施长钻孔探明煤层的产状，且遇到新煤层时及时对其突出危险性进行预测。

二是区域防突措施。根据《防治煤与瓦斯突出规定》，区域防突措施在揭煤工作面距煤层的最小法向距离 7m 以前实施（在构造破坏带应适当加大距离），预抽煤层瓦斯钻孔控制范围为:隧道揭煤处轮廓线外至少12m(急倾斜煤层底部或下帮6m),同时还应保证控制范围的外边缘到隧道轮廓线(包括预计前方揭煤段隧道的轮廓线)的最小距离不小于5m,施工完一个抽放钻孔后,应立即接入抽放管。瓦斯抽放钻孔封孔时,穿层钻孔的封孔段长度不得小于5m。施工过程中注意观察瓦斯动力现象,当某孔施工过程中动力现象严重,应马上停止施工,并上报。针对梅花箐隧道探明煤层突出危险性预测结果,为了确保掘进安全,对待揭煤层具有突出危险性须实施区域防突措施。

瓦斯抽放钻孔终孔间距应根据煤层瓦斯抽放半径来确定,由于梅花箐隧道掌子面煤层透气性系数和钻孔流量衰减系数未知,抽采半径参照临近矿区马驼子煤矿瓦斯抽采参数经验,同时考虑煤层瓦斯含量、钻孔施工时间、抽放时间等因素,最终以瓦斯抽放钻孔终孔间距3m进行设计。

三是局部综合防突措施。局部综合措施相对区域综合防突措施而言,是指在对有煤与瓦斯突出危险性的煤层进行掘进作业前,较小范围内采取的防治煤与瓦斯突出措施,它是区域综合防突措施后的补充措施。其实施的范围为距离煤层最小法向距离5m到揭开煤层后进入煤层顶(底)板2m。其主要内容包括:工作面突出危险性预测、工作面防突措施、工作面防突措施效果检验、安全防护措施等。隧道揭煤局部综合防突措施的具体步骤为:①在距离煤层最小法向距离5m前进行工作面突出危险性预测。②若工作面预测有危险,则实施工作面防突措施;若无突出危险,则边探边掘至最小法向距离2m处。③进行工作面防突措施效果检验,若有危险,补充防突措施,然后效果检验,直到效果有效为止;若无突出危险,则边探边掘至最小法向距离2m处。④在最小法向距离2m前进行最后突出危险性验证。若验证有突出危险,则继续补充工作面防突措施,若无突出危险性,则采取安全防护措施揭开煤层。⑤揭开煤层,直到进入煤层顶(底)板2m为止。

(3)街上隧道。街上隧道位于毕节市纳雍县,进口位于董地乡杨家寨附近,出口距离董地乡董地小学500m。隧道左线起讫桩号ZK115+160~ZK116+465,全长1305m;右线起讫桩号YK115+190~YK116+460,全长1270m。隧道属于溶蚀峰丛沟谷地貌区,山体由二叠系中统茅口组(P_2m)中厚层状灰岩构成。隧道轴线经过的地面高程1477~1657m,相对高差约180m。隧道区山峦起伏,整体地形较陡,自然坡度角50°~80°。隧址区地表大部分地区基岩裸露,植被少量发育,以灌木为主,生长少量乔木。地表水整体不发育;地下水不发育,地下水主要有第四系空隙潜水、基岩裂隙水、岩溶水及构造裂隙水。测试段内地下水的补给来源主要是大气降水渗入补给,补给方式是沿风化裂隙向下渗透补给。其径流条件受地形、风化程度及构造的影响,隧道区地下水一般径流途径短、深度小、径流缓慢,以分散状渗流出水形式向附近沟谷洼地排泄。

街上隧道掘进至YK115+923时揭露出2个较大溶洞,中间由一小溶洞连接,溶洞高3~21m,纵向长度约100m。1号溶洞:洞内湿润,多见钟乳石,溶洞底部覆盖有层厚4~

7cm软土,溶洞顶部围岩稳定性较好,偶有掉块,溶洞边墙局部超出开挖轮廓线,洞顶都在开挖轮廓线内,溶洞纵向长度约20m;2号溶洞沿路线横向发展,穿过隧道左右开挖线,右前方有较大溶塌堆积体,坍塌处溶腔侧壁岩体均较为新鲜,溶洞顶部围岩整体性差,裂隙发育,溶洞底部覆盖有层厚10~20cm软土,溶洞最大高度达21m,沿隧道纵向延伸约80m。溶洞底板向上延伸,至YK115+865处已高出隧道拱顶开挖轮廓线。现场踏勘,溶洞顶地表为耕田洼地区,附近150m处有一落水洞。

分段治理措施:

YK115+895~YK115+865段。①YK115+895~YK115+875段20m,溶洞顶板及底板位于隧道开挖断面以内,主要向隧道横向发育,着重解决边墙问题。采用2m厚C25模筑混凝土隔断墙支撑溶洞顶板。并预埋钢筋与初期支护形成整体结构,保证顶板稳定。②YK115+875~YK115+865段,溶洞底板逐渐升高,至YK115+865桩号处,已超出隧道拱顶。采用2m厚C25模筑混凝土隔断墙支撑溶洞顶板,隧道左右隔断墙外缘5m范围溶腔顶板采用喷锚支护,初期支护上增设1m厚钢筋混凝土护拱与隔断墙结合形成整体防护,护拱顶采用轻质材料填充形成缓冲层。③为保证隔断墙的稳定性,隔断墙基础应嵌设在隧道仰拱底部完整基岩上。④为方便隧道正常运营后的维护,在YK115+895~YK115+885区间,挡墙左右侧分别设置检查门,施工中可根据实际地形需要确定检查门具体位置。⑤由于溶洞地表150m处有一落水洞,溶腔左右侧能见有明显的消水洞及消水裂隙,为避免富水季节溶洞水对隧道结构物产生危害,在溶洞最低处YK115+895~YK115+885段,仰拱底部设置圆管涵,间距2.5m,保证溶洞左右水道畅通。⑥YK115+875处溶洞直线升高超出隧道拱顶约10m,该处隔断墙两侧护拱底部均设置泄水孔,保证护拱顶部积水排泄到溶洞消水孔。⑦YK115+865~YK115+845,20m段溶洞底板已超出隧道拱顶,根据围岩的实际情况能够暗洞开挖则按暗洞形式开挖,如围岩条件不能满足,则继续采用隔断墙加喷锚支护方案。

YK115+865~YK115+845段。①隧道右线YK115+845~YK115+865段位于大型溶洞中,洞高15~32m,上部洞腔(空洞)高度10~21m,位于隧道顶板之上,溶洞顶板局部岩体处于崩塌失稳状态,对隧道施工影响大。该段采用挡墙、钢筋混凝土立柱及钢管桁架相结合方式,对不稳定溶洞顶板进行加固支撑。②隔断墙或立柱基础应进入稳定的基岩上,施工期间应根据实际地质情况调整隔断墙的位置和深度,确保施工安全。③隧道左右隔断墙高出隧道拱顶4m以上,初期支护上增设1m厚钢筋混凝土护拱,隔断墙预埋钢筋,与护拱有效结合形成整体防护,护拱顶采用轻质材料填充形成缓冲层,最小厚度大于2m。挡墙两侧隧道拱顶以上预设泄水孔。④施工过程中,对隧道溶洞空腔,溶腔底堆积体范围以及与隧道关系进行详细测绘,探明堆积体厚度、隧道顶板厚度、隧道底板基岩岩溶发育情况及稳定性,为隧道施工、溶洞处治方案、设置护拱、清除坍塌体等提供详细的测量数据和地质资料。⑤对隧道开挖范围内坍塌体进行清除，隧道底部坍塌体清除后，采用 M7.5 浆砌片石换填至隧道仰拱底高程，确保挡墙基础稳定。⑥立柱镶嵌于当前内，采用钢筋混凝土浇筑。溶洞顶板采用钢管桁架支撑，桁架两端埋置于立柱内，长度大于 1m。⑦由于溶洞地表 150m 有一落水洞，溶腔左右侧能见有明显的消水洞及消水裂隙，为避免富水季节溶洞水对隧道结构物产生危害，根据溶洞自然地形，疏通左右挡墙外水道，保证溶洞左右水道畅通。⑧隧道挡墙外溶洞顶板，根据溶洞发育情况设置钢筋混凝土立柱支撑。

（4）抵母河大桥。抵母河大桥是杭瑞高速公路毕节至都格公路的重点、控制性特大桥，位于六盘水市水城县董地乡东北约 2km 处，横跨抵母河峡谷。两岸为陡崖及山地斜坡，桥面至常水位面高差约 340m。

抵母河大桥主桥为单跨 538m 钢桁梁悬索桥，毕节岸及都格岸引桥均为 4×40m 先简支后结构连续预应力混凝土 T 梁。桥梁起点桩号 K158+579，桥梁终点桩号 K159+460.5，主桥中心桩号 K159+019，桥梁全长 881.5m。大桥按双向四车道高速公路设计，设计速度 80km/h，设计荷载等级为公路—Ⅰ级。

抵母河大桥两岸锚碇均为重力式锚碇，采用预应力锚固体系连接主缆索股。索塔采用钢筋混凝土门形框架结构，毕节岸塔高 147m，都格岸塔高 63.35m。主缆分跨为（136+538+136）m，主缆垂跨比 1/10。主缆采用预制平行钢丝束股，边、中跨主缆分别由 89 束 91 丝和 91 束 91 丝 φ5.1mm 镀锌高强钢丝组成。吊索纵桥向间距 7m，横桥向间距 27m。吊索截面为 109 丝 φ5.0mm 镀锌高强钢丝。索夹为销接式；散索鞍为摆轴式、铸焊结合；主索鞍采用铸焊结合的形式。钢桁梁宽 27m，高 4.5m，由主桁、横梁及上、下平联组成，除横梁上弦杆采用箱形截面外，其余杆件均为"H"形截面。桥面板采用与钢桁梁分离的正交异性钢桥面板。抵母河大桥桥面板吊装见图 6-12。

图 6-12　毕都高速公路项目控制性工程抵母河大桥桥面板吊装（李富强　摄）

桥位处于不对称的 U 形峡谷地带,大桥两岸主塔高差大(两岸塔柱高差达到 83m),设计中通过调整两岸主塔的结构尺寸,合理控制主塔刚度,确保主塔结构受力安全,对山区不对称地形下悬索桥主塔的构造设计具有借鉴作用。抵母河大桥在设计过程中还开展了桥梁结构抗风抗震性能、岸坡稳定性等专题研究,确保大桥基础稳定,并运用研究成果完善了钢桁加劲梁悬索桥的抗风措施。

抵母河大桥主缆采用预制平行钢丝束股法架设(PPWS)。钢桁梁及钢桥面板采用缆索吊装法施工,吊装时灵活利用空中旋转吊具解决了施工场地受限钢桁梁及钢桥面板只能从在一岸起吊的问题,简化了施工工艺、加快了施工进度。

(5)青山隧道。青山隧道为双坡隧道,左洞总长 3390m,T12 合同段 K188+015~K189+720 计 1705m,T13 合同段 K189+720~K191+485 计 1685m;右洞总长 3440m,T12 合同段 K187+015~K189+760 计 1745m,T13 合同段 K189+760~K191+535 计 1695m,上坡坡率 0.758%,距离 T13 合同段出口约 330 处变为下坡。2014 年 7 月~9 月连续暴雨,青山隧道 T12 合同段施工的 1 号车行横洞(ZK188+980~ZK189+020)加宽带及小桩号侧约 60m 二次衬砌因水压过大出现裂缝,并出现喷水情况,此段在施工过程中围岩出现较多溶洞溶槽并充填泥土,施工过程中支护参数做了相应调整,经检测二次衬砌厚度及混凝土强度均满足设计要求。同时 T13 合同段(ZK191+554)3 号车行横洞出现涌沙,隧道出口段水淹满隧道并漫出洞口,经测量流水量 5 万~6 万 m^3/d,原设计为 60cm×60cm 矩形中心排水沟。

针对 T12、T13 合同段青山隧道特大涌水问题,贵州高速集团召开专家会议。根据专家会议纪要确定青山隧道特大涌水变更方案如下:①对隧道内路侧边沟进行扩大,加大隧道排水能力。②凿除左洞 1 号紧急停车带二次衬砌严重开裂渗水段对仰拱及以上部位二次衬砌,重新施作防排水系统和二次衬砌,仰拱打设泄水孔。③对渗水的施工缝或沉降缝采用刻槽埋管的方式进行引排处理。④加密 T13 合同段未施作段横向与环向排水管间距。⑤疏通隧道防排水系统,加大与洞内排水系统相接的洞外边沟排水能力,完善排水系统。

(6)水菁沟隧道。贵州毕节至都格(黔滇界)高速公路水菁沟隧道进口位于六盘水市水城县勺米镇鱼塘村,水菁沟隧道出口位于六盘水市水城县玉舍乡玉舍村。水菁沟隧道是一座双向四车道高速公路长隧道,设计为双线分离式。其右线里程为 K196+250~K199+105,长度 2855m;左线里程为 ZK196+250~ZK199+105,长度 2855m。最大埋深约 366m;较长段落埋深在 180m 左右。2013 年 10 月水菁沟隧道出口左右洞施工时,分别揭露煤层,施工过程中瓦斯涌出量较大,正常通风情况下局部瓦斯浓度超过 10%,回风瓦斯浓度 4% 左右;左线 2013 年 11 月 20 日施工至 ZK198+530,右线 2013 年 11 月 25 日施工至 K198+580,掌子面出现不同程度的掉块,围岩收敛变形较大,正常通风情况下局部瓦斯浓度超过10%,回风瓦斯浓度4%左右,同时隧道附近为玉舍矿区,邻近矿井为煤与瓦斯突出矿井。

(7)狗跳岩大桥。狗跳岩大桥位于水城县匀米乡境内,处于分离式路基区段,左线桥梁中心点桩号为:ZK193+358,平面位于$R=1450m$的右偏圆曲线上;右线桥梁中心点桩号为:K193+410,平面位于$R=1470m$的右偏圆曲线上。桥梁跨径组成为$(65+2×120+65)m$连续刚构$+2×30m$预应力混凝土结构连续T梁,桥梁全长431.6m。主桥上部采用三向预应力混凝土连续刚构,主墩采用双薄壁,过渡墩采用薄壁空心墩,基础采用钻孔灌注桩基础;引桥上部采用预应力混凝土结构连续T梁,引桥桥墩采用矩形墩和圆柱式桥墩。0号桥台为桩基础,6号桥台为柱式台、钻孔灌注桩基础。

桥址区为峰丛谷地地貌,该桥跨越一U形谷地。谷底的小里程侧坡度较陡,近直立,大里程侧和右侧坡度一般为45°~65°。谷底左侧坡度稍缓,一般为20°~30°。谷底内发育有河沟,河沟宽度3~5m,走向113°,与线路近垂直相交。勘察期间河沟内有水,水深0.3~0.5m。桥址区地形起伏较大,一般高程1714.9~1875m,最大高差约160.1m。谷底四壁陡坡处植被发育,一般为灌木,缓坡处及谷底内多为旱地。

关键技术:$(65+2×120+65)m$预应力混凝土箱梁主要采用挂篮悬浇施工。主桥分4个T单元,设计按4个T单元同时施工考虑。为保证施工状态时下构安全,箱梁悬浇施工时应做到均衡、对称,确保施工安全。

箱梁各阶段内力与施工方法、施工程序密切相关,因此箱梁施工及施工组织设计必须严格按设计图示的施工程序进行,同时满足其他设计要求。

(8)马尾河大桥。马尾河大桥位于水城县匀米乡境内,左线中心里程为K194+247,起讫里程为K194+112~K194+382,全长279.5m。拟采用$(95+95+2×40)m$预应力混凝土T形刚构、预应力混凝土T梁,桥面净宽$2×11.25m$。右线中心里程为K194+305,起讫里程为K194+70~K194+440,全长279.5m。拟采用$(95+95+2×40)m$预应力混凝土T形刚构、预应力混凝土T梁,桥面净宽$2×11.25m$。主桥墩和过渡墩为空心薄壁墩,其他为柱式墩;桥台采用简易台、肋板台,扩大基础、桩基。

桥址区为峰丛谷地地貌,谷地之中,馒头状残丘、残山与之相依共生,该桥跨越一V形深谷,地形起伏较大,最大高差约124m。沟谷两侧陡坎部分出露基岩,坡脚覆盖有薄层堆积层,局部地段地表、斜坡地表植被较发育。

关键技术:$(95+95)m$预应力混凝土箱梁主要采用挂篮悬浇施工。主桥分两个T单元,设计按两个T单元同时施工考虑。为保证施工状态时下构安全,箱梁悬浇施工时应做到均衡、对称,确保施工安全。

箱梁各阶段内力与施工方法、施工程序密切相关,因此箱梁施工及施工组织设计必须严格按设计图示的施工程序进行,同时满足其他设计要求。

(9)ZK141+180~ZK141+350边坡滑坡处理。杭瑞高速公路毕节至都格段(黔滇界)第BD-T7合同段ZK141+180~ZK141+350左侧挖方边坡,原设计为4级边坡,最大挖高38.5m,轴线最大挖高28.9m,第1级为抗滑桩,第2、3级为框架锚索,第4级为框架锚杆。2013年3月中下旬边坡开挖至第2级坡面时,在2~3级坡中部出现蠕滑剪出的裂缝,同时坡口外出现裂缝。边坡出现蠕滑变形后,2013年3月28日驻监办组织参建各方到现场进行踏勘,形成工地会议纪要(BDJC-07-24)。对坡面防护设计进行调整,放缓边坡进行清方减载,原4级边坡变为5级坡,第1~3级与原设计防护一致,第4级变为框架锚索,第5级坡为钢花管注浆且坡面采用挂网喷射混凝土封面。

2013年11月,ZK141+190~ZK141+328左侧边坡已开挖至设计高程,第五级边坡的挂网喷浆已经施工完毕;第三、四级边坡锚索框架已经施工完毕;第二级边坡锚杆框架防护正在施工;第一级边坡抗滑桩在挖孔过程中出现塌孔,变形集中在ZK141+190~ZK141+300左侧段,最远处裂缝距离第五级边坡坡顶120m。ZK141+190~ZK141+200第三级边坡拱形骨架出现坍塌,整段边坡向路基方向滑移。

根据黔高速毕都总监纪要〔2013〕28号文件要求,2014年1月4日,贵州省交通规划勘察设计研究院股份有限公司地质勘察设计分院组织相关人员及设备进场进行深层位移监测,进一步探明该段路基工程地质条件及对滑坡变形破坏机理进行调查分析。在勘察过程中,设计单位对滑坡治理方案进行同步分析研究,并多次组织人员到现场进行调研。

2014年7月8日,贵州高速公路集团有限公司在六盘水组织召开了毕都项目BD-T7合同ZK141+180~ZK141+350左侧滑坡治理设计方案评审会。会议原则同意设计单位提出的"抗滑桩+独立锚索+清方+框架锚索+钢管桩"综合治理方案,并形成了黔高速专议〔2014〕233号会议纪要。

(10)法窝互通滑坡处理。2014年6月,由于高速公路高边坡开挖,加之连日暴雨,法窝互通C匝道CK1+010~CK1+380北侧山体出现严重下滑,边坡上部出现多处开裂剪出面,滑移体上部多处开裂,并有巨石坍塌,后缘下错形成5~10m陡坎;该段为法窝互通C匝道及主线通过地段,均以挖方边坡的形式通过,最大挖方边坡高度约36m。该滑坡在前部开挖后,形成较大的临空面,削弱了前缘抗力,从而在后缘的重压推挤下发生滑动,为推移式滑坡。前缘宽250m,高程约为1815m;后缘宽约370m(后缘大裂缝桩号CK1+010~CK1+380),高程约为1880m。滑坡体纵向长150m,主滑方向192°,滑坡面积为$4.65 \times 10^4 m^2$,滑体平均厚度为30m,估算体积$1.39 \times 10^6 m^3$,含滑坡两侧影响范围及未开挖潜在滑坡体总体积约$1.60 \times 10^6 m^3$。

2015年6月10日夜间,经连日强烈降雨后,法窝枢纽互通B、C匝道相接处BK0+600~BK0+760、CK0+881.4~CK1+060段,对应主线K207+600~K208+000右侧路基边坡坡口以外70~120m处出现地表开裂现象,裂缝总长约275m,裂缝宽度一般为0.2~

0.5m,最大缝宽约1m,局部有岩溶落洞塌陷,下沉高差一般为0.3~0.6m,最大高差约1.5m。本段新生滑坡位于原法窝互通CK1+060~CK1+405段右侧滑坡小桩号侧,地质特征为错落体,后缘裂缝与原有CK1+060~CK1+405段滑坡裂缝相接,初步观测滑动方向与原有CK1+060~CK1+405段滑坡存在约10°夹角。滑坡引起法窝2号桥已浇筑完成的支架底板开裂;法窝C匝道桥10号桥墩立柱、盖梁,第9号桥墩立柱、盖梁,8号桥墩立柱、盖梁,7号桥墩立柱、盖梁发生局部位移,搭设的第9-7跨箱梁支架变形、门洞倾斜;法窝B匝道桥大桩号桥台向前滑移,伸缩缝位置因桥台前移(约7cm),致使梁板挤压伸缩缝缩窄、支座倾斜。

关键技术:①清方减载反压。CK1+010~CK1+380、BK0+600~BK0+760、CK0+881.4~CK1+060段局部清方,进行反压。②纵断抬高。为增加反压量,减少防护工程,滑坡段主线纵断抬高0~4m。③CK1+010~CK1+380北侧滑坡,为减少工程量,H形抗滑桩改为单桩,局部减载清方。④B、C匝道调整平面线形,避绕主滑坡段。

(11)北盘江大桥(图6-13)。桥址地处云贵两省交界处的北盘江大峡谷,两岸地势陡峭,地形起伏大,跨中桥面至谷底高差约600m,为目前世界第一高桥,河道不具备通航条件。北盘江大桥为主跨720m跨越山区峡谷的大跨钢桁梁斜拉桥,跨径组合为(80+88×2+720+88×2+80)m。桥面高程在1500m以上,索塔最大高度269m。钢桁梁横向宽27m,桁高8m,标准节段长度为12m。采用无黏结钢绞线斜拉索,全桥共224根斜拉索。斜拉索最长382.4m。

图6-13 毕都高速公路北盘江大桥

北盘江大桥3、4号索塔桩基采用24根直径2.8m钻孔桩,1、2号辅助墩桩基采用直径2m钻孔桩,按嵌岩桩设计。0号过渡墩采用扩展基础。0号过渡墩为薄壁实体墩,截面尺寸为7.1m×15.1m;1、2号辅助墩为薄壁空心墩,截面尺寸为5.0m×7.0m。辅助墩墩身横桥向两侧沿中线间隔5m设置通风管,通风管采用ϕ160mm×6.2mm的PVC管。

所有通风管均由里朝外向下倾斜3°设置。

索塔为塔柱、横梁组成的钢筋混凝土框架结构,索塔总高269m(贵州岸3号)/246.5m(云南岸4号),其中塔座高42m(贵州岸3号)/19.5m(云南岸4号),上、中、下塔柱高度及构造均相同。塔柱断面为矩形空心截面(倒R50圆角),塔座底为14m(顺桥向)×12m(横桥向),塔座顶设置厚度为4.5m连接段,下塔柱底断面尺寸12m(顺桥向)×10m(横桥向),底部2.5m范围设置实心段。下横梁位置截面尺寸11m(顺桥向)×6m(横桥向),上横梁位置截面尺寸7.5m(顺桥向)×6m(横桥向),上塔柱为等截面,截面尺寸为7.5m(顺桥向)×6m(横桥向)。塔柱壁厚自上而下分别为1.0m、1.0m、1.2m(顺桥向),1.2m、1.2m、1.5m(横桥向),与横梁交接范围设置横隔板并局部加厚。索塔共设上、下二道横梁,下横梁梁高8.0m,宽9.8m,壁厚1.0m。上横梁梁高7m,宽6.3m,壁厚1m。斜拉索锚固于上塔柱内,1~3号斜拉索锚固于锚块上,其余均采用钢锚梁形式锚固。

北盘江大桥的主桥纵断面设置了1%的对称纵坡,跨中设置半径$R=36001.8m$的凸形竖曲线,竖曲线的切点在索塔处,钢桁梁的主跨立面成桥线形为凸形竖曲线,边跨立面成桥线形为直线。主跨共划分为Z0~Z28及合龙段(HL)共59个节段,标准节段上弦杆长为11980mm,下弦杆长为11977.3mm;边跨共划分为B0~B16共34个节段,标准节段上、下弦杆长均为15980mm;上(下)弦杆在两个节段间的理论间隙为20mm,为补偿杆件的纵向压缩,主跨所有节段以及每侧边跨4个12m节段的两个节段间上弦杆的实际间隙为23mm,下弦杆的实际间隙为22mm。全桥钢桁梁共划分为93个节段。

关键技术表现在如下五个方面:

一是高强钢筋的运用。毕都项目17标北盘江大桥作为科研课题依托工程承担了贵州省交通运输厅2011年科技项目"高性能钢筋产业化及在高墩大跨径桥梁中的示范应用"中的课题2——高性能钢筋与混凝土的匹配性,因此作为推广应用材料,北盘江大桥采用HRB500E高强钢筋,能优化资源结构,减少钢筋的施工,达到节能减排的绿色施工方针。同时,采用高性能抗震钢筋,增强了整座桥梁的抗震性能,减少了因自然灾害造成桥梁损害的可能性。

二是自密实混凝土。毕都项目北盘江大桥上部结构钢桁梁杆件内部需采用混凝土进行灌筑,但钢桁梁杆件内部空间狭小,无法使用振捣器进行人工振捣,采用传统混凝土施工可能造成混凝土与钢桁梁不能紧密结合。但采用自密实混凝土,利用其自身较大的流动性、较好的稳定性以及优良的填充性,能很好地满足钢桁梁杆件的混凝土填充工作。

三是耐候钢。北盘江大桥边跨压重箱并排安放,防腐困难,采用耐候钢制作,有效减少了用钢材料,增强了结构的耐腐蚀性。

四是钢桁梁步履式顶推施工工艺。北盘江大桥贵州岸处于崇山峻岭之中,场地条件十分有限,常见的悬臂拼装施工工艺、满堂支架施工工艺等都无法适用在本项目上。项目参建者集思广益,在设计推荐的拖拉式顶推工艺的基础上,结合国内钢箱梁顶推施工工艺,研究了适用于钢桁梁结构的步履式顶推施工工艺,开创了国内钢桁梁步履式顶推的先河。

步履式顶推具有安全、可靠、精度高等优点,可以满足钢桁梁节点受力的需要,并且所有的水平顶推力都转化为设备的内力,不将水平力转移至墩顶,确保墩身受力安全。

五是纵移悬拼施工工艺。为保证北盘江大桥的质量控制要求及施工工期目标。毕都18标项目经理部在现实的地理条件、工期进度、生产成本及安全性的基础上大胆创新,提出了北盘江大桥钢桁梁梁底纵移悬拼施工工艺。北盘江大桥钢桁梁梁底纵移悬拼施工工艺采用整节段地面拼装,通过已安装在节段梁底的纵移轨道将待安装节段运输至安装位置,再利用自主研发的桥面吊机进行组装。该工艺降低了传统方式所需大型设备的高额费用和特殊操作,减少了单桁片拼装的循环工序次数,充分利用常规的现有设备和材料,降低项目管理的成本和风险,这一创新工艺将对国内外深山峡谷地区修建类似桥梁具有极大的借鉴意义和推广价值。

4. 营运管理

全线设 1 处管理中心、2 处服务区、3 处停车区、2 处养护工区、11 处匝道收费站、1 处主线收费站(表 6-9)、1 处超限检测站、桥隧管理站共计 2 个、应急保畅中队共 2 个、养护站共计 2 个。本项目毕节至东关互通段、水城东互通至双水段于 2014 年 12 月 30 日建成通车,批准收费时间为 2015 年 1 月 1 日,批准收费终止时间为 2035 年 1 月 1 日;东关互通至龙场互通段于 2015 年 9 月 30 日建成通车,批准收费时间为 2015 年 10 月 1 日,批准收费终止时间为 2035 年 10 月 1 日;龙场互通至水城东互通、双水至法窝互通于 2015 年 12 月 25 日建成通车,批准收费时间为 2015 年 12 月 26 日,批准收费终止时间为 2035 年 12 月 26 日;法窝互通至北盘江大桥于 2016 年 12 月 28 日建成通车,批准收费时间为 2016 年 12 月 31 日,批准收费终止时间为 2036 年 12 月 29 日。

毕都高速公路收费站点设置表   表 6-9

站 点 名 称	车 道 数	收 费 方 式
朱昌收费站	3 进 5 出(含 ETC 车道 1 进 1 出)	联网收费
库东关收费站	3 进 5 出(含 ETC 车道 1 进 1 出)	联网收费
九洞天收费站	3 进 5 出(含 ETC 车道 1 进 1 出)	联网收费
巴雍收费站	2 进 4 出(含 ETC 车道 1 进 1 出)	联网收费
以角收费站	3 进 5 出(含 ETC 车道 1 进 1 出)	联网收费
三岔河收费站	3 进 5 出(含 ETC 车道 1 进 1 出)	联网收费
老鹰山收费站	4 进 7 出(含 ETC 车道 1 进 1 出)	联网收费
六盘水东收费站	6 进 12 出(含 ETC 车道 2 进 2 出)	联网收费
六盘水南收费站	6 进 12 出(含 ETC 车道 2 进 2 出)	联网收费

续上表

站点名称	车道数	收费方式
玉舍收费站	3进5出(含ETC车道1进1出)	联网收费
俄脚收费站	3进5出(含ETC车道1进1出)	联网收费
都格收费站	6进10出(含ETC车道2进2出)	联网收费

二、G60上海至昆明高速公路贵州段

(一)G60沪昆高速公路玉屏至铜仁段

1. 基本情况

(1)项目决策背景及过程。1998年12月19日,贵州省玉屏至铜仁公路获贵州省计划委员会和贵州省交通厅批复《关于玉屏至铜仁公路立项报告的批复》(黔计交能39号);1999年9月3日,获贵州省计划委员会和贵州省交通厅批复《关于玉屏至铜仁公路可行性研究报告的批复》(黔计交能〔1999〕924号);贵州省交通厅以《关于玉屏至铜仁公路初步设计的批复》(黔交计〔1999〕120号)同意铜仁地区交通局委托贵州省交通规划勘察设计研究院完成的《玉屏至铜仁公路初步设计文件》。2000年3月14日,获省交通厅批复《关于玉屏至铜仁公路工程项目报建的批复》(黔交科〔2000〕22号)。2001年11月5日,获省计划委员会和省交通厅批复《关于玉屏至铜仁公路工程可行性研究报告(补充报告)的批复》(黔计基础〔2001〕1005号);省计划委员会《关于下达贵州省2000年计划的通知》(黔计综合〔2000〕127号)将玉铜公路列入2000年开工项目。

(2)公路的功能、定位、里程。贵州省玉屏至铜仁公路是贵州省交通路网规划二横二纵四联线中的二纵工程之一,也是贵州省主要的对外经济交流通道和最重要的出海通道。玉铜公路项目包括玉铜高速公路(K0~K11+595)、玉铜二级公路(K11+595~K63+130)和谢桥至大江坪桥(K63+130~K66+918)三部分,玉铜高速公路起于玉屏县鲇鱼铺,经大屯、腊溪、大圆、金竹湾、杨家冲、岩窝,止于玉屏县七里塘,全长11.595km;玉铜二级公路起于玉屏县大龙镇,经清水塘、抚溪江、长岭、田坪、亚鱼、老山口、茶店、石灰坡,止于铜仁市谢桥,接铜仁市梵净山大道,全长51.543km;谢桥至大江坪桥段3.78km,为城市主干道。

(3)技术指标。玉铜高速公路按双向四车道高速公路标准建设,设计速度采用80km/h,路基宽度采用24.5m,桥涵设计荷载采用公路—Ⅰ级。结合区域经济发展和沿线地形、地貌特征,全线采用全封闭、全立交高速公路标准建设。全线设立交桥3座、桥梁9座,其中特大桥2座、大桥5座、中小桥2座,隧道1座。

二级公路设计速度采用40km/h,路基宽度采用12m,线路总长51.506km。全线设立

桥梁 7 座,其中特大桥 1 座、大桥 2 座、中桥 4 座。

(4)投资规模。初步设计概算 79454.7 万元,其中,资本金为 27951 万元(约占总投资的 35%)由省内负责筹措,其余资金通过向商业银行贷款解决。变更设计后总概算 84017 万元,其中七里塘至鲇鱼铺 44045.9 万元(未含贷款利息)、大龙至谢桥段 3847.1 万元、谢桥至大江坪段 1500 万元。

(5)主要控制点。本工程主要控制性工程为:抚溪江特大桥(采用 2×17.0m+160.0m+49.0m 预应力混凝土桁式组合拱)、大龙大桥(采用 5×30m 预应力混凝土空心板)、正龙大桥(采用 6×20m 预应力混凝土空心板)、大屯大桥[采用 3×30m+(15+16.29+21.92+18.79)m+19×30m 预应力混凝土空心板]、腊溪大桥(采用 7×30m 预应力混凝土空心板)、大圆大桥(采用 7×30m 预应力混凝土空心板)、杨家冲大桥(采用 7×30m 预应力混凝土空心板)、岩窝大桥(采用 6×20m 预应力混凝土空心板)、田冲大桥(采用 4×30m 预应力混凝土 T 梁)、石灰坡大桥(采用 5×30m 预应力混凝土 T 梁)、岩窝中桥(采用 4×20m 预应力混凝土空心板)、长岭中桥(采用 3×16m 预应力混凝土 T 梁)、江口中桥(采用 4×20m 预应力混凝土空心板)、铜鼓塘中桥(采用 3×13m 预应力混凝土空心板)、石灰坡中桥(采用 3×20m 预应力混凝土空心板)、岩窝小桥(采用 1×20m 预应力混凝土空心板)。

(6)沿线主要地形地貌。地层岩性:沿线所处地层时代为第四系、奥陶系、寒武系,由新到老。第四系:碳酸盐岩、碎屑岩残坡积层黏土、黏土夹碎石,一般厚 0.5~2m,局部坑洼处达 8m,沿线均分布;桐梓组:奥陶系下统灰、浅灰色中厚层灰岩、灰质白云岩为主夹生物碎屑灰岩,主要分布于大岩垴至田坪及田坪、茶店、铜仁市附近;准屯组:寒武系统灰至灰白色,中至厚层,细至粗粒白云岩,分布于起点至大岩垴沿线、江口至烂板桥附近、茶店至铜仁市一带;乌训组:寒武系下统薄至中厚层状泥页岩砂岩薄层状泥灰岩,主要分布于鲇鱼铺至茶店沿线。地质构造及区域稳定性:K15+100~K32+760 段,地质构造简单,以单斜构造为主,路线与四条横向断裂斜交,位于断层带附近的岩体变形显著、破碎;K32+700~K50+597 段,地质构造简单,以单斜构造为主主要发育两条于路线斜交断层,断面倾角 70°,位于断层带附近,基岩附近风化破碎,未发育褶皱;K50+700(=K50+597)~K66+642 段,玉屏至铜仁压扭性断裂,属燕山加里东构造期,走向呈北东方向,于路线走向近平行,影响控制茶店至石灰坡段,地形切割剧烈,单斜构造发育,岩石蠕动变形显著破碎,沿线发育横断层、褶皱。根据《贵州省地震烈度区划图》,路线沿线地震烈度小于Ⅵ度,构造物及沿线设施可不考虑抗震设防。

经查在路线走向的带状范围内无明显控制性的不良地质现象。玉屏至铜仁断裂带对工程的影响不大。区内近期未见断裂构造分布,区域稳定性较好。

(7)主要构造物。玉铜高速公路。路基土石方工程:路基挖土方 74.8902 万 m^3,路基挖石方239.9545万 m³,路基填方330.94万 m³。桥梁工程:特大桥1265.82m/2座,大中桥1196.46m/6座,小桥39.91m/1座,立交桥150m/3座,涵洞41道。路面工程:级配碎石底基层9622m²;水泥稳定碎石基层9622m²;沥青混凝土面层9622m²;混凝土面层200m²;混凝土路缘块19244m,中分带L形路牙19244m。隧道工程:隧道80m/1座。排水与防护工程:排水及防护工程(包括浆砌及干砌片石)9.176万 m³。

玉铜二级公路。路基土石方工程:路基挖土方401.3066万 m³,路基挖石方110.5296万 m³,路基填方292.2927万 m³。桥梁工程:特大桥215m/1座,大中桥587.117m/6座,涵洞218道。路面工程:级配碎石底基层605714m²;水泥稳定碎石基层599836m²;沥青混凝土面层610289m²;混凝土面层891m²,混凝土路缘块7238.45m。排水与防护工程:排水及防护工程(包括浆砌及干砌片石)35.8079万 m³。交安工程:项目(包括高速公路和二级公路)共计增设波形钢护栏18610m,标志362处,标线19814.56m²,刺铁丝隔离栅1297.5m,防眩设施1973m。

2. 建设情况

(1)立项审批及勘察、设计。铜仁地区素有"黔东门户"之称,为打通贵州省向东进入中原市场的交通要道,促进铜仁市地区的经济、文化、民生发展,根据贵州省交通厅《关于下达玉屏至铜仁公路改建工程前期工作的通知》(黔交计〔1997〕第156号),铜仁地委行署委托贵州省交通勘察设计院完成了《玉铜公路改建工程项目建议书》和《玉屏至铜仁公路工程可行性研究报告》,并报贵州省计划委员会和贵州省交通厅批准,经省计委、省交通厅组织有关单位的领导和专家对《玉屏至铜仁公路工程可行性研究报告》的审查,以《关于玉屏至铜仁公路立项报告的批复》(黔计交能〔1998〕39号)同意立项。

1999年8月30日,经省计划委员会和省交通厅审查《铜仁地区计划局、铜仁地区交通局关于报请审批〈玉屏至铜仁高等级公路可行性研究报告〉的请示》(铜地计工交〔1999〕283号)后,以黔计交能〔1999〕924号文件批准了玉屏至铜仁公路可行性研究报告,项目总投资为79454.7万元,其中,资本金为27951万元(约占总投资的35%),由省内负责筹措,其余资金通过向商业银行贷款解决。根据批准意见,该项目起于玉屏县七眼桥,经大龙止于铜仁市谢桥,接现已建成的铜仁市谢桥大江坪大桥城市出入口线,玉屏至大龙(鲇鱼铺)段接湖南省的邵阳至鲇鱼铺公路,建设总里程68.14km。

随着国家加大交通基础设施建设的力度,由于GZ65在贵州省境内的建设不同步,出现玉铜公路起点定在玉屏七眼桥不利于玉屏县进出等问题,贵州省高速开发总公司提交了《关于报请审查玉屏至铜仁公路可行性研究报告(补充报告)的请示》,2001年10月31日获批《关于玉屏至铜仁公路可行性研究报告(补充报告)的批复》(黔计基础〔2001〕1005号)。该补充报告批复内容如下:

一是将玉铜公路起点起眼桥向东移动至七里塘,七里塘至鲇鱼铺建设里程为

11.595km。

二是为了统一标准,将七里塘至鲇鱼铺设计速度改为80km/h,路基宽度采用24.5m(原批复设计速度为60km/h,路基宽度为22.5m)。

三是为了全线收费站合理设置,将铜仁市谢桥至大江坪段3.78km移交贵州省高速公路开发总公司统一管理,一次性补偿费用1500万元,纳入玉铜公路的建设及投资规模。

四是调整后玉铜公路起于玉屏县七里塘,经大龙、谢桥至铜仁市大江坪,全长66.918km。核算投资规模估计84017万元,其中七里塘至鲇鱼铺44045.9万元(未含贷款利息)、大龙至谢桥段3847.1万元、谢桥至大江坪段1500万元。

玉铜公路项目委托贵州省交通规划勘察设计研究院进行勘察设计,初测始于1998年3月,1998年12月完成初步设计,1999年9月贵州省计划委员会和贵州省交通厅下达公路工程可行性研究报告批复后,开始施工图设计,于2000年6月完成施工图设计。

受省交通运输厅委托,省交通科学研究所环保室承担了该项目的环境影响评价工作。环评工作组于2000年3月16日～19日对沿线环境现状进行了勘察和调查,在广泛收集资料和充分听取意见后,编制完成了环境影响评价工作大纲。2000年5月25日对工作大纲进行了补充和完善,以《贵州省玉屏至铜仁公路大龙至铜仁段环境影响评价大纲(报批稿)》呈报贵州省环报局。贵州省环保局以黔环审〔2000〕83号文件批准同意了玉铜公路项目环境影响报告书;2000年7月18日,贵州省国土厅以黔国土函〔2000〕63号文件批准同意了玉铜公路控制性工程用地。另外由于玉屏至大龙段高速公路穿行于湖南新晃县和贵州省玉屏县约40亩土地,省国土厅去函(黔国土资函〔2000〕81号)请湖南省国土资源厅协调解决。至此,玉铜公路的全部报批程序全部完成,具备全面动工的条件。

(2)资金筹措。初步设计概算79454.7万元,其中,资本金为27951万元(约占总投资的35%),由省内负责筹措,其余资金商业银行贷款解决。变更设计后总概算84017万元,其中七里塘至鲇鱼铺44045.9万元(未含贷款利息)、大龙至谢桥段3847.1万元、谢桥至大江坪段1500万元。

(3)招标投标。玉屏至铜仁公路项目建设分为二期,第一期为路基工程,包括桥梁、排水、防护工程;第二期工程为路面及交通工程。施工及监理也相应分为二期。路基路面及交通工程施工及监理招标均采用国内竞争性招标方式。路基工程分为6个施工标和2个监理标;路面及交通工程分为2个路面工程施工标、1个交通工程施工标和2个监理标;高速公路绿化工程1个施工标;房建工程1个施工标。按照评审细则及评标细则,中标单位有:贵州省公路工程总公司(第一合同段)、中国路桥集团(第二合同段)、中国水利水电第九工程局(第三合同段)、中国路桥集团(第四合同段)、贵州省桥梁工程总公司(第五合同段)、中铁第十六工程局(第六合同段)、贵州省公路桥梁工程总公司(第七、八合同段)、贵州省桥梁工程总公司(第九合同段)、贵州省科农生态环保科技有限责任公司(第十合同绿化标段)、贵州省桥梁工程总公司(第十一合同房建标段)。其中,高速公路段路基工程施工单位贵州省公路工程总公司(第一合同段),高速公路段路面工程施工单位贵州省公路桥梁工程总公司(第七合同段),高速公路段交通工程施工单位贵州省桥梁工程总公司(第九合同段)。

监督机构有贵州省交通建设工程质量监督站,中心试验室委托贵州省交通科学研究所检测中心组建。监理单位有贵州省交通建设咨询监理有限公司(A合同段路基工程施工监理),贵州省科达公路工程咨询监理有限公司(B合同段路基工程,C、D合同段路面交通工程施工监理)。

G60沪昆高速公路玉屏至铜仁段参建单位见表6-10。

G60沪昆高速公路玉屏至铜仁段参建单位　　　　表6-10

参建单位	单位名称	合同段编号及起止桩号	主要负责人
项目管理单位	贵州高速公路开发总公司	K0+000~K66+642	佟健
勘察设计单位	贵州省交通规划勘察设计研究院	K0+000~K66+642	张林
施工单位	贵州省公路工程总公司	YT1,K0+000~K11+595	聂兴龙
施工单位	中国路桥(集团)第二工程局	YT2,K15+100~K18+800、K19+800~K32+800	刘华
施工单位	中国水利水电第九工程局	YT3,K32+800~K50+700	苏靖
施工单位	中国路桥集团	YT4,K50+700~K62+500、K63+502~K66+642	万全(后换为冯智勇)
施工单位	贵州省桥梁工程总公司	YT5,K18+800~K19+800	张忠智
施工单位	中铁第十六工程局	YT6,K62+500~K63+502	杨为民(后换为张建政)
施工单位	贵州省公路桥梁工程总公司	YT7,K0+000~K11+595;YT8,K15+100~K32+800	余永光
施工单位	贵州省桥梁工程总公司	YT9,K0+000~K11+595、K15+100~K66+642	龙震霆、刘天祥
施工单位	贵州省科农生态环保科技有限责任公司	YT10,K0+000~K11+559	吴建强
施工单位	贵州省桥梁工程总公司	YT11,玉屏县大龙镇	袁毅
监理单位	贵州省交通建设咨询监理有限公司	YJA,K3+900~LK24+976	薛文勋
监理单位	贵州科达公路工程咨询监理有限公司	YJB,K32+800~K66+642(路基工程);YJC,K0+000~K11+595、K15+100~K32+800;YJD,K32+800~K66+642(路面工程)、K15+100~K66+642	徐新发、邓勋华
中心试验室	贵州省交通建设工程质量监督站		石磊

（4）施工监理：建设管理方式。玉铜公路高速公路段具体组织实施由原贵州高速公路开发总公司玉铜公路总监理工程师办公室负责，余明全为项目法人代表、总监理工程师。玉铜公路征地拆迁工作由铜仁地区政府组建成立的指挥部负责，总监理工程师办公室负责协调。

玉铜公路按 FIDIC 条款管理，全面实行项目法人责任制、招标投标制、工程监理制、合同管理制。玉铜公路总监理工程师办公室（简称总监办），由项目法人组建，余明全为总监理工程师，下设办公室主任、副主任、工程技术组、合同管理计量支付组、综合办公室、资料室、中心试验室。总监办组成人员中高级工程师2人，工程师6人，助理工程师1人，按照总监办工作职责分工合作。

监理工作。根据 FIDIC 条款管理的要求，设置总监办，作为本项目的监理管理执行机构，制定了完善的管理规章制度，根据工作需要，发布"工作指示"，统一协调和管理整个项目的监理业务。

本项目由贵州省交通建设工程质量监督站负责质量监督工作，行使政府监督职权。

为强化对质量的监督管理，真正做到用数据说话，保证数据科学、准确、及时地指导施工，各合同段工地试验室按照合同要求配齐了试验监测人员和设备，按合同要求进行试验和检测；为保证数据科学、准确、公正，各驻地监理工程师办公室（简称驻监办）也都按合同要求设立了试验室，配备了必要的设备，按合同要求进行试验检测；同时为了保证数据的公正、科学、准确和权威，总监办也专门委托具备甲级试验资质的贵州省交通科学研究所在玉屏县专门设置了一个中心试验室，配备了足够的试验检测设备，根据委托协议开展试验检测工作，成为总监办监测工程内在质量变化的"数据库"。对不具备检测能力的项目均由监理工程师抽样后送有能力的权威检测机构进行检测试验并出具试验报告。

玉铜公路建设项目在严格实施"政府监督、社会监理、企业自检"的三层质量保证体系的同时，让驻地监理办充分运用好三权，即"质量否决权、计量支付权、工序验收权"，对工程的"质量、进度、造价"三大目标进行全方位、全天候的动态监控，认真进行合同管理，并采用计算机进行辅助管理，对确保工程质量起到了关键作用。各驻监办的监理大纲、管理制度及图表都上墙，使每个监理人员都做到心中有数。玉铜公路的政府监督，三层质量保证体系，事实证明是行之有效的。

（5）征地拆迁。全线永久性征用土地4043.36亩，补偿金额14466945元；青苗补偿706424.10元，地上附着物补偿4303566元。临时性用地945.175亩，补偿金额3308122.5元；青苗补偿188457.60元，地上附着物补偿527043.5元。房屋拆迁6529.798m^2，补偿金额9234862.52元；地上附着物补偿2763742.59元。

（6）重大变更。玉铜高速公路设计路线、设计标准变更：1999年10月14日，贵州省交通厅以《关于玉屏至铜仁公路初步设计的批复》(黔交计〔1999〕120号)文件批准了玉铜公路初步设计。批复中明确高速公路路段起于大龙(鲇鱼铺),止于玉屏县七眼桥,由于路线穿越玉屏县县城,将县城一分为二,且互通式立交设在玉屏火车站附近,拆迁工程量大,工程难度大,按此方案建成后的高速公路对周围环境、行人安全等诸多方面影响很大。根据玉屏县政府的要求,经设计单位对路线进行修改,修改后的高速公路终点在玉屏县七里塘,并于2000年6月提交变更设计文件。2000年7月省交通厅召开专题会决定该高速公路路段设计速度由60km/h提高到80km/h,路基宽度由22.5m增加到24.5m。上述调整在2001年11月5日获省计划委员会和省交通厅《关于玉屏至铜仁公路工程可行性研究报告(补充报告)的批复》(黔计基础〔2001〕1005号)批复同意。之后由于原设计单位业务繁重,经协商,将鲇鱼铺至玉屏高速公路施工图设计变更委托中交第二公路勘察设计研究院完成。

K7+450~K8+045段全挖路堑变更为金竹湾特大桥:K7+450~K8+045段地处㵲阳河畔,地面横坡陡,按原设计施工将不可避免的淤塞河道,造成严重水土流失。另外,该路段左侧边坡为成块状中厚层钙质泥岩,岩石产状倾向路基,倾角过大,按原设计施工后将危及路基稳定,需要增加2000多万元的防护工程。进行上述变更后,金竹湾特大桥还需增加100多万元的防护工程。

岩窝中桥和岩窝大桥变更为填方路堤:岩窝中桥和岩窝大桥地段弃方数量巨大;原设计桥梁桩基处,根据补充钻探资料,桩基深度将增加数倍,不适于再按原设计的挖孔灌注桩施工;改填方后,可减少弃方约16万m^3。

K22+400处增设田冲大桥:原设计该处为路堤,由于施工中发现该路段山谷底部为烂泥田,经钎探发现深度达到6~12m,以路堤方式通过很难保证路基的稳定,因此变更为4~30m T形梁桥方案通过。

K49+400~K49+500路堑段变更增设抗滑桩:该段起点处发生过一起顺层滑坡,由于该处岩层倾向路基,倾角约为20°,为避免再次发生滑坡,经设计代表、驻地监理和施工单位到场认真分析论证后,确定增设10根8m长的抗滑桩。

K18+200~K18+500段左右两侧、K27+050~K27+400左侧及石灰坡至谢桥段8处深路堑变更增设水泥砂浆或挂网喷水泥砂浆防护工程。

上述路段边坡岩石为强风化石云岩,路堑开挖暴露后,在雨水及气温作用下很快便会松散崩塌,为保证路堑边坡稳定和安全,必须对高边坡进行封闭处理。

(7)交(竣)工。该项目开工令于2000年7月15日下达,由于等级标准变更和变更征补土地等原因,实际开工建设时间是在2001年3月底。

2002年3月19日,贵州高速公路开发总公司在铜仁市金汇大厦会议室组织召开了玉屏至铜仁公路二级公路交工验收会议。贵州省交通厅、铜仁地区行署、铜仁地区交通局、玉铜总监办、贵州省交通建设工程质量监督站、铜仁地区指挥部、铜仁市指挥部、玉屏县指挥部、万山指挥部、贵州省高等级公路管理局、贵州省交通规划勘察设计研究院、中国路桥集团、中国水利水电第九工程局、贵州省桥梁工程总公司、中铁第十六工程局、贵州省公路桥梁工程总公司、贵州省交通建设咨询监理有限公司、贵州省科达公路工程咨询监理有限公司参加了本次交工验收会议。

2003年3月28日,贵州高速公路开发总公司在玉屏宾馆会议室组织召开了玉铜公路鲇鱼铺至玉屏(七里塘)高速公路交工验收会议。贵州省交通厅、铜仁地区行署、贵州省交通建设工程质量监督站、玉铜公路总监办、中交第二公路勘察设计研究院、贵州省交通规划勘察设计研究院、铜仁地区指挥部、玉屏县指挥部、贵州省高等级公路管理局、贵州省公路工程总公司、贵州省公路桥梁工程总公司、贵州省桥梁工程总公司、贵州省交通建设咨询监理有限公司、贵州省科达公路工程咨询监理有限公司参加了本次交工验收会议。

2005年8月24日,贵州高速公路开发总公司在玉屏召开了玉铜高速公路第十合同段绿化工程和第十一合同段房建工程交工验收会议。贵州高速公路开发总公司、贵州省交通建设工程质量监督站、贵州省建工集团第三建筑公司、贵州省科农生态环保科技有限责任公司、贵州省科达公路工程咨询监理有限公司、三凯公路总监办、玉铜公路总监办、交通厅驻地纪检组等参加了本次交工验收会议。

3. 复杂技术工程

本工程主要控制性工程为:抚溪江特大桥(采用 $2 \times 17.0m + 160.0m + 49.0m$ 预应力混凝土桁式组合拱)、大龙大桥(采用 $5 \times 30m$ 预应力混凝土空心板)、正龙大桥(采用 $6 \times 20m$ 预应力混凝土空心板)、大屯大桥[采用 $3 \times 30m + (15 + 16.29 + 21.92 + 18.79)m + 19 \times 30m$ 预应力混凝土空心板]、腊溪大桥(采用 $7 \times 30m$ 预应力混凝土空心板)、大圆大桥(采用 $7 \times 30m$ 预应力混凝土空心板)、杨家冲大桥(采用 $7 \times 30m$ 预应力混凝土空心板)、岩窝大桥(采用 $6 \times 20m$ 预应力混凝土空心板)、田冲大桥(采用 $4 \times 30m$ 预应力混凝土T梁)、石灰坡大桥(采用 $5 \times 30m$ 预应力混凝土T梁)、岩窝中桥(采用 $4 \times 20m$ 预应力混凝土空心板)、长岭中桥(采用 $3 \times 16m$ 预应力混凝土T梁)、江口中桥(采用 $4 \times 20m$ 预应力混凝土空心板)、铜鼓塘中桥(采用 $3 \times 13m$ 预应力混凝土空心板)、石灰坡中桥(采用 $3 \times 20m$ 预应力混凝土空心板)、岩窝小桥(采用 $1 \times 20m$ 预应力混凝土空心板)。

4. 营运管理

全线共设管理站2个,养护工区1个,收费站2个(大龙主线收费站和大龙匝道收费站),服务区、停车区及料场、拌和站各1个,主体建筑面积 $7538.1m^2$,附属建筑面积 $3207m^2$,用地面积54亩。

(二)G60沪昆高速公路玉屏至凯里段

原玉屏至凯里公路属于国道320线的一部分,始建于20世纪30年代,经数十年的改造,标准仍然很低,公路技术标准分段仅可达四级,许多路段仍为等外公路,坡陡,弯急,路窄,通行能力不足,交通事故频繁,难以适应经济发展和交通量增长的需要。

交通部在"七五"期末制定了发展公路、水路交通的长远规划,包括"五纵七横"国道主干线系统,将上海至瑞丽公路定为"五纵七横"中的一横,纳入国道主干线总体布局。上海至瑞丽国道主干线全长3272km,是一条连接华东、华南、西南地区的黄金大通道,玉凯公路是沪瑞国道主干线贵州内的一段。在国家实行西部大开发的战略背景下,贵州开始了玉凯公路的预可行性研究的准备工作。1999年5月贵州省交通厅《关于下达"十五"公路项目前期工作计划的通知》(黔交计〔1999〕39号)文件中,将该项目列为"十五"公路建设项目。

玉凯公路由于线路较长,建设过程中分为两段建设。一段为玉屏至三穗公路(以下简称玉三公路),一段为三穗至凯里(以下简称三凯公路)。

1. 玉屏至三穗高速公路

(1)基本情况

①公路的功能、定位、里程。玉屏至三穗高速公路(图6-14)是上海至瑞丽国道主干线贵州境东段中的一段,是贵州省经湖南省东出沿海和进入华东的必经通道,是国家快捷公路网规划中贵州内的重要"一横"中的一段,是贵州交通网络规划"3388"网中第二横中的重要组成部分。

图6-14 玉三高速公路

②技术指标。项目根据交通部交规划发〔2002〕44号文件和交公路发〔2002〕447号文件批准的建设标准执行,路线全长45.414km,按高速公路全封闭、全立交,双向四车道,

山岭区高速公路标准建设,设计速度采用80km/h,路基宽度24.5m,桥涵洞与相应区段路基同宽。全线桥涵设计车辆荷载采用汽车—超20级,挂车—120,技术指标符合部颁《公路工程技术标准》(JTJ 001—1997)规定值。

③投资规模、主要控制点。玉三公路起于铜仁地区玉屏县城东七里塘,接沪瑞国道主干线鲇鱼铺(黔湘界)至玉屏高速公路,经岑巩、青溪、竹坪,止于三穗。与在建沪瑞国道主干线三穗至凯里高速公路相连,主线全长45.414km。

④沿线主要地形地貌。测区地处云贵高原东部边缘向湘西丘陵过渡的斜坡地带,地形起伏较大,地质条件复杂,沟谷纵横,发育主要河流为潕阳河及其支流龙江河。

⑤主要构造物。玉三公路有特大桥12982.967m/45座;中小桥852.308m/17座;分离式立交408.08m/10座;支线上跨桥441.737m/6座;隧道工程3187m/8座;涵洞、通道7326.88m/184道;互通式立交3处。玉三公路潕阳河大桥如图6-15所示。

图6-15 玉三高速公路潕阳河大桥

(2)建设情况

①项目立项审批。本项目按照国家有关法律法规和基本建设程序要求,前期工作先后经历了项目建议书研究、工程可行性研究、初步设计、施工图设计等阶段,经国家相关部门批复后实施,具体工作如下:2002年2月10日,交通部《关于沪瑞国道主干线玉屏至三穗公路可行性研究报告的批复》(交规划发〔2002〕44号)批复了工程可行性研究报告(以下简称"工可")。2002年9月24日,交通部《关于沪瑞国道主干线玉屏至三穗公路初步设计的批复》(交公路发〔2002〕447号)批复了玉三公路项目初步设计。2003年6月20日,贵州省交通厅黔交建设〔2003〕197号文件批复玉三公路项目施工图设计。2003年8月25日,玉三公路开工报告获交通部批复。

②勘察、设计。2001年1月,省交通厅将玉屏至三穗高速公路勘察设计任务下达给省交勘院。接此任务后,该院立即组织有关专家和技术人员对工可拟定的方案进行了深

入细致的研究。通过实地踏勘,对各方案做了进一步优化,拟定出初测方案。确定测设方案后,于2001年1月下旬开始初步设计的外业勘测工作,整个初测工作分两段进行,历时两个月,于2001年4月完成,并通过省交通厅在凯里主持的初测外业验收。之后根据外业验收会议纪要精神转入内业设计,初步设计文件于2002年2月完成。2002年9月交公路发〔2002〕47号文批复了玉三公路初步设计文件,同意玉三公路的建设规模及技术标准,原则同意采用初步设计推荐的路线方案。

2001年7月,项目业主贵州高速公路开发总公司(以下简称高总司)与省交勘院签订《勘察设计合同书》后,于2001年9月上旬进行施工图设计外业勘察工作,历时50余天结束。高总司于2002年4月15日至17日通过施工图勘测外业验收。同年12月施工图设计完成,并最终通过高总司的验收,以及中交第二公路勘察设计研究院的咨询审查。

交勘院在初设中严格执行工可批复意见,并结合沿线地形地质及城镇分布情况布设路线走向,在推荐方案基础上同时布设几条比较方案,经审查和初设批复后优化形成施工图设计阶段的路线方案。

玉三公路测设结合重点城镇规划,通过细致深入的勘察及同精度比较,对项目八仙岩玉屏县城过境路段,六七五库岑巩县城过境路段、舒家湾至青溪段、青溪至龙井段、竹坪至烂木桥段提出了与工可不同的优化方案。经与工可相应路线方案比较后,采用新方案作为初步设计的推荐方案。同时设计中重视环境保护,并为减少大填大挖增设了部分短隧道。

玉三公路设计将八仙岩隧道优化为进口采用连拱、出口按分幅隧道布设的"人"字形隧道,大大降低了施工难度,节约了工程造价。玉屏㵲阳河特大桥初步设计批复为$2 \times 25m$(T梁)$+4 \times 110m$(混凝土箱拱)$+2 \times 25m$(T梁),施工图设计优化后,推荐采用$8 \times 30m$(T梁)$+1 \times 150m$(混凝土箱拱)$+5 \times 30m$(T梁)方案。玉屏互通立交初步设计需上跨新城区规划道路,调整后设计为匝道上跨主线。其他经优化的设计内容有:苗冲Ⅰ号大桥、燕子岩、㵲阳河特大桥、大湾隧道、肖家坪大桥等多处。

玉三公路经过玉屏、岑巩、镇远、三穗等四县,其沿途的线位和互通式立交的选址是当地政府关注的焦点。当地政府希望充分利用玉三公路,以促进地方经济发展,有机配合城市规划和建设。在设计之初,即提出不少中肯意见。在设计过程中,测设单位多次与沿线地方政府交换意见,以确保施工图路线方案有利于沿途城镇总体规划建设,最大限度地满足地方经济发展的需要,而该方案也得到地方政府的肯定。

玉三公路的设计除满足高速公路的通行功能,以科学发展观为指导,高度重视地质选线和环保选线,减轻人为切割,少占良田好土,力求经济实用外,还注重美学效果及环境景观设计,使公路与周围景观和谐一致,充分体现公路现代化水平。双连拱及连拱—小净距—分幅“人”字形隧道，中间岩柱最小净距3.5m，为当时国内已建小净距隧道中的最小值。

设计中大量使用高科技成果，如GPS全球卫星定位系统、红外测距仪及全站仪测量，地形图采用航测、数字化技术成图，建立数字地面模型(DTM)。并采用多种设计软件，提升了设计水平和效率。

玉三公路测设不足之处，在于当时勘测手段有限和设计周期偏短，工程地质勘察深度不够，对不良地质问题认识不足，特别是高边坡及构造物基础设计处理措施欠妥，造成一些工程追加变更。但总的来说，各项技术经济指标较好地满足了《公路工程技术标准》的要求，全线线形流畅，纵坡变化均衡，桥型结构选择合理。互通式立交的位置和选型、路线交叉、隧道和沿线设施布局得当，路线与地形、地貌等自然景观配合协调，完全达到设计要求。

③施工、监理。广西公路桥梁工程总公司承建玉三公路第1合同段工程，项目主控工程为玉屏 㵲阳河大桥，桥长580m，为4×30m+4×30m先简支后结构连续T梁+1×150m箱形拱桥+5×30m先简支后结构连续T梁，其主跨为150m的钢筋混凝土箱形拱桥，采用的施工工艺为预制安装，拱圈分7节段预制，缆索吊装，钢丝绳扣挂，实际吊装质量达75t。㵲阳河特大桥9号墩基础原设计的施工方案为围堰施工，但由于该处地层的卵石覆盖层约10m，透水性强，不能进行围堰开挖。后果断采取框架式沉井施工方案，在基础位置现浇沉井，将井内水抽干，清除覆盖层，进行基坑岩石开炸。此方案不受灌水影响，不占用河道，安全高效，取得了成功。该桥主拱圈原设计为支架现浇施工，由于实际水文地质条件不利于设计方案的实施，广西路桥公司依据自有设备及施工经验，提出将现浇拱变更为预制方案，采用无支架缆索吊装施工工艺。该施工工艺是传统做法，但在贵州交通行业已很少采用，对相当一部分人而言，是一种新工艺。经多方讨论，最终采用此方案。在实施时，遭遇了一些传统做法上未经历的难题，如普通钢丝绳扣力过大(达1000kN)，拱箱扣挂捆绑，无扣搭扣挂等，在技术人员攻关下，最终一一解决，使方案得以顺利实施。因受各种因素影响，大桥建设进度滞后，广西路桥公司通过倒排工期，合理进行施工组织，引进大量劳务人员，加大机械设备投入力度，使得施工进度稳步推进。大桥拱箱预制一天一段，84条拱箱的安装任务在不到2个月的时间内完成。T梁预制一天两片，用3台架桥机进行T梁安装，3天可安装10片梁。2005年4月15日，缆索吊装系统试吊成功；4月20日，安装第一条拱箱；5月19日，左幅主拱圈合龙；7月3日，右幅主拱圈合龙；10月6日，拱上撑架及盖梁全部完成；10月19日，拱上空心板梁全部安装到位。12月T梁安装完成，大桥建设在2006年前完成，为顺利通车创造了条件。

承担玉三公路第2合同段建设任务的是中铁五局，控制性工程为八仙岩隧道。八仙岩隧道左右幅间距从12.95m过渡到出口处的29.33m，隧道间距由0.95m过渡到17.33m，进口段 100m 按双连拱施工,其余为小净距施工。隧道穿越两冲沟,冲沟处最小埋深仅 1.2m,最终采取大管棚双液注浆等施工工艺成功穿过。

玉三公路第 7 合同段由贵州省公路桥梁工程总公司承建。该段有全线另一关键工程肖家坪大桥(1~90m 箱形拱桥)。在施工前,对拱架制作拼装等关键环节,积极采纳各方建议,邀请华东理工大学有关专家,对该桥贝雷片拼装制作拱架和半幅拱架整体平移就位的先进施工工艺进行可行性验算,节省了主拱圈支架钢管近 1000t,节约成本近 20 万元,并使工期提前了 2 个月。在龙井大桥 T 梁预制及桥面铺装 C50 混凝土施工浇筑前,通过大量对比试验,用意大利马贝-SR 型高效减水剂代替原广东湛江 FDN-1000 型减水剂。C50 施工配合比的单位水泥用量由 $510kg/m^2$ 降到 $457kg/m^2$,节约了成本,提高了混凝土的强度,加快了工程进度,降低了大体积混凝土的水化热,保证了工程质量。这一方法在其他合同段中加以推广。

玉三公路第 9 合同段是全线末段,位于三穗县郊,施工单位为中铁二局股份有限公司。合同段内最大纵坡 4.8%,高程差达 93.13m。在施工过程中。对如灌注桩混凝土浇筑等重要工艺采用全过程监控,其他一些工艺采用部分时间旁站、巡视、测量等方法,以确保工程质量。对每一道工序都进行交接检查、验收,不合格者一律返工。在施工中,受国际国内形势影响,建设用材价格涨幅较大且货源紧缺,导致工程进度缓慢。项目部想方设法保证物资供应,积极组织将劳动力及技术人员分配到各工点,施工高峰时人员达 1200 人,通过合理安排人力、物力、财力及机械搭配优化,进行合理奖惩,最终使所有项目如期完工。

玉三公路路面铺设单位为省公路桥梁工程总公司。因路基施工单位未按原计划时间交验路基,该公司为保证如期通车目标。根据路基交验实际情况灵活调整施工安排,倒排工期,具体细化到每天作业量,大胆采用新技术和工艺。如全线路缘块放弃人工预制的原始工艺,采用液压成型机预制,既节约了时间,也保证了成品质量。

玉三公路交通工程由贵州交通工程有限公司承担。该公司于 2005 年 7 月进场开展前期准备工作,完成驻地建设,以及地材、水泥、钢筋等材料的选材和检验工作后开工。因受路基路面交工的制约,工期吃紧。该公司积极与路面施工单位协调,通过努力,在规定时间内完成了施工任务,实现了通车目标。

玉三公路机电工程及绿化工程系合并进行。机电工程包括监控系统、通信系统、收费系统及相关配套工程。该工程由中交第一公路勘察设计研究院进行设计,省质监站进行全过程质量监督管理。项目业主高总司通过公开招标,选择北京华路捷公路工程技术咨询有限公司组建了驻地监理办公室,负责工程监理。玉屏至凯里并连接大龙收费站由中铁建电气化一公司负责施工。工程于 2006 年 3 月开工,开通试运行于 2007 年 9 月完成,历时一年多,顺利完成建设施工任务。

玉三公路隧道机电工程主要包括隧道监控、通风、照明、交通控制、供配电、紧急电话、火灾报警、水消防及防雷接地系统。凯里监控中心集中对隧道进行控制和检测。该工程设计单位是中交第一公路勘察设计研究院（以下简称"中交一勘院"），其工程设计方案系统完整，内容详尽，对工程施工质量、施工进度和保证工程的先进性以及合理的性价比起到了重要作用。该工程由北京泰克华诚技术信息咨询有限公司负责工程监理。交通部通信交通管理工程质量监督站进行全过程质量监督管理。施工单位为省桥梁工程总公司，该单位质量管理体系较为完善，质量控制环节详尽，在施工中发挥了应有的作用。在施工中，认真执行有关质量控制的各项要求，合理有效，及时编制和调整施工计划，使之与路基路面、隧道土建以及房建工程进度相匹配，并投入了与工程进度相适应的机械设备，技术人员素质好，认真负责，吃苦耐劳，使所有的施工过程处于有效的管理之下，施工中克服了施工界面提供不及时、大量剩余工程等困难，按合同要求完成施工任务，施工质量合格。

总监办在交通机电工程和隧道机电工程的建设过程中，认真组织，对各隧道工作界面精心安排、及时协调，严把质量关，关键部位全部抽检，隐蔽工程坚持旁站，确保了工程质量。

通过施工过程控制和验收阶段的检查测试，玉三公路机电工程项目技术方案遵循设计原则，满足贵州全省联网收费技术规划要求，系统配置合理，运行稳定，技术指标达到规范要求，抽检项目均合格，整体工程质量优良。

玉三公路绿化工程设计单位为中交一勘院，于2003年与高总司签订设计合同。采用的主要设计原则有：一是生态设计原则。运用"融入自然""立体绿化""生物多样性"的设计思路，在绿化区内采用植物造景，以生态互补的种植模式，形成全封闭式生态园林景观。二是大体量、大色块、大手笔的原则。立交桥建筑物体量大，建筑标准高，绿化设计采用群植的方法，增加绿量和每一种植物的全量，形成大色块和大体量构图，既符合快速动态观景规律，又以不俗的气势衬托建筑的恢宏。选择适宜本地区生长、四季常绿、花期长的花草树木，以乡土树种为主，力图季季有景，与立交区内匝道的流畅曲线组成一幅幅绚丽多姿的图画，给人一种回归自然的感觉，提升驾乘人员的视觉感受。三是韵律、对称均衡和比例原则。将成片植物组成的大色块一律用几何形体恰当地组合在一起，把握好绿化与建筑物的比例，构成整体美。四是行车导向性、环保性的原则，选择适宜本地区生长、适应性强，既有观赏价值，又有滞尘、杀菌作用，降噪效果好的树种，改善绿地生态与人居环境。多选用乡土乔、灌木及耐旱植物，主要有雪松、广玉兰、红叶李、樱花、毛叶丁香、红叶石楠、月季、桂花、白三叶草、麦冬草、小冠花草、混播草等。

在施工过程中对原绿化设计方案进行了变更。原设计时为了控制整体工程造价，同时保证绿化植物有较大的生长空间，在种植密度的确定上均按照规范取较大值，而在具体的施工过程中为加大绿化前期效果,使之达到全国 13 个重点建设项目环境试点之一的目标,经设计单位、总监办以及建设单位多次沟通,确定对绿化种植密度进行适当的调整。由于路基主体施工过程中与原设计发生了较多的变化,增加了许多原设计中未有的新的绿化区域。

绿化设计工作于 2003 年年底开始,当时的设计理念仅停留在简单的"绿化"上,而随着社会的发展和人们景观认识的不断提高,以及本项目的特殊性,"生态建设"成了施工阶段的主导思想。因此,在总监办的协调下,对本项目进行了有针对性、合理的变更,使绿化景观效果更为突出,内容更加符合时代的要求。

④资金筹措。玉三公路项目总投资 17.81 亿元。其中,交通部投资 6.54 亿元,省自筹 1.27 亿元,银行贷款 10 亿元。

⑤招标投标。玉三公路建设在施工管理全面实行项目法人制、招标投标制、工程监理制、合同管理制。项目法人代表由三凯项目王勇兼任。2003 年 2 月,通过公开招投标完成 9 个合同段招投标工作,施工监理招投标工作分别于 2003 年 2 月,以国内竞争性招标方式实行公开招标。

玉屏至三穗高速公路参建单位见表6-11。

玉屏至三穗高速公路参建单位表　　　　表6-11

通车里程桩号：K11+609.888~K55+184.983

参建单位	单 位 名 称	合同段编号及起止桩号	主要负责人	备 注
项目管理单位	贵州高速公路开发总公司	K11+609.888~K55+184.983	王勇	
勘察设计单位	贵州省交通规划勘察设计研究院	K11+609.888~K55+184.983	陈龙	
施工单位	广西壮族自治区公路桥梁工程总公司	YS01(K11+609.888~K15+454.249)	任仁	土建
	中铁五局(集团)有限公司	YS02(K15+454.249~K19+746.239)	李纪军	土建
	中港第二航务工程局	YS03(K19+746.239~K27+600.000)	刘圣伟	土建
	中铁二十局集团有限公司	YS04(K27+600.000~K30+700.000)	樊立跃	土建
	贵州省桥梁工程总公司	YS05(K30+700.000~K34+142.444)	杨贵平	土建
	中铁二十局集团第二工程有限公司	YS06(K34+142.444~K38+955.547)	唐仕德	土建

续上表

参建单位	单位名称	合同段编号及起止桩号	主要负责人	备注
施工单位	贵州省公路桥梁工程总公司	YS07（K38+955.547~K43+000.000）	李建中	土建
	贵州省公路工程总公司	YS08（K43+000.000~K49+000.000）	陈斌	土建
	中铁二局股份有限公司	YS09（K49+000.000~K55+184.983）	肖智	土建
	贵州省公路桥梁工程总公司	YS10（K11+609.888~K55+184.983）	余永光	路面
	贵州省交通工程有限公司	YS11（K11+609.888~K55+184.983）	岳明	交通
	汕头市潮阳建筑工程总公司	YS12（K11+609.888~K55+184.983）	刘振明	收费站
	贵州华美园林绿化有限公司	YS13-1（K11+609.888~K30+700.000）	张颖	绿化
	贵州华美园林绿化有限公司	YS13-2（K30+700.000~K55+184.983）	张颖	绿化
	贵州省桥梁工程总公司	YS14（K30+700.000~K55+184.983）	陈红华	隧道机电
	中铁十五局集团电务工程有限公司	YS24（K11+343.600~K55+184.000）	卜庆发	通信
监理单位	贵州科达公路工程咨询监理有限公司	A（K11+609.888~K27+600.000）	向周贵	土建监理
	贵州科达公路工程咨询监理有限公司	B（K27+600.000~K38+955.547）	周济祚	土建监理
	贵州陆通公路工程监理有限责任公司	C（K38+955.547~K55+184.983）	龙瑞坤	土建监理
	贵州科达公路工程咨询监理有限公司	D（K11+609.888~K55+184.983）	李达元	路面监理
	贵州陆通公路工程监理有限责任公司	E（K11+609.888~K55+184.983）	孙义	交安、绿化监理
	贵州陆通公路工程监理有限责任公司	F（K11+609.888~K55+184.983）	刘志勇	站点房建监理
	北京泰克华诚技术信息咨询有限公司	I（K30+700.000~K55+184.983）	石泰山	隧道机电监理
	北京华路捷公路工程技术咨询有限公司	J（K11+343.600~K55+184.000）	陈少友	通信监理

⑥征地拆迁。自2003年8月正式开工以来,玉三公路项目征地拆迁工作得到了省委、省政府,黔东南州和沿线各级地方政府的大力支持,玉三公路的建成通车是2006年贵州省委、省政府"十件实事"之一。在黔东南州辖境内成立黔东南州征拆指挥部,在铜仁境内因主要涉及玉屏县,成立了玉屏县征拆指挥部,负责玉三线征拆工作。在交通厅、高总司、玉三公路项目办和地方各级指挥部的积极协调,以及沿线群众的积极配合下,征拆工作进展顺利,为项目建设的顺利实施创造了有利的条件。

截至2007年9月30日,玉三项目黔东南州征拆指挥部共征地3845.90亩。共兑现征地补偿款约2557万元,拆迁款补偿款实际兑现3928万元。

玉三公路玉屏段共征用土地2164.5亩,合计补偿款1456万元(其中主线用地1921.68亩,补偿金额1292万元;便道、料场等用地73.60亩,补偿金额52.95万元;弃土场用地169.22亩,补偿金额111.61万元;全线青苗补偿费39.58万元);拆迁房屋30592.77m²,补偿金额709.23万元(其中正线拆迁房屋面积30475.34m²,补偿金额707.24万元;临时用地拆迁房屋面积117.42m²,补偿金额1.99万元);征用土地地上附着物补偿金额135.92万元。电力、电信及管线拆迁款补偿金额37.06万元。

⑦重大变更。玉三公路所处区域地处云贵高原东部边缘向湘西丘陵过渡的斜坡地带,地形起伏大,地质条件复杂,沟谷纵横,发育主要河流为潕阳河及其支流龙江河。勘察阶段无法揭示所有的地质情况,造成构造物基础超深、边坡及防护形式变更、围岩类别调整等。且因征拆及满足当地政府和群众要求,玉三公路存在多处设计变更。玉屏潕阳河大桥原设计为支架现浇施工,由于桥位河床水位深达7m,支架高约37m,施工难度较大,且在河中搭设支架对水环境影响破坏较大。参考中交二院的施工图咨询意见,将该桥改为预制吊装施工。

⑧交(竣)工。玉三公路建设工期计划为48个月,土建工程于2003年7月正式开工,路面、交通、站点房建、绿化等后续工程,从2006年3月开始相继进场施工,工程进展顺利。至2003年6月完工,全线工程比交通部批复的建设工期提前15个月完成。玉三公路交工验收会如图6-16所示。

省质监站于2005年3月开始对玉三公路进行交工验收检测,于2006年3月完成。认为该项目各项建设内容全面按照合同文件执行,工程质量全部达到合格,政策范围内的有关涉农问题已经妥善解决,同意玉三公路进行试运营。

(3)复杂技术工程

玉三公路项目建设过程采用了土工格栅高填方路堤及软基处理,锚索框架、锚杆框架、注浆小导管、钢管桩、框架式抗滑桩路堑边坡综合治理,边坡植被混凝土和植被基材防护,软式透水管排水,预应力混凝土塑料波纹管及真空注浆、桥梁高墩冷拔低碳钢筋防裂网,隧道抗偏压框架、分区防水和贴碳纤维布防裂处理,路面玄武岩改性沥青混凝土上面层,交通安全设施双喷（镀锌喷塑）波形梁和收费站网架天棚材料等多种新工艺、新材料的使用和技术创新。同时进行了边坡植被混凝土和植被基材试验路段铺设并得到验证和使用，进行了沥青混凝土柔性基层试验路段和交通工程水溶性道路漆标线试验路段的科研试验，通过人民交通出版社公开出版发行了《沪瑞国道主干线三凯高速公路建设管理论文集》。

图 6-16　玉三高速公路交工验收会（2006 年 9 月 8 日）

（4）营运管理

全线设Ⅲ类服务区 1 处，Ⅰ类停车区 1 处，设台江、剑河、岑松 3 个收费站，桥隧管理站共计 1 个（与三凯段共用），应急保畅中队共 1 个（与三凯段共用），监控管理所 1 个（与三凯段共用）。养护站共计 2 个（与三凯段共用）。本项目与三凯项目同时于 2006 年 1 月 1 日建成通车，批准收费时间为 2006 年 1 月 1 日，批准收费终止时间为 2025 年 12 月 31 日，2010 年 1 月～2015 年 5 月，玉三、三凯收费总计 32.49 亿元。2010 年 1 月～2015 年 6 月玉三段、三凯段进出口车流量共计 42447371 辆，主要大修工程为剑河收费站改扩建工程。

收费站点设置见表 6-12。

收费站点设置表　　　　　　　　　　　　　　　表 6-12

站 点 名 称	车 道 数	收 费 方 式
台江站	2 进 2 出（未设置 ETC 车道）	联网收费
剑河站	3 进 3 出（含 ETC 车道 1 进 1 出）	联网收费
岑松站	2 进 2 出（未设置 ETC 车道）	联网收费

2. 三穗至凯里高速公路

（1）项目基本情况

①公路的功能、定位、里程。三凯高速公路是国家规划的"五纵七横"国道主干线中

上海至瑞丽高速公路贵州境内的一段，是贵州省经湖南东出沿海和进入华东地区的重要交通走廊，是贵州省公路规划"三横三纵八联八支"中的主要路段。本项目根据交通部交规划发〔2001〕3-75号文件和交公路发〔2002〕103号文件批准的建设标准执行，路线全长88.205km，按高速公路全封闭、全立交，双向四车道，山岭区高速公路标准建设，设计速度采用80km/h，路基宽度24.5m，桥梁、涵洞与相应区段路基同宽。全线桥涵设计车辆荷载采用汽车—超20级，挂—120，技术指标符合部颁《公路工程技术标准》（JTJ 001—1997）规定值。

②投资规模、主要控制点。三凯公路路线起自三穗，接玉屏至三穗高速公路，经台烈、岑松、剑河（革东）、台江，止于凯里市三棵树镇，与已建凯里至麻江高速公路相连，全长88.205km，全线在三穗、台烈、岑松、剑河（革东）、台江设置互通式立交，预留排羊互通式立交，概算总投资42.64亿元。

③沿线主要地形地貌。三凯公路位于贵州省东部，测区完全被苗岭山脉的雷公山山系所覆盖。苗岭山脉横亘贵州中部，面积广大，为长江与珠江两大流域的分水岭。山体大体是南北向，形成连绵起伏山体，东西连接构成侵蚀残留高地。雷公山系占据黔东南州的绝大部分。

测区处于云贵高原向湘西丘陵过渡斜坡地段，总体上来说西部高东部低，山脉主要为北、北东走向。地形起伏较大，断裂构造发育，山峦重叠、沟谷纵横，因此沿线桥梁等构造物较多。

④主要构造物。三凯公路共有特大桥4583.904m/5座；大桥13877.168m/65座；中桥3553.474m/21座；小桥64m/3座；隧道7892.94m/21座；涵洞8151.63m/232道；分离式立交桥2589.104m/18座；人行天桥174m/4道；通道（兼排水）2365.7m/61道；互通式立交5处；收费天棚5个；双向收费亭5个；单向收费亭16个。

（2）建设情况

①项目立项审批。本项目按照国家有关法律法规和基本建设程序要求，前期工作先后经历了项目建议书研究、工程可行性研究、初步设计、施工图设计等阶段，经国家相关部门批复后实施，具体工作如下：

2001年7月10日交通部下发《关于沪瑞国道主干线三穗至凯里公路可行性研究报告的批复》批复了工程可行性研究报告。2002年2月22日交通部《关于沪瑞国道主干线玉屏至三穗公路初步设计的批复》（交公路发〔2002〕103号）批复了三凯公路项目初步设计。2003年3月贵州省交通厅黔交建设〔2003〕32号文件批复三凯公路项目施工图设计。2003年6月12日，三凯公路项目开工报告获交通部批复。

②勘察、设计。2001年1月，贵州省交通厅将三穗至凯里高速公路勘察设计任务下达给贵州省交勘院。接此任务后，该院立即组织有关专家和技术人员对工可拟定的方案

进行深入细致的研究。通过实地踏勘,对各方案做了进一步优化,拟定出初测方案。确定测设方案后,于2001年1月下旬开始初步设计的外业勘测工作,整个初测工作分两段进行,历时2个月,于2001年4月完成,并通过省交通厅在凯里主持的初测外业验收。之后根据外业验收会议纪要精神转入内业设计,初步设计文件于2002年2月完成。2002年2月22日交通部《关于沪瑞国道主干线三穗至凯里公路初步设计的批复》(交公路发〔2002〕103号)批复了三凯公路项目初步设计,原则同意采用初步设计推荐的路线方案。

2001年7月,项目业主高总司与省交勘院签订《勘察设计合同书》后,当年9月上旬进行施工图设计外业勘察工作,历时50余天结束。高总司于2002年4月15日~4月17日通过施工图勘测外业验收。同年12月施工图设计完成,并最终通过高总司的验收,以及中交第二公路勘察设计研究院(以下简称"交勘院")的咨询审查。

交勘院在初设中严格执行工可批复意见,并结合沿线地形地质及城镇分布情况布设路线走向,在推荐方案基础上同时布设几条比较方案,经审查和初设批复后优化形成施工图设计阶段的路线方案。

三凯公路施工图设计在初设基础上,根据实际地形、地质、水文、人文环境等进一步优化,注意对各构造物、路线交叉、交通工程设置的合理性充分考虑,并注重与自然景观的协调。如施工图设计将三穗至台烈的王庙、滑石板方案与转水、院屯方案做同精度比较后,选定后者,减少隧道3座,降低了施工难度,保护原生态植被不受破坏,并节约了工程造价。三凯公路沿线桥梁多,交喜3号大桥位于V形河谷上,原设主跨为100m拱桥方案,后据批复意见在施工图设计中改为$1\times30m+4\times40m$T梁方案。清水江大桥原设计方案主墩位于革东大断裂破碎带中,比选后采用$4\times50m+6\times30m$T梁方案,避开了断层破碎带,降低了施工难度,既节省投资,又减少了对清水江的污染。大树脚大桥也属同类情况,设计将原$4\times40m+101m+180m+101m$连续刚构桥改为$4\times30m+2\times130m+2\times30m$单T刚构方案。

项目施工过程中由于受多种条件限制,三凯公路设计变更较多。首先是对全线不良地质问题认识不足。三凯公路线通过的地层为前震旦系板溪群变质岩系,岩体表层一定深度内节理裂隙极其发育破碎,稳定性差。因岩层风化破碎及山区坡陡壑深,填挖频繁,造成全线大于30m的高边坡有150多段,这些高边坡因坡体稳定性差而造成多处设计变更,尤其在大树脚至南高段,路线基本沿区域性大断裂分布,在公路开挖深度内基本无原生态完整岩石,是交勘院多年公路勘察设计中首次遭遇此类变质岩系,同时因征地拆迁困难,以及为满足地方政府和群众要求而增设通道、天桥等,也造成多处设计变更。

2003年3月26日省厅以黔交建设〔2003〕32号文件批复了三凯公路施工图设计。

三凯公路的设计遵循以人为本、全面协调、可持续发展的设计原则,设计方案技术先进、经济合理。线形平面顺适连续性好,纵横均衡合理,形成安全舒适的效果。设计中强调环保意识,注重环境与经济、社会的协调,在满足设计技术标准的前提下,顺应地形变化,减轻人为切割,重视地质选线和环保选线,力求做到合理利用土地,少搬迁,少扰民,宁肯多占荒山坡地,多留一片良田和森林。桥梁设计综合考虑,力求选择最佳桥型方案;对易失稳及高边坡,普遍采用抗滑桩、预应力锚索及岩石光面爆破等新技术新工艺;多处采用双隔墙、联拱隧道,使隧道断面对称美观、线形流畅,成功解决了山区因地势狭窄布设双线隧道的难题。同时注重景观设计,使公路与沿线景观和谐一致。

设计中大量使用高科技成果,如采用GPS全球卫星定位系统、红外测距仪及全站仪测量,地形图采用航测、数字化技术成图,建立数字地面模型(DTM)。并采用多种设计软件,提升了设计水平和效率。

三凯公路测设不足之处,在于当时勘测手段有限和设计周期偏短,工程地质勘察深度不够,对不良地质问题认识不足,特别是高边坡及构造物基础设计处理措施欠妥,造成一些工程追加变更。总体上各项技术经济指标较好地满足了《公路工程技术标准》的要求,全线线形流畅,纵坡变化均衡,桥型结构选择合理。互通式立交的位置和选型、路线交叉、隧道和沿线设施布局得当,路线与地形、地貌等自然景观配合协调,完全达到设计要求。

③施工、监理。本项目实行"政府监督、业主督察、社会监理、企业自检"的四级质量管理体制,通过中标的监理单位,在总监办的统一管理下开展工程监理工作。各施工监理单位在招投标工作完成后,通过合同谈判,均签订了完备的施工合同(单价合同)和监理合同,并同时签订廉政合同。在工程实施中,"三监控、两管理、一协调(三监控指质量、进度、投资控制,两管理指合同和信息管理,一协调指组织协调)"及环保、安全、廉政等管理工作严格按合同条款及相关法规执行。根据国家环保总局、交通部等联合发布的《关于在重点建设项目中开展工程环境监理试点的通知》(环发〔2002〕141号)文件精神,以及交通部《关于下发上海至瑞丽国道主干线(贵州境)三穗至凯里段环境监理试点工作计划的通知》,三凯高速公路被列为全国13个重点建设项目工程环境监理试点之一,按贵州省交通厅和贵州高速公路开发总公司的要求,成立了三凯高速公路环境监理办公室,对三穗至凯里高速公路建设实施工程环境监理。受高总司委托,贵州省交通科学研究所承担了本次环境监理试点工作任务。2003年4月,随着三凯高速公路各承包单位陆续进场,省交科所开始着手三凯高速公路环境监理准备工作,编写三凯高速公路工程环境监理方案及相关培训教材,筹建三凯高速公路环境监理办公室,并于2003年7月正式进场。2003年8月2日,由省交科所编制的三凯高速公路工程环境监理方案通过了交通部审查。为使该项目得以顺利实施,2003年8月,交通部在贵州省凯里市举办了"交通部第二期工程环境监理培训班",共有93人参加了培训,所有从事环境监理试点工作的人员均通过了考核,获得由交通部环办统一颁发的结业证和上岗证,三凯高速公路环境监理工作正式启动。三凯公路环境监理办公室通过每月例行检查、施工环境状况专项调查、参加驻监办工

地例会、针对施工环境问题下发整改通知单、下发工作指令、制作环境监测报告、编写环境监理月报及季报年报等形式,卓有成效地开展了环境监理试点工作,取得了应有的成果。三凯公路从设计到施工,始终注意自然生态环境保护,有效地避免了对山体植被的破坏,对江河湖泊的工程污染,在线路穿越城镇时都设声障墙,极大地减少了行车噪声污染,合理地投入资金,进行边坡植被混凝土、厚层植被基材、公路绿化、美化和环境治理。通过严格执行国家《环境保护法》和当地政府环保有关规定,要求各参建单位认真履行合同文件中的环保条款,并组织学习,增强在建单位全体人员的环保意识。在审核承包人实施性施工组织设计时,认真审核其环保措施,对弃土场、用地界、河道、排水施工、垃圾扬尘等都制订具体可行的措施。在建单位生活、生产废水经收集合理排放,对生产、生活用燃料妥善管理,严禁外泄乱排乱放。严格指定位置弃土,弃土前先施工挡渣墙及排水设施,确保水土不流失,同时对弃土场及时平整,以利以后复耕。并对斜坡地带种植香根草,防止水土流失。严格制订雨季施工措施,对路基施工搞好雨季防洪工作,防止山体滑坡和路基边坡冲刷后水土流失。

通过以上举措,工程交工验收时各项环评指标达到优良。公路工程质量达到国家、交通部现行的工程质量验收标准和三凯高速公路标准。一次验收合格率100%,优良率90%以上,并满足全线创优规划要求,创建了优质工程,环保工程,精品工程。

质量控制方面主要采取了以下措施:用于永久性工程的主要材料(包括水泥、沥青、钢筋、预应力钢筋、钢绞线、锚具、夹片、支座、伸缩缝、锚杆、外加剂等)必须满足招标文件技术规范中的规定和监理工程师要求的相应品级。承包人采购的材料必须具有省级质量检验部门检验的合格证、同行业具有权威性的检测报告、相关材质证明书及合格证。对重要路段(特别是高路堑挖方边坡)地质灾害采用了一定的预防措施,对施工设计图中一般的、稳定的坡体采用设计坡比,工程防护与生物绿化措施结合起来对边坡加以治理。对地质复杂,存在潜在不稳定因素的坡体及高边坡,进行挖方边开挖,边治理。以预防为主,预见性地对这些路段进行专项地质勘察,获取必要的物理力学参数,进行稳定性验算和分析,重新采用合理的边坡坡率及防护加固措施。

高度重视施工安全。成立了安全生产领导小组和管理小组,在施工安全每一次工地例会上,要求各合同段严格落实组织机构,项目经理要亲自抓,领导抓安全,层层抓落实。对高空作业,要求承包商在施工过程中,要有配套的安全设施及技术保证,对爆破作业和爆炸器材专人专管,有跟踪记录,同时对施工支架要求有计算书,保证足够的安全系数及预压处理,杜绝一切安全隐患,将施工单位每一工点安全生产责任人记录在案,对滑坡工点实行经常性的巡视,对一般边坡实行雨后巡查制度。通过一系列的管理措施,三凯公路的质量安全工作施工期一直处于良好的可控状态,在项目建设期间,未发生重大安全责任事故。在各级职能部门的检查、领导视察、社会各方的参观考察中均得到好评。

依据沪瑞国道主干线三穗至凯里高速公路建设用地《地质灾害危险性评估报告书》：三穗至凯里高速公路建设用地地质环境条件复杂程度判定为"复杂"，危险性评估级别为"一级"。线路切坡、填方、凿洞、架桥等工程建设，均可能诱发崩塌、滑坡、泥石流、地面塌陷、地面沉降等地质灾害。主要表现为挖方路基和隧道洞口部分边坡的崩塌、滑坡，全线107段以挖方为主的区段中，危险性大的区段21段，危险性中等的区段63段，危险性小的区段仅有23段；全线21道隧道进出口边坡中，易诱发崩塌、滑坡危险性大的29处，中等的5处，小的8处。全长88.2km的三凯高速公路地质灾害危险性，其大、中、小里程长度分别为27km、39km、22km，将线路划分为地质灾害危险性大、中、小三等，则每一等分别占路线总长的30%、45%、25%。图6-17为平溪511地质灾害及抢救现场。

图6-17　三凯公路平溪511地质灾害及抢救现场

在投资控制方面，通过工程0号变更和建立"工程计量台账"加以管理，专门制定《计量支付、合同管理办法》、专门制定新增项目单价的确定原则和通过合同谈判确定新增项目单价，在工程变更审核中，专门建立合同廉政责任档案等手段和措施加以控制和管理；其次严格审查工程变更，每项工程变更的审批，从承包商、驻地监理办、设计院、总监办到业主最终确认，实事求是，层层把关，杜绝了一切虚报假报现象；三是从优化设计变更入手，对设计变更实施前，增加两家变更设计审查单位，要求在边坡综合治理设计变更中既能满足设计使用功能，又能在减少工程投资的前提下，进行大量优化和多方案比选。

由于建设期间主要建筑材料短期涨幅大，人工费、运费上涨，加之地材贫乏，且因该项目为不调价合同，导致按照合同需要处理的各种问题变得复杂，主要集中体现在材料价差与新增项目单价确定的原则上，相互影响，相互制约。三凯项目仅路基工程就是约11亿元的工程项目，需要通过工程变更审批后才能计量，按原设计施工图完成的近5000万元造价的合格工程受地质灾害的影响而废弃。

在工程项目专项资金管理方面,建立、健全承包人项目经理部会计机构,严格会计核算,施工动员预付款及中期支付款项不由中标的施工单位总部周转,严格按计量审查后直接拨付现场施工项目经理部,施工现场项目经理部开设专项资金的银行账户,接受业主与银行的监督,专款专用。10万元及以上的工程所辖区域以外的财务转账、50万及以上的现金提款事先经项目总监办审批同意。在工程施工过程中,工程预付款及工程项目中期支付款项的开支范围只限于本项目工程。

为规范项目施工及工程监理,三凯公路总监办专门编制了管理办法汇编,其内容包括:《驻地建设、安全生产及文明施工的有关规定》《施工质量管理规定》《施工单位主要人员管理规定》《计量支付、合同管理办法》《驻地监理人员管理办法》《"监理日志"记录内容的规定》《中心试验室管理办法》《业主及监理廉洁自律守则》《工程质量及安全暂行处罚实施细则》《工程质量及安全大检查考评办法》。

④资金筹措。三凯公路全线总投资42.64亿元,其中交通部投资14.77亿元,贵州省自筹2亿元,银行贷款25.87亿元。

⑤招标投标。三凯公路的建设全面实施公路建设四项制度,即项目法人制、招投标制、合同管理制、工程监理制。

三凯公路项目法人为贵州高速公路开发总公司,法人代表王勇。2002年4月成立三凯项目总监办,王勇任总监理工程师。在总监理工程师的统一管理和协调领导下,有主任一名,副主任两名,设工程质检科、合同计量科、综合协调科三个职能办公室。设党总支部、工会和团支部。同时,设有质量安全生产领导小组及管理小组,与黔东南州人民检察院联合成立了加强党风廉政建设、预防职务犯罪协调小组,省交通厅派驻纪检监察组。

三凯公路项目工程施工及施工监理,全部采取国内竞争性招标。2002年11月~2003年3月,分两批完成路基16个合同段和5个施工监理合同段的招投标工作,双方签订施工合同及廉政合同后,于2003年3月28日~2003年7月27日召开第一次工地会议正式开工。三凯项目路面工程2个合同段、交通安全设施2个合同段、绿化工程4个合同段、站房建设2个合同段、隧道机电1个合同段和交通机电1个合同段(含玉铜、玉三在内)及相应的施工监理招投标工作,分别于2005年11月~2006年3月全部完成,其后签订施工合同及廉政合同正式开工。该项目共计28个施工合同段及施工监理10个合同段。

三凯公路参见单位见表6-13。

⑥征地拆迁。自2003年6月正式开工后,项目征地拆迁工作得到了省委、省政府,黔东南州和沿线各级地方政府的大力支持,三凯公路的建成通车是2006年贵州省委、省政府"十件实事"之一。在黔东南州辖境内成立黔东南州征拆指挥部,在铜仁境内因主要涉及玉屏县,成立了玉屏县征拆指挥部,负责三凯公路沿线征拆工作。在交通厅、高总司、项

目办和地方各级指挥部的积极协调,以及沿线群众的积极配合下,征拆工作进展顺利,为项目建设的顺利实施创造了有利的条件。

三穗至凯里高速公路参建单位表　　　　　　　表6-13

通车里程桩号：K55+100.000~K141+693.340

参建单位	单位名称	合同段编号及起止桩号	主要负责人	备注
项目管理单位	贵州省高速公路开发总公司	K55+100.000~K141+693.340	王勇	
勘察设计单位	贵州省交通规划勘察设计研究院	K55+100.000~K141+693.340	马平均	土建
	中交第一公路勘察设计研究院	K55+100.000~K141+693.340	霍明	机电、隧道消防系统
施工单位	广西壮族自治区公路桥梁工程总公司	SK01(K55+100.000~K62+200.000)	肖明军	土建
	中铁十九局集团有限公司	SK02(K62+200.000~K70+059.681)	来荣国	土建
	中港第二航务工程局	SK03(K70+059.681~K74+427.285、平溪)	栾知明	土建
	中铁五局(集团)有限公司	SK04(K74+400.000~K79+300.000)	彭军华	土建
	中铁十二局集团第二工程有限公司	SK05(K79+300.000~K86+825.366)	刘孝仓	土建
	中铁隧道集团有限公司	SK06(K86+825.366~K91+661.608)	李刚	土建
	吉林省交通建设集团有限公司	SK07(K91+614.584~K96+608.824)	苏本英	土建
	贵州省桥梁工程总公司	SK08(K96+608.824~K100+135.000)	张廷刚	土建
	路桥集团第一公路工程局第五工程公司	SK09(K100+135.000~K104+950.635)	赵刚	土建
	贵州省公路工程总公司	SK10(K104+773.890~K109+900.000)	邓新	土建
	贵州省公路工程总公司	SK11(K109+900.000~K115+483.34)	周明义	土建
	贵州省公路桥梁工程总公司	SK12(K115+483.34~K121+940.000)	叶涌	土建
	福建省第一公路工程公司	SK13(K121+940.000~K127+761.730)	林载庚	土建

续上表

参建单位	单位名称	合同段编号及起止桩号	主要负责人	备注
施工单位	贵州省公路桥梁工程总公司	SK14（K127＋761.730～K131＋423.980）	徐阳	土建
	贵州省公路工程总公司	SK15（K131＋399.510～K137＋160.000）	高见	土建
	安通建设有限公司	SK16（K131＋160.000～K141＋693.340）	袁顺友	土建
	中铁三局集团有限公司	SK17（K55＋100.000～K100＋135.000）	袁其辉	路面
	贵州省桥梁工程总公司	SK18（K55＋135.000～K141＋693.340）	肖锡康	路面
	贵州省交通工程有限公司	SK19－1（K55＋100.000～K100＋135.000）	岳明	交通工程
	广东新粤交通投资有限公司	SK19－2（K100＋135.000～K141＋693.340）	董波	交通工程
	贵州省桥梁工程总公司	SK20－1（K55＋100.000～K100＋135.000）	潘海	站房
	贵州省公路工程总公司	SK20－2（K100＋135.000～K141＋693.340）	吴昆	站房
	宜昌市葛洲坝风景园林工程部	SK21－1（K55＋100.000～K79＋300.000）	冯园	绿化
	贵州省科龙生态环境科技有限责任公司	SK21－2（K79＋300.000～K100＋135.000）	郑明	绿化
	贵州省科龙生态环境科技有限责任公司	SK21－3（K100＋135.000～K121＋204.340）	李定友	绿化
	深圳市园林建设工程公司	SK21－4（K121＋204.344～K141＋693.34）	丘建成	绿化
	中铁一局集团电务工程有限公司	SK23（K55＋100.000～K141＋693.34）	辛伟	隧道机电
	中铁十五局集团电务工程有限公司	SK24（K55＋100.000～K141＋693.34）	卜庆发	交通机电
监理单位	北京华宏路桥咨询监理公司	A（K55＋100.000～K70＋059.681）	钱占柱	1、2、3标土建监理

续上表

参建单位	单位名称	合同段编号及起止桩号	主要负责人	备注
监理单位	贵州省交通建设咨询监理有限公司	B(K74+400.000~K91+661.608)	王登礼	4、5、6 标土建监理
	贵州省科达公路工程咨询监理有限公司	C(K91+614.584~K109+900.000)	黄猛	7、8、9、10 标土建监理
	山西省交通建设工程监理总公司	D(K109+900.000~K127+761.730)	徐好义	11、12、13 标土建监理
	贵州陆通公路工程监理有限责任公司	E(K127+761.730~K141+693.340)	漆贵荣	14、15、16 标土建监理
	贵州省交通建设咨询监理有限公司	F(K55+100.000~K141+693.340)	曹惠平	17、18 标路面监理
	贵州陆通公路工程监理有限责任公司	G(K55+100.000~K141+693.340)	漆贵荣	交安、绿化监理
	贵州省科达公路工程咨询监理有限公司	H(K55+100.000~K141+693.340)	尚显珩	房建监理
	北京泰克华诚技术信息咨询有限公司	I(K55+100.000~K141+693.340)	朱浩杰	隧道机电监理
	北京华路捷公路工程技术咨询有限公司	J(K55+100.000~K141+693.340)	陈少友	交通机电监理

截至 2007 年 9 月 30 日,三凯黔东南州征拆指挥部共征地 11903.03 亩。共兑现征地补偿款约 7462 万元。拆迁补偿实际兑现 7711 万元。

⑦重大变更。一是由于地质条件恶劣,在施工过程中,许多路段诱发了崩塌、滑坡等地质灾害,实际施工中,三凯公路项目为完善边坡综合治理或因地质灾害引起的工程变更重新下发设计变更图纸多达 224 份。三凯公路项目普遍存在恶劣的地质条件在省内没有先例,初步设计中对地质灾害治理的认识不足,导致大量增加的边坡综合治理、隧道仰坡治理、隧道偏压治理及隧道初期支护参数调整等工程项目实际上成了合同外工程,使得路基土建工程的概算资金没有涵盖的潜在工程项目较多。二是按初步设计图纸招投标采用的工程量清单与施工设计图工程量有较大出入,大部分合同段投标报价清单中 10% 的暂定金额仅能用于维持清单工程数量与施工设计图数量出入部分,没有更多富余的资金用于处理大量的边坡综合治理。在投标清单的基础上仅路基土建工程增加工程投资约 8 亿元,同时路面工程招标后合同价就超出概算批复费用 1.7 亿元,加之征地拆迁费用超出概算近 1 亿元。

⑧交(竣)工。三凯公路于 2003 年 6 月开工建设,2006 年 9 月建成通车,工期 40 个月,比部批工期提前 8 个月。三凯高速公路通车典礼如图 6-18 所示。

(3)复杂技术工程

三凯公路项目建设过程中采用了土工格栅高填方路堤及软基处理,锚索框架、锚杆框架、注浆小导管、钢管桩、框架式抗滑桩路堑边坡综合治理,边坡植被混凝土和植被基材防护,软式透水管排水,预应力混凝土塑料波纹管及真空注浆、桥梁高墩冷拔低碳钢筋防裂网,隧道抗偏压框架、分区防水和贴碳纤维布防裂处理,路面玄武岩改性沥青混凝土上面层,交通安全设施双喷(镀锌喷塑)波形梁

图6-18 三凯高速公路通车典礼(2006年9月28日)

和收费站网架天棚材料等多种新工艺、新材料的使用和技术创新。同时进行了边坡植被混凝土和植被基材试验路段并得到验证和使用,进行了沥青混凝土柔性基层试验路段和交通工程水溶性道路漆标线试验路段的科研试验。通过人民交通出版社出版发行了《沪瑞国道主干线三凯高速公路建设管理论文集》。

(4)营运管理

全线设Ⅰ类服务区2处,Ⅲ类停车区1处,设台江、剑河、岑松3个收费站,桥隧管理站共计1个(与玉三段共用),应急保畅中队共1个(与玉三段共用),监控管理所1个(与玉三段共用),养护站共计2个(与玉三段共用)。本项目与玉三公路项目同时于2006年1月1日建成通车,批准收费时间为2006年1月1日,批准收费终止时间为2025年12月31日。2010年1月~2015年5月,玉三、三凯高速公路收费总计32.49亿元。2010年1月~2015年6月,玉三、三凯高速公路进出口车流量共计42447371辆,主要大修工程为沥青混凝土路面维修工程:G60沪昆高速公路(三凯段)K1620+000~K1670+000段沥青混凝土路面维修工程,施工起始时间为2014年4月8日,完成时间为2014年7月5日。收费站点设置见表6-14。

收费站点设置表　　　　　　　　表6-14

站 点 名 称	车 道 数	收 费 方 式
台江站	2进2出(未设置ETC车道)	联网收费
剑河站	3进3出(含ETC车道1进1出)	联网收费
岑松站	2进2出(未设置ETC车道)	联网收费

(三)G60沪昆高速公路凯里至麻江段

1.基本情况

(1)项目决策背景及过程。黔东南苗族侗族自治州是全国最典型的少数民族自治州

之一,全州16个市、县中有13个县属贵州省的贫困县,落后的交通条件是其贫困的重要原因之一。20世纪50年代选定凯里建州后,就开始路网规划与建设,但当时是按六(乙)级标准进行测设。虽然40年来不断进行改造,但标准仍旧很低,陡坡、弯急、路窄,通行能力不足。随着汽车载重吨位及交通量的快速发展,原有道路已远远不能满足社会发展的需要。而凯麻公路的建成可以直接沟通省会贵阳与黔东南州府凯里的联系,促进少数民族地区开发建设,对贵州省交通网络的形成和促进全省经济的发展有着十分重要的意义。因此,建设凯麻公路势在必行。

(2)公路的功能、定位、里程。凯里至麻江高速公路是G60沪昆高速公路贵州境内东段的首段,是湖南省及贵州省东南部南下出海的必经通道,是贵州省交通网络的重要组成部分。全线位于贵州省黔东南州凯里市及麻江县境内,起点为凯里市三棵树镇,经凯里、鸭塘、下司、隆昌,终点在麻江县境内与贵新公路相接,全长50.9km(主线)。

(3)技术指标。凯麻高速公路全线按高速公路标准采取全封闭、全立交、双向四车道设计,设计速度60km/h,设计车辆荷载为汽车—超20级、挂车—120,地震基本烈度为Ⅵ度,路面采用沥青混凝土,路基宽度22.5m,桥面净宽2×10m,隧道净宽2×9.7m。

凯麻公路的设计方案的各项技术指标较好地满足了《公路工程技术标准》的要求,全线线形流畅,纵坡变化均衡、桥型结构选择合理、互通式立交的位置和选型、路线交叉、隧道和沿线设施布局得当,路线与地形、地貌等自然景观配合协调,完全达到了设计要求。

(4)投资规模。1998年交通部以《关于凯里至麻江公路可行性研究报告的批复》(交规发〔1998〕655号)文件批复了凯里至麻江高速公路的可行性研究报告。1999年7月交通部以《关于凯里至麻江公路初步设计的批复》(交公路发〔1999〕362号)文件批复了凯里至麻江高速公路的初步设计文件,并确定了主要技术经济指标,路线方案,主要大型构筑物方案等项目内容,确定概算总投资为15.6亿元,项目总工期为4年。

(5)主要控制点。全线位于贵州省黔东南州凯里市及麻江县境内,起点为凯里市三棵树镇,经凯里、鸭塘、下司、隆昌,终点在麻江县境内与贵新公路相接。

(6)沿线主要地形地貌。沿线地势险峻,地质复杂。因受地质构造控制,地表下蚀作用强烈,峡谷深切,为陡坡深谷的崎岖山地地貌,海拔650~1000m,相对高度差350m。出露地层主要为褐黄色黏土,下伏白云岩,夹少量泥页岩、泥质粉砂岩、灰岩,所以桥梁工程集中,土石方量巨大。

(7)主要构造物。全线共有路基土石方896万m^3,防护及排水污工砌体102万m^3,涵洞211道,大桥、特大桥26座,总长6532m,中小桥31座,总长735m,隧道1座,单洞总长624m,互通式立交4座。管理站1个,服务区1个,收费站4个。

2.建设情况

(1)立项审批及勘察、设计。1999年贵州高速公路开发总公司委托贵州省交通规划勘察设计院根据交通部对凯麻高速公路初步设计的批复进行施工图设计,由中交第二公路勘察设计研究院对施工图设计文件进行技术咨询。后由贵州省交通厅主持召开了凯麻高速公路施工图设计文件审查专题会,贵州省交通规划勘察设计研究院根据审查专题会的意见对施工图做了进一步的修改完善。同年8月凯麻高速公路施工图设计工作全部完成。

凯麻高速公路(以下简称凯麻公路)是贵州省公路建设史上第一条完全按照高速公路标准建设的公路,它既是一项艰巨的国家重点公路工程,又是一项具有时代标志的文化工程。为充分体现贵州省公路的现代化水平,发展路文化和桥文化,省交勘院精心勘察设计,为创造精品工程奠定了基础。凯麻公路为山岭区高速公路,设计人员在设计中结合沿线地形、地质、水文等自然条件及工农业状况,因地制宜地选用路线布设的技术指标,使路线适应地形和自然等高线的变化,减轻对山体的切割及自然环境的破坏,并少占良田好土和经济林地。对于不可避免的高填深挖路段,通过边坡治理、植树和防护措施来恢复自然景观,并合理选定构造物造型,使之与自然景观相协调。如老猫冲隧道,处于凯里市区边,为兼顾美观,采用端墙式洞门,端墙和翼墙的外露面用预制混凝土块镶面。并以苗族风情"跳芦笙"为主题,制作浮雕图案,展示了苗族人民庆典时盛大、欢乐的节日气氛。隧道口处以开花乔灌木丛林式种植予以绿化,增添了道路景观的欣赏性。全线路桥设计不仅与沿线景观协调,同时还注重高科技、新技术在公路建设上的应用,促进了贵州省路文化和桥文化的发展。如云泉特大桥、鹅山冲大桥和凉冲大桥。凉冲大桥主跨为160m 箱拱,为贵州省当时最大跨径的支架现浇拱桥;鹅山冲大桥主孔采用50m T 形梁跨越V 形山谷,为贵州省当时最大跨径T 形简支桥梁;凉冲大桥最大桥高85.03m,桥墩为箱形薄壁墩。

(2)施工、监理。凯麻公路是当时贵州省在建公路中建设标准最高的一条公路,是建设单位树立的精品工程典型,也是各施工单位强化项目管理,树立企业良好形象的最好机会。因此各施工单位在开工前认真做好设计图会审工作,严格复测导线、水准点和现场,将工作人员职能细化,建立工程质量工作程序体系。不定期地开展项目质量管理培训,建立健全质量奖惩体制,优化重点工程、主体工程方案及工艺,合理控制工程进度,确保了工程质量及工期。

因为沿线的地质构造裂隙发育风化程度十分严重,路线高填深挖较普遍,高墩大跨桥梁密集,高挡墙、高护坡接连不断,所以凯麻公路的建设工程量大、施工难、风险高,尤其是第五合同段的施工最为艰巨。

第五合同段(K35+080~K46+700)地势险峻,地质复杂。因受地质构造控制,地表下蚀作用强烈,峡谷深切,为陡坡深谷的崎岖山地地貌,海拔650~1000m,相对高度差350m。出露地层主要为褐黄色黏土,下伏白云岩,夹少量泥页岩、泥质粉砂岩、灰岩,所以桥梁工程集中,土石方量巨大。由于高墩(75m 高空心薄壁变截面矩形墩柱)、大跨T 梁

（40～50m）及鹅山冲滑坡（清除土石方47万m^3、边坡高度160m），第五合同段成为凯麻公路6个路基合同段中工程最艰巨、投资最大的路段。

鹅山冲的滑坡位于V形谷一侧山脊，坡度为40°～60°，山体中间有一正在发育的大型构造裂隙。由于边坡及路槽均为强风化砂岩，岩体极破碎，裂隙为大量亚黏土填充，岩质松软，强度低，倾角为20°～30°，开挖过程中出现了开裂，原设计的拱形护坡不能起到支护作用，导致在进行边坡防护施工期间发生了坍方。坍方土石方量达47万m^3，形成了一个高160m、长270m的大边坡（堪称中国第一高边坡），使得第五合同段路基工程被迫中断，成为影响全线工程进度的"拦路虎"。

为了确保实现凯麻公路2001年底全线通车的目标，2001年8月1日，省交通厅领导在施工一线现场办公，责成项目部二处全力治理鹅山冲滑坡。二处接到指令后，迅速行动，队伍、机械、材料等在指定时间内陆续进入了现场。施工队伍达450人，包括7名技术员、4名安全员、200名专事花管施工的工人；投入挖掘机6台、推土机4台、运输车辆40辆。因为工程量大，且关系到凯麻公路能否如期通车，施工方二处编制了详细的施工计划。8月10日正式动工，实行三班制全天候作业，经过广大员工的共同努力，12月25日基本完工。

鹅山冲滑坡的治理采用了预应力锚索、挂网喷浆和抗滑桩等综合治理方案进行。在第一层位置设抗滑桩，从下往上依次为一级护面墙，二级护面墙，三、四、五级放坡（预应力锚索和挂网喷浆），六级放坡。因边坡过高，四、五、六级放坡所挖的土石方不能进行直接装车，先用挖掘机往下倒，再进行二次装车。施工顺序是从上到下，每施工完一级放坡立即进行该级的锚索施工和挂网喷浆，使支护工程和下一级土石方开挖同步进行。锚索施工顺序为测量定孔位，搭设钻孔平台，钻机成孔，锚索制安及灌浆，安装钢板及浇混凝土，预应力张拉，封锚。在同一台阶进行封锚后进行挂网喷浆施工，施工顺序为成孔，高压风清洗坡面，插入钢筋及灌浆，挂网绑扎，第一次喷浆，然后第二次喷浆。合理的治理方案及严格的施工工艺使鹅山冲滑坡治理取得良好的效果。

鹅山冲滑坡治理工作24小时不间断，山下桥梁、路基工程施工分秒必争。滑坡上下重叠施工带来了诸多安全隐患。于是，项目部二处制订了层层设防的对策，一是滑坡上下各配备2名安全员；二是挖截留沟，搭覆盖网；三是修人行便道，逢路口设标牌，每条路均派专人把守。此外，运输难也是治理中的突出问题。主要原因是边坡高，地势陡，无法设置运输便道；土石方开挖和滑坡治理在同一施工断面同时进行，不能设置材料提升装置。项目部二处从实际出发，一边组织人工搬运，一边设法拉起了一个马帮托运。就这样，艰难而安全顺利地完成了治理工作。

第五合同段的桥梁的重点和难点是"空心、薄壁、变截面高墩"和"50m T梁预制和吊装"。凉冲大桥和野鸡Ⅱ号大桥设计均为变截面空心薄壁高墩，墩壁厚度仅45cm，最高墩柱达75m,横桥向为等截面、纵桥向为变截面、渐变率为80∶1。由于桥墩较高,施工时采用滑模技术,这在施工放样时需要严格控制好测量精度才能完成。

鹅山冲大桥跨越两个V形山谷。地形起伏较大,冲沟内常年有水,桥址处岩石风化强烈,风化层厚度较大,岩性主要为粉砂岩及页岩。根据地形、地质条件设计为50m T梁,这在贵州省属首例。对施工方而言也是第一次,以前施工过的桥梁大多为30m T梁,虽然同样是T梁,但其质量是30m T梁的两倍多,要求架桥机的起吊能力不小于150t,尤其在吊装过程中,其自身质量决定了要有一些不可预见因素,风险和责任重大。但参建人员们面对重重压力,努力克服种种施工困难,按期完成了鹅山冲大桥的施工任务。

凯麻公路在建设工程中十分重视技术管理,加强与设计单位的联系,对施工中出现的问题及时报请有关设计人员现场处理,重要工程施工方案邀请有关专家召开专题会议论证,以确保施工方案的合理性。如鹅山冲滑坡岩体裂隙发育岩石破碎,风化严重,原始横坡较陡导致大面积滑坡,经多次论证,采用了清方减载、花管注浆、预应力锚索锚固、喷射混凝土、抗滑桩等综合治理方案进行防护,取得了较好的效果。

凯麻高速公路建设执行"业主负责、政府监督、社会监理、企业自检"质量保证体系。凯麻高速公路总监办是业主对凯麻公路进行建设管理的代表,自成立后就将工程质量放在首要位置。制订了将凯麻公路建成精品工程的目标,设置了专职进行质量管理的质检科。

2000年3月,两家路基路面中标监理单位按照合同规定派出人员分别组建了凯麻高速公路第一驻地监理办及第二驻地监理办,承担凯麻高速公路社会监理的职责。同年4月高总司向贵州省交通工程质量监督站申请办理质量监督,同月省交通工程质量监督站成立凯麻高速公路质量监督小组,并进驻施工现场,全面负责工程质量监督。

施工单位在进场后根据合同规定和总监办要求必须建立企业自检体系。在批准正式开工前,总监办会同省质监站对企业自检体系进行了严格检查,促进自检体系的健全。在质量控制方面采取了一系列措施:

第一,夯实质量保证基础,确保工程质量。在工程正式开工前,除落实各单位的质量保证体系外,总监办按合同要求为两个驻地办配备了设备齐全的中心试验室,同时要求各施工单位按合同要求设置了中心试验室,所有试验室均经过省交通质监站审查并报省交通厅发证。正式开工前,中心试验室及各地试验室必须按照规范规定的检验频率建立工程试验台账。试验台账的建立,可以很清晰地对各工程部位的承包人自检频率、结果及监理的抽检频率、结果进行控制,较好地避免了工程试验的减少和遗漏。各级工地试验室及工程试验台的建立为保证工程质量打下了坚实的基础。

第二,加强工程质量管理、落实质量责任。为确保工程质量,总监办要求各施工单位提高人员的质量意识,落实质量责任制,完善质量保证的各项制度。同时总监办专门制定、实施了《贵州省凯麻高速公路工程质量及安全奖励考评办法》《贵州省凯麻高速公路工程质量及安全处罚实施细则》,按照规定对承包人及驻地监理实行了奖罚,激励了承包人狠抓质量的热情,形成了相互学习、争创优良工程的良好氛围。

第三,加强质量巡视,督促整改,消除质量隐患。凯麻高速公路总监办驻在现场为掌握工程质量动态,发现质量问题提供了有利条件,总监办设置了专职质量管理的质检科,配备了专职质量管理人员负责质量巡视。同时要求所有技术人员关心质量、重视质量、善于发现施工中出现的质量问题。对在巡视中发现的质量问题,及时通知现场监理人员和承包人及时整改,消除质量隐患。总监办还利用每月一次的工地会议对普遍存在的质量情况进行通报,并对施工中质量难以控制的施工方法及工艺流程,以工作指令的形式责令加以改进。如针对凯麻高速公路地质构造裂隙发育、风化严重的特点对挖方地段禁止采用洞室爆破,避免因施工原因造成的山体滑坡,总监办先后下发各种工作指令达43次。工程质量出了问题,首先被罚的也是监理。按 FIDIC 条款,监理对工程施工必须实现24小时监控。一次总监办主任潘海到工地巡查,发现一监理工程师未在现场,当即对其处以罚款。凯麻公路开工一年内,有6名监理人员被逐出项目工地。

凯麻公路的工程管理者从工程开始就从严管理。项目开工后不久,某承包单位负责施工的桥墩因质量不完全符合要求被炸掉重来。开工一年内被拆掉或炸掉的工程构造物有几起。有些工程构造物并不影响使用功能,但由于未完全按照合同规定执行,均被命令拆掉重来。凯麻公路工程项目管理者为自己定下目标:"凯麻高速公路建成后,一要经得起内行的检验,二要让不懂工程的人来看了都舒服"。

第四,提高内业资料质量,规范资料管理。总监办在抓好现场工程质量的同时,还将内业资料的质量作为一项重要工作来抓,要求驻地监理及承包人重视内业资料的质量。驻地监理和承包人必须认真填表和签认各种工序资料和表格,做到真实可靠。每一项工程完工后必须有相应的资料证明质量合格方能计量,对报送总监办的资料进行规范,从而使凯麻高速公路的内业资料质量有较大提高。

质量与安全并重。总监办狠抓质量的同时对施工安全也高度重视,要求各合同段项目经理亲自抓安全,层层抓落实。总监办对高空作业要求承包商施工工程中要有配套的安全设施及技术保证,对爆破作业和爆破器材专人专管,有跟踪记录,对施工支架要求有计算书,保证足够的安全系数及预压处理,杜绝一切安全隐患。凯麻高速公路项目建设中无重大安全事故。

凯麻公路不仅在质量上有提高,而且在水土保持、稳定路基、改善生态环境等方面也取得了新的进展。工程完全执行环境影响评价制度和环境保护"三同时"管理制度,基本落实了环评报告书及有关批复提出的污染防治和生态恢复措施。在工程施工期间采取了有效的降噪、防尘及水土保持措施,实施了护坡(图6-19)、综合排水、绿化等一系列水土流失防治措施,对弃土场、拌和站和预制场地等施工临时占地进行了恢复与绿化;对道路两侧、互通式立交区域、部分边坡进行了绿化;沿线设施的生活污水经化粪池处理。建设单位环保管理机构健全,环保规章制度完善。沿线的弃土(渣)场大部分都采取了拦渣坝、挡土墙等工程措施和植树种草的生态恢复措施,效果较好。公路边坡防护采用合理设计坡率,设置浆砌片石护面墙、喷浆护坡、菱形网格护坡、碎石桩、抗滑桩、挡土墙等进行加固,对软土地段,根据厚度大小,分别采用设桥跨越、设碎石桩或换土填石的方法加以处理,水土流失防治效果较好。公路沿线设置了边沟、排水沟、截水沟、急流槽等完善的排水系统,将地表径流引入自然溪沟或通过涵洞排出。公路结合沿线的地形、地貌及气候条件,对道路中央分隔带、互通式立交区域、部分边坡及大部分弃土场进行了绿化,沿线各取料场进行了平整或混凝土喷浆处理,全线共植树 38359 株、灌木 59305m^2、喷播草籽 883824.85m^2。

图6-19　边坡防护拱形骨架

公路沿线的收费站、管理站等均设有化粪池对污水进行处理。公路通过金泉湖时,将路面排水通过合理的工程措施引离金泉湖,防止了公路路面排水可能对金泉湖的影响。

公路生物防护工程是公路环境保护的重点和关键所在,道路景观因逐步受到人们关注而越显重要。为了更好地保护凯麻公路沿线生态环境,提升道路景观效果,2001 年 5 月厦门市路桥景观艺术公司承接凯麻高速公路全线的绿化景观设计任务。厦门市路桥景观艺术公司精心组织设计人员派驻贵州,经过多次的现场勘查和方案比较,与业主沟通交流,提出了较为成熟的施工方案,同年 6 月完成凯麻公路生物防护景观绿化工程的施工图绘制工作。2002 年 3 月绿化工程开工,同年 12 月竣工。

2004 年 2 月 29 日,国家环保局对凯麻公路工程环境保护执行情况进行了现场检查及验收,并同意该工程通过环境保护验收。

2001年12月,凯麻公路主体工程全部完成。全线共有路基土石方896万m^3,防护及排水污工砌体102万m^3,涵洞211道,大桥、特大桥26座,总长6532m,中小桥31座,总长735m,隧道1座,单洞总长624m,互通式立交4座。管理站1个,服务区1个,收费站4个。

(3)资金筹措。按照交通部批准的投资概算为15.6亿元。凯麻高速公路的资金来源为交通部补助3.65亿元,贵州省自筹0.65亿元,银行贷款5亿元,国债资金5.30亿元,合计14.6亿元。

(4)招标投标。凯麻公路的参建单位采用国内竞争性公开招标方式选取。全线分为13个合同段,路基6个合同段,路面2个合同段,交通工程1个合同段,收费站房1个合同段,绿化工程2个合同段。1999年7月,贵州高速公路开发总公司通过全国性报刊发布了路基路面公开招标通告,全国共有83家施工企业报名。经过严格的资格审查并报交通部批准,江西公路桥梁工程局等26家企业通过资格预审。同年12月业主在贵阳对通过资格预审的26家施工企业进行公开招标,经过专家工作小组及招标委员会认真仔细评审,按照相关法规的规定及公平、公正、客观、准确的原则,确定了贵州桥梁工程总公司、中港第二航务工程局等单位为路基和路面工程中标单位。

工程监理分为7个合同段,路基、路面分别为2个合同段,交通工程为1个合同段,收费站房为1个合同段,绿化工程为1个合同段。1999年12月经交通部批复,对通过资格预审的6家监理单位进行公开招标,经过专家工作小组及招标委员会认真仔细的评审,确定中标单位为贵州省交通建设咨询监理有限公司、贵州省陆通公路工程监理有限公司。凯里至麻江高速公路参建单位见表6-15。

凯里至麻江高速公路参建单位表　　　　　表6-15

通车里程桩号:K0+000~K54+775.988

参建单位	单位名称	起止桩号	主要负责人	备注
项目管理单位	贵州高速公路集团有限公司	K0+000~K54+775.988	王勇	
勘察设计单位	贵州省交通规划勘察设计研究院	K0+000~K54+775.988	王迪明	
施工单位	武警交通独立支队贵州指挥所	K0+000~K5+057.972	杨毅	路基工程
	贵州省桥梁工程总公司	K5+057.972~K17+000	刘华辅	路基工程
	中港第二航务工程局	K17+000~K24+995.68	徐绍军	路基工程
	贵州省建工集团总公司	K24+995.68~K32+995.68	谭杰	路基工程

续上表

参建单位	单位名称	起止桩号	主要负责人	备注
施工单位	贵州公路工程总公司	K35+080~K46+700	杨庭林	路基工程
	中铁十九局第三工程处	K46+700~K54+775.988	冯文宇	路基工程
	贵州省桥梁工程总公司	K0+000~K24+984.98	康平	路面
	贵州省公路工程总公司	K24+984.98~K54+776	杨庭林	路面
	贵州省桥梁工程总公司	K0+000~K24+984.98	刘天祥	交安
	北京京华路捷交通设施施工工程有限公司	K28+000~K54+775.988	高环树	交安
	贵州省交通工程有限公司	K0+000~K54+775.988	康平	管理用房建设工程
	厦门市路桥艺术工程公司	K0+000~K24+995.68	兰俊斌	生物防护、景观绿化工程
	云南园景科技产业有限公司	K28+000~K54+775.988	徐连育	生物防护、景观绿化工程
	贵州省凯里路桥工程公司	中坝联络线:K0+000~K2+220;匝A:K0+800~K0+840、K0+912~K1051.068;凯旋平交:K0+000~K0+105;上寨铺道:K0+000~K1+545;下司铺道:K0+000~K0+339.95	吴正江	路面工程、老路改移
	上海交技发展股份有限公司	K0+000~K50+870	朱林泉	机电工程
监理单位	贵州省交通建设咨询监理有限公司	K0+000~K24+995.68	曹惠平	路基工程监理
	贵州省陆通公路工程监理有限公司	K24+995.68~K54+775.988	漆贵东	路基工程监理
	贵州省交通建设咨询监理有限公司	K0+000~K50+870.97	徐平	路面工程监理
	贵州省交通建设咨询监理有限公司	K0+000~K50+870.97	徐新宗	交安、房建、机电、绿化监理

(5)征地拆迁。1999年11月,黔东南州政府根据省政府的安排及时成立了州、市、县指挥部负责征地拆迁工作,并拟定了《凯麻高速公路建设征地拆迁工作方案》。征地拆迁工作涉及凯里市、麻江县11个企事业单位和25个行政村,拆迁工作从2001年1月开始,经州、市、县指挥部的努力,凯麻总监办各施工单位协调配合,至2001年8月共完成主线征地7111.84亩,临时征地(弃土场、施工便道等)2544.27亩,水田改旱种面积196.47

亩,全线房屋拆迁面积为65826.3m²,征地及房屋拆迁资金共计7125.96万元。

(6)交(竣)工。1999年11月凯麻高速公路正式开工建设。2001年7月~12月,省交通建设工程质量监督站分阶段对凯麻公路进行了工程质量检测评定。2001年12月29日,根据交通部《公路工程竣工验收办法》(交公路发〔1995〕1081号)的有关规定,由贵州高速公路开发总公司主持对该项目进行交工验收。与会代表参加现场抽验,并听取建设、设计、监理、施工等单位的工作总结及省交通建设工程质量监督站的质量抽验报告,工程交工验收委员会一致认为主体工程已经完成,符合设计及技术规范要求,工程质量优良,具备通车试运行的条件,同意交工验收。

2001年12月30日,黔东南州麻江县凯麻公路与贵新公路连接处,凯麻高速公路举行通车典礼(图6-20)。凯麻高速公路在麻江搭接成都至北海的"西南出海通道"高速公路,为贵州东部构筑起高等级公路的"大十字"。

图6-20 凯麻高速公路全线通车

3. 复杂技术工程

凯麻高速公路的工程建设中还使用了多项新工艺及新材料。如采用了南非兰派公司的强夯冲击式压路机对全线高填方路堤进行二次碾压;对花桥大桥桥面使用FYT聚合物桥面防水涂料及施工技术进行桥面处理;用沥青玛蹄脂混合料新工艺进行了3km的试验路段。新工艺、新材料的使用均取得了良好的效果,为后续项目的实施积累了经验和数据。

4. 营运管理

全线设Ⅰ类服务区1处(麻江),Ⅲ类服务区1处(凯里),匝道收费站4处、桥隧管理站共计1个,应急保畅中队共1个,养护站共计1个,项目于2001年12月30日建成通车,批准收费时间为2001年12月30日,批准收费终止时间为2022年12月30日。2001年12月~2010年1月,收费总计4247.18万元(省高管局统计数据);2010年1月~2015年

8月,收费总计128881.017万元。收费站点设置见表6-16。2010年1月~2015年8月车流量共计17645650辆,主要大修工程有:2011年G60(贵州境,凯麻段)鹅山冲大桥维修工程;2015年云泉特大桥维修处治。

收费站点设置表　　　　　　　　　　　　　　　　表6-16

站 点 名 称	车 道 数	收 费 方 式
麻江站	3进3出(含1进1出ETC通道)	联网收费
下司站	2进2出(未设置ETC通道)	联网收费
凯里西站	2进4出(未设置ETC通道)	联网收费
凯里东站	5进9出(含1进1出ETC通道)	联网收费

(四)G60沪昆高速公路大良田至下坝段

G60沪昆高速公路大良田至下坝段与G75兰海高速公路共线。详情见G75兰海高速公路贵阳至新寨高等级公路。

(五)G60沪昆高速公路下坝至金华段

G60沪昆高速公路下坝至金华段贵阳绕城公路西南段共线。详见G6001国道主干线贵阳绕城公路西南段。

(六)G60沪昆高速公路贵阳至清镇段

1. 基本情况

(1)项目决策背景及过程。贵阳至清镇高速公路是列入《国家高速公路网规划》的项目,是国家高速公路G60上海至昆明高速公路(沪昆高速公路)在贵州境的重要组成部分,同时也是厦门至成都高速公路(厦蓉高速公路)在贵州境的共用路段。这条公路的建设对于贯彻国家西部大开发战略决策,完善国家和区域高速公路网,促进区域资源开发和沿线经济社会发展等均具有重要意义。

(2)公路的功能、定位、里程。贵阳至清镇高速公路全长16.6km,其中主线13.3km,二铺连接线3.25km。连接线起于贵阳市金阳新区西南角的二铺,接主线于金阳新区金华镇贵阳绕城高速公路西南段(干井枢纽互通)。途经金华、何关、蒿芝塘、回龙寺、朱关等,终于清镇市庙儿山,与清镇至镇宁高速公路相接,全线设置干井枢纽、朱关、清镇西3处互通立交。

(3)技术指标。连接线采用设计速度为100km/h的双向六车道标准,一级公路、主线采用设计速度为120km/h的双向六车道技术标准。双向六车道一级公路整体式路基宽33.50m,桥梁与路基同宽,桥梁设计荷载等级为公路—Ⅰ级。双向六车道高速公路整体式路基宽34.50m,分离式路基宽2×17.00m,桥梁与路基同宽,桥梁设计荷载等级为公路—

Ⅰ级。

（4）投资规模。贵阳至清镇公路初步设计总概算核定为1172406362元（含建设期间贷款利息34872646元）。

（5）主要控制点。天干大桥（K2+362.52）为6~35m先简支后结构连续预应力混凝土箱梁。干井枢纽互通（K3+250）为全苜蓿叶枢纽互通立交，图6-21为其墩柱施工。灯草塘隧道：长280m，为双向六车道连拱隧道。蒿芝塘大桥（K7+229.5）为（2×25+51+90+51）m组合箱梁。朱关大桥（K13+580）为12×30m预应力混凝土T形梁桥。老桥坡隧道：左幅长780m，右幅长758m。庙儿山大桥为（6×30+5×35+17×30）m装配式预力混凝土箱梁桥。

图6-21　干井互通墩柱施工（2010年1月23日）

2. 建设情况

（1）立项审批。贵阳至清镇工程可行性文件于2004年编制完成。2007年年底上报了工程可行性报告，2010年7月27日国家发改委批复工程可行性报告，批复估算金额为48.5亿元。2009年2月2日，交通运输部批复了本项目的初步设计，批复概算金额为11.72亿元。2011年12月29日贵州省交通运输厅批复施工图设计。

（2）施工、监理。总监办严格按照交通部颁发的《公路工程监理办法》（JTG G10—2006）、各标段《施工合同文件》、总监办《监理合同文件》《项目管理办法》《监理计划》要求程序及相关规范执行，同时要求施工单位认真学习文件，熟悉施工程序和监理程序，同时强调程序执行要有力度，程序执行要有记录。通过严格监理程序在过程中有效控制了施工质量。督促施工单位项目负责人依据合同承诺，正式制订承建贵清高速公路施工的总质量目标。施工单位质量保证体系是质量管理的核心，按合同要求，督促施工单位建立了为实施质量管理所需的组织机构、职能、程序、过程和资源构成，即建立一个完整的以自检为主的质量保证组织体系。施工单位的质量检验手段、质量检验标准、质量检验方法都应根据合同段工程特点配置,确保满足工程质量需要。

（3）资金筹措。贵阳至清镇公路初步设计总概算核定为1172406362元,全部为银行贷款。

（4）招标投标。贵清公路涉及设计勘察单位1家,施工单位13家,监理单位1家。G60沪昆高速公路贵阳至清镇段参建单位见表6-17。

G60沪昆高速公路贵阳至清镇段参建单位表 表6-17

通车里程桩号：K0+000～K13+240

参建单位	单位名称	合同段编号及起止桩号	主要负责人	备注
项目管理单位	贵州高速公路集团公司	K0+000～K16+484.073	戎凯	全面管理
勘察设计单位	贵州省交通规划勘察设计研究院股份有限公司	K0+000～K16+484.073	李宇航	土建、路面工程
	中国公路工程咨询集团有限公司	K0+000～K16+484.073	尉自斌	交通工程
施工单位	中交第一公路工程局有限公司	K0+000.00～K2+494.78	刘翔	土建第1合同段
	中交二航局第二工程有限公司	K2+500.00～K3+975.00	董正良	土建第2合同段
	中铁十一局集团有限公司	K3+975.00～K6+900.00	刘华荣	土建第3合同段
	四川武通路桥工程局	K6+900～K11+880	孔亮	土建第4合同段
	贵州路桥集团有限公司	K11+880～K13+940	覃尚德	土建第5合同段
	中铁一局集团有限公司	K13+940～K15+420	强新伟	土建第6合同段
	贵州桥梁建设集团有限责任公司	K15+420～K16+484.073	李泽生	土建第7合同段
	贵州省公路工程集团有限公司	K0+000～K16+484.073	张先强	路面第8合同段
	贵州省交通工程有限公司	K0+000～K16+484.073	杨永刚	房建第9合同段
	广东新粤交通投资有限公司	K0+000～K16+484.073	冯志辉	交安第10合同段
	贵州绿地园林建设实业有限公司	K0+000～K16+484.073	张凤泉	绿化第11合同段
	西安金路交通工程科技发展有限责任公司	K0+000～K16+484.073	林祥华	机电第12合同段

续上表

参建单位	单位名称	合同段编号及起止桩号	主要负责人	备注
监理单位	贵州科达公路工程咨询监理有限公司	K0+000~K16+484.073	罗春常	负责第1~12合同段
中心试验室	贵州省交通建设咨询监理有限公司	K0+000~K16+484.073	钟声	负责第1~12合同段

(5)征地拆迁。贵州省交通运输厅、贵州省公路局分别与贵阳、清镇市政府、市国土局签订了征地拆迁协议书,沿线各县、镇(乡)分别成立了协调服务指挥部。征地拆迁协调工作在各级政府和指挥部的领导下,在沿线人民的大力支持、紧密配合下,努力克服各种工作困难,积极处理各项群工纠纷,及时化解各类征拆矛盾,有效控制了阻工事件的发生,切实解决了损害群众利益的问题,为高速公路建设创造了良好施工环境,确保了工程建设的顺利实施。全线共征收土地68294.44亩,拆迁房屋184602.98m^2,支付征拆资金2.93亿元。

(6)重大变更。清镇收费站E匝道设计图变更:原设计清镇收费站E匝道为1入1出的匝道收费站,收费广场的路基宽度为15.5m,E匝道分合流点与贵黄公路的平角口相距为260m,距现有收费广场中心线75m处有一跨20m空心板桥。

清镇匝E进行改造方案为:收费广场按2入4出建设,收费站区内增加600m^2站房作为职工宿舍,原有办公楼用作办公室。2入4出收费广场路基宽度为34.9m,对现有广场用砌筑挡土墙施工进行拓宽,同时对20m跨线桥进行加宽。总变更金额为1707万元。

二铺营运监控中心房建工程:原设计贵清高速公路二铺收费站右侧K1+700~K2+200段为第1、2合同段借土场,面积约80亩。

根据省交通运输厅及省高速公路集团公司批准,同意在金阳二铺收费站K1+700~K2+200右侧增加贵清公路二铺营运监控中心工程。总计变更预计金额为13113.7687万元。

(7)交(竣)工。2011年9月5日贵州高速公路集团公司组织了贵清公路全线验收工作。

3.复杂技术工程

灯草塘隧道。灯草塘隧道为双向六车道连拱隧道、最大开挖跨度为37.17m,是当时贵州省跨度最大的隧道,同时隧道区地质条件极差,为Ⅴ、Ⅵ级围岩,隧道结构复杂。设计时在对国内同类隧道调研分析的基础上结合计算分析采用了三层复合式曲中墙的结构形式,在满足隧道结构安全的前提下,兼顾了隧道美观性和车辆运行的舒适性。

隧道区地质条件极其复杂。隧道位于背斜,隧道先后对称穿越了10多层不同围岩,具体有:煤层、灰岩、泥岩、砂岩、采空区等,加之隧道跨度大,所以隧道结构设计复杂。设计针对具体地质条件采用了合理的结构形式和支护体系。

隧道区存在采空区、地裂缝、地面塌陷、煤矸石堆积体、老窑涌水、瓦斯等多种不良地质,设计中针对各种不良地质提出了合理的设计方案,给出了多种采空区治理措施,可为贵州省类似隧道的设计提供参考。

隧道洞口段位于采空沉陷变形区,在隧道顶、底板都分布有多个采空区域,设计仔细研究了隧道的地质资料,并经多次对现场进行实地查看,在此基础上,结合隧道耐久性、施工可靠性、工程合理性和降低工程费用等多种因素合理确定了隧道洞口位置,减短了隧道长度,同时洞口位置内移,尽量避开了采空区,也降低了仰坡的治理难度,最终洞口仰坡及隧道施工良好,几乎均按原设计图施工,确保了施工安全,降低了工程造价。

4. 营运管理

全线设匝道收费站2处、桥隧管理站1个,应急保畅中队1个,监控管理所1个,养护站1个,该项目于2011年9月8日建成通车(图6-22)、批准收费时间为2011年9月8日,批准收费终止时间为2041年9月7日。收费站点设置见表6-18。通车至2015年8月,收费总计33573.575万元。通车至2015年8月,出口车流量共计22933902辆。

图6-22 贵清高速公路通车

贵阳至清镇高速公路收费站点设置表　　　表6-18

站 点 名 称	车 道 数	收 费 方 式
贵阳西	6进14出(含1进1出ETC通道)	联网收费
清镇东	3进7出(含1进1出ETC通道)	联网收费

(七)G60沪昆高速公路沪瑞国道主干线清镇至镇宁段

1. 基本情况

(1)项目决策背景。贵州省会贵阳为全国城市综合实力50强之一,安顺是重要的军工基地,是国务院批准的贵州唯一的"星火高科技密集区"。两市地域内矿藏丰富,已探明储量的有煤炭、重金石、大理石、锌和硫铁矿等29种,煤炭储量为31亿t。两市生产总值占全省31%,对贵州社会经济发展有重大影响,从清镇到镇宁,不足100km,沿线却汇集了红枫湖、织金洞、龙宫和黄果树瀑布四个国家级风景区,是贵州矿产和旅游资源的"聚宝盆"。然而,多年来连接贵阳和安顺的却是一条1991年修建的客货运输能力已达饱和状态的贵黄二级公路,而且这条公路穿越平坝、安顺和镇宁等县市城镇区,由于受当时条件限制无法封闭,造成人车混行,交通事故频发,严重影响车辆通行量,从贵阳到安顺往往要走5~6小时,它已不能承担贵州中西部交通主动脉的功能。为此,贵州省根据本省经济快速发展的需要,结合国家公路网主骨架建设规划和国家2000年开始实施的"西部大开发"战略,决定兴建清镇至镇宁高速公路,为贵州省经济发展创造良好的交通环境。

(2)公路的功能、定位、里程。清镇至镇宁高速公路是国家"五纵七横"12条国道主干线之一的上海至瑞丽国道主干线在贵州省境内的其中一段,路线起点位于贵黄一级公路K24+100中央分隔带处,终点位于镇宁县和尚庄,与镇宁至胜境关段相接,全长89.652km,总投资31.24亿元。路线途经清镇市、平坝县、西秀区、镇宁县,连接红枫湖、织金洞、龙宫、黄果树瀑布等四个国家级风景区。全线设清镇、夏云、平坝、天龙、安顺东、安顺南、幺铺共7处互通式立交。这条路在整个建设中,从质量、安全、绿化、生态保护到人文关怀,都体现了以人为本的理念,是贵州省当时已建成高速公路中设计标准最高、服务设施最完善的高速公路,被人们称为"贵州第一路"。

(3)技术指标。清镇高速公路按四车道高速公路标准设计,设计速度120km/h,路基宽28m,桥隧与路基同宽,最大纵坡2.9%,最小平曲线半径2000m,桥涵设计车辆荷载:汽车—超20级,挂车—120。

(4)主要控制点。路线途经清镇市、平坝县、西秀区、镇宁县,连接红枫湖、织金洞、龙宫、黄果树瀑布等四个国家级风景区。全线设清镇、夏云、平坝、天龙、安顺东、安顺南、幺铺共7处互通式立交。

(5)主要构造物。清镇高速公路主要工程数量为路基挖方1343万m^2,填方1277万m^2。特大桥3410.1m/5座,大桥1858.70m/6座,中桥1513.36m/25座,小桥655.98m/19座,天桥775.84m/12座,隧道1068m/4道,分离式立交1142.56m/17座,互通式立交707.20m/13座,防护排水工程74.50万m^2,涵洞9956.481m/271道。

2. 建设情况

(1)立项审批。1999年5月,铁道部第二勘测设计院受省交通厅委托,进行清镇高速公路的勘察设计工作,包括工程可行性研究报告、初步设计及施工图设计等勘察设计工作。6月15日铁道部第二勘测设计院勘测设计组对全线进行OD调查,同时进行航空摄影工作。7月18日~7月28日进行现场踏勘,收集并征求沿线地方政府对该项目修建的意见,掌握了大量详尽的基础资料。10月上旬,该设计院完成了《国道主干线上海至瑞丽公路（贵州境）清镇至镇宁段高速公路工程可行性研究报告（送审稿）》的编制工作，并交贵州省交通厅以及贵州省有关部门征求意见。12月29日，贵州省交通厅组织有关部门的领导和专家，对《国道主干线上海至瑞丽公路（贵州境）清镇至镇宁段高速公路工程可行性研究报告（送审稿）》进行了初审和现场踏勘，提出了宝贵意见和建议，然后设计院根据初审意见，加深了部分路线方案的比选论证和部分章节的研究工作。其中，交通工程及沿线设施由交通部公路科研所主笔完成。2000年1月20日工程可行性研究报告编制完成。

（2）勘察、设计。设计过程中，桥隧设计遵循路桥综合考虑、与沿线景观相协调的原则，路线交叉根据相交道路的等级交通性质和社会条件、自然条件及交通管理方式综合考虑，同时引入环保理念，保护、美化环境。在选形、交通组织与地形结合、与景观协调等方面，取得了较好的效果。

建设一条路，绿化一条路。为了生态环保的需要，贵州省交通厅坚持落实绿化先行的施工方式，以"不破坏就是最大的保护"为建设理念，注重清镇公路线形自身的协调以及与自然环境和结构物的协调，如红枫湖大桥工程就充分体现这一特点。

红枫湖大桥是贵州首座不对称独塔双索面混凝土斜拉桥，是清镇公路全线的控制性工程。红枫湖大桥塔高96.8m，桥面宽28m，塔两侧伸出22对钢质斜拉绳，牢牢地抓住桥面，远看犹如一座A形灰色巨塔飞架于碧波之上。建设中红枫湖大桥的西段被大山挡住去路，最常用和省事的做法是"拉槽"，就是将山体从中劈开，可这样会破坏红枫湖景区的自然风光，经过多次论证最后采用架桥后接着打隧道的办法。从坚硬的石山腰腹炸出两道长78m的平行连拱隧道，隧道出口紧接着又是一座高架桥，把平坦大道笔直地引出石山，再向前舒坦地延伸。这种方法增大了施工难度和投资，但是，大桥、隧道和景区三者融为一体，体现了设计者创新的设计理念，而且这种桥连隧的创意在国内也是少有的。桥址位于岩溶剥蚀丘陵地貌，红枫湖西岸是弧形石山，东坡地形为横坡60°，隧洞内还遭遇背斜和落水洞等不良地质影响。面对诸多不利因素做出了如此精巧合理的设计，充分体现了设计者的聪明才智。其中，两隧道净高均为5m，跨径14m，居全国跨径之最。这个品质完美，功能完善，形象优美的结合体，不仅有技术上的重大突破，还有美学上极高的艺术性，既满足社会经济发展的需求，又达到自然环境与人文构建的和谐统一，浑然一体。

清镇高速公路处处体现了设计者根据沿线自然地理特征，环境景观的协调及社会、政治、经济、文化的发展等各种因素而进行精巧设计的天人相融的设计理念。就桥形而言，以前，贵州的T梁桥多是简支T梁桥，不仅接缝易断，破坏路面和桥面，而且外观缺乏美感，清镇高速公路高二田高架桥设计成18×30m预应力混凝土连续T梁，不仅质量好，而且富有观赏价值，这又是一种创新。

清镇高速公路不仅是国道主干线的一部分，而且连接4个国家级旅游区和其他旅游景点,是一条黄金旅游线。因此,设计者从地方的政治、经济、文化、旅游等方面考虑,在全线设置7个互通立交。这些互通立交设计美观巧妙,不仅方便车辆的进出,而且为当地的环境增色。为了方便当地群众横跨公路,设计者在合适的位置共设置了22道上跨天桥。这些天桥新颖而形式多样,色彩美观,与环境和谐,既方便群众通行,又为公路增添景观,给驾乘人员以视觉美感。

  在路基的设计上,基本采用填石路基,不仅就地取材充分利用丰富的石头,还少占了土地。设计者将全线设计为矮墙角护墙,路面工程全线均用玄武岩,上层采用改性沥青,耐久性和使用效果好。全线的路堤边坡防护采用拉伸网植草。采取喷播草籽、衬砌拱、浆砌碎石满铺、浆砌片石护坡等多种方式进行防护和美化。路堑边坡采用植草、方格网植草、窗式护面墙等方式加以防护和美化。道路两边因开挖而裸露的岩石边坡大煞风景,建设者在保证稳定的情况下,尽量进行生态美化。设计者将石壁边坡修成各种形状,第一次在贵州采用一种先进技术,即用高压设备喷植泥土,再种上绿草。对筑路所需的取土和弃土场所,设置在可视范围之外。弃土处设置挡渣墙,节省土地,减少污染,还在表面种草种树。沿线的排水系统设计得十分合理。所有的边沟排水畅通,无积水处。对桥梁表面雨水,过去是用泄水管排往桥下,而在这条路上,设计者在桥梁的适当位置埋设排水管,将桥面积水集中排放到过滤沉淀池内。为了防止噪声污染,在幺铺希望小学和平坝武警中队驻地设了两处先进的声屏障,共460m。以前的公路建设往往成为环境的杀手,清镇公路却成为生态环保的好帮手。常驻清镇公路的交通部第二设计院工程师张金选说:这条路设计的总体思想是务实创新,在务实的基础上创新。在这条西南地区第一高标准的高速公路上,处处体现出了这种先进的设计思想和理念。

  (3)施工、监理。2002年2月18日,建设方贵州高速公路总公司根据交通部《公路工程质量监督暂行规定》,向贵州省交通建设工程质量监督站申请办理质量监督。2002年3月3日,贵州省交通建设工程质量监督站成立清镇高速公路质量监督组,委派刘礼英、王天宇监理工程师进驻施工现场,制订监督工作计划,对工程进行全过程质量监督。

  清镇高速公路在建设期间受到省委、省政府的高度关注。省委书记钱运录、省长石秀诗在深入工地考查时强调一定要将这条路打造成全优、精品、示范的贵州第一路,省交通厅对建设进度和质量提出了严格要求,厅长彭伯元多次率队到施工建设一线指导检查工作。

  为了按照省委、省政府的要求,将这条公路建成"全优、精品、示范工程",高总司将2003年在高等级公路建设中成功实施的进度管理、计量管理、资金管理、设计变更管理、技量管理、监理管理、环保管理、安全管理等成功经验用到了这条公路的管理上。在建立有效的运行机制中,对工程质量建立了三道保障系统,即承包商自检系统,总监、监理监督系统和总公司督促检查系统。这是内部的保障系统,再加上省交通厅、质监站的检查,就是四道保障系统。在这套质量保障系统的运作中,工程全线坚持实行省交通厅、质监站查出的问题,由高总司和总监承担责任;总监查出的问题,由监理承担责任;监理查出的问题,则处理施工单位的责任管理方式。总公司对工程质量加大了检查的力度。这一整套保障系统既分工又协作,严密周全,环环相扣,保证了工程质量万无一失。

在贵州高速公路开发总公司的统一领导下,成立清镇高速公路建设项目办公室、清镇高速公路总监理工程师办公室(总监办),全面负责清镇高速公路建设的各项管理工作。总监办中心试验室对整个工程项目进行数据控制和检验测定,并在总监办以下设立驻地监理工程师办公室(简称驻监办)。其中,设路基驻地监理办公室5个、路面驻地监理工程师办公室1个、环境监理驻地监理工程师办公室1个,从而使监理机构十分完善。驻监办严格按照合同协议书的委托要求,以驻地、旁站、巡视、检查等监理方式,对清镇高速公路的质量、进度、费用三大目标及合同管理、信息管理进行独立、公正的控制,并充分做好组织协调工作。这样便使业主的管理制度不折不扣地贯穿到整个工程的方方面面和全过程之中,保证了国家的利益、业主的利益不受任何损失。

红枫湖特大桥的巧妙设计体现了设计者的智慧,红枫湖特大桥的圆满建成是施工者创造的一个奇迹。

红枫湖特大桥是贵州省第一座斜拉桥,混凝土强度等级高,技术难度大,还含一道隧洞,是全线头号"硬骨头"。承担这座大桥修建任务的是贵州省桥梁工程总公司三处,该处270名员工中35岁以下的青年占90%以上。正是这群年轻人在这里创造奇迹,把这一艰巨工程变成"青年文明号"示范工程。

30岁的工程科长赵钦既是大桥工地主管,又是"青年文明示范工程"的领头人。工地上所有的现场负责人和技术骨干都是20~30岁的年轻人,技术人员基本都是本科生。赵钦带领这一批政治觉悟高、责任心强、技术业务过硬的技术骨干,三年如一日奋战在工地上,执行和完善各项制度,以一股强大的团队凝聚力和向心力,调动全体员工的积极性和创造性,使大桥建设日新月异。施工中,为了赶任务,施工人员分白班和夜班轮换作业。从塔柱钢筋的绑扎、焊接,劲性骨架的制作,索道管的加工与定位,到塔柱混凝土的浇筑;从塔柱的养生到塔柱模的拆除,每一步施工环节都有青年技术骨干的技术指导和现场监督。他们还亲自动手做出示范,与工人们一起操作。整个工作,无论白天黑夜,处处都有年轻人龙腾虎跃、争先恐后的身影。由于是第一次修建这种类型大桥,每一个环节他们大胆摸索、勇于创造。工期紧,他们把建桥日程安排得十分紧凑,使主梁浇筑的一个循环由过去的8~10天,缩短到6~7天。在挂篮施工中,为了保证质量,业主请来大连理工大学1名教授4名专家长期驻扎在清镇,专门对桥梁施工实行严密的监控。建设者们严格根据专家提供的索力参数施工,所有的技术参数都在他们的监控范围之内,工序完毕,首先经自检合格,再请监理单位检查,合格后再进入下一道工序。在钢筋、模板、混凝土、预应力张拉、斜拉索等各个环节的施工中,他们层层负责,一抓到底,保证了质量。在大桥建设过程中,他们还采用了一项新材料和开发了两项新技术。实现了工程质量合格率100%,优良率100%和违纪、违法、缺岗、离岗、重大责任事故为零的目标。这支"青年文明号"队伍用双手托起了"贵州第一路"上的"贵州第一桥"。2003年12月26日,省桥梁总公司团委授予这个年轻的集体"青年文明号"匾牌。领头人赵钦荣获贵州省"五一劳动奖章"。

在大匼山T梁预制场,还有另一个"青年文明号"队伍。领头人周仕文有在贵州多条高等级公路上参与建设多座大桥的实践经验。他带领这个"作风正、凝聚力强、能打硬仗"的青年骨干集体,负责高二田高架桥和东苗冲1号高架桥的510片T梁、12495m^3混凝土的预制、运送、安装等施工任务。

他们在T梁混凝土的浇筑过程中,共实现了一项施工方案的改进和三项T梁施工技术的革新。他们采用泵送浇筑与龙门吊吊运混凝土浇筑相结合的方式进行T梁混凝土浇筑,使东苗冲1号高架桥主体工程的顺利合龙,比计划工期提前了两个月零八天;使高二田高架桥主体工程,比计划工期提前一个半月完工。在T梁浇筑过程中,周仕文带领共青团员和青年骨干经过革新、攻关,决定采用自行设计的贴着式胶皮施工,彻底解决了T梁混凝土浇筑时的漏浆现象,保证了T梁质量。在T梁张拉时,周仕文带领攻关小组通过反复试验、计算,采用新技术,首次彻底解决了T梁预制张拉过程中张拉开裂的问题,保证了T梁张拉时混凝土的质量。这支青年队伍履行了"诚信为本,有诺必践,恪尽职守,率先垂范"的"青年文明号"信用公约,实现了工程质量合格率100%、优良率100%、机械设备完好率100%,违纪违法现象和重大责任事故为零的目标。

红枫湖特大桥施工如图6-23、图6-24所示。

图6-23 红枫湖特大桥35号梁段混凝土浇筑
(2004年2月27日)

图6-24 红枫湖特大桥防撞护栏安装
(2004年9月17日)

时任贵州高速公路开发总公司总经理许德友说：为创建"全优、精品、示范"工程，公司、总监办的工作思路是按照省委、省政府的要求和省交通厅党组的部署，从第一个工作日起抓进度，从第一道工序起抓质量。在安顺东互通式立交施工中，总监办发现施工单位填方石料过大，影响路基质量，马上责成返工。随后检查到预制T形梁强度差2%，立即将这批T形梁全部作废。许德友强调：工程质量上只要有一点不合格，就像美玉里有瑕疵、眼睛里有沙子，决不能容忍。

加强重要构造物的安全监控手段，如对红枫湖特大桥设立气象观测站，随时掌握气象资料，用以指导安全施工，进行足尺试验并与大连理工大学签订了技术服务合同书，对斜拉桥的施工过程进行监控，确保斜拉桥的施工安全和建成后运营安全。对东苗冲隧道的浅埋地段地表沉降进行实时观测，所有隧道的侧导坑、中导坑及主洞的开挖进行监控量测，确保隧道施工安全，杜绝质量事故，消除安全隐患。

该项目体现了贵州"西部交通建设科技项目"的研究成果。公路石质边坡防护与环境保护研究成果应用在这条公路的11个边坡防护林中，环境效果突出。清镇公路使用贵州省交勘院研制的路用防排水新材料后，比原来的防排水材料降低50%的成本。虽然清镇路全线造价比原设计增加约800万元，但边缘排水深沟将渗入水泥稳定碎石基层的水排走，避免了水泥稳定碎石基层遭受水的侵害而引起的路面损坏，提高了公路的运营性能，每年可降低养护成本近1000万元。清镇公路的路基施工采用就地取材的方法用石料填筑，大大减少了开挖量；路面施工在省内首次使用六枝产的玄武岩替代原来惯用的石灰岩，将砂石材料和改性沥青混合，增强了路面耐磨性能，使公路使用寿命延长。

清镇高速公路地形复杂，工程难度大，由于要经过国家级旅游区，对环境保护提出了很高要求，建设贵州第一路所面临较大的挑战。在环境保护建设方面制订了施工期环境监理方案，环境保护工作严格按照"三同时"制度进行设计和施工。对环境保护做了比较详尽的设计，设计内容主要包括公路路线的中央分隔带、互通立交、路基边坡及边沟外侧的绿化（采用拉伸网植草、喷播草籽、衬砌拱、浆砌片石满铺等措施）、美化及保护；敏感点的噪声防护；取、弃土场的环保措施（设置挡渣墙和采取喷播草籽、栽植灌木等绿化措施）；红枫湖大桥过滤沉淀池等（红枫湖大桥跨越国家级风景名胜区——红枫湖，为避免桥面上含污染物的桥面积水排入湖中，保护湖泊水质，在红枫湖大桥位置设置过滤沉淀池，将桥面积水引入其中，经处理后一起排放）。设计原则为在确保路基稳定、安全的前提下，实施绿化工程，着重防治水土流失，保护生态环境，同时美化沿线景观。

全线中央分隔带及路基两侧除长度大于100m的挖方路段外均设置波形梁护栏，路基两侧设置铁丝网隔离栅，互通式立交设置焊接网隔离栅，沿线设置了醒目的标志、标志牌,路面上标线,中分带设置了防眩板,上跨桥设置了防落网,并对沿线上跨天桥进行了涂装。

对沿线的上下边坡取、弃土场、中央分隔带,互通立交区,隧道进出口,路基两侧等进行了详细的绿化设计和施工,并对噪声敏感地点设置了声屏障,同时设置了较为完善的污水处理系统。全线共设置9个收费站、2个停车区、1个服务区,并在收费站位置设立相应的建设管理设施。本项目的机电系统包括监控系统、收费系统、通信系统和隧道供电照明系统。项目采用封闭式收费制式,将提供完善的刷卡收费服务;监控系统由设置在安顺东的监控分中心系统、监控外场设备、传输系统、隧道监控系统等构成。

2006年8月7日~12月15日,省审计厅对清镇高速公路建设项目决算进行就地审计。审计内容主要涉及项目基本建设程序、资金管理与使用、概算执行情况、材料采购、工程结算等方面。由省审计厅负责对该项目的设备投资、待摊投资进行审计,委托社会中介机构对该项目建安工程结算进行审计。

概算总投资31.25亿元。审计核减投资0.53亿元,审计审定项目完成总投资与概算相比,节约资金6.70亿元。

审计评价认为清镇高速公路在建设单位、参建单位和当地政府的共同努力下,完成了建设任务。它的建成对完善全省路网结构,促进贵州中西部地区社会经济和旅游事业的发展起到了积极作用。建设过程中,建设单位遵守国家基本项目建设程序,工程发包基本上实行了招投标,并组建了项目建设办公室和总监理工程师办公室,总监办对工程质量、造价、进度方面做了大量艰苦细致的工作,财务管理遵守相关财经法规和会计制度。由于高总司加强了该建设项目的监管工作,节约概算投资6.7亿元。

(4)资金筹措。交通部批准的清镇高速公路的投资概算为31.25亿元。资金来源为:交通部补助8.7亿元、省基建基金拨款0.32亿元、省财政专项建设资金拨款0.15亿元、银行贷款16.8亿元,合计25.97亿元。

(5)招标投标。施工单位采用国内公开招标形式选取。2001年8月21日及8月22日分别通过全国性报刊《中国经济导报》《中国交通报》发布了路基公开招标通告,全国共有185家施工企业报名。经过严格的资格预审并报交通部批准后,贵州省桥梁工程总公司等74家企业通过资格预审。同年11月9日,业主在贵阳进行了公开招标,经过专家工作小组及招标委员会仔细认真的评审,按照相关法规的规定及公平、公正、公开的原则,推荐并报批了12家企业为路基工程中标单位。2002年12月25日和12月28日分别在中国采购与招标网、《中国经济导报》上发布路面工程招标公告,有14家企业报名,经审查报批7家通过资格预审。2003年4月7日进行了路面工程公开招标,贵州省公路桥梁工程总公司等2家成为中标单位;2003年8月25日交通工程进行公开招标,广东新粤交通投资有限公司等2家成为中标单位;2003年7月22日绿化工程进行公开招标,中交通力陕西环境绿化工程有限公司等2家成为中标单位;2004年4月27日进行了房建公开招标,贵州省桥梁工程总公司等2家为中标单位;2004年6月10日进行机电工程公开招标,广州海特天高信息系统工程有限公司成为中标单位。

工程监理同样采用国内公开招标形式。2001年11月9日进行了路基工程监理招标,北京华通公路桥梁监理咨询公司等5家企业为中标单位;2003年8月15日进行了路面监理公开招标,贵州科达公路工程监理咨询有限公司为中标单位;2003年8月15日交通工程监理公开招标,贵州陆通公路工程监理有限责任公司为中标单位;2004年4月27日经过公开招标,贵州三维工程建设监理咨询有限公司为房建工程监理中标单位;2004年6月25日经过公开招标,中国公路工程咨询监理总公司为机电工程监理中标单位。

参建单位(表6-19)具有较强的专业技术素质并拥有专用机械设备,施工中能贯彻业主意图,达到业主工程管理的目标。在质量管理方面建立了自检体系,明确职责,并与监理、设计单位配合,认真执行施工技术规范和工程质量检验评定标准,在进度、质量、安全、环保等方面做了大量工作,为清镇高速公路保质、保量顺利通车做出了贡献。

G60 沪昆高速公路清镇至镇宁段参建单位 表6-19

通车里程桩号:K0+730~K90+359

参建单位	单位名称	合同段编号	起止桩号	主要负责人	备注
项目管理单位	贵州高速公路开发总公司		K0+730~K90+359	余明全	
勘察设计单位	中交第二公路勘察设计研究院		K0+730~K90+359	伍友兵	
施工单位	贵州省公路桥梁工程总公司	1	K0+730~K4+850	余永光	路基
	贵州省桥梁工程总公司	2	K4+850~K8+650	赵渝	路基
	中铁四局集团有限公司	3	K8+650~K16+100	刘义兵	路基
	中铁第十九工程局	4	K16+100~K24+200	任宏	路基
	广东省建筑工程机械施工有限公司	5	K24+200~K33+000	吴福清	路基

第六章 贵州高速公路

续上表

参建单位	单位名称	合同段编号	起止桩号	主要负责人	备注
施工单位	中铁五局集团有限公司	6	K33+000~K38+900	扬厚斌	路基
	云南第一公路桥梁工程有限公司	7	K38+900~K48+800	李回明	路基
	上海警通路桥建设有限公司	8	K48+800~K58+100	杨忠贤	路基
	中铁三局集团第二工程有限公司	9	K58+100~K64+600	齐秀林	路基
	贵州公路工程总公司	10	K64+600~K700+100	王伯航	路基
	中国人民武装警察部队交通独立支队	11	K70+100~K80+475	马利	路基
	中铁十六局集团第三工程有限公司	12	K80+475~K90+356.5	张西	路基
	贵州桥梁工程总公司	13	K0+730~K33+000	杨光华	路面
	贵州桥梁工程总公司	14	K33+33~K64+600	吴治明	路面
	贵州省公路工程总公司	15	K80+475~K90+356.5	陈松	路面
	湖南天弘交通建设工程有限公司	16	K0+730~K48+800	刘奉江	交通工程
	广东新粤交通投资有限公司	17	K48+800~K90+356.5	杨晓华	交通工程
	贵州绿地园林建设实业有限公司	18	K0+730~K48+800	李传盛	绿化
	中交通力陕西环境绿化工程有限公司	19	K48+800~K90+356.5	雷鸿斌	绿化
	中国建筑第四工程局安装公司	20	K0+730~K38+900	刘世鸣	房建

续上表

参建单位	单位名称	合同段编号	起止桩号	主要负责人	备注
施工单位	贵州省桥梁工程总公司	21	K38+900~K90+356.5	陈洪华	房建
	广州海特天高信息系统工程有限公司	22	K0+730~K90+356.5	彭吉辉	机电
监理单位	贵州科达公路工程监理咨询有限公司	A	K0+730~K16+100	许必隆	路基
	北京华通公路桥梁监理咨询公司	B	K16+100~K38+900	汪嘉铨	路基
	贵州陆通公路工程监理有限责任公司	C	K38+900~K58+100	程焕达	路基
	中交国际工程咨询有限公司	D	K58+100~K70+100	王正来	路基
	贵州省交通建设咨询监理有限公司	E	K70+100~K90+356.5	曹惠平	路基
	贵州科达公路工程监理咨询有限公司	F	K0+730~K90+356.5	李达元	路面
	贵州陆通公路工程监理有限责任公司	G	K0+730~K90+356.5	程焕达	交通工程
	贵州陆通公路工程监理有限责任公司	G	K0+730~K90+356.5	程焕达	绿化
	贵州三维工程建设监理咨询有限公司	H	K0+730~K90+356.5	周义康	房建
	中国公路工程咨询监理总公司	I	K0+730~K90+356.5	殷宝祥	机电

（6）征地拆迁。征地拆迁方面，省交通厅代表政府分别与国土等部门签订征地拆迁协议书，国土、各级政府等部门组成相应的征地拆迁办公室，具体负责项目的征地拆迁工作。总监办的征拆工作由书记牵头、行政科长协助，各现场代表具体操作协调解决与当地政府相关部门的征地拆迁和路地矛盾。共征用土地13110余亩。其中清镇市2010余亩，安顺11100余亩；拆迁房屋清镇28500m^2，安顺118227m^2。其他拆迁企事业单位学校等有学校三所，厂矿企事业单位6个，加油站2个，砖浆砌墙、沟渠31209m^3，混凝土地坪等其他拆迁物107935m^2，坟墓7800余座。电力线路：400kV，14km；10kV，25.16km；35kV，

6.33km；110kV，11km；220kV，2km；500kV，1km；4条35kV和8条10kV电缆7.2km；成都军区、贵州省军区国防光缆18km；联通通信光缆2480m。

（7）交（竣）工。清镇高速公路于2002年6月正式开工建设。2003年9月～2004年9月，贵州省交通建设工程质量监督站根据有关规范、规程和标准对清镇高速公路路基工程、路面工程、互通式立交工程、桥梁工程、隧道工程、交通工程等可实测部分进行了现场检测和相关试验。各检测小组采取随机抽样的方法，共抽查路基土石方工程191段、排水工程119段、涵洞71道，小桥及分离式立交28道，防护工程177段，挡土墙27段，互通立交7处，大型桥梁工程15座，中桥24座，路面工程89km，隧道工程4座，均达到《公路工程竣工验收办法》和《公路工程质量检验评定标准》规定抽检频率的要求。验收意见认为全路段线形平顺，路基坚固、稳定，构造物工艺较好；路面平整，路容、路貌美观；交通安全设施功能齐备，线形平顺；桥梁工程外观轮廓线形清晰、顺适，内部结构坚固；隧道工程洞门较美观，衬砌密实，结构轮廓线条直顺，墙面平整；设计和施工中较重视工程与环境的协调统一，有效地做到了环境保护。但隧道局部渗水，个别路段路面厚度不均匀。工程质量鉴定得分95.2分，质量等级优良。经过一年的检测，清镇高速公路可检测指标均达到设计及有关规范要求，同意清镇高速公路进行交工验收。

2004年9月29日，是贵州交通史上一个值得纪念的日子。被时任省委书记钱运录称为"贵州第一路"的清镇至镇宁高速公路举行通车典礼。清镇公路的建成对于完善贵州省路网结构，促进沿线能源、矿产、旅游资源开发，带动当地群众脱贫致富具有重要的作用。它的建成通车，使安顺至贵阳的行程从2小时缩短为45分钟，给安顺经济带来了巨大的发展空间。自清镇高速公路开通后，安顺经济发展速度明显加快。2005年，安顺市接待旅游人数达到480.66万人次，比2004年增长81.9%；旅游收入11.36亿元，比2004年增长80.4%。全市2005年招商引资到位资金14.97亿元，较2004年增长57.9%；全市2004年生产总值比2003年增长10.1%，而2005年比2004年增长了12.7%。清镇高速公路已成为安顺经济发展的强大动力。

3. 复杂技术工程

（1）新技术和新材料。清镇高速公路全线施工普遍运用了新技术和新材料，具体表现为：土工织物的普遍采用。填方路段路槽50cm以下铺设土工布织物，防止地下水反渗，并使填石路堤的受力均匀和连续。在填挖交界位置采用土工格栅加强处理，防止路基因刚度不同而产生裂纹；高路堤的处理采用兰派公司的强夯冲击式压路机对全线高路堤进行二次碾压，并对大平坡高填方在填筑初期采用了自行式强夯机进行强夯处理，有力保障了路基的压实度和稳定性。

（2）采用新的绿化方式。首次在贵州采用了喷射厚层基材植被、绿色混凝土、立体生态等形式多样，效果明显的绿化形式，确保了公路与沿线自然景观融合。

（3）噪声污染的有效处理。在设计阶段即对噪声敏感点进行了声屏障设计,有效地解决了噪声污染的问题。

（4）污水处理方式。沿线站点均设置了污水处理设施,尤其对红枫湖大桥范围内的路面汇水进行了定向倒流,集中处理排放,确保红枫湖景区的水质不受污染。

（5）其他成果。建成了贵州省第一座斜拉桥,通过全体员工的共同努力,攻克技术难点,为贵州的桥梁建设又增添了一种全新的桥型;提出并成功运用了先简支后连续刚构的T梁结构体系,最终达到行车舒适的效果;预应力孔道灌浆采用了真空灌浆的施工工艺,确保管道灌浆密实以确保工程质量;全面推广并采用了桥面防水处理,有效解决了桥面渗水的问题;路面结构首次采用了稀浆封层技术,路面用粗集料首次采用了抗滑、抗磨耗性能好的玄武岩,并首次全路段采用改性沥青铺筑上面层,以进一步提高沥青混凝土路面的使用寿命;完善的路面排水系统为运营阶段的行车安全提供了有力保障。本项目的路面排水系统完善,特别是针对超高路段的路面积水采取了增设纵向排水管、集水井及横向排水管的方式,有效地解决了超高路段路面积水的问题,消除了安全隐患。

上述新技术、新材料在清镇公路广泛应用,并取得了新的突破,标志着贵州省在"西部交通建设科技项目"实施中迈出了实质性步伐。

4. 营运管理

全线设Ⅰ类服务区1处（云峰）,Ⅲ类停车区2处（夏云、龙宫）、匝道收费站1处、桥隧管理站1个,应急保畅中队2个,监控管理所1个,养护站1个。本项目于2004年9月29日建成通车,批准收费时间为2004年9月29日,批准收费终止时间为2033年9月28日。收费站点设置见表6-20。2004年9月～2010年1月,收费总计777330213.23元。2010年1月～2015年7月收费总计为291953.04万元,车流量共计39346394辆。

收费站点设置表　　　　　表6-20

站点名称	车道数	收费方式
清镇 AE 站	3 进 4 出（未设置 ETC 车道）	联网收费

（八）G60 沪昆高速公路镇宁至胜境关（黔滇界）段

1. 基本情况

（1）项目决策背景及过程。原镇宁至胜境关公路称黔滇公路,是G320国道（上海至瑞丽）的一段。始建于1929年,通车于1938年。1954年按六（乙）标准重点改造。经历养护、大修,达到当时山岭重丘区二级公路标准的有31km,三级119km,四级78km,等外33km。主要桥梁盘江桥设计荷载仅为汽车—15级,挂车—80。路段经历六大起伏,老路坡陡弯急,如"二十四拐"即是一个典型。"二十四拐"古称鸦关,位于贵州晴隆县城南郊1km处,盘旋曲行于雄峻陡峭的晴隆山脉和磨盘山之间,其山脚第一道拐与山顶第二十四道拐间的直线距离约350m,垂直高差约250m,坡的倾角约60°,平均运行速度仅达28.9km/h。黔滇公路沿线通过镇宁、关岭、晴隆、普安、刘官、红果等城镇16处,街道化里程长达46km,占17.6%。每逢农村集日,沿路设市,交通事故和堵塞频繁发生,上述因素影响了公路的运输和通行能力,越来越不适应交通发展的需要,制约了地区经济的发展。

为改变这一状况,省交通厅下达了《关于下达国道主干线上海至瑞丽公路(贵州境)镇宁至胜境关段公路工程可行性研究报告编制任务的通知》,省交勘院据此对项目开展工程可行性研究。自2000年9月开始工作,至同年12月,在1:10000地形图上完成路线方案1460km,比较线44条。2001年春夏,通过多次踏勘,放弃价值不大的比较线9条,新增比较线5条,通过内业筛选和整理,提出了推荐方案,全长202.10km;比较线40条,共长643km。同年12月,省厅组织专家对工可报告初稿进行了预审。2002年年初,省交勘院又根据历次研讨会及各有关咨询意见,对方案再次进行优化、筛选,提出推荐方案全长195.50km,备选方案6条,比较线共96.03km;完成坝陵河、北盘江桥位和狮子山隧道工程地质物探三处共9km^2、全线遥感工程地质约4100km^2;进行筑路材料料场调查48处等,6月完成了工程可行性研究报告。同年8月,交通部组织专家对工可报告进行了审查。根据审查意见,省交勘院于同年9月完成了项目的工程可行性研究补充报告。2003年1月,编制完成了《国道主干线上海至瑞丽公路(贵州境)镇宁至胜境关段公路工程可行性研究报告》,省交通厅、省计委以《关于上报沪瑞国道主干线镇宁至胜境关(黔滇界)公路可行性研究报告的请示》(黔计基础〔2003〕35号)上报交通部。同年6月25日,交通部以《关于沪瑞国道主干线镇宁至胜境关(黔滇界)公路可行性研究报告审查意见的函》(交函规划〔2003〕170号)将行业审查意见送国家发改委。

(2)公路的功能、定位、里程。镇宁至胜境关公路(以下简称镇胜公路)是国道主干线上海至瑞丽公路在贵州省境内的重要路段,也是当时贵州省规划的"两纵两横四联线"公路主骨架中"一横"的重要组成部分,是我国西南部地区通往华东地区的主要交通运输通道。按《国家公路网规划(2013—2030年)》属G60沪昆高速公路,同时,也是贵州省高速公路网规划的S40鲇鱼铺至胜境关的西段。镇胜公路全长187.173km。

(3)技术指标。全线按四车道高速公路标准设计,其中,起点至镇宁互通立交段,设计速度120km/h,路基宽度28m;镇宁互通立交至黄果树互通立交段,设计速度100km/h,路基宽度26m;黄果树互通立交至胜境关段,设计速度80km/h,路基宽度24.5m。桥涵与路基同宽;桥涵设计车辆荷载采用汽车—超20级、挂车—120;洪水频率1/100(特大桥1/300);重点工程及大型构造物按地震基本烈度Ⅶ度设防;连接线分别采用二级、三级公路标准建设。其余技术指标按《公路工程技术标准》(JTJ 001—1997)执行。

(4)投资规模。镇胜公路项目概算总投资126.57亿元,平均每公里造价6272万元,其中镇宁至新寨河段投资73.94亿元(坝陵河大桥概算投资131759.58万元),平均每公里造价7860万元;新寨河至胜境关段投资52.62亿元,平均每公里造价5710万元。

(5)主要控制点。镇胜公路镇新段起于镇宁县城北和尚庄,与已建的G60清镇至镇宁段高速公路相接,经黄果树、坝陵河、关岭、永宁、龙井、北盘江、晴隆、沙子岭,止于晴隆与普安的界河至新寨河西岸普安境内的新寨附近。新胜段起于晴隆县与普安县交界的新寨河,经普安县江西坡镇、地瓜镇、盘水镇(普安县城)和盘县英武镇、刘官、两河、沙坡(红果)、岗寨、槽箐头、平关,止于贵州省盘县与云南省富源县的交界处胜境关,与云南省曲靖至胜境关高速公路连接。

(6)镇胜公路主要控制点为:镇宁、黄果树、关岭、永宁、北盘江、晴隆、沙子岭、普安、两河、沙坡、平关、胜境关。

沿线主要地形地貌。镇新段总体路线位于贵州高原西部斜坡地带,西高东低,为溶蚀、剥蚀中山地貌,全线岩溶发育,西部刘官以西高原沿线海拔最高在硝洞哨垭口处,海拔2133m,西段全线为三叠系灰岩构成,泥岩成分增多,地表水系发育,水量充沛;主要不良地表岩层风化深,土层厚,特别是煤系地层和玄武岩,其风化深度在8m以上,路线所过处,边坡欠稳,容易垮塌,或因采煤洞的无序分布而影响路基稳定,因此,施工难度很大。

新胜段总体路线位于贵州西部斜坡地带,西高东低,为溶蚀、剥蚀中山~低中山地貌,全线岩溶发育。测区位于北盘江流域中游,东部河谷深切达500~1000m,地势起伏较大,西部刘官以西高原面保存较为完整。沿线海拔最高在硝洞硝垭口处,海拔2133m;最低在北盘江桥处,575m。

(7)主要构造物。镇新段主要构造物:路基土石方:挖方1753万m^3,填方1662万m^3;桥梁工程:大桥21926.61m/48座(按左幅计,下同)、中桥248.93延米/3座、小桥357.19延米/17座、分离式立交1418.8延米/8座、人行天桥177.25延米/8座;路面工程:级配碎石底基层160.99万m^2、水泥稳定碎石基层159.92万m^2、沥青混凝土下面层147.51万m^2、沥青混凝土中面层185.23万m^2、沥青混凝土上面层200.51万m^2、路缘石8.51万m;隧道工程:长隧道7523.73延米/4座(按左幅计,下同)、中隧道4958延米/7座、短隧道1634延米/5座;涵洞、通道292.17延米/17道;排水与防护:浆砌块片石102.73万m^3、喷射混凝土3.66万m^2、混凝土21.23万m^3、抗滑桩2951m/184根、预应力锚索79.34万m/33058索、边沟47.50万m、截水沟245.08万m、排水沟58.60万m;互通式立交6座;交通安全设施:波形钢护栏19.00万m、标志1188处、标线10.99万m^2、隔离栅17.19万m、突起路标32582个、防眩板17451套。

新胜段主要构造物:新胜段开挖土石方1835万m^3,填方2041万m^3;架设大桥16227.71m/37座、中桥955.17m/15座、小桥179.5m/5座、分离式立交1398.96m/18座、人、车行天桥681.54m/11座。铺筑级配碎石底基层179.39万m^2、水泥稳定碎石基层161.91万m^2、沥青混凝土下面层157.65万m^2、沥青混凝土中面层193.44万m^2、沥青混凝土上面层 212.30 万 m²，路缘石 12.73 万 m。修建特长、长隧道 9025m/3 座，短隧道 2094m/6 座，涵洞通道 311 道。砌筑浆砌块片石 210.56 万 m³；喷射混凝土 6.82 万 m²，混凝土 2.61 万 m³；设抗滑桩 7791m/392 根；设预应力锚索 10.20 万 m；设边沟 11.63 万 m，截水沟 6.03 万 m，排水沟 8.98 万 m。建互通式立交 7 座。设波形钢护栏 16.09 万 m，标志 3135 处，隔离栅 15.67 万 m，突起路标 4.36 万个，防眩板 1.72 万 m，铺设标线 15.32 万 m²。

2. 建设情况

（1）立项审批。受国家发改委委托，中国国际工程咨询公司于 2003 年 7 月 4 日~7 月 11 日对可行性研究报告进行了现场调研和评估，形成了《上海至瑞丽公路贵州镇宁至胜境关段可行性研究报告专家组评估意见》。10 月，出具《关于〈沪瑞国道主干线贵州省镇宁至胜境关（黔滇界）公路工程可行性研究报告〉的评估报告》，认为修建镇胜公路是必要的。2004 年 3 月 18 日，国家发改委以《印发国家发展改革委关于审批〈上海至瑞丽国道主干线贵州镇宁至胜境关（黔滇界）公路可行性研究报告〉的请示的通知》（发改交运〔2004〕465 号），正式批复了镇胜公路可行性研究报告。

（2）勘察、设计。2002 年 10 月开始，镇胜公路建设业主高总司对镇胜公路工程的勘察设计工作进行公开招标，省交勘院、中交第二公路勘察设计研究院、中国公路工程咨询监理总公司、中交公路规划设计院中标，承担了镇胜公路工程的初步勘察设计及施工图勘察设计工作。2002 年 12 月~2003 年 12 月，完成勘察设计合同段的初测、初步设计及全线的初步设计汇总，上报交通部审批。2004 年 6 月 8 日，交通部以《关于上海至瑞丽国道主干线贵州镇宁至胜境关（黔滇界）公路初步设计的批复》（交公路发〔2004〕306 号），批复了镇胜公路的初步设计。2003 年 11 月~2004 年 4 月，完成勘察设计定测、施工图设计。2005 年 8 月 18 日，交通部以《关于上海至瑞丽国道主干线贵州镇宁至胜境关（黔滇界）公路技术设计的批复》（交公路发〔2005〕375 号），批复了镇胜公路坝陵河大桥、北盘江大桥的技术设计和全线的修正概算，总概算为 126.5711 亿元，总工期为 4 年。2005 年 12 月 12 日，省交通厅以《关于上海至瑞丽国道主干线贵州镇宁至胜境关（黔滇界）公路施工图设计的批复》（黔交建设〔2005〕305 号），对镇胜公路施工图设计文件进行了批复。

2002 年 9 月 9 日，省交通厅书面委托交通部公路科学研究所、省交科所共同承担项目的环境影响评价工作，明确由交通部公路科学研究所负责环境影响报告书编制的总体工作。两评价单位受托后于 2002 年 9 月派出环评人员赴拟建公路沿线进行实地调研，收集了相关资料。在认真研究公路工程可行性研究报告及对公路沿线进行现场踏勘后收集到的资料基础上，根据 2003 年 1 月 6 日省交通厅《关于镇宁至新寨河、新寨河至胜境关公路前期工作的函》的要求，于 2002 年 12 月、2003 年 2 月分别编制完成了镇宁至胜境关公路镇宁至新寨河、新寨河至胜境关段公路工程两个环评大纲，以及这两个路段合编成一个的环境影响评价大纲（报审稿）。2003 年 4 月 6 日~8 日，国家环保总局委托局属环境工程评估中心在贵阳市主持召开了环境影响评价大纲技术评估会,并于同年 5 月 9 日以国环评估纲〔2003〕103 号文件对项目环评大纲(报批稿)予以批复。评价单位根据环评大纲评估会议专家意见和主管部门的评估意见,及本工程初步设计确定的路线走向方案,自 2003 年 8 月~10 月,先后多次到工程沿线进行实地调查,对环境敏感点进行进一步核实,对代表性路段进行植被样方及生物量调查,补充收集资料并进行公众参与调查,委托六盘水市环境检测站对沿线环境现状进行监测等。同时,紧密配合工程前期工作,按照建设单位的进度要求,分别与工程初设单位加强联系,及时收集了初设阶段相关设计文件,在认真分析研究收集到的资料的基础上,依据初设单位陆续提供的设计文件,编制完成了《国道主干线上海至瑞丽公路(贵州境)镇宁至胜境关段公路工程环境影响评价报告书(送审稿)》(简称《报告书(送审稿)》)。2003 年 11 月 29 日,交通部环境保护办公室在北京市主持召开了环境影响评价报告书预审会议,会议认为报告书"评价结论可信,提出的环保措施可行",并提出了补充、修改意见。交通部公路科学研究所根据预审会专家及代表意见,补充收集了资料,并对《报告书(送审稿)》的相关内容及图表进行了认真修改与补充,编制完成了《国道主干线上海至瑞丽公路(贵州境)镇宁至胜境关段公路工程环境影响评价报告书(报批稿)》,报告书认为镇胜公路建设的社会经济效益显著,得到了沿线社会公众的支持和赞同,项目建设对沿线区域生态环境无大的影响,营运期经采取降噪措施后,对沿线地区居民的生活环境影响轻微,在实施防护工程、排水工程及绿化工程、污水处理工程等环保措施后,公路沿线地区的生态环境可以得到有效保护。项目的各项环保措施可行,环保投资合理。项目建设不存在重大的环境制约因素,从环境保护角度考虑,本项目的建设是可行的。2004 年,交通部以《关于对〈国道主干线上海至瑞丽公路(贵州境)镇宁至胜境关段公路工程环境影响报告书〉预审意见的函》(交环函〔2004〕5 号)、贵州省环境保护局以《关于对〈国道主干线上海至瑞丽公路(贵州境)镇宁至胜境关段公路工程环境影响报告书〉的初步意见》(黔环呈〔2004〕8 号)报送国家环保总局。2004 年 3 月 29 日,国家环保总局以《关于〈国道主干线上海至瑞丽公路(贵州境)镇宁至胜境关段公路工程环境影响评价报告书〉审查意见的复函》(环审〔2004〕106 号),原则同意交通部的预审意见及贵州省环境保护局的初步意见。

此外,省交通厅还主持编报了《镇胜公路水土保持方案报告书》,水利部以《关于沪瑞国道主干线贵州省镇宁至胜境关公路工程水土保持方案的复函》(水函〔2004〕137 号),同意了水土保持方案。

(3)施工、监理。镇胜公路全长 187.173km。在实际建设过程中,镇胜公路因线路较长,由贵州高速公路开发总公司分为三个部分进行管理,一段由镇宁至新寨河,设镇新段建设项目部;另一段由新寨河至胜境关,设新胜段建设项目部;坝陵河大桥、北盘江大桥独立设置两桥建设指挥部。成立镇胜高速公路建设指挥部,统一管理协调全线的建设事宜,由吴俊任指挥长。

2004年10月,镇新段动工。建设过程中实行"项目法人制度、招标投标制度、工程监理制度、合同管理制度"等管理制度及质量保证体系,建立了质量责任制、质量检查和整改制度等。采取了如下措施:工程质量实行"三控制"措施——预防控制、过程控制和整改控制;制定相应的规章制度及质量控制条文、工作指示,如《冬季混凝土施工指南》《沥青混凝土施工技术指南》和《桥梁模板技术要求》等,规范监理和施工,以达到保证工程质量的目的。针对重点、难点工程采取相应提高质量的保证措施,成立专门的专家组,通过研讨、论证、交流等多种形式,作好详细的技术交底,确保工程安全,进一步确保工程质量。强化质量责任制,加强质量考核,制定激励制度,根据设计图、规范、《项目管理手册》等指导性文件,制定了《镇胜公路镇新段项目工程建设检查办法》,跟踪检查施工现场质量状况,对承包人及驻监办奖优罚劣。组织施工单位进行质量管理知识考试、质量管理知识竞赛,提高工程技术管理人员的技术素质和质量意识,确保工程质量。针对部分监理工程师的业务技能缺乏,工作责任心不强的情况,组织全段监理进行业务知识考试,增强业务水平,更好地从事本职工作,将对待监理工作严重缺乏责任心者予以清除出监理队伍。激励各施工单位和监理加强施工管理水平,针对项目建设情况,树立示范工程,邀请各建设单位召开现场会,互相激励学习,以实现共同进步。对监理、施工单位的技术创新、管理创新办法,组织全线各单位交流学习,并给予物质奖励,以鼓励施工、监理单位广泛推广应用新工艺、新材料、新技术、新办法。开工以来,项目部组织了路基填方、大桥下部工程、特大桥文明施工、隧道工程洞身开挖及初期支护、桥面系施工等现场会议进行交流学习。

为便于投资的事前控制,镇新总监办于2004年10月初安排设计咨询单位进场,对软土地基、高挖方边坡、隧道等关键工程开始监控咨询,在全线动工前对原始地貌进行踏勘,对关键工程的技术可行性、经济合理性、安全可靠性指标进行综合评估,对后续施工可能遇到的问题先行掌握,与原设计单位及时讨论研究,将重大变更的初步方案及时上报,尽快确定解决方案。经过调查研究,对部分不合理、不完善的设计提前判断,拟出不能按照原设计施工的工点,列出清单下发各监理、施工单位,暂缓施工,避免因盲目施工造成不必要的经济损失。

在原施工方案变更方面,按照有关要求制定了镇新高速公路工程变更管理办法,外业实行现场组集体管理体制,按专业划分工作职责,使现场工程技术人员的专业强项得到充分发挥。对于较大的工程变更方案必须经总监办办公会议集体决策,对于重大的工程变更总监办先行确定初步方案后,及时上报总公司,严格按照总公司的指示实施,避免因考虑不充分以至变更方案错误,造成不必要的工程成本增加。

由于镇新段总体路线位于贵州高原西部斜坡地带,西高东低,为溶蚀、剥蚀中山地貌,全线岩溶发育,西部刘官以西高原沿线海拔最高在硝洞哨垭口处,海拔2133m,西段全线为三叠系灰岩构成,泥岩成分增多,地表水系发育,水量充沛;主要不良地表岩层风化深、土层厚,特别是煤系地层和玄武岩,其风化深度在8m以上,路线所过处,边坡欠稳,容易垮塌,或因采煤洞的无序分布而影响路基稳定,因此,施工难度很大。

武警交通第二工程处被誉为"筑路铁军",承建4.4km长的晴隆隧道。这里森林茂密、悬崖陡峭,给施工前的测绘放样带来极大的困难。测绘人员每日起早贪黑,攀登于峡谷峰峦中,穿行于荆棘丛生、野兽毒蛇出没的茂林,测绘队长李宁在选点途中,一脚踩空,险些摔下15m深的峡谷并遭蛇咬,幸无大碍。晴隆隧道所处地段地质复杂,山体主要由白垩纪页岩、砂岩构成,有十多个断层,更严峻的是,洞口的进口处有难中之难的20m浅埋段。当隧道掘进近10m时,山体突然发生大面积的山体塌方,使隧道掘进受阻。工程处副主任杜振来组织技术攻关小组,连夜完善施工方案,加大成本投入,先在隧道山体上打孔,用小导管注浆,然后在洞口表面喷浆,凝固后稳固山体结构,再在洞口搭起高密度支架,用锚索与山体相连,防止发生整体位移。当隧道掘进53m时,洞内又出现大量渗水。隧道掘进到62m时,隧道上部突然出现大裂缝,洞体整体下沉20多厘米,呈现断裂性塌方的前兆。项目部成立党员突击队,全体工程技术人员加强攻关。通过现场勘察,攀崖走壁,找到并阻断渗水源,解决了隧道严重渗水的难题。针对渗水和岩石松软的问题,采用钢轨超前支护,昼夜不停地用注浆锁脚锚杆加固隧道拱脚,加强隧道拱顶和侧墙的支撑强度,终于克服了塌方的危险。官兵们克服各种困难,终于打通晴隆隧道,直线穿越"二十四道拐"。

为确保工程质量,新胜总监办建立了由总监理工程师任组长的质量领导小组,制定了防止质量通病的管理措施。路基土石方施工方面,要求填方路基压实严格按照《公路工程技术标准》(JTG B01—2003)执行,填石路堤采用碎石、石屑嵌缝、找平。在挖方路床施工过程中,控制超挖,否则按照路面底基层的要求进行回填施工。高边坡施工采取逐级开挖、逐级防护的施工程序,石方边坡采用预裂爆破、光面爆破,杜绝洞室爆破和"葫芦炮"。按照合同文件要求和施工需要配足平地机、压路机、推土机等机械设备。在砌体工程施工方面,要求圬工砌体砂浆使用砂浆搅拌机集中拌和。圬工砌体所选用的石料尺寸、强度、外观、勾缝按照总监办制定的相关工作指示执行,杜绝勾假缝和皮带缝。在桥涵施工中,要求T梁预制要保证钢筋保护层厚度的准确,梁底采用混凝土预制垫块,侧面采用塑料垫块。确保桥面铺装厚度达到设计要求,在梁、板预制底模跨中,部位采用预留上拱度。先简支后连续的桥梁,顶板负弯矩预应力钢绞线严格按照设计要求张拉和孔道灌浆。为确保工程质量,并为后期工程处理提供科学依据,采取在涵台、桥台处设置预埋点,并对其下沉量进行长期观测。伸缩缝开槽一次施工到位,其填塞严格按规范及设计执行。隧道施工中,对施工过程中容易出现质量问题的防水板施工工序,采取了施工单位与厂家签订技术服务合同的办法。防水板搭接长度严格按照设计及规范的要求进行施工。确保锚杆数量、长度、钢格栅间距,采取检测单位进行跟踪监控并及时反馈信息的办法。电缆槽预制盖板经验收合格后统一集中堆放,盖板铺装工序由机电安装单位负责施工,确保机电工程施工时不损坏盖板及电缆槽。开挖时根据围岩类别的变化,严格按照变更程序及时对变化地段进行变更处理。二次衬砌施工及时跟进,开挖掌子面与二次衬砌距离确定的原则,充分考虑了围岩地质及围岩收敛情况,加强观测,确保掌子面爆砖时对二次衬砌混凝土结构不造成影响。路面工程施工中,要求路面面层混合料的配合比设计必须按照《公路沥青路面施工技术规范》的要求,经过目标配合比设计、生产配和比设计及生产配和比设计检验三个阶段。生产配合比设计与生产配合比设计检验应在大面积施工前进行。生产配合比设计与检验应符合《公路沥青路面施工技术规范》的有关要求。要求路面工程施工前,必须铺筑试验路段,进行试验检测,来确定混合料合理的配合比及施工工艺等,用以指导路面大规模施工。改性沥青玛蹄脂碎石混合料温度对路面的压实、混合料的离析有很大影响,在施工的各个环节,要求专门的工作人员检测温度,对温度不符合要求的混合料坚决废弃。水泥稳定碎石上基层、下基层均采用集中厂拌、单层碾压的施工方法进行施工。沥青混合料的拌和,要求纤维稳定剂需在集料烘干后投入,并与热的集料干拌 10~15s。纤维由专门的纤维投放设备直接投入拌和机。每天在拌和楼进行抽提试验和马歇尔试验,还在刚摊铺完没有碾压的路面上进行随机取样。沥青混合料的运输,运料车的车厢底部涂刷油水混合物。运输车运输过程中加盖苫布,以防表层混合料降温结硬壳。沥青混合料的摊铺,要求合适的摊铺宽度以 1 个车道(3.75m)到 2 个车道(7.5m)宽为宜。当气温低于 10°C 时,不得进行改性沥青玛蹄脂碎石混合料(SMA-13)路面施工。沥青混合料的碾压,路面的碾压必须严格控制好碾压温度,按照"紧跟、慢压、高频、低幅"的原则进行。在桥涵等构造物的接头处,以及匝道、紧急停车带等摊铺机和压路机难以正常操作的部位,辅以小型机械或人工快速进行施工,保证其施工温度。采取其他措施,如小型混凝土构件采用集中预制(如盖板涵的盖板等)。

  同时,定期核查施工单位的试验自检频率台账,以及监理单位、中心试验室的试验抽检台账。高度重视混凝土配合比试配工作,特别是高强度等级混凝土。钢筋的绑扎、焊接及垫块的安放,严格按规范及设计要求执行。"三背"回填所用填料质量、分层厚度及压实度等指标严格按照规范及总监办下发的相关"工作指示"执行。各施工标段建立了工程质量管理档案。新胜总监办每月带领中心试验室、驻监办对各施工单位进行 12 次质量大检查,对检查中发现的问题进行通报、限期整改并进行违约处罚。

  定期开展工地例会和监理例会,指出施工中和监理工作执行中存在的问题,并就如何解决问题提出意见和要求,并指定专人跟踪落实。施工单位所采用的施工技术措施,现场负责人严格把关,事先做好技术交底,做到人人心中有数,确保不出现质量问题。

监理人员加强对施工单位所用各种材料的监督及检查,不合格的材料严禁进入施工现场,主要材料必须按总监办下发的经总公司批准的入围厂家进货。

每季度进行综合评比,对质量、安全、环保、进度等方面做得最好和最差的前后几名进行奖惩,对施工单位和监理单位进行有效的激励和鞭策。针对极端不利施工的气候条件,制订专项施工方案,明确施工措施(如雨期施工措施、冬期施工措施等)。积极联系、调查并引进全国知名厂家的水泥、钢筋、钢绞线等工程主材,保证材料市场正常有序,确保工程质量。组织施工人员及监理人员,对各种施工方案和工艺进行认真细致的研究讨论,集思广益,制订出最佳的施工方案。

引入工程检测、监控系统,全方位、全过程地对其施工进行控制与指导,确保工程质量。对隧道检测单位的资质、业绩、实力及知名度等方面进行了比选商定,确定隧道检测单位,确保隧道施工质量,保证初期支护和二次衬砌混凝土强度及厚度、锚杆数量及长度、格栅钢拱架间距等。

在各项工程施工过程中,当发现工程项目存在不符合技术规范、设计图纸的规定和要求,或施工出现质量事故苗头时,要求监理工程师及时发出警告,要求施工单位立即更换不合格材料、设备或不称职的施工人员,或要求立即改变不正确的施工方法或工艺,从而确保工程有序进行,最大限度地减少后期返工带来的经济损失。

当因施工引起的质量缺陷出现时,总监办要求现场监理工程师立即发出口头停工指令,并立即向驻地监理工程师报告,由驻地监理工程师填写"工程暂时停工指令",并报总监办批准后通知施工单位。待施工单位采取了能保证工程质量的有效措施,对质量缺陷进行了补救处理和专业监理工程师检查合格后,承包人填写"复工申请",经驻地监理工程师核实确认签署意见后,再由总监办签署"复工指令"恢复施工。

当质量缺陷出现在某道工序或单位工程完工后,且对下一道工序或分项工程产生质量影响时,总监办要求监理工程师必须拒绝检查验收和工程计量,并指令承包人进行返工处理。

通过采用承包人自控、驻监办监控、检测单位监督、总监办不定期检查、监督、落实,这种规范化、多层次、互控式质量管理体系的良好运转,使全线工程实体质量均处于可控状态。

为保证施工进度,制定科学有效的施工组织设计,严格按照施工组织设计的要求监督计划的落实情况,督促施工单位投入资源、现场劳动力,配置符合施工进度要求的施工设备,督促施工单位购置材料,材料的储备要能满足施工生产的需要。加强对施工现场的管理力度,不定期地对全线的人员资质和机械进场情况进行检查核实:对上岗人员的从业资格及业务素质,以及到场的机械数量和完好率是否能够满足施工现场要求,进行检查和提出具体要求。同时,对施工便道通行能力进行检查,为施工单位施工期材料到位和机械的进出场提供了保障,这样,既保证其运输线的畅通,也保证了进度的顺利完成。

利用工程总价的1%作为奖励奖金,充分调动承包人、驻监办及中心试验室的积极性,同时对那些进度暂时落后的单位起到促进作用,从而保证了进度的完成。

不定期召开全线进度专题会议,检查各标段施工生产计划的落实情况,对各标段在会议上提出的问题进行分析处理;通过每期的工地例会、监理例会解决工作中出现的问题,为各项工作的顺利开展尽量扫清障碍,赢得宝贵时间。对一些进度滞后的施工标段及时召开专题整顿会议,整顿效果不明显的施工单位还专门发函邀请法人到现场分析研究原因,提出解决方案,并要求法定代表人成立现场工作组进行现场督促处理。更换不称职的项目经理,要求增加项目经理部施工技术和管理人员;更换不称职的监理人员;要求驻监办根据现场施工进度情况增派监理人员。签订项目经理约谈备忘录,确保镇胜公路2007年底通车目标。

新胜项目部在投资管理上,一是下发了《工程建设资金封闭运行管理办法》的工作指示,确保工程资金用于工地施工,防止资金外流;并成立了变更领导小组,专人抓变更设计,制定了《工程变更管理办法》。制定严谨的变更申报、审批制度和程序,层层把关,有效地控制变更增加费用;在合同谈判备忘录条款对砌体工程规范加以明确,如承包人自行采用混凝土块做砌体,须报总监办批准,费用不作调整;对于桥梁基础,桥面高程以下部分按桥梁挖基单价计算,桥面高程以上按路基挖方单价计算。从而明确规定各项费用;对于漏缺项单价的制定,工程量清单中涵洞工程部分在施工中凡属涵洞的孔径或类型的变更均按本标段或相邻标段的孔径或类型来套用或内插确定变更单价,不另行编制合同单价,基础增加部分按照总公司相关的管理规定来制定变更单价;计量及变更实行网络化管理,建立了严谨的合同管理体系。采取计量现场复核制度,严格把好计量关;在合同谈判中对不平衡报价进行了调整;认真组织图纸审查,并进行现场调查复核,提出优化设计(如取消28标段火焰山、曹阳寺大桥,解决了弃方的利用,节约了投资)。

针对镇胜高速公路建设标准高,工程量大,高填深挖地段多,高边坡多,地形艰险,地质条件复杂,大桥、隧道施工条件差,参与的施工人员、机械、车辆多,战线长,点多面广等特点,始终坚持从安全生产入手,在全体参建职工中广泛进行了宣传、教育,并采取多项措施保证施工安全。开工初期检查各施工单位的安全生产许可证等资质;建设过程中积极与属地安全监督、特种设备监察、公安等部门取得联系,共同对施工现场开展安全督察活动;根据当时公路的安全生产形势,制定一系列的安全生产管理制度,建立健全了安全生产各项规章制度,并对施工安全管理、爆破作业、施工现场用电、路基工程、桥梁工程、隧道工程等方面作出全面的安全管理规定,未出现重大安全事故。

在建设中,注重保护公路所在地生态环境。在进场初期项目部就确立了环保水保管理目标,构建了组织机构,成立了环境保护领导小组,并且制定植被保护和恢复、声环境保护、临时工程用地恢复、环境空气质量保护、水土保持、施工废水污染防治、生产污水控制、生活污水控制、隧道施工涌水防止以及水土流失的管理等一系列措施。还邀请具有环境监测资质的贵州交通环保监测站对全段环境实行实时监测，以量化指标动态掌握全段环境现状。监测内容包括：水质监测、声环境监测、空气质量监测、水土流失监测和固体废弃物排放监测。通过环保制度的建设，措施的落实，该项目自开工未造成环境污染事故，未出现较大的水土流失现象，项目部要求的各项环保措施，施工方、监理方基本落实到位。

2006年，贵州经历了60年不遇的大雨，该项目部分合同段边坡地质情况特殊，风化严重，造成了滑塌，项目部、总监办及时会同设计单位、监理单位等安排人员进行了清理，并且增设了防护工程，完善了排水设施，保证建成后运营安全。

虎跳河大桥、槽箐头隧道均为新胜段的重难点工程。

新胜项目部在建设过程中，重视企业文化建设，大力做好宣传工作。先后组织了"新胜情"迎新春文艺会演、迎"七一"篮球比赛等活动，并且创办了内部刊物《新胜简报》（后改名为《新胜风采》），加大了舆论宣传，增强了各参建单位的凝集力，弘扬企业文化，提高职工的业务素质，充分发挥了各单位的能动力、创造力。

镇胜高速公路修建于群山峻岭之中，沟壑纵横，很多地带为鸡爪地形，加之高速公路大多依山而建，将当地群众原有生产生活道路拦腰切断，给沿线群众的出行和耕作带来极大不便，新胜项目部、总监办根据实际情况认真研究，在原设计基础上新建了机耕道20.5km，耕种道路37.1km，排水灌溉沟渠16.7km，新增人行天桥6座，恢复水塘5个，建立集中安置区4个，最大限度满足了沿线群众生产生活出行问题。为了使高速公路建成后当地群众出行方便，在参建单位进场时，即要求施工便道的建设按永久性道路修建，共计修建道路近30km。

由于镇胜高速公路地处喀斯特地区，盘县又是极贫水地区，公路沿线原有的出水点在施工中稍受震动便会受到破坏，给当地群众人畜饮水带来极大的困难，新胜项目部、总监办与地方政府协商，千方百计想办法解决了人民群众人畜饮水困难问题，共寻找新水源点和改造原水源点41处，投入资金500余万元。为构建和谐社会，加强路地关系和村寨文明建设等，项目部、总监办和各参建单位三年来共出动机械设备千余次，提供砂、石材料万余方，水泥百余吨。

该路建设过程中，质量管理机构健全、制度完善、责任明确，体现了较强的质量控制能力。施工中所采取的一系列质量管理措施比较得力，对确保工程质量发挥了较好的作用。路基及其防护以及桥涵等工程，通过了车辆运行以及2007年60年不遇的大雨考验。

镇胜公路的建成使贵州省与全国同步实现了国道主干线基本贯通，于黔滇两省间形成了快速通道，结束了过去无高速公路连接的历史，使贵阳至昆明车程缩短为7个多小时。

(4)资金筹措。镇宁至胜境关高速公路项目概算总投资 126.57 亿元,平均每公里造价 6791.39 万元,其中镇宁至新寨河段投资 73.94 亿元(坝陵河大桥概算投资 131759.58 万元),平均每公里造价 7859.91 万元。资金来源于工行与国家开发行贷款。

(5)招标投标。镇宁至胜境关高速公路项目办和总监办由高总司派出,项目实施中全面实行了项目法人制、招标投标制、工程监理制及合同管理制。施工单位和监理单位通过社会招标选择确定,完善了项目质量监督手续。项目建设管理严格按政府监督、法人管理、社会监理和施工企业自检所形成的四级质量保证体系进行运作。项目资金的拨付按国家有关法规的要求为依据,严格按照合同及资金管理办法进行监督和监控,确保资金运行安全。

勘察设计单位招投标:高总司分别于 2002 年 9 月,2003 年 1 月及 2003 年 2 月分三批对镇胜项目勘察设计单位进行了公开招标,最终选定了中交第二公路勘察设计研究院、贵州省交通规划勘察设计研究院等作为勘察设计中标单位。

土建施工单位:2004 年 1 月,高总司对土建第 1、2、3、4、16、18、26、38 合同段进行了公开招标;2004 年 3 月 10 日,通过评标,确定了第 3、4、18、38 标中标单位云南第二公路桥梁工程有限公司等单位;2004 年 11 月 26 日,通过评标确定贵州省桥梁工程总公司为中标单位;2004 年 5 月,对 1、2、16 合同段进行重新招标;2004 年 7 月 26 日,经过评标,确定了广西壮族自治区公路桥梁工程总公司等三家单位为中标单位;2004 年 6 月,对第 5-13、15-19 合同段进行了公开招标,于 2004 年 7 月 26 日通过评审,确定了贵州省公路工程总公司等 12 家公司为中标单位;2004 年 7 月,对第 20-25、27-37 合同段进行了公开招标,于 2004 年 8 月 17 日通过评审,确定了路桥集团第一公路工程局等 17 家单位作为中标人。

两桥施工单位:2004 年 11 月,高总司对坝陵河大桥、北盘江大桥两岸施工单位进行了公开招标,通过最终评审,确定了贵州省桥梁工程总公司、中港第二航务工程局、贵州省公路桥梁工程总公司为中标人。

路面施工单位:高总司分别于 2005 年 6 月、2006 年 4 月两次对路面工程公开招标,并于 2006 年 5 月 24 日通过评审,选定贵州省公路工程总公司等 6 家单位作为中标人。

交安施工单位:高总司分别于 2006 年 1 月、2006 年 7 月两次对交安工程进行公开招标,并于 2006 年 9 月 1 日通过评审,选定陕西高速交通工贸有限公司等 6 家单位作为中标人。

房建施工单位:高总司分别于 2006 年 1 月、3 月、6 月、7 月分四次对房建工程进行公开招标,并于 2006 年 9 月 1 日通过评审,选定中建四局一公司等 6 家单位作为中标人。

机电施工单位:对机电工程 2006 年 9 月,高总司对机电工程进行公开招标,并于 2007 年 2 月 5 日通过评审,选定上海交技发展股份有限公司等 6 家单位作为中标人。

绿化施工单位:2007 年 4 月,高总司对绿化工程进行公开招标,并于 2007 年 5 月 18

日通过评审,选定广西桂海园林环境建设有限责任公司等 4 家单位作为中标人。

监理单位:2004 年 5 月,高总司对土建监理单位进行了公开招标,并于 2004 年 6 月 25 日通过评审,确定了贵州陆通公路工程监理有限责任公司等 10 家单位作为中标人,其余相应监理单位均与施工单位进行同步招标,并在相应施工单位评审时,对相应监理单位的投标进行了评审,确定了监理单位中标人。

中心试验室:2004 年 6 月,高总司对中心试验室进行了公开招标,并于 2004 年 7 月 1 日通过评审,确定了贵州省交通技术中心、贵州省交通建设咨询监理有限公司共计 2 家中标人。

G60 沪昆高速公路镇宁至胜境关段参建单位表见表 6-21。

G60 沪昆高速公路镇宁至胜境关段参建单位表　　　　表 6-21

通车里程桩号:K0+000～K197+886.509

参建单位	单位名称	合同段编号及起止桩号	主要负责人	备注
项目管理单位	贵州高速公路集团有限公司	K0+000～K101+032.739	李跃中	镇新段
	贵州高速公路集团有限公司	K101+032.739～K197+886.509	戎凯	新胜段
勘察设计单位	中交第二公路勘察设计研究院	K0+000～CK20+700;CK22+150～YK41+834.889	李章喜	土建、路面
	贵州省交通规划勘察设计研究院	K43+604.059～K97+359.280	方路	土建、路面
	中交公路规划设计院	CK20+700～CK22+150	曾宪武	坝陵河大桥
	中交第二公路勘察设计研究院	K0+000～K97+359.280	孔庆云	交通工程沿线设施
	中交第二公路勘察设计研究院	K100+800～K142+463.519	翁德平	土建、路面
	贵州省交通规划勘察设计研究院	K147+600～K198+161.163	蒋培洲	土建、路面
	中国公路工程咨询监理总公司	AK100+691.290～K197+886.690	王晓明	交通工程沿线设施
施工单位	广西壮族自治区公路桥梁工程总公司	第 1 合同段 K0+000～K4+500	曹汉荣	土建工程
	中铁二十局集团有限公司	第 2 合同段 K4+500～K8+500	王永玺	土建工程
	云南第二公路桥梁工程有限公司	第 3 合同段 K8+500～K12+020	黄孝	土建工程

第六章 贵州高速公路

续上表

参建单位	单位名称	合同段编号及起止桩号	主要负责人	备注
施工单位	山东省公路工程总公司	第4合同段 K12+020~K15+488.537	王正宗	土建工程
	贵州省公路工程总公司	第5合同段 ZK15+488.537~ZK20+050.996	黄凡	土建工程
	中铁十八局集团第三工程有限公司	第6合同段 K22+320~K27+300	余顺友	土建工程
	贵州省公路工程总公司	第7合同段 K27+320~ZK32+556.203	王伯航	土建工程
	中铁四局集团有限公司	第8合同段 ZK32+556.703~K36+790	楼金其	土建工程
	贵州省公路桥梁工程总公司	第9合同段 ZK36+790~K40+265.815	刘贵蜀	土建工程
	贵州省桥梁工程总公司	第10合同段 K43+604~K49+100	王太普	土建工程
	贵州省公路工程总公司	第11合同段 ZK49+160~K53+477.701	肖锡康	土建工程
	中铁二局第五工程有限公司	第12合同段 K53+477.701~K59+920	金德成	土建工程
	贵州省公路工程总公司	第13合同段 K59+920~K64+100	贺先访	土建工程
	贵州省桥梁工程总公司	第14-A合同段	杨光华	北盘江大桥镇宁岸
	贵州省公路桥梁工程总公司	第14-B合同段	何志军	北盘江大桥新寨河岸
	宝钢集团上海二钢有限公司	第14-C合同段	桑春明	北盘江大桥缆索股制造及平行钢丝绳吊索采购
	中国南车集团资阳机车厂四川天元机械工程有限责任公司	第14-D合同段	叶朝清	主索鞍、散索鞍和索夹制造
	中铁武桥重工股份有限公司	第14-E合同段	汪晓岚	钢桁梁加工制造
	中国南车集团资阳机车厂四川天元机械工程有限责任公司	第14-F合同段	叶朝清	锚碇连接器制造
	贵州省公路桥梁工程总公司	第14-G合同段	何志军	上部结构安装施工

续上表

参建单位	单位名称	合同段编号及起止桩号	主要负责人	备注
施工单位	北京毛勒桥梁设施技术有限公司	第14-H合同段	罗红	伸缩缝制作及安装
	贵州省桥梁工程总公司	第15合同段 K65+720~K69+704.652	麻开勇	土建工程
	贵州省桥梁工程总公司	第16合同段 K69+830~K76+180	吴治明	土建工程
	贵州省公路桥梁工程总公司	第17合同段 K76+180~K82+179.191	秦代华	土建工程
	北京市海龙公路工程公司	第18合同段 K82+179.191~K88+300.470	田利	土建工程
	广西壮族自治区公路桥梁工程总公司	第19合同段 K88+300.470~K97+405.017	张帆	土建工程
	路桥集团第一公路工程局	第20合同段 K101+032.739~K105+500	倪心刚	土建工程
	贵州省公路工程总公司	第21合同段 K105+500~K100+090	徐应禄	土建工程
	中铁五局集团第一工程有限责任公司	第22合同段 K100+090~K113+718	鲍茂新	土建工程
	贵州省公路桥梁工程总公司	第23合同段 K113+718~K117+200	姚豪	土建工程
	中铁四局集团有限公司	第24合同段 K117+200~K120+090	程立访	土建工程
	中铁七局集团有限公司	第25合同段 K120+090~K124+880	王碎义	土建工程
	贵州省桥梁工程总公司	第26合同段 K124+880~K120+000	王贵平	土建工程
	路桥集团国际建设股份有限公司	第27合同段 K120+000~K133+000	田连民	土建工程
	中港第二航务工程局	第28合同段 K133+000~K138+000	李昊	土建工程
	中港第二航务工程局	第29合同段 K138+000~K142+959.203	董正良	土建工程
	贵州省公路工程总公司	第30合同段 K147+598.47~K155+120	张忠胜	土建工程
	路桥集团第一公路工程局第五工程公司	第31合同段 K155+120~K158+734.077	郝纯宗	土建工程

第六章
贵州高速公路

续上表

参建单位	单位名称	合同段编号及起止桩号	主要负责人	备注
施工单位	贵州省公路桥梁工程总公司	第32合同段 K158+734.077~K164+300	余中海	土建工程
	中铁一局集团有限公司	第33合同段 K164+300~K171+984.437	吴元平	土建工程
	路桥集团第一公路工程局	第34合同段 K171+900~K176+900	王明	土建工程
	重庆市渝通公路工程总公司	第35合同段 K176+900~K181+500	杨帆	土建工程
	哈尔滨市公路工程处	第36合同段 K181+500~K185+900	张满春	土建工程
	中铁二局股份有限公司	第37合同段 K185+900~K191+300	杨戈	土建工程
	中铁十六局集团第三工程有限公司	第38合同段 K191+300~K197+886.509	张西	土建工程
	贵州省桥梁工程总公司	39A合同段 K20+051~K21+535	阮有力	坝陵河大桥东岸土建施工
	中港第二航务工程局	第39B合同段 K22+079~K22+320	徐刚	坝陵河大桥西岸土建施工
	上海宝钢集团上海二钢有限公司联合体	39C合同段 K20+050~K22+287	张建	坝陵河大桥主缆索股制造
	贵州钢绳股份有限公司	第39D合同段 K20+991~K22+079	黄支许	坝陵河大桥钢丝绳吊索采购
	四川天元机械工程有限责任公司	第39E合同段 K20+991~K22+079	叶朝新	坝段河大桥主索鞍、散索鞍和索夹制造
	中铁大桥局集团第七工程有限公司	第39F合同段 K20+991~K22+079	苏锦华	坝陵河大桥钢桁梁加工制造
	中铁大桥局集团第七工程有限公司	39F-b		坝陵河大桥钢桁梁加工制造吧补偿合同
	贵州省桥梁工程总公司	第39G-1合同段 K20+050~K21+535	阮有力	坝陵河大桥上部结构安装施工（东岸及上游）
	中港第二航务工程局	第39G-2合同段 K20+743~K22+307	徐刚	坝陵河大桥上部结构安装施工（两岸及下游）

续上表

参建单位	单位名称	合同段编号及起止桩号	主要负责人	备注
施工单位	河北巨力索具股份有限公司	第39H合同段 K20+050~K22+321	叶建国	坝陵河大桥锚碇连接器制造
	贵州中广信电梯有限公司	39J		坝陵河大桥主塔电梯制作安装
	中国铁路(集团)新津筑路机械厂	第39K合同段 K20+050~K21+535	沈林	坝陵河大桥伸缩缝制作及安装
	中国铁路(集团)新津筑路机械厂	第39L合同段 K20+050~K21+535	沈林	坝陵河大桥支座制造
	中铁大桥局集团武汉桥梁科学研究有限公司	第39M合同段 K20+051~K22+320	汪正兴	坝陵河大桥结构营运安全监测系统实施
	重庆志翔铺道技术有限公司	第39N合同段 K20+991~K22+079	李明福	坝陵河大桥环氧沥青混凝土桥面铺装施工
	贵州省公路工程总公司	第40A合同段 K0+000~K20+997	赵廷新	路面工程
	贵州省公路工程总公司	第41合同段 K22+079~K64+574	符梦熊	路面工程
	贵州省桥梁工程总公司	第41B合同段 K65+110~K97+407.486	肖锡康	路面工程
	路桥集团第一公路工程局	第43合同段 K96+947.468~K132+857.443	彭爱民	路面工程
	贵州省公路桥梁工程总公司	第44A合同段 K132+857.443~K164+300	余中海	路面工程
	贵州省公路桥梁工程总公司	第44B合同段 K164+300~K197+886.509	向仕飞	路面工程
	陕西高速交通工贸有限公司	第45-1合同段 K0+000~K3+200	刘开普	交安
	杭州公路交通设施工程有限公司	第45-2合同段 K3+200~K13+300	金建根	交安
	福建漳州公路局机械修配厂	第45-3合同段 K13+300~K40+219.875	郭芋根	交安
	北京深华科交通工程有限公司	第46合同段 K43+604.059~K97+407.486	杨可心	交安
	北京深华科交通工程有限公司	第47合同段 K101+032.739~K142+959.203	刘世中	交安

续上表

参建单位	单 位 名 称	合同段编号及起止桩号	主要负责人	备　注
施工单位	湖南天弘交通建设工程有限公司	第48合同段 K147+598.47~K197+886.509	刘奉江	交安
	中建四局一公司	第49-1合同段 K0+000~K3+200	田强	房建工程
	中建四局一公司	第49-2合同段 K3+200~K13+300	李代平	房建工程
	贵州省公路工程总公司	第49-3合同段 K13+300~K40+219	黄经祥	房建工程
	中建四局机械施工公司	第50合同段 K60+827.932~K88+950.61	兰平	房建工程
	贵州省公路工程总公司	第51合同段 K101+032.739~K142+964.11	吴昆	房建工程
	贵州省公路工程总公司	第52合同段 K147+598.47~K197+886.509	吴昆	房建工程
	甘肃紫光智能交通与控制技术有限公司	第53合同段 K0+000~K66+500	苟春林	交通、隧道机电工程
	上海交技发展股份有限公司	第54上合同段 K66+500~K97+405	宋建波	交通、隧道机电工程
	上海交技发展股份有限公司	第54下合同段 K66+500~K197+886.509 三大系统	陈邦贵	交通、隧道机电工程
	上海交技发展股份有限公司	第55合同段 K0+000~K66+500	高庆	交通、隧道机电工程
	广东新粤交通投资有限公司	第56上合同段 K66+500~K97+407.486	董波	交通、隧道机电工程
	广东新粤交通投资有限公司	第56下合同段 K66+500~K186+000 隧道机电	吴彦良	交通、隧道机电工程
	贵州省桥梁工程总公司	第57合同段 K186+000~K197+886.509 槽箐头隧道机电	郑伟	交通、隧道机电工程
	广西桂海园林环境建设有限责任公司	第58合同段 K15+488.537~K43+604.059	汪俭福	绿化工程
	四川省瑞云环境绿化工程有限公司	第59合同段 K43+604.579~K97+407.486	陈安全	绿化工程
	贵州高速公路绿化工程有限公司	第60合同段 K10+032.739~K142+959.203	周显明	绿化工程

续上表

参建单位	单位名称	合同段编号及起止桩号	主要负责人	备注
施工单位	贵州绿地园林建设实业有限公司	第61合同段 K147+598.47~K197+886.509	李定友	绿化工程
	杭州公路交通设施工程有限公司	第62合同段 K0+000~K97+405.017	汤仕芳	交安工程
	天津市莱茵环保新技术开发有限公司	第63合同段 GK60 K2058+200~K2012+092	赵福存	环境保护声屏障工程
	上海中驰集团有限公司	第64合同段 GK60 K2012+092~K2015+500	葛钟源	环境保护声屏障工程
监理单位	贵州陆通公路工程监理有限责任公司	A驻地监理办 K0+000~K20+154.518	夏建勇	土建监理
	贵州省交通建设咨询监理有限公司	B驻地监理办 K22+290~K49+100	蒋尽忠	土建监理
	中交国际咨询有限公司	C驻地监理办 K49+100~K64+100	王国瑞	土建监理
	海南交通工程监理公司	D驻地监理办 K65+720~K76+180	吴健波	土建监理
	武汉大通公路桥梁工程咨询监理有限责任公司	E驻地监理办 K76+180~K97+405.017	季和东	土建监理
	贵州陆通公路工程监理有限责任公司	第F合同段 K101+032.739~K120+090	张晓航	土建监理
	山西省交通建设工程监理总公司	第G合同段 K120+090~K142+959.203	王飞	土建监理
	安徽省高等级公路工程监理有限公司	第H合同段 K147+398.47~K164+300	李亮	土建监理
	贵州省交通建设咨询监理有限公司	第I合同段 K164+300~K181+500	魏红宇	土建监理
	中交国际工程咨询有限公司	第J合同段 K181+500~K197+886.509	索进喜	土建监理
	铁科院工程咨询监理有限公司	第K1合同段 K20+051~K22+097	王兴猛	坝陵河大桥施工监理
	贵州科达公路工程咨询监理有限公司	第K2合同段 K64+100~K65+720	王沧海	北盘江大桥施工监理
	贵州交通建设咨询监理有限公司	第L合同段 K0+000~K13+300	颜家休	交通工程及沿线设施(含绿化)监理

续上表

参建单位	单位名称	合同段编号及起止桩号	主要负责人	备注
监理单位	贵州陆通公路工程监理有限责任公司	第 M 合同段 K22+079~K97+407.486	龙瑞坤	路面工程监理
	贵州省交通建设咨询监理有限公司	第 N 合同段 K96+955.486~K197+886.509	杨华	路面工程监理
	贵州省交通建设咨询监理有限公司	第 O 合同段 K13+300~K43+604.059	颜家休	绿化工程监理
	贵州科达公路工程咨询监理有限公司	第 P 合同段 K43+604.059~K97+407.486	彭庆	绿化工程监理
	贵州陆通公路工程监理有限责任公司	第 Q 合同段 K101+032.739~K142+964.11	吴辉	房建工程监理
	贵州三维工程建设监理咨询有限公司	第 R 合同段 K147+598.47~K197+886.5	张卫红	房建工程监理
	北京兴通交通工程监理有限责任公司	第 S 合同段 K0+000~K66+500	马达	机电工程监理
	北京兴通交通工程监理有限责任公司	第 T 合同段 K66+500~K197+886.509	杨惠昭	机电工程监理
	重庆中宇工程咨询监理有限责任公司	第 U 合同段 K0+000~K66+500	龚世强	机电工程监理
	西安公路交通工程科技发展有限公司	第 V 合同段 K66+500~K197+886.509	李心	机电工程监理
中心试验室	贵州省交通技术中心	I 中心试验室 K0+000~K97+405.017	魏红宇	
	贵州省交通建设咨询监理有限公司	II 中心试验室 K101+032.739~K197+886.509	余廷禹	

(6)征地拆迁。镇新段征地拆迁工作从 2004 年 6 月开始,总监办征拆及协调部门积极与地方各级政府征拆部门密切配合,加强沟通与联系,征拆工作开展正常,为进场的各施工单位做好了临时用地和先行动工用地的征用及协调等服务,为主线的施工打下了良好的基础。

经过外业勘丈登记、内业资料的整理及资料公示工作,全段土地赔付资金顺利支付。随着征拆工作的不断深入,各种问题和矛盾不断出现,为了使存在的问题得到妥善的处理,主抓了以下几个方面的工作:一是完成三电、厂矿、企事业单位、学校以及拆迁农户的调查摸底和资料收集汇总,上报高总司及相关主管部门。二是对被拆迁的农户,在坚持"以分散安置为主,集中安置为辅"的原则下,做好思想动员工作,并对确需集中安置的拆迁户做好调查摸底和统计工作。三是积极配合上级业务部门做好林地、土地的报批工作。

四是积极做好工程用电、火工产品的供应和管理,以及地方关系的协调工作。最终,镇新段完成征地11721.37亩、房屋拆迁10.18万 m^2。建设用地于2005年7月26日经国土资源部批准。

新胜段建设征地拆迁主要在普安和盘县两地进行,普安境内正线征地2584.91亩、迁坟500座,其中,集中安置用地100.15亩,施工临时用地1078.6亩,拆迁各类房屋(含行政、企事业、学校)面积2万 m^2,其中拆迁农户房屋146户,拆迁企事业单位房屋8宗;三电迁改,其中电力迁改34km,移动光缆迁改3km,联通光缆迁改1.5km。盘县境内共征用土地11675.63亩,迁坟3128座,其中正线征地8787.38亩,红线补征1344.68亩,集中安置用地100.15亩,施工临时用地1143.55亩,拆迁各类房屋(含行政、企事业、学校)面积114972.99m^2,其中拆迁农户房屋517户,面积9807.92m^2,拆迁企事业单位学校房屋17宗,面积16893.08m^2;三电迁改合同41项,其中电力迁改103处75.14km,移动光缆迁改15处45km,联通光缆迁改11处6.8km;签署恢复、新建人畜饮水协议42项;林木补偿1053.68亩;2007年因暴雨农田受灾面积1138.95亩,涉及1902户;其他协议付款22项。共兑付征地拆迁补偿款为18288万元。

(7)交(竣)工。镇新段交工验收。2006年9月12日、2007年12月30日、2008年4月28日、2009年12月29日,在高总司主持下,分别对镇胜段K0+000~K12+784、主要路段、剩余路段、K12+784~K26+606.5进行了交工验收。通过听取建设各方的工作总结报告,依据省质监站的项目检测意见,交工验收委员会同意相关工程交工验收。

新胜段交工验收。新胜段交工验收分段进行。2007年12月30日,普安互通(K115+060)至英武(K129+920)段及刘官互通(K152+420)至胜境关(K197+727.21)段交工验收。2008年4月29日,起点(K101+032.71)至普安互通(K115+060)及英武互通(K129+920)至刘官互通(K152+420)段交工验收。2009年1月4日,机电工程(一期)交工验收。2009年12月26日,里程桩号传递及标志更换工程交工验收。2010年2月26日,绿化工程交工验收。2010年7月2日,房建工程交工验收。2010年12月7日,机电工程(二期)交工验收。交工验收的工程经过初步评定均为合格工程。

坝陵河大桥交工验收。2009年11月20日,高总司在黄果树旅游集团股份有限公司办公大楼三楼会议室召开了坝陵河大桥交工验收会议。参加会议的代表到现场进行了认真检查,并听取了建设、设计、施工、监理、监控等单位代表的工作总结汇报,省质监局向大会宣读了坝陵河大桥交工验收工程质量检测意见。验收委员会经过认真研究、讨论,认为桥梁构造物混凝土强度合格,外观色泽均匀,线形顺适,结构尺寸符合设计要求;桥面及路面铺筑平整、密实;交通安全设施完善,钢制防撞护栏安装顺适。工程质量满足设计文件、技术标准、规范的要求。评定坝陵河大桥工程质量合格,同意通过交工验收。并决定从当日起,坝陵河大桥由高总司营运管理中心负责接收,进行养护管理。其质量缺陷责任期从

2009年12月20日起至2011年12月19日止,钢桥面环氧沥青铺装的质量缺陷责任期从2009年12月20日起至2013年12月19日止。

3. 复杂技术工程

(1)坝陵河大桥。坝陵河大桥位于关岭自治县与黄果树风景名胜区交界处,是沪瑞国道主干线镇宁至胜境关高速公路跨越坝陵河大峡谷的特大型桥梁,大桥全长2237m,其中主跨1088m,是当时国内首座超千米的钢桁加劲梁悬索桥,也是首次在高山峡谷地区修建的跨度国内第一、世界第六的钢桁加劲梁悬索桥。大桥总投资为14.8亿元,于2005年4月开工建设。2009年5月18日,坝陵河大桥成功实现精确合龙,于2009年12月18日正式建成通车。

大桥桥位处地形东缓西陡,谷深400~600m,桥面至水面约370m。东岸由大花哨桥和引桥组成,共五联19跨预应力箱形连续刚构,长940m;西岸引桥为一联4跨预应力箱形连续刚构,长200m。大桥两端均与隧道相接,形成隧桥一体的独特景观。

大桥是镇宁至胜境关高速公路的最重要的控制性工程,由中交公路规划设计院有限公司设计。设计速度为80km/h,双向四车道,设计车辆荷载等级为公路—Ⅰ级,主桥双向纵坡分别为2.2%及-1.0%。桥面主桥宽24.5m,每车道3.75m,

中间分隔带宽1.5m,两侧各设3.0m紧急停车带。地震基本烈度为Ⅵ度。主缆中心距28m;东岸由分离式渐变为整体式,桥面宽为2×12m;西岸为整体式,桥面宽24.5m。

坝陵河大桥东西主塔高分别为185.8m和201.3m,每根塔柱下由16根ϕ2.5m桩组成群桩基础。大桥锚碇东岸为重力式锚,混凝土8.2万m^3;西岸为隧道锚,锚体混凝土为2.3万m^3。

坝陵河大桥主缆分跨为:248m+1088m+228m,每根主缆有208根通长索,两边跨各增4根背索;主缆直径:中跨795mm,边跨810mm,全桥用钢丝1.1万t。吊索采用ϕ68mm钢绳,每吊点两根(四股),间距10.8m,全桥吊索用量497.1t。

坝陵河大桥加劲梁用带竖腹杆的滑轮式桁架结构,节间长10.8m,桁高10m,宽28m,全桥100个节间,钢桁梁上设置正交异性钢桥面板,行车道钢板厚16mm。

坝陵河大桥的建设得到上级部门的正确领导和各级领导的关心,自2005年4月18日开工建设以来,党和国家领导人、交通运输部、贵州省委、贵州省政府领导都十分关心大桥建设。2008年5月7日,在省委书记石宗源陪同下,全国人大委员长吴邦国视察了大桥工地建设。交通部副部长翁孟勇、冯正霖等领导专家多次到坝陵河大桥视察,并对指挥部各项工作给予高度的评价。省长林树森、省委副书记王富玉、副省长张群山等领导,也到坝陵河大桥检查工作(图6-25)。省交通运输厅党委书记彭伯元等厅领导曾多次到大桥检查工作,并及时帮助解决建设资金等问题。高总司党委副书记、常务副总经理、总工程师任仁,党委副书记、纪委书记钟蔚等公司领导也多次来到大桥建设现场。

图 6-25　贵州省副省长张群山(右 4)到坝陵河大桥工地检查(2005 年 7 月 15 日)

贵州是典型的喀斯特地区,岩溶地貌占全省总面积的 73%,给筑路建桥带来了许多难题。为确保镇宁至胜境关高速公路坝陵河大桥的顺利建设,并提升大桥的建设质量,大桥建设指挥部组织了国内一批具有较强实力的设计、科研及施工单位联合对坝陵河特大桥开展关键技术研究。

坝陵河大桥前期准备工作历时近 3 年。在山高谷深的高原山区修建如此大跨度的大桥,采用何种桥型,各方说法不一。根据现场实际,设计者曾设计了连续刚构桥、斜拉桥、悬索桥三种桥型备选。由于连续刚构桥方案有多个桥墩高达 300m,斜拉桥塔高达 430m,高墩、高塔施工难度和安全风险都较大。同时由于下部结构施工工期相对较长,上部结构因采用整体式箱梁,节段重,施工难度大。坝陵河大桥地处山区峡谷,两岸地势陡峭,场地狭窄,不能开辟出钢箱梁节段的拼装和焊接场地,加上桥位处河流浅,河面窄,无法通航,不能像国内外其他跨江、跨海的大跨径桥梁一样,利用船舶进行运输和安装架设。这意味着大桥的钢桁加劲梁不能采用钢箱梁结构,只能采用钢桁架梁结构形式。经过对多个方案的可行性、安全性及经济性进行综合比选,主跨为 1088m 的钢桁加劲梁悬索桥方案最终被选定。这一方案的选定,使坝陵河大桥成为当时全国钢桁加劲梁悬索桥中跨度最大的桥梁。

坝陵河大桥工程有十大特点:

一是两主塔为群桩基础。一根塔柱下有 $\phi2.5m$ 桩 16 根,一处塔下共 32 根。东塔桩深 60m,实际挖孔平均 60.3m。在岩层裂缝发育和桩间存在溶洞的地质条件下,施工单位大胆采用人工群孔同时开挖,实现厂房式作业,创造了良好的施工环境。通过人员培训、大功率通风、间歇弥漫式供氧、低压照明、电铃联络、仪器配合动物检测有害气体等措施,实现了安全作业。由于措施到位,施工速度较快,平均日进尺 0.35m,最大日进尺为 0.67m;成孔质量高,桩位平均偏差为 36mm,桩孔倾斜度平均为 68.3mm。

坝陵河大桥东塔施工如图6-26所示。

图6-26　坝陵河大桥东塔施工（2007年2月18日）

二是世界级的隧道锚西岸锚碇采用隧道锚，锚洞轴线总长74.34m，轴线水平向下倾角达到45°，隧道结构呈扇形逐渐扩大，洞室开挖最大断面为21m×25m，最大倾角52.8°，最小净距7m，是典型的变截面、大断面、大倾角、小净距隧道锚，规模为当时世界第一。

由于锚碇洞室处于典型的喀斯特岩溶地区，且洞室顶部15m范围内关岭1号公路隧道正在施工，存在群洞效应问题，洞室开挖及支护难度大，存在较大的结构安全和施工安全风险。在指挥部组织下，项目部聘请了多位专家加强技术方案论证，在多方学习和咨询的基础上，对多种开挖施工工艺进行围岩稳定反复演算分析，根据理论计算结合监控量测数据提出合理的围岩支护措施，最终制定了严格、合理的隧洞掘进钻爆技术方案，以及基坑、洞身开挖方案。

洞身开挖严格遵循"弱爆破，短进尺"原则，采用小药量控制爆破，尽量减少围岩扰动，确保施工安全。随着隧洞开挖深度的增加，各种问题不断出现。项目部经过反复研究，采取开挖掌子面错开、爆破控制、强支护等手段，运用地质超前预报、爆破监测、围岩收敛变形及应力监测数据指导施工，对洞室开挖支护施工实行动态控制、信息化作业，有效地解决了大断面、大倾角、小净距情况下隧道洞室开挖和支护施工中的各种技术安全问题，成功攻克了公路隧道与锚碇隧洞紧紧相邻的群洞效应问题，打破了岩溶地区地下洞室的开挖施工纪录，成功打造了世界上最大的隧道锚，实现了超千米大跨度悬索桥隧道锚碇施工技术的一次飞跃。

三是采用本地机制砂实现高强度等级高扬程泵送混凝土成功。主塔最高达201m，是全国高原地区最高的大桥主塔。塔身混凝土为C50级，按以往施工，混凝土需用河砂配制。由于贵州河砂质量很差,不符合要求,需要从广东、广西等地购买,加上运输成本,每立方米价格超过100元,而本地人工机制山砂每立方米成本仅为40元左右。从节约成本考虑,施工单位决定大胆尝试使用本地人工机制山砂,而非高塔传统施工用的河砂。向这样高度的塔输送高强度等级的人工机制砂混凝土,曾有权威机构断言,风险太大,很难成功。

大桥指挥部组织施工单位进行多次模拟试验,并用半年时间改进设备工艺,分析了机制山砂的质量状况和已配置混凝土的使用情况,在通过现场试验并取得科学参数及合理工艺的基础上,终于一次成功地将C50级混凝土,向下泵送落差33.5m后又垂直向上泵送192m,顺利完成高塔施工,混凝土质量良好。根据本桥使用状况分析,利用机制山砂配制的C50级混凝土,一级泵送高度可以达到200~250m。混凝土垂直输送距离一般情况下在2m左右,在大桥桩基施工中,指挥部组织施工单位开展工艺革新,发明了混凝土"防离析"装置,使混凝土在输送40~60m高度时,水泥和砂石不会分离。不仅保证了施工质量,而且还解决了长期困扰的技术难题。最终解决了向192m高塔泵送人工机制砂混凝土难题,为山区同类工程施工提供了范本。目前,该项技术已在省内其他高速公路建设项目广泛运用。本地山砂高强度等级高扬程泵送技术的破解,产生了"一举两得"效应:在节省大量建设成本的同时,带动了本地山砂的开发,为拉动地方经济发挥了巨大作用。不但节约成本,也为充分利用本土资源,发展地方经济提供了可靠依据。

四是采用飞艇牵引先导索成功。抛送先导索、牵引架设拽拉钢缆是悬索桥进入上部构造施工的关键环节。此前,国内外悬索桥施工均采用人工拉索、船舶运送、直升机牵引、"火箭抛引"等方法输送导索。由于坝陵河大桥两岸跨度超公里,峡谷谷底距主塔顶达500多米,地势陡峭,地形起伏大,峡谷管道风效应明显,峡谷中气流变幻无常,且受地理、水文等综合因素的影响,传统的人工拉索、船舶运送等方法派不上用场,而直升机牵引、火箭抛引等方式成本太高。坝陵河大桥东岸地势平缓,均为耕地,农作物长势较好;西岸陡峻,人员攀爬非常困难。采用人工拉索法难度大,时间长,还产生青苗赔偿费用。根据地形和环境情况,经过全面论证和多次考察,指挥部最终决定采用世界首创的"QS-700遥控氢气飞艇张力架线先导索牵引法"进行先导索过河。此法不仅操作简单、安全,且不受地形条件限制,费用较低(本桥为12万元)。遥控氢气飞艇张力架线牵引先导索的成功实施,为后续主缆索股水平放索赢得了时间。

五是国内首次在悬索桥上使用全自动、全旋转桥面吊机,架设钢桁加劲梁及钢桥面板。山区大跨悬索桥的加劲梁,因受桥位处地形、构件加工及运输条件的制约,钢桁结构是首选形式,这种结构可散件运输,利用引道或引桥现场拼装,节省施工场地。

山区悬索桥加劲梁架设方法,应首选缆索吊装法和桥面吊机法,前者在跨径1500m以内是有利的,后者适宜跨径大于1000m的情况。缆索吊装因吊装能力限制及成本考虑，一般多用于中小跨径悬索桥。而国内当时已建成主跨千米的大跨径悬索桥，由于跨江、跨海，均采用跨缆吊机安装，将钢箱梁安装节段在桥位附近拼装、焊接好，用浮船运至桥下，采用跨缆吊机提升就位进行安装。坝陵河大桥地势陡峭，场地狭窄，没有钢桁梁整体吊装节段的拼装场地，桥下河流也不具备通航条件。此外，由于桥梁跨径大，起吊质量大，缆索吊装及跨缆机吊装方案不经济，两种方法都被否定。经反复论证，指挥部决定采用全自动、全旋转桥面吊机进行钢桁加劲梁架设。桥面吊机应用于大跨径桥梁，在国内尚属首次，日本曾经修建过单跨如此大的桥梁，但参考资料仅有几张图片，没有任何技术资料，也没有现成的架设经验可借鉴。因此，采用桥面吊机架设悬索桥，对建设者们来说无疑是一次巨大的挑战。针对桥面吊机架设技术的复杂性和特殊性，指挥部牵头组织施工、设计，与监理单位着手相关技术难点的攻关研究，并多次召开专家论证会、评审会。经多次技术攻关，决定采用桥面吊机有铰逐次固结法架设，节段安装速度最快为4.5天，平均为8天，创造了世界上最快的安装速度。安装精度较高，钢桁梁合龙前，轴线偏位36.5mm，两岸高差平均137.85mm，理论计算为130mm，较为接近；合龙后，跨中轴线偏位3mm，上、下游高差在11mm以内。图6-27所示为坝陵河大桥L形吊具施工。

图6-27　坝陵河大桥L形吊具施工

六是钢桁梁安装过程中全桥设4处铰，是当时世界独一无二的。日本因岛桥设了两处铰，而后在大鸣门桥架设方案论证时，因设铰处抗风稳定性差、折角处设备转移不便、铰部桥面板需后安装及铰处需作特殊处理的原因，采用无铰逐次固结法。坝陵河大桥四处过铰设施利用现场材料自行加工，经过总重62t运梁车反复运行表明，结构简单、安全、实用，获得国内外同行的赞扬。

七是设置气动翼板提高抗风颤振稳定性。采用气动翼板扰流加桥面板中央开槽的抗风措施是国内一种独特的抗风模式，气动翼板由骨架和蒙皮组成，安装在下检修道外侧支柱上，上、下两层，截面形心间距为1.0m。原设计为铝合金蒙皮，翼板自身断面独立受力，椭圆外形有助结构平滑传力,但带来的是铝合金用量大,费用高,特别是铝与钢之间的防电化学腐蚀处理难,因此一般30年左右需更换。为克服上述不足,经专家论证,改翼板与内部骨架共同受力,以骨架为主体,将铝合金蒙皮改为PPS(聚苯硫醚)特种工程塑料,质量轻,可降低成本,且较好地解决了电化学腐蚀问题,理论使用寿命可达50年。

八是钢桥面铺装为双层环氧沥青混凝土。我国环氧沥青混凝土桥面铺装始于2001年通车的南京长江二桥,不到10年,已在多座大桥上使用。其后,双层环氧沥青混凝土已在省外其他桥梁使用,经过不同温度和负荷检测,使用性能良好。

由于环氧沥青很薄,厚度只有5cm,与传统混凝土65cm的厚度相比,极大地减轻了桥身重量。指挥部决定引进美国环氧沥青材料,为坝陵河大桥桥面铺装双层环氧沥青混凝土。坝陵河大桥为正交异性钢桥面,行车道钢板厚16mm,上铺双层环氧沥青混凝土,分两层,下层厚25mm,上层厚30mm;其余桥面钢板厚14mm,采用涂装防腐。环氧沥青混凝土铺装面积23936m^2,需环氧沥青294.6t,设计概算4372万元,设计使用寿命15年。贵州桥梁使用环氧沥青混凝土作铺装层则是第一次,由于这种铺装结构和材料仍处在探索之中,对使用管理和养护都提出了新的要求,促进贵州省桥面铺装的飞跃。

九是采用"先缠丝后铺装"先进工艺。传统工艺是桥面铺装后,再进行主缆缠丝、涂装防腐和猫道拆除。猫道拆除作为悬索桥的最后一道工序,安排在桥面铺装完成,使全桥恒载完成95%时进行。此工艺会造成上部结构安装单位停工等待,工作难以连续安排,从而影响大桥工期。且桥面铺装后进行以上工序,会对桥面铺装产生污染和损伤。我国海沧大桥经过系统论证,正式提出"先缠丝后铺装"工艺,这是对传统工艺的革新,实施成功后,在宜昌长江大桥、润扬大桥等也研讨采用,取得好效果。坝陵河大桥要求于2009年底通车,钢桁梁于2009年8月中旬合龙,桥面铺装计划在10月11日~11月9日,大桥指挥部引进"先缠丝后铺装"工艺,在第一联外侧桥面板安装完后,开始对主缆正式进行缠丝,节约了近两个月的时间,为大桥如期通车赢得了宝贵的时间。

坝陵河大桥钢桥面板横向分4块,桥面吊机安装钢桁梁时,已将中间两块桥面板安装。桥面吊机由跨中退回到主塔过程中安装两边块桥面板。半跨桥面板纵向分三联。两联间设伸缩缝,当第一联(跨中)外侧桥面板安装完后,主缆张力已达82%,若此时缠丝需要的导入力为2.5kN,参照日本本岛桥和润扬桥,坝陵河大桥决定在第一联外侧桥面板安装完开始正式缠丝,导入拉力用2.5kN,当第二联外侧桥面板安装后,导入拉力改为2.3kN,使用效果良好,为桥面铺装创造了良好工作环境,为大桥通车赢得了时间。

十是旅游桥特征突显。坝陵河大桥处在黄果树大瀑布景区内,北有滴水滩三级瀑布,总高316m,雄伟多姿。西有关索岭景群,流传着三国时期诸葛亮率关索南征到此辟道刨泉的故事。距大桥约2km处是神秘莫测的红岩天书,整座大桥融于大峡谷风景中。

坝陵河大桥将旅游功能的观光电梯和通道(图6-28)纳入桥梁结构设计中,在贵州桥梁建设还是第一次。在东桥头设置大桥监控中心、管养中心和桥梁宣教馆，并对桥头适度范围环境进行改造，增添主题明确、可观可用的建筑物、雕塑、小品和绿化，这些设施均与大桥同步设计，同步施工。建成后，游人到此，进馆能获得桥梁科普知识，了解桥梁建设之艰辛，感受工程之宏伟；登山顶凉亭，可俯瞰梯田、山地和果园，放眼大桥雄姿；走在观光通道内，古驿道旧貌，峡谷风光尽收眼底。

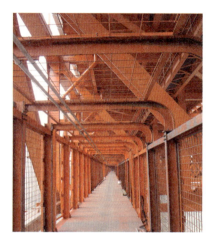

图 6-28　坝陵河大桥观光通道

坝陵河大桥的建设规模大，技术含量高，工期紧，任务重。在没有现成经验可借鉴的情况下，大桥建设者发扬敢为人先精神，克服了地势险峻、场地狭窄、溶洞发育、气候复杂多变等困难，完成了世界首座在高山峡谷地区修建跨度国内第一、世界第六的钢桁加劲梁悬索桥巨作。多项技术指标位居国内外前列，标志着贵州桥梁建设水平和能力又迈上一个新的高度，也树立了国内大跨度桥梁建设的标杆。

大桥指挥部的工作人员由省内交通系统的精干力量抽调组成。两桥指挥部管理人员不到 10 人，业务精湛，凝聚力强，凡事率先力行，通过高效率的管理，群策群力，组织参建单位集思广益克难攻坚，终于在合理时间内确保大桥建成通车。尤其是遇到特殊的工艺和方案，由业主、监理、项目承包人共同解决，注重调动大家的积极性共同分担。指挥部还打破常规项目总监办做法，多方面进行管理制度创新，推行精细化管理，"纵向到底，横向到边"，每个项目部对每天完成的工作及时掌握，建立"业主管理、监理监督、承包人落实"管理体系。在质量安全管理方面，指挥部超前谋划，实行事前控制，通过建立健全安全生产管理的各项规章制度，将安全生产规章制度贯彻落实到每一位参建员工，并采取定期检查和施工单位自查相结合，构建层层把关防护体系，力争质量安全万无一失。在 4 年零 7 个月的施工期内，没有出现一起质量事故，也无重大伤亡事故发生。

坝陵河大桥参建单位 40 余家，大小合同 30 多个，其中大的合同段就有 15 家，建设施工单位来自全国各地，各种大小部件制造涉及全国多家单位，点多面广，参建人员多达 2

万余人。坝陵河大桥虽然建设地在贵州,从设计、施工、材料运送等各个环节均得到了全国各地的技术支援。在大桥建设过程中,两桥指挥部充分利用社会资源,选定最优秀的承包人,严格监理细则,深入细化各项工作,加强团结,通力协作,严格执行各项政策、法律法规、合同,最终完成了工作目标。在桥梁技术发达的日本,修建同类型大桥需要 9~10 年时间,而在运输和施工条件很差的高原山区,仅用了 4 年多时间就建成完工,开创了贵州桥梁建设史上的奇迹。在提升贵州桥梁建设水平的同时,还为修建更大跨度的钢桁梁大桥积累了经验,使今后修建 1500m 甚至 2000m 跨度的同类大桥有章可循,有些技术已得到基本解决。

2009 年 11 月 12 日,坝陵河大桥主体工程完工,共计开挖土石方 24.97 万 m^3,利用石方 3.78 万 m^3;桥梁土建工程耗用基础钢筋 4088t、下部结构钢筋 3538t、上部结构及附属工程钢筋 4287t、索塔钢筋 5477t、索塔劲性骨架 863t、锚碇钢筋 3102t、锚碇定位支架 927t,浇注索塔混凝土 3.4 万 m^3、锚碇混凝土 12.25 万 m^3、引桥上构混凝土 2.48 万 m^3、引桥下构混凝土 3.44 万 m^3。完成主缆索股(含锚头)1.12 万 t、吊索制造 686.75t、主索鞍 740.2t、散索鞍 446.9t、索夹 355.9t、钢桁梁 9503t、正交异性桥面板 8795t。完成检修道、通道、气动翼板、泄水管、栏杆等加工制造 3269.2t。铺设引桥沥青混凝土桥面 2.53 万 m^2、主桥环氧沥青钢桥面 2.39 万 m^2。完成圬工砌体 6727m^3、锚索 3332m。

2009 年 11 月 20 日,坝陵河大桥通过交工验收,并决定从当日起,坝陵河大桥由高总司营运管理中心负责接收进行养护管理。建成通车后的坝陵河大桥如图 6-29 所示。

图 6-29　建成通车后的坝陵河大桥(韩双喜　摄)

坝陵河大桥是贵州高速公路建设的缩影,集中体现了贵州社会、经济、科技、工业及管理实力。单桥造价 14.8 亿元,比贵州首条高等级公路贵黄公路的 4 倍还多。坝陵河大桥自主创新技术有 10 多项,填补了多项国际设计规范和标准空白,很多国内外技术也在大桥建设中首次采用。大桥建设所用的钢梁及缆绳多为贵州本省制造,也体现了贵州工业实力。不到10人的精干管理团队,在工期极其紧张的情况下,完成了通常规模下60人才能完成的建设任务,体现了贵州省交通工程建设水平已提升到一个更高的台阶。

坝陵河大桥的建成,打通了贵阳到昆明最便捷的通道,通过这条通道,北可连接通江达海的成渝经济圈,南可连接东盟自由贸易区。为适应旅游业发展需要,坝陵河大桥在建设中已将旅游功能的观光电梯和通道纳入桥梁结构设计中,丰富了黄果树景区旅游内涵,成为黄果树风景区又一道独特的风景,对于促进沿线经济社会发展,尤其对促进贵州省西线旅游业发展具有重要意义。

(2)新技术及新工艺。在贵州省路面施工中首次采用改性沥青玛蹄脂碎石(SMA)路面。高墩施工过程中,合理采用爬模施工工艺,保证了工程进度,保障了施工安全。在大体积混凝土浇筑施工时,添加粉煤灰,降低水化热,防止混凝土开裂,提高混凝土和易性,增强混凝土的后期强度。对全段的高边坡施工,采取前期地质实地调查,实时动态跟踪设计的方法,从而节约了建设成本,保证了高边坡施工的安全性。将地质勘探中的高密度电法应用于水系分布调查中,从而有效防止了对当地居民饮用水源的破坏。桥梁、隧道路面施工推广使用三轴提浆整平机,有效控制了路面施工平整度,杜绝出现桥梁、隧道路面不平整现象。在岩石边坡防护上,采用绿色混凝土生态防护技术,既起到了防止边坡裸露风化的作用,又绿化了环境。

另外,依托项目建设积极开展各项科学研究,如西部地区公路地质灾害监测预报技术研究,岩溶地区公路工程地质勘察与综合评价技术研究,岩溶地区公路建筑环境保护研究,高墩、大跨径弯桥的设计与施工技术研究——小半径、弯刚构研究等四个项目。

镇新项目部成立组建了镇新段网络管理小组,开设镇胜高速公路镇新段网站(http://www.gzgszx.cn)。网站的公网面向参与镇胜高速公路建设者,为其提供透明、易用、可靠的网络办公环境,充分利用现代化的办公方式,提高办公效率,增强工作透明度。同时向社会宣传镇胜公路的建设管理情况,让上级部门及时了解项目部、总监办的工作。极大方便了各参建单位人员的工作,提高工作效率,减少资源浪费。

新胜段的建设广泛采用了新技术、新材料、新工艺、新设备,并以此为依托开展科研工作。

①喷混凝土植生(生态植被混凝土)施工技术的应用。这是一种将含草种的有机质混凝土喷在岩石坡面上的边坡绿化方法,即利用客土掺混黏结剂(普通硅酸盐水泥)和固网技术,使客土物料紧贴石坡坡面,创造草类与灌木生存的良好环境,以恢复石质坡面生态复合功能。通过在27、38合同段的试点,岩石边坡绿化效果好,全线已普遍推广应用。

②隧道分区防排水施工技术的应用。技术应用包含两个方面,即防水系统和排水系统。槽箐头隧道采用分区防水设计,在衬砌背后拱部及边墙处设防水层,防水层由PVC防水板和无纺布($300g/m^2$)组成。隧道二次衬砌施工缝设置注浆管的膨胀橡胶止水条。

隧道分区通过背贴式止水带同时与混凝土和防水板黏结而实现,分区长度结合二次衬砌一次施工长度而确定,该隧道分区长度为12m,各防水区段内沿隧道中线处及其两侧各6m处预埋注浆嘴,纵向间距4m,梅花形布置,注浆嘴点焊于防水板内侧,距区段两端各1m。注浆浆液为单液水泥净浆。排水系统的主要目的是将隧道四周及侵入隧道内的水流迅速、通畅地排出隧道,避免由此引起隧道病害。它主要依靠预埋、预设在隧道防水卷材外侧的纵、环向排水管道,与隧道内的排水沟连通来实现。防水层与初期支护间设$\phi50mm$软式透水管环向盲沟,衬砌后的水经环向盲沟由衬砌背后边墙底的纵向HDPE$\phi116mm$打孔波纹管汇集,通过横向排水管排入排水沟,最终排至洞外。路面水经路面两侧排水沟排至洞外。无仰拱地段路面下集水采用在路面下沿横向和纵向铺设MF12塑料盲沟,盲沟水排入排水沟,最终排出洞外。

③长大管棚施工技术的应用。主要应用在槽箐头隧道的建设中。应用此技术的施工顺序是开挖边仰坡并支护→安装工字钢拱架→预埋孔口管→灌注套拱混凝土→钻孔、安装钢管注浆。槽箐头隧道长大管棚施工采用KR803-1C型履带式锚固钻机成孔,DL40/5型注浆机注浆。

④K_{30}填石路基检测技术的应用。目前国内填石路基一般采用压路机碾压遍数和是否有轮迹作为路基压实的检验方法。为了让填石路基压实度有一个量化的指标,总监办进行了K_{30}填石路基检测试验。K_{30}系数执行以下标准:路堤$\geqslant120MPa/m$,下路床$\geqslant150MPa/m$,上路床$\geqslant180MPa/m$。

⑤引进了地质灾害检测预报技术。该项技术的成功应用,保证了新胜高速公路建设的顺利进行,保障了施工人员的生命财产安全,确保了施工质量和施工安全。

⑥引进了隧道监控单位进行动态监测预报。进行不良地质预报及灾害地质预报,预报掌子面前方一定范围内有无突水、突泥、岩爆及有害气体等,并查明其范围、规模、性质,提出施工措施或建议。水文地质预报:预报洞内突涌水量的大小及其变化规律,并评价其对环境地质、水文地质的影响。断层及其破碎带的预报:预报断层的位置、宽度、产状、性质、充填物的状态,是否为充水断层,并判断其稳定程度,提出施工对策。围岩类别及其稳定性预报:预报掌子面前方的围岩类别与设计是否吻合,并判断其稳定性,随时提供修改设计、调整支护类型、确定二次衬砌时间的建议等。预测隧洞内有害气体含量、成分及动态变化。在槽箐头隧道的施工中,通过隧道洞内有害气体含量、成分及动态变化监测预报技术在隧道施工中的成功应用,保证了隧道施工质量和施工安全。

⑦将监测预报技术在高边坡施工中加以推广应用。为保证边坡施工的顺利进行,在各单位设置了沉降观测点(尤其是雨季施工),并且对可能发生滑坡的边坡,及时引进钻探单位对其进行探测,了解实际的地质情况,根据现场观测以及钻探单位探测提供的数据,对存在隐患的边坡及时采取了加固措施(如挡墙、抗滑桩、完善排水等措施),确保了

边坡施工的安全和质量,保障了人民生命财产安全。如:马鞍石隧道出口段右侧山体地形、地质特征为松散堆积体,稳定性差,存在安全隐患,影响上、下巴山组较多民房的山体,通过监测,保证了施工安全和人民生命财产安全。

注重加强合同管理,建立信息化管理平台。新胜段引进了 HCS 计量软件,实现了网上资源共享。实现了网上工程建设项目分部、分项的划分,便于管理。实现了相关国家规范、标准等与软件的一体化,提高了办事效率,为合同、计量管理提供了一个科学规范的数据处理平台,管理人员只要将相关数据输入便可得知合同管理情况和工程完成情况,管理功能比较强大。该平台实现局域网资源共享,实现了不同位置上业主、监理、施工单位以及质量管理部门之间的信息共享,促进了各部门间沟通,加强了质量、进度过程的控制,划分了不同部门的权限,明确了权责;同时节省资源,节约了大量的人力、物力。

4. 营运管理

全线设 Ⅰ 类服务区 1 处(红果),Ⅱ 类服务区 3 处(镇宁、关岭、晴隆),Ⅲ 类服务区 1 处(刘官),Ⅲ 类停车区 1 处(茶果),匝道收费站 15 处(表6-22)、桥隧管理站共计 4 个,应急保畅中队共 3 个,监控管理所 1 个,养护站共计 2 个。该项目于 2007 年 12 月 28 日建成通车,批准收费时间为 2007 年 12 月 28 日,批准收费终止时间为 2037 年 12 月 27 日,2010 年 1 月 ~ 2015 年 8 月,收费总计 435866.906 万元。2010 年 1 月 ~ 2015 年 8 月车流量共计 54091364 辆。

主要大修工程有:

2010 年 K2117+000 ~ K2117+122 段边坡治理;2010 年 K2149+600 ~ K2149+686 段边坡治理;2011 年镇胜段 5 处边坡治理;2011 年红果北站联络线 K2+512 ~ K3+240 水毁路段修复工程;2012 年槽箐头隧道渗水治理工程;2013 年镇胜段 K2102+160 ~ 230 下行路基失稳处治工程;2015 年上行安龙铺隧道出口施工弃渣蠕滑;2015 年 K2119+500 上行右侧边坡滑坡;2015 年 K2145+000 下行下路堤边坡蠕滑;2015 年 K102+120 ~ K102+250 段路基左侧滑坡治理工程;2015 年王家岩 2 号大桥 1 ~ 3 号墩基础边坡病害治理工程;2015 年弯腰树大桥基础冲刷维修处治。

镇胜公路收费站点设置表 表6-22

站点名称	车道数	收费方式
黄果树	6 进 12 出(含 ETC 车道 2 进 2 出)	联网收费
关岭	2 进 4 出(正在改扩建)	联网收费
永宁	2 进 2 出(正在改扩建)	联网收费
岗乌	2 进 2 出(正在改扩建)	联网收费
晴隆	2 进 4 出(含 ETC 车道 1 进 1 出)	联网收费
沙子	2 进 2 出	联网收费

续上表

站点名称	车道数	收费方式
普安	2进4出（含ETC车道1进1出）	联网收费
英武	2进2出	联网收费
刘官	3进6出（含ETC车道1进1出）	联网收费
两河	2进2出	联网收费
红果北	2进4出	联网收费
盘州	4进8出（含ETC车道1进1出）	联网收费
红果西	2进2出	联网收费
平关	2进2出	联网收费
胜境关	4进8出（含ETC车道1进1出）	联网收费

三、G69银川至百色高速公路贵州境路段

（一）G69银百高速公路道真至瓮安段

1. 基本情况

（1）项目决策背景。2011年是"十二五"的开局之年，新一届贵州省委、省政府确定了"加速发展、加快转型、推动跨越"的主基调，大力促进全省经济"又好又快、更好更快"发展，重点实施工业强省战略和城镇化带动战略，贵州省人民政府2011年《政府工作报告》明确要求加快实施"六横七纵八联"高速公路网规划，新增高速公路通车里程3000km以上，高速公路通车总里程超过4500km，打通连接周边省份的高速公路通道。同时，国家实行扩大内需的方针、深入实施西部大开发战略，中央企业加速扩张，东部产业加快转移，有利于争取中央支持、借助外力加快发展，在2011年的工作目标中仍然把加强基础设施建设放在第一位。

贵州省道真至新寨高速公路道真至瓮安段是贵州省人民政府于2009年2月批准实施的《贵州省高速公路网规划》"678网"中的第三纵线的北段。按规划的控制点，第三纵线起自遵义市道真县北面渝黔界，对接重庆市武隆县，向正南方向至湄潭县与杭瑞高速公路思南至遵义段交叉，跨乌江至黔南布依族苗族自治州的瓮安县、福泉市，接贵新高速公路，之后为正在改扩建的都匀至新寨高速公路至黔桂界，对接广西壮族自治区的南丹县，规划里程全长453km。

2010年，《国家公路网主骨架（国家高速公路网）规划方案（征求意见稿）》出台，国高调整初步方案中第12纵线（安康至凯里）自陕西安康经重庆南川接贵州省道真、经湄潭至凯里，在贵州省范围内基本与规划的"678"网之第三纵线的北段吻合，只是与重庆对接的控制点改至南川。根据省规划服从国家规划的原则，经与重庆市交委对接，第三纵线的

省界接线方案以重庆南川和贵州道真为控制点,双方于2011年初签订接线协议。

本项目建设里程全长254km(含道真支线7.7km)。项目主线起至渝黔交界重庆市南川区福寿场,顺接重庆南川至贵州道真高速公路重庆段项目,经道真、正安、绥阳、湄潭、余庆等地至瓮安,接在建的省"678"网之第三纵中段瓮安至马场坪高速公路。

(2)公路的功能、定位、里程。道真至瓮安高速公路(以下简称道安高速公路)项目是中国交通建设股份有限公司在黔投资的项目之一。道安高速公路项目(包括贵州省道真至新寨高速公路福寿场至和溪段项目、和溪至流河渡段项目、流河渡至陆家寨段项目)起点为渝黔交界处福寿场,终点为瓮安县陆家寨,起点处与重庆市拟建的南川至大有(渝黔界)高速公路相接;终点处与在建的贵州省"678网"之第三纵中段瓮安至马场坪高速公路顺接。路线全长254km,设计速度80km/h,双向四车道,路基宽度24.5m,投资概算总金额约262亿元。该项目将与起承路段构成西南地区南下出海的又一条便捷的高速公路通道,是国家高速公路G69(银川至百色)重要组成部分,是沟通川渝经济区、东盟经济圈的重要纽带,在国家和区域高速公路网中居重要地位。

(3)技术指标。道安高速公路项目采用的设计标准为双向四车道高速公路,设计速度80km/h,路基宽度24.50m。桥涵设计汽车荷载等级采用公路—Ⅰ级,桥隧与路基同宽,最大纵坡4.5%/1处,最小平曲线半径699m。

(4)主要控制点。线路途经遵义市道真县、正安县、绥阳县、湄潭县、余庆县和黔南州瓮安县。

福寿场至和溪段设置道真北、道真(枢纽)、三江、正安北、正安和正安(枢纽)6处互通式立交。互通连接线共3.595km,其中,道真北互通连接线长0.48km;三江互通连接线长0.16km;正安北互通连接线长2.83km;正安互通连接线长0.125km。

和溪至流河渡段设置和平、坪乐(预留)、西河、洗马、流河渡(枢纽)设置5处互通式立交。另建互通立交连接线共3.6km,其中,和平连接线0.200km,坪乐连接线2.618km,西河连接线0.680km,洗马连接线0.135km。同步建设必要的交通工程和沿线设施。

流河渡至陆家寨段设置湄潭东、抄乐、龙家坝、花山、天文5处互通式立交,另建设互通连接线14.25km,其中,湄潭东互通连接线约1.442km,抄乐连接线0.391km,龙家坝连接线6.679km,花山连接线1.733km,天文连接线4.006km。同步建设必要的交通工程和沿线设施。

(5)主要构造物。道安高速公路项目全长约254km。其中,福寿场至和溪段长81.585km、和溪至流河渡段长76.051km、流河渡至陆家寨段长96.353km。全线桥隧比33.057%。共设置桥梁46925.4m/181座。其中,特大桥2554.25m/4座、大桥41396m/134座、中桥3002.15m/43座。共设置隧道折合整幅长度为37036.793m/34座,其中,分离式特长隧道3004.5m/1座、分离式长隧道25713.393m/17座、分离式中隧道5363m/7座、分离式短隧道 2955.9m/9 座。

重要控制性构造物有：学堂湾隧道 2.9km，ZK18+459 兴隆湾特长隧道 3.025km，主要桥梁见表 6-23。

道真至瓮安高速公路主要桥梁表　　　　表 6-23

中心桩号	河名桥名	交角(°)	孔径(m)	桥梁全长(m)	最大墩高(m)	上部构造
ZK45+183	寨子岭大桥	90	(65+120+65)+30	292	53	预应力混凝土连续刚构预应力混凝土T梁
YK45+171		90	(65+120+65)+4×30	380	59.6	
K46+071.5	瓮溪大桥	90	20+88+20	138	19	连续刚构
K62+920.0	坞家湾大桥	90	58+100+58+3×30	317.04	62	预应力混凝土连续刚构T梁
ZK70+460	岩湾河特大桥	90	5×30+(95+180+95)+2×30	616	84	预应力混凝土连续刚构预应力混凝土T梁
YK70+465		90	4×30+(95+180+95)+3×30	591	84	
K76+498	芙蓉江大桥	90	170+4×20	264.5	93.5	单塔斜拉桥
ZK98052	石子窝大桥		7×30+(80+150+80)+1×30	565	37	预应力混凝土连续刚构预应力混凝土T梁、箱梁
YK98+045		90	3×30+(80+150+80)+4×30	530	40	预应力混凝土连续刚构预应力混凝土T梁、箱梁
ZK109+322	桅杆堡特大桥	90	25×40+2×30	1073	69.5	预应力混凝土T梁
YK109+321		90	18×40+2×30+8×40	1112.5	72	预应力混凝土T梁
K163+794	湄江河大桥	90	48+85+48+2×30	248	7	预应力混凝土连续箱梁预应力混凝土T形梁
K188+997	三岔河大桥	90	2×30+(70+130+70)+3×30	431.5	54	预应力混凝土T形梁连续T构
K203+476	乌江特大桥	90	54+71+360+71+54	617	70	双塔双索面斜拉
K236+736.5	席子河大桥	90	70+115+63	249	52	预应力混凝土连续刚构

2. 建设情况

（1）立项审批。2009年，项目准备阶段。2010年，项目深入研究阶段。2010年12月，交通量调查工作。2011年1月17日，协助贵州省交通运输厅与重庆市交委签署接线协议。2011年1月，资料收集、实地踏勘、现场方案研究及社会调查。2011年11月18日，中交路桥、中交四航局和中交二公院共同出资在贵州省遵义市注册成立了贵州中交福和高速公路发展有限公司、贵州中交和兴高速公路发展有限公司、贵州中交兴陆高速公路发展有限公司，负责道真至瓮安高速公路的建设实施。

项目核准于2011年11月22日获得贵州省发展和改革委员会批复。

本项目设计由中交第二公路勘察设计研究院有限公司承担，项目组路线、地质、桥涵、隧道、路线交叉、经济调查、地质勘察、测量等各专业技术人员按照公司要求进入现场，勘测工作全面正式展开。

道安高速公路于2012年11月20日获得初步设计批复。2013年6月27日施工图获得批复。2013年11月30日道安高速公路建设用地获国土资源部正式批复，道安高速公路正式进入全面开工。

（2）勘察、设计。2011年8月15日，中交二院三分院道真至瓮安高速公路工程评估组（由路线、桥涵专业技术人员组成）进驻现场，针对工程可行性研究报告推荐路线方案的地形、地质条件进行了定性的比较和分析，结合当地政府部门的意见，形成初步的路线方案比选思路，同时提出了初测阶段应注意的问题。由于工程可行性研究报告地形图图幅较窄，大范围收集1:10000地形图，扩大研究范围，防止有价值方案遗漏。9月初，项目部根据踏勘情况对路线平纵面进行了优化调整，重新拟定比选方案，并送总工办审查。同时以新路线方案编制估算，与工程可行性研究报告估算进行比较。

项目的总体设计主要在安全、通行能力、工程经济（包括运营养护成本）和环境影响等方面力求最优。

一是坚持"地质先行"，把握绕避为主、处治为辅的原则。本项目地质条件复杂，不良地质分布广泛，设计中应遵循"地质先行、地质选线"的理念，重视地勘工作，在进一步察明和评价影响工程方案的地质问题基础上，把握绕避为主、处治为辅原则。

二是处理好与地方路网、水系以及其他农田水利综合设施的关系。路线所经行政区域主要为正安县与湄潭县，高速公路要结合城镇发展规划，合理确定与区间道路互通连接方式，处理好地方路网、水系以及其他农田综合设施的关系，力争做到少干扰，多恢复。

三是合理利用地形，灵活运用技术指标。本项目为典型山区高速公路，经常跨越大型沟谷，为适应地形，控制工程规模，在满足设计速度的前提下应灵活地采用连续、合理的技术指标，同时重点对影响安全的指标进行论证，保证运营安全。

四是处理好路、桥、隧等工程间的协调。桥梁、隧道工程总体上服从路线设计,但山区桥隧比例大,对工程的造价和运营的安全影响较大,故在路线方案选定时应充分考虑桥梁、隧道工程的安全性、经济性、施工可行性和运营养护的费用。交通工程特别是安全设施的设置要多考虑路段的线形特点和雨雾气候条件,达到对工程设置的完善和补充。

五是注重环境保护和景观设计。路线设计必须符合国家有关土地管理、环境和文物保护、水法等法规要求。对环保评价报告提出的环境敏感点应尽可能远离与避让;根据沿线地形变化大、填挖频繁等特点,设计中合理地设置一些高架桥或隧道,以减少大填大挖,减少废方及对环境的破坏。

(3)重点工程建设。道安高速公路芙蓉江大桥。贵州大山绵延、沟壑纵横,导致其交通落后。要在这片土地上修路架桥,注定了要与新问题、新情况、新困难为伍。但无论难度有多大、情况有多复杂,都必须勇往直前,坚决完成任务,这是交通建设者的使命。对于道安高速公路芙蓉江大桥的建设者们来讲,他们就是这样一群在贵州大山深处攻坚克难,践行使命的架桥人。

道真至新寨高速公路福寿场至和溪段 TJ08 标段长 10.203km(K72+950~YK83+152.795),由中交路桥华东工程有限公司承建。标段内芙蓉江大桥是标段的控制性工程,同时也是道安高速全线的控制性工程。

芙蓉江大桥(图6-30)为亚洲首创地锚式单塔斜塔混凝土斜拉桥,按斜塔斜拉桥的跨径世界排名为第五位,是一座大跨度斜塔斜拉桥。大桥主跨170m,塔高98.5m。其主梁采用边主梁形式,双索面,背索锚固索采用单索面,锚固在锚箱中央分隔带处。

图6-30 道安高速公路芙蓉江大桥(刘叶琳 摄)

作为特殊桥型,芙蓉江大桥跨径规模和技术难度居同类桥型国内领先地位,具有特殊的技术质量、安全及进度控制等难点。大桥从方案审批到施工建设得到了贵州省交通运输厅等各方面的长期关注与支持。"芙蓉江大桥工期紧、技术尖、施工难,它的建成非常不容易。大桥科研价值高,将收录到贵州省桥梁科技馆,并在2016年的全国桥梁学术会上进行推介。"这是时贵州省交通厅副厅长罗强在视察芙蓉江大桥时说的话。芙蓉江大桥的建成凝聚着全体参建人员的决心和奉献,他们以真抓实干的精神,攻克了一个又一个难题。

一是,技术难度大,质量要求高。

大体积承台温控施工。芙蓉江大桥采用整体式承台,承台平面尺寸为 47.0m×13.5m,高 5.0m,长宽比为 3.48,混凝土的方量为 2968.9m^3,强度等级为 C40。为避免产生温度裂缝,保证混凝土施工质量,项目部邀请混凝土温控专家对芙蓉江大桥主墩承台大体积混凝土进行温度场及应力场仿真计算,综合考虑混凝土的浇筑分层、浇筑温度、养护、保温和混凝土的边界条件,混凝土的弹性模量、徐变、自生体积变形、水化热的散发规律等物理热学性能的情况下,采用了分层浇筑、冷却管循环通水降温、控制混凝土入模温度、控制浇筑速度等综合技术及管理的措施,最终圆满完成了承台的施工,各项指标均满足设计及规范要求,确保承台质量,保证大桥的使用寿命和运行安全。

斜塔主动顶推支架施工。主塔为折算空间角度 65°倾角的倒 Y 形钢筋混凝土斜塔,总高 98.5m。主塔塔节向上施工时,斜塔在重力作用下将使塔身下部混凝土出现拉应力。为此,项目部在主塔的顺桥小桩号侧安装 3 排 5 组钢管支架,最高支撑支架高度为 41.8m,支架总质量超过 1000t,所有支撑钢管构件安装时都存在与爬模架体空间位置相冲突的情况,需根据主动顶推施工节段精密安排施工组织,克服钢管安装中吊装空间狭小、对接精确要求高等困难,确保施工质量合格并保证工序衔接的紧凑性。每级竖向主动顶推时,需大吨位千斤顶分 3 级主动支撑,设 5 个顶推支点;竖向最大施加主动顶推力 7500kN;在主塔两肢间安装 2 道主动横向支撑,横向最大施加主动顶推力 1750kN,同时需克服主动顶推力施加后卸载前体系转换时保证顶推力的不损失的难题。整个主塔挂索前施工需分 7 个工况进行应力分析,并严格控制顶推过程中支架的安全与塔身的线形,以及混凝土容许拉应力满足规范要求,避免钢筋混凝土斜塔在施工过程中出现结构应力裂缝。

主塔爬模施工。主塔施工选用钢木组合结构液压爬模,因空间倾斜角度大,且主塔上下塔身截面和倾角不同,需对模板系统进行 3 次改制和 13 次拼拆过程,改制主要分 4 个方面:①整体建模计算,对主要受力杆件进行加强。②为适应大角度斜塔模板拼装,对模板系统的连接方式、支撑方式进行优化和特制连接件,重新计算爬模预埋系统,并精确放样对模板进行开孔。③为解决拉杆不水平且纵横不交叉,使拉杆处于最佳受力状态,对与拉杆安装相关的所有杆件进行改制。④由于上塔柱"工"形实心截面斜拉索锚索端为凸齿式,为保证锚块钢板、锚面钢板安装精度和爬模架体的受力安全,对上塔柱爬模爬升轨迹及模板支撑和退模方式进行优化并特制连接杆件加强。

塔梁同步施工。塔梁同步施工时,需以主塔、梁和地锚箱不出现超限应力为控制原则,对"塔梁同步施工"进行准确的定义,提出 8 个工况的控制指标。因采用液压爬模施工主塔,需主塔先于主梁最少块段数量,同时为使主塔混凝土不出现超限应力,在主梁节段斜拉索施工完成前,需控制主塔先于主梁的最大节段数量。为消除索塔混凝土收缩、徐变和弹性压缩的影响,对索塔设置的预抬值需监控单位根据施工时实测塔身混凝土的弹性模量计算,现场施工测量对塔柱分段临时测点高程变化进行动态监控,随时修正预抬值,以确保斜拉索在塔上锚固位置的准确。对于直塔的斜拉桥国内尚有资料可查、经验可寻,但对于芙蓉江大桥单塔斜拉结构的特殊性,对合理安排施工组织、提高施工精度、学习借鉴并科学的运用到芙蓉江大桥都提出了更高的要求。

斜拉索安装。本桥斜拉索设计为不对称立体索面,塔梁同步施工时,主塔和主梁属空间双悬臂体系,线形极难控制。在施工过程中的不平衡荷载、斜拉索的张拉温度控制、风载因素的影响、施工特殊工况的施工顺序等,都对主塔偏位和主梁线形及应力均会产生的影响。

二是安全风险因素高。

从近年的桥梁发生安全事故分析数据来看斜拉桥高居第一位,主要是由于施工工艺复杂,桥梁基本上都是高处作业,施工面比较小,而且大型机械、模板运用较多。

现场组织要求较高同时对管理人员和作业人员能力要求比较高,主要体现在以下7大类:支撑系统、结构坍塌、起重及机械、模板、缆绳、吊斗、吊篮及管理技术。支撑系统、结构坍塌、起重及机械与模板四类发生频率最高。其中,支架和坍塌的危害最大。

从桥梁事故(高处坠落、坍塌、物体打击、机械伤害及电击伤害)一般的分类方法来看,几乎绝大部分作业易导致人员高处坠落,这与桥梁的特点是有关的。

芙蓉江大桥结构特殊,施工连续性强,安全生产形势严峻。项目部始终坚持安全第一的原则,严格落实三级安全教育制度,做实安全意识培训,严格做好安全防护工作,严控风险源,严格执行领导带班等制度,明确安全生产责任。大桥建设实现了安全生产零事故。

三是工期紧,精细化管理要求高。

由于前期在大桥的设计上花费了较多时间,项目部开工建设芙蓉江大桥时已经是合同上开工日期之后的半年了。因此,虽然合同工期为26个月,但实际的有效施工工期仅有18个月。工期紧,任务重,对合理组织施工、保质、保量完成施工计划任务提出了更高的要求。

项目部在勘察分析的基础上,针对进度可能造成影响的各项制约因素,采取多项措施。如:对施工范围内不合格便道进行重新修建、硬化,改善了后续施工条件。实行奖优罚劣,结合现场实际情况,增加模板投入,要求队伍增加人员、设备,24小时轮班作业,使模板高效周转。制订切实可行的节点目标计划,倒排工期,制订相应的奖罚措施,细化到每一天、每一个结构部位,每周生产会议上进行总结,当月在结算中体现奖罚。诸多措施大大提高了协作队伍之间的积极性,形成了在进度上你追我赶的良好局面。同时,采取评选、鼓励优秀师徒、领导谈话、给领导提建议等形式,加强项目施工队伍之间的凝聚力。

芙蓉江大桥的参建者们以"冲得上,扛得住,叫得响"的企业精神,顽强拼搏,圆满地完成了各项施工任务。他们为因地制宜解决深谷峭壁架桥提供了新的方案和施工经验。

建成后的芙蓉江大桥,优美壮观的造型和芙蓉江的美景融为一体,一道亮丽的风景线傲然屹立于芙蓉江畔。

道安高速公路乌江特大桥(图6-31)。道安高速公路TJ21标项目位于遵义市余庆县花山乡和湄潭县石莲乡境内,工程起止桩号为K199+700~K206+400,路线全长6.7km。主要施工内容包含路基、桥梁、隧道、涵洞及通道的施工、缺陷责任期缺陷修复。其中,路基3613m/6段;特大桥610m/1座;大桥1335m/3座;中桥20m/1座;隧道1111m/1座;涵洞及通道6道。该标段由中交路桥华南公司承建。

图6-31 道安高速公路乌江特大桥

乌江特大桥桥型布置如图6-32所示。乌江特大桥全长610m,为(54+71+360+71+54)m双塔双索面混合式钢混叠合梁斜拉桥,是贵州省首座混合式叠合梁斜拉桥,其跨径规模和技术难度居同类桥型国内领先地位。斜拉索采用标准强度1670MPa的平行钢丝拉索体系拉索,拉索呈扇形布置,梁上索距中跨12m,边跨8m,塔上索距3.5~2.5m。

乌江特大桥单个主塔墩基础下布设18根直径300cm的钻孔灌注桩,两主墩桩基长均为55m,相邻两桩顺桥向中心间距6.5m、横桥向6.2m;承台采用整体式,承台平面尺寸为36.2m×18.2m,高5.0m,承台之上设3.0m高的塔座。

本桥采用H形主塔,主塔塔身由上塔柱、中塔柱和下塔柱组成,设上下两道横梁;主塔总高度172m,塔身采用箱形变截面,上塔柱为等截面,截面尺寸7.0m×4.5m(顺×横),横桥向塔壁0.8m、顺桥向塔壁1.0m;中塔柱为等截面,截面尺寸7.0m×4.8m(顺×横),塔壁壁厚1.0mm;下塔柱为变截面,截面尺寸由7.0m×4.8m(顺×横)变化至11.0m×9.0m(顺×横),横桥向塔壁1.3m、顺桥向塔壁1.3m;塔横梁为全预应力构件、采用等截面箱形结构,上横梁截面尺寸5.4m×5.5m(宽×高)、截面厚0.8m,下横梁截面尺寸5.4m×

6m、截面厚1.0m。

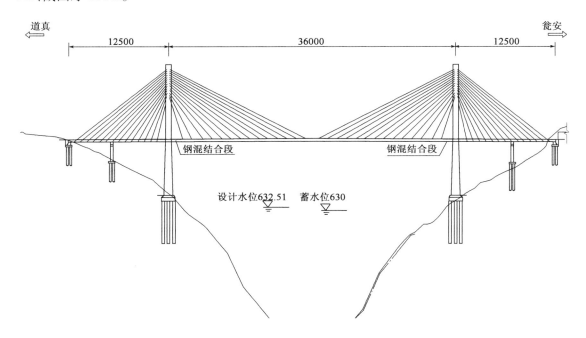

图6-32 道安高速公路乌江大桥立面布置图(尺寸单位:cm;高程单位:m)

辅助墩采用门式墩,墩身为等截面空心墩,墩身尺寸为4m×4m,壁厚0.6m,横梁截面尺寸为4m×3m(宽×高)。1号墩左侧墩身高22m、右侧墩身高19m;4号墩左侧墩身高23m、右侧墩身高29m。承台平面尺寸7.7m×7.7m,每个墩台下配置4根直径200cm的桩基,1号墩桩长25m,4号墩桩长35m。

0桥台采用U台配桩基形式,下接直接1.5m桩基、桩长25m;5号桥台采用U台配扩大基础的形式。0号台后接8m长桥台搭板,5号台后接6m长桥台搭板。

边跨采用混凝土边主梁形式,断面全宽28.0m,主梁横向索中心距26m,截面端高2.88m,中心高3.16m,主梁顶板厚0.32m,设双向2%横坡,横隔梁4m/道。中跨采用双边上字形钢主梁结合桥面板的整体断面,主梁横向中心距26m。

(4)资金筹措。经批准的道安高速公路的投资概算总额为262.4亿元。资金来源为:股东注资66.4亿元,银行贷款196亿元,合计262.4亿元。

(5)招标投标。由于道安高速公路是BOT+EPC建设经营模式,根据本项目招标、投标文件约定,对于参股单位具备施工资质部分不需再进行公开招标,因此,道安高速公路的勘察设计及工程施工由各股东单位负责完成。

道安高速公路施工监理采用国内公开招标形式。于2013年1月15日发布招标公告,至2013年3月12日、3月13日进行开标时,共有35家投标单位参与投标,经过评标委员会严格审查与评选,最终推荐湖南和天工程项目管理有限公司等12家企业为中标单位。

道安高速公路各参建单位(表6-24)都具有较强的专业技术素质及专用机械设备。在施工中都能贯彻业主意图,达到业主工程管理的目标;在质量管理方面,都建立了自检体系,明确职责;施工单位与监理、设计单位严密配合,认真、严格的执行施工技术规范和工程质量检验评定标准。在进度、质量、安全、环保等方面做了大量工作,为道安高速公路保质、保量顺利通车做出了贡献。

G69银百高速公路道真—瓮安段参建单位表 表6-24

参建单位	单位名称	合同段编号	起止桩号	主要负责人
项目管理单位	贵州中交福和、和兴、兴陆高速公路发展有限公司	K10+541.5	K254+013.267	陈志宏
勘察设计单位	中交第二公路勘察设计研究院有限公司	K10+541.5	K254+013.267	何先志
监理单位	湖南和天工程项目管理有限公司	JL01	K10+550~K28+700	谭建军
监理单位	武汉大通公路桥梁工程咨询监理有限责任公司	JL02	LK0+400~LK8+100/K28+700~K40+400	陈志伟
监理单位	武汉大通公路桥梁工程咨询监理有限责任公司	JL02	K10+550~K40+400/LK0+400~LK8+100	陈志伟
监理单位	重庆市交通工程监理咨询有限责任公司	JL03	K40+400~K65+200	胡聪
监理单位	重庆市交通工程监理咨询有限责任公司	JL03	K10+550~K83+200/LK0+400~LK8+100	胡聪
监理单位	安徽省科兴交通建设工程监理有限公司	JL04	K65+200~K83+200	王连飞
监理单位	安徽省科兴交通建设工程监理有限公司	JL04	K40+400~K83+200	王连飞
监理单位	山西交科公路工程咨询监理有限公司	JL05	K83+200~K101+050	路存喜
监理单位	江苏旭方工程咨询监理有限公司	JL06	K101+050~K113+450	周强平
监理单位	江苏旭方工程咨询监理有限公司	JL06	K83+200~K113+450	周强平
监理单位	重庆市交通工程监理咨询有限责任公司	JL07	K113+450~K134+400	杨震
监理单位	重庆市交通工程监理咨询有限责任公司	JL07	K83+200~K159+217	杨震
监理单位	潍坊市华潍公路工程监理处	JL08	K134+400~K159+217	王兴
监理单位	潍坊市华潍公路工程监理处	JL08	K113+450~K159+217	王兴
监理单位	四川天接工程咨询监理有限公司	JL09	K157+700~K191+000	丁昌荣
监理单位	武汉大通公路桥梁工程咨询监理有限责任公司	JL10	K191+000~K206+000	徐俊炜
监理单位	武汉大通公路桥梁工程咨询监理有限责任公司	JL10	K157+700~K206+000	徐俊炜
监理单位	重庆中宇工程咨询监理有限责任公司	JL11	K206+000~K224+500	向斌
监理单位	重庆中宇工程咨询监理有限责任公司	JL11	K157+700~K253+763	向斌
监理单位	北京炬桓工程项目管理有限公司	JL12	K224+500~K253+763	张俊杰
监理单位	北京炬桓工程项目管理有限公司	JL12	K206+000~K253+763	张俊杰

续上表

参建单位	单位名称	合同段编号	起止桩号	主要负责人
施工单位	中交四航局第一工程有限公司	TJ01	K10+541.5~K18+240	陈喜强
	中交路桥华东工程有限公司	TJ02	K18+240~K28+700	聂文英
	中交四航局第一工程有限公司	TJ03	K28+700LK0+400~K32+800/LK8+111.992	庄宏斌
	中交四航局第一工程有限公司	TJ04	K32+800~K40+013.387	范建军
	中交四航局第一工程有限公司	TJ05	K40+000.769~K48+500	余应杰
	中交路桥北方工程有限公司	TJ06	K48+500~K65+100	王伟
	中交路桥华南工程有限公司	TJ07	K65+100~K72+950	卢长元
	中交路桥华东工程有限公司	TJ08	K72+950~K83+152.795	张博
	中交第三航务工程局有限公司	TJ09	K83+098.630~K93+900	陈伟
	中交第四公路工程局有限公司	TJ10	K93+900~K100+980	黄志玮
	中交第二航务工程局有限公司	TJ11	K100+980~K107+650	刘涛
	中交路桥华北工程有限公司	TJ12	K107+650~K113+541	谢俊峰
	中交路桥北方工程有限公司	TJ13	K113+541~K121+230	米小光
	中交路桥北方工程有限公司	TJ14	K121+230~K134+370	许文峰
	中交路桥南方工程有限公司	TJ15	K134+370~K151+200	马潮
	中交路桥南方工程有限公司	TJ16	K151+200~K159+088.046	李海港
	重庆市涪陵路桥工程有限公司	TJ17	K157+700~K168+740	魏守玲
	中交第二航务工程局有限公司	TJ18	K168+740~K178+844	邓逊
	中交路桥华南工程有限公司	TJ19	K178+844~K190+830	钟灿
	中交路桥北方工程有限公司	TJ20	K190+830~K199+700	张志强
	中交路桥华南工程有限公司	TJ21	K199+700~K206+400	张会昌
	中交路桥北方工程有限公司	TJ22	K206+400~K216+040	刘晓亚
	中交第四航务工程局有限公司	TJ23	K216+040~K225+810	谢雄
	中交第四航务工程局有限公司	TJ24	K225+810~K235+050	谢雄
	中交第三公路工程局有限公司	TJ25	K235+050~K244+014	张清华
	中交第一公路工程局有限公司	TJ26	K244+014~K254+013.267	钟吉棕
	重庆交通建设(集团)有限责任公司	LM01	K10+541.5~K40+013.387	刘海城
	中交路桥华东工程有限公司	LM02	K40+000.769~K83+152.795	苏和平
	中交二公局第四工程有限公司	LM03	K83+098.630~K103+794	张俊平
	中交路桥华南工程有限公司	LM04A	K103+794~K134+370	万宁
	中交路桥南方工程有限公司	LM04B	K134+370~K159+088.046	马潮
	中交第二航务工程局有限公司	LM05	K157+700~K182+200	樊孝富
	中交二公局第四工程有限公司	LM06	K182+200~K216+040	李合银
	中交第三公路工程局有限公司	LM07	K216+040~K254+013.267	黄鑫

续上表

参建单位	单位名称	合同段编号	起止桩号	主要负责人
施工单位	西安金路交通工程科技发展有限责任公司	JD01	K10+541.5~K83+152.795	黄长久
	中交第二公路勘察设计研究院有限公司	JD02	K10+541.5~K83+152.795	金玉明
	中交路桥建设有限公司	JD03	K10+541.5~K83+152.795	奚京明
	中交第二公路勘察设计研究院有限公司	JD04	K10+541.5~K83+152.795	晏丽霞
	西安金路交通工程科技发展有限责任公司	JD05	K83+098.630~K159+088.046	张疆
	中交二公局电务工程有限公司	JD06	K83+098.630~K159+088.046	贺利乐
	中交路桥建设有限公司	JD07	K83+098.630~K159+088.046	刘耀骏
	中交第二公路勘察设计研究院有限公司	JD08	K83+098.630~K159+088.046	李增飞
	广东飞达交通工程有限公司	JD09	K157+700~K254+013.267	王建军
	中交路桥建设有限公司	JD10	K157+700~K254+013.267	季珣
	中交第二公路勘察设计研究院有限公司	JD11	K157+700~K254+013.267	代言明
	中交第三公路工程局有限公司	FJ01	K10+541.5~K48+500	韩松
	中交路桥建设有限公司	FJ02	K48+500~K83+152.795	张卫兵
	中交第四公路工程局有限公司	FJ03	K83+098.630~K107+650	梁春明
	中交路桥总承包分公司	FJ04	K107+650~K159+088.046	侯月波
	中交路桥建设有限公司	FJ06	K157+700~K206+400	吴修勤
	中交第四公路工程局有限公司	FJ07	K206+400~K254+013.267	梁春明
	中交二公局萌兴工程有限公司	JA01	K10+541.5~K40+013.387	叶华
	中交路桥建设有限公司	JA02	K40+000.769~K83+152.795	张卫兵
	中交一公局交通工程有限公司	JA03	K83+098.630~K113+541	罗恒梁
	中交路桥总承包分公司	JA04	K113+541~K159+088.046	吴修勤
	中交第二公路勘察设计研究院有限公司	JA05	K157+700~K178+844	代言明
	中交路桥建设有限公司	JA06	K178+844~K206+400	吴修勤
	中交路桥建设有限公司	JA07	K206+400~K254+013.267	王军
	江苏现代园林建设工程有限公司	LH01	K10+541.5~K40+013.387	龚仲恺
	中交路桥建设有限公司	LH02	K40+000.769~K83+152.795	张卫兵

续上表

参建单位	单位名称	合同段编号	起止桩号	主要负责人
施工单位	贵州交勘生态园林有限责任公司	LH03	K83+098.630~K113+541	龙皎
	中交路桥总承包分公司	LH04	K113+541~K159+088.046	侯月波
	湖北达新环境园艺工程有限公司	LH05	K157+700~K178+844	李浩
	中交路桥建设有限公司	LH06	K178+844~K206+400	吴修勤
	重庆建工大野园林景观建设有限公司	LH07	K206+400~K254+013.267	吴方琦

(6)征地拆迁。征地拆迁方面,道安项目公司分别与遵义市及黔南州签订了征地拆迁协议书,明确了征地拆迁标准及责任。截至2015年11月,共征用土地23359余亩,拆迁房屋清镇500254m^2。

3. 新技术和新材料应用

针对贵州省高速公路建设中节能减排与绿色环保方面存在的典型问题,充分推广利用交通行业已有的先进技术,以及贵州省低碳公路建设的实践经验,以绿色低碳为理念,全过程采用绿色低碳特色技术,全寿命实现绿色低碳效益,全方位进行绿色低碳管理,全面展示绿色低碳成果,建成一条安全、绿色、能源节约、环境友好的高速公路,并总结形成道安高速公路的绿色循环低碳建设体系。

贵州省交通厅将道安高速公路作为落实《贵州省绿色交通建设行动方案(2014—2017年)》生态文明行动先行示范项目,并作为本次试点项目申报,旨在将道安高速公路打造成"贵之道,节至安"的试点示范公路。贵之道:重视道理,遵循道法,形成通道;节至安:节约有道;节能可度,节制为安。具体措施如下:

(1)耐久性路面结构。本项目在对贵州地区应用沥青路面结构的应用成功经验充分调研的基础上,综合考虑贵州地域特点和项目特性,对路基段设计了两种典型的耐久性沥青路面结构,确保全线路面结构整体耐久性。全线路基段推荐的主要路面结构为4cm SMA-13型改性沥青混凝土+6cm AC-20C型沥青混凝土+8cm AC-25C型沥青混凝土+38cm水泥稳定碎石基层+20cm级配碎石,为提高路面结构整体耐久性,方案中上面层设计为4cm改性沥青SMA,并采用进口改性沥青,放弃了在贵州地区传统使用的SBS改性沥青AC-13C型沥青混凝土的上面层结构。此外,针对桩号K157+700~K182+200路段(TJ17、TJ18标),该段平均纵坡2.3%,主要为填方路段,路基相对薄弱,对路面结构耐久性有更高要求,因此对路面结构进行了进一步加强设计,推荐采用沥青路面结构方案为4cm SMA-13型改性沥青混凝土+改性沥青防水黏结层+6cm AC-20C型SBS改性沥青混凝土+乳化沥青黏层油+10cm ATB-25型沥青混凝土(50号沥青)+改性乳化沥青下封层+40cm 5%水泥稳定碎石基层+20cm 4%水泥稳定碎石底基层。

按照评价期20年计算,使用耐久性沥青路面结构可减少路面中修罩面1次,减少路面大修1次。中修和大修的能源消耗分别按建设期能耗的20%与50%计算,则全线254km耐久性路面减少的中修及大修工程共可节约标煤18.08万t,减少CO_2排放39.22万t;折算到运营期每年,相当于每年节约标煤9040t,每年减少CO_2排放19610t。

(2)温拌沥青技术。就是通过使用特定的技术或添加剂,使沥青能在相对较低的温度(一般拌和温度降低30℃以上)下进行拌和及施工,一般施工温度介于热拌沥青混合料(150～180℃)和冷拌(常温)沥青混合料之间,同时保持其不低于热拌沥青混合料(Hot-mix Asphalt,简称HMA)的使用性能的沥青混合料技术。

(3)高性能混凝土。高性能混凝土是一种新型高技术混凝土,是在大幅度提高普通混凝土性能的基础上采用现代技术制作的混凝土,它以耐久性作为设计指标。针对不同用途,高性能混凝土在耐久性、工作性、适用性、强度、体积稳定性等方面应具有良好性能。配制高性能混凝土的矿物外加剂,是具有高比表面积的微粉辅助胶凝材料,如超细粉煤灰、硅灰、细磨矿渣微粉等。它是利用微粉填隙作用形成细观的紧密体系,并且改善界面结构,来提高界面黏结强度。

(4)隧道弃渣利用。在高速公路建设过程中,需要开挖隧道,同时还要开挖取土场填筑路基,因此隧道挖方的利用就成了重要的节约手段,高速公路的土石方平衡也体现了设计单位的整体水平。利用隧道弃渣,经筛选后就地加工破碎,优质碎石用于隧道衬砌混凝土集料,次级碎石用于路面碎石垫层,残渣用于填筑路基,通过"三级筛选"利用,减少弃渣,减少占地,减少采石场对自然环境的破坏,减少因外场砂石料的运输而带来的能耗,最终达到节能减排的目的。隧道弃渣利用技术是针对公路隧道弃渣进行回收利用,主要有以下三个方面的用途:①用于路基填筑、路面底基层及基层;②用于附属工程混凝土构件中,如混凝土挡墙、生态型砌块等;③隧道进出口明洞回填。

(5)废旧橡胶沥青路面。选用废胎胶粉橡胶沥青作为沥青结构层结合料具有高弹、高黏的特点,有利于提高沥青路面高温抗车辙能力、低温抗裂能力,防止沥青路面早期损坏现象发生,延长路面使用寿命。同时通过沥青混凝土功能性设计,可降低轮胎/路面噪声4～6dB(A),路面行驶质量指数为优,且对应的路面平整度提高为2.3m/km。

废旧橡胶沥青混凝土的利用,一方面提高了沥青路面的耐久性能,另一方面体现了公路工程建设的资源循环利用、减少环境污染的建设理念,是真正意义上的绿色环保路面。

(6)可再生能源应用。项目所在省区煤炭和水能资源非常丰富,但太阳能、风能等可再生能源非常有限。贵州年日照时数仅1297.7小时,年太阳辐射总量仅3350～4200MJ/m^2,

是我国太阳能辐射值最低的五类地区之一(仅贵州和四川),不具备太阳能发电的客观条件;有效风能密度在 50W/m² 以下,开发利用难度大,因此项目所在区域不具备大规模太阳能、风能等可再生能源利用的客观条件。太阳能热水器对太阳辐照强度要求相对不高,秉着实事求是的原则,仅对沿线附属服务区、收费站、管理所等生活热水考虑利用太阳能,采用太阳能热水器。

(7)公路节能照明技术使用。近年来随着中国交通基础设施建设的大发展,照明设施的规模及数量越来越大,在高速公路正常运营过程中,其照明设施在使用中将消耗大量的电能。照明系统的节能措施除了合理选择设计参数外,科学选用电光源是照明节能的重要条件。目前最具实际意义的是在全线隧道及公众区域在保证照度的前提下,推广应用高效节能的照明器具,同时使之具有合理的配光曲线,提高电能利用率,减少用电量。

(8)公众服务及低碳运营指示系统。系统包括公路公众服务信息系统和低碳运行指示系统。公路公众服务信息系统面向公路管理者和公众信息服务的实际需求,主要为公众提供高速公路路况、气象、出行指南、公路养护、服务区信息、路径规划、地图、路政、运营等方面的信息;低碳运行指示系统主要为高速公路上的驾乘人员提供高速公路上通行车辆的平均时速、低碳车辆合理运行速度、当前高速公路的碳排放总量和断面交通量等低碳信息。正安服务区如图 6-33 所示。

图 6-33 正安服务区

(9)车辆超限超载不停车预检管理系统建设。超限超载不停车预检系统又称为治超不停车预检系统,是在车辆正常行驶过程中,对超限超载车辆进行高速自动识别与自动检测,动态检测过往车辆的轴重、车长、高度等信息,提前对超限超载车辆进行超限预判和分拣,以减少对不超限车辆的二次检测工作,可以减少车辆停车检测产生的能耗,有效减少二氧化碳的排放。

(10)隧道通风智能控制系统。本项目隧道通风系统参照《贵州省高速公路机电系统总体方案》相关要求,按照如下原则进行设计:①对于长度 $L<800m$ 的中、短隧道,不设置机械通风;②对于长度 $800m \leqslant L<2000m$ 的长隧道,只设置防灾机械通风系统;③对于长度 $L \geqslant 2000m$ 的长隧道,设置日常运营(含防灾)机械通风系统。隧道通风智能控制是针对日常运营的风机,利用各点分布的传感器,实时检测隧道各断面一氧化碳(CO)浓度和烟雾(VI)浓度,使风机在符合国家安全标准和隧道设计规范的前提下按照 CO/VI 浓度变频运行的公路隧道通风智能控制系统。

(11)ETC 不停车收费车道建设。ETC 不停车收费车道建设是智能交通系统的一个重要组成部分,是以采用现代通信、计算机、自动控制等高新技术为主要特点、实现公路不停车收费的新型收费系统。驾驶员只要在车窗上安装感应卡并预存费用,通过收费站时便不用人工缴费,也无须停车,通行费将从卡中自动扣除。这种收费系统每车收费耗时不到 2 秒,其收费通道的通行能力是人工收费通道的 5~10 倍。ETC 由于自身优势已成为国际上公路收费技术发展的主要趋势,其具有两大特征:一是采用高新科技实现收费电子化;二是实现了公路的不停车收费,也称为不停车自动收费,继而可以降低车辆怠速燃油消耗并减少环境污染。

(12)施工期集中供电措施应用。本项目采用永临结合方式,通过在全线的施工区统筹规划电力接入方案,布设变压器,减少因各施工单位无组织发电对柴油发电机的大量应用造成的能源浪费与污染排放,进而有效节省施工期能耗,降低排放。

(13)公路沿线设施绿色建筑建设。本项目沿线服务区房建设施的节能设计在严格遵守《公共建筑节能设计标准》(GB 50189—2005)、《民用建筑热工设计规范》(GB 50176—1993)、《夏热冬冷地区居住建筑节能设计标准》(JCJ 134—2010)等的基础上,参考《绿色建筑评价标准》(GB/T 50378—2006),在保证服务区使用功能的同时,在全寿命周期内最大限度地实现节能、节地、节水、节材、保护环境的目标。

(14)施工机械低碳技术改造。施工期的机械耗能是能源消耗的一个重要环节,研究结果表明,在沥青路面施工过程中,各种施工机械是沥青路面建设主要的能耗与排放源。根据相关研究,沥青路面修筑中所涉及的各种拌和设备占比重投资最大。燃油占其机械成本的 30%~40%,燃油消耗成本是沥青拌和设备运行费用的主要成分。本项目重点针对沥青拌和楼进行油改气的改造,以节省能源,降低排放。

(15)供配电节能技术。本项目外场监控部分,节能供电方案,通过配电站的上端电源柜输出单相 1kV 电压,通过 YJV22-1kW-2m6 电缆将电力输送至各用电点,再通过下端电源箱将电压转变为 220V 电压向负载直接供电,因此无须三相平衡,也避免了电缆重复敷设,降低了设计和施工难度。

由于节能供电系统减少了电缆使用种类和使用量,因此降低了供配电设备和电缆的造价。另外,可变信息屏和摄像机等设备属于电子负载,存在功率因数较低的问题,且很难在设备端进行功率因数补偿。智慧节能供电系统通过对供配电系统的功率因数补偿,可整体提高供配电系统的功率因数,实现节约用电量。

(16)表土资源保护与土地复垦利用。本项目针对路基施工的清表作业,对林地、农田、果园的表土进行保护,利用清表土作为边坡、互通立交区及弃渣场等的生态恢复和绿化,或作为临时场地地面建设、鱼塘回填、农田复耕复垦,或者用于施工各标段之间的土方调配,甚至进入市场循环利用等。

(17)桥面径流净化与事故应急系统。本项目从进一步加强水环境保护的角度出发,对通常的桥面径流收集系统进行改进,建设"桥面径流监控及应急处理系统",不仅增加对桥面初期雨水径流的净化作用,而且进一步提高危险品泄漏的事故应急处理能力。

(18)路面径流净化工程。本项目路线涉及饮用水源准保护区2处,以路基和桥梁形式经过道真县沙坝水库饮用水源准保护区(K22+530~K23+580)的长度约1.05km,距水厂取水口距离约3.5km;以桥梁形式经过湄潭县城饮用水源准保护区(K162+850~K163+100)的长度约0.25km,距水厂取水口距离约3.3km。尽管我国尚未对路面径流污染设定强制要求,但是为了积累路面径流污染防治的经验,厉行保护敏感水体环境,本项目计划在临近饮用水源准保护区的路段采用三级沉淀净化处理。

(19)公路附属设施运营水资源循环利用。对于污水产生量较大的沿线设施,如服务区、管理中心等区域,污水处理后回用于冲厕及绿化,既能彻底消除污染,又可节约宝贵水资源。结合本项目区域气候特点,采用接触氧化法对污水、雨水进行预处理后,再进入人工湿地系统进行深度处理,将污水、雨水处理成中水,回用于冲厕及绿化浇灌等。人工湿地是指人工筑成水池或沟槽,底面铺设防渗层,填充一定深度的土壤或基质,种植芦苇一类的维管束植物或根系发达的水生植物,污水由湿地的一端通过布水管渠进入,以推流方式与布满生物膜的介质表面和溶解氧进行充分的接触获得净化,其突出优点是运行耗能低。本项目污水深度处理选用以潜流人工湿地为核心工艺的水处理系统。

(20)路域碳汇生态建设。对全线的景观绿化进行提升设计,最终实现的绿化工程植草190.4万m^2,植灌木21.1万m^2,种植藤本2.7万株,种植乔木13.2万株,在植物物种的选取上充分考虑其碳汇能力,对于汽车排放产生的二氧化碳、二氧化硫等气体将发挥很强的去除效果。据相关资料,1万m^2灌木林一年吸收二氧化碳约为490t,1万m^2草地一年吸收二氧化碳约为33t,结合路域灌木草地比例,预计将形成年1.7万t二氧化碳吸收能力。

(21)施工监测与信息化管理系统。本项目在工程项目管理过程中,充分利用基于现代互联网技术上的建设项目综合业务管理信息平台,秉着实用、直观、简洁、有效节约的原则,实现建设项目科学、高效、严谨的管理模式,确保建设项目在质量、安全、进度、环保等方面规范化、标准化,减少重复劳动、避免资源浪费、提高管理效率。

（22）运营能耗统计监测管理信息系统。本项目在运营阶段可以实现远程在线统计各种能源消耗数据，将能源消耗直接核算成为标准煤，用真实、有效的数据反映绿色低碳路的成果。

4. 营运管理

福和、兴陆段于 2015 年 12 月 31 日建成通车，和兴段于 2016 年 1 月 20 日建成通车。收费场站 15 处，收费车道 131 条，ETC 车道 30 条；服务区 6 处，停车区 4 处；隧道管理所 6 处；监控中心一处（湄潭管理中心）。

道安高速公路收费站、停车区、服务区见表 6-25。

道安高速公路收费站、停车区、服务区一览表　　　　表 6-25

序号	桩　号	工 点 名 称	最终确定名称	备　注
1	K15+930	主线收费站	大礅主线收费站	
2	K22+150	道真北互通匝道站	道真北收费站	
3	K29+300	道真服务区	道真服务区	
4	LK3+653（支线）	大塘口互通临时站	道真收费站	
5	K47+200	三江停车区	三江停车区	
6	K49+500	三江互通收费站	三江收费站	
7	K58+450	正安北互通收费站	正安北收费站	
8	K67+580	正安互通收费站	正安收费站	
9	K72+850	正安服务区	正安服务区	
10	K87+500	米粮停车区	米粮停车区	
11	K98+690	和平互通	和平收费站	
12	K114+200	坪乐收费站	坪乐收费站	
13	K120+480	西河互通	西河收费站	
14	K123+600	万马服务区	西河服务区	
15	K140+170	洗马停车区	洗马停车区	
16	K142+400	洗马互通	洗马收费站	
17	K164+800	湄潭东服务区	湄潭东服务区	
18	K167+200	湄潭东互通	湄潭东收费站	
19	K179+400	抄乐互通	抄乐收费站	
20	K191+780	龙家坝停车区	龙家停车区	
21	K193+800	龙家坝互通	龙家收费站	
22	K208+600	乌江服务区	飞龙湖服务区	
23	K215+380	花山互通	港口收费站	
24	K223+500	天文互通	瓮安北收费站	
25	K234+300	瓮安服务区	瓮安北服务区	

（二）G69 银百高速公路贵阳至瓮安段

1. 基本情况

（1）项目决策背景。黔中经济区包括贵阳市全部市县区，安顺市、遵义市、黔东南州、黔南州、毕节地区的部分区县共32个区、县级行政单元。区域国土面积51236km²，占全省的29%；2010年，常住半年以上人口1638万，占全省的47%；地区生产总值2656亿元，占全省的57%。贵瓮项目是黔中经济区规划的3条高速公路之一。

瓮安是贵州省的一个资源大县。已探明的矿产有磷、煤、铁、锌、钼、钒、铝钒钛、硫铁矿、高岭土、重晶石、石膏石、大理三石等20余种，分布广，质量好，水文地质结构简单，具有良好的开发前景。磷、煤储量最为丰富，是瓮安的优势矿产，在贵州乃至全国都占有重要地位。其中，磷矿总储量超过25亿t，矿石品位均在23%~35%之间，是贵州三大磷矿基地之一；煤矿储量11亿t，发热量6000~7500大卡/公斤，煤层较厚，水文地质结构较好，利于开采。

(2) 公路的功能、定位、里程。贵阳至瓮安高速公路是对贵州省高速公路网规划"6横7纵8联"及4个城市环线网的进一步完善优化，建设单位为贵州中交贵瓮高速公路有限公司。贵瓮项目全长71.016km。

项目有非常强的替代作用，贵阳现阶段至瓮安需经兰海高速公路至福泉，转205省道后才能到达，全程约为160km，车辆行驶时间约3小时，贵瓮项目建成通车后，仅需1小时就可以从贵阳到达瓮安，大大缩短了贵阳至瓮安的行车时间。除了作为沟通贵阳至黔中经济区的重要通道，同时也是连接云南、贵州、湖南、重庆四省市大通道的重要组成部分。贵州地处山区，经济相对落后，贵瓮项目将贵州中心城市与周边省市连接起来。通畅的交通、便捷的物流、行车时间的大大缩短，对贵州本地的矿产和旅游资源的开发具有十分显著的推动作用，对当地经济的发展具有不可替代的影响。

(3) 技术指标。贵瓮项目按四车道高速公路标准建设，路基宽度24.5m，设计速度80km/h。项目起于贵阳市乌当区羊昌镇，接兰海国家高速遵义至贵阳段扩容工程羊昌枢纽互通。终点位于瓮安县银盏镇钱家院，设瓮安枢纽互通与道真至瓮安高速公路相交，与江口至瓮安高速公路相接。主要途经贵阳市乌当区羊昌、百宜、开阳县龙岗、毛云，瓮安县建中、玉华、雍阳、银盏等乡镇。

(4) 主要构造物。贵瓮高速公路（图6-34）主线全长71.016km，全线设计速度采用80km/h，路基宽度24.5m，双向四车道。全线共设桥梁18047m/47座，桥梁长度占路线长的25.05%。其中，特大桥2769m/2座，大桥15047m/41座，中桥231m/4座，涵洞50道。全线共设隧道7530m/6座，隧道长度占路线长度的10.45%，其中特长隧道3295m/1座，长隧道1025m/1座，中隧道3210m/4座。全线桥隧长度比例为35.50%。全线设互通立交5处（其中枢纽互通1处），分离式立交12处，天桥6处，通道61道。服务区2处，停车区1处，养护工区1处，管理中心1处，收费站4处。

2. 建设情况

(1) 立项审批。贵瓮项目前期各项相关专题报告（包括水土保持方案报告书、地质灾害危险性评估报告书、文物考古调查勘探评估暨保护规划报告、项目用地预审、选线对香纸沟风景名胜区影响专题报告、规划选址意见书、环境影响评价大纲和评价报告、压覆矿产资源调查报告共8个专题)获得批复。此外,贵州省人民政府批准了贵州省交通厅《关于贵阳至瓮安高速公路项目采用BOT+EPC招商引资方式建设的请示》(黔交呈〔2012〕44号)的批复意见。

图6-34 贵瓮高速公路景观

贵州省领导、交通部领导到贵瓮高速公路调研,如图6-35、图6-36所示。

图6-35 贵州省领导到贵瓮高速公路调研
注:2015年6月5日,贵州省委常委、副省长慕德贵,省交通厅厅长王秉清、副厅长罗强一行调研贵瓮高速公路

图6-36 原交通部部长黄镇东到贵瓮高速公路调研

(2)勘察、设计。贵州省贵阳至瓮安高速公路段,地质条件较复杂,沿线分布有采空区、溶洞、顺层挖方边坡、煤系地层、高液限土,部分段落地下水发育。路线经过较多的村镇、农田和地方道路,改路、改渠较多。在岩溶发育区域,桩基施工不定因素众多。设计单位中交公路规划设计院有限公司本着"技术领先、设计精良、信誉至上、服务优质"的思想,自本项目开始,经过两阶段勘测设计,严格按设计单位质量体系文件的要求进行各环节的质量控制,精心勘察和设计,使路线线形顺畅,同时能结合地形地物及地质条件进行设计,经技术方案、造价综合比较,采用结构安全、经济的设计方案,节省了造价。设计过

程中注重对新技术、新材料、新设备、新工艺的采用。例如,路基防护以生态防护为主,对坡率为1∶1~1∶1.25岩石边坡采用喷混植生植草的较新防护形式及工艺;土质挖方边坡采用缓坡率、支撑渗沟+棱形骨架等多种措施,改善了景观效果;对于高边坡及高填路基,施工中应充分贯彻动态设计、施工思想,加强边坡变形监测,要求施工时边开挖边防护,并根据实际开挖地质情况确定边坡坡率及排水防护措施等。在施工服务过程中,坚持优质、及时的服务态度,急施工之所急,同时能结合施工实际,及时完善和变更设计,确保了工程的顺利开展。

通过对已建的瓮马高速公路、贵都高速公路、惠兴高速公路以及临近在建的道瓮高速公路、安江高速公路建设方面的总结,在贵瓮项目设计中对类似的问题从工程测量、地质勘察、工程设计等方面进行有针对性的落实和优化,使得贵瓮项目的施工图纸能更好结合工程实际情况和指导施工,使本次施工图设计质量有较大的提高,为本项目的顺利开展打下一个良好的基础。

在具体方案设计中优先采用质量可控、便于施工的常规工程方案,充分考虑项目公司既是投资方也是运营期间的收益方,既要实现建设期间减少工程造价、缩短施工工期的目标,又要考虑运营期间如何降低养护费用和成本。如同一施工标段尽量采用相同跨径的梁长、减少墩柱直径的种类,虽然由于同一标准会造成工程量的局部增加,但类似措施会大幅减少工期和施工单位的实际成本,贵瓮高速公路预计比计划提前通车近一年,由此带来了较大社会和经济效益。

贵瓮项目为BOT项目,施工图外业调查期间,施工单位已经进场开始进行临建工程施工。鉴于此特点,勘察设计加强与施工单位的沟通,了解其特点,一方面可以有效补充勘察设计组单方进行外业调查的局限性,包括地方对高速公路施工期间的特殊要求、沿线是否存在特殊背景的建筑物、墓地等,避免施工时产生较多的变更;另一方面通过与施工单位的沟通,可以在施工图设计开始之前了解到施工单位的技术水平、管理方式、质量意识等,在确定施工图设计方案时可以做到有的放矢。在工程造价相近的前提下,尽量选用各标段擅长的施工工艺,充分利用既有设备,减少标段的成本支出,例如某些标段主要以桥梁施工为主,从事路基施工的经历较少,对防护工程中的预应力锚索、锚杆等没有管理经验,也没有相关的技术人员,在防护方案选择上尽量选择放缓边坡、配以混凝土圬工防护的措施,避免由于施工管理水平不足给工程留下较多的隐患。

通过细致的前期勘察设计和施工过程中的紧密配合,在贵瓮高速公路项目公司项目业主的统一部署下,与参加各方共同努力,贵瓮高速公路未产生因地质因素、调查不足等产生的重大变更,提前通车,达到了预期目标。

清水河大桥(图6-37)前期经过多次方案比选,最终主跨1130m单跨简支钢桁梁悬索桥方案脱颖而出。清水河大桥采用板桁结合的钢桁加劲梁结构,也是板桁结合加劲梁在悬索桥中的首次应用,而这背后是设计组艰辛的付出。将正交异性钢桥面板嵌入钢桁梁的板桁结合加劲梁方案,是在传统的板桁分离式悬索桥加劲梁方案基础上实现的新的技术突破和创新。由于清水河大桥设计省去了大量的桥面板支座、伸缩缝和少量横梁,除了显著降低工程造价外,也在很大程度上节约了自然资源,大大减少了大桥后期维护费用和维护时间,以及维护时临时占道和临时封闭对桥面交通造成的严重影响。同时采用板桁结合加劲梁,配以缆索吊架设工法,可大幅度节省悬索桥上部结构的架设工期,可早日实现贵瓮高速公路全线贯通,对加速实现《贵州省高速公路三年建设会战实施方案》的任务具有显著地促进作用。

图6-37　贵瓮高速公路清水河大桥

施工监理以"服务性、公正性、独立性、科学性"为宗旨,在项目管理过程中依法维护建设单位的利益,确保取得最佳投资效益。

(3)资金筹措。贵瓮项目采用"BOT+EPC"承建模式,拟使用资本金与银行融资贷款相结合方式筹措资金,针对融资贷款部分建设期采用完工保证,运营期采用阶段性担保和收费权质押方式获取银行贷款,项目资本金及项目融资比例分别为25%、75%,其中自有资金218750万元,银行融资贷款金额645000万元。

(4)招标投标。贵瓮项目的建设模式为BOT+EPC,建设单位为贵州中交贵瓮高速公路有限公司;设计单位为中交公路规划设计院有限公司;监理单位通过社会公开招标确定,包括路基土建、路面、交安、绿化、监理单位共5个,机电、房建监理单位各1个;施工单位按照投资合同约定组建,中交集团下属各施工单位通过内部竞争确定。包括11个路基土建施工标段,2个路面施工标段,交安、绿化、机电、房建施工标段各1个。

2013年6月7日,进行了路基工程监理及中心试验室招标,北京水规院京华工程管理有限公司、中交路桥技术有限公司等六家企业为中标单位;路面、绿化监理公开招标,北京水规院京华工程管理有限公司和重庆中咨万通工程监理有限公司为中标单位;2014年

9月15日,机电、房建工程监理公开招标,北京华路捷公路工程技术咨询有限公司、西安新业建设咨询有限公司为中标单位。

参建的17家施工单位都具有较强的专业技术素质和专用机械设备。在施工中都能贯彻项目公司意图,达到项目公司工程管理的目标;在质量管理方面,都建立了自检体系,明确职责;并与监理、设计单位配合,认真执行施工技术规范和工程质量检验评定标准。在进度、质量、安全、环保等方面做了大量工作,为贵瓮高速公路保质、保量、顺利通车做出了贡献。贵瓮高速公路参建单位见表6-26。

贵瓮高速公路参建单位　　　　　表6-26

参建单位	单位名称	合同段编号及起止桩号	主要负责人	备注
项目管理单位	贵州中交贵瓮高速公路有限公司	K31+350～K102+366.162	张胜利	
勘察设计单位	中交公路规划设计院有限公司	GWHT-SJ-001 (K31+350～K102+366.1612)	林国涛	
施工单位	中交三航局第三工程有限公司	K31+350～K42+000	尹桂生	1标
	中交四公局第一工程有限公司	K42+000～K46+780	张栓宝	2标
	中交一航局第四工程有限公司	K46+780～K51+520	郭庆林	3标
	中交二公局铁路工程有限公司	K51+520～K59+737	李克刚	4-1标
	中交二公局铁路工程有限公司	K59+737～K67+878	王广州	4-2标
	中交二公局第二工程有限公司	K67+878～K70+190	王凤存	5-1标
	中交二公局第二工程有限公司	K70+190～K71+900	贾兵团	5-2标
	上海远通路桥工程有限公司	K71+900～K75+300	苗向军	6-1标
	上海远通路桥工程有限公司	K75+300～YK78+820/ZK78+837.298	李百富	6-2标
	中交第二公路工程局有限公司隧道工程公司	YK78+820/ZK78+837.298～K84+700	李小龙	7标
	中交二公局第三工程有限公司	K84+700～K102+366.162	张建国	8标
	东盟营造工程有限公司	K31+350～K58+000	邓宝辉	路面1-1标
	东盟营造工程有限公司	K58+000～K69+258.4	王渭君	路面1-2标
	中交二公局第三工程有限公司	K69+258.4～K102+366.162	刘俊龙	路面2标
监理单位	北京水规院京华工程管理有限公司	JL1(K31+350～K51+520)	宋运峰	
	北京中交安通工程技术咨询有限公司	JL2(K51+520～K67+878)	曾有富	
	中国公路工程咨询集团有限公司	JL3(K67+878～K71+900)	刘剑锋	
	北京华通公路桥梁监理咨询有限公司	JL4(K71+900～K84+700)	李继君	
	重庆中咨万通工程监理有限公司	JL5(K84+700～K102+366.162)	丁玉东	
设计咨询单位	贵州省交通规划勘察设计研究院股份有限公司	GWHT-JS-007 (K31+350～K102+366.1612)	刘跃勇	

(5)征地拆迁。征地拆迁方面,省交通厅代表政府分别与政府、国土等部门签订征地拆迁协议书,各级政府等部门组成相应的征地拆迁办公室,具体负责项目的征地拆迁工作。贵瓮高速公路路线穿越两县一区,在两县一区政府和县高速公路协调指挥部的大力

支持和帮助下,贵瓮高速公路征地拆迁工作进展迅速,项目公司的征拆工作由书记牵头、行政主任协助,各现场代表具体操作协调解决与当地政府相关部门的征地拆迁和路地矛盾。2014年12月31日,征迁工作全部完成。共征用土地7642.6444余亩。其中,乌当区1365.001余亩,开阳县3214.1334余亩,瓮安县3063.51余亩。共拆迁房屋乌当区5093.16m^2,开阳县7673.09m^2,瓮安县54556.17m^2。其他拆迁企业单位学校等共3所,坟墓2275余座。电力线路:10kV,57处;0.4kV,122处;35kV,4处;地埋光电缆24处,架空光电缆120处,通信机房1处。

(6)交(竣)工。2014年7月7日,建设方贵州中交贵瓮高速公路有限公司根据交通部《公路工程质量监督暂行规定》,向贵州省交通建设工程质量监督站申请办理质量监督。2014年8月8日贵州省交通建设工程质量监督站成立贵瓮高速公路质量监督组,委派刘礼英、张国荣、杨在均工程师进驻施工现场,制定监督工作计划,对工程进行全过程质量监督。

2014年9月贵瓮高速公路正式开工建设。

2015年11月~2015年11月,贵州省交通建设工程质量监督站根据上述有关规范、规程和标准对贵瓮高速公路路基工程、路面工程、互通式立交工程、桥梁工程、隧道工程、交通工程等可实测部分进行了现场检测和相关试验。各检测小组采取随机抽样的方法,共抽查路基土石方工程86段、排水工程191段、涵洞21道,支挡防护工程191段,互通立交5处,分离式立交10座,特大桥2座,大桥37座,中桥9座,路面工程71.016km,隧道工程6座,交通安全设施标志354处,标线70段,波形梁钢护栏320处。以上抽检均达到《公路工程竣工验收办法》和《公路工程质量检验评定标准》规定的抽检频率要求。验收意见认为贵瓮高速公路路基填筑规范,分层均匀、碾压密实,路槽质量较好,边坡防护处理到位;桥梁、涵洞等构造物混凝土强度、几何尺寸符合设计要求,外观色泽均匀、线形顺直、大面平整;路面结构层厚度、平整度、压实度、抗滑性能、渗水系数等指标满足规范和设计要求;交通安全设施标志标牌齐全醒目、波形梁护栏安装线形顺适;各单位交工验收资料基本完整,同意通过交工验收。在将局部未完善的交通安全设施完善后,尽早通车试运行。

2015年12月31日,是贵州交通史上一个重要的日子。贵瓮高速公路通车典礼、贵州省县县通高速暨2016年交通重点项目集中开工仪式活动在贵瓮清水河大桥同时举行。

3. 复杂技术工程

贵瓮高速公路复杂技术工程主要体现在清水河大桥和建中隧道两项工程。

(1)清水河大桥。贵瓮高速清水河大桥桥位起终点桩号K69+261~K71+432.4,桥梁全长2171.4m。设计采用9×40m(开阳岸引桥)+1130m(单跨钢桁架梁悬索桥)+16×42m(瓮安岸引桥)构造。主桥为主跨1130m的单跨简支钢桁架加劲梁悬索桥,为目前贵州省最长的悬索桥,也是国内最长的山区钢桁梁悬索桥。主缆计算跨径258m+1130m+345m。清水河大桥索夹安装施工如图6-38所示。

图6-38 清水河大桥索夹安装施工

（2）超长大直径人工挖孔桩

清水河大桥开阳岸索塔基桩共18根，桩径均为3.5m，桩长为72m、50m、40m，其中桩长72m的基桩共2根，桩长50m的基桩共4根，桩长40m的基桩共12根，总计18根，分两侧布置，每侧各9根。

清水河大桥桩基采用人工挖孔，开挖桩孔从上到下逐层进行，先挖中间部分的土方，然后扩及周边，有效地控制开挖桩孔的截面尺寸。开挖每节的高度应根据地质状况，每节开挖高度一般为1.0m。挖土由人工从上到下逐层用镐、锹进行，遇坚硬土层，用钎破碎，挖土顺序为先挖中间部分后周边，按设计桩直径加2倍护壁厚度控制截面。

（3）自密实混凝土的应用（桩基、溶洞处理、承台）

自密实混凝土是指在自身重力作用下，能够流动、密实，获得很好均质性，并且不需要附加振动的混凝土。采用灌注自密实混凝土填充溶洞的处理工艺，可提高岩土体的密实度，增加强度和水稳性，充填溶洞达到溶洞加固处理的目的，为人工挖孔创造有利条件。

（4）国内首次将板桁结合体系加劲梁运用到悬索桥

清水河大桥横跨清水河大峡谷，施工建设具有风大、坡陡、高山峡谷船舶无法进入以及杆件运输拼装场地狭窄等特殊自然条件影响的特点，因此对施工提出了较高的要求。作为山区最长的钢桁悬索桥，很多施工工艺无法借鉴，只能靠研究开发新工艺。如采用的超千米缆索吊，为国内空白，属新开发机械。

根据工程的建设场地条件和桥梁方案特点，采用大节段、大吨位缆索吊的全新钢桁梁架设施工方案，具有施工快速、操作简单等特点。

在索塔前端设置钢桁梁拼装场地，利用门吊拼装钢桁梁杆件，形成钢桁架标准节单元，利用滑移系统将钢桁梁滑移至起吊平台位置，利用缆索吊起吊钢桁梁单元，缆索吊行走至钢桁梁纵向拼装位置，进行定位钢桁梁结构的拼装。

(5)千米级大跨径缆索吊,跨径居全国第一缆索吊装系统由索塔、锚碇、承重索、起重索、牵引索、支索器、索鞍、行走天车、吊具、起重及牵引卷扬机、自动化控制系统等组成。本项目缆索吊装系统选用双塔三跨方案,跨径组合为258m+1130m+345m,设计最大安装质量180t。

(6)建中隧道(图6-39)。建中隧道进口段地质为较厚粉质黏土,隧道洞顶溶洞发育充填情况不一,且隧道下穿一处冲沟,冲沟最小埋深15m,隧道进口段整体围岩地质较差,因此对进口K79+018~K79+180段采用地表注浆对隧道进行预加固,隧道洞口段40m范围设大管棚,保证施工安全。

图6-39 控制性工程建中隧道

隧道开挖后,溶洞发育,对施工造成了很大的干扰,为了保证施工安全,必须对溶洞进行及时的处理。遇到溶洞后,开挖人员即刻撤离,待溶洞稳定后立刻进行清理填充物,加强初期支护,并做好排水处理。初期支护背后的溶洞空腔采用泵送C20混凝土处理。

4. 运营管理

全线设Ⅰ类服务区2处(建中、龙岗),Ⅲ类停车区1处(羊昌),匝道收费站4处(瓮安西、毛云、龙岗、百宜),应急保畅中队1个,监控管理所1个,养护站1个。该项目于2016年1月1日正式通车,批准收费时间为2016年1月1日,批准收费终止时间为2045年12月31日。收费站点设置见表6-27。

收费站点设置表　　　　表6-27

站点名称	车道数	收费方式
瓮安西站	3进5出(设置ETC车道1进1出)	联网收费
毛云站	3进5出(设置ETC车道1进1出)	联网收费
龙岗站	3进5出(设置ETC车道1进1出)	联网收费
百宜站	3进5出(设置ETC车道1进1出)	联网收费

(三)G69 银百高速公路羊昌至下坝段

G69 银百高速公路羊昌至下坝段与贵州省遵义至贵阳段扩容工程共线。截至 2015 年年底,该项目处于建设之中,详见 G75E 贵州省遵义至贵阳段扩容工程。

(四)G69 银百高速公路下坝至牛郎关段

G69 银百高速公路下坝至牛郎关段与 G60 沪昆高速公路、贵阳绕城公路西南段共线。详见 G6001 贵阳绕城公路西南段。

(五)G69 银百高速公路牛郎关至杨眉堡段

G69 银百高速公路牛郎关至杨眉堡段与贵阳市环城高速公路南环线共线。详见 S01 贵阳市环城高速公路南环线。

(六)G69 银百高速公路贵阳至惠水段

1. 基本情况

(1)公路的功能、定位、里程。贵阳至惠水高速公路是《贵州省高速公路规划网》中"四纵"之崇溪河至罗甸高速的重要组成路段,是贵州省内企业首次采用 BOT 模式修建的高速公路,由贵州桥梁建设集团有限责任公司独资建设。贵惠高速公路开启了贵州省会贵阳的"南大门",是贵州省和广西壮族自治区两省份最便捷的快速通道,也是西南地区出海、通往世界最大的自由贸易区的快捷通道。项目主线全长 37.22km,主线与惠兴接线段共长 40.665km。

(2)技术指标。贵惠高速公路路基宽 33.5m、设计速度为 100km/h 的双向六车道高速公路;惠兴连接线段全长 3.445km,路基宽为 21.5m、设计速度为 80km/h 的双向四车道高速公路。

(3)主要工程量。路基挖方 1161 万 m^3,防护排水工程圬工 98 万 m^3,桥梁 9246.74m/42 座(其中特大桥 1 座——惠水特大桥,大桥 22 座,中小桥 19 座),涵洞 7688m/175 道。设计速度 100km/h,桥涵设计荷载为公路—Ⅰ级,最小平曲线半径 1000m,最大纵坡 3%,凸形竖曲线最小半径 10000m,凹形竖曲线最小半径 1000m,设计洪水频率特大桥 1/300,其余为 1/100。全线设互通立交 5 处,收费站房 4 处,服务区与停车区合建 1 处。

(4)项目总投资。贵惠高速公路项目总投资 36.86 亿元。该项目建设单位贵惠公司于 2010 年 11 月 22 日注册成立,贵州桥梁建设集团公司共向贵惠公司注入资金 9.6103 亿元;于 2013 年 4 月与国家开发银行贵州分行、中国农业银行贵州分行完成贷款协议的签订,贷款 28 亿元(长期贷款)。

2. 建设情况

（1）项目立项、审批。2010年12月29日，贵州省发展与改革委员会《关于贵阳至惠水高速公路项目申请报告核准的批复》（黔发改交通〔2010〕2892号），正式批复了本项目可行性研究报告；2011年3月14日，贵州省交通运输厅以《关于贵阳至惠水高速公路初步设计的批复》（黔交建设〔2011〕57号）批复了本项目的初步设计，确定了主要技术经济指标、路线、路基、路面、桥涵等方案，项目总概算为36.86亿元，总工期为2年；2012年12月31日，贵州省交通运输厅以《关于贵阳至惠水高速公路施工图设计的批复》（黔交建设〔2012〕283号）批复了本项目的施工图设计。

（2）征地拆迁。贵惠高速公路自2011年11月启动征拆工作，贵州省委、省政府，省交通运输厅、贵阳市委、市政府，花溪区委、区政府，黔南州委、州政府和惠水县委、县政府及沿线6个乡镇31个村均给予了大力的支持。两地征拆指挥部更是付出了辛勤的劳动，为保障施工建设、营造良好的施工环境创造了有利条件，使项目顺利完成。本项目用地指标设计取低限值，导致实际建设用地超过国土资源部批复数量约10%。2011年12月至2013年9月，贵惠高速公路征用土地4835.283亩。拆迁房屋20454.4m²。

如图6-40所示为省领导视察贵惠高速公路建设情况。

图6-40　2013年3月6日，省委常委、省委政法委书记、副省长秦如培（左一）视察贵惠高速公路建设情况

（3）招标投标。本项目为BOT项目，根据项目核准批复要求，除贵州桥梁具有资质的路基、桥梁、路面、房建、机电工程外，项目所有参建单位均全部采用统一招标。本项目在建设过程中，实行项目法人责任制、招标投标制、工程监理制和合同管理制等制度，建立了"企业自检、社会监理、第三方检测、业主管理、政府监督"的五级质量保证体系。

勘察设计单位：贵州交通规划勘察设计研究院股份有限公司作为共同投资人，承担设计任务。

交安施工单位：根据贵惠高速公路投资人招标文件及投资协议，贵州省交通工程有限公司作为参建单位。

绿化施工单位:贵惠高速公路建设有限责任公司于2013年4月进行竞争性谈判,并于2013年5月8日通过评审,选定贵州建工建筑装饰环境绿化工程有限公司和宁波市花园园林建设有限公司作为中标人。

监理单位:2011年4月,贵州贵惠高速公路建设有限责任公司对监理单位进行了公开招标,并于2011年5月17通过评审,确定了贵州交通建设咨询监理有限公司作为总监理工程师办公室中标人;山西交科公路工程咨询监理有限公司和重庆市交通工程监理咨询有限责任公司2家单位作为驻地监理工程师办公室中标人。

中心试验室:2012年2月,贵州贵惠高速公路建设有限责任公司对中心试验室进行了公开招标,并于2012年3月6日通过评审,确定了福建南平市天茂公路工程试验检测有限公司作为中心试验室中标人。

贵惠高速公路标段划分及参建单位见表6-28。

贵惠高速公路标段划分及参建单位表 表6-28

通车里程桩号:主线:K0+700~K37+920,连接线:LK1+480~LK4+925.313

参建单位	单 位 名 称	合同段编号及起止桩号	主要负责人
项目管理单位	贵州贵惠高速公路建设有限责任公司	主线:K0+700~K37+920,连接线:LK1+480~LK4+925.313	王友明
勘察设计单位	贵州省交通勘察设计研究院股份有限公司	主线:K0+700~K37+920,连接线:LK1+480~LK4+925.313	漆贵荣
施工单位	贵州桥梁建设集团有限责任公司	合同段编号:1 起止桩号:K0+700~K12+565	杨杰
	贵州桥梁建设集团有限责任公司	合同段编号:2 起止桩号:K12+565~K20+260	舒腾成
	贵州大通路桥工程建设有限公司	合同段编号:3 起止桩号:K20+260~K31+800	苏立新
	贵州大通路桥工程建设有限公司	合同段编号:4 起止桩号:K31+800~K37+920	余仁举
	贵州桥梁建设集团有限责任公司	合同段编号:5 起止桩号:K0+700~K37+920	王志
	贵州省交通工程有限公司	合同段编号:6 起止桩号:K0+700~K37+920	陶平
	贵州建工建筑装饰环境绿化工程有限公司	合同段编号:7-1 起止桩号:K0+700~K20+260	张大立
	宁波市花园园林建设有限公司	合同段编号:7-2 起止桩号:K20+260~K37+920	黄贤龙
	贵州桥梁建设集团有限责任公司	合同段编号:8 起止桩号:K0+700~K37+920	唐江虎
监理单位	贵州交通建设咨询监理有限公司	一级监理单位起止桩号:K0+700~K37+920	吴育权
	山西交科公路工程咨询监理有限公司	二级监理单位:监理范围:1、2、5、6、7-1、8合同段 起止桩号:K0+700~K37+920	王建国
	重庆市交通工程监理咨询有限责任公司	二级监理单位:监理范围:3、4、5、6、7-2合同段 起止桩号:K20+260~K37+920	何游

(4)施工情况。贵州桥梁建设集团有限责任公司承建的贵惠高速公路,于2012年5月8日全面开工建设,项目主要控制点为:扬眉枢纽立交,惠水枢纽,惠水特大桥(全长2416m,见图6-41),2013年10月9日通车,工期共计17个月,比原计划工期24个月缩短

了7个月,是贵州交通建设"三年会战"第一个建成的重大交通基础设施项目。本项目在建设过程中,实行项目法人责任制、招标投标制、工程监理制和合同管理制等制度,建立了"企业自检、社会监理、第三方检测、业主管理、政府监督"的五级质量保证体系。

图6-41 贵惠高速公路惠水特大桥

贵惠高速公路业主单位为贵州桥梁建设集团,这支被外界称为"黔虎"的队伍展现出其特有的高速度和高效率。在贵惠高速公路施工建设中,为提升施工效率,确保工程进度,早日打开贵州"南大门",贵州桥梁集团对项目建设给予了强有力的资源保障及协调调配。在全线控制性构造物工程惠水特大桥施工时,采用7台旋挖钻孔机,每天可成孔9~10个,提升了效率、缩短了工期;全线36km路基工程投入了340余台土石方挖填设备;全线设置了5个大型预制场,140个台座,预制梁2221片;龙门吊18台,架桥机12台。全线路面施工,设置了冷拌站4个,热拌站4个,摊铺机18台,大型料场2个,施工高峰期每天产料1.6万 m^3。全线有8000余名熟练工人奋战在贵惠高速公路的工程建设中,全体建设者发扬"五加二、白加黑"的工作作风及拼搏精神,在困难面前不低头,在障碍面前不止步,在矛盾面前不回避,经17个月的日夜奋战,确保了项目工程高质量、高效率完工。贵惠高速公路安康杯竞赛活动如图6-42所示。

图6-42 贵惠高速公路安康桥杯竞赛活动(2012年4月17日)

（5）重大变更。贵惠高速公路根据现场实际情况实施的较大变更有：软基处治工程；挡墙改填方工程；"96"区换填填料工程；水落洞大桥改为水落洞中桥工程。

（6）科研与技术运用。贵阳至惠水高速公路在新工艺和新技术运用方面，与科研部门共同完成了山区软基处理和贵州省重载交通抗车辙剂路面的课题研究，即 PR 重交通抗车辙路面技术应用研究。通过新材料及新技术的应用，整体提升了沥青混合料的技术性能，路面抗车辙能力强、提高了高速公路沥青路面的使用质量与使用性能，路面使用寿命较长、延长养护周期、减少养护费用。且 PRPLAST.S 改性沥青混合料环保，在建设施工期对工作人员健康危害小，产生较好的经济效益及社会效应。

（7）交（竣）工。2013 年 10 月 9 日，贵州贵惠高速公路建设有限责任公司在青岩主持召开了贵州省崇溪河至罗甸高速公路贵阳至惠水段交工验收会议。贵州省交通运输厅、贵州桥梁建设集团有限责任公司、贵州省交通建设工程质量监督局、贵州省交通建设工程造价管理站、贵州省高速公路管理局、贵州贵惠高速公路建设有限责任公司、黔南州惠水县指挥部、贵阳市花溪区指挥部、贵州省交通规划勘察设计研究院股份有限公司、贵阳市交警支队、黔南州交警支队、贵阳市花溪区安监局、黔南州安监局以及各施工、监理、监控等单位参加了本次会议。参加会议的代表到现场进行认真检查，并在交工验收会议上听取了建设、设计、施工、监理、咨询等单位代表的工作总结，贵州省交通建设工程质量监督局向大会提交了本次交工验收路段工程质量检测报告。经验收委员会认真研究、讨论，同意贵惠高速公路 K0+700～K37+920 以及惠兴连接线 LK1+480～LK4+925.313 通过交工验收，评定均为合格工程。

3. 营运管理

全线设 I 类服务区及停车区 1 处（惠水），主线收费站 1 处、匝道收费站 3 处、桥隧管理站共计 4 个，应急保畅队 1 个，监控管理中心 1 个，养护站共计 1 个，贵惠营运中心下设营运科、综合科、养护科、财务科和监控中心。现有工作人员 114 人，其中管理人员 27 人、收费员 66 人、监控员 4 人、后勤 17 人。贵惠高速公路惠水收费站见图 6-43，收费站点设置见表 6-29。贵惠公司通过建立两级营运管理体系，提高管理的科技含量，充分调动员工的积极性，推进文明创建进档升级，加强文明服务形象窗口等途径，对贵惠高速公路的收费、养护、安全、监控、通信、服务等工作进行系统的计划、组织、指挥、调度和管理。随着惠兴线服务区的启用、惠罗线的通车，贵惠高速将会迎来车流高峰，预计单日车流量将会增至 3 万辆左右，增幅 35% 左右；通行费收入预计将会增至每月 900 万元，增幅 30% 左右。本项目于 2013 年 10 月 9 日建成通车、批准收费时间为 2013 年 9 月 9 日，批准收费终止时间为 2043 年 9 月 8 日，2013 年 9 月至 2015 年 11 月，收费总 21829.44 万元。2013 年 9 月至 2015 年 11 月车流量共计 9336489 辆。

图6-43 贵惠高速公路惠水收费站

贵惠高速公路收费站点设置表 表6-29

站点名称	车道数	收费方式
贵阳南收费站	5进11出	人工收费、ETC电子不停车收费
青岩收费站	3进4出	人工收费、ETC电子不停车收费
惠水北收费站	3进4出	人工收费、ETC电子不停车收费
惠水收费站	3进5出	人工收费、ETC电子不停车收费

（七）G69银百高速公路惠水至罗甸段

1. 基本情况

（1）项目决策背景及过程。随着黔中地区南下的S101省道交通量急剧增大，这一路段已不堪重负形成交通"瓶颈"，严重制约了南下通道的通行能力，而惠水至罗甸高速公路通车已显得十分必要和迫切。惠罗高速公路工程项目按照有关法律法规和基本建设程序要求，于2012年9月14日贵州省环境保护厅《关于银川至龙邦高速公路贵州境惠水至罗甸（黔桂界）段环境影响报告书的批复》（黔环审〔2012〕180号），2012年8月29日贵州省水利厅《关于银川至龙邦高速公路贵州境惠水至罗甸（黔桂界）段水土保持方案的复函》（黔水保函〔2012〕155号），2012年10月12日贵州省交通运输厅《贵州省交通运输厅关于银川至龙邦高速公路贵州境惠水至罗甸（黔桂界）段工程可行性研究报告审查意见的函》（黔交规划〔2012〕119号），2013年9月13日中华人民共和国国土资源部《国土资源部关于惠水至罗甸高速公路工程建设用地的批复》（国土资函〔2013〕679号），2012年10月19日《关于惠水至罗甸公路可行性研究报告的批复》（黔发改交通〔2012〕3021号），2012年11月12日贵州省交通运输厅文件《贵州省交通运输厅关于惠水至罗甸公路初步设计的批复》（黔交建设〔2012〕232号），2013年6月28日贵州省交通运输厅文件《贵州省交通运输厅关于惠水至罗甸公路（主体工程部分）施工图设计的批复》（黔交建设

〔2013〕105号),2013年7月25日国家林业局《使用林地审核同意书》(林资许准〔2013〕261号)。

(2)公路的功能、定位、里程。银川至龙邦公路贵州境惠水至罗甸(黔桂界)高速公路(简称惠罗高速公路,见图6-44)是国家高速公路网调整规划新增的"纵线3"银川至龙邦通道的组成部分,也是《贵州省高速公路网规划(2008—2030年)》"6纵7横8联"中"第四纵"崇溪河至罗甸高速公路的南段,是贵州省高速公路主骨架的重要组成部分。主线起于惠水县城南龙田寨处,桩号:K0+000,与贵阳至惠水高速公路终点顺接,经三都镇、好花红乡、甲戎乡、断杉镇、罗沙乡、边阳、板庚、罗甸县城、沟亭乡、罗妥乡、止于红水河镇,终点接广西拟建的乐业至百色高速公路,桩号:K113+622,全长113.622km。经乐业、凌云至百色连上已建成通车的汕昆国家高速公路百色至隆林段,打通黔中地区南下的又一条重要快捷通道。

图6-44 惠罗高速公路

(3)技术指标。惠罗公路段全线采用四车道高速公路标准,其中,惠水至罗甸段82.624km,设计速度采用100km/h,整体式路基宽度采用26.0m,分离式路基宽度采用13.0m;罗甸至省界段32.042km,设计速度采用80km/h,整体式路基宽度采用24.5m,分离式路基宽度采用12.25m。全线桥涵设计汽车荷载采用公路—Ⅰ,其他技术指标按原交通部颁发的《公路工程技术标准》(JTG B01—2003)规定执行。

(4)投资规模。惠罗项目总计划投资为137.6472亿元(含广西分摊的2.6871亿元)。2015年度计划投资为48亿元。

(5)主要控制点。工程项目主线起于惠水县城南龙田寨处,与贵阳至惠水高速公路终点顺接,经三都镇、好花红乡、断杉镇、罗沙乡、边阳镇、板庚乡、罗甸县城、罗悃镇,止于红水河镇,终点接广西拟建的乐业至百色高速公路,终点桩号K113+962。

(6)沿线主要地形地貌。惠罗线工程项目区位于贵州省南部的惠水县和罗甸县,由北向南纵贯惠水县和罗甸县。

项目区海拔一般为 670~1250m,相对高差一般 50~300m,路轴线通过海拔一般为 930~1205m,从地形上看,罗沙乡至边阳镇段地形基本为一平台,在 900m 左右变化;边阳至板庚(13km)段为急下坡段,由 900m 降至 500m;板庚至峨坝地形较破碎,路线起伏前行至省界红水河,高程在 400~600m 之间。

路线地势由北东而南西缓缓降低。区内惠水至甲戎乡一带,受向斜控制,形成相对宽缓的谷地,地形切割不强烈,主要为以构造剥蚀作用为主形成的构造盆地;甲戎乡至罗沙一带,地形切割较深,区内群山起伏,碳酸盐岩普遍分布,以溶蚀作用为主形成的峰丛谷地地貌,峰林洼地地貌和峰丛沟谷地貌为其特征。

(7)主要构造物。全线设计计价土石方 3496.48 万 m^3,排水防护 86.5 万 m^3,桥梁:特大桥 6195m/5 座,大桥 23132m/77 座,中、小桥 478m/11 座;隧道:长隧道 13320m/9 座,中、短隧道 9216m/18 座;互通式立交交叉 7 处;增加主线临时收费站 3 处;服务区、停车区 6 处;分离式立体交叉 3 处;涵洞 201 道;通道、天桥及渡槽 47 道。

2. 建设情况

(1)勘察、设计。惠水至罗甸高速公路项目第 1 勘察设计合同段(K0+000~K45+603.195)由中国公路工程咨询集团有限公司负责设计土建、路面、桥梁伸缩缝、桥面防水、景观绿化,第 2 勘察设计合同段(K45+603.195~K113+962)由贵州省交通规划勘察设计研究院股份有限公司负责设计土建,第 3 勘察设计合同段(K0+000~K113+962)由贵州省交通规划勘察设计研究院股份有限公司负责设计房建、机电、交安、路面、桥梁伸缩缝、桥面防水、景观绿化,共计三个合同段两家设计单位组成。

本项目公路工程勘察设计采用国内公开招标,通过公开竞标,中国公路工程咨询集团有限公司(以下简称"中咨公司")取得本项目第 1 合同段的公路工程勘察设计合同。

第一设计合同段起于在惠水县城南龙田寨,与在建的贵惠高速公路对接,起点桩号为 K0+000。路线沿涟江东面山麓布设,往南经过三都镇及好花红乡,在歪刀村西面跨过涟江和 S101 后,进入甲戎乡,路线继续往南在河坝村附近再次跨过涟江后,经甲戎乡政府、甲戎变电站、田坝后,进入断杉镇。路线经摆惹、小摆、打号后与 S101 共走廊。路线在 S101 与天生桥景区之间穿过,进入罗甸县,在罗沙乡惠水与罗甸交界处与贵州省院设计的本项目第二设计合同段对接。终点桩号 K45+603.195,推荐线全长 45.603km(设置短链一处,链长 1.051m)。

测设依据:贵州高速公路开发总公司分别同中国公路工程咨询集团有限公司及贵州省交通规划勘察设计研究院股份有限公司和签订的本项目《勘察设计合同书》;初步设计文件及审查会议纪要、会议精神;贵州省地质矿产开发局 111 地质大队《银川至龙邦国家高速公路贵州境惠水至罗甸(黔桂界)段建设项目用地压覆矿产资源评估报告》;贵州省地矿局第二工程勘察院完成的《银川至龙邦国家高速公路贵州境惠水至罗甸(黔桂界)段地质灾害危险性(一级)评估报告书》；贵州省交通科学研究院完成的《银川至龙邦国家高速公路贵州境惠水至罗甸(黔桂界)段水土保持方案报告书》；上海船舶运输科学研究所完成的《银川至龙邦国家高速公路贵州境惠水至罗甸(黔桂界)段环境影响报告书》；中华人民共和国《工程建设标准强制性条文·公路工程部分》；交通部部颁现行相关技术标准、规范、规程及指南等；贵州省交通运输厅主持编写的《贵州省高速公路勘察设计指导意见》；贵州高速公路开发总公司主持编制的《贵州省公路工程技术指标运用指南》；交通部《公路工程技术标准》《公路路线设计规范》《公路勘测规程》《公路工程水文勘测设计规范》《公路桥涵设计通用规范》《公路工程地质勘察规范》等部颁现行公路工程勘察设计规范和规程。

(2)施工、监理。惠水至罗甸高速公路项目共计26个施工合同段，其中土建：中铁十一局集团有限公司(第1合同段)、中交第二航务工程局有限公司(第2+3合同段)、核工业华南建设工程集团公司(第4合同段)、中交第二公路工程局有限公司(第5合同段)、东盟营造工程有限公司(第6合同段)、福建第一公路工程公司(第7合同段)、贵州桥梁建设集团有限责任公司(第8合同段)、福建第一公路工程公司(第9合同段)、东盟营造工程有限公司(第10合同段)、广西路桥工程集团有限公司(第11合同段)；路面：贵州路桥集团有限公司(第12合同段)、贵州省公路工程集团有限公司(第13合同段)；伸缩缝：河北易德利橡胶制品有限公司(第14合同段)；多向变为支座：东台市桥安道路设施安装有限公司(第15合同段)；桥面防水：湖北古城建筑防水工程有限公司(第16合同段)、湖北远景防水有限公司(第17合同段)；房建：贵州省公路工程集团有限公司(第18合同段)、贵州桥梁建设集团有限责任公司(第19合同段)；交安：中交第一公路工程局有限公司(第20、21合同段)；绿化：河南省天域园林工程有限公司(第22合同段)、浙江良九园林建设有限公司(第23合同段)；路段机电：江苏智远科技发展有限公司(第24合同段)；隧道机电：贵州桥梁建设集团有限责任公司(第25合同段)、重庆市华驰交通科技有限公司(第26合同段)。土建监理：贵州交通建设咨询监理有限公司(第A驻地办)、贵州科达公路工程咨询监理有限公司(第B驻地办)、山西交科公路工程咨询监理有限公司(第C驻地办)、中铁二院(成都)咨询监理有限责任公司(第D驻地办)；路面监理：贵州省交通建设咨询监理有限公司(第E驻地办)；交安、绿化、房建监理：贵州陆通公路工程监理有限责任公司(第F驻地办)；机电监理：贵州陆通公路工程监理有限责任公司(第G驻地办)。

惠罗高速公路施工如图6-45、图6-46所示。

(3)项目管理。该项目建设过程中实行项目法人责任制、招标投标制、工程监理制和合同管理制的管理制度，建立了"企业自检、社会监理、法人管理、政府监督"的四级质量保证体系。

图 6-45　惠罗高速公路建设中线形平顺的沟亭河特大桥　　图 6-46　惠罗公路建设项目打然寨 1 号特大桥施工现场（2014 年 12 月 19 日）

项目管理按照国内公路工程招标文件条款进行管理，并实行二级监理机构，由业主通过社会公开招标的监理单位，设立驻地监理办公室，实行业主管理（项目办、总监办）为主导，驻地监理为核心，承包人为主体、合同为依据的管理模式。根据工程建设需要，贵州高速公路集团有限公司成立了银川至龙邦公路贵州境惠水至罗甸（黔桂界）高速公路项目建设办公室和总监理工程师办公室，下设工程质安科、合同计量科、综合协调科、财务科、纪检室。

惠罗项目开工建设后，项目办（总监办）积极推进施工标准化管理，指导施工单位编制、调整生产及材料供应计划，确保月度施工计划得到落实；及时做好工程计量支付，会同银行搞好工程资金监管工作，确保施工单位工程建设资金保持良性周转，营造良好的协作关系，促进各工序之间的紧密衔接。同时，帮助施工单位协调、处理好与有关部门以及沿线群众等方方面面的关系，从而避免或化解施工单位与地方之间的矛盾，为工程建设营造了良好的外部环境。

监理工作由山西交科公路工程咨询监理有限公司承担，该公司惠罗高速第 C 驻监办进场后，及时制定了《工程质量管理实施办法》《安全生产管理办法》《工程进度管理办法》《工程台账管理办法》《工程计量实施办法》，制定了相应的《监理实施细则》《监理工程师廉洁自律规定与处罚细则》，并组织学习了《贵州高速公路开发总公司惠罗高速项目办项目管理办法》，明确了监理的主要任务和目标、各级监理人员的职责和采取的控制手段，规范监理人员行为，使驻监办管理规范、有章可循，有利于监理工作的正常开展。

在质量控制过程中，严格审查承包人的质量保证体系，督促主要管理技术人员到位抓组织保证，抓施工现场管理抓制度保证，坚持四个不准，即人力材料、机械设备准备不足不准开工；材料未经检验合格不准使用；施工工艺未经批准不准采用；前道工序未经验收合格，后道工序不准进行。做好重点工程、关键工序、重点人员的监督管控。推行"双标"管理,狠抓施工现场的标准化管理和首件工程认可制,以成功的首件产品作为标杆,全标段推广采用,狠抓质量通病的管控和预防。主控指标严防死守,全程跟踪旁站,隐蔽工程留取影像资料,作为计量支付的依据,消除质量隐患。

在惠罗公路项目召开的劳动竞赛誓师大会如图6-47所示。

图6-47 惠罗公路项目召开的劳动竞赛誓师大会
注:2014年4月11日,省总工会在惠罗项目召开贵州高速公路三年建设会战劳动竞赛誓师大会,惠罗项目办党总支书记、主任、总监旷光洪带领惠罗项目全体职工宣读誓词。

涟江特大桥为该驻监办管辖内的重点控制性工程,其施工难点为深水中桩基础施工,悬浇梁的线形控制、应力监控、体系转换均为质量安全控制的重点。针对涟江特大桥的特殊性,我驻监办进行了任务分解,定人定责定制度。施工过程中,对各项数据指标进行严格的控制监督,确保工程质量等各项指标满足设计和规范要求。监理过程中,加强过程控制,对发现的问题及时纠正、现场整改,对重点部位进行全过程旁站。加强质量安全风险评估,工程开工前参与了施工方案专家评审,并对施工、监理人员针对工程重点难点环节进行了多轮交底和考核,对质量通病进行了图文并茂的交底,并采取了切实有效的预控措施。施工过程中,推行标准化文明施工,严格特种设备、特殊工种的管理,在多次检查评比中得到了业主的好评和行业主管部门的认可。

在现场监理中,驻监办要求现场监理人员对规范和图纸做到熟练掌握,根据质量控制的依据和要求进行现场监督和管理;对隐蔽工程的每道工序都要细致检查和全方位旁站,做到"眼勤、嘴勤、腿勤",及时发现施工中的缺陷,及时处理,避免工程隐患的出现,并留下影像资料;对每天旁站或巡视检查的情况都要详细记录在监理日志上,并将相关问题向上级领导反应,以便及时处理。

安全、环保监理方面,根据惠罗高速特点,驻监办成立了安全、环保监理机构,配备专职安全、环保监理工程师,制定了安全、环保保证体系和各项管理制度,落实安全、环保生产责任制,督促和参与承包人安全教育技术交底;认真审核各项施工安全专项方案,审核承包人三类人员到岗和工作运行情况；据实依规计量专项安全生产费和施工环保费，加强日常安全巡视；当发现安全隐患时，及时采用口头、书面、报告等形式，督促施工人员改正、整改、停止施工，消除安全隐患，保证施工顺利进行。

惠罗高速公路于2015年8月28日顺利通车，进入缺陷责任期监理阶段。在此阶段，驻监办将一如既往地做好各项监理工作，尤其是高边坡的动态巡视和监控，及时处理水毁路段，避免地质灾害的发生。继续调查和完善排水设施，确保排水功能的发挥。驻监办建议从主体单位中选定一到两家缺陷修补单位，减少各单位机械设备的重复投入，对缺陷的处理方案、处理过程、处理结果采取工程四方签认，提高缺陷修补效率，避免养护单位与主体施工单位的扯皮现象的发生。

（4）主要控制性工程。红水河特大桥位于云贵高原与广西丘陵过渡的斜坡地带，连接贵州省罗甸县与广西壮族自治区天峨县交界处，桥梁横跨红水河，河面宽度约390m。红水河特大桥地处惠水至罗甸高速公路第11合同段，中心桩号：K113+179，起讫桩号为：K112+658~K113+622，全长956m。上部构造：(2×20+213+508+185)m，现浇箱梁+混合梁叠合梁斜拉桥。薄壁墩、花瓶型索塔，索塔高197.6m。桥面净宽：2×12m。该桥合同工期36个月。

2014年11月9日上午11时，经过连续40小时的混凝土浇筑施工，红水河特大桥5号墩主塔承台第一层(3m)顺利浇筑完毕，标志着红水河特大桥已进入地面施工阶段。

红水河特大桥5号墩主塔承台为24m×38m矩形承台，厚度为6m，混凝土总方量为5472m^3。施工方案采用2次浇筑，每次浇筑高度为3m，浇筑方量为2736m^3。本次是第一次浇筑，浇筑时长共40小时。

由于此次浇筑时间过长，为了保证混凝土浇筑的连续性，项目部多次组织召开承台浇筑专题会议，邀请惠罗高速公路项目办领导、中心试验室、监理等多个单位一同参与方案的讨论及浇筑前的筹备及检查工作。

浇筑当天，项目部相关职能部门一齐上阵，设置有技术组、现场管理组、安全组、设备组、材料组、试验组、监测组、后勤组等各职能分组，每组人员按两班制，要求全天24小时监管到位。此外，项目还做好了停电、设备故障、道路堵塞等相关应急预案，全力以赴保障此次浇筑的连续性。

本次浇筑时间为11月7日下午18:00~11月9日上午10:00。浇筑结束后，项目丝毫不敢松懈，立即组织人员换班后马不停蹄的转入第二层的筹备施工中。2014年11月24日12时，随着一阵喜庆的鞭炮声响起，惠罗11标红水河特大桥5号墩主塔承台浇筑施工顺利完成。第二层浇筑时长共计50h。

红水河特大桥作为全线的主控制性工程，得到了业主及公司等各单位的高度重视，为了保证红水河特大桥的建设工作，项目凝心聚力，克难攻坚，在保证质量安全的前提下，全力推进红水河特大桥的施工。

2014年以来,惠罗11标牢记使命,严把"质量、安全"关,坚持高标准、高起点、严要求以及精细管理、创新求实的理念,在全体员工的戮力同心下,克服了材料紧张、施工条件受限、征地拆迁受阻等重重困难,在惠罗高速公路全线始终保持安全生产稳、施工进度快、工程质量好和信誉评价优的良好态势,各项工作走在了全线前列,屡次在业主综合评比中名列前茅,在贵州市场塑造了良好的企业形象。

(5)资金筹措。项目总投资估算约123.7亿元。其中,项目资本金45.7亿元(约占项目总投资的37%),由省交通运输厅筹措解决;其余78亿元资金利用国内银行贷款解决。总投资概算核定为134.96亿元(含建设期贷款利息8.7亿元)。红水河特大桥由两省共建,广西分摊部分概算总金额为2.68亿元。

(6)招标投标。惠罗高速公路工程施工单位和监理单位通过社会招标选择确定,惠水至罗甸工程路基土建单位十一个合同段、路面工程、交安工程、绿化工程、房建工程、桥面防水工程、隧道机电均设两合同段、交通机电工程及伸缩缝工程、多向变位工程为一个合同段,施工监理7个合同段,中心实验室一个合同段全部采用国内竞争性招标。惠罗高速公路参建单位见表6-30。

惠罗高速公路参建单位 表6-30

通车里程桩号:K0+000~K113+622

参建单位	单 位 名 称	合同段编号及起止桩号	主要负责人
项目管理单位	贵州高速公路集团有限公司 惠水至罗甸项目(总监)办	K0+000~K113+622	旷光洪
勘察设计单位	中国公路工程咨询集团有限公司	第1勘察设计合同段 K0+000~K45+603.195	陈应峰
	贵州省交通规划勘察设计研究院股份有限公司	第2勘察设计合同段 K45+603.195~K113+962	刘远祥
	贵州省交通规划勘察设计研究院股份有限公司	第3勘察设计合同段 K0+000~K113+962	刘远祥
施工单位	中铁十一局集团有限公司	第1合同段 K0+000~K18+500	孙庚华
	中交第二航务工程局有限公司	第2+3合同段 K18+500~K45+603.195	龚德林
	核工业华南建设工程集团有限公司	第4合同段 K45+400~K58+700	彭旺
	中交第二公路工程局有限公司	第5合同段 K58+700~K64+720.292	周勇
	东盟营造工程有限公司	第6合同段 K64+720.292~K75+720	刘洪双
	福建第一公路工程公司	第7合同段 K75+720~K83+800	郑建才
	贵州桥梁建设集团有限责任公司	第8合同段 K83+880~K88+980	田宏月
	福建第一公路工程公司	第9合同段 K88+980~K97+484	王志福
	东盟营造工程有限公司	第10合同段 ZK97+442(YK97+484)~K108+060	李建强

续上表

参建单位	单位名称	合同段编号及起止桩号	主要负责人
施工单位	广西路桥工程集团有限公司	第 11 合同段 K108+060~K113+622	韦强
	贵州路桥集团有限公司	第 12 合同段 K0+000~K58+700	唐彬
	贵州省公路工程集团有限公司	第 13 合同段 K58+700~K113+622	陈焱
	河北易德利橡胶制品有限公司	第 14 合同段 K00+000~K113+622	赵广泽
	东台市桥安道路设施安装有限公司	第 15 合同段 K15+805~K113+622	朱荣祥
	湖北古城建筑防水工程有限公司	第 16 合同段 K0+000~K58+700	万卫华
	湖北远景防水有限公司	第 17 合同段 K58+700~K113+622	吴德祥
	贵州省公路工程集团有限公司	第 18 合同段 K0+000~K58+700	蔡远平
	贵州桥梁建设集团有限责任公司	第 19 合同段 K58+700~K113+622	邓启迪
	中交第一公路工程局有限公司	第 20 合同段 K0+000~K58+700	周桃玉
	中交第一公路工程局有限公司	第 21 合同段 K58+700~K113+622	候坤立
	河南省天域园林工程有限公司	第 22 合同段 K0+000~K58+700	章浩
	浙江良九园林建设有限公司	第 23 合同段 K58+700~K113+622	张云建
	江苏智远科技发展有限公司	第 24 合同段 K0+000~K113+622	孙珣
	贵州桥梁建设集团有限公司	第 25 合同段 K0+000~K75+720	杨国海
	重庆市华驰交通科技有限公司	第 26 合同段 K75+720~K113+622	雷仕欢
监理单位	贵州交通建设咨询监理有限公司	AK0+000~K45+603	潘胜林
	贵州科达公路工程咨询监理有限公司	BK45+400~K75+720	罗旭
	山西交科公路工程咨询监理有限公司	CK75+720~K97+484	赵宝军
	中铁二院(成都)咨询监理有限责任公司	DK97+484~K113+962	张小雄
	贵州省交通建设咨询监理有限公司	EK0+000~K113+962	魏红宇
	贵州陆通公路工程监理有限责任公司	FK0+000~K113+962	郑雷
	贵州陆通公路工程监理有限责任公司	GK0+000~K113+962	刘洁刚
中心试验室	湖南省交通建设质量监督试验检测中心	Z1K0+000~K113+962	赵宇
路面中心试验室	江苏省交通科学研究院股份有限公司	Z2K0+000~K113+962	吕晟
设计咨询单位	中交第二公路勘察设计研究院有限公司	1-11 合同段	曾超

（7）征地拆迁。惠罗项目办采取"紧紧依托政府、创新思维、超前谋划"等办法创造性地开展征地拆迁工作，提出"先易后难、以点带面、全面推进、力保节点"的征拆思路；领导带头蹲点亲抓征拆工作了，各合同段主动为地方修建通村道路，改善群众出行，为群众修建水管和建造水源点；无偿提供车辆和人员帮助老百姓搬迁、收割粮食、砍伐树木等，重建房屋，无偿提供帐篷，解决临时过渡安置、献爱心活动等，得意群众达 763 户以上；解决饮水、灌溉问题：修水池 13 处、打井 16 口、修拦河坝 1 座，购买安装水管 3000m；解决出行：

加固维修旧桥5座,施工便道改移线路32道,修建爱心桥3座,硬化村民原有道路2处约2.5km,扩征硬化道路3条;成立义务拆迁小组,共10个小组约120人,提供帐篷100顶,罗甸段土地征收:完成11149户10639.473亩,现已兑现补偿资金17973.93万元;房屋征拆:共丈量房屋555户,约99780m^2。现已兑现补偿资金7805.22万元;墓穴征迁:登记墓穴共1118冢,现已兑现补助资金164.80万元;涉农项目:共涉农项目32个;惠水段共完成土地征收5546.934亩,其中:耕地4358.3亩,林地969.03亩,牧草地140.4亩,其他农用地2.414亩,拆迁安置用地9.3亩,不占用地面积指标的坟墓搬迁用地67.49亩,兑现征地补偿款11178.4099万元;砍伐林木蓄积820m^3和9万株,完成兑现补偿720.8586万元;完成农户搬迁安置64户,拆迁住房12000余平方米。其中:集中安置26户,完成兑现补偿和安置点建设投入1740.969万元;完成坟墓搬迁3356冢,兑现补偿443.02万元;涉农设施恢复和补偿53处,投入480.1928万元;完成2个企业压覆评估征用,兑现补偿985.0392万元。

(8)重大变更。惠罗高速公路在建设过程中产生重大变更共计1份,即:K17+680~K17+920段左侧边坡治理设计变更。K17+680~K17+920左侧边坡,该段线路已路堑形式通过,路线经过处原始地面高程987~1017m,设计路基高程为986~989.5m。边坡施工开挖过程中左侧斜坡先后失稳发生滑坡,滑坡周界、滑坡壁、滑坡鼓丘、滑坡舌及拉张裂缝等特征明显,特别是在雨季和短期大雨期活动剧烈;该处斜坡上部为软质泥岩组成,易风化崩解与软化,自然性较差。滑坡在施工边坡过程中形成,由于边坡长期施工,形成长且陡的临空面,岩土体大量暴露,坡体应力集中在坡脚与坡中陡坡地段。使风化岩下滑,并发生大规模滑动变形。从2014年1月施工方上报情况后,项目办高度重视,经过现场详细踏勘,根据黔高速〔2013〕257号会议纪要基本思路及黔高速专议〔2014〕298号纪要,在K17+680~K17+700段左侧稳定边坡,维持原设计防护措施,K17+700~K17+760左侧设置C20片石混凝土矮墙,针对推理较大的K17+760~K17+920左侧设置一级边坡平台处一排锚索抗滑桩,截面2.0m×3.0m,中心间距5m或6m,共33根。

(9)交(竣)工。2015年8月28日,贵州高速公路集团有限公司在罗甸县组织召开了"惠水至罗甸公路断杉至罗妥(K31+000~K110+000)交工验收会议"。贵州省交通运输厅、贵州省交通建设工程质量监督局、贵州省交通建设工程造价管理站等参建单位参加了交工验收会议。

惠罗高速公路建成110km,通车运营110km。参加会议的各单位代表于2015年8月28日对拟交工的惠水至罗甸公路断杉至罗妥(K31+000~K110+000)土建、路面、交安工程进行了现场检查,会议成立了交工验收委员会,听取了建设、设计、施工、监理、中心试验室等单位代表的工作总结,贵州省交通建设工程质量监督局在大会上宣读了《惠水至罗甸高速公路断杉至罗妥(K31+000~K110+000)土建、路面及交安工程交工验收质量检测意见》。经交工验收委员会认真研究、讨论,同意贵州省惠水至罗甸公路断杉至罗妥(K31+000~K110+000)土建、路面、交安设施通过交工验收。验收会议纪要如下:

建设情况:本次交工的惠罗高速K31+000~K110+000段土建工程于2013年9月18日开工建设,路面工程于2014年4月25日开工建设,交安工程于2014年7月30日开工建设,2015年8月上述工程基本完成。

工程质量评价及交工验收:根据交通部2004年第3号令公布的《公路工程竣(交)工验收办法》《公路工程质量检验评定标准》(JTG F80/1—2004)、《公路工程竣(交)工验收办法实施细则》(交公路发〔2010〕65号)以及贵州省交通建设工程质量监督局对惠水至罗甸公路断杉至罗妥(K31+000~K110+000)土建、路面及交安工程质量检测意见,经交工验收委员会现场检查、调阅相关资料,并结合建设、设计、施工、监理单位、中心试验室总结报告,会议一致认为:本次交工的土建、路面、交安工程质量达到规范、规程及设计文件要求,系统功能满足使用要求。惠水至罗甸公路断杉至罗妥(K31+000~K110+000)土建、路面及交安工程质量评定为合格,经验收委员会认真研究、讨论,同意惠水至罗甸公路断杉至罗妥(K31+000~K110+000)路基、路面、交安工程通过交工验收。缺陷责任期:惠水至罗甸公路断杉至罗妥(K31+000~K110+000)土建、路面、交安工程自2015年8月28日通过交工验收,即日起由贵州高速公路集团有限公司营运管理中心进行管养,缺陷责任期从2015年8月28日起至2017年8月27日止。

惠罗高速公路罗妥至红水河段(K110+000~K113+622)土建、路面、交安及全线机电工程已经于2016年12月29日完成交工验收。

3. 营运管理

全线设置1处管理中心、2处服务区、2处停车区、2处养护工区、1处主线收费站、7处匝道收费站、1处超限监测站。

惠罗高速公路收费开始时间为2015年8月28日,截止收费时间为2035年8月27日,收费年限为20年。收费站点设置见表6-31。

收费站点设置表　　　　表6-31

站点名称	车道数	收费方式
好花红收费站	16车道(5进11出)	联网收费
断杉收费站	10车道(4进6出)	联网收费
边阳收费站	10车道(4进6出)	联网收费
板庚收费站	6车道(3进3出)	联网收费
罗甸收费站	16进(5进11出)	联网收费
沟亭收费站	8车道(3进5出)	联网收费
罗妥收费站	8车道(3进5出)	联网收费
红水河收费站	16车道(5进11出)	联网收费

四、G75 兰州至海口高速公路贵州境路段

(一)G75 兰海高速公路贵州崇溪河至遵义公路

1. 基本情况

(1)项目决策背景及过程。遵义市位于重庆和贵阳两大经济区之间,为历史文化名城,也是贵州省经济较发达的地区,地理位置优越,其自然、矿产、能源资源丰富,极具开发潜力,经济发展前景广阔,并具有良好的工农业基础和光荣的革命传统。崇遵公路不仅可以促进遵义市经济的发展,还起着联系重庆和贵阳两大城市,具有相邻省市出海通道的作用,同时,对于推动西部大开发,加快西南地区出海通道的建设、改善黔北区域公路,提高公路网规模效益,促进黔北山区经济发展和加快革命老区脱贫致富具有重要意义。原有崇溪河至遵义公路为国道210线的一部分,绝大部分路段为四级公路标准,局部路段为等外标准,坡陡、弯急,娄山关及著名的"七十二道弯"等危险路段交通事故频繁。1998年全线平均日交通量为5024辆,处于超饱和状态,且路线多处穿越城镇,交通堵塞和事故频繁,难以适应经济和交通量增长的需求。因此,建设崇溪河至遵义公路十分必要。

(2)公路的功能、定位、里程。崇溪河至遵义高速公路(以下简称崇遵高速公路)是当时国家规划的"五纵七横"国道主干线中出海通道GZ50渝湛公路的重要组成部分,全线纵贯贵州省遵义市。崇遵高速公路起于渝黔两省份交接点崇溪河,北接重庆雷神店至崇溪河高速公路,向南途经松坎、三元、新站、大河、元田、桐梓、娄山关、板桥、泗渡、观坝、高坪,止于遵义市南的忠庄铺,与贵阳至遵义高等级公路相连。主线全长117.880km,是贵州省交通建设第一次使用亚洲开发银行资金修建的公路项目。

(3)技术指标。崇遵公路为四车道全封闭高速公路,其中崇溪河至观坝段(长83.432km)计算行车速度60km/h,观坝至忠庄铺段(长34.448km)计算行车速度80km/h。全线设有标志、标线、护栏、轮廓标、隔离栅等较为完善的交通安全设施。公路全线设置光缆传输、程控交换、紧急电话系统、对隧道内外、收费广场、收费车道实施全方位监控,通过监控中心可以及时观察到各隧道、收费站、收费车道的车辆通行情况,实行全自动收费监控系统。全线路基边坡、中央分隔带、互通式立交区、隧道进出口采用工程措施和生物工程进行防护和美化路容。

(4)投资规模。崇遵公路线路全长117.9km,国家批准的概算总投资67.615亿元,平均每公里造价5733万元。

(5)主要控制点。崇遵公路起于渝黔两省份交接点崇溪河,北接重庆雷神店至崇溪河高速公路,向南途经松坎、三元、新站、大河、元田、桐梓、娄山关、板桥、泗渡、观坝、高坪,止于遵义市南的忠庄铺,与贵阳至遵义高等级公路相连。

(6)沿线主要地形地貌。崇遵高速公路沿线属亚热带高原性气候,气候温和湿润,雨量充沛,雨季集中5月~10月,年平均降雨量为1000~1300mm,年平均气温15℃。区段内地震烈度均为Ⅵ度。全段地处云贵高原北部山岭区,地势总体南低北高,横穿大娄山脉,山势走向为北东向。路线所经制高点凉风垭海拔1450m,最低处松坎河谷海拔420m,落差超过1030米,气候差异很大,属云贵高原向四川南部的丘陵过渡地段,以溶蚀、剥蚀、喀斯特地貌为主,由于褶皱构造及断裂构造发育,形成山体切割零碎,深沟、陡崖、河谷、山岭构成了路段内复杂的地形、地貌。全区内河流属綦江水系、牛度河水系、乌江水系,水量小,季节变化大。在这重峦叠嶂,沟壑纵横,地形、地质条件极其复杂的黔北重山区建设高速公路,对设计者们是一个极大的挑战。

(7)主要构造物。崇遵高速公路主要工程数量为路基挖方2139万m^3,填方1575万m^3,大桥、特大桥23799.18m/77座,中、小桥2326.52m/38座,分离式立交562.83m/15座,人行天桥818.88m/20座,特长隧道7708m/2座,长隧道6997.51m/4座,中隧道2750m/4座,短隧道1738.68m/8座,涵洞、通道11563.7m/378座,挡土墙105.31万m^3,护坡13.11万m^3,抗滑桩3195m。

2. 建设情况

(1)立项审批。1998年6月5日贵州省计划委员会、贵州省交通厅以黔计交能〔1998〕340号文件报送《遵义至崇溪河公路项目建议书的报告》,7月23日交通部经审查同意该项目的建设。同年10月,贵州省交通规划勘察设计院编制完成《遵义至崇溪河工程可行性研究报告》。2000年10月国务院批准了《国家计委关于审批重庆至湛江国道主干线贵州崇溪河至遵义公路可行性研究报告的请示》。

(2)勘察、设计。勘察设计工作由贵州省交通规划勘察设计研究院承担。1999年初贵州省交通规划勘察设计研究院组织路线、桥隧、地质等有关技术人员和专家,根据工程可行性研究报告及其审查、评估和批复意见确定的路线走廊方案进行实地踏勘,核查重点路段、桥隧及交叉等有关设计方案,并进行优化比选,确定出初步设计方案。对崇溪河至三元、三元至桐梓、桐梓至檬梓桥和檬梓桥至遵义等路段分别进行了多方案的同精度、同深度的勘察。通过实地勘察收集有关路线、桥涵、隧道、地质、水文、概算等详尽资料。为了不漏掉任何有价值的方案,在批复的工可报告路线走廊带和主要控制的基础上,在1:10000及1:2000的地形图上进行了大量的方案比选工作。最后拟定推荐方案和各比较方案,进行实地踏勘,再调整路线方案,对部分路段线位进行了优化调整。与工可相比,变化较大的主要为三元至桐梓段的方案选择,原工可报告中对三元至桐梓段路线提出了两个大的路线方案,即西线方案(K15+931.537~K56+721.358)和东线方案(K20+127.053~K52+206.455)。勘察设计研究院根据中国国际工程咨询公司对工可报告的评估意见,综合考虑各方面因素,对东、西两个方案进行综合的技术经济比较后,决定推荐东线方案。因为两方案相比,东线方案路线里程短 5.063km,路基土石方少 1416789m³,桥梁短 3707.587m,不良地质地段短 2.35km,占地土地少 692.978 亩,筑路材料及施工条件好,路线靠近沿线经济带,对带动地方经济较为有利。但不利因素是隧道长 1.308km,而且与老路有一定干扰,施工难度较大。

1999 年 12 月,所有勘察工作完成并通过初测外业验收转入内业设计,2000 年 6 月设计工作圆满完成。2001 年 4 月初步设计通过了交通部的审查。2001 年 4 月 17 日,交通部以《关于重庆至湛江国道主干线贵州崇溪河至遵义公路初步设计的批复》(交公路发〔2001〕181 号)批复了初步设计。

初步设计完成后,贵州省交通规划勘察设计研究院又组织了全院所有技术力量全力以赴进行崇遵公路的施工图勘察设计。从 2000 年 6 月开始,勘察设计工作人员冒着炎热酷暑相继进场,经过三个多月野外艰难测设和近一个月的业内设计工作,完成了该路的两阶段施工图勘察,在 9 月底接受并通过了贵州省交通厅和贵州高速公路开发总公司的外业验收。施工图的设计工作从 2000 年 10 月开始,2001 年初完成,同年 8 月交中交第二公路规划勘察设计研究院进行审查。咨询意见认为施工图设计文件深度较合适,图表内容齐全,符合部颁设计文件编制办法的要求。施工图详测路线与地形、地质结合较好,平面线形较顺畅,纵面设计较均衡、平纵配合较好,路线选用技术指标符合标准、规范要求,桥隧等构造物位置及结构形式方案基本合理。但在这样复杂的山区地形、地质条件下测设一条高质量的高速公路,需要经过一个反复研究、逐步优化的过程,因此咨询意见在原施工图设计的基础上,对路线、路基路面、桥梁、涵洞等方面提出了一些优化建议。然后业主单位、咨询单位和设计单位就咨询意见进行了研究,最后根据研究结果分标段进行了必要的修改补充设计,如对软基地基、滑坡、高边坡等不良地质路段和弃方 50000m³ 以上的弃土场进行了专门而必要的补充设计,把所有互通式立交的减速车道均改为直接式。2002 年 2 月最终施工图设计完成。整个施工图设计注重对线位与各种构造物、路线交叉、交通工程设施的设置合理性,充分考虑路线平、纵、横的组合设计,并注重与自然景观的协调。根据本项目区间交通量的分布情况,通过计算,施工图设计方案能满足远景交通量和通行能力的要求,能达到二级服务水平。

经济合理的设计依赖于正确的设计指导思想和原则的确立,同时注重对高科技、新技术、新材料、新工艺和大跨径桥梁的应用也是高质量设计的重要因素。崇遵高速公路沿线地形、地质条件复杂,山高谷深,横坡陡峭,高边坡及大跨径高墩桥梁较普遍。设计中对容易失稳边坡采用了预应力锚索、锚杆和岩石光面爆破等新技术、工艺,以确保边坡的稳定。对于大跨径桥梁,设计结合地形、地质条件,进行多方案技术经济比选论证,最终确定桥型方案。对于跨越深沟的桥梁结构主要采用了预应力混凝土连续刚构、钢筋混凝土箱形拱、预应力混凝土 T 形梁、预应力混凝土空心板等结构形式,桥梁墩高已达到 101m,为贵州省公路桥梁墩高之最。崇遵公路的设计水平较以往也有了较大的提升,在规范、技术标准的掌握上更灵活。如在起点至新街子、三合头至砂湾等路段结合地形灵活采用错幅路基降低挖方边坡,减少挖方,降低工程量;在一部分有条件的路侧利用弃方填筑路侧净区,以增加路侧宽容性。尤其是隧道勘察设计技术也得到了大大地提高,设计出了凤梅垭、青杠哨、凉风垭的特长(长)隧道,其长度已达4085m,开创了贵州省公路隧道之最。为了保障车辆在近40km的隧道中行车安全,经反复比选,崇遵高速公路采用了目前国内技术领先的隧道监视控制系统。隧道中布局周全的摄像头、传感器等设施,可使隧道监控中心随时通过电脑屏幕掌握车辆动态和空气状态。如遇紧急情况,可立即启动报警、消防、配电等设备实施救援。

崇遵高速公路全线采用全封闭、全立交,双向四车道高速公路标准设计。其中崇溪河至观坝段81.93km,设计速度60km/h,整体式路基宽度22.5m;观坝至遵义35.956km,设计速度80km/h,整体路基宽24.5m,桥涵与相应区段路基同宽。最大纵坡6%,最小平曲线半径250.5m。设计荷载为汽—超20级、挂车—120级,全线设置了较为完善的安全设施、服务设施、管理设施、通信、收费及监控系统。全线设置管理监控通信中心1处、收费站8处、养护工区2处、救援中心2处、服务区2处,其间的通信系统及贯穿全线的报警,消防监控系统均采用SDH光缆干线连接,全线在三元、新站、楚米、桐梓、观坝、董公寺、高桥7处设置互通式立交与沿线重要城镇、交通源点连接,充分发挥交通主干线辐射带动效应的功能。

(3)施工、监理。崇遵高速公路横穿红军当年二进遵义攻打而闻名于世的娄山关山脉,沿线地形、地质条件极为复杂,重峦叠嶂、沟壑纵横。1935年,长征路上的毛泽东在率领红军攻占娄山关后,面临这一险境和当时红军的处境吟出了那首气势磅礴,悲壮有力的诗词,"西风烈、长空雁叫,霜晨月。霜晨月、马蹄声碎、喇叭声咽。雄关漫道真如铁,而今迈步从头越。从头越,苍山如海,残阳如血"。原交通部部长黄镇东和联合国亚洲开发银行外籍专家G罗德分别于1995年5月和1998年9月对崇遵高速公路进行视察和评估考查后都认为:这里修建的是一条"世界级难度的公路"。

崇遵高速公路线路全长117.9km,路基土石方平均约30万m^3/km;各类桥梁144座,双幅长26153m,隧道18座,单幅长度38324m,桥隧合计约45.3km,占线路全长的38.4%,远远高于省内和国内已建公路的桥隧比;国家批准的概算总投资67.615亿元,平均每公里造价5733万元,居贵州已建公路单位造价之首。为了满足高速公路的技术标准,逢山打洞,遇谷架桥。特别是进入桐梓县以北至崇溪河的近60km路程中,几乎是桥连隧、隧连桥,桥隧比占70%。

无论是崇遵高速公路的建设的组织者、管理者,还是施工建设者,都面临施工能力、技术水平、机械装备、施工经验、财务实力以及精神意志等诸多方面的严峻挑战和考验。

2002年7月1日崇遵高速公路建设开工。首先面临的是钢材、水泥、沥青、炸药、油料以及民工工资价格的不断上扬。其中,钢材价格和民工工资几乎翻了一番。而崇遵高速公路是贵州第一个利用亚洲开发银行贷款的公路项目,利用亚行贷款必须遵循国际惯例《Fidic 条款》中面向国际公开招标和低价中标原则。崇遵高速公路招投标期间,由于贵州建筑市场、招标办法、招标监督等尚待规范,投标单位为了中标,低价甚至低于成本价抢标。

桐梓县以北的60km,由于山势陡峻、地质条件极为恶劣,形成了整个工程的攻坚路段,线路采用桥梁、隧道、高填、深挖等设计,展布于山腰和山间沟谷中。修路动土就滑坡。从地处黔北大门位置的风梅垭隧道进出口,到韩家店特大桥桥位段、高方子、新街子、高工天、三合头等200多处在施工中均发生了大型和特大型滑坡。其中,三合头滑坡达100多立方米,新街子Ⅱ号桥位滑坡深度达60多米,滑坡方量达300多立方米。对修路引起的山体滑坡、水土流失、生态恢复以及沿线群众的生产、安全是必须解决的重大问题,仅滑坡的治理和生态维护就投资了4亿元。

在韩家店至清水溪的12km路段中,就布局了韩家店、松坎、高方子、西山沟、打宝铺、新街子、青杠坡等12座大桥和观音岩、达尼垭、野猫岗等5座隧道。一般情况下,越是桥隧集中的地方,地质条件也越复杂。松坎河路段桥墩孔桩施工中,新桥特大桥、西山沟特大桥、新街子大桥都遇到了复杂地质结构。按照设计,无论孔桩深度20m还是30m,遇到的都是珊瑚、海百合等各种古生物化石的松散堆积层。只能继续往下挖,最终新桥特大桥等大桥的桩基深达60多米。而更艰难的是三合头大桥孔桩的施工遇到了暗河,20多台水泵24小时不间断抽水,经过一年多的时间才基本完成桩基工程。

西山沟特大桥桥墩的施工,必须稳定桥墩孔四周大面积不断的塌方。所有卸载、岩体主动防护网、抗滑桩、锚索等各种防护措施都用上了,仅护墩施工就耗资500多万元。在7标段的路基施工中,还遇上了长约1km,深达50～60m的大坪和董家岩堆(岩堆,即地质构造形成的松散岩体堆积)。为了解决路基的密实度和稳定性,用抗滑桩或锚索等办法,都很难找到嵌固段和锚固根基,最后采用了放陡边坡和钻孔灌浆固结办法。仅此一项,又比原设计增加投资上千上万元。艰难的施工条件不仅是地质灾害,还有酷热的天气。夏日的气温,在松坎河一带高达40℃左右。站在工地的钢筋堆旁,犹如靠近了一个巨大的火炉。为了顺利完成韩家店Ⅰ号特大桥8号、11号现浇段的施工任务,中铁二十局十一处副出长候龙江长达数月昼夜守候在工地,黝黑的肌肤上布满了曝晒留下的水泡,脚上穿着一双底子早已磨穿的胶鞋,活脱脱一个"非洲人"。当地的一位老人见此情景,连夜为他编织了一双草鞋。就在这样艰苦的施工条件下,西山沟特大桥女子钢筋班,一天要完成8～9t钢材的下料、运输、焊接、绑扎任务,一天下来,两双手套都磨穿了。

面对崇遵高速公路建设的艰难险阻,贵州省委、省政府给予了高度重视,前省委书记钱运录、省长石秀诗等省领导先后16次深入现场视察指导,慰问和鼓励筑路大军,为艰难工程解决实际问题。省国资委、省交通厅、省高速公路开发总公司把崇遵公路列为头号重点项目。前期抽调强将精兵组成工作班子；中期省交通厅彭伯元等领导及高总司领导许德友等经常深入施工现场，加强薄弱环节工作，切实解决实际问题；后期实施"红色通道工程"，做到凡工程急需解决的问题，必须在限期内解决。遵义市及沿线的桐梓县、遵义县、汇川区、红花岗区组织了强有力的协调服务指挥部，竭尽全力为工程排忧解难。工程建设进度得到了保障。

2004年7月1日，驻崇遵公路外方监理、英国合乐监理公司隧道专家尼克在英国杂志《国际隧道与施工》上刊登题为《隧道入云端》的文章，文章中写道："在现阶段，崇遵高速公路隧道建设的规模可能在世界也是独一无二的。尽管面对的是复杂的地质条件，遇到的是一个个技术难题，但在相对较短的时间内，却取得了令人瞩目的施工进度。今天的成绩正是项目各级建设者用高涨的热情、坚定的决心，通过贯彻合理的工程原则，采用尽可能利用的最佳资源和材料，克服了遇到的各种技术难题所取得的。隧道的施工进度完全保持在一个可以接受的水平上，隧道施工质量也很高。"

崇遵高速公路项目全面实行了业主法人责任制，总公司授权副总经理余明全为法人代表，并设置了项目建设办公室，负责项目日常管理工作和征地拆迁及项目与地方政府的协调工作。为了加强对崇遵公路项目建设的管理，根据FIDIC条款管理要求，设置了总监理工程师办公室，作为监理执行机构，全面负责落实工程监理责任制的执行，对工程"质量、进度、投资"进行控制和完善合同管理、计算机辅助管理工作。建立了"承包人自检、社会监理、政府监督"的三级质量安全保证体系，对保证和提高工程质量起到了有效的作用。并以合同文件、国家相关规范和标准以及各级政府安全生产的法律法规为依据，制订了"质量缺陷率为零，合格率100%，优良率90%以上"的质量管理目标和"不得发生重大安全生事故，尽一切努力不发生或降低安全事故及伤亡事件的发生"的安全生产目标。

对施工中存在的质量安全问题或隐患的，按合同和《管理手册》的相关规定处理。尤其是8标段凉风垭隧道进口段施工单位中铁二局四公司，当发现质量安全存在隐患时，总监办立即下令停工整顿并上报业主，照会施工单位法人代表撤换并清退原项目经理及相关人员，重组项目经理部；对负有重大责任的相关人员及项目经理部处以罚款15万元，并要求施工单位注入资金500万元，一切质量缺陷处理费用及相关费用由施工单位负责，停止一切计量支付，直到缺陷处理经专家论证合格满意为止。同时对驻监办处以罚款2万元，将现场监理清退出贵州市场。总监办将这一重大事件及处理意见在全线通报。总监办并以此为契机，在全线进行了长达半年的全面质量安全整改活动，通过整改后，凉风垭隧道进口段及全线的质量安全得到有效的控制和全面提高。

总监办还在控制质量源头（原材料、半成品、机具）和技术上严把质量安全关。全线桥梁和抗滑桩桩基不小于2m直径的一律埋声测管，用超声波法检测；小于2m直径的桩，一律用小应变检测。对挖孔桩、扩大基础及地质复杂的各类桥基础均用地质和钻孔钎探进行判断,通过检测有异议或判断困难的桩基一律抽芯钻孔。一切检测正常的桩基,仍按合同规范抽芯检验3%~5%。在检测抽芯过程中,如楚米Ⅱ号大桥(图6-48)确有桩基底10cm以下存在溶洞的情况,也有个别桩抽芯发现断桩的情况,避免了成桥后质量安全事故的发生。经检查检测外观质量及强度不合格的T梁、桥台、桩基、涵洞、路基及砌体一律坚决废弃或返工处理。鉴于崇遵公路地形地质复杂,隧道桥梁众多,对特长隧道、高墩大跨桥梁及技术复杂的桥梁隧道聘请第三方监控单位从技术上监控把关。桥梁方面,从设计计算、方案优化、施工工艺、大体积混凝土水化热、高墩垂直度、截面应力、压浆密度、悬浇过程预拱度设置,以及成桥后线形挠度等实施全过程控制。如韩家店Ⅰ号桥,监控单位提出纵向预应力束布置偏多应力偏大,横向21.5m整幅单箱单室增设横隔板,以增强横向刚度,以及局部普通钢筋布置过多等问题,在总监办主持下与设计、施工方达成共识,对施工图进行了修改,既节约资金,又使结构受力上提高了可靠度及合理性。如跨铁路鞍山转体桥转体质量8500t,为当时省内转体质量最大(全国第四)的桥,楚米Ⅰ转体桥为弯桥并左、右幅同步转体,在监控方有效监控下,两桥转体顺利成功,保证了铁路的畅通及安全。

图6-48　楚米Ⅱ号大桥施工现场(2003年2月25日)

隧道方面,对地质超前预报、围岩变形、初期支护以及二次衬砌变形进行监控,为隧道掘进支护期内的安全起到控制性作用。当隧道塌垮坍顶前通过变形监控和地质超前预报提供警报,人员、机具能及时撤出,全线由此避免了多起人员伤亡、特大事故的发生。尤其是地质复杂的凉风垭隧道(图6-49),不仅变形坍顶冒顶和特大形溶洞的处理未发生伤亡事故,而且出口段当掘进1000m左右时出现瓦斯,通过聘请煤矿瓦斯专业人员跟班监控,委托专业设计单位作瓦斯防治设计,从专用设备、技术措施及规范管理等严格控制,安全渡过了瓦斯区,未发生伤亡事故。英国合乐公司中国区域董事陈淦伟博士莅临崇遵公路,对工程的提前竣工而且实现了"零死亡率"感到十分惊讶。他说:"按照国际惯例,隧道施工每千延米,死亡0.8人就是安全的控制指数。而崇遵高速公路如此规模的隧道施工,死亡率为零,真是绝无仅有。"

图6-49 已建成的凉风垭隧道(2006年9月19日)

按照亚洲开发银行的要求,崇遵高速公路聘请了合乐(中国)有限公司的咨询专家参与工程建设全过程的监理咨询工作。合乐有限公司派驻专家组进驻现场,定期向业主和亚行提交工程建设季度报告和备忘录,并举办桥梁、隧道、合同、质量安全管理、人力资源等涉及工程建设全方位的专业知识讲座和组织管理干部进行国外培训。外国专家给项目建设带来先进的国外管理经验,使崇遵高速公路质量、安全、投资管理更上一个新的台阶,使项目管理走向国际化、规范化。而且通过外监举办的讲座和培训学习,使贵州交通建设各类型各方位的管理干部知识和观念得到了进一步的提高。

2004年4月14日至4月20日,交通部质量检查组检查崇遵高速公路施工质量,检查结果让专家们折服。两岔河特大桥的两墩柱高137m,垂直误差为零,长8.5m、宽3.5m的两个墩柱截面,一个误差为零,一个误差仅1mm。大桥混凝土表面十分平整光滑,整座大桥宛如艺术家们精工制作的模型。在检查组全程抽检的15个项目中,合格率达100%的就有10项。检查组对崇遵高速公路质量检查情况报告中写道:所检工程实体质量水平较好,大桥、隧道及混凝土构件混凝土强度和几何尺寸控制较严,砌筑工程大面积平整,路基顶面横坡控制准确,填石路基分层控制较好,填筑材料基本规范。

崇遵高速公路全程处于遵义市境内,而遵义历史悠久、文化繁荣。公路建设单位与地方政府共同携手,无论是隧道口的楹联、娄山关的诗词,还是突出景点的雕塑、公路两侧的绿化,都紧密结合地方文化特色,把崇遵高速公路努力打造成一条文化路、生态路、景观路、旅游路。大凉风垭隧道南口的楹联这样写道:"北上三巴,七十二弯成旧梦;南驰八桂,百千万壑变通途。"

崇遵高速公路的建设始终贯穿了"生态路"的理念,在防护边坡、处理废方、景观绿化等方面采用一系列的措施尽量减少和缓解因人为的施工活动对环境造成的不利影响,尽量减弱给沿线居民生活和生产带来的干扰。

如优化设计方案,合理利用土地,切实保护耕地,保护环境资源。K89＋912～K90＋412 原设计为路基填筑,该路堤将占有大片农田,总监办与设计院经过慎重考虑,并经多方专家论证,将路堤改为桥梁,减少了占用耕地资源,同时避免了借方开挖对地表的扰动和对景观的破坏、还解决了填方需作软基处理的问题。业主还在 2003 年委托了贵州省交通科研所独立进行项目环境监测工作。环境监测主要针对施工工程中公路沿线范围内的水质、噪声、空气质量进行调查监测。在施工期间,省交通科研所将所调查监测的结果定期向业主汇报,定期向业主提交了月度、季度和年度环境监测报告。

2005 年 12 月 26 日,在参建各方的一致努力下,全长 118km 的崇遵高速公路建成通车,比国家有关部门批准的建设工期提前了半年,被外籍专家们誉为"极具挑战性的世界级难度的高速公路"变成了现实。这条路的长度不及西南出海大通道总里程的 1/10,但这条"世界级难度公路"却成了出海通道建设中的最后一道难关。崇遵高速公路总监肖泽章说:"崇遵高速公路几乎可以说是山区公路建设的博物馆了。"建设者修路时几乎遇到了教科书上列举的所有地质病害,高瓦斯、大溶洞、暗河、断层等同时存在。整个项目工程建设呈现高填深挖方多、高边坡多、高挡墙多、高路堤多、高墩桥梁多、长大隧道多、软弱地基多、地质病害多等特点。部分路段桥连隧、隧连桥、桥桥相连,这些重要的构筑物配合地貌环境,蔚为壮观,充分展示了公路建设的高、难、险。崇遵高速公路的桥隧比在西南出海大通道中是最高的,高达 38%,在四大名关所处的松坎至崇溪河一带,桥隧比更超过了80%。而直插云霄的两岔河大桥也开创了我国公路建设中桥墩高度之最,两桥墩高度分别为 131m、134m,相当于 30 多层的高楼。

崇遵高速公路通车典礼如图 6-50 所示。

图 6-50 崇遵高速公路通车典礼

注:2005 年 12 月 26 日,崇遵高速公路通车典礼。省委书记石宗源、
省长石秀诗、省政协主席王思齐等领导在凉风垭隧道视察。

如果说贵(阳)黄(果树)高等级公路是贵州交通建设第一块里程碑,在贵州山区实现了高等级公路"零"的突破,那么,崇(溪河)遵(义)高速公路则是贵州交通建设第二块里程碑,它的建成则标志着贵州交通建设已进入全新发展时期。

(4)资金筹措。崇遵高速公路总投资62.8亿元。其中,国家用专项基金安排14.22亿元、贵州省用交通建设资金11.98亿元作为项目的资本金、亚洲开发银行贷款2亿美元(折合人民币约16.6亿元)、中国建设银行贷款20亿元。

(5)招标投标。崇遵高速公路招标项目共15项、49个标段。根据国家有关规定和FIDIC条款的要求,通过国内招、投标选定出贵州公路桥梁工程总公司、中国铁路建设总公司、云南公路桥梁工程总公司、中国路桥集团总公司等下属17个建设部门承担了工程建设任务。参建单位见表6-32。

G75 兰海高速公路崇溪河至遵义高速公路参建单位表　　　　表6-32

通车里程桩号:K0+580.000~K127+960.000

参建单位	单位名称	合同段编号及起止桩号	主要负责人	备注
项目管理单位	贵州省高速公路开发总公司	K0+580~K127+960	余明全	
勘察设计单位	贵州省交通规划勘察设计研究院	K0+580~K127+960	许以雷	土建、交安、机电
	中交第一公路勘察设计研究院	K0+580~K127+960	孙黎	绿化工程
施工单位	中铁一局集团有限公司	C1(K0+580.000~K4+467.990)	刘永定	土建工程
	中铁二十局集团有限公司	C2(K4+467.990~K8+381.550)	樊立跃	土建工程
	路桥集团第二公路工程局	C3(K8+381.550~K13+342.000)	刘华(彭建)	土建工程
	中国路桥(集团)总公司	C4(K15+000.000~K21+600.655)	范书龙	土建工程
	中铁三局第二工程有限公司	C5(K21+600.655~K32+100.615)	蔺敬跃	土建工程
	贵州省桥梁工程总公司	C6(K32+100.615~K38+568.463)	阮有力(汤有声)	土建工程
	中铁十六局集团第三工程有限公司	C7(K38+568.463~K44+355.719)	潘永汉	土建工程
	中铁十二局集团有限公司	C8(K44+355.719~K49+840.000)	蒋荣富	土建工程
	中铁二十一局第三工程有限公司	C9(K49+840.000~K65+097.740)	宋建忠	土建工程
	贵州省公路桥梁工程总公司	C10(K65+097.740~K72+628.017)	洪滨	土建工程
	贵州省公路桥梁工程总公司	C11(K72+628.017~K78+712.608)	洪滨	土建工程
	云南公路桥梁工程有限公司	C12(K78+712.608~K85+500.000)	吕庆忠	土建工程
	中铁十三局集团有限公司	C13(K85+500.000~K91+170.000)	丁宏亮	土建工程
	贵州省桥梁工程总公司	C14(K91+891.094~K99+166.993)	杨贵平	土建工程
	贵州省桥梁工程总公司	C15(K99+241.646~K111+229.876)	杨光化	土建工程
	中国路桥(集团)总公司	C16(K111+250~K117+215.869)	林焱	土建工程
	贵州省桥梁工程总公司	C17(K117+215.869~K127+960)	刘发明	土建工程
	陕西高速交通工贸有限公司	C19(K0+580.000~K127+960.000)	董燕云	交通安全设施

续上表

参建单位	单 位 名 称	合同段编号及起止桩号	主要负责人	备 注
施工单位	贵州省交通工程有限公司	C19(K0+580.000～K127+960.000)	陶平	标志标线
	中铁十八局集团有限	C20(K0+580.000～K65+097.740)	安宝祥	房建工程
	贵州省公路工程总公司	C21(K85+580.000～K85+500.000)	杨永刚	房建工程
	亿元阳集团有限公司	C24(K0+580.000～K127+960.000)	林永祥	交通机电
	北京瑞华赢科技发展有限公司	C25(K5+958.000～K21+180.000)	王峰	隧道机电
	中铁四局集团电气化工程公司	C25-1(K0+750.000～K4+075.000)	张建平	隧道机电
	上海交技发展股份有限公司	C26(K36+520～K48+855.000)	李宁	隧道机电
	广东新粤交通投资有限公司	C27(K97+000～K121+900.000)	吴彦良	隧道机电
	贵州华美园林绿化有限公司	C28(K0+580.000～K65+097.740)	刘屹	绿化工程
	贵州科农生态环保科技有限责任公司	C29(K65+097.740～K127+978.54)	韩贵国	绿化工程
	贵州省公路工程总公司	C30(K70+950.000～K71+090)	姚龙	站点建设工程
	贵州省公路工程总公司	C31(K126+480.000～K126+590)	关亮	站点建设工程
	贵州省桥梁工程总公司	C32(K128+200.000～K129+350.000)	官声旭	公路工程
监理单位	北京华路捷公路工程技术咨询有限公司	A(K0+580.000～K13+342.000)	梁耀	1-3标土建工程
	北京华通公路桥梁监理咨询公司	B(K15+000.000～K32+100.615)	刘启亮	4-5标土建工程
	中交国际工程咨询有限公司	C(K32+100.615～K44+355.719)	何东生	6-7标土建工程
	湖南大学建设监理中心	D(K44+355.719～K65+097.740)	邓昊翔	8-9标土建工程
	贵州省交通建设监理咨询有限公司	E(K65+097.740～K78+712.608)	孙黎	10-11标土建工程
	镇江市润通交通工程监理咨询有限公司	F(K78+712.608～K91+170.000)	田应盛(高转社)	12-13标土建工程
	贵州陆通公路工程监理有限责任公司	G(K91+891.094～K111+229.876)	古红兵	14-15标土建工程
	贵州陆通公路工程监理有限责任公司	H(K111+250.000～K127+975.54)	夏建兵	16-17标土建工程
	贵州科达公路工程咨询监理有限公司	I(K12+690.000～K127+960.000)	赵平	站点建设工程
	贵州桥梁工程总公司	J(K0+580.000～K65+097.74)	孙黎	交通、绿化工程
	贵州陆通工程监理有限责任公司	JZ-1(K0+580.000～K127+960)	汤友声	计重收费工程
	贵州陆通工程监理有限责任公司	K(K65+097.740～K127+960)	刘吉勇	交通、绿化工程
	北京兴通交通工程监理有限责任公司	L(K0+580.000～K127+975.726)	褚昌怀	机电工程
	西安金路交通工程科技发展有限公司	M(K0+000.000～K126+930.000)	胡学富	机电工程
	贵州陆通公路工程监理有限责任公司	N(K128+200.000～K129+350.000)	李林	忠庄立交改建工程

(6)征地拆迁。2001年4月征地拆迁工作开始,截至2005年2月底,共征用土地17680.492亩,房屋拆迁2134户,拆迁面积461827.59m^2,拆迁企事业单位32家,学校7所,拆迁电力、电信、广电线路353.071km。征地拆迁补偿费共计完成27715万元。征地拆迁工作的顺利完成为崇遵公路建设创造了极为有利的条件。

(7)交(竣)工。2004年5月开始,贵州省交通建设工程质量监督站对崇遵高速公路南段(楚米至遵义段)和北段(崇溪河至楚米段)路面工程、路基工程、互通立交工程、桥梁工程、隧道工程、交通工程等进行了交工验收现场检测。2005年6月28日和12月20日,分别召开了南段和北段的交工验收会议,交工验收委员会根据省交通建设工程质量监督站的检测意见、主要技术质量指标满足设计文件及规范要求,同意交工验收。

3. 复杂技术工程

崇遵高速公路整个工程的一大特点,就是桥隧量大且地形地质复杂,对每座大桥或每一处隧道采用什么桥型结构,采用何种施工技术方案,都不是可以凭经验解决的问题。在工程建设中,崇遵高速公路的桥隧设计与施工创造了一项又一项新纪录。如楚米1号跨铁路转体大桥(另一转体桥是桐梓鞍山特大桥),其单箱整幅式转体质量达8498t,创贵州省转体桥质量之最。韩家店Ⅰ号特大桥,全长707m,主跨210m,是贵州省首次施工的整幅式、大跨径、单箱、宽悬臂连续刚构桥。其技术含量之高,施工难度之大也十分罕见。

重点工程之一的娄山关隧道属第12合同段施工范围,地处革命圣地娄山关古战场。隧道穿越大娄山脉,按左右线分离布置,左洞长1990m,右洞长194m。由于隧道区位于黔北最大的分水岭——大娄山脉主峰地带,地下水非常丰富,因此,娄山关隧道属崇遵公路建设中典型的富水隧道。在施工工程中,尤其是雨季期,隧道内多处多次漏水,给施工带来很大的难度,除采用注水泥浆的工程措施堵水外,还在水泥浆中加入堵水效果较好的水玻璃,形成双液浆,增加了堵水效果。还在贵州公路建设中第一次引进了用于地铁施工的防排水措施——分区防水,通过防、排、堵、截相结合,顺利解决了娄山关隧道内的排水工作,为公路富水隧道防排水施工积累了经验。

穿越大凉风垭(七十二弯)的隧道,双洞全长约8170m,是贵州省当时最长的公路隧道,也是崇遵公路的重点控制性工程。20世纪50年代末,苏联专家援助我国修建川黔铁路,穿越大凉风垭的铁路隧道也布局于此。但当时隧道掘进约300m后,因无法攻克施工中遇到的地质灾害,川黔铁路只好改线。40多年之后,崇遵公路隧道又不期而遇,恰好布置于此,但建设者们不惧艰难,依靠科技,打通了隧道。

4. 营运管理

全线设Ⅰ类服务区1处、Ⅱ类服务区1处、Ⅲ类停车区2处、匝道收费站8处、桥隧管理站共计3个,应急保畅中队共3个,监控管理所1个,养护站共计2个。本项目于2005年7月1日建成通车,批准收费时间为2005年7月1日,批准收费终止时间为2025年6月30日,2010年1月~2015年5月,收费总计35.108亿元。2010年1月~2015年6月进出口车流量共计79462943辆,主要大修工程有K1106~K1186段路面维修工程、K1186~K1224段路面维修工程,工程大修时间为2013年9月~2013年12月。收费站点设置见表6-33。

收费站点设置表　　　　　　　　　　　　　　　　　　表6-33

站点名称	车道数	收费方式
遵义站	4进8出(含ETC车道1进2出)	联网收费
遵义北站	4进7出(含ETC车道1进1出)	联网收费
观坝站	2进2出	联网收费
桐梓站	4进8出(扩建后规模)	联网收费,正实施收费站改扩建
楚米站	3进3出(扩建后规模)	联网收费,正实施收费站改扩建
太白站	2进2出	联网收费
三元站	2进2出	联网收费
松坎站	6进10出	联网收费

(二)G75 兰海高速公路贵阳至遵义汽车专用公路

1.基本情况

(1)项目决策背景

原贵阳至遵义公路为黔川公路的一部分,始建于1926年,驿道标准,曾多次进行大、中、小修及局部路段改建,是贯穿贵州南北的南宁至重庆的201国道最为繁忙的路段,除担负南北向交通流量外,还承担东西向34条公路的交汇流量和铁路站场的客货集散任务。全线位于山岭区,技术标准很低,纵坡大于16%的地段有209处,介于11%~16%的地段有33处;平曲线半径小于8m的3处,在12~18m的有10处;有交叉道口39处,多数视距不够;与铁路平交2处,夹角甚小;连续反弯、陡坡以及急弯陡坡重合等超标准地段较多;穿越村镇和厂区地段多达125处,混合交通严重,街道化比例非常高,交通拥挤程度非常严重,通行能力低,而1989年贵遵公路平均断面日交通量3000辆以上,最高达5000辆,严重影响了行车时速和交通安全,严重制约了沿线地区交通运输和国民经济的发展,而全省主要工业和生产力主要是沿贵遵公路进行布局的,贵遵公路可谓是贵州的工业走廊。

(2)公路的功能、定位、里程

贵遵公路是交通部规划的国道主干线"两纵两横三个重要路段"中西南出海通道中重庆至湛江国道主干线贵州境的一段,是210国道(包头至南宁)的重要一段,也是贵州"二横二纵四联线"规划建设的公路主骨架的重要路段,是沟通贵州、广西两省(区),直达长江与重庆相连接的交通要道,是国家和贵州"八五"和"九五"期间的重点公路建设项目。起于贵阳市客车站,经四方井、沙子哨、扎佐、息烽、乌江、南白镇、忠庄铺,迄于历史名城遵义市的茅草铺蒙梓桥,全长155.51km(含遵义东联络线14.58km)。

(3)技术指标

二级公路设计行车速度60km/h,路线纵坡降至5%以下,最小平曲线半径250m以上。由于地形所限,前1.2km不能充分展线;从白家坝至干田尾,又受高压电杆控制,相对高差 130.49m,路线长 2.56km,平均纵坡 5.1%;干田尾至田脚坝相对高差 180.73m,路线长为 3.63km,平均纵坡 5%。

(4) 投资规模

贵阳至遵义汽车专用公路工程决算总投资 17.853 亿元人民币,来源于多方集资和筹资。

(5) 主要控制点

贵遵公路路线走向为:起点设在贵阳汽车站(K0+000),从 K0+600 即分左、右线沿市西河上游两岸利用原有公路拓宽改善,至二桥交汇;路线向西北方向前行,经三桥至四方井(K11+912.5)处,利用开阔谷地设置四方井互通立交与贵阳市郊重镇白云区、修文县、贵州铝厂、贵阳东北环线相连接;出立交后,路线基本上与老路平行(位于老路右侧);到达沙子哨镇时,利用集镇和盐沙线间的开阔菜地,在 K20+641 处设置沙子哨互通立交;路线进入修文县境后,在扎佐煤校附近(K36+761)处设置扎佐互通立交,连接黔川公路和修文至扎佐公路;过立交后,路线经 300m 渐变段由一级汽车专用公路渐变成二级汽车专用公路;路线前行至久长 K44+836 处,设置久长互通立交,连接修文、开阳公路;路线进入息烽县境后,在 K50+782 处修建黎安隧道(长 95m);路线进入阳郎坝农田丰产区,为少占良田好土,减少水患,采用桥梁跨越通过(阳郎坝Ⅰ号桥 K61+289,13-16m 板桥;阳郎坝Ⅱ号桥 K61+750,29-16.0m 板桥);路线行至 K65+563.3 处设置息烽互通式立交连接息烽县城;过立交后,在 K68+574.9 处修建息烽大桥(1-80.0m 箱拱),以跨越深沟;路线经过三田乡时,在三田街道背后沿山前行,两次上跨黔川公路;在 K73+550.8 处,为避免大挖方,修建三田隧道(长 145m);路线前行至 K78+061 处,建大干沟大桥(1-100m 箱拱);跨越大干沟后在小寨坝 K82+133 处,设置小寨坝互通式立交;路线进入遵义县境内,在乌江大桥南岸附近 K99+552 处设置乌江互通式立交;出立交后,为跨越乌江,在 K99+866 处修建一主跨 288m、两边孔各 62m、全长 461m 的预应力钢纤维混凝土吊拉组合索桥;过乌江大桥后,在乌江大桥北岸 K100+192 处修建乌江隧道(长195m),做到桥隧相连;随后进入全线地形条件最差、地质条件较为复杂的路段,尤其是乌江至后山高差相对集中,山嘴和山坳相连,多为鸡爪地形,横坡陡峻,经几次方案优化,决定在塘石堪、徐家湾、金刚堂等几处工程量大、横坡陡、边坡和挡墙难以稳定的地段,采用大桥方案跨越;在公鸡岭 K102+232 处,根据该处地形、地质条件,修建公鸡岭短隧道(长75m),将塘石堰大桥和徐家湾大桥连接起来;路线前行至 K116+817.5 处,为解决阁老坝火车站、新站车流集散问题,设置新站互通立交,在 K128+619.5 处,路线上跨南白镇火车站支线公路时,于该处设置南白镇互通式立体交叉,集散南白镇车流;随后以高路堤方式通过遵义市农科所凹地(K133+550),并设置马家湾互通式立交,用联络线与原黔川公路接线于黄泥堡,以集散马家湾、仁怀方向车流;出立交后,路线继续前行至忠庄铺(K140+

935.5），设置忠庄铺互通式立交；出立交后紧接遵义市东联络线至贵遵公路终点遵义市航天汽车城北面的鱼牙坝。

（6）沿线主要地形地貌

贵遵公路穿越地段系以岩溶发育地貌为特征的山岭重丘区，多为二迭系、三迭系层状石灰岩、白云岩、白云质石灰岩和页岩，其次是侏罗系砂岩、粉砂岩、长石砂岩和石英砂岩。地形是峰峦叠嶂，多坎坷起伏、沟谷交错且密布的中等切割中低山丘，地下水零星出露，并大多为基岩裂隙水。

（7）主要构造物

全线完成主要工程数量为：路基土石方 1749 万 m^3（其中路基土方 634 万 m^3，路基石方 1115 万 m^3）；防护工程 129.89 万 m^3；水泥混凝土路面 25.4 万 m^2，沥青混凝土路面 214.3 万 m^2；隧道 606m/5 座；大桥、特大桥 4123.7m/18 座；中桥 1434.52m/30 座；小桥 1931.88m/74 座；涵洞 17014.66m/763 道；互通式立交 11 处；分离式立交 19 处；通道 231 道；服务区 3 处；收费站 12 处（主线 2 处，匝道 10 处）。

2. 建设情况

（1）立项审批

贵遵公路的改造已成当务之急，然而当时贵黄公路、马合公路、大纳公路、贵阳西南环线、贵花大道、贵阳东出口公路等一批重点公路建设项目先后上马，这些公路的配套资金的筹措已使经济落后的贵州财政十分吃紧。主管贵州公路交通的杨守岳、邓时恩，开始力争国家计委、交通部的资金支持。一方面，省计委、省交通厅 1988 年 10 月 26 日以黔计工字〔1988〕460 号文《关于报送国道 210 贵阳至遵义段改建项目建议书的报告》上报国家计委、交通部；1989 年 7 月 11 日，遵照交通部的要求，又以黔交计字〔1989〕38 号文《关于报送国道 210 线贵阳至遵义段改建项目建议书（修改稿）的报告》上报修改后的建议书，并附上该项目的工程可行性研究报告，要求拟新建一条汽车专用公路。

1989 年 10 月 28 日，交通部以〔1989〕交计字 608 号文《关于贵阳—遵义公路项目建议书的批复》批准项目建议书，同意新建贵阳至遵义汽车专用公路，原有老路留作辅道，但要求重新编制工程可行性研究报告和设计任务书。此间，1989 年 12 月 11 日，省交勘院年轻的助理工程师马利平在执行乌江大桥桥位地质钻探准备工作任务时，为抢救国家财产，光荣牺牲（1990 年 12 月 6 日，省人民政府批准马利平为革命烈士），他用年轻的生命给人们留下了一份宝贵的精神财富，激励建设者们奋发进取。

根据交通部指示，省交通厅于 1989 年 12 月 26 日主持召开会议，确定由省交勘院重新编制工程可行性研究报告。交勘院进一步收集、充实有关资料，并在原贵遵公路上布设 16 个点，进行了连续 3 天的机动车起讫点 OD 调查，并利用计算机辅助设计，测算远景交通量，进行工程内业计算、绘图、投资估算、经济分析论证等工作。于 1990 年 3 月，重新编制了工程可行性研究报告,并在此基础上,编写了设计任务书。3月28日,省计委、省交通厅以黔交计字〔1990〕18号文《关于报送贵阳至遵义公路设计计划任务书的函》,将设计任务书和重新编制的工程可行性研究报告上报国家计委和交通部。

1990年8月,交通部公路规划设计院派员到贵州对贵遵公路建设项目进行现场考察。同年10月,省交通厅、省交勘院派员赴京与中国国际工程咨询公司、交通部公路规划设计院等单位的专家,就贵遵公路工程可行性研究报告中的问题进行座谈。根据专家的意见和建议,贵州提出了《贵阳至遵义汽车专用公路工程可行性研究报告补充报告》。同年11月,中国国际工程咨询公司专家组详细查阅了各类有关资料,听取了省交通厅和贵阳市、安顺地区、遵义地区的情况介绍,并顶寒风冒细雨,到工程沿线的重点地段进行调查研究,统计车流量,并结合贵州经济发展情况及远景反复论证后认为,修建贵遵公路,对改善沿线地区的经济开发与发展,改善投资环境,在政治、经济和国防上,都具有极其重要的作用。贵遵公路工程可行性通过评估。

1991年7月13日,国家计划委员会以计交通〔1991〕1086号《关于贵阳至遵义公路设计任务书的批复》批准了设计任务书,同意按预测交通量大小的不同要求,建设贵遵公路。同年,交通部以交工字〔1991〕803号《关于贵阳至遵义公路初步设计的批复》批准了初步设计,投资概算为7.64亿元。

（2）勘察、设计

1989年6月,初步设计任务交由省交勘院承担。初步设计测设外业工作于1989年9月20日结束,共完成正线测设158.01km(其中一级路段60.51km,二级路段97.50km),辅线、联络线、支线32km,比较线30.67km。同月25日,正式报请外业测设验收。10月下旬,省建设厅、省交通厅会同有关单位,对外业测设进行验收。验收工作由邓时恩主持,来自36个部门和单位的专家、技术人员、领导干部,进行了充分论证和评议,认为外业勘测质量优良,一致同意通过验收,并希望在内业设计中进一步优化设计。施工图勘测设计工作遵照交通部交工字〔1991〕803号文、省交通厅黔交计〔1991〕120号文《贵阳至遵义汽车专用公路有关方案审查会议纪要》的要求,采取多家进场、平行作业的方式,由重工办以签订《公路工程勘测设计合同》的形式委托省交勘院等单位分段同时进行。《公路工程勘测设计合同》规定,贵遵公路采用两阶段施工图勘察设计程序。

各测设单位于1991年底开始先后陆续进场执行分段勘测任务。在定测过程中,各测设队采用计算机对路线的平、纵、横进行优化设计,通过自检、互检,对工程不合理路段均作了改线,交勘院总工程师和各专业工程师先后多次到现场对测设工作进行中间检查,发现不符合规范的路段和不合理的工程设计均责成各测设队作改线和修改。各测设队完成各段外业测设任务后均由省交通厅、省指组成的验收委员会进行审查、验收。对路线方案和重点工程设计做了现场检查,并形成了分段验收会议纪要,认为全线路线走向正确,布线合理,掌握技术标准适当,互通式立交的位置和选型、路线交叉和沿线设施的布局合理,测设质量较好,同意验收并转入内业设计。1992年年底,完成全线施工图设计的内、外业工作,共计完成主线155.52km(其中贵阳至忠庄铺段长140.94km,遵义市东联络线长14.58km),其中一级公路50.37km,二级公路105.15km。新线比老线缩短9.21km。

在整个全线测设过程中,路线的总体设计原则是:在满足山岭重丘区一、二级公路技术标准的前提下,针对山区地形特点,从沿线实际地形、自然条件、地质条件出发,根据初步设计的总体布局,着眼于现在,考虑未来,在不增加较大工程量的条件下,使用较高的标准;在平面线形设计上,针对不同的地形条件,结合各种曲线特点,对平面线形进行合理组合,尽量顺应地形变化的趋势,并力求做到沿线土地利用合理,少搬迁;避免不适当的人为切割,使线形与周围景观和谐一致,连续舒顺,达到视觉效果良好的要求,并具有较强的三维空间感观;在纵断面线形设计方面,在考虑平面地形、路线交叉、分离式立交、大桥、隧道、沿线设施及填挖土石方平衡的基础上进行主体设计,使平、纵、横都达到有机统一。

贵遵公路的设计指导思想除沿用贵黄公路路线设计的理念外,还进一步强化环境意识,注重环境与经济、社会的协调,充分体现公路现代化水平,发展路文化和桥文化,重视保护森林资源。故在路线设计方面,采取"平行布线,双线并进"的方式,尽量将老路留作辅道,另辟新路专供汽车通行,以分解混合交通;路线经过城镇时,采取"近而不进,远而不离"的原则并用动态观点来布设线位。设计中针对地质地形复杂的情况,不断深化设计,加强科技攻关。施工期间,坚持派设计代表赴现场进行后期服务,满足了工程实施要求。设计采用的主跨288m预应力钢纤维混凝土斜拉悬吊组合体系桥型的乌江大桥和预应力混凝土桁式组合拱桥,为我国大跨径桥梁和组合体系桥型发展做出了积极探索。

因全线地质条件复杂、地下水位高、沟壑纵横,特别是在K11后整个地形为深沟且多处分割,K13~18段石料缺乏、施工难度大,故按交通部对初步设计的批复,贵阳境内三桥至沙子哨按山岭重丘区一级汽车专用公路设计,其余为二级公路,路基宽为11m。在建设中,为适应贵遵公路列为大西南出海通道的技术要求,1994年4月7日,省交通厅以黔交计〔1994〕24号文《关于贵阳至遵义公路部分路段变更设计的报告》上报省计委,省计委于1994年5月23日以黔计建字〔1994〕331号文《关于同意贵阳至遵义公路部分路段变更设计的批复》同意省交通厅建议,将一级汽车专用公路由沙子哨延伸至扎佐;扎佐镇至遵义南北镇为二级汽车专用公路,路基宽度由11m改为12m。最终,一级公路设计速度60km/h,路基宽度21.5m,路面宽度19m,最小平曲线半径340m,最大纵坡5.8%(竣工时为3.2%);二级公路设计速度40km/h,路基宽度12m,路面宽度11.2m,最小平曲线半径100m,最大纵坡6.0%,隧道净宽10.5m,净高5m;全线设计荷载为汽车—超20级,挂车—120。除在主线上的阳关、忠庄铺两地分别设收费站外,在沙坡、沙文、扎佐、久长、息烽、小寨坝、乌江、新站、南白、马家湾设互通式立交与区域路网道路相连接,并在匝道上设置收费站 11 处。全线有较完善的交通安全设施和收费管理房屋。

贵遵公路的项目前期工作经过不断调整,历时近 4 年才全部结束。但其规模、标准、投资等,都比贵黄公路上了一个台阶。

(3)施工、监理

贵遵公路的建设由贵州高速公路开发总公司组织实施。建设组织方面,在省交通厅领导下,贵州高速公路开发总公司负责公路的建设和经营管理。根据黔府〔1991〕53 号文,将贵遵公路按路线经过的原行政辖区分为三段,分别由贵阳市、安顺地区、遵义地区指挥部进行项目管理。各级指挥部代表同级政府对国家计划全面负责。按属地范围由地、市政府向省交通厅签订负责建设的责任书,建设工程由地、市政府负责。贵州高速公路开发总公司与地、市分指挥部签订承建合同,按合同拨付工程款并对计划、技术、质量、进度等实施监督,工程由分指挥部属地招标(贵州高速公路开发总公司工程部参加确认)。

工程管理方面,贵州高速公路开发总公司根据国家批准的设计编制施工图预算,与地州、市指挥部实行投资包干责任制,并以经济合同方式固定双方关系,如贵遵公路遵义段 91km 修建任务,地区行署专员亲临省城签订责任书。地、市指挥部为直接实施单位。地、市指挥部以签订的承包合同为依据,全面负责贵遵公路的土地征拨、拆迁补偿、生产准备、招投(议)标发包、组织施工、中间检查、竣工交验。地、市指挥部、省高管局直接负责招标,择标优选施工单位,在包投资、包质量、包材料消耗、包工期、包安全"五包"条件下,与施工单位签订工程合同,具体实施工程建设。贵遵公路所有的站点建设由贵州高速公路开发总公司安排计划,由省高管局全面负责,并根据国家基本建设有关规定及贵州高速公路开发总公司编制的计划组织实施。

1992 年春节过后,省交通厅与贵阳市政府签订了贵遵公路贵阳段的承包责任书,贵阳市开始进行贵阳段动工前的征地拆迁工作。5 月 13 日,杨守岳与安顺行署副专员曹新忠签订了贵遵公路安顺段的承包责任书,安顺地区开始进行安顺段动工前的征地拆迁工作。5 月 21 日,在贵阳红枫湖风景区,杨守岳同遵义行署专员申诚签订了贵遵路遵义段的承包责任书,并商议组建遵义分指的准备工作。

签订施工合同后,各施工单位便积极投入了施工前的准备工作。一是组织技术人员、内部质监人员学习技术规范,会审施工图纸,补充、修订实施性施工设计,结合工程特点制定补充工艺操作规程,做好技术交底。二是安排质检及试验人员做好施工前的基础土工试验、材料的力学试验、配合比试验等工作。三是各项目经理部根据其合同段内的施工特点,积极组织机具设备及劳动力进场,对所有机具设备进行施工前的检查与维修,并根据进场人员的技能和特点对劳动力进行合理的组合,做好材料的计划、采购、供应、试验及检测工作。四是制定各种规章制度,同时先后组织技术干部赴广西柳桂公路、广东深汕公路、云南楚大公路等地参观学习,以提高各级施工管理者的业务素质和管理水平;另一方面,请重庆交通学院的老师举办两期项目经理学习班、试验人员培训班等。五是在对设计图有较深刻理解和对现场情况比较了解的基础上确定施工方案,并根据合同工期的要求,编制施工组织计划和施工组织设计,进行水电安装,搭设临时设施,布置场地,修整施工便道及便桥,配合征地拆迁部门做好征拆工作。六是配合贵州高速公路开发总公司、指挥部及设计单位做好设计复查、修改、变更工作。组织技术人员对现场进行复测并勘定路界,通过复测认真检查设计单位所提供的测设基点(导线点、水准点)是否闭合;现场工程数量与设计数量是否吻合;土石成分比例是否合理。对与设计有出入的及时提出以便及时更正,同时对一些设置不合理的构造物(如涵洞进出口、涵洞设置的位置、高程等)及时提出变更,使设计更加优化、经济、合理,路线标准提高。安顺境柳核段设计时间较早,二级公路设计行车速度40km/h,已难以适应贵遵公路担负西南出海通道功能的需要,实施中确定行车速度应达到60km/h,因此,本段改线10.6km,从而将路线纵坡降至5%以下,最小平曲线半径提高至250m以上,从而增强了本段使用功能,并避免与铁路、水利干扰。遵义境乌江至三合段全线地形最差,地质最复杂,路线经过地段多处为悬岩、峭壁,路线展线极为困难,原初步设计路线基本上沿坡谷顺沟布线,标准较低,特别是路线起点接乌江隧道出口,从K100+325至干田尾K104+000约4km路段,由于地形所限,前1.2km不能充分展线;从白家坝至干田尾,又受高压电杆控制,相对高差130.49m,路线长2.56km,平均纵坡5.1%;干田尾至田脚坝相对高差180.73m,路线长为3.63km,平均纵坡5%。为适应今后大交通量的需求,经与测设单位共同分析比选,并多次优化测设,将塘石堰、徐家湾、金刚堂、干田尾等处工程量大、横坡陡、边坡和挡墙难以稳定,占用大片农田,村寨入口比较稠密的地段,改用大桥方案。在公鸡岭处,施工中由于右侧为陡崖和高压电杆,左侧为陡坡,拉槽通过工程量大,工期要求紧,根据实地情况改用隧道通过公鸡岭,把塘石堰大桥及徐家湾大桥连接起来,并将大桥的桥面纵坡设计为4.8%,大桥设计为3孔等截面单箱四室不对称箱形拱单坡桥,以便与公路顺接,此桥成为当时贵州桥面纵坡最大的一座箱形拱不对称拱桥。另外,参与施工图设计方案的比选,如在核桃菁至养龙槽间,经对初步设计复查后改移了核桃菁村的青山沟至王家槽段、叶家沟村寨前的十字路口至马场坝段、大土至养龙槽段三段,改线共缩短里程217m,减少土方2.2万m^3,减少石方5.43万m^3,减少挡墙2.58万m^3,减少桥梁90m。再加上线路取消的弯道缩短里程213.19m,共计缩短里程484.19m、排水沟750m,减少辅道500多米,用当时的单价计算,为国家节约建设资金1000多万元。据贵州高速公路开发总公司1995年的不完全统计,贵遵公路对设计进行复查并实行优化、比选、完善、变更过的有18项,计节余投资4320余万元。

进入施工阶段后,由于贵遵公路穿越地段系以岩溶发育地貌为特征的山岭重丘区,多为二迭系、三迭系层状石灰岩、白云岩、白云质石灰岩和页岩,其次是侏罗系砂岩、粉砂岩、长石砂岩和石英砂岩,地形是峰峦叠嶂、多坎坷起伏、沟谷交错且密布的中等切割中低山丘,地下水零星出露,并大多为基岩裂隙水,施工难度很大。面对种种困难,各施工单位采取了一系列措施,根据现场发生的各种情况,及时调整施工组织计划,对关键地段及工程量较集中地地段,采取集中优势兵力打歼灭战的战术;在施工手段上,采用现代化施工机械,各施工单位先后购置和引进了大量的达到当时国内外先进水平的现代化施工机具,如日本小松 D85 推土机和 PC220 挖掘机,俄罗斯 T170 推土机,中国徐州工程机械厂生产的 CA25 振动压路机,中国天工 PY180、PY160 型平地机,中国泉州筑路机械厂生产的 WCB200 稳定土拌和设备,中国柳州工程机械厂生产的 40L 装载机等,运输车辆主要购进大吨位的、捷克生产的太脱拉和中国东风汽车公司生产的康明斯自卸车等,对保证工程质量和加快工程进度起到了十分明显的作用。

根据贵州高速公路开发总公司的统一安排,省公路工程公司从贵阳由南向北推进,省桥梁工程公司从遵义由北向南推进,双方在乌江大桥汇合。但由于资金到位不正常,全线路基工程不得不以三期来进行,第三期工程至1995年年底才开始动工,路面工程的施工任务到1995年底才陆续下达,建设进度缓慢。1996年,路基路面工程进度明显加快。为了保证总的目标工期的实现,贵州高速公路开发总公司下达了阶段性的目标工期,时间紧任务重。面对重重困难,参战的各施工单位没有畏缩,他们认真落实施工组织部署,突出重点,以争取工期,加快进度,特别是对重点工程、关键工程的施工安排,则根据总工期的要求,提前进场,留有余地。

如忠庄立体交叉工程,位于贵遵公路与国道 210 线和遵义市海尔大道的交汇处,是进入遵义市的南大门,它由 3 个互为独立而又巧妙连成一体的喇叭形立体交叉组成,共有桥梁 4 座 319m,匝道 11 条总长 2.9km,占地 61040m²,是贵州当时规模最大的公路全互通式立体交叉工程。由于该立交项目平纵线型复杂,施工测量相当困难,结构设计形式新颖,工艺要求高,工程量大且集中,施工单位专门成立了项目经理部,统一协调指挥,贵州高速公路开发总公司协助施工单位采取了相应的措施——成立专门的测量放样小组,采用全站仪对施工放样及施工过程时行全方位、全过程的监测,以确保各结构位置及几何尺寸、高程等的准确无误;组织所有技术人员认真审核领会设计总图,尤其是桥梁的施工方案、工艺流程等,拟出一套可操作施工方案,对一些新的工艺,先找到设计人员和专家进行咨询,从而确定正确的施工工艺及方法;此外,面对如此庞大而复杂的工程,还利用计算机,开发了《忠庄立交工程中桩—边桩坐标表》《忠庄立交工程时标网络计划》《JT 071—94 附导 A、B、C、D、E、F、G、H 统一应用程序》《忠庄立交分项、分部、单位项目等检评计算机辅助系统》等,将项目的资料管理及工程质量自检评估纳入了规范化的管理程序并使之正规化,取得了较好的效果,获得交通部质量大检查组的肯定。

另外,施工中发现一些在测设阶段无法摸清的地质情况,施工单位同业主、设计单位、监理单位、监督单位一起,进行局部变更施工。柳核段地形复杂,地基承载力低,路基高填深挖段甚多,中心填挖高度超过 12m 地段为 13.62km,占施工里程 23%,对于填方地段,原设计为减少填方和占用耕地,普遍增设石砌挡土墙,致使全段有高度 8m 以上挡墙 116 处,总长 18330m,其中高度在 12m 以上挡墙有 24 处,总长 3233m。这些高挡墙结构质量大,为保证路基和挡墙稳定,结合实际,或改设桥梁,或改变挡墙结构形式,采用砌石、填土外侧反压等措施予以改善和加固。小寨坝互通立交匝 2 线 K0+286~K0+461.21 段路堤挡墙高 18m,变更设计改为弯箱梁桥 175.2m;匝 2 线 K0+507.5~K0+579.12 段,挡墙平均高 22m,改变结构形式为钢筋混凝土拉筋土挡墙。K78+710~K78+759.7 段桥头挡墙高 18m,地基强度低,故将原 1~8m 桥跨增长为 1 孔 30m 部分预应力混凝土梁桥。此外,尚有十余处高挡墙则采用反压加固处理。虽增加了投资,但消除了工程隐患。

贵遵公路共有大桥 18 座 4124m,由省桥梁工程公司和省公路工程公司承建其中省桥梁工程公司承建 13 座。乌江,古往今来一直被人们视为天险,为典型的鸡爪地形,两岸峰峦起伏、地形陡峻、沟壑纵横、绝壁仡立、高差大、荆棘丛生,地质构造复杂,通视条件差,是贵遵公路最艰险的地段,正是在这乌江以北 K99+667.24~K104+430.62 段 4.7km 的狭长地带内,巍然屹立起了乌江、白家坝、塘石堰、公鸡岭、徐家湾、金刚堂和干田尾七座大桥,总长 2011.67m;建起了乌江、公鸡岭两座隧道,总长 270m。桥隧相加占路线总长度的 48%。桥隧群具有工程艰巨、规模恢宏、工期紧、投资大、桥型复杂、科技含量高、技术密集、质量标准高等特点,成为控制贵遵公路全线开通的关键性咽喉工程。七桥二隧的桥隧群工程均由省桥梁工程公司承建,1995 年 3 月陆续动工。

乌江桥隧群进入到施工放样测量控制时,省桥梁工程公司针对该路段特殊的地形地貌条件,考虑到大桥群结构复杂,为坡、弯、高桥型,桩基、墩、台、承台、肋板梁和连系梁等数量众多,认为沿用普通测量手段极难达到大桥群各部结构平面及高程精度要求,最终采用先进的红外线全站仪进行施测,使大桥建立了完善的水准点高程系统,建立了大地坐标系统,固定了观测站点。施工全过程实行专人负责,自始至终确保了大桥各部结构高精度定位。

由于乌江大桥群均为组合跨径大桥,基础众多,基坑开挖工作量浩大,桥台、桥墩、拱座、承台、桩基总数达 140 多个,特别是塘石堰大桥,既要扩大桥台、墩台基础,又要因中间两墩台地基软土较深而增设群桩基础 18 根,桩总长达 463m。大桥通过的古滑坡地带,山体极度风化,极易崩塌,坡积层厚达数十米。挖基伊始,适逢雨季,暴雨肆虐,山洪挟泥石汹涌直下,堵塞填平基坑,形成水塘。受水浸泡,坑壁大面积坍塌,清了又淤,淤了又清,反复拉锯,施工进行得异常艰难,严重阻滞了工程进度。此外,基础设计与实际地质构造差异较大,大桥群基坑不仅个个超深,还普遍遭遇裂隙、溶洞、漏斗、泥槽、软土、陡岩等工程地质病害,尤其是公鸡岭大桥,要利用人工挖孔桩,孔深达 37.5m,远远突破了规范 15m 限制的禁区。对此,省桥梁工程公司采取了在原地面减载以降低孔深,孔深 15m 处以上设混凝土护壁，15m以下设钢筋混凝土护壁，利用空压机向孔底通风、送氧并排烟，加强灯光照明，孔口上方搭设防雨篷，孔口周围挖环形隔水沟，卷扬机提升出渣等措施，桩孔开挖昼夜三班连续作业，技术、安全人员坚守岗位，加强安全预防指导，加快了成孔速度，确保了安全生产。大桥群共计挖直径1.3~2.0m深孔108个，总长1822m，无一安全事故。大桥墩、桥台工程除浆砌料石轻型墩台外，其余无论是双排圆柱式墩、台或者重力式U形墩台，通体都是混凝土、钢筋混凝土结构，均要架搭支架、安设钢筋、立模浇注混凝土，工作量浩大，省桥梁工程公司组织大量塔吊、卷扬机、搅拌机、混凝土输送泵等设备，精心组织，日夜浇筑，长期保持了大体积混凝土高强度连续作业的节奏。施工中广泛采用高强度等级混凝土、水下混凝土、早强混凝土等新型混凝土，并对构成混凝土质量的每一要素——砂、碎石、水泥、水灰比、钢筋制作、模板、混凝土搅拌、浇筑振捣、养生全过程加强检测，按照提样频率取样试验分析、取舍，加工浇筑，进行成品验收。另外，浇筑拱座前，反复检查核对预埋件位置，严格控制中轴线和平面相对位置的准确性，确保上部构件能准确落位。这些大桥设计桥型复杂，有无黏结部分预应力混凝土箱形空心板桥、整体式弯坡梁桥、钢筋混凝土箱形拱桥、多跨径深桩高柱梁桥、桁式组合拱桥及预应力钢纤维混凝土吊拉组合索桥，其跨径、桩、柱、承台、连系梁、拱圈梁板、索塔等种类繁多，几何尺寸形状各异。乌江大桥为预应力钢纤维混凝土吊拉组合索桥；干田尾大桥为预应力混凝土桁式组合拱桥，由48段大型桁片及上下弦板、桥面的500多件预制件连接而成，上千个接缝，对预制精度要求极高；塘石堰大桥为2孔75m加1孔68m的三跨不对称箱形坡拱桥，桥面纵坡达4.8%；为适应陡坡、急弯和边坡倾斜的地形，白家坝、公鸡岭、徐家湾、金刚堂4座大桥采用了跨径20m的多孔无黏结部分预应力混凝土空心板桥型，大桥的下部结构多采用大直径的钢筋混凝土桩基和高柱桥墩，桥墩最高的有45m。这些大桥的上部结构无论是预制件或现浇混凝土件，都做到结构尺寸准确，外观平整光滑，棱角分明，线条顺直流畅。在架设安装时，因地制宜地选择施工方法，除满堂拱就地浇筑外，一般都采用预制安装，结合设备条件、安全、工期、质量，选择塔吊、人工扒杆安装，采用支架吊装和索道安装法施工。桥隧群中的乌江大桥，是贵遵公路上最大的一座公路桥梁和控制工程。

1997年12月，桥隧群全部竣工，为贵遵公路全线贯通赢得了宝贵时间。

交通安全设施工程是贵遵公路建设的最后一道工序，主要施工项目有路侧波形梁护栏、路外(钢板网及刺铁丝型)隔离栅、交通标志、交通标线、视线诱导设施等。由省交通工程有限公司施工，省高管局质检科进行监理，省质监站进行监督。工程于1995年5月开工，按照分期分段建成开通的安排进行施工，1997年12月全线竣工通车，历时两年零七个月。投资决算为1.08亿元。

贵遵公路从开建起，始终把质量监理工作放在首位，建立了政府监督、工程监理和企业自检的质量保证体系。省质监站进行政府监督，贵州高速公路开发总公司等单位共同对工程质量进行监理。

贵遵公路是贵州省第一次正式接受政府监督的省内重点项目。省质监站于1993年10月,分为三个监督组进驻贵遵公路贵阳、安顺、遵义重点公路工程建设指挥部,派出监督工程师常驻工地,执行项目监督任务,行使政府对工程质量的监督权。监督工作的主要任务是确保工程质量,在建设项目实施中把好"三关",坚持"监、帮、促"的原则,严格按照设计文件、施工合同、工程技术规范及工程质量检验评定标准监督检测工程质量。

省质监站进场后的第一件事是大力宣传"政府监督、社会监理、企业自检"三级质量保证体系,把建设单位、监理单位、施工单位动员起来,全方位、全过程参与质量管理工作。在此基础上,监督人员根据各工程段特点和工程实施过程中不同阶段的重点制定了工作计划,抓主要环节,抓关键部位,如对扎佐软土地基的处理、K70+500乌当田明洞的压实、K67+950大坪方的清除,均加大巡查密度。乌江北岸的白家坝、塘石堰、公鸡岭、金刚堂、干田尾几座大桥地质情况复杂,工期紧,施工难度大,质量监督人员就要求增大每座大桥的监理力度,重要工序的施工监理人员必须旁站检查。各监督组又协调工作,如对验收评定的检测项目、计算方法及抽检频率,做到统一标准,使全线工程有很好的可比性。同时加强质量监督人员自身思想素质、业务素质、技术素质的提高。

监理监督方面,作为三级管理体系中处于龙头地位的政府监督代表省质监站,对监理规章制度、工作方法、人员落实、技术人员上岗、检测设备、监理程序等进行检查。强调监理工作要及时发现问题,对可能出现的问题及早通知承包人,防患于未然,尽量减少损失,体现监帮结合的原则。督促监理人员对工程质量进行抽检,并建议指挥部给监理配备核子密度仪、回弹仪、三米直尺等常规检测仪器,以便更好地控制工程质量。定期和不定期抽查监理日志,检查监理人员对工程质量的控制情况。

质量控制方面,遇到与规范要求不符合的技术指标,如扎佐用作填方材料的高含水率土的含水率与当时规范不超过43%的要求出入较大,就及时提出意见并与建设方商量,最后形成统一的认识,消除安全隐患。此外,为监理人员的培训提供支持,做到监理人员全部经过了交通部监理工程师培训,并持有专项监理工程师证。在新的验收标准颁布实施时,主动组织监理人员共同学习、讨论、统一认识,认真执行。对有效控制工程质量的监理方法,则加以宣传和推行。

施工监督方面,省质监站在监督检查监理工作的同时,对施工企业内部质量管理的监督也同步进行。一方面检查施工企业是否有专职的质量检查人员、检测设备、实验设备和操作规程,另一方面对质检人员的工作方法和有无完整的质量控制措施、质检人员能否尽职尽责、能否常到现场指导生产等进行检查。他们一直把建设工程的中间质量检查作为监督方和建设方对在建工程进行质量控制的重要手段,检查中以各标段为单位,按照一定的频率抽查测定,统计出工程得分,各标段对号入座,该返工的返工,该完善的完善,通报质量低劣的单位,好的则加以宣传和肯定,这对提高施工单位的质量意识,改善施工质量起到了很好的作用,同时也减少了建成后再检测、再评定、再返工的被动做法。他们把加强工地现场巡视作为监督人员日常对工程质量进行控制的方式,以工地为现场,发现问题及时制止,尽量将工程质量事故消灭在萌芽状态。检查出不合格的原材料不准进场和使用,不符合施工规范的工艺坚决制止,不符合要求的工程该返工的坚决返工。在检查中发现的问题,都以书面的形式填发《公路工程质量检查意见通知书》,要求施工单位及时整改,并将处理结果返回监督人员。他们加强内业资料检查,要求施工单位对原始资料进行收集、整理,且达到抽检频率。省质监站在强调进度时,要求在保证质量的前提下加快进度,达成质量与进度的良好统一。在工程基本完工后,监督人员参加建设单位进行的自查和评定,坚持原则,秉公办事,实事求是,准确、客观地反映工程质量情况,维护工程质量监督工作的严肃性、科学性和公正性。整个监督过程中,省质监站尤其重视对重大工程质量问题的监督。加强对质量事故的调查工作,做到主动监督,如 K81+200 挡墙的垮坍、K87+500 高挡墙的裂缝和爆肚、K104+500~600 及 K105+680~750 高填方的沉陷等,监督人员就迅速赶赴现场,对其发生的原因、经过、处理意见均做详细调查,督促施工单位填写质量事故报告单,最后由监督人员写出调查报告报站存档。在问题解决后,还坚持对处理工程进行跟踪监督。

贵遵公路监理工作为三级管理,省重点公路工程监理工程师办公室负责工程项目的质量、投资、进度的监督控制,以及项目实施过程中重大问题的决策、协调和仲裁,其任命的监理工程师有职、有权、有责,他们在财务拨款、工程管理、工程质量、工程进度、修改完善设计、解决工程纠纷、监督项目的实施等方面,向业主全面负责。全线路基工程由总监办按贵阳、安顺、遵义三个地、市,派设了三个驻地监理办公,分别具体负责各辖境段内的工程质量、造价、进度等工作。各监理办又根据施工标段及工程量大小对各施工标段分别派设若干驻地监理组,负责施工标段的质量监理以及工程、材料和隐蔽工程计量、检查评定和签认,监理组人员实行分段负责,承担工程现场监理和质量检测任务。各标段施工单位按合同要求配备了专职监理自检人员,直接负责现场自检任务。全线路面工程以合同方式委托贵州省交通建设咨询监理有限公司负责监理,实施社会监理模式。

贵遵公路监理人员共 86 人,其中教授级高工 4 人,高级工程师 13 人,工程师 39 人,助理工程师 24 人,工程师以上技术人员均具有 15 年以上的设计或施工经验,助工也具有 8 年以上的实际工作资历,所有监理人员均参加过交通部委办的公路工程监理工程师培训班,获有交通部或省质监站颁发的监理工程师监理岗位资格证书,并多数参加过贵黄公路的质量监理工作,人员素质较好,责任心较强。

施工单位进场后,监理工程师及时到位,对合同的履行和管理进行监督。要求施工单位建立质量保证体系,制定质量管理制度,完善自检程序。并严格执行监理制度,坚持做到开工准备不足的项目不开工;未经会审批准不得变更设计,未经检验的材料不得使用。

贵州高速公路开发总公司授予监理工程师以技术上的核定权,组织协调的主持权,材料、设备和工程计量、工程进度、工程款支付的确认和否决权。施工中,未经监理工程师签字确认,不得进行下道工序,不承认工程量,财务拒付工程款,达到有效控制工程质量和进度的目的。贵州高速公路开发总公司还要求企业项目负责人常驻工地,亲自组织、亲自管理,从而增强了企业内部的凝聚力和战斗力,保证了施工技术问题及时得到解决,新方案及时得到落实,必要的施工设备及时到位,工程进度随时得到控制。

在工程施工监理中,坚持现场跟踪监理,采用巡察、旁站、工地抽检、试验以及定期质量大检查,抓好工程中间检查评定等措施,及时发现和处理质量问题,对施工单位在质量或进度上出现的问题,区别情况采取对策,切实做到对施工全过程的监理和监督。

贵遵公路以省质监站的试验室为中心试验室,还指定省交通建设工程检测中心试验室、中建四局科研所中心试验室和省建材科研所试验室承担部分试验工作。各监理处都设有试验室,进行抽检测试工作。同时在沙子哨、柳丝屯、修文、三田、忠庄铺设置了工地试验室,配备了多台核子密度仪、中子含水量测量仪、全站仪等检测设备,根据施工进度要求,现场进行检测,严格控制工程质量。对竣工、检查评定、监理、检查记录、施工原始记录、试验、检测等7类104张表格进行了统一汇编并统一颁发执行。

监理单位还结合贵遵公路所经地带多为槽谷地形、低中山丘、溶蚀残丘地带、地下水零星出露、大多为基岩裂隙水的实际,始终把监理工作的重点放在填方质量和施工质量控制上,严格按"三分层"施工。监理单位把乌江北岸的乌江特大桥及桥隧群作为监理重点,派出10名监理工程师组成乌江驻地监理组,省质监站还派员常驻工地,建立了现场监理工程师、地区指挥部总工、省质监站、省监理工程师办公室、设计单位五方现场办公制度,多方把关,及时研究处治桥梁挖基过程中的地质病害,对变更实际、施工工艺、施工方法等进行全面研究,及时解决施工问题。

工程费用监理方面:一是省、地两级工程、财务部门严格把控合同金额,按每月进度支付工程款,坚持实行五级签认和审批月进度制度[首先由施工单位按规定填报当月完成工程量报表,并同时附上相应检测资料,交现场监理工程师逐桩核实签认,然后驻地监理组长进行资料复查并对主要工程量进行抽查签认,接着合同管理工程师进行工作量计量,高级驻地监理工程师(总工)对质检资料、工作量进行审核签认;最后由主管指挥长终审签认,交财务科报贵州高速公路开发总公司审批下达进度款],做到层层把关,确保了资金既不乱用又能及时到位;二是针对桥梁工程设备购置、备料资金周转量大,前期难以形成实物工作量的特点,除按合同规定预付进场备料款外,还采取特殊变通政策,适当借款以帮助企业解决资金困难,并打破常规将扣回预付、借支款期限推迟到工程尾期,保证了施工高峰期资金充足;三是建立和完善了严密的财务拨款制度,各单位工程分别设立工程台账和财务台账,准确反映该项工程的资金动态,始终置进度和拨款于有效监控之下;四是地指坚持执行变更设计追加程序,及时向上级反映汇报,落实施工方案,丈量、复核、申报各项变更设计,使追加费用及时批复,资金全部到位,对已产生并实施的变更项目,即使企业来不及申报,地指仍按已完成工作量预先支付。

工程进度监理方面,监理工程师督促企业用人员、机械、设备动态登记表作为月进度报表附表,准确掌握进度动态,抓住施工各阶段工作重点和难点,调节施工节奏,及时采取有效措施,强化管理促进度,抢工期。同时,定期组织工地会议,安排企业调整施工组织计划,倒排工期,定期组织进度大检查。当个别工程由于企业内部管理不善而进度迟缓时,监理工程师就帮助企业找原因,促使企业调整领导班子,抽调精兵强将,加大设备和技术力量投入,改进施工管理,采用新工艺、新技术,加快了进度,抢回工期。贵州高速公路开发总公司要求企业项目负责人常驻工地,亲自组织、亲自管理,保证施工技术问题及时得到解决,新方案及时得到落实,必要的施工设备及时到位,工程进度随时得到控制。

贵遵公路在建设施工的同时,执行了环境影响评价制度和环保"三同时"制度。省指编制了环评大纲并于1990年1月8日以黔路建指字[1990]1号文《关于报送"黔川公路贵阳至遵义段汽车专用公路环境影响评价大纲"请予审批的函》报送交通部环保局,交通部环保局于同年10月23日以环监建字[1990]79号文对环评大纲作了批复。省指委托交通部公路科学研究所对贵遵公路建设项目进行环境评价并编制环境影响报告书(以下简称报告书)。交通部公路科学研究所根据交通部环保局批复的评价大纲进行了相关调研,于1991年4月编制了报告书。同年9月10日,省指以黔路建办字[1991]181号文《报请审批"贵阳至遵义汽车专用公路环境影响报告书"的函》上报交通部环保办公室。1992年6月5日,交通部环保办公室就报告书主持召开了预审会,与会专家肯定了报告书内容。随即,交通部环保办公室于同年12月14日以环办字[1992]250号文向国家环保局报送了《关于报送〈黔川线贵阳至遵义段汽车专用公路工程环境影响报告书〉预审意见的函》。1993年7月31日国家环保局以环监[1993]425号文《关于黔川线贵阳至遵义段汽车专用公路工程环境影响报告书审批意见的复函》,对报告书进行了批复,原则同意交通部对报告书的预审意见。

贵遵公路在环保设施建设中,按照报告书及国家环保局对报告书的批复意见进行设计和施工,做了大量工作。一是对平、纵、横的设计进行合理组合,避免不适当的人为切割,尽可能注意土石方平衡,减少松土发生源;理顺排水系统,对边坡实施防护工程处理,设置边沟、排水沟等排水系统20多万米,涵洞994道(含通道涵231道),有效地将水源引入天然沟渠及河流。为稳固填方路基和挖方边坡,设置挡土墙、护脚墙129.9万 m^3,同时对较高的挖方边坡、取土坑等采取方格网浆砌片护坡和护面墙等工程措施,以强化水土保持。二是绿化美化环境,分三期对贵遵公路挖方边坡进行喷播绿化生物防治工程;喷播绿化采用高效水力喷草机将草种、肥料、覆盖材料土壤固着剂、土壤改良剂、色素等均匀混合,靠机械将其高压喷洒在边坡上,喷播面积约32万m^2。在一级公路的中分带上实施了绿化工程,种植了毛叶丁香、小叶女贞、塔柏等乔本植物,既起到防眩板作用,又增加了公路的美感;通道立交、管理站、收费站等也进行绿化美化。三是路面采用中粒式沥青混凝土结构设计,提高了汽车行驶的安全性,降低了噪声,减噪效果好。

贵遵公路全线开通试运行后,1998年12月,按照国家环境保护总局《建设项目环境保护设施竣工验收管理规定》的要求,贵州高速公路开发总公司向国家环保局提出贵遵公路《建设项目环境保护设施竣工验收申请报告》,并委托中国环境监测总站负责工程的环保设施"三同时"竣工验收监测工作。中国环境监测总站组织贵州省环境监测中心站,对贵遵公路工程进行了环保设施竣工验收监测,对公路营运后对周边环境的影响进行了调查和监测,于1999年1月编制了总站环监验字〔1999〕4号文《贵遵汽车专用公路环保设施竣工验收监测方案》,并通过国家环保总局的审查。按照审查后的方案,两单位于同年1月27日开始对贵遵公路两侧的主要环保设施进行现场监测,对公路沿线破坏的生态环境进行检查,对公路沿线有关人员就公路建设态度进行了调查。同年3月,在此基础上编写提交了《贵遵汽车专用公路环境保护设施竣工验收监测报告》,报告对贵遵公路工程环境保护设施的建设给予了较高的评价。

1999年5月29~30日,国家环境保护总局监督管理司分别在贵阳、遵义组织召开了由交通部环保办、省交通厅、中国环境监测总站、交通部公路研究所、省环保局、贵阳市环保局、遵义市环保管理局、省交科所等单位和部门参加的贵遵公路环境保护设施竣工验收会,组成了环保设施竣工验收组,在沿途进行了实地检查。验收组在听取了贵州高速公路开发总公司的汇报和中国环境监测总站介绍监测情况后,经过对资料审查和实地检查,认为贵遵公路建设单位在减少生态环境遭受破坏,加强工程的水土保持作用,景观的恢复、绿化、降低噪声等方面做了大量而有效的工作,监测表明公路沿线测试点环境空气、环境噪声基本达到要求。对贵遵公路的建设,有96.6%的公众持支持态度,对沿线生态环境影响,公众调查满意率为72.3%,有84.1%的公众人为公路建设对其生活环境影响不大。基本符合环境保护设施竣工验收的条件,验收组同意环境保护设施竣工验收。同年8月12日,国家环保总局以环监验〔1999〕29号文对贵遵公路环保设施竣工验收申请报告进行了批复,同意验收。交工验收工作结束后,贵州高速公路开发总公司会同设计、施工、监理单位,对检评组提出的问题逐一加以研究,提出处理意见和方案,并进行了完善施工。一是对个别高路堤路段路基局部下沉的处理。如102km附近,路基位于古河道上,土基软弱,路基不稳,铺筑路面后,由于行车辗压和路基自然沉落,路面出现下沉。针对这些情况,采取了以下措施:为防止靠山一侧地表水石头路堤,在将路堤上游低洼地面填平夯实后,铺上塑料膜,薄膜上再夯填50cm土,使地表水沿排水沟排入涵洞,尽可能避免路堤受大气降水影响;在路堤外侧压水泥浆,增加路堤的稳定性;在路堤外侧坡脚地面加设碎石桩,提高古河道软基土的承载力,并在其上做反压辅道,以增强路堤的稳定;重新铺筑沥青混凝土路面。通过以上处理,在古河道上设置的高路堤基本得到稳定。又如 105km 附近,路堤出现了轻微的沉陷,路面平整度差,且自外向内出现一条斜向裂缝,裂缝较深,为稳定路堤,防止裂缝的发展,采取向裂缝内填压一定数量的水泥浆,后加铺沥青混凝土路面的方法加以处理,效果良好。二是对边坡不稳的处理。有的路段土质情况较差,经雨水浸泡,个别挖方边坡出现坍垮。对此,针对不同情况,采取或放缓边坡,或增设必要的支挡构造物的措施(如67km、98km 挖方边坡)加以处理。此外,还对全线土质挖方边坡进行喷播植草,面积约为 32 万 m^2,稳定了边坡,又美化了环境。三是黎安、三田、乌江、公鸡岭隧道渗水问题的处理。通过认真总结设计和施工的经验,采取了相应的弥补措施,对乌江和公鸡岭隧道拱顶空洞部分进行压水泥浆,使衬砌拱的外缘与山体形成密实的整体,防止和尽可能减少山体水渗入隧道;对几座隧道的进口和隧道的上、左、右三个面做装饰处理,进出口表面用暗红色花岗岩装饰,隧道的三个面全部涂乳胶漆,感观较好。通过处理后,几座隧道的渗水问题基本得到解决。四是桥梁伸缩缝不顺适且局部损坏问题的处理。贵遵公路桥梁伸缩缝按橡胶板设计、施工,通车后,部分伸缩缝出现损坏,且跳车严重。经研究,将桥梁伸缩缝全部改为毛勒伸缩缝,这种伸缩缝与桥面结合好,强度高,克服了橡胶板伸缩缝的弊端。五是对铺筑好的 13km 的局部平整度较差的水泥混凝土路面进行了重新摊铺处理。六是对所有边沟及涵洞的淤泥进行了经常性清理,保证了排水畅通和路容、路貌的整洁。

  2000 年 4 月 12 日,省质监站对处理情况进行了检查,认为符合设计要求。

  贵遵公路工程项目根据国家重点建设项目加强审计监督的规定,由省审计厅进行了两次全面审计。1996 年 3 月 12 日～4 月 26 日,审计厅对贵遵公路建设项目进行了建设中期审计,并以黔审投〔1996〕28 号《关于贵阳至遵义公路建设项目的审计意见》指出:贵遵公路按照建设程序组织建设,项目建设具有较好的地方投资环境,为项目顺利建设创造了条件。各级建设单位经过努力,投资控制取得了一定成效。经测算,贵遵公路建设投资基本上可控制在调整概算的范围内,如加强管理,投资可望略有节余。同时提出,应对各单位工程造价进行严格审查,各单项工程应按计划进行建设,防止概算外项目产生。省交通厅、贵州高速公路开发总公司及施工单位认真采纳了审计建设,积极改善投资管理,对审计提出的问题、意见、建议进行了认真整改,在建设投资管理、概算执行上加强了控制,取得了成效。1999 年 3 月 13 日～5 月 28 日,审计厅对贵遵公路建设项目竣工决算进行了审计,黔审投〔1999〕27 号文《贵州省审计厅对贵阳至遵义公路建设项目竣工决算的审计意见》,表明贵遵公路实际到位资金 17.72 亿元,实际完成建设投资 17.36 亿元,完成投资与调整概算总投资比较,产生投资结余资金 5012.14 万元,与实际到位资金比较,投资结余3511.93万元,其中安顺地区重点公路建设指挥部投资结余734.95万元,遵义地区重点公路建设指挥部投资结余883.41万元,贵州高速公路开发总公司投资结余1893.57万元。审计肯定了贵遵公路建设在中期审计后在工程投资控制上取得的成效。

2001年3月19日,按照交通部的要求,贵州省交通厅将贵遵公路后评价工作下达给贵州高速公路开发总公司。贵州高速公路开发总公司于同年8月委托华杰工程咨询有限公司编制《贵阳至遵义汽车专用公路后评价报告》。华杰工程咨询有限公司在业主、设计、施工、管理等单位及贵阳市、遵义市等有关部门的支持和配合下,于2002年完成了报告编制工作,报告在召开的后评价报告会上,得到了交通部专家的肯定,认为贵遵公路通车以来取得了巨大的社会经济效益。

贵遵公路通车后,贵阳至遵义忠庄铺通车里程比老路缩短了13km,汽车运行成本降低,运行时间大大缩短,大量长途过境车辆出行选择新路,无论是对车主、货主都取得了较好的经济效益。

贵遵公路建成之后取得了显著的社会效益,促进了沿线人流、物流、信息流和资金流的流通和发展,推动了沿线地区对外贸易与改革开放,加快了沿线建设,完善了该区域综合运输体系。同时,作为西南出海通道中重要的一段,凭借其提供的借港出海的重要功能,也极大地促进了中国西南地区经济的发展。贵州省政府确立的以贵阳、遵义为中心,以贵遵公路为轴线的经济开发带已经形成,正在进一步成为贵州省经济建设和发展的发动机和辐射带。根据统计,1978年贵阳市和遵义市生产总值占全省总数的43%,1987年两市经济总量占全省比重已达47.3%,成为全省经济发展的重心,但由于交通条件的制约,到1992年两市经济总量占全省比重已略有下降,为46.22%。在贵遵公路建设过程中,由于工程的实施,带动了沿线建材业的发展,对经济发展的带动作用已经呈现出良好的势头,到项目竣工年1997年底,两市经济总量占全省的比重已升到49.37%,接近全省经济总量的一半。贵遵公路建成通车后,发挥了运输大通道的作用,特别是促进了遵义市经济的发展,两市经济总量占全省的比重达到了45%。

(4) 资金筹措

在交通部批准的初步设计中,审定项目概算总投资76385万元,但建设期间采用新的《公路工程概、预算编制办法》《公路工程概算定额》《公路工程机械台班费用定额》,部分路段设计变更造成工程量增加,建筑材料涨价,政策性调整等,这些因素导致资金缺口较大。省交通厅主要领导前后20多次到交通部反应贵州高等级公路建设资金的困难情况,并以黔交计〔1996〕113号文《关于上报贵遵公路调整概算的报告》上报交通部,取得了部领导的支持。交通部于同年10月以交公路发〔1996〕844号文《关于贵阳至遵义公路调整概算的批复》同意贵遵公路调整概算为17.87亿元。实际到位资金17.72亿元,其中:交通部补助5.57亿元,省交通发展基金拨付7600万元,省能交基金拨付3266万元,交通规费拨付3.63亿元,省退税拨付2157.20万元,招商银行贷款4.71亿元,建设银行贷款2.50亿元。

(5)招标投标

贵遵公路通过招标议标,择优选择施工单位。建设方严格审查投标单位的企业资质、执照等级,施工业绩及信誉,对其投标报价、施工、技术、企业自检、负责人选、施工技术力量、施工组织措施、施工机具进场数量、工期等进行综合评议,杜绝了不合理的低价中标,在同等条件下优先考虑公路专业队伍承建。贵遵公路参建单位见表6-34。

G75兰海高速公路贵阳至遵义段参建单位表　　　　表6-34

通车里程桩号:K0+640~K160+497.74

参建单位	单位名称	起止桩号	主要负责人	备注
项目管理单位	贵州省公路重点工程建设指挥部	全线	宋齐贤	
勘察设计单位	贵州省交通规划勘察设计院	K0+640~K20+600	熊世龙	贵阳至沙子哨
	贵州省交通规划勘察设计院	K20+600~K50+000	熊世龙	沙子哨扎佐
	贵州省交通规划勘察设计院	K50+000~K114+500	熊世龙	扎佐至南白
	贵州省交通规划勘察设计院	K127+712.78~K141+236.68	熊世龙	南白镇至忠庄铺
	贵州省交通规划勘察设计院	K141+236.68~K160+497.74	熊世龙	忠庄铺至檬梓桥
	贵州省交通规划勘察设计院	息烽下快活林互通至三田	曾登发	
	重庆交通学院工程设计所	乌江大桥	高光秀	
	贵州省遵义市建筑设计院	遵义市联络线	席长宁	
	贵州华西岩土工程公司	K102+340~K102+520公鸡岑大桥	左智辉	
	交通部重庆公路勘察设计所	遵义茅草铺段、忠庄铺段	易延相	
	贵州省林业勘察设计院	扎佐至新罗村	雷开迅	
	铁道部隧道工程局勘察设计院	乌江隧道及两端路线	李智伟	
施工单位	贵州省公路工程总公司	路面工程	梁勇	
	贵州省桥梁工程公司	阳朗1号、2号及大干沟大桥	蒋承致	
	贵阳市重点公路工程指挥部	老鸭塘大桥	李光荣	
	遵义地区公路重点工程指挥部	K133+595.52~K140+200	赵福田	
监理单位	贵州交通建设咨询监理有限公司	全线	杨章国	
	贵阳市公路重点工程指挥部	贵阳东出口、贵阳境的公路工程	蒋修	
	安顺地区公路重点工程指挥部	安顺境的公路工程	常宗惠	
	遵义地区公路重点工程指挥部	遵义境的公路工程	雷开迅	
	贵州通力达公路工程咨询监理有限公司	路面工程	姜华	
	贵州省交通学校	黔川公路息烽支线	高志孔	

(6）征地拆迁

一方面，贵遵公路全线征地拆迁工作得到交通部投资补助政策的倾斜，另一方面根据省政府〔1986〕49号文件精神实施。征拆工作得到了沿线单位、群众的大力支持，许多农民在征地拆迁中，宁愿自己吃亏也不占国家便宜、不向国家多要一分钱，积极主动配合政府做好公路用地的征用工作，使贵遵公路建设过程中的土地征用、房屋拆迁、农电农灌的恢复和各种矛盾纠纷的协调等方方面面的基础工作得以圆满完成。遵义县（南白镇）至马家湾6.3km的征地拆迁工作，经地委、行署决定交遵义县办理后，遵义县即向行署签订了该段公路的征拆责任书。为使征拆工作顺利开展，县委、县政府召开了联合办公会，县五大班子成员全部出席，认真研究落实，接着召开县科级和乡级以上干部会传达动员，还召开了党团员会、乡村干部会、村民会、离退休干部座谈会。由于层层宣传落实，该段6.3km的征拆从勘察丈量到拆迁，不仅没有人阻挠，群众还主动配合支持征拆工作。如公路建设要无偿占用遵义地区农业科学研究所耕地91.3亩、果林地20亩、山林3.6亩、鱼塘17亩、宿舍4栋，共2056m^{2}以及联办的价值260多万元、年产值110多万元的页岩砖厂。对于一个农科所，不能没有土地；另外，页岩砖厂停办，不仅有经济损失，关键是砖厂200多职工面临失业的压力。在个人利益、集体利益和国家利益发生冲突的时候，遵义地区农业科学研究所服从了国家利益，全所职工齐动手，2天搬迁，3天拆房，1天伐树，经过6天奋战，搬迁物资数百吨，提前5天完成了拆迁任务。由于有广大干部和群众的理解和支持，遵义县只用了10天时间，共拆迁安置118户513人，征拨土地571.04亩，拆迁房屋6592m^2。施工队伍进场前即已全部拆迁完毕。

贵遵公路建设全线实际征用永久性用地13196.38亩（其中一级公路5551.45亩，二级公路7644.92亩）。其中水田3782.69亩，占总征地面积的28.66%；旱地4673.25亩，占35.41%；菜地3053亩，占23.14%；林场1067亩，占8.08%；荒山2015.76亩，占15.28%。平均每公里征地84.86亩，一级公路每公里征地110.44亩，二级公路每公里征地72.70亩。共拆迁住宅房屋32.05万m^2，其中贵阳境内10.06万m^2，遵义境内21.99万m^2，迁移人口20503人；迁移输电线路18.63万m；迁坟6675座。拆迁房屋的以房屋补偿，征用土地的支付征地补偿费，搬迁居民在原居住村就近选址，重新修建房舍。安置农转非人口14047人。

（7）重大变更

柳核段地形复杂，地基承载力低，路基高填深挖段甚多，中心填挖高度超过12m地段为13.62km，占施工里程23%。对于填方地段，原设计为减少填方和占用耕地，普遍增设石砌挡土墙，致使全段有高度8m以上挡墙116处，总长18330m，其中高度在12m以上挡墙有24处共长3233m。这些高挡墙结构质量大，为保证路基和挡墙稳定，结合实际，或改设桥梁，或改变挡墙结构形式，采用砌石、填土外侧反压等措施予以改善和加固。小寨坝互通立交匝 2 线 K0+286～K0+461.21 段路堤挡墙高 18m,变更设计改为弯箱梁桥 175.2m;匝 2 线 K0+507.5～K0+579.12 段,挡墙平均高 22m,改变结构形式为钢筋混凝土拉筋土挡墙。

经过 5 年的艰苦拼搏、共同努力,贵遵公路于 1997 年 10 月完工通车。1997 年 10 月～1998 年 5 月,根据交通部交公路发〔1995〕1081 号文《公路工程竣工验收办法》及省交通厅《关于加强全省交通建设工程质量管理意见》的通知精神和要求,由省质监站主持,贵州高速公路开发总公司、各地市重点公路建设指挥部、施工单位、省高管局、省交通建设咨询监理公司等有关单位组成交工验收检验评定小组,分成路基、路面、桥梁、隧道、交通安全、内业等验收小组,依照交通部颁《公路工程质量检验评定标准》(JTJ 071—94),对贵遵公路分段工程质量进行了初验评定。1997 年 10 月 5～6 日验收贵阳路段(K3+350～K28+000),10 月 28～11 月 4 日验收安顺路段(K28+000～K86+400),12 月 10～19 日验收遵义路段(K86+400～K140+700),1998 年 5 月 27 日对乌江大桥进行了交工验收。初验评定采取外业检测和内业审查相结合的方式进行。检评组对路基、路面、构造物、桥隧涵、交通工程等进行了实地随机抽测、丈量,抽查排水工程 75 段,涵洞工程 133 道,小桥 30 座,中桥 14 座,大桥 8 座,互通立交 9 处,隧道 4 处,砌筑工程 140 段,大型挡土墙 31 段,交通安全设施 50 处。在检测后,验收委员会听取了建设、设计、施工、监理单位的总结汇报及监督报告,审核了施工单位的原始资料和监理内业资料,全面检查并核对了竣工图表资料、文件,然后分项、分部对工程成果进行评分,并提出单位工程质量鉴定意见。各分段初验综合评分分别为贵阳段 89.24 分、安顺段 89.72 分、遵义段 89.65 分、乌江大桥 97.4 分,质量暂定为优良等级,同意交工验收。正线不同路段从验收之日起正式移交省高管局组织养护管理,并投入试运行。

2000 年 4 月 23 日～24 日,按照交通部公建设字〔2000〕71 号《关于组织贵州省贵阳至遵义公路竣工验收的通知》的安排,贵阳至遵义公路竣工验收会议在贵阳举行。在交通部公路司和省交通厅的共同主持下,省计委、审计厅、国土厅、环保局、档案局,以及工程建设、设计、施工、监理、监督等单位的代表参加了竣工验收。会议成立了由交通部公路管理司张之强司长为主任委员的竣工验收委员会,由 27 人组成,分为路面路基组、桥梁隧道组、内业资料组,实地察看了工程实体,认真听取了工程建设、设计、施工、监理、监督单位的工作报告,听取了交工验收、环境保护、建设资金审计、环境保护验收等工作情况汇报,观看了工程建设录像,抽查了竣工档案及有关文件。验收委员认为:省委、省政府对贵遵公路建设高度重视,制定了征地拆迁和保障建设等方面的优惠政策,有关部门和沿线各级政府给予了大力支持,广大群众做出了巨大贡献;工程建设严格执行了国家基本建设程序,实行了工程监理和合同管理,加强了设计优化、比选和完善;对建设项目质量、投资进行了较为有效的控制,工程造价在批准概算之内;在推广、应用新技术、新结构、新工艺的应用方面进行了积极的探索和实践;在环境保护、水土保持、景观协调等方面做出了卓有成效的工作,为贵州公路建设管理提供了有益的经验。验收委员会一致认为:贵遵公路线型顺适,路基稳定,路面较为平整,路容路貌美观,标志标线齐全,桥涵结构物质量良好,外观几何尺寸符合设计要求。根据《公路工程竣工验收办法》有关规定,竣工验收委员会中的16人组成专家组对工程质量、工程建设各方及工程建设项目进行了综合评价及评分,结果如下:建设管理92.23分,设计质量91分,施工管理88.3分,监理工作88.9分,工程质量89.52分,建设项目综合得分89.69分。同意贵遵公路工程质量等级为优良。竣工验收委员会认为,贵遵公路建设虽存在一些不足,如局部路段水泥混凝土路面平整度较差、沥青混凝土路面施工欠精细等,但建设管理认真,工程质量良好,执行概算严格,工程造价较低,按设计要求完成了各项建设任务,竣工资料基本齐全,同意竣工验收。会议还明确规定,贵遵公路自竣工验收之日起,正式移交高管局养护管理。

3. 复杂技术工程

(1)贵遵公路乌江 P·F·C 吊拉组合桥(以下简称乌江大桥)

乌江大桥起讫桩号为 K99+667.42~K100+129.02,全长461.6m,主孔跨径288m,其中吊桥部分168m,斜拉桥部分各为60m。边跨各为66m。行车道系采用薄壁钢丝纤维预应力钢筋混凝土箱梁,吊桥主缆为平行高强钢丝组合而成,斜拉索采用高强钢绞线。整个桥为双塔双索面。主缆地锚采用岩锚。在箱梁的两端加平衡重。遵义岸主塔基础为挖孔直径1.5m的钢筋混凝土桩,贵阳岸主塔基础为明挖扩大基础。乌江大桥是世界上首次建成通车的预应力钢纤维混凝土吊拉组合索桥(简称 P·F·C 吊拉组合索桥),1994年8月列入交通部"八五"科技联合攻关课题,由省指(省重点工程建设指挥部)、重庆交通学院、省桥梁工程公司、交通部"八五"科技联合公关课题组(湖南)共同研究。

1994年,冶金部西南勘察基础工程总公司受省指委托,承担了乌江大桥的地质勘察任务。该公司于12月15~24日进行了野外勘察工作,共完成钻孔28个,总进尺727.45m,采集岩样98件、土样6件,现场浇筑混凝土、岩石方样12件,微贯试验52次,地表工程地质测绘10组日。其中的岩石试验由长江科学院重庆岩基研究中心完成,土工试验由重庆市市政工程质量监督站检测中心承担。1994年12月受省指委托,重庆交通学院承担了乌江 P·F·C 吊拉组合桥设计任务。设计工作从1994年12月开始至1995年10月完成,历时11个月。

选定的桥位位于原川黔公路乌江渡公路大桥下游600m(川黔铁路乌江大桥上游382m)处。南岸桥头布置丁字形互通式立交桥,有连接线与原川黔公路乌江大桥相接,以解决乌江渡发电厂、乌江镇以及相应区间车辆上下专用公路问题;北岸桥头紧接乌江隧道,三项大型构造物组成了乌江桥隧建筑群体,全长约1000m。因受地形、地貌限制,互通式立交桥、乌江大桥和隧道首尾相连,基本没有桥头引道,故其间不能布设紧急停车带,只有将紧急停车带设于南岸互通式立交桥起点以外和北岸隧道出口的远处。

乌江大桥桥面净宽12.6m,外宽14.5m,桥下净空44.78m,塔高60m,桥墩高度26.7m。设计荷载为汽车—超20级,双车道;验算荷载为挂车—120,单车布载;洪水频率1%;最大风速2.5m/s;抗震标准6级;桥头引道标准为山岭重丘区二级汽车专用公路,路基宽度为14m,两侧设钢板式防撞栏杆,两侧防撞栏杆的净距为12.6m。

1995年3月5日,乌江大桥开始施工。在桥跨461m的乌江天险河谷里,从高达60m的主塔施工、岩锚施工、两岸各66m边跨施工,到35段的箱梁预制、主索架设、箱梁吊装直至吊桥和斜拉桥的组合,整个施工场面颇为壮观。

吊桥和斜拉桥的组合,是该桥的重要工序。吊桥和斜拉桥的组合,需要掌握并利用早晚的温差。1997年8月6日晚12时,由于温度降低,主缆收缩,致使吊桥整体箱梁高程上升,首先是贵阳岸端头与斜拉桥端头齐平,工人们立即将钢板击填接头6个支点,焊接肋板钢筋和顶板钢筋,张拉顶板6束、底板7束预应力钢束,灌6个支点接头环氧树脂。8月7日凌晨2时,遵义岸接头齐平,先完成与贵阳岸相同的工序,然后恢复吊桥端头配重及卸除斜拉桥端头压重,最后浇筑接头钢纤维混凝土,再张拉未进行过张拉的预应力钢束,吊桥和斜拉桥组合成功。

在乌江大桥整个架设过程中,建设、监督、监理单位通力合作,夜以继日、顽强拼搏,克服了交通不便、砂石料匮缺、超常施工强度的重重困难,战胜了山洪暴雨、泥石流等自然灾害和滑坡、软基、溶洞、崩塌等工程地质病害,克服了种种技术难关,完成下部构造6861.5m^3、上部构造4709.79m^3、圬工1.16万m^3,架设主缆及斜拉索418t,1997年12月27日,乌江大桥竣工,桥隧群也即全部竣工,为贵遵公路的全线贯通赢得了宝贵时间。

乌江大桥在主梁材料、结构形式、施工工艺等方面有所创新。

采用了新的主梁材料。全桥采用了预应力钢筋、钢丝(筋)网、钢纤维混凝土(简称P·F·C)新型复合混凝土材料做主箱梁,在国内外尚属首次;顶板、腹板厚度为10cm,底板厚度也只有12cm,比普通P·C箱梁自重减轻20%~30%,承受弯曲拉应力的能力提高1~2倍,抗裂性能、抗冲击疲劳性能和韧性均大幅度提高,对桥梁向高强、轻型、大跨径方向发展及吊桥、吊拉组合桥、斜拉桥及其他各种桥梁结构性能的改变和提高都有具有积极意义。全桥桥面采用了F·C连续桥面铺装,仅在两端连续桥台处各设置一道伸缩量为8cm的毛勒伸缩缝。

采用了新的结构形式。全桥吸取了斜拉桥和悬索桥的优点,扬长避短,将斜拉与悬吊体系巧妙地结合起来的吊拉综合体系的设计及正式施工实施,在国内外尚属首次;采用这种桥型后,与原初步设计主跨为190m的连续刚构桥相比,钢材用量增加不多,而混凝土用量由原设计的1.20余万立方米,减少为7000余立方米,相应节省了工程造价。用钢纤维混土索鞍代替传统的斜拉桥铸铁索鞍,不仅施工方便、结构性能好,而且较大幅度地降低造价,建成后的维修养护工程量也大为减少。锚碇采用预应力锚索岩锚,作为主缆的锚碇,代替传统的隧道锚和重力式锚碇,不仅施工方便,施工工期短,工程量大为减少,而且具有显著的社会、经济效益,同时为山区修建悬索桥提供了一种新型适用的锚碇形式,是国内外首创。

采用了新的施工工艺。斜拉索分束张拉技术,斜拉索采用单根7ϕ5低松弛钢绞线防护,手提小千斤顶分束张拉,防护效果好,施工设备简单,操作方便,调索安全,社会、经济效益好。主梁预应力施工采用湖南生产的HM21群锚体系,用7ϕ7平行钢丝束代替7ϕ5钢绞线;取消了弯束布索,采用直索布置预应力索,同时用单束小千斤顶分束张拉和布置代替传统的大吨位千斤顶整束张拉的新工艺,施工方便,设备简单,工程进度快,工程造价也大为降低。主梁预压预应力连接法,是针对吊拉组合桥悬索体系和斜拉体系主梁组合连接创造的一种新型施工工艺,不仅能提高主缆的重力刚度,减小主缆的变形,而且能大大改善主梁的受力状况,减小主梁的挠度,提高全桥的结构刚度。全截面缆吊预应力悬拼技术,是针对山区桥梁施工研究的一种新工艺,施工速度快,施工工艺简单方便,安全可靠。"零弯矩"施工控制技术,根据箱梁设计控制高程采用悬拼→调整→观测→调整一体化施工控制方法,使主梁保持在设计高程位置,其承受的弯矩和内力始终保持为"零"的最佳受力状态,施工控制方法简单、易于掌握,效果好,精确度高。

(2)新工艺,新技术运用

在大力应用新技术、新工艺、新设备方面,贵遵公路的建设创造了贵州当时公路建设史上的"四个之最":一是技术标准最高,主线为全封闭、全立交的一二级汽车专用公路,一级公路路基宽度20m以上,二级公路宽度12m,全线为沥青混凝土和水泥混凝土路面,铺设有完善的现代化交通工程设施;二是工程数量最大,平均每公里土石方13万m^3,全线有大桥、特大桥17座,隧道5座,均大大超过贵黄公路的工程量;三是大型桥梁的建设新结构、新技术、新工艺应用最广,如乌江大桥,结合地形特点,发挥吊桥和斜拉桥的优点,主跨288m,桥长461m,桥型结构新颖,受力强、跨越能力强,节省材料,是我国桥梁建设史上的一大创举,列入交通部和贵州"九五"科技联合攻关项目;四是对滑坡和复杂的地质地形处理手段最多,治理抗滑桩数量和桥梁基础挖孔桩数量最大,挖孔桩最大深度达35m。

此外,在桥梁的建设中广泛推广应用无黏结部分预应力混凝土新结构、新工艺,施工简便,节省混凝土和钢材费用,如阳郎坝大桥的建设就是一个典型。阳郎坝大桥,共42孔,跨径16m,全长685m,建设中改用无黏结部分预应力混凝土新结构、新工艺后,不仅避免了后张法预应力混凝土灌浆不可靠的弊端,而且部分预应力梁的延性好,承受冲击荷载能力强,使用质量高。同时,截面尺寸较全预应力结构小,预应力钢筋和锚头数量省,施工方便,工期缩短,仅材料费就较原设计的全预应力梁减少68.5万元,占总投资的8%。这种桥型在贵遵公路上共推广运用99孔1871m,占桥梁总长的25.4%,经济效益明显。

贵遵公路的乌江、黎安、三田、马兰坝四座隧道,均采用隧道工程新技术"新奥法"设计和施工。施工中,采用快速掘进、及时喷锚、尽早闭合、随着量测、迅速反馈等一系列施工方法,在进行喷锚支护这一关键工序时,采用缝管锚杆新技术以省去压浆工艺,提高了锚固质量,缩短了工期。同时,洞壁采用曲墙式,改善了行车条件,外形美观,又可避免应力集中。

在路基施工中,将滑坡治理及软土处理作为一个重要的课题和确保质量的关键来认真研究并区别情况采取不同的技术处理措施。在K68处深路堑地段,对坡体体积大、滑力点高的失稳坡体,采用排水清方、改移线和使用抗滑桩的方法来进行综合治理。在K34软土路堤地段,因软土和表层厚度不大,场地能承受 20~30kPa 荷载,采用振动加静压挤密碎石桩至底部不透水层的方法,以加速其固结进程。在K29泡水耕作软土地段,由于土质极软弱,土压力接近于水压力,处理时采用大直径($\phi1000mm$)的排土碎石桩,并通过桩体布设纵横向碎石沟,纵沟越出加固区与排水通道相连,然后在沟上铺垫碎石层,其上再分层回填路堤。在对古滑坡填塞的古河道上已形成的高填方路堤进行综合整治的过程中,采用反压辅道、排土碎石桩和严密断绝古河道水源补给等技术措施,稳定了路基,取得了良好的工程效果;还采用贵州"F系列复合材料研究成果"——新型路用材料后稳定固化剂,用于黏土的固定固化,增强了土基的强度和稳定性。在扎佐高填方路基外,省桥梁工程公司与交通部重庆科研所合作,进行了路基可靠性设计可行性研究,被列为交通部"八五"科技攻关课题。在高填方压实不足路段,采用超填顶压和重锤强夯工艺,确保了刚性路面的质量。

在路面施工中,除继续推广粉煤灰、石灰碎石基层外,还充分利用沿线厂矿生产过程中排放的锰矿渣、磷矿渣等工业废料,不仅使路面强度提高,还节省了投资,减少了工业废渣对环境的污染。如在 K10+287~K10+640 路段中的高填方段,采用钢纤维、钢丝网与水泥混凝土组成增强混凝土路面,铺筑试验路,以适应路基不均匀沉降的要求。按强基薄面的原则,底层采用厚20cm的碾压碎石,在一般路段的基层采用三渣(石灰、粉煤灰、碎石)混合料、在高填方路段则用四渣(水泥、石灰、粉煤灰、碎石)加强,面层钢纤维路面厚度为8~12cm。在粉煤灰运距过远的路段,如乌江南岸的K56~K99段,在充分试验和论证后,利用了黑神庙磷矿渣做了石灰水泥综合稳定碎石基层,这种基层强度高、性能稳定、工艺简单、易于掌握,达到了降低成本、加快工程进度、提高基层质量和防止环境污染的目的。在靠近遵义市的 K116+000~K140+700 段,采用遵义铁合金厂生产过程中所产生的锰矿渣,加水泥、碎石、水和激发剂,作为沥青混凝土路面的基层,混合料的技术指标均高于粉煤灰加石灰碎石,既满足了生产需要,又利于环境保护。

同时,省公路工程公司、省桥梁工程公司加大新设备的投入,筹资5000多万元,添购1000多台大型设备投入施工建设,对保证工程质量和加快进度发挥了十分明显的作用。这些新技术、新工艺、新设备的使用,提高了工程质量,降低了造价,取得了较好的经济和社会效益。

4. 营运管理

全线在乌江设Ⅰ类服务区1处(与扎南线共用),在久长设Ⅱ类停车区1处(与扎南线共用),在南白设Ⅲ类服务区1处、匝道收费站13处(表6-35)、桥隧管理站1个,应急保畅中队共3个,监控管理所1个,养护站共计2个。本项目建成通车时间为1997年11月28日、批准收费时间为1997年11月28日,批准收费终止时间为2019年11月27日。通车至2010年1月,收费总计1893005441.27元(含扎南段)。2010年1月至2015年8月收费总金额为512902.535万元,车流量共计90055565辆。主要大修工程:G75(贵州境贵遵段)息烽匝道互通立交A匝道滑坡处治,大修时间为2013年,大修金额199万元;兰海高速公路贵州镜忠庄至南白(K1225+000~K1236+200)路侧波形梁护栏改造,大修时间为2014年,大修金额2107万元。

收费站点设置表　　　　　　　　　　　　　　　　　　表6-35

站点名称	车道数	收费方式
小寨坝站	2进4出(含ETC车道1进1出)	联网收费
息烽站	2进4出(含ETC车道1进1出)	联网收费
久长站	2进4出(含ETC车道1进1出)	联网收费
遵扎站	3进6出(含ETC车道1进1出)	联网收费
三元站	2进2出(未设置ETC车道)	联网收费
沙文站	3进3出(未设置ETC车道)	联网收费
贵阳北站	6进10出(含ETC车道1进1出)	联网收费
修文站	5进10出(含ETC车道1进1出)	联网收费
遵义南站	4进8出(含ETC车道1进2出)	联网收费
马家湾站	3进4出(含ETC车道1进1出)	联网收费
南白站	3进3出(未设置ETC车道)	联网收费
三合站	2进4出(未设置ETC车道)	联网收费
乌江站	2进4出(含ETC车道1进1出)	联网收费

(三)G75 贵阳至遵义公路扎佐至南白段改扩建工程

1. 基本情况

（1）项目决策背景及过程

2002年3月，省交通厅委托华杰咨询有限责任公司、中交第二公路勘察设计研究院、省交勘院、四川省交通规划勘察设计院四家单位对贵阳至遵义公路沙文至南白镇段改扩建工程进行了技术方案研究工作。同年9月6日，受省交通厅委托，中交第二公路勘察设计研究院承担了贵阳至遵义公路尖坡至忠庄段改扩建工程可行性研究工作。

2003年4月1~2日，省交通厅主持召开了贵遵公路尖坡至忠庄段改扩建工程可行性研究中间成果审查会。此次会议纪要指出，考虑到尖坡—扎佐段目前的技术标准在2015年之前能满足交通量的要求，因此不纳入这次工程可行性研究报告的编制范围；南白至忠庄段有遵南路和贵遵路两条高等级道路，能满足未来交通量增长的需求，此段也不纳入这次工程可行性研究报告的编制范围。因此，这次工程可行性研究报告的编制范围为扎佐至南白段。

（2）公路的功能、定位

贵遵公路是渝湛（重庆—贵阳—南宁—湛江）国道主干线在贵州境内的重要路段。自1997年通车后，贵遵公路全线年平均交通量增长率达14%，至2003年底全线平均达到了9253辆/日。根据贵遵公路交通量的发展趋势，在崇遵线通车后，渝湛国道主干线已基本建成，贵遵公路将很快饱和，不能适应渝湛国道主干线全线贯通的需要。同期，渝湛国道主干线重庆境内的高速公路已建成通车，广西壮族自治区境内的高速公路也已建成通车，贵州境内的贵阳至新寨段汽车专用道（一级公路标准）已于2001年建成。于1997年建成通车的贵阳至遵义段，其中扎佐至南白段为汽车专用二级公路，川黔铁路及国道210线与之交错并行，受复杂地形限制，其线形指标较低，部分路段服务水平已不能适应当时及此后国民经济发展的需要，对其进行改造以增加车辆通行力、提高服务水平已迫在眉睫、刻不容缓。

（3）技术指标

扎南公路采用双向四车道高速公路标准，设计速度80km/h，整体式路基宽度24.5m，分离式路基宽度12.25m（利用老路的一幅路基宽度维持12m）。桥涵设计车辆荷载等级采用公路—Ⅰ级。

路面工程：新建路段按主线75cm、匝道60cm及收费广场62cm的结构层厚度修建，主线结构层为4cm细粒式改性沥青混凝土上面层、6cm中粒式沥青混凝土中面层、8cm粗粒式沥青混凝土下面层、1cm稀浆封层、18cm+18cm水泥稳定碎石层、20cm级配碎石层；匝道结构层为4cm中粒式沥青混凝土上面层、6cm中粒式沥青混凝土下面层、15cm+15cm

水泥稳定碎石层,20cm 级配碎石层;收费广场结构层为 26cmC30 水泥混凝土,18cm + 18cm 水泥稳定碎石层。老路利用段由于保畅原因破坏严重的,路面按照新建结构层施工;路基稳固的段落则去掉原沥青面层,利用原有基层,在原有基层上铺筑 20cm 水泥稳定碎石作为调平层,沥青面层的结构与新建段落相同。桥面铺装 4cm 细粒式沥青混凝土上面层、6cm 中粒式沥青混凝土下面层。其中全线 4cm 的沥青混凝土上面层采用改性沥青及玄武岩组成配合比。如图 6-51 所示为贵遵公路干田尾特大桥桥面钢筋。

图 6-51 干田尾特大桥桥面钢筋

交通工程:全线中分带及路基填方两侧均设置波形梁护栏或混凝土防撞护栏,路基两侧设置铁丝网隔离栅,互通立交设置焊接网隔离栅,沿线设置了醒目的标志、标识牌,路面上标线、中分带设置了防眩板,上跨桥设置了防落物网,并对沿线上跨天桥进行了涂装。

绿化工程:对沿线的上下边坡,取、弃土场,中分带,互通立交区,隧道进出口,路基两侧等进行详细的绿化设计和施工,对噪声敏感地点设置声屏障,同时设置了较为完善的污水处理系统。

机电工程:本项目的机电系统包括监控系统、收费系统、通信系统和隧道供电照明系统。采用封闭式收费制式,提供完善的刷卡收费服务。

(4)主要控制点

项目起自贵遵公路与贵毕公路的节点——扎佐互通,经修文县扎佐镇、久长镇,息烽县阳朗镇、永靖镇、小寨坝镇,遵义县乌江镇、三合镇,至终点南白镇(遵义县城),路线全长 84.45km,其中利用老路改扩建长度 48.29km,全幅新建 36.21km。全线改扩建扎佐、久长、小寨坝 3 处互通式立交,新建息烽、乌江、三合 3 处互通式立交,新建 2 处服务区、1 处养护工区。

(5)沿线主要地形地貌

路线经过区域为中低山向岩溶丘陵过渡地带,海拔多在 1100～1500m 之间,其南、北地势相对较高，中部地势为大型槽谷——乌江。项目区域由三级剥夷台面构成：一级台面由海拔1440m以上的山岭组成，为大娄山期剥夷面；二级台面海拔为1250～1350m，分布广泛，为山盆早期剥夷面；三级位于乌江及其支流沿岸的河谷面，海拔为630～1100m，台面呈缓波状倾向河谷；区内新构造运动较为强烈，整体以间歇性上升为主，上升幅度达数百米。按地貌类型、构造运动区分，沿线地貌可分为溶蚀类型、侵蚀类型、溶蚀侵蚀类型三大类型和溶丘谷地、峰丛沟谷、垄岗槽谷等地貌单元。

（6）主要构造物

完成的主要工程量有：路基土石方1608万 m^3；特大桥，单幅2482m/2座；大中桥，14185.09m/69座；小桥，696.53m/31座；人行天桥684.18m/11座；涵洞、通道9875.89m/314道；隧道单洞2982m/8座；圬工构造物43.78万 m^3。如图6-52为将军山大桥。

图6-52 将军山大桥

路面工程主要工程数量：级配碎石底基层162.7万 m^2，水泥稳定碎石基层171.2万 m^2，粗粒式沥青下面层150.4万 m^2，粗粒式沥青中面层198.9万 m^2，细粒式沥青上面层198.9万 m^2。

交通工程数量：波形梁护栏26.3万m，标线9.3万 m^2，标志2940个，隔离栅16.6万m，突起路标25971个，反光轮廓标21431个。

2. 建设情况

（1）立项审批

2003年5月，由中交第二公路勘察设计研究院编制完成《贵阳至遵义公路扎佐至南白段改扩建工程可行性研究报告》。2004年4月，国家发改委下发《贵阳至遵义公路扎佐至南白段改扩建方案专家组评估意见》，充分肯定了工程可行性研究报告确定的部分利用老路并改造余下部分老路为210国道的改扩建方案。2005年3月7日，国家发改委以发改交运〔2005〕329号文件批复了扎佐至南白高速公路的可行性研究报告。

在工程可行性研究待批期间,2003年8月12日,受省交通厅委托,交通部环境保护中心和省交科所共同承担了扎南公路工程的环境影响评价和水土保持方案报告书编制的工作。两评价单位于2003年10月共同对公路沿线进行了详细的踏勘及调研,于同年11月编制完成了《贵阳至遵义公路扎佐至南白段改扩建工程环境影响评价大纲》。2004年2月29日~3月2日,国家环境保护总局环境工程评估中心在贵阳市主持召开了项目环评大纲的技术评审会。同年4月26日,国家环境保护总局环境工程评估中心以国环评估纲〔2004〕84号文提出了对环评大纲的技术审查意见。其后,评价单位几次勘察现场,调研和搜集资料。2004年6月17~22日,贵阳市环境监测中心站进行了环境现状监测。同年9月,评价单位根据"环评大纲"和"环评大纲技术审查意见",编制完成了《国道主干线重庆至湛江公路(贵州境)贵阳至遵义公路扎佐至南白段改扩建工程环境影响评价报告书(送审稿)》。

2005年3月,交通部环保办在北京召开了报告书预审会。根据专家意见,评价组修改完成了《国道主干线重庆至湛江公路(贵州境)贵阳至遵义公路扎佐至南白段改扩建工程环境影响评价报告书》(报批稿)。

报告书认为:贵阳至遵义公路扎佐至南白段改扩建工程路线布设基本合理,建设项目的社会、经济效应显著,得到当地群众、政府的支持,在采取有效措施后对环境的不利影响可得到缓解或消除。从环境保护的角度来讲,公路建设项目可行。

(2)勘察、设计

扎南公路采用公开招标的形式,确定其初步设计和施工图测设均由中交第二公路勘察设计研究院完成。2004年5月中旬~7月下旬,中交第二公路勘察设计研究院项目部完成初测外业工作,交通部公路司主持初测咨询现场会议,形成了《贵阳至遵义公路扎佐至南白段改扩建工程现场咨询意见》,同时初测外业通过了省交通厅组织的验收会议。同年8月下旬,中交第二公路勘察设计研究院提交初步设计文件送审稿。9月上旬,北京京华公路咨询公司踏勘现场,与设计单位交换意见,随后提交了《初步设计咨询意见》。10月中旬,项目初步设计顺利通过了交通厅组织的预审会议。2005年3月中旬,交通部专家在贵阳召开项目现场审查会议。同年7月1日交通部以交公路发〔2005〕298号文批复了扎佐至南白高速公路的初步设计文件,并确定了主要技术经济指标、路线、路基路面、主要大型构造物等方案,确定概算总投资为30.41亿元,项目总工期为4年。在提交项目初步设计文件送审稿后,中交第二公路勘察设计研究院项目总体组安排有关人员优化和完善施工图路线方案,并充分考虑了咨询和预审会议提出的意见。根据初步设计预审会议明确的设计工期安排,项目部测设人员于2004年10月28日进驻工地,开始定测工作,依据现场施放的路线中桩,各专业组全面、详细地搜集了沿线地形、地质、水文、道路、桥梁、土地、规划、经济、筑路材料及运输条件等方面的资料。对重大方案问题(如不良地质、老路利用段施工辅道)和涉及项目能否顺利实施的问题(如工矿企业、立交、桥涵设置等)多方征求了建设单位、沿线地方政府及各级部门的意见。2004年12月15日结束定测的主体工作。

2004年12月12日至17日,施工图设计咨询单位中交第一公路勘察设计研究院,组织专家通过听取汇报、现场抽查、查阅记录等手段对定测外业资料进行了检查和咨询。随后,项目的定测外业通过了省交通厅、贵州高速公路开发总公司组织的会议验收。

施工图设计工作从2005年1月开始,2月开始陆续提交征地图表文件。项目部按照ISO2000质量体系程序的要求,对设计实施全过程的质量监控,确保设计质量。

2005年12月12日,黔交建设〔2005〕304号文件批复了扎佐至南白高速公路施工图设计文件。

(3)施工、监理

贵州高速公路开发总公司在2005年初成立扎南总监办,开始筹备贵遵公路扎佐至南白段的改扩建工作。建设初期,扎南公路改扩建项目被交通部列为全国十二个"典型示范工程"之一。初步设计时,对照交通部典型示范工程"安全、环保、舒适、和谐"的基本原则,牢固树立"不破坏就是最大的保护"的思想,在项目建设过程中坚持最大限度地保护、最低程度地影响、最强力度地恢复,选用了改扩建方案,节约土地1432亩,项目占用良田的比例仅为15.8%。

扎南公路的建设得到各级领导的高度重视。2007年3月5日下午,省政协提案委召开提案协商会,省交通厅、贵州高速公路开发总公司、省安监局、省国土厅、贵阳市政府、息烽县政府、贵阳市国土局等有关部门参加,就《关于加快贵遵高速公路施工进度,加强管理,确保畅通》提案办理中所遇到的问题进行现场协商,省政协副主席李金顺出席。2007年4月2日,省政协副主席李金顺等率省政协提案委负责人,沿改扩建中的贵阳至遵义高速公路扎佐至南白段进行调研,并会同各承办单位,对省政协委员提案《关于加快贵遵高速公路施工进度,加强管理,确保畅通》进行现场督办。2007年4月11日,交通部纪检组长杨利民等领导来到乌江特大桥检查工作。6月,省政协副主席李金顺到扎南公路工地现场检查保畅工作。8月28日,交通部总工程师凤懋润等到乌江特大桥检查工作。10月27日,交通部在全国交通系统进行交换式大检查,福建省代表交通部检查乌江特大桥工地。

扎南高速公路建设严格执行公路建设四项基本制度。

为了加强扎南高速公路建设管理,确保工程质量和投资效益,本项目在可行性研究报告批准后,根据相关法律、法规的要求正式成立了项目法人机构,委任了法人代表;各级地方人民政府也相应组建了项目建设协调机构(征拆办),负责协调征地拆迁方面的工作。在贵州高速公路开发总公司的统一领导下,成立扎南高速公路建设项目办公室、扎南高速公路总监理工程师办公室（以下简称总监办），全面负责扎南高速公路建设的各项管理工作，总监办中心试验室对整个工程项目进行数据控制和检验测定。在总监办的统一领导下，下设驻地监理工程师办公室（以下简称驻监办），驻监办严格按照合同协议书的委托要求，以驻地、旁站、巡视、检查等监理方式，对扎南高速公路的质量、进度、费用三大目标，以及安全管理、合同管理、信息管理，进行独立的、公正的控制，并充分做好组织协调工作。

本项目设总监理工程师办公室一个，路基驻地监理办公室六个，路面、交通工程、房建、绿化驻地监理办公室各两个，中心试验室一个，路基施工合同段十六个，路面、交通工程、房建、绿化施工合同段各两个。总监理工程师办公室受业主委派，各驻地监理办由具有公路工程监理资格且符合公路建设市场准入条件的单位，通过公开招标的方式进入扎南高速公路。所有监理单位受项目法人委托，对施工承包合同的执行、工程质量、进度、费用等方面进行监督与管理。监理单位和监理人员必须全面履行监理服务合同、施工合同规定的各项监理职责，按照有关法律、法规、规章、技术规范、设计文件的要求进行工程监理。不准营私舞弊、滥用职权，不准损害业主和承包人的利益。

扎南高速公路的勘察设计、施工、监理，以及与工程建设有关的重要设备、材料的采购，均遵循诚实信用的原则，依法签订了合同。在工程造价控制与资金管理上，与其他路段大致相同。

进场后，由总监办牵头，建立三方签认的施工图设计复核台账，真实有效地反映施工现场情况，从而保证资金的有效周转。

当工程进行一定时间后，着手建立计量台账，根据设计、变更分开的决算原则，总监办制定专门表格，承包人及驻监办按每月完成工程量填写，并对照施工图设计复核台账，及时在中间计量表上进行调整。

在认真做好内业资料的同时，加强外业的现场复核工程量工作。对实际工程量与上报工程量不符的承包人及驻监办予以经济处罚，并在本项目通报批评。

对资金控制实行月统计制度，每月底由总监办分管计量人员对本月完成投资、计量金额及变更批复情况进行汇总，使项目总监能随时了解资金使用情况及变更情况。

对重大工程变更，均按程序请示项目业主召集有关专家进行方案论证后，再按照相关程序向交通主管部门上报。

建立健全质量保证体系。扎南高速公路执行"业主负责、政府监督、社会监理、企业自检"的质量保证体系。

通过公开招标的方式招聘有资质的监控单位，对特大桥工程实行监控管理，确保工程质量。

进度控制方面，根据项目合同工期，对项目进行目标计划分解，各承包人、驻监办进场后即按照有关规定对目标任务进行计划安排,并制订相关措施。

开工后,根据实际完成情况,每月对计划进行一次调整,使所编制计划能真正有效地指导施工。在工程进行到中期时,根据目标任务倒排工期,将计划落实到每一周、每一天。特别是对难点、重点工程,制定中、长期目标,对存在问题分解落实到人。总监办、驻监办、设计代表一起随时到施工现场,为承包人解决施工技术问题,为计划的顺利实施提供及时有效的技术保障。

在建设工程中,仍出现极少数人因无理要求得不到满足而肆意阻挠施工的行为。如:息烽光辉水泥厂矿山经一年多协商,仍不能交付施工单位(3月29日,贵阳市副市长翟彦现场办公,要求县政府依法解决此事,4月4日交付施工单位施工),修文县久长镇石榴村村民以施工爆破损坏民房(有裂纹)为由,阻拦施工达六个月,修文县指挥部多次协调才允许动工;在征地拆迁工作中,征地和拆迁工作分头管理,征地拆迁资金,当地政府不能统一分配使用,致使农民的补偿经费不能按时到位,从而造成农民因得不到补偿款而阻工。类似情况沿线各县都不同程度存在,这些问题严重影响了施工进度。为此,项目办加强与地方政府的沟通与联系,在最短的时间内扫清征地拆迁及阻工障碍,为施工单位创造良好的施工环境,从而确保项目的建设工期不会因外界条件制约而延误。制定相关进度奖惩措施,确保进度计划的顺利完成。通过上述措施的具体落实,项目的总体工期得到了很好的控制,在规定的建设工期内圆满完成了建设任务。

建设期间的保畅工作。扎南公路担负着西南出海口繁重的运输任务,保持红色通道的交通畅通成为扎南高速公路工程建设的重要任务。

根据省政府批复意见,由省交通厅、省公安厅交警总队、贵州高速公路开发总公司及相关单位和部门组建了"贵遵公路扎佐至南白段改扩建工程项目保畅领导小组",密切联系建设实际,统筹兼顾,制订并实施动态的保畅预案。

其一,确定保畅方案行驶路线及分段封闭时间。从扎佐收费站下行G210,至贵遵公路K40(猪头山)上行贵遵公路,此段封闭施工4km,自2005年12月15日开始封闭,到2006年8月31日前开通;从贵遵公路K40(猪头山)上行贵遵路后,自K49(石头关)处下行G210,至K55(黑土坡)上行贵遵公路,此段封闭5km,自2005年12月15日开始封闭;在贵遵公路行驶至K79(重钙厂)下行G210,至K84上行贵遵公路,此段封闭5km,以省政府确定的春运结束时间开始封闭,封闭时间1年;在贵遵公路K86(核桃箐)下行G210,至扎南公路乌江互通联络线(贵遵公路K94)上行贵遵公路,此段封闭8km,以省政府确定的春运结束时间开始封闭,封闭时间1年;从遵义往贵阳行驶方向,同样行驶上述路线。

分流方案:引导过境车辆行驶马遵公路(S205)至广西和湖南以及四川和重庆方向;利用遵义—开阳—贵阳公路分流境内车辆。

其二，建立联席会议制度和联络员制度。联席会议由领导小组组织召开，每两月一次，特殊情况随时召开。会议内容为通报情况，总结前阶段工作，部署下一步工作，协调各单位之间相互配合。

其三，加大宣传力度，让社会各界人士充分理解、支持配合。会同《贵州日报》、贵州电视台、贵州交通广播电台、贵阳、遵义和黔南州的相关媒体，自2005年12月8日开始向社会发布"施工通告"，通报交通组织现状，宣传建设该项目的工程情况、施工时间和意义，让社会知晓和理解。印刷提示卡片，告知行进路线，最大限度地分流过境车辆，减少贵遵公路和G210的通行压力。在崇遵、贵遵、贵新、凯麻公路的相应位置设立醒目的车辆分流警示标志，并完善G210、S205公路的标志、标线，提示、告知驾乘人员注意行车安全，按序行驶。

其四，交通、交警各职能部门各负其责，保证公路运行有序。

其五，加强交通疏导工作，并根据现场的实际情况，配备满足需要的交警协勤人员，其费用由贵州高速公路开发总公司承担。

结合工地实际情况，保畅领导小组召开了多次保畅工作协调会议，同时对春节、黄金周等重要节假日期间的保畅方案做重点部署，提前做好各项准备工作。采取的主要措施有：成立以交警、路政协作的现场应急小组，投资230多万元购置专门的大吨位排障车辆等应急排障措施；为加强交警的交通管制力量，总监办向交警总队支付87.5万元，用于交警部门全线增加173名交管协勤人员，同时还调配50名路政人员，由交警统一指挥，加强现场巡逻和管制的现场疏导工作；实行分段单向通行，贵毕公路、S205、S305省道分流及限时通行的方案疏导措施；通过发放提示卡，电视、报刊等媒体向社会公告等宣传措施；免收贵遵公路扎佐至南白段的车辆通行费的优惠措施；各施工单位对影响通行路段的道路进行保养，施工道口派人值守，设置减速带，增设临时警示标牌、安全锥、警示旗等保畅措施；省、市公路运输管理部门统一组织在公路沿线设立应急维修点，用最短的时间抢修故障车辆。项目办成立党员突击队，由项目办总监理工程师、书记、分管工程质检的副总监担任突击分队队长，分别重点督促三段老改路路段（共计53.8km）的工程进度、质量、安全，确保该三段能在"十一"黄金周之前全幅建成通车，彻底解决交通保畅问题。

自2005年12月28日开工，为解决原贵遵公路的交通畅通及行车安全问题，总监办投入近2000万元，增设连接线、辅导及改道共22处约9km，紧急停车带18处，并对G210国道的4处不良路段进行了改造，进一步完善贵遵公路警示标志和分流国道、省道的标志、标线，增设红绿灯，完善分流国道、省道的路面状况等工程措施，精心组织，周密安排，确保了扎南公路在建设期间的畅通。

尽管采取了种种措施，鉴于扎南公路建设过程中交通保畅的难度，封闭段保畅方案在实施阶段仍遇到了不少困难,局部塞车现象时而发生,但是经过一段时间的磨合,拥堵的状态就开始有所缓解。在领导小组的统一安排下,各单位加强协调,各司其职、各负其责、相互协作,确保该项目的顺利实施。其后,根据保畅工作的需要,参建各方进行多次研究和讨论,根据路况通行能力及建设进展,不断调整保畅方案,使整个保畅工作有序进行,有力支持了项目建设。

在项目实施全过程中实施最严格的保护耕地政策,认真落实生态保护和水土保持工作,最大限度地保护自然环境。

按照科学发展观的要求,在项目建设过程中科学规划、精心设计、精细施工,严格控制占地数量,同时采取改地、造地、复垦等综合措施进行土地恢复、改造,最大限度地保护耕地。对照交通部典型示范工程"安全、环保、舒适、和谐"的基本原则,牢固树立"不破坏就是最大的保护"的思想,在项目建设过程中坚持最大限度地保护、最低程度的影响、最强力度地恢复,确保做到建设和环境保护并重,公路项目与自然和谐。

合理分析、确定原有贵遵公路的可利用段落,根据本地区现有路网实际,做到行车安全、舒适、快捷与地区特性的完美统一。为了尽量减少占用土地,避让农田和经济作物区,采取改扩建方案,利用老路48.29km,减少占地1432亩。修建连接线,对38.4km老路连续不利用段和原G210国道进行整合,对局部舍弃的零星老路段挖除路面,进行绿化或还耕处理。合理选择新建路段的路线走廊带,严格保护耕地和保护自然环境。新建路段尽量选择荒山、荒坡地、废弃地、劣质地,进行平纵面优化设计,项目占用良田的比例仅为15.8%,而且对沿线历史、自然、人文旅游资源没有干扰。灵活选用桥梁、隧道、分离式路基、半边桥、挡土墙等多种方案,节约用地。尽可能地避让环境敏感点,在施工过程中,合理控制施工场地,减少施工期间污水、废料、噪声、占地;及时清理河道、沟渠及道路上的堆积物,文明施工。合理设置取、弃土场,尽量利用废弃地、荒山和坡地,不占用农田,将取、弃土和改地、造田接合起来。严格按照水保、环保的要求在取、弃土场修建相应的防护设施,并实施配套的绿化和复垦方案。

由于扎南公路建设时间紧、任务重,既要保证完成既定通车目标任务,又不能因公路建设而影响农民正常的生产和生活。为此,总监办专门下发通知,要求各监理单位、施工单位必须高度关注农民利益,对农民群众的生产主干渠、支渠、便道、生产设施、照明设施、饮用水源、房屋等,如有损坏,必须立即无条件恢复,绝对不能损害农民利益,为项目建设提供和谐环境。团省委、省高速公路开发总公司及贵州公路工程总公司共同举行的"安心工程",组织务工人员家属到贵遵公路乌江特大桥工地团聚,促进务工人员与家人间的交流。

采用现代的信息化工程管理手段。选择了上海同望开发的计算机辅助试验数据处理系统和计算机辅助试验CAT-DPS和CAT-QIE,作为工程质量的辅助性信息化质量管理系统管理工具,从试验、检测、质检、评定、施工、监理等报表的统一定制入手,着重解决原始数据的规范性、自动处理、数据调用、基层质量数据的报送、综合管理查询等问题。

(4)资金筹措

扎南高速公路按照交通部批准的投资概算为30.41亿元,其中交通部车购税9.45亿元,银行贷款17.55亿元。

(5)招标投标

项目的招标投标工作严格按照国家有关法律、法规进行,遵循公开、公平、公正和诚实信用原则,招投标过程中的评标委员会由交通部设立的评标专家库中的专家组成,所有进入扎南高速公路施工的参建单位均由公开招标确定。

扎南高速公路工程施工采用国内竞争性公开招标方式。

路基工程:2005年3月23日和26日,分别通过《中国经济导报》和中国采购与招标网发布了施工招标资格预审公告,全国共有222家施工单位递交了524份资格预审申请文件。经过资格预审并报备,贵州省桥梁工程总公司等95家企业通过资格预审。2005年8月8日公开招标,经过专家工作小组及招标委员会仔细认真的评审,按照相关法规的规定以及公正、公平、公开的原则,推荐并报备了贵州省公路工程总公司等16家企业为路基工程中标单位。

路面工程:2006年1月17日,贵州高速公路开发总公司在中国采购与招标网和《中国经济导报》上发布路面工程招标公告,18家企业报名,经评审报备共9家通过资格预审。2006年5月9日进行公开招标后,贵州省桥梁工程总公司、贵州省公路工程公司成为路面工程中标单位。

交通工程:2006年6月9日和10日,贵州高速公路开发总公司分别在中国采购与招标网和《中国经济导报》上发布交通工程招标公告,16家单位报名,经评审报备有7家通过资格预审。2006年12月19日进行公开招标后,广东新粤交通投资有限公司、贵州省交通工程有限公司成为交通工程中标单位。

绿化工程:2007年1月9日,在中国采购与招标网和《中国经济导报》上发布绿化工程招标公告,25家单位递交了47份资格预审文件。经评审报备,共有7家单位通过资格预审。2007年4月22日进行公开招标后,贵州绿地园林建设实业有限公司、贵州黔贵园艺景观有限公司成为绿化工程中标单位。

房建工程:2006年6月15日,在中国采购与招标网上发布招标公告,共有9家单位递交了14份招标文件。经评审报备共有6家通过资格预审。2007年2月28日进行公开招标后,贵州省公路工程总公司、贵州建工集团第五建筑工程公司成为房建工程中标单位。

机电工程:2007年6月23日,分别在《中国经济导报》《中国交通报》和中国采购与招标网上发布机电工程招标公告,18家单位报名,采用资格后审。2007年7月16日进行公开招标后,广东新粤交通投资有限公司成为机电工程中标单位。

扎南高速公路工程监理采用国内公开招标形式。

路基工程监理:2005年4月14日,通过《中国经济导报》和中国采购与招标网发布了路基监理公开招标通告,全国共有22家监理单位报名。经过评审报备,贵州陆通公路工程监理有限责任公司等12家企业通过资格预审。同年8月2日公开招标,专家工作小组及招标委员会按照相关法规的规定及公正、公平、公开的原则,推荐北京华通公路桥梁监理咨询公司等6家企业为路基监理中标单位。

路面工程监理:2006年3月24日,在中国采购与招标网和《中国经济导报》上发布路面监理招标公告,6家企业报名,采用资格后审方式。同年4月26日进行公开招标后,贵州科达公路工程监理咨询有限公司等2家成为路面监理中标单位。

交通工程、绿化工程、站点建设监理:2006年7月25日,在中国采购与招标网和《中国经济导报》上发布监理招标公告,5家单位报名,采用资格后审方式。同年8月21日进行公开招标后,贵州科达公路工程咨询监理有限公司成为交通工程、绿化工程、站点建设监理中标单位。

机电工程监理:2007年6月22日,在《中国经济导报》和中国采购与招标网上发布机电工程监理招标公告,6家单位报名,采用资格后审。同年6月23日进行公开招标后,重庆中宇工程咨询集团有限公司成为机电工程中标单位。

贵遵公路扎佐至南白段改扩建工程参建单位见表6-36。

贵遵公路扎佐至南白段改扩建工程参建单位 表6-36

K36+300~K120+821.8

参建单位	单 位 名 称	合同段编号及起止桩号	主要负责人
项目管理单位	贵州高速公路开发总公司	K36+300~K120+821.8	何东
勘察设计单位	中交第二公路勘察设计研究院	K36+790~K128+500	汪爱兵
	北京交科公路勘察设计研究院有限公司	K36+790~K128+500	马俊峰
施工单位	中铁七局集团有限公司	1. K36+300~K47+203.11	寇小军
	山西路桥建设集团有限公司	2. K47+203.114~K56+000	陈自力
	中铁一局集团第四工程有限公司	3. K56+000~K60+779.51	王建兴
	贵州省公路工程总公司	4. K60+779.51~K62+980	田洪松
	路桥集团第一公路工程局	5. K62+980~K65+360	方步云
	中铁二十二局集团第四工程有限公司	6. K65+360~K68+460	曾佰孝
	贵州省公路工程总公司	7. K68+460~K70+980	王伯航
	路桥集团第一公路工程局第五工程公司	8. K70+980~K73+940	李清带
	山东省公路工程总公司	9. K73+940~K81+161.37	王春

续上表

参建单位	单位名称	合同段编号及起止桩号	主要负责人
施工单位	贵州省桥梁工程总公司	10. YK80+964.858（ZK81+157.42）~ YK84+400（ZK84+600）	麻开勇
	北京市海龙公路工程公司	11. YK84+400（ZK84+600）~ K91+860	马利
	贵州省公路工程总公司	12. K91+860~K93+550	金书滨
	路桥集团第二公路工程局第一工程处	13. K93+550~K97+560	孙术学
	北京城建道桥工程有限公司	14. K97+560~K98+940	仲建军
	天津城建集团有限公司	15. K98+940~K106+600	曾杰
	吉林省交通建设集团有限公司	16. K106+600~K120+821.80	刘忠吉
	贵州省公路工程总公司	17. K36+300~K81+161.37	杨庭林
	贵州省桥梁工程总公司	18. K81+161.37~K120+821.8	肖锡康
	广东新粤交通投资有限公司	19. K36+300~K76+000	廖朝晖
	贵州省交通工程有限公司	20. K76+000~K120+821.800	曹谦
	广东新粤交通投资有限公司	21. K36+300~K120+821.800	沈炳明
	贵州省公路工程总公司	23. K36+300~K76+000	朱小欧
	贵州建工集团第五建筑工程公司	24. K76+000~K120+821.800	朱小欧
	贵州绿地园林建设实业有限公司	25. K36+300~K76+000	邹刚
	贵州黔贵园艺景观有限公司	26. K76+000~K120+821.800	周捍宏
监理单位	北京华通公路桥梁咨询监理公司	A. K91+860~K93+550	汪嘉铨
	安徽省科兴交通建设工程监理公司	B. K36+300~K60+779.51	余平
	北京华通公路桥梁咨询监理公司	C. K60+779.51~K68+460	刘启亮
	河北华达公路工程咨询监理有限公司	D. K68+460~K81+161.37	周俊安
	贵州科达公路工程咨询监理有限公司	E. YK80+964.858（ZK81+157.42）~ K97+560	张逆
	贵州陆通公路工程咨询监理有限公司	F. K97+560~K120+821.80	古红兵
	贵州科达公路工程咨询监理有限公司	G. K36+300~K81+161.37	畅建生
	贵州省交通建设咨询监理有限公司	H. K81+161.37~K120+821.8	曹惠平
	贵州科达公路工程咨询监理有限公司	I. K36+300~K76+000	华正德
	贵阳交通工程监理站	J. K76+000~K120+821.800	杨明月
	重庆中宇工程咨询监理有限责任公司	K. K36+300~K120+821.800	周武建
中心试验室	贵州省公路局试验检测中心	K36+300~K120+821.8	周中苹

(6) 征地拆迁

扎南公路的征拆工作，由省交通厅分别与相关部门签订征地拆迁协议书，国土、各级政府等部门组成相应的征地拆迁办公室，具体负责项目的征地拆迁工作。总监办的征拆工作由书记牵头，工会主席协助，各现场代表具体操作协调解决与当地政府相关部门的征地拆迁和路地矛盾。

扎南公路的建设共征用土地 5981 余亩,其中:修文县 916 亩,息烽县 3225 亩,遵义县 1840 亩。拆迁房屋:修文县 6643m²,息烽县 48900m²,遵义县 61453m²。

土地严格按《中华人民共和国土地法》的相关要求办理相关手续,报请国土资源部批准后再合法使用土地,主要耕地的补偿达到《中华人民共和国土地法》的标准,项目建设用地控制在批复的范围内。房屋拆迁标准报请省人民政府批准后实施,通信管线的迁移等工作严格按相关程序办理。按照中央关于"三农问题"的精神,凡涉及农民的生产和生活设施因公路建设损害的,及时给予解决。总监办每月对工程计量资料进行复核审定后按时报送总公司,总公司在规定的时间内及时将计量款支付到各承包人。同时,总监办与各承包单位签订了不准拖欠农民工工资的承诺书,要求承包人必须按时发放农民工工资,不得拖欠,否则将予以重处。

(7)重大变更

扎南公路主要有四项变更。一是第 2 合同段 K47+203.114~K56+000,根据扎南公路总监办〔2006〕089、〔2007〕005、〔2007〕032 号文件及 ZN-166 号工作联系单,对原设计路基防撞墙设置原则进行了调整,变更金额为 -1865133 元。二是第 2 合同段 K47+203.114~K56+000 由于上级文件或施工承建范围等原因,施工图设计中已归入 0 号台账的部分工程数量承包人未予以实施,通过变更予以核减;部分 0 号台账工程数量录入错误,通过变更予以调整;ZNJL-02-015 号变更令强夯工程数量有误,通过变更予以调整;以上变更金额为 -1464100 元。三是第 13 合同段 K94+660~K94+800 左侧挖方按原设计坡比 1:0.5 开挖时,边坡坡顶出现多道裂缝,并有塌方滚落,确定将边坡坡比变更为 1:1,坡脚设 2m 宽平台,离坡脚每隔 10m 高处设一道 1m 宽平台。按第一次变更施工完成后,该段边坡再一次发生塌方,经扎南总监办、设计院代表组、E 标驻监办及十三标项目负责人等现场一同勘查,确定将该段边坡由三级边坡调整为四级边坡,第一、二、三级边坡比为 1:1.25,边坡上留 2m 宽平台,第四级边坡比为 1:1.5。截水沟按原设计图纸及第一次变更于边坡开挖前完成,边坡放缓时需拆除。变更金额为 +1501752 元。四是总监办为支持地方经济建设、减少征地,应乌江镇政府要求,有会议纪要精神,确定将第 13 合同段 K94+660~K94+800 段左侧弃方全部运至乌江镇用于文化广场场坪建设,产生弃方超运,变更金额为 +1528742 元。

(8)交(竣)工

2007 年 12 月 29 日,贵州高速公路开发总公司在遵义县主持召开重庆至湛江国道主干线贵阳至遵义公路扎佐至南白段改扩建工程交工验收会议。贵州省交通厅、贵州高速公路开发总公司、贵州省交通建设工程质量监督站、贵州省交通科学研究院、中交第二公路勘察设计研究院有限公司、遵义市指挥部、遵义县指挥部、扎南公路总监办以及施工、监理、监控、中心试验室等单位参加了交工验收会议。参加验收会议的代表在扎南公路现场进行了认真检查,并在遵义县召开的交工验收会议上听取了建设、设计、施工、监理及监控单位所做的总结汇报、贵州省交通建设工程质量监督站关于本项目的质量检测报告以及与会领导、代表的意见和建议。经验收委员会认真研究、讨论,原则同意重庆至湛江国道主干线贵阳至遵义公路扎佐至南白段改扩建工程通过交工验收。

3. 科研和新技术应用

(1) 粉煤灰在大体积混凝土及高墩混凝土中的应用

不仅有效解决了大体积混凝土的水化热问题,同时也解决了高空输送混凝土和易性的问题。乌江大桥主墩承台2600余立方米混凝土一次浇筑,151m高墩混凝土的浇筑成功,直接得益于粉煤灰技术的成功运用。

(2) 高路堤及半幅加宽路基的处理

采用兰派公司的强夯冲击式压路机对全线高路堤及半幅加宽路基进行二次碾压,并对大平坡高填方在填筑初期采用了自行式强夯机进行强夯处理,有力地保障了路基的压实度和稳定性。

(3) 绿化

采用喷射厚层基材植被等形式多样、效果明显的绿化形式,确保公路与沿线自然景观相融合。

(4) 噪声污染的处理

在设计阶段即对噪声敏感点进行了声屏障设计,有效地解决了噪声污染的问题。

(5) 预应力成孔工艺对孔道摩擦系数的影响及预应力损失的研究

乌江大桥上开展该项课题,项目完成后该项成果应用到其他预应力桥梁中,对预应力桥梁的施工起到指导性作用。

(6) 桩基检测

对于桩基深测管检测问题,检测孔道采用抽拔管成孔的工艺得到了成功应用,有效地提高了工作效率,降低了成本。

(7) 路面稀浆封层技术

路面结构首次采用了稀浆封层技术,路面粗集料采用了抗滑、抗磨耗性能好的玄武岩,并首次全路段采用改性沥青铺筑上面层,以进一步提高沥青混凝土路面的使用寿命。

(8) 路面排水系统

本项目的路面排水设计系统完善,特别是针对超高路段的路面积水采取了增设纵向排水管、集水井及横向排水管的方式,有效地解决了超高路段路面积水的问题,消除了安全隐患,为运营阶段的行车安全提供了有力保障。

4.营运管理

全线在乌江设Ⅰ类服务区 1 处(与贵遵线共用),在久长设Ⅱ类停车区 1 处(与贵遵线共用)、匝道收费站 6 处(表6-37)、桥隧管理站共计 2 个,应急保畅中队共计 3 个。监控管理所共计 1 个,养护站共计 3 个。建成通车时间为 2007 年 12 月 31 日,批准收费时间为 2007 年 12 月 28 日,批准收费终止时间为 2035 年 7 月 1 日。2007 年 12 月至 2010 年 1 月,贵遵段收费总计为 1893005441.27 元。2010 年 1 月至 2015 年 8 月,收费总金额为 512902.535 万元,车流量共计 90055565 辆。主要大修工程:G75(贵州境贵遵段)息烽匝道互通立交 A 匝道滑坡处治,大修时间为 2013 年,大修金额 199 万元;兰海高速公路贵州境忠庄至南白(K1225+000~K1236+200)路侧波形梁护栏改造,大修时间为 2014 年,大修金额 2107 万元。

收费站点设置表　　　　　　　表6-37

站点名称	车道数	收费方式
小寨坝站	2 进 4 出(含 ETC 车道 1 进 1 出)	联网收费
息烽站	2 进 4 出(含 ETC 车道 1 进 1 出)	联网收费
久长站	2 进 4 出(含 ETC 车道 1 进 1 出)	联网收费
乌江站	2 进 4 出(含 ETC 车道 1 进 1 出)	联网收费
三合站	2 进 4 出(未设置 ETC 车道)	联网收费
南白站	3 进 3 出(未设置 ETC 车道)	联网收费

(四)G75 兰海高速公路扎左至尖坡段

G75 兰海高速公路扎左至尖坡段属于贵阳至遵义汽车专用公路中一段。详见 G75 兰海贵阳至遵义汽车专用公路。

(五)G75 兰海高速公路尖坡至笋子林段

G75 兰海高速公路尖坡至笋子林段与贵阳东北绕城公路共线,详见 G6001 贵阳东北绕城公路。

(六)G75 兰海高速公路笋子林至下坝段

G75 兰海高速公路笋子林至下坝段与贵阳绕城高速公路共线,详见 G6001 贵阳绕城高速公路。

(七)G75 兰海高速公路贵阳至新寨高等级公路

1.基本情况

(1)项目决策背景及过程

贵州省位于中国西南腹地,北连四川,南接广西、东邻湖南,西界云南,是临近省区优势互补、协同发展、密切交往的要冲之一,是北进长江、南出大海的中继地带,具有重要地理位置和交通作用。贵州省旅游资源丰富,地质成矿条件完备,工业前景十分广阔,具有突出的潜在优势,是国家"八五"规划的重点建设地区之一。长期以来,由于地处边远、交通不便、起步点低、发展缓慢,"以运限产"局面始终束缚着国民经济的发展速度,穷困落后面貌未能得到彻底改变,交通滞后成为亟待解决的重大问题。贵新公路作为西南向出海通道的重要组成部分,对川、黔、滇、湘、桂等五省份社会经济发展、资源优势互补、密切相互交往起着极大的推动作用。原有黔桂公路全长303.6km,其中基本符合三级标准的路段长37.1km,四级181.1km,等外85.4km,分别占总数的12.22%、59.65%和28.13%,技术标准普遍偏低,加上频繁穿越城镇、村寨,与黔桂铁路平交冲突点达17处之多,公路平面交汇更多,人车混行,属于无组织交通状态。贵阳至马场坪段的拥挤度为1.17～1.54;马场坪至新寨段达1.54～2.50,已呈超饱和状态。原有的黔桂铁路黔境段长309.1km,由于地形所限加上修建时,技术标准偏低,通过能力不足,属于等外级线路,长期处于超负荷运行状态,经济发展受到制约。

为缓解原有道路的交通压力,改善西南地区的交通条件,振兴与发展区域经济,及时推进"通江达海"的交通建设,贵州省交通厅根据交通部关于"西南和华南部分省区交通运输布局规划基本思路",相应制定了《贵州省公路、水路通道建设布局规划设想提纲》和《贵州省交通通道布局规划设想(1996～2005年)》,并于1992年5月11日,以黔交计〔1992〕66号文下达了贵新公路建设的预可行性研究任务。

(2)公路的功能、定位、里程

贵阳至新寨高等级公路是国家规划的重庆至湛江国道主干线西南出海通道贵州境内南段,也是贵州省规划建设的"二横二纵四联线"公路主骨架中的重要路段之一。根据国家公路网规划(即"71118"网),贵阳至新寨高速公路大良田至下坝段与G60沪昆高速公路共线。贵新全线长260km,其中贵阳至都匀143km为四车道全封闭、全立交高速公路,都匀至新寨117km为全封闭、全立交二级公路,沥青混凝土路面,设有标志、标线、防撞护栏、隔离栅、反光道钉、夜间视宽轮廓标、中分绿化隔离带等交通安全设施,还设有光缆传输、程控交换及紧急电话系统,对收费广场、收费车道实施全方位监控。

(3)技术指标

全线行车速度设计为60km/h。一级公路按山岭重丘区标准建设,路基宽度21.5m,路面净宽2×9.5m;最小平曲线半径125m,最大纵坡6%。二级公路按二级汽车专用公路标准建设,路基宽度12m,桥面净宽11m,最小平曲线半径125m,最大纵坡7%,隧道净宽9.25m。全线设计荷载为汽车—超20级、挂车—120。

(4)投资规模

贵新公路是贵州首次采用国际通用的FIDIC条款进行施工建设管理的高等级公路。

该项目总投资 48.46 亿元。

(5) 主要控制点

起于贵阳市花溪区下坝,通过贵阳东出口高速公路与贵阳市区相连,向南途经龙里、贵定、马场坪、大良田、都匀、独山、麻尾,在桂黔交界的新寨与广西六寨至水任公路相连接,全长 260km。

(6) 沿线主要地形地貌

贵新公路沿线区域属亚热带湿润季风气候,年平均降水量为 850~1600mm,年平均气温为 15℃。全路段位于西南台地黔南凹陷区,自古以来长期处于下降接受沉积阶段,岩性以碳酸盐岩为主,碎屑岩次之。全路段为山岭重丘区,在海拔 1400m 至 800m 间起伏波动,以岩溶中低山地形为主,侵蚀地貌次之。地震烈度为Ⅵ度。全区内河流属乌江水系,呈典型的峡谷,河床深陷,镶嵌于崇山峻岭之间,岸壁陡峭,水量小,季节变化大。

(7) 主要构造物

全线完成桥梁 198 座、23702 延米,涵洞 1124 道、32523 延米。全线植草 255.5 万 m^2,栽植乔灌木 33.9 万株,种植爬藤植物 6.5 万株。

2. 建设情况

(1) 立项审批

1992 年 11 月,贵州省交通规划勘察设计院与华杰工程咨询有限公司共同编制完成贵新公路的预可行性研究报告。1992 年 11 月 25 日,贵州省人民政府以黔府通〔1992〕266 号文,即《省人民政府关于贵阳至南宁公路黔境段路线走向方案的批复》批准了路线走向与路线标准。1994 年 3 月 18 日,国家计划委员会以计交能〔1994〕305 号文,即《国家计委关于贵阳至新寨公路项目建议书的批复》批准了项目建议书,同意修建贵阳至新寨高等级公路。

1993 年 5 月 19 日,贵州省交通厅以黔交计〔1993〕39 号文委托交通部公路科学研究所承担贵新公路建设项目的环境影响评价工作。9 月 10 日,国家环保局在北京主持召开环评大纲技术评审会,并以环监建〔1993〕235 号文提出对环评大纲(由交通部公路科学研究所和协作单位西安公路学院共同编制)的审查意见。1994 年 4 月,交通部公路科学研究所根据审查意见编制完成《环境影响报告书》。报告书从自然环境、生态环境、社会环境、生活质量价值、大气环境、声环境等方面做了评价,确认贵新公路的建设和营运不会对沿线环境造成较大的污染影响,其推荐方案既有效地保护了贵州省茂兰自然保护区(国家级),又能够产生巨大的社会效益和经济效益,建议贵新公路尽早建成。

1994 年 12 月,贵州省计划委员会、贵州省交通厅依据国家计委对建议书的意见编制完成《贵阳至新寨公路可行性研究报告》。1996 年 1 月 23 日至 28 日,中国国际工程咨询公司受国家计委委托,组织专家在贵阳市召开了《贵阳至新寨公路可行性研究报告》现场评估调研会,提出评估意见。1996年10月25日,国家计划委员会以计交能〔1996〕2308号文即《国家计委关于审批贵阳至新寨高等级公路可行性研究报告的请示》将贵新公路可行性研究报告的批复意见报送国务院。1997年1月7日,国家计划委员会以计交能〔1997〕24号文《印发国家计委关于审批贵阳至新寨高等级公路可行性研究报告的请示的通知》批复了可行性研究报告。

(2)勘察、设计

贵新公路沿线地形、地质条件十分复杂,加上路线长、标准高的要求,给设计工作带来了一定难度。但承担贵新公路设计工作的贵州省交通规划勘察设计研究院克服种种困难,针对地形实际情况,合理运用技术标准,经过室内外反复比较论证,完成了难度较高的设计工作,提交了较完整的设计图纸。

整个设计路线舒适、顺畅,走向合理,动作标准得当。桥梁、路面设计合理,防护排水及交通安全设施较完善,注重环保设计,为建设高水平的贵新公路提供了良好条件,体现了贵州省高等级公路设计的新水平。

1997年3月18日,省交通厅以黔交计〔1997〕37号文向交通部报请审批贵阳至新寨公路初步设计文件。6月3日交通部以交公路发〔1997〕336号文《关于贵阳至新寨公路初步设计的批复》批复初步设计。交通部公路管理司以公建字〔1997〕180号文《贵阳至新寨汽车专用公路项目招标文件的批复》批复了贵阳至新寨公路的招标文件。7月9日贵州省审计厅以黔审意投〔1997〕50号文《贵州省审计厅关于贵阳至新寨公路建设项目的开工前审计意见书》对项目进行了开工前审计,同意向国家申报开工审批手续。同年7月,贵州省计委、省交通厅以黔计投资〔1997〕475号文向国家计委报送《关于请示国家批准贵阳至新寨公路项目开工建设的报告》。11月25日国家计划委员会以计投资〔1997〕2331号文《国家计委关于下达1997年基本建设新开工大中型项目补充计划的通知》批准了贵新公路开工,贵新公路进入了全面施工阶段。

(3)施工、监理

贵定西门河大桥是贵新公路第四标段上最大的桥墩,桥长450m,宽21.5m。常规工期要一年半,而上级要求10个月建成。全桥68根桥桩,仅三个月就完成57根,完成工程量接近全部工程量的40%。承担大桥施工任务的贵州省桥梁工程总公司第七工程处处长汪滔表示:"要加快工程进度,又要按科学规律办事,关键的一点是不能有等靠要的思想,要抢时间,立足现有的条件想办法先干起来。"大桥每根桥桩高30多米,进场初期,混凝土输送泵尚未运到,施工单位没有等待输送泵到了再浇灌,而是想办法用吊车和立井字架的方法抓紧时间施工。方法虽原始,也多费了不少劲,但进度得到保证,质量也符合了要求。

现代化的机械设备广泛应用在贵新公路建设中。有无一流的现代化筑路机械设备,在贵新公路招标时曾作为施工企业有无投标资格的必备条件之一。贵新公路中标单位均为国家一级施工企业,各家企业均投入了大量最新最好的设备,仅贵州省桥梁工程总公司和贵州省公路工程总公司两家企业投入的机械设备就达到本单位设备总量的60%以上。除了机械设备外,工程的科技含量的加大、施工工艺的革新都促进了工程进度。

加快速度与讲求质量并举是贵新公路建设的一大特点。工程建设实行"政府监督、社会监理、企业自检"三层式质量保证体系。由省质监站派驻质监小组分别驻贵定、都匀两处;由公开招标中标的七家社会监理公司驻地监理;由十二个项目经理部的质检部门负责各合同段的质量自检工作,层层把关,确保工程质量的落实。

贵新公路建设初期,省交通厅领导明确指出"加快建设速度的成败在于工程质量",强调要在保证质量的前提下加快工程进度。制定奖惩措施,对按要求完成质量进度的施工单位,省厅将奖励工程投资金额的1%,否则将倒罚1%,并清退出贵新公路建设现场。在组织措施上,组织了强有力的施工监理队伍,平均每公里设有监理人员一名。要求建设单位代表、驻地监理工程师必须常驻工地,协调处理施工过程中出现的问题;对有可能影响到工程质量的水泥、钢材等物资由省交通物资总公司统一供应,但价格必须在市场价以下。措施明确具体,保证了工程的质量和进度。

修建高等级公路不仅投资额大、技术性强,对质量的要求也很高,贵州高速公路开发总公司把切实保证工程质量视为贵新项目建设的关键。为此,督促施工单位认真制定包括质量措施在内的施工组织设计,大力推行全面质量管理,完善质量保证体系,并在这方面做了以下工作:采用强大的机械化施工手段保证质量和工期,加快工程进度,提高经济效益;抓好施工单位管理人员及机具到位情况,凡未按招标投标文件规定到位的拒发开工令;各施工单位也均配备专职监理人员和质检人员,保证自检工作;明确监理是公路建设质量保证的关键,驻地监理的业务能力、公正客观的工作态度、廉洁奉公的职业道德、丰富的管理经验、严谨求实的作风是有效控制工程投资、质量、进度的保证,赋予监理工程师"认可计量支付、工程变更、质量否决"的权利。

项目全线设置两个中心试验室——贵阳中心试验室和都匀中心试验室,由省交通科研所负责管理,添置近130多万元的新设备以充实原来的试验室,建成贵州省交通厅最先进、完善的检测试验中心,起到强化政府监督手段的作用。由此贵州省交通建设工程检测试验手段和技术跃上一个新的台阶。

环境保护与人类的生存发展密不可分。贵新公路在建设中认真贯彻落实了环境与经济、社会协调发展的方针,重点考虑了水土流失、防噪、防尘、绿化、景观等环保设施,对环境的保护给予了充分的重视。交通部公路科学研究所对贵新公路建设项目进行环境影响评价并编制环境影响报告书(以下简称"报告书")。1995年2月国家环保局以国环监字108号文批准了《贵阳至新寨汽车专用公路(重庆—南宁公路黔境段)环境影响报告书》。

贵新公路的环保、水保设施在设计和施工上与主体工程同时(或提前)进行。按照报告书及国家环保局对报告书的批复意见,采用了大量的工程防护环保措施。

为保证路基的稳固,防止雨水对边坡的冲刷,对路堑、路堤边坡等因地制宜分别采用抗滑桩、锚桩墙、岩土锚索、喷射混凝土、挡土墙、护面墙、网格护坡柔性防护网等进行防护。对石方段采用光面爆破并设置截水沟、导流槽,在路基两侧设置边沟。路基跨越沟壑则采用桥梁、涵洞构筑一个完善的疏排水系统。全线完成桥梁198座、23702延米,涵洞1124道、32523延米。

集中处理废方。在路基设计与施工中,注意土石方挖填平衡,对不可避免出现的废方,则选择宽阔、低洼、不阻水的地方做废渣场,相对集中地处理废方,并根据需要设置废方场护坡、挡墙。在废方完成后,平整废土堆,恢复植被。部分废渣场通过压实,已作为交通工程服务区用地。

对不良地段作特殊处理。路基能避让的尽可能避让,以保护生态环境,防止水土流失。无法避让的采取特殊工程措施加以治理,如定东、谷蒙关采用抗滑桩、挡土墙、护面墙及挂网喷锚加以治理;马尚冲、南坳田采用挂网喷锚及抗滑桩、挡土墙等;螺丝冲处采用锚索及抗滑挡土墙、拦渣坝,利用废弃石方近5万 m^3 回填反压等综合治理,防止边坡滑塌。最大限度恢复自然地貌及植被,兼收稳定路基、改善河流的实效。

保护良田好土和天然沟渠。如观音阁大桥全长2km,沿山区河流修建,该桥两旁系黔桂铁路、湘黔铁路、珠六铁路以及320国道公路。该桥设计、施工很好地利用了地形,保护了天然河流,维护了铁路安全,同时与环境协调、美观,节省了投资,缩短了工期。

在施工过程中加强管理。例如先桥、涵、通道,后路基,就是在保持原地形情况下,桥、涵、通道先施工,便于理顺水流,同时解决沿线居民交通事宜,在路基全面展开时还可减少干扰。在开挖路基时,先修截水沟再全面开挖。填方段则按设计先修构造物,然后分层填筑、分层碾压,既防止了水土流失又保护了工程质量。

认真完善路基边坡、保障营运安全。贵新公路施工及通车试运行期间,充分重视路基边坡的治理,这既是稳定路基、防止水土流失的需要,也是确保营运安全的需要。为此,施工中根据岩土地质情况、边坡高度,采用不同坡率的分级边坡,设置"马道"、急流槽。填方边坡全面采用砌石边坡或网格护坡。挖方护坡则视岩土结构、高度情况采用挡墙、护面墙,并全面推行石方预裂光面爆破,特殊地段进行专项治理,效果是明显的。但是,由于受投资控制,相当多的边坡仍未作防护处理。在雨水冲蚀、风化作用的影响下,部分边坡岩土松散、零星坍塌,影响行车安全。为此,组织了全线路拉网式专项检查、组织相关方面专家逐段分析研究,按照技术可行、经济合理原则,确定了完善边坡稳定的方案,即:全面检查;清理边坡危、悬石;对部分边坡实施锚挂浸塑铁丝网,或拦渣网的柔性防护;对部分边坡实施挂网喷锚;对坍塌较严重的采用支、挡、锚的工程治理;对大多数的边坡采取植草、种植灌木的生物防护措施。收到了稳定边坡、美化路基、有利环保、保障行车安全的良好效果。

贵新公路在修建过程中对于生物防护与景观绿化工程始终秉承尽善尽美、精益求精的原则,并一改过去只重建设不重环保的观念,加大了用于环境保护方面的投资,聘请有丰富经验的设计单位进行生物防护与景观绿化工程的设计,并通过国内公开招标的形式优选承包人。经过紧张施工,贵新公路绿色长廊已初具雏形。贵新公路生物防护与景观绿化工程施工图设计原则贯穿了植物造景思想和生态文化理念,并结合沿线的地形地貌及气候条件,对道路中分带、弃土场、互通式立交、边坡进行了详细的布置和设计,绿化树种的选择也在保证适应本地气候条件、满足使用功能的情况下尽量考虑美感。本项目中央分隔带共计141.780km,为了减少单调感,设计以3km为一个单元,采用多种方案,多种植物进行轮载,既免除行车疲劳感,又增加景观层次,所选植物有毛叶丁香、金叶女贞、海桐、红花继木等;弃方地土质较差,设计对喷播草籽为主,以达到绿化固土的目的,并片植乔木以形成丛林景观,乔木种植主要选择樱花、香樟、广玉兰、黄花槐等;互通式立交范围以大面积草坪为主体,以图案式的几何弧线为主要的构图因素,或以本地有特色的乔灌木为主,成片成林种植,图案简洁、有气势、动感强烈,亦与立交道路线形相协调,除图案的形式美外,还赋予图案的内涵美。在设计中还考虑了石方挖方边坡的绿化,主要种植爬墙虎、中华常春藤、迎春等爬藤类植物,既美化了环境又起到稳固边坡的作用。贵新公路全线植草255.5万m^2,栽植乔灌木33.9万株,种植爬藤植物6.5万株。

(4)资金筹措

交通部批准贵新公路建设投资资金概算为48.46亿元。其资金构成为:交通部用车购费安排10.62亿元,国内银行贷款4亿元,省自筹21.35亿元(含交通规费安排、省财政投入等),日本海外协力基金贷款1.5亿美元(折合人民币12.45亿元)。

1996年1月18日至30日,日本海外经济协力基金项目促进代表对贵新公路进行了实地考察。在确认公路建设方案可行,贷款条件成熟后,于1月31日在北京与贵州省交通厅签署了贷款备忘录。这是贵州省第一次利用外资修建公路,是贵州省为加快交通建设筹措资金,提高公路施工管理水平以及和国际通用的、先进的管理方法接轨的一项举措。

(5)招标投标

交通部报送的贵新公路初步设计方案经国家计委批准后,贵州高速公路开发总公司立即严格按照交通部有关招投标工作的规定,进行了项目的招投标工作,这是贵州省交通建设中首次实行国际招标选择承包商。1997年6月至11月进行了路基工程的招投标工作,经过专家工作小组的评审,北京燕通公路工程公司、铁道部第十九工程局、中国葛洲坝水利水电工程集团公司、贵州省桥梁工程总公司、中国公路桥梁建设总公司、贵州省公路桥梁建设总公司、北京市公路桥梁建设公司、上海徐汇市政工程有限公司八家单位为贵新公路项目112合同段的中标单位。中标单位均为公路施工一级企业。1999年11月至12

月进行了路面工程和交通工程的招投标工作,贵州省桥梁工程总公司、贵州省公路工程总公司、上海徐汇市政工程有限公司为中标单位。2000年7月至10月进行了绿化工程和站点、房建工程的招投标,厦门市厦生园林绿化工程有限公司和贵州省交通工程有限公司为中标单位。

贵新公路是贵州省第一个在全国范围内公开招标监理单位、第一个引进国外监理的交通建设项目。贵新公路建设全面试行了业主法人责任制、招投标制、工程监理制、合同管理制。采用国内有竞争型公开邀请招标方式,选择有资质、有能力、有独立性的监理单位进行项目驻地监理。1997年7月10日至1998年3月30日进行了监理招投标工作。经过严格的招投标程序和资质审查,最后确定贵州省交通建设咨询监理有限公司、西安方舟工程咨询监理有限责任公司等7家监理单位中标。除重庆安宏公司为乙级资质,其余均为甲级监理资质。施工驻地监理人员达225人,其中高级工程师51人,工程师99人,中级职称以上150人。

贵州高速公路开发总公司还按照日本海外经济协力基金与交通部签署的《贵阳—新寨公路项目谈判备忘录》的意见,邀请三家国际资深外国监理公司参与咨询监理遴选,经比选后,聘请美国路易斯·伯杰国际工程公司的咨询专家专家对贵新公路进行全项目的质量监理和原材料质量的监控,向业主定期提供质量检查备忘录。从不同角度加强监控,确保贵新公路的工程质量。

贵新公路全部参建单位见表6-38。

贵阳至新寨公路参建单位表 表6-38

通车里程桩号:K0+000~K258+384.32

参建单位	单位名称	合同段编号	起止桩号	主要负责人
项目管理单位	贵州高速公路开发有限公司		K0+000~K258+384.32	陈才琳
勘察设计单位	贵州省交通规划勘察设计研究院		K0+000~K258+384.32	陈龙
施工单位	北京燕通公路工程公司	1	K0+000~K20+463.722	罗继林
	铁道部第十九工程局	2	K20+463.722~K34+300	冯宁宇
	中国葛洲坝水利水电工程建设集团总公司	3	K34+300~K48+318.776	洪云
	贵州省桥梁工程总公司	4	K48+311.509~K61+085.000	罗压西
	贵州省桥梁工程总公司	5	K61+085~K77+624.24	罗压西
	中国路桥集团总公司	6	K77+624.24~K94+100	候耀
	中国路桥集团总公司	7	K94+100~K109+231.894	李纪全
	贵州省公路工程总公司	8	K109+231.894~K122+618.686	符梦熊
	贵州省公路工程总公司	9	K119+528.189~K141+780	方建云
	贵州省桥梁工程总公司	10	K141+780~K174+197.31	胡绍刚
	北京公路桥梁工程公司	11	K174+197.31~K218+638.322	田墨林

第六章 贵州高速公路

续上表

参建单位	单 位 名 称	合同段编号	起 止 桩 号	主要负责人
施工单位	贵州省公路桥梁工程总公司	12	K218+247.441～K258+384.323	林家乐
	贵州省桥梁工程总公司	13	第一段 K0+000～K77+624.24 一级汽车专用公路，第二段 K141+780～K193+134 二级汽车专用公路	王青书
	贵州省公路工程总公司	14	一级线 K77+624.24～K141+780，二级线 K193+134～K258+384.32	方建云
	上海徐汇市政工程有限公司	15	K0+000～K258+384.22	徐才兵
	厦门市厦生园林绿化工程有限公司	18	K0+000～K77+624.24/K141+780～K193+134	翁兴旺
	厦门市厦生园林绿化工程有限公司	19	K77+624.42～K141+780/K193～K258+384.32	翁兴旺
	贵州省交通工程有限公司	20	K0+000～K258+384.22	宋平
监理单位	贵州省交通建设咨询监理有限公司	1	K0+000～K20+463.722	好会文
	贵州省交通建设咨询监理有限公司	2	K20+463.722～K34+300	徐平
	西安方舟工程咨询监理有限公司	3	K34+300～K48+318.78	张智广
	北京中通公路桥梁工程咨询发展有限公司	4	K48+311.51～K61+085.000	张玉柱
	北京中通公路桥梁工程咨询发展有限公司	5	K61+085.000～K77+624.24	张玉柱
	重庆安宏公路工程监理咨询有限责任公司	6	K77+624.24～K94+100	王吉祥
	贵州科达公路工程咨询监理有限公司	7	K94+100～K109+231.894	许必隆
	贵州陆通公路工程监理有限责任公司	8	K109+231.894～K122+618.686	程焕达
	贵州陆通公路工程监理有限责任公司	9	K119+528.189～K141+780	古红兵
	贵州省交通建设咨询监理有限公司	10	K141+780～K174+197.31	徐成宇
	北京华通公路桥梁监理咨询公司	11	K174+197.31～K218+638.18	张文华
	贵州省交通建设咨询监理有限公司	12	K218+638.18～K258+384.32	曹远平
	贵州陆通公路工程监理有限责任公司	13	第一段 K0+000～K77+624.24 一级汽车专用公路，第二段 K141+780～K193+134 二级汽车专用公路	古红兵
	北京华通公路桥梁监理咨询公司	14	一级线 K77+624.24～K141+780，二级线 K193+134～K258+384.32	木继华
	贵州省交通建设咨询监理有限公司	15	K0+000～K258+384.22	好会文
	贵州陆通公路工程监理有限责任公司	18	K0+000～K77+624.24/K141+780～K193+134	夏建勇
	北京华通公路桥梁监理咨询公司	19	K77+624.42～K141+780/K193～K258+384.32	崔兰惠
	贵州省交通建设咨询监理有限公司	20	K0+000～K258+384.22	杨照江
设计咨询单位	中国国际工程咨询公司			

(6) 重大变更

贵新公路位于贵州高原向广西丘陵盆地过渡的斜坡地带,地势北高南低,横亘苗岭,重峦叠嶂,沟壑纵横,地形起伏,十分复杂;喀斯特地貌构造发育,断层褶皱将岩体切割,岩体极为破碎,岩层中多夹软弱层,深挖路堑常出现边坡失稳等地质病害,再加上设计时限较短,地质勘探深度不够,所以在工程实施过程中发生了一定数量的设计变更,尤其在地质不良的设计修改较多。对设计方案的变更,贵州高速公路开发总公司领导持审慎态度,经现场详尽调查,取得第一手资料后,对设计方案进行反复论证,特别在开工前,由业主代表、总监办组织有关单位对施工图设计进行现场复查,重点工程还请国内有关专业单位、高等院校专家会诊,并报交通厅组织专家委员会审查后才确定方案。

如 K30+700~K30+925 段为含水率较高、厚度大于 4m 的软弱地基,施工中将原设计的 27m 高的加筋挡土墙改为 9 孔 20m 梁桥后,节省投资约 200 万元;K69+494~K69+590、K59+900~K70+030、K70+215~K70+385 等五段将原设计的加筋挡土墙改为浆砌重力式挡墙后,减少了工程投资,缩短了工期;K120+850~K121+100 高路堤,原设计为填高 23m,两侧挡墙高 18m,为了消化废方,改为矮挡墙护脚,既利于环保,又节省投资。经过对原设计方案的不断优化和完善,不仅稳定了路基,节省了投资,还利于环保,实施效果良好。把建设资金做了合理的投放,把工程投资降低到了最低程度,保证了贵新公路建设达到设计先进、功能适应、经济合理的要求。

3. 交(竣)工

1998 年 5 月 28 日,贵新公路正式开工建设。按省委、省政府的要求,一级路段路基合同工期为 20 个月(1998 年 5 月 28 日~2000 年 1 月 28 日),路面工程 2000 年 12 月底通车;二级路段路基合同工期为 24 个月(1998 年 5 月 28 日~2000 年 5 月 31 日),路面工程 2001 年 6 月底通车。为实现通车的目标,贵新公路自开工以后的短短几个月的时间里,全长 260km 的线路上,建设工作全面展开。作为大西南出海通道的组成部分和贵州公路建设的重中之重,高质量、快速度是贵新公路建设的一大特点。

2000 年 12 月 28 日,贵州高速公路开发总公司根据交通部《公路工程竣工验收办法》规定,组织省交通厅有关领导、基建处、计划处、档案室、省质监站、省交勘院、监理施工等单位组成贵新一级路段交工验收委员会,进行现场查勘,认真听取建设、设计、施工、监理、监督各方的总结报告后,评定质量等级优良,一致同意交工验收。

2001 年 6 月 25 日全线建成通车,时间比计划工期提前了一年半(批准建设工期 5 年),其中贵阳至都匀段高速公路于 2000 年 12 月 30 建成通车试运行。全线完成土石方 5100.77 万 m^3,防护及排水工程 310.29 万 m^3,桥梁 28084m/277 座,涵洞 37458m/1395 道,沥青混凝土 414 万 m^2。

贵新公路全线通车后,经济效益显著。每天通过贵新高等级公路南下、北上的客车和货车都成倍地增长,到荔波、都匀去旅游的人也比以前增加了一倍多。通过贵新公路,福泉的魔芋丝、都匀的盐酸等有特色的农副产品都可以很快地运送到贵阳以及销往省外。贵新高等级公路建成通车后的第一年,黔南州招商引资到位资金就达7.8亿元,比上年增加了1亿多元。

4. 复杂技术工程

项目沿线重峦叠嶂、沟壑纵横,喀斯特地貌发育、煤系地层众多,尤其是贵定至马场坪地段约50km路线穿越"黄丝大断裂"的南西盘,工程建设出现高填深挖方多、高边坡多、高挡墙多、高桥梁多、软弱地基多、地质病害多的"六多"特点。断层、褶皱将岩体切割得极为破碎,在建设过程中,不可预见的工程地质情况时有发生。这些突发情况严重影响了全线工程的进度,增加投资金额。建设者们依靠有丰富实践经验的老专家进行现场踏勘,采用了新工艺、新技术、新材料进行治理,保证并加快了工程的进度。

(1) 采用钻孔双液注浆帷幕堵水、水下挖孔桩施工

K45+566盘江大桥位于昌明至盘江向斜轴部位,受断层的影响,地层褶曲发育,局部地层有较大的错动,大桥桩基位于江水转折与其支流交汇处,江水由急变缓,上游携带物多沉积于此,沉积较厚且复杂,表现为松散的沉积卵石砂,其间夹透镜体流沙层。经现场踏勘,就冲击钻、回旋钻、沉井等施工设计方案从工艺、造价、工期等方面进行比选后,采用了钻孔双液注浆帷幕堵水、水下挖孔桩施工方法。这在贵州省公路建设中尚属首次使用,实施后收到了很好的效果,确保了工期和工程质量。

(2) 采用多种形式的抗滑桩和锚索进行滑坡治理

如框架式抗滑桩和锚索抗滑桩,在贵州省的公路建设中也属首次采用。K47+900~K48+318.776牟珠洞段,路基左侧毗邻S304省道,为谷地深挖路堑土石方量达18万m^3。最大中桩挖深24.9m,边坡高达50余米。该路段地质未进行详勘,在施工中地表下5m内为石灰岩,515m处则遇强风化岩、煤层,初期开挖边坡较稳,无异常情况。后来因暴雨汇水渗透造成泥石流,边坡滑坍,引起S304省道半幅路基开裂下沉,外侧滑裂线已发展至左上侧距中线242m处,裂缝沉降最大高差达12m,是路槽开挖临空而诱发的牵引式滑坍。根据治理进场、地质调绘及钻探表明,滑体最大厚度达30m以上,而该处地形无论是S304省道或新路均无移线改道的条件,只有就地处理。经反复研究比选决定左侧采用清方10万余立方米后,设四级支挡:在路基边缘设抗滑挡墙,路中线左侧30m、60m、100m设三排共75根抗滑桩,桩长1821m,桩径3m×2m矩形桩;左侧原设计路堑挡墙不能抵抗滑坡推力,墙体产生多处裂缝,采用在挡土墙后加设2m×2m桩长23.8m抗滑桩20根,每根桩上部设两根倾25°、长25.5m的预应力锚索。这样,滑坡得到了有效的治理,工程顺利进展。

K137+700~K137+800段火石坡段,为全挖断面路基,自然横坡35°~65°。覆盖层

厚310m,为细沙夹碎石土坡积物,基岩为石英砂岩夹泥(页)岩,砂岩中层状,坚硬,节理裂隙发育,单层厚0.2~0.5m。泥(页)岩薄层状,单层厚0.022m,风化严重,极易脱水崩解,有的已成土状夹于砂岩层中。地层走向为南北,倾向路基,倾角29°~40°。原设计未作特殊治理处理,施工路基成型后,发生边坡大面积垮塌,路基隆起开裂,滑坡右侧最远裂缝距路中心400余米,高差160余米。经进一步地质勘探,采用15根框架式抗滑桩,前后排桩均为3m×3m,桩长17.8m,横梁截面为2m×2m,长5m,纵向桩间距7m,桩间设钢筋混凝土预制拱板,并结合输排地下水设施进行治理,取得了良好效果。

在K66+270~K67+320谷蒙关、K67+920~K68+550沙坪、K81+270~K80+420南坳田、K91+430~K94+150螺丝冲等十余处大型滑坡,采用桩间墙进行滑坡处理,达到了设计合理、施工方便、投资省、效果安全可靠的目的。贵新公路共计采用抗滑桩921根,长13527m;锚索567根,长19911m。如此大量采用抗滑桩锚索治理滑坡,在贵州省公路建设中是前所未有的。

(3)采用碎石桩和扩爆桩治理软基

如K119+170~K119+348、K250+970~K251+350等软基地段,土质为高液限有机质软土,抗剪强度极低,厚度316m。为了保证路基填筑成型后不因不均匀沉降而破坏,参照贵遵公路、京津塘高速公路碎石桩、扩爆桩加固软基的科研资料,对各段软基进行设计。分别采用振冲碎石桩、非振冲碎石桩或扩爆碎石桩加以治理,这种方法施工简便,工程费用低,使软基强度得以改善和加强。

(4)采用挂网喷锚对路基边坡进行加固

贵新公路路基边坡普遍较高,最高达一百余米。其中山石质及石质夹土的边坡,多数岩石节理裂隙发育,松散破碎。为防止雨水的冲刷及风化作用,发生坡面坍塌及岩石坠落,影响行车安全,根据边坡的不同情况,采用挂网或挂网喷射混凝土进行防护,这在贵州省公路边坡防护中尚未采用,也是首次采用。从贵新公路较多段落边坡使用效果来看,均达到稳固边坡的预期目的。如需防护边坡较高,缺石料地段更显其优越性。

(5)采用洞室加预裂一次爆破成型石方路基及边坡

在山区公路建设中路堑石方开挖工程量大,是控制建设工期的关键和施工难点。常规作法采用手风钻浅孔爆破及小型洞室爆破,不仅爆破次数多,施工速度慢,而且安全和质量都不高。刷坡工作量大,边坡不稳定。为此,贵新公路第九合同段承建单位贵州省公路工程公司提出并经批准,在都匀南互通式立交联络K4+060~K4240段石方路堑进行《洞室加预裂一次爆破成型综合爆破技术》课题的研究和应用。这段岩石为白云质灰岩,石质较坚硬完整,覆盖层厚0.1~0.4m,自然横坡25°~30°,石方开挖量3.4万m³,上边坡开挖面积为2835m²,下边坡开挖较低,中心挖深5.8~9.4m,开挖度14m。该段周围环境较复杂,路线左侧50m处有8kV高压线平行通过;左前方60m、低于开挖面10m处有居民;右前方 100m、高于开挖面 16m 处有居民楼数幢。本项目设计与实施采用爆破预裂 161 个,钻孔长 2212.4m,洞室 18 个,共分 36 个分集药包,深孔 132 个,钻孔长 854.4m,总装药量 13.72t。采用微差接力网络施爆,爆落石方 31106m³,无根坎产生,边坡稳定,半孔率达 96% 以上,边坡达到平整、光滑、美观的目标,爆落石方大块率在 5% 以上,一次挖运成功,无须再进行清底和刷坡工作。本项目经鉴定委员会确认,解决了以往洞室爆破难以解决的损伤边坡问题,这项技术是国内外首创,对成型机理的探讨有一定新意,提出的设计方法及综合爆破技术达到了国际先进水平。这项技术为洞室爆破的应用开拓了新的前景,并获得 2000 年贵州省科技进步二等奖。

(6)采用喷塑波形梁护栏、喷塑钢制防眩板

因地形险峻,行车速度高,贵新公路交通安全设施按新国家标准设置,采用绿色喷塑波形梁护栏,不仅提高了钢护栏的防腐功能,还增加了行车明晰可辨的诱导作用;桥面中央分隔带设置喷塑钢制防眩板,防眩效果良好,而且新颖美观。这两种设施在贵州省高等级公路上均未使用过,其色调以绿、白为主,使公路与沿线大自然郁郁葱葱的植被融为一体,蔚然壮观。

5. 营运管理

全线设 I 类服务区 1 处(新寨),II 类服务区 2 处(牟珠洞),III 类服务区 2 处(龙里、上堡)、III 类停车区 1 处(子为)匝道收费站 15 处(表6-39)、桥隧管理站共计 3 个、应急保畅中队共 5 个、监控管理所 2 个、养护站共计 4 个。本项目于 2000 年 12 月 30 日建成通车,批准收费时间为 2000 年 12 月 30 日,批准收费终止时间为 2021 年 12 月 30 日。2000 年 12 月~2010 年 1 月,收费总计 3440201851.69 元。2010 年 1 月~2015 年 7 月,共计收费 521251.851 万元,2010 年 1 月~2015 年 8 月,进出口车流量共计 43615551 辆。

收费站点设置表　　　　　　　　　　　表6-39

站点名称	车道数	收费方式
龙里站	2 进 2 出(未设置 ETC 车道)	联网收费
龙里西站	3 进 6 出(含 ETC 车道 1 进 1 出)	联网收费
中铁站	1 进 1 出(未设置 ETC 车道)	联网收费
盘江收费站	2 进 2 出(未设置 ETC 车道)	联网收费
贵定收费站	1 进 3 出(未设置 ETC 车道)	联网收费
黄丝收费站	2 进 2 出(未设置 ETC 车道)	联网收费
马场坪收费站	5 进 7 出(含 ETC 车道 1 进 1 出)	联网收费
都匀北收费站	2 进 4 出(含 ETC 车道 1 进 1 出)	联网收费
都匀南收费站	2 进 2 出(未设置 ETC 车道)	联网收费
墨冲收费站	1 进 2 出(未设置 ETC 车道)	联网收费
独山收费站	2 进 4 出(含 ETC 车道 1 进 1 出)	联网收费

续上表

站点名称	车道数	收费方式
上司收费站	2进2出（未设置ETC车道）	联网收费
下司收费站	2进2出（未设置ETC车道）	联网收费
麻尾收费站	2进2出（未设置ETC车道）	联网收费
新寨收费站	9进9出（未设置ETC车道）	联网收费

贵新公路投入营运后主要大修工程有与兰海高速公路共线路段部分水毁边坡治理，K1504+825～K1504+899左边坡治理工程、观音阁大桥维修工程、龙头营大桥工程、K1473～K1511+8553段沥青混凝土路面维修工程、贵新段大干沟等10座桥梁维修工程、K1730～K1826（起点至小碧2km）沥青混凝土路面维修工程。

（八）G75兰海高速公路都匀至新寨（黔桂界）公路改扩建工程

1. 基本情况

（1）项目决策背景

2001年建成通车的都新公路是贵（阳）新（寨）公路的组成部分，该路段当时由于资金等多方面原因，按山岭重丘区二级汽车专用公路标准设计，路基宽度只有12m，道路技术等级低。随着渝湛国道主干线的全线贯通和交通量的急剧增长，这一路段已不堪重负，形成交通"瓶颈"，严重制约重庆至湛江国道主干线的通行能力。对其进行技术改造，提高通行标准已显得十分必要和紧迫。

2006年3月22日，国家发展和改革委员会《国家发展和改革委员会关于贵州省都匀至新寨（黔桂界）公路改扩建工程可行性研究报告的批复》（发改交运〔2006〕473号）批复了工程可行性研究报告。2006年10月17日，交通部《关于都匀至新寨（黔桂界）公路改扩建工程初步设计的批复》（公交路发〔2006〕555号）批复了初步设计。2007年12月22日，贵州省交通厅《关于都匀至新寨（黔桂界）公路改扩建工程施工图设计的批复》（黔交建设〔2007〕218号）批复了施工图设计。

（2）功能、定位、里程

都匀至新寨公路是当时国家高速公路网规划（"7918"网）中兰州至海口高速公路（GZ50）的组成段，是"五纵七横"国道主干线渝湛公路在黔、桂两省份贵州境的对接段，是西部大开发八条通道的组成部分，同时也是贵州省骨架公路网的重要组成部分。起于都匀南互通，桩号K143+240，顺接贵新公路一级路段终点，经墨冲、独山、上司、下司、麻尾，至新寨出境，接GZ50广西段相接，终点桩号K262+070，经过都匀市及独山县，全长118.94km。

（3）技术指标

都新公路段全线采用双向四车道高速公路标准，设计速度80km/h，整体式路基宽

24.5m，新建分离式路基宽度12.25m，利用老路作为分离式路基仍采用12.0m，路基设计洪水频率为1/100，最大纵坡为5%，路面为沥青混凝土路面，桥梁设计荷载为公路—Ⅰ级，其他技术指标按《公路工程技术标准》(JTG B01—2003)执行。

（4）投资规模

都新段改扩建工程概算总投资27.42亿元人民币，来源于中央专项基金、贵州公路建设资金及银行贷款。

（5）主要控制点

都新段改扩建工程项目起于都匀南互通，桩号K143+240，顺接贵新公路一级路段终点，经墨冲、独山、上司、下司、麻尾，至新寨出境，接GZ50广西段相接，终点桩号K262+070，经过都匀市及独山县，全长118.94km。

（6）沿线主要地形地貌

都新段改扩建工程项目位于贵州高原向广西丘陵的过渡地段，这里属亚热带高原季风湿润气候区，具有冬无严寒，夏无酷暑，气候温和湿润的特点，全年5~8月为雨季。海拔800~1100m，相对高差多为50~100m，路线地势由北向南缓缓降低，主要山峰、河谷走向呈南北展布，为典型的隔槽式褶皱山区，区内地形切割较强烈，地貌较复杂，既有山高谷深的峡谷地貌，又有相对平坦的溶丘谷地，岩溶地貌与侵蚀地貌交错分布，沿线地貌类型总体上属于岩溶化山原地貌，路基高填深挖普遍，高墩桥梁密集，桥隧相邻。所以工程量大、施工难、风险高，还要边施工、边保畅，保畅难度大

（7）主要构造物

全线改扩建互通式立交5处，新建分离式立交1299.15m/32座、人行天桥852.74m/18道、通道兼排水2335.44m/115道，服务区2处；完成土石方880.33万m^3、填方746.70万m^3，软基换土填石125.5万m^3，土工格栅42万m^2；修建大桥7519.39m/24座、中桥787.84m/13座、小桥510.12m/15座，加固旧桥42座，拆除重建旧桥26座；新建隧道3143m/10座，修建涵洞8074.16m/401道；砌筑圬工砌体98.3万m^3，抗滑桩6299m，框架锚索6.81万m、植被混凝土及厚层植被基材25.79万m^2、锚杆260t；使用KST灌木护坡技术6.30万m^2；完成级配碎石底基层258.15万m^2、水泥混凝土基层254.25万m^2、沥青混凝土面层270.05万m^2；完成波形护栏33.64万m、标志标牌6479个、标线13.94万m^2、隔离栅27.38m；修建收费天棚6个、双向收费亭7个、单向收费亭28个、管理用房1.86万m^2。

2. 建设情况

（1）立项审批、勘察、设计

2004年2月18日，受省交通厅委托，省交勘院承担了都新公路段改扩建工程的方案研究工作，并随即展开方案研究工作。由于此路段属于黔、桂两省份的对接段，改扩建方案需两省份协调一致，省交勘院与广西交通规划勘察设计研究院进行了多次协商，明确了

改扩建的原则与思路。11月,共完成全线遥感工程地质解译2684km², 地质绘图468km², 进行筑路材料场调查22处, 完成了《贵阳至新寨公路都匀至新寨段改扩建工程方案研究报告》。2005年6月6日, 黔、桂两省份交勘院签订了《关于GZ50在黔、桂两省、区交界处接线方案的补充协议》, 一致同意采用西线方案作为接线的走廊方案, 同时也对路线方案提出新的具体接线位置, 省交勘院据此再次对《贵阳至新寨公路都匀至新寨段改扩建工程方案研究报告》进行了补充。

  2004年6月30日, 省交勘院与业主贵州高速公路开发总公司签订了《渝湛国道主干线贵州境贵阳至新寨公路都匀至新寨二级公路改高速公路改扩建工程建设项目可行性研究》合同, 并进行了相关工作, 编制了工程可行性研究报告。2006年3月22日, 国家发改委以发改交运〔2006〕473号文批复项目工程可行性研究报告, 同意实施都新公路段改扩建工程。

  在工程可行性研究报告编审的过程中, 2005年8月, 省交勘院受贵州高速公路开发总公司委托, 对都新段改扩建工程项目进行了初测、初步设计。他们通过实地踏勘、纸上定线, 于5月15日完成了初步设计文件。交通部专家组于2006年7月底对初步设计进行了审查, 形成了《贵新公路都匀至新寨段改扩建工程两阶段初步设计初步审查意见》。

  由于时间紧, 初步设计在进行的过程中, 省交勘院经过认真研究, 决定对路线方案明确的路段开始进行施工图外业勘察。2006年3月22日, 测设人员进入现场进行勘察。5月初, 省交勘院总工办对施工图线位进行了审查。5月11日, 初步设计刚结束, 各专业组设计人员立即进入现场全面展开外业勘察。6月17日, 省交通厅、贵州高速公路开发总公司及设计咨询单位中交第二公路勘察设计研究院等单位的领导和专家赴现场进行了中间检查, 省交勘院依据审查意见及检查意见多次对局部路线方案进行了优化和调整。7月10日, 外业勘察主体工作基本结束。8月16日, 省交勘院总工办对合同段定测外业工作进行了内部验收; 同时, 中交第二公路勘察设计研究院对定测外业资料进行了检查, 并形成《定测外业验收咨询意见》。8月21日, 省交通厅、贵州高速公路开发总公司对项目施工图进行了外业验收, 同意转入内业设计; 同时, 为保证贵新公路改扩建工程的顺利实施, 保证在主线施工期间通道内交通的顺畅, 决定对G210国道进行改移或保畅所需施工辅道应先期进行施工。10月17日, 交通部以交公路发〔2006〕555号文批复了初步设计。2007年12月22日省交通厅以黔交建设〔2007〕218号《关于都匀至新寨(黔桂界)公路改扩建过程施工图设计的批复》通过了施工图设计。

  省交通厅高度重视都新段改扩建工程的环境评价工作。在工程可行性研究报告完成后, 于2005年1月4日委托交通部环境保护中心、省交科所进行项目的环境影响报告书和水土保持方案的编制。两评价单位于同年1月及2006年1月共同对公路沿线进行了详细的踏勘及调研。2006年1月17~21日, 黔南州环境保护监测站进行了环境现状监测。同年6月,评价单位编制完成了《渝湛国道主干线贵州省都匀至新寨(黔桂界)工程改扩建工程的环境影响报告书》。同年12月18日,国家环境保护总局以环审〔2006〕666号《关于渝湛国道主干线贵州省都匀至新寨(黔桂界)公路改扩建工程环境影响报告书的批复》批复了都新公路环境影响报告。2007年6月21日水利部以水保函〔2007〕183号《关于渝湛国道主干线贵州省都匀至新寨(黔桂界)公路改扩建工程水土保持方案的复函》批复了都新公路工程水土保持方案报告。

(2)施工、监理

都匀至新寨公路改扩建工程在总结贵遵高速公路保畅经验的同时,积极寻求切实可行的交通保畅管理方案。经过分析认为按设计方案先进行交通分流,会加重老国道的行车压力,并造成长时间交通堵塞。都新公路交通保畅主导思想是首先考虑边施工边保畅,边坡纵向开挖施工,涵洞施工时设置通行辅道,不与国道连通,分两半幅两次施工。自开工以来没有发生一起因保畅而引起的重大交通事故。在扩建都新高速公路之前,这条路被喻为"死亡之路",每年发生大小交通事故300余起。开工以后总监办精心组织,科学编排,确保交通保畅工作落到实处,事故发生率较开工前下降了70%,真正做到了边施工边通行的和谐交通环境。

施工单位保畅工作由开工之初的被动、按部就班,变为积极配合,并认真做好实时性施工组织设计计划,从施工工艺、方案、方法上解决好保畅问题,协调好交警、路政的关系,共同有组织地解决好施工中出现的保畅问题,建立协调到位、信息沟通、指挥及时、保畅有效的施工保畅体系。特别是在2007年10月15日18点30分,第四合同段K172+110~K172+290段边坡突然滑坡,超过3万m^3塌方堵塞贵新公路长达150m。总监办连夜在现场指挥保畅,清理塌方的同时,加宽右侧路基,在上级部门规定时间内提前完成抢险任务,确保了道路畅通。

都新项目首创的由施工队伍组织交通,采取左右分幅交错施工的办法,保畅效果好,交通事故率降低。保畅对路面施工干扰大,路面摊铺连续性难以得到保证,造成路面接缝多。后期,随着旧桥加固、拆除工作的开始,施工及进度的矛盾日显突出。分别于2008年3月31日~4月1日及2008年7月30~31日进行了两次交通保畅评比大检查,对施工中存在的交通保畅问题进行了及时纠正,确保2009年9月20日前完成路面工程。

都新项目为二级公路改扩建,遭遇高速公路后建设时期的通病——沿线涉农问题较多,堵工现象频繁。沿线涉农问题及原贵新公路遗留问题较多,经常遭遇堵工,致使路面施工多次受阻。

旧桥加固68座(进行68座原有桥梁的加固,含拆除)的工作,受交通保畅、施工工序复杂等因素制约,进度较慢,部分桥梁存在通车后再封闭交通进行加固的可能。其中需要拆除空心板梁后重建、修建施工辅道分流车流量,保畅交通的桥梁34座,共470片空心板梁和5片预应力组合箱梁,部分桥梁桥台也需要拆除重建,工程量相当大,维持交通费较高,所需要的时间较长,制约通车目标的实现。

为了加强都新段改扩建工程桥梁加固工程质量管理,统一桥梁加固的质量检验和评定标准,保证工程质量,制定了《贵新公路都匀至新寨改扩建工程桥梁加固质量检验评定办法》。通过邀请招标选择了两家(江苏省交通科学研究院股份有限公司、四川省林业勘察设计院)具有丰富桥梁加固经验的咨询单位,为都新公路旧桥加固(含拆除)工作提供强有力的技术支持。认真落实质量责任制,对每一座加固(含拆除)的桥梁都建立了质量、安全责任档案,将质量责任落实到每一个现场技术员和现场监理。旧桥加固工程进行了粘贴碳纤维布、环氧树脂灌缝、蜂窝麻面病害处理、植筋增大盖梁截面等工作。图6-53为建成的深河大桥全景。

图6-53　建成的深河大桥全景(2009年12月2日)

质量控制方面,充分利用检测单位的专业优势,对桥梁桥桩基和隧道的初期支护进行了检测,有效地保证了重要结构的质量。全线桩基共检测760根,其中Ⅱ类桩89根,Ⅲ类桩10根,合格率为98.7%,并对检测不合格的桩基进行了返工处理。加强对中心试验室的管理,严格控制永久性材料的质量,对全线自采材料(砂、碎石)料场通过抽样试验手段进行跟踪、监控,对发现的问题督促及时整改,对无改进的料场予以关闭不准使用;对外购材料严格监督按照总公司批复的主要外购材料入围厂家内选购并根据进场情况及时组织抽样检验。

为确保安全施工,总监办与施工、监理单位签订了《安全生产责任书》,明确各单位各自责任,使安全责任层层落实。建立了质量安全档案,使安全事故可追溯,责任落实到人,每一道施工工序都有明确的施工技术负责人和监理人员,对每一工序的过程进行全过程的追踪记录。结合本项目的特点,为保证边施工边通车的安全,对每一个在二级路上的开工点进行专门的安全保证措施,上报总监办审批后方可动工。认真组织开展了安全生产百日督查专项行动,重点加强炸材安全管理、特种设备的安全检查、汛期的安全排查和弃渣场的安全检查,并积极参加了"除隐患,迎奥运"的安全生产知识竞赛。通过各方努力,建设过程未发生安全事故。

做好生态环境保护工作,确保在都匀至新寨段改扩建工程的整个施工过程中,防止水土流失,不乱砍伐树木,不让废料、垃圾或污水直接或间接进入河流或破坏自然环境。招标选定环境监测单位及水土保持监测单位对全线进行监测控制,确保工程交工验收时各项环评指标达到优良。按照建设"绿色高速、科技高速、人文高速"的理念,全力打造绿色公路。

省质督站密切配合施工。2008年9月～2009年9月,按照施工工序安排,在施工过程中分阶段对都新公路进行了交工验收检测,先后分40余次对路基工程、路面工程、桥梁工程、互通立交工程、隧道工程以及交通安全设施工程可实测部分进行了现场检测。鉴于都新公路边施工边通行的特点,2009年3月～6月,为了保证都新公路检测工作的及时性和按时建成通车,省质督站成立了检测应急小组,长期驻守工地现场,随时对完工的路基工程进行现场检测。

(3) 资金筹措

都新段改扩建工程项目批复概算总投资为274210.4336万元,其中:交通部资本金9.61亿元,省交通规费0.15亿,省财政贴息0.05亿元,银行贷款26.5亿元。

(4) 招标投标

都新段改扩建工程项目办和总监办由贵州高速公路开发总公司派出,项目实施中全面实行了项目法人制、招标投标制、工程监理制及合同管理制度。施工单位和监理单位通过社会招标选择确定,完善了项目质量监督手续。项目建设管理严格按政府监督、法人管理、社会监理和施工企业自检所形成的四级质量保证体系进行运作。项目资金的拨付以国家有关法规的要求为依据,严格按照合同及资金管理办法进行监督和监控,确保资金运行安全。

都匀至新寨段改扩建工程路基土建工程12个合同段,路面工程、交通工程、绿化工程及站房建设均各设两个合同段,交通机电1个合同段,旧桥加固6个合同段,施工监理7个合同段,中心试验室1个合同段,全部采用国内竞争性招标。

监督机构有贵州省交通基本建设质量监督站及贵州省交通厅驻都新项目纪检组。中心试验室由贵州省交通建设咨询监理有限公司组建。监控、检测单位有贵州省桥梁岩土工程有限公司、贵州工业大学土木建筑工程学院检测中心及贵州省交通科学研究所。

都新段改扩建工程参建单位见表6-40。

(5) 征地拆迁

都匀市指与独山市指积极抓好征地拆迁工作,共征地5774.85亩、临时用地448.40

亩、拆迁 400 户计 67786.83m²、迁坟 1738 座、涉农项目 218 个。如图 6-54 所示为都新公路开工征拆动员大会。

G75 都匀至新寨（黔桂界）公路改扩建工程参建单位表　　　　　表 6-40

通车里程桩号：K143 + 240.000 ~ K262 +070

参建单位	单位名称	合同段编号	起止桩号	主要负责人	备注
项目管理单位	贵州高速公路集团有限公司		K143 + 240.000 ~ K262 + 070	王勇	
勘察设计单位	贵州省交通规划勘察设计研究院	1	ZK143 + 240 ~ ZK200 + 905.078	王迪明	设计土建 1-6、路面 13、旧桥 21-1、21-2、21-3
	贵州省交通规划勘察设计研究院	2	ZK200 + 999.641 ~ ZK262 + 070	马平均	设计土建 7-12、路面 14、旧桥 22-1、22-2、22-3
	中国公路工程咨询集团有限公司	3	K143 + 240.000 ~ K262 + 070	王晓明	设计 15-20 合同段
施工单位	贵州省桥梁工程总公司	DX1	ZK143 + 240 ~ ZK149 + 900	张廷刚	土建工程
	中交第二航务工程局有限公司	DX2	K149 + 900 ~ K159 + 900	杨幼江	土建工程
	山东省公路建设（集团）有限公司	DX3	ZK159 + 900 ~ ZK168 + 500	王正宗	土建工程
	贵州省桥梁工程总公司	DX4	ZK168 + 500 ~ ZK176 + 000	林洋	土建工程
	贵州省公路工程总公司	DX5	ZK176 + 000 ~ ZK186 + 000.857	周明义	土建工程
	中铁十四局集团有限公司	DX6	K185 + 954.658 ~ ZK200 + 905.078	任庆显	土建工程
	贵州省公路工程总公司	DX7	ZK200 + 999.641 ~ ZK214 + 700	汤娆	土建工程
	湖南省第六工程公司	DX8	ZK214 + 700 ~ ZK219 + 224.07	郑建华	土建工程
	四川川交路桥有限责任公司	DX9	K219 + 224.07 ~ ZK229 + 200	邹启勇	土建工程
	四川川交路桥有限责任公司	DX10	K229 + 200.000 ~ K243 + 366.562	代付江	土建工程
	杭州市交通工程集团有限公司	DX11	K243 + 366.562 ~ K258 + 060	李长友	土建工程
	江西省桥梁工程总公司	DX12	K258 + 060 ~ K262 + 070	聂昱文	土建工程
	贵州省桥梁工程总公司	DX13	ZK143 + 240 ~ ZK200 + 905.078 YK143 + 240 ~ YK200 + 903.693	谢海波	路面工程
	贵州省公路工程集团总公司	DX14	K200 + 999.641 ~ K262 + 070	符梦熊	路面工程
	四川名门园林有限公司	DX15	K143 + 240 ~ K200 + 905.078	陈丽	绿化工程
	四川三叶生态科技有限公司	DX16	K200 + 999.641 ~ K262 + 070	霍明	绿化工程
	贵州省桥梁工程总公司	DX17	K143 + 240 ~ K200 + 999.641	汤友声	房建工程
	贵州省公路工程集团总公司	DX18	K200 + 999.641 ~ K262 + 070	丘中辉	房建工程
	广东新粤交通投资有限公司	DX19-1	K143 + 240 ~ K200 + 905.078	杨晓华	交安工程
	贵州省交通工程有限公司	DX19-2	K200 + 999.641 ~ K262 + 070	王军	交安工程
	重庆市华驰交通科技有限公司	DX20	K143 + 240.000 ~ K262 + 070	苏宇峰	机电工程
	广西路桥建设有限公司	DX21-1	K145 + 492.912 ~ K163 + 126.091	蒙东升	旧桥加固
	贵州省公路工程集团总公司	DX21-2	K163 + 902.352 ~ K194 + 550.337	李维明	旧桥加固
	贵州省公路工程集团总公司	DX21-3	K194 + 951.397 ~ K258 + 116.17	张亚龙	旧桥加固
	广西路桥建设有限公司	DX22-1	K145 + 492.912 ~ K163 + 126.091	陈宏新	旧桥拆除重建

续上表

参建单位	单位名称	合同段编号	起止桩号	主要负责人	备注
施工单位	贵州省桥梁工程总公司	DX22-2	K167+300~K194+550.337	刘宏	旧桥拆除重建
	云南路桥股份有限公司	DX22-3	K194+951.397~K258+116.170	唐军	旧桥拆除重建
监理单位	北京华通公路桥梁监理咨询有限公司	DXJA	K143+240~K168+500	刘启亮	土建监理1、2、3;旧桥加固21-1、22-1
	贵州陆通公路工程监理有限责任公司	DXJB	K168+500~K200+905.078	张晓航	土建监理4、5、6;旧桥加固21-2、21-3
	贵阳交通工程监理站	DXJC	YK200+999.641~ZK229+220	代志敏	土建监理7、8、9
	贵州科达公路工程咨询监理有限公司	DXJD	K229+951.397~K262+070	王建华	土建监理10、11、12;旧桥加固21-2、21-3
	贵州省交通建设咨询监理有限公司	DXJE	K143+240.000~K262+070	梁祝礼	中心试验室
	贵州陆通公路工程监理有限责任公司	DXJF	K143+240~K200+905.078	熊良贵	路面监理13
	贵州省交通建设咨询监理有限公司	DXJG	YK200+999.641~K262+070	肖小黎	路面监理14
	贵州省交通建设咨询监理有限公司	DXJH	K143+240~K262+070	颜家休	绿化、房建、交安监理
	北京兴通交通工程监理有限责任公司	DXJI	K143+240.000~K262+070	马达	机电监理

图6-54 2007年5月20日,都新公路开工征拆工作动员大会

(6)重大变更

都新公路改扩建工程建设过程中产生重大变更共计7处。

一是YK148+020~YK148+220段右侧边坡开挖时出现失稳、开裂现象,并局部滑塌。2007年8月24日经相关部门现场查看,对边坡进行变更处理,由设计院出图。因边坡地质较差,施工时切脚,造成已施工完的第二级边坡锚索框架失效,引发大面积顺层滑动,都新总监办下发"都新纪要〔2008〕29号"会议纪要,在YK148+040~150段增设抗滑桩。2009年4月29日边坡再次发生坍塌,根据"DXJA-01-67"号工地会议纪要,在YK148+150~220段增设30束独立锚索,YK148+180~220段已坍塌护面墙作报废工程处理,重新施工2.2m厚上挡墙。

二是YK146+400~530右侧按规范开挖至路基顶2.5m处,山体出现了开裂。根据"DXJA-01-12"工地会议纪要、"都新纪要〔2008〕10号"会议纪要,同意对该边坡进行滑坡治理,由设计院出图。

三是YK147+340~620段右侧边坡经风化后形成溶石沟槽坍塌堆体积,由于受雪凝及暴雨的影响,边坡多次出现滑塌。根据"都新纪要〔2007〕27号会议纪要"及"DXJA-01-22、23、34、42"号工地会议纪要,同意对该段边坡进行治理,由设计院出图。

四是贵州高速公路开发总公司、项目办将第3合同段增加的声屏障进行招标,确定由第2合同段进行施工,并以变更令形式纳入。

五是ZK172+110~ZK172+290左侧边坡治理。

六是K230+900~K231+380段右侧边坡属不良质区域,地质条件极差,岩层断裂发育明显,边坡岩性为泥灰板岩夹炭质泥岩,地表植被稀少。在施工过程中,由于多日连续降雨,导致边坡塌方滑向原贵新二级公路,致使该段交通中断。根据"都新纪要〔2008〕19号"第二条、DXZ016、"DXZ040变更设计通知单"要求进行变更。

七是K248+340~640段路基工程为石质挖方路基,原设计为两级锚杆框架植草防护边坡,1∶1的坡率。根据施工设计图实地放出该段的开挖线后,K248+420~460段开挖线与输油管道交叉,K248+380~420段和K248+460~585段靠近输油管道。另外,在该段的K248+513.28设计有一道净跨径3.6m×2.5m的通道涵,涵洞进口边坡开挖后靠近输油管道。2007年7月25日,形成"都新纪要〔2007〕25号"会议纪要,要求挖方边坡的坡口与输油管距离不小于3m,并保证边坡的稳定。

(7)交(竣)工

2007年5月,都新段改扩建工程开工,2009年9月,都新公路改扩建工程建成通车。2009年9月26日,贵州高速公路开发总公司在都匀市五月花酒店六楼会议室主持召开了贵州省都匀至新寨(黔桂界)公路改扩建工程交工验收会议。贵州省交通运输厅、黔南州人民政府、贵州省质监站、贵州省交通建设工程造价站、高管局、贵州高速公路开发总公司、黔南州指挥部及都匀市和独山县指挥部等有关单位参加了会议。与会人员赴现场查看了都新公路改扩建工程的路基、路面、桥梁、隧道、互通式立交及安全设施等,还查看有关文件资料;听取了建设、设计、施工、监理等单位的总结汇报,根据省质监站关于本项目的工程质量检测报告,结合与会领导、代表的意见和建议,验收委员会进行了认真研究、讨论,原则同意都新公路改扩建工程通过交工验收。会议还明确了项目的缺陷责任期从2009年9月26日起至2011年9月25日止,项目从通过交工验收之日(2009年9月26

日）起由贵州高速公路开发总公司营运管理中心进行管养。

都新公路（图6-55）改造后，连通了贵州省贵阳、遵义、安顺、都匀、凯里等广大地区与广西壮族自治区乃至珠江三角洲等南方沿海地区之间的社会经济联系，对加快贵州区域经济发展和加快融入泛珠三角经济合作具有十分重要意义。黔南自治州与广西河池市结为旅游联盟，都新高速公路的建设对两地旅游业的发展具有积极推动作用。

图6-55　新建都新公路穿过崇山峻岭

3.复杂技术工程

都新公路项目建设工程采用了KST灌木护坡对岩石边坡进行生物防护。KST灌木护坡技术是在坡体稳定的岩石坡面制造出与自然界表土结构相似的人工土壤，营造一个既能让植物生长发育、植基质又不易被冲刷的多孔稳定结构，它能保水、透气，使灌木植物能在坡面生长，使植被得以快速恢复，与周边植被融为一体，达到防止水土流失、恢复生态环境的目的。

都新总监办将原二级公路路面废沥青混合料集中堆放，便于以后再生利用，可减少对新沥青需求，缓解资金压力；减少对集料的需求，减少开采集料造成的植被破坏；杜绝因丢弃、填埋沥青混合料而造成的直接污染。

都新旧桥加固原十五座肋梁桥采用轻质混凝土调整横坡、钢筋混凝土增大马蹄截面加固方案，工序复杂、施工时间长，加固后易存在质量隐患。都新总监办按照工程变更管理程序变更加固方案，采用顶升旋转梁板、增设预应力横隔板增强桥梁整体刚度方案，满足公路—Ⅰ级荷载设计标准要求，为都新项目目标任务完成创造了良好条件。

4.营运管理

全线设Ⅰ类服务区1处、Ⅲ类服务区1处、Ⅲ类停车区2处、匝道收费站7处（表6-41）、桥隧管理站1个、应急保畅中队2个、监控管理所1个、养护站3个。本项目于2009年9月30日建成通车，批准收费时间为2009年9月30日，批准收费终止时间为

2029年9月29日。2010年1月~2015年5月,收费总计17.259亿元。2010年1月~2015年6月,进出口车流量共计22159683辆。主要大修工程有G75都新段路面大修项目工程,施工路段K1509+000~K1628+428,实施内容为:路面铣刨换铺、沉陷、裂缝、唧浆处置,隧道混凝土面板维修等,开始时间2015年6月1日,完成时间2015年8月20日。

G75都匀至新寨(黔桂界)公路收费站点设置表　　　　表6-41

站点名称	车道数	收费方式
都匀南收费站	2进2出(未设置ETC车道)	联网收费
墨冲收费站	1进2出(未设置ETC车道)	联网收费
独山收费站	2进4出(含ETC车道1进1出)	联网收费
上司收费站	2进2出(未设置ETC车道)	联网收费
下司收费站	2进2出(未设置ETC车道)	联网收费
麻尾收费站	2进2出(未设置ETC车道)	联网收费
新寨收费站	9进9出(未设置ETC车道)	联网收费

五、G75E兰海高速公路复线

G75E兰海高速公路复线贵州境内路段含崇溪河至青山段(待建)、贵州省遵义至贵阳公路扩容工程(在建)及遵义至贵阳公路扩容工程尖坡至小碧高速公路。

(一)贵州省遵义至贵阳公路扩容工程

1. 基本情况

(1)项目决策背景

为完善国家高速公路网络,贯彻落实国家西部大开发战略部署,提升国家公路运输大通道的通行能力和服务水平,增进贵阳和遵义两市对黔中经济区建设的带动作用,促进区域经济社会协调发展,国家发改委同意实施贵州省遵义至贵阳公路扩容工程。

(2)公路的功能、定位、里程

经国家发改委批复建设的贵州省遵义至贵阳公路扩容工程起于遵义市青山枢纽,止于贵阳市下坝枢纽,将贵阳、遵义以及贵阳市重要的卫星城——开阳串接起来,形成新的高速公路通道。不仅是对原有兰海国家高速公路贵遵通道通行能力的扩容,也扩展了贵阳与遵义间的产业带布局,同时,还是对兰海高速公路贵州过境段的完善,对完善西南陆路交通枢纽,促进2012年国发2号文所规划的黔中经济区建设,推进贵阳与遵义间工业化、城镇化、同城化的发展具有重要意义。同时,成为黔中经济区对接成渝经济区、长江经济带以及"一带一路"的陆路大动脉。

遵贵扩容工程总体走向由北至南,包括主线和贵阳连接线两部分。主线起于遵义市新蒲新区青山互通,连接已建成的杭瑞高速公路思南至遵义段和在建的遵义东北绕城高速公路,经喇叭、尚嵇、开阳、禾丰、羊昌、水田、李资,止于下坝互通处,接兰海高速公路贵阳至新寨段和贵阳绕城高速公路西南段。贵阳连接线起自李资枢纽互通,经都拉营,止于贵阳东北绕城线尖坡互通,连接贵阳绕城高速公路西南段和现有贵遵高速公路。施工图设计主线全长148.791km,贵阳连接线15.689km。设2个项目管理段,其中遵贵扩容项目办管理青山至李资段118.211km(其中羊昌至李资段17.005km于2015年12月底建成通车,羊昌互通、水田互通及房建、机电工程在建设中,青山至羊昌段101.206km在建),尖小项目办管理李资至下坝段(主线30.580km,贵阳连接线15.689km)共计46.269km,于2015年12月建成通车。

(3)技术指标

根据交通部《公路工程技术标准》(JTG B01—2003),并结合区域经济发展和沿线地形、地貌特征,本项目采用全封闭、全立交高速公路标准建设。遵贵扩容工程青山至李资段采用双向六车道高速公路标准,设计速度100km/h,整体式路基宽33.5m,分离式路基宽16.75m,主线长约118.211km。互通式立交连接线采用二级公路标准,在龙坪互通建连接线长1.585km,路基宽12m,设计速度60km/h。桥涵设计的汽车荷载等级均采用公路—Ⅰ级。

遵贵扩容项目(青山至李资段)设青山枢纽立交互通、喇叭互通、龙坪互通、尚嵇互通、楠木渡互通、永温互通、开阳互通、禾丰互通、羊昌枢纽立交互通、水田互通、李资互通,共计11座互通式立交,服务区2处(乌江服务区、开阳服务区),停车区2处(永温停车区、柿花寨停车区)。

(4)主要控制性工程(青山至李资段)

主要控制性工程有:青山枢纽互通、乌江特大桥(双塔双索面预应力混凝土斜拉桥)、上甘坪隧道、银厂河特大桥(预应力混凝土连续刚构)、香火岩特大桥(上承式钢管混凝土变截面桁架拱桥)、长滩河特大桥(预应力混凝土连续刚构)、新田坡特大桥(预应力混凝土连续刚构)、大坪子隧道、柿花寨特大桥(预应力混凝土连续刚构)、羊昌枢纽互通、新堡大桥(预应力混凝土连续刚构)、马林隧道。

(5)投资规模

工程总投资242.62亿元(含建设期贷款利息16.54亿元)。

(6)沿线主要地形地貌

项目位于贵州中北部的遵义县、开阳县。项目区域位于云贵高原东部苗岭北坡,海拔多在800~1300m,属中低山侵蚀、溶蚀、剥蚀地貌类型。项目区域为碳酸盐岩分布区,长期受地下、地表水流的冲刷、溶蚀,各种岩溶形态齐全,景观奇伟壮丽。岩溶形态有溶洞、地下暗河、溶蚀沟槽、落水洞、溶蚀洼地等。地面自然坡度在30°~60°之间,植被发育,沟谷中多种植水稻、玉米等农作物，区域水系较发育，多为灌溉水渠及水库，多为季节性积水。表覆薄层残积土，多为粉质黏土、含砾粉质黏土等高液限土，沟谷中局部有淤泥质土、腐质土等不良地质，大部分山体有基岩裸露，岩表溶蚀严重。项目区内不良地质主要为软土、岩溶、崩塌岩堆和顺向坡。

遵义县境属亚热带黔北温和湿润气候，温和多雨。年平均总日照时数1138小时，无霜期295天，雾日22天，凝冻日9天，受大气环流及地形等的影响，区内具有冬少严寒、夏少酷暑的气候特征。年平均气温14.7℃，极端最低温-8℃，极端最高温36.7℃。区内雨量充沛，雨季明显，年降水量1035.7mm，年均湿度为81%。在冬季雨天，地势较陡的山坡由于气温低而易形成凝冻。

开阳县境属北亚热带湿润季风气候，夏季凉爽，冬无严寒。年日照时数1391小时，无霜期246天，年均气温12.8℃，极端最高温33.8℃，极端最低温-5.6℃，年均降水954mm。主要灾害天气有春旱、倒春寒、冰雹、伏旱、暴雨和秋季低温等。

（7）主要构造物

主要构造物包括肖林坝大桥，两山口1号、2号、3号隧道，乌江特大桥，上甘坪隧道。

2. 建设情况

（1）立项审批

遵贵扩容工程基本建设程序办理完成情况见表6-42。

遵贵扩容工程基本建设程序、办理完成情况　　表6-42

项目名称	遵义至贵阳
环评批复	环审〔2014〕110号
水保批复	水保函〔2013〕379号
压矿批复	《兰州至海口国家高速公路贵州境遵义至贵阳段扩容工程建设项目用地压覆矿产资源评估报告》
地灾评估	地质灾害危险性评估报告备案登记表
规划选址	项目建设选址意见书
节能登记评估	发改办环资备字〔2013〕104号（固定资产投资项目节能登记备案表）
水源保护批复	黔环函〔2013〕256号、352号
风景区批复	黔景复〔2013〕26、27号
森林公园批复	《贵州省林业厅关于反馈兰海国家高速公路遵义至贵阳段扩容工程穿越贵州长坡岭国家级森林公园意见的函》
文物保护批复	黔文物函水保函〔2013〕30号
工可批复/核准	发改基础〔2014〕2693号
土地预审批复	国土资预审字〔2014〕128号

续上表

项 目 名 称	遵 义 至 贵 阳
先行用地批复	国土资厅函〔2015〕844号
林地批复	林资许准〔2016〕207号
初设地勘专项验收	黔高速专议〔2013〕191号
初设外业验收	黔高速专议〔2013〕132号
初设桥隧风险评估	黔高速专议〔2013〕219号
初设批复	交公路函〔2015〕285号
施工图地勘外业验收	黔高速专议〔2014〕192号
施工图设计外业验收	黔高速专议〔2014〕192号
施工图主体工程设计批复	黔交建设〔2015〕140号
质量监督手续	黔交质〔2015〕165号（质量安全监督申请受理通知）
交工质量检测报告	黔交质〔2015〕177号
主体工程交工验收	黔高速专议〔2015〕380号（羊昌至李资段交工会议纪要）

（2）勘察、设计

主体工程勘察设计合同标段分为3个合同段。第一合同段为辽宁省交通规划设计院，设计开始时间2013年8月，完成时间2015年6月。第二合同段为贵州省交通规划勘察设计研究院股份有限公司，设计开始时间2013年8月，完成时间2015年5月。第三合同段为中交公路规划设计院有限公司，该合同段设计之初属于贵瓮高速公路项目，设计完成时间为2014年1月，其后该合同段划归遵贵扩容项目，合同签订时间为两阶段图纸完成后的2014年11月。附属工程设计合同段分两个，一个是与第二合同段主体工程一起签订的，开始时间2013年8月，完成时间2017年7月；另一个是与第三合同主体工程一同签订的，合同签订时间为两阶段图纸完成后的2014年11月，设计完成时间为2017年6月。

由于本项目地形、地质条件复杂，勘察设计方面加强各专业的广度及深度。

路线路基调查中加强对于挖方边坡的岩石产状、岩性等的调查；加强岩溶、软弱地层等不良地质的调查；注重调查消水洞口、水线走向等，综合地形地势确定排水方式；详细调查沿线水渠走向、灌溉范围，乡村道路走向、土地归属，为通道及改移工程提供依据；根据初步的土石方成果确定沿线取弃土场位置，并与当地有关部门进行沟通；测设过程中还加强学校、居民区、厂矿企业等环境敏感点、沿线水体调查、适宜植被的环境调查。

桥涵测量调查中加强河流及沟渠上下游河道的调查，合理确定桥涵位置、角度；注意收集原有人工渠道的现状及规划资料，保证设置构造物时符合原有水网系统的要求；重点调查既有道路桥涵状况，为构造物设置提供参考；详细收集整理沿线河流、水库、溶洞及地下暗河等资料，对主要河流进行洪水调查；采用多种方法进行水文计算。

交叉工程测量调查加强对与路线交叉的既有道路的详细测量，结合道路现状及地方交通部门的提级改造、村通公路等规划,合理确定路线跨越方式及分离式设置的净宽及净高标准。对沿线的交通量进行细致分析,加强对互通式立交设置主要控制因素的调查和研究,并征求当地政府关于立交设置的意见,合理确定立交方案。

加强对沿线房屋拆迁、占地、电力、电信等基础资料的调查工作;收集沿线厂矿企业的相关基本资料,并拟订拆迁意见;积极与地方交通部门沟通,扩大沿线料场的调查范围。

施工图测量阶段积极与地方政府进行沟通、协调,与对路线方案有影响的规划、土地、林业、水利、电力、电信、交通、环保、旅游、矿产等部门进行沟通,取得相关资料及意见。

多方面收集沿线的水文资料、气象资料、地质灾害资料、既有桥梁资料、地方规划资料、土地现状及规划、林业现状及规划、矿产资源分布及矿产等。

地质勘察工作在充分利用初勘成果的基础上,综合采用工程地质测绘、钻探、物探等勘探手段,勘察方法和手段合理可行;野外钻孔测量定位、钻探取样、原位测试以及土工实验等各项质量指标基本满足现行规范要求;工程地质评价分析论证合理、结论正确,所取得的勘察成果基本满足相关规范及设计要求。

施工图设计阶段,设计单位根据初步设计省内预审意见、交通部初步设计批复意见、定测验收意见和历次会议纪要的精神对路线方案、平纵面线形、平纵面配合等进行优化调整,设计文件深度满足编制办法的要求。路线平、纵面设计合理、平纵配合合理,技术指标选用满足规范要求。

(3)施工管理

监理人员在从事监理工作时应按照"严格监理、优质服务、公正科学、廉洁自律"的原则,紧紧围绕"质量、进度、安全、廉政、环保、成本"等六个方面,以"进度为主线,以质量、安全为核心,以廉政与环保作后盾,合理降低建设成本"的指导思想,认真贯彻执行有关施工监理的各项方针、政策、法规,制定详细工作计划,明确岗位职责,严格检查制度,努力做好施工监理工作,使施工监理工作制度化、标准化、规范化和程序化,从而以项目目标管理即资金目标、时间目标以及质量目标为中心,通过目标规划与动态的目标控制,以使项目的目标尽可能好地实现。为实现兰海高速公路遵义至贵阳段建成通车的总体目标,驻地办人员配合监理工作的指导思想再接再厉,在严抓质量的同时加快施工进度,配合业主、总监办在质量、进度、费用等各个方面进行监控检查和管理,使履约方均能按合同条款的规定,履行自己的权利和义务。严格执行《公路工程技术标准》(JTG B01—2014)、《公路工程质量检验评定标准》(JTG F80/1—2012)和国家有关行业标准、规范和规程的规定,严格执行交通运输部《关于严格落实公路工程质量责任制的若干意见》(交公路发〔2008〕116号)文件要求进行监理。确保公路工程质量达到国家、交通部现行的工程质量验收标准和遵贵扩容项目要求。确保工程交工验收时一次验收合格率100%，并满足全线创优规划要求，争创部级优质工程、环保工程、样板工程、精品工程。确保全线工期在合同工期内完成，确保在省委、省政府及省交通运输厅下达的任务目标时间内完成，或提前完成，并积极响应业主对工期的其他要求。认真核实承包人实际完成工程量，做到及时审查、及时上报，确保工程如期实施完成。

第4A合同段乌江特大桥主桥为预应力混凝土梁斜拉桥，跨径组合为$(2 \times 40 + 150 + 320 + 150 + 40 + 5 \times 42)$m。要求施工单位在总体施工组织设计得到批复后，对深孔桩基、大体积混凝土承台、塔柱、主梁及斜拉索等编制专项安全及施工方案，通过专家评审后方可实施。4号墩主塔下部桩基为3×7群桩，桩长40m；5号墩主塔下部桩基为4×7群桩，桩长50~63m，采用冲击钻施工，受场地的限制，泥浆的排放困难较大，施工中很容易产生卡钻。孔底的沉渣厚度、孔壁的泥皮厚度与桩基倾斜度的控制更是重中之重。桩基桩径大和桩身长度大，入岩深，施工单位上报的施工组织设计中桩基成孔采用人工挖孔，是控制主桥施工工期的第一环节。大体积混凝土承台，混凝土采用竖向、水平分层分块浇筑方法，并采取布设冷却管、顶面蓄水养生、优化混凝土配合比等温控措施，防止承台出现温度裂缝。主塔塔柱墩身采用钢模翻模或爬模工艺施工。主梁采用C55预应力混凝土双边箱梁，主梁构造布置相对于跨中中心线对称，采用挂篮悬臂浇筑。主梁悬浇施工的同时进行斜拉索的安装。斜拉索采用扇形布置，为现场下料的钢绞线索，采用分丝管定位、单根穿索、单根张拉的施工工艺，施工顺序为先浇筑箱梁块段、再张拉斜拉索、后挂篮行走的顺序。

乌江特大桥，采用平衡对称浇筑法施工，从开始到中跨合龙，其结构体系在不断变化，斜拉桥的施工是一个复杂的过程。主梁悬浇施工、斜拉索安装调整、索塔的偏位变形等都应在监控之下，使桥梁时刻处在良好的施工控制状态和操作状态，因此，施工监控尤为重要，必须严格执行"施工—测量—计算分析—修正—预告"的循环过程。通过事先在塔、梁和拉索等主要部位埋设数种性能各异的传感器和相关的测试仪器来获得大量的数据，包括几何参量和力学参量；利用高效的计算机程序，对数据进行分析处理，并确定一个阶段的施工参数来调整控制桥梁的内力和线形，实现桥跨结构的内力和线形同时达到设计预期值，确保桥梁施工安全和正常运营，并保证其具有优美的外观形状。该桥不仅规模宏大，而且无论从设计的角度还是从施工的角度存在很大的挑战性，在施工过程对很多具体的技术难点进行了专题攻关。

第A驻监办督促4-A标开展跨乌江航道施工安全警戒管制演练。演练的目的是：通过演练发现方案中存在的问题，检验《乌江特大桥施工通航安全及环保方案》的实用性和可操作性；配合联动，通过航道警戒管制演练，检验和地方航道部门配合联动，为下一步施工打下坚实的基础；锻炼队伍，通过航道警戒管制演练，使项目应急救援队伍明确自身职责,清晰演练流程,提高主梁施工期间协调配合能力;完善准备,通过演练完善通航安全措施,补充通航警戒管制装备和物质。

第C监办建立了各项监理制度。针对香火岩特大桥,特编制了《香火岩特大桥监理实施细则》,积极响应业主号召,使用"手机千里眼"APP对现场施工情况予以随时掌控。驻地办根据合同文件要求健全了《安全监理规章制度》(共30项),完善了《安全监理保证体系》《总体应急预案》《突发事件应急处理预案》和《防汛应急救援预案》,并按要求编制了《安全监理计划》《安全监理细则》《专项安全监理细则》,有效指导了C监办安全监理工作的开展。定期对所辖各合同段安全生产资质进行审查,严格督促全员"一岗双责"责任制的落实,确保满足合同文件和现场施工需要。驻监办根据"平安工地"建设和"平安高速"创建相关要求,督促施工单位每月认真开展自评,针对整改项目要有《整改报告》,同时形成《检查总结》,一并上报驻地办,驻地办每季度结合施工单位自评开展监理自评工作,同时每月开展一次"平安高速创建专项检查"、每季度开展一次"平安工地建设安全专项检查"并下发红头文件通报整改,全面规范了施工单位的安全生产行为。驻监办以建贵州最好高速公路的目标督促所辖各施工单位积极推行施工标准化及品质工程活动,取得了良好的成效。

遵贵扩容工程全线13个土建标分期开工。羊昌至李资段2015年1月开工,截至2015年12月底累计完成投资805902万元,占项目概算投资的33.22%。2016年1~12月完成投资701000万元,占年计划的100%。完成路基土石方4119万m^3;桥梁桩基累计完成42%;桥梁上构预制梁累计完成23%;隧道开挖、初支累计完成40%;二衬累计完成26%;二期招标的各合同段均已全面开展施工。羊昌至李资段于2015年12月28日通车试运行。青山至羊昌段于2016年5月开工,计划2017年12月建成通车。

(4)资金筹措

根据《国家发展改革委关于贵州省遵义至贵阳公路扩容工程可行性研究报告的批复》(发改基础〔2014〕2693号),项目估算总投资为223.5亿元,国家安排中央专项建设基金(车购税)77.55亿元,其余145.95亿元资金利用国内银行贷款。根据交通运输部《关于贵州省遵义至贵阳公路扩容工程初步设计的批复》(交公路函〔2015〕285号),贵州省遵义至贵阳公路扩容工程初步设计总概算审批为242.617亿元。

(5)招标投标

遵贵扩容工程项目勘察设计、施工及监理单位全部严格按照《中华人民共和国招投标法》执行,采取国内竞争性招标。截至2016年,全线共计完成4个勘测设计合同段、13个土施施工合同段、3个中心试验室及4个施工监理合同段的招投标工作,并按规定签署了合同文件,其余后续工程正在招标中。标段划分及施工单位、监理单位、中心试验室情况见表6-43。

标段划分及施工单位、监理单位、中心试验室情况　　　　　表6-43

第1合同段	土建	浙江省宏途交通建设有限公司
第2合同段	土建	东盟营造工程有限公司
第3合同段	土建	中铁十七局集团第一工程有限公司
第4A合同段	土建	中交第二航务工程局有限公司
第4B合同段	土建	中铁四局第四工程有限公司
第5合同段	土建	中交路桥建设有限公司
第6合同段	土建	东盟营造工程有限公司
第7合同段	土建	中交一公局厦门工程有限公司
第8合同段	土建	中交第一公路工程局有限公司
第9合同段	土建	贵州桥梁建设集团有限责任公司
第10合同段	土建	贵州路桥集团有限公司
第11合同段	土建	贵州路桥集团有限公司
第12合同段	土建	中交第二公路工程局有限公司
第A驻监办	驻监办	北京华通公路桥梁监理咨询有限公司
第B驻监办	驻监办	贵州科达公路工程咨询监理有限公司
第C驻监办	驻监办	贵州陆通工程管理咨询有限责任公司
第D驻监办	驻监办	贵州交通建设咨询监理有限公司
Z1	中心试验室	贵州省交咨监理有限公司工程质量检测中心
Z2	中心试验室	贵州顺康路桥咨询有限公司
Z3	中心试验室	贵州省交通建设工程检测中心有限责任公司

（6）征地拆迁

遵贵扩容工程（青山至李资段）总占地面积约1332公顷（其中永久性占地1072公顷❶，临时用地占260公顷），其中服务区用地22.712公顷（自由控制性工程先行用地批复，其他批复未下达）。

3. 复杂技术工程

（1）乌江特大桥

乌江特大桥结构形式为双塔双索面预应力混凝土斜拉桥，桥跨组合形式为2×40m现浇箱梁$+(40+110+320+110+40)$m双塔双索面斜拉桥$+(40+2\times42)+3\times42$m预应力混凝土先简支后结构连续T梁，桥梁全长958m。

规模：主桥长320m，边跨设置辅助墩，贵阳岸5号主塔高度为197m，遵义岸4号主塔高度为143m，属高墩超宽大断面薄壁边箱梁斜拉桥。

建设难度及特点：

①超岩溶发育地区乌江常水位以下深孔桩基础施工。乌江特大桥5号索塔28根

---

❶ 1公顷 = 10000m²。

φ2.5m桩径深孔桩,最大孔深达63m,施工区域地质岩溶发育,且孔底高程位于乌江常水位以下,采用人工挖孔施工,施工难度大。

②山区大体积承台施工组织。乌江特大桥4号索塔承台大体积混凝土3776m³,5号索塔承台大体积混凝土5193m³。山区地形条件苛刻,施工组织难度大,且浇筑时段恰逢夏季,大体积混凝土浇筑温控要求高。

③高墩索塔施工。乌江特大桥4号索塔承台以上高度143.1m,5号索塔承台以上197.1m,采用液压爬模施工工艺,安全风险大,管理压力大。图6-56所示为乌江特大桥下部构造施工图。

图6-56 2016年8月17日,乌江特大桥下部构造施工完成

④超重牵索挂篮安装拆除。乌江特大桥主梁采用前支点挂篮施工,挂篮设计承载力720t,自重288t,模板系统77t。受场地限制,采用钢管落地支架散拼安装,采用整体下放法拆除。

⑤超宽高空间主梁施工。乌江特大桥主梁宽度37.6m,在同类型桥梁中属于较宽类型。梁体构造为双变箱与单箱四室相结合的形式。

⑥大跨度高桥面系边跨现浇段施工。乌江特大桥0号~2号墩2×40m边跨现浇梁,地形条件苛刻,且位于500kV高压线下方,落地钢管支架施工,难度较大。

⑦机制砂高程远距离泵送。乌江特大桥5号索塔承台以上高197.1m,混凝土泵送高度超200m。主跨320m,主梁施工最远泵送距离近300m,机制砂混凝土泵送难度较大。

(2)银厂河特大桥

该桥结构形式为预应力混凝土箱梁连续刚构桥,全桥为11×40m先简支后连续T梁+(96+180+96)m预应力混凝土连续刚构+8×40m先简支后连续T梁。

规模:全桥总长1149m,跨越银厂河,主桥为(96+180+96)m连续刚构。

建设难度:大体积承台水化热较大,容易出现温度裂缝;高墩施工,最高墩高为90m。

特点:特大桥主墩承台为大体积承台,采用6层冷却管进行循环冷却,降低水化热;主墩墩柱采用液压爬模施工，2~3天可完成一模爬升，大大提高了施工效率；主桥块段采用宽幅挂篮进行悬臂浇筑，三向预应力严格按照设计及规范要求进行张拉作业。

（3）香火岩特大桥

香火岩特大桥结构形式为上承式钢管混凝土拱桥，桥跨组合形式为3×30m预应力混凝土先简支后结构连续T梁+300m上承式钢管混凝土变截面桁架拱桥+14×30m先简支后结构连续T梁。图6-57所示为香火岩特大桥施工现场。

图6-57　2016年10月20日，香火岩特大桥施工现场

规模：主桥为300m上承式钢管混凝土拱桥。

难点：主拱施工中缆索吊机索鞍采用整体横移方式，相对传统的缆索吊机而言，横移式缆索吊机仅有一套缆吊系统，施工中设计了全新的缆索收发系统，使缆索系统的施工时间大大缩短，效率提高两倍以上。香火岩特大桥采用机制砂自密实混凝土，首次采用下灌上顶的组合灌注工艺，即拱脚$L/4$采取自上而下自由流动灌注，$L/4$至拱顶采取自下而上连续顶升灌注。实现了机制砂自密实混凝土自上而下自由流动灌注工艺的可行性。

特点：通过钢管与混凝土共同作用，增强了抗荷能力，从而减轻了上部构造的自身重量，也就减小了基础的应力，从而达到节省材料、增大跨度的作用。

（4）长滩河特大桥

该桥结构形式为预应力混凝土箱梁连续刚构桥，全桥为3×40m预应力混凝土先简支后结构连续T梁+（106+2×200+106）m预应力混凝土箱形梁连续刚构+（4×40+4×40）m预应力混凝土先简支后结构连续T梁。

规模：该桥为特大桥，左右幅桥长均为1063.8m。

施工特点：跨度长、墩高、抗震性能好、行车舒适，悬臂段主要采用挂篮施工。

（5）新田坡特大桥

该桥结构形式为预应力混凝土箱梁连续刚构桥，主桥为（106+3×200+106）m预应力混凝土箱形梁连续刚构，遵义岸引桥为3×40m预应力混凝土先简支后结构连续T梁，贵阳岸引桥为 6×40m 预应力混凝土先简支后结构连续 T 梁,左幅桥长为1149.8m,右幅桥长 1189.8m。

施工特点:跨度长、墩高、抗震性能好、行车舒适,悬臂段主要采用挂篮施工。

(6)柿花寨特大桥

该桥结构形式为预应力混凝土箱梁连续刚构桥,桥跨组合为(4×40)m+85m+(2×160)m+85m+(11×40)m 先简支后连续刚构桥。

规模:桥梁为特大桥,桥长 1104m、最大跨度 160m、最高墩柱 115m。

建设难度:T 构跨度大、墩柱高。

(7)两山口隧道群

两山口隧道群由两山口 1 号隧道、两山口 2 号隧道和两山口 3 号隧道三座分离式隧道组成,单幅全长 920m,建筑界限净宽为 14.75m,建筑界限净高为 5.0m。两山口隧道群隧道围岩破碎~较破碎,碎裂结构,围岩整体性差,易发生掉块、坍塌、涌水,特别是隧道进出口及洞身浅埋段,围岩稳定性差,容易塌方冒顶,此外两山口 1 号隧道为瓦斯工区。本标段环境保护及文明施工要求高,特别是两山口短隧道群线右侧为两山口水库,环保水保要求高。隧道防排水以环境保护要求为主导,既要保证施工安全与结构防水,又要减少隧道施工对当地居民水源的影响,对隧道施工技术提出了更高的环保水保要求。

(8)上甘坪隧道

上甘坪隧道为一座上、下行分离的六车道高速公路长隧道。隧道起讫桩号为:左线 ZK40+995~ZK42+030,长 1065m;右线 YK40+980~YK42+085,长 1105m。断面建筑界限(宽×高)为 14.75m×5m。隧道中 V 级围岩 768m,IV 级围岩 1402m。洞身最大埋深 90m,最小埋深 4m。洞内设置了 1 处车行横洞,2 处人行横洞。图 6-58 所示为上甘坪隧道第一个明洞二衬浇筑。

图 6-58 2016 年 8 月 5 日,上甘坪隧道 K40+980 第一个明洞二衬浇筑

建设难点:本隧道地质条件较差,全隧道均为 IV、V 级围岩,岩体破碎,围岩整体性差,

不良地质多；隧道岩溶强发育且穿越3个破碎带，地下水发育，易发生涌水；隧道ZK41+910~ZK41+967、K41+925~K41+985段为煤线，且包含237延米的微瓦斯设防区；施工难度大、安全风险高，工期受围岩变化影响较大。

工程特点：整个工程埋于地下，且有一条县道在隧道洞顶绕过；隧道位于岩体深处不稳定的地层中，围岩压力大，坑道不稳定，隧道出口存在浅埋偏压的情况；隧道地下施工环境较差，且位于偏远的深山峡谷之中；支护施工安全风险高；工程单一，施工不受干扰。

(9) 大坪子隧道

大坪子隧道采用分离式设计。左幅起讫桩号为ZK93+875~ZK95+675，长1800m；右幅起讫桩号为YK93+905~YK95+690，长1785m。其中，第9合同段承建左幅隧道的起讫桩号为ZK93+875~ZK94+940，长1065m，右幅起讫桩号为YK93+905~YK94+940，长1035m；第10合同段承建左幅隧道施工的起讫桩号为ZK94+940~ZK95+675，长735m，右幅隧道施工的起讫桩号为YK94+940~YK95+690，长750m。隧道限界净宽14.75m，净高5m。

施工难点：三车道宽幅隧道，围岩级别差、洞身跨度大、工艺、工序控制相对复杂、安全风险大，不可预见因素多。

(二) 遵义至贵阳公路扩容工程尖坡至小碧高速公路

1. 基本情况

(1) 项目决策背景及过程

贵州地处西南腹地，与湖南、广西、云南、四川及重庆等5个省、自治区、直辖市毗邻，是西南、西北地区连接东部、南部沿海发达地区及东盟自由贸易区的必经之地，随着东西部物资交流的增长以及经济社会的日益发展，贵州作为西南重要陆路交通枢纽的作用越来越凸显。

2012年初，国务院印发了《国务院关于进一步促进贵州经济社会又好又快发展的若干意见》(国发〔2012〕2号)，对贵州做出了"全国重要的能源基地、资源深加工基地、特色轻工业基地、以航空航天为重点的装备制造基地和西南重要陆路交通枢纽"等战略定位，提出要大力实施优势资源转化战略，构建特色鲜明、结构合理、功能配套、竞争力强的现代产业体系，建设对内对外大通道，打造西部地区重要的经济增长极，并明确要求要坚持把交通基础设施建设放在优先位置，按照统筹兼顾、合理布局、适度超前的原则，加快构建现代综合交通运输体系，打破交通瓶颈制约，提高发展支撑能力。

兰州至海口国家高速公路在贵州境的中段是我国西部地区通江达海的公路主通道，也是贵州省的纵向主轴线，遵义至贵阳段则是两市间最便捷的快速公路通道。现有兰海高速公路遵义(龙坑)至贵阳(下坝)段全长约141km，其中龙坑至南白段约8km、扎佐至尖坡段约 20km 和尖坡至下坝段约 28km 均于 1997 年建成，设计速度 60km/h，路基宽度 21.5m（原一级汽车专用公路标准）；南白至扎佐段原为二级汽车专用公路（设计速度 40km/h、路基宽度 11~12m），其后按设计速度 80km/h、路基宽度 24.5m 的高速公路标准进行改建，并于 2007 年通车，长约 85km。现有高速公路南白至扎佐、扎佐至尖坡、尖坡至下坝段现状交通量分别约 16200pcu/d、34147pcu/d、16260pcu/d。现有高速公路由于技术指标低、路况差，交通量增长速度快，且大型货车比例高，服务水平逐年下降，交通事故多，已成为交通瓶颈，与打造西南陆路交通枢纽的要求极不相称。

因此，项目的实施对于贯彻落实国家进一步促进贵州经济社会又好又快发展的战略，完善国家高速公路网和提高路网保障能力，提升国家公路运输大通道的通行能力和服务水平，提高交通基础设施的发展支撑能力有着重要的作用。

根据《贵阳市生态文明城市总体规划》，贵阳市的市域快速路体系主要包括："一环"——贵阳环城高速公路（东北环线—西南环线—南环线）；"两横"——贵阳城市经济圈环北段（黔西至瓮安），修文至福泉；"九射线"——贵新（贵阳至新寨）、贵广（贵阳至广州）、贵惠（贵阳至惠水）、贵黄（贵阳至昆明）、厦蓉（贵阳至成都）、贵黔（贵阳至黔西）、贵毕（贵阳至毕节）、贵遵（贵阳至重庆）、贵开（贵阳至开阳至遵义）等高速公路。

本项目是贵阳市规划的市域快速路体系"一环、两横、九射线"中的"一环"（东北环线）与"九射线"之一（贵开高速公路）的重要组成部分。另外，贵阳周边的主要卫星城仅开阳县未通高速公路，虽规划有环向的息开高速公路衔接，但由于绕行较远，不具比较优势，极大地制约了开阳县的发展，对贵阳市在该区域范围的核心经济辐射带动作用也产生了极大的制约。而本项目的建设不仅是适应交通量快速发展的需要，也是完善黔中经济区路网，完善贵阳市域快速路体系，扩展路网辐射范围的需要。2012 年 12 月 17 日，省发展和改革委员会以黔发改交通〔2012〕3682 号文《关于贵阳东北绕城高速公路尖坡至小碧段改建工程可行性研究报告的批复》，正式批复了尖小高速公路可行性研究报告。

（2）公路的功能、定位、里程

尖坡至小碧高速公路（以下简称"尖小公路"）是《贵州省高速公路网规划》"678"高速公路网中贵阳环线的优化和补充，是贵阳市规划的市域快速路体系"一环、两横、九射线"中的"一环"（东北环线）与"九射线"之一（贵开高速公路）的重要组成部分。

尖小公路全长 47.55km，起于白云区贵阳绕城高速公路西南段与贵遵公路相交叉的尖坡枢纽互通处，主要经过都拉营、培席、水田、李资、定扒、永乐，止于南明区小碧乡贵新公路与贵阳绕城高速公路西南段相交叉的下坝枢纽处。起讫桩号分别为 LK0+000~LK15+689.444、YK118+867.858~YK150+686.374。

（3）技术指标

全线采用双向六车道高速公路标准，设计速度 100km/h，路基宽度为 33.50m，最大纵坡3.6%;全线桥涵设计车辆荷载公路—Ⅰ级,洪水频率1/100(特大桥1/300);连接线采用二级公路标准建设;其余技术指标按《公路工程技术标准》(JTG B01—2003)执行。

(4)投资规模

尖坡至小碧高速公路项目概算总投资71.46亿元,平均每公里造价15063.24万元。

(5)主要控制点

起于白云区贵阳绕城高速公路西南段与贵遵公路相交叉的尖坡枢纽互通处,止于南明区小碧乡贵新公路与贵阳绕城高速公路西南段相交叉的下坝枢纽处,路线全长47.55km。沿线主要经过贵阳市白云区、乌当区、南明区,黔南州龙里县。

(6)沿线主要地形地貌

本路段位于贵阳市近郊,属云贵高原向广西丘陵过渡的斜坡地带,为低中山岩溶、侵蚀沟谷地貌。

(7)主要构造物

路基土石方:挖方1640万m^3,填方1170万m^3。桥梁工程:特大桥975m/1座(按整幅计),大桥10598.425m/33座(按整幅计),中桥1061.65m/14座(按整幅计),小桥152m/4座(按整幅计),分离式立交94m/3座,天桥450m/7座。路面工程:级配碎石底基层113.99万m^2,水泥稳定碎石基层115.89万m^2,沥青混凝土下面层94.68万m^2,沥青混凝土中面层170.55万m^2,沥青混凝土上面层170.65万m^2,路缘石2.75万m。隧道工程:长隧道3445m/2座(按整幅计),中隧道4741.5m/7座(按整幅计),短隧道922.5m/3座(按整幅计),涵洞、通道3636.11延米/92道。排水与防护:浆砌块片石31.73万m^3,喷射混凝土11.17万m^2,混凝土22.88万m^3,抗滑桩1293m/69棵,预应力锚索0.93万m/438索,边沟7.75万m,截水沟2.30万m,排水沟2.13万m。互通式立交6座;交通安全设施:波形钢护栏8.00万m,标志384处,标线10.66万m^2,隔离栅8.15万m,突起路标30108个,防眩板2254套。

2.建设情况

(1)立项审批

受贵州高速公路开发总公司委托,贵州省交通规划勘察设计研究院有限责任公司组建项目工作组,开展贵阳东北绕城高速公路尖坡至小碧段改建工程的可行性研究,并于2012年8月编制完成《贵阳东北绕城高速公路尖坡至小碧段改建工程可行性研究报告》。2012年12月17日,省发展和改革委员会以黔发改交通〔2012〕3682号文《关于贵阳东北绕城高速公路尖坡至小碧段改建工程可行性研究报告的批复》,正式批复了尖小高速公路可行性研究报告。

(2)勘察、设计

在工程可行性研究补充报告完成后,2012年9月,贵州高速公路开发总公司将尖小公路工程的初步勘察设计及施工图勘察设计任务委托给贵州省交通规划勘察设计研究院有限责任公司。该院接受任务后,于2012年9月~2003年11月完成本勘察设计合同段的初测、初步设计,上报省交通运输厅审批。省交通运输厅于2012年12月16日以黔交建设〔2012〕247号《关于贵阳东北绕城高速公路尖坡至小碧段改建工程初步设计的批复》,同意了尖小公路的初步设计;确定项目总概算为71.46亿元,总工期为两年。2012年11月~2015年8月,完成勘察设计定测、施工图设计。2012年12月21日,省交通运输厅以黔交建设〔2012〕279号文《关于贵阳东北绕城高速公路尖坡至小碧段改建工程渔洞峡Ⅰ号隧道施工图设计(土建部分)的批复》;2013年10月25日,省交通运输厅以黔交建设〔2013〕106号文《关于贵阳东北绕城高速公路尖坡至小碧段改建工程(土建工程部分)施工图设计的批复》;2015年8月17日,省交通运输厅以黔交建设〔2015〕194号文《关于贵阳东北绕城高速公路尖坡至小碧段改建工程附属工程施工图设计的批复》,对尖小公路施工图设计文件进行了批复。

在工程可行性研究报告完成的同时,受贵州高速公路开发总公司的委托,贵州省交通科学研究院组建的项目组在确定工程线路和规模后,对拟建的贵阳东北绕城高速公路尖坡至小碧段改建工程沿线现场进行再次踏勘,收集和调查相关资料,开展第二次公众参与调查。评价单位依据该项目工程可行性研究报告技术资料,针对工程特点和工程所在地的环境概况,进行了环境现状评价及影响预测评价,并提出环保措施方案,于2012年9月编制完成了《贵阳东北绕城高速公路尖坡至小碧段改建工程环境影响报告书(报批稿)》。2012年12月13日,贵州省环境保护厅以黔环审〔2012〕240号文《关于贵阳东北绕城高速公路尖坡至小碧段改建工程环境影响报告书的批复》,同意了环境影响报告书。

此外,受贵州高速公路开发总公司的委托,贵州省交通科学研究院于2012年8月组成拟建项目水土保持方案编制项目组,对拟建公路沿线进行实地调查,并根据工程可行性研究报告以及相关资料于2012年9月编制完成了《贵阳东北绕城高速公路尖坡至小碧段水土保持方案报告书(送审稿)》。2012年10月18日,贵州省水利厅在贵阳组织召开了专家审查会,会上形成了专家审查意见。贵州省交通科学研究院根据专家审查意见对报告书进行了修改和完善,于2012年10月下旬编制完成《贵阳东北绕城高速公路尖坡至小碧段水土保持方案报告书(报批稿)》。2012年10月31日,贵州省水利厅以黔水保函〔2012〕199号文《关于贵阳东北绕城高速公路尖坡至小碧段改建工程水土保持方案的复函》,同意了水土保持方案。

(3)施工、监理

①项目管理机构设置原则及要求。

"精干、高效"是尖小高速公路项目建设办公室设置机构的原则。各职能机构和岗位既无重叠、又无空白,既有利于相互监督、又有利于权力制衡的管理机制,即任何部门和每项工作都要有人承担主要责任;每件工作的参与者必须承担相应责任,任何个人必须主动接受有效的监督和控制。将关键管理程序分解、细化,建立相互制约和相互服务的横向联络系统,以便加强管理机构的自动控制水平。"人不在多在于精、心不在大在于细"的满负荷高效运作原则,以尖小项目工作量确定各职能部门、岗位和人员编制,强化精细管理,提升管理形象,降低管理成本。

根据以上原则,成立尖小高速公路项目建设办公室(简称"项目办")及尖小高速公路项目建设总监理工程师办公室(简称"总监办"),下设工程质量安全科、合同计量科、综合协调科、财务科、纪检室5个职能部门。

②质量控制措施与效果。

建设过程中,项目总监办以交通运输厅137号文为标准文件,始终坚持"质量第一"的方针和"全寿命周期"的建设理念,强化质量过程控制。

第一,明确目标——工程合格率100%。工程实施过程中,坚持把这一目标贯彻到施工、监理单位,落实到各项工程的每个环节,通过制定首件工程认可制,强化技术保障措施,细化各环节的质量控制标准和要求,严格人员素质,严格工艺要求,严格工序控制,量化考核标准,使各项质量标准得到了较好落实。例如,在边坡开挖与防护时,严格要求施工单位在靠近边坡坡面部分采用液压破碎锤进行冷开挖施工,保证坡面平顺度,边坡防护必须按开挖一级防护一级的作业顺序进行施工;在全线挖方段路侧根据现场实际情况,设置2m高的片石混凝土护面墙或7.5号浆砌片石护面墙进行工程防护,美化路线线形;在高填方段必须采用100t压路机正常分层压实后,再采用强夯机补强压实,保证路基施工质量;在三台背填筑时,要求采用小型高速液压夯实机进行压实,有效减少工后沉降;针对全线小型构件量多的情况,设置2个小型构件厂集中进行预制,保证构件质量。

第二,健全体系。自开工建设以来,建立健全了"政府监督、社会监督、企业自检"三级保障体系,在工程建设中落到实处。按规定的频率对工程质量进行抽检,对施工进行全天候、全过程、全方位的旁站监理,充分利用检查、签证等手段对各道工序实行全面质量控制。企业自检由承包商落实,施工单位严格按要求全项目、全频率地对材料、半成品及成品、工序控制进行100%自检,对不合格或缺陷工程自觉返工。

第三,控制工序。一是严格控制过程。对一般性分部、分项工程,施工单位编写标准化施工要点和施工工艺要求;对关键部位和技术复杂的分部、分项工程,要专门编写施工方案组织设计,主要内容有工程概况、主要施工方法、操作规程、结构计算、施工详图、质量要求及标准、测试方法和要求、材料和设备计划及要求等,切实做到按规范办事,凭数据说话。建立工序交接制度,上道工序不合格,下道工序不准开工。二是制定关键部位技术措施。要求施工单位依据设计文件和有关技术规范,结合现场实际制定明确的施工技术保障措施,确保工程质量。例如尖小项目伸缩缝单独进行招标,但土建施工单位的伸缩缝预留槽往往不按设计预留,满足不了伸缩缝施工的要求,导致工序移交困难,项目办根据实际预留槽宽度确定伸缩缝型号,量身定制,变更型号费用全部由土建施工单位承担,确保伸缩缝施工质量。

第四,加强监控。在认真落实三级质保体系的基础上,通过监理实施管理的质量监控制度,通过加大总监办巡检力度,落实月度巡检报告、现场缺陷报告、质量缺陷罚单、暂时停工令、过失追究登记等日常质量管理手段,对重点部位、重要工艺、关键工序等实行全过程旁站,及时发现、纠正、处理工程施工中的各种问题。通过加强全线监理工作检查,及时召开监理例会、现场办公会、加强技术指导与交底,突出了质量管理的超前性,强化了服务作用。通过实施监理培训、学习、考试、考勤、考核、奖惩等手段,使监理人员的职业道德和业务素质得到不断提高。充分利用开工审批权、计量签证权和质量病害处罚权,坚持"人员材料不准备好不准开工,未经检验许可的材料不准进场,未经批准的施工工艺不准使用,上道工序未经验收,下道工序不准进行"的"四不准"原则,有效把好事前指导关、工序工艺关、过程控制关、试验检测关、事后检查关、质量检验关,对出现的质量问题采取"坚决返工、适当罚款、彻底落实"的措施,确保了工程质量处于受控状态。

③安全生产。

安全生产检查评价严格按交通运输部《关于开展公路水运工程"平安工地"考核评价工作的通知》(交质监发〔2012〕679号)要求执行,定期开展考核评价工作,评价结果公示并进入信用评价。安全是工程建设正常进行的前提条件,没有安全就没有生产。为了确保尖小高速公路建设安全顺利进行,项目办严格按照《尖小高速公路安全生产管理办法》中的相关规定要求参建单位;并与施工单位签订了《安全生产合同》,规范了安全生产的合同管理,落实了安全生产责任。在建设过程中项目总监办通过组织各参建单位进行安全生产知识竞赛,提高责任意识;建立安全生产费用使用台账,通过费用台账管理指导安全生产。

各参建单位在进场初期,对各自的进场人员进行安全培训教育,并在施工中不定期地开展对施工管理人员及劳务人员的安全教育,增强其安全意识,提高参建人员的自我保护意识和能力。同时,在施工过程中各参建单位在施工现场还举行了各种安全生产应急预案的演练,比如隧道塌陷施工应急预案演练、桩基施工应急预案演练等。本项目还承接了省政府、省交通运输厅举行的全省边坡塌方安全应急预案实地演练活动。通过多种形式的安全应急演练活动,有效地预防了安全事故的发生。本项目自开工,施工过程中未发生过一起安全事故,确保了工程建设的顺利进行。

④进度管理。

在工程项目建设组织实施过程中,项目总监办的指导思想是在确保质量的前提下抓进度,在科学调度、交叉运作中争高效,通过统筹规划、合理安排,确保了工程建设顺利实施。采取"五抓"举措,保障工程进度。

一抓落实。根据项目总监办制定的节点目标任务,对施工监理单位按时完成任务的及时实施奖励处罚决定,有效督促目标任务落实。

二抓计划。对施工进度计划实行动态管理,每月对总体进度计划进行调整,每周对分项工程作业计划进行调整,发现某工序滞后或可能影响总工期时,及时采取应对措施。

三抓资源。利用合同文件、信用评价体系的要求和经济杠杆等手段督促施工单位总部将人员、资金、设备等各项资源落实到位。

四抓组织。要求施工单位组织施工经验丰富的技术人员和施工队伍投入施工生产,合理安排各工种作业时间,确保施工组织计划的实施。

五抓保障。积极争取当地有关部门的支持和帮助,创造一个好的外部环境,有利于施工生产的正常开展。

(4)资金筹措

尖坡至小碧高速公路项目概算总投资71.46亿元,平均每公里造价15063.24万元。资金来源于贵州省交通运输厅专项资金与国家开发银行贷款。

(5)招标投标

本项目除第1A、1B(含后续工程)、3B共3个合同段参建单位为政府指定外,其余所有参建单位均统一招标。项目的招标投标工作严格按照国家有关法律、法规进行,遵循公开、公平、公正和诚实信用原则,招投标过程中的评标委员会由交通部设立的评标专家库中的专家组成,所有进入尖小高速公路施工的参建单位都由公开招标确定。

尖小高速公路工程施工采用国内竞争性公开招标方式。

路基、桥隧工程:2013年5月6日,通过《中国经济导报》和中国采购与招标网发布了施工招标资格预审公告,全国共有99家施工单位递交了124份资格预审申请文件。经过资格预审并报备,中铁一局集团有限公司等67家企业通过资格预审。2013年8月13日公开招标,经过专家工作小组及招标委员会仔细认真的评审,按照相关法规的规定,以及公正、公平、公开的原则,推荐并报备了中铁一局集团有限公司、中交第三公路工程局有限公司、山东省公路建设(集团)有限公司、中交路桥建设有限公司4家企业为路基、桥隧工程中标单位。

路面工程:2014年11月11日,在相关网站发布路面工程招标公告,33家企业参加投标。2015年2月7日进行公开招标后,东盟营造工程有限公司成为路面工程中标单位。

交通工程:2015年4月13日,在相关网站发布交通工程招标公告,53家企业参加投标。2015年5月13日进行公开招标后,湖南高速公路配套设施有限公司成为交通工程中标单位。

绿化工程:2015年6月30日,在相关网站发布交通工程招标公告,71家企业参加投标。2015年7月28日进行公开招标后,江西山湖园林建设集团有限公司成为绿化工程中标单位。

房建工程:2015年2月10日,在相关网站发布交通工程招标公告,27家企业参加投标。2015年3月18日进行公开招标后,广东一新长城建筑集团有限公司成为房建工程中标单位。

机电工程:2015年2月10日,在相关网站布交通工程招标公告,38家企业参加投标。2015年3月18日进行公开招标后,广东新粤交通投资有限公司成为机电工程中标单位。

房建工程装饰装修设计施工总承包:2015年8月24日,在相关网站发布交通工程招标公告,12家企业参加投标。2015年9月21日进行公开招标后,贵州华顺鸿腾建筑装饰工程有限公司、贵州泰源装饰工程有限公司两家企业成为房建工程装饰装修设计施工总承包中标单位。

尖小高速公路工程施工监理除路基、桥隧工程监理第C合同段为政府指定外,其余所有公路工程监理均采用国内公开招标形式。

路基、桥隧工程施工监理:2013年8月6日,在相关网站发布路基、桥隧工程施工监理招标公告,10家单位报名,采用资格后审方式。2015年8月28日进行公开招标后,贵州省交通建设咨询监理有限公司、中交建工程咨询(北京)有限公司两家企业为路基、桥隧工程施工监理中标单位。

路面工程施工监理:2014年11月20日,在相关网站发布路面工程施工监理招标公告,6家单位报名,采用资格后审方式。2014年12月15日进行公开招标后,贵州省交通建设咨询监理有限公司为路面工程施工监理中标单位。

沿线房建、安全设施、景观绿化工程施工监理:2015年4月16日,在相关网站发布沿线房建、安全设施、景观绿化工程施工监理招标公告,2015年5月6日进行公开招标后,报名企业少于3家,作废标处理。在2015年5月19日,在相关网站发布沿线房建、安全设施、景观绿化工程施工监理重新招标公告,4家单位报名,采用资格后审方式。2015年6月10日进行公开招标后,贵州陆通公路工程监理有限责任公司为沿线房建、安全设施、景观绿化工程施工监理中标单位。

机电工程(含隧道机电)施工监理:2015年5月19日,在相关网站上发布机电工程(含隧道机电)施工监理招标公告,6家单位报名,采用资格后审方式。2015年6月10日进行公开招标后,贵州陆通公路工程监理有限责任公司为机电工程(含隧道机电)施工监理。

中心试验室:2013年8月6日,在相关网站上发布中心试验室招标公告,5家单位报名,采用资格后审方式。2015年8月28日进行公开招标后,湖南联智桥隧技术有限公司为中心试验室理中标单位。

尖小高速公路参建单位见表6-44。

尖坡至小碧高速公路参建单位表

表 6-44

通车里程桩号：LK0+000~LK15+689.444,YK118+867.858~YK150+686.374

参建项目	单 位 名 称	合同段编号及起止桩号	主要负责人	备 注
项目管理单位	贵州高速公路集团有限公司	LK0+000~LK15+689.444,YK118+867.858~YK150+686.374	胡一鸣	
勘察设计单位	贵州省交通规划勘察设计研究院股份有限公司	LK0+000~LK15+689.444,YK118+867.858~YK150+686.374		全线
施工单位	安通建设有限公司	1A.LK0+000~LK4+500	韩新平	土建工程
	中交第二公路工程局有限公司	1B.LK4+500.000~LK15+689.444,YK118+867.858~YK119+210.808	谭浩宇	土建工程
	中铁一局集团有限公司	2.YK119+210.808~YK125+900	于渤	土建工程
	中交第三公路工程局有限公司	3A.YK125+900~YK127+953.463,YK130+682~YK131+340	党志超	土建工程
	贵州路桥集团有限公司	3B.YK127+953.463~YK130+682,YK144+880~YK145+567	梁友科	土建工程
	山东省公路建设(集团)有限公司	4.YK131+340~YK138+500	李祖祥	土建工程
	中交路桥建设有限公司	5.YK138+500~YK144+880,YK145+567.000~YK150+686.374	张立春	土建工程
	福建荣冠环境建设集团有限公司	6.YK119+210.808~YK125+900,YK125+900~YK127+953.463,YK130+682~YK131+340,YK131+340~YK144+880,YK145+567.000~YK150+686.374		边坡绿化
	衡水中铁建工程橡胶有限责任公司	7.LK0+000~LK15+689.444,YK118+867.858~YK150+686.374		桥梁支座
	东盟营造工程有限公司	8.LK0+000~LK4+500,YK119+210.808~YK150+686.374	曹俊峰	路面工程
	中交第二公路工程局有限公司	1B.LK4+500.000~LK15+689.444,YK118+867.858~YK119+210.808	谭浩宇	路面工程
	江西山湖园林建设集团有限公司	9.LK0+000~LK4+500,YK119+210.808~YK150+686.374	胡少文	景观绿化
	中交第二公路工程局有限公司	1BJGLV.LK4+500.000~LK15+689.444,YK118+867.858~YK119+210.808	谭浩宇	景观绿化
	石家庄泛安科技开发有限公司	10.LK0+000~LK4+500,YK119+210.808~YK150+686.374	苏明瑞	机电工程(含隧道机电)
	中交第二公路工程局有限公司	1BJD.LK4+500.000~LK15+689.444,YK118+867.858~YK119+210.808	谭浩宇	机电工程(含隧道机电)
	湖南高速公路配套设施有限公司	11.LK0+000~LK4+500,YK119+210.808~YK150+686.374	易图权	交通工程
	中交第二公路工程局有限公司	1BJA.LK4+500.000~LK15+689.444,YK118+867.858~YK119+210.808	谭浩宇	交通工程
	广东一新长城建筑集团有限公司	12.LK0+000~LK4+500,YK119+210.808~YK150+686.374	颜超	房建工程

续上表

参建项目	单位名称	合同段编号及起止桩号	主要负责人	备注
施工单位	中交第二公路工程局有限公司	1BFJ.LK4+500.000~LK15+689.444,YK118+867.858~YK119+210.808	谭浩宇	房建工程
	衡水恒力通工程橡胶有限公司	13.LK0+000~LK4+500,YK119+210.808~YK150+686.374	郭喜胜	桥梁伸缩缝
	中交第二公路工程局有限公司	1BQLSSF.LK4+500.000~LK15+689.444,YK118+867.858~YK119+210.808	谭浩宇	桥梁伸缩缝
	贵州华顺鸿腾建筑装饰工程有限公司	14.LK0+000~LK4+500,YK119+210.808~YK150+686.374	丁银华	收费站房建室内装修设计施工总承包
	中交第二公路工程局有限公司	1BFJZX.LK4+500.000~LK15+689.444,YK118+867.858~YK119+210.808	谭浩宇	收费站房建室内装修设计施工总承包
	贵州泰源装饰工程有限公司	15.LK0+000~LK15+689.444,YK118+867.858~YK150+686.374	曾俊	服务区房建室内装修设计施工总承包
监理单位	贵州交通建设咨询监理有限公司	A(1-3A、6-7、13)、LK0+000~LK15+689.444,YK118+867.858~YK127+953.463,YK130+682~YK131+340	吴育权	
	中交建工程咨询(北京)有限公司	B(4-5、6-7、13).YK131+340~YK144+880,YK145+567.000~YK150+686.374	邹三康	
	贵州交通建设咨询监理有限公司	C(3B、6-7、13).YK127+953.463~YK130+682,YK144+880~YK145+567	李振源	
	贵州交通建设咨询监理有限公司	D(1BL米、8).LK0+000~LK15+689.444,YK118+867.858~YK150+686.374	肖小黎	
	贵州陆通公路工程监理有限责任公司	E(1BJGLV、1BJA、1BFJ、1BFJZX、9、11-12、14-15) LK0+000~LK15+689.444,YK118+867.858~YK150+686.374	田小波	
	贵州陆通公路工程监理有限责任公司	F(1BJD、10).LK0+000~LK15+689.444,YK118+867.858~YK150+686.374	李明秋	
中心试验室	湖南联智桥隧技术有限公司	Z1.LK0+000~LK15+689.444,YK118+867.858~YK150+686.374	朱志军	

（6）征地拆迁

尖小高速公路建设里程跨度较大，横跨三区一县，根据沿线涉及实际情况成立了贵阳市指挥部及龙里县指挥部，在贵阳市指挥部下又成立了3个主要区段（白云区、南明区、乌当区）的指挥部或领导小组，具体负责各自辖区内的征地拆迁工作。

项目征地拆迁工作自2012年12月开始至2015年11月基本完成，全线实际征用土地7956.32亩,拆迁房屋99187.687m²,迁移坟墓2853座。2012年11月21日,施工用地获省国土资源厅《关于贵阳东北绕城高速公路尖坡至小碧段改建工程用地预审申请的复函》(黔国土资预审字〔2012〕105号)批复。2014年4月21日,正式施工用地获国土资源部《关于贵阳东北绕城高速公路尖坡至小碧段改建工程的批复》(国土资函〔2014〕107号)批复;2014年2月20日,使用林地获国家林业局《使用林地审核同意书》(林资许准〔2014〕055号)批复。

(7)交(竣)工

2015年12月28日,在贵州高速集团有限公司主持下,对尖小高速公路LK0+000~LK15+689.444、YK118+867.858~YK150+686.374段路基工程、桥隧工程、路面工程、交通工程进行了交工验收。通过听取建设各方的工作总结报告、依据省质监站的项目检测意见,交工验收委员会同意相关工程交工验收。

3. 运营管理

全线设Ⅰ类服务区1处(永乐)、Ⅰ类停车区1处(火石坡)、匝道收费站4处(表6-45),本项目于2015年12月31日建成通车,批准收费时间为2016年1月1日,批准收费终止时间为2041年12月31日。

收费站点设置表　　　　　　　　　　　　　　　　　　表6-45

站点名称	车道数	收费方式
综保	5进9出(含ETC车道1进1出)	联网收费
火石坡	6进13出(含ETC车道1进1出)	联网收费
定扒	5进7出(含ETC车道1进1出)	联网收费
永乐	4进7出(含ETC车道1进1出)	联网收费

六、G76厦门至成都高速公路贵州境路段

(一)G76厦蓉高速公路贵州省水口(桂黔界)至榕江格龙公路

1. 基本情况

(1)项目决策背景及过程

厦蓉高速公路贵州境水口(桂黔界)至榕江格龙项目是当时国家高速公路"7918"网中厦门至成都高速公路(简称"厦蓉高速"公路)的重要组成部分,也是贵州省当时"3388"网中第三横及第八联的重要组成部分,是连接贵州等西部欠发达地区和东南沿海地区重要的出海大通道,是贵州省连接贫困地区的致富路。

(2)公路的功能、定位、里程

项目起于桂黔两地交界的贵州省黎平县水口乡,顺接广西桂林至三江高速公路,经水

口、肇兴、洛香、广以、双江、谷坪、流架、坨苗、榕江县、终点榕江县格龙村，顺接厦蓉高速公路贵州境榕江格龙至都匀公路，设计里程共长110.276km，共设置水口、洛香、双江、谷坪、新民、榕江六处互通式立交，设洛香和新民两个服务区，共设桥梁109座，隧道24座，其中特长隧道4座。

（3）技术指标

路基工程：全线按双向四车道高速公路标准建设，整体式路基宽度采用26.0m，分离式路基宽度采用2×13.0m，设计速度100km/h，桥涵设计荷载为：公路—Ⅰ级，最小平曲线半径700m，最大纵坡4%，凸形竖曲线最小半径10000m，凹形竖曲线最小半径4500m，设计洪水频率特大桥1/300，其余为1/100。

路面工程：新建路段按主线73cm、匝道60cm及收费广场73cm的结构层厚度进行设计。主线结构层为4cm细粒式改性沥青混凝土上面层、6cm中粒式沥青混凝土中面层、8cm粗粒式沥青混凝土下面层，1cm稀浆封层，20cm+20cm水泥稳定碎石层，15cm级配碎石层；匝道结构层为4cm中粒式沥青混凝土上面层、6cm中粒式沥青混凝土下面层、35cm水泥稳定碎石层，15cm级配碎石层；收费广场结构层为26cmC30水泥混凝土，34cm水泥稳定碎石层。桥面铺装按4cm细粒式沥青混凝土上面层、6cm中粒式沥青混凝土下面层进行设计。隧道沥青混凝土路面按4cm细粒式沥青混凝土上面层、6cm中粒式沥青混凝土下面层进行设计。其中4cm的沥青混凝土上面层采用改性沥青及玄武岩组成配合比设计。

交通工程：全线中分带及路基填方两侧均设置波形梁护栏或混凝土防撞护栏，路基两侧设置铁丝网隔离栅，互通立交设置焊接网隔离栅，沿线设置了醒目的标志、标识牌，路面上标线，中分带设置了防眩板，上跨桥设置了防落物网。

绿化工程：对沿线的上下边坡，取、弃土场，中分带，互通立交区，隧道进出口，路基两侧等进行详细的绿化设计和施工，同时设置了较为完善的污水处理系统。

房建工程：全线共设置6个收费站、2个服务区，并在收费站位置设立相应的建设管理设施。

机电工程：本项目的机电系统包括监控系统、收费系统、通信系统和隧道供电照明系统。项目建成后采用封闭式收费制式，将提供完善的刷卡收费服务。

（4）投资规模

厦蓉高速公路水格段按照交通部批准的投资概算为99.2亿元，其中中央专项基金32.5亿元，银行贷款57.7亿元。

（5）主要控制点

项目起于桂黔两地交界的贵州省黎平县水口乡，顺接广西桂林至三江高速公路，经水口、肇兴、洛香、广以、双江、谷坪、流架、坨苗、榕江县。终点为榕江县格龙村，顺接厦蓉高速公路贵州境榕江格龙至都匀公路,设计里程共长110.276km,共设置水口、洛香、双江、谷坪、新民、榕江六处互通式立交,设洛香和新民两个服务区,共设桥梁109座,隧道24座,其中特长隧道4座。

(6)主要构造物

路基土建工程:路基土石方6057.1万m^3。大中小桥:33641.61延米/109座。涵洞、通道:270道。隧道:32498.75延米/24座。排水工程:49.5万m^3。砌筑防护:494.4万m^3。锚索及锚杆框架梁:11.4万m^3。

路面工程:级配碎石底基层145.8万m^2,水泥稳定碎石基层141.9万m^2,粗粒式沥青下面层104.6万m^2,中粒式沥青中面层270.9万m^2,细粒式沥青上面层270.9万m^2。

交通工程数量:波形梁护栏15.76万m,标线13.48万m^2,标志2165个,隔离栅10.88万m,突起路标47132个,反光轮廓标24021个,防眩板32976块。

2.建设情况

(1)立项审批

2007年3月7日,国家发改委以发改交运〔2007〕3376号文件批复了贵州省水口(桂黔界)至榕江格龙公路可行性研究报告。2008年3月10日,交通部以交公路发〔2008〕109号文批复了水口(桂黔界)至榕江格龙公路初步设计文件,并确定了主要技术经济指标、路线、路基路面、主要大型构造物等方案,确定概算总投资为99.2亿元,项目总工期为四年。2009年4月30日,黔交建设〔2009〕111号文件批复了贵州省水口(桂黔界)至榕江格龙公路施工图设计文件。

(2)勘察、设计

贵州省交通勘察设计研究院、中交第二公路勘察设计研究院对厦蓉高速公路水口至格龙公路的设计做了大量而细致的前期工作,并在施工图设计阶段对各项工程均做了细化设计,设计图纸详尽而全面,方案处理得当,经该院设计出的公路路线线型、桥梁造型美观、流畅,并使防护与绿化工程与沿线自然景观相互协调,体现了较高的设计水准。同时,派驻的设计代表常驻工地一线,随时为施工中出现的设计方案、技术方案的变更做出快捷的服务。

(3)施工管理

①项目管理机构设置及职能

在贵州高速公路开发总公司的统一领导下,成立厦蓉高速公路水口至格龙段建设项目办公室、厦蓉高速公路水口至格龙段总监理工程师办公室(以下简称总监办),全面负责厦蓉高速公路水格段建设的各项管理工作。总监办中心试验室对整个工程项目进行数据控制和检验测定,在总监办的统一领导下,下设驻地监理工程师办公室(以下简称驻监办),驻监办严格按照合同协议书的委托要求,以驻地、旁站、巡视、检查等监理方式,对厦蓉高速公路水格段的质量、进度、费用三大目标及安全管理、合同管理、信息管理进行独立的、公正的控制,并充分做好组织协调工作。

②质量控制措施与效果

建立健全质量保证体系。厦蓉高速公路水格段认真实行"施工单位自检、监理单位抽检、第三方检测、业主管理、政府监督"五个层次的质量保证体系。

政府监督。2008年7月15日,贵州高速公路开发总公司向贵州省交通建设工程质量监督局申请办理质量监督。2008年7月22日省交通建设工程质量监督局发文进行批复,同时成立厦蓉高速公路水格段质量监督组,并进驻施工现场,全面负责工程质量监督。业主管理。项目办是业主对厦蓉高速公路水格段进行建设管理的代表,成立了质量领导小组,并设置了专职进行质量管理的工程科、质安科,对项目的质量进行总体控制和管理。第三方检测。在工程正式开工前,总监办配备了AZ1和AZ2两个中心试验室。正式开工前,中心试验室及工地试验室按照规范规定的检验频率建立工程试验台账,对承包人自检频率、结果及监理抽检频率、结果进行控制。并通过邀请招标的方式招聘有资质的隧道检测、桥梁检测单位对隧道及桥梁施工情况进行检测,从而有效控制现场工程质量。社会监理。通过招投标方式组建了厦蓉高速公路水格段第AJ1~AJ8驻地监理办,对路基施工单位的施工实施管理;路面工程、交通工程、绿化工程、房建工程和机电工程的监理中标单位亦跟随项目建设的需要,及时组建了第AJ9、AJ10、ADJ1、ADJ2驻地监理办,承担了厦蓉高速公路水格段社会监理的职责。企业自检。施工单位在进场后根据合同规定和项目办要求建立了企业自检体系,在批准正式开工前,项目办会同省质监局对企业自检体系进行了严格检查,并在工程施工其间进行抽查,促使自检体系的健全。试验室组建。在工程正式开工前,除落实各单位的质量保证体系外,总监办配备了设备齐全的中心试验室,同时各施工单位亦按合同要求设置了工地试验室,所有试验室均通过省质监局审查并发证。正式开工前,总监办制定了《试验检测管理守册》,规范各试验单位的试验检测工作,同时中心试验室及工地试验室按照规范规定的检验频率建立工程试验台账,以便对承包人自检频率、结果及监理抽检频率、结果进行控制,从而有效控制现场工程质量。

制定相应的规章制度及强制性质量控制条文,规范监理和施工,以达到控制质量的目的。项目的质量目标除了按招标文件《技术规范》、交通部部颁施工技术规范、检评标准等执行以外,为了更好有效控制工程质量,项目分别在合同谈判阶段及施工各阶段制定了更高要求的强制性控制条款、《项目管理守则》等规范性文本。如《厦蓉高速水格段工程质量管理细则》《试验检测管理手册》《厦蓉高速水格段桩基无破损及半破损检测管理办法》《锚索检测管理办法》《厦蓉高速水格段工程质量违约处罚实施细则》等,对原材料的采购、储藏、加工,混凝土、砂浆、路面结构层混合料等的拌和方式、浇(铺)筑工艺、模板质量要求,边坡的开挖方式,高填方施工等做了具体量化要求,在工前提前预见、过程中严加控制,严防质量事故的发生。

对原材料的控制管理。对自采加工的砂石材料要求必须是集中料场供应,对于C30以上的混凝土用砂石料必须采用石灰岩加工。针对厦蓉高速公路水格段所处区域石灰岩储量极少的情况,出于就地取材、节约建设成本的考虑,部分段落施工单位C30以下的混凝土砂石料可采用板岩,但对板岩的使用范围、工程部位等做了详细规定。2008年12月30日,邀请北京建材科研究院专家宣贯《厦蓉高速公路贵州境水口至格龙公路混凝土碱骨料反应预防技术暂行规定》,全线各参建单位共同学习,确保工程施工过程中岩使用的合理、规范。其余主材如水泥、钢筋、钢绞线、锚具、桥梁支座等选择使用知名品牌的产品,并按质量标准取样送有资质的检测单位检测合格后方可进场使用,使施工质量的源头材料得到保证。路基土石方的控制管理。对岩层较好的石方挖方边坡采用光面爆破,岩层较差的采用打小钎子的方式爆破,自上而下分台阶施工,保证坡面的平整美观。填筑工程严格按照经过批复的试验路段报告要求进行施工,并要求施工单位插杆挂线,以控制填层厚度。对构造物的控制管理。除砌筑圬工砂浆饱满及几何尺寸满足要求外,要求砂浆采用砂浆拌和机进行搅拌,并对构造物做到外观质量与内在质量相统一,整体线形顺适、平整、美观。桥梁工程的控制管理。对混凝土进行集中拌和、电子计量,使材料配比质量得到保证。使用面积大、质量好的结构模板,提高混凝土外观质量。严格按技术规范和工艺要求施工,对有质量问题的,坚决一票否决。对内业资料的控制管理。不定期对承包人、驻地办的内业资料进行检查,力求做到资料及时、真实,管理有序,并将做得较好的资料在全项目各单位推广。对环境保护的控制管理。整个项目的环境保护工作严格按照"三同时"制度进行设计和施工,通过对沿线绿化的优化设计和施工,基本避免了水土流失、路基冲刷、水源污染、大气污染的产生,有效地实施了环境保护工作。

根据设计图、规范、项目《项目管理守则》等指导性文件跟踪检查施工现场质量状况,对承包人及驻监办奖优罚劣,激励各施工单位和监理加强施工管理水平,以达到共同进步并最终把厦蓉高速公路水格段建设成为全优工程的目的。

各驻地监理办公室对项目的质量控制和管理具体负责,总监办抓项目质量首先从监理的素质及现场管理水平抓起,由点到面搞好项目的质量管理工作。为了加强对施工监理的管理,总监办会同省质监局于2008年9月10日组织了一次对全线监理人员的考试,借此端正监理态度,提高监理素质。

对于重点、难点工程采取相应的提高质量的保证措施。如肇兴隧道、求引隧道的主洞开挖由于受地质条件的影响,施工难度大,AT12合同段K55+580~K55+920段挖方边坡及AT13合同段流架一号隧道K58+355~K58+720段地质极其破碎,在强降暴雨的情况下垮塌。项目业主就此专门邀请了设计院的隧道专家、边坡防护专家等,与驻监办、承包人一起召开研讨会,对主洞开挖方式做了详细的技术交底,确保主洞开挖安全,进一步确保工程质量。

对全线的高边坡、隧道、连续刚构桥梁、板岩的利用采取相应的质量保证措施。总监办成立专门的专家组,通过研讨、论证、交流等多种形式,做好详细的技术交底,确保工程质量。并通过邀请招标的方式招聘有资质的隧道检测监控单位 6 家、桥梁检测监控单位 4 家、边坡检测监控单位 1 家,对全线的隧道、连续刚构桥、边坡实行监控管理,确保工程质量。

依托科研项目加强工程质量管理。结合本项目的工程难度和特点,总公司在本项目共开展了厦蓉高速公路(贵州境)路基关键技术研究、桥隧铺装关键技术研究、山区高速公路 T 梁桥高桥墩合理结构形式及应用研究研究、复杂地形地质条件下隧道洞口段边坡稳定性及设计施工技术四个科研项目。

通过上述种种质量措施,加上承包人质量意识的不断提高,本项目的质量处于受控状态。

③进度管理

根据项目合同工期,对项目进行目标计划分解,各承包人、驻监办进场后即按照有关规定对目标任务进行计划安排,并制定相关措施。项目开工后,根据实际完成情况,每月对计划进行一次调整,使所编制计划能真正有效地指导施工。工程进行到中期时,根据目标任务倒排工期,将计划落实到每一周、每一天。特别是对难点、重点工程,制定中、长期目标,对存在问题分解落实到人。总监办、驻监办、设计代表一起随时到施工现场为承包人解决施工技术问题,为计划的顺利实施提供及时有效的技术保障。加强与地方政府的沟通与联系,在最短的时间内扫清征地拆迁及阻工障碍,为施工单位创造良好的施工环境,从而确保项目的建设工期不会因受地方外界条件制约而延误。

通过上述措施的具体落实,项目的总体工期得到了很好的控制,在规定的建设工期内圆满完成了建设任务。

④工程造价控制情况

加强对计量人员职业道德教育及业务水平的培养,头脑中一定要树立一种思想:支付的每一元钱均用到工程上,每一元钱的支付均有实际的工程量及合格的质检、计量资料。承包人进场后,为使动员预付款真正用于本项目工程,根据合同条款要求,对承包人的预付款分三次进行预付,并做好相关使用记录。进场后,由总监办牵头,建立三方签认的施工图设计复核台账,真实有效地反映施工现场情况,从而保证资金的有效周转。当工程进行一定时间后,着手建立计量台账,根据设计、变更分开的决算原则,总监办制定专门表格,承包人及驻监办按每月完成工程量填写,并对照施工图设计复核台账,及时在中间计量表上进行调整。在认真做好内业资料的同时,加强外业的现场复核工程量工作。对实际工程量与上报工程量不符的承包人及驻监办予以经济处罚,并在本项目通报批评。对资金控制实行月统计制度,每月底由总监办分管计量人员对本月完成投资、计量金额及变更批复情况进行汇总,使项目总监能随时了解资金使用情况及变更情况。对重大工程变更,均按程序请示项目业主召集有关专家进行方案论证后,再按照相关程序向交通主管部门上报。上述种种有力的管理措施,使厦蓉高速公路水格段在实施过程中的工程投资得到了良好控制。

⑤安全管理情况

建立安全生产保障体系。总监办成立以总监为组长,支部书记、副总监为副组长,现场代表、质检及行政安全人员为组员的安全领导小组,各合同段承包人亦相应成立以项目经理为组长的安全领导小组,安全责任层层分解和落实。结合项目建设实际,制定了《厦蓉高速水格段安全文明施工专项费用实施细则(试行)》《厦蓉高速公路水格段安全管理奖惩办法(试行)》《厦蓉高速水格项目安全管理办法》,利用有效的奖罚机制激励各施工单位和监理单位有效加强施工安全管理。总监办与驻监办及承包人签订了安全目标责任书,在施工期间和防汛期间切实加强施工安全监督,责任到人,以预防为主,做到常抓不懈,警钟长鸣,坚决杜绝重大灾害和质量、安全事故。各承包人亦建立了完善的安全责任保障体系,坚持巡查,并与地方安委会、公安局等部门保持联系,积极预防安全事故,力争将安全事故消灭在萌芽状态。

总监办不定期组织一次质量、安全大检查,对发现的问题及时处理解决。总公司与总监办成立联合检查组,定期对工程项目进行安全大检查,并在雨季加强对边坡及桥隧等构筑物的观测,对发现的问题进行逐一排查和整顿,避免安全事故的发生。

汛期安全工作落实情况。在高速公路的建设过程中,地质灾害和病害多发于汛期,因此,如何做好汛期的安全生产防范工作尤为重要。为此,总监办禁止各施工单位在河道旁设置办公室及工棚等,并在汛期安排专人对河道进行观测,同时与气象部门做好沟通交流,安排好各项防汛工作。另外,对高边坡亦进行了逐一排查,发现有开裂、滑移的边坡立即进行整治,避免造成不必要的损失。

与此同时,业主单位要求承包人对所有涵洞进出水口进行清理,对存在边坡不稳定因素的路基边坡及涵洞进出口开挖坡面进行防护处理,并对进出口的水沟进行适当的调整,排除排水不畅或冲毁农田、冲刷边坡等不利因素,积极预防,杜绝可预见安全事故的发生。对于本项目的路基挖方边坡,合同及总监办强制要求承包人采取光面爆破的方式进行施工,并采取自上而下的分台阶施工工艺,杜绝挖神仙土等不规范作业行为,从而有效预防了坍塌等安全隐患。与此同时,对于土质或比较破碎的边坡进行了喷浆或菱形网格、窗格式护坡等有效的防护形式,局部段落的绿化工作提早施工,保持水稳,从技术上保证边坡的稳定而不至于产生滑坡等不良现象。

鉴于水格高速公路所经地区的部分地质环境较差,极易发生滑坡、坍塌及泥石流等地质灾害,水格项目办委托中铁西北科学研究院有限公司与贵州交通岩土工程有限责任公司分别对 AT1~AT13 与 AT14~AT25 合同段的项目部驻地、工队驻地、搅拌站等区域进行地质环境、水文条件和安全情况综合评估,要求各单位根据评估报告所提出的问题认真整改,加强安全措施,确保工作与施工过程中的安全。

加强重要构造物的安全管理。孔桩开挖:为防止地面人员和物体坠落桩孔内,孔口四周必须设有安全防护栏,孔口必须高出地面30cm,以防杂物滚入孔内,石渣及其他杂物不能随意堆放,与孔口保持2m以上距离,并且要及时清理出场,既保证孔下人员施工安全又保持现场整洁文明;人员上下孔安全措施必须完善,安全带必须挂在孔口外牢固地方,上班前、下班后均应有专人严格检查安全装置、扣件等,并且每天加足润滑油,保证开关灵活、准确,铁链无损、有保险扣且不打死结,钢丝绳无断丝;必须配备孔桩开挖的通风设施和有毒气体的检测和预防措施;提升机一律采用电动提升机(严禁人工手摇提升)并经过有关部门检测合格后投入使用,石渣提升设备要随时检查其安全起吊能力,提升挂钩必须是设有保险卡的专用挂钩;机动车辆通行时,应做出预防措施和暂停孔内作业,以防挤压塌孔;未施工时孔口应及时覆盖,施工现场必须设置安全警示标志,车辆通行路段需悬挂示警红灯;于水资源丰富地带进行挖孔施工时,场地及四周应设置排水沟、集水井,并制定泥浆和废渣的处理方案,施工现场的出土路线应畅通;在岩溶地区或风化不均、有夹层、软硬变化较大的岩层中采用挖孔桩时,宜在每桩或每柱位处钻一个勘探钻孔,钻孔深度一般应达到挖孔桩孔底以下3倍桩径,以判别该深度范围内的基岩中有无孔洞、破碎带和软弱夹层存在;挖孔桩护壁混凝土强度等级应采用与桩基混凝土同等级混凝土。高空作业管理:梁片架设后两侧必须设置安全防护栏、挂安全网;梁片架设后要立即横向连接;墩台施工必须设置安全的施工平台、安全检查通道且两侧要挂安全网;支架、托架在施工前必须验算并上报,监理工程师批准后方能实施;模板外架和底部应设置安全网;严禁上、下同时作业;施工现场必须设置安全警示标志;安全防护用品必须齐全,如安全带、安全帽、手套等。隧道施工安全管理:建立交接班制度并对每次进出隧道的人员进行登记;掌子面开挖钻爆之前对工作面的安全状况进行检查,煤层地段施工前要进行瓦斯浓度检测,满足安全要求后方可施工;隧道内的照明、动力用电要满足相关规定;进行爆破时,所有人员均撤离到安全距离以外,爆破的相关安全操作与措施满足相关规定的要求;不良地质地段派专人随时检查,当发现变形或损坏时立即在确保人员安全的前提下进行加固,制定并落实处理措施后再继续施工;初衬与二衬能及时跟进;配置有效的通风设施与瓦斯检测设备并设专人管理,同时做好相应的防尘工作;隧道内的照明、动力用电满足相关规定;保持排水系统顺畅;引入隧道超前地质预报及监控单位,对隧道施工地质情况进行超前预报以便施工单位制定合理的施工方案组织施工,确保隧道施工安全。

消防安全及民爆物品管理,施工现场配备足够的安全设施,制定相应的安全操作规程,施工现场的安全员随时巡检,发现问题立即纠正。防火区域配备相应的灭火设施,以备发生意外时可以及时抢救。严格民爆物品管理,杜绝民爆物品被盗、流失及爆炸案件的

⑥环境保护

设计阶段对环境保护做了比较详尽的设计,设计内容主要包括:公路路线的中央分隔带、互通立交、路基边坡及边沟外侧的绿化、美化及防护;敏感点的噪声防护;取土场的环保措施等。设计原则为在确保路基稳定、安全的前提下,实施绿化工程,着重防治水土流失,保护生态环境,同时美化沿线景观。

取、弃土场设置在路基可视范围以外,设置挡渣墙和采取喷播草籽、栽植灌木等绿化措施。

路堤边坡防护,主要采用拉伸网植草、喷播草籽、衬砌拱、浆砌片石满铺、浆砌片石护坡及挡土墙等措施。

路堑边坡防护,对一般边坡稳定性较好地段采用植草、方格网植草、窗式护面墙、花坛及喷射厚层基材植被等防护绿化措施,特殊路段采用锚杆框架梁或预应力锚索框架梁加固。

排水系统,沿线的截水沟、排水沟及边沟在设计时都做了较为详尽的考虑,为整个排水系统畅通,预防水土流失奠定了基础。

都柳江1号大桥、都柳江2号特大桥为厦蓉高速公路水格段控制性工程,其跨都柳江墩桩基施工时采用钻孔灌注桩施工方法。为避免施工时产生的泥浆污染都柳江,施工单位在主墩桩基旁设置了过滤沉淀池,将泥浆引入其中,经沉淀处理后一起排放。

收费站、服务区、停车区的污水处理在房建工程中一并考虑。

进入施工阶段,由于公路工程施工是个动态过程,若原样照搬设计图来指导现场施工,可能会产生浪费,或因处理方法不当而产生工程灾害,造成工程投资加大。因此,在理解设计意图的前提下,结合施工现场实际情况,适时地对设计方案进行调整,确保工程及环境保护质量就显得尤为重要。

在路线可视范围内不能设置料场、取土场、弃土场。

相邻合同段的土石方在条件允许的条件下,尽量互调,从而减少取土场及弃土场的数量或规模,在节约投资的同时,减少了土地占用,并减小了水土流失的风险,达到环境保护的目的。

对破碎或存在不稳定因素的路基边坡、涵洞进出口开挖边坡,适时进行防护处理,预防边坡坍滑、造成不必要的经济损失的同时,确保环境不至于受到破坏。

对涵洞进出水口的开、引沟进行现场调整,理顺排水系统,避免排水不畅或冲毁农田、冲刷边坡。

对河岸、湖岸进行加固、防护处理,避免冲刷,防止水土流失。

对设计遗漏或错列的路基边坡防护形式,及时根据现场实际情况,采取必要的、切实有效的防护和绿化形式,防止水土流失。

对有条件的部分绿化工程,选择有资质的施工队伍提前进入施工。

对于路面工程,特地强调不能在路基范围内利用路基边坡开采石料。

结合现场实际地形,确保高速公路绿化更好地与沿线自然景观协调一致。

由于厦蓉高速公路是连接我国西部欠发达地区和东南沿海地区重要的出海大通道,水格段横跨贵州省黔东南黎从榕三县,属少数民族地区,沿线风景秀丽,风景区众多,因此,对该公路的设计及文化韵味提出了很高的要求。为了将厦蓉高速公路水格段建设成为一条美丽的高速公路,业主对设计单位提出了如下要求:对沿线的隧道洞门进行景观造型设计,使隧道与山体自然过渡;边坡防护在确保边坡稳定的情况下,尽量多采用生物防护,并且要求进行不同颜色的图案设计,通过种植不同品种的花草、树木来达到画廊的效果;交通工程在规范允许的情况下,对标志、标牌、护栏等进行创意性的颜色及图案设计;站点、服务区设施的设计应充分考虑其运营功效——商业旅游、休闲娱乐、餐饮等为旅客服务目的,同时房屋建筑造型结合当地民居风格做出特殊设计,做到造型美观、景点错别有致。

通过对沿线各类工程进行景观和创意设计,将公路与沿线自然环境融为一体,全面体现风景区公路的特色,为精品工程的实现绣上精美的图案。

⑦党风廉政建设

项目部有计划、有步骤地积极开展预防职务犯罪专项工作。总监办成立了预防职务犯罪专项工作领导小组,组织开展预防职务犯罪专项工作。2008年7月9日,省检察院、省交通厅、贵州高速公路开发总公司在水格总监办会议室召开厦蓉高速公路水口至榕江格龙段项目预防职务犯罪工作动员会,会议下发了《厦蓉高速公路水口至都匀段预防职务犯罪工作实施方案》,并组织了全线的主要干部300余人参观了反腐倡廉警示教育图片。

认真分解了党风廉政建设和反腐败各项任务,责任落实到人,把党风廉政建设责任制落到实处。自项目成立之初,成立了以党总支书记为组长的党风廉政建设小组,按照总公司党委和纪委的要求,结合项目建设的实际情况,细化和量化项目建设过程中廉政建设的内容。同时各驻监办、合同段及中心实验室相应地成立了党风廉政建设小组,从而形成了健全的机构,形成了分级管理、职权明晰的工作网络。

严格双合同制管理(即工程合同和廉政合同),严格按照"质量、进度、成本、安全、廉政、环保"的建设方针和"诚实守信、服务优良、行为规范、道德高尚"的企业文化精神,紧紧围绕"工程优质、资金安全、干部优秀"的要求,积极深入的开展工作,采取"运作市场化、项目法人化、管理规范化、理念人本化、技艺标准化、监督日常化"等措施,全力打造"双优"工程。

在项目廉政建设中坚持形式和内容的统一,下发《关于加强厦蓉高速公路(水都段)反腐倡廉建设的意见和建议》和《水格公路项目〈廉政合同〉执行情况考核(验收)评分表》,保证监督的日常化。根据《关于加强厦蓉高速公路(水都段)反腐倡廉建设的意见和建议》,驻监办、施工单位均按照要求规范了施工现场设立的廉政公告牌、举报箱、廉政宣传标语等。

认真贯彻执行信用评价制度,充分运用好信用评价体系,党建工作中和信用评价有关的要严格按照"公开、公平、公正"的原则进行评价打分,运用好信用评价杠杆切,实抓好民工工资管理、资金管理等。细致调查,周密措施,杜绝分包、转包及拖欠民工工资的行为。根据《劳动法》及相关规定,总监办制定了《农民工劳务用工管理办法(试行)》及《建设资金管理办法》。通过平时查访、合同履约检查等各种检查对各施工单位各工区的队伍进行摸底调查,看是否存在违法分包和工程转包的问题,是否存在拖欠民工工资的行为。通过各单位的认真落实,全线没有出现因拖欠民工工资引起的重大情况。

(4)项目中存在的不足

一是贵州省黔东南地区地形起伏大,地质条件复杂,岩层破碎,边坡开挖后极其容易垮塌,因此必须高度重视边坡尤其是高边坡的开挖工作。首先在设计阶段必须保证地质勘探工作详细、到位,能有效指导边坡防护的设计工作;防护形式要因地制宜,有针对性,做到一坡一设计,在保证边坡稳定的前提下避免浪费。其次,在施工阶段要及时跟进防护工作,开挖一级,防护一级;由于施工单位的土石方开挖班组和边坡防护施工班组大都分属不同的队伍,因此,督促施工单位加强施工管理,合理高效衔接好各项工序也是一项重要的工作。

二是地质破碎地区隧道设计避免采用联拱隧道。联拱隧道作为一种特殊的隧道结构形式具有能避免洞口路基分幅、减少占地、与洞外线路连接方便、减少隧道长度等优点。但其开挖工序复杂,施工工期长,衬砌容易开裂,中隔墙容易渗水,其造价也较独立双洞高。在地质破碎地区施工联拱隧道支护较为困难,稍有不慎就会造成坍塌,左右幅之间相互影响也较大,往往一幅坍塌会影响到另一幅的施工。鉴于联拱隧道的开挖、支护较为困难,施工工期较长等原因,建议在地质破碎地区不要设置联拱隧道。

三是加强地质选线工作。在深入调查沿线地形、地质水文情况、自然环境和生态环境之后再选择路线方案,确定路线线位。减少纸上定线工作,避免仅靠经验确定线位。

四是加强推行首建工程。高速公路项目建设规范化管理的内容非常广泛,其方法与措施多种多样,推行首建工程的目的主要是树立施工企业的质量、安全意识,在现行规范的基础上进一步量化检测标准,针对各项重要工程的施工树立样板,以此作为标准,来规范施工。首建工程应涵盖以下方面:材料堆放,包括砂石料、水泥钢材、永久性材料的分仓搭棚等;路基工程,包括96区填筑、涵洞工程、砌筑工程、边坡防护等;桥梁工程,包括拌和站建设、孔桩开挖、钢筋焊接、墩柱施工、梁场建设、梁板架设支座安装及湿接缝浇筑等;隧道工程,包括拌和站建设、钢支撑架设、喷射混凝土施工、防水板安装、二衬施工等。

五是在建设管理中如何高效地协调好与地方各级政府、部门的关系,如何在施工图设计阶段切实落实适合贵州地形地貌的绿化、防护、排水方案,合理选择构造物的结构形式,如何在招标阶段选择优秀的施工和监理队伍,细化计量细则,减少建设期间不必要的合同纠纷,如何在建设期间合理处理工程变更、公平公正地执行合同等还值得深入探讨和提高。

(5)资金筹措

厦蓉高速公路水格段按照交通部批准的投资概算为99.2亿元,其中中央专项基金32.5亿元,银行贷款57.7亿元。

(6)招标投标

①设计单位招标

厦蓉高速公路水格段的设计单位采用公开招标形式。贵州省交通规划勘察设计研究院和中交第二公路勘察设计研究院有限公司为该项目的路基土建、路面设计单位;贵州省建筑设计研究院为该项目房建设计单位;北京交科公路勘察设计研究院有限公司为该项目机电工程、交通工程设计单位;中交第二公路勘察设计研究院有限公司为该项目的绿化设计单位。

②施工单位招标

厦蓉高速公路水格段工程施工采用国内竞争性公开招标方式。路基工程招标工作分二期进行,第一期共20个合同段于2007年7月6日分别通过《中国经济导报》和中国采购与招标网发布施工招标资格预审公告,全国共有290家施工单位递交了832份资格预审申请文件;经过资格预审并报备,贵州省桥梁工程总公司等企业145份申请文件通过资格预审。2007年11月9日公开招标,经过专家工作小组及招标委员会仔细认真的评审,按照相关法规的规定及公正、公平、公开的原则,推荐并报备了贵州省公路工程总公司等20家企业为路基工程中标单位。第二期剩余的五个合同段于2008年01月03日分别通过《中国经济导报》和中国采购与招标网发布施工招标资格预审公告,全国共有132家施工单位递交了270份资格预审申请文件。经过资格预审并报备,贵州省桥梁工程总公司等15家单位通过资格预审。2008年4月11日公开招标,经过专家工作小组及招标委员会仔细认真的评审,按照相关法规的规定及公正、公平、公开的原则,推荐并报备了贵州省公路工程总公司等5家企业为路基工程中标单位。

2009年2月20日,贵州高速公路开发总公司在中国采购与招标网和《中国经济导报》上发布路面工程招标公告,55家企业报名,经评审报备共31家通过资格预审。2009年7月10日进行公开招标后,贵州省桥梁工程总公司等3家成为路面工程中标单位。

2009年3月17日,贵州高速公路开发总公司分别在中国采购与招标网和《中国经济导报》上发布交通工程招标公告,7家单位报名,经评审报备全部通过资格预审。2009年12月25日进行公开招标后,广东新粤交通投资有限公司、贵州省交通工程有限公司两家成为交通工程中标单位。

2010年3月17日、18日,贵州高速公路开发总公司在中国采购与招标网和《中国经济导报》上发布绿化工程招标公告,29家单位递交了57份资格预审文件。经评审报备,共有10家单位通过资格预审。2010年7月19日进行公开招标后,贵州绿地园林建设实业有限公司、厦门厦生园林建设集团有限公司两家成为绿化工程中标单位。

2009年9月11日,贵州高速公路开发总公司在中国采购与招标网上发布招标公告,共收到40份申请文件。经评审报备共有6家通过资格预审。2010年3月23日进行公开招标后,中铁二局第一工程有限公司、中铁十一局集团有限公司成为房建工程中标单位。

2009年10月27日,贵州高速公路开发总公司分别在《中国经济导报》《中国交通报》和中国采购与招标网上发布机电工程招标公告,13家单位通过资格预审。2010年2月21日进行公开招标,重庆市华驰交通科技有限公司、中铁一局集团电务工程有限公司、北京瑞华赢科技发展有限公司成为隧道机电工程中标单位,广西交通科学研究院成为系统机电工程中标单位。

由于在资格评审后ADS3合同段只有两家单位通过资格预审,贵州高速公路开发总公司于2010年1月29日在《中国经济导报》《中国交通报》和中国采购与招标网上发布了ADS3合同段重新招标的通告,在收到20家单位的申请文件后,通过资格预审并重新招标,确定中铁十二局集团电气化工程有限公司为ADS3合同段的中标单位。

③监理单位招标

水格高速公路工程监理采用国内公开招标形式。

2007年11月8日,通过《中国经济导报》和中国采购与招标网发布了路基监理公开招标通告,同期开始发售招标文件,全国共有49家监理单位报名。经过评审报备,贵州陆通公路工程监理有限责任公司等22家企业通过资格预审。经过专家工作小组及招标委员会按照相关法规的规定及公正、公平、公开的原则,推荐北京华通公路桥梁监理咨询公司等8家企业为路基监理中标单位。

2009年7月3日,在中国采购与招标网和《中国经济导报》上发布路面监理招标公告并同期开始发售招标文件,4家企业报名,采用资格后审方式。贵州科达公路工程监理咨询有限公司成为路面监理中标单位。

2010年3月19日,在中国采购与招标网和《中国经济导报》上发布监理招标公告并同期开始发售招标文件,5家单位报名,采用资格后审方式。贵州陆通公路工程监理有限责任公司成为交通工程、绿化工程、站点建设监理中标单位。

2010年3月3日,在《中国经济导报》和中国采购与招标网上发布机电工程监理招标公告并同期开始发售招标文件,6家单位报名,采用资格后审。北京泰克华诚技术信息咨询有限公司、北京华路捷公路工程技术咨询有限公司成为机电工程监理中标单位。

厦蓉高速公路水格段参建单位见表6-46。

G76厦蓉高速公路水口至格龙段参建单位表　　　　　　　　表6-46

通车里程桩号:K0+000~ZK109+847.12

参建单位	单位名称	合同段编号及起止桩号	主要负责人
项目管理单位	贵州高速公路集团有限公司	K0+000~K109+847.12	何东
勘察设计单位	贵州省交通规划勘察设计研究院股份有限公司	第1勘察设计合同段 K0+000~K60+133.004	范贵鹏
	中交第二公路勘察设计研究院有限公司	第2勘察设计合同段 K60+133.004~K109+847.12	余哲
	北京交科公路勘察设计研究院	第3勘察设计合同段 K0+000~K109+847.12	孙梅梅
	贵州建筑设计院	第4勘察设计合同段 K0+000~K109+847.12	李昕
施工单位	贵州省桥梁工程总公司	AT1　K0+000~K5+480	陶旭
	贵州省桥梁工程总公司	AT2　K5+480~K11+700	王志
	中铁十四局集团有限公司	AT3　K11+700~K15+220.9	张传奎
	中铁十六局集团有限公司	AT4　YK15+220.9~YK19+550	张西
	中铁五局集团第一工程有限责任公司	AT5　YK19+550~YK24+400	朱胥仁
	贵州省公路工程集团总公司	AT6　YK24+400~YK28+400	邓新
	路桥集团国际建设股份有限公司	AT7　YK28+400~YK34+820	王明飞
	中铁十二局集团有限公司	AT8　YK34+820~YK39+500	李兴春
	中铁十四局集团有限公司	AT9　YK39+500~YK45+740	宫海光
	中铁十二局集团有限公司	AT10　K45+740~K49+328.12	赵荣国
	江西交建工程集团有限公司	AT11　K49+328.12~K53+000	叶海云
	中铁二局第二工程有限公司	AT12　K53+000~K57+200	邓国文
	中铁十四局集团第二工程有限公司	AT13　K57+200~K60+133.004	韩道欣
	贵州省公路桥梁工程总公司	AT14　K60+100~K64+605	赵黔义
	中铁五局集团有限公司	AT15　K64+605~ZK69+500	徐洪刚
	中铁五局集团第一工程有限责任公司	AT16　ZK69+500~K73+820	谢念平
	贵州省公路工程集团总公司	AT17　K73+820~ZK77+47.211	田洪松
	中铁二局第二工程有限公司	AT18　ZK77+47.211~ZK81+045	彭明忠
	中铁十二局集团有限公司	AT19　ZK81+045~ZK85+595	刘孝昌
	中交一公局第三工程有限公司	AT20　ZK85+595~ZK89+320	赵刚
	贵州省桥梁工程总公司	AT21　ZK89+320~ZK93+200	马白虎
	贵州省公路工程集团总公司	AT22　ZK93+200~K96+665	黄凡
	贵州省公路工程集团总公司	AT23　ZK96+665~ZK100+760	王伯航
	中铁二局第一工程有限公司	AT24　ZK100+760~ZK104+710	杨泉勇

续上表

参建单位	单位名称	合同段编号及起止桩号	主要负责人
施工单位	江西交建工程集团有限公司	AT25　ZK104+710~ZK109+847.12	刘顺金
	广西壮族自治区公路桥梁工程总公司	ALM1　K0+000~YK39+500	罗茂冰
	贵州省公路桥梁工程总公司	ALM2　YK39+500~K73+820	冉茂学
	贵州省桥梁工程总公司	ALM3　K73+820~ZK109+847.12	田小波
	广东新粤交通投资有限公司	AJA1　K0+000~K60+133.004	杨晓华
	贵州省交通工程有限公司	ALA2　K60+100~ZK109+847.12	王军
	中铁二局第一工程有限公司	AFJ1　K0+000~K60+133.004	邓道胜
	中铁十一局集团有限公司	AFJ2　K60+100~ZK109+847.12	张家全
	贵州绿地园林建设实业有限公司	ALH1　K0+000~K60+133.004	李传盛
	厦门厦生园林建设集团有限公司	ALH2　K60+100~ZK109+847.12	康春林
	重庆市华驰交通科技有限公司	ADS1　K0+000~K38+295	李洪祥
	中铁一局集团电务工程有限公司	ADS2　K38+295~K67+915	王仁忠
	中铁十二局集团电气化工程有限公司	ADS3　K67+915~K84+806	张家旭
	北京瑞华赢科技发展有限公司	ADS4　K84+806~K109+847.12	冯蓓
	广西交通科学研究院	AD　K0+000~K109+847.12	邓必栋
监理单位	贵州三维工程建设监理咨询有限公司	AJ1　K0+000~K15+220.9	张卫红
	贵州三维工程建设监理咨询有限公司	AJ2　K15+220.9~YK28+400	索进喜
	贵州陆通公路工程监理有限责任公司	AJ3　YK28+400~YK45+740	向周贵
	北京华通公路桥梁监理有限公司	AJ4　YK45+740~K60+133.004	姚春生
	海南海通公路工程咨询监理有限公司	AJ5　K60+133.004~K73+820	李培忠
	海南交通工程监理公司	AJ6　K73+820~ZK85+595	吴建坡
	贵州省交通建设咨询监理有限公司	AJ7　ZK85+595~K96+665	周云波
	贵州科达公路工程咨询监理有限公司	AJ8　K96+665~ZK109+847.12	张逆
	贵州科达公路工程咨询监理有限公司	AJ9　K0+000~K60+133.004	胡大乾
	贵州陆通公路工程监理有限责任公司	AJ10　K60+133.004~K109+847.12	向周贵
	北京泰克华诚技术信息咨询有限公司	ADJ1　K0+000~K67+915	彭小平
	北京华路捷公路工程技术咨询有限公司	ADJ2　K67+915~K109+847.12	邓本红
中心试验室	贵州省交通科学研究院有限责任公司	AZ1　K0+000~K60+133.004	吴育权
	成都市公路工程试验检测中心有限责任公司	AZ2　K60+133.004~K109+847.12	唐世杰

（7）征地拆迁

省交通厅代表政府分别与政府、国土等部门签订征地拆迁协议书，国土、各级政府等部门组成相应的征地拆迁办公室，具体负责项目的征地拆迁工作。项目办的征拆工作由项目办牵头，综合科协助，各现场代表具体操作协调解决与当地政府相关部门的征地拆迁和路地矛盾。征地拆迁严格按《中华人民共和国土地法》的相关要求办理相关手续，并报请国土资源部批准后再合法使用土地,主要耕地的补偿达到《中华人民共和国土地法》的标准,项目建设用地控制在部批的范围内。房屋拆迁标准报请省人民政府批准后实施,通信管线的迁移等工作严格按相关程序办理。按照中央关于"三农问题"的精神,凡涉及农民的生产和生活设施因公路建设损害的,及时给予解决。图6-59所示为省交通运输厅领导对征地拆迁等工作进行调研。厦蓉高速公路水格段共征地15230亩。

图6-59 2011年3月2日至4日,省交通运输厅副厅长陈骏在省高管局局长刘金坤、高总司副总经理吴俊等陪同下到厦蓉高速公路水口至贵阳段进行征地拆迁、涉农、地方协调、稳定工作等方面的调研

(8)交(竣)工

2008年5月28日下达开工令。交工验收会议时间为2011年6月17日(图6-60)。通车时间为2011年6月18日。

图6-60 2011年6月17日,厦蓉高速公路水口至榕江段交工验收会议在榕江召开,会议顺利通过了水格项目水口至格龙段的交工验收

2011年5月24日,贵州高速公路开发总公司在都匀主持召开了厦蓉高速公路贵州

境水口(桂黔界)至榕江格龙公路水口至榕江段交工验收会议。贵州省交通运输厅、贵州高速公路开发总公司、贵州省交通建设工程质量监督局、贵州省交通建设工程造价管理站、贵州省高速公路管理局、黔东南州指挥部、榕江县指挥部、从江县指挥部、黎平县指挥部、贵州省交通规划勘察设计研究院、中交第二公路勘察设计研究院有限公司、水格项目办(总监办)以及各施工、监理、监控等单位参加了本次会议。参加会议的代表于2011年5月23日到现场进行认真检查,并在交工验收会议上听取了建设、设计、施工、监理等单位代表的工作总结,贵州省交通建设工程质量监督局向大会提交了本次交工验收路段工程质量检测报告。经验收委员会认真研究、讨论,原则同意水格公路水口至榕江段K0+000~K109+847段通过交工验收。

3. 技术研究与应用

(1)板岩骨料混凝土碱骨料反应抑制技术与应用研究

本项目为2010年贵州省交通运输厅科技项目。针对黎从榕地区地材多为板岩的情况,贵州高速公路开发总公司请贵州省交通勘察设计研究院与北京建材科研究院对板岩混凝土进行了专项研究。在系统研究沿线变余砂岩和板岩的物理力学性质的基础上,研究砂岩和板岩的碱骨料反应活性及其抑制技术,研究探寻配制出以变余砂岩和板岩作为主要骨料的性能符合要求且经济合理的各等级混凝土,并探索解决变余砂岩和板岩混凝土在施工过程中可能存在问题的技术方法和措施,总结出相应的施工工艺流程。本项目的科研成果在厦蓉高速公路水格段的运用对于保证构造物质量、降低建设成本、保证工期具有重要意义。同时,本项目的研究实施也有利于有效开发利用公路沿线的资源,促进环境和谐,产生可观的社会和经济效益。

(2)高性能隧道阻燃沥青路面一体化设计和应用研究

本项目为2010年贵州省交通运输厅科技项目。隧道路面相对于一般道路具有其独特的工作环境和使用要求,其建设质量与行车安全备受关注。本项目在贵州前期隧道路面和阻燃沥青技术的研究的基础上,拟解决厦蓉高速公路水格段长大隧道路面安全问题,对比分析现有的阻燃沥青研究成果和工程应用效果,在分析现有阻燃剂不足之处的基础上,研制新型高效环保阻燃剂。结合厦蓉高速公路水格段隧道的具体特征,进一步展开不同类型阻燃剂提高沥青材料的阻燃效果研究。通过燃烧试验比较,分析不同阻燃沥青混合料的燃烧效果和路用性能,为长隧道中阻燃沥青混合料的应用提供试验和理论支持。在阻燃沥青性能优良的基础上综合考虑抗滑、低噪、长效的隧道路面一体化设计方法并形成可以指导贵州高速公路沥青路面设计和施工的指南。

(3)提出并成功运用了先简支后连续刚构的T梁负弯矩钢束张拉设在翼缘板底部

该方法使得桥梁整体连续效果良好,同时桥面铺装施工简便,质量得到保证。T梁墩顶负弯矩钢束锚到桥面,有以下缺点:桥面不容易铺平,直接影响行车的舒适性;桥面调平层一旦破坏,锚头会损坏,从而影响钢束,钢束一旦失效,整个桥梁的安全就无法得到保证;为了保证负弯矩钢束锚头的最小空间,桥面调平层必须由8cm加厚到10~12cm,桥梁的自重增加,安全度降低,同时增加了工程造价。T梁墩顶负弯矩钢束锚到翼缘下,有以下优点:桥面施工更加方便,特别是使用带肋焊接钢筋网;钢束锚固到翼板下,锚头不会破坏,保证了桥梁的长期安全性;减少调平层的厚度,降低工程造价。

鉴于本条路线上的桥梁桥墩较高的特点,连续T梁负弯矩钢束张拉采用吊篮施工方案进行,主要步骤与方法如下:在翼板现浇湿接缝施工时,在齿板对应处留1m左右的槽口暂不浇筑,以便安放吊篮;安装吊篮,并利用湿接缝内钢筋将其固定;逐次进行墩顶负弯矩钢束张拉,注意吊篮尺寸保证能通过预留槽口及安装必要的预应力张拉设备;全部负弯矩钢束张拉完毕后,补浇湿接缝预留槽口混凝土。

(4)无极控制LED照明灯在格龙隧道中的应用

格龙隧道照明采用亮度可控型LED隧道灯其智能无级控制系统,具有诸多优点。一是节能幅度大。经项目课题组对格龙隧道左线无级调光照明系统节能情况进行测试,左线比右线的LED分级调光照明系统节能40%以上。后经权威机构测试,左线比右线节能约在35%以上。二是灯具寿命长。恒定亮度的LED灯因开灯即满功率工作,因此寿命通常在5000~20000小时不等;而无级调光的LED灯具通常可达60000小时以上。三是能自动弥补光源亮度衰减。采用无级调光后,虽然光源衰减大幅度减小,但远期依旧会存在一定的衰减;系统可根据检测到的衰减数据,通过渐渐增加灯具输出功率,补偿光源的衰减,使洞内照度始终满足标准要求。

(5)厦蓉高速公路水都段建设关键技术研究

在充分吸收国内外高速公路桥隧铺装经验和研究成果的基础上,结合厦蓉高速公路所处区地多雨、山区等特定条件,研究适合于该地区的高速公路桥隧铺装关键技术,重点对桥隧路面铺装关键技术、长寿命路面关键技术、抗滑低噪声排水路面铺筑技术、沥青路面施工过程管理与控制技术进行系统研究,最终实现提高厦蓉高速公路(贵州境)沥青路面质量、减少路面早期损坏、延长桥隧沥青路面的使用寿命、提高高速公路的行车安全性和舒适性、保护环境、节约能源,对于提高贵州省高速公路桥隧铺装水平,促进贵州省高速公路路面铺筑技术的发展具有重要的作用。

4.营运管理

全线在洛香、清水江设Ⅰ类服务区2处(与厦蓉线共用),在天星桥设Ⅱ类服务区1处(与厦蓉线共用),在新民、四格设Ⅲ类服务区2处(与厦蓉线共用),在贵迷、排洞设Ⅲ类停车区2处(与厦蓉线共用),匝道收费站6处(表6-47),桥隧管理站6个,应急保畅中队4个,监控管理所1个,养护站4个。本项目于2011年5月28日建成通车。批准收费时间为2011年1月31日,批准收费终止时间为2041年1月30日。2011年1月至2015年7月,收费总计71135.456万元(含榕江格龙至都匀段)。2011年5月至2015年8月,车流量共计7596016辆(含榕江格龙至都匀段)。主要大修工程有:K1158+000涵洞出口水毁、K1185+100 下行路堑边坡滑坡。

G76 厦蓉高速公路水口至格龙段收费站点设置表 表 6-47

站 点 名 称	车 道 数	收 费 方 式
榕江站	3 进 5 出（含 ETC 车道 1 进 1 出）	联网收费
往洞站	2 进 4 出（未设置 ETC 车道）	联网收费
从江北站	3 进 5 出（含 ETC 车道 1 进 1 出）	联网收费
双江站	2 进 4 出（未设置 ETC 车道）	联网收费
从江东站	2 进 4 出（未设置 ETC 车道）	联网收费
水口站	2 进 4 出（未设置 ETC 车道）	联网收费

（二）G76 厦蓉高速公路榕江格龙至都匀段

1. 基本情况

（1）项目决策背景及过程。2007 年国家发展和改革委员会以发改交建〔2007〕880 号文批复了水口（桂黔界）至都匀公路项目建议书。同年，国家发展和改革委员会以发改交建〔2007〕3377 号文批复了榕江格龙至都匀公路可行性研究报告。2008 年，交通运输部以交公路发〔2008〕108 号文批复了榕江格龙至都匀公路初步设计。2009 年 4 月 30 日，贵州省交通运输厅以黔交建设〔2009〕110 号文批复了厦蓉高速公路榕江格龙至都匀公路施工图设计。

（2）公路的功能、定位、里程。厦蓉高速公路榕江格龙至都匀段线路起于榕江格龙，接厦蓉高速公路水口至格龙段终点，经三都、丹寨，止于都匀市小围寨贵阳至新寨高等级公路旁，接厦蓉高速公路都匀至贵阳段起点。厦蓉高速公路格都段起讫桩号为 K108+810～K206+420，总长 98.424km，路线的建成对连接贵州和广西的交通具有重要意义，同时是打通贵州南部、东南部各县、市的对外交通经济要道。

（3）技术指标。厦蓉高速公路格都段设计行车速度 100km/h，路基宽度为 26m，桥涵与路基同宽，隧道净空断面 10.5m（宽）×5.0m（高），桥涵设计汽车荷载为公路—Ⅰ级，最大纵坡 4%，桥隧比例为 68%。

（4）投资规模。厦蓉高速公路格都项目初步设计总概算为 9973101201 元（含建设期贷款利息 1131732859 元）。其中，建安工程费 7741950373 元，设备、工器具购置费 146686388 元，研究试验费 4000000 元，勘察设计费（含可行性研究、环评等前期工作费用）135720000 元。

（5）主要控制点。项目主要控制工程为：乌细沟特大桥，9×40m+（94+180+94）m+（4×37）m 现浇预应力混凝土连续箱梁、预应力混凝土连续刚构；巫进沟Ⅰ号大桥，2×40m+（64+120+64）m+4×40m 预应力混凝土连续 T 梁、预应力混凝土连续刚构；猴子河特大桥,3×50m+(115+220+115)m+(5×50+25)m 先简支后连续预应力混凝土连续 T 梁、预应力混凝土连续刚构+简支箱梁;也送坡特大桥,30m+90m+160m+90m 连续刚构;剑江特大桥,5×40m+105m+200m+105m+8×40m 预应力混凝土连续 T 梁、预应力混凝土连续刚构。

(6)沿线主要地形地貌。厦蓉高速公路沿线山峰陡峭、沟壑纵横、植被丰富,自然环境和地质条件复杂,是迄今为止贵州省已建和在建高等级公路中投资单价最高(约 1 亿元/km)、桥隧比例最大、施工难度最大、工期要求最为紧凑的高速公路建设项目。

(7)主要构造物。厦蓉高速公路格都段有特大桥 10257.28m/10 座,大中小桥 16678.37m/77 座,桥梁占路线长度的 27.3%(图 6-61、图 6-62);特长、长隧道 32742.7m/13 座,中、短隧道 7169.35m/16 座,隧道占路线长度的 40.7%(图 6-63);全线设清水江、羊甲、四格 3 个服务区;排洞停车区 1 个;在四格、三都、丹寨、都匀东和都匀(图 6-64)5 处设置互通式立交。

图 6-61　2010 年 8 月 7 日,建设中的茨坪脚大桥

图 6-62　2010 年 8 月 7 日,建设中的火石坡大桥

图 6-63　2010 年 9 月 1 日,建设中的罗家沟隧道出口

图 6-64　2010 年 8 月 7 日,建设中的都匀互通立交匝道桥

2.建设情况

(1)勘察、设计。厦蓉国家高速公路贵州境榕江格龙至都匀段公路工程路线全长

98.705km。全线勘察设计共分为3个合同段,其中主体工程分为2个合同段(第4合同段由中交第一公路勘察设计研究院有限公司承担、第5合同段由陕西省公路设计院承担),交通工程1个合同段(第6合同段由中国公路工程咨询总公司承担);中交一公院同时也是第4、5、6三个合同段的总体设计单位。

(2)资金筹集。厦蓉高速公路格都段项目估算总投资约90.8亿元(静态投资约80.5亿元)。其中,国家安排中央专项基金(车购税)34.23亿元作为项目的资本金,约占项目总投资的37.7%;其余56.57亿元资金申请国内银行贷款解决。

(3)招标投标。厦蓉高速公路格龙至都匀段项目办和总监办由贵州高速公路开发总公司组建,项目实施前通过公开招标选择施工单位和监理单位。

土建施工单位:2007年10月,贵州高速公路开发总公司对土建第BT1~BT11、BT15~BT19、BT22~BT23合同段进行了公开招标。2007年12月,通过评标,确定了第一批土建施工单位为中铁四局集团第五工程有限公司等企业。2008年3月,对土建第BT12~BT14、BT20~BT21合同段进行了公开招标;并于2008年5月,经过评标,确定了贵州省公路桥梁工程总公司等单位为第二批中标单位。

路面施工单位:贵州高速公路开发总公司于2009年7月对路面工程进行了公开招标,并于2009年8月通过评审,选定贵州省公路工程集团总公司等3家单位作为中标人。

交安施工单位:2010年1月20日,交安工程施工单位根据贵州高速公路开发总公司招标文件要求,递交了投标书。经过评审,于2010年4月7日向杭州公路交通设施工程有限公司等两家单位下发了中标通知书。

机电施工单位:2010年3月17日,贵州高速公路开发总公司对机电工程进行公开招标,并于2010年4月通过评审,选定浙江浙大中控信息技术有限公司等为中标人。

绿化施工单位:贵州高速公路开发总公司于2010年3月1日对绿化工程进行公开招标,并于2010年3月26日通过评审,选定厦门厦生园林建设集团有限公司等两家单位为中标人。

监理单位:2007年11月,贵州高速公路开发总公司对土建监理单位第BJ1~BJ8合同段进行了公开招标,并于2008年1月通过评审,确定上海同济公路工程监理咨询有限公司等8家单位为中标人。2009年7月,对路面监理单位进行了公开招标,并于2009年10月确定贵州陆通公路工程监理有限责任公司为中标人。2010年3月,分别对机电监理、交通工程及沿线设施(含绿化)监理标段进行了公开招标,并于同年4月确定了相应中标单位。

中心试验室:2007年12月,贵州高速公路开发总公司对中心试验室进行了公开招标,并于2008年1月通过评审,确定了贵州省交通技术中心、贵州省交通建设咨询监理有限公司共计2家中标单位。

厦蓉高速公路格龙至都匀段参建单位见表6-48。

G76厦蓉高速公路格龙至都匀段参建单位表　　　　　表6-48

通车里程桩号：K108+584.672~K206+417

参建单位	单 位 名 称	合同段编号	起 止 桩 号	主要负责人
项目管理单位	贵州高速公路集团有限公司厦蓉高速贵州境榕江格龙至都匀段项目办		K108+584.672~K206+417	覃俊
勘察设计单位	中交第一公路勘察设计研究院	BT1~9、BSSF1、BD	K108+584.672~K148+600	
	陕西省公路勘察设计院	BT10~23、BLM02、BLM03、BSSF2	K148+600~K206+417	
	中国公路工程咨询集团有限公司	BJA01~02、BDS01~05	K109+320~K120+600	
	贵州省交通规划勘察设计研究院股份有限公司	BFJ01~02	K108+584.672~K206+417	
	中交第二公路勘察设计研究院有限公司	BLH01~02、BLM01	K108+584.672~K206+417	
施工合同	中铁四局集团第五工程有限公司	BT1	K108+584.672~K114+750	黄文国
	贵州省公路工程总公司	BT2	K114+750~K117+340	陈进
	贵州省桥梁工程总公司	BT3	K117+330~K122+960	杨胜江
	中交第二航务工程局有限公司	BT4	K122+955~K127+100	胡志勇
	中铁一局集团有限公司	BT5	K127+000~K131+780	李晋峰
	贵州省桥梁工程总公司	BT6	K131+780~K136+860	周仕文
	贵州省桥梁工程总公司	BT7	K136+850~K141+575	龙云波
	中铁二十一局集团第三工程有限公司	BT8	K141+575~K146+125	邹红峰
	贵州省公路桥梁工程总公司	BT9	K146+095~K148+600	廖正杰
	中铁十一局集团有限公司	BT10	K147+675~K152+100	周国华
	贵州省公路桥梁工程总公司	BT11	K152+176~K154+666	汤利发
	广西壮族自治区公路桥梁工程总公司	BT12	K154+666~K158+000	田洪松
	中铁七局集团第三工程有限公司	BT13	K158+000~K161+000	朱江生
	中铁十七局集团有限公司	BT14	K161+000~K163+537.5	黄国军
	贵州省公路工程总公司	BT15	K163+537.5~K168+200	汤怀
	中交一公局厦门工程有限公司	BT16	K168+200~K172+400	江军钊
	中铁七局集团第三工程有限公司	BT17	K172+400~K175+600	朱江生
	广西壮族自治区公路桥梁工程总公司	BT18	K175+600~K179+100	李剑
	中铁十一局集团有限公司	BT19	K179+100~K187+000	刘宗扬
	浙江正方交通建设有限公司	BT20	K187+000~K193+900	杜涛
	中铁二局第一工程有限公司	BT21	ZK168+234~ZK206+420	李万波
	贵州省公路工程总公司	BT22	K200+000~K203+800	李舰
	中交第二航务工程局有限公司	BT23	K203+800~K206+417	龚德林
	贵州省公路工程集团总公司	BLM1	K108+810~K143+935	蒋成德
	贵州省公路桥梁工程总公司	BLM2	K143+935~K177+620	赵金枝

第六章
贵州高速公路

续上表

参建单位	单位名称	合同段编号	起止桩号	主要负责人
施工合同	贵州省桥梁工程总公司	BLM3	K177+620 ~ K206+420	杨波
	厦门厦生园林建设集团有限公司	BLH1	ZK108+810 ~ ZK168+234	陈文川
	贵州绿地园林建设实业有限公司	BLH2	K168+234 ~ K206+420	高继辉
	中铁二局第一工程有限公司	BFJ1	K108+584.672 ~ K146+130	邓德胜
	中铁十二局集团有限公司	BFJ2	K148+570 ~ K193+105	卢经理
	衡水中铁建工程橡胶有限责任公司	BSSF1		刘月峰
	成都市新筑路桥机械股份有限公司	BSSF2		吴宇
	杭州公路交通设施工程有限公司	BJA1	ZK108+810 ~ K168+234	赵总
	陕西高速交通工贸有限公司	BJA2	ZK168+234 ~ ZK206+420	刘兵
	浙江浙大中控信息技术有限公司	BD	K108+584.672 ~ K206+417	司亚伟
	中铁四局集团电气化工程有限公司	BDS01	K190+320 ~ K120+600	叶伟
	上海交技发展股份有限公司	BDS02	K121+970 ~ K135+113.3	肖悦月
	紫光捷通科技股份有限公司	BDS03	K136+125 ~ K146+095	杨思祖
	广东新粤交通投资有限公司	BDS04	K147+675 ~ K168+200	
	北京瑞华赢科技发展有限公司	BDS05	K168+200 ~ K206+417	张刚
	湖南鸿源电力建设有限公司	BGY1	K190+320 ~ K120+600	旷长申
	贵州永辉水电建设工程有限公司	BGY2	K121+970 ~ K135+113.3	廖桂萍
	贵州永辉水电建设工程有限公司	BGY3	K136+125 ~ K146+095	廖桂萍
	湖南鸿源电力建设有限公司	BGY4	K147+675 ~ K168+200	旷长申
	贵州永辉水电建设工程有限公司	BGY5	K168+200 ~ K206+417	廖桂萍
	中铁二局第一工程有限公司	BJP	K108+584.672 ~ K206+417	龙忠平
都匀监控中心	贵州建工集团第三建筑工程公司			吴光荣
监理单位	上海同济公路工程监理咨询有限公司	BJ1	K108+584.672 ~ K117+340	王顺白
	北京中交公路桥梁工程监理有限公司	BJ2	K117+330 ~ K127+100	田应达
	贵州陆通公路工程监理有限责任公司	BJ3	K127+000 ~ K136+860	古红兵
	北京华通公路桥梁监理咨询有限公司	BJ4	K136+850 ~ K148+600	刘启亮
	中国公路工程咨询集团有限公司	BJ5	K147+675 ~ K158+000	钱磊
	安徽省科兴交通建设工程监理有限公司	BJ6	K158+000 ~ K168+200	杜高监
	贵州省交通建设咨询监理有限公司	BJ7	K168+200 ~ K187+000	胡国刚
	贵州省科达公路工程咨询监理有限公司	BJ8	K187+000 ~ K206+417	杨新能
	贵州陆通公路工程监理有限责任公司	BJ9	K108+584.672 ~ K206+417	郑雷
	贵州省交通建设咨询监理有限公司	BJ10	K108+584.672 ~ K206+417	胡国刚
	北京兴通交通工程监理有限公司	BJD1	K108+584.672 ~ K147+675	詹全
	重庆中宇工程咨询监理有限责任公司	BJD2	K147+675 ~ K206+417	奚松

续上表

参建单位	单 位 名 称	合同段编号	起 止 桩 号	主要负责人
中心试验室	贵州交通技术中心	BZ1	K108+584.672~K148+600	
	贵州省交通建设咨询监理有限公司	BZ2	K147+675~K206+417	
机电工程设计咨询	招商局重庆交通科研设计有限公司			郭兴隆
绿化工程设计咨询	贵州省交通规划勘察设计研究院			方耀贤

（4）征地拆迁。厦蓉高速公路格都段正线征地9005.66亩，集中安置用地70.77亩，水田改旱地2055.15亩。涉及房屋拆迁528户，房屋拆迁建筑面积84021.36m^2（其中，选择集中安置110户，拆迁面积18787.77m^2；选择分散安置418户，拆迁面积65232.59m^2）。

（5）重大变更。BT5合同段高尧Ⅲ号大桥位于YK129+169.9~YK129+348.1，原设计为半幅路基半幅桥，设计最大墩高23m，为5×35m预应力连续T梁，承包人提出将其改为填方路基。组织总监办、驻地办、设计单位于2009年2月21日通过现场调查（贵州高速公路开发总公司纪要〔2009〕56号），仔细研究了设计单位完成的桥改路基与原设计桥梁对比方案，认为该变更可以节约费用，减少弃方，技术方案安全可行，同意该项变更。

BT7合同段排洞停车区在施工开挖后形成工程滑坡。贵州高速公路开发总公司邀请相关专家，组织总监办、驻地办、设计单位于2009年7月7日通过现场调查（贵州高速公路开发总公司办公会议纪要〔2009〕131号），仔细研究了设计单位提出的抗滑桩+局部反压方案，认为该变更可以确保工期，保证安全，同意该项变更。

BT7合同段排洞停车区在施工开挖后形成工程滑坡，若按原设计施工，治理费用达6220万元。为了节约造价，贵州高速公路开发总公司邀请相关专家，组织总监办、驻地办、设计单位于2009年8月7日通过现场调查（格都总监办专题纪要〔2009〕015号），仔细研究了设计单位提出的将排洞停车区右侧广场调整至BT9合同段YK147+300~YK147+670处的方案，认为该变更可以节约造价，确保工期，同意该项变更。

BT9合同段YK148+175~YK148+365段边坡在施工开挖形成工程滑坡后，中交第一公路勘察设计研究院有限公司随即进行了详细的勘察和设计，贵州高速公路开发总公司多次邀请相关专家，组织总监办、驻地办、设计单位到现场组织调查，并召开了专题会议对设计进行了评审，会议仔细研究了设计单位提出的清方减载、抗滑桩和锚索防护等综合治理措施，认为该变更安全可行，同意该项变更（贵州高速公路开发总公司纪要〔2009〕117号和〔2009〕204号）。

BT12标野竹中桥最大墩高17m，左幅为2×30m，右幅为3×30m装配式组合简支T梁，承包人提出将其改为路基。贵州高速公路开发总公司邀请相关专家，组织总监办、驻地办、设计单位于2009年2月21日通过现场调查(贵州高速公路开发总公司纪要〔2009〕56号文),仔细研究了设计单位完成的桥改路基方案,认为该项变更可以充分利用弃方,技术方案可行,在不增加造价的情况下,同意该项变更。

BT22合同段凉水井2号大桥位于K202+076.00~K202+348.4,原设计为9×30m装配式组合T梁,桥梁全长272.4m,设计最大墩高53.07m,承包人提出将其改为填方路基。贵州高速公路开发总公司邀请相关专家,组织总监办、驻地办、设计单位仔细研究了设计单位完成的桥改路基与原设计桥梁对比方案,认为该变更可以加快施工进度,技术方案可行,同意该项变更。

BT22合同段沙井街隧道由于多次发生坍塌,贵州高速公路开发总公司邀请相关专家,组织总监办、驻地办、设计单位到现场调查,并召开了专题会议对设计进行了评审。会议仔细研究了设计单位提出的清方减载治理措施,认为该变更安全可行,同意该项变更(贵州高速公路开发总公司纪要〔2010〕44号)。

BT14合同段三都互通立交连接线因地方政府要求(见《三都水族自治县人民政府关于厦蓉高速公路巫腰互通至G321线苗龙连接线按一级或二级公路标准建设的请示》)和时任省长林树森、省交通厅的批示,贵州高速公路开发总公司立即组织设计单位将三都连接线分别按一级、二级标准与原三级公路方案进行经济、技术比较,并于2009年4月组织进行了专题研究后,设计院按二级路标准完成了勘察设计和施工图预算工作。贵州高速公路开发总公司于2010年1月6日组织召开了专家评审,评审通过三都联络线设计方案。

BT3合同段K121+240~K121+420右侧边坡,施工过程中遭遇百年一遇暴雨,边坡滑动。贵州高速公路开发总公司邀请相关专家,组织总监办、驻地办、设计单位到现场调查,并召开了专题会议对设计进行了评审,会议仔细研究了设计单位提出的在少量减载的基础上,以防排水措施与抗滑支挡相结合的治理措施,认为该变更安全可行,同意该项变更(贵州高速公路开发总公司纪要〔2010〕171号)。

BT4合同段YK123+880~YK124+040高填方施工前地形复杂,植被茂密,测量较困难,因设计测量和计算失误,无法按原设计施工。设计单位在施工清表后进行了地形复测,优化调整了原填方设计,更正了填方工程量,该变更设计通过了贵州高速公路开发总公司组织的专家审查(贵州高速公路开发总公司纪要〔2010〕171号)。

厦蓉高速公路(贵州境)榕江格龙至都匀段高速公路建成后,贵州省第十一届人大常委会代表先后两次致信省人大,建议在厦蓉高速公路三都县都江镇必居坡隧道出口增设匝道,以便沿线群众上下高速公路,往返贵阳市、三都县、榕江县等的出行要求。经相关会议讨论确定增加必居坡临时停车点,并行成相关纪要(贵州高速公路开发总公司纪要〔2012〕97号)。

(6)交(竣)工。2011年3月31日,贵州高速公路开发总公司在贵州省都匀市组织召开厦蓉高速公路榕江格龙至都匀高速公路交工验收会议(图6-65)。贵州省交通运输厅、贵州省交通建设工程质量监督局、贵州省交通建设工程造价管理站、贵州省高速公路管理局、贵州省格都高速公路黔南州指挥部、贵州省格都高速公路黔东南州指挥部、贵州高速公路开发总公司相关部门(总工办、决算办、征拆办、工程部、财务部、营运管理中心)、格龙至都匀高速公路项目(总监)办、设计单位中交第一公路勘察设计研究院有限公司以及监理单位、施工单位等参建单位参加了本次交工验收会议。

图6-65 2011年3月31日,厦蓉高速公路榕江至都匀段交工验收会议在都匀召开

参加会议的代表于2011年3月30日到现场进行认真检查,并在交工验收会议上听取了建设、设计、施工、监理等单位代表的工作总结,贵州省交通建设工程质量监督局向大会提交了本次交工验收路段工程质量检测报告。经验收委员会认真研究、讨论,原则同意水格公路格龙至都匀段K108+584.672~K206+417通过交工验收。

3. 营运管理

全线设Ⅰ类服务区2处(洛香、清水江)、Ⅱ类服务区1处(天星桥)、Ⅲ类服务区2处(新民、四格)、Ⅲ类停车区2处(榕江、排洞)、匝道收费站8处(表6-49)、桥隧管理站6个、应急保畅中队4个、监控管理所1个、养护站4个。水口至格龙段于2011年5月28日建成通车,榕江格龙至都匀段于2011年3月31日建成通车。批准收费时间为2011年1月31日,批准收费终止时间为2041年1月30日。通车至2015年8月,收费总计71135.456万元。通车至2015年8月,车流量共计7596016辆。

水格至都匀收费站点设置表　　　　表6-49

站点名称	车道数	收费方式
都匀东站	2进3出(含ETC车道1进1出)	联网收费
三都站	2进3出(含ETC车道1进1出)	联网收费
榕江站	3进5出(含ETC车道1进1出)	联网收费
往洞站	2进4出(未设置ETC通道)	联网收费
从江北站	3进5出(含ETC车道1进1出)	联网收费
双江站	2进4出(未设置ETC通道)	联网收费
从江东站	2进4出(未设置ETC通道)	联网收费
水口站	2进4出(未设置ETC通道)	联网收费

主要大修工程有：2015 年 G76 厦蓉高速公路（水格段）K1158+000 涵洞出口水毁治理工程；2015 年 G76 厦蓉高速公路（水格段）K1185+100 下行路堑边坡滑坡治理工程；2015 年 G75 格龙至都匀段公路都匀枢纽立交 HK0+460～HK0+490 右侧边坡垮塌治理工程。

（三）G76 厦蓉高速公路贵阳至都匀高速公路

1. 基本情况

（1）项目概况。贵阳至都匀高速公路是贵州省省会贵阳市与黔南重镇都匀市间的快速通道，既是贵州省中部公路通道中技术指标最高、行车舒适性和经济性最好且最便捷的通道，又可作为国家高速公路网规划中厦门至成都、兰州至海口、上海至昆明等三条高速公路在贵州中部共用段的替代通道，还是西南腹地乃至西北部分经济欠发达地区与东南沿海经济发达地区间的快速干线通道。从路网功能上看，是对网络通道过分集中的交通量的分流。本项目建成后，对加强我国西南内陆地区与东南沿海地区之间的交流，提高珠三角地区的辐射带动能力，促进内陆地区的开放开发具有极其重要的作用。与此同时，这条高速公路将进一步缩短贵阳与都匀等城市的时空距离，一方面，将为贵阳的发展提供更为广阔的腹地，并增强其对都匀等城市的辐射带动作用；另一方面，将有力带动沿线地区特别是沿线少数民族地区和贫困地区经济社会发展，加快沿线地区发展步伐。

贵阳至都匀高速公路是贵州省自筹资金建设的项目，贵州省交通厅推介 BOT 建设模式，贵州省人民政府于 2007 年 5 月 9 日同意省交通厅将贵阳至都匀高速公路建设对外招商，并实行邀请招标。项目拟采用投资、设计、施工总承包模式，建设周期 3 年。

在上述背景下，中国交通建设股份有限公司作为中国领先的公路、桥梁、港口等建设及设计企业，组成中国交通建设股份有限公司下属企业联合体（包括路桥集团国际建设股份有限公司、中交投资有限公司、中交第一公路工程局有限公司，以下简称"中交股份联合体"）参加了投资厦蓉高速公路贵阳至都匀高速公路项目的投标，并一举中标。2007 年 9 月 19 日，贵州中交贵都高速公路建设有限公司（以下简称"中交贵都公司"）在贵阳成立。该公司代表股东单位对本项目筹划、资金筹措、建设实施、运营管理、养护维修、债务偿还和资产管理实行全过程负责，自主经营，自负盈亏，并在特许经营期满后，将该项目及其全部设施无偿移交给政府指定的机构。

贵州省交通厅与中国交通建设股份有限公司分别于 8 月 16 日和 12 月 27 日在贵阳举行了该项目的投资协议签字仪式和特许经营协议签字仪式，贵州省省长林树森出席仪式。

本项目路线起于都匀市的火石坡，与厦蓉高速公路相接，经都匀市的小围寨、贵定县打铁乡、昌明镇、龙里县，终于贵阳市绕城高速公路烂泥沟处，与贵阳市绕城高速公路、贵阳市南出口路等十字相接，路线全长 80.68km。

（2）工程测设。贵阳至都匀高速公路定测及施工图设计工作由中交第二公路勘察设计研究院有限公司(以下简称"中交二公院")和中交规划设计研究院有限公司(以下简称"中交规划院")共同承担。其中,都匀至昌明段(36km)由中交二院承担,昌明至贵阳段(45km)由中交规划院承担,中交二公院为本项目的总体勘察设计单位。

中交二公院委派其下属的第四勘察设计分院承担贵都高速公路勘察设计任务。按照业主的要求及中交二公院投标文件的承诺,该院精心组织、策划,成立了项目部,选派足够的有丰富测设经验的技术人员投入到本项目的测设工作中。

2008年2月13~14日,贵州省交通厅对本项目的初步设计文件进行了审查。在认真研究、吸收初步设计审查会专家意见的基础上,定测阶段对初步设计推荐的路线方案进行了适当调整,并组织有关技术人员对方案调整路段进行了实地踏勘核对。

2008年2月28日,测设队伍进场,项目部根据建设单位的总体要求,结合项目的具体情况制定了详细的项目工作大纲。首先进行了全线控制成果的复测,其后全面开展了中桩、桥涵、地质、路线交叉、筑路材料、经济等方面的测量与调查工作。

2008年3月30日~4月3日,院总工办派员进驻现场,就路线总体设计、施工图设计原则以及通用图的设计分工等问题与本项目设计人员进行了广泛的交流和磋商,提出了明确的指导意见。

2008年4月10~11日,本项目业主多次组织专家对定测方案进行了广泛咨询,针对路线、路基路面、互通等专业提出了具体的优化意见,为项目部进一步明确勘察设计方案提供了保证。

在外业放线调查过程中,项目部及时组织安排多专业组之间交叉进行现场核对和自检,于2008年5月10日完成外业测量调查工作。

2008年5月20~25日,院总工办组织路线、桥涵、地质及路基路面、互通各专业人员到勘测现场,通过听取汇报、现场踏勘、查阅各专业野外勘察记录等方法,对本项目定测外业工作进行了内部验收。

2008年6月9~11日,项目业主对本项目定测详勘外业进行了验收,并形成专家组意见;项目部根据审查意见,在对收集的资料进行复核、审查的同时,对需要进一步落实的细节进行了相关的基础资料补充与完善工作。2008年7月20日,应业主要求完成先期控制性工程施工图设计文件的编制工作。

2008年10月底,完成全线各合同段施工图设计文件的编制工作。

(3)路线走向、工程概况及技术标准。路线总体走向为东西向,起自都匀市南郊的火石坡(起点桩号为K208+000),在此与筹建中的厦蓉高速公路水口至都匀段(K206+417)对接;随后西行穿百鸟坡隧道,经小围寨镇的四方田,在木愵山以隧道方式上跨贵广高速铁路隧道,过翁档至团寨,在此设置都匀西互通式立体交叉(图6-66)连接县道922;路线继续向西延伸,紧接着穿鸡冠岭隧道至芭茅冲,从石门砍水库大坝下游约300m处设

(118+220+118)m特大桥通过;之后,在百鸡坡附近以桥涵方式两次上跨西南成品油输送管道,穿全线最长2995m的银洞坡隧道进入贵定县境内;然后,整体上沿山沟顺河而下,在水牛坡设置摆梭停车区,至烂塘上跨黔桂铁路和石油管线,经坪寨、打铁寨、小格野,沿黔桂铁路扩能改建工程以北平行布设,经蒙鼓冲折向东南行进,至西冲再次上跨黔桂铁路、石油管道和县道922,经猫冲至忙顶村附近上跨省道309后在大树脚设置昌明互通式立体交叉,并通过省道309与昌明镇相连;过互通后,上跨瓦窑河至黔南州贵定县昌明镇秀河村附近,此处设昌明服务区;路线向西北于旧治镇文江村设老鹰嘴隧道,出隧道后线位左偏,在沿山镇乐雍村设乐雍1号桥跨乐雍河,经王所庄背面山体向前过望看冲,左偏沿老寨背面山坡布线至沿山镇底至村,其间设乐雍2号桥、乐雍3号桥;线位右偏,在高山新寨和枫香寨之间穿过,并设底至高架桥,后顺山体而上,设笋子坡高架桥跨越山间沟谷,设笋子坡隧道穿过山体,出隧道后设摆鲁坡大桥跨岔河至对面山体达沿山镇和平村;路线向前沿岔河北面半坡布线,设岔河1、2、3、4、5号高架桥过黔南州龙里县麻芝乡光坡村;路线继续前行,在麻芝乡大兴村进贾托坡隧道,于五里村出隧道,而后布线于山间谷地,在里头冲和外头冲之间设龙里停车区;路线向前设九条龙隧道,于陡坡脚村背面山坡出洞后左偏沿半坡布线,继续向前设陡坡脚隧道穿过陡坡脚及流阴洞村后陡峻山体;路线出洞后右偏设流阴洞高架桥至对面山体,后沿山坡布线;线位左偏在猫猫洞处设莲花高架桥(图6-67),向前在坝上村布设于山坡坡脚及谷间小河之上;路线于新场村设龙里互通,后右偏穿过栗木寨村设栗木寨跨河桥,前行设新场隧道穿越山体,出隧道后线位左偏布设于营运中的沪昆铁路南侧山坡,并设梅家庄高架桥、大沙坡高架桥,过中坝村于林场、谷脚镇谷远村设桥梁跨越沪昆铁路,而后线位沿下各关村中穿过;线位向前布设于不规则的山间,设葫芦坡、葫芦山高架桥,经小碧乡大地村、马寨村、秦棋村、贵州省武警一支队,止于贵阳市花溪区小碧乡小碧村,并设秦棋枢纽互通立交,实现与贵阳绕城公路西南段及贵阳

图6-66 都匀西互通

东站路延伸段(规划)的交通转换。终点里程 K288+155,路线长度 80.681km(不含匝道及终点秦棋互通立交二期主线长 1.465km)。

图 6-67　贵都高速公路莲花大桥

(4)主要控制点。路线所经主要河流有翁树河上游、瓦窑河、乐雍河、锅底河、岔河、栗木寨河等,均无通航要求。路线所经主要城镇为都匀市小围寨办事处、甘塘镇、摆忙乡,贵定县昌明镇、旧治镇、沿山镇,龙里县麻芝乡、龙山镇、水场乡、林场、谷脚镇,贵阳市花溪区小碧乡等。路线跨越的主要道路有县道 922、省道 309、黔桂铁路、贵广铁路、78409 部队专用铁路(交叉 1 次)、沪昆铁路(交叉 1 次)、西南成品油输油管道(交叉 4 次)、贵阳龙洞堡机场输油管道(交叉 1 次)等。

项目起自都匀市南郊的火石坡(起点桩号为 K208+000),在此与正在建设中的厦蓉高速公路水口至都匀段(K206+417)对接,接点处平面位于直线段,纵面是位于半径 32000m 的凸形竖曲线上,纵坡 2.5%,衔接形式为桥与隧道相接的路基过渡段,贵阳至都匀高速公路终点止于贵阳市花溪区小碧乡小碧村,并设秦棋枢纽互通立交,与贵阳绕城公路西南段及贵阳东站路延伸段(规划)实现互通转换,桩号为 K288+155。

(5)工程概况。贵都高速公路(K208+000~K288+155)路线全长 80.681km(以左线计,不含匝道及终点秦棋互通立交二期主线长 1.465km)。都匀到昌明段共设置特大桥 1472.48m/2 座、大桥 6621.86m/25 座、中桥 92.5m/3 座,桥梁全长 8186.84m(含分离式立交主线上跨桥);长隧道 22157m/5 座,中隧道 5480m/3 座,短隧道 3584m/4 座,隧道全长 31221m(以上隧道长度均以单洞计);涵洞 19 道;互通立交 2 处;通道 19 处(不含桥梁合并设置)。昌明至贵阳段共设置特大桥 1076m/1 座,大桥 7280.1m/19 座,中桥 115.5m/2 座(包括互通区主线桥梁,不含互通区匝道桥梁和秦棋互通二期工程);长隧道 9000.5m/5 座,中隧道 672.5m/1 座,全部采用分离式布置,隧道全长 9673m/6 座;涵洞 26 道,其中盖板涵 19 道,拱涵 7 道;互通式立体交叉 2 处,分别为龙里互通立交(图 6-68)、秦棋互通立交。

(6)主要技术指标。根据本项目工程可行性研究报告结果、贵州省交通厅对本项目初步设计批复的意见以及本项目在国家高速公路网中的功能、作用,结合区域社会经济特点、沿线地形条件,经通行能力及服务水平分析,本项目全线按双向四车道高速公路标准建设,设计速度100km/h,整体式路基宽度26.0m,分离式路基宽度13.0m,桥涵设计荷载采用公路—Ⅰ级,其余技术指标均符合《公路工程技术标准》(JTG B01—2003)的规定值。本项目主要技术标准见表6-50,路基标准横断面技术指标见表6-51。

图6-68 龙里互通立交

主要技术指标表 表6-50

序号	项 目		单 位	指 标
1	公路等级			高速公路(双向四车道)
2	设计行车速度		km/h	100
3	不设超高最小平曲线半径		m	4000
4	一般最小平曲线半径		m	700
5	最大纵坡		%	4.0
6	竖曲线半径	凸型	m	一般值:10000;极限值:6500
		凹型	m	一般值:4500;极限值:3000
7	停车视距		m	160
8	桥涵设计荷载			公路—Ⅰ级
9	桥涵设计洪水频率			特大桥1/300,中小桥、涵洞1/100
10	地震动峰值加速度			0.05g

路基标准横断面技术指标表 表6-51

组 成 部 分	单位	整体式路基	分离式路基
路基宽度	m	26.0	13.0
行车道宽度	m	4×3.75	2×3.75
硬路肩(含路缘带)	m	2×3.0(2×0.5)	右侧3.0(0.5),左侧1.0(0.75)

续上表

组 成 部 分	单位	整体式路基	分离式路基
中间带（含左侧路缘带）	m	3.50(2×0.75)	—
土路肩宽度	m	2×0.75	2×0.75
路拱横坡	—	行车道、硬路肩、路缘带为2%，土路肩为4%	

2. 建设情况

2007年6月28日，路桥集团国际建设股份有限公司（现更名为中交路桥建设有限公司）、中交投资有限公司、中交第一公路工程局有限公司收到贵州省交通厅发出的贵州省贵阳至都匀高速公路投资人招标中标通知书。2007年8月，《贵州省贵阳至都匀高速公路投资协议》签订。2007年11月29日，贵州省发展和改革委员会以《关于贵阳至都匀高速公路项目核准的批复》（黔发展交通〔2007〕2065号）文件批准项目立项建设，同时将工程可行性研究移交中交贵都公司。2007年12月27日，贵州省交通运输厅与中交贵都公司签订了《贵都高速公路特许经营协议》。2008年3月12日，贵州省交通厅以《关于贵阳至都匀高速公路初步设计的批复》（黔交建设〔2008〕21号）批准了项目的初步设计。2009年1月17日，国土资源部以《关于贵阳至都匀高速公路工程建设用地的批复》（国土资函〔2009〕63号）批准了工程用地。2009年8月19日，贵州省交通运输厅以《关于贵阳至都匀高速公路施工图设计的批复》（黔交建设〔2009〕145号）对贵都高速公路施工图设计进行了批复。2009年11月9日，省交通运输厅批准了贵都高速公路的施工许可申请书。

（1）资金筹措。贵都高速公路项目总投资为746721万元，其资金来源如下：自筹资金261361万元，国内银行贷款485360万元。

（2）招标投标。该项目勘察设计单位为中交第二公路勘察设计研究院有限公司。施工单位为路桥集团国际建设股份有限公司（现更名为中交路桥建设有限公司）、中国交通建设股份有限公司、中交第一公路工程局有限公司。监理单位为中国公路工程咨询集团有限公司、北京中通公路桥梁工程咨询发展有限公司、重庆中宇工程咨询监理有限公司、重庆市交通工程监理咨询有限责任公司、山西交科公路工程咨询监理有限公司。参建单位见表6-52。

G76厦蓉高速公路贵阳至都匀段参建单位表 表6-52

参建单位	单位名称	合同段编号及起止桩号	主要负责人	备注
项目管理单位	中交贵都高速公路建设有限公司	K208+000～K288+155	陈志宏	常务副总经理
勘察设计单位	中交第二公路勘察设计研究院有限公司	K208+000～K288+155	程国想	设计总负责
施工单位	路桥集团国际建设股份有限公司	K208+000～K244+000	杨爱国	总经理
	中国交通建设股份有限公司	K243+693.956～K278+110	王维海	总经理
	中交第一公路工程局有限公司	K278+110～K288+155	曹和恩	副经理
	中国公路工程咨询集团有限公司	K208+000～K226+800	柳林	总监

续上表

参建单位	单位名称	合同段编号及起止桩号	主要负责人	备注
监理单位	北京中通公路桥梁工程咨询发展有限公司	K226+800~K244+000	万克勇	总监
	重庆中宇工程咨询监理有限公司	K243+693.956~K264+750	陈章贵	副总监
	重庆市交通工程监理咨询有限责任公司	K246+750~K278+110	丁华明	总监
	山西交科公路工程咨询监理有限公司	K278+110~K288+155	段贵明	总监
设计咨询单位	贵州省交通规划勘察设计研究院	K208+000~K288+155		

(3)交(竣)工。2011年3月29日,项目通过交工验收。2011年3月31日,贵都高速公路通车试运行。

3.复杂技术工程

贵阳至都匀高速公路主要复杂技术工程为芭茅冲特大桥、石门坎特大桥、莲花高架桥,其设计依据为:贵州省交通规划勘察设计研究院和交通部规划研究院编制的《贵州省贵阳至都匀高速公路工程可行性研究报告》以及《贵州省贵阳至都匀高速公路工程可行性研究报告·补充报告》(简称"工可");贵州省交通厅印发的《贵州省贵阳至都匀高速公路项目推介会会议纪要》;中交集团与贵州省交通厅签订的《贵州省贵阳至都匀高速公路投资协议》;省发改委《关于贵阳至都匀公路项目核准的批复》(黔发改交通〔2007〕2065号);贵州省交通厅《关于贵阳至都匀公路初步设计的批复》(黔交建设〔2008〕21号);咨询审查单位交通部规划研究院、贵州省交通规划勘察设计研究院对本项目定测的中间咨询意见;贵州高速公路开发总公司编制的《贵州省公路工程技术指标运用建议书》;中华人民共和国《工程建设标准强制性条文·公路工程部分》;交通部部颁现行相关技术标准、规程、规范;《贵阳至都匀高速公路勘察设计指导书》。

(1)芭茅冲特大桥。芭茅冲特大桥位于贵州省都匀市邦水乡剪刀田村和芭茅冲南侧500m范围内,线路位于在建黔贵铁路右侧,距黔贵铁路约500m,桥址所在区有一地方道路分别通往剪刀田村和芭茅冲村,且与周边村寨相连,交通条件较为方便。乡村道路路面为黏土碎土路面,路面宽约6m,村内道路相对较窄,下穿在建黔贵铁路;进入芭茅冲村时有一坡段,弯急坡陡,路面宽约4m。桥址区地貌属低中山山麓斜坡地貌,线路东西向跨剪刀田村背后一较大冲沟,过冲沟上跨一山体后跨芭茅冲村。沿桥轴线,地面高程在920~1100m,相对最大高差为180m,桥址所在区域地势相对平缓。

该桥桥墩桩基孔深均在20m以上,为保证施工安全,建议采用机械钻孔;位于两岸陡坡上的桥墩基桩成孔在满足国家安全作业规范、规定的前提下,可采用人工挖孔。群桩基础施工时,相邻两孔基桩不宜同时开挖、钻孔或浇筑混凝土。全桥基桩按端承桩设计,钻(挖)孔施工达到设计高程后,若发现地质情况与地质钻孔资料不符,及时与有关方面商议,酌情处理。

承台基坑开挖时,注意基坑边坡的稳定,根据地质情况和气候条件选用合适的坑壁坡度,必要时设置防护设施。对基桩外露较多的桥墩,与设计部门联系采用适当的防护措施。

本桥主桥桥墩较高,桥墩施工时严格做好施工控制。桥墩采用爬模或翻模施工。为防止主墩墩身在分段施工过程中出现收缩裂缝,一方面建议施工单位进行温控设计,采取必要的温控措施,在材料上反复优化配合比,在工艺上尽量降低骨料的入模温度,缩短节段之间的混凝土龄期差,特别是承台与墩底第一节段之间的混凝土龄期差(承台与墩底第一节段之间的混凝土龄期差不大于5天),并加强混凝土养生;另一方面为使墩身节段施工时节段刚度能平顺过渡,施工接缝严格禁止设置在横隔板交界面处,应在其交界面上不小于3m的位置处。

主桥上部构造采用挂篮悬浇逐段施工。箱梁0号块待桥墩施工完成后,在墩顶旁搭托架浇筑,因0号块结构及受力均较为复杂,加之纵向及竖向预应力管道集中,钢筋密集,混凝土方量大,为了确保质量并防止有害裂缝出现,浇筑时采取分层浇筑措施控制混凝土水化热的影响,合理确定分层的位置,各层混凝土龄期差应尽可能小,避免因各层混凝土收缩的差异导致混凝土的开裂。另外在顶板浇筑后,切实注意0号块件内外的浇水养生,加强块件内的通风降温,避免内外温差过大造成混凝土的开裂。0号节段浇筑养生的过程中,墩身在温度及风荷载作用下产生的墩顶转角变形会对新浇混凝土产生极大危害,因此在0号节段施工前,在墩顶结合托架结构设置临时刚性连接,以尽量消除该项危害。

箱梁0号节段施工完成后,在其上拼装悬浇挂篮。挂篮拼装完毕后,进行预压测试,尽可能消除非弹性变形,并记录预压时的弹性变形曲线,以获得高程控制依据。

箱梁逐段悬浇过程中,梁段混凝土的浇筑、钢束的张拉、挂篮和机具的移动等,均应遵循对称、平衡、同步进行的原则,梁面上应尽量少堆放材料和施工机具,当必需时应注意悬臂两端对称堆放。悬臂块件浇筑时混凝土应由悬臂端向已浇块件方向浇筑,以免造成新旧混凝土接缝面处出现竖向裂缝。

所有预应力施加都在混凝土强度达设计强度85%且混凝土龄期不少于5天后方能张拉钢束,张拉钢束采用张拉力和伸长量双控。箱梁纵向预应力钢束在箱梁横截面保持对称张拉,同一根纵向钢束张拉时两端保持同步,每一截面的钢束按先T束、后W束的顺序对称张拉。

边跨现浇段在支架上一次浇筑完成,支架应按100%的恒载进行预压以确保安全和消除非弹性变形,并按实测的弹性变形量和施工控制要求,确定立模高程和预拱度。

主桥箱梁采用先边跨后中跨的合龙顺序,边、中跨合龙段采用吊架施工,设计采用的吊架质量为50t。施工时首先安装平衡现浇段混凝土质量的压重(如水箱),安装刚性支承,张拉临时束,浇筑合龙段混凝土并同步卸除压重质量,待混凝土强度达设计强度85%且混凝土龄期不少于5天后张拉合龙钢束。合龙钢束的张拉按先长束、后短束的顺序对称张拉。合龙段混凝土浇筑后永久钢束张拉前，尽量减少箱梁悬臂的日照温差，为此采取覆盖整跨箱梁或加强整跨箱梁顶部的浇水降温等减少温差的措施。混凝土达到要求的强度和龄期后，尽快张拉预应力钢束。合龙温度应控制在16℃±3℃。

悬臂浇筑箱梁节段混凝土时，尽可能一次完成；当施工条件受限必须分层浇筑时，底板一次浇筑完成，腹板分层浇筑，分层间隔时间控制在混凝土初凝前，且使层与层覆盖住，确保新老混凝土的结合质量和加强养生。

引桥上部构造T梁均采用预制吊装法施工，先简支后墩梁固结（或设支座连续）形成连续—刚构体系。连续墩处临时支承由施工单位自行设计，需满足平稳卸载和方便拆除。预应力混凝土T梁就近预制，预制场分别设于两岸桥头附近。

（2）石门坎特大桥。拟建桥址所在地位于贵州省都匀市石门坎水库旅游风景区坝址下约350m处，线路位于在建黔贵铁路银洞坡隧道左侧，距黔贵铁路最近处约600m，位于西南石油管道左侧，距西南石油管道最近处约150m。桥址所在区有一水泥路通往水库库址区，交通条件较为方便，水泥路面宽约7m。桥址区地貌属低中山山麓深切割峡谷地貌，线路东西向跨石门坎水库下一深切割大冲沟。沿桥轴线，地面高程在930~1130m，相对最大高差为200m，桥址所在区域地势较陡。

本桥山体岩性以厚层~巨厚层状白云岩为主，岩层风化后易产生较大掉块，大桥建成后可能对大桥桥面及行车安全造成影响，且可能会对大桥施工人员安全构成威胁。大桥两侧山体顶部局部覆盖层（碎石土）稍厚，且覆盖层（碎石土）呈松散状，遇水后会引起局部小的滑塌，对大桥主墩所在两侧山体进行挂网防护，以保证大桥建成后的安全性。

本桥桥墩基桩成孔在满足国家安全作业规范、规定的前提下，可采用人工挖孔。因桩孔深度均在20m以上，为保证施工安全，尽量采用机械钻孔。群桩基础施工时，相邻两孔基桩不宜同时开挖、钻孔或浇筑混凝土。桩孔清底和竖向偏差严格按施工规范执行。孔底的沉淀土厚度应不大于5cm。对采用人工挖孔干处施工的桩基，每次混凝土浇筑高度不超过1m，并用插入式振捣器分层振捣密实；每层混凝土初凝前，浇筑下一层混凝土，并对上一层混凝土进行充分的二次振捣。

全桥基桩按端承桩设计，钻（挖）孔施工达到设计高程后，若发现地质情况与地质钻孔资料不符，应及时与有关方面商量，酌情处理。

承台基坑开挖时，注意基坑边坡的稳定，应根据地质情况和气候条件选用合适的坑壁坡度，必要时可作防护设施。承台混凝土施工时，在温控措施得到保证的前提下，承台混凝土以一次浇筑为宜。由于本桥主桥承台的混凝土方量较大，如一次浇筑有困难，最多分两次浇筑完成。

本桥主桥桥墩较高，桥墩施工时严格做好施工控制，具体施工控制措施同前述芭茅冲特大桥。

主桥箱梁采用先边跨后中跨的合龙顺序,边、中跨合龙段采用吊架施工,设计采用的吊架质量为50t。施工时首先安装平衡现浇段混凝土质量的压重(如水箱),安装刚性支撑,立模、绑扎钢筋,临时张拉钢束 $2 \times ST1$、$2 \times SB1$,每根张拉力500kN,边浇混凝土边同步卸载水箱,混凝土浇完水箱卸载完。合龙段混凝土养生,待混凝土强度达设计强度85%且混凝土龄期不少于7天后张拉合龙钢束。合龙钢束的张拉按先长束、后短束的顺序对称张拉。合龙段混凝土浇筑后永久钢束张拉前,尽量减少箱梁悬臂的日照温差,为此采取覆盖整跨箱梁或加强整跨箱梁顶部的浇水降温等减少温差的措施。混凝土达到要求的强度和龄期后,尽快张拉预应力钢束。合龙温度应控制在 13~19℃。

悬臂浇筑箱梁节段混凝土时,尽可能一次完成,当施工条件受限必须分层浇筑时,底板一次浇筑完成,腹板分层浇筑,分层间隔时间控制在混凝土初凝前,且使层与层覆盖住,确保新老混凝土的结合质量和加强养生。

(3)莲花高架桥。本桥位于贵州省都匀市龙里县龙山镇莲花村境内,场区有乡村道路分布,交通条件较好。

桥址区属构造溶蚀—剥蚀低中山区峰丛洼地地貌,地形切割强烈,桥梁横跨山间溶蚀洼地,莲花河在洼地内自南向北蜿蜒流过,具有暴涨暴落的特点。地面高程在1085~1180m,相对高差约95m。地表植被较发育,斜坡地带以灌木丛为主,洼地内农田广泛分布。微地貌有河流、乡村道路、民房等。

施工要点:在上、下部结构施工中,有关施工工艺要求及质量检验标准应符合《公路桥涵施工技术规范》(JTJ 04—2000)和《公路工程质量检验评定标准》(JTG F80/1—2004)。

上部结构。本桥上部T梁采用通用设计图,上部T梁常规施工要点详见通用图说明。现就本桥施工中需注意的部分说明如下:

预制T梁施工。在上部T梁批量预制前,应组织好T梁的预制、堆放、运输、安装等工作;对梁片按架设顺序、孔号等进行编号,并逐梁注明桥名、孔号、梁号、左右幅桥等;堆放、安装也应按照序号依次进行,以免引起混乱,并注意上部结构偏角方向。

施工中应严格按照T梁结构尺寸加工模板,确保梁高、梁宽、板厚、梁长、钢筋保护层厚度等结构尺寸满足设计要求,保证架设后桥梁尺寸吻合。

混凝土浇筑必须严格捣实,禁止出现蜂窝麻面,要求保留每片预制梁的记录。

应严格控制预应力张拉时混凝土的强度及龄期。

预应力张拉过程中应严格控制预制梁腹板侧弯不得大于1cm,以防预制梁折断。

为防止混凝土在早期出现收缩裂缝和边棱破损等,要加强对混凝土的养生和保护,并要求T梁混凝土强度达到20MPa后方可拆除模板。

为了保证桥面铺装混凝土和预制梁体之间结合紧密,施工时结合面上的预制梁混凝土必须进行拉毛或凿毛处理,做成凹凸不小于6m的粗糙面。现浇混凝土浇筑前应清除浮浆，将结合面冲洗干净并充分湿润，以保证新老混凝土的结合。

预制 T 梁时，应注意上部构造预埋件（包括桥面泄水管、调平钢板等）的埋设，以及预埋钢筋（包括防撞护栏、通信管线托架、伸缩缝预埋钢筋等）的埋设。

T 梁吊装、堆放、运输、架设。T 梁长距离运输时要采取可靠的措施，保证 T 梁横向稳定，不得翻转使预应力失去平衡产生破坏，应按受力位置合理吊装、放置、卸装，运输途中应防止意外破坏。裸梁堆放应适当遮盖，不宜暴晒暴寒。T 梁吊运采用兜托梁底起吊法，不设吊环。架设 T 梁时均需注意梁的斜度和方向。

本桥部分桥跨处在平曲线上，第一跨各预制梁长度略有不同，预制时应严格按照设计尺寸放样，并应严格按照梁号顺序架设。

本桥如采用架桥机施工，只有在主梁间横隔板的连接和翼板湿接缝混凝土浇筑后，且达到混凝土设计强度的 85% 并采取压力扩散措施后，方可在其上运梁。架桥机在桥上行驶时必须使架桥机质量落在梁肋上，施工单位应按所采用的架桥机型号对主梁进行施工荷载验算，验算通过后方可施工。

墩顶湿接头及桥面系施工。T 梁架设完毕后，应随即开始浇筑横隔板湿接缝、翼板现浇段、墩顶湿接头，张拉墩顶 T 梁负弯矩钢束，进行结构体系转换，形成连续体系，浇筑桥面混凝土现浇层、浇筑护栏等。施工组织安排时应考虑各个工序的衔接。

墩顶现浇段混凝土达到混凝土设计强度的 85% 后，方可张拉负弯矩钢束。

浇筑翼板混凝土前必须清除结合面上的浮皮，并用水冲洗干净后，方可浇筑。

桥面铺装混凝土施工时应注意防撞护栏、伸缩缝槽口处的构造处理。

护栏、伸缩缝、泄水管、搭板等构造图见桥梁公用构造图。

下部结构。施工单位进行施工放样之前，必须对各桥梁墩台控制里程桩号、桩位坐标、设计高程等数据进行复核计算，如发现计算结果与设计图中提供数据不符，应及时通知设计单位复查。

基础施工时，若发现地质情况与地质报告、设计文件不符，应及时通知设计、监理部门，以便做适当调整。

桩基成孔后必须测量孔径、孔位，检查桩底岩层高程和嵌岩深度，只有确认满足设计要求后，才能灌注混凝土。各项规定和允许偏差如下：

轴线偏差：单桩为 50mm。

倾斜度：小于 1/100。

桩长：不短于设计值及嵌岩深度要求。

钻孔桩应严格清孔，确保混凝土质量及桩基础承载力。

沉渣厚度规定如下：

桩径≤1.5m 时，不大于 50mm；桩径＞1.5m 时，不大于 100mm。

为确保桩基质量,成桩后应对基桩进行无破损检验,对钻孔桩要求每根桩均须检验,并对桩的均质性进行检测。

要求重力台扩大基础的地基承载力不小于350kPa,若达不到,需进行地基换填。施工完成后应将基坑回填并分层夯实。

墩柱、桩基的受力主钢筋接头应错开布置,在任一接长(搭接、焊接、挤压接头)区段内,有接头的受力钢筋截面积占总面积的百分率,采用搭接时不大于25%,采用焊接、挤压接头时不大于50%。

桥墩墩身施工要求尺寸准确,表面平整、光滑,应严格控制墩身施工倾斜度。

盖梁同墩柱交界处应注意新老混凝土的结合,在浇筑盖梁混凝土前,应仔细清除柱头浮浆、凿毛接触面、冲刷干净。

墩及台帽顶面搁置支座处必须平整、清洁、粗糙,并浇筑支座垫石。

墩顶及台帽上支座垫石位置和高程控制要求准确,垫石顶面必须保持平整、清洁。

台前、台后及两侧锥坡均对称填筑,以防桥台单向受力,造成位移。

填土分层夯实要求:分层厚度要求不大于30cm,压实度要求大于95%。

为减少水平土压力,台后填土不得用大型机械推土筑高和填压的方法。

台后填土应选用透水性良好的砂性土。重力台后应做好排水处理,可参考桥梁公用构造图处理。

台后填土压实度达到97%以上方可浇筑桥头搭板混凝土。

墩帽纵向钢筋应预先焊接形成骨架,浇筑混凝土前直接将骨架安装就位,再绑扎钢筋。

浇筑重力台基础及台身混凝土时,注意片石应均匀分布在混凝土中,且含量不大于25%;为了保证桥台基础与台身的良好结合,应清除基础顶面浮浆、凿毛接触面、冲刷干净,最好在接触面布置一些石笋。

浇筑桥台混凝土时,应保证桩柱与台帽混凝土的结合。其结合面除按图纸要求设置钢筋外,还应清除浮浆、凿毛接触面、冲刷干净,以保证其整体性。

浇筑桥台背墙时,为保证伸缩缝宽度,根据实际纵坡,适当调整台背的倾角。

浇筑桥台侧墙、背墙时注意相关预埋钢筋的预埋。

重力台侧墙顶面纵坡应同路面纵坡。

桥台台帽、桥墩盖梁上的外侧防震挡块应在板梁架设就位后浇筑。

固结墩的盖梁施工时,注意盖梁顶定位钢板的预埋,并根据墩顶现浇段的长度变化调整定位钢板的位置。

4. 营运管理

贵阳至都匀高速公路于2009年1月全面正式开工建设,2011年3月31日通车试运行。收费批复时间起于2011年3月31日,止于2041年3月30日。贵阳至都匀高速公路的建设运营,构筑起贵州省及西南地区通往粤港澳发达地区便捷通道,打通了贵州省及西南地区南下出海大通道,提升了贵州省在全国公路网络中的地位和作用。

(1)服务区及停车区。贵定天福服务区(昌明服务区,见图6-69)位于昌明经济开发区附近,总占地面积68亩,综合楼占地面积3715.67m^2,总建筑面积5520.38m^2,广场道路面积28500m^2,绿化面积10150m^2,其他占地909.53m^2,里程桩号为K36+650,满足贵州省高速公路服务区Ⅲ类功能。

图6-69 改造后的贵定天福服务区外景

龙里停车区位于黔南州龙里县,面积为15.02亩,里程桩号为K53+800,距离龙里县城13km,距离贵阳市主城区45km,周边地形主要为填挖路段。

摆梭停车区位于都匀市打铁乡,面积为16.68亩,里程桩号为K19+100。打铁乡地质结构极为复杂,地形主要为两侧高山中间深谷,设计阶段线形曾多次进行调整,右侧主要为顺层滑坡,左侧为古滑坡体,目前设计线形为S形,主要为长下坡路段(坡度最大达到3.5%)。在设计阶段为考虑各停车区相对于路线的位置,于K19+100处挖除整个山头建设了摆梭停车区,同时对四方坡高架桥进行了加宽处理作为停车区匝道出口。摆梭停车区只能作为停车区使用,不具备服务区功能。

(2)收费站点设置。贵都高速公路下辖4个匝道收费站,贵都公司管理龙里(原贵龙)、贵定南、都匀西,而秦棋站归贵阳市水利交通投资集团管理。各收费站车道情况见表6-53。

收费站点设置表 表6-53

收费站名	车道规模(条)		ETC车道规模(条)	
	入口	出口	入口	出口
贵龙	2	3	1	1
贵定南	1	2	1	1
都匀西	2	3	1	1
秦棋	3	7	1	1

收费车道基建数据:收费岛宽2.2m,普通收费车道宽3.2m,超宽车道宽4.0m;单向入口收费岛长28m,单向出口收费岛长37m,双向收费岛按45m设计。

历年日均车流量发展状况见表6-54。

日均车流量情况　　　　　　　　　　　　表6-54

年　份	日均流量(辆)	年　份	日均流量(辆)
2011年	6882	2014年	20317
2012年	8704	2015年(1~3月)	21000
2013年	12078		

2011—2014年贵都路段客车、货车流量变化情况分别见表6-55、表6-56。

2011—2014年贵都路段客车流量变化情况(联网拆分流量)(单位:辆)　　表6-55

收费车拆分流量表

年份	客一	客二	客三	客四	客车合计	增长比例	客车占比
2011年	980104	80280	62594	76479	1199457		63.15%
2012年	1727667	164129	94348	150744	2136888	78.15%	67.27%
2013年	2531782	232101	120239	159431	3043553	42.43%	69.04%
2014年	4311532	327009	225408	177854	5041803	65.66%	67.99%

备注:占比是指占总车流量的比重。

2011—2014年贵都路段货车的流量变化情况(联网拆分流量)(单位:辆)　　表6-56

年份	货一	货二	货三	货四	货五	货车合计	增长比例	货车占比
2011年	166704	89621	88606	178598	176397	699926		36.85%
2012年	272359	131346	101561	253199	281440	1039905	48.57%	32.73%
2013年	415003	177943	131168	302053	338892	1365059	31.27%	30.96%
2014年	684821	280300	195241	402490	810913	2373765	73.89%	32.01%

(3)2015年道路养护。

①小修保养。一是对全线护栏、防眩板等设备设施及时进行清洗和修复;二是加大对高填方、挖方、桥头锥坡的日常巡查力度,预防塌方、水毁的发生;三是提高预防性养护意识,对路面纵横缝及微细裂缝做到及时灌缝,保证行车舒适,延长路面使用寿命,确保路面常年保持平整、洁净、顺畅。

②零星维修。2015年共下发并完成工程任务单156份,主要对沥青路面、伸缩缝、沟盖板等进行了修复。

③专项工程。2015年共完成专项工程8项,主要涉及秦棋互通DK0+100边坡和ZK34+700边坡防护加固工程、四方坡2号高架桥下弃土场治理工程、3条隧道路面治理工程、水毁边坡治理工程、乐雍3号高架桥维护工程、ZK43+800边坡加固工程、昌明服务

区配电房屋后边坡加固工程、46km 处路面跳车及沉陷治理工程。

④设施完善。全年新增各类标志牌 60 余块,替换伸缩式护栏为波形梁护栏 13 处,36 座隧道壁新增了反光轮廓标,完成了全线缺损标线补划工作。

(4)"多彩贵州·最美高速"暨"平安高速"创建工作。2015 年,贵都公司紧紧围绕贵州省"双创"工作开展,以精细化养护管理为手段,全线路容路貌得到有效改善。

①启动改扩建工程。对服务区广场、停车场、绿化带、卫生间、超市、台湾美食城等项目实施改扩建,于 2015 年 10 月 1 日完成;餐厅、茶庄项目改扩建于 2015 年 12 月 31 日完成。

②加强员工培训。重点加强服务人员培训工作,从文明礼仪、服务态度等方面着手,做到"来有迎声、问有答声、走有送声",力争将昌明服务区打造成"最文明、最卫生、最优美、最丰富、最安全、最满意"的旅客之家。

③强化环境卫生管理。一是在服务区广场、餐厅、超市、卫生间等区域增添绿化植物,进一步美化整体环境;二是在卫生间、广场、餐厅等公共区域设置专人负责,全天候不间断打扫卫生;三是从社会公众尤其是过往大货车驾驶员实际需求出发,在服务区无偿提供健身器材、休息区、洗浴间等公共设施,设置了服务咨询台,受到了广大驾乘人员的一致好评。

④增加安保人员和交通指挥员。成立保安队伍,进行 24 小时不间断巡逻,保障了过往驾乘人员的人身财产安全;设置交通指挥员,引导车辆正确停放,交通秩序井然有序。

⑤提升文明服务水平。从服务区现状考虑,服务区工作人员由原来的 100 余人增加到 200 余人,现场服务力量明显增强。管理团队通过现场监督与考核并重,对服务人员既实施人性化管理,又施行严格的考核管理办法,实现员工对管理制度的认知和对企业文化的高度认可,做到"事事有人管、事事有人做",不断提升全区的文明服务水平。

(5)建立"一路四方"联动机制。一方面积极履行监控中心联动协调工作职能。"一路四方"指挥平台和"平安贵都"微信平台的建立,将监控路巡工作中的信息传递工作职能发挥到极致,通过平台的运用,大大简化了路况信息的传递步骤,能第一时间发布路况信息,按照既定的应急预案充分调动、快速处置,减少了之前信息传递缓慢、牵涉部门多而导致出现相互推诿、扯皮等现象,保障了贵都高速公路的安全畅通。全年辖区共发生交通事故 430 起,交通管制 79 起,回访救援车辆 792 次。另一方面有效整合资源,提高清障救援工作效率。与以往相比,新的集中监控模式与清障救援工作信息共享取得较大进步,达到了快速发现问题、快速发布信息、快速实施处置的目标。全年实施救援共计 1179 车次,实际拖车 1231 车次。

(四)G76 厦蓉高速公路秦棋至金华段

G76 厦蓉高速公路秦棋至金华段与贵阳绕城公路西南段共线。详见 G6001 贵阳绕城高速公路。

（五）G76 厦蓉高速公路金华至庙儿山段

G76 厦蓉高速公路金华至庙儿山段与 G60 沪昆高速公路共线。详见 G60 沪昆高速公路贵阳至清镇高速公路。

（六）G76 厦蓉高速公路庙儿山至红枫湖段

G76 厦蓉高速公路庙儿山至红枫湖段与 G60 沪昆高速公路共线。详情见 G60 沪昆高速公路清镇至镇宁高速公路。

（七）G76 厦蓉高速公路清镇至织金段

1. 基本情况

（1）项目决策背景及过程。为完善国家和贵州高速公路网，贯彻落实国家西部大开发战略部署，改善区域交通条件，促进沿线地区资源开发和经济社会协调发展，交通运输部同意建设清镇至织金高速公路。2009 年 8 月 18 日，水利部批复了本项目水土保持方案（水保函〔2009〕282 号）；2009 年 12 月 28 日，环保部批复了本项目环境影响报告书（环审〔2009〕571 号）；2010 年 7 月 27 日，国家发展改革委批复了本项目可行性研究报告（发改基础〔2010〕1630 号）；2010 年 11 月 24 日，交通运输部批复了本项目初步设计（交公路发〔2010〕682 号）；2014 年 04 月 19 日，国土资源部批复了本项目工程用地（国土资函〔2012〕289 号）；2011 年 12 月 29 日，贵州省交通运输厅批复了本项目施工图设计（黔交建设〔2011〕255 号）。G76 厦蓉高速公路清镇至织金段于 2011 年 11 月正式开工建设。

（2）公路的功能、定位、里程。厦门至成都高速公路是原国家高速公路"7918"网中的一条重要干线，厦门至成都高速公路贵州境清镇至织金公路（以下简称清织公路）是国家高速公路网规划的"7918"网中 16 横（编号 M70）在贵州境内的一段，同时也是《贵州省骨架公路网规划（2003—2020）》中"三纵三横八联八支"的骨架公路网中"第七联"的组成部分。本项目的实施将建立起川黔之间的快速通道，是实现国家"东部加密、中部成网、西部连通"总体布局的重要举措。同时，项目的建设将进一步完善区域路网布局，改善项目影响区的公路交通条件，带动沿线旅游业发展，对贯彻执行西部大开发战略，实现贵州省建设旅游大省的目标及促进山区经济的发展，加快山区脱贫步伐具有重要的意义。本项目起点位于清镇市簸箩农场，接清镇至镇宁高速公路，经新寨至小猫场，进入平坝县齐伯乡，沿补泥河布线，跨三岔河进入织金境内，路线基本上沿 S307 布设，经马场，从牛场以北经过，经普翁乡，向西沿大戛河布线，在织金洞风景区及三甲乡的南面穿过，至大木嘎设织金胡同与 S307 连接，终点位于大木嘎，与织金至纳雍段路线顺接。路线全长 66.06km。

(3)技术指标。清织公路主线采用高速公路建设标准,设计速度80km/h,双向四车道,路基宽度24.5m,全线实行全封闭、全立交、全部控制出入制式。斯拉河连接线采用三级公路标准,设计速度30km/h,路基宽度7.5m。织金连接线为二级公路标准,设计速度40km/h,路基宽度12m。

(4)投资规模。项目总投资估算约为50.95亿元。

(5)主要控制点、沿线主要地形地貌。路线位于云贵高原黔北山地北缘与四川盆地的中部低山丘陵南缘的衔接地段,地形切割强烈(俗称鸡爪地形),总体地势南高北低。项目主要控制点为龙潭山隧道、老黑山隧道、三岔河特大桥、拉路河大桥。全线一处跨城市主干道(织金开发大道),三处跨河(麦翁河、三岔河、织金拉路河),五处跨国省干线(S307),二处接近旅游景区(红枫湖、织金洞)。

(6)主要构造物。桥梁全长26515.35m/110座(按单幅计),占主线全长的20.05%;隧道全长9169m/7座,占主线全长的13.9%。路基挖方2837.7万m^3,防、排水砌体工程127.63万m^3,涵洞及通道160道。

2. 建设情况

(1)立项审批。2009年8月18日,水利部下发了《关于厦门—成都高速公路贵州境清镇至织金段工程水土保持方案的复函》(水保函〔2009〕282号),正式批复了水土保持方案。

2009年12月28日,环保部下发了《关于厦门—成都高速公路贵州境清镇至织金段环境影响报告书的批复》(环审〔2009〕571号),正式批复了环境影响报告书。

2010年7月27日,国家发展和改革委员会针对贵州省发展改革委上报的《关于报请审批〈厦蓉高速公路贵州境清镇至织金段可行性研究报告的请示〉》(黔发改交通〔2007〕1851号)进行了研究,正式以《关于贵州省清镇至织金公路可行性研究报告的批复》(发改基础〔2010〕1630号)进行了最终批复。

2010年11月23日,交通部针对贵州省交通厅上报的《关于报请审批厦蓉高速清镇至织金公路初步设计文件的请示》(黔交呈〔2010〕70号),下发了《关于清镇至织金公路初步设计的批复》(交公路发〔2010〕682号),正式批复了贵州省清镇至织金公路初步设计文件。

(2)勘察、设计。2008年12月29日,贵州省交通运输厅、贵州高速公路开发总公司在贵阳组织召开了厦蓉高速公路贵州境清镇至织金段初步设计预审查会议。定测路线方案是根据预审查会议的精神,结合沿线地形、地质等自然条件和社会条件,对本项目初步设计推荐的路线方案进行全面深入、优化和完善后而成。

2009年4月20日,贵州高速公路开发总公司组织贵州省交通勘察设计研究院的外业、路线、桥涵、地质专业技术人员进驻现场开展本项目施工图外业勘察和调查工作。根据定测路线线位,按《公路勘察规范》和《厦门至成都高速公路贵州境清镇至织金段勘察设计大纲要求》，采用 RTK 实时卫星定位系统和全站仪对主线、服务区、停车区、互通立交、老路改移进行中桩放样、高程测量和横断面测量。在进行测量的同时，各专业组进行了广泛全面的基础资料收集、调查工作，并根据实地勘测和收集的沿线自然、地质、水文、气候等有关资料，逐段落实桥梁、隧道、涵洞、挡土墙、不良地质路段等工程的位置和规模。主线段现场勘查和调查工作于 2009 年 6 月 10 日完成，历时 50 天。

2009 年 10 月 22 日，贵州高速公路开发总公司再次组织贵州省交通规划勘察设计研究院各专业测量组对立交、服务区、停车区、连接线进行勘查和调查，于 2009 年 11 月 30 日完成立交、老路改移等的现场勘查和调查工作，历时 38 天。

2010 年 9 月 27~30 日，交通运输部对本项目初步设计审查后，为了绕避大木嘎煤矿，补充初步设计路线方案左移，导致韭菜坡至大木嘎路段方案产生重大变化。2010 年 11 月 8~23 日，贵州省交通规划勘察设计研究院对韭菜坡至大木嘎路段施工图主线、织金互通、织金连接线进行勘查和调查，历时 16 天。

2010 年 12 月 10 日，本项目施工图外业定测勘查通过贵州高速公路开发总公司主持的验收。根据外业验收会议精神和《定测外业咨询报告》，于 2011 年 1 月完成施工图设计工作。

（3）施工、监理。

①质量管理。清织高速公路建设高度重视质量管理，树立了"精细管理、技术创新、质量优质"的管理理念，以"要有质量的进度和有进度的质量"思路安排各项工作，严格贯彻落实总公司《施工标准化活动实施方案》。为确保工程质量，清织办建立了由总监理工程师任组长的质量领导小组，明确了质量管理目标，建立健全了组织机构，明确了各部门、岗位职责，制定了各项管理制度、办法，如《工程质量管理办法》《原材料管理办法》《试验检测管理办法》《项目施工规范化管理办法》《首件工程质量认可制实施办法》等，使各项工作有人管、知道怎么管。在项目建设过程中实行"政府监督、法人管理、社会监理、承包人自检"的质量保证体系，项目总监办采取定期、不定期的专项检查、综合检查等多种方式进行监管，发现问题，及时提出，督促整改。高边坡施工采取逐级开挖、逐级防护的施工程序，石方边坡采用预裂爆破、光面爆破，杜绝洞室爆破和葫芦炮。在砌体工程施工方面，要求圬工砌体砂浆使用砂浆搅拌机集中拌和。圬工砌体所选用的石料尺寸、强度、外观、勾缝按照总监办制定的相关工作指示执行，杜绝勾假缝和皮带缝。在桥涵施工中，要求 T 梁预制，保证钢筋保护层厚度的准确，梁底采用混凝土预制垫块，侧面采用塑料垫块。确保桥面铺装厚度达到设计要求，在梁、板预制底模跨中部位采用预留上拱度。先简支后连续的桥梁，顶板负弯矩预应力钢绞线严格按照设计要求张拉和孔道灌浆。各施工标段建立了工程质量管理档案。每月带领中心试验室、驻监办对各施工单位进行多次质量大检查，对检查中发现的问题通报、限期整改并进行违约处罚。当质量缺陷出现在某道工序或

单位工程完工后,且对下一道工序或分项工程产生质量影响时,总监办要求监理工程师必须拒绝检查验收和工程计量,并指令承包人进行返工处理。通过采用承包人自控、驻监办监控、检测单位监督、总监办不定期地检查、监督、落实,这种规范化、多层次、互控式质量管理体系的良好运转,使全线工程实体质量均处于可控状态。每月组织安全生产月活动,定期开展质量安全大检查,针对发现问题进行整改。

②安全管理。安全生产不仅关系到项目的正常进展,而且涉及各作业人员的生命财产安全及社会稳定。清织高速公路自项目建设始,项目总监办认真贯彻"安全第一、预防为主、综合治理"方针,坚持以防为主,防治结合,落实安全生产责任制,实行安全生产工作的科学、规范、制度化管理。为使安全生产管理有章可行,项目总监办明确了安全生产目标、健全了安全管理组织机构并明确了职责,制定了各项管理制度、办法,如《瓦斯隧道施工管理办法》《安全生产管理办法》《安全生产费用管理办法》等。在工程实施过程中,结合实际存在的一些情况,为使安全管理进一步规范,及时下发了《关于安全文明施工有关事项的通知》《关于落实安全操作规程的通知》《关于规范安全帽、胸卡管理的通知》《关于切实做好雨季施工安全的通知》《关于加强民爆物品管理的通知》等,对相关安全管理做出了明确要求。同时项目总监办采取定期、不定期的巡查、专项检查、综合检查相结合的方式对各参建单位安全管理情况进行监管,在巡查、检查过程中发现的问题,及时提出,并要求定时、定措施进行整改。清织项目办多次开展专项检查和综合检查,对检查中发现问题以通报形式下发参建单位,各单位均进行了整改,项目安全处于可控状态。清织项目办在建设过程中按照上级部门要求,加大"施工标准化""首件工程认可制""混凝土质量通病问题专项治理""安全生产年""打非治违""预防施工起重机械脚手架等坍塌事故专项整治"等活动的开展力度,根据项目的进展情况,抓好路基填筑、混凝土通病治理、高边坡开挖、特种设备管理、民爆物品管理、脚手架施工、不良地质段落施工等关键环节的质量、安全管理,并加大巡查、排查力度,做好过程控制,在确保质量、安全的前提下,促工程进度,保证质量、安全目标的实现。

③进度管理。开工前,要求各合同段按照合同文件要求和施工需要配足平地机、压路机、推土机等机械设备,并编制施工组织设计,通过驻地办初审、项目总监办终审的方式,确定了施工组织设计,并要求各监理单位严格按照所编制确定的施工组织设计严格实施。在完成施工组织设计的编制后,按照集团公司要求与各单位签订目标责任状。不定期地对全线的人员资质和机械进场情况进行检查核实,首先对上岗人员的从业资格及业务素质,以及到场的机械数量和完好率是否能够满足施工现场要求,进行检查和提出具体要求。对施工便道通行能力进行检查,为施工单位施工期材料到位和机械的进出场提供了保障。清织总监办在项目建设过程中,定期召开全线进度专题会议,检查各标段施工生产计划的落实情况,对各标段在会议上提出的问题进行分析处理,通过每期的工地例会、监

理例会解决工作中出现的问题,为各项工作的顺利开展尽量扫清障碍。对一些进度滞后的施工标段及时召开专题整顿会议,针对整顿效果不明显的施工单位,清织项目总监办通过发函的形式邀请法人到现场分析研究原因,提出解决方案,并要求法人成立现场工作组进行现场督促处理。清织项目办在邀请法人的会议中,多次要求相关参建单位的母体单位更换不称职的项目经理,要求增加项目经理部施工技术和管理人员,要求更换不称职的监理人员,要求驻监办根据现场施工进度情况增派监理人员。签订谈判备忘录,确保清织公路通车目标的实现。针对当地群众提出的涉农问题,清织项目办安排相关的管理人员对现场进行考察,对群众提出的问题进行分析、评估,如若出现因施工单位的施工造成当地群众出现损失等问题,督促承包人对群众进行赔付;如若属于设计缺陷等方面问题,清织项目办将组织设计单位进行现场设计,确保群众提出的涉农问题得到彻底有效的解决,避免堵工等问题的出现,为清织公路的施工节约宝贵时间。

清织公路在建设过程中对环水保方面提出严格要求,注重保护公路范围内的生态环境。通过环保制度的建设,制定了清织公路保护和恢复、声环境保护、临时工程用地恢复、环境空气质量保护、水土保持、施工废水污染防治、生产污水控制、生活污水控制、隧道施工涌水防止以及水土流失的管理等一系列措施,并要求各单位监理组织机构,通过承包人自检的方式,确保环水保达到相关要求。清织项目通过邀请第三方检测单位,对清织公路环水保进行检测,避免承包人出现对发现的环水保问题整改不彻底的情况。

清织公路在建设过程中,质量管理机构健全、制度完善、责任明确,体现了较强的质量控制能力。施工中所采取的一系列质量管理措施比较得力,对确保工程质量发挥了较好的作用。清织公路的建成使贵州省与全国同步实现了国道主干线基本贯通,并为织金洞风景区旅游创造了良好的通行条件,由贵阳到织金洞风景区的4小时路程缩短到一个半小时。

(4)资金筹措。初步设计批复概算金额为50.95亿元。其中,国家安排中央专项基金(车购税)18.37亿元作为项目的资本金,约占项目总投资的35.1%,其余32.58亿元由集团公司自筹融资。

(5)招标投标。清镇至织金高速公路项目业主为贵州高速公路集团有限公司,于2010年12月开始土建施工、监理等内容的招投标工作。

设计单位招标:该项目设计单位全部向社会公开招标,采用资格后审方式,招标单位均为贵州高速公路开发总公司。其中土建工程设计单位第1合同段,机电工程设计单位第2合同段,房建工程设计单位第3合同段中标人为第一中标候选人。

施工单位招标:项目施工单位全部向社会公开招标,招标单位均为贵州高速公路开发总公司,招标公告同时在中国采购与招标网、贵州招标投标网、贵州省交通运输厅网站、贵州高速公路集团有限公司网站、贵州省公共资源交易中心网站上发布。其中:土建单位第1~9合同段采取了资格后审的形式,合理低价法,招标公告发布日期为2010年11月24

日,第1、3、5、6、9合同段中标人为第一中标候选人,第2、4、7、8合同段中标人为第二中标候选人;路面单位第10、11合同段采用资格预审,合理低价法,资格预审公告发布日期为2012年10月8日,中标候选人公示时间为2013年4月1~7日,中标人均为第一中标候选人;交安工程施工单位第12合同段采用资格预审,合理低价法,资格预审公告发布日期为2013年2月20日,中标候选人公示时间为2013年2月4~10日,中标人均为第一中标候选人;房建工程施工单位第13合同段采用资格预审,合理低价法,资格预审公告发布日期为2013年4月12日,中标候选人公示时间为2014年5月9~15日,中标人为第一中标候选人;绿化工程施工单位第14合同段采用资格预审,合理低价法,资格预审公告发布日期为2013年4月12日,中标候选人公示时间为2013年12月13~19日,中标人均为第一中标候选人;机电单位第15、16合同段采用资格预审,合理低价法,资格预审公告发布日期为2013年3月20日,中标候选人公示时间为2014年3月6~12日,中标人均为第一中标候选人;上边坡绿化施工单位第20、21合同段采用代理招标,招标代理单位为华杰工程咨询有限公司,招标时间为2014年9月,中标人均为第一中标候选人。

监理单位招标:该项目监理单位全部向社会公开招标,招标单位均为贵州高速公路集团公司,其中:土建工程监理单位第A、B、C驻地办采用资格后审的方式,招标公告发布日期为2010年12月17日,中标人均为第一中标候选人;路面工程监理单位第D驻地办采用资格后审的方式,招标公告发布日期为2013年3月22日,中标人为第一中标候选人;交安、房建、绿化工程监理单位第E驻地办采用资格后审的方式,第一次招标公告发布日期为2014年1月21日,第一次招标因故流标,重新招标,第二次招标公告发布日期为2014年2月28日,中标候选人公示时间为2014年3月28日~4月3日,中标人为第一中标候选人;机电工程监理单位第F、G驻地办采用资格后审的方式,招标公告发布日期为2014年1月21日,中标人为第一中标候选人。

清织公路参建单位见表6-57。

G76厦蓉高速公路清镇至织金高速公路参建单位表 表6-57

通车里程桩号:K0+000~K66+060

参建单位	单位名称	合同段编号及起止桩号	主要负责人	备注
项目管理单位	贵州高速公路集团公司	K0+000~K66+060	陈虎	
勘察设计单位	贵州省交通勘察设计研究院	第一标段 K0+000~K66+057.793	漆贵荣	主体土建、路面工程设计
	中交第二公路勘察设计研究院有限公司	第二标段 K0+000~K66+057.793	黄小明	交安、机电等工程设计
	招商局重庆交通科研设计院有限公司	第三标段 K0+000~K66+057.793	王云	房建工程设计

续上表

参建单位	单位名称	合同段编号及起止桩号	主要负责人	备注
施工单位	江西交建工程集团有限公司	第一合同段 K0+000~K13+459.212	饶明军	土建第一合同段
	湖南省建筑工程集团总公司	第二合同段 K13+459.212~K23+500	宁 继	土建第二合同段
	中铁五局集团第一工程有限责任公司	第三合同段 K23+500~K29+420	刘亚宇	土建第三合同段
	贵州桥梁建设集团有限责任公司	第四合同段 K29+420~K32+200	罗 松	土建第四合同段
	江西省公路机械工程局	第五合同段 K32+200~K40+160	吴林军	土建第五合同段
	中铁三局集团有限公司	第六合同段 K40+160~K44+140	温 波	土建第六合同段
	龙建路桥股份有限公司	第七合同段 K44+140~K51+700	赵金龙	土建第七合同段
	中铁十六局集团第三工程有限公司	第八合同段 K51+700~K56+200	张 西	土建第八合同段
	湖南省建筑工程集团总公司	第九合同段 K56+200~K66+057.793	刘平红	土建第九合同段
	北京市公路桥梁建设集团有限公司	第十合同段 K0+000~K32+200	耿贵虎	路面第十合同段
	中交一公局厦门工程有限公司	第十一合同段 K32+200~K66+057.793	杨世雄	路面第十一合同段
	贵州宏阳公路交通设施有限公司	第十二合同段 K0+000~K66+057.793	张 华	交安第十二合同段
	神州长城建设工程有限公司	第十三合同段 K0+000~K66+057.793	陈荣尧	房建第十三合同段
	贵州绿地园林建设实业有限公司	第十四合同段 K0+000~K66+057.793（绿化）	高继辉	绿化
	江苏铁电交通科技集团有限公司	第十五合同段 K0+000~K66+057.793	权继军	道路机电
	陕西汉唐计算机有限责任公司	第十六合同段 K0+000~K66+057.794	陈金鸿	隧道机电
监理单位	贵州科达公路工程咨询监理有限公司	A驻地办 K0+000~K29+420	董伟业	A驻地办
	贵州陆通公路工程监理有限责任公司	B驻地办 K29+420~K44+140	向周贵	B驻地办
	贵州省交通建设咨询监理有限公司	C驻地办 K44+140~K66+057.793	余廷禹	C驻地办
	贵州省交通建设咨询监理有限公司	D驻地办 K0+000~K66+057.793	陈良军	D驻地办
	贵州省交通建设咨询监理有限公司	E驻地办 K0+000~K66+057.793	罗江山	E驻地办
	北京兴通工程咨询有限公司	F驻地办 K0+000~K66+057.793	马 达	F驻地办
	重庆中宇工程咨询监理有限责任公司	G驻地办 K0+000~K66+057.793	林 波	G驻地办
中心试验室	成都市公路工程试验检测中心有限责任公司	K0+000~K66+057.793	唐世杰	
设计咨询单位	中交第二公路勘察设计研究院有限公司	第一标段 K0+000~K66+057.793	黄小明	主体土建工程咨询
	贵州省交通勘察设计研究院	第二标段 K0+000~K66+057.793	漆贵荣	交安机电等工程咨询

（6）征地拆迁。省交通运输厅、省公路局分别与清镇市政府、毕节市政府、织金县国土局签订了征地拆迁协议书,沿线各县、镇(乡)分别成立了协调服务指挥部。征地拆迁协调工作在各级政府和指挥部的领导下,在沿线人民的大力支持、紧密配合下,努力克服各种工作困难,积极处理各项群工纠纷,及时化解各类征拆矛盾,有效控制了阻工事件的发生,切实解决了损坏群众利益的问题,为高速公路建设创造了良好施工环境,确保了工

程建设的顺利实施。

截至2015年6月,全线共征收土地10083.0亩,拆迁房屋222956.9m²,支付征拆资金4.741亿元。

(7)重大变更。清镇服务区移位:清织高速公路建设过程中,清镇市政府提出在清镇市境内增加一收费站。应清镇市人民政府清府函[2012]3号文件要求,经现场调查及论证,考虑当地政府的经济发展需要及服务功能,将原清镇服务区移位并增设收费站,省交通运输厅批示意见同意增设变更设计(图6-70)。新服务区中心桩号为K4+500;立交匝道占地600亩;增加挖方118万m³、填方109万m³。

图6-70 2013年8月12日,组织召开变更会

齐伯互通移位:原设计互通立交位于大河冲山槽中,互通处于老黑山隧道与三岔河大桥之间,地处清镇市、平坝县交界。互通式立交形式为单喇叭B形,主线下穿,交叉桩号为YK29+041.949=匝AK0+380.142,一座99m预应力混凝土箱梁跨线桥。匝道设计速度为35km/h,匝道行车道宽3.5m,路基宽8.5m,其中斯拉河连接线长度5km。原互通土建造价约7607万元,路面造价约2000万元,占地440.6亩。

应安顺市人民政府(安府函[2012]215号文件)要求,变更设计将齐伯互通由老黑山隧道后的大河冲移至老黑山隧道前的青菜坡,交叉中心由YK29+041.949移至K23+850。变更起点K230+340,右幅终点YK24+470,左幅终点ZK24+480。互通式立交形式为单喇叭A形,主线上跨,交叉桩号为K23+850=匝AK0+206.483,跨线桥为1×30m预应力混凝土箱梁。匝道设计速度为35km/h,匝道行车道宽3.5m,路基宽8.5m,其中连接线长度约4.3km,一座4×30m预应力混凝土简支T梁,一座主孔1×60m现浇钢筋混凝土箱形拱桥。变更后互通土建造价约10584万元,路面造价约3431.2万元,占地484.92亩(征拆费用约2313万元),建安费总计约16329万元,投资估算约为23327万元。

(8)交(竣)工。2014年12月30日,贵州高速公路集团有限公司在清镇市主持召开了厦蓉高速公路（贵州境）清镇至织金高速公路交工验收会议。贵州省交通运输厅、省交通建设工程质量监督局、省交通建设工程造价管理站、省高速公路管理局、清织高速公路毕节市指挥部、公安、消防、高速公路交警、清镇指挥部、织金指挥部、贵州高速公路集团有限公司相关部门（总工办、计划部、工程部、决算办、征拆办、联网办、财务部、审计部、营运管理中心）、清织项目（总监）办、设计单位、监理单位、中心试验室、施工单位等参建单位参加了本次交工验收会议。

清镇至织金高速公路（K0+000~K66+060）主线66.06km基本建成。与会代表于2014年12月30日上午对拟交工的厦蓉高速公路（贵州境）清镇至织金高速公路项目K0+000（红枫湖枢纽互通）~K66+060（终点）段土建、路面、交安及站点收费设施进行了现场检查。会议成立了交工验收委员会，听取了建设、设计、监理、施工等单位代表的工作总结，审查了清织项目（总监）办提交的相关交工验收资料。

本次交工的清织高速公路建设项目批复建设总工期48个月。贵州省交通运输厅"三年大会战"要求应于2014年12月30日交工验收。土建工程第一至第三合同段于2012年3月15日开工建设，土建工程第六、八合同段于2011年11月23日开工建设，土建工程第四、五、七、九合同段于2011年12月23日开工建设，土建工程第九合同段于2012年2月7日开工建设，路面、交安工程于2014年1月10日开工建设，房建、绿化、机电等后续工程于2014年6月23日开工建设。截至2014年12月30日，清织高速公路拟交工的K0+000~K66+060段主线土建、路面、交安等工程基本完成。

根据交通部2004年第3号令公布的《公路工程竣（交）工验收办法》《公路工程质量检验评定标准》（JTG F80/1—2004）、《公路工程竣（交）工验收办法实施细则》（交公路发〔2010〕65号），项目经施工自检、监理抽检评价合格，并经交工验收委员会现场检查、调阅相关资料，结合建设、设计、施工、监理单位的总结报告，交工验收委员会一致认为：本次交工的土建、路面、交安工程K0+000（红枫湖枢纽互通）~K66+060（终点）段主线（除马场大桥、拉路河大桥外）基本建成。

2015年9月30日，贵州高速公路集团有限公司在毕节市主持召开了厦蓉高速公路（贵州境）清镇至织金高速公路交工验收会议。贵州省交通运输厅、省交通建设工程质量监督局、省交通建设工程造价管理站、省高速公路管理局、毕节市指挥部、毕节市安监局、织金指挥部、毕节市交警支队、贵州高速公路集团有限公司相关部门（总工办、计划部、工程部、决算办、征拆办、财务部、审计部、投发部、投资公司、营运管理部）、清织项目（总监）办、第B、C、D驻地办、第5、7-1、11合同段、中心试验室、设计单位代表等参加了会议。

与会代表提前于2015年9月30日上午对拟交工的厦蓉高速公路（贵州境）清镇至织金高速公路项目拉路河大桥、马场大桥的桥梁、路面工程进行了现场检查。会议首先成立了交工验收委员会,随后听取了建设单位代表的发言,审查了清织项目(总监)办提交的相关交工验收资料。经验收委员会认真研究、讨论,同意清织高速公路拉路河大桥、马场大桥土建、路面工程通过交工验收。

本次交工马场大桥和拉路河大桥按贵州省交通运输厅要求应于2015年9月30日前交工验收。土建工程第五合同段马场大桥于2012年3月21日开工建设,土建工程第7-1合同段拉路河大桥于2012年3月初开工建设,路面、交安工程于2015年9月30日完成建设。

根据交通部2004年第3号令公布的《公路工程竣(交)工验收办法》《公路工程质量检验评定标准》(JTG F80/1—2004)、《公路工程竣(交)工验收办法实施细则》(交公路发〔2010〕65号)以及贵州省交通建设工程质量监督局对本次交工的清织高速公路拉路河大桥、马场大桥桥梁荷载试验检测报告,经交工验收委员会现场检查、调阅相关资料,并结合建设、设计、施工、监理单位的总结报告,会议一致认为:本次交工的拉路河大桥、马场大桥土建、路面工程质量达到规范、规程及设计文件要求,系统功能满足使用要求,质量评定为合格,同意通过交工验收。另外,2014年12月30日基本建成的K0+000(红枫湖枢纽互通)~K66+060(终点)段主线(除马场大桥、拉路河大桥外)的土建、路面、交安工程,本次一并同意通过交工验收。

3. 复杂技术工程

清织高速公路项目复杂技术工程主要有老黑山隧道、三岔河大桥、龙井湾大桥、普翁隧道等项目。

(1)老黑山隧道。左幅(K24+910~K28+200)全长为3290m,右幅(K24+900~K28+150)全长为3250m,穿越煤系地层、采空区、断层破碎带等不良地质。

(2)三岔河大桥。右线桩号K29+434.963~K31+011.10,桥梁跨径组成为13×30m+(122m+3×230m+122m)+6×40m,桥梁全长1576.137m,最大墩高135m。第十四联为122m+3×230m+122m预应力混凝土连续刚构,下部结构为空心薄壁墩,其他联为T形梁,下部结构为柱式桥墩。左线桩号K29+467.433~K31+012.60,桥梁跨径组成为12×30m+(122m+3×230m+122m)+6×40m,桥梁全长1545.167m,最大墩高135m。第十三联为122m+3×230m+122m预应力混凝土连续刚构,下部结构为空心薄壁墩,其他联为T形梁,下部结构为柱式桥墩。三岔河大桥见图6-71。

(3)龙井湾大桥。左线桩号ZK40+958.2~ZK41+411.8,桥梁跨径组成为1×30m+(81+150+81)m+3×30m,桥梁全长453.6m,最大墩高93m。第二联为(81+150+81)m的预应力混凝土连续刚构,下部结构为双肢空心薄壁式组合桥墩;其他联为T形梁,下部结构为方墩、柱式桥墩。右线桩号YK40+958.2~YK41+407.8,桥梁跨径组成为1×30m+(81+150+81)m+3×30m,桥梁全长449.6m,最大墩高93m。第二联为(81+150+

81)m 的预应力混凝土连续刚构,下部结构双肢空心薄壁式组合桥墩;其他联为 T 形梁,下部结构为方墩、柱式桥墩。

图 6-71　2015 年 1 月 16 日,建成的三岔河特大桥

(4)普翁隧道。左幅(K50+450～K55+440)全长为 2990m,右幅(K52+466～K55+485)全长为 3019m,穿越岩溶、岩堆体、危岩体等不良地质。建设中的普翁隧道见图 6-72。

图 6-72　2012 年 5 月 15 日,建设中的普翁隧道

4. 营运管理

全线设 Ⅰ 类服务区 1 处(清镇)、Ⅲ 类服务区 1 处(普翁)、Ⅲ 类停车区 1 处(三岔河)、匝道收费站 7 处(表 6-58)、桥隧管理站 1 个、应急保畅中队 2 个、监控管理所 1 个、养护站 1 个。本项目于 2015 年 1 月 10 日建成通车。批准收费时间为 2014 年 12 月 20 日,批准收费终止时间为 2044 年 12 月 19 日。通车至 2015 年 8 月,收费总计 4474.909 万元。通车至 2015 年 8 月,车流量共计 885939 辆。

G76 厦蓉高速公路清镇至织金段收费站点设置表　　　　表6-58

站点名称	车道数	收费方式
清镇服务区收费站	3入3出（尚未建成）	人工、ETC
犁倭收费站	4进6出（含1进1出ETC通道）	人工、ETC
齐伯收费站	3入5出预留2车道（尚未建成）	人工、ETC
马场收费站	4进6出（含1进1出ETC通道）	人工、ETC
普翁收费站	3进5出（含1进1出ETC通道）	人工、ETC
织金洞南收费站	5进1出（含1进1出ETC通道）	人工、ETC
织金收费站	4进6出（含1进1出ETC通道）	人工、ETC

（八）G76厦蓉高速公路织金至纳雍段

1. 基本情况

（1）项目决策背景及过程。为适应21世纪我国社会经济快速发展的要求，满足全面建设小康社会的交通需求，交通部于2004年12月编制了《国家高速公路网规划》。国家高速公路网规划布局方案由7条首都放射线、9条南北纵线和18条东西横线组成。本项目所属的厦门至成都高速公路（以下简称"厦蓉高速公路"）在《国家高速公路网规划》中编号为G76，在贵州境内控制点有麻江、贵阳和毕节。

为了贯彻落实党的十六大提出的全面建设小康社会的总体要求，优化国家高速公路与省内高速公路之间的衔接关系，更好的指导21世纪贵州省的骨架公路网建设，2005年12月，贵州省交通厅编制了《贵州省骨架公路网规划（2003—2020）》。根据此规划，2020年贵州省将形成"三纵三横八联八支"的骨架公路网。其中"第七联"为"第二横"和"第三纵"的重要连接线，主要控制点为清镇、织金和纳雍，织金至纳雍高速公路项目是"第七联"的组成部分。

织金至纳雍高速公路项目作为《国家高速公路网规划》和《贵州省骨架公路网规划（2003—2020）》中的一条重要干线，它的实施将建立起川黔之间的快速通道，形成沟通华东、华南沿海地区与西南内陆腹地的重要通道，对加强西南地区与珠三角、东南沿海发达地区经济联系，提升西南地区对外运输能力也起着积极作用，是加快实现国家"东部加密、中部成网、西部联通"总体布局的重要举措。同时，本项目对优化和完善黔西北地区路网布局，促进相关区域资源合理开发，带动旅游业进一步发展，繁荣少数民族地区经济，加快山区脱贫步伐，构建和谐社会均具有重要意义。

（2）公路的功能、定位、里程。厦门至成都高速公路贵州境织金至纳雍段项目（以下简称"织纳项目"）是《国家高速公路网调整规划》"7918"网中16横（编号G76）与《贵州省高速公路网规划》"678"网中3横共线路段的一部分,肩负促进区域资源开发、经济社会协调发展及改善区域交通条件的重任,是完善贵州省高速公路路网的重要组成部分。织纳项目起点桩号 K66+060,终点桩号 K137+370.116,起点与在建的厦蓉高速公路贵州境清镇至织金段终点顺接,途经绮陌北侧、以那镇南、新街、跨织金县与纳雍县分界处的武佐河后过老凹坝、乐治、纳雍北,终于纳雍县龙场顺接毕节至都格(黔滇界)高速公路,全长72.1km。

(3)技术指标。织纳项目全线采用双向四车道高速公路标准建设,设计速度80km/h,整体式路基宽度24.5m,分离式路基宽度12.25m(桥梁与路基同宽),路面采用沥青混凝土路面。全线主要技术指标见表6-59。

全线主要技术指标表　　　　表6-59

指标名称	单位	织金至纳雍主线采用值
路线长度	km	72.102
公路等级		高速公路
设计速度	km/h	80
路基宽度	m	整体式路基 24.50 分离式路基 12.25
不设超高的平曲线半径	m	2500
平曲线一般最小半径	m	710
最大纵坡		4%
最短坡长	m	245
停车视距		110
汽车荷载等级		公路—Ⅰ级
设计洪水频率		特大桥1/300,其他桥梁、路基1/100

(4)投资规模。织纳高速公路工程概算总投资66.49亿元人民币,来源于中央专项基金及银行贷款。

(5)主要控制点。大木嘎(起点)、绮陌、板桥、以那、新街、老凹坝、乐治、纳雍、龙场(终点)。

(6)沿线主要地形地貌。项目区地处黔西高原~山原地貌的过渡带,受地壳运动、构造、岩性、气候、水流等诸多因素的综合影响,特别是经过了多期地质构造运动,形成了复杂多样的构造侵蚀—溶蚀山原地貌。走廊带地势最低点海拔高程约为1040m(武佐河峡谷地段),地势最高点海拔高程约为1800m(终点龙场互通附近)。

沿线溶蚀峰丛地貌。该类地貌由二迭系栖霞、茅口组灰岩构成为主。在岩溶谷地处,地形起伏较大,自然横坡陡峻。基岩裸露,植被不发育。相对高差50~200m。区域内各种岩溶个体形态发育齐全,如石牙、洼地、落水洞、漏斗、竖井、暗河天窗、溶洞、地表河流伏流点等岩溶形态随处可见。地下水含水类型为岩溶管道水,含水量变化较大,水文地质条件复杂。

(7)主要构造物。全线新建互通式立交5处,车行天桥2座、人行天桥10座、通道兼排水253道,服务区1处,停车区2处;完成土石方开挖1600万m^3、填方1175万m^3,软基换土填石125.5万m^3,土工格栅42万m^2;修建特大桥3205.57m/3座,大桥11760.47m/42座,中桥777.5m/15座,小桥22m/1座;新建隧道11128m/10座,砌筑圬工砌体98.3万m^3、抗滑桩6299m、框架锚索6.81万m、植被混凝土及厚层植被基材25.79万m^2、锚杆260t;使用KST灌木护坡技术6.30万m^2;完成级配碎石底基层258.15万m^2、水泥混凝土基层254.25万m^2、沥青混凝土面层270.05万m^2;完成波形护栏33.64万m、标志标牌6479个、标线13.94万平方、隔离栅27.38m;修建收费天棚6个、双向收费亭7个、单向收费亭28个、管理用房1.86万m^2。

2. 建设情况

(1)勘察、设计。鉴于厦蓉高速公路贵州境的重大建设意义,贵州省交通厅于2005年2月委托中国公路工程咨询集团有限公司承担厦蓉高速公路贵州境清镇至纳雍段的可行性研究及工程可行性研究。2006年2月,贵州省交通厅根据"十一五"规划要求,结合贵州省实际情况,将项目分成清镇至织金和织金至纳雍两段。2006年4月,中国公路工程咨询集团有限公司完成了两段的预可行性研究。2007年4月,在国家批复清镇至织金段项目建议书后,中国公路工程咨询集团有限公司随即开展织金至纳雍段工程可行性研究工作。

根据贵州省交通厅的委托,中国公路工程咨询集团有限公司成立了厦门至成都高速公路贵州境织金至纳雍段工程可行性研究项目组。项目组制订了详细的工作计划和项目创优措施,并按照交通部1996年12月编制的《公路建设项目可行性研究报告编制办法(讨论稿)》和《投资项目可行性研究指南》的要求编制了详细的工作大纲。据此进行本项目的工程可行性研究,研究过程主要有以下几个阶段:

①准备工作。2007年4~5月,在本项目预可行研究阶段已掌握资料的基础上,补充收集项目区域1:10000地形图,并结合清镇至织金段工可报告研究结果,初拟可能的路线方案,组织有关专家对方案进行讨论、研究,并对项目工可进行事先指导。

②外业实地踏勘、资料收集、现场方案研究及社会调查。2007年5~6月,项目组进驻工地进行外业实地踏勘、资料收集及现场方案研究工作。项目组调查走访了毕节地区、织金县、纳雍县等地的相关部门,广泛调查收集了本项目可行性研究所需的大量基础资料,并就路线走向、互通式立交设置等事项与地方政府、交通部门及相关单位交换了初步意见,各有关部门对建设方案提出了不少有益的建议,项目组结合地方意见在纸上方案的

基础上拟定了初步建设方案。图6-73所示为交通厅领导到织纳项目检查。

③地质勘察。2007年6月,由于本项目地处云贵高原复杂的岩溶中高山区,山峰连绵,地形地貌和工程地质条件极为复杂,地质灾害频发,大大增加了路线走廊选择和路线方案设计的难度。本次研究中对沿线区域进行了广泛的地质调查工作,注重地质选线。首先进行1∶10000全线所有路线方案的详细工程地质调绘,然后在工程地质调绘初步结论基础上进行了桥梁、隧道等控制性工程和重要路段的地质勘察,保证了研究方案的合理性和可行性。

图6-73　2014年4月24日,交通厅厅长陈志刚到织纳项目检查

④方案研究和报告编制。2007年6~11月,项目组多次组织有关专家和项目组成员共同对路线方案进行了讨论和研究。项目组成员根据专家意见,结合地质勘察情况,对本项目的技术标准、路线方案、建设规模等进行了深入的研究和论证,并对初步建设方案进行优化调整,确定了本项目的备选方案。根据地方政府的意见,项目组对研究的各备选方案进行了调整、深化,进行全面的技术经济论证,提出了推荐方案,并于2007年11月完成了厦门至成都高速公路贵州境织金至纳雍段工程可行性研究报告。

⑤修编报告。2008年8月,根据最新的材料单价,调整估算、经济和节能评价,修编报告,并对工可的估算进行了调整,根据调整后的估算结果,重新进行了经济评价和节能评价,对工可报告进行了修编。

⑥初步设计批复。贵州省织金至纳雍高速公路是《国家高速公路规划网》"7918"网中16横(编号G76)与《贵州省高速公路网规划》"678"网中3横一部分的共线路段。织纳高速公路由国家发展和改革委员会以《关于贵州省织金至纳雍高速公路可行性研究报告的批复》(发改基础〔2010〕2582号)批准建设,交通运输部以交公路发〔2011〕67号文批复了初步设计。

(2)施工、监理。项目管理组织机构设置及职能:织纳项目建设实行招标投标制、合同管理制、项目法人责任制与工程监理制等基本制度。根据国家相关法律规定,结合贵州省高速公路建设项目规定及文件,成立了贵州高速公路集团有限公司厦蓉高速公路贵州境织金至纳雍项目建设办公室及总监理工程师办公室,代表贵州高速公路集团有限公司行使项目建设管理职能,下设工程质安科、合同计量科、综合协调科、财务科、纪检监察室五个职能部门。

2012年7月29日,织纳高速公路召开第一次工地例会,标志项目正式启动。织纳项目开工建设后,项目办(总监办)本着"高度重视,严格履约;狠抓重点,全面推进;精心组织,精细管理;安全优质,环保创新;路地协作,和谐共建;科学统筹,严控成本;超前策划,又好又快;勤政廉洁,争创双优"的管理理念,全面推进"标准化"施工、"平安工地"建设工作,指导施工单位编制、调整生产及材料供应计划,确保月度施工计划得到落实,及时做好工程计量支付,确保施工单位工程建设资金保持良性周转,营造良好的协作关系,促进各工序之间的紧密衔接。同时,帮助施工单位协调、处理好与有关部门以及沿线群众等方方面面的关系,从而避免或化解施工单位与地方之间的矛盾,为工程建设营造了良好的外部环境。

质量、安全控制措施与效果。根据交通部2004年第3号令公布的《公路工程竣(交)工验收办法》《公路工程质量检验评定标准》(JTG F80/1—2004)、《公路工程竣(交)工验收办法实施细则》(交公路发〔2010〕65号)以及贵州省交通建设工程质量监督局对厦蓉高速公路贵州境织金至纳雍段K86+800~K100+520、K119+540~K137+370.116的土建路基、路面及交安工程质量检测报告,经交工验收委员会现场检查、调阅相关资料,并结合建设、设计、施工、监理单位的总结报告,会议一致认为:本次交工的土建、路面、交安工程质量达到规范、规程及设计文件要求,系统功能满足使用要求。厦门至成都高速公路贵州境织金至纳雍段K86+800~K100+520、K119+540~K137+370.116土建路基、路面及交安工程质量评定为合格,同意通过交工验收。

建立质量安全保证体系。织纳项目按国家有关规定办理了质量安全监督手续,由贵州省交通工程质量监督局负责质量监督工作,行使政府监督职权。施工现场由项目办负责指导督促管理,各驻监办负责具体实施全方位、全天候、全过程的监理工作。为强化质量安全管理,项目办由工程质安科管理质量及安全,全线路基工程划分两个片区、路面工程划分两个片区。项目办(总监办)及驻监办和项目经理部分级成立质量安全领导小组,指导质量安全工作,从而建立起"承包人自检、社会监理、业主管理、政府监督"的四级质量安全保证体系。以合同文件、国家相关规范和标准以及各级政府安全生产的法律法规为依据,制定了"质量缺陷率为零,合格率100%,优良率90%以上"的质量管理目标和"不发生或降低安全事故及伤亡事件的发生"的安全生产目标。

施工过程质量安全管理及控制措施。织纳项目办按照省交通运输厅、高速公路集团公司在"三年大会战"期间绝不放松工程质量、安全管理的要求,以省交通运输厅"137号文"的要求为总领,以施工标准化、平安工地建设为抓手,以高压的态势,全力推进织纳高速公路的工程质量、安全管理专项工作,为此,省交通运输厅领导也多次检查指导项目建设(图6-74)。2015年全年,织纳高速公路未发生任何一起质量安全事故,全线质量、安全管理工作均处于可控制状态。

图6-74　2014年5月27日,厅纪委书记翟晓辉一行到织纳项目检查指导

根据项目办的管理思路和管理目标,一是加强对施工进度计划的审核,要求施工单位倒排工期,确定各关键线路工程的时间节点,严格按照时间要求组织施工,同时,还要求施工单位要转变观念,全面落实项目管理思路和管理目标,抓好资源配置,提高工作效率,在资源有限的情况下,科学、合理的安排施工组织。二是发挥监理单位的职能和作用,加强对监理单位的考核力度,要求监理单位和中心试验室发挥职能,认真执行旁站、巡视、抽检、破检制度,要始终遵循"严格监理、热情服务、秉公办事、一丝不苟"的监理原则,对所有隐蔽工程、重点工程部位、重点施工工序、重要施工工艺认真监理。三是样板引路,争创优质工程,建立健全了质量监督、信息反馈制度,对施工动态全过程监控的同时,坚持"首件工程认可制"的样板引路制度,从样板中确立实物形象标准,争创优质工程。四是坚持"质量责任终身制",按条线、岗位明确责任人员,实行对口管理,专人负责,做到横向有搭接检查,纵向有交接验收,在整个施工中"点、线、面"始终有人查、有人管、有人验,有责任人。五是切实加强了安全生产工作,建立健全安全生产保障体系,完善各项管理制度,督促各参建单位建立安全生产管理机构,按照《建设工程安全生产管理条例》有关规定及合同要求配备专职安全生产管理人员,在施工组织设计中编制安全技术措施,针对危险源编制专项施工预案,建立和实行安全生产层级负责制,各施工单位在严格执行施工合同、保证时间节点和质量标准的基础上,项目办、总监办负责人与各参建单位签订了安全生产目标责任书。六是大力推进项目标准化建设,按照省交通运输厅、集团公司的相关部署和要求,在驻地建设、工地试验室、施工工艺等方面积极推行实施"标准化",并多次组织人员

进行督查落实。七是按照省交通运输厅"137号文"要求,在项目全线实行远程人脸识别考勤系统,严格合同人员履约工作。八是积极配合集团公司招标办做好织纳项目后续工程招标工作。九是在工程建设中高度重视环保工作,本年度未发生因破坏环境造成重大环境污染责任事故。十是贯彻落实省委、省政府、省交通运输厅关于建设"文明大道·最美高速"的建设理念,加强景观绿化施工管理及沿线服务区、收费站的改造工作。

(3)资金筹措。织金至纳雍高速公路工程项目批复概算总投资为664901.9711万元,其中中央专项基金(车购税)23.36亿元;其余为银行贷款。

(4)招标投标。织金至纳雍高速公路工程项目办和总监办由贵州高速公路集团有限公司派出,项目实施中全面实行了项目法人制、招标投标制、工程监理制及合同管理制度。施工单位和监理单位通过社会招标选择确定,完善了项目质量监督手续。项目建设管理严格按政府监督、法人管理、社会监理和施工企业自检所形成的四级质量保证体系进行运作。项目资金的拨付按国家有关法规的要求为依据,严格按照合同及资金管理办法进行监督和监控,确保资金运行安全。

织纳项目全线共招标设计单位两家,分别为贵州省交通规划勘察设计研究院股份有限公司,主要负责土建路基工程、路面工程、边坡绿化、交安工程、房建工程、机电工程设计;中交第二公路勘察设计研究院有限公司,主要负责景观绿化工程设计。中心试验室1家、驻监办6家、土建路基施工单位10家、土建路面施工单位2家、边坡绿化施工单位3家、交安工程施工单位2家、房建工程施工单位2家、景观绿化施工单位2家、机电工程施工单位2家,第三方检测、监控及咨询单位19家,中心试验室一个合同段全部采用国内竞争性招标。

监督机构为贵州省交通建设工程质量监督局。中心试验室由贵州省交通建设咨询监理有限公司组建。监控、检测单位为招商局重庆交通科研设计院有限公司、交通运输部公路科学研究所、中铁西北科学研究院有限公司、贵州省交通科学研究院有限责任公司、贵州省交通规划勘察设计研究院股份有限公司等。织纳高速公路参建单位见表6-60。

G76厦蓉高速公路织金至纳雍段参建单位表 表6-60

通车里程桩号:K66+060~K137+370.116

参建单位	单位名称	合同段编号	起止桩号	主要负责人	备注
项目管理单位	贵州高速公路集团有限公司		K66+060~K137+370.116	卓国平	
勘察设计单位	贵州省交通规划勘察设计研究院股份有限公司		K66+060~K137+370.116	张国发	土建、房建、交安、机电设计
	中交第二公路勘察设计研究院有限公司		K66+060~K137+370.116	陈志蓉	景观绿化设计

续上表

参建单位	单位名称	合同段编号	起止桩号	主要负责人	备注
施工单位	中交第一公路工程局有限公司	T1	K66+060.000~K72+500.000	姜晓博	土建
	中铁二十二局集团有限公司	T2	K72+500.000~K84+880.000	肖飞	土建
	中交路桥北方工程有限公司	T3	K84+880.000~YK91+600.000、ZK91+602.600	强波	土建
	道隧集团工程有限公司	T4	YK91+600.000、ZK91+602.600~K97+060.000	李建军	土建
	中铁大桥局股份有限公司	T5	K97+060.000~K100+520.000	李芳军	土建
	中铁四局集团有限公司	T6	K100+520.000~K110+900.000	王超	土建
	贵州省公路工程集团有限公司	T7	K110+900.000~K119+540.000	全成	土建
	中铁十五局集团第一工程有限公司	T8	K119+540.000~YK124+615.000、ZK124+645.000	王振宇	土建
	四川路桥建设股份有限公司	T9	YK124+615.000、ZK124+645.000~YK129+669.059	徐国挺	土建
	中铁十七局集团第四工程有限公司	T10	K130+000.000~K137+370.116	张晓峰	土建
	江西赣东园林集团有限公司	T11	K66+060.000~YK91+600.000、ZK91+602.600	陈继涛	绿化
	江西省园艺城乡建设集团有限公司	T12	YK91+600.000、ZK91+602.600~K119+540.000	何德兵	绿化
	江西省园艺城乡建设集团有限公司	T13	K119+540.000~K137+370.116	江贵林	绿化
	贵州省公路工程集团有限公司	T14	K66+060.000~K100+520.000	邢海波	路面
	贵州桥梁建设集团有限责任公司	T15	K100+520.000~K137+370.116	王志	路面
	湖南通顺交通工程有限公司	T16	K66+060.000~K100+520.000	熊军	交安
	贵州省交通工程有限公司	T17	K100+520.000~K137+370.116	陈云章	交安
	贵州省公路工程集团有限公司	T18	K66+060.000~K100+520.000	李文杰	房建
	贵州省公路工程集团有限公司	T19	K100+520.000~K137+370.116	李文杰	房建
	江西昌宏园林建设有限公司	T20	K66+060.000~K100+520.000	陈龙兵	景观绿化
	江西昌宏园林建设有限公司	T21	K100+520.000~K137+370.116	游兵	景观绿化
	北京云星宇交通科技股份有限公司	T22	K66+060~K137+370.116	刘和平	机电
	浙江省机电设计研究院有限公司	T23	K66+060~K137+370.116	宁班超	机电
监理单位	贵州科达公路工程咨询监理有限公司	A	K66+060.000~YK91+600.000、ZK91+602.600	刘一君	土建监理
	贵州省交通建设咨询监理有限公司	B	YK91+600.000、ZK91+602.600~K119+540.000	刘诚	土建监理
	铁科院(北京)工程咨询有限公司	C	K119+540.000~K137+370.116	李元华	土建监理

续上表

参建单位	单位名称	合同段编号	起止桩号	主要负责人	备注
监理单位	贵州省交通建设咨询监理有限公司	D	K66+060~K137+370.116	孙黎	路面监理
	贵州三维工程建设监理咨询有限公司	E	K66+060~K137+370.116	刘荣懋	交安、房建、景观绿化监理
	四川公路工程咨询监理公司	F	K66+060~K137+370.116	王春雷	机电监理
中心试验室	贵州省交通建设咨询监理有限公司	Z1		熊意军	

（5）征地拆迁。征地拆迁工作是项目建设的先行关，是一项系统工程，是工程建设的有力保障，具有政策性强、涉及面广、工作难度大、综合性强等特点。征地拆迁工作开展的好坏，决定了工程进度是否能按期完成。因此，织纳项目办对征地拆迁工作高度重视，超前思考，创造性地开展征地拆迁工作，为工程建设的顺利推进创造了有利条件。

从织纳项目办组建至 2015 年，在贵州高速集团公司的指导下，加上地方各级政府的大力支持和帮助，尤其是在沿线人民群众的充分理解下，织纳项目 2015 年通车段落征地拆迁工作已全部完成，共完成征地 2829.8 亩。

（6）重大变更。该项目除以那互通收费站广场变更设计、乐治服务区场坪变更设计、纳雍互通收费站广场变更设计、龙场互通收费站变更设计、K127+460~K127+640 左侧边坡变更设计属于较大变更，其余多为一般变更。

一是根据贵州高速公路开发总公司 2012 年 5 月 23 日签发的黔高总司纪要："为满足总公司营运中心完善无人化收费系统的需要，织纳高速公路项目所有收费站均需设置一对 ETC 车道。"将该项目互通增设一对 ETC 车道。2013 年 4 月 18 日，贵州高速公路集团有限公司（以下简称"集团公司"）总工办组织相关单位、部门，召开了织金至纳雍高速公路安全设施及交通工程施工图中间检查及方案审查会，贵州省交通运输厅，集团公司总工办、计划部、工程部，织纳项目办，贵州省交通规划勘察设计研究院股份有限公司（以下简称"设计单位"），中国公路工程咨询集团有限公司（以下简称"咨询单位"）等单位及部门代表参会。经听取汇报、分析、讨论后，形成了一致意见，现纪要如下。按照黔高总司〔2013〕62 号文的精神，该项目互通立交匝道收费站车道数调整如下：该互通目前为乡镇级收费站，但该收费站附近拟建千亿元工业园区，因此将车道数调整为 4 进 6 出，预留 6 个车道，房建工程按 16 个车道控制规模，本次设计变更的车道土建工程为 5 进 11 出。本次变更设计利用原设计 AK0+000~AK0+400 左侧区域范围进行扩大场坪面积，因此在原设计以那互通式立体交叉 A 匝道桥后，对原 A 匝道进行局部路线平、纵面方案调整，调整后路线改名为 G 线。G 线起点桩号为 GK1+067.735，终点桩号为 GK1+487.085，G 线最小平曲线半径为 330m，最大纵坡为 2.605%。以那互通收费车道由 2 进 2 出变更为 5

进11出后,导致了收费广场的范围及收费岛中心的变化。收费广场的范围由原 ZaK0+415～ZaK0+575 变更为 GK1+200～GK1+310,收费广场的有效长度由 90m 变更为 110m、宽度由 28.90m 变更为 90.20m。收费岛中心线桩号由原 AK0+500 调整为 GK1+260。

如图 6-75、图 6-76 为相关领导在绮陌互通、武佐河特大桥现场了解施工情况。

图 6-75　2013 年 3 月 22 日,贵州高速集团总经理任仁了解绮陌互通施工情况

图 6-76　2014 年 1 月 27 日,刘扬副厅长(右三)一行查看织纳五标武佐河特大桥现场施工情况并听取汇报

根据《贵州省高速公路服务区收费站建设及改造规划》的要求,以那互通为 I 级收费站,站场面积需大于 100 亩。在 GK1+100～GK1+430 右侧设养护工区、隧道监控管理救援站,占地 20 亩。以那互通总的场坪占地 125.98 亩。

本次变更设计在 G 线 GK1+100～GK1+430 左侧范围进行扩大场坪设计,扩大面积 104.48 亩,场坪中心线定为 K 线。鉴于收费站区土石方量较大,废方过多,本次变更设计利用 K0+100～K0+200、K0+500～K0+540 段左侧区域,结合地形,设立两处弃土场。

本次设计变更在新增场坪 K0+000～K0+200 段左侧改移沟渠,改移沟渠起讫桩号 K0+000～K0+200,全长 300m,尺寸 3.0m×2.5m。

二是厦门至成都高速公路贵州境织金至纳雍段第 6 合同段中的乐治服务区场坪原占地面积共为 60 亩,根据贵州省人民政府办公厅《关于推进贵州省高速公路服务区收费站建设及改造规划的复函》(黔府办函〔2013〕140 号)文件精神,织纳高速公路乐治服务区划分为 II 类服务区,原设计的乐治服务区场坪面积扩大后,场坪占地面积共为 149 亩。主线、匝 B 维持原设计路线平、纵面方案及原场坪位置不变,服务区匝 A 向织金方向延伸,原场坪面积向东面扩大,占地面积扩大为 60 亩。匝 B 上原场坪面积向西面扩大,场坪的范围变化为 ZbK0+045.000～ZbK0+440.000,宽度为 100m,占地面积扩大为 89 亩。服务区变更后场坪占地面积共为 149 亩。

由于场坪的扩大及匝 A 线形变化,需对原设计 K109+670~K110+320、K110+560~K110+615、BK0+112.033~BK0+380 三段路基横断面进行调整。并调整匝 A 平、纵面方案。

三是厦门至成都高速公路贵州境织金至纳雍段第 7 合同段中的纳雍互通(单喇叭 A 形互通),互通收费站收费车道设计为 3 进 6 出,根据贵州高速公路集团有限公司《专题会议纪要》(黔高速专议〔2013〕14 号):"纳雍互通收费站为县级收费站,将该站车道数调整为 4 进 6 出,预留 6 个车道,房建工程按 16 个车道控制规模"。原设计的纳雍单喇叭互通增加车道后,互通的收费车道由 3 进 6 出变更为 5 进 11 出,便于提高收费效率。根据贵州高速公路集团有限公司《专题会议纪要》(黔高速专议〔2014〕200 号)第三条第 3 点:"织纳高速公路第七合同段纳雍互通收费站为Ⅱ级站,目前场坪含养护工区、路政用地为 36 亩。项目(总监)办要加强与地方政府的沟通,设计需根据规划要求,确保收费站房区建设用地规模达到 50~100 亩,完善总体排水;除必要的站区道路外,取消其他硬化路面并相应增加景观绿化设计"。原设计的收费站位于 A 匝道左侧,占地 44 亩,设计变更后,收费站总占地 70.6 亩。满足规划要求。

图 6-77 所示为织金至纳雍高速公路绮陌互通。

图 6-77 织金至纳雍高速公路绮陌互通

四是 2013 年 3 月 25 日,贵州高速公路集团有限公司总经理任仁主持召开办公会议,根据形成的《办公会议纪要》(高总司纪要〔2013〕62 号)第二条:"会议通报了清织、织纳项目建设有关情况,并明确我公司高速公路建设项目在县级所在地、开发区和产业园区的进口通道,应保证 10 个车道,并再预留 4 至 6 个车道,有关房建按 16 个车道的规模建设"的要求,本次设计变更原设于连接纳雍产业园区进场道路的龙场落地互通匝 F 上的收费通道由 2 进 3 出变更为 5 进 11 出。

2013 年 4 月 18 日,贵州高速公路集团有限公司总工办组织相关单位、部门,召开了织金至纳雍高速公路安全设施及交通工程施工图中间检查及方案审查会,根据形成的《专题会议纪要》(黔高速专议〔2013〕14号)第二条第4点:"龙场互通该站为乡镇级收费站,其连接线接纳雍工业园区,将该站车道数调整为4进6出,预留6个车道,房建工程按16个车道控制规模"的要求,本次设计变更原设于连接纳雍产业园区进场道路的龙场落地互通匝F上的收费车道由2进3出变更为5进11出。

根据《贵州省高速公路服务区收费站建设及改造规划》,龙场互通收费站为Ⅱ级站,站房面积要求达到50~100亩。本次设计变更将原设于F匝道左侧的收费站调整到F匝道的右侧,收费站占地面积为98.45亩,维持原设计路线平、纵面方案不变,龙场枢纽互通(单喇叭互通部分)的收费通道由2进3出变更为5进11出后,导致了收费广场的范围及收费岛中心的变化。其中:①收费广场的范围由FK0+400~FK0+600变更为FK0+220~FK0+670,收费广场的有效长度由90m变更为110m,宽度由28.9m变更为90.20m;②收费岛的中心线由FK0+493调整为FK0+440;③收费广场渐变段FK0+220~FK0+300利用纳雍县产业园区进场道路施工图设计K0+000~K0+080段进行改造。

本次设计变更对FK0+220~FK0+670段的收费广场、收费站场坪横断面进行调整,进行必要的工程量统计对比。另外,收费广场扩大后,侵占了何家寨原有的乡村道路,为保障当地村民出行,在龙场互通收费广场场坪右侧,改移何家寨老路。

(7)交(竣)工。2014年12月30日,织纳高速公路已建成40.6km,2015年10月20日织纳高速公路完成了剩余段落施工,项目建成31.5km,建成段落K86+800~K100+520、K119+540~K137+370.116,至此织纳高速公路全线土建路基工程、路面工程、交安工程全部完成,且所涉段落机电、房建、绿化工程已基本完成,已具备通车试运行条件。

3. 营运管理

全线设Ⅱ类服务区1处(乐治),Ⅲ类服务区2处(板桥、寨乐),匝道收费站3处。截至2015年11月,该项目仍在建设之中。收费站点设置如表6-61所示。

织纳高速公路收费站点设置表 表6-61

站点名称	车道数	收费方式
以那	5进11出(含ETC通道1进1出)	联网收费
老凹坝	3进3出(含ETC通道1进1出)	联网收费
纳雍	5进11出(含ETC通道1进1出)	联网收费
龙场	5进11出(含ETC通道1进1出)	联网收费

(九)G76厦蓉高速公路龙场至龙滩边段

G76厦蓉高速公路龙场至龙滩边与G56杭瑞高速公路段共线。详见G56杭瑞高速公路毕节至都格(黔滇界)段。

(十)G76 厦蓉高速公路毕节至生机(黔川界)段

1. 基本情况

(1)项目决策背景及过程。毕生高速公路由国家发展改革委以《国家发展改革委关于贵州省毕节至生机(黔川界)公路可行性研究报告的批复》(发改基础〔2011〕1038号)对工程可行性研究报告进行批复:线路全长约为75km,项目估算总投资约57亿元(静态投资约53亿元),其中,国家安排中央专项基金(车购税)22.37亿元作为项目的资本金,约占项目总投资的39.2%;其余34.63亿元资金来源于国内银行贷款。2011年9月2日,交通运输部以《关于毕节至生机(黔川界)公路初步设计的批复》(交公路发〔2011〕478号)对工程初步设计进行批复,路线全长74.274km,全线采用四车道高速公路标准建设,设计速度为80km/h,路基宽度为24.5m。2013年7月12日,国土资源部以《国土资源部厦蓉高速毕节至生机(川黔界)段工程建设用地的批复》(国土资函〔2013〕434号),批复了本项目建设用地。2012年2月26日,省交通运输厅以《关于毕节至生机(黔川界)公路施工图设计(土建工程部分)的批复》(黔交建设〔2012〕41号)批复本项目的施工图设计。2013年3月11日,贵州省交通建设工程质量监督局以《厦蓉高速贵州境毕节至生机(黔川界)段监督申请受理通知书》(黔交质〔2013〕36号)同意办理监督手续。

(2)公路的功能、定位、里程。厦门至成都公路贵州境毕节至生机(黔川界)段是《国家高速公路网规划》中厦门至成都高速公路在贵州境的一段,也是贵州省高速公路网规划"678"网中第七纵的重要组成部分。该项目不仅是川渝滇之间的第二通道,同时也是加强黔西北地区与经济发达的华东、华南地区交通联系的重要通道。本项目的建设对于完善国、省干线公路网,贯彻西部大开发战略,落实国发2号文精神,促进毕节地区经济发展,加快脱贫步伐等均具有重要意义。

(3)技术指标。主线采用技术标准为:双向四车道高速公路,设计速度为80km/h,整体式路基宽度24.50m[土路肩(0.75m)+硬路肩(2.5m)+行车道(2×3.75m)+中间带(3m)+行车道(2×3.75m)+硬路肩(2.5m)+土路肩(0.75m)],分离式路基宽度12.25m[土路肩(0.75m)+硬路肩(2.5m)+行车道(2×3.75m)+路缘带(0.75m)+土路肩(0.75m)],单向单车道匝道路基宽度8.5m[土路肩(0.75m)+硬路肩(1m)+行车道(3.5m)+硬路肩(2.5m)+土路肩(0.75m)],双向双车道匝道路基宽度15.5m[土路肩(0.75m)+硬路肩(2.5m)+行车道(3.5m)+中间带(2m)+行车道(3.5m)+硬路肩(2.5m)+土路肩(0.75m)],碎落台宽度1~1.5m,护坡道宽度1~2m,隧道净空(宽×高)10.25m×5m,停车视距110m,设计荷载等级为公路—I级,主线路面采用沥青混凝土。

(4)投资规模。毕生项目总投资额为67.45亿元,建安费51.9亿元,建设总工期为48个月。

(5) 主要控制点。项目主要控制性工程为：毕节南枢纽互通、龙滩边大桥、二堡大桥、海子街隧道、母竹箐1号大桥、百刀梁子大桥、林口分离及互通、法朗沟大桥[主跨(125＋225＋125)m预应力混凝土刚构]、磨刀沟大桥(主跨1～120m钢筋混凝土箱拱)、韩家沟大桥[主跨(70＋130＋70)m连续刚构]、碾子坪特大桥[主跨(100＋190＋100)m连续刚构]。

(6) 沿线主要地形地貌。项目经过地区地处云贵高原东北部、贵州高原地貌三大区域的黔北山地，地势西高东低。沿线地貌受控于地质构造，山脉走向基本与构造线一致。纵观本测区的地形地貌，路线所涉及的地形地貌为岩溶峰丛山地、岩溶峰丛洼地、峡谷及侵蚀中山，地势较陡，海拔最高为1662m，最低为648m，相对高差为1014m。

(7) 主要构造物。毕节南枢纽互通。毕节南枢纽互通为本项目起点，位于毕节市南的石桥边，与杭州至瑞丽高速公路贵州境毕节至都格高速公路、遵义至毕节高速公路、毕节至威宁高速公路相接，形成十字交叉；本互通距遵毕高速公路归化互通8.029km，距毕生高速公路朱昌互通8.575km，距毕威高速公路塘边互通7.047km，距本项目二堡互通2.742km。本互通形式为半定向加2/4部分苜蓿叶枢纽互通，本互通在此枢纽结点上的设计速度均为80km/h，除毕节至威宁高速公路路基宽度为21.5m外，其余三条高速公路路基宽度均为24.5m，毕威高速公路采用在出互通后再渐变路基宽度的方式进行处理。本互通设桥梁21座，桥梁总长2602m，桥梁形式有预应力混凝土连续梁、预应力混凝土简支连续T梁、预应力混凝土组合箱梁、预应力混凝土空心板等。

青龙山1号隧道。青龙山1号隧道位于毕节市林口镇，隧道全长1270m，隧道形式为分离式，隧道穿越煤系地层（瓦斯隧道）。

法朗沟特大桥（图6-78）。法朗沟特大桥位于毕节市团结乡法都村与青林村二等坪交界一带，是本项目两座特大桥之一。大桥跨越法朗沟大峡谷，主桥采用(125＋225＋125)m连续刚构方案，全桥跨径布置为(125＋225＋125)m连续刚构（主桥）＋5×40m T梁（引桥）。桥面至峡谷底深304m，最大墩高138m。

图6-78　2015年11月7日，毕生高速公路法朗沟特大桥

碾子坪特大桥。碾子坪特大桥位于毕节市生机镇,主桥采用(100+190+100)m连续刚构方案,全桥跨径布置为(100+190+100)m连续刚构(主桥)+3×40m T梁(引桥)。

2. 建设情况

(1)立项审批。该项目从2011年5月~2013年11月,相继完成了以下审批工作:2011年5月,国家发展改革委以《国家发展改革委关于贵州省毕节至生机(黔川界)公路可行性研究报告的批复》(发改基础〔2011〕1038号)批复了本项目可行性研究报告。2011年9月,交通运输部以《关于毕节至生机(黔川界)公路初步设计的批复》(交公路发〔2011〕478号)批复了本项目初步设计。2012年2月,贵州省交通运输厅以《关于毕节至生机(黔川界)公路施工图设计(土建工程部分)的批复》(黔交建设〔2012〕41号)批复了本项目施工图设计。2013年7月,国土资源部以《国土资源部关于厦蓉高速毕生公路毕节至生机(黔川界)段工程建设用地的批复》(国土资函〔2013〕434号)批复了毕生项目建设工程用地。2013年3月,贵州省交通建设工程质量监督局以《厦蓉高速贵州境毕节至生机(黔川界)段监督申请受理通知书》(黔交质〔2013〕36号)接受了毕生项目的监督申请。2013年11月,交通运输部以交公路施工许可〔2013〕26号文批复了毕生项目施工申请。

(2)勘察、设计。本项目于2008年4月完成本项目工程可行性研究报告的编制工作。2008年11月17~21日,国家发展和改革委员会委托中国国际工程咨询公司对本项目进行了现场评估。2008年12月22~29日,交通运输部委托交通部规划研究院对本项目工程可行性研究报告进行了咨询评估。2009年8月24日通过交通厅主持的初步设计预审查。初步设计于2009年10月提交中交第二公路勘察设计研究院有限公司开始对项目初步设计文件进行代部审查,并于2011年9月15日初步设计得到交通部批复。

毕生高速公路土建部分共分9个施工合同段。其中,第一设计合同段由贵州省交通规划勘察设计研究院进行勘察设计,包括土建1~3合同段。该院承担的第二设计合同段包括土建4~9合同段。本项目是贵州省一条高标准、功能齐全、设施完备的高速公路,所经之处重峦叠嶂,地形、地质条件复杂,工程艰巨。为了提交高质量、高水平的设计成果,确保本路的顺利实施,设计中着重抓了以下几方面的工作:

一是精心勘察设计,确立正确的设计指导思想和原则。首先,在总体设计上,根据其在整个路网中的功能和作用,结合沿线各主要城镇的政治、经济现状和现有地方道路的分布情况,充分考虑其控制方案的各种因素,经同等精度技术及经济上的比选论证和优化,采用了技术上先进、经济上合理的设计方案。其次,突出线形设计,这是高速公路必须遵循的原则,设计中引入运行速度的概念,对设计进行检验,使线形过渡顺适,同时对公路的平、纵、横三个方面进行统筹考虑,做到平面顺适,纵坡均衡,横面合理,使之在视觉上能诱导视线,保持线形的连续性,确保公路投入运营后得到迅速、安全、舒适、经济的效果。实践证明,这样的设计原则是符合中长期经济发展需求的。

二是山区自然条件恶劣,资源匮乏,生存环境较差。公路设计必须提高环境意识,贯彻环境与经济、社会协调发展的方针。坚持保护环境与改善环境相结合的设计原则,充分利用绿化或工程措施改善公路与沿线地形的配合,消除因修建公路而造成的对自然景观的破坏。在路线设计中,从沿线实际地形、地质条件、自然和社会条件出发,在满足技术标准的前提下,尽量顺应地形变化的趋势,减轻人为的切割。根据不同的地形,采用了整体式路基、分离式路基、错台路基等多种路基形式,既节约了工程投资,又保护了环境。路线经过城镇时,遵循"近而不进、离而不远"的原则,力求做到利用土地合理,少搬迁、少扰民,并满足城市规划的要求。沿线山多地少,植被贫乏,为尽量少占耕地和经济林地,在确定路线方案时,宁肯多占荒山、坡地,增加一点工程造价,也要多留一片良田和森林。在构造物选型及沿线设施布局方面,除力求经济、安全、实用外,同时注重美学效果及环境景观设计,使公路与周围景观和谐一致,充分体现公路现代化水平。

三是强化设计手段,注重科技含量,提高设计效率和质量。本项目两阶段设计采用GPS全球卫星定位系统、红外测距仪及全站仪进行平面控制测量及中线测量;地形图采用航测、数字化技术成图,提高了功效,保证了勘测精度。在内业设计中,运用计算机高速、优效的特点,进行平、纵、横以及结构设计,绘制各种图表,保证了设计的准确性及文件的美观性,确保了测设质量。本段高速公路设计使用了道路、桥梁、涵洞CAD系统以及平面杆系计算系统、路面设计综合计算程序、结构计算综合程序、同望公路概预算编制系统、理正岩土软件等,整体设计水平有了进一步提高。

四是重视高科技、新技术、新材料、新工艺和大跨径桥梁的应用。本项目沿线地形、地质条件复杂,山高谷深,横坡陡峻,高边坡较普遍。设计中对容易失稳边坡及高大边坡采用了预应力锚索、锚杆和岩石光面爆破等新技术、新工艺,以确保边坡的稳定。对于大跨径桥梁,设计结合地形、地质条件,进行多方案技术经济比选论证,最终确定桥型方案。

厦门至成都高速公路贵州境毕节至生机(黔川界)段各项技术经济指标较好地满足了《公路工程技术标准》(JTG B01—2014)的要求,全线线形流畅,纵坡变化均衡、桥型结构选择合理、互通式立交的位置和选型、路线交叉、沿线设施布局得当,路线与地形、地貌等自然景观配合协调,完全符合设计意图,施工质量达到设计要求。

设计存在的问题:设计院虽然已进行了大量的工作,但由于各种制约因素的存在,设计中还是存在不少问题。其一,由于设计周期短,勘察深度不够精准,对不良地质问题的处治存在遗漏和欠缺,从而导致后续设计工作量较大。其二,设计中地形、拆迁、施工干扰等外界若干可变因素的干扰,造成个别地方调整设计方案。其三,应加强横断面测设的手段,采用更为先进、高效、准确的方法,力求将设计误差减少到最小。其四,设计人员应加强施工、监理、检测等其他方面知识的拓展,努力克服设计方案的实施性缺陷,从而有利于项目的快速推进。

(3)施工、监理。本项目监理采取二级监理机构形式,即设置总监理工程师办公室(简称"总监办")和驻地监理工程师办公室(简称"驻监办")二级监理机构。驻地办公室设驻地高级监理工程师、试验兼质检、测量、安全、路基、桥梁、隧道、计量与合同管理、环保、水保、绿化专业监理工程师及监理员、试验员等。

2012年11月,毕生项目动工。建设过程中实行"项目法人制、招标投标制、政府监督、社会监理、合同管理、廉政建设"等管理制度及质量保证体系,建立了质量责任制、质量检查和整改制度等。采取了如下措施:工程质量实行"三控制"措施——预防控制、过程控制和整改控制;制定相应的规章制度及质量控制文件、工作指示,如《冬季混凝土施工指南》《沥青混凝土施工技术指南》等,规范监理和施工,以达到保证工程质量的目的。对于重点、难点工程,采取相应提高质量的保证措施。针对重点、难点工程,成立专门的专家组,通过研讨、论证、交流等多种形式,做好详细的技术交底,确保工程安全,进一步确保工程质量。强化质量责任制,加强质量考核,制定激励制度,根据设计图、规范、《项目管理手册》等指导性文件,制定了"毕生项目工程建设检查办法"和"毕生项目奖惩管理办法",跟踪检查施工现场质量状况,对承包人及驻监办奖优罚劣。组织施工单位进行质量管理知识考试、质量管理知识竞赛,提高工程技术管理人员的技术素质和质量意识,确保工程质量。针对部分监理工程师的业务技能缺乏、工作责任心不强的情况,组织全段监理进行业务知识考试,增强业务水平,更好地从事本职工作,将对待监理工作严重缺乏责任心者清除出监理队伍。激励各施工单位和监理加强施工管理水平,针对项目建设情况,树立示范工程,邀请各建设单位召开现场会,互相激励学习,以实现共同进步。对监理、施工单位的技术创新、管理创新办法,组织全线各单位交流学习,并给予奖励,以鼓励施工、监理单位广泛推广应用新工艺、新材料、新技术、新办法。开工以来,项目部组织了路基填方、大桥下部工程、特大桥文明施工、隧道工程洞身开挖及初期支护、桥面系施工等现场会议进行交流学习。

为便于控制,毕生项目总监办于2012年安排设计咨询单位进场,对软土地基、高挖方边坡、隧道等关键工程开始监控咨询,在全线动工前对原始地貌进行踏勘,对关键工程的技术可行性、经济合理性、安全可靠性指标进行综合评估,对后续施工可能遇到的问题先行掌握,与原设计单位及时讨论研究,将重大变更的初步方案及时上报,尽快确定解决方案。经过调查研究,对部分不合理、不完善的设计提前判断,拟出不能按照原设计施工的工点,列出清单下发各监理、施工单位,并要求暂缓施工,避免因盲目施工造成不必要的经济损失。

在原施工方案变更方面,按照有关要求制定了毕生高速公路工程变更管理办法,外业实行现场组集体管理体制,按专业划分工作职责,使现场工程技术人员的专业强项得到充分发挥。对于较大的工程变更方案,必须由总监办办公会议集体决策;对于重大的工程变更,总监办先行确定初步方案后,及时上报总公司,严格按照总公司的指示实施,避免因考虑不充分以致变更方案错误,造成不必要的工程成本增加。

毕生项目地处崇山峻岭的贵州西部地区,沿线重峦叠嶂、沟谷纵横、气候条件恶劣,地形地貌复杂,桥隧比例高,施工难度大,三座特大跨钢结构桥梁技术复杂,科技含量高,多座隧道穿越煤系地层。为确保工程质量,毕生总监办建立了由总监理工程师任组长的质量领导小组,制定了防止质量通病的管理措施。在原材料控制方面,紧抓原材料和永久性工程材料质量,严把原材料进场关。对于砂石材料,从地材选择,到加工生产,再到存储进行层层严控;对于钢材,从选择入围,到进场后的存放,与标准化建设相结合进行控制。对需外委试验的材料由中心试验室牵头进行,做到未经检验合格的材料不准进场使用,材料检测台账每月上报,资料闭合,频率满足要求。工艺工序控制方面,结合标准化的相关工作,以首建制为突破口,以点带面,从单位工程的各个环节进行管控,把质量隐患消灭在萌芽状态,有效确保工程实体。如小型构件的预制,从模板工艺到生产,从生产到养护,从养护到存放,层层标准化,从而保证了成品质量。对质量通病的治理方面,成立毕生总监办质量通病治理小组,明确治理目标,以预应力混凝土T梁、现浇箱梁、大体积混凝土构件为重点,举办操作培训,邀请专家现场授课和指导,层层进行技术交底,确保班组熟练掌握施工工艺控制要点,并对质量通病治理阶段性成果进行总结,就存在的通病问题进行剖析,以保证整理工作落到实处。另外,为确保毕生项目的施工质量满足规范要求,委托专业的检测单位对全线锚杆、锚索、桩基、初支、二衬等进行检测,确保施工质量符合设计要求并提供质量控制数据。为提高路面施工质量,集团公司委托广西交科院对毕生高速公路路面施工质量进行了监控咨询,编制了路面施工技术指南,并下发了路面施工质量控制要点,从场站建设,原材料试验检测、配合比设计、施工机具组合以及各结构检测控制等方面进行了有效管控。为进一步确保毕生高速公路全线填方路基的压实效果,主动消除因自然沉降周期不够对路面产生的后续不良影响和工后沉降,防止反射裂缝的产生而导致路面结构层,特别是水泥稳定层的早期破坏,有效延长路面结构层的使用寿命,降低运营阶段的养护成本,提高行车舒适性,对高填方路基采取了统一的补强措施。为减少"三背"回填下沉现象,杜绝桥台出现"跳车"现象,采用分层回填结合注浆加固的控制工艺保证质量。同时,每季度开展质量安全综合大检查,对各合同段进行质量安全大评比,结合项目办、驻地办日常巡视检查和监理员旁站检查发现问题,进行目标考核,对质量控制不力、治理成效差的监理单位、施工单位予以全线通报批评,以此推进施工中突出的质量问题的治理工作,从而提升全线总体的工程质量水平。

定期核查施工单位的试验自检频率台账,以及监理单位、中心试验室的试验抽检台账。高度重视混凝土配合比试配工作,特别是高强度等级混凝土。钢筋的绑扎、焊接及垫块的安放,严格按规范及设计要求执行。"三背"回填所用填料质量、分层厚度及压实度等指标严格按照规范及总监办下发的相关工作指示执行。各施工标段建立了工程质量管理档案。

定期开展工地例会和监理例会,指出施工中和监理工作执行中存在的问题,并就如何解决问题提出意见和要求,指定专人跟踪落实。施工单位所采用的施工技术措施,现场负责人严格把关,事先做好技术交底,做到人人心中有数,确保不出现质量问题。

监理人员加强对施工单位所用各种材料的监督及检查,不合格的材料严禁进入施工现场,主要材料必须从总监办下发的经总公司批准的入围厂家中进货。

当质量缺陷出现在某道工序或单位工程完工后,且对下一道工序或分项工程产生质量影响时,总监办要求监理工程师必须拒绝检查验收和工程计量,并指令承包人进行返工处理。

通过采用承包人自控、驻监办监控、检测单位监督、总监办不定期地检查、监督、落实,这种规范化、多层次、互控式质量管理体系的良好运转,使全线工程实体质量均处于可控状态。

为保证施工进度,制定科学有效的施工组织设计,严格按照施工组织设计的要求监督计划的落实情况,督促施工单位投入资源、现场劳动力,配置符合施工进度要求的施工设备,督促施工单位购置材料,材料的储备要能满足施工生产的需要。加强对施工现场的管理力度,不定期地对全线的人员资质和机械进场情况进行检查核实,首先对上岗人员的从业资格及业务素质,以及到场的机械数量和完好率是否能够满足施工现场要求,进行检查和提出具体要求。同时对施工便道通行能力进行检查,也为施工单位施工期材料到位和机械的进出场提供了保障,既保证其运输线的畅通,也保证了进度的顺利完成。

针对毕生高速公路建设标准高,工程量大,高边坡多,地形艰险,地质条件复杂,大桥、隧道施工条件差,参与的施工人员、机械多,战线长,点多面广等特点,始终坚持从安全生产入手,在全体参建职工中广泛进行了宣传、教育,并采取多项措施保证施工安全。开工初期检查各施工单位的安全生产许可证等资质;建设过程中积极与属地安全监督、特种设备监察、公安等部门取得联系,共同对施工现场开展安全督察活动;根据当前公路的安全生产形势,制定一系列的安全生产管理制度,建立健全了安全生产各项规章制度,并对施工安全管理、爆破作业、施工现场用电、路基工程、桥梁工程、隧道工程等方面做了全面的安全管理规定,未出现重大安全事故情况。

毕生项目建设过程中,质量管理机构健全、制度完善、责任明确,体现了较强的质量控制能力。施工中所采取的一系列质量管理措施比较得力,对确保工程质量发挥了较好的作用。

(4)资金筹措。项目估算投资约57亿元(静态投资约53亿元),其中,国家安排中央专项资金(车购税)22.37亿元作为项目资本金,约占项目总投资的39.2%;其余34.63亿元利用国内银行解决。

(5)招标投标。项目自2012年4月~2015年10月,共完成了32个主合同的招标文件编制和招标及评标工作。

其中,公开招标土建1~9合同段于2012年3月发出招标公告,于2012年9月25日确定中标人;路面第10、11合同段于2014年1月发出招标公告,于2014年2月24日确定中标人;交安第12、13合同段于2014年5月发出招标公告,于2014年7月21日确定中标人;房建第14、15合同段于2014年5月发出招标公告,于2014年8月8日确定中标人;机电第16、17合同段于2014年5月发出招标公告,于2014年8月15日确定中标人;伸缩缝安装第18、21合同段于2014年5月发出招标公告,于2014年8月25日确定中标人;景观绿化第19、20合同段于2014年7月发出招标公告,于2014年8月25日确定中标人;边坡绿化1~4合同段于2013年8月发出招标公告,于2013年10月25日确定中标人;工程施工监理A、B、C于2012年6月发出招标公告,于2012年10月22日确定中标人;工程施工监理D合同段于2014年2月发出招标公告,于2014年5月19日确定中标人;工程施工监理E合同段于2014年6月发出招标公告,于2014年7月25日确定中标人;工程施工监理F合同段于2014年4月发出招标公告,于2014年7月25日确定中标人;中心试验室于2012年6月发出招标公告,于2012年10月15日确定中标人。参建单位见表6-62。

G76厦蓉高速公路毕节至生机段参建单位 表6-62

参建单位	单位名称	合同段编号	起止桩号	负责人	备注
项目管理单位	贵州高速公路集团有限公司毕节至生机建设办公室、总监办		K10+000~K85+472.065	李跃中、唐华伟	
勘察设计单位	贵州省交通规划勘察设计研究院股份有限公司		K10+000~K48+772.653	刘远祥	土建、边坡绿化、房建、伸缩缝、路面部分合同段施工图设计
	中国公路工程咨询集团有限公司		K49+499.39~K85+472.065	鲁东福	土建、边坡绿化、机电、伸缩缝、交安段、房建、路面、景观绿化部分合同段施工图设计

第六章
贵州高速公路

续上表

参建单位	单位名称	合同段编号	起止桩号	负责人	备注
施工单位	四川川交路桥有限责任公司	1	K10+000~K10+660	陈刚	土建单位
	中交路桥北方工程有限公司	2	K14+660~YK31+132.408	伍占祥	
	中铁二十二局集团有限公司	3	K31+132.408~K48+772.653	范存斌	
	中交第一公路工程局有限公司	4	K49+993.390~YK55+600	俞绍林	
	中交第三航务工程局有限公司	5	YK55+600~YK64+515	曹延民	
	中铁十局集团第二工程有限公司	6	YK64+515~K70+120	田烈程	
	中国葛洲坝集团第五工程有限公司	7	K70+120~K75+530	王辉	
	中铁二十局集团第二工程有限公司	8	K75+530~K80+215	刘锡波	
	中交路桥建设有限公司	9	K80+215~K85+472.065	连德攀	
	贵州省公路工程集团有限公司	10	K10+000.000~K48+772.653	蒋成德	路面单位
	贵州桥梁建设集团有限责任公司	11	K49+993.390~K85+472.065	龙继伟	
	中交第一公路工程局有限公司	12	K10+000~K48+772.653	吴朝华	交安单位
	湖南通顺交通工程有限公司	13	K49+993.390~K85+472.065	史东民	
	贵州省公路工程集团有限公司	14	K10+000~K48+772.653	邹祖钧	房建单位
	贵州众星公路工程咨询有限公司	15	K49+993.390~K85+472.065	刘永明	
	浙江省机电设计研究院有限公司	16	K10+000~K85+472.065	朱乾有	机电单位
	浙江高速信息工程技术有限公司	17	K10+000~K85+472.065	程海龙	
	河北易德利橡胶制品有限公司	18	K10+000.000~K85+472.065	王超	伸缩缝单位
	广州市艺杰园林建设工程有限公司	19	K10+000~K48+772.653	潘振飞	景观绿化单位
	青岛绿地生态技术有限公司	20	K49+993.390~K85+472.065	薛栋银	
	西安中交万向科技股份有限公司	21	K10+000.000~K85+472.065	孙森	伸缩缝单位
	江西南昌山湖园林建设集团有限公司	BPLH1	K10+000~YK31+132.408	陈火强	边坡生物防护单位
	深圳市铁汉生态环境股份有限公司	BPLH2	K31+132.408~K48+772.653	丘宏栋	
	浙江跃龙园林建设有限公司	BPLH3	K49+993.39~K70+120	康建元	
	广州市艺杰园林建设工程有限公司	BPLH4	K70+120~K85+472.065	王万洪	
	招商局重庆交通科研设计院有限公司	BSQL-01		熊邵辉	桥梁施工监控1标
	山东铁正工程试验检测中心有限公司	BSQL-02		刘国飞	桥梁施工监控2标
	山东铁正工程试验检测中心有限公司	BSSD-01		杨浩亮	隧道施工监控
	衡水中铁建土工材料制作有限公司	FS01		谢文龙	隧道防水材料采购1标
	衡水贵平工程橡塑有限公司	FS02		张子豪	隧道防水材料采购2标
	衡水众鑫工程橡塑有限公司	ZZ-1		田双明	桥梁支座
	广西交通科学研究院	BSL		胡建新	沥青路面施工监控咨询服务

续上表

参建单位	单位名称	合同段编号	起止桩号	负责人	备注
监理单位	贵州省交通建设咨询监理有限公司	A	K10+000~K48+772.653	张大伟	土建、边坡绿化监理
	贵州陆通工程管理咨询有限责任公司	B	K49+993.390~K70+120	杨豪	土建、边坡绿化监理
	安徽省科兴交通建设工程监理有限公司	C	K70+120~K85+472.065	欧阳恩德	土建、边坡绿化监理
	贵州省交通建设咨询监理有限公司	D		范涛	交安、房建、景观绿化监理
	重庆中宇工程咨询监理有限责任公司	E		万泉全	机电监理
	贵州科达公路工程咨询监理有限公司	F		龙虎	路面监理
中心试验室	贵州工大土木工程试验检测股份有限公司	Z1	K10+000~K85+472.065	陈廷龙	
设计咨询单位	华杰工程咨询有限公司			杨明举	设计咨询

（6）征地拆迁。征地拆迁工作是项目建设的重点之一，是一项系统工程，是工程建设的有力保障，具有政策性强、涉及面广、工作难度大、综合性强等特点。征地拆迁工作能否顺利地开展，决定了工程进度是否能按期完成。因此，项目办对征地拆迁工作高度重视，创造性地开展征地拆迁工作，为工程建设的顺利推进创造了有利条件。在集团公司的指导下，加上地方各级政府的大力支持和帮助，尤其是沿线人民群众的充分理解配合，毕生项目的征地拆迁工作进展非常顺利，征地拆迁工作已基本完成。项目办将征地拆迁中的问题划分为以下10类，即三电拆迁、房屋拆迁、坟墓搬迁、林木砍伐、厂矿搬迁、地面附着物、方案优化、涉农问题、房屋炮损、红线补征地，对每一类问题形成了专门的处理思路和方法。

毕生高速公路征地拆迁工作的措施及做法：一是广泛深入的宣传。二是要求地方政府做好征地拆迁调查工作，充分了解群众的意愿，根据国家法律法规，合理制定征地拆迁方案、补偿标准、补偿办法等。三是合理合法，程序规范。严格按照国家法律法规、省委、省政府、贵州省交通运输厅、贵州高速公路集团有限公司征地拆迁有关文件精神执行。坚持程序合法，依法拆迁，文明拆迁，坚决杜绝野蛮拆迁和侵犯被征地拆迁者的合法利益的不法行为。四是为密切融洽路地关系,各单位都积极修建高速公路沿线村道以便改善群众出行,帮助高速公路沿线村寨村民迁改和维修水管,帮助改善各单位附近小学建筑条件,为当地的教育贡献力量,各单位积极向贫困学校、困难户爱心捐款。五是施工单位派遣劳务队和车辆帮助拆迁户搬运家具、生活用品等,竭尽所能为拆迁户拆卸门窗等可再利用资源,也为拆迁户提供临时住所,为拆迁农户赠送帐篷、雨布,为搬迁农户运送人畜饮用水,为拆迁户平整房屋场地。六是项目办负责人亲自到现场督促、指挥拆迁工作,在现场反复讨论征地拆迁方案。

截至 2015 年 11 月,毕生高速公路项目土地征用 9201.5299 亩,房屋拆迁 1571 户。

(7)重大变更。毕生高速公路主要变更有 4 项:

①第二合同段海子街互通重大变更。由于毕节市海子街规划滞后于毕生高速公路设计,根据实际情况,从更有利于地方经济发展角度考虑,海子街互通匝道出口拟从原设计接地方县乡道路调整为接碧海大道,新方案与地方规划存在部分冲突,毕生项目办与地方政府沟通,如同意则按新接线方案实施。变更内容:互通收费站匝道按 2 进 4 出设计,如有条件应预留 2 个车道;海子街互通匝道出口原设计接地方县乡道路,毕节市人民政府要求将匝道出口改接到碧海大道。为更有利于地方经济发展,贵州高速公路开发总公司组织了专题研究并形成黔高总司会议纪要〔2012〕126 号,原则同意地方政府要求。改线段落为原设计 AK0+000~341.465 以及匝 D、匝 E 和海子街中桥;从抗凝、增容保通,提高高速公路运营服务质量考虑,海子街互通站点场坪面积按左侧约 83 亩、右侧约 55 亩设计。

②第二合同段停车区重大变更。变更内容包括:补充进出端减速加速车道设计;在不影响总使用面积条件下,调整右侧区域长宽比例,长度适当缩短,宽度适当加宽;充分利用地形设台阶以减小土石方工程规模,减少房屋基础开挖;左右两侧区域之间设人行通道或人行天桥。

③K12+180~K12+680 段主线改线。由于毕节城市建设在原设计 K11+180~K12+680 段主线路基范围进行了弃土,在综合考虑实施难度、安全以及工程造价等因素后,根据黔高总司纪要〔2013〕16 号,做出了绕避地方弃土场的改线方案。原毕生高速公路 K12+180~K12+680 段主线路基以填方方式通过洼地,后因该洼地被毕节城市建设弃土,所以原填方方案不能实施,若采用桥跨或全清方、强夯方案,工程造价较高,施工难度较大且存在安全因素。通过调查研究后,得出了在最大限度不影响毕节南互通、二堡互通以及路线右侧山坡上的甘堰塘村大苗寨的前提下,绕避现有弃土场的改线方案。该方案起点顺接原方案 K11+770 处,起点改线段不影响原毕节南互通匝道设计方案,仅对 F 和 I 匝道渐变段部分有所微调。改线方案中段相对原方案向东南部偏移约 130m,从现有弃土场和东南面大苗寨之间山腰上穿过,在绕开了弃土场的同时,又不影响大苗寨。改线方案终点

K13+718.268顺接原方案K13+729.698处,终点改线段仅对二铺互通B匝道路基及D匝道渐变段有所微调,工程规模和原方案基本一致。

改线方案路线长度1948.268m,相对原方案增长了11.43m。改线方案常规防护工程为6405m³,与原方案大致相当。但K12+160~K12+340段右侧为顺层边坡,位于甘堰塘村大苗寨下方,大苗寨有上百户村民。该段边坡为四级边坡,坡比为1∶1,GK12+260中心挖深21.5m,边坡高36m。边坡岩性为:薄至中厚层状灰岩及白云岩,岩体结构完整,产出状态与深挖路堑呈顺向坡关系,岩层倾角较陡,层间夹泥,形成软弱层,局部有裂隙,对边坡稳定产生影响,考虑到本段边坡上方有上百户村民,加之边坡层间夹泥及局部有裂隙,因此必须对边坡进行加固,防止边坡的不稳定对村寨的影响,所以本段边坡采用独立锚索和框架锚索进行加固。

图6-79所示为省交通运输厅领导到毕生项目检查指导。

图6-79　2015年3月9日,贵州省交通运输厅总工程师潘海(左2)、贵州高速公路集团有限公司总工程师梅世龙(右3)在毕生项目检查指导(孙焕钦　摄影)

④二堡互通接线变更设计。在贵州高速公路集团有限公司及毕节地方政府的要求下,二堡互通原设计为连接毕阳大道,后改为连接城市一级主干道毕阳二道,与城市规划连接更为顺畅,更好地发挥了服务地方作用。

(8)交(竣)工。2015年11月10日,贵州高速公路集团有限公司在毕节市红都假日酒店会议室举行毕生项目交工验收会议(图6-80)。贵州省交通运输厅、贵州省交通建设工程质量监督局、贵州省交通建设工程造价管理站、贵州省高速公路管理局、贵州高速公路集团有限公司相关部门,毕节市政府、市指挥部、市安监、市公安局高速公路交警、毕节高速公路管理处、七星关区政府、区指挥部、毕生项目(总监)办、设计单位、中心试验室、监理单位、施工单位等单位参加了本次交工验收会议。参加会议的各单位代表于2015年

11月10日对拟交工的毕节至生机高速公路全段土建、路面、交安工程进行了现场检查。会议成立了交工验收委员会,并听取了建设、设计、施工、监理等单位代表的工作总结,贵州省交通建设工程质量监督局向大会提交了毕生项目土建、路面及交安工程交工验收质量检测意见。经验收委员会认真研究、讨论,同意贵州省毕节至生机高速公路土建、路面、交安工程通过交工验收。

图6-80　2015年11月10日,毕生项目在毕节市红都酒店会议室组织召开交工验收会议并顺利通过交工验收,贵州省交通运输厅高速公路三年会战办公室主任张晓忠(右5)、贵州高速公路集团有限公司总工程师梅世龙(右6)、毕节市副市长高青(右4)等领导参加了会议(孙焕钦　摄影)

3.营运管理

全线设服务及停车区4处、匝道收费站5处、桥隧管理站1个,应急保畅中队共1个,监控管理所1个,养护站1个,本项目于2015年11月10日建成通车(图6-81),批准收费时间为2015年11月15日,批准收费终止时间为2045年11月14日。收费站点设置见表6-63。

图6-81　2015年11月7日,毕生项目通车前效果展示

G76 厦蓉高速公路毕节至生机段收费站点设置 表 6-63

站 点 名 称	车 道 数	收 费 方 式
毕节东收费站	4 进 6 出,2 个 ETC 通道	联网收费
毕节西收费站	4 进 6 出,2 个 ETC 通道	联网收费
燕子口收费站	3 进 3 出,2 个 ETC 通道	联网收费
林口收费站	3 进 3 出,2 个 ETC 通道	联网收费
生机主线收费站	6 进 6 出,2 个 ETC 通道	联网收费

七、G78 汕头至昆明高速公路贵州境路段

本节仅介绍 G78 汕昆高速公路贵州省板坝(桂黔界)至江底(黔滇界)段的内容。

1. 基本情况

(1)项目决策背景。贵州省板坝(桂黔界)至江底(黔滇界)高速公路(以下简称板江高速公路),是《国家高速公路网规划》"7918"网中的第 17 条横线——汕头至昆明高速公路的组成部分。汕昆高速公路起于广东汕头,经韶关、广西贺州、柳州、河池、贵州兴义、云南石林,终于昆明市,全长约 1710km。是我国南部地区一条重要的东西向主通道,是连接我国较发达的广东地区和正在进行大开发的广西、贵州、云南地区的重要横向干线。本项目起自板坝(桂黔界),接广西百色至隆林高速公路,经巧马林场、安龙(木咱)、顶效、兴义、乌沙,止于江底(黔滇界),接云南省在建的江底(黔滇界)至石林高速公路。同时,该项目还是贵州省当时的"三纵三横八支八联"骨架公路网规划方案(下称"3388"网)中三纵及三横的组成部分,其中安龙至兴义是三纵及三横的共线段,并与"3388"网中的"七支、五联"两骨架公路连接。

(2)公路的功能、定位、里程。路线全长 127.208km,其中桥隧比 35.89%。全线采用全封闭、全立交、控制出入的双向四车道高速公路标准,设计速度 80km/h,路基宽度 24.50m,桥梁设计荷载为公路—Ⅰ级。

(3)技术指标。该项目按照部颁《公路工程技术标准》(JTG B01—2003)技术指标的规定,主线采用技术标准如表 6-64 所示。双向四车道,设计速度 80km/h,整体式路基宽度 24.50m,分离式路基宽度 12.25m,停车视距为 110m,设计荷载等级为公路—Ⅰ级,主线路面采用沥青混凝土。

主要技术指标表 表 6-64

项 目		单 位	技术指标	备 注
设计速度		km/h	80	
停车视距		m	110	
圆曲线最小半径	一般值	m	400	
	极限值	m	250	路拱为 2%

续上表

项　目				单　位	技术指标	备　注
不设超高最小平曲线半径				m	2500	
最大纵坡				%	5	
竖曲线最小半径	一般值	凸		m	4500	
		凹		m	3000	
	极限值	凸		m	3000	
		凹		m	2000	
路基宽度(整体式/分离式)				m	24.50/12.25	
中央分隔带宽度				m	3.00	
行车道宽度				m	4×3.75	
硬路肩宽度				m	2×2.50	
土路肩宽度				m	2×0.75	
桥涵设计汽车荷载				级	公路—Ⅰ级	
桥涵宽度				m	与路基同宽	
地震动峰值加速度系数					0.05	
设计洪水频率	特大桥				1/300	
	大、中、小桥涵路基				1/100	

(4)投资规模。项目批复估算总投资85亿元,批复总概算92.27亿元,决算81.47亿元。

(5)主要控制点。包括板坝、巧马林场、石头寨、安龙、顶效、兴义、乌沙、江底。其主要控制性工程马岭河大桥是当时贵州省内第一座也是最大一座预应力混凝土双塔双索面斜拉桥(图6-82)。

图6-82　2010年1月,板坝至江底高速公路马岭河大桥

(6)沿线主要地形地貌。项目所在的黔西南州位于云贵高原南端,南、北盘江环绕四

周,属珠江水系,地势西北高、东南低,呈倾斜状。路线所经区域大抵为东西走向,位于黔西南州南部,路线经过地区地形条件复杂,海拔高度380~1500m,地面横坡陡峭,局部路段地面自然横坡大于45°。

2. 建设情况

(1)立项审批。环评报告的批复:2007年11月15日,国家环境保护总局以《关于贵州省板坝(桂黔界)至江底(黔滇界)公路环境影响报告书的批复》(环审〔2007〕475号)对板江高速公路环评报告书进行了批复。

水土保持方案的批复:2007年12月18日,国家水利部以《关于汕头至昆明高速公路贵州境板坝至江底段工程水土保持方案的复函》(水保函〔2007〕356号)对板江高速公路水土保持方案进行了批复。

工可报告的批复:2008年6月11日,国家发展改革委以《国家发展改革委关于贵州省板坝(桂黔界)至江底(黔滇界)公路可行性研究报告的批复》(发改交运〔2008〕1415号)对板江高速公路可行性研究报告进行了批复。

初步设计的批复:2008年11月13日,交通运输部根据《国家发展改革委关于贵州省板坝(桂黔界)至江底(黔滇界)公路可行性研究报告的批复》(发改交运〔2008〕1415号)确定的建设规模、技术标准和总投资,正式以《关于板坝(桂黔界)至江底(黔滇界)公路初步设计的批复》(交公路发〔2008〕458号)批复了本项目初步设计,明确项目总工期为4年,批复概算总投资为92.27亿元。

施工图设计的批复:2009年9月23日,贵州省交通运输厅根据交通运输部《关于板坝(桂黔界)至江底(黔滇界)公路初步设计的批复》(交公路发〔2008〕458号)和相关技术标准、规范、规程的规定,正式以《关于贵州省板坝(桂黔界)至江底(黔滇界)公路施工图设计的批复》(黔交建设〔2009〕167号)对板江高速公路施工图设计进行了批复。

(2)勘察、设计。2008年2月,中交第二公路勘察设计研究院有限公司、贵州省交通规划勘察设计研究院、中交第一公路勘察设计研究院有限公司完成了板江高速公路两阶段初步设计工作。2008年11月14日,交通运输部下发了《关于板坝(桂黔界)至江底(黔滇界)公路初步设计的批复》(交公路发〔2008〕458号),对建设规模、技术标准、总投资情况进行了审查,并做出最终批复。

2009年6月,中交第二公路勘察设计研究院有限公司、贵州省交通规划勘察设计研究院、中交第一公路勘察设计研究院有限公司完成了板江高速公路两阶段施工图设计。2009年9月23日,贵州省交通运输厅以《关于贵州省板坝(桂黔界)至江底(黔滇界)公路施工图设计的批复》(黔交建设〔2009〕167号)对板江高速公路施工图设计进行了批复。

(3)施工、监理。板江高速公路的21个土建施工合同段及6个驻地监理办于2009年3月开始陆续进场,2009年5~11月总监办相继对各土建施工合同段下达了开工令。

根据项目业主单位贵州高速公路开发总公司黔高总司办〔2009〕3号文文件精神，本项目采用项目办与总监办分设，抽调人员组建汕昆高速公路贵州境板坝至江底段项目建设管理办公室、项目党总支，同时根据该文件精神由业主批准成立汕昆高速公路（贵州境）板坝至江底段总监理工程师办公室，项目办与总监办实行科室共享，共设5个科室，即工程科、合同计量科、财务科、质检科、综合科，共有管理人员29人。

本项目根据公路工程建设管理的有关规定，采用二级监理机构，即由业主批准成立的总监理工程师办公室和通过社会招标选择的9个驻地监理工程师办公室，同时业主招标设立Z1、Z2两个中心试验室，由总监办进行管理，共同对业主负责，并接受交通运输部、省交通运输厅及省交通建设工程质量监督局等行业主管部门的监督管理。图6-83所示为相关省领导在板江项目现场视察。

图6-83　2007年6月25日，贵州省人民政府副省长孙国强（右二）在板江项目工地视察工作

根据工程监理管理实际情况，将全项目现场管理工作分为东段、中段、西段三个工作组，进行有针对性的管理，将各科室人员进行合理分工划段管理，实行靠前指挥，加强现场监管的快捷和有效性。

板江高速公路坚持"以政府监督、业主管理、社会监理、企业自检，全面加强业主的项目建设管理工作与监理管理工作"的总体工作思路和"安全良好、质量优良、资源节约、环境优美、系统最优、公众满意"的理念，进行全过程管理。始终遵循"严格监理、优质服务、公正科学、廉洁自律"的工作准则。在加强监管的同时深化服务意识，原则范围内坚持急事急办、特事特办的原则，对各级部门报送资料必须做到不推不拖不压。要求监理单位充分发挥主动性，增强积极性，带动施工单位创造性开展工作，增强全体参建人员的紧迫感、责任感、使命感、危机感，为板江高速公路建设奉献所有热情和力量。

项目办、总监办明确了在工程建设过程中首先要确保工程质量内实外美，严格按照规范、规程施工。始终坚持以质量为本，精心组织，科学安排，采取了一系列行之有效的质量管理措施进行质量管理。

板江项目在安全生产方面加强管理,努力杜绝重大伤亡事故发生,减少一般事故;力求做到无重大责任事故和重大安全隐患,因施工负伤率小于3‰,重伤率小于0.5‰;做到不因施工对周边环境、建筑、设施等造成灾害性破坏,不影响G324等国、省干道的交通安全畅通和南昆铁路的营运安全生产目标,坚持"安全第一、预防为主、综合治理"的方针,坚持"管生产必须管安全"的原则。

板江高速公路于2011年12月底实现全面建成通车的年度目标任务。

(4) 资金筹措。本项目按照交通运输部批准的投资概算为922691.2221万元,其中一部分由交通运输部拨款补助,其余部分由项目业主向银行贷款。

(5) 招标投标。招标由贵州高速公路开发总公司(业主,以下简称高总司)自行招标,采用资格预审,合理低价法。

土建工程第一次招标:2007年9月20日、22日,高总司在中国采购与招标网、《中国经济导报》发布资格预审公告。2008年11月13日,高总司以《关于对贵州省板坝(桂黔界)至江底(黔滇界)公路工程施工招标资格预审情况的核备报告》(黔高总司招标〔2008〕120号)向交通厅上报资审情况。2009年2月9日,以《关于报送贵州省板坝至江底公路工程施工招标评标报告的报告》(黔高总司招标〔2009〕13号)报交通厅核备评标报告。经评审确定了贵州省桥梁工程总公司等16家施工单位。

土建工程第二次招标:2009年6月9日~2009年7月6日,高总司对T4、T9、T11、T20、T23合同段进行了重新招标。经评审确定了贵州省公路桥梁工程总公司等5家施工单位。

路面工程招标:高总司于2010年6月8日在中国采购与招投标网、贵州招标投标网、《中国经济导报》以及贵州省交通运输厅网站和高总司网站上发布了施工招标资格预审公告,于2010年6月9~18日发售资格预审文件。招标人于2010年9月25~29日向通过资格预审的单位发售招标文件。

2010年11月17日,共收到39家单位递交的投标文件,经评审,确定了广西壮族自治区公路桥梁工程总公司等3家路面施工单位。

沿线房建工程招标:高总司于2010年6月29日在中国采购与招投标网、贵州招标投标网、《中国经济导报》以及贵州省交通运输厅网站和高总司网站上发布了施工招标资格预审公告,于2010年6月30日~7月6日发售资格预审文件。招标人于2011年1月19~25日向通过资格预审的单位发售招标文件。2011年3月4日,经评审,确定了贵州省交通工程有限公司等3家施工单位。

交通工程(安全设施)招标:高总司于2010年9月8日在中国采购与招投标网、贵州招标投标网、《中国经济导报》以及贵州省交通运输厅网站和高总司网站上发布了施工招标资格预审公告,于 2010 年 9 月 9～15 日发售资格预审文件。招标人于 2011 年 1 月 5～11 日向通过资格预审的单位发售招标文件。2011 年 3 月 4 日,经评审确定了湖南省永州公路桥梁建设有限公司等 3 家施工单位。

隧道机电工程系统招标:高总司于 2010 年 11 月 4 日在中国采购与招投标网、贵州招标投标网、《中国经济导报》以及贵州省交通运输厅网站和高总司网站上发布了施工招标资格预审公告,于 2010 年 11 月 4～10 日发售资格预审文件。2011 年 4 月 1 日招标人向通过资格预审的单位发出了投标邀请书,4 月 1～8 日向投标人发售了招标文件。2011 年 5 月 13 日,经评审确定了中铁四局集团电气化工程有限公司等 3 家施工单位。

全线通信、收费、监控三大系统招标:高总司 2011 年 6 月 15 日在中国采购与招投标网、贵州招标投标网、《中国经济导报》以及贵州省交通运输厅网站和高总司网站上发布了施工招标公告,于 2011 年 6 月 17～23 日发售招标文件。2011 年 7 月 22 日,经评审确定了中铁建电气化局集团第一工程有限公司为施工单位。

绿化工程招标:高总司于 2011 年 3 月 24 日在中国采购与招投标网、贵州招标投标网、《中国经济导报》及贵州省交通运输厅网站和高总司网站上发布了施工招标资格预审公告,于 2011 年 3 月 25～31 日发售资格预审文件。2011 年 6 月 14 日,招标人向通过资格预审的单位发出了投标邀请书,6 月 15～21 日向投标人发售了招标文件。2011 年 8 月 29 日,经评审确定河南金卉园林绿化工程有限公司等 3 家施工单位。参建单位见表 6-65。

G78 汕昆高速公路贵州境板坝至江底段参建单位表

通车里程桩号:K1+226.48～K123+937.683　　　　　　　　　　　　　　　表 6-65

参建单位	单 位 名 称	合同段编号及起止桩号	主要负责人	备 注
项目管理单位	贵州高速公路开发总公司	K1+226.48～K123+937.683	朱国庆	
勘察设计单位	中交第二公路勘察设计研究院有限公司	K1+226.48～ZK42+226.419		T1～T10 土建设计、LM1 设计、房建设计
	贵州省交通规划勘察设计研究院	K42+226.419～K87+722.873		T11～T14 土建设计、LM2 设计
	中交第一公路勘察设计研究院有限公司	K85+140.805～K123+937.683		T17～T23 土建设计、LM3 设计
	北京交科公路勘察设计研究院	K1+226.48～K123+937.683		交安设计、机电设计
	招商局重庆交通科研设计院有限公司	K1+226.48～K123+937.683		景观绿化设计
施工单位	中铁二局第一工程有限公司	T1(K1+226.48～K7+729.218)	谭康	
	贵州省桥梁工程总公司	T2(K7+729.218～K11+540)	赵渝	
	贵州省桥梁工程总公司	T3(K11+540～K13+171)	张廷刚	
	贵州省桥梁工程总公司	T4(K13+171～K16+040)	邱江	

贵 州
高速公路建设实录

续上表

参建单位	单位名称	合同段编号及起止桩号	主要负责人	备注
施工单位	北京市海龙公路工程公司	T5（K16+040～ZK18+850）	杜振来	
	贵州省桥梁工程总公司	T6（K18+850～K22+000）	陈永刚	
	中铁十五局集团 第一工程有限公司	T7（ZK22+000～ZK24+520 YK22+000～YK24+660）	李来运	
	中铁十四局集团 第三工程有限公司	T8（ZK24+520～ZK29+382 YK24+660～YK29+345）	徐计新	
	中铁四局集团有限公司	T9（ZK29+382～ZK34+523 YK29+345～YK34+505）	欧阳垂礼	
	贵州省公路工程集团总公司	T10（ZK34+523～ZK42+226.419 YK34+505～YK42+226.419）	田宏月	
	贵州省桥梁工程总公司	T11（K42+226.419～K59+280）	王世平	
	贵州省桥梁工程总公司	T12（K59+280～K77+830.232）	龙江	
	中国中铁四局集团 第五工程有限公司	T13（K77+830.232～K82+900）	李明	
	贵州省公路工程集团总公司	T14（K82+900～K87+722.873）	周大庆	
	贵州省公路工程集团总公司	T15		
	中交第二航务工程局有限公司	T16	邢建春	
	中交第二航务工程局有限公司	T17（K85+140.805～K89+760）	邢建春	
	福建省第一公路工程公司	T18（K89+760～K94+900）	林载庚	
	中铁五局(集团)有限公司	T19（K94+900～K99+015）	赵世新	
	中交第二公路工程局有限公司	T20（K99+015～K106+630）	董宝山	
	中铁二十二局集团有限公司	T21（K106+630～K111+500）	冯文宇	
	中铁一局集团有限公司	T22（K111+500～K119+600）	裴秀安	
	山东省公路建设(集团)有限公司	T23（K119+600～K123+937.683）	陈玉忠	
	广西壮族自治区公路 桥梁工程总公司	LM1（K1+226.48～K42+226.419）	韦作明	
	贵州省公路工程集团总公司	LM2（K42+226.419～K87+722.873）	姜朝炜	
	北京鑫实路桥建设有限公司	LM3（K87+722.873～K123+937.683）	陈启良	
	贵州省交通工程有限公司	FJ1（K1+226.48～K42+226.419）	余关江	
	中铁二局股份有限公司	FJ2（K42+226.419～K87+722.873）	任桂珍	
	中交第一公路工程局有限公司	FJ3（K87+722.873～K123+937.683）	尹玉秋	

第六章
贵州高速公路

续上表

参建单位	单 位 名 称	合同段编号及起止桩号	主要负责人	备 注
施工单位	湖南省永州公路桥梁建设有限公司	JA1（K1+226.48~K42+226.419）	于建国	
	北京汉威达交通运输设备有限公司	JA2（K42+226.419~K87+722.873）	徐秋江	
	云南云桥建设股份有限公司	JA3（K87+722.873~K123+937.683）	杨志	
	河南金卉园林绿化工程有限公司	LH1（K1+226.48~K42+226.419）	高继坤	
	河南省豫南园林绿化有限责任公司	LH2（K42+226.419~K87+722.873）	王云虎	
	贵州绿地园林建设实业有限公司	LH3（K87+722.873~K123+937.683）	张凤泉	
	北京云星宇交通工程有限公司	JD1（K1+226.48~K42+226.419）	李坚	
	中铁十二局集团电气化工程有限公司	JD2（K42+226.419~K87+722.873）	白东晖	
	中铁四局集团电气化工程有限公司	JD3（K87+722.873~K123+937.683）	刘兆前	
	中铁建电气化集团第一工程公司	LJ1（K1+226.48~K123+937.683）	陈克伟	
监理单位	广西桂通公路工程监理咨询有限责任公司	A（K1+226.48~K13+171）	向继山	
	重庆市交通工程监理咨询有限责任公司	B（K13+171~ZK29+382、YK29+345）	阮显云	
	贵州科达公路工程咨询监理有限公司	C（ZK29+382、YK29+345~K59+280）	王沧海	
	贵州省交通建设咨询监理有限公司	D（K59+280~K87+722.873）	魏红宇	
	贵州陆通公路工程监理有限责任公司	E（K85+140.805~K99+015）	张正芳	
	贵州陆通公路工程监理有限责任公司	F（K99+015~K123+937.683）	杨森荣	
	贵州省交通建设咨询监理有限公司	G（K1+226.48~K123+937.683）	陈历焕	
	贵州陆通公路工程监理有限责任公司	H（K1+226.48~K123+937.683）	安茂	

续上表

参建单位	单位名称	合同段编号及起止桩号	主要负责人	备注
监理单位	西安金路交通工程科技发展有限责任公司	I(K1+226.48~K123+937.683)	谈万钧	
中心试验室	贵州省交通建设咨询监理有限公司	Z1	刘胡金	
	贵州省交通科学研究院	Z2	叶正江	

(6)征地拆迁。2010年9月25日,国土资源部以《关于板坝(桂黔界)至江底(黔滇界)公路工程建设用地的批复》(国土资函〔2010〕757号)对板江高速公路建设用地进行了批复。

征拆工作组织结构形式:省交通运输厅分别与各级政府、国土资源等部门签订征地拆迁协议书,各级政府、国土资源等部门组成相应的征地拆迁办,具体负责本项目的征地拆迁工作。项目办的征拆工作由书记牵头,综合科协助,各现场工作组具体操作协调解决与当地政府相关部门的征地拆迁和涉农问题。

征拆基本情况:征地工作在州、县(市、区)征地拆迁办的大力支持下,全线完成主线征地11827.2多亩,完成房屋、企业、电力线路及通信线路拆迁工作,共完成房屋拆迁631户、面积142729.2m^2,拆迁企业8个,拆迁电力线路、通信线路共计391.44km。协调工作通过与州、县(市、区)拆迁办的密切配合,炮损问题得到及时处理,使炮损堵工得到了控制,协调处理涉农及施工中出现的征地拆迁问题228起。

(7)重大变更。①变更1:T1合同段K1+226.48~K1+585段增加南盘江码头连接线和板坝治超检测站。变更时间:2010年8月。变更金额:1029.15万元。变更原因:地方政府或有关部门要求。变更内容:T1合同段K1+226.48~K1+585段增加南盘江码头连接线和板坝治超检测站。应黔西南州交通局要求,将南盘江板坝港与汕昆高速公路进行连接,便于港口货物的运输快捷,在板坝主线收费站附近预留单向上、下路口,待港口项目实施后进行连接。为便于路政对超限超载车辆进行检查,利用线路右侧填平区作为超限检测站位置。

②变更2:T4合同段IK0+400~MK67+030段右侧边坡防护变更。变更时间:2011年3月。变更金额:1325.6万元。变更原因:地质、气象等灾害。变更内容:T4合同段IK0+400~MK67+030段右侧边坡防护变更。巧马互通连接线IK0+400~MK67+030段右侧路基边坡,原设计为4级挖方边坡,全长172.553m,最大坡高46m。2010年5月1日暴雨过后,IK0+400~MK67+030段右侧路基边坡出现大面积坍塌,随后又发生第二次坍塌。经高总司、项目办、总监办、设计院等单位专家勘查现场,形成黔高总司纪要〔2010〕161号、193号,汕昆项目办专纪〔2010〕9号文件,根据以上会议纪要精神,施工单

位已完成第六级喷播乔灌生物防护施工,第三、第五级锚索施工,第四级锚杆已施作完毕,正准备框架混凝土施工,2010年12月21日晚至22日凌晨,IK0+420~MK67+030段再次发生开裂坍塌现象,坡面已施工完成的第三、第五级锚索框架部分被破坏;第六级喷播草灌植物防护部分被破坏。第一~第六级坡面均发生不同程度的位移开裂。在此基础上做二次变更设计。

③变更3:T21合同段路改桥(右线K106+640.75~K106+889.25、左线ZK106+610.75~ZK106+859.25)。变更时间:2010年6月。变更金额:1223万元。变更原因:地质、气象等灾害。变更内容:通过对施工现场细致的踏勘,将现场实际情况与初步设计方案的研究比对,从环境保护、施工便利及结构稳定各个方面进行了认真分析,取消右线K106+640.75~K106+889.25、左线ZK106+610.75~ZK106+859.2高填方路基及两道涵洞,改为分离式桥梁。

④变更4:T21合同段K107+314~K107+550左侧滑坡治理工程。变更时间:2012年3月。变更金额:752.7732万元。变更原因:地质、气象等灾害。变更内容:在施工过程中该边坡多次出现裂缝和滑塌,为确保边坡稳定,根据黔高总司纪要〔2010〕161号文第六条第(一)款要求:对该边坡坡率向后进行放缓设计;根据黔高总司纪要〔2010〕214号文第二条第(一)款会议要求:ⓐ对Ⅰ号滑坡(K107+314~K107+450)进行刷坡减载,按四级阶梯状放坡,坡率自下而上为1:0.3、1:2.0、1:2.0、1:2.0,第一级边坡设置护面墙,在第一、二级边坡间设置抗滑桩;坡面防护:在第二、四级边坡上设锚杆框架,第三级边坡设锚索框架。ⓑ对Ⅱ号滑坡(K107+450~K107+550),采用抗滑挡墙和锚杆框架方案。

⑤变更5:T21合同段K108滑坡治理工程。变更时间:2010年6月。变更金额:2752万元。变更原因:地质、气象等灾害。变更内容:1号滑坡(K108+300~K108+345)、2号滑坡(K108+198~K108+300)在坡脚内侧设置桩板墙,坡面裂缝用黏土夯实后,进行坡面整平,喷播植草;在滑坡后缘设置截水沟;在桩间挡土板下部设ϕ130仰斜排水孔。在2号、3号滑坡交界处设急流槽,3号滑坡(K108+077~K108+198)各级边坡之间设置4~5m的平台,并在二级边坡坡顶平台上设抗滑桩;在一级边坡坡脚设置M7.5浆砌片石护面墙;刷坡开成分级边坡后,分别在边坡坡面采用锚杆框架防护;对滑坡变形产生的裂缝采用黏土夯填,然后进行坡面平整,各级边坡平台采用M7.5号浆砌片石封闭;同时在滑坡周界和刷坡边坡坡顶3m外设环形截水沟,各级平台设平台排水沟,在断层带及滑坡剪出口附近分上、下两排设仰斜排水孔,在3号、4号滑坡交界处设急流槽;4号滑坡(K107+920~K108+077)在一级边坡平台设置抗滑桩,在二级平台设置锚索桩,在三级边坡设置锚索框架;一、二、四、五级边坡采用锚杆框架防护;在边坡坡脚设置浆砌片石挡墙;各级边坡平台采用M7.5号浆砌片石封闭;同时在滑坡体外侧设2道截水沟,各级平台设平台排水沟,在一、二级边坡设仰斜排水孔。

⑥变更 6:T21 合同段 K108 滑坡治理工程。变更时间:2011 年 12 月。变更金额:1653.5581 万元。变更原因:地质、气象等灾害。变更内容:T21 合同段 K108 滑坡在施工过程中该边坡多次出现裂缝和滑塌,因此,Ⅰ、Ⅱ号滑坡采用抗滑桩板墙支挡方案,滑坡进行坡面整理,夯填裂缝,滑坡后缘坡体设置截水沟;Ⅲ、Ⅳ号滑坡放缓坡比,设置挡土墙、抗滑桩、锚索桩、锚杆框架梁、锚索框架梁;滑坡周界外设环形截水沟;由于 K108 滑坡在随后的施工过程中再次出现大面积滑塌,并将已施工完成的第三、四、五级锚杆框架拉裂、损毁,故将Ⅲ号滑坡第三、四级边坡向后进行放缓,喷播植草,将Ⅳ号滑坡第二、三、四级坡顶平台加宽,放缓第五级边坡,并将第四级边坡变更为锚索框架防护,第五级边坡变更为喷播植草;由于 K108 滑坡在施工过程中,第Ⅲ、Ⅳ号滑坡第三、四级边坡再次出现较大面积坍塌,决定放缓第三、四级边坡,取消第三、四级边坡的锚索框架。

⑦变更 7:T21 合同段 K110+050~K110+230 左侧边坡工程。变更时间:2011 年 5 月。变更金额:743.8523 万元。变更原因:地质、气象等灾害。变更内容:改为第一、二级1∶1 人字骨架,第三、四级 1∶1.25 人字骨架,第五级 1∶1.5 挂网喷混凝土封闭与截水沟结合一体,确保坡面稳定;将第五级边坡分做两级边坡,即增加第六级边坡,坡率及防护形式与第五级相同;第四级边坡采用挂网喷射混凝土防护,第二、三级边坡采用锚索框架梁防护、喷播植草防护,第一级边坡增设护面墙。

⑧变更 8:T23 合同段 K121+459~K123+937.683 段纵坡调整。变更时间:2010 年 6 月。变更金额:2580 万元。变更原因:地方政府或有关部门要求。变更内容:据昆明铁路局总工室《关于贵州省板坝至江底高速公路与南昆铁路交叉和近距离并行现场踏勘意见的函》(总专技函〔2009〕47 号)的有关要求,K121+459~K123+937.683 段纵坡调整:下车湾 1 号左右线大桥桥位及孔数不变,调整纵段高程;下车湾 1 号大桥平面部分位于 $R=800.306\mathrm{m}$、$L_s=150\mathrm{m}$、$L_s=190\mathrm{m}$ 的缓和曲线、直线及圆曲线内;将原来的下车湾 2、3 号大桥合并为下车湾特大桥,调整纵段高程;因左右设计线距离较近,桥梁按整体式设计,两 0 号桥台按分离式处理;左幅桥梁 K122+645.75~K122+938.010 段在左线设计线上,左线 K122+938.010=右线 K122+937.788;下车湾特大桥平面位于 $R=1700$ 的圆曲线、$L_s=150$ 的缓和曲线、$R=900$ 的圆曲线、$L_s=140$ 的缓和曲线、$R=1030$ 的圆曲线上;两桥间仍以路基形式通过,调整纵断高程。

⑨变更 9:T23 合同段 K123+560~K123+937.683 贵州段水毁工程。变更时间:2012 年 9 月。变更金额:1663.3566 万元。变更原因:地质、气象等灾害。变更内容:本项目自勘察设计至建设期及完工试运行后,所在的黔西南州及黔滇接线段所在的云南罗平县境内遭遇了百年不遇的长时间干旱,但自 2012 年 5 月中旬以后,出现持续大量降雨,6 月 13~14 日凌晨出现 50 年一遇的极端强降雨,造成 K123+937~K124+070 段路基发生滑塌,抗滑桩被剪断,交通中断,此后持续间断降雨,分别于 6 月 19 日、28 日、29 日又出现强

降雨天气,致使本段路基变形进一步扩大,K123+840~K123+937.683 左幅路基沿中央分隔带出现 3~5 条纵向裂缝,左侧挡土墙路堤沿河岸整体向河中心快速崩移下沉。

⑩变更 10:T23 合同段 K123+937.683~K124+450 云南段路基、桥梁。变更时间:2012 年 9 月。变更金额:2465.3038 万元。变更原因:地质、气象等灾害。变更内容:同变更 9 一样。2012 年 6 月 19 日、28 日、29 日的强降雨天气,致使本段路基变形进一步扩大,K123+840~K123+937.683 左幅路基沿中央分隔带出现 3~5 条纵向裂缝,左侧挡土墙路堤沿河岸整体向河中心快速崩移下沉。地质灾害水毁造成 K123+840~K124+095 段工程直接破坏,K123+560~K123+840 段工程受牵引作用需进行加固处理。

(8)交(竣)工。2011 年 12 月 27 日,高总司在兴义富康国际大酒店五楼会议室主持召开了板江高速公路交工验收会议。根据交通运输部《关于印发公路工程竣(交)工验收办法实施细则的通知》(交公路发〔2010〕65 号)和《公路工程质量检验评定标准 第一册 土建工程》(JTG F80/1—2004)及有关标准、规范、规程、设计文件,结合施工单位的工程质量自检评定、监理单位的工程质量评定和贵州省交通建设工程质量监督局的工程质量检测报告,交工验收委员会成员及参会人员一致认为:板江公路路基填筑规范,分层均匀、碾压密实,路基质量较好,边坡防护处理到位;桥梁、隧道、涵洞等构造物混凝土强度、几何尺寸符合设计要求,外观色泽均匀,线形顺直、大面平整;路面结构层厚度、压实度、平整度、抗滑性能、渗水系数等指标均满足规范和设计要求;交通安全设施标志标线齐全醒目、波形梁安装线形顺适;各单位交工验收资料基本完整。交工验收委员会一致认为:板江高速公路工程质量合格,满足通车试营运要求,同意本项目通过交工验收。

3.营运管理

本项目全线设Ⅱ类服务区 2 处(安龙、乌沙),Ⅲ类停车区 3 处(坡脚、鲁屯、田坝),匝道收费站 10 处,桥隧管理站 2 个,应急保畅中队 2 个,监控管理所 1 个(与乐运至兴仁共用),养护站 1 个。本项目于 2011 年 12 月 28 日建成通车。批准收费时间为 2011 年 12 月 28 日,收费终止时间为 2041 年 12 月 27 日。本项目通车至 2015 年 8 月,收费总计 98459.01 万元,进出口车流量共计 17560861 辆,主要大修工程有 G78 汕昆高速公路(板江段)K1559+600~K1560+200 段下行路堑边坡坍塌。收费站点设置见表 6-66。

G78 汕昆高速公路贵州境板坝至江底段收费站点设置表　　　表 6-66

站 点 名 称	车 道 数	收 费 方 式
板坝主线收费站	4 进 8 出	联网收费
巧马收费站	2 进 2 出	联网收费
安龙收费站	2 进 4 出	联网收费
德卧收费站	2 进 2 出	联网收费
郑屯收费站	2 进 2 出	联网收费

续上表

站 点 名 称	车 道 数	收 费 方 式
万屯收费站	2进2出	联网收费
兴义东收费站	3进5出	联网收费
兴义西收费站	3进5出	联网收费
乌沙收费站	2进4出	联网收费
岔江主线收费站	5进10出	联网收费

八、G6001 贵阳市绕城高速公路

（一）G6001 贵阳市绕城高速公路贵阳东北绕城公路

1. 基本情况

（1）项目决策背景。贵阳东北绕城公路是国道主干线 GZ50 重庆经贵阳至南宁和西南地区出海通道的重要组成部分，是贵阳至遵义与贵阳至新寨高等级公路的重要联络线。贵阳市是西南地区重要的交通枢纽之一，是西南诸省份南下出海通道的必经之地。川黔、贵昆、湘黔、黔桂四条铁路干线和川黔、黔滇、黔桂、贵开、贵罗五条公路干线交汇于此，并拥有磊庄、龙洞堡两个航空港站，客货流量集中，地理位置极为重要。而当时贵阳市沿途车辆几乎都进入市区，致使市内交通堵塞严重，事故频繁。为使由重庆方向驶往贵阳以南的沿途车辆不再穿过市区，缓解贵阳市区的交通压力，改善市区交通秩序，并将贵阳市白云工业区、都拉营铁道部车辆厂、新添寨高科技开发区、龙洞堡文教区和航空港站等联络起来，省交通厅决定修建贵阳东北绕城公路。

（2）技术指标。贵阳东北绕城公路设计为山岭重丘区一级汽车专用公路，实行全立交、全封闭，最小平曲线半径 308.00m，设计速度 60km/h，最大纵坡 5.52%，路基宽度 21.5m，桥梁宽度 21.5m，路面宽度 19m，荷载为汽车—超 20 级，挂车—120，洪水频率 1%，路面为水泥混凝土地面。全线设尖坡、笋子林两个主干线收费站和新添寨匝道收费站；乌当奶牛场设一个互通式立交，但不设收费站。

（3）投资规模。贵阳东北绕城公路建设项目批准概算投资 6.07 亿元，其中国债补助资金 5000 万元，项目送审决算投资 6.7 亿元，净审减决算投资 4491.26 万元，审定项目最终决算投资 6.25 亿元，超概算 1855.88 万元。

（4）主要控制点。该项目起于贵遵公路 K16+970 处尖坡互通式立交桥，经乌当奶牛场、新添寨，迄于贵阳东出口公路 K6+237.15 处云关坡互通式立交桥。具有贵阳市环城道路的功能。主线长 19.71km，匝道、岔道支线、辅道长 12.46km。沿线设有标志、标线、防护栏、隔离栅等较完善的交通安全设施。

沿线主要地形地貌。该项目沿线地形复杂、起伏较大,地质条件差,不少路段山势陡峻,河流、沟槽深切。

(5)主要构造物。贵阳东北绕城公路完成路基土石方613.62万m^3(其中土方149.63万m^3,石方463.99m^3),防护工程26.25万m^3,排水工程4.03万m^3,水泥混凝土路面37.15万m^2,沥青混凝土路面3.85万m^2,大桥3925.15m/13座,中桥477.64m/9座,小桥214.31m/8座,涵洞3656.68m/105道,互通式立交4处,分离式立交8处,收费站4处(其中主线2处,匝道2处),镀锌波型梁护栏4.36万m,金属编织网隔离栅3.38万m,反光标线1.87万m^2,交通标志298处。实施中分带绿化工程19.71km,面积为1.98万m^2;挖方边坡喷播植草,面积为7.64万m^2;弃土场植草2.74万m^2。

2. 建设情况

(1)立项审批。1989年12月,省交通厅以黔交计字〔1989〕95号文,下达了贵阳东北环线前期任务的通知,1990年,省交勘院进行了工程预可行性研究。1993年8月20日,省交通厅以《报送重庆至南宁公路贵阳东北绕城线项目建议书的函》(黔交计〔1993〕86号)上报交通部;同年10月14日,交通部以《关于贵阳东北绕城公路项目建议书的批复》(交计发〔1993〕1036号)同意建设贵阳东北绕城公路;同年9月27日,省交通厅以《关于下达贵阳市东北绕城线前期工作任务的通知》(黔交计〔1993〕100号)给省交勘院,要求编制可行性研究报告、进行初步设计,11月16日,省交通厅以《关于下达贵阳市东北绕城线工程可行性研究报告的通知》(黔交计〔1993〕118号)给省交勘院,要求迅速编制工程可行性研究报告,省交勘院随即展开相关工作,派员行程150km,对主线、桥隧、地质等进行了现场作业,于1994年2月转入室内作业,3月17日进行了OD调查,7月工可编制完成,同月26~27日省交通厅主持召开了工可审查会议,省内有关领导和专家先前往现场逐一核对全线线位和局部路段的比较方案、大桥桥位及桥型方案、互通式立交选址以及布设形式、路线起止点的衔接方式、环境影响及保护措施等,听取了相关汇报,基本同意了路线走向方案。接着,省交通厅以《关于呈报贵阳东北绕城公路可行性研究报告的函》(黔交计〔1994〕77号)上报交通部;同年12月7日,交通部以《关于贵阳东北绕城公路工程可行性研究报告的批复》(交计发〔1994〕1171号)批准了工可并要求抓紧进行初步设计工作。

(2)勘察、设计。1994年8月15日~10月11日,省交勘院将东北绕城公路分成K0+000~K2+000、K2+000~K8+700、K8+700~K16+700、K16+700~K22+732.38四段,对其路线线位、线形、重点工程,特别是互通式立交的形式、功能、收费方式及与贵阳市几条重点出口公路、街道的连接及桥型等进行反复论证、优化,完成了两阶段施工图设计的全部外业工作。为使尖坡互通式立交工程能与贵遵公路施工同步,交勘院先期于1994年10月完成了东绕线尖坡至都拉营(K0+000~K2+000)段的两阶段施工图设计。其余路段的设计文件至 1994 年 12 月底陆续提交完毕。共完成主线 24.73km、大桥 1810m/8 座、中桥 500m/5 座、互通式立交 4 处、分离式立交 4 处、老路改移及支线 5.73km 的勘察设计任务。省交通厅以《关于报请审批贵阳东北绕城公路初步设计的报告》(黔交计〔1995〕62 号)上报交通部。1996 年 1 月 29 日,交通部同意了初步设计。此后,省交勘院开始进行施工图设计。

经过半年多的设计工作,贵阳东北绕城公路的外业及内业工作于 1996 年 5 月 4 日由省交通厅主持验收。会议除将 K8 + 700 ~ K16 + 700 新添寨至沙锅冲段"弓背"方案改为经顺海、新口到沙锅冲的"弓弦"方案外,其余路段设计方案均得以同意通过,予以验收。交通部重庆公路科研所承担公路沿线设施的设计。

项目最终的路线走向除后来变更推荐的新添寨"弓弦"方案外,基本与初步设计推荐方案一致,起点为贵遵高速公路 K16 + 970 处,通过一单喇叭形互通式立交相连接,经冷水沟于 K0 + 980 处跨都拉营战备公路,在 K2 + 153 处以大桥跨越川黔铁路及都拉营火车站后翻越元宝坡垭口,顺东南向山槽经后坝、培席、培席垭口、奶牛场至 K8 + 700 处的王家寨;K8 + 700 ~ K16 + 700 段("弓弦"方案)由北京中通公路桥梁咨询发展有限公司另行设计;自 K16 + 700 起,路线仍沿初步设计推荐线位经沙锅冲,沿南明河右岸连续上坡经马鬃岭、东郊水厂至白岩垭口后,依山势布线,下坡经双水井、大沙冲、小云坡至本项目路线终点 K22 + 732.38 = 贵阳东出口公路 K6 + 237.15,仍通过一单喇叭形互通式立交与东出口高速公路相接。公路建设中,还对原设计进行了优化,主要变更有:将冷水沟、元宝坡、大沙冲Ⅰ号、大沙冲Ⅱ号、东郊水厂中桥由高路堤改为高架桥,将都拉营大桥连续 I 形梁桥改为转体施工的预应力混凝土变截面连续 T 形刚构,将南明河大桥跨径变更为 $(5 \times 30 + 1 \times 142 + 2 \times 30)$ m,将乌当奶牛场互通式立交原设计位置 K2 + 318.33 移至 K6 + 400 处,全线共增设 5 座跨线桥及分离式立交桥。总体上看,贵阳东北绕城公路路线走向正确,线形流畅,桥涵布置结构合理,路线交叉位置选型恰当,沿线设施合理分布,技术标准运用适当。符合交通部对该项目初步设计文件的批复,总体设计良好。

(3)施工、监理。贵阳东北绕城公路是贵州高等级公路建设管理模式上承前启后的里程碑,是贵州公路建设上台阶的典型项目。它是贵州第一次全过程试执行国际 FIDIC 管理模式的项目,对机构建立、技术规范执行、合同管理以及建设程序执行等工程建设的全过程予以规范化,真正体现了建设的过程控制作用。同时三级质量保证体系的贯彻执行,也使公路建设走向法制化、系统化。

施工单位按照贵阳东北绕城线公路建设指挥部的要求,以 FIDIC 管理模式建立项目经理部,分别设置在乌当区新添寨及贵阳市区,对工程实行项目责任制管理。各项目经理作为各施工单位法人代表的授权代理人,全权处理与业主、监理及其他各方关系,各项目经理部均组织了强有力的人员组成合同管理、计量支付、财务、质检及综合办公室等分工明确、协调一致的各个部门。FIDIC 模式对确保工程质量、进度及费用的规范管理与有效控制起到了重要作用。

进入施工准备阶段后,各施工单位实施了临时工程的建设,对施工场地的材料、机具、构件及临时生活用地、水电供应等进行布置。一合同段平整场地 4.03 万 m^2,填挖土石方 3.5 余万 m^3;新修汽车便道 5.65km,填挖土石方 4.8 余万 m^3,利用并养护原有道路 18.5km。二合同段平整场地 6.01 万 m^2,填挖土石 6 万 m^3;新修汽车便道 19.49 公里,填挖土石方量 13 余万 m^3,利用并养护原有道路 15km。三合同段平场 3500m^2,填挖土石 2000 余立方米。全线共铺设输水管道 ϕ100~ϕ125 计 8.2km、ϕ100 以下计 25km,修建蓄水池 25 个。架设动力线路 39.66km、照明线路 27km,安装变压器 17 台,自备柴油发动机发电机 17 台。组织施工人员、劳动力、机具设备的进场。进行施工前的复测工作,并勘定地界。组织技术人员认真审核图纸,核定工程量清单,并将核实结果上报监理工程师。组织学习本项目的技术规范和合同条款,熟悉 FIDIC 管理模式。组建工地实验室并做好施工前的试验工作。确定施工方案,编制实施性施工组织设计及计划,报请监理工程师批准等。

进入施工实施阶段后,由于公路地形复杂、起伏较大,地质条件差,不少路段山势陡峻,河流、沟槽深切,给施工带来了不少困难,导致工程量增加,每公里土石方量达 31.12 万 m^3(含坍方数量),大大高于贵州已建成的其他高等级公路,且全线桥梁之多为当时贵州公路建设所罕见,大桥长度占主线长度的 20%,设计、施工各具特色,但各施工单位克服了种种困难,在路基、路面的施工中充分使用了现代化的施工机械,高效保质地完成了相关路段尤其是重难点工程的施工任务。

在整个施工过程中,各施工单位严格进行了工程质量控制。各合同段在项目经理部的指导下,实行严格的质量自检,技术干部和机械操作人员持证上岗,施工现场人员进行挂牌施工,各施工单位的质检部门也加强平行检查力度。同时,配合监理工程师严格执行工程质量评定、工序验收的规范,使质量控制贯穿于全过程之中。对质量监督部门的工作也予以积极配合,严格执行质量一票否决制。特别是狠抓了以上重点、难点工程的施工质量。

贵阳东北绕城线公路建设在设计、施工中采取了一系列环境保护措施:一是理顺排水系统,保护地表径流的原有状态,严禁污染水质,采取短距离排水措施,跨越径流、水渠时均以桥涵形式通过。对公路边沟、排水沟、截水沟、急流槽等结合沿线的桥涵位置和自然沟渠进行综合设计,使全线形成了综合性的排水系统。修筑边沟 3.18 万 m、2.41 万 m^3,截水沟 0.74 万 m、0.35 万 m^3,引水沟 1.64 万 m、1.27 万 m^3。

二是采用高线位、低路堤的布线原则,少占良田好土,减少对地表的破坏。对无法避免的高填、深挖采取较完善的防护措施。在路基挖方地段,根据需要,采用上挡墙、护面墙、菱形方格网等防护措施,以稳定边坡;在填方路段,采用直立式挡墙、砌石护坡护脚等防护形式。全线设挡墙 16.06 万 m^3,护面墙、护坡、护脚、护肩等防护设施 10.38 万 m^3。

三是有组织供借、弃路基土石方,形成有序的借方与弃方取土;根据土石方挖方量和弃方量,合理设置废土石场和弃土石场。对弃方进行堆砌,堆砌地点要求坡度顺适,弃土地点植草、种树,以防止水土流失、绿化环境。

四是路线穿越林地时,尽量从林地边缘及稀林通过,减少林地砍伐。

五是严格控制纵坡,减少低速挡的使用次数,减少汽车尾气排放。

六是路面施工采用新引进的德国丽迫海尔混凝土拌和站和水泥混凝土滑模式摊铺机施工,精度高,工艺先进,路面强度、平整度等指标均符合规范要求,有效地减少了噪声对环境的污染。

七是在逆南明河前行的路段上,综合采取旱桥、挡墙、护坡等设施,大力保护两岸地表现状,并防止弃方进入河槽。

八是改善公路景观,实施绿化工程。公路中分带全部实施绿化,面积达 1.98 万 m^2。对公路挖方土质边坡实施喷播植草,面积为 7.64 万 m^2,既美化了公路,又稳定了边坡。

九是全线修建人行天桥 136m/5 处,地下通道 633m/17 处,方便了公路两侧村寨居民的生产和生活。

贵阳东北绕城高速公路施工的顺利实施,和省交通建设咨询监理有限公司的质量监理、省质监站的质量监督是分不开的。省交通建设咨询监理有限公司于 1997 年年初进入工地展开工作,在熟悉了解施工环境的同时,组织人员熟悉设计图纸、技术规范和 FIDIC 合同条款,逐步健全各项监理制度、拟制监理图表,拟订出监理程序,购置各种施工技术规范、规程、质量检评标准等方面的书籍分发给每位监理人员。同时,按社会监理的形式组成监理机构,成立了贵阳东北绕城公路驻地监理办公室,下设两个监理组,监理工程师及工作人员共计 24 人。

全线质量监理工作推行施工方自检、驻地监理组抽检、驻地监理办抽查、业主代表和上级领导部门监督的四级质量管理体系,形成了政府监督,社会监理,施工自检上、下贯通的质量管理体系。监理人员对工程施工过程中的各个环节进行全面的监督,检查和控制,使整个施工工序都在有监理人员的监督管理之下进行,同时督促并协助施工方建立各级内部质量自检体系,完善工地检测系统,配足质检人员。

施工单位进场后,监理人员配合施工方进行了施工测量放样,对沿线原设计的导线控制点和水准点进行了复测,对测量中发现与原设计提供的资料有偏差的,及时会同设计单位和施工方一起进行复检和修正。

施工过程中,监理人员严格按照技术规范要求施工方认真执行,及时制止任何影响工程质量的行为,发现质量问题,立即以《质量检查意见通知书》的形式通知承包人,限期纠正,对施工质量差、明显成为质量缺陷的,报驻地监理办签发《停工(返工)令》,限期进行返工处理和人员整顿,经检查合格后,才签发《复工令》,其间共签发《通知书或停工令》21份。监理人员吃住工地,经常跟随施工方一起加班加点,通过现场旁站、巡视等方式对施工进行全方位、全过程、全环节的监理。如各大、中桥施工是影响整个工程项目进度的关键工序,也是专业技术最强、施工难度最大的工序,驻地监理人员严把材料关,认真对每道施工工序进行严格的控制,进行分项检查评定。整个施工过程中,抽检混凝土抗压试件组数共876组,其中,顺海高架桥抽样191组,新口南明河大桥抽样93组,马鬃岭1号桥抽样72组、2号桥抽样64组,东郊水厂1号桥抽样103组,大沙冲1号桥抽样66组、2号桥抽样46组,其他中、小桥等共抽样241组,抽查合格率达98.6%。在路面施工的质量控制上,把重点放在砂石等材料的规格、质量和混凝土路面的厚度、混凝土的强度上,全线共抽样检测高程、宽度、厚度、压实度等点数达4500余次,其中,宽度检测点数206次,抽检合格率97.4%;平整度检测点数468次,抽检合格率96.1%;路面底基层和基层密实度检测点数316次,抽检合格率96.2%,高程检测点数3510次;基层水泥稳定碎石无侧限抗压强度抽样45组,合格率100%;混凝土抗折、抗压抽样78组,合格率100%。对达不到规范要求的检测点,要求施工方进行补救处理,直至合格,通过以上检测措施,有效地保证了工程质量。

在对工程质量进行监理的同时,省交通建设咨询监理有限公司还对工程进度、合同执行、工程费用进行了有效的监理。在工程进度监理方面,驻地监理办首先审查施工方的施工组织计划,然后交监理组对施工方执行情况进行跟踪检查,对进度报表进行严谨认真的审核;每周召开监理工地例会,施工方向驻地监理办提交周、旬、月计划,如有计划滞后现象发生时,还要分析其产生的原因,并督促施工方调整下月计划,采取增加人力与机械设备等措施,按时完成施工任务;对影响工期的关键工程,指定监理人员专职负责,促使施工方按计划施工。

工程费用监理工作主要是进行计量支付。进度报表由承包人填报,现场监理人员逐项核实签认后报驻地监理办,然后根据书面审查和实地抽样相结合的方法,审查进度报表,核对无误后报业主审核。

合同管理的重点是监督施工方的施工活动和组织协调执行合同的工作。一方面,根据业主的要求落实进场的各类施工机械和设备;另一方面,不定期召开经理部和各公司(处)会议,协调承包人之间的关系。监理人员配合指导施工方按照FIDIC条款进行施工和管理。

省质监站于1997年12月18日发出监督通知书,派驻监督工程师进驻工地,制订监督计划,对贵阳东北绕城高速公路建设项目执行政府监督。

省质监站与建设方、监理方积极配合,参加每次质量大检查,经常对工地巡视,共同把好工程质量关。在工作中出现不同意见和分歧,都按"坚持原则、实事求是、面向生产、监帮结合"的原则,对国家和社会负责,共同完成质量监督任务。省质监站进场后,首先监督检查监理单位的工作程序、试验检测方法、数据处理及监理工作计划的实施情况。对在监督检查中发现的问题,及时指出并责成监理告知施工单位及时返工纠正。在监督工作中,依照"监、帮、促"的原则,主动与监理、施工人员共同学习、讨论,统一认识,坚决执行,做到监帮结合,推进监理工作正规化。

省质监站加强内业、外业的监督检查,促进施工企业加强质量管理。对施工企业内部质量管理制度的监督主要是落实在对施工企业的质量自检体系和规章制度的执行情况进行检查。在检查内业资料的同时,也加强对外业工作的巡视检查,发现问题及时制止,尽量将工程质量事故消灭在萌芽状态中。在检查中发现的问题,都以书面的形式填发"公路工程质量检查意见通知书",要求施工单位及时整改,这对其他施工单位起到了相应的促进作用。

在监督工作中,省质监站坚持"小问题不放过,大问题深入调查"的工作原则,积极赶赴发现质量问题的现场,对其发生的原因、经过、处理意见均作详细调查,并督促施工单位填写质量事故报告单,监督人员拟写相关调查报告报站存档,在问题解除后,还要对处理情况进行认定,真正做到自始至终的质量跟踪监督。

(4)资金筹措。在资金筹措方面,交通部交公路法〔1996〕87号文批准的概算金额为60683.45万元。资金来源于国家投资和省自筹。国家拨付的建设资金及基建投资借款,均由高总司经办。国家拨款均按年拨付到位。省自筹部分,1998年向建设银行借款4亿元、向农业银行借款2.3亿元,共计借款6.3亿元;1999年向建设银行贷款3.3亿元,国债补助资金5000万元。

(5)招标投标。贵阳东北绕城公路对施工单位的招投标工作正常展开,通过投标议标方式,确定省公路工程公司等单位为施工方。

工程项目施工划分为四个合同段:

K0+000~K10+100为一合同段,含路基、路面、桥梁及尖坡、奶牛场互通式立交,分为6段,分别由省公路工程公司五公司、一公司、建安公司、四公司、三公司及七公司施工,三公司还承担路面面层的施工。

K10+100~K13+677.71=K16+700~K22+350为二合同段,含路基、路面(包括云关坡互通式立交)、桥梁及新添寨互通式立桥,分为10段,分别由省桥梁工程公司桥梁四处、三处、直属处、兴黔处、七处、二处、一处、六处、五处及路面处施工。

云关坡互通式立交桥为三合同段,由省公路桥梁工程总公司海南公司施工。

全线交通安全设施及站点建设为四合同段,由贵州省交通工程有限公司施工。

贵阳东北绕城公路业主为高总司,建设管理单位为贵阳东北绕城线高速公路建设指挥部。

参建单位见表6-67。

贵阳东北绕城公路参建单位表　　　　　表6-67

通车里程桩号：K0+000～K22+732.378

参建单位	单位名称	起止桩号	主要负责人	备注
项目管理单位	贵阳东北绕城线高速公路建设指挥部	K0+000～K22+732.378	何宗华	
勘察设计单位	贵州省交通规划勘察设计研究院	K0+000～K22+732.378	杜松柏	
	北京中通公路桥梁咨询发展有限公司			
	交通部重庆公路科研所			沿线设施
施工单位	贵州省公路工程总公司	K0+000～K10+100	廖勇	土建工程
	贵州省桥梁工程总公司	K10+100～K22+350	张有德	土建工程
	贵州省公路桥梁工程总公司海南公司	K22+350～K22+732.378	蒋宗全	土建工程
	贵州省交通工程有限公司			
监理单位	贵阳东北绕城线高速公路建设指挥部	K0+000～K22+732.378	杨章国	
	贵州省交通建设咨询监理有限公司	K0+000～K22+732.378	曹惠平	

（6）征地拆迁。1996年8月23日，市政府以《关于成立贵阳东北绕城线公路建设协调领导小组的通知》（筑府办通〔1996〕45号），宣布成立由时任副市长赵宗哲担任组长的"贵阳东北绕城线公路建设协调领导小组"，配合贵阳东北绕城公路工程的顺利实施。1997年，贵阳东北绕城公路被省政府列为省重点工程，同年4月17日，根据时任省长吴亦侠指示，时任副省长楼继伟在省政府二楼会议室主持召开会议，专题研究贵阳东北绕城公路建设征地有关问题，并形成《关于贵阳东北绕城公路建设征地有关问题的会议纪要》（黔府专议〔1997〕22号）。会后，为规范贵阳东北绕城公路征地、拆迁工作，市政府按照省政府的指示分别于同年5月13日、8月18日下发了《贵阳市人民政府关于贵阳东北绕城公路土地征拨及附着物补偿标准的批复》（筑府通字〔1997〕28号）和《贵阳市人民政府关于贵阳东北绕城公路建设涉及房屋及构筑物拆迁补偿标准的批复》（筑府通字〔1997〕35号）两个文件，确定了征拨土地的有关补偿标准，明确了各类土地的具体补偿办法。此后的整个征地拆迁工作原则上是按两个文件的标准执行。在贵阳东北绕城线高速公路建设指挥部及各级部门的努力下，征地工作按期完成，全线共征用土地3370亩，其中，菜地1187亩、水田328亩、旱地304亩、林地609亩、鱼塘6亩、荒（草）地150亩、其他用地786亩。全线拆迁建筑物面积计12837万m^2。

(7)重大变更。工程造价方面:一合同段内元宝坡改桥及培席滑坡治理变更设计中,均对路线纵坡进行优化设计,减少了填挖工程量;二合同段内对王家寨至高寨段路线走向进行优化,缩短里程 3km 多,两个合同段均合理降低了费用。其他的 5 处路堤改桥、2 座大桥的结构跨径变更及 4 处滑坡处理等变更,工程结算造价超过概算造价。

(8)交(竣)工。1996 年 11 月 28 日,贵阳东北绕城公路工程在乌当奶牛场立交桥处举行了开工典礼,贵阳东北绕城公路建设指挥部下达开工令,全线正式动工。但由于征拆工作未完成,都拉营大桥工艺与结构变化,南明河新口大桥跨径变更,冷水沟、元宝坡、大沙冲 1 号桥、大沙冲 2 号桥、东郊水厂中桥的路堤发生改桥变更,各段的开工时间有所不同,一合同段全段开工时间是 1997 年 3 月,二合同段是 1997 年 5 月,三合同段是 1997 年 6 月。

1998 年 12 月 13～17 日,根据相关文件的要求,由省质监站、高总司、贵阳东北绕城线公路指挥部、省交通建设咨询监理有限公司、省桥梁工程公司、省公路工程公司等有关单位和个人组成交工验收检测评定组。依据交通部颁《公路工程质量检验评定标准》(JTJ 071—1994),交工验收检测评定组对东北绕城线高速公路 K0+000～K22+350 进行了工程质量检验评定,采取外业检测与内业审查相结合的方式进行。评定路基工程为 90.9 分,路面工程为 86 分,桥梁工程为 91.6 分,互通式立交工程为 92.3 分,交通安全设施为 91.4 分,综合评分为 90.4 分,质量等级为优良。

1998 年 12 月 18 日,贵阳东北绕城公路全线竣工。全线总工期为 24.5 个月,除去征拆工作因素,一合同段实际工期为 18 个月,二合同段实际工期为 17 个月,三合同段实际工期为 11 个月,四合同段交通工程实际工期仅 4 个月,创造了当时贵州重点公路建设史上新的纪录。同日,在笋子林收费站举行了隆重的通车典礼。

1999 年 4 月 7 日,由贵阳东北绕城线公路指挥部主持,省交通厅科技处、计划处、审计处、档案室、高总司、省质监站、省交勘院、省交通建设咨询监理公司、省桥梁工程公司、省公路工程公司、省交通工程有限公司、省高管局等有关单位和个人参加,按照交公路发〔1995〕1081 号文及〔1998〕61 号文要求,组成交工验收委员会,对贵阳东北绕城高速公路进行交工验收。通过认真听取建设、设计、施工、监理、监督各方的总结,认真审查竣工资料及赴现场查看后,交工验收委员会经过审议,同意省交通建设工程质监站对工程的总体签定意见:工程设计、施工(强度、稳定性、几何尺寸)符合规范要求,路线线形顺适,路基稳定,桥梁结构坚实,路容路貌较美观,交通安全设施齐全,行车舒适安全可靠,总体质量较好,工程质量综合评分 90.4 分,质量等级优良。满足交工验收的基本条件,可以支付使用,开始试运行。同时也指出施工单位在混凝土路面平整度不够、路面局部断板、边坡防护、排水工程的综合治理等方面存在一些问题,要求施工单位在缺陷责任期内完成问题项目的补救、修复工作,尽快在竣工验收前加以处理和完善。

各施工单位根据交工验收的有关要求,纷纷组织人员对工程质量存在的缺陷问题进行及时检查和维修处理,做好缺陷责任期工程完善工作。如省公路工程公司针对培席垭口风化石局部脱落严重的路段进行了拆除,重新砌筑;将都拉营大桥出现不同程度裂缝的桥面铺装进行凿除,重新安装钢筋网和浇筑混凝土。省桥梁工程公司将大沙冲2号桥龙洞堡岸左侧桥头路面局部产生的断板混凝土切割清除,夯实底基层后重新浇筑路面混凝土,同时,对边沟和截水沟也进行了彻底疏通和清理等,且通过原现场监理工程师认可,工程质量达到要求。

贵阳东北绕城线公路因线路短,前期未进行环境影响评价。为弥补这一工作,公路建成后,经高总司报国家环境保护总局同意,通过环保调查,将环评报告与环保调查报告合并为一个报告。1999年8月,由高总司以黔高总司计〔1999〕119号文委托国家环保总局环境工程评估中心对该公路环保设施进行检查,并编制环境影响调查报告。环保调查由国家环保总局环境评价中心负责。高总司会同高管局及省交科所配合国家环保总局评估中心完成了环境影响调查。国家环保总局环境工程评估中心编制了《东北绕城公路环境影响调查报告》。根据调查报告提出的要求,省高管局积极组织环保工作的实施,对沿线两侧留地范围的弃渣进行清理并做客土植草,在奶牛场(上行)植树(双排)降低该处的噪声,对桥涵出口的排水沟渠和入水口等处的构造物作功能性修复,对公共用地进行平整,增加个别土质边坡底部挡墙,保证边坡稳定。总共完成路堑挡墙487.60m^3/159m,涵洞19.90m/3道,排水沟85m,干砌拦渣挡墙422.50m^3/176m,回填土方2172.80m^3,边坡喷草1.31万m^2,留地喷草3万m^2,植树(灌木)933株,清理废方1.83万m^3,平整场地4.26万m^2。环保工程投资238.09万元,其中,绿化工程投资113.2万元。

2000年6月10日,国家环保总局监督司组织交通部环保办、省环保局、省交通厅召开会议,对贵阳东北绕城公路环保设施执行"三同时"情况进行了检查验收。参加会议的还有国家环保总局环境工程评估中心、高总司、省高管局、省交勘院、省交通科学研究所等单位。在听取高总司《贵阳东北绕城公路环境保护设施情况汇报》和国家环保总局环境工程评估中心《贵阳东北绕城公路环境影响调查报告》的汇报后,经现场勘察,认真讨论,验收组认为贵阳东北绕城公路虽未按工程可行性研究要求进行环境影响评价,但建设单位在设计、施工中,已采取许多措施实施环保工程,如采用高线位、低路堤布线,有计划借(弃)土石方,减少林地砍伐、喷播植草、加固边坡、增设排水设施等,还根据环境影响调查中提出的问题进行整改,如进一步清理塌方、放缓边坡、加高挡墙、平整弃土场、恢复植被、沿线实施绿化美化、减少声屏障等措施,加之原有生态保护设施,起到了防止水土流失和生态保护的作用。工程生态防护、生态恢复等环境措施基本得到落实,并起到了较好的作用,基本符合环保验收条件,在进一步完善生态恢复等措施的前提下,同意该工程环保设施通过竣工验收。

2000年7月18日,国家环保总局监督司在其环监验〔2000〕36号文中指出,贵阳东北绕城公路经监测,噪声(个别点有超标现象)、大气达到规定标准,沿线公众调查满意率为70.6%,基本符合环境保护验收条件,该项目环境保护设施验收合格。同时要求进一步完善工程沿线、取弃土场、边坡的生态恢复、水土保持措施,在跟踪监测的基础上,落实沿线噪声敏感点的防护措施,严格控制公路两侧建设规划。

竣工验收之前,财政部委托省财政厅投资评审咨询中心对贵阳东北绕城公路建设项目竣工决算进行投资评审,贵州正方会计师事务所承担了具体的评审工作。正方会计师事务所于2000年1月30日~4月14日、2000年9月18日~2001年4月29日对贵阳东北绕城公路建设项目竣工财务决算进行审核,通过审核会计凭证、工程合同、结算、现场抽查实物等必要的审计程序,完成了审核工作,提交了《贵阳东北绕城公路竣工决算审核报告》(黔正方会工字〔2001〕69号)。依据正方会计师事务所提供的评审报告,2001年7月27日,财政部以《对贵州贵阳东北绕城公路建设项目竣工决算评审报告的意见》(财办建〔2001〕232号)进行最后认定,贵阳东北绕城公路建设项目批准概算投资6.07亿元,其中国债补助资金5000万元,项目送审决算投资6.7亿元,净审减决算投资4491.26万元,审定项目最终决算投资6.25亿元,超概算1855.88万元。

2003年12月30~31日,按照省交通厅《关于同意贵阳东北绕城公路竣工验收的批复》(黔交建设〔2003〕197号)的安排,贵阳东北绕城公路竣工验收会在贵阳举行。受交通部委托,省交通厅主持,省国土资源厅、环保局、档案局、省质监站、省交通建设工程造价管理站、高总司、省高等级公路管理局、省交勘院、省交科所、省桥梁工程公司、省公路工程公司、省交通建设工程咨询监理有限公司、省交通工程有限公司等有关单位的代表参加了竣工验收会议,成立了由省交通厅副厅长为主任委员的竣工验收委员会,并组成了竣工验收专家组及验收内、外业检查组。竣工验收委员会认真听取了工程建设、设计、施工、监理、监督单位的工作报告,以及交工验收、环境保护、建设资金审计等工作情况汇报,并实地察看了工程实体,抽查了竣工档案及有关文件。

竣工验收委员会经过认真讨论认为:该项目能执行国家基本建设程序,实行了政府监督、社会监理和合同管理,通过加强设计优化、比选和完善,使该路缩短了3.2km,线形较优。在推广、应用新技术、新结构、新工艺方面等方面进行了积极的探索和实践,都拉营大桥一次转体质量达7100t,为当时的全国同类桥型之首,在生态环境保护、水土保持、景观协调、绿化等方面做了有益的工作。按照交通部《公路工程竣工验收办法》的有关规定,由竣工验收委员会及其专家组对工程质量、工程建设各方及工程建设项目进行了综合评价及评分:建设管理85.9分,设计质量84.61分,监理工作83.53分,施工管理73.65分,建设项目综合得分83.8分,等级为合格,同意竣工验收。

贵阳东北绕城公路自竣工验收之日起,正式移交高管局养护。

3. 复杂技术工程

(1)都拉营大桥。都拉营大桥位于贵阳东北绕城公路 2km 处,横跨川黔铁路都拉营站区上空,是贵阳东北绕城公路的重点工程,也是当时全国转体桥梁中重量最大的工程。原设计与铁路部门规划的渝黔铁路都拉营编组站冲突。为跨越铁路并在施工中不影响川黔铁路上列车的正常运行,大桥跨径结构变更为主跨 90m、全长 212.11m 的连续 T 形刚构转体桥,施工工艺变更为转体施工,即将两岸桥台按常规施工法施工,在进行桥跨两个桥墩施工时,首先按桥轴线位置把两桥墩基础浇筑完毕后,以桥墩中心为圆心安装带钢转轴的圆形厚钢板,形成下转盘,露出光滑的钢板面及转轴,然后将同直径、带转轴套的光滑面厚钢板盖上,再以两块钢板接触面为界面,在界面上浇筑转盘、牵引盘及 88m 的 T 形转体单元,最后利用 250t 的同步转体顶牵引一端预埋进牵引盘钢绞线施力,使转体单元逆时针转体合龙,箱梁归至桥轴位置。大桥混凝土方量达 9033m^3,钢材用量达 1200t,每个转体单元质量达 7100t,是当时国内转体桥梁质量之最。为确保转体施工的成功,省公路工程公司与省交勘院认真研究完善设计,并邀请国内桥梁转体专家和省交通厅工程技术委员会多次召开专题会议,对结构设计及转体施工方案进行了充分论证,最终放弃原设计的卷扬机牵引转体方案而改用穿心式连续作用千斤顶牵引转体方案,后方案不仅安全可靠,而且体现了占用场地少、受力均匀稳定等优点。经过省公路工程公司上下的奋力拼搏,1998 年 7 月 30 日,大桥正式转体成功,两个质量达 7100t 的 T 构单元合龙后,两端高差不小于 0~0.86cm,中线误差为 0~3mm,轴线、高程尺寸准确率达 99.99%,施工合格率达 100%。大桥的转体成功,开创了当时国内工期短、质量优、转体质量记录之最,标志着贵州桥梁建设工艺水平又迈上了一个新台阶。

(2)培席段(K5 + 560 ~ K5 + 940)大滑坡的治理。培席段由于路堑深切坡脚岩层,兼之水的下渗使黏夹层软化,1997 年 3 ~ 12 月,连续出现 3 次大体积的顺层滑动,滑动范围长 200 多米、宽 163m、面积 2.7 万 m^2,滑体厚度最大 26.5m,滑坡土石方清理数量累计达 60 余万 m^3,在当时贵州公路建设史上尚属首次。1998 年 1 月 9 日,省交通厅工程技术委员会对此进行了专题论证,通过了"调坡、清坍、锚挡结合"的综合治理方案,并委托省公路工程公司进行设计。省公路工程公司即刻展开工作,进行了详细的施工图设计,并按此进行了精心施工,清运滑坡体上部滑坍的岩体,对下部岩体按其稳定情况,分别采用了钢筋混凝土抗滑桩、预应力钢绞线锚固钢筋混凝土挡墙及浆砌片块石挡墙,并同时对该段路线进行纵坡调整,将线位平均提高 5m,使滑动面得以稳定,从根本上避免了深层滑坡的可能。

(3)K2 +270 ~ K2 +560 段的设计与施工变更。此段原设计为高达 18m 的填方,不利于路基的沉降稳定,有碍都拉营大桥的景观,还要占用大片良田。省公路工程公司经高总司同意,将此段改为 7 ~ 30m 无黏结部分预应力空心板高架桥——元宝坡大桥。施工中,还对 K2+270～K3+960 段进行纵坡调整,提高了线位,既保持了原设计的土石方的平衡,又使总挖填数量相应减少。

(4)新添寨互通式立交桥。新添寨互通式立交桥位于贵阳东北绕城公路 11～12km,是贵阳东北绕城公路上最大的控制性工程,也是影响全线是否能按时通车的关键。此桥为双喇叭形立交,由两座匝道大桥、两座立交小桥、两座匝道小桥组成,桥梁总长 522.66m。在两座匝道大桥中,一座与新添大道、顺海高架桥相连,桥长为 151.58m;另一座则把新添大道、顺海高架桥与前一座匝道大桥连接起来,加上其他立交小桥和匝道小桥,形成喇叭形的三层互通式立体交叉。两座匝道大桥的上部结构均为两联钢筋混凝土连续弯箱梁;下部结构分别为单柱和双柱墩;基础为直径 1m 的挖孔桩和扩大基础。其余的小桥均为钢筋混凝土板梁桥。由于工程是在不影响贵开公路正常通行情况下施工的,加之时间紧、任务重,施工难度大,工程显得很艰巨。承担建桥任务的省桥梁工程公司第三工程处的数百名建设者,克服许多难以想象的困难,自 1997 年 11 月动工以来,严守各项规章制度,强化质量管理,一改过去工序流水作业的传统方式,采取齐头并进的方法,倒排工期,抢晴天、战雨天、昼夜施工,对路基滑坡采取了抗滑挡墙加岩锚等技术工艺,完成工程量近 70 万 m^3,仅用了短短 9 个月的时间就全面完成了建设任务。

(5)顺海高架桥。顺海高架桥位于贵阳东北绕城公路 K10+100～K11+28 段,上部结构采取满堂支架现浇施工方法,桥长 993m,是当时省内最长的连续刚构桥。该桥地处城镇居民、工矿密集区,工程量集中,施工设备机具投入极大,施工干扰大。省桥梁工程公司安排精兵强将,新购架料钢材上千余吨、新购混凝土输送泵若干台,优质高速圆满地完成任务,使该桥与新添寨三层互通式立交桥成为乌当区的建筑景观。

(6)新口大桥。新口大桥跨南明河,位于贵阳东北绕城公路 K12+700～K16+500 段,全长 380m,主拱跨径 140m,钢筋混凝土箱形拱,单孔跨径是当时省内同类型桥中最大的。

(7)东郊水厂大桥。东郊水厂大桥位于贵阳东北绕城公路 K18+720～K19+580 段,是当时省内陆地独柱最高的工字组合梁桥。该桥与新口大桥在施工中都发生过设计上的变更,但省桥梁工程公司施工人员克服重重困难,采取新工艺,尤其是后者在高墩柱上安装抱箍作支点,再用贝雷片作底架及架立钢管架,节省了大量的人力、物力,提高了工效,工期也得以提前 2 个月。

(8)云关坡互通式立交桥。该施工处居民点、厂房、学校密集,几百米路线的范围内集中了近 20 余万 m^3 的石方。省公路桥梁工程总公司海南公司于 1997 年 7 月进场,为保证安全,施工中改进爆破方法,采用小枪加密炮、松动加覆盖的控制爆破方法,确保了工程的顺利实施。

4. 营运管理

全线设桥隧管理站共计1个(只负责救援)。

(二)G6001贵阳市绕城高速公路贵阳东出口公路

1. 基本情况

(1)项目决策背景及过程。由于贵阳东出口线是两条国家主骨架公路210线和321线的必经之路,公路运输状况十分紧张。为缓解这一紧张状况及适应龙洞堡机场建设后公路运输量增加的需要,贵州省提出修建贵阳东出口公路的建议,1991年,交通部以《关于贵阳东北环线及东出口公路项目建议书的批复》(交计字〔1991〕189号)同意建设贵阳东出口公路,并要求由贵州自行审批设计任务书。

(2)公路的功能、定位、里程。贵阳东出口公路是国家规划的12条国道干线之一,国家标准汽车专用一级公路,是重庆—贵阳—南宁的一段,是西南出海通道的组成部分,北接贵遵公路,向南延伸与南宁至北海(北部湾)的公路相接,形成贵州汽车专用公路通江达海的格局。该路段连接贵阳东北绕城公路,是联络贵阳市龙洞堡机场的重要通道,并在下坝与贵阳至新寨高等级公路衔接,是贵新高等级公路的起点,是贵州的南出口公路,同时又是贵阳市的东南出口,是贵州"八五"跨"九五"期的重点公路建设项目之一,被称为省门第一路。全长13.69km,其中主线12.37km,龙洞堡机场联络线1.32km(是贵阳东出口连接龙洞堡机场的一级汽车专用公路,起于东出口公路K7+913.85,止于机场大门内11m),水口寺大桥670m;起于贵阳市蟠桃宫互通式立交桥末端,跨水口寺南明河架设大桥一座,经汤巴关、冒沙井,跨鱼梁河,过大坡东、生物制药厂,跨甘庄河,止于下坝与新建的贵新公路起点相接。该项目全立交、全封闭,双向四车道,并设有反光标志、标线、防撞护栏及中分绿化隔离带等交通设施。

(3)技术指标。机场联络线全长(按上行线桩号)1.32km。路线标准为山岭重丘区一级汽车专用公路,路基主线宽25m,分幅匝道为12.5m,高级路面,桥涵设计车辆荷载为汽车—超20级、挂车—120级。K1+200～K12+900路段设计行车速度60km/h,平曲线最小半径250m,最大纵坡5%,最大合成坡7.8m,凸形竖曲线最小半径6500m,凹形竖曲线最小半径5000m,路基宽度21.5～27m,行车道宽度2×7m,设计车辆荷载汽车—超20级、挂车—120级,设计洪水频率1%。

(4)投资规模。东出口公路概算根据黔计建字〔1991〕205号文批准为8850万元,除交通部补助2700万元外,其他为贵州自筹,其中,省能交基金拨款2200万元、省基建专项基金拨款3950万元。后因定额调整变化、主要材料价格上涨,增加交叉工程及交通工程建设项目等原因,致使项目投资超预算,省交通厅以《关于请求批复贵阳市东出口公路调整概算的报告》(黔交计〔1996〕111号)致省计委,要求增加投资,1997年1月1日,省计委以《关于贵阳东出口公路工程调整概算的批复》(黔计建设〔1996〕849号)同意增加投资,将原概算调整为2.58亿元,另新增蟠桃宫立交桥工程投资7000万元。

(5)主要控制点。路线全长13.69km,其中主线12.37km,龙洞堡机场联络线1.32km(是贵阳东出口连接龙洞堡机场的一级汽车专用公路,起于东出口公路K7+913.85,止于机场大门内11m),水口寺大桥670m;起于贵阳市蟠桃宫互通式立交桥末端,跨水口寺南明河架设大桥一座,经汤巴关、冒沙井,跨鱼梁河,过大坡东、生物制药厂,跨甘庄河,止于下坝与新建的贵新公路起点相接。全立交、全封闭,双向四车道,并设有反光标志、标线、防撞护栏及中分绿化隔离带等交通设施。

(6)主要构造物。全线共完成土石方294.11万m^3,防护工程16.22万m^3,涵洞4661.72m/151道,大桥846.2m/3座,中小桥571.7m/18座,路面38.92万m^2。主要材料实际消耗为水泥76387t,钢材4502t,沥青692t。

2. 建设情况

(1)立项审批。1991年,交通部以《关于贵阳东北环线及东出口公路项目建议书的批复》(交计字〔1991〕189号)同意建设贵阳东出口公路,并要求由贵州自行审批设计任务书。

(2)勘察、设计。1991年省交通厅以《关于报送贵阳市东出口公路设计计划任务书的函》(黔交计〔1991〕19号)上报省计委,同年4月15日,省计委以《关于贵阳市东出口公路设计任务书的批复》(黔计工字〔1991〕143号)同意建设贵阳市东出口公路,并要求抓紧编制初步设计,省交勘院接受任务后进行了初步设计,省交通厅以《关于报请审贵阳市东出口线初步设计的函》(黔交计〔1991〕25号)上报省计委,省计委根据交通部交计字〔1991〕189号文批复关于该项目的初步设计由贵州负责的意见,于同年5月10日以黔计建字〔1991〕205号文批准初步设计确定的线路走向,同时指出:鉴于东出口线受拟建的贵阳龙洞堡机场跑道终端位置的控制,在施工图设计时要进一步核实路线线位,并做相应调整。

全线勘察测设任务委托省交勘院进行。根据省交通厅安排,贵阳东出口线划分为三个独立建设项目分期实施,即蟠桃宫互通式立交桥、水口寺南明河大桥以及K1+200~K12+900路段。蟠桃宫立交和水口寺大桥进行独立设计。

东出口线所经地段地形复杂,沿线中小型厂矿企业较多,除受地形控制外,还受控于贵阳市城市规划、龙洞堡机场建设、沿线的厂矿、居民区、森林公园、龙洞堡文化区、变电站等,所以,东出口公路路线方案多次变动。省交勘院先后三次进场做定测,共计勘测里程达52.8km,其中,一级公路22.7km,支线、辅道(包括立交匝道)30.1km。

K1+200~K12+900路段起于水口寺南明河大桥下坝岸桥头(K1+200),起点受汤巴关高差控制，先后采用了两段5%的纵坡升坡。其间，红岩村垭口（K1+500）出现深路堑，切断了乡村道路，故设计采用在消防器材厂门前设分离式立交桥上跨主线。为减少废方，在油漆厂附近（K2+000～K2+100）按高路堤设线。汤巴关附近（K2+600～K2+800）路线经过早年堆积的垃圾区，为减少清除垃圾数量，利用湘黔公路线位设线，并将老路右移。

汤巴关（K3+000）至冒沙井（K4+500）为南北高、中部低的山槽，湘黔公路穿行其间。由于山槽狭窄，沿线厂房、民房较多，故占用了湘黔公路线位设线，将辅道（即湘黔公路）与主线合并，加宽两侧慢车道以适应龙洞堡文化区和森林公园的发展需要，路基宽采用27m，并分别在汤巴关（K3+040.33）和冒沙井（K4+386.40）设定向立交，衔接油榨街出口和龙洞堡文化区的交通，其间，在永隆彩印包装厂（K3+669.39）增设互通式立交，以适应小区交通需要。

路线过冒沙井后，为不与龙洞堡文化区干扰，在上寨附近（K4+919.02）上跨朝阳钢厂进厂公路并占用鱼塘设线，经云关坡，跨鱼梁河（K6+505），其间，在云关坡预留贵阳东北绕城线出口的互通式立交。

鱼梁河至大坡东路段地形起伏较大，路线受龙洞堡变电站两组10万V并网高压输电线和龙洞堡机场控制，虽尽可能选择有利地形设线，但仍出现多处高填深挖，工程建设任务比较艰巨。

路线在二甫冲设分离式立交上跨龙洞堡至永乐堡公路后，于K8+315.51设定向立交供机场专用公路接线。此后路线沿机场西侧经磨料厂厂区设线，在大坡东（K9+665.49）设互通式立交，作为已建成的贵阳西南环线出入本路的接点。

路线过生物药厂东侧（K10+300）设线时，尽可能减少房屋拆迁，在K11+063.02设分离式立交上跨联络线，过营盘坡与甘庄寨之间的小垭口后，由于山形曲折、横坡陡峻，以1～60m旱桥接半边桥（桥长200m）进入鱼梁河北岸，深切山嘴后左折与龙洞堡机场跑道轴线的延长线相交。该段路线与联络线形成上、下线布置。

1992年3月17日，在贵阳东出口公路施工图定测外业验收会议上，施工图设计通过验收。会上，龙洞堡机场指挥部正式提供了机场初步设计总体布置图，设计跑道按一次成型修建，长3000m。经计算，东出口线于K12+340.89（方位角N95°28′11″）与机场跑道轴线的延长线相交，交角N85°10′08″，交点至机场跑道终端的距离为595.4m，路基设计高程1059.97m，路线线位完全满足机场建设的要求。

由于机场初步设计变更了龙洞堡机场筹建处提供的跑道轴线坐标，同时提出了路线与机场跑道相对位置的具体要求，根据初步设计批复意见，交勘院对初步设计路线做了调整，路线调整后，主线增长约600m。初步设计批复本段无辅道项目，根据机场占用湘黔公路的需要，本段增设了三级公路联络线5.23km，作为湘黔公路的改线，远期作为汽车专用公路的辅道。

东出口线终点设在下坝,为建成后形成生产力,自 K12+490 起,平、纵面采用过渡段与机场联络线连接。机场联络线本是龙洞堡机场建设的一部分,其项目建议书于 1990 年 12 月经国务院、中央军委批复同意;1991 年,省人民政府以《关于贵阳龙洞堡机场设计任务书(修订本)的函》(黔府函〔1991〕4 号)报送国家计委,国家计委以《关于审批贵阳龙洞堡民用机场设计任务书的请示》(计交通〔1991〕1373 号)上报国务院,设计任务书得到国务院批准,同年 10 月 11 日,国家计委以计交通〔1991〕1573 号文下达了《印发〈关于审批贵阳龙洞堡民用机场设计任务书的请示〉的通知》,要求照此执行。至于机场联络线本身的建设问题,1995 年 6 月 1 日,召开了由副省长姚继元主持的关于龙洞堡机场联络线修建问题的会议。会议听取了省交通厅杨守岳厅长、龙洞堡机场建设指挥部副指挥长张文寨的意见后,经过协商,决定联络线的勘察设计,土地征拨(含公路建设用地,公路管理留地,借、弃方用地,料场用地),安置拆迁等工作全部由机场建设指挥部负责办理完成,且承担据此产生的一切费用。省交通厅按机场建设指挥部提供的设计图纸,经组织会审后,负责修建,建设费用由省交通厅承担,会议还要求机场指挥部将全部建设用地(含借、弃方,料场用地),公路留地的产权移交省交通厅,竣工后的机场联络线要移交省高管局进行维护、管理。

机场联络线的设计也委托省交勘院承担。1997 年 3 月 17 日,省交通厅以《关于报送龙洞堡机场专用一级公路设计概算的报告》(黔交计〔1997〕35 号)上报省计委,同年 4 月 2 日,省计委以《关于龙洞堡机场专用一级公路设计的批复》(黔计建设〔1997〕329 号)同意该线路起点路段按定向互通式立交匝道采用上、下分幅设计,上、下行线皆起于东出口公路 K7+913.85 左 6.25m,下行线在上行线 K0+705 处合成全幅,路线终点设在机场大门内 11m 处,全长(按上行线桩号)1.32km。路线标准为山岭重丘区一级汽车专用公路,路基主线宽 25m,分幅匝道为 12.5m,高级路面,桥涵设计车辆荷载为汽车—超 20 级、挂车—120 级。批准项目总投资 2993.93 万元。

(3)施工、监理。在签定施工合同后,省公路工程公司、省桥梁工程公司积极做好施工前的准备工作。在省交勘院交付施工图文件后,工程技术人员首先对设计图进行工程量复核,同时,在现场进行复测定线、水准点复查与增设、横断面检查与补测、丈量征地界限,制定施工方案,对一些原设计不合理或不尽完善的项目进行修改,并报市指审批后实施。接着按规范试验规程及设计要求,进行原材料和配合比试验、钢材、水泥的鉴定等试验。同时,建立健全质量管理体系及岗位责任制,设置质检员。还对时间、物资、人员及设备等进行安排,组织学习设计文件、施工技术规范要求,施工员熟悉图纸,确定各单位工程或分部工程施工次序、施工方式、施工方法、施工机具。复测结束后,安排机械设备、劳动力进场。机械设备如挖掘机、装卸机、拉土机、振动式压路机、空气压缩机、自卸汽车和拖拉机、滑模摊铺机及混凝土拌和机等在复测后陆续开始调迁进场,同时组织人员陆续进场。路基开始施工砍树、挖根、铲草工作。为了节约成本,采取就近取材的办法,缩短了大量地材的运距,不仅节约了成本,更使机械设备得到了合理调配使用。因各种原因,工程未进入施工实质性阶段,直到1993年1月1日,市指下达开工令,施工单位陆续动工,或积极开展清除、掘除草皮,平整场地的"两除一平"工作,或按惯例进行了水通、电通、机械通和场地平整的"三通一平"工作,接着开始了涵洞、通道、小桥的放线和挖基等基础工程。路基土石方及桥涵、防护排水工程随后全面开展。

省公路工程公司将承建的东出口公路K1+200~K12+900段分成7个施工合同段,后又承接省桥梁工程公司承建的K1+200~K1+540段,还增接了机场联络线项目及云关收费站平场工程项目,故分别有8个项目队施工,具体情况如表6-68所示。

参 建 单 位　　　　　　　　　　表6-68

单位(省公路工程公司)	段　落
交安处项目队	K1+540~K3+000
九处项目队	K3+000~K4+020及云关收费站
机筑处项目队	K4+020~K5+070
四处项目队	K5+070~K7+780
十处项目队	K1+000~K1+540,K7+780~K8+900及机场联络线(K0+000~K1+314.61)路基路面
技术开发处项目队	K8+900~K10+300
二、三处项目队	K10+300~K12+900

为保证工程的顺利开展及施工管理的要求,省公路工程公司成立了由副总经理张太模任项目经理的省公路工程公司贵阳市东出口公路项目经理部,并分别由各职能科室设专人进行归口管理。施计科负责进度、投资控制以及解决施工技术和施工方案方面的问题;质检科配合监理工程师做好各段的工程质量工作、工程施工的监测工作及各种平行检测工作;财务科主要负责资金运用及资金管理工作;公安科主要负责安全保卫及协调方面的工作。

路基施工中,省公路工程公司本着先改沟、桥涵后路基,先土方后石方的原则,合理安排劳动力,按照施工组织计划精心施工。由于施工段属山岭重丘地形,海拔高程990~1100m,高填深挖较多,中心最大填方约23m,最大挖深约28m,整个东出口及机场联络线要开挖222余万m^3土石方,按正线里程计算,平均每公里约15万m^3以上,路基土石方开挖的工程量相对集中,而该段地处贵阳近郊,人口密度大,构造物较为集中,拆迁工作难度及施工难度都比较大,导致全线部分路段未能及时开工,为此,各项目队及项目经理部一方面积极配合拆迁部门做好沿线各段的征拆工作,另一方面在施工危险地段,采用松动爆破加覆盖的施工方法,如K7+780~K8+900段,需进行爆破挖方,但挖方密集,主挖方达13万m^3,又处于"高压走廊区",这里的高压线主要是机车电力线路,为贵州钢铁厂生产用电线,电线离地最近之处仅3m,最低电力电压为11万V,最高电力电压为120万V。省公路工程公司十处组织全体技术力量进行爆破方法攻关,经过1个月零8天的日夜试爆,终于得出了一套行之有效的爆破方法,即采用深眼密布松动爆破加覆盖网的方法,其中的覆盖网为橡胶带编织网,将橡胶带编织网作为覆盖网则是公司技术开发处反复实践后选择决定的。这种爆破方法使飞石和振动波得到了有效控制。此法得到了高总司及市指的认可,并在东出口及机场联络线全线的施工及省内其他重点公路工程的施工中进行推广。

市指与省公路工程公司还根据实际情况,对一些原设计考虑不周的地方进行了修改。如K11+063.29小桥,与机场联络线相交,而机场联络线本身的交通流量就相当大,原设计采用现浇预应力冷拉工艺,板桥与联络线之间的净高只有4.3m,施工必须要立模支架子,这势必使重型车辆无法通过,影响交通。后经重工办同意,二、三处项目队将小桥改为普通预制空心板桥,并减小桥板厚度,既增加了桥板与联络线之间的净空高度,又降低了工程造价。其他如将原设计为单跨T形梁板的K5+900人行天桥,改为中墩式空心钢筋混凝土板桥,并将桥位移至K5+940等。

1996年4月,K11+738.56~K12+900段左幅路基已完工,并通过了市指组织的检查验收,在得到业主同意后,同年11月8日,省公路工程公司开始进行路面施工,12月15日,正式摊铺混凝土路面。路面混凝土厚度主线为26cm,机场联络线为24cm。在路面填隙碎石底基层和二灰碎石底基层的施工中,各施工段严格按照操作规程,严格施工,科学管理,使其强度和平整度等各项技术指标都达到了较高的标准,得到了建设单位的好评。1997年5月8日,全线路面工程提前完成。

贵阳东出口公路及机场联络线工程参建各方十分重视并对工程质量进行监控、对安全进行控制。为了确保所建工程的质量,施工单位设置了专门的质检机构,成立了以工程师为主的质量检查小组,进行工程的日常检查;建设单位也设置了专门的监理部门,由工地监理工程师对所承建的工程进行日常监理;省质监站执行政府监督,从而形成了一整套的质量保证体系。专职技术员、专职旁站员对施工进行全程监督,做到了凡是有施工的地方都有旁站员在,凡是需要进行技术指导的工序都有技术人员在。每完成一道工序的施工,都经过工程师的检查且合格后才报请监理方检查等。

施工方明确专职工程师负责工程质量监理,各队管段技术员负责现场施工的工程质量,监理工程师对每一道工序、每一分项工程进行自检,把好质量关,并把质量管理体系用图表形式挂在墙上,让每一个工程技术员做到心中有数。施工材料都要进行检测,路基压实度、混凝土砂浆抗压强度等都要按《质量评定标准》进行控制。

在安全控制管理方面,省公路工程公司各队建立了安全小组。安全部门和农民工施工组签订了安全合同,明确责任,加强了农民工安全生产的责任感。对爆破物品的管理、现场施工爆破、工地施工安全、机车安全等都明确专人负责,定期检查。发现安全事故苗头,及时采取措施,处理改正。尤其是加强了爆破的安全管理,实行药室由炮工亲自设计,主管技术员签字同意方可进行装药。对于用药50kg以上的药室,先报请队长和处长参加计算并签字认可后方可进行爆破。并制定了统一放炮时间、统一的信号和统一的旗子。在安全员统一指挥下进行安全警戒。

贵阳东出口公路及机场联络线在建设中也存在一些问题。如工期较长,主要原因有两个方面:一方面是征拆工作难度大,影响了工期,汤家坡段至1996年8月才完成征拆工作,云关段也是1996年才完成征拆工作,直接导致全线路基施工迟迟不能完成,致使大部分路段在路基完成成型一二年以后才开始进行路面的施工;另一方面,因预算过低,也导致了施工队伍的不稳定。

(4) 资金筹措。东出口公路概算根据黔计建字〔1991〕205号文批准为8850万元,除交通部补助2700万元外,其他为贵州自筹,其中,省能交基金拨款2200万元、省基建专项基金拨款3950万元。后因定额调整变化、主要材料价格上涨,增加交叉工程及交通工程建设项目等原因,致使项目投资超预算,省交通厅以《关于请求批复贵阳市东出口公路调整概算的报告》(黔交计〔1996〕111号)致省计委,要求增加投资,1997年1月1日,省计委以《关于贵阳东出口公路工程调整概算的批复》(黔计建设〔1996〕849号)同意增加投资,将原概算调整为2.58亿元,另新增蟠桃宫立交桥工程投资7000万元。

(5) 招标投标。贵阳东出口公路及机场联络线的建设单位即业主为高总司,建设管理单位为市指。为适应项目的管理工作,市指设置了指挥长室(3人,负责工程及征地的全面工作)、行政办公室(7人,负责行政和后勤工作)、财务室(3人,负责两线的财务独立管理工作)、监二科(7人,负责管理监理工作)和东出口征地组(4人,负责征拆工作)、实验室(3人,负责试验工作)。市指实行统一的分指管理、社会监理及政府监督相结合的管理模式,工程的进度控制、投资控制、质量控制、合同管理、信息管理和政府协调六大块工作均由市指承担,任务的承接对上对下均以合同进行,全面履行合同条款,并作为一级政府对省政府负责。

东出口公路段(K0+000~K12+900)由高总司一次性发包给市指,市指将路基工程项目分别议标给贵州两家最大的专业施工队伍——省桥梁工程公司和省公路工程公司承建,其中省公路工程公司承担K1+200~K12+900段路基工程(含中、小桥)及路面基层、支线、辅线的路面工程以及龙洞堡机场专用公路的施工,省桥梁工程公司承建水口寺大桥、甘庄大桥、鱼梁河大桥等四座独立大桥。路面工程项目由高总司发包。路基、路面工程(包括机场联络线)的监理全由市指承担。在整个东出口公路及机场联络线工程的建设中,市指及时组织技术力量充实施工现场,调整、完善落实工程建设方案。加强工程资金管理力度,严格按照有关规定对工程项目实施监督、检查,对质量、资金、进度进行控制。贵阳东出口公路工程施工单位如表6-69所示。

贵阳东出口公路工程施工单位

表 6-69

通车里程桩号：K0+000~K12+900

参建单位	单位名称	起止桩号	主要负责人	备注
项目管理单位	贵阳市重点公路工程指挥部	K0+000~K12+900	林佳雪	
勘察设计单位	贵州省交通规划勘察设计研究院	K0+000~K12+900	杜秋柏	
施工单位	贵州省桥梁工程总公司	K0+000~K1+310	陈仁林	路基、路面、桥梁、交安
	贵州省公路工程总公司	K1+310~K12+900	马珍	路基、路面、桥梁、交安
监理单位	贵阳市重点公路工程指挥部	K0+000~K12+900	林佳雪	路基、路面、桥梁、交安

（6）征地拆迁。公路建设需要征拨大量土地和拆迁安置大量民房，市指工作人员深入施工现场，耐心细致地做好广大农民和居民的思想工作，以高度的责任感完成了公路建设征地 1032.99 亩（其中：水田 30.17 亩，旱地 155.89 亩，菜地 458.04 亩，荒地 388.89 亩）；拆迁砖瓦房 209 间计 2.14 万 m^2、草房 104 间计 $4161m^2$、水井 3 口、围墙 $2317m^2$、鱼塘或水塘 2.00 万 m^2；迁坟 27 座；架设电杆 144 根、电线架 6 座、电力通信照明线 1.27 万 m、电线 3.64 万 m。

（7）交（竣）工。1992 年 4 月 17 日，东出口公路开工典礼在贵阳市小碧乡甘庄村一丘陵地带举行，50 响开山礼炮炸响，拉开了东出口公路建设的序幕。历时 4 年半的艰苦奋斗、努力拼搏后，建设各方圆满地完成了贵阳市东出口公路及机场联络线的施工任务，达到了省政府要求"5.28"前全线贯通的总体目标，保证了龙洞堡新机场顺利通航，受到了各级政府和有关部门的好评，工程质量、成本、工期三项指标基本达到了要求。1997 年 5 月 20 日，通车试运行。贵阳东出口公路及机场联络线工程决算为 2.87 亿元。

1997 年 11 月 10~11 日，根据交通部《公路工程竣工验收办法》（交公路发〔1995〕1081 号）及交通部交公路发〔1997〕817 号文的要求，由省交通厅、高总司、省交通质监站、省高管局、省交勘院、省交通定额站、市指、省公路工程公司、省桥梁工程公司等单位领导及有关人员共 32 人组成交工验收委员会，下设评定组，依据交通部颁《公路工程质量检验评定标准》（JTJ 071—94），对贵阳东出口公路及机场联络线工程进行交工验收。检测评定组采取外业检测与内业审查相结合的方式进行交工验收。首先听取了建设、设计、施工、监理、监督单位的总结报告，然后分为路基、路面、桥隧、交通安全设施及内业 5 个检查组进行实地检查，抽查、丈量了涵洞、小桥、排水工程、砌筑工程、路面平整度、大中型桥梁、互通立交工程、标志标线、防护栏 430 个点，获取数据 1944 个（东出口公路 397 点 1656 个数据、联络线 33 点 288 个数据）并审核了施工单位原始资料和监理内业资料。交工委员会评议认为：工程设计、施工（强度、稳定性、几何尺寸）符合规范要求，路线线形顺适，路基稳定，路面平整，桥梁结构坚实，防护工程外形比较美观，交通安全设施齐全（设有反光标志、标线、防撞护栏及中分绿化隔离带等），行车舒适，安全可靠，总体质量较好。对混凝土路面局部断板问题，应从设计、施工方面进行总结，尽快在竣工验收前加以处理和完善。经过综合评议，各工程项目质量评分为：路基工程90.8分，路面工程87.6分，桥梁工程91.8分，互通立交工程89.3分，交通安全设施92.2分，综合评分90.03分。工程质量等级评审为优良，同意交工验收。

经过一年多的试运营，1998年12月21日，根据省交通厅《关于盘百公路、安织公路、贵阳东出口公路竣工验收的通知》（黔交科〔1998〕66号）安排，由省计委和省交通厅组织工程建设各方，省质监站，厅科技处、财务处、审计处、档案室、纪检等单位和部门，会同贵阳市有关部门，如期对贵阳东出口公路及龙洞堡机场联络线工程建设项目进行竣工验收。按照交通部《公路工程竣工验收办法》（交公路发〔1995〕1081号）、《关于加强公路工程项目验收工作的通知》（交公路法〔1998〕61号）及《贵州省〈公路工程竣工验收办法〉实施细则》的要求，成立了以时任副厅长杨来保为主任委员的工程竣工验收委员会，并下设专家小组，由时任厅科技处副处长方集翰高级工程师任组长。

竣工验收委员会对贵阳东出口公路及龙洞堡机场联络线进行了内、外业的检查认证，除同意交工验收委员会和省质监站对该项工程的质量评价外，还认为工程附属建筑设施质量好，造型较美观。经竣工验收委员会专家小组评议，各单位工程质量评分为：建设87分，设计92分，监理88分，施工87.95分，工程综合质量评分89.21分，等级优良，建设项目综合评分89.07分，等级优良，通过了竣工验收。

竣工验收委员会重申了交工验收委员会的一项决定，该项工程由省高管局养护管理。要求接养单位必须加大管养力度，随时保持路容路貌的整洁，对少量破损的路面要尽快维修；局部发生整体沉降的高路堤，经处治后虽已基本稳定，但仍应加强观测，采取有效措施，保持良好的通行状态。

建成后的贵阳东出口公路及龙洞堡机场联络线成了贵阳市东出口大门的重要进出口通道，一方面促进了贵阳市经济文化的发展和龙洞堡机场的建设，另一方面也推动了翁福磷矿的建设和邻近地、州、市的经济发展。

3.复杂技术工程

水口寺大桥。东出口公路的建设项目中，水口寺大桥是最关键的一个独立分项，是工程难度最大、拆迁难度最大、施工干扰最大的一个建设项目。大桥起迄桩号为K0+530～K1+200，桥长670m，由主孔115m的混凝土箱形拱桥、3联引孔为16×30m的混凝土连续箱梁引桥（贵阳岸）、1孔35m预应力混凝土箱梁（龙洞堡）组成。桥面净空为四车道加2×3.5m非机动车道，桥宽25m，主拱为箱形拱，长115m。拱上建筑采用了大节间透空布置，既大幅度地减少了边跨桥墩和主孔桥墩的工程量，又体现了现代桥梁的特色。边跨桥梁采用"点支承连续弯箱梁"，边孔为箱形梁30m×5+30m×6+30m×5，共3联6孔，为钢筋混凝土双室连续箱梁形式。大桥由省交勘院设计,设计荷载为汽车—超 20 级,挂车—120,人群 350kg/m²,桥下不受洪水频率控制,桥面纵坡 1.2%,桥头引道 670m。该桥采用湾坡形式与路衔接,净高 10～30m,横跨贵阳市南明河水口寺段上空,线形流畅,桥姿宏伟、壮观,既是交通纽带,又是一尊工艺品,也是当时贵州交通史上的又一辉煌成就。

  水口寺大桥的建设单位是高总司。1993 年 6 月,高总司一次性将工程发包给市指进行工程管理与监理,省质监站执行政府监督。施工由市指交省桥梁工程公司承建。

  1993 年 6 月 30 日,大桥开始进行施工,由省桥梁工程公司东出口项目经理部承建,同年 12 月 1 日,改由其兴黔土木处正式施工,但因拆迁原因,1996 年上半年之前,桥的建设处于"见缝插针"的被动状态中,直到同年下半年施工才得以全面展开。兴黔土木处在施工过程中,针对不同的情况,采取了不同的处理办法,如 3 号、11 号墩左桩基挖孔时,下部出现了严重的流沙和溶洞,就分别采取角钢密排和灌注混凝土的施工方法,消除了隐患;19 号桥台本身的设计为 C15 片石混凝土重力式桥台,明挖基础,但其地形横坡较陡,为保证该桥台的稳定,经有关部门及现场监理工程师同意,兴黔土木处设置了抗滑锚钢筋,保证了结构的稳定性;6 号墩左桩基挖孔时,由于裂隙、溶洞发育丰富,地下水流量大,基坑发生严重塌方,经有关部门和监理工程师同意,兴黔土木处就采用明挖扩大式基础的方法解决。为迎接"5.28"龙洞堡机场的通航,兴黔土木处昼夜加班。为确保拱圈的混凝土浇筑质量,施工负责人省桥梁工程公司副经理罗荣智三天三夜没离开工地,为全行业树立了榜样。

  市指作为监理单位,负责进行桥的质量控制、进度控制、投资控制、合同管理、信息管理和政府协调。市指设置专人进行蹲点监理,整个建设期间先后派工程监理二科科长黄坤全工程师和工程监理一科科长杨明月工程师担任该桥的监理工作。监理人员在搞好本职工作的同时,主动配合施工单位及业主现场解决施工中出现的问题,如与蟠桃宫立交桥相接的 0 号桥台由原设计的挡墙改为用简支板桥连接,施工中因爆破致使桥台部分开裂,经监理人员和有关单位现场研究后采用加锚固钢筋并用环氧树脂补强的办法进行了处理;3 号墩右柱桩基开挖时遇到较大的溶隙及地下水,影响施工操作,黄坤全工程师会同施工单位提出用角钢焊接加固并对井壁进行封闭,达到了良好效果,保证了施工的正常进行;17 号墩拱座在基础施工时出现溶槽,高总司、设计人员、监理人员共同研究,将溶槽修整成矩形,并加锚固钢筋,形成抗滑齿,保证了拱座的抗推刚度;该桥龙洞堡岸原设计最后二跨为 1～20m 半边桥,监理人员提出改为挡墙,既加快了施工进度,又节约了投资。此外,对重点工程如基础底部、主孔 115m 箱形拱圈钢筋等关键工程多次邀请高总司及省交勘院的设计人员亲临工地检查验收。

  1997 年 5 月 10 日,水口寺大桥提前 18 天时间完成任务,共投入人工 43.15 万工日、机械工 4.40 万工日,完成石方 4484m³、挡墙 764m³、钢筋混凝土 1.74 万 m³,钢筋制作 3066t。1997 年 10 月 15 日,通过了高总司主持的交工验收,综合得分 94.43 分,质量优良。同月 20 日正式通车。水口寺大桥投资预算 5204.96 万元,实际投资 5465.48 万元。

(三)G6001 国道主干线贵阳绕城公路西南段

1. 基本情况

(1)项目决策背景及过程。贵阳是西南地区南下出海的交通枢纽,来自各个方向的长途过境车辆必须借道城市中心区,导致白云、金阳、花溪、小河、乌当等几个区相互隔绝,驾车互通必须先进入贵阳中心城区,然后通过城区道路再分流到其他各区,加剧城市中心区的交通压力。

贵阳建设绕城公路的努力始于 20 世纪 80 年代。早在 1989 年,贵阳建成了从龙洞堡的大坡东到中曹司大桥西端的老西南环线,为二级公路,全长 15km,但大部分已街道化。1999 年,贵州省为解决贵遵公路通车后车辆过境问题,建成了从尖坡到笋子林的东北绕城线,为一级汽车专用公路,全长 19km,对贵阳市的围合仅占 1/3。这个时期,成立了贵阳市西北环线筹建办公室,考虑建设西北环线高速公路,在金竹与老西南环线相接,经雪厂、狗场、水口寺、大山洞到毛庄铺,全长 36.9km,虽然已展开部分前期工作,但受限于当时财力,未能实施。

随着西部大开发的实施,国道主干线贵州省境内建设加快,贵阳过境高速公路建设愈显迫切。为从根本上治理贵阳城区堵车,也亟须建成一条环城的高速公路,分流过境车辆,以减轻城区道路的压力。

(2)公路的功能、定位、里程。贵阳西南绕城高速公路属贵阳市环城高速公路一部分。项目主线全长 55.11km,途经贵阳市花溪、南明、小河、高新、乌当、白云 6 个区。贵阳绕城公路西南段既是 G60 沪昆高速公路的重要组成部分,直接连接 G75 兰海高速公路,也连接 G76 厦蓉高速公路,使穿越贵州的一纵一横国道主干线在贵阳市实现交汇,形成更加完善的贵阳环城高速公路。项目实现了贵阳交通良性循环的大动脉,成为贵阳产业发展的大走廊,是促进贵阳城市化的大杠杆和展示贵阳形象的大平台。

(3)技术指标。贵阳西南绕城高速公路按四车道高速公路标准建设,设计速度 100km/h,路基宽度 26m,最小平曲线半径 880m,最大直线长度 1288.86m,最大纵坡 3.91%,最小坡长 360m,凸形竖曲线最小半径 10000m,凹型竖曲线最小半径 8000m,桥涵设计荷载公路—Ⅰ级,设计洪水频率特大桥 1/300,其余为 1/100,地震动峰值加速度 $0.05g$。

(4)投资规模。贵阳西南绕城高速公路审批概算投资约为 31 亿元。建设资金主要依靠交通部补助及地方配套资金等作为启动资金(约占工程项目建设总投资的 35%,为 10.85 亿元),其余 65%(约 20.15 亿元)使用国内商业银行贷款。受材料价格上涨和征地拆迁等因素的影响,本项目增加材料调差补偿 1.8 亿元,路基施工延期人工费补偿 0.95 亿元,合计增加金额 2.75 亿元。

(5)主要控制点。贵阳西南绕城高速公路有牛郎关、花溪、金阳、白云4处设有互通连接地方道路,有下坝、秦棋、牛郎关、金竹、金华、二铺、尖坡7处枢纽互通,连接贵新、贵都、贵阳南环线、贵黄、贵清、贵遵等高速公路。

(6)主要构造物。路基挖方1380万 m^3,填方902万 m^3;防护工程砌体36万 m^3;涵洞7364m/189道;桥梁12466m/38座;隧道4414(单)延米/5座(其中大于500m的长隧道2座,设有通风照明和消防、火灾报警系统);全线互通式立交8处,分离式立交6处,收费站4处,停车区和服务区3处。沥青混凝土路面1495715m^2,水泥稳定碎石基层1377683m^2,级配碎石底基层1504164m^2,路侧波形梁钢护栏171891m。

2. 建设情况

(1)立项审批。省交通厅从2001年9月开始着手贵阳绕城公路西南段工程可行性研究报告,并于2003年9月完成,计划2007年建成通车。2005年开工后,受各种因素的干扰,到2007年上半年,仅完成建设投资3.26亿元,为总投资额的百分之十几,环城高速公路建设进展缓慢,步履维艰。

2007年6月25日,在贵阳八届市委第28次常委会上,贵阳绕城高速公路被确认为市重点工程。同年7月2日,工程领导小组、工程指挥部全部筹备完毕,7月3日,指挥部人员进驻花溪开始办公。

(2)勘察、设计。该路设计单位为中交第一公路勘察设计研究院(以下简称中交一院)。根据贵州省交通厅、高总司的总体工作计划及工期要求,贵阳绕城公路西南段定测施工图勘察设计准备工作从2005年2月开始。交通部以《关于国道主干线贵阳绕城公路西南段初步设计的批复》(交公路发〔2006〕119号)批准了贵阳绕城公路西南段初设。

在初步设计的基础上,根据高总司的指示,中交一院结合初步设计审查意见精神,进一步调整、优化路线线位;与此同时,依据定测施工图设计工作大纲进行测设技术和仪器设备校验等准备工作,收集整理有关技术资料,按照勘察设计技术质量要求组织落实测设主要人员。2005年2月25日,先期测设人员进驻工地,首先进行了路线线位优化及导线、水准网联测工作。3月4日,全体测设人员进驻现场。由于项目所在区域植被茂密,中桩测量采用全站仪进行施测,一般路段每20m施放一中桩桩位,地形变化点、地质变化点、小桥涵构造物设位置等加桩测量。中桩测量精度纵向误差小于1/2000,横向误差小于0.10m;中平测量采用wild自动安平水准仪,5m铝合金塔尺,测量方法采用单置镜一次观测,逐段与已知水准点附合,允许闭合差为$30\sqrt{L}$;横断面测量采用全站仪测距、测高程,水平仪校验的方法进行,全线范围逐桩测量,测绘宽度综合路基填挖高度、取弃土、排水设计、隔离栅、公路用地界、地面横坡、地质等因素,并结合三维数模设计横断面草图,不受控制路段路中线两侧各50m为横断面测量范围,受控制路段加宽测绘,以满足横断面设计需要，各测量内容、方法、精度均符合《公路工程勘察设计规程》的要求。

在路线测设工作进展的同时，各专业组相继展开了调查工作。道路地质除涵洞、桥梁、隧道及挖方高边坡路段勘察采用钻探、物探和原位测试等综合手段外，还进行了大量的沿线地质调查工作，基本查明了沿线水文地质、工程地质等情况，勘察深度能够满足施工图方案确定及设计的需要。路基防护、综合排水方案均在充分调查工程地质、筑路材料、自然环境、水文条件、农田排灌系统的基础上，结合工程实际情况进行确定，并充分注意环境保护和综合社会效益；筑路材料调查是在充分调查与收集项目区已建高等级公路天然筑路材料来源以及试验资料的基础上进行，对所调查的天然筑路材料料场采取了大量石样，并进行相关项目的试验。对路基弃土、占地、拆迁、工程经济、施工组织及临时工程等方面也进行了详细的调查。

对全线互通式立交及服务区的被交道路、匝道均进行了实地放线，对相应的道路地质、桥涵、占地、拆迁等勘察工作内容与主线同深度、同方法。此外，对改移道路、沟渠工程亦进行了现场放样测量。

2005年3月29～31日，对本项目定测外业进行了中间检查，检查组分别查看了原始测量记录簿和各专业勘察调查记录簿，对外业勘察工作的内容和深度提出了指导意见，并就各专业技术方案与专业技术人员进行了研究。

2005年4月下旬，外业勘察工作结束后，根据各专业初拟的方案，与地方有关部门就构造物设置位置、孔径、道路、沟渠改移合并、拆迁、取弃土等方案进行了充分协商，并取得了书面协议。2006年4月，设计单位提交施工图设计文件。

本项目路线线形设计结合城市规划、地形、地貌、地质、水文等条件，在满足各种规划及交叉净空要求前提下，充分考虑公路功能、安全、经济以及环保因素，尽可能做到平、纵、横的协调统一和沿线自然环境的有机融合。在设计中考虑到该路段既是国道主干线的重要组成部分，同时又承担了贵阳市高速公路外环线的交通功能，在充分考虑贵阳市城市总体规划的前提下，注意使设计总体走向顺捷，使其有利于发挥国家公路网主骨架的规模效益，并有力地促进贵阳市的经济发展。尽可能地避免大填大挖。尽可能避免高填深挖路基，充分注意灵活运用技术指标，合理降低工程规模，避免片面追求高指标导致工程规模的增加和工程造价的提高。尽量避开工程地质、水文地质不良路段。项目区域耕地资源非常珍贵，因此路线布设时尽量少占耕地，尤其是良田，力求最大限度地保护耕地资源。

该项目位于贵阳市近郊，沿线有杨家山、大湾子、沙河三个煤矿采空区，且项目区域岩溶发育，使得该项目建设环境相当复杂。在充分调查项目所在地区城镇、交通、水利、电力等相关行业的现状和规划基础上，就路线总体方案、线位走向和互通式立交方案反复征求地方政府和有关部门的意见，多次修改线位走向和局部方案，最终使其在保证项目功能和线形指标不降低的情况下与城市、水利、国土、交通规划相协调。同时对项目的水文条件进行深入的调查、分析,结合水利、交通规划,合理确定桥梁结构形式、跨径组合和桥长,并就具体桥梁设计方案反复征求规划主管部门的意见,及时调整桥梁设计,使得桥梁设计除满足高速公路要求外,最大限度地满足地方交通、防洪、抢险的要求,保证了工程的顺利实施和功能的最大限度发挥。

原设计设置了牛郎关、花溪、金竹、金阳、白云5处地方互通连接地方道路,设置了下坝、金华、尖坡3处枢纽互通连接贵新、贵黄、贵遵高速公路。项目实施过程中又增加了秦棋(贵都接线)、牛郎关(南环接线)、金竹(南环接线)、二铺4处枢纽,互通连接贵都、贵阳南环线、贵清高速公路,取消了金竹互通。

(3)施工、监理。绕城公路西南段项目在高总司的直接管理和领导下,成立了绕城公路西南段项目总监办,设书记1名,在总监理工程师的统一管理和协调领导下,有副总监3名,设工程科、质安科、合同计量科、综合协调科等职能办公室。建立四级质量保证体系,完善企业自检,强化社会监理,总监办代表业主进行有效管理的模式,同时落实政府监督。

对主要工程材料的严格把关,严格进场材料管理制度。在强化规范作业、工艺、工序质量的同时,加强监控检测试验等技术管理,严把技术质量关。明确桥梁、防护工程、涵洞等结构物基础交验程序、桥梁现浇支架、挂篮、模板计算审核程序。进行桩基无破损检测,全线桥梁桩基一律埋声测管,用超声波法进行检测,对孔桩、扩大基础及地质复杂的各类桥梁基础均通过设计专业人员和扦探进行判断。通过检测有异议或判断困难的桩基混凝土进行抽芯检测来判定成品是否合格。避免成桥后质量安全事故的发生。全线三座连续刚构桥及四座隧道的施工邀请具有资质的三家监控单位对整个施工过程进行全方位监控,监控措施有力,工程质量良好。在生产安全控制方面,尤其是民爆物品制度健全,在公安部门的专项管理下,严格独立库房建立,控制药量的储存,同时在购买、押运、储存、领用、清退、看守等环节加强管理。全线各施工单位禁止进行大爆破作业。全线路基、防护、桥梁、隧道、涵洞、排水、交安、房建、机电、绿化全部按期完工,质量良好,经省质监站验收合格。相应施工图见图6-84、图6-85。

贵阳西南绕城高速公路建设注重环保工作,建立环保检查制度,把环保措施层层落实,施工产生的含油废水、生活污水区别不同情况,分别采用隔油池、气浮设备和二级生化处理设施进行处理,经检验符合环保标准后,方可排入河中。对于钻孔施工中排放出的泥浆,以及清洗拌和设备及工具的水泥浆、油垢等,在排放前采取过滤、沉淀妥善处理,不污染环境和影响附近居民生活。将施工方案与环保问题同时考虑,对易污染环境的施工项目如取土场、弃土场、施工垃圾、扬尘、施工噪声等制定具体可行的措施,从施工安排上全力做到:不多占用土地,少破坏植被,不污染河流,不随意堆放垃圾。严禁全体参建人员乱砍、乱伐、乱捕、乱猎现象,保护好工地范围内的生态平衡。工点完工后,进行现场清理,畅通河渠,保持原有河道水系,及时植草种树、绿化。施工过程中注意环保措施,委托贵州省水土保持监测站进行水土保持监测,委托贵州省交通环境监测站进行环境监测。

图 6-84　雨露庄大桥 T 梁安装

图 6-85　T 梁预制场

贵阳西南绕城高速公路建设前期因各种原因严重影响了工程进度,截至 2006 年 6 月底,仅完成工程计量产值 7%,导致时间过半整体工程形象进度不到 10% 的被动局面。2007 年 7 月,在省委常委、贵阳市委书记李军亲自担任建设领导小组组长后,项目建设施工环境得到了彻底改变,尽管受 2008 年年初雪凝天气近 2 个月的影响,加之为保民生供电,原计划用于绕城项目电网拆迁的人力、材料、设备投入电力抢险中,使高压线拆迁工作直到 2008 年 6 月才解决,影响全线主要控制性工点的工程进度。但该项目后期仍按照交通部批复的计划工期(2009 年 9 月 20 日)如期完成,抢回了失去的施工时间。

根据贵阳市绕城公路总监办〔2009〕15 号会议纪要精神,丰富中央分隔带的景观层次,在原来塔柏和毛叶丁香的基础上增加红叶石楠和茶梅两个新的防眩品种,按 500m 一个单一品种栽植长度循环设置。同时在防眩植物下方路沿石内侧种植三排地被灌木。

根据贵阳市绕城公路总监办〔2009〕15 号会议纪要精神,路侧挖方段方案变更为色块组团布置,集中消化沿线征用苗圃的移栽苗木,填方段路基两侧增设行道树,以加强对视线的诱导作用。根据贵阳市绕城公路总监办〔2009〕36 号会议纪要精神,立交区与分离式中分带按乔、灌、草及开花地被相结合的立体景观设置,充分考虑植物的色彩变化与季相变化,本着四季常绿、三季有花的设计原则,在充分利用部分移栽苗木的基础上,增加大量外购苗木品种。采用自然组团方式与美学理论的有机结合,使立交区的景观层次与效果得到了大幅提升,达到了贵阳市委提出的目标要求。

贵阳西南绕城高速公路建设依靠科学组织、精心施工、团结协作、顽强拼搏,克服极其恶劣的周边环境及各种建材运费上涨等不良施工环境等困难,保证了工程建设。

(4)资金筹措。贵阳西南绕城高速公路审批概算投资约为 31 亿元。建设资金主要依靠交通部补助及地方配套资金等作为启动资金(约占工程项目建设总投资的 35%,为

10.85亿元),其余65%(约20.15亿元)使用国内商业银行贷款。受材料价格上涨和征地拆迁等因素的影响,本项目增加材料调差补偿1.8亿元,路基施工延期人工费补偿0.95亿元,合计增加金额2.75亿元。

(5)招标投标。贵阳西南绕城高速公路项目工程施工及施工监理全部采用国内竞争性招标。2005年11月~2006年5月,本项目通过国内竞争性公开招投标分两批完成路基13个合同段和5个施工监理合同段的招标投标工作。贵阳西南绕城高速公路参建单位如表6-70所示。

贵阳西南绕城高速公路参建单位表 表6-70

参建单位	单位名称	合同段	备注
项目管理单位	贵阳市重点工程建设指挥部		
勘察设计单位	中交第一公路勘察设计研究院		
施工单位	中铁一局集团第四工程有限公司	S1	路基工程
	中铁五局(集团)有限公司	S2	
	中交第二航务工程局有限公司	S3	
	贵州省公路桥梁工程总公司	S4	
	中铁八局集团有限公司	S5	
	中铁二局股份有限公司	S6	
	中铁二十五局集团有限公司	S7	
	中铁二十二局集团有限公司	S8	
	中铁八局集团有限公司	S9	
	中铁十一局集团第五工程有限公司	S10	
	北京海龙公路工程有限公司	S11	
	中铁三局集团有限公司	S12	路面工程
	贵州省交通工程有限公司	S13	
	北京市高速公路交通工程公司	S14	交安及房建工程
	浙江交通设施有限公司		
	广东新粤交通建设投资有限公司	S15	机电工程
	深圳方信达环境绿化建设有限公司		绿化工程
	贵州科龙生态环保科技有限公司		
	贵州黔贵园艺景观有限公司		
	贵阳园林开发总公司		
	贵阳展华园林绿化有限公司		
监理单位	贵州科达公路工程咨询监理有限公司	JA	S1、S5、S9、S10
	贵阳交通工程监理站	JB	S2、S3、S4
	贵州陆通公路工程咨询监理有限公司	JC	S6、S7、S8、S11
	贵州科达公路工程咨询监理有限公司	JD	S12

续上表

参建单位	单位名称	合同段	备注
监理单位	贵州三维工程建设监理咨询有限公司	JE	交安及房建监理
	北京兴通交通工程监理有限公司	JF	机电监理
	深圳市深龙港建设监理有限公司		绿化监理

(6)征地拆迁。工程征占用土地近万亩,拆迁农房500户,拆迁企业38家,迁坟5200余座,全线共涉及管线迁改251处,迁改线路长度达350km。征拆工作量大,情况复杂。如电力线路迁改超高压铁塔就达70多座,涉及新的电力规划、设计、协议签署、费用补偿、材料采购、施工、停电计划安排、补征地和青苗补偿等一系列工作,协调难度大,迁改周期长。在省交通厅、高总司领导的亲自协调参与和各级地方政府的积极配合下,项目办实行分片包干,努力把耽误的时间抢回来,使得征拆工作平稳有序推进。其中迁改电力线260km,光电缆55km,军用光缆9km,煤气管道2100m,有线电视27km。新建石油管道隧道两座,迁改石油管道650m。同时还完成了因工程变更及边坡塌方滑坡、管线迁改补征地785亩。对农灌沟渠及排洪沟、机耕道、生产便道的恢复,项目总监办本着依法、依规、体现和谐、以人为本和涉农问题无小事的工作方针,为保证农业生产的正常耕作,对全线13个乡镇、42个村进行现场查勘,使全线因建设损坏的农灌沟渠得到及时恢复。

针对绕城公路西南段施工环境恶劣、干扰严重、前期阻工长达一年半之久的实际情况,市指挥部迅速实施了公安警务、矛盾排查、法制宣传"三进工地"战略,解决了一大批挡工堵路"老大难"问题,使施工环境明显改善,工程建设顺利推进。随着工程建设进入后期,"矛盾凸显期"再次来临。项目办积极协调市指在"三进工地"的基础上,开展治安大整治、矛盾大排查和防线大建设"三大举措",针对性依法打击不法分子的扰工行为和偷盗行为,开展矛盾纠纷集中排查、化解工作,配套建立法制教育基地,构筑形成了以工点、乡村干部和驻地民警,标段、区指挥部和区政法部门,项目办、市指挥部和市政法部门为主体的三道防线。既保护了征地农民的正当权益,又保证了工程能顺利进行。到工程完工,均未发生大规模的挡工堵路事件和群体性上访事件。在农民工权益保障方面,项目办要求各参建单位实行厂务公开和民主集中制,从项目管理层到基层农民工就是互相监督的整体,预防职务犯罪,设置廉政举报箱和农民工工资举报箱,有效对项目管理人员进行民主监督和对农民工权益进行保障。同时由项目经理部工会专门对困难职工或农民工进行无偿资助,切实保障了农民工权益。

(7)交(竣)工。贵阳绕城公路西南段,从2005年开工。2009年12月28日,贵阳绕城公路西南段建成通车。

3.营运管理

全线设Ⅲ类服务区1处(摆门),救援管理所2个,本项目于2009年9月30日建成通车,批准收费时间为 2009 年 9 月 30 日,批准收费终止时间为 2039 年 9 月 29 日。2009 年 9 月~2010 年 1 月,收费总计 4321.8 万元。

九、G7611 都匀至香格里拉高速公路

G7611 都匀至香格里拉高速公路(以下简称都香高速公路)包含都匀至广顺段(待建)、贵阳(花溪)至安顺段、清镇至镇宁段、六枝至镇宁段、六盘水至六枝段、六盘水至威宁(黔滇界)段共 6 条路段。

(一)G7611 都香高速公路广顺至小屯段

G7611 都香高速公路广顺至小屯段与贵阳(花溪)至安顺高速公路共线,详见 S89 贵阳(花溪)至安顺高速公路。

(二)G7611 都香高速公路小屯至镇宁段

G7611 都香高速公路小屯至镇宁段与沪瑞国道主干线清镇至镇宁高速公路共线。详情见 G60 沪昆高速公路清镇至镇宁段。

(三)G7611 都香高速公路六枝至镇宁段

1. 基本情况

(1)项目决策背景。六枝至镇宁段高速公路是国家高速公路网布局中都匀至香格里拉高速公路(G7611)组成部分,是国家高速公路网第 12 横杭瑞和第 13 横沪昆的联络线,也是贵州省高速公路网第 3 横江口至六盘水和第 4 横鲇鱼铺至胜境关的联络线。六镇高速公路的开通缩短了六盘水至贵阳的距离,形成了六盘水—安顺—贵阳的经济纽带,拉动了沿线的经济发展。

(2)公路的功能、定位、里程。路线起于六枝西侧那玉村与在建六盘水至六枝高速公路相接,经六枝、大用、落别、丁旗,终于镇宁,与镇胜高速公路相接。龙宫连接线起于大山哨 S102 省道与贵黄路的交叉点,经西苗坝至龙宫景区。主线全长 44.132km,龙宫连接线全长 6.3km。

技术指标。项目主线按采用双向四车道高速公路标准建设,主线全长 44.132km,路基宽 24.5m,设计速度 80km/h;龙宫连接线采用二级公路标准,全长 6.3km(原设计 7.16696km),路基宽 12m,设计速度 60km/h。桥梁、涵洞与相应区段路基同宽。桥涵设计荷载采用公路—Ⅰ级,其他技术指标符合部颁《公路工程技术标准》(JTG B01—2003)规定值。全线设置六枝东、落别、官寨(新增加)、丁旗、杨家山 5 处互通立交,设六枝东、落别、官寨(新增加)、丁旗 4 处收费站,1 处停车区(大用停车区)。

(3)投资规模。依据调整初步设计的批复(黔交建设〔2010〕268号)审批概算为32.68亿元。

(4)主要控制点。六枝特大桥跨沪昆铁路施工;麻元大桥高墩施工;丁旗隧道地质复杂施工。

(5)沿线主要地形地貌。典型卡斯特地形地貌,山岭重丘区向平原重丘区过渡,海拔从1400m向100m过渡。

主要构造物。桥梁工程:特大桥1032m/1座;大桥6428.22m/16座;中桥475.31m/8座;隧道工程:中、短隧道2499m/5座;涵洞工程:5601m/180道;交通工程:波形护栏118398m,标志标牌483个;交叉工程:分离式立交桥595.28m/7座,车行、人行天桥658.74m/11座;互通式立交5处;收费站4处。

2. 建设情况

(1)立项审批。2009年11月25日,工可获省发改委批复(黔发改交通〔2009〕2913号);2009年11月25日初步设计获省交通运输厅批复(黔交建设〔2009〕246号);2010年11月19日主线路基宽度从21.5m调整为24.5m,龙宫连接线路基宽度从8.5m调整为12m,工可获省发改委批复(黔发改交通〔2010〕2513号);2010年12月31日,路基宽度从21.5m调整为24.5m,龙宫连接线路基宽度从8.5m调整为12m,初步设计获交通运输厅批复(黔交建设〔2010〕268号);环境保护方案通过贵州省环保厅黔环审〔2009〕19号文、〔2010〕152号文批复;水土保持方案通过贵州省水利厅黔水保函〔2009〕171号文、〔2010〕162号文批复;2011年6月20日,贵州省交通建设工程质量监督局批复工程质量监督(黔交质〔2011〕59号);2011年7月20日,施工图设计文件获省交通运输厅批复(黔交建设〔2011〕146号);2012年9月26日,正式施工用地获国土资源部批复(国土资函〔2012〕764号);2012年9月29日,《施工许可》获省交通运输厅批复。

(2)勘察、设计。贵州省交通规划勘察设计研究院股份有限公司负责主体勘察与设计;招商局重庆交通科研设计院有限公司负责房建、绿化、交安工程设计;中交第二公路勘察设计研究院有限公司负责机电工程设计。

根据委托书的要求,中咨集团公司按公司质量体系要求,指定了贵州省六盘水至镇宁高速公路工程可行性研究项目总负责人和项目负责人,成立了贵州省六盘水至镇宁高速公路工程可行性研究项目部(以下简称"项目部")。项目部制定了周密详细的工作计划和项目创优措施,编制了详细的工作大纲。据此进行本项目的工程可行性研究,研究过程主要有以下几个阶段:

2009年1月,项目准备工作。根据委托书,收集贵州省高速公路网规划,了解地方政府的需求,初步分析本项目的大致走向,在此基础上,编制单位确定了项目影响区、通道出行、路线走廊等,并拟定需要收集的资料清单和地形图、交通调查和社会调查方案等。根据通道出行分析,初步拟定了交通调查方案和OD点布设位置。根据拟定的路线走廊,收集了沿线1:20万、1:10万、1:1万地形图,在1:1万地形图上初步拟定路线方案。由公司总工办组织有关专家对交通调查方案和OD点布设、纸上方案进行讨论、研究,对项目工可研究进行事先指导。

2009年2~3月,资料收集、交通调查、实地踏勘、现场方案研究及社会调查。项目部于2009年2月进驻工地全面开展外业调查研究工作。项目部调查走访了六盘水、钟山区、水城、六枝、安顺和镇宁等县市的政府和交通、规划、国土、环保、水利等相关部门以及沿线的乡镇,收集了本项目工程可行性研究所需的大量基础资料,并就路线走向、互通式立交设置等事项交换了初步意见,对纸上路线方案进行了优化调整。同时还与本项目衔接的威宁县进行了资料收集和调查了解,对衔接段路线进行了现场踏勘。

为了全面掌握与本项目有关机动车辆流量、流向及运营状况,把握旅客和货物的流量流向,为交通量预测工作提供可靠的基础数据,项目部在沿线地方政府及交通部门的积极配合下,于3月3日上午7:00~3月4日上午7:00对项目影响区域进行了机动车OD调查和交通量观测。

为了使决策更加科学化,项目组在六盘水市及下属的钟山区、水城县和六枝特区,安顺市及下属的镇宁布依族苗族自治县等政府及相关部门的配合下,对沿线进行了社会调查,考虑项目对主要利益相关者的影响,听取了沿线政府和民众的意见及建议。

在整个外业调查和踏勘期间,项目组得到了沿线政府和有关部门的大力支持和积极配合,对项目各影响区的社会经济、交通运输、城市建设、国土资源、环境保护等方面的发展及中远期规划进行了大量的综合调查,使本项目的可行性研究工作得以顺利进行。

2009年3~4月,地质勘察。为了查明项目区域工程地质、水文地质条件,特别是溶洞、采空区、软土、滑坡、崩塌等不良地质现象的分布情况,加强地质选线,结合地形图资料对同深度比较的路线方案进行了详细的工程地质调绘,并收集了相关工程的地质勘察报告。根据调绘成果,进行资料整理与分析,为建设方案比选提供了可靠依据,也保证了方案研究的合理性。

2009年3~4月,方案研究和报告编制。为了提高研究质量,公司领导和专家对此项目投入了极大的关注,做了许多指导性的工作,公司总工办组织了有关专家和项目部成员共同对项目的功能地位、建设必要性、交通量的分析和预测以及路线方案进行了多次讨论和研究。项目组根据讨论、研究结果,在外业踏勘和工程地质勘察成果的基础上,确定了本项目的功能地位、建设必要性、交通量预测结果和建设方案。3月底~4月初,项目部书面向六盘水市及下属的六枝特区、镇宁布依族苗族自治县等政府、交通局、国土局、环保局、规划局、水利局、煤矿等相关部门及安顺市市政府和交通局就路线走向、互通式立交设置等征求意见,各有关部门在4月分别给予了书面回复意见。

项目部根据地方政府的意见,对各备选方案进行了调整、深化,经过技术经济论证,提出推荐方案,于2009年4月完成了贵州省六盘水至镇宁段工程可行性研究报告的编制工作,并将本项目的研究成果提交贵州省高速公路开发总公司。

(3)施工、监理。项目建设单位为贵州高速公路集团有限公司,现场执行机构为六镇项目办,监督单位为贵州省交通建设工程质量监督局,总监理工程师办公室为贵州科达监理有限公司,有贵州交勘院等3家设计单位参与设计,14个施工单位从事施工,5个监理合同段1个中心试验室进行过程监理,特殊桥梁监控、隧道超前地质预报、边坡监控、检测、供电、消防等专项施工共计10家从业单位参加了本项目的建设管理活动。

项目管理机构设置及职能:项目全面实行招标投标制、合同管理制、项目法人责任制、工程监理制。

六镇高速公路项目法人在贵州高速公路集团有限公司的授权下,成立六枝至镇宁高速公路项目建设办公室,代表集团公司行使项目建设管理单位的职能。项目办设主任(法人代表)1名,副主任2名,总工1名,下设工程质安科、合同计量科、综合协调科、财务科4个职能办公室。同时,项目办在集团公司党委的领导下,设党总支部、工会和团支部。另外,项目办由党总支牵头,与当地人民检察院联合成立了加强党风廉政建设、预防职务犯罪协调小组。由贵州省交通运输厅派驻纪检监察组,设计单位派驻现场设计代表组。

设置总监办、驻地办二级监理机构。项目办与中标监理单位通过合同确定委托与被委托的关系,总监办和驻监办及中心试验室构成上下级关系,监理工程师与承包人之间构成监理与被监理的关系。

管理目标:质量方面,严格实行"施工标准化"管理,确保公路工程质量达到国家、交通部现行的工程质量验收标准。进度方面确保全线工期在合同工期内,比合同工期提前完成。成本方面,加强动态管理,合理优化设计,使建设成本控制在概预算范围内。环保方面,在整个施工过程中,做好生态环境保护工作,防止水土流失,不乱砍伐树木,不让废料、垃圾或污水直接或间接进入河流或破坏自然环境,确保工程交工验收时各项环评指标达到优良。安全方面,全施工过程中采用充分的安全设施和人员机构组织,施工过程中无重大安全事故发生。廉政方面,工程完工达到工程优良,干部优秀。

管理措施:质量控制措施与效果。深入落实四级质量保证体系。强化施工企业质量管理主体责任和意识,完善企业自检体系和制度,保证工程质量;强化监理单位监管职责,严格考勤制度,实行定岗定责,促进监理员主动监理;项目办对整个工程施工进行宏观控制和管理,做好协调,为监理单位营造独立、依法、依规的工作环境;办理质量安全监督手续,接受省交通建设工程质量监督局的监督。

同时项目办与总监办成立了质量安全领导小组,监理办与承包人也成立相应的领导小组,实行登记制,使各分项工程的质量、安全责任具有可追溯性。

严把主要工程原材料关,加强实验室管理:通过中心试验室、监理及厅派派驻纪检监察组共同见证取样,同时落实材料进场台账管理制度,对发现的不合格材料进行清理出场并按照《六镇项目管理手册》进行处罚,确保合格材料用于本工程。

推行高速公路施工标准化活动:要求各参建单位严格按照"施工标准化"建设临建及施工各项工程,分项工程施工前,落实"首件认可制",其中第五合同段"施工标准化"考评获全省第二名。

从技术上严把质量关:加强监控检测试验技术管理,通过公开招标引进2家监控单位,分别对长隧道、连续刚构进行全程监控,起到了很好的提前预控管理。积极与设计单位联系,由项目办副主任牵头,各现场管段工程师配合,及时处理工程变更,对地质复杂的高填深挖边坡及各类桥梁基础进行预判;督促落实设计单位对岩溶发育地段及设计阶段遗漏的大桥桩基进行补钻。多管齐下,控制工程施工质量。

开展专项治理检查:在路基施工时开展了边坡、"三背"回填、96区填料、伸缩缝、桥梁支座、隧道初支等专项质量整治检查。在路面后续单位进场后开展了沥青抽检、波形梁施工、机电硅芯管抽检、绿化苗木规格等检查并及时通报整改,提高了参建单位的施工质量意识。

通过以上措施的落实,总体工程质量通过过程整改达100%合格,90%以上优良,项目建设过程中未发生一起失控的质量责任事故。

安全生产管理。深入推行安全生产目标责任管理,认真落实安全生产责任制:按照年度控制指标与各参建单位逐年签定安全生责任书,建立健全管理组织机构及应急预案,建立了项目办领导,总监办、驻监办管理,施工合同段负责,参建人员遵章守纪的安全生产格局,营造了安全生产人人有责、齐抓共管的良好局面。完善日常监管和重点监管工作机制:对存在安全风险较多的合同段进行专项安全风险评估,对各种危险系数较大的工程项目及多工种交叉作业的工点预先做好安全施工方案并加强监管。强化民爆物品的管理,持续开展每月安全生产执行情况、安全管理人员、施工人员、施工设备、安全经费投入的情况进行量化考核并作为支付下月安全管理经费的依据。确保安全生产设备的投入、高危工点的施工处于可控状态。按照"平安工地"建设及"安全生产年"活动持续开展安全工作:组织安全管理人员参加安全培训,参加质监局组织的"平安工地"建设考察,每季度组织进行安全专项检查,召开安全生产专题会议。催促承包人进行安全事故应急演练:全线在建设期分别进行了隧道防坍塌事故演练演练、人工挖孔桩坍孔事故应急演练、触电事故应急演练、火灾事故应急演练、交通事故应急演练等;加强安全教育宣传及学习:项目办及时组织总监办召集各参建单位学习安全生产工作的新要求、新举措、新方法。做好安全生产费用的审核工作:由总监办安排专人负责安全经费的审核,确保安全费用专款专用。

通过以上的落实,施工过程中安全生产全面可控,未发生安全生产责任事故。

进度管理情况。六镇公路建设工期计划为 30 个月,图 6-86 为六镇项目揭牌仪式,土建工程于 2011 年 6 月 23 日正式开工,其中 2012 年 12 月,第一合同段起点与六六线搭接部分,由于六六线搭接位置改变,调整改线里程 2.04km,新增加桥梁 1 座,变更桥梁长度及位置 2 座,土石方工程 30 余万 m^3,此段距离高压电、民房较近、只能冷开挖等原因,造成进度滞后;第三合同段 K109+400 高边坡经历了 3 次大滑坡,滑坡体约 60 余万 m^3,2013 年 5 月方案确定后正在组织抢险;2013 年 10 月确定增加官寨互通,目前正在加紧施工互通区;路基工程此三个工点作为遗留工程处理,其余全部完成。路面工程于 2013 年 5 月 21 日正式开工,目前已全部实施完成。机电工程完成联网收费,具备开通条件,因为施工单位开工较晚,站点房建、绿化目前正在完善中。各参建单位从"讲政治,顾大局"的高度出发,向时间要空间,以空间换时间,为项目建设的顺利完成付出了艰苦努力。截至 2013 年 12 月 17 日,六镇高速公路路基、路面、交安、机电收费系统等全部完成,具备通车条件(图 6-87),全线完成高速公路 44.132km,通车里程 33km,龙宫连接线 6.3km。

图 6-86　2011 年 2 月 28 日,六镇项目揭牌仪式

图 6-87　2013 年 12 月 17 日,六镇高速公路建成通车

工程造价控制情况。六镇高速公路初步设计概算批复金额32.68374324亿元,其中建安工程25.7308亿元,路基、路面、交安、绿化、房建和机电工程共14个合同段,建安合同总价22.26亿元。

该项目全线产生的新增单价,项目办按照合同文件确定单价。项目共产生设计变更598份,已批复变更486份,批复金额2.5435亿元。本项目工程决算尚未完成,预计建安工程最终金额为24亿元,截至累计计量20.28亿元。

监理服务费方面,6个监理合同段,服务费2438万元,累计支付1900万元。

(4)水土保持和环境保护。该项目严格执行国家《中华人民共和国环境保护法》和地方政府对环保的有关规定,严格执行合同中的环保条款,施工方案与环保问题同时考虑,并委托贵州省水土保持技术咨询研究中心进行水土保持监测,委托贵州省交通环保监测站进行环境保护监测,定期出具检测报告。通过对弃土场、水库、居民区集中地方、跨河桥梁施工采取有效措施,对路基边坡和隧道仰坡进行合理的生物防护,对生活垃圾及生活污水进行集中处理等做法,保证了工程建设环保、水保达标。

(5)党风廉政建设。六镇高速公路建设为扎实推进党风廉政建设及反腐倡廉工作的开展,六镇项目党总支以党的十八大精神为指引,深入贯彻省委十一届二次全会、省经济工作会议和省交通运输工作会议精神,以"十破十立"为契机,进一步转变作风,坚持不懈地抓好反腐倡廉的宣传学习和教育工作,着力加强几个方面的工作:完善组织机构及制度建设,认真开展"五好"基层党组织,将基层党建工作深入全线;加强党风廉政教育,树立务实工作作风;坚持以惩治和预防腐败体系建设为主线,积极推进惩防体系建设;按照全省交通系统纠风工作重点,大力纠正行业不正之风;领导班子高度重视,认真做好建设过程中易发生腐败案件重要环节、特征及规律;严格执行贵州省交通运输系统建设领域"十个严禁"和行业管理"五个不准"规定,进一步加强六镇项目各党员干部、管理人员的监督,建立健全自上而下和由内及外相结合的监督体系,确保六镇项目建设期间没有发生任何违反规定的行为;加强理论学习,以新《党章》、党的十八大、省第十一次党代会精神为主要内容,认真抓好学习,把学习成果转化成工作的动力;认真贯彻落实中央"八项规定"和省委"十项规定"、机关干部作为行为规范"四要十不准"、贵州省党员干部政治纪律"十严禁""十不准"等规定,加强教育、健全制度、强化监督,推进党风廉政建设,将开展群众路线主体教育活动以纠正"四风"活动结合起来,确保了六镇项目的风清气正;认真贯彻落实四项监督制度,实行民主科学决策,将"三重一大"制度落实到实处,让权力在阳光下运行;做好六五普法工作以及会员卡清退工作,巩固深化"小金库"治理和公务用车问题专项治理成果,确保六镇项目每位管理人员真正做到"零持有"。

(6)资金筹措。资金来源于交通部下拨专项资金及建设业主银行贷款。

（7）招标投标。六枝至镇宁公路项目工程施工及施工监理全部采取公开竞争性招标。2010年12月，六镇项目通过公开招投标分两批完成路基八个合同段和三个施工监理合同段的招、投标工作。2011年2月，签订施工合同、监理合同及廉政合同后，于2011年6月23日召开第一次工地会议正式开工。路面工程2个合同段、交通安全设施1个合同段、绿化工程1个合同段、站房建设1个合同段、机电工程1个合同段及相应的施工监理招投标工作于2013年5~9月全部完成，签订施工合同及廉政合同后正式开工。参建单位如表6-71所示。

G7611都香高速公路六枝至镇宁段参建单位表

通车里程桩号：K269+132~K225+000　　　　　　　　　　　　　　　　　　　表6-71

参建单位	单位名称	合同段编号及起止桩号	主要负责人	备注
项目管理单位	贵州高速公路集团有限公司	K269+132~K225+000	王勇	
勘察设计单位	贵州省交通规划勘察设计研究院股份有限公司	K269+132~K225+000	邓林、贺亚军、张华	土建工程
	招商局重庆交通科研设计院有限公司	K269+132~K225+000	刘俊樊、吴云天、周畅	房建、绿化、交安工程
	中交第二公路勘察设计研究院有限公司	K269+132~K225+000	罗小荣	机电工程
施工单位	中铁十局集团第二工程有限公司	LZ01　K269+132~K263+801.693	武新耀、曾云旭	土建
	中交第二航务工程局有限公司	LZ02　K263+801.693~K258+948.213	王琳、龚光汉	土建
	四川武通路桥工程局	LZ03　K258+948.213~K251+524.640	王晓钟、郑际汪	土建
	广西壮族自治区公路桥梁工程总公司	LZ04　K251+524.640~K243+577.640	韦兴国、吕延	土建
	贵州桥梁建设集团有限责任公司	LZ05　K243+577.640~K237+694.040	刘彬、张吉灿	土建
	广西路桥建设有限公司	LZ06　K237+694.040~K230+548.940	蒙东升、黄馨	土建
	山东省公路建设（集团）有限公司	LZ07　K230+548.940~K225+000	苑浩川、朱受全	土建
	中铁二局股份有限公司	LZ08　LGK0+000~LGK7+166	兰文峰、杨林	土建
	东盟营造工程有限公司	LZ09　K269+132~K240+972.640	包国军、刘小春	路面

续上表

参建单位	单 位 名 称	合同段编号及起止桩号	主要负责人	备 注
施工单位	北京市公路桥梁建设集团有限公司	LZ10　K240+972.640~K225+000	孙德伟、孙志永	路面
	湖南省永州公路桥梁建设有限公司	LZ11　K269+132~K225+000；LGK0+000~LGK7+166	李三江、唐卫华	交安工程
	江西建工第三建筑有限公司	LZ12　K269+132~K225+000；LGK0+000~LGK7+166	姜声涛、邓俊锋	房建
	杭州兴业市政园林工程有限公司	LZ13　K269+132~K225+000；LGK0+000~LGK7+166	梅永章、毕成浩	绿化
	山西交研科学实验工程有限公司	LZ14　K269+132~K225+000；LGK0+000~LGK7+166	郭俊凯、张晋	机电
监理单位	贵州陆通公路工程监理有限责任公司	LZZJB-A　K269+132~K240+972.640	张正芳	土建
	北京中通公路桥梁工程咨询发展有限公司	LZZJB-B　K240+972.640~K225+000；LGK0+000~LGK7+166	刘军	土建
	贵州陆通公路工程监理有限责任公司	LZZJB-C　K269+132~K225+000；LGK0+000~LGK7+132	陈大忠	路面
	贵州省交通建设咨询监理有限公司	LZZJB-D　K269+132~K225+000；LGK0+000~LGK7+166	罗江山	房建、绿化、交安工程
	贵州科达公路工程咨询监理有限公司	LZZJB-01　K269+132~K225+000；LGK0+000~LGK7+166	王建华	除机电工程外
	贵州陆通公路工程监理有限责任公司	LZZJB-02　K269+132~K225+000；LGK0+000~LGK7+166	刘志勇	机电
中心试验室	贵州省交通建设咨询监理有限公司	K269+132~K225+000；LGK0+000~LGK7+166	梁德礼	除机电工程外
设计咨询单位	北京华杰咨询有限公司	K269+132~K225+000；LGK0+000~LGK7+166	杨明举	整个项目

（8）征地拆迁。六镇项目征地拆迁工作得到了省委、省政府，六枝特区政府、安顺市政府、镇宁县政府以及沿线各级地方政府的大力支持，在交通运输厅、集团公司、六镇项目办和地方各级指挥部的积极协调、沿线乡镇的积极配合下，征拆工作进展顺利，为项目建设的顺利实施创造了有利的条件。

(9)重大变更。根据地方政府(镇宁县政府)要求,新增加官寨互通;根据省委省政府、省交通运输厅要求,全线收费站、停车区规模扩大,增加交警用房,增加车道。

(10)交(竣)工。如图6-88所示,2013年12月19日,贵州高速公路集团有限公司在贵州省六枝特区主持召开了贵州省六枝至镇宁高速公路交工验收会议。贵州省交通运输厅、贵州省交通建设工程质量监督局、贵州省交通建设工程造价管理站、贵州省高速公路管理局、贵州省安顺市高等级公路管理处、六镇高速公路六盘水市指挥部、六枝特区指挥部、安顺市指挥部、镇宁县指挥部、六盘水市公安局交警支队直属高速大队、安顺市公安局交警支队直属高速大队、贵州高速公路集团有限公司相关部门(总工办、计划部、工程部、决算办、征拆办、联网办、财务部、审计部、营运管理中心、联网收费管理中心)、六镇项目办、设计、监理、施工等参建单位参加了本次交工验收会议。参加会议的各单位代表于2013年12月19日对拟交工的贵州省六枝至镇宁高速公路项目土建、路面、交安及站点收费设施进行了现场检查,会议成立了交工验收委员会,听取了建设、设计、监理、施工等单位代表的工作总结,贵州省交通建设工程质量监督局向大会提交了《六枝至镇宁高速公路质量检测报告》。经验收委员会认真研究、讨论,同意贵州省六枝至镇宁高速公路项目土建、路面、交安设施通过交工验收。

图6-88　2013年12月19日,六镇高速公路交工验收会议

3. 复杂技术工程

根据工程建设的实际需要以及交通运输行业技术创新的需求,集团公司、六镇项目办、交通运输部科学研究院联合承担了贵州省交通运输厅科技项目,项目名称为"贵州山区高速公路沥青路面自融冰技术研究及应用",并在K104+500~K105+500高危路段路面(海拔1450m)进行了试验,本课题针对贵州境内多发的路面结冰问题,通过对结冰路面的分布调查及凝冻形成环境的试验与分析,为抗冰雪路面的研究提供理论基础,通过抗冰雪沥青混合料改性的研发,形成山区高速公路沥青路面凝冰防治系统,实现对现役道路

中凝冰高危路段路面的改造,并为凝冰频发区域新建道路的设计与施工提供技术指导,对解决贵州冬季道路行车安全问题、降低交通事故率和减少交通事故损失、保障人民群众的正常生产和生活具有重大的经济和社会意义。

大用特大桥(桥长1032m)桥面防水层采用了水性环氧沥青防水黏结层,水性环氧沥青材料具有优异的热固性、低温柔韧性,优良的力学性能和耐久性,该技术可以有效增强桥面防水黏结层界面黏结效果、显著提高桥面沥青铺装层的抗剪强度和拉拔强度、延长工程使用年限、提高行车的舒适性、减少后期养护成本,从全寿命周期分析,经济效益明显。

丁旗隧道(单幅长990m)施工时,采用先进的视频管理系统、人员识别定位系统、瓦斯监控系统,对施工全过程全方位进行监控,保证了施工人员的安全,确保施工质量受控。

全线桥梁梁体施工均采用了智能张拉、新型压浆剂。

4. 营运管理

全线设Ⅲ类服务区1处(大用服务区),Ⅲ类停车区1处,Ⅱ类服务区1处,设六枝东、落别、官寨、丁旗4个收费站,桥隧管理站共计1个,应急保畅中队共2个,养护站共计1个,本项目于2013年12月20日建成通车,批准收费时间为2013年12月20日,批准收费终止时间为2043年12月30日,2013年12月~2015年7月收费总计2355.02万元,出口车流量共计1402164辆。收费站点设置表6-72所示。

收费站点设置表　　　　　表6-72

站点名称	车道数	收费方式
六枝东收费站	4进7出(含ETC车道1进1出)	人工+ETC
落别收费站	3进4出(8个车道)	人工+ETC
官寨收费站(建设中)	3进4出(8个车道)	人工+ETC
丁旗收费站	3进4出(8个车道)	人工+ETC

(四)G7611都香高速公路六盘水至六枝段

1. 基本情况

(1)公路的功能、定位、里程。六盘水至六枝高速公路(以下简称"六六高速公路")是贵州省高速公路网规划布局中的第7条联络线的组成部分,是国家高速公路网布局中都匀至香格里拉高速公路(G7611)组成部分,是国家高速公路网第12横杭瑞和第13横沪昆的联络线,也是连通"贵阳—安顺—六盘水"工业走廊,将六枝特区与六盘水市、安顺市通过高速公路连接起来,有助于加快实现贵州省"县县通高速"的目标,对于优化本地区的路网格局也有重要意义。

路线起于水城县境内,顺接拟建的威宁至六盘水高速公路,并与在建的杭瑞高速公路毕节至都格段交叉,经滥坝、陡箐、新场、岩脚,终点位于六枝特区新窑乡那玉村,全长60.709km,顺接已建的六枝至镇宁高速公路。

(2)技术指标。本项目主线按采用双向四车道高速公路标准建设,主线全长60.709km,路基宽24.5m,设计速度80km/h;桥涵设计荷载采用公路—Ⅰ级,其他技术指标符合部颁《公路工程技术标准》(JTG B01—2003)规定值。全线设置水城东枢纽互通、滥坝互通、陡箐互通、新场南互通、岩脚互通、六枝西互通,另建新场连接线长7.3km及六枝西连接线长2.2km。

(3)投资规模。本项目由贵州省发展和改革委员会2011年9月以黔发改交通〔2011〕2644号文批准建设,投资估算为55.47亿元。其中,资本金为13.87亿元(约占总投资的25%),由六盘水市政府出资,其余41.6亿元资金利用国内银行贷款解决。由贵州省交通运输厅2011年10月以黔交建设〔2011〕193号文批复初步设计,概算投资62.57亿元,项目总工期36个月。

(4)主要控制点。主要控制点有项目起点、滥坝四岔路口、沪昆铁路、双龙滩、旧院水库、左坝、西北、彭家寨、项目终点。

(5)沿线主要地形地貌。项目区位于贵州省西部的六盘水市,由西向东纵贯六盘水市的水城县及六枝特区。项目地处云贵高原中部,贵州高原地貌三大区域的西部高原山区,地势整体呈西高东低。沿线地貌受控于地质构造,山脉走向基本与构造线一致。纵观本测区的地形地貌,路线所涉及的地形地貌大部分地段为岩溶峰丛洼地及其过渡类型,地形较陡,沿线海拔高程1957~1180m,相对高差777m。该项目地貌类型根据其切割深度、山体组合形态、沟谷形态分为高中山峰丛谷地地貌、高中山峰林洼地地貌、高中山峰丛沟谷地貌、高中山峰丛缓坡地貌、高中山岩溶丘陵地貌。

(6)主要构造物。路基土石方:其中挖方1246.69万m^3,填方1428.86万m^3;桥梁工程:其中特大桥2108.91m/2座,大桥11223.53m/35座,中桥1258.62m/22座;隧道工程:其中长隧道5694m/4座,中、短隧道4552.26m/9座;涵洞工程9019.3m/204道;交叉工程:分离式立交桥952.28m/8座,车行、人行天桥429.65m/8座,互通式立交6处;防护、排水砌体工程47.16万m^3;路面工程:其中级配碎石底基层1232661m^2,水泥混凝土基层1197807m^2,沥青下面层950611m^2,改性沥青混凝土面层31145533m^2;交通工程:波形护栏131000m,标志标牌453个。图6-89所示为贵州官寨大桥实景。

2. 建设情况

(1)立项审批。2010年12月8日,环境保护方案通过贵州省环保厅黔环审〔2010〕258号文批复;2010年10月11日,水土保持方案通过贵州省水利厅黔水保函〔2010〕179号文批复;2011年9月26日工可获贵州省发改委批复(黔发改交通〔2011〕2644号);2011

年10月24日,初步设计获贵州省交通运输厅批复(黔交建设〔2011〕193号);2012年4月25日,初步设计修正概算获批复(黔交建设〔2012〕71号);2012年8月23日,施工用地获国土资源部批复(国土资函〔2012〕663号);2012年12月31日,施工图设计文件获省交通运输厅批复(黔交建设〔2012〕285号);2012年12月31日,贵州省交通建设工程质量监督局批复工程质量监督(黔交质〔2012〕176号);2013年4月8日,施工许可获省交通运输厅批复。

图6-89　2014年8月30日,贵州六盘水至六枝高速公路建成的官寨大桥

（2）勘察、设计。根据业主单位委托书的要求,中咨集团公司按质量体系要求,指定了贵州省六盘水至镇宁高速公路工程可行性研究项目总负责人和项目负责人,成立了贵州省六盘水至镇宁高速公路工程可行性研究项目部(以下简称项目部)。项目部制定了周密详细的工作计划和项目创优措施,编制了详细的工作大纲,据此进行本项目的工程可行性研究,勘察、设计过程主要有以下几个阶段：

第一、第二阶段的勘察设计工作与六枝至镇宁公路项目同步进行。详见六枝至镇宁项目。

第三阶段为地质勘察。2009年3~4月,为查明项目区域工程地质、水文地质条件,特别是溶洞、采空区、软土、滑坡、崩塌等不良地质现象的分布情况,加强地质选线,结合地形图资料对同深度比较的路线方案进行了详细的工程地质调绘,并收集了相关工程的地质勘察报告。根据调绘成果,进行资料整理与分析,为建设方案比选提供了可靠依据,也保证了方案研究的合理性。

第四阶段为方案研究和报告编制。为提高研究质量,业主单位和专家对此项目投入了极大的关注,给予许多指导性的意见,公司总工办组织了有关专家和项目部成员共同对项目的功能地位、建设必要性、交通量的分析和预测以及路线方案进行了多次讨论和研究。项目组根据讨论、研究结果,在外业踏勘和工程地质勘察成果的基础上,确定了本项目的功能地位、建设必要性、交通量预测结果和建设方案。

2009年3月底~4月初,项目部书面向六盘水市及下属的钟山区、水城县和六枝特区等政府、交通局、国土局、环保局、规划局、水利局、煤矿等相关部门就路线走向、互通式立交设置等征求意见。4月28日,六盘水市政府召集六枝、水城和钟山区政府及市发改委、国土局、交通局、林业局、煤炭局、环保局、旅游局和公路局等部门对六盘水至六枝段路线方案进行了讨论和研究,并于2009年5月15日以《六盘水市人民政府关于六盘水至镇宁高速公路路线走向推荐方案的函》(市府函〔2009〕24号)进行了回复,明确本项目暂不考虑六盘水市中心城区段,起点定为与杭瑞高速公路的交叉点;原则同意推荐A线方案,并对陡箐高海拔路段进一步优化;在新场、岩脚增加三级公路联络线。

项目部根据六盘水市政府的意见,对路线方案进行进一步深入研究,将路线起点定为本项目与杭瑞高速公路的交叉点,在新场、岩脚设置了连接线,于2009年5月完成了贵州省六盘水至镇宁高速公路六盘水至六枝段工程可行性研究报告的编制工作,并将本项目的研究成果提交贵州省六盘水市交通局。

第五阶段为专题研究、工可报告的预审及补充。本项目完成了工程可行性研究报告的编制工作后,六盘水市交通局又组织相关单位进行了矿产压覆评估、环境影响评价、水土保持等各项专题的研究,项目部根据评估结果对报告进行了补充。

2010年3月,贵州高速公路开发总公司相关专家和领导对本项目工程可行性研究报告进行预审,项目部根据预审意见对研究报告进行了补充。报据搜集到的毕节至都格高速公路初步设计成果结合地形情况对本项目的起点互通水城东枢纽互通做了进一步研究,根据六枝至镇宁高速公路的施工图设计对本项目的终点位置进行了调整,由AK98+416调整至AK98+960,并将六枝西互通纳入本项目。项目部于2010年4月完成了贵州省六盘水至镇宁高速公路六盘水至六枝段工程可行性研究报告的补充编制工作,并将本项目的研究成果提交贵州省六盘水市交通局。

2011年11月,完成了贵州省六盘水至镇宁高速公路六盘水至六枝段初步设计工作。

2014年7月,完成了贵州省六盘水至镇宁高速公路六盘水至六枝段二级设计工作。

(3)施工、监理。项目管理机构设置及职能。本项目全面实行招标投标制、合同管理制、项目法人责任制、工程监理制。六六高速公路项目法人在贵州高速公路集团有限公司的授权下,成立六盘水至六枝高速公路项目建设办公室,代表集团公司行使项目建设管理单位的职能。项目办设主任(法人代表)1名,副主任1名,总监理工程师1名、总工1名,下设工程质安科、合同计量科、综合协调科、财务科4个职能办公室。同时,项目办在集团公司党委的领导下,设党总支部、工会和团支部。另外,项目办由党总支牵头,与当地人民检察院联合成立了加强党风廉政建设、预防职务犯罪协调小组。设计单位派驻现场设计代表组。设置驻地办监理机构。项目办与中标监理单位通过合同确定委托与被委托的关系,项目办和驻监办及中心试验室构成上下级关系,监理工程师与承包人之间构成监理与被监理的关系。

主要管理措施有:

一是质量控制措施与效果。深入落实四级质量保证体系。强化施工企业质量管理主体责任和意识,完善企业自检体系和制度,保证工程质量;强化监理单位监管职责,严格考勤制度,实行定岗定责,促进监理员主动监理;项目办对整个工程施工进行宏观控制和管理,做好协调,为监理单位营造独立、依法、依规的工作环境;办理质量安全监督手续,接受省交通建设工程质量监督局的监督。

同时,项目办成立了质量安全领导小组,监理办与承包人也成立了相应的领导小组,实行登记制,使各分项工程的质量、安全责任具有可追溯性。

严把主要工程原材料关,加强试验室管理。通过中心试验室、监理及厅派驻纪检监察组共同见证取样,同时落实材料进场台账管理制度,对发现的不合格材料进行清理出场并按照《六六项目管理手册》进行处罚,确保合格材料用于本工程。

从技术上严把质量关。加强监控检测试验技术管理,通过公开招标引进2家监控单位,分别对长隧道、连续刚构进行全程监控,起到了很好的提前预控管理。积极与设计单位联系,由项目办总工程师牵头,各现场管段工程师配合,及时处理工程变更,对地质复杂的高填深挖边坡及各类桥梁基础进行预判;督促落实设计单位对岩溶发育地段及设计阶段遗漏的大桥桩基进行补钻。多管齐下,控制工程施工质量。

开展专项治理检查。在路基施工时开展了边坡、"三背回填"、96区填料、伸缩缝、桥梁支座、隧道初支等专项质量整治检查。在路面后续单位进场后开展了沥青抽检、波形梁施工、机电硅芯管抽检、绿化苗木规格等检查并及时通报整改,提高了参建单位的施工质量意识。

通过以上措施的落实,总体工程质量通过过程整改100%合格,90%以上优良,项目建设过程中未发生一起失控的质量责任事故。

二是安全生产管理。其一,深入推行安全生产目标责任管理,认真落实安全生产责任制:按照年度控制指标与各参建单位逐年签定安全生责任书,建立健全管理组织机构及应急预案,建立了项目办领导,总监办、驻监办管理,施工合同段负责,参建人员遵章守纪的安全生产格局,营造了安全生产人人有责、齐抓共管的良好局面。其二,完善日常监管和重点监管工作机制:对存在安全风险较多的合同段进行专项安全风险评估,对各种危险系数较大的工程项目及多工种交叉作业的工点预先做好安全施工方案并加强监管。强化民爆物品的管理,对安全管理人员、施工人员、施工设备、安全经费投入情况和每月安全生产执行情况进行量化考核,并作为支付下月安全管理经费的依据。确保安全生产设备的投入、高危工点的施工处于可控状态。其三,按照"平安工地"建设及"安全生产年"活动持续开展安全工作：组织安全管理人员参加安全培训，参加质监局组织的"平安工地"建设考察，每季度组织进行安全专项检查，召开安全生产专题会议。其四，催促承包人进行安全事故应急演练：全线在建设期分别进行了隧道防坍塌事故演练演练、人工挖孔桩坍孔事故应急演练、触电事故应急演练、火灾事故应急演练、交通事故应急演练等。其五，加强安全教育宣传及学习：项目办及时组织驻地监理办召集各参建单位学习安全生产工作的新要求、新举措、新方法。其六，做好安全生产费用的审核工作：由项目办安排专人负责安全经费的审核，确保安全费用专款专用。

通过以上的落实，施工过程中安全生产全面可控，未发生安全生产责任事故。

三是进度管理：六六公路建设工期计划为36个月，土建工程于2013年1月11日正式开工。其中，第三合同段中寨隧道由于进口端一直受到围岩差的困扰，围岩地质多数表现为高液限粉质黏土，围岩自稳能力极差，施工进度缓慢。第六合同段六枝西互通联络线由于当地政府提出希望加宽，但施工加宽涉及铁路。2014年10月，第六合同段已将施工方案送至成都铁路局审批，批复成功后将立即组织机械人员进行施工；路基工程此两个工点作为遗留工程处理，其余全部完成。站点房建、绿化因为施工单位开工较晚，目前正在完善中。各参建单位从"讲政治，顾大局"的高度出发，向时间要空间，以空间换时间，为项目建设的顺利完成完成付出了艰苦努力。截至2014年12月30日，六六高速公路路基、路面、交安、机电收费系统等全部完成，具备通车条件，全线完成高速公路60.9km，通车里程60.9km。

四是工程造价控制：六六高速公路初步设计概算批复金额62.66亿元，其中建安工程45.71亿元，路基、路面、交安、绿化、房建和机电工程共18个合同段，建安合同总价39.69亿元。

监理服务费方面：5个监理合同段，服务费2786.9119万元，累计支付1736万元。1个中心试验室，服务费697.9950万元，累计支付451.5891万元。

五是水土保持和环境保护：本项目严格执行国家《中华人民共和国环境保护法》和地方政府对环保的有关规定，严格执行合同中的环保条款，施工方案与环保问题同时考虑，并委托西安长大公路工程检测中心和中国水电顾问集团西北勘测设计研究院进行环保及水土保持监测，定期出具检测报告，同时委托交通运输部公路科学研究所对项目的环保水保验收工作进行咨询。通过对弃土场、水库、居民区集中地方、跨河桥梁施工采取有效措施，对路基边坡和隧道仰坡进行合理的生物防护，对生活垃圾及生活污水进行集中处理等做法，保证了工程建设环保、水保达标。

（4）资金筹措。本项目由贵州省发展和改革委员会2011年9月以黔发改交通〔2011〕2644号文批准建设，投资估算为55.47亿元。其中，资本金为13.87亿元（约占总投资的25%），由六盘水市政府出资，其余41.6亿元资金利用国内银行贷款解决。

（5）招标投标。六盘水至六枝公路项目工程施工及施工监理全部采取公开竞争性招标。2012年6月，六六项目通过公开招投标完成路基六个合同段和两个施工监理合同段的招、投标工作。2012年10月，签定施工合同、监理合同及廉政合同后，于2013年1月11日召开第一次工地会议正式开工（图6-90）。路面工程2个合同段、交通安全设施2个合同段、绿化工程3个合同段、站房建设2个合同段、机电工程1个合同段及相应的施工监理招投标工作分别于2013年12月～2014年8月全部完成，签定施工合同及廉政合同后正式开工。

图6-90　2013年1月11日，六六高速公路第一次工地会议

本项目建设单位为贵州高速公路集团有限公司，现场执行机构为六六项目办，监督单位为贵州省交通建设工程质量监督局，有中国公路工程咨询集团有限公司等3家设计单位参与设计，18个施工单位从事施工，5个监理合同段1个中心实验室进行过程监理，特殊桥梁监控、隧道超前地质预报、边坡监控、检测、供电、消防等专项施工共计10家从业单位参加了本项目的建设管理活动。参建单位如表6-73所示。

六盘水至六枝高速公路参建单位表

通车里程桩号：K37+800～K98+960　　　　　　　　　　　　　　　　　　表6-73

参建单位	单 位 名 称	合同段编号及起止桩号	主要负责人	备　注
项目管理单位	贵州高速公路集团有限公司	K37+800～K98+960	王勇	
勘察设计单位	中国公路工程咨询集团有限公司	第1勘察设计合同段 K37+800～K98+960	冯建伟	路基、路面设计
	贵州省交通规划勘察设计研究院股份有限公司	第2勘察设计合同段 K37+800～K98+960	余红	交安机电设计
	中交第二公路勘察设计研究院有限公司	第3勘察设计合同段 K37+800～K98+960	郭海明	房建设计

第六章 贵州高速公路

续上表

参建单位	单位名称	合同段编号及起止桩号	主要负责人	备注
勘察设计单位	中交第二公路勘察设计研究院有限公司	第4勘察设计合同段 K37+800~K98+960	罗强	景观绿化设计
施工单位	中交路桥北方工程有限公司	LL1 K37+800~K50+465	孙志成	土建
	中交第三公路工程局有限公司	LL2 YK50+465~YK63+420	汤建元	土建
	贵州桥梁建设集团有限责任公司	LL3 K63+420~K72+190	曾军	土建
	中铁十二局集团有限公司	LL4 K72+190~YK79+880	赵福明	土建
	中铁十一局集团第二工程有限公司	LL5 YK79+880~K87+500	唐世军	土建
	中铁五局集团第一工程有限责任公司	LL6 K87+500~K98+960	朱胥仁	土建
	宁波甬政园林建设有限公司	LL7 K37+800~K98+960	张涛	边坡绿化
	贵州路桥集团有限公司	LL8 K37+800~K72+010	冉茂学	路面
	贵州省公路工程集团有限公司	LL9 K72+010~K98+960	殷中辉	路面
	中交路桥建设有限公司	LL10 K37+800~K72+010	张平	交安
	杭州公路交通设施工程有限公司	LL11 K72+010~K98+960	赵剑锋	交安
	贵州桥梁建设集团有限责任公司	LL12 K37+800~K72+010	张滨	房建
	湖南省第六工程有限公司	LL13 K72+010~K98+960	唐新	房建
	杭州兴业市政园林工程有限公司	LL14 K37+800~K72+010	徐金山	景观绿化
	浙江伟达园林工程有限公司	LL15 K72+010~K98+960	沈国方	景观绿化
	贵州桥梁集团有限公司	LL16 K37+800~K98+960	石铸明	机电
	山东斯普润桥梁材料技术有限公司	LL17 K37+800~K98+960	程涛	伸缩缝
	东台市桥安道路设施安装有限公司	LL18 冷坝大桥K63+695~K63+900、夹岩特大桥K76+118~K76+408	朱荣祥	240伸缩缝
监理单位	贵州省交通建设咨询监理有限公司	LLA K37+800~K72+190	杨华	土建
	贵州陆通公路工程监理有限责任公司	LLB K72+190~K98+960	安茂	土建
	重庆中宇工程咨询监理有限公司	LLC K37+800~K98+960	李智军	路面
	贵州陆通公路工程监理有限责任公司	LLD K37+800~K98+960	向周贵	交安、房建、景观绿化
	贵州陆通公路工程监理有限责任公司	LLE K37+800~K98+960	程晓慧	机电

续上表

参建单位	单位名称	合同段编号及起止桩号	主要负责人	备 注
中心试验室	河南豫路工程检测咨询有限公司	Z1　K37+800~K98+960	徐华森	
设计咨询单位	华杰工程咨询有限公司	K37+800~K98+960	杨明举、马洪友	

（6）征地拆迁。六六项目征地拆迁工作（图6-91）得到了省委、省政府，六盘水市政府、六枝特区政府、水城县政府以及沿线各级地方政府的大力支持，在交通运输厅、集团公司、六六项目办和地方各级指挥部的积极协调、沿线乡镇的积极配合下，征拆工作进展顺利，为项目建设的顺利实施创造了有利的条件。截至2014年12月24日，六盘水至六枝高速公路正线用地共征地6865.58亩（其中：水城县3444.377亩、六枝特区3421.21亩）；房屋拆迁共计1020户，房屋面积178233.495m^2（其中：水城县56085.26m^2、六枝特区122148.24m^2）。

图6-91　2012年11月18日，六六高速公路征地拆迁

征地方面：截至2014年12月24日，支付征地补偿及地上附着物补偿费20519.2600万元（其中：水城县10739.6604万元、六枝特区9779.5997万元）。

拆迁方面：截至2014年12月24日，共支付拆迁资金15428.4976万元（其中：水城县4971.2278元、六枝特区10457.2698万元），其他资金共支付21378.6942万元（市指挥部14645.3186万元，水城县3412.2423万元、六枝特区3321.1333万元）。

（7）重大变更。本项目施工期间未进行平纵调整、大型桥梁结构形式变动等重大设计变更，后续服务期间几处重大设计变更的主要原因为地质情况复杂、雨季地质灾害以及地方意见要求。其他一般变更主要为软基处理、涵通小型结构物、隧道围岩等方面，变更主要原因为施工工期影响、地方政府和村民意见变动、地质情况变化等。后续服务期间主要的几处重大设计变更情况如下：

一是新场南互通 AK6+500～AK6+760 右侧边坡加固变更。新场南互通 A 匝道 AK6+500～AK6+760 段右侧挖方边坡最大高度为 19.6m,边坡坡顶附近为 E 匝道和主线。原设计该段挖方边坡坡面防护措施为锚杆格梁+客土喷播防护。2013 年 11 月,AK6+500～AK6+760 段边坡在开挖过程中,AK6+520～AK6+570 段边坡上方 E 匝道高填方二级边坡出现未贯通轻微裂缝,AK6+620～AK6+670 段二级边坡坡体出现小面积垮塌。

2013 年 11 月 29 日,贵州高速公路集团总工办主持召开六六第三合同段部分设计变更方案审查专题会议,形成会议纪要。决定新场南互通 A 匝道 AK6+500～AK6+590 右侧边坡防护变更为抗滑桩加桩板墙,AK6+590～AK6+760 段右侧第一级边坡采用 8m 片混凝土挡墙,二级边坡采用浆砌护面墙方案。会后,设计单位组织设计人员对现场进行踏勘,并布设补充钻孔 4 个,进尺 72m。在通过对现场施工开挖情况及地质情况了解的基础上,对多个方案进行比较分析,提出了抗滑桩方案。本次方案变更预估造价以合同价为基准,经估算,变更方案相对原设计方案增加造价为 589.6 万元。

二是 YK69+490～YK69+890 右侧滑坡处治加固变更。第 3 合同段 YK69+490～YK69+890 段右侧为三级挖方边坡,最大高度为 25m。原设计边坡三级均为拱形骨架植草防护,2013 年 6 月现场开挖揭露发现软弱顺层。2013 年 7 月 2 日,贵州高速公路集团总工办主持六六设计变更方案审查专题会议,形成会议纪要,将原设计拱形骨架防护方案变更为一、二级边坡采用锚索框架加固、三级边坡拱形骨架植草防护,锚索采用 4 索,长 22m,锚固段长 10m。2013 年 12 月 17 日,该段边坡发生了滑坡,根据边坡锚索检测报告,滑坡发生时,YK69+490～YK69+680 段和 YK69+720～YK69+840 段二级边坡锚索框架完成,一级边坡开挖已近路面高程。现场调查滑坡段落为 YK69+570～YK69+890 段右侧山坡,其中 YK69+490～YK69+560 段一级边坡变形,造成锚索框架托空,产生形变,YK69+560～YK69+680 和 YK69+720～YK69+840 段锚索框架变形破坏。

滑坡发生后,设计单位迅速针对滑坡进行处理工作安排。2013 年 12 月 18 日,设计人员对现场进行实地查看;2013 年 12 月 26 日,贵州高速公路集团会同业主对滑坡进行实地踏勘;2013 年 12 月 25 日,公司派遣队伍进场对该滑坡进行地质调绘、补充钻探和 1:1000 地形图测量,钻孔共布 13 个,总进尺 293.2m,测量人员对滑坡体完成 1:1000 平面图、1:500 断面图补测。在以上工作的基础上,设计单位提出了可供参考比选的比较方案两套:方案一全坡面卸载方案和方案二抗滑桩方案。

2014 年 2 月 28 日,高总司总工办组织召开了六六项目第三标段 YK69+490～YK69+890 段边坡变更设计方案审查会,省基建处、省质监局、省造价站、六六项目办、咨询单位华杰公司、"三坡"咨询单位中铁西北院、设计单位中咨公司、三标施工单位等参与了会议,参会专家对两套变更方案进行讨论,形成会议纪要。会后,设计单位按照会议纪要,结合专家意见对方案进行了调整和优化,并在要求的时间内完成了变更设计的施工图文件编制。本次方案变更预估造价以合同价为基准,经计算,方案相对原设计方案造价增加1105.7万元(含废弃锚索费用229.8万元)。

三是K72+190~K72+300段右侧顺层边坡滑塌。K72+190~K72+300段右侧边坡原设计为三级挖方边坡,坡率一、二级为1∶0.75,三级为1∶1,坡面为客土喷播植草防护。2014年4月,受强降雨影响,开挖后的二、三级坡整体移位。自然山坡在路线桩号约为K72+190处,存在一条方向约53°的浅沟。经业主、设计、监理、咨询多次现场踏勘形成会议纪要(黔高速专议〔2014〕125号第四条、黔高速专议〔2014〕177号第三条、黔高速专议〔2014〕223号第二条),得处理意见为:立即对山体实测滑移线上已滑动部分岩土体全部进行挖除减载;按减载后进行抗滑支挡。

四是岩脚服务区建设规模由Ⅱ级扩容成Ⅰ级。岩脚服务区建设规模属于Ⅱ级,原设计用地规模为98亩(A服务区、B服务区各49亩)。根据2013年11月11日黔府办函〔2013〕140号文件和黔高速专议〔2014〕335号会议纪要第四条精神,该服务区扩容成Ⅰ级。据此对该服务区建设规模进行扩容,变更后用地为147.7亩(A服务区84.8亩,B服务区62.9亩),A区扩容后产生的剩余挖方料可就近利用填筑至B服务区及主线路基。

(8)交(竣)工。该项目土建工程于2013年1月11日正式开工,路面工程于2014年6月17日正式开工,截至2014年12月30日,六六高速公路路基、路面、交安、机电收费系统等全部完成,具备通车条件,全线完成高速公路60.9km,通车里程60.9km。图6-92所示为六六高速公路交工验收会。

图6-92　2014年12月30日,六六高速公路交工验收会

3.营运管理

沿线设施:滥坝东收费站,总用地面积75.3亩,总建筑面积1778m^2,收费岛为3进6出,设大车位50个,设小车位22个。陡箐收费站,总用地面积21.17亩,总建筑面积

1287m²,收费岛为3进4出。设大车位3个,设小车位17个。新场南收费站,总用地面积38.95亩,总建筑面积2603m²,收费岛为3进4出,设大车位37个,设小车位12个。岩脚收费站,总用地面积29.66亩,总建筑面积1287.63m²,收费岛为3进4出,设大车位0个,设小车位15个。六枝西收费站,总用地面积9亩,总建筑面积1755.69m²,收费岛为4进7出,设大车位0个,设小车位9个。陡箐停车区,东区总用地面积12.5亩,总建筑面积378m²,设拖挂车位4个,大车位3个,小车位6个;西区总用地面积12.5亩,总建筑面积537m²,设拖挂车位4个,大车位11个,小车位15个。救援管理站,与新场南收费站共用,总用地面积38.95亩。

六六高速公路于2015年1月6日建成通车(图6-93)、批准收费时间为2014年12月20日,批准收费终止时间为2044年12月19日。2015年1~5月,收费总计1125.435万元。2015年1~6月,进出口车流量共计1121116辆。截至2015年6月,尚无大修工程。收费站点设置如表6-74所示。

图6-93 2015年1月6日,六六高速公路建成通车

六六高速公路收费站点设置表 表6-74

站点名称	车道数	收费方式
六枝西	4进7出(含ETC车道1进1出)	联网收费
岩脚	3进4出(含ETC车道1进1出)	联网收费
新场	3进4出(含ETC车道1进1出)	联网收费
陡箐	3进4出(含ETC车道1进1出)	联网收费
滥坝	3进6出(含ETC车道1进1出)	联网收费
双水	6进12出(含ETC车道2进2出)	联网收费

(五)G7611都香高速公路六盘水至威宁(黔滇界)段

都(匀)香(格里拉)高速公路贵州境六盘水至威宁(黔滇界)段项目是《贵州省高速

公路网规划》"6 横 7 纵 8 联"（简称"678 网"）以及 4 个城市环线中"第 7 纵"及六盘水环城高速公路的重要组成部分，同时也是国家高速公路网新增加密线路都匀至香格里拉高速公路的重要路段，在区域高速公路网中具有重要的地位。它通过与四川、云南、广西境内的相关高速公路连通，形成亚洲最大卫星发射基地西昌的便捷出海通道，也是贵州资源富集地区通往北部湾和珠三角经济圈的重要走廊。项目的实施将对拉动沿线地区资源开发、实现落后地区的脱贫致富、促进贵州省社会经济跨越式发展具有重要意义。

项目主线起于六盘水市老鹰山镇，接六盘水至六枝高速公路，经猴场、大湾、金钟、威宁、观风海、迤那等乡镇，于威宁县中水镇附近止于黔滇界，长约 170km。主线采用双向四车道高速公路标准建设，设计速度 80km/h，路基宽度 24.5m，全线桥涵设计汽车荷载等级采用公路—Ⅰ级。项目另设六盘水西联络线，起于水淹坝，经纸厂、玉舍，止于鱼塘乡，与杭瑞高速公路毕节至都格段相接，长约 23km，采用双向四车道高速公路标准建设，设计速度采用 80km/h，路基宽度 24.5m，全线桥涵设计汽车荷载等级采用公路—Ⅰ级。

项目概算总投资 2532181 万元，自开工建设到 2015 年 12 月底累计完成投资 367663 万元，占项目概算投资的 14.52%。1~12 月完成投资 360000 万元，占年计划的 100%。

截至 2015 年年底，该项目全面开始土建施工，主要开展临建工程和桥梁桩基孔桩开挖及路基清表工程。

十、G7612 纳雍至兴义高速公路

G7612 纳雍至兴义高速公路含纳雍至晴隆段及晴隆至兴义高速公路 2 条路段，其中纳雍至晴隆段待建。

本节主要介绍 G7612 晴隆至兴义高速公路的内容。

1. 基本情况

（1）项目决策背景及过程。贵州省位于祖国西南腹地，与川、渝、湘、桂、滇五省区市毗邻，是不沿海、不沿边、不沿江、经济"欠发达、欠开发"的内陆省份。经济指标与全国先进水平甚至平均水平相比，差距十分明显，发展的道路任重而道远。

但同时贵州省的自然资源也十分丰富，尤以能源、旅游、矿产、生物四大资源最具优势。由于自然条件差、历史上开发晚等方面的原因，贵州省的交通等基础实施条件还比较落后，制约了资源的高效开发，资源优势不能很好地转换为经济优势和发展优势。

进入 21 世纪，随着西部大开发战略实施的不断深入，吹响了中西部地区加快发展的号角，交通基础设施的建设作为社会经济发展的重要条件，在新世纪面临着更新、更高的要求。为了紧紧抓住西部大开发这个历史机遇，也为了公路交通能够为党的十六大确立的全面建设小康社会的宏伟目标提供强有力的支撑，贵州省的公路交通建设必须实现跨越式的发展。2007 年，贵州省委、省政府提出了"交通引领经济"的发展理念，将交通基础

设施建设和发展提到全局性和战略性的重要地位。在贵州省第十一届人民代表大会通过的《2008年贵州省政府报告》中提出要实行"交通优先发展"战略,加快交通基础设施建设步伐,加快形成以高速、高等级公路和铁路为骨架,多种运输方式相配套的综合交通运输体系;并明确提出"使所有县市都有高速公路连接"的战略构想。

晴隆至兴义高速公路建设不仅对黔西南地区的经济发展具有重要的推动作用,也是加快落实胡锦涛总书记对贵州提出的"实现经济社会发展历史性跨越"中交通基础设施建设的重要举措之一。

(2)公路的功能、定位、里程。晴隆至兴义高速公路是《贵州省高速公路网规划》("678网")中"六纵"毕节至兴义高速公路的组成路段,它纵贯黔西南州,布局在晴隆(普安)—兴仁—兴义(万屯)这个矿产资源富集的走廊上,不仅拉近了省会贵阳与黔西南州州府兴义的时空距离,同时也是连接沪昆、汕昆、杭瑞、厦蓉国家高速公路的重要连线。并在贵州西部形成北联四川、南下北部湾、西出云南接东盟自由贸易区的快捷通道。项目里程为70.918494km。

(3)技术指标。全线按四车道高速公路标准设计,设计速度80km/h,路基宽度21.5m。最大纵坡4%;行车道宽度2×7.5m;各段桥涵与路基同宽;全线桥涵设计车辆荷载采用公路—Ⅰ级;洪水频率1/100(特大桥1/300);重点工程及大型构造物按地震基本烈度按7度设防;连接线分别采用二、三级公路标准建设。其余技术指标按《公路工程技术标准》(JTG B01—2003)执行。

(4)投资规模。晴隆至兴义高速公路项目概算总投资50.050亿元,平均每公里造价7097.17万元。项目资金采用省、地联合出具资本金后向银行申请贷款的方式筹措。贵州省交通运输厅和兴义市人民政府出25%的资本金,其他由贵州省公路局全额贷款。

(5)主要控制点。起点新寨河西岸、地久、王家寨、丫桥、长耳营、雨樟、格沙屯、万屯、红岩洞。

(6)沿线主要地形地貌。晴隆至兴义高速公路走向基本为北南走向。地形上大致以兴仁雨樟为界,北面多地形破碎,河谷深切,横坡陡峻,路线起伏较大,横穿沟谷山岭使长大桥梁及隧道相对较多。而雨樟至格沙屯段地形开始变得相对平缓,路线多顺槽谷山坡前行,桥隧工程不多,至格沙屯后一直至终点万屯,地形则更趋平缓,起伏很小。

(7)主要构造物。项目施工图方案路线全长70.918494km,共设大、中桥梁共10647.68m/35座,其中大桥10496.03m/33座,中桥151.65m/2座,小桥45m/2座;共设涵洞65道,通道91道;全线主线共设隧道8786.5m/6座(按整幅计),长隧道7944m/5座,中隧道842.5m/1座,短隧道0座,全线桥隧占路线总长27.6%。图6-94所示为朵冲大桥实景。

项目共设互通式立交5处,分离式立交11处,天桥6座。沿线设置完善的安全设施、服务设施和交通管理设施,设服务区 1 处、停车区 2 处、隧道管理站 1 处、匝道收费站 4 处。

图 6-94　朵冲大桥

2. 建设情况

（1）立项审批。2009 年 8 月 10 日,省发改委以《关于晴隆至兴义高速公路工程可行性研究报告的批复》（黔发改交通〔2009〕1948 号）对晴兴高速公路（图 6-95）可行性研究报告进行了批复。

图 6-95　晴兴高速公路

（2）勘察、设计。在工程可行性研究报告完成后,2008 年 3 月开始,业主黔西南交通建设发展有限公司对晴兴公路工程的勘察设计工作进行了公开招标,省交勘院中标,承担了晴兴公路工程的初步勘察设计。2009 年 5~11 月,完成勘察设计合同段的初测、初步设计,省交通运输厅 2009 年 11 月 26 日以黔交建设〔2009〕197 号文批复了本项目的初步设计。2010 年 2~10 月,完成勘察设计定测、施工图设计。2010 年 12 月 31 日,省交通厅以《关于晴隆至兴义高速公路施工图设计的批复》（黔交建设〔2011〕264 号）对晴兴公路施工图设计文件进行了批复。

2009年7月20日,省环保厅以《关于对晴隆至兴义高速公路环境影响报告书的批复》(黔环函〔2009〕123号)对晴兴高速公路环评报告书进行了批复。2009年3月24日,省水利厅以《关于贵州省晴隆至兴义高速公路水土保持方案的批复》(黔水保〔2009〕123号)对晴兴高速公路水土保持方案进行了批复。2012年1月21日,国土资源部以《国土资源部关于晴隆至兴义高速公路工程建设用地的批复》(国土资函〔2012〕28号)对晴兴高速公路建设用地进行了批复。参建单位如表6-75所示。

晴隆至兴义高速公路参建单位表

通车里程桩号:K0+000～K70+918　　　　　　　　　　　　　　　　　　表6-75

参加单位	单位名称	合同段编号及起止桩号	主要负责人
项目管理单位	贵州省公路局	K0+000～K70+918	章征宇
勘察设计单位	贵州省交通规划勘察设计研究院股份有限责任公司	K0+000～K70+918	漆贵荣
施工单位	贵州桥梁建设集团有限责任公司	K0+000～K70+918	潘胜烈、丁善涛
监理单位(总监办)	贵州陆通公路工程监理有限责任公司	K0+000～K70+918	刘志勇
监理单位(一驻地办)	四川公路工程咨询监理公司	K0+000～K36+500	肖鸣学
监理单位(二驻地办)	贵州科达公路工程咨询监理有限公司	K36+500～K70+918	田应胜
设计咨询单位	北京中交京华公路工程技术有限公司	K0+000～K70+918	王贵平

(3)施工、监理。监理工作采取二级监理制度,通过公开招标投标确定,总监理工程师办公室由贵州陆通公路工程监理有限责任公司组建;第一驻地监理工程师办公室由四川公路工程咨询监理公司组建;第二驻地监理工程师办公室由贵州科达公路工程咨询监理有限公司组建。

晴兴高速公路建设项目前后采用了两种不同的建设管理模式,具体情况如下:

第一阶段:2011年4月18日之前,晴兴高速公路建设管理模式为公开招投标建设—移交(BT)工程模式。项目建设单位(甲方):黔西南州工业投资有限公司。项目总承包单位(乙方):贵州省桥梁工程总公司。

合同价:甲乙双方于2009年11月签署项目建设移交合同,签约合同价为6113527366

元,其中项目建设总承包价 4801551448 元,回购期资金成本为 1311975918 元。

工期:约定工期为 36 个月,工期从第一次工地会议发布开工令日期起算。

第二阶段:该项目原建设模式为黔西南州所属黔西南州工业投资有限责任公司作为为项目业主,采用 BT 模式(即建设—移交)组织实施。2010 年受国家取消搭桥贷款、清理地方融资平台及实施稳健货币政策等一系列宏观政策调整影响,银行贷款一直未能得到落实。为解决项目融资难题,经省交通运输厅报省政府同意,决定变更项目业主为贵州省公路局,通过省级融资平台解决项目建设贷款问题。2011 年 04 月 18 日,省公路局高建办在兴义与黔西南工投公司召开了关于晴兴高速公路项目移交会议,5 月 15 日正式接管,贵州省公路局高建办组建了晴隆至兴义高速公路项目办公室负责本项目日常管理工作。

2011 年 4 月 18 日之后,晴兴高速公路更换了业主,取消了 BT 建设模式,保留了施工总承包模式。项目建设单位(甲方)为贵州省公路局。项目总承包单位(乙方)为贵州省桥梁建设集团有限责任公司。

合同价:2011 年 7 月甲乙双方在《施工总承包协议书》中签约总承包合同价为 4052207681 元。

工期:为原 BT 合同约定的工期,工期为 36 个月,从第一次工地会议发布开工令起算。建设过程中实行"项目法人制、招标投标制、政府监督、社会监理、合同管理、廉政建设"等管理制度及质量保证体系,建立了质量责任制、质量检查和整改制度等。采取了如下措施:工程质量实行"三控制"措施——预防控制、过程控制和整改控制;制定相应的规章制度及质量控制条文、工作指示,如《质量管理办法》《首件认可制管理办法》《原材料管理办法》《外委材料管理办法》《项目规范化管理办法》《晴兴高速公路瓦斯隧道施工管理办法》等,规范监理和施工,以达到保证工程质量的目的。对于重点、难点工程,采取相应提高质量的保证措施。针对重点、难点工程,通过研讨、论证、交流等多种形式,要求施工做好详细的技术交底,在确保工程安全的前提下进一步确保工程质量。在项目执行过程中强化质量责任制,加强质量管理工作,根据国家的相关法律法规、施工设计图、规范规程、合同文件等制定了本项目的项目管理办法,跟踪检查施工现场质量状况,对承包人、总监办及驻监办奖优罚劣。组织施工单位进行质量管理知识培训与交底,提高工程技术管理人员的技术素质和质量意识,确保工程质量。针对部分监理工程师的业务技能缺乏、工作责任心不强的情况,组织监理进行业务知识培训,增强业务水平,从而更好地从事本职工作,并将个别对待监理工作严重缺乏责任心者清除出监理队伍。激励各施工单位和监理加强施工管理水平,针对项目建设情况,树立示范工程,召开现场经验交流学习会,互相激励学习,以实现共同进步。对监理、施工单位的技术创新、管理创新办法,组织交流学习,以鼓励推广应用新工艺、新材料、新技术、新办法。

为便于投资的事前控制,建设单位另行委托监控量测单位对高挖方边坡、隧道工程等进行全过程监控咨询,在全线动工前对原始地貌进行踏勘,对关键工程的技术可行性、经济合理性、安全可靠性指标进行综合评估,对后续施工可能遇到的问题先行掌握,与原设计单位及时讨论研究,将重大变更的初步方案及时上报,尽快确定解决方案。经过调查研究,对部分不合理、不完善的设计提前判断,要求施工单位暂缓施工,避免因盲目施工造成不必要的经济损失。

在原施工方案变更方面,按照有关要求制定了晴兴高速公路《工程设计变更管理办法》《新增单价管理办法》等,对于一般变更,需参建的各方代表(标段长、设计代表、总监办总工、驻地高监、施工单位项目经理、总工等)参加并查看现场后讨论确定方案;对于较大的工程变更方案必须经项目办办公会议集体决策;对于重大的工程变更项目办先行确定初步方案后,及时上报省公路局高建办,严格按照程序实施变更申报工作,避免因考虑不充分造成不必要的工程成本增加。

由于晴兴高速公路总体路线位于贵州高原西南部斜坡地带,为溶蚀、剥蚀中山地貌,全线岩溶发育,多为三叠系灰岩构成,泥岩成分增多,地表水系发育,水量充沛;主要不良地表岩层风化深,土层厚,特别是煤系地层和玄武岩,路线所过处,边坡欠稳,容易垮塌,或因采煤洞的无序分布而影响路基稳定,因此施工难度是很大的。

晴隆至兴义高速公路是《贵州省高速公路网规划》("678网")中"六纵"毕节至兴义高速公路的组成路段,同时也是连接沪昆、汕昆国家高速公路的重要连线,起点 K0+000 起于黔西南州普安县与晴隆县交界的沪昆高速公路(G60)新寨河特大桥的西岸,经地久、王家寨、马路河、长耳营、雨樟(图 6-96 为雨樟互通)、格沙屯、万屯止于兴义市红岩洞,接汕昆高速公路顶效枢纽互通。

图 6-96 晴兴高速公路雨樟互通

为确保工程质量,晴兴公路项目办建立了由项目办主任任组长的质量领导小组,制定了防止质量通病的管理措施。路基土石方施工方面,要求填方路基压实严格按照《公路工程技术标准》(JTG B01—2003)执行,填石路堤采用碎石、石屑嵌缝、找平。在挖方路床施工过程中,控制超挖,否则按照路面底基层的要求进行回填施工。高边坡施工采取逐级开挖、逐级防护的施工程序,石方边坡采用预裂爆破、光面爆破,杜绝洞室爆破。按照合同文件要求和施工需要配足平地机、压路机、推土机等机械设备。在砌体工程施工方面,要求圬工砌体砂浆使用砂浆搅拌机集中拌和。圬工砌体所选用的石料尺寸、强度、外观、勾缝按照相关要求执行,杜绝勾假缝和皮带缝。在桥、涵施工中,要求T梁预制,保证钢筋保护层厚度的准确,梁底采用混凝土预制垫块,侧面采用塑料(预制块)垫块。确保桥面铺装厚度达到设计要求,在梁、板预制底模跨中部位采用预留上拱度。先简支后连续的桥梁,顶板负弯矩预应力钢绞线严格按照设计要求张拉和孔道灌浆。为确保工程质量,并为后期工程处理提供科学依据。伸缩缝开槽一次施工到位,其填塞严格按规范及设计执行。隧道施工中,对施工过程中容易出现的质量问题认真严格监理,发现问题及时处理。防水板搭接长度严格按照设计及规范的要求进行施工。采取检测单位进行跟踪监控并及时反馈信息的办法来对施工的锚杆数量、长度、钢格栅间距进行质量管控。电缆槽预制盖板经验收合格后统一集中堆放,盖板铺装工序由机电安装单位负责施工,确保机电工程施工时不损坏盖板及电缆槽。开挖时根据围岩类别的变化,严格按照变更程序及时对变化地段进行变更处理。二衬施工及时跟进,开挖掌子面与二衬距离的确定,充分考虑了围岩地质及围岩收敛情况,加强观测,确保掌子面放炮时对二衬混凝土结构不造成影响。路面工程施工中,要求路面面层混合料的配合比设计必须按照《公路沥青路面施工技术规范》(JTG F40—2004)的要求,经过目标配合比设计、生产配和比设计及生产配和比设计检验三个阶段。生产配合比设计与生产配合比设计检验应在大面积施工前进行。生产配合比设计与检验应符合《公路沥青路面施工技术规范》(JTG F40—2004)的有关要求。要求路面工程施工前,必须铺筑试验路段,进行试验检测,来确定混合料合理的配合比及施工工艺等,用以指导路面大规模施工。改性沥青玛蹄脂碎石混合料温度对路面的压实、混合料的离析有很大影响,在施工的各个环节,要求有专门的工作人员检测温度,对温度不符合要求的混合料坚决废弃。水泥稳定碎石上基层、下基层均采用集中厂拌、单层碾压的施工方法进行施工。每天在拌和楼进行抽提试验和马歇尔试验,还在刚摊铺完没有碾压的路面上进行随机取样。沥青混合料的运输,运料车的车厢底部涂刷油水混合物。运输车运输过程中加盖苫布,以防表层混合料降温结硬壳。沥青混合料的摊铺,要求合适的摊铺宽度以1个车道(3.75m)到2个车道(7.5m)宽为宜。当气温低于10℃时,不得进行改性沥青玛蹄脂碎石混合料(SMA-13)路面施工。沥青混合料的碾压,路面的碾压必须严格控制好碾压温度,按照"紧跟、慢压、高频、低幅"的原则进行。在桥涵等构造物的接头处,以及匝道、紧急停车带等摊铺机和压路机难以正常操作的部位,辅以小型机械或人工快速进行施工,保证其施工温度。其他措施,小型混凝土构件采用集中预制(如盖板涵的盖板等)。

同时,定期核查施工单位的试验自检频率台账以及驻地监理单位、中心试验室的试验抽检台账。高度重视混凝土配合比试配工作,特别是高强度等级混凝土。钢筋的绑扎、焊接及垫块的安放,严格按规范及设计要求执行。"三背"回填所用填料质量、分层厚度及压实度等指标严格按照规范的相关要求执行。

定期开展工地例会,指出施工中和监理工作执行中存在的问题,并就如何解决问题提出意见和要求,指定专人跟踪落实。施工单位所采用的施工技术措施,现场负责人严格把关,事先做好技术交底,做到人人心中有数,确保不出现质量问题。

积极联系、调查并引进全国知名厂家的水泥、钢筋、钢绞线等工程主材,监理人员加强对施工单位所用各种材料的监督及检查,不合格的材料严禁进入施工现场,主要材料必须按项目办下发的入围厂家进货,确保工程质量。

针对不利施工的气候条件,制订专项施工方案,明确施工措施(如雨期施工措施、冬期施工措施等)。组织施工人员及监理人员,对各种施工方案和工艺进行认真细致的研究讨论,集思广益,制订出最佳的施工方案。

引入工程检测、监控系统,全方位、全过程地对其施工进行控制与指导,确保工程质量。对隧道检测单位的资质、业绩、实力及知名度等方面进行了比选商定,确定隧道检测单位,确保隧道施工质量。保证初支和二次衬砌混凝土强度及厚度、锚杆数量及长度、格栅钢拱架间距等。

在各项工程施工过程中,如果发现工程项目存在不符合技术规范、设计图纸的规定和要求,当因施工引起的质量事故处于萌芽状态时,要求监理工程师及时发出警告,要求施工单位立即更换不合格材料、设备或不称职的施工人员,或要求立即改变不正确的施工方法或工艺,从而确保工程有序进行,最大限度地减少后期返工带来的经济损失。

当因施工引起的质量缺陷出现时,项目办要求现场监理工程师立即发出口头停工指令,并立即向驻地监理工程师报告,由驻地监理工程师填写"工程暂时停工指令",并报总监办批准后通知施工单位。待施工单位采取了能保证工程质量的有效措施,对质量缺陷进行了补救处理和专业监理工程师检查合格后,承包人填写"复工申请",经过驻地监理工程师核实确认签署意见后,再由总监办签署"复工指令"恢复施工。

当质量缺陷出现在某道工序或单位工程完工后,且对下一道工序或分项工程产生质量影响时,项目办要求监理工程师必须拒绝检查验收和工程计量,并指令承包人进行返工处理。

通过采用承包人自控、驻监办监控、检测单位监督、总监办、项目办不定期地检查、监督、落实,这种规范化、多层次、互控式质量管理体系的良好运转,使全线工程实体质量均处于可控状态。

本项目建设过程中,质量管理机构健全、制度完善、责任明确,体现了较强的质量控制能力。施工中所采取的一系列质量管理措施比较得力,对确保工程质量发挥了较好的作用。

为保证施工进度,制定科学有效的施工组织设计,严格按照施工组织设计的要求监督计划的落实情况,督促施工单位投入资源、现场劳动力,配置符合施工进度要求的施工设备,督促施工单位购置材料,材料的储备要能满足施工生产的需要。加强对施工现场的管理力度,不定期地对全线的人员资质和机械进场情况进行检查核实,首先对上岗人员的从业资格及业务素质,以及到场的机械数量和完好率是否能够满足施工现场要求,进行检查和提出具体要求。同时对施工便道通行能力进行检查,也为施工单位施工期材料到位和机械的进出场提供了保障,既保证其运输线的畅通,也保证了进度的顺利完成。

不定期召开全线进度专题会议,检查各合同段施工生产计划的落实情况,对各合同段在会议上提出的问题进行分析处理;通过每期的工地例会解决工作中出现的问题,为各项工作的顺利开展尽量扫清障碍,赢得宝贵的时间。对一些进度滞后的施工合同段及时召开专题整顿会议,分析研究原因,提出解决方案。对不称职的施工技术管理人员,要求项目经理部更换并结合现场实际情况配置技术管理人员;对不称职的监理人进行更换,要求驻监办根据现场施工进度情况增派监理人员,确保晴兴高速公路2012年年底的通车目标。

针对晴兴高速公路建设标准高,工程量大,深挖高填地段多,高边坡多,地形艰险,地质条件复杂,大桥、隧道施工条件差,参与的施工人员、机械、车辆多,战线长,点多面广等特点,始终坚持从安全生产入手,在全体参建职工中广泛进行了宣传、教育,并采取多项措施保证施工安全。开工初期检查各施工单位的安全生产许可证等资质;建设过程中积极与属地安全监督、特种设备监察、公安等部门取得联系,共同对施工现场开展安全督察活动;根据当前公路的安全生产形势,制定一系列的安全生产管理制度,建立健全了安全生产各项规章制度,并对施工安全管理、爆破作业、施工现场用电、路基工程、桥梁工程、隧道工程等方面做了全面的安全管理规定,未出现重大安全事故情况。

在建设中,注重保护所在地生态环境。在进场初期项目部就确立了环水保管理目标,构建了组织机构,成立了环境保护领导小组,并且制定植被保护和恢复、声环境保护、临时工程用地恢复、环境空气质量保护、水土保持、施工废水污染防治、生产污水控制、生活污水控制以及水土流失管理等一系列措施。通过环保制度的建设,措施的落实,该项目自开工以来,未造成环境污染事故,未出现较大的水土流失现象。

晴兴高速公路项目在建设过程中,重视企业文化建设,大力做好宣传工作。组织了"晴兴杯"篮球赛等活动,增强了各参建单位的凝集力,弘扬企业文化,提高职工的业务素质,充分发挥了各单位的能动力、创造力。

(4)征地拆迁。征地拆迁工作从2009年7月份开始,在各级政府部门和晴兴项目办的关心支持下,晴兴项目办综合协调部门积极与地方各级政府征拆部门密切配合,加强沟通与联系,征拆工作开展正常,为进场的各施工单位做好了临时用地和先行动工用地的征用及协调等服务,为主线的施工打下了良好的基础。

经过外业勘丈登记及内业资料的整理及资料公示工作,全段土地赔付资金顺利支付。在征拆工作的不断深入过程中,各种存在的问题和矛盾突出,为了使存在的问题得到妥善的处理,主抓了以下几个方面的工作:一是完成三电、厂矿、企事业单位、学校以及拆迁农户的调查摸底和资料收集汇总。二是对被拆迁的农户,在坚持"以分散安置为主,集中安置为辅"的原则下,做好思想动员工作,并对确需集中安置的拆迁户做好调查摸底和统计工作。三是积极配合上级业务部门做好林地、土地的报批工作。四是积极做好工程用电、火工产品的供应和管理,以及地方关系的协调工作。五是积极协调处理因各种矛盾纠纷引起的阻工事件。最终,晴兴高速公路共完成征地8657.58亩、房屋拆迁448栋。建设用地已经报国土资源部门。

晴兴高速公路征地拆迁集中在黔西南州境内,涉及兴义、兴仁、晴隆、普安一市三县。共征用土地7347.53亩,拆迁房屋448栋,坟墓搬迁2142冢,拆迁企业4个,完成"三电"迁改152处。共计兑付征拆补偿款3.9亿余元(含占补平衡和社保基金)。

(5)交(竣)工。晴隆至兴义高速公路于2010年6月4日陆续开工建设,截至2012年12月25日,全部完成了路基、路面、桥涵、隧道、排水和防护、交通安全设施、绿化、房建、机电、环保、水保工程。

2012年12月28日,贵州省公路局组织了晴隆至兴义高速公路交工验收会议。根据《公路工程质量检验评定标准 第一分册 土建工程》(JTG F80/1—2004)及设计文件、行业标准、规范、规程,结合施工单位的工程质量自检评定、监理单位的工程质量评定和项目实施期间监督、检查及各项试验数据。晴兴高速公路路基填筑规范,分层均匀、碾压密实,路槽质量较好,边坡防护处理到位;桥梁、隧道、涵洞等构造物混凝土强度、几何尺寸符合设计要求,外观色泽均匀,线形顺直、大面平整;路面结构层厚度、平整度、压实度、抗滑性能、渗水系数等指标满足规范和设计要求;交通安全设施标志、标牌齐全醒目,波形梁安装线形顺适;各单位交工验收资料基本完整。工程质量评定等级为合格。

3.营运管理

全线共设置管理分中心1处、隧道管理救援站1处、隧道变电所8处、收费站4处、养护工区1处、服务区1处和停车区2处。晴兴高速公路设置监控系统、收费系统、通信系统和隧道供电系统,采用封闭收费制式,提供完善的刷卡收费服务。雨樟管理分中心设置有监控分中心、通信分中心、收费分中心和行政管理机构,管理全线的运营、收费、交通监控、隧道监控等业务。

本项目于2012年12月31日建成通车、2012年12月~2016年,收费总计48993289.84元。2015年,车流量共计1307870辆。

十一、G4215成都至遵义高速公路

G4215成都至遵义高速公路含赤水至罗旺田段、罗旺田至海龙段(待建)、海龙至檬梓桥段。

(一)G4215成都至遵义高速公路赤水至罗旺田段

G4215成都至遵义高速公路赤水至罗旺田段与S55仁怀至赤水高速公路为共线路段。详情见S55仁怀至赤水高速公路。

(二)G4215成都至遵义高速公路海龙至檬梓桥段

G4215成都至遵义高速公路海龙至檬梓桥段与遵义绕城高速公路共线,详见S02遵义绕城高速公路遵义北环(檬梓桥至乐理段)高速公路。

第二节 省级高速公路

截至2016年12月,贵州省级高速公路项目总计33个。其中S01贵阳绕城高速公路含贵阳东北绕城公路、贵阳东出口公路、贵阳绕城公路西南段及贵阳市环城高速公路南环线;S02遵义绕城高速公路含绥阳至遵义高速公路青山至檬梓桥段、遵义至贵阳公路扩容工程(在建)、遵义北环(檬梓桥至乐理段)高速公路;S03安顺绕城高速公路含普定至安顺及安顺西绕城高速公路、沪瑞国道主干线清镇至镇宁公路;S07毕节绕城高速公路含黔西至大方高速公路东关至清丰段(在建)、毕节至威宁高速公路、遵义至毕节公路;S08六盘水绕城高速公路含水淹坝至老鹰山段、老鹰山至鱼塘段、鱼塘至水淹坝段;S10德江至习水高速公路含德江至务川高速公路(在建)、务川至正安公路、正安至习水高速公路(在建)、江津(渝黔界)经习水至古蔺(黔川界)高速公路(在建)、仁怀至赤水高速公路;S15松桃至从江高速公路含松桃至铜仁高速公路、贵州省大兴(湘黔界)至思南公路、铜仁至大龙高速公路、玉屏至铜仁公路、玉屏至三穗高速公路、三穗至黎平高速公路、黎平至洛香高速公路;S20大兴至威宁高速公路含贵州省大兴(湘黔界)至思南公路、贵州省思南至遵义公路、遵义至毕节公路、毕节至威宁高速公路、六盘水至威宁(滇黔界)公路(在建);S25

第六章
贵州高速公路

沿河至榕江高速公路含沿河至德江公路、贵州省大兴(湘黔界)至思南公路、思南至剑河高速公路;S30 江口至都格高速公路含江口至瓮安公路、开阳至息烽高速公路(在建)、息烽至黔西高速公路(在建)、黔西至织金高速公路、织金至纳雍公路、毕节至都格(黔滇界)公路;S35 道真至新寨高速公路含周家坡至大唐口公路(待建)、道真至瓮安高速公路、瓮安至马场坪高速公路、贵阳至新寨高等级公路、都匀至新寨(黔桂界)公路改扩建工程;S40 鲇鱼铺至胜境关高速公路;S45 崇溪河至罗甸高速公路;S50 从江至江底高速公路含水口至都匀段公路、都匀至惠水公路(待建)、惠水至兴仁高速公路、晴隆至兴义高速公路、贵州省板坝(桂黔界)至江底(黔滇界)公路;S55 赤水至望谟高速公路含仁怀至赤水高速公路、遵赤公路白腊坎至茅台段高速公路、遵义至毕节公路、白腊坎至黔西高速公路(在建)、息烽至黔西高速公路(在建)、黔西至织金高速公路、织金至普定高速公路(在建)、普定至安顺及安顺西绕城高速公路、贵阳(花溪)至安顺高速公路(在建)、安顺至紫云公路(在建)、惠水至兴仁高速公路、紫云至望谟高速公路(在建);S62 余庆至安龙高速公路含余庆至凯里高速公路、凯里至羊甲高速公路、三都至独山高速公路、独山至平塘高速公路、平塘至罗甸高速公路、罗甸至望谟高速公路、望谟至安龙高速公路、贵州省板坝(桂黔界)至江底(黔滇界)公路;S63 凯里至雷山高速公路;S65 生机至兴义高速公路;S71 铜仁至怀化高速公路含铜仁至怀化高速公路(铜仁段)(在建);S72 黎平至靖州高速公路(待建);S73 三都至荔波高速公路(在建);S74 江津(渝黔界)经习水至古蔺(黔川界)高速公路(在建);S77 威宁至板坝高速公路含六盘水至威宁(黔滇界)公路(在建)、贵州省毕节至都格(黔滇界)公路、六盘水至盘县高速公路、盘县至兴义公路、贵州省板坝(桂黔界)至江底(黔滇界)公路;S79 毕节至镇雄高速公路含毕节至二龙关(黔滇界)高速公路(在建);S81 绥阳至遵义高速公路;S82 黔西至大方高速公路含贵阳至黔西公路(在建)、黔西至大方高速公路石板至东关段;S83 扎佐至修文高速公路含贵阳至毕节公路;S84 天柱至黄平高速公路含三穗至黎平高速公路、三穗至施秉高速公路、余庆至凯里高速公路;S85 都匀至织金高速公路;S86 惠水至安顺高速公路;S87 大山至六盘水高速公路;S88 榕江至麻尾高速公路含榕江至水各段(待建)、三都至荔波高速公路、驾欧至荔波高速公路、麻尾至驾欧高速公路;S89 贵阳(花溪)至安顺高速公路(在建)。

一、S01 贵阳绕城高速公路

S01 贵阳绕城高速公路由贵阳东北绕城公路、贵阳东出口公路、贵阳绕城公路西南段及贵阳市环城高速公路南环线构成。其线路走向为尖坡—笋子林段—下坝段—牛郎关段—杨眉堡段—金竹段—金华段—尖坡。

本节主要介绍 S01 贵阳绕城高速公路中的贵阳市环城高速公路南环线的内容,其他各段与 G6001 贵阳绕城高速公路共线,各路段详见本章第一节国家高速公路中 G6001 贵阳绕城高速公路。

1. 基本情况

（1）项目决策背景及过程。南环高速公路贵州境牛郎至金竹高速公路（简称"南环高速公路"）2007年纳入《贵阳市城区道路网规划》。由于该项目起于小河区金竹镇，向南经省委党校南侧，向东经孟关控区，止于牛郎关立交，全长约38.7km。因此，它是实现交通良性循环的大动脉，既有利于形成内循环，从根本上缓解贵阳市老城区交通的拥挤状况，也有利于形成外循环，将贵阳融入国道、省道以及航空、铁路的交通枢纽和重要门户；对于打破交通瓶颈制约、形成高速公路网络体系、构建陆路交通枢纽、进一步扩大贵阳城区的规模，促进金阳、白云、新添寨、龙洞堡、二戈寨、花溪、小河、三桥马王庙等片区的一体化，促进贵阳市的社会经济发展具有十分重要的意义。贵阳市环城高速公路南环线如图6-97所示。

图6-97 贵阳市环城高速公路南环线

南环高速公路由贵阳市发展改革委于2007年9月10日以《关于贵阳市环城高速公路南环线工程可行性研究报告的批复》（黔发改交通〔2007〕1502号）对工程可行性研究报告进行批复。2007年9月12日以《关于贵阳市环城高速公路南环线初步设计的批复》（黔交建设〔2007〕134号）对工程初步设计进行批复。据初步设计批复，本项目初步设计概算总金额29.68亿元。2008年5月16日，贵阳市交通局召开了关于贵阳环城高速公路南环线（图6-98）主体工程施工图评审会会议纪要，并以筑交〔2008〕21号文批复了本项目的施工设计。

（2）公路的功能、定位、里程。贵阳市环城高速公路南环线是《贵阳市城区道路网规划》的重要组成部分，项目的建设有利于完善贵阳市环城高速公路网络，对进一步拓展贵阳发展空间，带动花溪片区加快发展具有重要作用。本项目起点（桩号：K0+000）国道主干线贵阳绕城西南段牛郎关立交、改茅、孟关、上板桥镇、下板桥、下谷冲、扬眉堡、坝谷冲、桐木岭、斗篷山、小龙滩、天鹅人渡、石板哨，终点（桩号：K38+700）国道主干线贵阳绕城西南段金竹立交。项目路线全长38.7km。

第六章
贵州高速公路

图 6-98 贵阳市南环线

(3) 技术指标。南环高速公路为双向四车道高速公路,设计速度为 100km/h,整体式路基宽度 26m,分离式路基宽度 13m,停车视距 160m,设计荷载等级为公路—Ⅰ级,主线路面采用沥青混凝土。其他技术指标如表 6-76 所示。

技 术 指 标　　　　表 6-76

序 号	指标名称	单 位	指 标
1	公路等级	—	高速公路
2	设计速度	km/h	100
3	车道数	道	4
4	路基宽度	m	26
5	中央分隔带宽度	m	2.00
6	行车道宽度	m	2×3.57
7	硬路肩宽度	m	3.00
8	极限最小平曲线半径	m	400
9	不设超高平曲线半径	m	4000
10	最大纵坡	%	4
11	最短坡长	m	250
12	停车视距	m	160
13	桥梁设计荷载		公路—Ⅰ级

(4) 投资规模。项目估算总投资约 28 亿元,据初步设计批复,本项目初步设计概算总金额 29.68 亿元。

(5) 主要控制点。本项目起、终点均接于西南环线,根据项目的建设意义、资金筹措等因素分别确定为牛郎关、金竹,主要中间控制点为孟关、桐木岭、党务、石板。

(6) 沿线主要地形地貌。路线位于苗岭山地的中段,长江水系、珠江水系的分水岭地域。沿线海拔在1100~1200m,相对高差50~100m,地形起伏不大,地势高低走势不明显,总体地形南部高,北部低,主要的山峰、河流受构造控制较为明显,走向往往与构造线方向一致,例如花溪河下游,杨眉堡至青岩小溪,其走向与断层方向一致,测区以丘陵地貌为主,其次发育有山地地貌、岩溶地貌及谷地地貌。测区地貌属低中山地貌类型。

丘陵地貌:表现为相对高度小于200m,坡度较缓,大多较为孤立,有具连绵性、近似山地的,也有完全孤立,多为连续性不强的低丘或高丘。

山地地貌:均为碳酸盐岩分布,主要表现为山岭陡峻,山体表面堆积物较薄,甚至大片基岩裸露。

岩溶地貌:发育于碳酸盐类岩石分布区,表现为峰丛沟谷、洼地、缓丘沟谷、漏斗等,多与丘陵地貌共生。

谷地地貌:测区丘陵、山地之间谷地广泛发育,为地势相对低洼的平坦地貌及沟谷地貌。

(7)主要构造物。全线共有特大桥565.5m/1座;大桥14369m/27座;中桥1687m/17座;小桥4座;涵洞及通道147道;隧道单延米2057m/2座;互通式立交6处,分离式立交9处;收费站6处;停车区和服务区各2处;路基挖方835万m^3,路基填方741万m^3,沥青混凝土面层1075865m^2,水稳碎石基层989990m^2,级配碎石底基层969224m^2,波形护栏136431m,混凝土护栏10763m,标志标牌581个,路面标线55326m^2,隔离栅116091m。

2. 建设情况

(1)立项审批。南环高速公路由贵阳市发展改革委于2007年9月10日以《关于贵阳市环城高速公路南环线工程可行性研究报告的批复》(黔发改交通〔2007〕1502号)对工程可行性研究报告进行批复。2008年5月16日,贵阳市交通局召开了关于贵阳环城高速公路南环线主体工程施工图评审会会议纪要,并以筑交〔2008〕21号文批复了本项目的施工设计。

(2)勘察、设计。南环项目委托贵州省交通规划勘察设计研究院为总体设计。2007年9月5日,贵阳市交通局组织专家对初步设计进行了初步论证,认为可行,咨询专家提供了《贵阳市环城高速公路南环线初步设计专家预审查意见》。2007年9月12日,贵州省交通厅以黔交建设〔2007〕134号文批复了本项目初步设计。2008年5月16日,贵阳市交通局召开了关于贵阳环城高速公路南环线主体工程施工图评审会会议纪要,并以筑交〔2008〕21号文批复了本项目的施工设计。

(3)施工、监理。

①第一合同段:路基土建工程第一合同段由中铁一局集团第四工程有限公司承建,线路全长2km(K0+000~K2+000)。工程开工前,由项目经理牵头,副经理、总工、书记参

与,根据施工设计图纸掌握和了解工程规模、特点、难点,多次到现场进行实地勘查,结合合同工期要求等因素进行全面、系统分析,提前做好项目前期策划和准备工作,找准项目施工管理重点,存在不利因素。工程自开工之日起,项目部就制定以管理施工生产项目副经理为安全总监,安质部门为主责部门,其他部门、工区队长、工点技术员、施工班组负责人为成员的安全生产责任制度,建立健全安全生产管理体系,认真贯彻"安全第一、预防为主"的方针。通过日常安全巡查、月底安全大检查制度,做好管理人员和施工人员的安全教育、培训、考核,组织分工点、工种等施工人员开展文明施工、安全生产方面的标准工地比赛,增加安全经费投入,加强日常安全、劳动保护用品的等级发放管理,从根本上保证安全生产管理和投入到位,确保施工安全处于受控。本项目自实施到结束无一起安全事故发生。在工程实施过程中,项目部坚持"百年大计、质量第一"的管理方针,制定符合项目实际的质量管理制度、质量管理体系等,严格执行开工报告制度、审批、检查、验收等质量过程管理制度,严格遵守质量规范、设计要求,严把材料关、工序关、检验关、管理关,做到施工和管理规范化、标准化,做到工程内实外美,把工程项目建成优质工程、精品工程。2009年5月25日全线竣工交验完毕(图6-99),各合同段工程均一次通过验收,工程质量合格率达100%。

图6-99 贵阳市南环线

②第二合同段:承建公司为中铁五局(集团)公司。路线全长3.231km。在开工前,中铁五局(集团)公司组建了"南环线工程项目第二合同段项目经理部",以公路工程国内招标文件范本第二卷《技术规范》和招标文件为施工标准,以《公路工程质量检验评标准第一分册 土建工程》(JTG F80/1—2004)为检验尺度,加强全面质量管理,按ISO9001质量体系组织施工,树立精品意识,落实质量措施,认真组织施工生产,建立完善的质量管理体系,确保工程质量合格。在施工过程中,严格按《公路工程施工安全技术规程》(JTJ 076—1995)的规定要求施工。做到文明施工,积极联系当地政府和群众,了解当地

民风民俗,尊重民族的宗教信仰和生活习惯,处理好与当地政府和群众的关系,不与百姓发生冲突;教育职工,严格遵守法律、法规和当地的规章制度,杜绝偷盗、斗殴等违法现象发生;做到办公室卫生、整齐等。

③第三合同段:由中交第二航务工程局有限公司承建,路线全长3.987km。2007年12月28日开工以来,中交二航局第三合同段项目部首先从施工人员的思想和认识上抓起,统一思想、统一认识,为实现合格质量目标,根据《建设工程质量管理条例》《招标文件》《技术规范》《贵阳环城高速公路南环线项目建设管理办法》的实际情况,进一步落实质量管理和责任,在中交二航局五分公司各级领导的高度重视下,项目部狠抓落实,责任层层分解、各负其责、各司其职、责任到人,强化内部管理,提高员工的整体素质。依据《贵阳环城高速公路南环线项目建设管理办法》要求,为切实落实工程质量责任,做到工程质量终身责任制,对该合同段的工程项目质量责任进行了划分,落实到人,使每道工序每个环节都有明确的质量第一责任人及直接责任人,实行领导责任和直接责任相结合的责任制。对保证不了安全的,坚决不允许施工,将质量、安全生产列入施工重点控制,并投入大量的资金,从开工至今未发生人员伤亡和财产损失等事故。

④第四合同段:由贵州省公路桥梁工程总公司承建,路线全长5.22km。第四合同段项目部首先从施工人员的思想和认识上抓起,统一思想、统一认识,为实现合格质量目标,根据《建设工程质量管理条例》《招标文件》《技术规范》《贵阳环城高速公路南环线项目建设管理办法》的实际情况,进一步落实质量管理和责任,狠抓落实,责任层层分解、各负其责、各司其职、责任到人,强化内部管理,提高员工的整体素质。依据《贵阳环城高速公路南环线项目建设管理办法》要求,为切实落实工程质量责任,做到工程质量终身责任制,对该合同段的工程项目质量责任进行了划分,落实到人,使每道工序每个环节都有明确的质量第一责任人及直接责任人,实行领导责任和直接责任相结合的责任制。对保证不了安全的,坚决不允许施工,将质量、安全生产列入施工重点控制,并投入大量的资金,从开工至今未发生人员伤亡和财产损失等事故。

⑤第五合同段:由中铁八局承建,全长2.88km。项目部结合本标段工程特点、重点情况,制定施工总体方案为:以桥梁施工和隧道施工为重点,桥梁、隧道与路基土石方平行作业。把"精心组织、合理安排、文明施工、建成优质、确保安全、突击重点、兼顾一般、按期竣工"作为本项目施工组织的主导思想。认真贯彻ISO9001:2000质量体系标准,开展全面质量管理,均衡组织生产,开展多工序、多工作面交叉作业,实现开工必优、一次成优,快速、优质、安全地建成本标段工程。本着对生命和国家财产高度负责的精神,项目部将质量、安全生产列为施工重点控制。及时传达总监办关于加强安全生产,和现场施工人员一起对施工用电、施工接卸、起吊设备、模板支撑、脚手架等认真检查,发现问题及时纠正。对保证不了安全的,坚决不许施工。

⑥第六合同段:由中铁二局承建,全长4.692km。在施工过程中,项目部坚持"安全第一,预防为主"的安全生产工作方针和"管生产必须管安全"的原则,落实安全生产目标管理责任制,强化施工现场作业控制,规范管理人员的管理行为和全体员工的作业行为,保障全体员工在施工生产过程中的生命安全与健康;特别是针对本项目工期紧、任务重的特点,以人为本,在各个作业环节,都有针对性地制定施工方案,上足施工人员,合理安排作业次序和时间,进而杜绝疲劳上班和不合理加班,确保所有上岗作业人员都能集中精神,全神贯注地投入,在作业时自动地按规操作和按章作业,从"人"这一根本要素上提高安全保障;坚持每周一次安全质量学习活动,对各班组进场人员都进行三级安全教育培训;对关键作业点,设置兼职的安全督查人员进行跟班督查;加强对爆炸物品安全管理,定期和不定期组织对爆炸物品的运输、领取、清退、库存进行检查;对药库、生活区等重点防火区域配备足够的消防器材;加强用电管理;保持施工场地清洁、井然有序,废旧材料和工具不随地乱扔,堆放有序,施工的废水废渣不随地乱排乱放,切实保护好环境,使安全文明施工处于可控状态。

⑦第七合同段:由中铁二十五局集团有限公司承建,全长4.487km。项目部精心组织施工,对现场管理人员加强质量教育,强化质量意识,严格遵守操作规程,加强质量监控,完善各种检测手段,按技术规范要求进行检验和抽检,严格执行国家的质量法规和总监办、驻地办的质量要求,落实质量工作到位,责任到人,建立质量奖罚制度,并从思想教育、组织和技术、施工管理等方面制定保证措施,让质量始终处于可控状态。

⑧第八合同段:由中铁二十二局集团有限公司承建,路线全长3.13km。对现场管理人员加强质量教育,强化质量意识,严格遵守操作规程,加强质量监控,完善各种检测手段,按技术规范要求进行检验和抽检,严格执行国家的质量法规和总监办、驻地办的质量要求,落实质量工作到位,责任到人,建立质量奖罚制度,并从思想教育、组织和技术、施工管理等方面制定保证措施,让质量始终处于可控状态。

⑨第九合同段:由中铁八局集团有限公司承建,全长3.47km。在本项目施工全过程,制定了工程测量双检复检制度,隐蔽工程检查签认制度,质量责任挂牌制度,质量评比奖罚制度,定期质量检查制度,质量情况报告制度,质量签证制度,关键部位、重点工序旁站监督制度相关的工程质量管理的八项制度。项目经理部与各作业工区签订质量包保责任状,以保证质量目标兑现。质量评比每月一考核,每季度一总结,奖优罚劣,奖罚兑现。重、难点工程队班组实行与工程质量挂钩的计件工资制,使工程质量在工资分配上占重要的份额,充分体现优质优价。

⑩第十合同段:由中铁十一局集团第五工程有限公司承建,路线全长5.4km,项目进场初期,根据工程特点成立了"中铁十一局集团五公司贵阳环城高速公路南环线项目经理部",对合同段工程项目的安全、质量、进度、成本等生产经营活动进行全面的组织指挥

和内外协调。

⑪第十一合同段：由北京市海龙公路工程公司承建，全长0.471km。开工前，项目经理部建立"横向到边，纵向到底，控制有效"的质量自检体系，严格执行"三检"（自检、互检、交接检）制度。项目经理部严格执行ISO9002质量保证体系中有关规定，并针对本项目建立了一套完整的质量管理制度，确保质量方针、质量目标得以实现。由于本合同施工难度大，安全生产是重点，为保证施工安全，制定了严格的规章制度和实施细则。

⑫第十二合同段：由中铁三局集团有限公司承建，项目办在每项工作、每道工序施工前，将有关施工技术规范、设计要求、质量充值部位及应达到的标准等编制成手册发到各施工班组进行书面交底并作为学习的依据，同时利用各种会议形式进行口头交底，达到人人知晓的目的，并在施工中对照检查，做到人人遵守，互相督促。实行定期和不定期质量检查制度，对不符合标准的工程坚决推倒重来，以确保施工的工程不留下质量隐患。

⑬第十三合同段：由贵州省交通工程有限公司承建，负责交通安全设施及附属设施工程。工作内容包括安全设施、沿线站点、收费、管理、服务设施等工程安全实施系统是高速公路最基本、最必需的交通安全保障系统，集交通管理、安全防护、交通诱导、隔离封闭等多种功能于一体，是保障驾驶员正确、安全行车的基本附属设施。

⑭第十四合同段：由北京市高速公路交通工程公司承建交通安全设施及附属设施工程。主要工程为：a.交通安全设施工程：交通标志、标线、波形梁护栏、钢筋混凝土护栏、突起路标、轮廓标、隔离栅、防抛网、防眩板、收费站土建等。b.收费站点房建工程：党武收费站、石板收费站。c.服务区工程：摆门服务区。

⑮南环线机电工程：由广东新粤交通投资有限公司承建。包括：收费、监控、通信、供配电、隧道机电5大系统，全线有出口车道14条，入口车道10条，2座隧道，1个监控分中心。

南环线项目实行二级建立制度，经过公开招投标选择了五家监理单位，即贵州科达公路工程咨询监理有限公司、贵州省陆通咨询监理有限公司、贵阳交通工程监理站、贵州三维咨询监理有限公司、北京兴通交通工程监理有限公司，设8个驻地监理办，在南环线总监办的统一管理下对相应的施工合同段的施工承包合同的执行、工程质量、安全生产、进度、费用、环保等方面开展施工监理工作。

（4）资金筹措。南环线工程概算为29.68亿元，其中包括自筹（占总投资的35%）和银行贷款（占总投资的65%）。

（5）招标投标。贵阳环城高速公路南环线工程施工、监理、试验检测等项目全部按国家招投标法律法规的规定进行了招标。

2007年8月，根据国家招投标法的要求和公路建设的基本程序，按照贵阳市人民政府关于实施工程招投标的文件精神,项目启动了招投标工作,于2007年8月7日~12月14日依法面向社会公开招投标,南环线路基工程经过预格预审和公开招标,完成路基2~10标的9个施工合同段和A、B、C标的3个监理合同段的招投标工作。

2007年9月,经询价完成1个中心试验室承接单位选择工作。

2007年12月24日,完成南环线施工第2~10合同段、监理合同段的合同谈判工作,并对合同文本进行完善,签订施工协议、廉政合同,为施工合同的正式签订做好准备。

由于1标、11标工程分别与西南环线2标、5标工程交叉重叠,考虑施工的复杂性,经指挥部会议讨论决定,由业主方直接与西南环线2标、5标的2个施工单位和2个监理单位进行谈判签约。

2007年12月28日,南环线正式开工。

2008年1月~2009年1月,先后对路面工程(12标)、交安及房建工程(13、14标)、机电工程(15标)施工4个施工合同段和相应的3个监理标段进行了招投标,并已对监控、检测等工作进行了招标。

(6)征地拆迁。南环线征地拆迁工作得到了贵阳市委市政府及沿线各级地方政府的大力支持,贵阳市组建了贵阳环城高速公路建设指挥部,市委常委马常青为指挥长。同时在花溪区、南明区分别成立了南环线建设协调指挥部。两区指挥部具体实施所辖区域的征地拆迁工作和沿线社会稳定工作。在建设期间,贵阳市和两区政府及其工作部门配合有力,协调有序,监督到位,效率较高,征地拆迁工作进展顺利,为项目建设的顺利实施创造了有利的条件。

指挥部健全完善了征地拆迁机制,做到"宣传动员到位、责任落实到位、维护权益到位和依法拆迁到位",只用了30天就完成了290.62hm^2的正线征地,也只用了30天就完成了408户农房的拆迁工作,而且没有遇到一户钉子户,没有实施一户强拆。

(7)交(竣)工。南环项目交工验收分段进行:2009年5月25日,第八合同段交工验收;2009年7月17日,第六、十一合同段交工验收;2009年9月12日,第十三合同段交工验收;2009年9月15日,南环线第一、三、四、七、十二合同段交工验收;2009年9月18日,第二、五、九、十四合同段交工验收。

3. 复杂技术工程

花溪大桥。花溪特大桥主桥上部为(85+160+85)m预应力混凝土连续刚构,桥面宽度:0.5m(护栏)+11.75m(行车道)+0.5m(护栏),主墩采用双墙式桥墩,基础采用钻孔灌注桩基础;3号过渡墩为空心薄壁墩,基础采用钻孔灌注桩基础;引桥上部采用装配式预应力混凝土T形连续梁桥,跨径布置为5×30m;引桥下部采用柱式墩,钻孔灌注桩基础;起点侧桥台为柱式台,终点侧桥台为肋式台。地震动峰值加速度:0.05g。设计荷载:

公路—1 级。设计洪水频率:1/300。

左幅立面位于半径 $R = 20000\text{m}$ 的圆曲线及直线段上,变坡点桩号为 K15+400,高程为 1113.92m,$i_1 = -0.8\%$;平面位于半径 $R = 8400\text{m}$ 与 $R = 4200\text{m}$ 相连接的 S 形曲线上。右幅立面位于半径 $R = 20066.27\text{m}$ 的圆曲线及直线段上,变坡点桩号为 K15+400,高程为 113.903m,$i_1 = -0.592\%$,$i_2 = 1.8\%$;桥梁平面位于半径 $R = 5000\text{m}$ 与 $R = 4200\text{m}$ 相连接的 S 形曲线上。

4. 营运管理

收费站点设置如表 6-77 所示。

收费站点设置表 表 6-77

站 点 名 称	车 道 数	收 费 方 式
牛郎关收费站	3 进 8 出(含 ETC 车道 1 进 1 出)	联网收费
孟关收费站	2 进 3 出(含 ETC 车道 1 进 1 出)	联网收费
桐木岭收费站	4 进 9 出(含 ETC 车道 1 进 1 出)	联网收费
党武收费站	4 进 6 出(含 ETC 车道 1 进 1 出)	联网收费
石板哨收费站	3 进 5 出(含 ETC 车道 1 进 1 出)	联网收费
大学城收费站	3 进 5 出(含 ETC 车道 1 进 1 出)	联网收费

二、S02 遵义绕城高速公路

S02 遵义绕城高速公路由绥阳至遵义高速公路青山至檬梓桥段、贵州省遵义至贵阳公路扩容工程青山至冷水坪段、遵义绕城高速公路冷水坪至乐理段、遵义北环(檬梓桥至乐理段)高速公路构成。其中遵义绕城高速公路冷水坪至乐理段属拟建项目。

(一)S02 遵义绕城高速公路绥阳至遵义高速公路青山至檬梓桥段

1. 基本情况

(1)项目决策背景及过程。贵州省绥阳至遵义高速公路青山至檬梓桥段是遵义市绕城高速公路规划的重要组成部分,是国家高速公路网兰海高速公路和杭瑞高速公路在遵义市的联络线工程,对完善区域路网以及促进区域经济发展至关重要。现兰海高速公路贵州境已经贯通,杭瑞高速公路贵州境内的前期设计工作也已基本完成,及时规划并研究遵义市绕城高速公路非常必要。遵义市东北绕城高速公路作为遵义市绕城高速公路的重要组成部分,将起到连接兰海高速公路和杭瑞高速公路,以及为遵义市东北部新区提供便捷出口的重要作用,及时对东北绕城公路的工程可行性方案进行研究是经济发展的需要,也是完善区域路网的需要。

受遵义市高速公路开发投资有限公司委托,华杰工程咨询有限公司(以下简称"华杰公司")承担遵义市东北绕城高速公路工程可行性研究报告的编制工作。项目组于2008年4月1~13日开展外业调查,对项目影响区域内沿线各区县的社会经济、路网布局、城镇规划、工程地质等方面进行了大量的资料收集和调查。并对走廊带内各种可能路线方案进行实地踏勘,于2008年4月10日在项目影响区域内主要道路上组织安排了OD调查及交通量观测。此后,于2009年11月对项目影响区进行了补充外业调查和规划资料收集,在充分论证、综合分析评价的基础上,于2009年12月编制完成了本项目工程可行性研究报告。2009年12月,遵义市发改委以《关于转报〈贵州省绥阳至遵义高速公路青山至檬梓桥段工程可行性研究报告〉的报告》(遵市发改交通〔2009〕55号)上报省发改委。2010年6月11日,省发改委以《关于绥阳至遵义高速公路青山至檬梓桥段工程可行性研究报告的批复》(黔发改交通〔2010〕1018号)批复项目工可,同意建设绥阳至遵义高速公路青山至檬梓桥段。

(2)公路的功能、定位、里程。贵州省绥阳至遵义高速公路青山至檬梓桥段是遵义市绕城高速公路重要组成部分,是国家高速公路网兰海高速公路和杭瑞高速公路在遵义的联络线工程,也是贵州省高速公路网"678网"中的组成部分。本项目的建设不仅可以完善区域路网、缓解过境车辆穿越遵义城区的压力,同时也是拓展遵义市中心城区发展空间、配合新蒲新区建设的需要。

绥阳至遵义高速公路青山至檬梓桥段项目位于遵义市境内,路线跨越主要区县为遵义县、新浦区及汇川区。起点位于遵义县虾子镇的青山村,与杭瑞高速公路思南至遵义段相交,里程桩号为K0+000,经中桥、洪江、桃子坪、李子垭,终点位于汇川区高坪镇新黔村,与兰海高速公路崇溪河至遵义段相交,里程桩号为K30+900,全长30.9km。

(3)技术指标。全线按双向四车道高速公路标准建设,设计速度80km/h,路基宽度24.5m,行车道宽度3.75m×2×2,硬路肩宽度2.5m×2,中央分隔带宽度2.0m,最大纵坡5.0%,停车视距110m,桥涵设计荷载采用公路—Ⅰ级,桥涵设计洪水频率1/100,重点工程及大型构造物按地震基本烈度Ⅵ度设防,其余指标按《公路工程技术标准》(JTG B01—2003)规定执行。

(4)投资规模。绥阳至遵义高速公路青山至檬梓桥段批复概算总投资25.156亿元,平均每公里造价8141.1万元,批复建安费概算19.301亿元,建安投资平均每公里6246.27万元。

(5)主要控制点。项目起于遵义县虾子镇的青山村,与杭瑞高速公路思南至遵义段相交,经中桥、洪江、桃子坪、李子垭,终点位于汇川区高坪镇新黔村,与兰海高速公路崇溪河至遵义段相交,全长 30.9km。

(6)沿线主要地形地貌。本项目路线区域内大地构造处于扬子准地台,黔北台隆遵义断拱构造。沿线出露地层按地层时代从新到老有:第四系、三叠系中至下统、二叠系等。沿线可能出现的不良地质病害类型主要有,路基及路堑边坡的顺向失稳、岩溶作用诱发的地质病害以及局部路线穿越煤矿采空区等。沿线无控制性的不良地质病害和特殊岩土分布。各路线方案的工程地质及水文地质条件无明显差异。沿线岩溶强烈发育路段常位于岩溶谷地、地表河流岸坡和地表水系分水岭附近。对局部岩溶强烈发育的路基和构筑物地基,常有岩溶坍塌、岩溶深槽起伏造成基础地质情况突变、岩溶谷地中分布的软土层等一系列地质问题。特别在隧道工程的施工中,会遇见溶洞和其中充填物的坍塌和突水等地质问题。沿线分布的煤系地层,煤层厚度变化较大,一般在 1~2m。在路线范围内,无集中大型开采煤矿分布。

(7)主要构造物。本项目主要构造物,路基土石方:挖方 567.4 万 m^3,填方 574.1 万 m^3;桥梁工程:大桥 5381m/16 座(换算成双幅总长)、中桥 171m/3 座(换算成双幅总长),人(车)行天桥 298m/5 座;路面工程:级配碎石底基层 633.6 万 m^2,水泥稳定碎石基层 603.9 万 m^2,沥青混凝土面层 2225.4 万 m^2,路缘石 1037m^3;隧道工程:长隧道 2956.6m/2 座(换算成双幅总长),中隧道 3043m/4 座(换算成双幅总长),短隧道 165m/1 座(换算成双幅总长);涵洞、通道 2929m/52 道;排水与防护工程:浆砌片石护坡、挡墙 6.74 万 m^3,混凝土护坡、挡墙 0.99 万 m^3,浆砌片石边沟 3.8 万 m^3,混凝土边沟 0.45 万 m^3,浆砌片石排水沟 4.89 万 m^3,浆砌片石截水沟(截流槽)1.55 万 m^3;互通式立交 5 座;交通安全设施:波形钢护栏 10.29 万 m,标志 779 处,标线 4.1 万 m^2,隔离栅 9.6 万 m,突起路标 13719 个,防眩板 1948m。图 6-100~图 6-102 分别为岩孔坝大桥、古牛坡隧道和檬梓桥互通。

图 6-100　绥遵高速公路青檬段岩孔坝大桥

图 6-101 绥遵高速公路青檬段古牛坡隧道

图 6-102 绥遵高速公路青檬段檬梓桥互通

2. 建设情况

（1）立项审批。本项目为《贵州省高速公路网规划》规划项目，根据贵州省人民政府办公厅发电《省人民政府办公厅关于进一步加强固定资产投资项目前期工作的通知》（黔府办发电〔2008〕185 号）规定，列入国家和省相关规划的项目视为立项，不再批复项目建议书。

2009 年 10 月 26 日，遵义高速公路开发投资有限公司委托华杰工程咨询有限公司承担本项目工程可行性研究报告的编制工作。同年 12 年，华杰工程咨询有限公司完成了本项目工可的编制。2010 年 6 月 11 日，省发改委以《关于绥阳至遵义高速公路青山至檬梓桥段工程可行性研究报告的批复》（黔发改交通〔2010〕1018 号）正式批复了项目工程可行性研究报告。

（2）勘察、设计。2010 年 2 月，遵义高速公路开发投资有限公司对本项目的勘察设计工作进行了公开招标，中交公路规划设计院有限公司中标，承担本项目的初步勘察设计及施工图勘察设计工作。2010 年 5 月，完成初步设计，上报省交通运输厅，2010 年 6 月 28 日，省交通运输厅以《关于贵州省绥阳至遵义高速公路青山至檬梓桥段初步设计的批复》(黔交建设〔2010〕103号)对本项目初步设计进行了批复,同意了项目建设规模与技术标准,修正了概算,批复项目总概算为25.156亿元,建设总工期为3年。按初步设计的批复意见,设计单位开展了施工图设计相关工作,于2010年12月完成项目施工图设计。2011年5月12日,省交通运输厅以《关于贵州省绥阳至遵义高速公路青山至檬梓桥段施工图设计的批复》(黔交建设〔2011〕96号)对本项目施工图设计进行了批复。

在工可报告完成及进行初步设计的同时,项目环评工作也同步展开,2009年12月,遵义高速公路开发投资有限公司委托贵州省交通科学研究院承担本项目的环境影响评价工作,评价单位受托后派出环评人员赴拟建公路沿线进行实地调研,收集了相关资料。在认真研究公路工程可行性研究报告及对公路沿线进行现场踏勘后收集到的资料的基础上,编制完成了项目的环评大纲。2010年6月8日,贵州省环境保护厅以《关于贵州省绥阳至遵义高速公路青山至檬梓桥段工程环境影响报告书的批复》(黔环审〔2010〕82号)对项目环境影响报告书进行了批复。

此外,遵义高速公路开发投资有限公司还开展了项目水土保持相关工作,2010年5月25日,贵州省水利厅以《贵州省绥阳至遵义高速公路青山至檬梓桥段水土保持方案的复函》(黔水保函〔2010〕91号)同意了项目的水土保持方案。

(3)施工、监理。项目在建设过程中,由遵义高速公路开发投资有限公司组建项目部和总监办,具体负责项目的实施管理,由公司常务副总经理杨青海任项目部主任。项目共划分11个施工合同段,其中土建工程6个合同段,绿化、路面、机电、交安、房建工程各1个合同段,设立1个总监办、3个驻地监理办和1个中心试验室。A驻地办负责土建工程第一、第二、第三合同段及第七合同段(绿化工程)的施工监理服务工作,B驻地办负责土建工程第四、第五、第六合同段、第八合同段(路面工程)和第十合同段(交安工程)的施工监理服务工作,C驻地办负责第九合同段(机电工程)和第十一合同段(房建工程)的施工监理服务工作。

项目建设过程中实行"项目法人制、招投标制、政府监督、社会监理、合同管理、廉政建设"等管理制度及质量保证体系。管理过程中采取以下管理措施,确保了项目工程质量、进度、费用得到有效控制:

其一,抓思想、廉政、作风、制度建设。为推动项目建设,绥遵高速公路青檬段建设项目部在工作上进行了明确的分工,在思想上达成了共识。项目部领导班子始终把抓思想建设、廉政建设、作风建设几个方面工作放在重中之重的位置,在整个建设过程中,没有违规违纪腐败案件的发生。

其二,严抓工程质量,努力建设优质工程。一是建立健全"四级质量保障"体系,认真落实工程管理责任制,严格督促监理单位通过以程序监控和定量监控保证工程质量。二是严抓合同管理,始终以部颁规范、施工合同和工程管理规范文件为依据,强化工程质量管理。并约见部分中标单位法人,提出具体整改要求,规定整改时限,增强了工程管理力度,确保了工程建设质量、安全和进度。三是加大检查频率,严格进行处罚,对检查出的质量问题均下达了返(停)工指令,限时整改返工,同时按有关规定进行处罚。四是加大原材料进场抽检频率,严格原材料、成品、半成品构件等质量控制,坚持不定期抽查,切实做到工程质量问题凭数据说话。五是强化工程质量和安全管理,全面落实领导责任,采取一切必要的措施和手段,从施工环节、具体工序上入手。路面施工从垫层、基层、面层全面加强控制,严格按规范进行施工,引进先进工艺、工法,确保路面工程质量,努力解决高速公路路面质量存在的一些通病。

其三,优化施工组织,加强工作调度,追赶工程建设进度。为了切实推进工程建设进度,采取了以下几项措施:一是按时召开例会,加强生产调度,对工程建设重点、难点采取集中精力、集中时间、集中突破的方式方法逐一落实解决;二是加大工程管理,优化施工工序,做到各施工环节的无缝衔接,结合工期任务目标,编制了《剩余工程量倒排工期计划》,将目标任务进行层层分解,着力加快工程的进度;三是主攻关键节点,加强重点突击,针对制约工程建设的节点工程和控制性工程,结合《项目管理办法》《倒排工期计划》,制定了《周进度计划奖惩办法》,对按时完成计划目标任务的单位予以重奖,对进度滞后的单位实行严惩,充分调动施工单位的工作积极性。

其四,严格计量程序,准确控制工程投资。为保证工程资金的合理使用,控制好工程造价:一是严格按照制定的工程计量审核支付程序进行工程计量,并对计量资料严格实行网络版与纸质版逐级签认制度,确保工程计量各环节准确。二是严格按制定的《月定期计量制度》,执行定期计量,明确资料报送时间及签认时限,进一步规范工程计量流程,确保工程计量及时准确。

其五,加强安全管理、杜绝工程安全隐患。项目安全管理始终坚持"管生产必须管安全""预防为主,防治结合"的原则。通过制定完善各项安全管理规定,成立安全生产管理领导小组,为安全生产工作提供了强有力的组织保障。同时层层签订了《安全生产责任书》,强化安全生产责任。项目建设期间,全线安全管理人员还参加了省质监局组织的一期安全培训,加强和提升了各参建单位的安全生产意识和管理水平,在整个建设过程中,没有发生重大安全事故。

其六,严格资金管理,确保建设资金使用安全、高效。一是及时确定了新增项目单价,建立完善项目工程台账,为严格控制工程项目投资概预算提供了保证。二是科学合理地执行项目的造价和标准规定,严格按设计和批准的建设内容、规模、标准、总投资概算等控制指标严格执行。三是根据公司制定《财务管理制度规定》,严格按要求对照工程建设进度、合同、协议和规定程序支付工程款。四是严格执行省厅财务管理有关规定,与银行签订了《项目资金监管协议》,实行资金使用申报制度,对工程资金拨付实行全程跟踪管理,确保了建设资金安全、高效。

其七,规范工程变更程序,控制项目投资概算。一是严格执行有关工程变更规定,及时向省交通主管部门上报较大工程变更项目,如马家湾隧道改路基方案、观音寺隧道坍方处理方案等。二是由项目部组织,通过邀请专家、现场认定等形式对发生的较大工程变更进行确认,准确核定变更工程量。三是制定了《工程变更申请审批制度》,对所有工程变更执行工程变更申请和工程变更申请审批制度,规范工程变更程序。

其八,加强各方协调,创造优良施工环境。征地拆迁及群工工作是项目建设顺利与否的关键环节。一直以来,项目部均能积极配合地方政府做好以征地拆迁安置、涉农设施恢复、化解群工矛盾为主的工程建设保障工作,项目部相关责任人员做到了靠前指挥、有求必应,及时化解纠纷矛盾。为了把工程建设给当地群众带来的影响降到最低限度,项目部对所有影响到的涉农设施均按不低于原标准进行了恢复,确保了公路施工沿线群众生产生活正常进行,维护了社会稳定。

(4)资金筹措。本项目概算总投资为25.156亿元,平均每公里造价8141.1万元。资金来自项目资本金和银行贷款,其中,资本金占总投资的25%(资本金由省公路局和遵义市政府共同筹建,其中省公路局承担60%,遵义市政府承担40%),银行贷款占总投资的75%。

(5)招标投标。项目共划分11个施工合同段,其中土建工程6个合同段,绿化、路面、机电、交安、房建工程各1个合同段,设立1个总监办、3个驻地监理办和1个中心试验室。除总监办由遵义高速公路开发投资有限公司自行组建外,其余参建单位均采取公开招标。2010年9月,遵义高速公路开发投资有限公司委托招标代理机构河北华能招标有限责任公司负责本项目土建工程的施工、监理及中心试验室的招标工作,通过公开招标,选择了6家土建工程承包单位、2家驻地监理服务单位和1家中心试验服务单位;2011年11月~2012年5月,贵州遵义高速公路建设投资有限公司先后委托河北华能招标有限责任公司负责本项目绿化、路面、机电、交安及房建工程的施工招标工作和机电工程施工监理招标工作,通过公开招标,选择了绿化、路面、机电、交安和房建工程承包单位和机电工程施工监理服务单位。

参建单位见表6-78。

S02青檬高速公路项目建设单位表 表6-78

参建单位	单位名称	合同段编号及起止桩号	主要负责人
项目管理单位	贵州遵义高速公路建设投资有限公司	K0+000~K30+900	杨青海
勘察设计单位	中交公路规划设计院有限公司	K0+000~K30+900	杨明举

续上表

参建单位	单位名称	合同段编号及起止桩号	主要负责人
施工单位	中铁五局集团第一工程有限责任公司	土建一标 K0+000~K4+600	魏军
	贵州路桥集团有限公司	土建二标 K4+600~K9+780	张烈
	贵州桥梁建设集团有限责任公司	土建三标 K9+780~K16+240	樊贵军
	贵州桥梁建设集团有限责任公司	土建四标 K16+240~K21+350	伍雄
	中铁二局股份有限公司	土建五标 K21+350~K27+100	苟罗波
	中铁二局股份有限公司	土建六标 K27+100~K30+900	石伟
	四川省瑞云环境绿化工程有限公司	绿化七标 K0+000~K30+900	李涛
	江西省交通工程集团公司	路面八标 K0+000~K30+900	黄蜂
	重庆市华驰交通科技有限公司	机电九标 K0+000~K30+900	杜长东
	广东立桥交通工程有限公司	交安十标 K0+000~K30+900	熊昌春
	贵州省公路工程集团总公司	房建十一标 K0+000~K30+900	吴昆
监理单位	重庆景程工程咨询有限公司	A驻地办,土建工程监理:K0+000~K16+240 绿化工程监理:K0+000~K30+900	何万强
	北京华通公路桥梁监理咨询有限公司	B驻地办,土建工程监理:K16+240~K30+900 路面工程监理:K0+000~K30+900	李跃文
	浙江通衢交通建设监理咨询有限公司	C驻地办,机电工程监理:K0+000~K30+900 房建工程监理:K0+000~K30+900	吴梦尘
中心试验室	遵义市公路工程质量检测中心	中心试验室 K0+000~K30+900	李明

(6)征地拆迁。本项目征拆工作从2010年10月开始,在各级政府部门的关心支持下,项目征拆协调部门与地方各级政府征拆部门密切配合,加强沟通与联系,征拆工作开展正常,为项目施工打下了良好的基础。

经过外业勘丈登记及内业资料的整理及资料公示工作,全线土地赔付资金顺利支付。项目征地4647.59亩,迁坟2222座,拆迁各类房屋面积92925.27m²,房屋拆迁382户,拆迁宅基地面积172.07亩;企业搬迁17家,其中养殖场6家、砖厂4家、氧气厂1家、矿泉水厂2家、酒厂1家、老年公寓1家、纸厂1家及二处〇六一厂房;涉农设施共恢复675处,其中农灌设施98处,人饮设施49处,路基外排水沟54处,乡村公路(含机耕道60条23.153km),人行上山便道102条23.077km,其他涉农设施312处;水改旱面积约100余亩;三电迁改里程81km。共计发生征地拆迁费用3.8093亿元。

(7)交(竣)工。项目于2013年10月24日进行交工验收,验收委员会通过现场察看,听取建设各方的工作总结报告,依据省质监站出具的项目检测意见,交工验收委员会一致同意相关工程交工验收,工程质量等级评定为合格。

3. 复杂技术工程

本项目第一合同段宋家堡隧道,长度643m,该隧道整体穿越土石交界地带,上层为地下水丰富的黄黏土,下层为坚岩,地质情况差,施工中爆破极易发生坍塌现象,易发生安全事故。为确保工程施工顺利进行,避免发生安全事故,项目业主办、监理单位派驻有隧道施工经验的人员常驻施工单位,根据施工实际地质情况与施工单位现场共同确定施工方案,采取"短进尺、弱爆破、早封闭、仰拱及时成环"等施工方式,及时解决施工中出现的问题。经各方的共同努力,宋家堡隧道在施工过程中未发生过安全事故,工程施工质量得到了保证。

4. 营运管理

全线设Ⅱ类服务区1处(洪江服务区,因环保部门不同意,现未实施),匝道收费站2处,应急保畅中队1个,监控管理所1个,养护站1个。本项目于2013年10月24日建成通车,批准收费时间为2013年10月28日,批准收费终止时间为2033年10月27日。2013年10月~2015年8月,收费总12345.73万元。2013年10月~2015年8月车流量共计3646503辆。

(二)S02遵义绕城高速公路青山至冷水坪段

S02遵义绕城高速公路青山至冷水坪段与G75E贵州省遵义至贵阳段扩容工程共线,详见G75E贵州省遵义至贵阳段扩容工程。

(三)S02遵义绕城高速公路遵义北环(檬梓桥至乐理段)高速公路

1. 基本情况

(1)项目决策背景及过程。遵义北环(檬梓桥至乐理段)高速公路(以下简称"遵义北环高速公路")是遵义市高速公路规划的重要组成部分,是国家高速公路网兰海高速公路和杭瑞高速公路在遵义市的联络线工程,对完善区域路网以及促进区域经济发展至关重要。现兰海高速公路贵州境已经贯通,杭瑞高速公路贵州境内已经开工,遵绥高速公路青山至檬梓桥段(遵义市绕城高速公路东北段)也基本进入了开工阶段,及时规划并研究遵义北环高速公路非常必要。遵义北环高速公路作为遵义市绕城高速公路的重要组成部分,将起到连接兰海高速公路和杭瑞高速公路,以及为遵义市西北部提供便捷出口的重要作用,及时对遵义北环高速公路工程可行性方案进行研究是经济发展的需要,也是完善区域路网的需要。

受贵州遵义高速公路建设投资有限公司(前称:遵义市高速公路开发投资有限公司)委托,华杰工程咨询有限公司(以下简称"华杰公司")承担遵义北环高速公路工程可行性研究报告的编制工作。

项目组于2008年4月1~13日开展外业调查,对项目影响区域内沿线各区县的社会经济、路网布局、城镇规划、工程地质等方面进行了大量的资料收集和调查,并对走廊带内各种可能路线方案进行实地踏勘,于2008年4月10日在项目影响区域内主要道路上组织安排了OD调查及交通量观测。此后,于2010年8月对项目影响区进行了补充外业调查和规划资料收集,在充分论证、综合分析评价的基础上,于2010年10月初编制完成了本项目工程可行性研究报告,并于2011年11月编制完成了本项目工程可行性研究报告的修编报告。2011年12月16~19日,贵州省发改委、贵州省交通运输厅组织专家对遵义北环高速公路工程可行性研究报告进行了评审,专家组在现场调研、认真研究的基础上提出了修改意见和建议。报告编制单位针对提出的意见进行了分析论证,就相关问题进行了补充修改与完善。2012年3月28日,贵州省发展和改革委员会以黔发改交通〔2012〕486号文对遵义北环高速公路可行性研究报告进行了批复。

(2)公路的功能、定位、里程。遵义北环高速公路对于完善遵义市区的路网功能,充分发挥干线公路方便快捷、四通八达,减少迂回绕行、改善路网单一走向、加强路网均衡性也是十分必要的。遵义市也是贵州省重要的枢纽城市之一,在西部大开发中是东进西连、南下北上的重要通道,遵义北环高速公路将成为南北大通道中重要的过境及沿线集散大通道,因此城区绕城高速公路的建设是加速遵义市公路网形成,完善区域公路网布局的需要。

遵义北环高速公路作为绕城高速公路的重要组成部分,建成后,将在中部地区形成一条便捷的通道,与现有的国道主干线共同构成全市公路网主骨架,使两条大通道在遵义地区的连接点由1个扩大为3个,缓解大通道交通瓶颈的压力。同时,修建遵义北环高速公路工程能有效地实现国家南北和东西运输大动脉的交通转化,缓解过境车辆穿越遵义城区的压力,现兰海高速公路贵州境已经贯通,杭瑞高速公路贵州境内的前期工作已完成,其中遵毕高速公路、思遵高速公路正在施工中。此外,遵绥高速公路青山至檬梓桥段(遵义市绕城高速公路东北段)也完成了设计,及时规划并建设遵义北环高速公路工程非常必要。该路建成后,能促进国家高速公路网的形成,完善区域路网;拓展遵义市中心城区发展空间;加速遵义市周边地区资源开发,促进经济发展;开发地区旅游、文化和水资源、煤炭、矿产等优势资源;对完善综合运输体系等起到重要作用。

在实际建设中,遵义北环高速公路由于线路较短,为了便于管理和加强施工协调,提高资源利用率,减少实际投资,贵州遵义高速公路建设投资有限公司采取成立一个项目业主办、总监办模式管理,以施工总承包的模式进行招投标,选取一家实力较强的公司进行施工。

遵义北环高速公路全长 30.428km,起点位于遵义市汇川区高坪镇檬梓桥互通(檬梓桥南),与贵州省绥阳至遵义高速公路青山至檬梓桥段南移方案顺接,路线走向西南,止于遵义县鸭溪镇乐理村下坝的乐理枢纽互通,与杭瑞高速公路毕节至遵义段相接,终点桩号为 K60+784。

(3)技术指标。全线按照部颁《公路工程技术标准》(JTG B01—2003)进行设计,主线采用全封闭、全立交、控制出入的双向四车道高速公路,设计速度为 80km/h,整体式路基宽度 24.5m,分离式路基宽度 12.25m。桥梁与路基同宽,桥涵设计荷载等级为公路—Ⅰ级,路面为沥青混凝土路面。

(4)投资规模。遵义北环高速公路项目概算总投资为 25.64 亿元,平均每公里造价 8430 万元。

(5)主要的控制点。起点位于遵义市汇川区高坪镇檬梓桥互通,经海龙、野里坝、七里沟,止于遵义县鸭溪镇乐理村下坝的乐理枢纽互通,与杭瑞高速公路毕节至遵义段相接。图 6-103 所示为海龙互通景观。

图 6-103 海龙互通景观

(6)地形地貌。沿线地处云贵高原向湖南、四川、重庆过渡的斜坡地带,山岭、沟谷展布与地质构造有很大程度的一致性。线路大致沿东北向西南展布,海拔高度在 870~1200m,相对高差 330m。地貌类型为构造剥蚀、溶蚀剥蚀中低山地貌,路线走廊带内地形起伏大,侵蚀冲沟发育,沟谷以 V 字形为主,切割深度 50~200m,变化较大,长 100m 至数千米,微地貌单元多为基岩山脊、梁、陡崖、深谷等。项目区路线区域内大地构造处于扬子准地台,黔北台隆遵义断拱构造,路线处于鸭溪向斜内并穿过鸭溪向斜,区内共发现 5 条断裂,构造走向与线路走向大多夹角较大,整体构造不甚强烈。据《中国地震动峰值加速度区划图》(GB 18306—2001),本线路所经路段地震动峰值加速度小于 0.05g,地震动反应谱特征周期为 0.35s,对应的地震基本烈度小于Ⅵ度。

全线灰岩、泥质白云岩等碳酸盐岩类岩石分布较为广泛,路线经过区段多为岩溶强烈发育区,地表岩溶主要发育形态有溶蚀洼地、溶蚀漏斗、连通性较好;地下岩溶主要发育形态为溶洞、溶槽、溶蚀小孔及溶蚀裂隙。而这些岩溶形态往往贯通了地下管道,在地表水、地下水的长期侵蚀、溶蚀作用下,易形成不同形态、规模不等的岩溶塌陷。致使多座桥梁跨越溶洞发育区,其中马老岩为 $16 \times 30m$ T 梁,全长 487m,由于处于岩溶发育区,40% 桩基下有溶洞,桩基穿越溶洞最大高度 11m,这给桥梁桩基成孔造成了极大的困难。控制性工程小槽湾隧道,长 1.7km,隧址区不良地质现象主要为岩溶,岩溶化岩石影响了洞身围岩的稳定性,岩溶通道内的地下水对隧道施工及其运营有一定的影响;溶蚀裂隙和洞穴破坏了岩体的完整性,隧道开挖时在洞顶易产生坍塌。

(7)主要工程量。路基挖方 552 万 m^3,路基填筑 573 万 m^3,防护排水圬工 28.2 万 m^3,主线大、中桥梁 3684.9m/20 座,其中大桥 13 座,中桥 7 座,隧道 3790.5m/3 座,涵洞及通道 78 道,小桥 2 座,天桥 9 座,互通式立交 2 处。路面工程中:水泥稳定碎石底基层 61.8 万 m^2,水泥稳定碎石基层 58.1 万 m^2,沥青路面 69.3 万 m^2。图 6-104 所示为小溪河大桥。

图 6-104 小溪河大桥

机电工程:机电系统包括监控、收费、通信和隧道机电系统(隧道机电系统包括隧道供配电、照明、通风、消防、紧急电话、火灾报警、隧道监控系统等)。项目建成后采用封闭收费制式,将提供完善的刷卡收费服务,海龙、乐理(图 6-105)两个收费站按照 3 进 6 出设置收费车道,均设置了人工收费车道、非接触式自动收费车道(ETC),安装了计重收费系统;监控系统由监控中心系统、监控外场设备、传输系统、隧道监控系统等构成;通信系统由通信分中心、沿线收费站的无人通信站构成。

房建工程全线共设置 2 处收费站、1 处停车区、1 处服务区、5 个隧道变电所和 1 栋交警、路政管理综合执法楼。

图 6-105　乐理收费站

2. 建设情况

（1）立项审批。根据黔府函〔2009〕23 号文批复的《贵州省高速公路网规划》，遵义北环（檬梓桥至乐理段）高速公路正式立项纳入实施阶段，受贵州遵义高速公路建设投资有限公司委托，华杰工程咨询有限公司承担遵义北环（檬梓桥至乐理段）高速公路工程可行性研究报告的编制工作。于 2010 年 8 月对项目影响区进行了补充外业调查和规划资料收集，在充分论证、综合分析评价的基础上，2011 年 11 月编制完成了本项目工程可行性研究报告的修编报告。2012 年 3 月 28 日，遵义北环高速公路可行性研究修编报告得到了贵州发展改革委员会批复。

（2）勘察、设计。在工程可行性研究修编报告完成后，2011 年 2 月，勘察设计单位中交公路规划设计院有限公司对遵义北环高速公路进行初步设计，贵州省交通规划勘察设计研究院股份有限公司为咨询单位，2011 年 2 月~2012 年 7 月完成初步设计工作并上报贵州省交通运输厅，贵州省交通运输厅以黔交建设〔2012〕150 号文批复了遵义北环高速公路的初步设计，审核确定初步设计总概算为 25.64 亿元。2012 年 7 月~2013 年 4 月完成勘察设计定测、施工图设计，2013 年 4 月 2 日，贵州省交通运输厅以黔交建设〔2013〕74 号文批复了遵义北环高速公路的施工图设计。

在遵义北环高速公路可行性研究报告修编及初步设计进行的同时，该项目的水土保持方案、环境影响报告、地质灾害危险性评估报告、项目建设用地压覆矿产资源评估等工作也同步开展。2011 年 6 月，贵州省国土资源厅以黔国土资储压函〔2011〕116 号文对《贵州省遵义檬梓桥至乐理高速公路项目建设用地压覆矿产资源评估》进行批复。2011 年 8 月，贵州省水利厅以黔环函〔2011〕186 号文同意了《遵义市檬梓桥至乐理高速公路工程水土保持方案》，同时贵州省环境保护厅黔环审〔2011〕142 号文对《遵义市檬梓桥至乐理高速公路环境影响报告书》进行了批复。

(3)施工、监理。遵义北环(檬梓桥至乐理段)高速公路项目经省交通运输厅批准由贵州遵义高速公路建设投资有限公司作为业主单位,于2013年1月组建成立了遵义北环高速公路项目建设业主办,并经书面报请省交通运输厅同意,由业主单位自行组建总监办。该项目采取施工总承包方式进行建设,通过招标选取遵义市道路桥梁工程有限责任公司作为总承包单位。此管理模式的优点在于"管理集中、统一调度",能有效整合资源,在施工中做到"见缝插针",工序间无缝衔接,有效地提高了工作效率。遵义北环高速公路于2013年5月8日正式开工建设,在建设过程中,业主办、总监办重点控制如下。

工程质量管理方面:一是严抓工程质量,努力创建优质工程,同时全面响应省交通运输厅"137号"文精神,在施工过程中,主要采取巡视、旁站等手段对工程质量进行监理,驻地高监、监理组长要求每天对关键项目至少巡视一次,对隧道初支、桥梁桩基、T梁预制及路面摊铺等关键工序、重要隐蔽工程,要求监理人员全过程旁站监理。对施工中出现的问题,立即责令承包人予以纠正,情节严重的,立即以返工通知书或工作指令的形式责令承包人进行整改。建立健全"四级质量保障"体系,认真落实工程管理责任制,严格督促监理单位通过以程序监控和定量监控保证工程质量。二是严抓合同管理,始终以部颁规范、合同文件和工程管理规范文件为依据,强化工程质量管理,确保工程建设质量、安全和进度目标的实现。三是加大检查频率,严格对不合格工程进行返工,同时按有关规定进行处罚。四是加大原材料进场抽检频率,严格原材料、成品、半成品构件等质量控制,坚持不定期抽查,切实做到工程质量问题凭数据说话。五是强化工程质量,全面落实领导责任,采取一切必要的措施和手段,从施工环节、具体工序上入手,减少施工中存在的一些通病,努力提高工程质量品质。比如:在所有预制场安装了蒸汽锅炉,对T梁不分季节实行蒸汽养生,确保梁片质量;路基施工中特别是在把好路槽质量关上,通过采取强夯、冲击碾压、换土填石、大块碎石调型及中粗砂嵌缝碾压密实等一系列措施,确保路槽弯沉检测不分晴天下雨都能达到合格。在路槽交验检测中,遵义北环的路槽质量受到了省交通建设工程质量监督局的通报表扬。

工程进度方面:强化工作调度,优化施工组织、抢抓工程建设进度。重点抓住制约工程建设的节点工程和控制性工程不松手,是确保项目建设总体进度的关键,在这个问题上,遵义北环各参建单位的认识高度一致,相互配合、互相支持。主要做法是:其一,遵义北环项目严格按照上级下达的目标任务,分析自身存在的不足,找出重点难点,编制工期节点生产任务,倒排工期,与北环总经理部签定责任书,按月、周、天考核,兑现奖惩。在人力、物力、财力方面,要求道桥公司调集精兵强将,加大投入购买设备,共建了5个数控钢筋加工大棚、7个集中混凝土拌和站、7个T梁预制场、4个水稳拌和站、2个沥青拌和站,138台挖掘机、7台摊铺机、514辆自卸车等大型设备,形成"全面开花,全面突击"抢抓进度的常态化局面。其二,所有控制性工程均实行倒班制,采取"五加二,白加黑""抢晴天、战雨天"、以一天也不耽搁的实际行动,强力推进项目建设。为抢时间、抓进度,2014年春节采取工人不放假、初一至正月二十三期间对工人发放补贴的方式,保证了施工连续性。

其三,制定考评办法,兑现奖惩。为使北环施工进度可控,北环业主办、总监办先后制订了《季度综合考评办法》《2014年春节期间工人加班奖励性补贴发放办法及实施细则》《北环高速公路土建工程参建单位考核评比办法》《遵义北环高速公路2014年度倒排工期计划表》考核等一系列措施,以制度管理、奖优罚劣的方式,带动参战人员的工作积极性。并且,业主办、总监办在每周星期一举行周例会,将存在的问题及时汇总,以"三天为限"方式及时解决。

为实现省委、省政府明确的遵义北环高速公路2014年年底通车的任务目标,北环业主办于2014年春节期间组织工人加班加点施工,为此,业主单位下拨专项资金700多万元作为工人加班补贴来保障施工。此举使得整个春节期间全线工地没有一天停工,有1500多名工人没有返乡过年。最终遵义北环高速公路通过全体参战人员的努力,原计划工期30个月,推算完工时间为2015年11月7日,实际交工验收时间为2014年12月23日,比计划工期提前10个月完工,遵义北环高速公路于2014年12月28日通车试营运。

投资控制方面:严格计量程序,准确控制工程投资。为保证项目资金的合理使用,控制好工程造价,严格按照制定的工程计量审核支付程序进行工程计量,并对计量资料严格实行网络版与纸质版逐级签认制度,确保工程计量各环节准确。

规范工程变更程序,严格控制项目建设投资。公司根据国家和行业的相关规定制定了的工程变更管理办法,项目业主办(总监办)制定了严格的工程变更审批制度,规范了工程变更程序,并严格按照规定的制度和程序进行变更管理,致使遵义北环项目建设投资严格控制在上级批复的概算总投资以内。

安全管理方面:项目安全管理始终坚持"安全第一、预防为主、综合治理"的方针和"管生产必须管安全"的原则。通过制订完善各项安全管理规定,成立安全生产管理领导小组,为安全生产工作提供了强有力的组织保障,同时按照规定投入了专项安全生产经费,配置了专职安全管理人员,层层签订了《安全生产责任书》,强化安全生产责任制。在整个建设过程中,制定了严格的奖惩制度。同时将安全理念向每个工序延伸,配足专职安全员,负责安全生产工作,全面落实安全生产管理制度,把施工项目的安全组织保障、安全管理计划、专项安全施工方案、隐患排查与治理、重大危险源管理、生产安全事故管理、安全教育和培训、安全技术交底、安全月报等纳入施工管理日常工作之中。在全线形成全覆盖安全生产网络,做到无论大事小事,有人抓、有人管、有人查、有人办,实实在在地把安全生产工作抓到底,打造了安全堡垒,及时发现安全生产中存在的薄弱环节和问题,并消除事故隐患。业主办、总监办还定期或不定期开展进行安全隐患排查,发现问题及时下发整改通知书,切实做到把安全隐患消灭在萌芽状态,致使遵义北环高速公路没有发生重大安全事故。

环境保护和文明施工方面:由于遵义市地处云贵高原向湖南、四川、重庆过渡的斜坡地带,南部边缘为西南向东北横贯的乌江河谷,西部边缘为自南向北纵贯的赤水河,大娄山山脉切割市内中部,市内地貌类型多样,以喀斯特地貌为主,兼有全球稀少而最具典型性的丹霞地貌。

本项目基本上被大娄山脉的西支脉所覆盖,地貌类型复杂,群峰叠嶂,沟谷纵横,低山、低中山、中山和高中山均有分布。岩溶地貌发育强烈,切割深,高差大。地表及地下水丰富,地形复杂多变。沿线有石灰岩、泥质岩、砂岩、页岩、白云岩、砂页岩出露。

项目影响区主要河流为湘江及其支流仁江河、洪江河、喇叭河、洛江河、罗江河等,均发源于大娄山南麓。各支流均由北西向南东流经侧区后,流入自东向西的湘江,纳入洛安江后经湄潭、瓮安流入乌江。区内地表水、地下水互为补给,溪流源头多为地下水补给。由于区内碳酸盐岩分布较广,丰富的地下岩溶水为区内主要的供水水源,由于线路部分段落经过遵义市水源保护区上游,为确保饮用水源的安全,对上游路基及跨河流桥梁进行专项环保防污设计,设置了沉淀池、油水分离池等。

在建设过程中,遵义北环高速公路全线弃土场的堆放均选择在山谷荒地,有效节约耕地资源。弃土场设计了排水、防护及绿化设施,进行了混凝土挡墙锁脚防护,施工时因地制宜在其表面进行植被覆盖以及防排水工程设计。取土坑选在高地、荒地上,基本不占用耕地,且使用后修复植被,防止水土流失。

对沿线的上、下边坡,中分带,互通式立交区,隧道进出口,路基两侧以及取、弃土场等进行了绿化。在项目实施过程中,按照"一条大道、两路风景、三季有花、四季洁美"的要求,对全线的绿化、美化进行了加强,同时,结合地形适当设置景观布置。

遵义北环线绕城而行,沿线居民密集,高速公路的施工和后期运营给沿线居民的生活造成声环境污染。对此,项目在设计时就采取声环设计,分别通过设置声屏障和隔声窗等措施来降低噪声污染。并在实施过程中结合沿线居民分布情况,通过采取实地调查和施工期环境监测等手段,对设计遗漏进行补充和加强完善,大大地保证沿线居民的正常生活。

遵义北环积极响应省交通运输厅关于标准化建设和平安工地的相关要求,抓好工地现场的文明施工、规范施工,设置各种施工标志标牌、宣传标语,对管理人员和作业工人进行了标准化施工的宣贯和培训,加强了文明和环保意识,最大限度地减少对环境的破坏和影响。

(4)资金筹措。遵义北环高速公路总投资25.64亿元,平均每公里造价8430万元。其资金来源如下:

项目资本金:8.974亿元,占总投资的35%;

国内银行贷款:16.666亿元,占总投资的65%。

(5)招标投标:遵义北环(檬梓桥至乐理段)高速公路项目经省交通运输厅批准由贵州遵义高速公路建设投资有限公司作为业主单位。2012年9月遵义北环(檬梓桥至乐理段)高速公路正式进行施工招标,2013年1月确定中标人,并于1月7日下发中标通知书。2013年1月组建成立了遵义北环高速公路项目建设业主办,并经书面报请省交通运输厅同意,由业主单位自行组建总监办。其余参建单位均采取公开招标方式进行择优录取。在网络和媒体发布招标公告,经资格预审—投标—评标—确定中标人等相关程序,层层筛选最后确定参建单位(表6-79)。

S02 遵义北环(檬梓桥至乐理段)参建单位表 表6-79

参建单位	单位名称	合同段编号及起止桩号	主要负责人	备注
项目管理单位	贵州遵义高速公路建设投资有限公司	K30+356~K60+784	叶涌	
勘察设计单位	中交公路规划设计院有限公司	K30+356~K60+784	代李锋	
施工单位	遵义市道路桥梁工程有限责任公司	K30+356~K60+784	代明溢	施工总承包(路基、交安、绿化)
	中交第一公路工程局有限公司	K30+356~K60+784	王超	房建单位
	重庆市华驰交通科技有限公司	K30+356~K60+784	康仕虎	机电
监理单位	贵州陆通公路工程监理有限责任公司	K30+356~K60+784	钟建新	
中心实验室	遵义市公路工程质量检测中心	K30+356~K60+784	李君祥	

(6)征地拆迁。本项目征地拆迁补偿标准根据《国务院关于深化改革严格土地管理的决定》(国发〔2004〕28号)、贵州省人民政府《关于加强重点建设项目征地管理工作的通知》(黔府发〔2004〕5号)、《关于深化改革严格土地管理的实施意见》(黔府发〔2005〕17号)、《贵州省人民政府关于修订〈贵州省占用林地补偿费用管理办法〉的决定》(贵州省人民政府第78号令)、《城市房屋拆迁管理条例》等法律法规来执行。在建设过程中拆迁补偿费由区(县)高速公路建设指挥部设置专户管理,资金在专户银行封闭运行,由区(县)级专户直补被拆迁户。

搞好征地拆迁及群工协调工作是项目建设能否顺利进行的关键环节。遵义市人民政府及汇川区、红花岗区、遵义县人民政府分别成立了市、区(县)两级协调指挥部,负责本项目的征地拆迁和群工协调工作,在项目未正式开工前,协调指挥部及地方各级政府就提前开展征地拆迁工作,为项目的顺利建设提供了有力的保障。

在征地拆迁工作中主要做好了三方面工作,即丈量数据的准确性,内业资料整理规范性,公示和补偿的及时性。这"三性"工作始终贯穿整个遵义北环高速公路建设的全过程。在工程建设中,市、区(县)协调指挥部和地方各级政府积极支持配合项目业主做好征地拆迁和群工协调工作,努力化解群工矛盾,为工程建设保驾护航。在建设过程中,项目业主办、各施工单位加强与地方协调,共同努力营造良好的施工环境,项目业主在资金紧张的情况下,首先保证了征地拆迁资金的及时支付,对工程建设影响到的涉农设施按照不低于原标准进行了恢复,确保了公路施工沿线群众生产生活正常进行,维护了社会稳定。

遵义北环最终完成征地3197.01亩,拆迁房屋面积67647.49m^2,坟墓搬迁2336座,三电迁改涉及移动、联通、遵义市电信、遵义县电信、遵义县广电、遵义军分区"618"、省军区"313"、遵义县电力公司、遵义城郊电力公司等9家迁改单位。兑付遵义县、红花岗区、汇川区征地拆迁补偿费共计2.88亿元。

(7)交(竣)工。2014年12月23日,贵州遵义高速公路建设投资有限公司主持对遵义北环高速公路进行交工验收,验收会议邀请了相关单位参加,在通过听取建设各方的工作总报告,并依据贵州省交通工程质量监督局的项目检测意见,交工验收委员会同意相关工程的交工验收,正式进入通车试运营阶段。绿化交安工程、机电工程、房建工程的交工验收定在第二期验收进行。

3.复杂技术工程

(1)马老岩大桥(图1-106)。该桥为$16 \times 30m$ T梁,全长487m,由于处于岩溶发育区,40%桩基下有溶洞,桩基穿越溶洞最大高度11m,这给桩基成孔造成了极大的困难。针对此情况,业主办成立技术小组,并多次请专家对此桥桩基施工方案进行论证,最后以大桥的溶洞进行分类、分型、分措施,分别采取片石黏土回填、水泥造浆护壁、钢管桩护壁及帷幕注浆预塌等多种控制方案进行施工,降低了桩基反复施钻不成孔的概率,有效解决桩基成孔难的问题,确保任务目标的完成。

图6-106 马老岩大桥

(2)小槽湾隧道。此隧道左幅施工至ZK55+285时遇到了长71m、宽20m、深度达38m的大型溶洞,侵占了隧道的大半个洞身。解决此溶洞的处理方案,难点一是决定此隧道进度、质量及安全的重中之重。省交通运输厅领导对此高度重视,专门派专家对溶洞处治方案进行了专题论证,决定采取"以填为主、预留排水通道"的思路,加强初期支护,后期观测相结合的原则,并为了保证因隧道底部溶洞回填不密实可能造成后期运营隧道二衬下沉开裂的问题,在仰拱底部设置一悬臂钢筋混凝土板,分担大部分来自隧道拱顶垂直压力的设计方案。难点二是在实施过程中为解决隧道悬空喷射初支混凝土,安装组合钢模作为外衬板的传统模式。该传统模式在喷射中由于喷射压力大模板容易跑模且喷射混凝土密实度难以控制,致使质量难以保证。经业主办、总监办召集施工单位进行专题研究,最后对溶洞地段采取滑模喷射混凝土的施工方式。该方式具体做法是:施工过程中先用片石将溶洞回填至仰拱底部,再浇筑设计方案中的钢筋悬臂板作为承重底座。在底座上安装模板导向底轨,在隧道初支与岩石交界的顶部安装顶部导向轨。导向轨中安装外衬4m滑模板,每喷射4m,待混凝土初凝后采用千斤顶向前推进为一循环,逐步推进的方式施工,这一工法使得隧道施工保质保量度过了溶洞区。

4. 营运管理

全线共设置2处收费站、1处服务区(海龙),1处停车区(野里坝),5个隧道变电所和1栋交警、路政管理综合执法楼,1个应急保畅中队,1个监控管理所。本项目于2014年12月28日正式通车试运营。批准收费时间为2014年12月27日,批准收费终止时间为2034年12月26日。2014年12月~2015年8月,总收费1335.07万元。2014年12月~2015年8月车流量共计500170辆。收费站点设置如表6-80所示。

遵义北环高速公路(檬梓桥至乐理段)收费站点设置表　　　表6-80

站点名称	车道数	收费方式
海龙	3进6出(含ETC车道1进1出)	联网收费
乐理	3进6出(含ETC车道1进1出)	联网收费

三、S03安顺绕城高速公路

(一)S03普定至安顺及安顺西绕城高速公路

1. 基本情况

(1)项目决策背景。2009年10月20日,省环保厅以《关于普定至惠水高速公路普定至安顺段及赤水至望谟高速公路安顺过境段环境影响报告书的批复》(黔环审〔2009〕18号)对普安高速公路环评报告书进行了批复;2009年7月17日,省水利厅以《关于普定至惠水高速公路普定至安顺段及安顺西绕城高速公路水土保持方案的批复》(黔水保〔2009〕250号)对普安高速公路水土保持方案进行了批复;2009年10月26日,省发改委以《关于普定至安顺及安顺西绕城高速公路工程可行性研究报告的批复》(黔发改交通〔2009〕2736号)对普定至安顺及安顺西绕城高速公路可行性研究报告进行了批复;2009年12月9日,省交通运输厅以《关于普定至安顺及安顺西绕城高速公路初步设计的批复》(黔交建设〔2009〕233号)对普定至安顺及安顺西绕城高速公路初步设计进行了批复;2011年12月31日,省交通运输厅以《关于普定至安顺及安顺西绕城高速公路施工图设计的批复》(黔交建设〔2011〕262号)对普定至安顺及安顺西绕城高速公路施工图设计进行了批复;2011年9月18日,国土资源部以《关于普定至安顺及安顺西绕城高速公路工程建设用地的批复》(国土资函〔2011〕677号)对普安高速公路建设用地进行了批复;2011年,省质监局以《贵州省普定至安顺及安顺西绕城高速公路建设项目质量监督申请受理通知书》(黔交质〔2011〕128号)对普安高速公路质量监督申请进行了批复;2012年4月20日,省交通运输厅对晴隆至兴义高速公路建设项目施工许可申请进行了批复。

(2)公路的功能、定位。普定至安顺及安顺西绕城高速公路是《贵州省高速公路网规划》"6横7纵8联"及4个环线中安顺环线的主要组成部分,也是贵州省高速公路网第6联络线(安顺至惠水高速公路)和第3纵线(赤水至望谟高速公路)中的一段,是安顺市及安顺以东、以西、以南地区通往普定和普定以北地区的重要运输通道,也是安顺市区进出口的快捷通道。普定至安顺高速公路起点位于普定县城,经白岩、轿子山、蔡官,终点位于七眼桥与清镇高速公路相接,建设里程约为32.59km;安顺西绕城高速公路起点在白岩镇十二营村连接北线,向南经珍子坡、魏旗,终点在幺铺镇接清镇高速公路,建设里程约为16.3km。全线设有普定、白岩、西秀、魏旗、开发区5个收费站。

(3)技术指标。全线按四车道高速公路标准设计,设计速度80km/h,路基宽度21.5m,桥涵设计荷载采用公路—Ⅰ级,路线全长48.9km。全线最大纵坡4.9%。

(4)投资规模。项目概算总投资为30亿元。

(5)主要控制点、沿线主要地形地貌。路线位于贵州省安顺地区,连接普定和安顺,总体地势较平,全线海拔落差相对稳定,全线隧道一共2座。

(6)主要构造物。主要工程量有土石方833.181万m^3、大中桥梁3711.483m/30座、通道及涵洞111座、隧道555m/2座、互通式立交8处,桥隧比为8.16%(含互通)。图6-107、图6-108所示分别为红龙山隧道和郑家屯互通。

2. 建设情况

(1)项目立项审批。2009年10月26日,省发改委以《关于普定至安顺及安顺西绕城高速公路可行性研究报告的批复》(黔发改交通〔2009〕2736号)对普定至安顺及安顺西绕城高速公路可行性研究报告进行了批复,同意开工建设。

图6-107 红龙山隧道

图6-108 郑家屯互通

（2）勘察、设计。普定至安顺及安顺西绕城高速公路项目勘察、设计工作由贵州省交通规划勘察设计研究院承担。

（3）施工管理。普安高速公路分两个合同段：第一合同段为普定至安顺段，起点位于普定县城北，终点位于七眼桥，设七眼桥枢纽互通与清镇高速公路相接，路线全长32.593km；第二合同段路线为安顺西绕城段，起点位于白岩镇十二营村，终点在幺铺镇，设幺铺枢纽互通与清镇高速公路相接，全长16.307km。该项目于2009年10月28日举行开工庆典，2010年3月15日象征性选点动工，2010年7月8日召开第一次工地会议，总监理工程师下达开工令，标志着项目建设实质性全面动工。

工程质量管理方面，工程开工建设后，总监办在质量"事前、事中、事后"三个管理阶段中，突出事前管理，将工程质量问题消灭在萌芽状态，做到防患于未然。在施工中，加强现场旁站，同时在承包人按规范全频抽检的基础上，监理工程师按不低于规范要求的频率独立进行抽检；分项工程完工后，及时按《质量检验评定标准》对实测项目进行工序验收，有不合格工序时，不容许进入正道工序施工，并要求承包人进行补救或返工，以确保工程质量。并在施工监理过程中，采取了如下控制质量的措施，实践证明取得了较好的效果。

普安高速公路项目监理组织机构设为二级监理组织机构，第一级监理组织为总监办，下设工程部、合同计量部、安全环保部、中心试验室及综合办公室；二级监理组织机构为第一、第二驻监办和机电工程驻监办。普安高速公路项目总监办会同施工单位首先对控制桩、水准点等进行了详细校核，为工程施工创造先决条件。在施工过程中，对重点工序、重点部位进行全过程监理。对于钻孔东灌注桩，从施工放样到成孔后的各项指标的检查，从安放钢筋笼到混凝土浇筑全过程，基坑支护，混凝土工程、路面工程从材料拌和到现场浇筑、振捣、摊铺、碾压等多道工序，均由现场监理旁站、专业监理工程师检查、驻地巡查，随时检测各项控制指标，监督指导施工，及时解决工程问题，确保工程质量。

工程安全管理方面，项目办严格控制安全生产，积极开展文明施工，为创优工作创造良好环境。为保证工程顺利进行,项目办要求各工区必须完善安全体系,积极开展安全活动,配足安全设施,做到有宣传、有教育、有检查、有记录、有措施的"五有"活动,对危险路段设立警示标志和警戒措施,并做好防水、排水、安全用电、机械设备保养等工作。杜绝一切安全隐患,确保"质量创全优,安全零事故"的目标顺利实现。

(4) 资金筹措。项目按照省交通运输厅批准的预算总投资为30亿元,项目资金采用省、地联合出具资本金后向银行申请贷款的方式筹措。贵州省交通运输厅和安顺市人民政府出25%的资本金,其他由贵州省公路局全额贷款。

(5) 招标投标。该项目原建设业主为安顺交通投资有限责任公司,采用BT模式(即建设—移交)组织实施。通过招标选择了施工总承包单位和监理单位。2010年受国家取消搭桥贷款、清理地方融资平台及实施稳健货币政策等一系列宏观政策调整影响,银行贷款一直未能得到落实。为解决项目融资难题,经省交通运输厅报省政府同意,决定变更项目业主为贵州省公路局,通过省级融资平台解决项目建设贷款问题。2011年4月,省公路局高建办正式接管该项目,贵州省公路局高建办组建了普定至安顺及安顺西绕城高速公路项目办公室负责本项目日常管理工作。参建单位见表6-81。

S03 普定至安顺及安顺西绕城高速公路参建单位表

通车里程桩号:48.845km 表6-81

参建单位	单位名称	合同段编号及起止桩号	主要负责人
项目管理单位	贵州省公路局	第一合同段(K0+000~K32+600),第二合同段(K0+000~K16+244.872)	张恒
勘察设计单位	贵州省交通规划勘察设计研究院	第一合同段(K0+000~K32+600),第二合同段(K0+000~K16+244.872)	雷盛金
施工单位	贵州路桥集团有限公司	第一合同段(K0+000~K32+600),第二合同段(K0+000~K16+244.872)	姚豪
监理单位	贵州省交通建设咨询监理有限公司	第一合同段(K0+000~K32+600),第二合同段(K0+000~K16+244.872)	杨顺洪

(6) 征地拆迁。省交通运输厅分别与各级政府、国土等部门签订征地拆迁协议书,各级政府、国土等部门组成相应的征地拆迁办,具体负责本项目的征地拆迁工作。征地拆迁款合计363667277元。完成征地6291亩,拆迁房屋184户,建筑面积52119m^2。

(7) 重大变更。普定至安顺及安顺西绕城高速公路项目主要变更见表6-82。

普定至安顺及安顺西绕城高速公路项目主要变更 表6-82

变更内容	变更编号	交通厅审查金额(元)	备注
新增普定收费站档案楼	PA-01-2015-001JD	9880241	
普安高速公路白岩应急救援中心	PA-01-2015-002JD	18295080	
合计	—	28175321	

（8）交（竣）工。2012年4月13日，贵州省公路局组织了普定至安顺及安顺西绕城高速公路交工验收会议。根据《公路工程质量检验评定标准　第一分册　土建工程》（JTG F80/1—2004）及设计文件、行业标准、规范、规程，结合施工单位的工程质量自检评定、监理单位的工程质量评定和项目实施期间监督、检查及各项试验数据。普定至安顺及安顺西绕城高速公路路基填筑规范，分层均匀、碾压密实，路槽质量较好，边坡防护处理到位；桥梁、隧道、涵洞等构造物混凝土强度、几何尺寸符合设计要求，外观色泽均匀，线形顺直、大面平整；路面结构层厚度、平整度、压实度、抗滑性能、渗水系数等指标满足规范和设计要求；交通安全设施标志、标牌齐全醒目，波形梁安装线形顺适；各单位交工验收资料基本完整。工程质量评定等级为合格。成型的路面如图6-109所示。

图6-109　成型的路面

3. 营运管理

全线共设置管理分中心1处、控制分中心1处、收费站5处、养护工区1处、服务区2处，并在收费站位置设立相应的建设管理设施。项目建成后采用封闭收费制式，将提供完善的刷卡收费服务；普定管理分中心（图6-110）设置有监控分中心、通信分中心、收费分中心和行政管理机构，管理全线的运营、收费、交通监控、隧道监控等业务。

图6-110　普定收费站及分中心

贵州省人民政府以《省人民政府关于普定至安顺及安顺西绕城高速公路设站收取车辆通行费有关事宜的批复》(黔府函〔2012〕56号)同意设置1个主线收费站、4个匝道收费站收取车辆通行费,收费年限为20年,自2012年5月1日起至2032年4月30日止。截至2014年年底,共收取车辆通行费0.5541亿元。收费站点设置如表6-83所示。

普定至安顺及安顺西绕城高速公路收费站点设置表 表6-83

站点名称	车道数	收费方式
普定	8	人工、ETC
白岩	5	人工
蔡官	5	人工、ETC
魏旗	5	人工
开发区	5	人工、ETC

(二)S03安顺绕城高速公路郑家屯至小屯段

S03安顺绕城高速公路郑家屯至小屯段与G60沪昆高速公路清镇至镇宁高速公路共线。详情见G60沪昆高速公路沪瑞国道主干线清镇至镇宁公路。

(三)S03安顺绕城高速公路小屯至十二营段

安顺绕城高速公路小屯至十二营段属普定至安顺及安顺西绕城高速公路中的一段,详见S03普定至安顺及安顺西绕城高速公路。

四、S07毕节绕城高速公路

毕节绕城高速公路由黔西至大方高速公路东关至清丰段、毕节至威宁高速公路清丰至龙滩边段、遵义至毕节公路龙滩边至东关段构成。其中黔西至大方高速公路东关至清丰段属在建项目。

(一)S07毕节绕城高速公路清丰至龙滩边段

毕节绕城高速公路清丰至龙滩边段与S20大兴至威宁高速公路毕节至威宁高速公路共线,详见S20大兴至威宁高速公路毕节至威宁高速公路。

(二)S07毕节绕城高速公路龙滩边至东关段

S07毕节绕城高速公路龙滩边至东关段与遵义至毕节公路共线。详见G56杭瑞高速公路遵义至毕节公路。

五、S08 六盘水绕城高速公路

(一) S08 六盘水绕城高速公路水淹坝至老鹰山段

六盘水绕城高速公路水淹坝至老鹰山段与都匀至香格里拉高速公路共用路段。G7611 都匀至香格里拉高速公路六盘水至威宁(黔滇界)公路属于在建项目。

(二) S08 六盘水绕城高速公路老鹰山至鱼塘段

S08 六盘水绕城高速公路老鹰山至鱼塘段与杭瑞高速公路毕节至都格(黔滇界)公路共线,详见 G56 杭瑞高速公路毕节至都格(黔滇界)公路。

(三) S08 六盘水绕城高速公路鱼塘至水淹坝段

六盘水绕城高速公路鱼塘至水淹坝段与都香高速公路六盘水至威宁(黔滇界)公路共线,G7611 都匀至香格里拉高速公路六盘水至威宁(黔滇界)公路属于在建项目。

六、S10 德江至习水高速公路

S10 德江至习水高速公路由德江至务川高速公路、务川至正安公路、正安至温水段、温水至习水段、习水至石板田段、石板田至岔角滩段构成。该高速公路除务川至正安公路和仁怀至赤水高速公路建成通车,其他各路段截至 2016 年年底处于建设之中。

(一) S10 德江至习水高速公路德江至务川高速公路

德江至务川高速公路是《贵州省高速公路网规划》的"一横"德江至习水的首段,项目起点与"二纵"在建的沿河至德江高速公路相接,终点与"一横"在建的务川至正安高速公路相接。项目起于德江县城西北的钱家,与在建的沿河至德江高速公路相接,经楠杆、丰乐、龙灯,止于务川县城西南的喻家湾,接在建的务川至正安高速公路,路线全长40.694km。全线按双向四车道高速公路标准建设,设计速度80km/h,路基宽度24.5m,沥青混凝土路面,桥涵设计汽车荷载等级采用公路—Ⅰ级。全线设置5处互通式立交,桥梁5973.5m/21座,无特大桥,大桥5931.5m/20座,中桥42m/1座,涵洞42道,隧道15497m/9座,其中特长隧道5452.5m/1座,长隧道8313m/5座,中隧道1544m/2座,短隧道187.5m/1座,隧道救援站1处,养护工区1处,收费站1处,服务区1处,应急停车区1处。该项目于 2015 年 12 月 30 日开工建设,计划 2018 年 12 月 29 日交工。概算总投资 57.56 亿元,项目业主单位为贵州省公路局。

(二)S10 德江至习水高速公路务川至正安公路

1. 基本情况

(1)项目背景。贵州省务川至正安高速公路(以下简称"务正高速公路")是《贵州省高速公路网规划》"6 横 7 纵 8 联"(简称"678 网")中的第一横德江至习水高速公路中的一段,连接两个国家级贫困县务川县和正安县,位于黔北综合经济发展规划区,本项目建成实施后,将进一步完善贵州省高速公路网布局;加快黔北地区横一线的建设进程,在贵州省东北部构建起通往川渝的重要联络通道。同时,项目的建设,也是完善黔北地区干线路网建设的需要,弥补了黔北地区缺乏高速公路东西向联系的空白,加强北部地区(习水县、绥阳县、正安县、务川县、德江县等)之间的联系,服务于沿线资源开发,实现黔北经济综合区的协调发展。

(2)公路的功能、定位、里程。务正高速公路主线是贵州省高速公路规划"678"网中第 1 横德江至习水高速公路中的一段,起于务川县城西南侧喻家湾,接拟建的德江至务川高速公路。起点桩号 K43+947.021,途经涪洋、格林,止于正安县城东南的俭坪乡简家坪,接道真至瓮安高速公路和拟建的正安至习水高速公路,终点桩号 K85+805.860,主线全长 41.859km,其中务川县境内 22.423km,正安县境内 19.436km。另建务川连接线(高速公路)6.05km 和务川进城线(二级公路)1.87km。项目总里程 49.779km,其中高速公路 47.909km,二级公路 1.87km。

长久以来,不通高速公路对务川、正安两县当地经济发展严重制约。务正高速公路的建成将有力改善务川、正安两地的交通状况,对两地的经济发展也将产生巨大的推动作用,该项目也是连接后期修建的务川到德江、正安至习水高速公路的中间线,将完善黔北地区的高速公路路网,对沿线区域经济发展具有深刻的意义。

(3)技术指标。全线采用双向四车道高速公路标准建设,设计速度 80km/h,路基宽度 21.5m。分离式路基宽度 2×11.25m,桥涵设计汽车荷载等级采用公路—Ⅰ级,路面采用沥青混凝土。其他技术指标按《公路工程技术标准》(JTG B01—2003)规定执行。

(4)投资规模。本项目根据贵州省交通运输厅《关于务川至正安高速公路初步设计的批复》(黔交建〔2012〕215 号)文件,项目总概算金额 48.59 亿元,建设工期 3 年。其中省交通运输厅专项资金 10.98 亿元(占概算投资的 22.6%),遵义市政府筹资 6.03 亿元(占概算投资的 22.6%),其余 31.58 亿元(占概算投资的 65%)由业主利用国内银行贷款解决。平均每公里造价 10142.14 万元。

(5)主要控制点。全线控制性工程为平地园特长隧道和马河特大桥(图 6-111、图 6-112)。平地园隧道为分离式特长隧道,左幅长 3707m,右幅长 3713m;马河特大桥为分离式桥梁,上构采用预应力混凝土先简支后连续 T 梁+预应力混凝土连续刚构组合方式,主跨180m,左幅桥长859.6m,右幅桥长1026.1m,绝大部分墩柱均为空心薄壁墩,主墩墩高150m。全线预制安装T梁2180片,现浇箱梁19个单跨(不含马河特大桥箱梁)。

图6-111 建设中的马河特大桥

图6-112 交工验收后的马河特大桥

(6)沿线主要地形地貌。务正高速公路地形横坡陡峻、路线走向与山体走向垂直,地形复杂,岩溶发育、谷地内一般有软土分布,山坡脚一般有堆积物,危岩体、滑坡也有发现,地质条件复杂,高填深挖路段多,隧道多,桥隧比高达54.09%,施工难度大。

(7)主要构造物。路基土石方1321万m^3,其中挖方663万m^3、填方658万m^3,防护工程25.6526万m^3,涵洞、通道工程62道;桥梁工程8656.05m/38座,其中正线特大桥942.85m/1座、大桥6370.10m/22座、中桥328.10m/7座,互通式立交大桥796.00m/3座、中桥219.00m/5座;隧道工程18980m/12座,其中特长隧道3710m/1座、长隧道11984m/6座、中隧道2473.5m/3座(务川隧道为单洞955m)、短隧道812.5m/2座;互通式立交3处、服务区及停车区各1处、匝道收费站3处。本项目工程正线桥路比16.05%、隧路比37.54%,桥隧比53.59%。项目建设占用土地3287.53亩。图6-113所示为山岗大桥实景。

图6-113 山岗大桥

2. 建设情况

(1)立项审批。工程可行性研究报告。贵州省发展和改革委员会《关于务川至正安高速公路可行性研究报告的批复》(黔发改交通〔2012〕1259号);两阶段初步设计。贵州省交通运输厅《务川至正安高速公路初步设计的批复》(黔交建设〔2012〕215号);两阶段施工图设计。贵州省交通运输厅《关于务川至正安公路(土建工程部分)施工图设计的批复》(黔交建设〔2013〕104号);工程建设用地。贵州省国土资源厅《关于贵州省德江至习水高速公路务川至正安段(含务川连接线)建设项目用地预审的意见》(黔土资规划函〔2011〕48号)、国土资源部《关于务川至正安高速公路工程建设用地的批复》(国土资函〔2013〕860号);环境影响报告书。贵州省环境保护厅《关于贵州省务川至正安高速公路项目环境影响报告书的批复》(黔环审〔2011〕151号);水土保持方案。贵州省水利厅《关于对贵州省务川至正安高速公路水土保持方案的复函》(黔水保函〔2011〕148号);施工许可证。贵州省交通运输厅于2012年8月12日在省公路局上报的《贵州省务川至正安高速公路施工许可申请书》中审批准予开工建设;质量监督手续。贵州省交通建设工程质量监督局《关于贵州省务川至正安高速公路项目监督申请受理通知书》(黔交质〔2014〕16号)。

(2)勘察、设计。在工程可行性研究报告完成后,业主贵州省公路局对务正高速公路工程的勘察设计工作进行了公开招标,贵州省交通规划勘察设计研究院承担了务正高速公路工程的初步勘察设计及施工图勘察设计工作。根据本项目的特点,结合复杂山区高速公路的勘察、设计、施工实践经验,在本项目的勘察设计中认真做好了路线方案比选,做到"安全选线、环保选线、地形选线、地质选线";坚持"多层次、多方面比选"原则,在"技术、经济比较"的基础上,做到"安全、技术、经济、环保、施工条件"多方面、多层次的比选。加强地质调查及地质勘探工作,对存在的工程地质问题如滑坡、崩塌,要调查清楚位置和分布范围。对大型或相对集中的滑坡、崩塌等地质病害,尽可能绕避,无法绕避时,采用切实可行的方案进行处理,确保行车安全。大型隧道和大型桥梁进行隧址、桥位的评价,切实查清地质构造、围岩类别、断层分布等主要地质特征的必备资料,为工程设计和施工方案提供可靠依据。为提升该项目功能,设计中重视环境保护和景观设计,合理控制路基填挖,按照"灵活自然、因地制宜、顺势而为"的原则进行边坡及防护工程设计;高度重视取、弃土的景观与环保问题。加强各项设计的协调性,本项目地形条件复杂,桥、隧较多,应合理考虑隧道、桥梁和一般路基断面的衔接;互通立交、服务区的设置间距及与地方路网和城镇规划的协调性;交叉设施与沿线居民生活需要相适应等。注重动态设计:将勘察设计贯穿施工全过程,加强后续服务,将施工中的动态设计看作整个设计工作的组成部分;在设计过程中,结合具体情况,大胆创新,加强科学研究与试验,积极采用新技术、新工艺、新材料和新结构。根据项目所经区域的地形、地质、水文、气象等条件,结合本项目所具有的公路功能,勘察设计中重点考虑了路线与地形、环境的协调,减少对环境的影响、少占用耕地、确定合理的建设标准、控制工程投资等问题。2014年,为响应省委省政府提出"多彩贵州、最美高速"的要求,对务正线的绿化设计做出整体修订,使务正高速公路的路容、路貌上了一个新的台阶。

(3)招标投标。2013年10月,通过公开招投标,确定了专业的机电施工单位、房建施工单位。参建单位见表6-84。

务川至正安高速公路参建单位表 表6-84

参建单位	单位名称	合同段编号及起止桩号		主要负责人
项目管理单位	贵州省公路局	LK3+269.551~LK9+320,K43+947.021~K85+805.860		罗亨俊
勘察设计单位	中交第一公路勘察设计研究有限公司	1	K0+997.235~K52+967.554	
	中国公路工程咨询集团有限公司	2	K51+000~K95+065.146	
	贵州省交通规划勘察设计研究院	3	K95+100~K156+978.256	
施工单位	贵州路桥集团第三工程分公司	WZTJ-1	K43+947.021~K54+200,LK3+269.551~LK9+320	杨秀波
	贵州路桥集团路面分公司	WZTJ-2	K54+200~K60+600	牟燕波
	贵州路桥集团第三工程分公司	WZTJ-3	K60+600~K75+270	吴杰
	贵州路桥集团桥梁分公司	WZTJ-4	K75+270~ZK80+399.455	简永航
	贵州路桥集团第四工程有限公司	WZTJ-5	K80+399.455~K85+805.860	廖新
	贵州路桥集团路面分公司	WZL米	LK3+269.551~LK9+320K43+947.021~K85+805.860	唐猛

续上表

参建单位	单位名称	合同段编号及起止桩号	主要负责人
监理单位	贵州陆通公路工程监理有限责任公司	WZJLA	LK3+269.551~LK9+320K43+947.021~K60+600	熊纯
	贵州通力达公路工程监理咨询有限公司	WZJLB	K60+600~K85+805.860	付天正

(4)施工、监理。通过公开招投标,业主贵州省公路局接受贵州路桥集团对本项目土建工程施工的总承包投标。要求在总承包金额内,实施、完成批复施工图设计中包括的路基、路面、桥涵、隧道、绿化及环境保护、安全设施等的全部工程及对应的变更工程和合同约定的其他工作内容,并修补工程中的缺陷。按照合同,计划开工时间为2012年12月,实际开工时间按照监理人开工通知中载明的开工时间为准,工期为36个月,共1094天。

根据工程实际需要,总承包单位下设土建1~5、路面等6个分部及交安、绿化2个工区。项目于2013年3月5日顺利召开第一次工地会议,并下达了工程总体开工令,正式起算合同工期。建设过程中实行"项目法人制、招标投标制、政府监督、社会监理、合同管理、廉政建设"等管理制度及质量保证体系,建设了质量责任制、质量检查和整改制度等。工程质量实行狠抓原材料质量,严把原材料进场关;抓好施工场(站)建设,拌和站、预制梁场、小型构件预制场必须满足标准化、规范化、精细化施工要求;隧道二衬台车准入验收、墩柱模板准入验收、梁片模板准入验收、涵洞盖板模板准入验收的"四集中、四准入"制度;实行首件工程(或试验路段)认可制,各类工程必须按程序实施首件工程(或试验路段)认可;严格施工工艺和工序交接关,对不合格或不满意的分项工程(成品)坚决予以返工,树立零缺陷工程理念;表彰样板工程、示范工程,树立工程质量标杆;制定工程质量奖惩办法、严格奖惩制度。最终使工程质量在交工验收时达到合格工程,在竣工验收时达到优良等级。

在施工中,不可避免地会出一些变更原设计的工程,业主办在要求施工单位要及时上报工程变更资料的同时,还对自身内部的管理作了明确规定,规定明确了工程变更的审批时间。对于重大的工程变更方案必须经总监办先行确定初步方案后,及时上报业主办,严格按照指示实施,避免因考虑不充分以至变更方案错误,造成不必要的工程成本增加。

项目建设紧紧围绕"工地建设标准化、工程施工标准化、安全生产标准化"的建设目标,率先改变观念,强化意识,与施工生产同时策划、布置、组织,结合工地实际,对工地建设标准化、施工安全标准化、施工工艺标准化做了较大努力,全力开展强化质量、安全管理工作。同时,制定《管理办法》及相关的考核机制,组织培训、学习,贯彻新法规、新规定、新规范、新工艺,提高全员质量、安全、进度、成本意识。并先后投入隧道门禁系统、试验检测数据采集系统、智能张拉压浆仪器、T梁冬季蒸汽养生等,确保施工质量可控,生产安全受控。

通过实行混凝土拌和站、钢筋加工场、梁板预制场及小型构件预制场的"四集中"建设，充分发挥设备利用率高、管理集中、质量有效控制的集中作业优势，提高工程质量，达到加快进度、减少消耗、降低成本的目的。

制定了适合本项目路基、桥梁、隧道工程施工的标准化施工工艺和施工流程，做到施工工序和施工过程规范化、程序化，提高施工工作效率和工程实体质量。规范工程质量检验，强化各类标准试验和验证试验，做到检测项目完整齐全、检测频率符合规范要求、检测数据真实可靠。加强关键部位、关键工序的过程控制与检查验收，确保工程各项指标抽检合格率达到现行规范要求。

各施工单位分别成立了标准化工地建设领导小组。有计划、有组织地实施标准化工地建设活动，加强宣传力度，定期进行教育培训，强化全体员工的参与和服务意识，规范施工现场管理行为，增强施工人员安全、文明施工意识，提高施工管理水平。以"九牌二图"为基础，统一规范现场各类标志标牌的设置，确保每个上岗和作业人员熟悉本岗位的工作要求，达到规范化施工标准。

过程控制以承包人全过程控制、驻地办采取巡视和旁站相结合，总监办成立三个现场质量管理组，主要以巡视为主，在巡视过程中重点检查承包人管理人员是否在施工现场，重要部位施工是否有监理旁站，施工过程及质量是否符合相关要求等。自开工以来，总监办通过巡视，发现存在严重违规施工现象的承包人进行了相应的处罚并全线通报批评。

对于现浇梁支架、高大模板、深基坑、特殊地段爆破作业等重要施工方案，要求承包人组织专家先期进行评审。同时，为确保临时结构的可靠性，对于临时性模板、现浇支架、脚手架等临时支撑系统已责成承包人进行施工工艺设计并按规范要求提供验算资料，经审批后方可实施。

根据工程进展情况，总监办在坚持月检、巡检的基础上定期组织专项检查，发现问题分别以口头或指令形式通知驻地办限期监督整改，检查情况列入当月考核中，把质量隐患消灭在萌芽状态。严格监理程序，对不认真执行监理程序的施工单位按《违约处罚规定》予以违约处罚。对责任心不强、履约能力差的监理人员采取教育、处罚、清理出场的方法解决。

本项目实行三级试验室制度，即承包人工地试验室、驻地办监理试验室、中心试验室。承包人试验室按100%自检，驻地办按20%抽检，并对承包人的试验工作进行有效管理和现场监督，中心试验室按3%抽检，并对承包人工地试验室和监理试验室进行监督和指导，对重要原材料和配合比进行验证和审批。贵州省交通建设工程质量监督局分别于2013年3月25日、2014年6月27日对全线1个中心试验室、3个驻地办、6个施工单位申请的工地试验室临时资质进行了检查、审批。对项目内不能完成的试验检测，承包人采取外委形式委托有资质、信誉好的试验检测机构完成试验检测项目。中心试验室对全线砂石材料、钢筋、水泥、钢绞线、外加剂、桥梁支座、隧道防水板、土工布等进行了抽检,对抽检不合格材料下发了相应的整改通知或取消使用等。总监办定期和不定期对各级试验室进行检查和业务指导,并参加中心试验室组织的试验工作会议,对有共性的问题进行解答,2013年8月、9月组织全线承包人、驻地办和中心试验室召开了试验室专题工作会议,并要求中心试验室对各试验室每月、每季度进行定期检查,以提高工地试验室的试验水平。

  项目办认真贯彻执行"以人为本、安全第一、预防为主、综合治理"的工作方针以及"多彩贵州、最美高速"的高速公路建设理念。认真落实施工安全、环保、水保各项管理工作。一是建立安全、环保体系。总监办成立安全生产、环水保工作领导小组,负责传达上级主管部门安全生产管理的方针、政策,组织制定安全生产、环水保管理制度和安全生产技术措施,督促各参建单位搞好安全生产工作,各驻地办、承包人也建立了相应的安全、环保管理体系,并按要求配备了安全、环保专监、安全管理人员。为了切实加强对安全生产和环境保护工作的组织领导,强化安全生产管理,总监办分别与各承包人、驻地办、中心试验室负责人签订了《安全生产责任书》《环境保护目标责任书》,把安全、环保目标层层细化、量化,落实到各个参建单位及每一个参建者。二是建章立制,规范档案。总监办根据务正高速公路建设实际情况编制了《安全生产标准化实施细则》《安全生产管理办法》《环境保护与水土保持管理办法》《安全生产事故处理办法》《安全生产事故应急救援预案》《安全监理计划》《环水保监理计划》等一系列安全、环保管理性文件,并按照国家要求标准建立健全各类档案、台账、资料,做到安全工作心中有数,确保安全生产。三是做好安全、环保技术总交底。总监办组织召开了安全、环保技术总交底会议,督促指导各驻地办、承包人对施工作业人员组织开展"三级"安全教育,确保员工入场"三级"安全教育率达100%。四是坚持安全、环保管理人员和作业人员持证上岗制度。对各驻地办、承包人从事安全、环保管理的有关人员的资质证书、特种作业人员持证情况等进行专项检查。定期或不定期对各单位的安全生产、环境保护管理情况进行检查、考核。五是加强"源头"管理工作,坚决制止"三违"现象。为强化施工现场管理,消除事故隐患,总监办严格执行安全专项施工方案的审批制度,坚决杜绝无方案、违法、违规、违反操作规程的施工行为,总监办对高边坡、孔桩、支架、临时用电、高空作业、隧道施工等危险性较大的安全专项方案审批102项。六是开展多种形式检查,及时发现事故隐患。从2013年3月正式开工以来,先后对土建、路面、机电、交安、房建、绿化等参建单位的驻地、拌和站、料场、炸药库、取(弃)土场选址进行了排查,并组织驻地办、承包人对施工现场进行多次安全检查,对存在安全隐患的地方,要求立即整改。通过有计划、有组织、有目的定期检查和不定期巡查,有效地遏制了安全事故的发生。七是积极开展各项安全专项整治活动。务正高速公路根据上级有关部门的要求,制定了"汛期安全生产""安全生产年""打非治违""防坍塌、防坠落、反三违""安全生产月""桥隧施工安全"等专项活动方案,并按照方案积极地组织开展工作,及时排查事故隐患,确保务正高速公路施工安全。同时要求各驻地办和承包人按照专项整治的要求,落实安全生产制度,组织开展自查自纠活动,从源头切断事故隐患,确保安全生产。八是加强对安全生产专项经费的管理。总监办制定了《安全生产费用实施细则》,对各参建单位的安全专项经费进行严格审批,确保安全经费用于项目部改善安全生产条件所用。九是安全生产标准化建设。根据国发〔2010〕23号文及上级有关部门的要求,务正高速公路制定了《"平安工地"建设活动实施方案及考评办法》《标准化实施细则》,积极开展"平安工地"、标准化建设活动。2014年11月12日,贵州省公路学会对务正高速公路进行了安全生产标准化达标考评,贵州路桥务正高速公路施工总经理部达到申请的二级达标评分。

抓紧年度目标任务的落实,保证总体工程进度的实现。根据省交通运输厅、省公路局高速公路建设营运中心下达的年度投资目标任务,总监办向承包人分解下达了年度投资目标任务。要求承包人遵循科学、合理的原则,结合各自施工现场实际情况,编制切实可行的年、季、月施工计划。每月召开生产调度会、监理工作会,及时组织季度目标考核、专项目标考核、年度综合考核。

为认真贯彻落实省交通运输厅高速公路三年会战的目标要求,围绕务正高速公路2014年建成22km目标,2015年9月全面建成通车目标任务。务正业主办、总监办切实开展行之有效的各阶段施工大战活动,定制"务正高速公路阶段性大战活动实施方案"确保目标实现。采取以下措施加快工程进度:

其一,成立施工大战活动领导小组。针对路基、路面、交安、机电、绿化、房建等诸多工作。业主办、总监办班子成员分别担任专业组领导,明确责任,加强各分项工程的调度。通过这种形式,及时处理施工中存在的问题和困难,实现对施工过程的控制。

其二,施工期间,以"年总控,阶段评,月考核,旬核查"为活动目标的考核办法,制定严格的奖惩办法。以业主办、总监办批准的施工进度计划中各阶段的施工任务为相应阶段施工大战的活动目标。按照2014年12月底前建成通车22km时间要求,充分酝酿并征求施工单位的合理化建议,制订切实可行的施工组织计划。对没有按时完工且严重影响到通车目标的除了给予重罚外,还通过通报批评、约见法人或要求施工单位的主要负责人驻守工地"督战"、扣2014年信用评价分数等措施进行严格管理、处罚。为确保通车任务的实现,2015年7月组织专项考核,针对各节点、工点,限时完成,采用各种手段抢抓工期,保证了目标的实现。

严格合同管理,保证合同的严肃性。总监办根据各参建单位的进场时间,采取定期或不定期的方式分别对承包人、监理单位、中心试验室人员开展了履约大检查,重点对承包人、驻地办、中心试验室人员、设备以及各单位的质保体系、制度建设等情况进行检查,并对主要人员业务水平进行了考核,并针对检查中发现不符合合同约定和投标承诺的单位严格按照相关规定下发了限期整改通知,并予以全线通报,对逾期未整改或整改不彻底的单位按规定进行了相应的违约处罚。根据合同文件规定,从执业资格、资历等方面严格审核中心试验室、驻地办和承包人的主要人员的变更。审批驻地办人员变更12人,中心试验室人员变更3人,承包人人员变更5人。

从工程延期、费用索赔、单价调整、工程分包、工程违约、工程保险等方面着手,加强现场调查和记录,收集、整理、分析各类信息,以预防影响工程正常实施的不利事件和因素。

根据年度、季度、月度目标考核管理办法,从进度控制、目标任务完成情况、人员履约、质量管理、廉政建设、职责履行、质量保证体系等情况定期对参建单位进行考核。

务正高速公路的建成结束了务川和正安过去无高速公路连接的历史,为贵州省实现"县县通高速"的目标做出了贡献,同时也使务川至正安车程缩短为半个多小时,极大地方便了人民群众的出行,拉动了地方经济的发展。

(5)征地拆迁。征地拆迁情况及征地拆迁工作组织结构形式:省交通运输厅、省公路局分别与遵义市政府、市国土局签订了征地拆迁协议书。遵义市、务川县、正安县分别成立了协调服务指挥部,具体负责本项目的征地拆迁工作。业主办的征地拆迁工作有分管领导、征拆科,负责具体协调解决与当地政府相关部门的征地拆迁和涉农问题。

征地拆迁工作从2012年9月开始,在各级政府部门和总公司的关心支持下,业主办征拆部门积极与地方各级政府征拆部门密切配合,加强沟通与联系,征拆工作开展正常,为进场的各施工单位做好了临时用地和先行动工用地的征用及协调等服务,为主线的施工打下了良好的基础。

经过外业勘丈登记及内业资料的整理及资料公示工作,全段土地赔付资金顺利支付。在征拆工作的不断深入过程中,各种存在的问题和矛盾突出,为了使存在的问题得到妥善的处理,主抓了以下几个方面的工作:完成三电、厂矿、企事业单位、学校以及拆迁农户的调查摸底和资料收集汇总,上报高建中心及相关主管部门;对被拆迁的农户,在坚持"以分散安置为主,集中安置为辅"的原则下,做好思想动员工作,并对确需集中安置的拆迁户做好调查摸底和统计工作;积极配合上级业务部门做好林地、土地的报批工作;积极做好工程用电、火工产品的供应和管理,以及地方关系的协调工作。该项目完成征地3862.83亩、房屋拆迁4.37万m^2。

(6)交(竣)工。本项目按照省交通运输厅要求,分2次进行交工验收。2014年12月26日,务川至正安高速公路(务川至涪洋段)在务川县召开第一次交工验收会议。通过听取建设各方的工作总结报告,依据省质监局的项目检测意见,交工验收会同意交工总里程27.243km,其中高速公路25.373km、二级公路1.87km。

2015年9月29日,务川至正安高速公路(涪洋至正安段)顺利交工验收。在正安县召开第二次交工验收会议。通过听取建设各方的工作总结报告,依据省质监局的项目检测意见,交工验收会同意交工总里程22.535km。

3.营运管理

本项目批准收费时间:务川至涪洋段为2014年12月26日~2034年12月25日。务正高速公路的管理体制分为四级:省高速公路管理中心、遵义片区管理中心、监控通信收费分中心、各基层单位(收费站、养护工区、隧道管理站、服务区和停车区)。

在务川(LK4+760)设置1处监控通信收费分中心,与务川停车区同址建设。全线设置的收费站有:务川(图6-114)、涪洋、芙蓉江收费站。全线设1处服务区、1处停车区:当阳服务区(K59+600),务川停车区(LK4+760)。全线设1处养护工区:涪洋互通A匝道K0+100右侧省道303旁,负责本路段的日常养护。全线在涪洋互通A匝道设置1处路政中队,与收费站同址建设。全线设1处隧道管理站,与涪洋收费站同址建设,负责隧道区段的日常维护和管理,隧道管理站统一归务川监控分中心管辖。

图6-114 务川收费站

(三)S10 德江至习水高速公路温水至习水段

德江至习水高速公路温水至习水段与S74江津(渝黔界)经习水至古蔺(黔川界)高速公路共线,该项目处于建设中。

(四)S10 德江至习水高速公路习水至石板田段

德江至习水高速公路习水至石板田段与赤望高速公路习水支线共线,详情见S55仁怀至赤水高速公路。

(五)S10 德江至习水高速公路石板田至岔角滩段

德江至习水高速公路石板田至岔角滩段与S74江津(渝黔界)经习水至古蔺(黔川界)高速公路共线,该项目处于建设中。

七、S15 松桃至从江高速公路

（一）S15 松桃至铜仁高速公路

1. 基本情况

（1）项目决策背景及过程。地处西南腹地的贵州，开"门"见山，是全国唯一没有平原支撑的省份。要想富，先修路。贵州高速公路在近 20 年间总体实现了持续、快速和有序的发展，极大地提高了贵州公路网的整体技术水平，优化了交通运输结构，对缓解交通运输的"瓶颈"制约发挥了重要作用，有力地促进了贵州经济发展和社会进步。但与其他省份相比，贵州省由于受其特殊的地理位置与地形环境限制，高速公路通车里程少，建设相对落后，已经成为贵州经济发展的瓶颈，亟须加大建设力度，提高道路等级，采用高速公路连通的方式使落后地区通江达海，连通周边，将潜在的资源优势转化为现实的经济优势，缩小东西部差距，加快人民奔小康的步伐。为此，贵州省在《2008 年贵州省政府报告》中提出了"交通优先发展战略"，明确要求加快交通基础设施建设步伐，加快形成以高速公路、高等级公路和铁路为骨架的交通运输体系，并明确提出了"使所有县市都有高速公路"的总体目标。

为适应贵州省政府提出新的、更高的要求，按照交通引领经济的总体思路，在科学规划的基础上，贵州省交通厅于 2008 年年底对《贵州省骨架公路网规划》进行了修编，形成了《贵州省高速公路网规划》。根据规划，贵州省公路网形态可以归纳为"6 横 7 纵 8 联"及 4 个城市环线（简称"678"网）。总规模约 6851km，其中国家高速公路 2332km、地方高速公路 4519km，分别占高速公路总规模的 34% 及 66%。

按照省委、省政府提出的"交通优先发展"战略，2013 年起，贵州开启了高速公路建设"加速度"模式，在"6 横 7 纵 8 联"路网布局的基础上，明确 3 年大会战总体目标：2013—2015 年，高速公路建设总投资近 4000 亿元，新建成高速公路 2500km 以上，实现县县通高速公路，覆盖全省重点产业园区和风景名胜区。

作为贵州交通建设主力军的贵州省公路工程集团有限公司，敏锐地抓住发展契机，由其承建的松桃至铜仁高速公路（图 6-115），50.375km 的里程，拉近了松桃与贵阳、重庆、长沙之间的距离，使一度封闭的苗疆从此能快速通江达海，让"锰金三角"重新焕发经济活力。

"678"网中第一纵——松桃至从江高速公路总体走向为：松桃—铜仁—万山—新晃—天柱—锦屏—黎平—洛香，全长 339km，其中大兴至铜仁西互通段与二横线（杭瑞高速公路）共用 26km。第一纵线高速公路是贵州省东部地区北上重庆，南下珠江三角洲、北部湾经济圈的重要南北向交通大动脉。

图 6-115　松桃至铜仁高速公路

本项目为第一纵线松桃至从江高速公路起点段松桃至铜仁段,起点于重庆秀山境巴家乡石坎村两河口处,与重庆规划的秀山接贵州松桃的高速公路相接。本项目路线全部位于松桃县境,其建设对于带动沿线资源开发,促进县域经济发展,加快与相邻县市交流,推动沿线城镇化进程具有重要意义。

(2)公路的功能、定位、里程。松桃至铜仁高速公路是完善贵州省高速公路网,实现全省"县县通高速"目标的需要也是《贵州省高速公路网规划》"6 横 7 纵 8 联"及 4 个城市环线中 1 纵线的重要组成部分。项目起点及终点分别与国道主干线湘黔高速公路及杭瑞高速公路衔接。项目起点与秀山县的洪安镇龙家咀与渝湘高速公路相连,渝湘高速公路起于重庆,经秀山、茶峒、吉首、常德、长沙等地。黔渝湘三地毗邻,但交通瓶颈制约着松桃县的发展。本项目通过渝湘高速公路,松桃县及铜仁地区的原料和矿产可以大规模向重庆运输,沿渝湘高速公路进入长江上游最大的集装箱港寸滩港,再利用长江黄金水道出海,运输成本将大大降低。项目建成后将打开了铜仁地区通江达海的高速通道。同时,渝东南地区的秀山、酉阳等地也可通过本项目到达铜仁大兴机场及南下珠三角地区,项目使沿线经济得到进一步发展。项目终点与杭瑞高速公路衔接,通过杭瑞高速公路可到达遵义及湖南的凤凰、怀化等地。松桃至从江高速公路松桃至铜仁段的建设,使松桃县通达高速公路,满足贵州省"所有县市都有高速公路连接"的交通战略。同时,拟建项目除了与上述现有、在建及规划的高速公路连接沟通外,还与 G319、S212、S304、S305 等国、省道相连接,增强了国、省主骨架干线路网间的相互衔接及协调,有利于发挥区域干线公路网的整体效益。因此,拟建项目的加快建设,将满足交通发展战略,完善贵州调整公路网的布局,为早日实现全省"县县通高速"目标奠定坚实的基础。

松桃至铜仁高速公路是打造武陵山经济协作区一体化的需要。武陵山区从地理上看

第六章
贵州高速公路

是中国第二阶梯向第三阶梯过渡的连接地,正好处于我国国土的最中心位置,这里是连接中原与西南的重要纽带,也是巴蜀文化、楚文化、中原文化、云贵高原文化的交汇地。武陵山区地跨渝、鄂、湘、黔4省市,主要包括:重庆市渝东南的1区5县,湖北省恩施州的8个县市和1个开发区,湖南省湘西州的8县市,湖南省张家界市的2区2县,贵州省铜仁地区的10个区县、怀化市的2市2特区11县等51个县区,面积11.4万 km^2。武陵山地区各县市地域相邻,山水相连,自然条件相近,人缘相亲,经济相融,文化相通,经济和市场的互补性很强。经过30年的改革,武陵山地区产业发展速度迅猛,社会事业全面进步,一体化建设已有一定的基础。但是,由于区域交通不畅、信息闭塞,基础设施建设相对滞后,经济结构老化,产业结构欠合理,区域市场规模偏小。由于受到行政区划的约束,城市空间相对独立且结合不紧,缺乏具有较大辐射的区域性中心城市、亚区域性中心城市,中小城镇间隔也很远,直接影响和制约本区域工业化、城镇化、信息化、市场化的进程。

区域经济发展中,实现要素的空间优化配置和经济活动在空间上的合理组合,必须要大力发展交通运输事业,以高速、快捷的方式可克服空间距离对经济活动的约束,降低成本,提高经济效益。目前武陵山经济协作区在铁路方面:已建成通车的有渝怀铁路、张家界至怀化的电气化铁路,已开工建设宜万铁路等。公路方面:重庆与湖南已有渝湘高速公路连接,从重庆秀山接入湖南花垣县;湖北恩施至重庆有沪蓉国家高速公路,从恩施利川鱼泉口出湖北,进入重庆石柱县,目前两项目建设均已建成通车。目前,湖北恩施州正在争取建设恩吉(恩施至湖南湘西吉首)高速公路和巴(巴东)鹤(鹤峰)张(张家界)高速公路。区域发展,交通先行,特别是高速公路的建设,本项目北接渝湘高速公路、南接杭瑞高速公路,通过本项目及区域的高速公路,为武陵山区资源配置、产业布局、文化交流、货物交通创造良好的条件,有力地促进武陵山经济协作区的一体化建设。

松桃至铜仁高速公路是构建区域交通和过境交通网络的需要。项目建成后,将进一步解决区域交通和过境交通问题。目前,项目影响区内北上重庆、南下广州等主要通过通道内的S201省道及其他相关道路。S201省道是铜仁地区交通运输的重要组成部分,是铜仁、松桃等沿线对外交通的命脉。随着松桃县社会经济的不断发展,S201省道及已建成的大兴至迓驾二级公路未来将不能满足交通运输的快速发展。二级公路主要为地方集散公路,作为区域道路,不能从根本上解决铜仁南北向的对外交通问题。过境车辆与地方交通交互,相关道路拥挤现象将日趋拥挤,直接影响了地方道路的正常交通秩序,阻碍沿线城市经济进一步发展。松桃至铜仁高速公路项目建成后,可使高速公路运输与地方交通运输相分离。大兴至迓驾二级公路作为地方集散公路,通过与其他公路衔接,使客货能够有效聚集,带动地方经济交通发展;高速公路作为贵州省高速公路网的重要组成部分,扮演了松桃县乃至铜仁地区对外联系的重要角色,主要作为区域间快速交通,是完整的高速公路网的组成部分,不可缺少。本项目通过在沿途乡镇设计的各互通与地方道路相接,使地方道路与高速公路形成有机整体。地方公路与高速公路有效衔接,地方公路聚集的客货运量通过高速公路网快速通达到各区域中心,有利于公路网资源的合理配置。本项目建成后,区域间交通主要通过本项目来承担,松桃地区内客货集散主要依靠地方公路,两者相辅相成,可使高速公路与地方公路实现有效的快慢分流,是构建区域交通和过境交通网络的需要。

松桃至铜仁高速公路是经济快速发展、交通运输迅猛增长的需要。近年来,随着改革开放的深化,市场经济的活力在铜仁地区得到充分的体现。铜仁地区松桃等县国民经济持续高速发展,特别是以矿产资源带动的相关产业发展更为迅猛,使得公路运输灵活、直达、快捷的优越性凸显。本项目所在通道内现在道路技术标准低,多数路段,坡陡弯急,路面结构较差,道路安全隐患大,交通事故时有发生,既给人民群众生命财产带来直接损失,又影响了道路的运输和通行能力。近年来,铜仁地区客货运输量持续快速增长,2009 年,年客运量 2653 万人次,旅客周转量 201443 万人·km,年货运量 523 万 t,货运周转量 72092 万 t·km。2000 年以来年增幅达 10% 以上。目前,现有公路交通量饱和度很大,现有公路的技术标准和通行能力,无法满足交通客货运量的增长需求。二者的矛盾随着武陵山经济协作区的进一步融合、交通客货运量不断增长将会更加尖锐。原有公路已不能适应资源开发及社会经济的进一步发展,建设本项目,是经济快速发展、交通运输迅猛增长的迫切需要。

松桃至铜仁高速公路是矿产资源开发的需要。松桃县已探明的矿种有 20 多种,储量大的主要有锰、铁、钒、铅、锌、磷、大理石、石煤、石灰岩共 9 种。特别是锰矿,矿体厚度一般为 2~3m,最厚 5~6m,保有储量约 5600 万 t,远景储量接近 9000 万 t,约占全国总储量的 10%,占贵州总储量的 53%,松桃因此成为闻名久远的"锰都"。其次石煤、石灰岩,储量都在 1 万亿元~2 万亿元 t 以上,储量巨大,且便于开采。此外,松桃县还有斑墨玉和带白玉大理石等矿产资源。

矿产资源的开发依赖于良好的交通条件及交通设施,落后的交通条件制约资源的进一步发展。高速公路的建设将有效改善交通状况,加快货物资源开发利用速度,使资源优势转化为经济优势,项目建设是沿线地区的矿产资源开发的需要。

松桃至铜仁高速公路是发展旅游、做大旅游产业的需要。改革开放以来,贵州省旅游业持续健康发展,已成为新的增长点。项目影响区铜仁地区境内分布着大量的旅游资源,有巍峨岐秀的武陵山脉,有绝壁叠嶂的乌江山峡,碧波荡漾的锦江、舞水等水景,还有著名的森林风光梵净山,为国家级自然保护区,联合国"人与生物圈保护区网"成员。梵净山系武陵山脉主峰,海拔 2572m,拔地而起,兀立在黔东溶丘之上,是世界同纬度上唯一的绿洲,位于江口、印江、松桃三县交界处,山势磅礴,地质古老,地貌复杂,号称"五岳之宗"。铜仁市有著名的"黔东奇观"铜仁九龙洞。区内温泉出露较多,以"黔东第一汤"石阡温泉最为著名。在相邻区域的湘西州,沱江之畔有著名古镇凤凰。

在本项目直接影响区内的松桃苗王城,为贵州省"十大魅力旅游景区"。距铜仁大兴机场9km,交通便利,核心景区面积10km^2。集山、水、洞、泉、瀑、峡谷、森林、古树、原始村寨、军事巷道、苗族风情为一体,是旅游、度假、休闲、探险的胜地。近几年来,苗王城依托得天独厚的区位优势,通过凤凰古城、张家界风景名胜区、重庆大都市、三峡旅游区等边界景区的旅游辐射带动,成了张家界、凤凰古城至梵净山至三峡风景区的黄金旅游开发区及黔东南旅游重点开发的民族风情旅游区。

实现旅游规划,发展旅游经济,首先必须有便捷的交通等硬环境。近年来,贵州省的旅游基础服务设施取得了长足发展,但是基础设施之间发展不平衡,特别是交通基础设施的建设不能满足旅游人数快速增长的需求,制约了旅游业的发展,修建高速公路无疑成为实现目标的捷径和必备条件。本项目将凤凰古城、松桃苗王城及铜仁地区内的众多名胜紧密相连,为项目影响区的旅游业的发展插上腾飞的翅膀。

松桃至铜仁高速公路是帮助少数民族贫困地区脱贫致富、构建和谐社会的需要。本项目直接影响区的松桃县是少数民族聚居县,松桃苗族自治县是全国最早成立的三个苗族自治县之一,也是一个革命老区县。长期以来,由于地理环境和民族文化差异,一直处于贫困与闭塞的边缘地带,经济发展比较落后。2010年全县总人口70.3万人,少数民族人口为33.2万人,占总人口的47.3%,其中苗族占全县人口的41.6%。同时,松桃为国家级贫困县之一,2010年全县生产总值为40.0亿元,人均仅为7986元,为贵州省人均生产总值(13228元)的60%,仅为全国人均生产总值(37918元)的1/5。目前,区域内交通基础设施落后,严重制约了区域内巨大资源潜力的发挥和人员的对外交流,不利于少数民族地区的经济社会发展。

本项目以及与本项目所设互通式立体交叉配套的连接公路的建设,和省规划高速公路及省、县道和乡道、通村公路所构成的交通网络,将为松桃县、铜仁地区及周边地区重庆市、吉首市等重要经济节点紧密联系起来,极大地促进沿线的资源开发和引资开放,促进该地区经济的发展和少数民族的脱贫致富,对构建和谐社会有着重要意义。

本项目路线全长50.375km,主线采用四车道高速公路标准建设。全线设计速度采用80km/h,路基宽度24.5m。全线设置5处互通式立交,2处服务区,分别设置在松桃和盘信;4处匝道收费站,分别是两河口主线收费站和黄板、松桃北、松桃南、盘信匝道收费站。共有隧道7座/6655m,特大桥2座/2116m,大、中桥52座/12635.8m,全线桥隧比45.77%。

(3)技术指标。全线按四车道高速公路标准设计,设计速度80km/h,整体式路基宽度24.5m,分离式路基宽度2×12.25m;最大纵坡3%~5%;行车道宽度2×7.5m;各段桥涵与路基同宽;全线桥涵设计车辆荷载采用公路—Ⅰ级;洪水频率1/100(特大桥1/300);

地震设防标准:地震动峰值加速度小于 0.05g,简易设防。黄板互通连接线按三级公路标准建设,路基宽度 8.5m;松桃互通连接线、大平营互通连接线、盘信互通连接线按二级公路标准建设,路基宽度 15.5m。其余技术指标按《公路工程技术标准》(JTG B01—2003)执行。

(4)投资规模。松桃至铜仁高速公路总投资 57.3 亿元,项目采用 BOT+EPC+政府补贴的模式建设,根据特许权协议的授权,由投资方贵州省公路工程集团有限公司在资质范围内采取施工总承包模式施工。

主要控制点。起点位于贵州与重庆两省市交界的两河口处接重庆市秀山至贵州省松桃高速公路。路线终点位于大兴镇杭瑞高速公路大兴至思南段 K5+900 处,通过设置枢纽互通与杭瑞高速公路连接。中间主要控制点有黄板、松桃、太平营、盘信等乡镇互通立交位置,为考虑旅游发展及乡镇建设而布设。路线受重点工程选址控制,主要是长大隧道的轴线选定、特大桥桥址等,如三角塘隧道、腊溪村特大桥、龙井特大桥、凉亭坳隧道等。

本项目斜跨武陵山脉,线路最高海拔 1050m,最低海拔 330m,地形起伏较大,部分段落山高坡陡、桥隧相连。特别是一标(K1+000~K11+860)路线长 10.86km,桥隧比达 80%;二标龙井特大桥至三标凉亭坳隧道出口段(K21+580~K30+675),路线长 9.095km,共 11 座桥和 3 座隧道,桥隧比达 81.06%。这两个段落由于地形地质条件差,一是施工便道修建困难,弯道和纵坡较大,给材料运输及安全带来较大困难和风险;二是施工场地狭窄,许多桥梁桩基位于陡峭的斜坡上,机械设备无法作业,需人工开凿工作平台才能施工,材料运送采取了人挑马驮的方式,桥梁预制场地有限,预制 T 梁和安装架设困难;三是由于地质条件差,部分隧道洞口的山体为碎石土堆积的不稳定边坡,并形成偏压,工程防护难度较大,工程进度缓慢,存在坍塌、滑坡安全等风险,部分桥梁桩基位于深沟及河道上,存在溶洞及流沙等复杂情况,成孔困难。

(5)主要构造物。路基土石方:挖方 906 万 m^3,填方 889 万 m^3;桥梁工程:特大桥 2116m/2 座(按整幅折算),大桥 12162.9m/45 座(按整幅折算),中桥 472.9m/7 座(按整幅折算);路面工程:级配碎石底基层 872420m^2,水泥稳定碎石基层 848360m^2,沥青混凝土面层 127.87 万 m^2;隧道工程:长隧道 4159m/3 座(按整幅折算),中隧道 2275.5m/3 座(按整幅折算),短隧道 342m/2 座(按整幅折算);涵洞 58 道、通道 76 道;互通式立交 5 座;交通安全设施:波形钢护栏 9.7636 万 m,标志 3540m^2,标线 7.8324 万 m^2,隔离栅 8.3696 万 m,突起路标 26070 个,防眩板 8846 套。

2. 建设情况

(1)立项审批。受铜仁地区交通局委托,中交公路规划设计院有限公司承担了松桃至从江高速公路松桃至铜仁段工程可行性研究报告的编制任务。

2009 年 6 月开始,中交公路规划设计院有限公司根据项目在《贵州省高速公路网规划》中的定位，根据委托书控制点的要求，项目所在地铜仁地区及松桃县对路线方案的初步意见，并与地方相关领导一起对共同关心的互通位置、线位走向进行了实地踏勘。对项目开展了外业踏勘工作，编制出了《松桃至从江高速公路迓驾至大兴段工程可行性研究报告》（原项目名称），并上交至铜仁地区政府及松桃县人民政府。

2010年5月，铜仁市交通局将《工可报告》上报贵州省交通运输厅，恳请省交通运输厅与重庆市有关交通部门进行起点方案的对接，以尽快明确本项目的路线走向及规模。

2010年12月，经过多次协商，贵州省交通运输厅与重庆市交通委员会就两省市接线方案达成协议，从而最终确定两省市交界处的接线方案及在接线处的路线走向，两省市两段项目分别命名为重庆市秀山至贵州省松桃高速公路及贵州省松桃至从江高速公路松桃至铜仁段。

2011年1月，根据两省交通部门达成的协议，与重庆交通规划勘察设计院进行路线研究，达成接线方案协议，最终接线方案选定为两省市交界两河口处。同时，就接线方案及路线走向重新进行方案论证，编制出《贵州省松桃至从江高速公路松桃至铜仁段工程可行性研究报告（2011年4月）》。

2011年11月15日，贵州省发改委、贵州省交通运输厅在贵阳共同组织了对本项目可行性研究报告的审查会，会议原则上通过了《贵州省松桃至从江高速公路松桃至铜仁段工程可行性研究报告（2011年4月）》。根据会议提出的意见和建议，最终形成了《松桃至从江高速公路松桃至铜仁段工程可行性研究报告》，上报有关部门审批。

随着项目前期工作的不断推进，经贵州省交通运输厅同意，贵州省松桃至从江高速公路松桃至铜仁段拟采取招商引资，按BOT建设模式，采用投资、设计、施工总承包的方式进行建设，为项目的投融资创造了良好的条件。

2012年9月21日，经贵州省交通运输厅的公开招投标程序，确定贵州省公路工程集团有限公司为贵州省松桃至从江高速公路松桃至铜仁段项目的投资人，与贵州省交通运输厅达成投资协议。按照投资协议要求，投资人随即组建了项目法人公司——贵州松铜高速公路有限公司，并在前期工程可行性研究报告的基础上，负责编制项目申请报告按程序报批。

2012年11月2~7日，贵州省发展和改革委员会、贵州省交通运输厅组织专家查看了松桃至从江高速公路松桃至铜仁段现场，并对《贵州省松桃至从江高速公路松桃至铜仁段项目申请报告》进行了评估，认为修建松铜公路是必要的。2012年12月7日，贵州省发展和改革委员会以黔发改交通〔2012〕3613号文《关于松桃至铜仁公路项目核准的批复》，正式批复了松桃至铜仁高速公路的项目申请。

（2）勘察、设计。贵州省公路工程集团有限公司在被确定为投资人以后，积极快速开展了项目报批和勘察设计等前期工作，为不耽误建设进程，在进行项目申请报批核准的同时,2012 年 10 月开始,投资人贵州省公路工程集团有限公司对松桃至铜仁高速公路工程的勘察设计工作进行了公开招标,贵州省交通规划勘察设计研究院股份有限公司中标,承担了松铜高速公路工程的初步勘察设计及施工图勘察设计工作。2012 年 10~12 月,完成本勘察设计合同段的初测、初步设计工作,并组织进行了初步设计评审,上报贵州省交通运输厅审批,贵州省交通运输厅 2012 年 12 月 14 日以黔交建设〔2012〕261 号文《贵州省交通运输厅关于松桃至铜仁公路初步设计的批复》同意了松铜公路的初步设计,同意了松铜公路技术设计标准,修正了概算,并确定了主要技术经济指标、路线、路基路面、桥涵等方案,确定项目总概算为 57.3 亿元,项目总工期(自开工之日起)为 3 年。2013 年 1~8 月,完成勘察设计定测、施工图设计。2013 年 8 月 15 日,组织施工图评审并通过了松铜高速公路施工图设计。

(3)项目审批。在项目申请报告完成及进行初步设计进行的同时,松铜公路的项目选址、土地、林地、环评、水保也同步展开。2012 年 11 月 2 日,铜仁市城乡规划局批复了项目选址意见书;2012 年 11 月 22 日,贵州省环境保护厅批复了环评报告书;2012 年 11 月 23 日,贵州省水利厅批复了水土保持方案;2012 年 11 月 27 日,贵州省国土资源厅批复了项目建设用地预审;2013 年 1 月 29 日,贵州省国土资源勘测规划研究院批复了建设用地未压矿证明;2013 年 3 月 21 日,国家林业局正式批复了林地使用同意书;2013 年 7 月 12 日,国土资源部正式批复了建设用地。

(4)施工、监理。松铜高速公路建设模式为 BOT+EPC+政府补贴,投资人为贵州省公路工程集团有限公司,投资人独资成立了项目法人公司贵州松铜高速公路有限公司(以下简称"项目公司"),项目公司作为项目业主全权代表投资人负责松铜高速公路的融资、建设和运营(经营期 30 年)。

松铜高速公路实行两级监理,设立 1 个总监办、1 个中心试验室和 2 个驻地监理办。通过招投标程序,总监办中标单位为安徽省科兴交通建设工程监理有限公司和安徽省高等级公路工程监理有限公司联合体;中心试验室中标单位为贵州质安交通工程监控检测中心有限责任公司;第一驻地监理办中标单位为贵州陆通公路工程监理有限责任公司;第二驻地监理办中标单位为贵州省交通建设咨询监理有限公司。

松铜高速公路施工共分为 10 个施工标段,分别为 4 个路基土建施工标段(1~4 标)、2 个路面施工标段(5~6 标)、1 个交安施工标段(7 标)、1 个机电施工标段(8 标)、1 个绿化施工标段(11 标)和 1 个房建施工标段(12 标)。按照投资协议约定,投资人贵州省公路工程集团有限公司在资质范围内采取施工总承包,1~6 标、11 标、12 标施工单位为贵州省公路工程集团有限公司;7 标交安标和 8 标机电标,通过招投标程序,确定中标单位分别为中交第一公路工程局有限公司和贵州桥梁建设集团有限公司。

工程于 2013 年 11 月 28 日全面开工建设,公路全长 50.375km,特、大、中桥共 54 座,隧道7座,桥隧比达45.77%,项目主要控制点为:凉亭坳隧道(1956m)、龙井特大桥(29×40m T梁)、腊溪村特大桥(52×30m T梁,图6-116)、将军山枢纽立交。作为贵州省公路工程集团有限公司承建的第一条BOT项目,集团公司党委决定举全司之力,坚决保证完成目标任务。在建设过程中克服了融资困难、工程艰难、气候恶劣、条件艰苦、时间紧迫等诸多困难,于2014年12月26日建成通车,工期共计13个月,比原计划工期24个月缩短了11个月,是贵州交通建设"三年会战"中建设速度最快的一条高速公路。该项目的建设得到各级领导的大力关怀及获得社会各界的聚焦关注和支持。

图6-116 松桐高速公路腊溪村特大桥

项目自开工后,省交通运输厅和铜仁市委市政府高度关注松铜高速公路建设,厅、市领导多次亲临项目进行调研和指导,2013年11月,省交通运输厅把松铜项目列为2014年建成通车的项目之一,要求建成通车里程37km。

作为项目的投资人及总承包施工单位,贵州省公路工程集团有限公司高度重视松铜项目建设,先后成立了建设推进工作领导小组和项目推进督导组,集团公司党委把松铜线的建设作为公司年度主要攻坚项目,提出举全司之力,完成松铜项目建设。并且在省交通运输厅要求的37km通车目标任务基础上,公司内部对目标自我加码,明确了在2014年全线建成通车的目标。

建设过程中,贵州省公路工程集团有限公司党委书记、董事长、总经理廖柳每月赴项目召开生产调度会,集中安排部署,强化责任目标,督促工作落实,通过调度会统一了思想、坚定了大家的信心、凝聚了精气神。集团公司分管副总经理王伯航每周进驻工地,深入一线,靠前指挥,每周召开一次调度会,对目标任务执行情况进行落实,对关键性问题进行指导和督办,强力推进松铜项目建设。集团公司党委其他领导班子成员均多次深入工地对项目进行指导和帮扶。

建设过程中,贵州省公路工程集团有限公司工会、督导组、公司各职能部门每月不少于两次下一线进行服务和帮助,从进度、质量、安全、成本管理等各环节不断进行检查、纠偏和帮扶,确保了项目能安全、可控地按预期目标完成。还有集团公司组织的青年突击队,安康杯竞赛,"夏季送清凉、冬季送温暖、送职工健康卡",对职工在紧张工作环境下进行心理疏导教育等一系列活动,体现了公司对一线职工的关怀。项目的顺利和成功,是通过一点一滴、各个环节、各个细节累积起来的,可以说,松铜项目的成功,是贵州省公路工程集团有限公司群策群力的成果,是集体智慧的结晶。

松铜项目公司作为项目管理的执行层,在贵州省公路工程集团有限公司的领导下,建设过程中充分执行集团公司的管理方针和目标,发挥了项目的组织协调和统筹作用。在不同阶段抓住工作重点,制定详尽的工作方案和组织措施,解决落实关键问题。在项目前期,重点落实了前期手续报件及设计优化问题。在项目开工之初,重点落实征地拆迁问题,为项目开工创造有利条件。在项目开工以后,根据总体目标任务,详排施工计划,分标段制定了各标段的阶段性目标节点。在项目攻坚阶段,连续组织了一系列的劳动竞赛攻坚活动和配套的奖罚措施。在内业管理上,松铜公司通过加强现场工程完成量统计,每期制定内业计量目标,督促完善内业资料,及时上报计量,0号台账和变更签认集中办公等措施,提高了签字审批效率,确保了标段资料的及时跟进和完善,在工程结束后,短期内迅速办理完毕各标段的变更签认、工程结算和竣工资料归档收集。

项目公司在管理上强调务实和服务理念,项目公司人员深入基层,期间有领导班子挂帮标段,参与标段施工组织与决策,每周核查计划执行情况,实行每周调度。科室技术干部进驻项目部和监理办靠前办公,扎根现场实时跟踪和解决现场问题。在关键时期,项目公司制定24小时作业制度和监理办组建夜间巡查小组,小组成员每晚轮流对关键工点的夜间施工情况进行巡查。在最后阶段,采用了24小时跟班制度,派专人轮流蹲守现场,落实现场进度,及时解决现场交叉施工协调问题。

在项目管理上,秉承"抓项目管理关键在业主"这一理念,以项目公司为主导,提高总监办、驻监办的管理作用。在质量安全管理上,项目公司态度明确,让监理单位打消BOT总承包项目施工单位又是业主单位、项目公司和各合同段是一家不好管这一顾虑,充分授权监理,让监理敢抓敢管,真正发挥监理的职能,达到了项目整个质量安全目标管控的效果。

同时,在管理上强调松铜公司、总监办、驻监办、中心试验室要以服务为主,要切实为施工单位做好服务,强调事前、事中监理,尽量减少返工、质量问题等现象,真正做到热情服务、严格监理。建设初期,项目公司和监理单位陆续制定了《项目管理手册》《监理大纲》《监理实施细则》《质量安全综合检查评比奖惩办法》等一系列管理制度,在充分发挥监理单位管理职能的同时,增加中心试验室的管理职能,要求中心试验室除履行合同文件要求职责外,还必须加强对各合同段实验工作及现场施工的技术指导、培训、监督,要求中心试验室加强对施工现场的巡查,超规范、规程要求对各合同段拌和场原材料的抽查,确保进场原材料合格。

　　整个项目建设中,总监办、两个驻监办、中心试验室,认真贯彻执行项目公司的管理意图,严格监理,成了项目公司质量安全管理的有力抓手,在工期紧张的情况下,没有丝毫放松质量安全,严格把关,使项目安全、可控地完成。

　　松铜高速公路自开工建设以来,严格执行国家部委及省交通运输厅相关文件精神要求,从驻地建设、场站建设、施工工艺要求等各方面推进施工标准化。

　　由于建设周期短,为弥补路基高填方自然沉降时间不足,降低路基工后沉降,采用了强夯补强的措施巩固路基填方质量,全线统一组织了3台强夯机进场分别在各合同实施强夯,每段强夯实施完毕后由总监办验收把关。

　　为加强质量达到控制效果,松铜线在一些生产条件和措施上做硬性要求,小型预制构件要求集中加工预制,T梁张拉压浆必须采用智能张拉机和大循环压浆系统,T梁、隧道二衬等大型模板实行准入制,对护栏模板全部要求使用新模板。

　　在安全管理方面,明确安全管理目标,强化安全生产红线意识,从制度入手落实安全生产责任制。强力推进"平安工地"建设,通过施工安全标准化提高整个安全文明施工水平。松铜项目推出了三个施工标段为"平安工地"创建标段,过程中按照"全覆盖、严执行、重实效"的原则,以工程进度和工序转换为切入点,结合特殊时段的防控要求,对安全防护和措施全覆盖,不留死角。

　　在建设过程中,各参建单位不计报酬、顾全大局,齐心协力、攻坚克难,执行"白加黑,5+2",开工就进入紧张决战,直到完成目标任务。松铜项目全线桥隧比达到45.7%,局部路段桥隧比达到80%以上,地质条件复杂、施工条件艰苦,自项目工期要求提前后,通过集团公司总动员,各参建分公司积极响应,加大投入,采用超常规的措施和手段加快进度,施工便道的硬化和防护比以往项目要提高一个等级,拌和场站的设置比常规增多,由于多数点采用了平行施工作业,施工机械、临时设施的投入都增加较多,各标段为完成阶段性目标,以超常规的速度把工程建设向前推进,均付出了巨大的代价。

　　这样的快节奏建设速度,各参建单位的工作劳动强度也必然增大,以前两个月干完的活现在一个月要干完,以前每个标段一个月计量三四千万元算高峰期,现在每月要计量一亿元左右,工程内外业的工作量对工程人员都是前所未有的。但参建单位人员为了完成一个共同的目标,不断克服困难,不断挑战自我,工程技术人员每天起早贪黑、战晴天、抢雨天,点起灯泡当白天,春节期间不放假保持工地正常运转,无怨无悔、无私奉献,充分体现了公路人吃苦耐劳、艰苦奋斗的优良作风。图6-117为2014年春节期间工人在进行穿钢绞线作业,图6-118为省交通运输厅领导到现场调研。

　　2014年7月上旬,松桃县经历了几十年一遇的特大降雨,部分临建设施和施工便道遭到毁坏,但各标段很快恢复了正常生产,项目推进并没有受到太大影响,通过建设者坚

持不懈的努力,实现了一个个阶段性的目标任务,施工过程中,各标段亮点纷呈:

图6-117　2014年2月27日,松桐高速公路春节期间二标龙井特大桥T梁预制场工人穿钢绞线作业

图6-118　2014年7月1日,贵州省交通运输厅党委书记、厅长陈志刚(左三)调研松铜高速公路

一标,由贵州省公路工程集团有限公司第七分公司承建,作为全线桥隧比最大的标段,路线沿冲沟而走,地形地质条件差,施工场地狭窄,虽然不在省厅下达的通车目标段落范围,但从一开始就全力投入展开施工,克服重重困难,特别是在最后几个月,每月以300片以上的制梁速度后发追赶,全线三座隧道均按节点目标时间实现全幅贯通,特别是全线最长的桥梁——腊溪村特大桥及甲子山大桥(左幅54跨、右幅59跨),在条件极其艰难的情况下,均按期实现半幅和全幅贯通,通过艰辛卓越的努力,最终超额完成目标任务,与其他标段同步实现通车。

二标,由贵州省公路工程集团有限公司第三分公司承建,该标段由于毗邻城边,是开工时土地交付最晚的一个标段,开工后积极投入,几个月时间内见成效,一度领先,攻坚的精神给全线做了榜样,在全线起了带动作用,最后动工的两座桥梁——岩脚大桥和下苗寨大桥,由于施工条件差,在2014年6月才挖出场地制梁,最后经过奋力拼搏,均按规定时间完成。

三标,由贵州省公路工程集团有限公司第八分公司承建,该标段从起点大雁沟1号大桥至凉亭坳隧道一带是全线最艰难的施工段落,施工便道条件差,预制场地有限,是当初制订施工计划时最担忧的一个制约工期的关键段落,但经过精心组织施工,在预制场地极为有限的情况下,桥梁、隧道均按时完成目标任务。

四标,由贵州省公路工程集团有限公司第一分公司承建,该标段虽然桥隧比不大,但是路线最长的标段,特别是将军山互通,全部59个单幅匝道现浇箱梁桥,通过方案的反复论证,最后快速实施完毕,对工期没有造成影响。

五标、六标是路面标段,分别由贵州省公路工程集团有限公司机化分公司和养护分公司承建,路面单位提前进场备料,开展各项准备工作,在初期桥梁和路基没有贯通成型的情况下,积极采取措施寻找工作面,为后续集中铺筑路面赢得了时间,特别是在最后阶段,在时间十分有限的情况下,加强组织调度,形成轮班作业,日夜鏖战,最终按时完成路面铺筑。

后续的交安机电、绿化、房建标段,一进场便受到松铜线整个紧张施工氛围感染,很快进入了工作状态,适应了松铜线快节奏的管理,快速投入、形成同步交叉作业工作面,在短时间内完成了大量工作内容,为项目按期建成通车提供了坚实保障。

各施工标段在奋力追赶比拼的同时,也很注重协作与配合,从服从大局的角度,互相帮助克服困难,一标三处T梁生产压力大,为完成目标任务不得不在二标甲子山进口段增设预制场,二标配合提供了场地和拌和站,使得不可能完成的任务完成了;在其他资源供应方面,通过资源共享平台相互调节,完全达到了资源共享的目的。

为全力确保完成目标任务,项目公司和各参建单位认真分析工程难点和重点,在工程开始阶段,根据总工期要求,详细编排了各标段节点目标计划,制定了《松铜高速公路2014年通车目标任务考核奖惩办法》,和各标段签定了阶段性目标责任书,对各标段的阶段性节点目标做了强制性要求,通过建立目标责任,使各参建单位目标和方向明确,以此为纲,各单位调集资源围绕节点目标去开展各项工作。同时,配套奖惩激励措施对完成目标任务情况予以重奖重罚,增强大家的责任感。

松铜项目长期在这样一种高强度、快节奏的施工环境下开展工作,对各参建单位人员的意志力和耐力都是一种考验。为防止各参建单位人员产生疲劳的心理,杜绝松懈现象,从开工至项目结束,项目公司陆续组织开展了"大干120天""90天劳动竞赛""决战90天""决胜70天"等一系列比精神、比速度、比成效的劳动竞赛比拼活动,每月开展考评,对先进单位授流动红旗、对先进突出个人进行奖励并上网公示,对排名靠后的单位进行红、黄牌警告,不断进行激励和鞭策,增强大家的荣辱感。同时,公司在过程中加强正面宣传和报道,宣扬先进典型和感人事迹,弘扬正能量。通过这些活动和措施,使得松铜线施工高潮一浪高过一浪,人员精神振奋、士气高涨,持续了大干快上的施工氛围。

在接到通车目标任务调整后,对全线施工组织计划做了重新调整,制定了阶段性节点目标,明确了关键线路,加强了对关键工点的控制。以节点目标计划为骨架,分解落实到每个工程部位,以大目标节点细化各分项工程节点,以总工期倒排各分项工程完成时间,逐个标段进行施工计划倒排梳理,把计划分解到每月至每周,在最后阶段,计划排到每天。

施工计划和施工方案制定好了以后,对各项施工方案再反复进行推敲和研判,充分预计各种不可控因素和意外因素,为确保万无一失,在实施过程中,针对关键工点的控制,制定了一系列应急预案和应急措施:

一标的3号预制场梁片生产压力太大,采取在甲子山隧道贯通以后,从二标增加预制场对一标T梁进行生产补充,过隧道架设一标桥梁,同时在一标3号梁场增设了存梁区,确保了最后一标腊溪村特大桥及甲子山大桥左幅54跨、右幅59跨的T梁按时完成架设;一标的1号预制场按最初规划生产压力大,回龙寨隧道开挖出渣后在隧道口填方上增设了1~2号预制场,缓解了1号预制场的生产压力;一标腊山隧道与三角塘隧道之间的永和大桥原设计为T梁桥,由于该段位于两个隧道之间,便道进入困难,预制T梁条件差,故通过修改设计把该桥改为了现浇箱梁桥。二标的2号梁场给3号梁场补充T梁。三标的1号梁场场地有限,预制周转慢,让二标在一、二标接头处路基提前施工作为预备制梁场地,虽然最后1号梁场满足了进度要求,没有利用预备场地,但做好了充分的准备应对万一;2号梁场同样因场地狭窄,预制周转慢,在凉亭坳隧道贯通以后,采取在其3号预制场附近增加预制场补充40m T梁,穿凉亭坳隧道架设五鸭坡大桥和凉亭坳1号、2号大桥,解决了2号预制场产能不足的问题,确保了三标最困难段落的桥梁按期架设完毕;三标小型构件预制生产压力大,后期在五标腾出堆料场地后增设了小型构件预制场进行补充生产,完成了预制任务。四标的4号预制场给1号预制场补充预制T梁;将军山互通现浇箱梁选择多方案的支架系统,各匝道桥一次周转完成箱梁现浇。两个路面单位于2014年元月起提前进场进行备料,五标增加一套碎石设备增加砂石材料产量,六标建两个料场保障路面材料提前储备;路面增加摊铺设备保持摊铺不停。桥梁架设大多采用双架桥机,一前一后分幅架设。隧道除了较短的五鸭坡隧道和回龙寨隧道采用单向掘进以外,其余隧道均采取了双向双洞掘进。

在材料组织和资源供应上,由贵州省公路工程集团有限公司统筹,机料部、物资贸易中心安排专人全力配合,制定多套供应方案,提前安排钢筋等主要材料进场储备,项目公司安排专职领导负责材料统筹,协调和落实进场数量,实时掌握材料需求与备货量,在2014年上半年,全线钢材用量已经基本进齐,保证了材料不断货。

为了达到整合资源,充分利用总承包项目优势,由项目公司牵头为各标段的劳动队伍、主材、周转材料、设备等资源建立了资源共享平台,实时更新和汇总资源信息,所有资源的出场必须经过项目公司同意,由项目公司协调在标段之间相互调用资源,对资源进行有效整合调度,实现了资源内部共享。

松铜项目由于工期紧,通过倒排计划,路面、交安机电、绿化、房建等后续施工单位均要求提前进场开展工作,路面在2013年12月份即开始规划场地和征地,绿化、房建、交安和机电从春节以后陆续进场开展工作,在路基土建提供工作面出来后立即安排后续施工,步步紧跟,到下半年,全线基本形成了各分项工程同步交叉作业的场面。在后期,项目公司加强了现场的组织协调和调度,及时协调解决各单位交叉施工中遇到的问题,使各工序有条不紊地同步推进。

通常路面和后续工程要比路基滞后半年左右时间的现象在松铜线得到了突破,该项目绿化工程在路面还未结束就开始进行中央分隔带绿化施工,房建在路基结束前各站房主体已经完成,交安设施在路面还未铺筑完毕前已经开始装防护栏、标志牌,机电隧道照明桥架在隧道其余附属还未完善前已经安装,松铜项目的后续工程基本上是和路基土建工程同步收尾结束,这也是本项目的一大亮点,同时这也是总承包模式下能充分合理调度、整合资源体现出的管理优势。

松铜高速公路的建成,使贵州高速公路通车里程突破4000km大关,并超额完成会战的年度任务(省交通运输厅下达的年度目标仅37km,集团公司自我加压,要求全线贯通)。松铜高速公路如期通车,不仅让集团公司成功打了翻身仗,也很好地检验了队伍,其建设高效的背后,正是贵州公路人齐心协力、勇于担当、攻坚克难、负重奋进的精神写照。

2014年是贵州全面完成"十二五"交通运输发展规划、促进行业转型升级的关键一年,也是有着50多年悠久历史的贵州省公路工程集团有限公司二次创业、再创辉煌的一年。但站在新的起点上,尤其是面对一种前所未有的快速发展、内追外赶、激励竞争的新局面,贵州公路人必须紧紧抓住重要发展机遇,瞄准既定的宏伟蓝图,以敢闯敢试敢为人先的宏大气魄和高度的事业心责任感,走超常规、高速度、跨越式发展的路子,创造令人瞩目的成就。

(5)资金筹措。松桃至铜仁高速公路项目概算总投资57.3亿元,建设模式采用BOT+EPC+政府补助,其中政府补助资金为16.662亿元,其余资金由企业自筹及向银行贷款。资金保障是完成项目建设的前提基础,贵州省公路工程集团有限公司一直以来高度重视项目融资工作,把融资工作放在第一要务。集团公司总经理廖柳对融资思路进行科学指导,多次亲自参与和银行谈判,副总经理王劲松和财务部千方百计地想办法,为融资工作频繁和银行方面对接协调和处理业务,财务部大部分工作精力都集中在了松铜项目的融资上。在国家经济形势下行、银行货币政策紧缩的情况下,一方面及时跟踪落实银团长期贷款,最终银团贷款合同顺利签定贷款额37.8亿元;另一方面在银团贷款到位前,通过银行短贷、商业汇票、银行汇票等票据支付、投资理财产品等多元化的融资手段,短期借款融资累计 24.78 亿元,解决了施工期项目资金周转问题,项目建设没有因为资金问题受影响。

（6）招标投标。除了在总承包范围内有资质承担的施工项目以外,其余勘察、设计、施工、监理、大宗材料及设备采购、施工电力安装等所有参建单位均全部采用招标,招标活动委托了招标代理进行办理,并向相关主管部门进行了申请和备案,招投标程序符合国家政策规定。参建单位如表6-85所示。

S15 松桃至铜仁高速公路参建单位表

通车里程桩号:K1+000～K51+871.487　　　　　　　　　　　　　　　　　　　　　　表6-85

参 建 单 位	单 位 名 称	合同段编号及起止桩号	主要负责人	备　注
项目管理单位	贵州松铜高速公路有限公司	K0+000～K51+871.487	黄任远	
勘察设计单位	贵州省交通规划勘察设计研究院股份有限公司	K0+000～K51+871.487	范贵鹏	
施工单位	贵州省公路工程集团有限公司（第七分公司）	第1合同段 K1+000.000～YK11+860+000	蔡远平	路基标
	贵州省公路工程集团有限公司（第三分公司）	第2合同段 YK11+860.000～K25+500.000	詹超宇	路基标
	贵州省公路工程集团有限公司（第八分公司）	第3合同段 YK25+533.588～K35+600.000	田力	路基标
	贵州省公路工程集团有限公司（第一分公司）	第4合同段 K35+600.000～K51+871.487	安华	路基标
	贵州省公路工程集团有限公司（机化公司）	第5合同段 K1+000.000～K25+000	姜朝炜	路面标
	贵州省公路工程集团有限公司（养护公司）	第6合同段 YK25+533.588～K51+871.487	张焰玢	路面标
	中交第一公路工程局有限公司	第7合同段 K1+000.000～K51+871.487	张明友	交安标
	贵州桥梁建设集团有限公司	第8合同段 K1+000.000～K51+871.487	阮应安	机电标
	贵州省公路工程集团有限公司（绿化公司）	第11合同段 K1+000.000～K51+871.487	李绍平	绿化标
	贵州省公路工程集团有限公司（第七分公司）	第12合同段 K1+000.000～K51+871.487	何祖锋	房建标
监理单位	安徽省科兴交通建设工程监理有限公司/安徽省高等级公路工程监理有限公司联合体	总监办 K1+000.000～K51+871.487	王连飞	

续上表

参 建 单 位	单 位 名 称	合同段编号及起止桩号	主要负责人	备 注
监理单位	贵州陆通公路工程监理有限责任公司	第一驻地监理办 K1+000~K25+500	张登松	
	贵州省交通建设咨询监理有限公司	第二驻地监理办 YK25+533~K51+871.487	汪涛	
中心实验室	贵州质安交通工程监控检测中心有限责任公司	中心试验室 K1+000.000~K51+871.487	张胜平	

（7）征地拆迁。征拆工作中，在与地方关系的处理上，深知"工程建设能否顺利推进关键在征地拆迁工作是否顺利开展"这一道理。自进场后，项目公司高度重视与指挥部的对接协调工作，充分依靠地方政府，和地方政府及指挥部建立了紧密的、互信的、和谐的良好合作关系，项目公司及施工单位充分信任地方政府，不拘小节，地方指挥部把握原则、认真负责、客观公正。项目公司负责征拆的人员深入基层，和指挥部人员共同商量解决问题，与指挥部长期的良好合作氛围，使得项目公司、施工单位和指挥部的同志建立了深厚的感情。

在良好的合作氛围和相互充分信任的基础上，松铜高速公路建设得到了铜仁市和松桃县两级党委政府的鼎力支持，铜仁市委市政府和松桃县委县政府高度重视松铜高速公路的征地拆迁工作，抽调有经验的县领导专职负责，并从其他部门抽调精干人员组建了县级指挥部，乡镇一级也相应成立指挥部，由乡领导专职分管征拆。县乡征拆队伍组织机构健全，工作机制健全。县乡各级指挥部在县委县政府的领导下，工作方式创新、工作作风务实，各级指挥部的同志不辞辛劳，掀起"苦战三百天、建成松铜线"的工作浪潮，高效、快速、强有力地推动征拆工作，3个月完成征地工作，75天完成房屋拆迁工作。在施工过程中成立环境优化大队、设立治安执勤点，组建调纠工作组，以务实创新的工作模式，靠前服务，先后出警40余次，出动警力236人次，及时解决施工中的矛盾纠纷，为工程建设提供了良好的环境。

通信光缆迁改和电力线路迁改方面，在指挥部的协助下，项目公司快速组织迁改队伍实施迁改工程，每天督查迁改进度，整个施工过程没有因迁改问题而影响到现场施工，特别是几处220kV超高压电力线的迁改和停电施工措施，经过多次与电力部门协调、跟踪对接，最后得以成功顺利实施，确保了工程按计划进行。

松铜高速公路永久性征地5921余亩，拆迁房屋240户，砂石厂、砖厂、养殖场、果园等特殊个案搬迁处理19处，三电迁改109处。

（8）交（竣）工。2014年12月18日，松铜高速公路交工验收会议在松桃县召开，铜仁市人大副主任、松铜高速公路常务副指挥长童礼元、铜仁市人民政府副市长夏虹、贵州省交通厅张晓忠处长、贵州省交通工程建设质量监督局副局长陈雷出席会议,参加会议的还有省交通厅基建处、省质监局、省高管局、省高速路网中心、省交通造价站、省交通规划勘察设计研究院、贵州交建集团、铜仁市交通运输局、铜仁市公路管理局、铜仁市高建办、铜仁市交警支队、铜仁市高管处、松桃苗族自治县高速公路指挥部、县交通运输局、县环保局、县通信部门、重庆秀松高速公路、松铜高速公路参建各方等单位的其他领导和专家。会议由集团公司副总经理、总工程师母进伟主持。

会议认真听取了项目建设单位的执行情况与设计、施工、监理、质监局的情况汇报,查阅了工程建设有关文件和资料,并进行了实地察看。各位领导和专家对松铜高速公路项目进行了科学、客观、实事求是的评价:项目建设较好地执行了国家基本建设程序,有效实行了政府监督、社会监理和企业自检,建设管理规范,地方征拆环境好,参建单位思想统一、团结奋战、顽强拼搏,快速完成了建设目标任务,充分体现了 BOT+EPC+政府补贴模式总承包项目的优势。交工验收委员会一致评定:松铜高速公路工程质量合格,同意通过交工验收。

3. 复杂技术工程

松桃至铜仁高速公路在新工艺和新技术运用方面,与科研部门共同完成了高填方路基强夯处理和隧道反光环视觉引导效果的课题研究。通过新技术及新工艺的应用,在高填方强夯处理方面,整体提升了高填方路基的质量,避免了因工期较短,高填方路基自然沉降时间不足的缺点,减少了工后沉降。隧道洞内通过布设反光环,加强了隧道视觉引导效果,改善了隧道洞内的行车视觉环境,保障了行车安全性,产生了较好的经济效益及社会效应。

4. 营运管理

松铜高速公路营运筹备工作在集团公司的超前预谋统筹下,从项目建设期2014年年初即开始投入准备,前期组建人员班子向贵州高速公路集团、省公路局及其他BOT项目营运管理单位进行学习和调研,同时派遣人员前往省外营运项目考察学习先进经验,结合自身项目策划了营运管理方案,其间按计划进行了人员招聘、培训及上机操作实践。松铜高速公路于2014年12月26日正式开放试运营,目前收费、日常养护、安全巡查等营运管理工作走入正轨,达到预期管理目标。沿线公路设施齐全,路面、桥梁、边坡等结构物稳定无破坏,暂无大修工程。

松铜高速公路全线设有1个营运中心,两河口主线站(暂未开通)、黄板收费站、松桃北收费站、松桃南收费站、苗王城西收费站5个站点(表6-86),盘信服务区和松桃服务区2个服务区。

收费站点设置表 表6-86

站 点 名 称	车 道 数	收 费 方 式
两河口（主线站）	11 出（含 ETC 电子不停车收费）	联网收费
黄板	3 进 3 出（含 ETC 电子不停车收费）	联网收费
松桃南	3 进 6 出（含 ETC 电子不停车收费）	联网收费
松桃北	3 进 6 出（含 ETC 电子不停车收费）	联网收费
苗王城西	3 进 5 出（含 ETC 电子不停车收费）	联网收费

（二）S15 松桃至从江高速公路大兴至坝灌溪段

S15 松桃至从江高速公路大兴至坝灌溪段与杭瑞高速公路大兴至思南公路共线。详情见 G56 贵州省大兴（湘黔界）至思南公路。

（三）S15 铜仁至大龙高速公路

1. 基本情况

（1）项目决策背景及过程。2008 年年底，贵州省进行了骨架公路网规划修编，正式确定为"678"网，并于 2009 年年初得到贵州省人民政府的批准，该规划总规模约 6851km，其中国家高速公路 2332km，地方调整公路 4519km。铜仁坝灌溪至玉屏大龙高速公路项目按照有关法律法规和基本建设程序要求，于 2009 年 11 月 3 日，贵州省发展和改革委员会以《关于铜仁至大龙高速公路工程可行性研究报告的批复》（黔发改交通〔2009〕2790 号）批复了工程可行性研究报告。2009 年 12 月 31 日，贵州省交通运输厅以《关于铜仁至大龙高速公路初步设计的批复》（黔交建设〔2009〕245 号）批复了初步设计。2011 年 8 月 15 日，贵州省交通运输厅以《关于铜仁至大龙高速公路施工图设计的批复》（黔交建设〔2011〕165 号）批复了施工图设计。

（2）公路的功能、定位、里程。铜仁至大龙高速公路（以下简称"铜大高速公路"）是贵州省高速公路网规划中"1 纵"贵州省松桃至从江高速公路的重要组成部分。本项目纵贯铜仁地区，布局在近年来铜仁新兴的大龙至铜仁工业走廊上，不仅拉近了省会与铜仁的时空距离，同时也是连接杭瑞、沪昆两条国家高速公路，以及沪昆铁路客运专线（沪昆快速铁路）、渝怀铁路、湘黔铁路的重要连线和快速通道。对黔东地区的经济交融具有重要的意义，是贵州省加快西部大开发战略实施基础设施建设的重要举措之一。

项目起于铜仁坝灌溪，桩号 K0+000，接大兴至思南高速公路，经茶店、老山口，至玉屏大龙，与沪昆高速公路相接，终点桩号 K57+248.972，全长 56.92km。

（3）技术指标。铜大高速公路全线采用双向四车道高速公路标准，设计速度 80km/h，整体式路基宽 24.5m,分离式路基宽 12.25m,路基设计洪水频率为 1/100,最大纵坡为 4.5%,路面为沥青混凝土路面,桥梁设计荷载为公路—1 级,其他技术指标按《公路工程技术标准》(JTG B01—2003)执行。

(4)投资规模。铜大高速公路概算总投资 36.827 亿元人民币,来源于贵州公路建设资金及银行贷款。

主要控制点。该项目起于铜仁坝灌溪,桩号 K0+000,直接连接大兴至思南高速公路,经茶店镇、万山特区高楼坪乡、玉屏县亚鱼乡、田坪镇,终点位于大龙镇,与沪昆高速公路相接,终点桩号 K57+248.972,全长 56.92km。

(5)沿线主要地形地貌。铜大高速公路项目处于贵州高原东缘,海拔一般在 250~900m 之间,受起终点河谷地形的影响,路线走向总体中间高两端低。山脉多呈北东向展布,与构造线方向基本一致。由于地壳强烈上升和河流的侵蚀综合作用,测区地貌类型主要为侵蚀构造中低山地貌及溶蚀谷地地貌。

(6)主要构造物。全线互通式立交 5 处(其中 1 处为枢纽互通),新建人行天桥 196.58m/4 座、涵洞及通道兼排水 10707.93m/258 道,服务区 2 处;完成土石方 1323.62 万 m^3、填方 1255.58 万 m^3;特大桥 1050.03m/1 座,大桥 8052.23m/32 座,中桥 421.5m/11 座,小桥 83.52m/3 座;隧道 566.5m/1 座;完成级配碎石底基层 144.77 万 m^2、水稳碎石基层 143.98 万 m^2、沥青混凝土面层 159.14 万 m^2;完成波形护栏 11.97 万 m、标志标牌 2240 个、标线 8.89 万 m^2、隔离栅 13.95m;收费天棚 4 个、双向收费亭 4 个、单向收费亭 18 个、管理用房 2.28 万 m^2。

2. 建设情况

(1)立项审批、勘察、设计。2007 年,受省交通厅委托,贵州省交通勘察规划设计研究院承担了铜大公路段改扩建工程的方案研究工作,并随即展开方案研究工作,2007 年年底,《铜仁至玉屏高速公路工程可行性研究报告》编制完成,并于 2008 年年初通过了省发改委、交通厅联合组织的评审,完成了相关的报批工作。

根据《贵州省骨架公路网规划》修编与调整后的《贵州省高速公路网规划》,省交勘院于 2009 年 1 月再赴工地进行实地踏勘,对重点方案、重要构造物等进行核实。至 2009 年 7 月重新编制了《贵州省松桃至从江高速公路铜仁(坝灌溪)至玉屏(大龙)段工程可行性研究报告》。于 2009 年 11 月 3 日,贵州省发展和改革委员会以《关于铜仁至大龙高速公路工程可行性研究报告的批复》(黔发改交通〔2009〕2790 号)批复了工程可行性研究报告,同意实施铜大高速公路。

2009 年 8 月,贵州省交通勘察规划设计研究院受高总司委托,对铜大高速公路项目进行了初测、初步设计,通过实地踏勘、纸上定线,于 11 月完成了初步设计文件。2009 年 11 月 16~18 日,由贵州省交通运输厅在贵阳主持召开贵州省松桃至从江高速公路铜仁坝灌溪至玉屏大龙段初步设计审查会,形成了初步设计专家评审意见。2009 年 12 月 31 日,贵州省交通运输厅以《关于铜仁至大龙高速公路初步设计的批复》(黔交建设[2009] 245 号)批复了初步设计。

2009 年 11 月 19 日完成了施工图优化设计并提交咨询单位中交第一公路勘察设计研究院有限公司审查;2009 年 11 月 19 日完成了纸上路线方案并通过院内审查;2009 年 11 月 26 日开始外业测量和调查;2010 年 1 月 25 日外业结束;2010 年 1 月 5 日进场开展工程地质勘察,并于 2010 年 1 月 25 ~ 28 日进行了院外业验收;2010 年 3 月 4 日,业主进行了中间检查;2010 年 3 月 15 ~ 16 日,业主对本项目进行了定测验收;2010 年 6 月 17 日,业主组织召开了本项目施工图设计审查会;2011 年 8 月 15 日,贵州省交通运输厅以《关于铜仁至大龙高速公路施工图设计的批复》(黔交建设[2011]165 号)批复了施工图设计。

省交通运输厅高度重视铜大高速公路的环境评价工作,在工可完成后,于 2008 年 1 月 17 日委托贵州省交通科学研究院进行项目的环境影响报告书和水土保持方案的编制,评价单位于同年 1 月对公路沿线进行了详细的踏勘及调研;2008 年 4 月 8 ~ 10 日,铜仁地区环境监测站进行了环境现状监测;2008 年 6 月,评价单位编制完成了《贵州省铜仁至玉屏高速公路环境影响报告书》,由于路线的调整和终点的调整,2009 年 6 月,评价单位又对调整部分公路沿线进行了详细的踏勘及调研;2009 年 7 月,贵州省交通环保监测站对路线变化部分进行了环境现状监测;2009 年 8 月,评价单位进行了调整与修订,重新编制完成了《贵州省松桃至从江高速公路铜仁坝灌溪至玉屏大龙段工程环境影响报告书》;2009 年 10 月 20 日,贵州省环境保护厅以《关于铜仁坝灌溪至玉屏大龙高速公路环境影响报告书的批复》(黔环审[2009]17 号)批复了铜大高速公路环境影响报告;2009 年 12 月 23 日,贵州省水利厅以《关于铜仁(坝灌溪)至玉屏(大龙)高速公路工程水土保持方案的复函》(黔水保函[2009]170 号)批复了铜大高速公路工程水土保持方案报告。

(2)施工、监理。铜大项目施工及监理单位经公开招标确定后进场开展工作,建设管理模式与高总司以前的项目管理模式不同,铜大总监办也是经公开招标选择监理单位进行质量、进度、费用、安全等管理工作。项目于 2010 年 8 月 18 日下发开工令,2012 年 10 月 26 日完成交工验收,比初步设计批复工期提前 4 个月。2012 年 10 月 28 日,铜大高速公路建成通车(图 6-119)。项目办按照省委、省政府、省交通运输厅及高总司的任务要求,及时把各项目标任务指标按剩余工程量分解到具体完成日,并落实相关责任人,及时跟踪指标完成情况,并适时启动调控预案,确保目标任务完成。在各参建单位进驻铜大项目施工现场后,项目办积极组织总监办、A、B 驻监办、中心试验室及承包人对设计图纸进行认真仔细的审核,并对施工现场进行详细的调查,针对图纸中存在的问题、疑问,及时与设计单位沟通。结合现场实际情况,对一些设计中存在的不合理部分,项目办会同总监办、设计代表、驻地办、承包人共同研究讨论后,提出优化设计方案,按照变更程序进行变更处理,以达到提高公路使用功能、节约工程造价和建设工期以及与周边环境的和谐、环保、水保等目的。

图6-119 2012年10月28日,铜大高速公路建成通车

施工过程中加强检测控制,确保工程质量合格,结合不同阶段的施工特点,有针对性地对隐蔽工程、重点部位、关键工序加大巡查、抽查力度和频率。同时采取"差别化"管理模式,对质量信誉差的施工单位实行重点监督、检查,对发现质量问题的工程项目,及时要求总监办下发监理工程师通知书,要求予以限期整改。对存在严重质量问题的,除予以返工处理外,由总监办给予一定的经济处罚,促使各施工单位养成质量检测责任的自觉性。全线桩基检测均按Ⅱ类桩要求作为合格桩,检测中如发现Ⅲ类桩,均按不合格桩进行返工处理。

项目办与总监办、施工、监理单位签定了《安全生产责任书》,明确各单位各自责任,使安全责任做到层层落实。建立了质量安全档案,使安全事故可追溯,责任落实到人,每一道施工工序都有明确的施工技术负责人和监理人员,对每一次发生的过程进行全过程的追踪记录。完善安全管理体系,深化隐患排查和治理,建立健全各项安全管理规章制度、完善安全管理组织是做好安全生产工作的首要环节。坚持"以人为本,预防为主"的方针,以关爱生命为前提,最大限度地减少施工事故的发生,建立快速有效的安全管理组织机制,确保国家财产和施工人员的生命财产不受损失,保证施工建设顺利实施。项目办出台了《安全生产管理办法》,总监办编制了《安全生产管理目标》《安全生产管理责任制度》《安全监理计划》等规章制度。各单位也结合本段实际情况,根据安全制度具体细化和完善有关制度,确保各项安全生产管理工作都能做到有章可循、有据可依。通过各方努力,建设过程中未发生安全事故。

做好水土保持、环境保护工作,施工过程中加强与地方水土、环保部门的协调配合,制定行之有效的管理办法。要求工程施工过程令执法部门、建设单位和监理满意,环评验收一次通过。对于弃土(渣)场,按照环保规范设立挡墙及排水沟,对于挡墙不能满足弃方量的地方,应按工程变更程序适当增加挡墙高度,弃方完成后须对表面进行整平、绿化或植树;对于施工噪声问题,在有集中居民区的地方施工,适当控制作业时间,尽可能避免在夜间10:00~早上7:00施工作业;对于跨河桥梁,尽可能避免泥浆及砂石对河道的影响,桥梁完工后应及时对河道进行清渣、绿化处理,确保河道畅通;对于改河工程,根据河水流量大小的环保要求设立河道宽度、河堤的长度。对设计高度不能满足河水流量的地方,应按工程变更程序予以增高或延长;对于料场、拌和站及预制场,工程完工后应对地面进行平整及绿化处理;对于洪水冲毁的施工便桥,应及时清理,根据水流的过水面大小重新修建,以防再次被洪水冲毁,工程完工后需拆除的便桥,拆除后应及时清理残渣;对于路基边坡和隧道仰坡,应严格按设计对表面进行合理的生物防护,确保生态及利于水土保持,或按照工程变更程序加以优化;临时搭建的施工营地,应对生活垃圾及生活污水进行集中处理,对于工程完工后拆除的施工营地,不能复耕的应采取种草或植树等方式进行生态恢复;对于正在使用的施工便道和老路改移工程,在特殊路段须注意洒水降尘;对于废弃的施工便道,工程完工后进行必要的生态恢复;施工中应防止对珍贵树种的破坏,公路主线范围内的珍贵树种能移栽的应及时移栽,做好后期养护,确保存活。

2011年12月~2012年6月,贵州省交通建设工程质量监督局在施工过程中分阶段对铜大公路进行了交工验收检测,先后分30余次对路基工程、路面工程、桥梁工程、互通立交工程、隧道工程以及交通安全设施工程可实测部分进行了现场检测。

(3)资金筹措。铜大高速公路批复概算总投资为36.827亿元。其中,贵州省交通运输厅资本金5.6亿元,铜仁地区行署出资3.74亿,银行贷款27.487亿元。

(4)招标投标。铜大高速公路项目办由高总司派出,项目实施中全面实行了项目法人制、招标投标制、工程监理制及合同管理制。施工单位和监理单位通过社会招标选择确定,完善了项目质量监督手续。项目建设管理严格按政府监督、法人管理、社会监理和施工企业自检所形成的四级质量保证体系进行运作。项目资金的拨付按国家有关法规的要求为依据,严格按照合同及资金管理办法进行监督和监控,确保资金运行安全。

铜大高速公路土建工程共8个合同段,路面工程2个合同段,交通工程、绿化工程、站房建工程、交通机电(含隧道机电)、桥面防水层及桥梁伸缩缝均设1个合同段,以及后期铜仁路段中心升级为铜仁区域中心,增加的铜仁区域中心机电、铜仁区域中心项目软件系统均设1个合同段;施工监理6个合同段(含2个合同段总监办、4个合同段驻监办),中心试验室1个合同段全部采用国内竞争性招标。

监督机构有贵州省交通建设工程质量监督局及贵州省交通厅驻铜大项目纪检组。中心试验室由贵州省交通科学研究院组建。监控、检测单位有贵州省质安交通工程监控检测中心有限责任公司、招商局重庆交通科研设计院有限公司、贵州省桥梁岩土工程有限公司及贵州省交通科学研究院有限责任公司。参建单位如表6-87所示。

铜大高速公路参建单位表

通车里程桩号：K0+000～K57+248.972　　　　　　　　　　　　　　　　　　　　　表6-87

参建单位	单位名称	合同段编号及起止桩号	主要负责人	备注
项目管理单位	贵州高速公路集团有限公司	K0+000～K57+248.972	胡一鸣	
勘察设计单位	贵州省交通规划勘察设计研究院	第1勘察设计合同段 K0+000～K57+248.972	范贵鹏	路基、路面、景观绿化（初步设计）设计
	贵州省交通规划勘察设计研究院	第2勘察设计合同段 K0+000～K57+248.972	舒锦霖	交安、机电、房建设计
	中国公路工程咨询集团有限公司	铜仁区域中心机电工程	尉自斌	区域中心机电设计
施工单位	甘肃路桥建设集团有限公司	T1　K0+000～K5+100	徐恕	土建
	中铁一局集团有限公司	T2　K5+100～K9+100	惠宝	土建
	贵州省公路工程集团总公司	T3　K9+100～K15+000	王伯航	土建
	福建路桥建设有限公司	T4　K15+000～K23+680	黄彪	土建
	中铁五局集团第一工程有限责任公司	T5　K23+680～K29+060	谢念平	土建
	中天路桥有限公司	T6　K29+060～K40+540	王琨	土建
	江西省公路机械工程局	T7　K40+540～K49+400	唐军	土建
	中交二公局第六工程有限公司	T8　K49+400～K57+248.972	汪杰	土建
	中交第一公路工程局有限公司	9　K0+000～K29+060	伍宝林	路面
	中交第三公路工程局有限公司	10　K29+060～K57+248.972	宋伟	路面
	江苏中路交通工程有限公司	11　K0+000～K57+248.972	丁海清	交安
	广厦建设集团有限责任公司	12　K0+000～K57+248.973	蔡纯阳	房建
	厦门厦生园林建设集团有限公司	13　K0+000～K57+248.974	裴先利	景观绿化（设计施工总承包）
	西安金路交通工程科技发展有限责任公司	14　K0+000～K57+248.975	夏凯	机电工程（含隧道机电）
	河北易德利橡胶有限责任公司	16　K0+000～K57+248.975	黄辉	桥梁伸缩缝
	湖北省隆兴防水材料有限责任公司	18　K0+000～K57+248.975	赵明瑞	桥梁防水层
	安徽汉高信息科技有限公司	铜仁区域中心机电工程	张正华	区域中心机电
	江苏长天智远交通科技有限公司	铜仁区域中心项目软件系统	潘贵荣	区域中心项目软件系统

续上表

参建单位	单位名称	合同段编号及起止桩号	主要负责人	备注
监理单位	贵州陆通公路工程监理有限责任公司	ZJLB1　K0+000~K57+248.975	刘敏	土建、路面、交安、绿化、房建等
	北京兴通交通工程监理有限责任公司	ZJLB2　K0+000~K57+248.975	贺少通	机电
	贵州科达公路工程咨询监理有限公司	A　K0+000~K23+680	赵其林	土建
	贵州省交通建设咨询监理有限公司	B　K23+680~K57+248.975	余廷禹	土建
	贵州科达公路工程咨询监理有限公司	C　K0+000~K57+248.975	阮积忠	路面
	贵州陆通公路工程监理有限责任公司	D　K0+000~K57+248.975	王元智	交安、绿化、房建
中心试验室	贵州省交通科学研究院	Z1　K0+000~K57+248.975	徐掌清	
设计咨询单位	中交第一公路勘察设计研究院有限公司	K0+000~K57+248.972	赵小由	

(5)征地拆迁。建设土地严格按《中华人民共和国土地法》的相关要求办理相关手续,并报请国土资源部批准后再合法使用土地,主要耕地的补偿达到《中华人民共和国土地法》的标准,项目建设用地已经控制在部批的范围内。房屋拆迁标准报请省人民政府批准后实施,通信管线的迁移等工作严格按相关程序办理。按照中央关于"三农问题"的精神,凡涉及农民的生产和生活设施因公路建设损害的,及时给予解决。征拆过程中随时保持与地方指挥部及相关部门的沟通协调,并得到了当地政府及群众的大力支持与配合。本项目共征用土地6049.9亩。其中,铜仁万山区3220.6亩,房屋拆迁142户,坟墓拆迁642座;玉屏县2829.3亩,房屋拆迁89户,坟墓拆迁2120座。

(6)重大变更。铜大高速公路公建设过程中产生重大变更共计2份。一是铜仁南收费管理分中心,根据2012年4月24日《办公会议纪要》(黔高总司纪要〔2012〕85号)中"根据《贵州高速公路总公司所管辖路段机电工程监控系统总体规划》的要求,原铜仁南路段监控中心应升级为铜仁地区高速公路片区监控中心"。铜仁南收费管理分中心房屋建筑面积由原设计4569.53m^2调整至8429.39m^2,净增加3859.86m^2,设计占地36.14亩调整至79.07亩,净增加42.93亩。二是铜仁片区管理分中心机电工程,根据2012年4月24日《办公会议纪要》(黔高总司纪要〔2012〕85号)中"根据《贵州高速公路总公司所管辖路段机电工程监控系统总体规划》的要求,原铜仁南路段监控中心应升级为铜仁地区高速公路片区监控中心"。为实现其功能,在原路段监控中心设计基础上增设交通数据中心、交通监控中心、路政中心、通信中心、收费中心及各中心实现功能所必需的配套设备与设备运行所必需的支撑平台、数据库软件等。

（7）交（竣）工。2010年8月，铜大高速公路工程开工，于2012年10月，铜大公路建成通车。2012年10月26日，贵州高速公路开发总公司在贵州省铜仁市主持召开了铜仁至大龙高速公路工程交工验收会议（图6-120）。

图6-120　2012年10月26日，铜大高速公路交工验收会议

贵州省交通运输厅、贵州省交通建设工程质量监督局、贵州省交通建设工程造价管理站、贵州省高速公路管理局、铜大高速公路指挥部、铜仁市检察院、铜仁市安监局、铜仁市公安局交通警察支队、贵州省铜仁市高等级公路管理处、贵州高速公路开发总公司（总工办、综合计划部、工程部、征拆办、审计部、联网办、决算办、贵州高速公路营运管理中心）、铜大高速公路项目办、贵州省交通规划勘察设计研究院、贵州省交通科学研究院、贵州陆通公路工程监理有限责任公司、贵州科达公路工程咨询监理有限公司、贵州省交通建设咨询监理有限公司、甘肃路桥建设集团有限公司、中铁一局集团有限公司、贵州省公路工程集团总公司、福建路桥建设有限公司、中铁五局集团第一工程有限责任公司、中天路桥有限公司、江西省公路机械工程局、中交二公局第六工程有限公司、中交第一公路工程局有限公司、中交第三公路工程局有限公司、江苏中路交通工程有限公司等参加了会议。

参会代表于2012年10月25日赴现场察看了铜大高速公路的路基、路面、桥梁、隧道、互通式立交及安全设施等；听取了建设、设计、施工、监理等单位的总结汇报，根据贵州省交通建设工程质量监督局关于本项目的工程质量检测结果，结合与会领导、代表的意见和建议，验收委员会进行了认真研究、讨论，原则同意铜大高速公路通过交工验收。会议还明确了项目的缺陷责任期从2010年10月26日起至2012年10月25日止，项目从通过交工验收之日（2010年10月26日）起由高总司营运管理中心进行管养。图6-121为省领导到现场调研。

第六章
贵州高速公路

图 6-121　2012 年 9 月 16 日,省委常委、副省长秦如培(左二)到铜大项目现场调研

铜大高速公路建成后,不仅拉近了省会与铜仁的时空距离,同时也是连接杭瑞、沪昆两条国家高速公路及沪昆铁路客运专线(沪昆快速铁路)、渝怀铁路、湘黔铁路的重要连线和快速通道,对黔东地区的经济交融具有重要的意义。

3. 复杂技术工程

铜大公路项目建设工程采用了 KST 灌木护坡对岩石边坡进行生物防护,KST 灌木护坡技术是在坡体稳定的岩石坡面制造出与自然界表土结构相似的人工土壤,营造一个既能让植物生长发育和植基质又不易被冲刷的多孔稳定结构,它能保水、透气、使灌木植物能在坡面生长,使植被得以快速恢复,与周边植被融为一体,达到防止水土流失、恢复生态环境的目的,如图 6-122 所示。

图 6-122　铜大高速公路 K40 +000 ~ K40 +300 段路基灌木护坡

抚溪江大桥是铜大项目唯一一座拱桥,采用钢拱架平移技术进行施工。拱桥上部结构采用 5 ×20m(预应力混凝土空心板) +120m(钢筋混凝土箱形拱) +2 ×20m(预应力混凝土空心板)。下部结构主孔采用现浇钢筋混凝土拱座及现浇混凝土基础,拱上设钢筋

混凝土排架墩,5 号、6 号交界墩和两岸引孔桥墩为钢筋混凝土双柱式圆形实心墩,挖孔桩基础,拱座基础为明挖扩大基础,两岸桥台为重力式 U 形桥台,铜仁岸基础为承台桩基础,玉屏岸基础均为明挖扩大基础。

本桥为双幅分离式桥,左、右幅拱圈需分别单独施工。为节约钢拱架的加工量,同时节约拼拱架的时间,需更好地利用本钢拱架,决定先进行半幅拱圈施工,再平移钢拱架至另半幅位置进行主拱圈施工。拱架平移技术包含两个方面:一是拱架卸载。在拱圈完全合龙,混凝土强度达到 95% 且 1、2 号和 13、14 号排架完成后,方可进行卸架,即钢拱架卸载。

打开拱架顶端调节节段调节砂筒竖向的流沙孔,逐步卸出调节砂筒内的细粒砂(必须过筛,严控超粒径颗粒和粉尘含量,同时必须经高温热炒),让砂筒缓慢收缩,以达到钢拱架逐渐释放内力。需要同排的砂筒每次收缩量一致,上、下两排的量差不能超过 5mm。在此过程中,随时检测钢拱架杆件受力,严密观察拱架的变形和下沉情况,如出现任何不良现象,立即停止操作。由于砂筒收缩,拱架的弹性变形逐渐得到释放,当拱架的受力仅为自重及模板时,拱架开始脱离主拱圈。当拱架全部脱离后,可很容易拆除拱架上模板,此时,即可进行拱架的平移工序。

二是拱架平移。拱架脱离主拱圈后,不再受主拱圈抱箍作用,变为自由稳定状态。此时需加强钢拱架两侧缆风。平移时,为了达到整个拱架同步移动,缆风绳与 5t 链条滑车连接。清理拱架脚预埋钢板,并打上四氟黄油(其摩阻系数很小,一般不大于 0.3%),减小拱架脚滑块与预埋钢板之间摩阻力。拱架脚段柱铰之间用钢箱抵紧,用 150t 液压千斤顶顶柱铰,缓慢牵引柱铰(为确保整体均衡平移,必须在滑道上设置横移刻度,同时通过对讲机进行两岸沟通,确保两岸平移同步),带动整个钢拱架向另一拱架拱座移动,以小于 20km/h 的移动速度进行控制。顶推柱铰的时候,同时缓慢调节缆风上的链条滑车,确保整个拱架同步移动。平移技术的采用,节约了时间,确保项目顺利按时通车。

4. 营运管理

全线设 Ⅱ 类服务区 1 处(茶店),Ⅲ 类停车区 1 处(田坪)、匝道收费站 4 处、桥隧管理站 1 个,应急保畅中队 1 个,监控管理所 1 个,养护站 1 个。本项目于 2012 年 10 月 20 日建成通车,批准收费时间为 2012 年 10 月 20 日,批准收费终止时间为 2042 年 10 月 19 日。通车至 2015 年 8 月,收费总计 19101.751 万元;通车至 2015 年 8 月,车流量共计 5804086 辆。收费站点设置见表 6-88。

收 费 站 点 设 置　　　　表 6-88

站 点 名 称	车 道 数	收 费 方 式
铜仁南收费站	3 进 6 出(含 ETC 车道 1 进 1 出)	联网收费
万山收费站	2 进 4 出(含 ETC 车道 1 进 1 出)	联网收费

续上表

站 点 名 称	车 道 数	收 费 方 式
七里冲收费站	2进4出（含ETC车道1进1出）	联网收费
大龙收费站	2进3出（未设置ETC车道）	联网收费

（四）S15松桃至从江高速公路大龙至七里塘段

松桃至从江高速公路大龙至七里塘段与G60沪昆高速公路玉屏至铜仁公路为共线路段。详见G60沪昆高速公路玉屏至铜仁公路。

（五）S15松桃至从江高速公路七里塘至三穗段

松桃至从江高速公路七里塘至三穗段与G60沪昆高速公路为共用路段。详见G60沪昆高速公路沪瑞国道主干线玉屏至三穗公路。

（六）S15松桃至从江高速公路三穗至黎平高速公路

1. 基本情况

（1）项目决策背景及过程。为落实贵州省"实现经济社会发展历史性跨越"的战略构想，贵州省第十一届人民代表大会通过的《2008年贵州省政府报告》提出要实行"交通优先发展"战略，加快交通基础设施建设步伐，加快形成以高速、高等级公路和铁路为骨架，多种运输方式相配套的综合交通运输体系；并明确提出"使所有县市都有高速公路连接"的战略构想。《贵州省2009政府工作报告》进一步提出围绕构建高速公路体系，以10年左右的时间实现县县通高速公路为目标，加快贵州省高速公路网规划的项目前期工作，力争在"十一五"期间全面开工建设。三穗至黎平高速公路（以下简称"三黎高速公路"）是国发2号文中强调的贵州省铜仁至黎平高速公路的重要组成部分，是贵州省东部地区南下珠三角及北部湾地区的快速通道。

三黎高速公路按照有关法律法规和基本建设程序要求，贵州省发展改革委员会于2010年12月6日下发了《关于三穗至黎平高速公路工程可行性研究报告的批复》（黔发改交通〔2010〕2605号）；贵州省交通运输厅于2010年12月31日以《关于三穗至黎平高速公路初步设计的批复》（黔交建设〔2010〕265号）批准了三黎高速公路初步设计。2012年7月26日以《关于三穗至黎平高速公路土建部分施工图设计的批复》（黔交建设〔2012〕151号）批准了三黎高速公路施工图设计；三黎项目于2012年7月办理了监督申请，贵州省交通建设工程质量监督局于2012年8月8日下发了《贵州省三穗至黎平高速公路监督通知书》。2012年6月20日，国土资源部以《国土资源部关于三穗至黎平高速公路正式用地的批复》（国土资函〔2012〕468号）批准了三黎高速公路建设用地；2012年

11月5日,贵州省交通厅批准了三黎项目施工许可;2012年11月20日,贵州东南高速投资有限公司向贵州省交通运输厅报送了三黎高速公路建设项目管理机构备案表。

(2)公路的功能、定位、里程。三黎高速公路是贵州省人民政府批准实施的《贵州省高速公路网规划》"6横7纵8联"路网中的"第4联"首段与"第1纵"中段的组成部分,是国发2号文中强调的贵州省铜仁至黎平高速公路的重要组成部分,是贵州省东部地区南下珠三角及北部湾地区的快速通道。项目起点位于三穗县衔接已建成的沪昆高速公路玉屏至凯里段,路线途经三穗、天柱、锦屏、黎平4县的17个乡镇,项目终点连接黎平至洛香高速公路,并通过其连接厦蓉高速公路,同时也是在建的长昆快速铁路和贵广快速铁路在贵州省东部的连接通道。设计里程共长138.066km(含天柱支线6.037km)。

(3)技术指标。三黎高速公路全线按双向四车道高速公路标准建设,整体式路基宽度采用21.5m,分离式路基宽2×11.25m,设计速度80km/h,桥涵设计荷载:公路—Ⅰ级,圆曲线最小半径640m,最大纵坡5%,凸形竖曲线最小半径7000m,凹形竖曲线最小半径5037.735m,设计洪水频率特大桥1/300,其余为1/100,地震动峰值加速度0.05g。其余技术指标均符合部颁《公路工程技术标准》(JTG B01—2003)中相应的规定值。

(4)投资规模。三黎高速公路按照贵州省交通运输厅批准的投资概算为101.322亿元,来源于中央补贴、地方自筹、银行贷款。

(5)主要控制点。三黎高速公路起点位于三穗县的屏树,经瓦寨、桐林、款场、郎溪(天柱)、高酿、锦屏、敦寨、新化,终于黎平汉寨,顺接省"678"网第一纵南段黎平至洛香段的起点,通过其直达厦蓉高速公路水口至都匀段。全线共设置屏树、美敏(新增预留)、瓦寨、桐林、款场、天柱、高酿、锦屏、敦寨、新化10处互通式立交,瓦寨、款场、凸洞、锦屏、新化5处停车区(服务区)。

(6)沿线主要地形地貌。三黎高速公路地处贵州省黔东南州三穗县、天柱县、锦屏县、黎平县,地势总体为北高南低,属中低山台地峡谷、低山驼脊谷地侵蚀构造地貌、低山驼丘谷地剥蚀、侵蚀构造地貌、溶丘洼地溶蚀构造地貌类型。路线经过地区地形条件复杂,海拔高度370~1000m,地面横坡陡峭,局部路段地面自然横坡大于45°。

(7)主要构造物。施工图全线长度为138.066km,路基土石方开挖3445万m^3(其中后期服务区、收费站、交警路政用房工程增加417万m^3),路基填筑3628万m^3,占用土地16304.59亩(含立交服务区),设置隧道全长35843m(单洞长)/12座(其中特长隧道1座,长3492.5m),桥梁全长25028.44m/107座。设置互通式立体交叉10座,通道、涵洞512道。防护、排水120万m^3。服务区3处,停车区2处。

2.建设情况

(1)勘察、设计、项目审批。贵州省交通规划勘察设计研究院股份有限公司承担了三黎高速公路工程可行性研究报告的编制工作,贵州省发展改革委员会于2010年12月6

日下发了《关于三穗至黎平高速公路工程可行性研究报告的批复》(黔发改交通〔2010〕2605号)。通过招标确定两家初步勘察设计单位,即贵州省交通规划勘察设计研究院股份有限公司和湖南省交通规划勘察设计院,并于2010年6月与招标人黔东南州畅达交通建设投资有限公司签定了"贵州省三穗至黎平高速公路初步设计勘察设计合同"。通过实地踏勘、纸上定线、实地勘察、内业设计,两家设计院在2010年12月初完成了贵州省三穗至黎平高速公路初步设计文件,贵州省交通运输厅于2010年12月31日以《关于三穗至黎平高速公路初步设计的批复》(黔交建设〔2010〕265号)批准了三黎高速公路初步设计,并确定了主要技术经济指标、路线、路基路面、主要大型构造物等方案,确定概算总投资为101.322亿元,项目总工期为3年(自开工之日起)。

2010年11月8日通过国内竞争性公开招标的方式,确定了2家施工图设计中标单位,分别是贵州省交通规划勘察设计研究院股份有限公司和湖南省交通规划勘察设计院。

在施工图设计的过程中,两家设计院经过认真研究,并结合沿线地形、地质条件、初勘资料和实地踏勘及初步设计咨询单位专家意见,拟定了施工图设计路线方案;各院自行对施工图线位进行了审查,经调整设计方案后,测设人员开始进入现场进行勘察,各专业组设计人员开始进入现场全面展开外业勘察。2011年2月22~25日,由贵州高速公路集团有限公司总工办组织有关单位对三穗至黎平高速公路施工图定测外业勘测工作进行了中间检查。2011年4月7~9日,贵州省交通运输厅、贵州高速公路集团有限公司对该项目施工图进行了定测外业验收会议并形成会议纪要,同意两家设计院转入内业设计。同时,设计咨询单位武汉中咨路桥设计研究院有限公司通过听取汇报、现场抽查、查阅记录等手段对定测外业资料进行了检查,并形成《定测外业验收咨询意见》。2012年7月26日,贵州省交通运输厅以《关于三穗至黎平高速公路土建部分施工图设计的批复》(黔交建设〔2012〕151号)批准了三黎高速公路施工图设计。

工可完成后,项目业主立即委托省交科所等单位进行项目的环境影响报告书和水土保持方案的编制,通过对公路沿线进行详细的踏勘及调研,评价单位编制完成《贵州省三穗至黎平高速公路环境影响报告书》和《贵州省三穗至黎平高速公路水土保持方案报告书》,并分别得到了贵州省环境保护厅和贵州省水利厅的批准:《关于对贵州省三穗至黎平高速公路环境影响报告书的批复》(黔环审〔2010〕179号),《关于贵州省三穗至黎平高速公路水土保持方案的复函》(黔水保函〔2010〕115号)。

(2)施工、监理。2012年9月13日,三黎高速公路项目办向各施工单位下发开工令,并向省交通运输厅申请办理了施工许可。三黎项目办在借鉴厦蓉高速公路水格段的施工管理经验的同时,结合三黎项目自身的实际特点,在施工前期建立和完善了各项规章制度,将各项质量、安全目标和责任层层分解和落实,编制并下发了一系列的管理办法、实施细则,如《三黎高速公路安全监理计划》《三黎高速公路安全管理办法》《三黎高速公路监理计划》《三黎高速公路项目管理办法》《三黎高速公路质量管理实施细则》等。为认真贯彻落实省交通运输厅、省交通质监局及高速公路集团要求,全面推行高速公路施工标准化活动的要求,2012年6月20日,由项目办总工组织全线各单位、项目办全体管理人员对标准化施工进行宣贯;7月上旬及中旬,组织各合同段分批次到毕都项目、六镇项目、思剑项目进行观摩学习;9月下旬,省交通质监局许明雷副局长带队在项目上进行质量安全以及标准化施工的检查,并组织各单位进行标准化施工的宣贯学习。针对三黎高速公路建设实际情况,项目办编制了《三穗至黎平高速公路标准化施工管理办法》《三穗至黎平高速公路标准化施工验收管理办法》,按照标准化施工的要求,对各项施工进行重点督查,做到站场标准化、管理标准化、施工标准化。三黎项目办于2013年10月14~18日组织全线施工标准化考核,将考核结果上报总公司。对于部分不满足施工标准化的单位或站场建设,总监办下发了整改通知单,要求限期整改到位。

　　总监办成立以总监为组长的控制性工程的领导小组,安排专人对盘岭隧道、清水江大桥(图6-123)、溪口大桥(图6-124)、乐寨特大桥、八舟大桥5个重点控制性工程的施工资源配备、技术准备及进度、质量进行动态管理,对关键工序和关键部位的施工技术方案提前组织评审。

图6-123　2014年7月6日建设中的清水江大桥

图6-124　2014年12月23日控制性工程溪口大桥

　　项目开工伊始,项目办为认真贯彻落实高速公路集团公司关于落实国发2号文精神的具体举措,根据新规范要求,结合三黎项目长期发展的实际,和东南公司、集团公司经营部、营运中心、总工办对三黎项目的收费站道口、收费站管理用房、停车区、服务区进行补充设计。

　　为更好地落实省交通运输厅下发的《切实加强贵州省高速公路建设质量安全管理工作的实施意见(试行)》(黔交建设〔2013〕137号)(以下简称137号文件)的要求,总监办分别于2013年8月15日、8月27~28日组织了"隧道施工、桥梁施工现场观摩暨隧道施工质量、安全管理会",组织全线有隧道、桥梁施工的单位项目经理、总工、隧道施工班组和驻监办高监、隧道专监到 LJ10 合同段施工的盘岭隧道施工现场，LJ2、LJ6 合同段梁场、施工现场进行观摩学习。28 日组织各参建单位召开了"《切实加强贵州省高速公路建设质量安全管理工作的实施意见（试行）》（黔交建设〔2013〕137 号）宣贯会"。按照 137 号文件要求，项目办在 2013 年 10 月 30 日前制定了奖惩管理办法，安装了信息化考勤系统和试验数据远程同步采集系统。贵州省交通建设工程质量监督局在 10 月 23 日也对照 137 号文对项目办进行了检查。

根据《贵州省交通运输厅关于印发全省交通运输系统安全生产百日大检查工作方案的通知》（黔交安〔2014〕3 号）及《贵州高速公路集团有限公司关于印发 2014 年"安全生产月"活动方案的通知》（黔高速工程〔2014〕51 号）等文件精神，2014 年 6 月，三黎高速公路积极开展以"平安交通，我担我当我尽责"为主题的安全生产月活动。三黎总监办根据活动要求制定了可行的活动方案，精心组织、部署、认真落实、注重实效，并结合全省交通运输系统安全生产百日大检查工作，要求各参建单位积极开展形式多样、内容丰富的安全活动，加大隐患排查治理力度，进一步强化了全员对安全工作重要性的认识，完善了安全管理机制，提高了安全生产的质量水平和防范事故的能力，有效地控制了各类事故的发生，取得了显著成效，保证了安全生产。通过安全宣传条幅及各种会议、安全生产月有奖答题、挂图、咨询等多种形式，大张旗鼓地进行宣传，同时组织各监理、施工单位学习有关安全生产工作章程。

通过"安全生产月""安全生产百日大检查"等一系列活动的开展，一方面提高了项目全体参建人员的安全生产意识及防范能力，另一方面促进了项目各项安全制度措施的全面落实，推动了项目施工安全顺利进行和"安全发展、科学发展"理念深入人心。使三黎高速公路建设项目在安全管理、安全生产等方面的工作均上了一个新台阶，进一步增强了各监理、施工单位安全管理人员的责任心，为今后更好地开展安全生产管理工作打好了坚实的基础。确保三黎高速公路建设项目安全生产管理可控，项目建设施工持续保持安全生产状态。

为贯彻落实省委省政府、省交通运输厅、省交通建设工程质量建设监督局、集团公司系列质量安全文件精神及打造"多彩贵州·最美高速"和创造"多彩贵州·平安高速"的要求，项目办多次组织季度和专项质量安全大检查，通过督促各参建单位对检查中发现的问题及时进行整改，并召开通报会，通过分析问题出现的原因，讨论杜绝同类问题发生的方法，帮助各参建单位提高施工过程中的管理水平，提高工程质量。并对土建施工单位的部分临时用地恢复、桥下垃圾及个别拌和站的清理恢复等工作进行了专门安排和部署。通过对路侧碎落台、水沟盖板进行统一设计和集中加工预制、隧道照明采用 LED 灯照明的无级调光技术模拟模式、隧道原设计防火涂料变更设计为蓄能发光防火涂料等措施，尽力打造"多彩贵州·最美高速"和"多彩贵州·平安高速"。

三黎高速公路自2012年9月13日开工后,项目办严格按照集团公司的总体要求以及每月生产调度会的具体安排,根据生产需要,将具体工作、具体责任明确到人,充分发挥职工的主观能动性,努力克服线路长征地拆迁工作量大、建设资金长期不到位、资金压力巨大、工期紧、工程任务艰巨等困难,较顺利地完成了公司布置的各项任务。2014年11月27日,盘岭隧道贯通,至此,历经800余天,三黎高速公路全线贯通。2014年12月30日,三黎高速公路交工验收会顺利召开。2015年1月23日,三黎高速公路正式通车试运营。

(3)资金筹措。三穗至黎平高速公路按照贵州省交通运输厅批准的投资概算为101.322亿元,银行发放贷款69.0697亿元,省级专项资本金20.8259亿元,地方资本金11.4266亿元。

(4)招标投标。三黎高速公路工程项目办和总监办由集团公司派出,项目实施中全面实行项目法人制、招标投标制、工程监理制及合同管理制。施工单位和监理单位通过社会招标选择确定,完善了项目质量监督手续。项目建设管理严格按政府监督、法人管理、社会监理和施工企业自检所形成的四级质量保证体系进行运作。项目资金的拨付按国家有关法规的要求为依据,严格按照合同及资金管理办法进行监督和监控,确保资金运行安全。

三黎高速公路项目路基土建工程16个合同段,边坡绿化4个合同段,路面工程、交通工程、绿化工程及站房建均设3个合同段,机电、隧道机电各1个合同段,施工监理10个合同段,中心试验室2个合同段,全部采用国内竞争性招标。招标工作委托北京中交建设工程招标有限公为本项目的招标代理,具体招标情况如下。

路基工程:路基工程于2011年5月23日同时在中国采购与招标网、贵州招标投标网、贵州省交通运输厅网站和贵州高速公路开发总公司网站发布施工招标资格预审公告,共有202家施工单位递交了394份资格预审申请文件;经过资格预审并报备,中交第二航务工程局有限公司等企业290份申请文件通过资格预审;2011年9月30日公开招标,经过专家工作小组及招标委员会仔细认真的评审,按照相关法规的规定及公正、公平、公开的原则,推荐并报备了中交第二航务工程局有限公司等16家企业为路基工程中标单位。

路面工程:2013年7月24日,同时在上述媒体发布施工招标资格预审公告,并于2013年11月11日开始发售招标文件,共有36家企业报名,经过专家工作小组及招标委员会仔细认真的评审,按照相关法规的规定及公正、公平、公开的原则,贵州桥梁建设集团有限责任公司等3家企业成为路面工程中标单位。

交通工程:2013年8月26日,同时在上述媒体发布施工招标资格预审公告,并于2013年12月16日开始发售招标文件,JA1标共有13家企业报名,JA2标共有8家企业报名,JA3 标共有 6 家企业报名。经过公开招标,北京汉威达交通运输设备有限公司等 3 家企业成为交通工程中标单位。

绿化工程:2013 年 8 月 26 日,同时在上述媒体发布施工招标资格预审公告,并于 2013 年 12 月 16 日开始发售招标文件,JLH1 标共有 17 家企业报名,JLH2 标共有 19 家企业报名,JLH3 标共有 27 家企业报名。进行公开招标,广州市云林绿化工程有限公司等 3 家企业成为绿化工程中标单位。

房建工程:2014 年 4 月 3 日发售招标文件,FJ1 标共有 25 家企业报名、FJ2 标共有 24 家企业报名、FJ3 标共有 25 家企业报名。经过专家工作小组及招标委员会仔细认真的评审,按照相关法规的规定及公正、公平、公开的原则,贵州省公路工程集团有限公司等 3 家单位成为中标人。

路基工程监理:2011 年 11 月 24 日,通过上述媒体发布了路基监理公开招标通告;2011 年 11 月 25 日,开始发售招标文件,全国共有 25 家监理单位报名。经过专家工作小组及招标委员会按照相关法规的规定及公正、公平、公开的原则,推荐北京华通公路桥梁监理咨询有限公司等 5 家企业为路基监理中标单位。

路面工程监理:2013 年 12 月 6 日,在上述媒体发布路面监理招标公告并同期开始发售招标文件,有 3 家企业报名。贵州省交通建设咨询监理有限公司成为路面监理中标单位。

交通工程、绿化工程、站点建设监理:2014 年 3 月 3 日,在上述媒体发布招标公告并同期开始发售招标文件,FJJL 标共有 3 家单位报名、JALHJL 标共有 4 家单位报名。公开招标后,贵州三维工程建设监理咨询有限公司成为站点建设监理中标单位,贵州省交通建设咨询监理有限公司成为交通工程、绿化工程监理中标单位。

参建单位如表 6-89 所示。

三穗至黎平高速公路参建单位表

通车里程桩号:K0+000~K131+108.935　　　　　　　　　　　　　　　　表 6-89

参建单位	单位名称	合同段编号及起止桩号	主要负责人
项目管理单位	贵州高速公路集团有限公司	K0+000~K131+108.935	何东
勘察设计单位	贵州省交通规划勘察设计研究院股份有限公司	第 1 勘察设计合同段 K0+000~K61+139.397	范贵鹏
	湖南省交通规划勘察设计院	第 2 勘察设计合同段 K60+540~K131+108.935	刘涛
施工单位	中交第二航务工程局有限公司	LJ01　K0+000~K10+800	徐涛
	浙江省宏途交通建设有限公司	LJ02　K10+800~K22+060	方晓成
	中铁三局集团有限公司	LJ03　K22+060~K32+800	腾晓春
	中铁十七局集团第四工程有限公司	LJ04　K32+800~YK47+300	行平义

续上表

参建单位	单位名称	合同段编号及起止桩号	主要负责人
施工单位	四川武通路桥工程局	LJ05　YK47+300～YK51+800	谢承目
	中铁十一局集团第一工程有限公司	LJ06　YK51+800～K55+500	吕国栋
	福建省第二公路工程有限公司	LJ07　K55+500～K61+139.397	林金森
	徐州市公路工程总公司	LJ08　K60+540～K67+340	李延国
	中铁二局股份有限公司	LJ09　K67+340～K71+700	罗飚
	中铁五局集团第一工程有限责任公司	LJ10　K71+700～K76+290	王辉
	中交第三公路工程局有限公司	LJ11　K76+290～K83+600	刘元炜
	中铁十六局集团第三工程有限公司	LJ12　K83+600～K92+700	胡伟
	中铁一局集团有限公司	LJ13　K92+700～K100+928.563	王友辉
	路桥华南工程有限公司	LJ14　K100+900～K112+100	张继凤
	中交第二航务工程局有限公司	LJ15　K112+100～K121+300	方银明
	中铁四局集团有限公司	LJ16　K121+300～K131+108.935	刘杰
	浙江跃龙园林建设有限公司	LH1　K0+000～K32+800	仇雨贵
	浙江跃龙园林建设有限公司	LH2　K32+800～YK61+139.397	张和平
	惠州市新世纪园林绿化工程有限公司	LH3　K60+540～K92+700	黄秀成
	惠州市新世纪园林绿化工程有限公司	LH4　K92+700～K131+108.935	马尉倘
	贵州桥梁建设集团有限责任公司	LM1　K0+000～YK47+300	吴贵毅
	中交第三公路工程局有限公司	LM2　YK47+300～K92+700	安永强
	山东省公路建设(集团)有限公司	LM3　K92+700～K131+108.935	裴延磊
	北京汉威达交通运输设备有限公司	JA1　K0+000～YK47+300	尤良春
	湖南通顺交通工程有限公司	JA2　YK47+300～K92+700	黄建平
	贵州省交通工程有限公司	JA3　K92+700～K131+108.935	何恒
	广州市云林绿化工程有限公司	JGLH1　K0+000～YK47+300	谭月英
	泉州市耀华园林工程有限公司	JGLH2　YK47+300～K92+700	周选滔
	杭州萧山凌飞环境绿化有限公司	JGLH3　K92+700～K131+108.935	倪春法
	贵州省公路工程集团有限公司	FJ1　K0+000～YK47+300	任达成
	贵州省交通工程有限公司	FJ2　YK47+300～K92+700	张万茂
	贵州省交通工程有限公司	FJ3　K92+700～K131+108.935	余关江
	成都曙光光纤网络有限责任公司	AD　K0+000～K131+108	季凡
	北京公科飞达交通工程发展有限公司	ADS　K0+000～K131+108	李敬峰

续上表

参建单位	单位名称	合同段编号及起止桩号	主要负责人
监理单位	北京华通公路桥梁监理咨询有限公司	A K0+000~YK47+300	陈桃
	重庆市交通工程监理咨询有限责任公司	B YK47+300~K61+139.397	丁华明
	山东格瑞特监理咨询有限公司	C K60+540~K76+290	宋治成
	广东虎门技术咨询有限公司	D K76+290~K100+928.563	戎记辉
	山西交科公路工程咨询监理有限公司	E K100+928.563~K131+108.935	刘润生
监理单位	贵州省交通建设咨询监理有限公司	LMJL K0+000~K131+108.935	段志远
	贵州省交通建设咨询监理有限公司	JA、LHJL K0+000~K131+108.935	余廷禹
	贵州三维工程建设监理咨询有限公司	FJJL K0+000~K131+108.935	赵玉明
	北京华路捷公路工程技术咨询有限公司	ADJL K0+000~K131+108.935	姚晓宇
	北京泰克华诚技术信息咨询有限公司	ADSJL K0+000~K131+108.935	常新生
中心试验室	贵州省交通科学研究院有限责任公司	Z1 K0+000~K61+139.397	徐掌清
	福建南平市天茂公路工程试验检测有限公司	Z2 K60+540~K131+108.935	王代荣
设计咨询单位	武汉中咨路桥设计研究院有限公司	K60+540~K131+108.935	陈险峰

（5）征地拆迁。省交通运输厅分别与黔东南州政府、国土厅等部门签订征地拆迁协议书，国土、各级政府等部门组成相应的征地拆迁指挥部，具体负责项目的征地拆迁工作。项目办的征拆工作由项目办牵头，综合科协助，各现场代表具体操作协调，解决与当地政府相关部门的征地拆迁和路地矛盾。

土地严格按《中华人民共和国土地法》的相关要求办理相关手续，并报请国土资源部批准后再合法使用土地，主要耕地的补偿达到《中华人民共和国土地法》的标准，项目建设用地已经控制在部批的范围内。房屋拆迁标准报请省人民政府批准后实施，通信管线的迁移等工作严格按相关程序办理。按照中央关于"三农问题"的精神，凡涉及农民的生产和生活设施因公路建设损害的，及时给予解决。红线用地14557.5亩。

2012年2月2日，黔东南州人民政府下发了《黔东南州人民政府关于印发三穗至黎平、余庆至凯里、凯里至羊甲高速公路建设项目拆迁安置补偿方案的通知》（黔东南府发〔2012〕7号），随后三黎高速公路沿线的三穗县、天柱县、锦屏县、黎平县相继召开了征地拆迁动员会，标志着三黎高速公路征地拆迁工作的正式开展。

（6）重大变更。三黎高速公路工程建设过程中产生重大变更共计2份。

①为加快黔东南州实现科学发展、后发赶超、同步小康,根据地方经济发展需要,应三穗县、黔东南州、省人大等的要求,通过省交通运输厅、省交通建设工程质量监督局、集团公司、贵州东南高速投资有限公司等相关部门和单位现场察看,同意在三穗县美敏K4+180附近增设美敏互通,互通采用单喇叭A形,主线上跨,主线范围全长1240m。互通区主线平面位于$R_1=785m$、$R_2=780m$的S形平曲线上,纵面位于$i=0.5\%$、-1.7%、2.2%纵坡上。匝道设计速度选用35~40km/h,互通匝道最小设计半径50m。匝道全长2556m,匝道路基采用8.5m单向单匝道和15.5m对向双车道匝道标准。连接线采用设计速度60km/h、路基宽12m的二级路标准,长720m。起点顺接两岔河至美敏大道的终点。

②盘岭特长隧道为全线最长隧道,属三黎高速公路控制性工程,由于遇特殊地质条件,出现突水、突泥(石)情况,地质条件复杂,风险极高,地下水补给丰富,根据前期几次涌砂及2013年11月22日突水、突泥(石)情况,处治不到位很可能出现灾难性的后果,经相关部门和单位现场察看,决定对盘岭特长隧道左线ZK72+585~525段围岩降级为Ⅴ级,采用S-Ve衬砌类型进行支护,开挖过程采用双层管棚及超前小导管注浆超前加固,调整初支及二衬参数,ZK72+525~515按S-Va衬砌类型进行支护;盘岭特长隧道右线K72+633~548段围岩降级为Ⅴ级,采用S-Ve衬砌类型进行支护,开挖工程采用帷幕注浆、超前管棚及超前小导管注浆超前加固,同时调整车行横洞及相应预埋件位置。

(7)交(竣)工。2012年9月13日,三黎高速公路正式下达开工令,于2014年12月建成。2014年12月30日,三穗至黎平高速公路交工验收会议在贵州省黔东南州黎平县欧斯顿酒店召开。

贵州省交通运输厅、贵州省交通建设工程质量监督局、贵州省交通建设工程造价管理站、贵州省高速公路管理局、贵州东南高速投资有限公司、黔东南州指挥部、黔东南州交警支队、三穗县指挥部、天柱县指挥部、锦屏县指挥部、黎平县指挥部、贵州省交通规划勘察设计研究院股份有限公司、湖南省交通规划勘察设计院、三黎项目办(总监办)、中心试验室以及各施工、监理等单位参加了本次会议。与会人员到现场进行认真检查,会议成立了交工验收委员会,并在会议上听取了建设、设计、施工、监理等单位代表的工作总结,贵州省交通建设工程质量监督局向大会提交了交工验收质量检测报告。经验收委员会认真研究、讨论,同意贵州省三穗至黎平高速公路自2014年12月30日通过交工验收,即日起移交贵州高速公路集团有限公司营运管理中心进行管理。本次交工项目的质量缺陷责任期从2014年12月31日起,至2016年12月30日止。2015年1月23日,三穗至黎平高速公路全线通车试运营。

三黎高速公路的开通,使天柱、锦屏两县无高速公路的历史宣告结束。三穗至黎平只需要一个半小时左右,比原来节约三个半小时左右的车程。作为南下珠三角及北部湾地区的快速通道,三黎高速公路将是一个强大的经济引擎,对连通发展脉络,输送人流、物流与资金流,完善贵州省路网结构,加快资源开发和城市化进程,助推区域实现经济一体化以及加快黔东地区对外开放步伐和改善投资环境、促进公路沿线人民群众脱贫致富、促进贵州省经济社会发展发挥重要作用。

3. 复杂技术工程

三黎高速公路复杂技术工程主要体现在乐寨大桥、盘岭隧道、八舟河大桥项目上。

(1)乐寨大桥(图6-125)。乐寨大桥桥中心里程桩号为K56+100,起讫里程为K55+527.584~K56+672.117,桥长1144m,上构为28×40m预应力混凝土T形梁,简支或先简支后结构连续;桩基209根,均为机械钻孔灌注桩,大部分位于岩溶区域,最大桩长96m,大于50m的桩60根;下构墩身为圆柱墩14个、方形实体墩24个、方形空心墩16个,最大墩高70.3m,桥台为重力式U形台4个,0号台为桩基础18根,28号台为明挖扩大基础2个。乐寨大桥位于岩溶区域,且长桩、特长桩多,高墩多,最高达70m多,施工难度大,安全保障措施要求高,防范等级要求高。

图6-125　2014年1月14日,建设中的乐寨大桥

(2)盘岭隧道。盘岭隧道净宽10.25m,净高5m,设计为双洞单向交通隧道,左右线间距27.5~28.5m,属分离式隧道,衬砌为复合式衬砌,进口至出口均位于-2%下坡段,隧道区属构造剥蚀低山丘陵地带,山体形态不规则,洞身穿越山体,沟谷水田发育,走向以北西向为主,地形切割强烈,呈V字形沟谷,洞身主要穿越第四系更新统碎石及板溪群强风化凝灰质板岩,节理裂隙发育,多张开,地下水较丰富,裂面有软塑状泥质充填物,岩质较软,岩体破碎,洞身围岩级别主要有Ⅴ~Ⅲ级,Ⅴ级主要分布于隧道进出口段。该隧道地质变化频繁,不良地质主要有断层、突泥、涌水。因盘岭隧道遇突泥、涌水特大地质灾害,在现有的人工作业喷射混凝土施工技术条件和合同工期要求下,工期严重滞后,为确保工

期要求,项目部配置了2台阿里瓦喷浆机进行喷射混凝土作业,在确保质量的前提下按时完成了盘岭隧道的施工。阿里瓦喷浆机在质量、进度、安全环保方面都比以往人工作业提升了很高,同时对材料的浪费、人员的控制大大减小。阿里瓦喷浆机的前期投入大、维修费用高、摊销成本大,阿里瓦操作手需要专业的人员培训,对电压要求也很高(本隧道采用高压电进洞,变压器调整增大至630kV·A,同时加强了原有的电缆线),但是在确保质量、进度、安全的情况下,阿里瓦喷浆机为首选。

(3)八舟河大桥。八舟河大桥桥中心里程桩号为K56+100,起讫里程K55+527.584~K56+672.117,桥长1144m,上构为28×40m预应力混凝土T形梁,简支或先简支后结构连续;桩基209根,均为机械钻孔灌注桩,大部分位于岩溶区域,最大桩长96m,大于50m的桩60根;下构墩身为圆柱墩14个、方形实体墩24个、方形空心墩16个,最大墩高70.3m,桥台为重力式U形台4个,0号台为桩基础18根,28号台为明挖扩大基础2个。

拱桥拱座隧洞式大角度斜桩施工:八舟河大桥每个拱座下斜面各接4根斜桩;斜桩截面尺寸为顶部直径2m半圆+下部2m×4m矩形拱形斜桩,与地面夹角43°,4号、5号拱座斜桩设计桩长分别为15m、16m;拱座坡体岩石均为Ⅴ级破碎、风化板岩;斜桩开挖、出渣施工难度大、安全风险高。为了解决施工中存在的困难,斜桩采取上、下两个台阶开挖施工,采用往复循环式出渣机出渣,砂浆锚杆+钢筋网+工字钢拱架+喷射混凝土护壁支护,解决了大倾斜角度、大截面人工挖孔斜桩施工中存在的施工难题,特别是对于基坑边坡整体性较差环境下的斜桩施工,采用往复循环式出渣机出渣代替传统人工用卷扬机+手推车沿桩壁出渣方式,提高了出渣工作效率,降低了人工出渣的安全风险。

箱形拱桥装配组合式非对称支架现浇施工:八舟河大桥为1×120m钢筋混凝土箱拱,箱拱为拱轴系数$m=1.77$的悬链线,计算跨径121.48m,矢高25.50m,箱拱线形控制,混凝土浇筑施工难度大,施工安全风险高,工期压力大。经过方案比选,箱拱采用螺旋管+贝雷梁+碗扣脚手架组合支架现浇施工工法,用$\phi630$螺旋管(壁厚8mm)搭设9个临时支墩,支墩基础采用钢筋混凝土条形基础,每排螺旋钢管顶设两根I45a工字钢横向分配梁,工字钢顶横向设42道贝雷梁作为支架主承重梁(每道长114m=3m×38片),其上横向设I20a工字钢,工字钢上搭设碗扣脚手架,铺设竹胶板底模,现浇主拱圈混凝土,在两拱座顶面各安装一台QTZ125塔吊,用于所有材料的垂直吊装,主拱圈混凝土浇筑完成并达设计强度后,从跨中向两拱脚对称卸、拆支架,完成主拱圈施工。

通过精细化的施工管控,确保了施工安全和结构安全;支架搭设采用左右幅同步平行作业,箱形拱采取二环浇筑工艺,减少了施工缝,在确保工程质量的前提下有效地缩短了工期。

4. 营运管理

全线设置Ⅲ类服务区4处(凸洞、新化、款场、杨满哨),在锦屏设Ⅱ类服务区3处(锦屏、瓦寨、施秉),匝道收费站8处,桥隧管理站共计2个,应急保畅中队共2个,养护站共计2个。该项目于2015年1月23日建成通车,批准收费时间为2014年12月20日,批准收费终止时间为2044年12月20日。2014年~2015年7月,收费总计2519.206万元,出口车流量为1187384辆。收费站点设置如表6-90所示。

三黎高速公路收费站点设置表 　　表6-90

站点名称	车道数	收费方式
瓦寨站	3进4出(含ETC车道1进1出)	联网收费
桐林站	3进4出(含ETC车道1进1出)	联网收费
款场站	3进4出(含ETC车道1进1出)	联网收费
天柱站	5进11出(含ETC车道1进1出)	联网收费
高酿站	3进4出(含ETC车道1进1出)	联网收费
锦屏站	4进6出(含ETC车道1进1出)	联网收费
敦寨站	4进6出(含ETC车道1进1出)	联网收费
新化站	3进4出(含ETC车道1进1出)	联网收费

(七)S15松桃至从江高速公路黎平至洛香高速公路

1. 基本情况

(1)项目决策背景及过程。为落实贵州省"实现经济社会发展历史性跨越"的战略构想,贵州省第十一届人民代表大会通过的《2008年贵州省政府报告》提出要实行"交通优先发展"战略,加快交通基础设施建设步伐,加快形成以高速、高等级公路和铁路为骨架,多种运输方式相配套的综合交通运输体系;并明确提出"使所有县市都有高速公路连接"的战略构想。《贵州省2009政府工作报告》进一步提出围绕构建高速公路体系,以10年左右实现县县通高速公路为目标,加快贵州省高速公路网规划的项目前期工作,力争在"十一五"期间全面开工建设。本项目的建设使贵州省东部地区更好地承接珠三角区域辐射作用,对贵州省东线旅游、开拓珠三角广阔的旅游市场具有重大战略意义。

本项目于2009年7月6日由贵州省发展和改革委员会进行了工程可行性研究报告的批复(黔发改交通〔2009〕1664号);2009年8月10日贵州省交通运输厅进行了初步设计图的批复(黔交建设〔2009〕149号)。

(2)公路的功能、定位、里程。贵州省黎平至洛香高速公路是贵州省人民政府批准实施的《贵州省高速公路网规划》"6横7纵8联"网中的"第4联"首段与"第1纵"的组成部分,是贵州省东部地区南下珠三角及北部湾地区的快速通道。路线起自黎平县城、长春堡、永从乡、顿洞、管团,止于从江洛香镇,其终点直接连接厦蓉高速公路,便捷地连接贵广快速铁路。设计里程共长50.86km。

(3)技术指标。设计速度80km/h,主线整体式路基全宽21.5m。其中,行车道2×7.5m、中央分隔带1.5m、左侧路缘带2×0.5m、硬路肩2×1.5m(其中包括右侧路缘带0.5m)、土路肩2×0.5m,双向四车道,主线采用沥青混凝土路面,轴载采用BZZ-100重型标准。桥涵设计荷载:公路—Ⅰ级。设计洪水频率:特大桥1/300;大、中、小桥,涵洞,路基1/100。全线采用全封闭、全立交,并按规定设置紧急停车带,同时设有相应的安全设施、通信和服务设施。其他技术指标按《公路工程技术标准》(JTG B01—2003)执行。

(4)投资规模。黎平至洛香高速公路按照贵州省交通运输厅批准的投资概算为34.02亿元,来源于国家投资、地方自筹、银行贷款。

(5)主要控制点。本项目主要控制点有二望坡隧道、白果树大桥、上皮林大桥、大湾大桥、上皮林隧道、顿洞隧道。

(6)沿线主要地形地貌。黎洛高速公路地处贵州省黔东南州黎平县、从江县,地势总体为北高南低,属中低山台地峡谷、低山驼脊谷地侵蚀构造地貌、低山驼丘谷地剥蚀、侵蚀构造地貌、溶丘洼地溶蚀构造地貌类型。路线经过地区地形条件复杂,海拔高度在370~1000m,地面横坡陡峭,局部路段地面自然横坡大于45°。

(7)主要构造物。施工图全线长度为50.86km,路基土石方挖方1320.19万m^3,路基土石方填方1139.89万m^3,占用土地6021.32亩(含立交服务区),设置隧道全长6040m/5座,桥梁全长7775m/30座。设置互通式立体交叉4座,通道、涵洞77道。防护、排水43.56万m^3。服务区1处,停车区1处。

2.建设情况

(1)立项审批、勘察、设计。2009年7月6日,由贵州省发展和改革委员会进行了工程可行性研究报告的批复(黔发改交通〔2009〕1664号)。通过招标,确定辽宁省交通规划设计院及贵州省交通规划勘察设计研究院股份有限公司为初步勘察设计单位。通过实地踏勘、纸上定线、实地勘察、内业设计,两家设计院完成了贵州省黎平至洛香高速公路初步设计文件。2009年8月10日,贵州省交通运输厅进行了初步设计图的批复(黔交建设〔2009〕149号),并确定了主要技术经济指标、路线、路基路面、主要大型构造物等方案,确定概算总投资为34.02亿元,项目总工期为3年(自开工之日起)。

在施工图设计的过程中,两家设计院经过认真研究,并结合沿线地形、地质条件、初勘资料和实地踏勘及初步设计咨询单位专家意见,拟定了施工图设计路线方案;各院自行对施工图线位进行了审查,经调整设计方案后,测设人员开始进入现场进行勘察,各专业组设计人员开始进入现场,全面展开外业勘察。

在工可完成后,项目业主立即委托省交科所等单位进行项目的环境影响报告书和水土保持方案的编制,通过对公路沿线进行详细的踏勘及调研,评价单位编制完成了《贵州省黎平至洛香高速公路环境影响报告书》和《贵州省黎平至洛香高速公路水土保持方案报告书》,并分别得到了贵州省环境保护厅和贵州省水利厅的批准。

(2)施工、监理。黎洛高速公路项目办于2010年3月28日向各施工单位下发开工令,并向省交通运输厅申请办理了施工许可。黎洛项目办在借鉴厦蓉高速公路水格段的施工管理经验的同时,结合黎洛项目自身的实际特点,在施工前期建立和完善了各项规章制度,将各项质量、安全目标和责任层层分解和落实,并编制下发了一系列的管理办法、实施细则。

总监办成立以总监为组长的控制性工程的领导小组,安排专人对二望坡隧道、顿洞隧道、上皮林大桥、大湾大桥4个重点控制性工程的施工资源配备、技术准备及进度、质量进行动态管理,对关键工序和关键部位的施工技术方案提前组织评审。

通过"安全生产月""安全生产百日大检查"等一系列活动的开展,尽力做到"全覆盖,零容忍,严执法、重实效"。一方面提高了项目全体参建人员的安全生产意识及防范能力,另一方面促进了项目各项安全制度措施的全面落实,推动了项目施工安全顺利进行和"安全发展、科学发展"理念深入人心。使黎洛高速公路建设项目在安全管理、安全生产等方面的工作均上了一个新台阶,进一步增强了各监理、施工单位安全管理人员的责任心,为今后更好地开展安全生产管理工作打好坚实的基础。确保黎洛高速公路建设项目安全生产管理可控,项目建设施工持续保持安全生产状态。

为贯彻落实省委省政府、省交通运输厅、省交通建设工程质量建设监督局、集团公司系列质量安全文件精神及打造"多彩贵州·最美高速"和创造"多彩贵州·平安高速"的要求,项目办多次组织季度和专项质量安全大检查,通过督促各参建单位对检查中发现的问题及时进行整改,并召开通报会,通过分析问题出现的原因,讨论杜绝同类问题发生的方法,帮助各参建单位提高施工过程中的管理水平,提高工程质量。并对土建施工单位的部分临时用地恢复、桥下垃圾及个别拌和站的清理恢复等工作进行了专门安排和部署。通过对路侧碎落台、水沟盖板进行统一设计和集中加工预制、隧道照明采用LED灯照明的无级调光技术模拟模式、隧道原设计防火涂料变更设计为蓄能发光防火涂料等措施尽力打造"多彩贵州·最美高速"和"多彩贵州·平安高速"。

自黎洛高速公路2010年3月28日开工以来,黎洛项目办严格按照集团公司的总体要求以及每月生产调度会的具体安排(图6-126所示为黎洛高速公路项目办召开全线生产调度会),在上级各部门、地方各级政府的大力支持下,总公司的直接领导下,密切联系项目建设实际,根据生产需要将具体工作、具体责任明确到人,充分发挥职工的主观能动性,努力克服工期紧、工程任务艰巨等困难,较顺利地完成了公司布置的各项任务。2012年8月15日,黎洛高速公路交工验收会顺利召开;2012年8月16日,黎洛高速公路正式通车试运营。

图6-126　2011年4月20日,黎洛高速公路项目办召开全线生产调度会,对全线进行了合理安排和部署

（3）资金筹措。黎平至洛香高速公路按照贵州省交通运输厅批准的投资概算为34.02亿元,至工程完工,全部资金已基本到位。

（4）招标投标。黎洛高速公路工程项目办和总监办由集团公司派出,项目实施中全面实行了项目法人制、招标投标制、工程监理制及合同管理制。施工单位和监理单位通过社会招标选择确定,完善了项目质量监督手续。项目建设管理严格按政府监督、法人管理、社会监理和施工企业自检所形成的四级质量保证体系进行运作。项目资金的拨付按国家有关法规的要求为依据,严格按照合同及资金管理办法进行监督和监控,确保资金运行安全。

黎平至洛香高速公路的设计单位采用公开招标形式,经招标,辽宁省交通规划设计院为1~4合同段路基土建、路面设计单位,贵州交通规划设计院为5~8合同段路基土建、路面设计单位;中交第一公路勘察设计研究院有限公司为该项目机电工程、交通工程、房建工程设计单位。

建设施工单位（含路基、路面、交通工程、绿化、房建、机电、监理）招标工作从2009年7月20日起,至2011年7月16日完成。参建单位见表6-91。

黎平至洛香高速公路参建单位表

通车里程桩号：K0+000~K49+779.504　　　　　　　　　　　　　　　　表6-91

参建单位	单位名称	合同段编号及起止桩号	主要负责人	备注
项目管理单位	贵州高速公路集团有限公司	K0+000~K49+779.504	何东	

第六章
贵州高速公路

续上表

参建单位	单位名称	合同段编号及起止桩号	主要负责人	备注
勘察设计单位	辽宁省交通规划设计院	第1勘察设计合同段 K0+000~K22+459.473	祁跃海	路基、路面、交安设计
	贵州省交通规划勘察设计研究院股份有限公司	第2勘察设计合同段 K21+600~K49+779.504	张义海	路基、路面、交安设计
	中交第一公路勘察设计研究院有限公司	第3勘察设计合同段 K0+000~K49+779.504		房建、机电设计
施工单位	中铁二十一局集团第三工程有限公司	LJ01 K0+000~K6+100	薛军	土建
	贵州省桥梁工程总公司	LJ02 K6+100~K14+300	余仁举	土建
	中交第三航务工程局有限公司	LJ03 K14+300~YK19+000	李代武	土建
	贵州省公路桥梁工程总公司	LJ04 YK19+000~K22+459.473	向仕飞	土建
	中铁三局集团第六工程有限公司	LJ05 K21+600~K26+540	刘宏睿	土建
	山东省公路建设(集团)有限公司	LJ06 K26+540~K35+000	靳伟	土建
	贵州省公路工程集团	LJ07 K35+000~YK43+300	田洪松	土建
	贵州省公路工程集团	LJ08 YK43+300~K49+779.504	杨仲伟	土建
	江西公路桥梁工程局	LM1 K0+000~K49+779.504	杨忠贤	路面
	贵州宏阳公路交通设施有限公司	JA1 K0+000~K22+459.473	丁胜	交安
	湖南省永州公路桥梁建设有限公司	JA2 K21+600~K49+779.504	陈小军	交安
	贵州省交通工程有限公司	FJ1 K0+000~K49+779.504	贾毅	房建
	中铁四局集团电气化工程有限公司	AD K0+000~K49+779.504	周勇	机电
	四川省瑞云环境绿化工程有限公司	LH K0+000~K49+779.504	符子明	绿化
监理单位	贵州省科达公路工程咨询监理有限公司	A K0+000~K22+459.473	李创新	土建监理
	贵州省交通建设咨询监理有限公司	B K21+600~K49+779.504	蒋浩宇	土建监理
	贵州省交通建设咨询监理有限公司	C K0+000~K49+779.504	武宇	路面监理
	贵州陆通公路工程监理有限责任公司	D K0+000~K49+779.504	胡成宁	房建、绿化、交安监理
	西安金路交通工程科技发展有限责任公司	E K0+000~K49+779.504	李辉	机电监理
中心试验室	贵州省交通建设咨询监理有限公司	Z1 K0+000~K49+779.504	吴育权	中心试验室

(5)征地拆迁。征拆工作组织结构形式:省交通运输厅分别与黔东南州政府、国土厅等部门签订征地拆迁协议书,国土、各级政府等部门组成相应的征地拆迁指挥部,具体负责项目的征地拆迁工作。项目办的征拆工作由项目办牵头,综合科协助,各现场代表具体操作协调解决与当地政府相关部门的征地拆迁和路地矛盾。

土地严格按《中华人民共和国土地法》的相关要求办理相关手续,并报请国土资源部批准后再合法使用土地,主要耕地的补偿达到《中华人民共和国土地法》的标准,项目建设用地已经控制在部批的范围内。房屋拆迁标准报请省人民政府批准后实施,通信管线的迁移等工作严格按相关程序办理。按照中央关于"三农问题"的精神,凡涉及农民的生产和生活设施因公路建设损害的,及时给予解决。

贵州省国土资源厅于2009年3月27日以《关于贵州省黎平至洛香高速公路建设项目用地预审意见》(黔国土资预审字〔2009〕33号)同意通过用地预审。国土资源部于2010年6月19日以《关于黎平至洛香高速公路工程建设用地的批复》(国土资函〔2010〕452号文)同意贵州省人民政府《关于黎平至洛香高速公路工程建设项目使用土地的请示》。

黎洛高速公路征地拆迁工作采用的依据为2009年12月19日发布的《关于与印发黎平至洛香高速公路拆迁安置补偿方案和黎平至洛香高速公路征地补偿方案的通知》(黔东南州府发〔2009〕53号)。

最终,黎洛高速公路共征地6021.29亩,拆迁房屋19177.55m^2。

(6)重大变更。三黎高速公路工程建设过程中产生重大变更共计1份。为加快黔东南州实现科学发展、后发赶超、同步小康,根据地方经济发展需要,增设黎平南互通至黎平县城连接线,线路全长1.39km。

(7)交(竣)工。2010年3月28日,黎洛高速公路正式下达开工令,于2012年8月建成,并于2012年8月15日在贵州省黔东南州黎平县黎平大酒店召开了交工验收会议。贵州省交通运输厅、贵州省交通建设工程质量监督局、贵州省交通建设工程造价管理站、贵州省高速公路管理局、黔东南州指挥部、黔东南州交警支队、黎平县指挥部、从江县指挥部、辽宁省交通规划设计院、贵州省交通规划勘察设计研究院股份有限公司、黎洛项目办(总监办)、中心试验室以及各施工、监理等单位参加了本次会议。与会人员到现场进行认真检查,会议成立了交工验收委员会,并在会议上听取了建设、设计、施工、监理等单位代表的工作总结,贵州省交通建设工程质量监督局向大会提交了交工验收质量检测报告。经验收委员会认真研究、讨论,同意贵州省黎平至洛香高速公路自2012年8月15日通过交工验收,即日起移交贵州高速公路集团有限公司营运管理中心进行管理。本次交工项目的质量缺陷责任期从2012年8月16日起,至2014年8月15日止。2012年8月16日,三穗至黎平高速公路全线通车试运营。

3. 复杂技术工程

（1）大湾大桥。本桥分左、右幅桥独立设计。左右幅孔跨布置为(86+150+86)m 连续刚构。起讫桩号左幅 ZK43+397.8~ZK43+734.2，全长 336.4m，右幅 YK43+399.3~YK43+737.7，全长 338.4m，最大墩高 60m；左右幅桥全桥桥宽均为 11.25m。全桥平面位于直线段，左右幅桥纵坡 2.4%，横桥向为单向 2.0% 横坡。

（2）二望坡隧道。本隧道净宽 10.25m，净高 5m，设计为双洞单向交通隧道，左右线间距 28.6~45.1m，属分离式隧道，衬砌为复合式衬砌，本隧道纵断面线形黎平端位于凸竖曲线上，洛香端位于直线上，左线洞身直线段纵坡 -0.578%，右线直线段纵坡均为 -0.572%，该隧道洞身范围最大埋深 284m。隧道区属低山丘陵地貌，地形较为简单，山顶浑圆，洞口坡度较陡，地质构造较为复杂，隧道区中风化板岩地层较为稳定，呈块状构造，浅部以风化裂隙为主，深部以构造节理裂隙为主。隧道进口附近发育地表汇水，水量中等，地下水类型以基岩风化裂隙水为主，且围岩富水性不均。隧道入口段及出口段为Ⅴ级围岩，浅埋段为Ⅳ级围岩，洞身裂隙带及其影响范围为Ⅳ级围岩，其余均为Ⅲ级围岩。根据施工过程中的超前地质预报及实际揭露地质情况，该隧道地质变化频繁，受断裂裂隙及围岩破碎影响，围岩稳定性较差。

4. 营运管理

黎平至洛香高速公路全线设Ⅱ类服务区 1 处（黎平）、Ⅲ类停车区 1 处（中潮）、匝道收费站 4 处、桥隧管理站共计 1 个，养护站共计 1 个。本项目于 2012 年 8 月 16 日建成通车，批准收费时间为 2012 年 8 月 8 日，批准收费终止时间为 2042 年 8 月 7 日。通车至 2015 年 8 月，收费总计 9533.209 万元，车流量共计 3312683 辆。收费站点设置见表 6-92。

收费站点设置表 表 6-92

站 点 名 称	车 道 数	收 费 方 式
永从站	2 进 3 出（未设置 ETC 通道）	联网收费
中潮站	2 进 3 出（未设置 ETC 通道）	联网收费
黎平南站	3 进 6 出（含 1 进 1 出 ETC 通道）	联网收费
黎平北站	2 进 4 出（含 1 进 1 出 ETC 通道）	联网收费

八、S20 大兴至威宁高速公路

S20 大兴至威宁高速公路由贵州省大兴（湘黔界）至思南公路大兴至大同岩段、贵州省思南至遵义公路大同岩至龙坑段、遵义至毕节公路龙坑至龙滩边段、毕节至威宁高速公路、六盘水至威宁（滇黔界）公路（在建）、大兴至威宁高速公路金中至围仗段（待建）路段构成。

(一) S20 大兴至威宁高速公路大兴至大同岩段

S20 大兴至威宁高速公路大兴至大同岩段与杭瑞高速公路共线。详见 G56 贵州省大兴(湘黔界)至思南公路。

(二) S20 大兴至威宁高速公路大同岩至龙坑段

S20 大兴至威宁高速公路大同岩至龙坑段与杭瑞高速公路共线。详见 G56 杭瑞高速公路思南至遵义段。

(三) S20 大兴至威宁高速公路龙坑至龙滩边段

S20 大兴至威宁高速公路龙坑至龙滩边段与杭瑞高速公路共线。详见 G56 杭瑞高速公路遵义至毕节段。

(四) S20 大兴至威宁高速公路毕节至威宁段

1. 基本情况

(1) 项目决策背景及过程。贵州省位于祖国西南腹地,与川、渝、湘、桂、滇 5 个省份毗邻,是西南地区通往珠江三角洲、环北部湾经济区和长江中下游地区的交通枢纽。同时,贵州的矿产、生物、水资源和旅游资源非常丰富,多种矿物储量位居全国前列。但受交通条件的制约,其资源优势难以转化为经济优势,欠发达、欠开发仍是贵州当前最突出的省情。在党和国家对西部大开发战略的指导和支持下,贵州省迎来了难得的历史机遇。按照国家西部大开发的总体部署和胡锦涛总书记的重要讲话精神,贵州省提出"实现经济社会发展历史性跨越"的总体构想,力争用 15 年的时间实现全省人民生活水平总体上由温饱到总体小康再到全面小康的历史性跨越。在贵州省第十一届人民代表大会上通过的《2008 年贵州省政府报告》提出了要实行"交通优先发展"战略,加快交通基础设施建设步伐,加快形成以高速、高等级公路和铁路为骨架,多种运输方式相配套的综合交通运输体系;并明确提出"使所有县市都有高速公路连接"的战略构想。

2008 年年底,贵州省进行了骨架公路网规划修编,正式确定为"678"网,并于 2009 年年初得到贵州省人民政府的批准,该规划总规模约 6851km,其中国家高速公路 2332km,地方高速公路 4519km。分别占总规模的 34% 和 66%。截至 2008 年年底,贵州已建成高速公路 924km,是为数不多的高速公路里程未超过 1000km 的省份之一,建设任务十分艰巨。2009 年,受国际金融危机的影响,国家出台了"扩内需、保增长的 4 万亿元的两年投资计划(第十一届人民代表大会第二次会议)",贵州省也采取了多种措施积极应对。在高速公路建设方面,贵州省委、省政府决定加大政府投入力度,并实行多业主制度,使修建高速公路由一股力量变成多种力量,各地(州、市)热情空前高涨。

拟定中的毕节至威宁高速公路是《贵州省高速公路网规划》中的"二横"铜仁至威宁公路的重要组成路段,是贵州省近期重点建设的项目之一。项目起点连接杭瑞、厦蓉两条国家高速公路,横贯矿产资源富集的黔西北地区,是国家高速公路在贵州西北部的扩展和延伸。其建设不仅对区域经济发展具有重要的推动作用,也是促进民族地区扶贫开发、构建和谐社会的重要举措。

省交勘院根据项目在《贵州省高速公路网规划》中的定位,充分研究毕节至威宁建设高速公路的必要性,并在1:50000地形图上拟出各种可能的路线走廊及方案。随后,根据初步收集到的一些资料,在1:10000地形图上初拟了路线方案。

2009年2月10~15日,省交勘院规划室会同院总工室赴工地进行了实地踏勘,核实路线方案及沿线重点工程的建设条件。同时与沿线的各级政府领导及公路建设涉及的发改、交通、建设、国土、水利、旅游等相关职能部门进行座谈,向沿线各级政府介绍了本项目的建设背景及初拟的各种工程方案的概况。了解沿线的社会经济现状、产业布局及发展构想,听取了沿线相关各职能部门对本项目建设方案提出的意见和建议,并与地方相关领导一起共同对地方关心的互通、线位等进行了实地踏勘。

根据踏勘情况、业主意见,并结合补充收集到的大量沿线矿产分布、城镇规划、景区景点等资料对路线方案进行了优化、调整和补充。经初步整理后,就本项目的走廊、路线方案、互通设置、重点桥隧工程、与相关规划的关系等情况于3月2日向技术管理部门——省交勘院总工室做了汇报,并在总工室的指导下对方案进一步的进行了优化。

同期,交通量调查小组也在地方交通部门的大力协助下赴现场完成了交通量调查。至此,工可报告编制工作全面铺开。

经反复优化论证,报告提出推荐方案路线长126.063km,并结合工程方案的重点、难点提出比较方案7条共计186.813km。

截至2009年3月底,工程可行性研究报告编制完成。2009年4月2日,工可通过交通厅预审上报。

(2)公路的功能、定位、里程。毕节至威宁高速公路是《贵州省高速公路网规划》中"二横"的西段,是贵州省高速公路主骨架的重要组成部分,横贯在资源丰富的黔西北。项目东接拟建中的国家高速公路杭瑞线遵义至毕节段和厦蓉线生机至毕节段,是国家高速公路在贵州省经济辐射带动作用的进一步延伸和扩展,对加快贵州社会经济发展、推动扶贫开发有着重要的意义。项目未来还将向西延伸进云南,连上重庆至昆明国家高速公路,形成贵州西部一条重要省际快捷通道。

毕威高速公路将毕节至威宁的通车时间从原来的4个小时左右缩短到一个半小时左右。毕威高速公路工程工程(毕节至威宁)是铜仁至宣威高速公路的重要组成路段。毕威高速公路起自毕节七星关区城南龙滩边，接拟建的厦蓉高速公路毕节至生机公路，经坝口、赫章，止于威宁县城北草海镇周家院子，接昭通至六盘水高速公路，全长约126km。

(3)技术标准。全线按双向四车道高速公路标准设计，设计速度80km/h，整体式路基宽度21.50m，分离式路基宽度11.25m。各段桥涵与路基同宽；最大纵坡5%；行车道宽度2×7.5m；汽车荷载等级采用公路—Ⅰ级；设计洪水频率1/300，桥梁、涵洞、路基1/100。其余各项技术指标按交通部颁发的《公路工程技术标准》(JTG B01—2003)执行。

(4)投资规模。毕威高速公路项目概算总投资89.77亿元，平均每公里造价7124万元。

(5)主要控制点。路线起于杭瑞高速公路与厦蓉高速公路交汇的龙滩边枢纽(起点桩号为AK27+437)，向西经王家湾子、马家院子、十八，至桥边设互通与毕节至纳雍的省道S211相连，同时方便毕节南部的草堤片区的车流上下高速公路。之后路线经麻鱼塘、核桃树、南箐、白果树、八亩田，牌坊地，再沿国道G326至龙家冲，设长春堡互通，再往前开始提坡，并于长春堡西端的大冲，跨至沟槽北坡，经裸依、龙昌坪至黄猫寨，以主跨220m的连续刚构跨过老鹰岩脚深沟。再以连续的桥隧穿越该段的鸡爪地形，继续提坡过达木桥，设撒拉溪互通与G326相连。之后路线转出龙井沟，沿撒拉溪北面山坡，经卯家地、于马暴冲以2642m的长隧道穿过周冀大山，沿杨家湾北面山坡布线，于华竹沟设杨家湾互通，再前行至小洼处用主跨220m的刚构桥跨越毕节与赫章交界处的七星大河。

过七星大河后即进入赫章地界，并且，该处是赫章国家森林公园的平山景区，路线主要以桥跨和特长隧道(平山隧道3098m)的方式通过景区，离景点较远。只要注意施工中的水土保持和植被恢复，对景区的影响甚微。

过平山特长隧道后，路线沿野马川北坡布线，在二道水设野马川互通，再经石丫，跨干河桥，上爬乌木铺，继续提坡于木厂跨至槽谷南坡，经洞头上，以大跨刚构桥跨至马桑坪，前行至茶园垭口一带设赫章互通与赫章县城及S212省道相连。

由于提坡的需要，路线跨过后河后即沿赫章县城北面山坡上爬，经象鼻岭、朱家坡、大沙地，至赵家庄以1950m的隧道穿独山梁子。

过隧道后，即进入赫章国家森林公园的水塘景区，路线沿G326上爬鹦哥咀垭口，过哑巴桥后设水塘互通。再经猴子坡、把伞至天桥，以主跨为2×220m的连续刚构桥跨越天桥深沟，再经旱莲花、黄井、笔架山，至阿维寨设置互通为妈姑、双坪一带乡镇服务。之后路线继续往西至关塘进入威宁县境。

进入威宁县境后，地势逐渐转为开阔。路线经四堡、后寨、于杨家凹设互通连接G326。再经梨子把、沙泥沟至本项目的终点威宁城北的周家院子，与规划中的六盘水至威宁公路衔接，路线全长126.063km。

考虑到本项目与六盘水至威宁公路项目实施不同步，为解决六盘水至威宁公路未实施前与威宁县城的连接问题,拟按规划的城市道路走向修建一条长约4km的连接公路(二级公路)连至威宁城北的五里岗,接省道S102。在六盘水至威宁公路建成后连接公路亦可作为城市道路使用。

全线共建隧道14080.5m/20座,以中、短隧道为主,隧道占路线总长的11.17%。其中,特长隧道3098.5m/1座、长隧道4412m/2座、中隧道3320m/4座、短隧道3250m/13座。主要隧道有:

①周驿隧道,左洞K67+760,长2460m;右洞K67+762,长2462m。进口位于曲线内,$R=700m$,出口端为直线,纵坡-1.5%。隧道通过二叠系中统长兴组、龙潭组地层,岩层倾向北西,倾角8°。隧道进出口围岩级别为Ⅳ~Ⅲ级,洞身段为Ⅲ~Ⅱ级。属半坚硬的砂岩、泥岩、页岩工程地质岩组。

②平山特长隧道,左洞K82+290,长3090m;右洞K82+297,长3107m。进口端为直线线形,出口端处于$R=700m$的曲线段内,纵坡$+2.0\%$。隧道通过二叠系中统长兴组、龙潭组地层,岩层倾向北西,倾角30°。隧道进出口围岩级别为Ⅳ~Ⅲ级,洞身段为Ⅲ~Ⅱ级。属半坚硬的砂岩、泥岩、页岩工程地质岩组。

③水塘隧道,左洞K108+545,长1960m;右洞K108+550,长1940m。进口位于曲线内,$R=1100m$,出口端为直线,纵坡$+2.0\%$。隧道通过二叠系下统飞仙关组地层,岩层倾向南东,倾角11°。隧道进出口围岩级别为Ⅲ级,洞身段为Ⅱ~Ⅲ级。属半坚硬的泥灰岩、砂页岩工程地质岩组。

全线共有互通式立体交叉9处,平均间距约14km。分述如下:

①石桥边互通立交(AK34+480)。设于毕节城南十八附近的石桥边,为单喇叭互通立交。连接公路与毕节至纳雍的省道S211连接,为毕节南部的草堤、鸭池片区服务。连接公路约2.5km。

②长春堡互通立交(K44+850)。设于长春堡镇东的龙家冲,为单喇叭互通立交,与G326连接,为长春堡一带的乡镇服务。

③撒拉溪互通立交(K62+330)。设于撒拉溪东面的达木桥,为单喇叭互通立交,与G326连接,为撒拉溪一带的乡镇服务。

④杨家湾互通立交(K74+550)。设于杨家湾镇北面的华竹沟,为单喇叭互通立交,改建杨家湾至放珠的乡道作连接公路,连接G326,为杨家湾、放珠一带的乡镇服务。

⑤野马川互通立交(K85+700)。设于野马川镇东面的二道水,为单喇叭互通立交,与G326相连,为野马川、平山、威舍一带的乡镇及赫章国家森林公园的平山景区服务。

⑥赫章互通立交(K97+040)。由于路线提坡需要,路线经过赫章县城一段海拔较高,位于赫章县城北面山坡上,线位与县城间的高差较大,互通位置较难选择。因此,考虑

将赫章互通设于城东茶园垭口前的缓坡处,为单喇叭互通立交,与西出云南镇雄的 S212 交叉,距赫章县城约 3km,连接公路按一级路考虑,连接至赫章县城。毕威高速公路赫章互通立交如图 6-127 所示。

图 6-127 毕威高速公路赫章互通立交

⑦水塘互通立交(K112+850)。设于水塘西的哑巴桥,为单喇叭互通立交,与 G326 相连,为水塘乡及赫章国家森林公园的水塘景区服务,亦可作为赫章县城、白果镇西面的出口互通。

⑧阿维寨互通立交(K129+300)。为单喇叭互通立交,与妈姑至双坪的县乡公路相连,为妈姑、双坪一带的乡镇服务。

⑨杨家凹互通立交(K142+000)。为单喇叭互通立交,需建 5km 的三级联络线与 G326 相连,为盐仓一带的乡镇服务,同时也能促进百草坪等景区的旅游发展。

2. 建设情况

(1)立项审批。省交通厅、中国国际咨询公司于 2016 年 6 月对毕威高速公路可行性研究报告进行了现场调研和评估,形成了《贵州省毕节至威宁高速公路工程可行性研究报告审查会专家组意见》。2016 年 7 月,省发改委、贵州省国际工程咨询中心形成《贵州省毕节至威宁高速公路工程可行性研究报告专家组咨询评估意见》。2009 年 8 月 10 日,省交通厅下发《关于毕节至威宁高速公路工程可行性研究报告审查意见的函》(黔交函〔2009〕53 号),提出该项目工程可行性研究报告的审查意见,同意建设该项目。2009 年 8 月 24 日,省发改委以《关于毕节至威宁高速公路工程可行性研究报告的批复》(黔发改交通〔2009〕2035 号)正式批复了毕威高速工程可行性研究报告。

(2)勘察、设计。在工程可行性研究报告完成后,2009 年 9 月开始,毕节高开司对毕威高速公路的勘察设计工作进行了公开招标,省交勘院中标。2009 年 7 月 10 日,毕节高开司和省交勘院签定关于毕威高速公路工程《建设工程设计合同》,省交勘院承担了毕威高速公路的初步勘察设计及施工图勘察设计工作。至2009年10月中旬，省交勘院完成本勘察设计合同的初测、初步设计，将初步设计文件及其补充资料上报省交通厅审批。受省交通厅委托，招商局重庆交通科研设计院有限公司对毕威高速公路工程初步设计进行咨询审查，出具了《贵州省铜仁至威宁高速公路毕节至威宁段初步设计咨询报告》及其《补充报告咨询意见》。交通厅2009年10月30日以《关于毕节至威宁高速公路初步设计的批复》（黔交建设〔2009〕191号）同意了毕威高速公路工程的初步设计。2009年11月~2010年8月底，省交勘院完成勘察设计定测、施工图设计。受省交通厅委托，招商局重庆交通科研设计院有限公司对毕威高速公路定测外业验收进行咨询审查，出具了《贵州省铜仁至威宁高速公路毕节至威宁段定测外业验收咨询报告》；毕节高开司印发了《毕节至威宁高速公路施工图定测外业验收会议纪要》。2011年12月31日，省交通厅以《关于毕节至威宁高速公路施工图设计的批复》（黔交建设〔2011〕259号）对毕威高速公路工程施工图设计文件进行了批复，修正了概算，并确定了主要技术经济指标、路线、路基路面、桥涵、隧道、互通立交等方案，确定项目总预算为89.7亿元。

在工可报告完成及进行初步设计进行的同时，毕威高速公路工程的环评工作也同步展开。2009年3月，毕节地区交通局委托贵州省交通科学研究院承担本项目的环境影响评价工作。贵州省交通科学研究院接受委托后，根据本项目前期工作进展情况，项目组成立了由社会、水、大气、噪声、生态及环境经济评价等人员组成的环境影响评价组，于3月下旬先期走访了毕节市、赫章县及威宁县所在地的国土局、建设局、规划局、环保局、水利局、林业局、旅游局等单位，收集了有关的技术资料，在此期间又对本项目工程沿线进行了详细调研和实地踏勘，并在认真分析和研究现有资料的基础上，于2009年4月上旬编制完成了《贵州省毕节至威宁高速公路环境影响评价大纲（送审稿）》，送贵州省环境工程评估中心评估。

2009年4月29日，贵州省环境工程评估中心在毕节市组织召开了《贵州省毕节至威宁高速公路环境影响评价大纲》评审会，形成了专家组审查意见。根据环境影响评价大纲专家组审查意见，贵州省交通科学研究院对大纲进行了修改、补充和完善，并将最终稿报送贵州省环境工程评估中心，评估中心以《关于对〈贵州省毕节至威宁高速公路环境影响评价大纲〉的审查意见》（黔环评估纲〔2009〕86号）给予大纲审查意见。

在得到大纲审查意见后，项目组对拟建毕节至威宁高速公路沿线现场进行再次踏勘，收集和调查相关资料，开展公众参与调查，并同时委托毕节地区环境监测站对项目沿线的水、大气环境质量现状进行了现状监测，委托贵州省交通环保监测站对项目沿线的噪声环境质量现状进行了现状监测。评价单位依据该项目工程可行性研究报告技术资料，针对工程特点和工程所在地的环境概况，进行了环境现状评价及影响预测评价，并提出环保措施方案，于2009年5月编制完成了《贵州省毕节至威宁高速公路环境影响报告书（送审稿)》,报贵州省环境工程评估中心评估。

2009年6月26日,贵州省环境工程评估中心在贵阳市组织召开了《贵州省毕节至威宁高速公路环境影响报告书》评审会,形成了环境影响报告书技术审查会议纪要。根据环境影响报告书技术审查会议纪要,贵州省交通科学研究院对大纲进行了修改、补充和完善,完成《贵州省毕节至威宁高速公路环境影响报告书(报批稿)》。报告书认为该建设项目的实施是国家高速公路网在贵州境布局的加密与补充,同时,也是完善贵州省路网布局的需要。同时,本项目的建设,将形成一条横贯毕节的快捷通道,拉近沿线区域与周边地区的时空距离,进一步促进扶贫开发和引资开放,推动经济社会发展的新跨越,并能极大地促进地区、民族之间的交融,为构建社会主义和谐社会创造有利的条件。经调查与评价发现,该项目的社会效益、经济效益和环境效益极为显著,具有较强的抗风险能力。虽然本项目的建设和运营将会对沿线生态环境和居民生活产生一定的不利影响,但只要认真落实本报告提出的减缓措施,所产生的不利影响可以得到有效控制,并降至环境能接受的最低程度。从环境保护的角度考虑,拟建的贵州省毕节至威宁高速公路建设项目的建设是可行的。2009年7月30日,贵州省环境工程评估中心对报告书提交了评估意见(黔环评估书〔2009〕136号)。2009年8月27日,贵州省环境保护厅以《关于贵州省毕节至威宁高速公路环境影响报告书的批复》(黔环函〔2009〕240号)对报告书进行了批复。

此外,毕节地区交通局还主持编报了毕威高速公路水土保持方案报告书,贵州省水利厅以《关于铜仁至宣威高速公路毕节至威宁段水土保持方案的批复》(黔水保〔2009〕187号)同意了水土保持方案。

(3)施工、监理。为确保项目实施过程中质量控制、进度控制、投资控制、安全管理、合同管理、信息管理、组织与协调等项目管理工作的正常开展,毕节高开司制定了项目管理的目标。

总体管理目标:"工程优良、干部优秀、投资安全。"

安全目标:贯彻"安全第一、预防为主、综合治理"的方针,坚持"安全为了生产,生产为了安全"的原则,做到"四无、一杜绝、一创建",即"无死亡事故,无重大机械事故,无交通事故,无火灾事故;杜绝重伤事故;创建安全文明工程"。

项目投资目标:合理使用资金,建立节约管理理念,总投资控制在项目概算范围内。

项目进度目标:按照贵州省委省政府、贵州省交通厅、毕节地区行署对本项目的通车目标要求,确保工程按期全面完成建设目标任务,通过合理化施工组织,力争提前建成通车。

项目质量目标:杜绝重大工程质量事故,按交通部部颁《公路工程质量检验评定标准 第一册 土建工程》(JTG F80/1—2004),交工验收达到合格工程等级,工程竣工验收评定为优良工程等级。

环保目标:严格执行《中华人民共和国环境保护法》等法律、法规,营造良好的施工环境,各项环保指标应达到环保部门的控制验收要求。

成立毕节毕威高速公路有限公司作为建设期业主。在实际建设过程中,毕威公路因线路较长,分为两个项目办进行管理,一段由毕节至赫章段,设毕节项目办;另一段由赫章起点至威宁,设赫章项目办项目部。

隧道15258m/12座,其中:特长隧道3120m/1座、长隧道8089m/4座、中隧道2834m/4座、短隧道1215m/3座。沥青混凝土路面295万m^2。全线控制性工程共9项,其中桥梁4座,隧道5座。分别为:田坝大桥、七星河大桥、赫章大桥、天桥大桥、老鹰岩长隧道、周驿长隧道、平山特长隧道、水塘长隧道、天桥隧道。建设中的毕威高速公路天桥大桥见图6-128。

图6-128 建设中的毕威高速公路天桥大桥

项目公司作为建设期的项目法人,按照公路工程基本建设程序独立负责本项目的建设管理。该项目建立以项目公司领导下的质量责任制,总监理工程师办公室、中心试验室、驻地监理工程师办公室作为第三方,负责监督管理施工单位的质量。

为加强毕威高速公路项目工程质量管理,强化全员质量意识,使毕威项目工程质量管理制度化、规范化、程序化,确保毕威高速公路总体项目工程交工验收达到质量目标要求。根据国务院《建设工程质量管理条例》、建设部《建设工程质量管理办法》、交通部《公路工程质量管理办法》《公路工程质量监督暂行规定》的要求制定《毕威高速公路质量管理办法》。规定各部门、各参建单位的质量控制重点、要点,明确奖惩方案,从而保证质量在可控范围内。通过各单位的有效掌控,毕威高速公路建设项目质量均为合格。

认真贯彻"安全第一、预防为主、综合治理"的方针,坚持以防为主、防治结合,落实安全生产责任制,实行安全生产工作的科学、规范、制度化管理,力争实现无伤亡事故的目标。根据《中华人民共和国安全生产法》《建设工程安全生产管理条例》等现行法律、法规、办法和有关安全生产规程、规范,结合毕威公路项目的实际情况,制定《毕威高速公路安全生产监督管理办法》。办法要求各项目部须建立和健全各项安全生产规章制度,包括:安全生产责任制度,安全生产检查、评比、奖罚制度,安全生产会议制度,安全生产培训制度,安全生产技术交底制度,安全生产技术考核制度,安全措施和费用管理制度,危险物品使用管理制度,重大危险源管理制度,安全隐患排查和治理制度,应急管理制度,人员安全管理制度,设备设施安全管理制度,环境安全管理制度,安全事故报告制度等。认真做好安全资料档案管理工作。通过办法的实施,毕威高速公路开工至交工期间未发生较大安全以上事故,圆满完成施工任务。

毕威高速公路在凝冻天气200天、连续雨水近10个月等天气恶劣和地质条件非常复杂的情况下能够按时完工,和认真落实施工计划是分不开的。计划管理工作的职能部门为毕威公司、监理、承包人的计划和工程部门。计划管理工作范围包括项目整个实施过程(包括施工前准备阶段、施工阶段、交工阶段等)的有关计划工作,发挥计划工作的指导作用,提高计划管理工作的标准化、规范化水平,保证了毕节至威宁高速公路工程项目能够按时建成通车。

工程造价控制。毕威高速公路签约合同价为117.766亿元(含毕节西互通),其中项目建设总承包价为93.20亿元(含毕节西互通),暂定回购期资金成本价为24.566亿元(不含毕节西互通)。毕威高速公路除因地质等原因造成增加的变更外,还因主要材料价格上涨增加材料费2.44亿元;建设期内融资成本加大,增加利息约为2.13亿元。

(4)资金筹措。项目采用BT(建设—移交)模式建设,业主为毕节高开司,中标人为贵州省公路工程集团有限公司,项目公司为毕节毕威高速公路工程有限公司(中标人在毕节成立的全资子公司)。项目资本金占概算投资的25%,共22.44亿元由业主承担,其余建设资金共67.4亿元由项目公司通过银团贷款解决。

(5)招标投标。项目实施中全面实行了项目法人制、招标投标制、工程监理制及合同管理制。施工单位和监理单位通过社会招标选择确定,完善了项目质量监督手续。项目建设管理严格按政府监督、法人管理、社会监理和施工企业自检所形成的四级质量保证体系进行运作。项目资金的拨付以国家有关法规的要求为依据,严格按照合同及资金管理办法进行监督和监控,确保资金运行安全。

毕节至威宁高速公路采取了建设移交模式。2009年9月,项目业主毕节高开司对毕节至威宁高速公路进行了公开招标。2009年10月,通过评标确定了贵州省公路工程集团有限公司为中标单位。

机电、交安、消防工程由总承包单位采取竞争性谈判,进行专业分包。

勘察设计单位招投标：贵州省交通规划勘察设计研究院（毕节至威宁高速公路建设移交中标单位的联合体成员）为勘察设计中标单位。

土建施工单位：土建工程第1、2、3、4、5、6、7、8、西互通延伸段合同段由毕节至威宁高速公路建设移交中标单位贵州省公路工程集团有限公司自行实施。

路面施工单位：路面工程第9合同段由毕节至威宁高速公路建设移交中标单位贵州省公路工程集团有限公司自行实施。

交安施工单位：交安工程第10、11、12合同段毕节至威宁高速公路建设移交中标单位贵州省公路工程集团有限公司专业分包给杭州神通交通工程有限公司、江苏天目神威交通工程有限公司、湖南永州公路桥梁建设有限公司实施。

房建施工单位：房建工程第13合同段由毕节至威宁高速公路建设移交中标单位贵州省公路工程集团有限公司自行实施。

机电施工单位：机电工程第14、15、16合同段毕节至威宁高速公路建设移交中标单位贵州省公路工程集团有限公司专业分包给贵州桥梁建设集团有限公司、浙江浙大中控信息技术有限公司。

消防施工单位：消防工程第17合同段毕节至威宁高速公路建设移交中标单位贵州省公路工程集团有限公司专业分包给盛云科技有限公司。

绿化施工单位：绿化工程第18合同段由毕节至威宁高速公路建设移交中标单位贵州省公路工程集团有限公司的全资子公司贵州黔贵园艺景观有限公司（后更名为：贵州林都园林工程有限公司）实施。

监理单位由毕节高开司负责招标，采取国内竞争性招标，直接与监理公司签订合同，共设1个总监办和4个驻监办。总监理工程师办公室为贵州省陆通公路工程监理咨询有限公司。总监办含两个中心试验室，每个驻地办含一个试验室。

施工及监理单位如表6-93所示。

毕威高速公路工程施工及监理单位一览表　　　　表6-93

施工标段	参建单位	工程造价	监理单位
毕节西互通连接线合同段	贵州省公路工程集团有限公司	342950623	毕节西互通连接线驻监办 贵州陆通公路工程监理咨询有限公司
第一合同段（土建标）	贵州省公路工程集团有限公司	611643724	第一驻监办 河北华达公路工程咨询监理有限公司
第二合同段（土建标）	贵州省公路工程集团有限公司	938983743	
第三合同段（土建标）	贵州省公路工程集团有限公司	241959187	第二驻监办 贵州陆通公路工程监理咨询有限公司
第四合同段（土建标）	贵州省公路工程集团有限公司	507829935	

续上表

施 工 标 段	参 建 单 位	工程造价	监理单位
第五合同段（土建标）	贵州省公路工程集团有限公司	483249642	第三驻监办 安徽科兴交通建设工程监理有限公司
第六合同段（土建标）	贵州省公路工程集团有限公司	921467732	
第七合同段（土建标）	贵州省公路工程集团有限公司	787540417	第四驻监办 贵州交通建设工程监理咨询有限公司
第八合同段（土建标）	贵州省公路工程集团有限公司	237286899	
第九合同段（路面标）	贵州省公路工程集团有限公司	643677221	第二驻监办 贵州陆通公路工程监理咨询有限公司
第十合同段（交安标）	杭州神通交通工程有限公司	44150974	
第十一合同段（交安标）	江苏天目神威交通工程有限公司	45928744	
第十二合同段（交安标）	湖南永州公路桥梁建设有限公司	44656646	
第十三合同段（房建标）	贵州省公路工程集团有限公司	117430420	第二驻监办（毕节西互通～乌木铺） 贵州陆通公路工程监理咨询有限公司 第三驻监办（赫章互通～威宁） 安徽科兴交通建设工程监理有限公司
第十四合同段（机电标）	浙江浙大中控信息技术有限公司	35958000	机电驻监办 贵州陆通公路工程监理咨询有限公司
第十五合同段（隧道机电标）	贵州桥梁建设集团有限责任公司	59516903	
第十六合同段（隧道机电标）	贵州桥梁建设集团有限责任公司	41454122	
第十七合同段（隧道消防标）	盛云科技有限公司贵州分公司	24384067	
第十八合同段（绿化标）	贵州省公路工程集团有限公司	43672006	第二驻监办 贵州陆通公路工程监理咨询有限公司

（6）征地拆迁。毕节高开司与毕节市指挥部签订《毕节至威宁高速公路征地、拆迁工作协议书》，毕威高速公路建设项目的征地、拆迁工作委托给市指挥部承担。征地工作内容包括主干线、匝道、辅道、沿线管理用地、养护用地、施工临时用地、搬迁、安置等建设用地的征（占）用及补偿安置协调工作；拆迁工作内容包括建筑物、构筑物、林木等地面附着物及电力、广电、通信、厂矿、企事业单位、机关、学校等被拆迁物的拆迁补偿和安置协调工作以及压覆矿补偿谈判工作。建设用地经国土资源部（国土资函〔2010〕269号）批准。

在各级政府部门和毕节高开司的关心支持下，总监办征拆及协调部门积极与地方各级政府征拆部门密切配合，加强沟通与联系，征拆工作开展正常。

全线征地12742.4526亩，其中：七星关区4931.6769亩、赫章县5617.4309亩、威宁县2193.3448亩；房屋拆迁167136.54m^2，其中：七星关区102018.58m^2、赫章县60654.96m^2、威宁县15736.66m^2；搬迁坟墓3848座，其中：七星关区2059座、赫章县1432座、威宁县239座。支付企事业单位拆迁补偿金额15469003.28元；支付"三电"拆迁补偿费47406151.05元；支付集中安置补偿经费28591562.05元；支付涉农项目经费补偿4713831.10元；支付林木补偿款11600373.26元。共兑付征地拆迁补偿款为6亿元

1003万元。

(7)交(竣)工。2013年6月22日,1~9合同段(土建标、路面标)交工验收。2013年6月25日,10~12合同段(交安标)、14合同段(机电标)、15合同段(隧道机电标)交工验收。2014年5月8日,K53高边坡交工验收。2014年9月29日,18合同段(绿化标)交工验收。2015年6月2日,17合同段(隧道消防标)验收合格。2016年6月22日,毕节西互通连接线交工验收。交工验收的工程经过初步评定均为合格工程。

3. 复杂技术工程

(1)ZK93+437~ZK94+012高边坡。原设计最大开挖高度为125m(每级高度为15m,坡比均为1:0.3,平台宽2m),无防护设计。2010年9月开始进行土石方开挖施工,开挖后揭示,岩体切割十分强烈,节理裂隙极为发育,岩体破裂现象严重且层间有软弱质夹层;部分边坡结构松散,开挖后边坡出现局部坍塌,难以保证边坡的稳定。鉴于以上复杂地质情况,从施工安全角度考虑,于2011年5月边坡被迫停止开挖施工,引起了毕节高开司、毕威公司、总监办、驻监办、设计院的高度重视,邀请了成都理工大学地质灾害防治与地质环境保护国家重点实验室等多家单位多次进行现场详细踏勘调查。2011年8月9日,毕节高开司、毕威公司、总监办、驻监办、设计院、成都理工大等相关单位召开了"关于ZK93+437~ZK94+012左侧高边坡变更设计处治方案评审会"(毕威公司会议纪要〔2011〕016号),设计院根据会议纪要精神对该段高边坡进行变更设计,边坡开挖和防护同时采用动态设计和信息化施工法。该边坡采取分区分段治理的原则,按不同区域的地质情况并结合边坡稳定分析的结果,对于边坡破碎岩体采用开挖清除并增设锚杆挂网喷射混凝土防护,对于产生滑动、倾倒的岩石采用预应力锚索加固防护;边坡加固原则以预应力锚固为主,坡面以锚杆挂网喷射混凝土为辅,完善坡面排水系统。于2011年8月出台了"ZK93+440~ZK94+012段左侧高边坡变更设计"图,对开挖坡比进行了调整,调整后边坡最大高度为155.43m(十级坡,每级边坡高度为15m,第一级至第三级坡比为1:0.3,第四级至第十级坡比为1:0.5,第四级、第七级设置5m宽平台,其余平台设置为2m)。对相关地勘情况、边坡稳定性分析及锚索、锚杆挂网喷射混凝土的布置情况做了详细说明,主要确定了土石方开挖,第四级、第七级平台排水沟,第七级至第十级锚杆挂网喷射混凝土、锚索等变更方案。施工完毕后,土石方开挖工程量1106547m^3;C20喷射混凝土60369.62m^2,锚杆105790.5m;普通锚索92551m,自适应锚索53664m,共计锚索146215m。

工程进度、难点。为了按时完成通车目标任务,毕威五标投入大量的机械设备和人力资源,充分利用每一个工作面,全体施工人员不分昼夜奋战在第一线。因岩体顺层、夹层、泥槽、溶槽极为发育,岩层产状复杂,节理裂隙发育等不确定因素,给施工带来了无法预估的难度,为保证施工安全,成都理工大学对高边坡进行全面监控,并提取相关数据,作为下一步施工的参数。

（2）赫章大桥超高墩（图6-129）。大桥位于赫章县城关镇后河村,与赫章至财神县道相邻,起讫桩号K99+265～K100+339,设计荷载:公路—Ⅰ级,桥面宽21.5m。主桥上部结构为(96+2×180+96)m预应力混凝土连续刚构桥。

图6-129　毕威高速公路赫章大桥（张祥兵　摄）

第11号墩桩号K99+910,墩高195m,采用双幅整体式独墩结构,是同类桥梁中亚洲第一高墩,结构为单柱式三箱室变截面空心薄壁墩,底面最大断面为（顺桥向）15.5m×（横桥向）17.5m,横桥竖直向不收坡,顺桥向按60∶1坡比至墩高193m处,墩顶2m实心段按2∶1坡比顺桥向两侧外倒角1m。墩底3m和墩顶2m为实心段,其余为空心段,外侧壁厚为120cm,内箱壁厚为80cm,沿墩高设置5道横隔板,板厚80cm,板中心设置1.5m×3.0m人孔。

赫章特大桥第11号主墩,在施工过程中总结和创新了三大关键技术:桥梁高墩爬架滑框翻模工法、高墩施工定位控制、机制砂高强度等级泵送混凝土。

桥梁高墩爬架滑框翻模工法:鉴于传统的翻模和滑模施工都有各自的缺点和优点,该桥墩在墩底实心段采用了翻模工艺,但是施工过程中存在着施工进度慢或外观质量差等原因,经总结经验结合现有资源,取其滑模和翻模施工的优点,通过理论分析和试验,成功开发了桥梁高墩爬架滑框翻模施工工法,在实施过程中保证了高墩施工进度和质量。

三大关键技术相结合,墩柱施工高峰期达到每天1.5m。

高墩施工定位控制:由于墩的重心高、柔度大,受日照温差和大气对流影响,容易产生墩顶偏位,施工定位控制难度比较大,将直接影响高墩的施工质量,这是本桥施工最大的难点,针对本桥的问题,开展了科研项目的研究,项目被贵州省科学技术厅列为工业攻关科技项目。其原理是在主墩上预埋温度传感器,建立主墩模型,进行温度荷载引起的横向偏位分析,得到各控制高程的位移量。

根据区位风速统计,取最大风速28m/s折算成横桥向风荷载标准值,再作为均布荷载加在桥墩上,得到不同高度的最大位移值。然后根据温度及风荷载引起的偏位进行综合修正,得到控制数值。

机制砂高强度等级泵送混凝土:赫章大桥高强度等级混凝土的垂直输送高度达到210m,采用机制砂配制的混凝土,泵送摩阻力大、容易离析。如何保证混凝土泵送后的工作性及质量,是本桥施工中的一个难点,我们将其作为科研内容的一部分进行研究。通过研究,混凝土配合比采用"三掺",即掺外加剂、掺粉煤灰和掺硅灰,改善了混凝土的工作性,同时保证了混凝土的柔软度及其黏结性。通过实际验证,输送泵出口混凝土的工作性能非常好,保证了混凝土质量。

(3)水塘过煤系地层高瓦斯隧道。水塘隧道位于毕节至威宁高速公路第六合同段,为分离式长隧道,净空10.25×5m,左幅隧道起讫桩号ZK107+070~ZK108+915,全长1845m;右幅隧道起讫桩号YK107+100~YK108+950,全长1850m,最大埋深381m,地质条件复杂、高瓦斯隧道,是本合同段的关键和控制性工程。

水塘隧道经过详细地质勘查,确定为过煤系地层高瓦斯隧道,其中在隧道出口段老窑采空区较多,多为当地居民的无序开采,采空区富含老窑积水,对隧道施工影响极大,需要预防用水突泥等不可预知的地质因素。

水塘隧道是继法尔隧道之后的贵州第二条高瓦斯公路隧道,在施工过程中借鉴和创新了部分施工经验或工法。主要有"公路隧道软弱地质围岩铣挖技术"的应用、煤与瓦斯的防控管理。

公路隧道软弱地质围岩铣挖技术:鉴于隧道地质围岩极差,常规钻爆工艺对隧道围岩稳定性影响极大,于是项目经理部大胆借鉴和创新,从工艺实用性和成本节约考虑,结合现有设备挖机,将铣挖工艺应用于隧道,同时增加防尘措施,在隧道施工过程中取得了较好的效果,杜绝了施工过程中的围岩变形、杜绝超欠挖现象。

如图6-130所示为时任副省长秦如培在毕威高速公路平山隧道调研情况。

煤与瓦斯的防控管理:动火作业。公路隧道不同于煤矿巷道,具有断面大优点,在施工过程中为了保证施工质量,动火作业工序较多,在施工过程中建立《隧道施工动火管理制度》,过程中层层审批,确保施工安全万无一失。

超前预报:隧道在开挖之前,在隧道掌子面沿隧道纵向打超前钻孔,探测前方煤与瓦斯、水方面地质,当遇到特殊地质如涌水、瓦斯超标、煤层地质、软弱围岩等情况时,将联合设计部门根据探测情况针对性地制订施工方案和安全措施预案。

瓦斯防控:采取固定探测与移动探测相结合的办法,同时主动控制危险源(如禁止携带非控制的火源,禁止穿化纤服、对机车进行防爆改装、对输电线路进行防爆改装),采用双风机风筒加强通风以达到稀释瓦斯浓度至安全浓度以下的目的,进行安全教育及安全防控演练。

图 6-130　2012 年 5 月 16 日,副省长秦如培在毕威高速公路平山隧道调研

单跨长度 100m 以上、净高 50m 以上峡谷桥梁统计见表 6-94。

单跨长度 100m 以上、净高 50m 以上峡谷桥梁统计　　　　　表 6-94

规　模	桥梁名称	桥长（m）	主跨长度（m）	桥底净高（m）	跨越障碍物	桥梁类型
特大桥	赫章大桥	1073.53	180	208	沟谷、道路（铁路）	钢筋混凝土连续梁桥
大桥	七星河大桥	865.64	200	222	河流、沟谷	钢筋混凝土连续梁桥
	乌木铺Ⅰ大桥右幅	677.09	150	133	沟谷	钢筋混凝土连续梁桥
	乌木铺Ⅰ大桥左幅	866.00	200	133	沟谷	钢筋混凝土连续梁桥
	天桥大桥右幅	901.64	200	179	沟谷	钢筋混凝土连续梁桥
	天桥大桥左幅	881.64	200	170	沟谷	钢筋混凝土连续梁桥

4. 运营管理

全线设服务区 2 处(龙昌坪、旱莲花),停车区 3 处(七星河、乌木铺、后寨)、桥隧管理站所 2 个(杨家湾、水塘),应急保畅大队共 2 个(杨家湾、水塘),养护工区 2 个,本项目于 2013 年 6 月 29 日上午 10 点通车,批准收费时间为 2013 年 6 月 25 日,批准收费终止时间为 2043 年 6 月 24 日。2013 年 7 月~2015 年 12 月,收费总额 3.2125 亿元。2013 年 7 月~2015 年 12 月,车流量共计 1245066 辆。收费站点流量见表 6-95。

毕威高速公路收费站点设置表　　　　　表 6-95

站点名称	车道数	收费方式
毕节西	4 进 6 出(含 ETC 车道 1 进 1 出)	联网收费
长春堡	2 进 2 出(含 ETC 车道 1 进 1 出)	联网收费

续上表

站点名称	车道数	收费方式
撒拉溪	2进2出(含ETC车道1进1出)	联网收费
杨家湾	2进2出(含ETC车道1进1出)	联网收费
野马川	2进2出(含ETC车道1进1出)	联网收费
赫章	2进4出(含ETC车道1进1出)	联网收费
水塘	2进2出(含ETC车道1进1出)	联网收费
阿维寨	2进2出(含ETC车道1进1出)	联网收费
杨家洼	3进4出(含ETC车道1进1出)	联网收费
威宁北(临时)	2进2出	联网收费

九、S25 沿河至榕江高速公路

S25 沿河至榕江高速公路含沿河至德江高速公路、汤口湾至双龙段、思南至剑河高速公路、岑松至榕江段(待建)。

(一)S25 沿河至德江高速公路

1. 项目基本情况

(1)公路的功能、定位、里程。贵州沿河至德江高速公路(以下简称"沿德高速公路")是《贵州省高速公路网规划》"6横7纵8联"中的第2纵沿河至榕江高速公路中的一段,不仅是贵州省"县县通高速"的实施路段,而且是两条国家高速公路——包茂高速公路(渝湘高速公路)和杭瑞高速公路(思遵高速公路)的连接通道,沿德高速公路建成后将是黔东北地区通往重庆、湖北、湖南等省份最为便捷的通道。

沿德高速公路路线起于重庆酉阳驴子口,与中交一公局承建的酉沿高速公路相接,终点位于德江县合兴镇,与思遵高速公路相接,全长104.455km,设计速度80km/h,设计宽度21.5m。

(2)项目立项审批。2011年1月17日,重庆市交通委员会与贵州省交通运输厅签订了工可阶段两省市接线协议。2011年6月14日,贵州省住房和城乡建设厅通过了沿德高速公路过德江县城区段选址的报告并形成《新建沿河至德江高速公路过德江县城城区段选址专题研究报告审查会会议纪要》(黔建会纪〔2011〕20号)。2011年6月20日,贵州省文物局批复了《关于贵州省沿河至榕江高速公路沿河至德江段工程建设用地范围内文物保护的函》(黔文物函〔2011〕68号)。2011年6月28日,贵州省住房和城乡建设厅批准了沿德高速公路《建设项目选址意见书》(选字第520000201100025号)。2011年6月30日,贵州省国土资源厅同意沿德项目地质灾害评估报告登记表的备案。2011年7月5日,贵州省国土资源厅确认了沿德项目地质资料汇交凭证(黔地资汇〔2011〕458号)。

2011年10月13日,贵州省水利厅批复了沿德项目《关于贵州省沿河至榕江高速公路沿河至德江段工程水土保持方案的复函》(黔水保函〔2011〕206号)。2011年11月10日,贵州省环境保护厅批复沿德项目《关于贵州省沿河至榕江高速公路沿河至德江段环境影响报告书的批复》(黔环审〔2011〕231号)。2011年11月22日,贵州省发展和改革委员会确认了沿德项目节能登记表(黔发改节能登〔2011〕63号)。

2. 建设情况

(1)建设模式。2012年6月,中交一公局和贵州省交通运输厅签订了沿德高速公路投资协议。一是明确了本项目采取"BOT+EPC+政府补助"建设模式;二是明确了补助资金的比例以及拨付方式;三是明确了征地拆迁工作费用按照国家和贵州省的政策执行,由铜仁市政府与项目签订费用包干使用协议;四是融资由项目负责。中交第一公路工程局有限公司为投资人,中交一公局贵州沿德高速公路投资建设有限公司为建设单位;中交一公局贵州沿德高速公路总承包项目部为施工单位,是中交一公局直属总承包项目部。

2012年7月,项目完成沿德公司的注册,沿德公司全称为中交一公局贵州沿德高速公路投资建设有限公司,为独立法人,注册资本金为10.2亿元(后增至17.2亿元)。沿德高速公路投资人为中交第一公路工程局有限公司,为100%控股。

(2)勘察设计。2012年9月底开始,中交第一公路工程局有限公司自行承担本项目的设计工作,另外邀请了4家设计单位参与了设计,每家承担25km左右的勘察设计。委托1家咨询单位进行技术咨询,即武汉中咨路桥设计研究院有限公司。截至2013年6月底,历经9个月完成了施工图设计。

(3)项目工可手续办理。沿德公司成立以后,进行了项目合法合规性手续办理工作,开展了包括环境评估、水保方案编制、土地预审、林地占用、通航论证、文物调查、压矿评估等相关工作,最终工可文件通过了贵州省发改委的核准。沿德高速公路合法合规性文件见表6-96。

沿德高速公路合法合规性文件汇总表 表6-96

序号	前期手续名称	文号	审批单位	日期
1	项目选址意见	选字第520000201100025号	贵州省住房和城乡建设厅	2011年6月27日
2	建设项目用地预审申请的复函	黔国土资预审字〔2010〕120号	贵州省国土资源厅	2010年11月11日
3	环境影响报告书的评估意见	黔环评估书〔2011〕362号	贵州省环境工程评估中心	2011年10月10日
4	环境影响报告书的批复	黔环审〔2011〕231号	贵州省环境保护厅	2011年11月10日

续上表

序 号	前期手续名称	文 号	审批单位	日 期
5	水土保持方案的复函	黔水保〔2011〕206号	贵州省水利厅	2011年10月13日
6	文物保护报告的复函	黔文物函〔2011〕68号	贵州省文物局	2011年6月20日
7	压覆矿产资源评估报告的批复	黔国土资储压函〔2012〕26号	贵州省国土资源厅	2012年7月3日
8	关于沿河至德江公路项目核准的批复	黔发改交通〔2012〕3020号	贵州省发展和改革委员会	2012年10月29日
9	关于沿河至德江公路初步设计的批复	黔交建设〔2012〕233号	贵州省交通运输厅	2012年11月12日
10	使用林地审核同意书	林资许准〔2013〕361号	国家林业局	2013年9月28日
11	贵州航务管理局乌江特大桥通航安全影响批复	黔航工〔2013〕38号	贵州省航务管理局	2013年10月15日
12	贵州省地方海事局关于乌江特大桥通航安全评估报告会议纪要	黔海安监〔2013〕82号	贵州省地方海事局	2013年10月19日
13	关于沿河至德江公路工程建设用地的批复	国土资函〔2013〕869号	国土资源部	2013年11月30日

（4）贷款协议及特许权协议的签订。自2012年起，项目就积极和银行对接，进行融资贷款，为项目提供充足的"粮草"。项目在一公局投融资管理处的协助下，与国开行企业局、国开行贵州分行、工行贵州分行、工行北京分行等银行进行多轮洽谈，并提供充分的评估资料，陪同银行人员到现场进行考察，最终确定了由国开行作为牵头行的银团提供贷款，并最终顺利签订贷款协议。

2013年1月23日，沿德公司与贵州省交通运输厅签订特许经营权协议，规定公司在授予的特许期内拥有运营和管理该项目，并通过提供产品、收取服务费用回报投资、偿还贷款和获得合理利润。特许经营期满后，项目无偿移交政府。

（5）主要工程量。路基工程：全线挖方总数量1871万m^3，填方1664万m^3，弃方526.5156万m^3，借方72.1023万m^3，共设置取土场4处，弃土场47处；防护、排水工程493062m^3。

路面工程：底基层167.2万m^2，基层167.2万m^2，面层429.5万m^2；混凝土总量158万m^3。

桥梁工程：全线共设桥梁25.89532km/114座，其中特大桥5座，大桥75座，中桥32座，小桥1座。刚构桥梁8座〔小河特大桥、大漆特大桥、安家坡大桥、乌江特大桥

(图6-131)、麻岭特大桥、青曲坝大桥、冉家坝1号大桥、官林特大桥(图6-132)],拱桥1座(马蹄河特大桥,主拱180m,图6-133)。

图6-131　乌江特大桥

图6-132　官林特大桥

图6-133　沿河至德江高速公路马蹄河特大桥

隧道工程:隧道12.758km/19座,其中长隧道6座,中隧道7座,短隧道6座。2000m及以上隧道2座,为官舟隧道(2295m)、张家寨隧道(2200m),连接线隧道2座。

互通立交:共设置7处,分别为沿河东、沿河西、官舟、德江北、德江枢纽(预留)、德江南、合兴。

控制性工程:共有7个,分别为小河特大桥、乌江特大桥、马蹄河特大桥、官林特大桥、官舟隧道、官林隧道(图6-134)和张家寨隧道。

(6)征地拆迁。征地拆迁工作始于2012年8月,沿德公司与铜仁市政府签订了《征地拆迁总包干协议》,实行地方政府总包干的创新方法,征地拆迁费用结余不退,超支不补,有效解决了项目建设中征地拆迁的难题。截至2015年6月,全线征用土地8948.65亩,房屋拆迁246102.27m^2,征拆补偿支付57777.25万元。

(7)重大变更。沿德高速公路主要重大变更有4项,即:TJ-02标K3YK14+535龙家岩滑坡；TJ-04 标官舟大桥（K34+867）延长六跨；TJ-11 标 K104+060~K104+287 滑坡；TJ-04 标大丫口大桥（ZK33+200/YK33+217）新增桥。

图 6-134　官林隧道

（8）参建单位。沿德高速公路总承包项目部下辖 5 个设计组，11 个土建项目部，3 个路面项目部，1 个总监办和 2 个驻地办。详见表 6-97~表 6-100。

沿德高速公路勘察设计单位　　　　表 6-97

标　段	单 位 名 称	起 止 桩 号	主要负责人
设计 1 组	中交公路规划设计院有限公司	K1+509.81~K21+965.237	潘龙文
设计 2 组	贵州省交通规划勘察设计研究院股份有限公司	K21+788.683~K51+320	范贵鹏
设计 3 组	中交第一公路勘测设计研究院有限公司	K51+320~K78+406.185	王永峰
设计 4 组	中交一公局公路勘察设计院有限公司	K78+030~K105+540.210	肖锋文
设计 5 组	中交一公局公路勘察设计院有限公司	K1+509.81~K105+540.210	廖晶

沿德高速公路土建施工单位　　　　表 6-98

标　段	单 位 名 称	起 止 桩 号	主要负责人
TJ-1 标	中交一公局桥隧工程有限公司	K1+509.81~K12+380	郑伟
TJ-2 标	中交一公局桥隧工程有限公司	K12+380~K19+515	陈亮
TJ-3 标	中交一公局华祥国际工程有限公司	K19+515~K24+349.988	王福来
TJ-4 标	中交一公局总承包经营分公司	K24+350~K35+400	闫瑞江
TJ-5 标	中交一公局总承包经营分公司	K35+400~K47+940	张越
TJ-6 标	中交一公局厦门工程有限公司	K47+940~K58+000	自杰
TJ-7 标	中交一公局第四工程有限公司	K58+000~K64+690	尹洪明
TJ-8 标	中交一公局第一工程有限公司	K64+690~K73+540	边俊平
TJ-9 标	中交一公局第二工程有限公司	K73+540~K81+335	将昭汉

续上表

标 段	单 位 名 称	起 止 桩 号	主要负责人
TJ-10 标	中交一公局第二工程有限公司	K81+335～K89+450	赵龙
TJ-11 标	中交一公局第六工程有限公司	K89+450～K105+540.210	张国强
LM-1 标	中交一公局桥隧工程有限公司	K1+509.81～K33+330	陈亮
LM-2 标	中交一公局厦门工程有限公司	K33+330～K78+030	孔祥永
LM-3 标	中交一公局第六工程有限公司	K78+030～K105+540.210	张国强
交安标	中交一公局交通工程有限公司	K1+509.81～K105+540.210	姚文广

沿德高速公路路面施工单位　　　　　　　　　　　　　　表 6-99

标 段	单 位 名 称	起 止 桩 号	主要负责人
TJ-1 标	中交一公局桥隧工程有限公司	K1+509.81～K12+380	郑伟
TJ-2 标	中交一公局桥隧工程有限公司	K12+380～K19+515	陈亮
TJ-3 标	中交一公局华祥国际工程有限公司	K19+515～K24+349.988	王福来

沿德高速公路监理单位　　　　　　　　　　　　　　表 6-100

设计编号	单 位 名 称	起 止 桩 号	主要负责人
总监办	北京华通公路桥梁监理咨询有限公司	K1+509.81～K105+540.210	李治中
一监办	北京市高速公路监理有限公司	K1+509.81～K58+000	刘四成
二监办	贵州科达公路工程咨询监理有限公司	K58+000～K105+540.210	李瑞民

其他参建单位：2个绿化项目部（深圳市万信达生态环境股份有限公司、天津市松花江生态产业有限公司），2个房建项目部（中交一公局北京建筑分公司），1个交安项目部（中交一公局交通工程有限公司），1个机电项目部（中交隧道工程局有限公司），1个中心试验室（中交二公局试验检测中心）。

（9）施工管理。2013年9月，沿德高速公路项目11个土建施工单位全部进场，11月1日项目正式开工。

①施工前期准备。进场前期，中交一公局领导、专家组对本项目前期策划进行了多次指导，各施工公司领导也多次到工地现场对各标段进行规划，对全线施工组织设计进行了评审。在施工单位进场前，沿德公司结合工程实际情况，组织人员进行了"永临结合"的施工电力专线架设，为项目后期工作顺利开展提供了便利，节省了大量成本。

②标准化施工管理。沿德公司编制了《高速公路施工标准化技术指南——工地建设（路基工程、路面工程、桥梁工程、隧道工程）》5个方面的标准化建设指导书，实行驻地建设标准化、施工过程程序化、施工管理精细化，制定统一的标准，对拌和站、项目部、钢筋场等驻地场站建设进行统一规划布置，对施工工法做统一要求。

③安全质量及进度管理。沿德高速公路自开工就以建设一条"优质路、安全路、文化路、和谐路"为目标，安全质量总体可控，安全质量保证体系运转正常，未发生较大及以上

级别安全及质量事故。沿德公司编制了《安全生产管理规章制度汇编(第三版)》《工程质量管理规章制度汇编》《做好项目安全质量管理暨增强项目自觉性管理》《项目施工安全管理工作思路与理念》，每周组织召开安全质量例会，采取突出问题重点督办的方式，先后组织召开了试验检测工作专题会 5 次、监理工作专题会 3 次、项目安全质量问题专题会 5 次、驻地办工作问题专题会 2 次，并组织对下属各标段项目开展专项培训，累计达 80 课时。开展隧道施工安全质量专项整治活动，至 19 座隧道全部贯通无一座隧道发生关门、大坍塌、突泥突水等安全事故，隧道施工完美收官；开展防汛安全隐患排查及路堑高边坡调查活动，对沿德高速公路安然度过夏季汛期起到了关键作用；进行了安全内业及相关人员持证上岗检查工作，做到了全部施工工点手续完备，特种作业人员全部证件齐全有效；加强完善特种及大型施工设备管理，保障了设备使用安全，也提升了设备管理知识；规范了高风险作业安全支架现浇及刚构现浇的首件制要求和一般性报验程序；开展机制砂的专项治理活动，机制砂石粉含量指标得到控制，确保了今后的运营安全；开展片石混凝土挡墙钻芯取样工作、交通安全管理等工作。

④进度管理方面。沿德公司通过优化前期策划、严格执行计划管理，通过开展劳动竞赛、重点项目重点帮扶、定期召开生产调度会、加大资源调配等各项工作，施工进度顺利推进，为完成 2015 年年底通车目标奠定坚实的基础。

⑤成本控制管理。沿德公司对项目资金使用进行统一管理，有效地节约了大量成本。统一管理具有众多优越性，能够节约大量成本，同时统一结算便于资金掌控，而且有利于施工。就材料采购来说，资金由沿德公司进行统一支付，减少了项目部的资金压力和材料成本，采购价格方面有优势，节约了大量成本，达到了降低成本的目的，同时避免了项目部因材料短缺而造成工期的延误。

沿德高速公路于 2013 年 11 月 1 日开工建设，至 2015 年 12 月 30 日通车运营，实际工期为 2 年零 2 个月，参建者通过辛勤努力，将原定为 3 年工期的项目提前了近 1 年的时间建设完成，顺利完成了贵州高速公路建设"三年会战"的目标。建设过程中投入班组 818 个，人员 19164 人；消耗水泥 1248983.63t，钢材 269614.71t，砂石料 7785623.44t，沥青 27344.37t；施工总天数 780 天，其中雨天 282 天，阴天 261 天，晴天 147 天，其他 90 天。

(10)重点、难点攻坚。全线便道施工难度大，软土、岩溶、滑坡等不良地质发育，地形复杂，深挖高填路基、桥梁高墩大跨，隧道岩溶发育。施工便道弯多路陡，鸡爪地形较多，山高、沟深、雨多、路滑，地质灾害多，材料运输困难，施工难度大，对施工便道选线、线形、路面的修筑要求较高。全线共修筑了 155 条便道，长 316km，是主线长度的近 3 倍。全线软土共分布 68 段，长度为 13.93km。岩溶有溶洞、溶蚀洼地、塌陷坑、落水洞以及暗河等，拟定了 6 条岩溶处理措施和原则，在施工过程中根据实际情况进行专题会议研究；深挖方有 65 处，最大边坡高度 76.3m，处治方案包括锚杆框架、锚索框架植草防护、边坡植物防护、骨架植草灌防护、窗孔式护面墙防护、TBS 植被防护、U 形钉挂三维植被网植草灌防护等;高填方有 60 处,处治方案包括冲击碾压、铺设土工格栅、设护脚墙、强夯等。

项目施工管理过程中针对重点难点工程特点主要做好"四件大事":其一,高墩施工精细化。全线桥梁墩柱 2613 个,其中高墩(墩高大于 40m)368 个,占 14%。为提高施工效率,控制施工成本,在全线高墩施工中根据具体情况采用多种施工工艺工法(例如滑模、爬模、辊模、翻滑结合等),优先考虑推广滑模施工,并将该工艺总结提高,形成技术成果。其二,梁场建设标准化。沿德公司制定 T 梁预制场标准化要求,对全线所有梁场及首片梁进行严格考核验收,验收合格方可进行大批量生产,全线推广使用智能张拉压浆系统和智能养生系统,确保预制 T 梁质量。其三,边坡防护,一坡一议。为减少防护,确保边坡稳定,避免因人工造成的滑坡及坍塌,要求路基石质边坡严格控制爆破工艺,达到光面爆破效果,节约造价,同时对所有边坡防护采用动态设计动态施工。其四,隧道开挖采用光面爆破。全线隧道区岩溶发育,岩体破碎,施工中有涌水的可能,根据超前地质预报及超前钻孔等综合预报技术判断工程地质。为有效控制隧道超欠挖,减少浪费及返工,根据围岩等级要求Ⅳ级以上采用光面爆破,Ⅳ级以下要求严格控制进尺,确保开挖尺寸的精细化。

(11)交工验收。2015 年 12 月 26 日,贵州省交通运输厅、贵州省交通建设工程质量监督局、贵州省交通建设工程造价管理站、贵州省高速公路管理局、铜仁市高速公路管理局、铜仁市高速公路管理处、铜仁市高速公路指挥部、沿河县高速公路指挥部、德江县高速公路指挥部、贵州省交通规划勘察设计研究院股份有限公司、北京华通(总监办)、中心试验室以及各施工、监理等单位代表成立了交工验收委员会,经过到现场进行认真检查,并召开会议听取了建设、设计、施工、监理等单位的工作报告,贵州省交通建设工程质量监督局向委员会提交了交工验收质量检测报告。经验收委员会认真研究、讨论,同意沿德高速公路通过交工验收。中交一公局贵州沿河至德江高速公路交工验收工作顺利完成。

3. 营运管理

2015 年 12 月 26 日,沿德高速公路正式投入营运,全线设管理中心 1 处,服务区 1 处,通道 43 道,天桥 10 处,设主线省界收费站 1 处即沙子收费站(图 6-135),匝道收费站 6 处即沿河东、沿河、官舟、德江北、德江南、合兴收费站。贵州沿河至德江高速公路批复收费起讫时间为 2015 年 12 月 28 日~2045 年 12 月 27 日。收费站点设置见表 6-101。

沿德高速公路收费站点设置表　　　　表 6-101

站 点 名 称	车 道 数	收 费 方 式
贵州沙子收费站	11 车道(11 出)	人工收费 + 人工半自动收费 + 电子收费
沿河东收费站	8 车道(3 进 5 出)	人工收费 + 人工半自动收费 + 电子收费
沿河西收费站	8 车道(3 进 5 出)	人工收费 + 人工半自动收费 + 电子收费

续上表

站 点 名 称	车 道 数	收 费 方 式
官舟收费站	8车道(3进5出)	人工收费+人工半自动收费+电子收费
德江北收费站	6车道(3进3出)	人工收费+人工半自动收费+电子收费
德江南收费站	12车道(4进8出)	人工收费+人工半自动收费+电子收费
合兴收费站	6车道(3进3出)	人工收费+人工半自动收费+电子收费

图6-135 贵州沙子收费站

(二)S25沿河至榕江高速公路汤口湾至双龙段

S25沿河至榕江高速公路汤口湾至双龙段与杭瑞高速公路共线。详情见G56贵州省大兴(湘黔界)至思南公路。

(三)S25沿河至榕江高速公路思南至剑河高速公路

1. 基本情况

思南至剑河高速公路是《贵州省高速公路网规划》"678"网中的第2纵——沿河至榕江高速公路的中间段,起于思南,与杭瑞贵州境思南至遵义高速公路相接,终于剑河,与沪昆贵州境三穗至凯里高速公路相接,是贵州境内纵贯铜仁、黔东南自治州的南北向交通通道,是贵州东部地区北上重庆、南下珠江三角洲、北部湾经济区的重要南北向交通大动脉。本项目连接了思南、石阡、镇远、剑河4县,被列为贵州省县县通高速公路重点建设项目,其建设对于带动沿线资源开发、打破沿线交通瓶颈形成的"马六甲困境"、促进区域经济发展、推进城镇化进程具有十分重要的意义。

(1)建设依据。2009年9月22日,工可获省发改委批复(黔发改交通〔2009〕2612号);2009年11月9日,初步设计获交通运输厅批复;2010年1月26日,完成建设用地勘测定界工作;2010年6月18日,项目法人资格获交通运输厅批复;2010年7月23日,批复"使用林地同意书"(林资许准〔2010〕230号);2010年12月28日,贵州省交通建设工程质量监督局授理工程质量监督批复(黔交质〔2010〕101号);2011年8月8日,施工图设计文件获交通运输厅批复(黔交建设〔2011〕153号);2012年1月21日,正式施工用地获国土资源部批复(国土资函〔2012〕31号);2012年2月8日,施工许可获省交通运输厅批复。

(2)建设规模及主要技术指标。项目全线采用双向四车道高速公路标准,路线全长156.568km,路基宽度21.5m,设计速度80km/h,最小平曲线半径500m,最大直线长度2107m,最大纵坡5%,凸形竖曲线最小半径1200m,凹形竖曲线最小半径1000m,桥涵设计荷载公路—Ⅰ级,概算投资:134.9146亿元,平均桥隧比33.88%。项目全线在思南西(枢纽互通纳入杭瑞高速公路)、双塘、腾龙、塘头、新场、石阡、大地、羊场、镇远西、金堡、岑松(枢纽)设置10处互通立交,互通连接线长13.651km。主线建设占地约13070.9亩,主线用地6.272公顷/km。

全线互通立交11处(其中思南西枢纽纳入杭瑞高速公路),分离式立体交叉30处,在思南双塘(K5+420)、腾龙(K12+615)、塘头(K31+855)、石阡新场(K48+150)、石阡南(K57+00);大地(K76+350)、羊场(K95+125)、镇远(K123+028)、金堡(K134+566)设收费站9处。

全线在石阡(K57+000)、镇远(K123+028)设隧道管理救营站2处;白杨坪(K118+630)为一类服务区;大沙坝(K38+900)为二类服务区;邵家桥(K18+905)、坪山(K72+100)、羊场(K96+785)、报京(K144+700)为三类服务区;在腾龙(K12+615)、大地(K76+350)、金堡(K134+566)设养护工区3处。

(3)资金筹措。项目建设资本金(约占总投资的25%)由省交通运输厅安排的专项资金和铜仁市、黔东南州政府分别出资向国家开发银行贵州省分行贷款解决。开发银行对项目贷款评审通过后签订了银团贷款协议。资本金落实情况:铜仁全部到位;黔东南州未到位1.58亿元。具体情况如下:思剑项目地方资本金工可批复12.38亿元(初设预算批复13.76亿元)。黔东南州:应到位7.17亿元,已到位5.59亿元,其中现金2.69亿元、车购税分配2.9亿元、未到位资金1.58亿元(如按初设批复未到位达到2.39亿元),银行贷款导致直接影响项目建设资金至少6.32亿元人民币。

(4)参建单位。项目建设单位是贵州高速公路集团有限公司,现场执行机构为思剑项目办,监督单位是贵州省交通建设工程质量监督局,有中交第二公路勘察设计研究院等7家设计单位参与设计,36个面向全国公开招标的施工合同段从事施工,4个总监办、8个驻地监理办,2个中心试验室进行过程监理,特殊桥梁、隧道、边坡监控、检测、科研和给水、供电、消防等专项施工共计100余家从业单位和现场机构参加了思剑高速公路项目的建设管理活动,具体参建单位详见表6-102。

第六章

思剑高速公路建设从业单位统计表　　　　　　表6-102

通车里程桩号：K0+000~K156+300

参建单位	单位名称	合同段编号及起止桩号		主要负责人
项目管理单位	贵州高速公路集团有限公司（思剑项目办）	K0+000~K156+300		马显红
勘察设计单位	中交第二公路勘察设计研究院有限公司	1	K0+000~K47+000 公路工程	舒江
	贵州省交通规划勘察设计研究院	2	K47+000~K100+000 公路工程	吴骏
	湖南省交通交通规划勘察设计院	3	K100+000~K156+000 公路工程	李大
	贵州省交通规划勘察设计研究院	4	K0+000~K156+000 交通工程	张炯
	贵州省交通规划勘察设计研究院	5	沿线房建工程	王迪
	招商局重庆交通科研设计院有限公司	6	绿化及景观工程	张华君
施工单位	中国水电建设集团路桥工程有限公司	1	K0+315.872~K10+250 路基工程	曾昭宇
	中铁二局股份有限公司	2	K10+250~K18+000 路基工程	王国炜
	北京市海龙公路工程公司	3	K18+000~K29+300 路基工程	杨海生
	中铁一局集团有限公司	4	K29+300~K38+100 路基工程	刘冠营
	中铁二十一局集团第三工程有限公司	5	K38+100~K47+635.414 路基工程	任文辉
	贵州省公路工程集团总公司	6	K47+000~K52+500 路基工程	任达成
	中铁二十一局集团第三工程有限公司	7	K52+500~K59+200 路基工程	秦思明
	中交第二航务工程局有限公司	8	K59+200~K64+700 路基工程	邓逊
	贵州省公路桥梁工程总公司	9	K64+700~K70+700 路基工程	刘贵蜀
	中天路桥有限公司	10	K70+700~K82+780 路基工程	黄劲
	中铁十二局集团第一工程有限公司	11	K82+780~K87+500 路基工程	曹国俊
	江西省公路机械工程局	12	K87+500~K93+420 路基工程	王永剑
	中铁十一局集团第一工程有限公司	13	K93+420~K99+692.646 路基工程	丁永全
	中交第二航务工程局有限公司	14	K100+000~K106+210 路基工程	邢建春
	中铁十五局集团有限公司	15	K106+210~K111+528 路基工程	易金舫
	中铁五局集团第一工程有限责任公司	16	K111+528~K118+640 路基工程	朱胥仁
	广西壮族自治区公路桥梁工程总公司	17	K118+640~K123+720 路基工程	肖荣
	贵州省桥梁工程总公司	18	K123+720~K128+380 路基工程	杨光华
	贵州省公路桥梁工程总公司	19	K128+380~K135+560 路基工程	刘先涛
	贵州省桥梁工程总公司	20	K135+560~K143+560 路基工程	陈非
	贵州省桥梁工程总公司	21	K143+560~K150+300 路基工程	李泽生
	贵州省桥梁工程总公司	22	K150+300~K156+224.6 路基工程	夏宁
	贵州省公路工程集团总公司	23	路面工程，对应路基1~5标	郭长勋
	安徽开源路桥有限责任公司	24	路面工程，对应路基6~11标	李志福
	贵州省公路工程集团总公司	25	路面工程，对应路基12~17标	殷中辉
	中交第二航务工程局有限公司	26	路面工程，对应路基18~22标	刘力

续上表

参建单位	单位名称	合同段编号及起止桩号		主要负责人
施工单位	辽宁省交通工程有限公司	27	交安设施,对应路基1~11标	潘加良
	广东能达高等级公路维护有限公司	28	交安设施,对应路基12~22标	李茂山
	湖南省建筑工程集团总公司	29	站房站点,对应路基1~11标	冯述武
	中国第四冶金建设有限责任公司	30	站房站点,对应路基12~22标	陈小军
	杭州兴业市政园林工程有限公司	31	绿化工程,对应路基1~11标	刘湘
	深圳市翠绿洲环境艺术有限公司	32	绿化工程,对应路基12~22标	姚建强
	北京诚达交通科技有限公司	33	机电工程,全线三大系统	张疆
	广西远长公路桥梁工程有限公司	34	隧道机电,对应路基1~9标	卢翰清
	贵州桥梁建设集团有限责任公司	35	隧道机电,对应路基10~18标	林波
	广东新粤交通投资有限公司	36	隧道机电,对应路基18~22标	张亮斌
监理单位	贵州科达公路工程咨询有限公司	ZJLB-1 总监办	对应1~11、23、24、27、29、31合同段	田应盛
	贵州省交通建设咨询监理有限公司	ZJLB-2 总监办	对应12~22、25、26、28、30、32合同段	周云波
	贵州陆通公路工程监理有限责任公司	ZJLB-3 总监办	对应33合同段	刘洁刚
	重庆中宇工程咨询监理有限责任公司	ZJLB-4 总监办	对应34~36合同段	梁威洋
	重庆育才工程咨询监理有限公司	A驻地办	对应1~5合同段	王政
	北京中通公路桥梁工程咨询发展有限公司	B驻地办	对应6~11合同段	张之元
	贵州三维工程建设监理咨询有限公司	C驻地办	对应12~17合同段	索进喜
	贵州陆通公路工程监理有限责任公司	D驻地办	对应18~22合同段	王元智
	贵州省交通建设咨询监理有限公司	E驻地办	对应23、24合同段	陈历焕
	贵州陆通公路工程监理有限责任公司	F驻地办	对应27、29、31合同段	叶发勇
	贵州陆通公路工程监理有限责任公司	G驻地办	对应25、26合同段	王元智
	贵州省交通建设咨询监理有限公司	H驻地办	对应28、30、32合同段	金秀英
	贵州工大土木工程试验检测股份有限公司	Z1中心试验室	对应1~11、23、24、27、29、31合同段	贾朝政
	贵州省交通建设咨询监理有限公司	Z2中心试验室	对应12~22、25、26、28、30、32合同段	梁德礼
设计咨询单位	交通部规划研究院	设计咨询		岳福青

2. 建设情况

（1）项目招投标。贵州省思南至剑河高速公路项目工程施工及施工监理全部采用国内竞争性招标。全线路基土建工程共22个施工合同段从2010年2~12月完成。2010年5月14日完成路基监理合同谈判工作，2个总监办、4个驻监办同期进场开展工作。2010年7月12日完成中心试验室合同谈判。路面工程2013年1月15日完成招标；房建工程2013年5月27日完成招标；机电工程2013年5月27日完成招标；绿化工程2013年6月13日完成招标；交安工程2013年7月9日完成招标。与之对应的4个驻监办、2个机电总监办同步完成了招标工作。

（2）征地拆迁。思剑高速公路途经铜仁市思南县、石阡县、黔东南州镇远县、剑河、三穗县，涉及17个乡镇，72个行政村，385个村民组。工程占用施工用地15749亩，拆迁农房590户，搬迁坟墓3993座，搬迁企业30家，恢复人饮及农灌设施50处，完成移动、联通、电信、军用光缆及广电通信线路，管线迁改500余千米。如供电线路迁改，涉及超高压线路的征拆工作量大，迁改工作困难，情况复杂，规划、设计、协议签署、材料采购、征地、施工、停电计划的安排协调难度大，迁改时间较长。同时还完成了沿线大批农灌沟渠及排洪沟、生产便道、机耕道的修建和恢复。项目办为妥善处理好一系列涉农问题，本着依法、依规，由指挥部牵头，项目办、乡镇、村组以及施工单位深入现场采取一事一议的工作模式，及时化解矛盾纠纷，限时完成存在的涉农问题。真正按照"以人为本""群众利益无小事""构建和谐社会的要求"的工作思路，征地拆迁工作在省交通运输厅及集团公司领导的亲自协调参与和各级地方政府的积极配合下，顺利全面完成。

（3）交（竣）工。本项目开工时间2010年8月17、18日召开路基单位第一次工地会议，项目正式开工，项目整体交工验收会议于2013年11月26日进行（图6-136），交工验收通车试运行时间为2013年11月28日，如图6-137和图6-138所示。

图6-136　2013年11月26日，思剑高速公路交工验收会

图6-137　2013年11月27日，思剑高速公路各参建单位合影

图 6-138　2013 年 11 月 28 日,思剑高速公路建成通车(图为木蓬大桥)

3. 复杂技术工程

思南至剑河高速公路项目复杂技术工程主要有木蓬大桥、溮阳河大桥、乌江大桥。

(1)木蓬大桥。里程桩号 K68 + 289.7,长度 $(2 \times 30 + 165 + 4 \times 30)$ m。木蓬大桥创新之处主要体现在以下几个方面:一是推导了钢筋混凝土箱形拱桥最大壁厚比限值计算公式。基于四边简支弹性板稳定理论、拱桥等效压杆理论和钢筋混凝土中心压杆计算理论,推导了适合于不同混凝土强度等级的钢筋混凝土拱圈顶底板与腹板厚度最大限值计算公式;提出了初拟主拱圈截面时可按跨度/高度比(L/h)为 50 ~ 75,拱圈宽度可按跨径的 1/30 ~ 1/15 选取的设计建议,完善了钢筋混凝土拱桥设计理论。二是研发了具有自主知识产权的倒三角形挂篮构造,研发了具有自重轻、操作简单、可靠性好的倒三角形挂篮,成功应用于木蓬大桥主拱圈悬臂浇筑中。三是推导了悬浇拱桥无应力合龙扣索力调整影响矩阵。将无应力状态法引入悬浇拱桥中,提出了仅用 2 组扣索调整主拱圈合龙长度和转角实现最大悬臂阶段的无应力合龙,推导了相应的影响矩阵 C。四是提出了带有预判机制的扣索力可行域算法,开发了相应计算程序。在传统"应力平衡法"基础上,提出了能适合于悬臂浇筑法施工、悬臂浇筑法与劲性骨架组合法施工的钢筋混凝土拱桥控制分析算法。基于 ANSYS 平台,利用 APDL 语言开发了控制计算程序。五是提出了悬臂浇筑与劲性骨架组合法施工的钢筋混凝土拱桥劲性骨架长度取值。从地形地质条件、主拱圈内力、施工条件和工程经济等方面,提出了悬臂浇筑与劲性骨架组合法施工中劲性骨架长度范围为 $(0.3 ~ 0.6)L$。

(2)溮阳河大桥(图 6-139)。里程桩号 ZK120 + 980 ~ ZK121 + 645.92,长度 $(115 + 2 \times 180 + 110)$ m,连续刚构。其一,溮阳河大桥 3 号 ~ 5 号主墩承台尺寸为 20.1m × 11m × 5m,属大体积混凝土结构,承台一次性浇筑完成。

大体积混凝土施工时遇到的普遍问题是温度裂缝。由于混凝土的体积大,聚集的水化热大,在混凝土内外散热不均匀以及受到内外约束的情况时,混凝土内部会产生较大的温度应力,容易导致裂缝产生。因此,在大体积承台混凝土的施工中必须采取有效的措施来防止温度裂缝的产生,确保混凝土结构的安全性能。

图6-139　2013年5月22日,思剑高速公路㵲阳河大桥贯通

大体积混凝土温控措施:优化大体积混凝土配合比设计;控制混凝土的入模温度;做好混凝土的温度监控工作;提高大体积混凝土的养护技术(包括混凝土内部的降温和混凝土外部的保温工作),经过实践证明,采用此温控措施,保证了承台的施工质量,取得了良好的效果。

其二,高墩提升架周转模板施工工艺。高墩提升架周转模板施工工艺是近年来在桥梁高墩施工中广泛采用的一种施工方法。㵲阳河大桥主桥高墩也采用此方法进行施工。此方法具有施工投入少、材料组织容易、施工操作简便、施工效率高、安全和可适用性强等特点。

其三,0号、1号块托架预压工艺。通常托架的预压采用堆载的方法进行,但是采用堆载的预压方法耗费大量的人力和物力且预压的时间较长。㵲阳河大桥采用了反力架的预压方法,取得了良好的效果。

(3)乌江大桥。里程桩号ZK10+820、YK10+855,长度(11×30+116+220+116+11×30)m、(7×30+116+220+116+12×30)m。工程施工的重点、难点及施工措施:一是乌江大桥主桥横跨乌江,主桥主墩位于乌江腾龙峡峡谷半坡上,小里程主墩墩位离乌江江面垂直高度58.6m,离坡顶思林公路垂直高度88m,大里程主墩墩位离乌江江面垂直高度44.4m,离坡顶思林公路垂直高度110m,坡道陡峭、险要,地质条件复杂,要打通至主墩的施工便道难度非常大,且业主、地方、设计院均要求加强环保,减少对环境的破坏面积,维护腾龙峡风景区的自然风景。经多次现场勘查,方案比选,放弃常规展线或隧道的施工便道方案,采用通过在乌江两岸斜向设置65t大型绞坡道施工方案解决峡谷地区大桥主墩施工的物流问题,节约成本、缩短工期,同时减少征地拆迁和破坏原始地理环境面貌。

二是乌江大桥主桥主墩基础采用12ϕ2.5m的桩,桩长48~59m。挖孔桩小里程岸弃渣总量为8270m³,大里程岸弃渣总量为7581m³。由于乌江为国家一级水源,主桥又处于乌江腾龙峡自然风景区,不允许对乌江造成污染,因此,如何解决孔桩弃渣问题,是确保桩基和承台施工进度的关键因素。为此,施工单位加强和设计院、业主与监理的沟通联系,在两主墩外侧分别设置大型挡土墙,挡土墙除将全部弃渣挡于半坡外,同时也不影响腾龙峡风景区的自然景观,完美地攻克了桩基弃渣难的大难题。

三是乌江大桥主墩墩身采用双肢等截面矩形空心墩,肢间净距8.4m,单肢截面尺寸9.5m×3.8m,墩高102~119.5m,如何保证复杂地形条件下高墩柱施工安全、质量及进度是一个难题。经过方案比选,采用液压自爬模施工技术,液压自爬模的动力来源是本身自带的液压顶升系统,通过液压系统可使模板架体与导轨间形成互爬,从而使液压自爬模稳步向上爬升,液压自爬模在施工过程中无须采用其他起重设备,操作方便,爬升速度快,安全系数高;墩身每次浇筑5m,模板配置高度为5.15m,模板部分可整体后移650mm,以满足绑扎钢筋、清理模板及刷脱模剂等要求,利用斜撑模板可前后倾斜,最大角度为30°,模板部分可相对支撑架部分上下左右调节,使用灵活,施工误差可逐层消除;钢木组合结构液压自爬模提供全方位的操作平台,安全防护牢固有效,液压爬升过程平稳、同步、安全。

四是引桥上部构造为30m后张预应力混凝土T梁,先简支后连续。受场地限制,T梁预制场设置在桥尾,乌江大桥30m T梁有205片,上部结构T梁预制和架设任务较重。为确保整个项目T梁预制和架设能够满足总体施工进度要求,T梁预制场规模为:制梁台座16个,30m T梁模板配置5套,40m T梁模板配置3套,制梁能力64片/月,存梁能力80片,预制场设2台80t/24m和2台5t/17m龙门吊分别负责T梁转运、模板安拆以及混凝土浇筑等工作。

五是主桥上部构造为(116+220+116)m三跨预应力混凝土连续刚构箱梁,本桥平面位于大半径圆曲线内,主桥箱梁按设计线处划分节段长,由调整箱梁节段内外弧长来满足平面线形要求。箱梁全长452m,位于分离式路基段内,单幅为直腹板变高单箱单室悬臂现浇箱梁,共分119个梁段,中支点0号梁段长18m,梁段数及梁长从根部至跨中分别为12×3.0m、6×3.5m、10×4.3m,节段悬浇总长100m,合龙段长2.0m,边跨现浇段共长5m,最大悬臂浇筑块重2750kN。连续刚构箱梁0号段、挂篮悬臂现浇段、边直线段及合龙段施工技术难度大,安全质量要求高。刚构连续箱梁0号段和边跨直线段利用挂篮既有底模、外模和内模材料,利用双肢等截面矩形空心墩搭设钢平台现浇施工;悬浇段采用三角挂篮悬臂施工,先边跨合龙,后中跨合龙。边跨直线段利用既有的挂篮底模、外模和内模搭设钢平台,在挂篮底模纵梁前段支撑到边墩设置的牛腿上通过边墩牛腿受力,另一端通过三角挂篮后锚和底模后吊杆锚固受力,通过适当改装的挂篮施工边跨直线段。边跨直线段施工完成后,在改装的挂篮上进行边跨合龙段合龙,最后利用中跨挂篮合龙中跨合龙段。

4. 营运管理

本项目在大沙坝、羊场、报京设服务区 3 处,在邵家桥、坪山、白杨坪设停车区 3 处,匝道收费站 9 处,在石阡设管理分中心 1 处,在石阡、镇远设隧道管理救营站 2 处,在腾龙、大地、金堡设养护工区 3 处,本项目于 2013 年 12 月 19 日建成通车,批准收费时间为 2013 年 12 月 19 日,批准收费终止时间为 2033 年 12 月 18 日。2013 年 12 月 ~ 2015 年 5 月,收费总计 1.205 亿元。2013 年 12 月 ~ 2015 年 6 月,进出口车流量共计 6294744 辆,现无大修工程。收费站点设置见表 6-103。

思南至剑河高速公路收费站点设置表　　　　　　表 6-103

站点名称	车道数	收费方式
思南西站	4 进 6 出(含 ETC 车道 1 进 1 出)	联网收费
思南南站	3 进 4 出	联网收费
塘头站	3 进 4 出	联网收费
石阡北站	4 进 6 出	联网收费
石阡站	4 进 6 出(含 ETC 车道 1 进 1 出)	联网收费
大地站	3 进 4 出	联网收费
羊场站	3 进 4 出(含 ETC 车道 1 进 1 出)	联网收费
镇远南站	4 进 8 出(含 ETC 车道 1 进 1 出)	联网收费
金堡站	2 进 4 出	联网收费

十、S30 江口至都格高速公路

S30 江口至都格高速公路由江口至瓮安公路、瓮安至开阳段(待建)、开阳至息烽高速公路(在建)、息烽至黔西高速公路(在建)、黔西至织金高速公路、织金至纳雍公路、纳雍至都格段构成。

(一)S30 江口至都格高速公路江口至瓮安公路

1. 基本情况

(1)项目决策背景。贵州是我国西部多民族聚居的省份,也是贫困问题最突出的欠发达省份。贫困和落后是贵州的主要矛盾,加快发展是贵州的主要任务。改革开放特别是实施西部大开发战略以来,贵州经济社会发展取得显著成就,进入了历史上发展的最好时期。但由于自然地理等原因,贵州发展仍存在特殊困难,与全国的差距仍在拉大。2011 年全省地区生产总值 5600 亿元,人均值 16117 元,居全国末位。

让贵州尽快实现富裕,是西部和欠发达地区与全国缩小差距的一个重要象征,是国家兴旺发达的一个重要标志。因此,在 2012 年年初发布的《国务院关于进一步促进贵州经济社会又好又快发展的若干意见》(国发〔2012〕2 号文件)中,国务院针对贵州省当前的发展形势与战略机遇,提出了54条促进贵州经济社会又好又快发展的意见。在这些意见中,"大力实施工业强省和城镇化带动战略,着力加强交通、水利设施建设和生态建设,全面提升又好又快发展的基础条件"是作为整个贵州经济社会发展的指导思想提出的。

2011年2月21~22日,时任贵州省副省长孙国强率省有关部门负责人赴铜仁调研,考察铜仁市工业园区建设和工业发展情况,主持召开专题会议并形成贵州省人民政府专题会议纪要《关于研究铜仁地区和松桃县有关问题的会议纪要》(黔府专议〔2011〕20号),纪要中关于江口经石阡至瓮安高速公路,由省交通运输厅将该高速公路列入2012年开工建设计划。

2011年3月31日,省交通运输厅主持召开会议,研究落实孙国强副省长对江口至瓮安高速公路项目建设的批示。江口至瓮安高速公路是《贵州省高速公路网规划》中的组成部分,项目连接4个地州市和5个县,通过在建的其他县县通高速公路项目连成网络后,可以发挥路网综合带动效益。因此,及时启动项目前期工作,为适时开工建设做好项目储备。

贵州省江口至都格高速公路江口至瓮安段(以下简称"安江高速公路",见图6-140)是贵州省人民政府于2009年2月批准实施的《贵州省高速公路网规划》("678网")中的第三横线的东段。按规划的控制点,第三横横贯贵州省7个市州地,起自铜仁地区江口县,与第二横在江口县境内交叉,向西经铜仁地区石阡县、遵义余庆、黔东南州黄平县、黔南州瓮安、贵阳市开阳、息烽、毕节地区黔西、织金、纳雍至滇黔界六盘水都格,对接云南省宣威市。第三横规划里程全长547km,其中江口至瓮安段规划里程长165km。

图6-140 安江高速公路沿线景观

本项目建设里程全长143.272km,其中主线里程长140.396km,余庆支线长2.876km。项目主线起至江口县闵孝镇岳家寨,与杭瑞高速公路大兴至思南段T形枢纽交叉,经铜仁石阡、遵义余庆、黔东南州黄平等地至黔南州瓮安县,与在建的贵阳至瓮安高速公路顺接。

(2)公路的功能、定位、里程。安江高速公路是全省高速公路骨架公路规划"678"网的第三横线,是一条横贯贵州中东部地区的交通大动脉,连接铜仁、遵义、黔东南、黔南4个州(市)、5个县的大通道,起点在江口县境连接杭瑞高速公路,终点在瓮安县境连接瓮(安)贵(阳)高速公路。

安江高速公路有利于改善贵州中东部的路网结构,实现贵州中东部地区与省会城市的直通对接,是一项富民工程、黄金工程,对推动沿线地区经济社会大发展有着重要意义,有助于促进贵州与全国同步进入小康。建设单位为贵州中交安江高速公路有限公司。安江项目全长143.272km。

结合拟建设的贵阳至瓮安高速公路,本项目将成为铜仁地区与贵阳市最近的通道,铜仁至贵阳传统通道为沪昆通道。两通道相比:走沪昆通道362km,实际运营时间约239分钟,本项目通道长294km,实际运营时间约176分钟。本项目通道比传统通道里程节约68km,运营时间节约63分钟。本项目的建设不仅是完善贵州省高速公路网的需要,同时也是铜仁进入贵阳最捷近的通道,两地经济优势互补,实现双赢的需要,意义重大。

(3)技术指标。安江高速公路按四车道高速公路标准建设,路基宽度21.5m,设计速度80km/h。项目起点在江口县境连接杭瑞高速公路,终点在瓮安县境连接瓮(安)贵(阳)高速公路。主要途经铜仁、遵义、黔东南、黔南4个市州地中江口、石阡、余庆、黄平、瓮安5个县。

(4)主要构造物。安江高速公路全长143.272km(主线全长140.396km,余庆支线2.876km),全线设计速度80km/h,路基宽度21.5m,双向四车道。全线共有桥梁40159m/137座,其中特大桥5872m/5座,大桥31158m/90座,中桥2884m/36座;桥梁占路线总长的28.03%。特大桥中除凯峡河大桥为主跨220m的连续刚构桥外,其余4座均为最大跨径40m的连续T梁桥。大桥中陡山坝大桥、地瓜坡2号大桥为主跨150m的连续刚构桥,马路坡1号大桥、青杠坡大桥为主跨130m的连续刚构桥。全线共有隧道28229m/23座,其中特长隧道6732m/2座,长隧道13737m/8座,中隧道6749m/10座,短隧道1011m/3座,隧道全部在主线上,隧道占主线总长的19.70%。

2. 建设情况

(1)立项审批。安江项目前期各项相关专题报告(包括水土保持方案报告书、地质灾害危险性评估报告书、文物考古调查勘探评估暨保护规划报告、项目用地预审、规划选址意见书、环境影响评价大纲和评价报告、压覆矿产资源调查报告共7个专题)获得批复。此外,贵州省人民政府批准了对贵州省交通厅《关于江口至瓮安高速公路项目采用招商引资方式建设的请示》(黔交呈〔2012〕93号)的批复意见。

(2)勘察、设计。贵州省江口至瓮安高速公路段,地质条件较复杂,沿线分布有采空区、溶洞、顺层挖方边坡、煤系地层、高液限土,部分段落地下水发育。路线经过较多的村镇、农田和地方道路,改路、改渠较多。在岩溶发育区域,桩基施工不确定因素特别多。设计单位本着"技术领先、设计精良、信誉至上、服务优质"的思想,自本项目开始,经过两阶段勘测设计,严格按设计单位质量体系文件的要求进行各环节的质量控制,精心勘察和设计,使路线线形顺畅,同时能结合地形地物及地质条件进行设计,经技术方案、造价综合比较,采用结构安全、经济的设计方案,节省了造价。设计过程中注重对新技术、新材料、新设备、新工艺的采用,例如地形图测量采用了"机载三维激光雷达测量技术"和"机载激光雷达三维地表数据处理系统",外业控制测量采用了先进的 GPS 全球定位系统、航空摄影测量技术及红外仪、全站仪、PTK 放线,提高了测量精度;针对本地区的地质特点,地质勘察工作中现场调查基础上采用了钻探 EH4 高频大地电磁物探等综合地质勘探手段,查明沿线地质情况,对不良地质地段,采用处理效果好、施工难度小、工程进度快的地基处理方案。在施工服务过程中,坚持优质、及时的服务态度,急施工之所急,同时能结合施工实际,及时完善和变更设计,确保了工程的顺利开展。

吸取国内特别是贵州省多条高速公路的建设经验,优化路基、路面、桥梁、涵洞及防护排水的设计,在安江项目设计中对类似的问题从工程测量、地质勘察、工程设计等方面进行有针对性的落实和优化,使得安江项目的施工图纸能更好地结合工程实际情况指导施工,使本次施工图设计质量有较大的提高,为本项目的顺利开展打下一个良好的基础。

在具体方案设计中,优先采用质量可控、便于施工的常规工程方案,要充分考虑公司既是投资方又是运营期间的收益方,既要实现建设期间减少工程造价、缩短施工工期的目标,又要考虑运营期间如何降低养护费用和成本。如同一施工标段尽量采用相同跨径的梁长、减少墩柱直径的种类,虽然由于同一标准会造成工程量的局部增加,但类似措施会大幅减少工期和施工单位的实际成本。

安江项目为 BOT 项目,施工图外业调查期间,施工单位已经进场开始进行临建工程施工,鉴于此特点,勘察设计加强与施工单位的沟通,了解其特点。一方面可以有效补充勘察设计组单方进行外业调查的局限性,包括地方对高速公路施工期间的特殊要求,沿线是否存在特殊背景的建筑物、墓地等,避免施工时产生较多的变更;另一方面通过与施工单位的沟通,可以在施工图设计开始之前了解到施工单位的技术水平、管理方式、质量意识等,在确定施工图设计方案时可以做到有的放矢。在工程造价相近的前提下,尽量选用各标段擅长的施工工艺和充分利用既有设备,减少标段的成本支出。

通过细致的前期勘察设计和施工过程中的紧密配合,在安江高速公路项目公司的统一部署下,参建各方共同努力,安江高速公路未产生因地质因素、调查不足等引起的重大变更,按期通车,达到了预期目标。

(3)资金筹措。安江项目采用"BOT + EPC + 政府补贴"承建模式,拟使用资本金、政府补贴与银行融资贷款相结合方式筹措资金,针对融资贷款部分建设期采用完工保证,运营期采用阶段性担保和收费权质押方式获取银行贷款,项目资本金及项目融资比例分别为40%、60%,其中自有资金639900万元,银行融资贷款金额960400万元。

(4)招标投标。安江项目的建设模式为BOT+EPC+资金补贴,建设单位为贵州中交安江高速公路有限公司,设计单位为中交第二公路勘察设计研究院有限公司,监理单位通过社会公开招标确定监理单位。包括路基土建、路面、交安、绿化、监理单位共4个,机电监理单位1个、房建监理单位2个;施工单位:按照投资合同约定组建。中交集团下属各施工单位通过内部竞争确定。包括18个路基土建施工标段、4个路面施工标段、2个机电交安施工标段、1个绿化、4个房建施工标段。

2013年7月24日,进行路基路面工程监理招标,武汉大通公路桥梁工程咨询监理有限责任公司、洛阳市路星公路工程监理有限责任公司、潍坊市华潍公路工程监理处、河南豫路工程技术开发有限公司4家企业为中标单位;2015年3月25日进行了机电、房建工程监理公开招标,北京华路捷公路工程技术咨询有限公司为机电监理中标单位,西安方宇工程咨询监理有限责任公司、西安新业建设咨询有限公司为房建监理中标单位。

参建的施工单位均具有较强的专业技术素质和专用机械设备。在施工中都能贯彻项目公司意图,达到项目公司工程管理的目标;在质量管理方面,都建立了自检体系,明确职责;并与监理、设计单位配合,认真执行施工技术规范和工程质量检验评定标准。在进度、质量、安全、环保等方面做了大量工作,为安江高速公路保质、保量顺利通车做出了贡献。

(5)征地拆迁。征地拆迁工作始于2013年9月,由省交通运输厅代表政府分别与政府、国土等部门签订征地拆迁协议书,各级政府等部门组成相应的征地拆迁办公室,具体负责项目的征地拆迁工作。安江高速公路路线穿越4州(市)5县,在各地方政府和县高速公路协调指挥部的大力支持和帮助下,安江高速公路征地拆迁工作进展迅速,项目公司的征拆工作由书记牵头、征迁协调部协助,各现场代表具体操作协调解决与当地政府相关部门的征地拆迁和路地矛盾。共征用土地13876.0988余亩。其中江口县216.6582余亩,石阡县6767余亩,余庆县3215.3226余亩,黄平县1022.248余亩,瓮安县2654.87余亩;共拆迁房屋江口县14007715.04元;石阡县96390000元;余庆县32364m^2,24088772.17元;黄平县21160.21m^2,17010254元;瓮安县32954260.2元;坟墓7316811.5元;电力线路10kV 87处,0.4kV 231处,35kV 3处;地埋光电缆36处,架空光电缆106处;2015年11月征迁工作全部完成。

(6)交(竣)工。2014年6月20日,建设方贵州中交安江高速公路有限公司根据交通部《公路工程质量监督暂行规定》,向贵州省交通建设工程质量监督局申请办理质量监督,2014年9月9日贵州省交通建设工程质量监督局批复受理并成立安江高速公路质量、安全、环保监督小组,委派熊辉、郑庚学、何慧美监督工程师进驻施工现场,制订监督工作计划,对工程进行全过程质量监督。

2014年4月21日安江高速公路正式开工建设。

2015年11~12月,贵州省交通建设工程质量监督局根据上述有关规范、规程和标准对安江高速公路路基工程、路面工程、互通式立交工程、桥梁工程、隧道工程、交通工程等可实测部分进行了现场检测和相关试验。各检测小组采取随机抽样的方法,抽查了路基土石方工程、排水工程、涵洞、支挡防护工程、互通立交、特大桥、大桥、中桥,路面工程188.219km,隧道工程23座,交通安全设施标志、标线、波形梁钢护栏,均达到《公路工程竣工验收办法》和《公路工程质量检验评定标准》规定抽检频率的要求。验收意见认为安江高速公路路基填筑规范,分层均匀、碾压密实,路槽质量较好,边坡防护处理到位;桥梁、涵洞等构造物混凝土强度、几何尺寸符合设计要求,外观色泽均匀,线形顺直,大面平整;路面结构层厚度、平整度、压实度、抗滑性能、渗水系数等指标满足规范和设计要求;交通安全设施标志标牌齐全醒目,波形梁护栏安装线形顺适;各单位交工验收资料基本完整,同意通过交工验收。将局部未完善的交通安全设施完善后,尽早通车试运行。

2015年12月27日,召开交工验收会议,同意安江高速公路通过交工验收。2015年12月31日,在贵州省"县县通高速"之时,安江高速公路通车试运行。

3. 复杂技术工程

(1)凯峡河大桥。凯峡河大桥(图6-141)为全线的控制性工程之一,也是本项目的重点、难点工程。凯峡河大桥全长1122.5m,桥跨布置为[2×40+(118+220+160+58)+12×40]m,最大墩高140m,桥面距桥下河水面204m,东、西引桥上部构造为40m T梁,主桥上部为四跨变截面预应力混凝土连续刚构结构。主墩为群桩基础,整体式承台,3号墩设计16根桩,直径2.8m,桩长40m;4号墩设计20根桩,直径2.8m,桩长55m,两个主墩的桩基采用人工挖孔桩一次成孔,2013年11月23日开孔,2014年3月16日全部成孔。主墩承台尺寸为28m×22.2m×5m,为大体积混凝土,2014年4月17日一次浇筑成型,施工过程中采用了一系列降低水化热的措施来预防承台混凝土开裂。3号、4号主墩高度分别为71m、140m,为了确保施工进度,项目为每个墩配置了4套液压爬模,考虑到塔吊工效,为4号配置了2台塔吊,每次浇筑高度6m,2014年10月29日完成了主墩墩柱施工。0号块采用在墩顶设置的托架平台上进行施工,2014年11月28日第一个0号块浇筑。上部结构3个T构采用6套挂篮进行施工,项目部细化悬浇块段施工计划,计划到天,责任到人,给作业队伍制定了奖励措施,采取了优化配比、二级泵送、液压三通、挂篮顶搭设彩钢防雨棚等一系列措施,在确保预应力张拉"双控"要求及施工安全的前提下,8~9天1个块段。在各级领导的大力支持下,凯峡河大桥施工稳步推进,右幅于2015年10月4日合龙,左幅于2015年11月2日合龙,左幅桥面系及护栏于2015年11月30日完成,比总体计划提前了19天,为路面施工争取了宝贵时间。

图 6-141　安江高速公路凯峡河大桥

（2）石阡隧道。石阡隧道为全线控制性工程之一，也是本项目的重点、难点工程（图 6-142）。石阡隧道为小净距隧道，长 3699m，属特长隧道，出口地处山坡堆积体，围岩比较松散，有 800 多米都属于埋深 30～50m 的浅埋段，洞内围岩多为强—中风化泥岩，遇水成泥，容易坍塌和下沉，且隧道区有 15 条断裂构造和破碎带，洞内小型溶洞较多，并有大规模的涌水，给隧道施工造成很大困难和影响。针对地质条件差的客观因素，项目部根据具体部位、具体施工条件，针对洞门施工过程中山体纵向推移，采取了地表施作 φ108×6 钢管抗滑桩和 φ76×5 钢管地表注浆进行加固处理。对于隧道洞内塌方和冒顶，采取超前注浆小导管和塌腔内灌注混凝土进行加固处理。对于石阡隧道出口洞口软弱围岩段的施工，采取 CD 法和三台阶法进行施工。初期支护下沉较大，采取放大预留沉降量、增设大拱脚和临时仰拱、仰拱和回填及时封闭、加大监控量测频率等一系列措施。因初支下沉较大引起的初支侵限，采取临时加固支撑和换拱，并及时施作二衬等措施。对于洞内涌水，采取超前钻孔集中引排，同时对于洞内积水采用机械引排和罐车抽排相结合的方法，保证掌子面的正常施工。

图 6-142　建设期的石阡隧道进口

按照安江高速公路2015年年底通车的任务目标,项目工期紧、任务重,针对这一特点,项目部进行了详细的施工组织设计,增大了路基施工机械设备的投入;针对石阡隧道采取双向进洞,每个洞口配备2台自动上料喷浆机,1台混凝土输送泵,确保初支、二衬的施工得到保证,项目共配备了7套混凝土拌和设备,保证全线混凝土的供应;同时紧抓石阡隧道附属工程的施工(隧道调平层、路面、电缆沟、路缘边沟),为后期隧道路面、机电、交安的施工提供充足时间。

(3)高岩隧道。高岩隧道为全线的控制性工程之一,也是本项目的重点、难点工程。高岩隧道为分离式隧道,全长3043.762m,属特长隧道,隧道位于左偏曲线上,最小曲线半径1520m。地质情况复杂,围岩级别为Ⅲ级、Ⅳ级、Ⅴ级。依据设计图,按新奥法原理组织施工,采用双向施工方案。隧道明洞、斜切及斜切延伸段采用明挖法,暗洞按照围岩级别Ⅲ级围岩采用全断面法、Ⅳ级围岩采用台阶法、Ⅴ级围岩采用大拱脚台阶法施工,光面爆破法开挖。出渣采用无轨运输方法。全隧仰拱超前拱墙施作,隧道超前支护根据不同围岩,Ⅴj、Ⅴa级围岩地段设全环I20工字钢钢架及ϕ42拱部超前小导管或ϕ108大管棚加强支护,Ⅴb级围岩地段设全环I18工字钢钢架及拱部ϕ42超前小导管,Ⅳa围岩地段设置拱墙格栅及拱部ϕ42超前锚杆加强支护,Ⅳb围岩地段设置拱墙格栅,施工工艺采用湿喷法。二次衬砌使用衬砌台车拱墙一次模筑成型。项目在充分分析了各种制约施工进度的各项因素后确定关键性线路,贯彻执行工程施工的政策、法规,执行技术标准、质量标准、施工规范、安全规定、环保要求,采用科学的方法统筹安排项目生产,全面指导工程施工,确定质量、工期、安全、文明施工目标。在此基础上,倒排工期,加大对人力、物力、财力的投入,统筹安排、精细化管理,采用薪酬激励、投入机械设备、施行项目领导带班制。在各级领导的大力支持下,高岩隧道施工稳步推进,得到各方一致好评。

(4)佛顶山隧道。佛顶山隧道为小净距隧道。左洞起止桩号ZK71+447~ZK72+575,长度1128m,最大埋深133m;右洞起止桩号YK71+435~YK72+600,长度1165m,最大埋深143m。该隧道区属中低山地貌,地形起伏较大,穿越地质主要为凝灰质板岩,岩质整体较软,地下水不丰富,主要为大气降水。隧道进口洞口位于斜坡地段,地形左右基本对称,地表主要为松散型碎石,下伏基岩为凝灰质板岩,节理裂隙发育,岩体破碎。出口洞口仰坡坡向与岩层呈大角度相交,右洞长于左洞20m,右洞地表主要为碎石黏土,下伏凝灰质板岩,与左洞洞口边坡高度20m,边坡稳定性较差。

地质地貌情况较差地段地表覆盖层约35m,穿越甘扶县道,地表主要为碎石黏土,下伏凝灰质板岩和砂质板岩,揭露围岩主要为中风化凝灰质板岩,一组岩层产状为295°∠25°,岩体稳定性一般、围岩较破碎、结构呈水平状完整性较差,位于山体冲沟边沿,冲沟离拱顶13m,雨季山体汇水从该冲沟排放,地表水下渗软化围岩,影响隧道结构稳定。该隧道采取CD法和三台阶法进行施工。对于隧道洞内塌方,采取超前注浆小导管和塌腔内灌注混凝土进行加固处理。

4. 运营管理

2015年12月31日,安江高速公路投入运营,全线设管理中心1处(图6-143),设瓮安、瓮安东(猴场)、纸房、余庆东、佛顶山西、佛顶山东(图6-144)、石阡南、石固、龙塘坳、闵孝10个收费站,设瓮安东、余庆东、花桥3对服务区,设纸房、聚凤、甘溪、石固4对停车区,设安江高速公路监控中心1个,设应急救援队2个。批准收费时间自2016年1月1日起,至2045年12月31日止。

图6-143 贵州中交安江高速公路有限公司运营管理中心

图6-144 佛顶山东收费站

(二)S30江口至都格高速公路开阳至息烽段

1. 基本情况

(1)项目决策背景。贵州是我国西部多民族聚居的省份,拥有区位条件重要、能源矿产资源富集、生物多样性良好、文化旅游开发潜力大等优势,但由于长期受交通等因素的制约,贵州省物流不畅、信息闭塞,经济社会发展相对滞后,经济总量小,人均水平低,是我国贫困问题最突出的欠发达省份。改革开放,特别是实施西部大开发战略以来,贵州省经济社会发展取得显著成就,但由于自然地理等原因,全省发展仍存在特殊困难,与全国的差距仍在拉大。为促进贵州省经济社会又好又快发展,加快脱贫致富步伐,2012年1月12日,国务院出台了《国务院关于进一步促进贵州经济社会又好又快发展的若干意见》(以下简称"国发〔2012〕2号文")。

国发〔2012〕2号文将贵州定位为"西南重要陆路交通枢纽",明确提出"坚持把交通基础设施建设放在优先位置,建设对内对外大通道,加强贯通东西、连接南北的公路、铁路、水运、能源大通道建设,形成布局完善、功能协调的区域综合交通运输枢纽",并在财税政策、土地政策等方面给予较多优惠。面对西部大开发和经济全球化发展趋势,省委省政府提出了"坚持科学发展、奋力后发赶超,与全国同步全面建成小康社会"的目标。贵州要同步建成全面小康社会,核心在发展,关键在交通,重点在高速公路建设。为此,2012年12月贵州省人民政府出台了《贵州省高速公路三年建设会战实施方案》,明确提出:按照攻坚突破、提速升位的总体要求,突出打通出省通道、增加省会城市至市(州)射线、连接县级中心城镇,初步形成以贵阳市为中心,覆盖全省、通达全国、内捷外畅的高速公路骨架网络,坚持率先发展、安全发展和可持续发展,以高速公路大提速、大跨越推动产业大发展、城镇大繁荣,为贵州冲出"经济洼地"、总攻"绝对贫困"、实现与全国同步全面建成小康社会提供坚实的交通运输保障。高速公路三年建设会战总体目标:2013—2015年,全省高速公路建设总投资近4000亿元。到2015年,新建成高速公路2500km以上、实现通车里程5100km以上、实现县县通高速公路、建成贵阳市到其他市(州)双通道、形成15个出省通道、高速公路覆盖全省重点产业园区和风景名胜区等。高速公路三年建设会战为全省高速公路迎来了快速发展的又一个新的高潮。

开阳至息烽高速公路是贵州省人民政府批准实施的《贵州省高速公路网规划》中的第三横线的重要组成部分。第三横线起自铜仁市的江口,接杭瑞国家高速公路大兴至思南段,向西经遵义市的余庆,黔南州的瓮安,贵阳市的开阳、息烽,毕节市的黔西、织金、纳雍,止于六盘水市的都格(省界),全长约547km。国家高速公路杭瑞线和沪昆线在贵州省境内间距为80~160km,第三横线可作为横向重要的补充,有效地连接了4市(州)的10个县,将瓮福磷矿、开磷集团、水钢集团等大型国有企业连成线,同时也串联了织金洞、息烽温泉等众多旅游景点,第三横线按期实施后,不仅可增加贵州省境的横向通行能力,同时也能带动沿线的资源、旅游的发展。同时,本项目也是黔中经济区核心区高速公路环线组成,项目实施对加快黔中经济区快速发展意义重大。

(2)公路的功能、定位、里程。开阳至息烽高速公路项目,起于开阳县北面的永温镇蛇卡附近(起点桩号含互通为K44+694.403),与拟建的兰海国家高速公路遵义至贵阳扩容工程(贵遵复线)交叉,以蛇卡互通连接,途经黄钟坪、油干冲至洋水河,设洋水河特大桥[(2×40+122+230+122+8×40)m 连续刚构+T 梁]跨河至息烽县境;从息烽县温泉风景名胜区二级景区的南面通过,设温泉特大桥[(5×40+86+3×160+86+2×40)m 连续刚构+T 梁]跨过深沟峡谷至沙堰,于该处设温泉互通连接温泉镇;出互通后路线经中坝、潘家寨至白家湾子,设白家湾隧道穿过山梁至扇子坡,沿开阳支线铁路左侧山腰,经杉树坪至泡桐湾,设泡桐湾大桥上跨川黔铁路及开阳支线铁路,终点于息烽县小寨坝镇附近(终点桩号为 ZK65+460),设"十"字枢纽互通,与兰海高速公路遵义至贵阳段(贵遵高速公路)交叉衔接,同时连接拟建的息烽至黔西高速公路,项目路线全长 20.24km。

开阳至息烽高速公路是贵州省"678"高速公路网中"三横"的重要组成部分。项目的建设是贯彻落实国发〔2012〕2 号文件,加快黔中经济区建设的需要;是完善贵州高速公路网,构建黔中经济区核心区高速公路环线的需要;是构建织金—息烽—开阳—瓮安—福泉磷煤化工产业带的需要。

(3)建设规模。项目起点位于开阳县永温乡蛇卡,设永温枢纽互通与兰海国家高速公路遵义至贵阳段扩容工程相接,终点顺接的黔西至织金高速公路已经建成通车,并通过石板枢纽与贵黔、黔大高速公路衔接。采用 BOT+EPC 和政府补贴的建设模式,项目路线全长 20.240km,项目估算总投资 22.13 亿元,全线共有桥梁 3899.08m/10 座,其中,特大桥 1740m/2 座、大桥 2159.08m/8 座、中小桥 544.2m/9 座,项目桥梁占路线全长的 22.14%;隧道 810m/1 座,占路线全长的 4.04%。共设涵洞、通道 38 道,互通式立体交叉 3 处,分离式天桥 2 座,服务区 1 处。

主要控制性工程如下:

洋水河特大桥(K50+355)(图 6-145),本桥上部构造采用 2×40m+(122+230+122)m+8×40m 预应力混凝土连续刚构+T 梁,桥长 890.8m,最大桥高 246m。下部结构桥墩及基础采用薄壁墩、矩形墩、双柱墩、桩基,桥台及基础采用 U 台桩基。

图 6-145　洋水河特大桥

温泉特大桥(K52+638)(图6-146),本桥上部构造采用5×40m+(86+3×160+86)m+2×40m预应力混凝土连续刚构+T梁,桥长945.6m,最大桥高181m。下部结构桥墩及基础采用薄壁墩、矩形墩、双柱墩、桩基,桥台及基础采用U台扩基。

图6-146 建设中的温泉特大桥

(4)技术指标。开阳至息烽高速公路路线全长20.24km,设计速度80km/h,路基宽度24.5m,桥涵设计荷载采用公路—Ⅰ级,其他指标按照部颁《公路工程技术标准》(JTG B01—2003)执行。其中,温泉连接线长2.4km,路基宽8.5m,设计速度30km/h。

(5)主要地形地貌。开阳至息烽项目位于云贵高原东部,地势西北高、东南低。结合地形图和野外勘测,可将路线走廊地形地貌分为侵蚀构造和溶蚀两大成因类型,三种组合形态:峰丛地貌、沟谷地貌和溶丘谷地貌。

2. 建设情况

(1)立项审批。根据贵州省交通运输厅的高速公路前期工作要求,贵州省交通规划勘察设计研究院股份有限公司负责工程可行性研究报告的编制工作。2012年12月26日,贵州省交通规划勘察设计研究院规划咨询室会同院总工办赴工地进行了实地踏勘,根据初步拟定的路线方案核实线位及沿线重点工程的建设条件,对一些对项目工程建设影响较大的如东风水库、翁井水库、开阳磷矿、息烽温泉、省道305、国道210等利用卫星定位仪进行了实地调绘,并收集了贵遵高速公路、贵开二级公路的竣工资料,同时与沿线的各级政府领导及公路建设涉及的发改、交通、建设、国土、水利、旅游等相关职能部门进行了座谈,并专门与开磷集团进行对接,充分了解沿线的社会经济现状、产业布局及发展构想,听取了沿线各级政府及相关部门对本项目建设提出的意见和建议,补充收集了大量的相关社会经济、规划等方面的资料,并结合地方政府的相关意见及实地考察的情况对方案进一步补充和优化。经反复优化论证,报告提出推荐方案路线。

至2013年5月底,工程可行性研究报告编制完成。2013年10月25日,贵州省发展和改革委员会、贵州省交通运输厅在贵阳主持召开了贵州省江口至都格高速公路开阳至息烽段工程可行性研究报告评估会，项目组根据评估意见进一步修改完善工可报告，于2013年12月底完成最终报告。

随着项目前期工作的不断推进，经贵州省交通运输厅同意，贵州省江口至都格高速公路开阳至息烽段拟采取招商引资，按BOT建设模式，采用投资、设计、施工总承包的方式进行建设，为项目的投融资创造了良好的条件。

贵州交通建设集团有限公司，经贵州省交通运输厅的公开招投标程序并中标，成为贵州省江口至都格高速公路开阳至息烽段项目业主，与贵州省交通运输厅达成投资协议，并委托贵州省交通规划勘察设计研究院股份有限责任公司承担贵州省江口至都格高速公路开阳至息烽段项目申请报告编制工作。根据项目工可报告及专题报告成果，结合项目工可及专项报告评估意见，编制完成项目申请报告，至2014年7月，《贵州省江口至都格高速公路开阳至息烽段项目申请报告》编制完成。

2014年12月12日，省发改委以《开阳至息烽高速公路项目核准的批复》（黔发改交通〔2014〕2402号）对开息高速公路项目核准进行了批复。

（2）勘察、设计。贵州省交通规划勘察设计研究院股份有限公司承担开阳至息烽工程的初步勘察设计及施工图勘察设计工作。

2015年4月15日，省交通运输厅以《关于开阳至息烽高速公路初步设计的批复》（黔交建设〔2015〕63号）对开息高速公路初步设计进行了批复。2016年6月17日，省交通运输厅以《关于开息高速施工图设计的批复》（黔交建设〔2016〕112号）对开息高速公路施工图设计进行了批复。

（3）项目审批。在项目申请报告完成及进行初步设计的同时，开息高速公路的项目选址、土地、林地、环评、水保也同步展开。2013年7月23日，贵州省住房和城乡规划厅批复了项目选址意见书；2013年10月22日，贵州省环境保护厅批复了环评报告书；2010年1月15日，贵州省水利厅批复了水土保持方案；2016年7月15日，国家林业局正式批复了林地使用同意书；2016年8月26日，国家土地资源部批复建设用地。

（4）组织机构设置。2014年7月8日，根据招标文件、合同协议及《中华人民共和国公司法》等相关法律法规，经联合体共同出资和授权，分别成立贵州永烽高速公路建设有限公司（以下简称"项目公司"），首期注册资金1亿元，经营期限30年，分别负责息烽至黔西、开阳至息烽高速公路的投资开发、建设、运营、管理及养护，以及项目沿线广告的经营管理。息烽至黔西、开阳至息烽高速公路是在国家对交通基础设施建设步伐加快而拓宽筹资渠道的政策下，采用BOT+EPC模式，经省交通运输厅招标，由贵州交通建设集团有限公司（联合体牵头人）、贵州桥梁建设集团有限责任公司（联合体成员）和贵州省交通规划勘察设计研究院股份有限公司（联合体成员）组成联合体所中标的项目。项目的资金来源25%为企业自筹,75%为银行贷款。

贵州永烽高速公路建设有限公司设立4个部门,即综合协调部、财务部、工程合约部、质量安全部。项目实行两级监理,设立总监办、中心试验室和驻地监理办。其中,总监办由项目公司成立;通过招投标程序,中心试验室中标单位为湖南中大建设工程检测技术有限公司;驻地监理办中标单位为重庆市交通工程监理咨询有限责任公司;施工共分为8个施工标段,分别为4个路基土建施工标段(1~4标)、1个路面施工标段(KXLM标)、1个交安施工标段、1个机电施工标段、1个绿化施工标段。

(5)项目开工及完工时间。开阳至息烽高速公路建设,是贵州交通建设集团第一批BOT+EPC+政府补贴项目,项目于2014年8月进场,2014年12月底局部动工,2015年4月全面动工。2017年1月27日完成温泉至小寨坝段通车试运营。图6-147为小寨坝互通。

图6-147 小寨坝互通

(6)前期策划。从项目进场开始,项目公司就相当重视策划工作,项目公司成立了以总经理李军为组长的策划团队,有针对性地对开息高速公路全线便道、驻地、拌和场、梁场、料场等选址数次踏勘、统筹规划。结合路基、桥涵、路面工程的施工计划和控制节点要求,将各工点、各工序细化分解,明确阶段性的责任人该做什么、怎么做。目标任务明确、施工界面清晰。不但使各工序之间衔接恰当、有条不紊,还加快了施工进度、避免了滞留工期的风险、降低了工程成本。

(7)设计管理。开息高速公路从设计阶段就充分贯彻"安全舒适、经济节约、景观优美、环境和谐"的设计理念。深入贯彻全寿命周期、全过程动态管理,准确把握技术标准,合理运用技术指标,严格控制建设规模,充分运用先进的测设技术和方法,认真勘察、科学比选、精心设计。在选线上,项目公司结合咨询专家的意见,与设计充分沟通,坚持地质选线、地形选线、环保选线、节地选线、节材选线等理念,确保工程造价与全寿命周期有机结合。

(8)施工管理。开息项目为贵州交通建设集团第一批次的 BOT + EPC 项目,在资源投入上,受到贵州交建集团领导高度重视。集团公司抽调三家子集团的精兵强将组建了永烽项目公司,选择了各方面技术都领先的贵州路桥集团、贵州公路集团、贵州桥梁集团及贵州交通勘察设计院等公司,做土建、房建、路面、绿化、机电、交安等专业的施工。

在组织调度上,受到贵州交建集团公司党委的高度重视,党委书记、董事长杨贵平及公司其他领导不定期地亲临现场调研指导(图 6-148),对现场存在的问题及时梳理、及时销号,对项目的重点、难点提出指导性意见,并做阶段性的部署。项目公司结合现场施工情况,定期或者不定期地组织周或月调度会,解决施工过程中存在的问题,安排下一步工作计划。在项目建设过程中,项目公司根据管理职能,不断强化监理单位责任制,"坚决推崇事前监理,杜绝事后监理";建立标段管控措施,采取问题节点销号制,明确责任具体到人;实行项目业主标段长制度,施工过程中,项目业主对各标段存在的问题及时梳理,逐一解决,把大的问题细小化,小的问题整零化,达到施工问题不囤积,隐形矛盾透明化的预期效果。

图 6-148 贵州交建集团公司党委书记、董事长杨贵平(中)到永烽公司组织专题学习

在施工组织上,在项目前期策划中,项目公司就组织监理单位、施工单位深入一线,对现场的重点、难点及后继工程的跟进方面做了大量的踏勘和组织策划,集思广益,倒排工期,提前预测。对严重影响工期的点,采取工序分解细化,做好工序优化措施,加大资源投入准备;通过会议,制订并出台了开息项目施工进度计划,计划明确责任到点、到人,节点细化到月、到周、到天,达到项目施工作业有指导、目标计划有凭有据的目的,确保土建、房建、路面、绿化、机电、交安等各专业的施工工序交接明确,施工界面清晰。同时,项目公司根据项目计划,与监理、施工单位三方分别签订了《目标责任书》,明确奖罚机制,确立目标任务,保证施工计划得到全面的贯彻落实。

在奖罚制度上,项目进场之初,项目公司就成立了以总经理李军为组长的项目奖罚管理机构,全面开展项目的奖罚激励工作;确立奖罚机制,制定奖罚条款及内容,明确"公平、公正、公开、一把尺子量到底"的奖罚基本原则。项目公司根据各标签订的目标计划,以月度作为考核周期,及时梳理提前和滞后的施工节点,以标段为单位进行奖励或者处罚,监理单位对所辖标段负有监督责任,对应所辖标段的奖罚按合同约定给予监理单位相应的奖励或处罚;奖罚机制的建立及不断完善、健全,去除了个别单位"等、靠、要"的不利思想,达到了施工任务不等不靠、不推不拖,战晴天、抢雨天、白加黑、五加二,昼夜奋战、轮班作业,紧盯问题抓落实,遇到问题求解决的良好局面。紧紧围绕总体目标任务,项目公司组织开展了"四比四创,大干一百天暨争创党员先锋岗"劳动竞赛等活动。经过集体奋战,涌现出了一大批"先进党支部""先进党务工作者""先进集体""先进个人""优秀项目经理""优秀项目总工""优秀劳务班组"等集体及个人荣誉。此项活动的开展,不仅将党建工作和业务工作进行了充分融合,也鼓舞和激励了各参建人员的信心和决心,为项目建设营造了良好的建设氛围,为项目建设的最后冲刺打下了坚实的基础。

在资源配置上,由贵州交建集团公司统筹调度,项目公司积极协调交建集团交投商贸公司,统一控制钢材、沥青等大宗物资材料进场储备;对接沿线指挥部协调保障砂石材料、易爆物品等合法有序供应。同时建立数据信息资源共享平台,实时更新和汇总各标段劳务队伍、大宗主材、周转材料、机械设备等信息资源,对资源配置进行合理调度,实现资源内部共享。

在质量安全管理上,项目公司建立了以总经理李军为组长的质量安全全控小组,全面落实质量安全工作的开展。建设过程中,项目公司以施工标准化、品质工程为核心,强化质量管控措施,严格推动首件工程制、明确分配首件工程实施内容及合格产品的示范宣传;建立健全施工单位管理体系,规范工程标准化施工;用分项工程的质量来确保分部工程的质量、用分部工程的质量来确保单位工程的质量、用单位工程的质量来确保整个项目的质量,树立全线零缺陷工程理念;以平安工地为载体,落实安全第一的施工管控理念,坚持"安全第一、预防为主、防治结合、综合治理"的方针,坚持"管生产必须管安全"的原则。通过组织活动,进行培训教育,一定程度上增强了全员的安全意识,形成了由过去的"要我安全"向"我要安全"的可喜转变。

(9)招投标、合同管理。在选取服务单位上,项目公司严格按照相关法律法规实施,招标文件报送上级主管单位备案,在公共交易平台对外公开招标,招标程序、过程透明、公开。在合同的管理上,严格合同成立条件,费用标准有依据可查,严格合同审查流程,降低合同风险,合同条款公平公正。标段划分如表6-104所示。

标段划分情况表　　　　　　　　表6-104

标 段 号	标段所在地	工程内容及长度	从 业 单 位
TJ-1	贵州省开阳县	路基工程、绿化工程,全长6.306km	贵州桥梁建设集团有限责任公司

续上表

标 段 号	标段所在地	工程内容及长度	从 业 单 位
TJ-2	贵州省息烽县	路基工程、绿化工程,全长6.1km	贵州路桥集团有限公司
TJ-3	贵州省息烽县	路基工程、绿化工程,全长2.3km	贵州虎峰工程建设有限公司
TJ-4	贵州省息烽县	路基工程、绿化工程,全长5.46km	贵州公路工程集团有限公司

(10)计量、变更管理。施工图下发后,项目公司要求各合同段限定时间内编制0号台账并分批次审查,导入动态系统流程计量,进一步向无纸化、信息化办公靠近。项目通过加强现场工程完成量统计,每期制定计量目标,计量又为质检资料的完成起到督促作用,及时上报计量,为项目建设提供资金保障。严格计量程序,要求所报的计量必须是现场完成且合格的资料,遵循实事求是的基本原则。

为加快项目变更申报签认工作进度,项目公司根据交建集团黔交建发〔2014〕36号文关于印发《设计变更管理办法(试行)》的通知,制订详细的周申报计划,明确责任人,强制要求各标段按照周计划申报变更资料。在审查变更资料时,严格审查资料的逻辑性、可追溯性、合法性、合理性。在工程结束后,项目短期内迅速完成各标段的变更签认、工程结算和竣工资料归档收集工作。

(11)投资费用管控。企业的盈利及项目投资费用的管控能力,关系到企业的生存和发展。在实施过程中,我们始终把投资控制作为重要环节来抓,现场采取动态设计,在确保结构安全及满足服务功能的情况下采取最优的、最经济的方案。在隐蔽工程的签认中,遵循实事求是的原则,严格审查过程资料,要求程序合法、理由充分、签证齐全,保证所签认的资料真实、有效。

(12)融资情况。贵州永烽高速公路建设有限公司于2014年7月8日注册成立,贵州交通建设集团有限公司共向永烽公司注入资金2.6950亿元;于2015年2月6日与国家开发银行股份有限公司、中国工商银行股份有限公司贵州省分行签订开阳至息烽高速公路项目分组银团贷款合同,贷款金额9.69亿元。

(13)征地拆迁及协调工作。开息公路征地拆迁均在贵阳境内,截至2016年12月,贵阳境内红线征地3064.45亩,兑现补偿费用84584564.93元,房屋拆迁231户共35259m^2,兑现拆迁资金84577121.23元,地面附着物14144209.24元;三电迁改及其他补助66684966.06元,全线共兑现征拆费用249990861元。

项目公司自进场开始就统一认识到"三分建设,七分征拆"的思想,选调领导能力强、基层工作经验丰富、协调能力强的人员组成综合部负责开息高速公路的征地拆迁工作。开息线征地拆迁工作主导单位为地方政府组建的征地拆迁指挥部,项目公司配合指挥部对红线内构筑物的类别、结构、位置、产权人进行摸底,逐一登记造册,并逐户进行摄像、照片存档,做好证据保全工作,防止抢搭、抢建、抢种。

在建设过程中,项目公司征拆及涉农设施工作实行清单销号制,以标段长、征地拆迁协调员为主要责任人,要求各施工标段认真梳理所辖范围需业主解决的所有问题,并将问题汇成清单报项目公司,公司根据问题清单的轻重缓急,及时抓好动态管理,明确各方责任,落实到人,逐一消耗,确保征地拆迁工作顺利开展。

(14)交(竣)工。本项目交(竣)工严格按质量监督程序及有关部门文件要求执行,分阶段实施交验。2016年3月,项目开始路基交验,至2016年12月已完成通车段路基、桥梁、隧道实体工程交验,竣工资料收集整理工作顺利推进。

3. 运营管理

根据贵州交建集团前期统筹部署,项目公司在项目建设期2016年12月便成立以项目公司总经理李军为组长的筹备工作领导小组,正式开展运营筹备各项工作。全线有温泉1个收费站,设立温泉服务区1对,设温泉养护工区1处,养护救援计划由桥梁集团黔通养护公司承担。

运营前期工作人员计划共40人,设置5个管理部门,各部门也延续建设期实行岗位责任制。具体人员配置情况及管理机构职责如下:

运营期设书记(总经理)1人,作为公司法定代表人,执行公司决议,主持开息高速公路运营管理全面工作。设副总经理2人,一名副总经理协助配合总经理做好项目日常运营工作,跟踪检查、协调各职能部门工作;另一名副总经理兼任纪检委员,在党支部书记领导下,分工负责党支部的纪律检查工作。

5个管理部门,分别为综合办公室2人,主要负责处理公司日常事务,掌握公司动态情况,负责行政、后勤与站区总务、文秘、人事、党工团、三产业务管理等方面的工作;财务稽查科1人,负责财务预算、控制、核算、分析和考核工作,规范公司的财务行为,准确计量公司的财务状况和经营成果,有效控制和合理配置公司的财务资源,实现公司价值的最大化;运营管理科2人,主要负责收费站的设置、收费员配置,对收费系统进行管理,负责收费员机制与制度的建立等管理工作;工程养护科3人,负责机电管理维护、日常养护路段设施设备损毁修复与检查、监督养护站工作、道路巡查、养护设备管理和桥隧管理负责机电档案的备案修订等;安全应急科1人,按照规范化管理要求,制订日常巡查计划,完善管理措施,明确责任目标,对路产资源进行巡查,对土地资产、车辆、机电进行管理,确保运营保障、保畅系统的正常运行,有效维护公司合法权益。

(三)S30江口至都格高速公路息烽至黔西段

1. 基本情况

(1)项目决策背景及过程。建设中的息烽至黔西高速公路是《贵州省高速公路网》中的"三横",项目起点衔接兰海国家高速公路遵义至贵阳段已建成,顺接的开阳至息烽高速公路与本项目一起列入了三年建设实施方案,终点连接了黔西至织金高速公路已建成通车。本项目实施可以打通断头路,完善黔中经济核心区高速公路环线,为黔中经济区快速发展提供坚实的交通运输保障。

(2)公路的功能、定位、里程。项目的主线起自小寨坝顺接开阳至息烽高速公路,与贵遵高速公路形成十字交叉,经小寨坝镇、流长乡、鹿窝乡、九庄镇、六桶镇、太来乡、协和乡、甘棠镇,止于黔西县石板枢纽,接在建的贵阳至黔西、黔西至大方和已建成通车的黔西至织金高速公路,设置小寨坝、流长、鹿窝、九庄、六桶、太来、协和、甘棠、黔西北共9处互通式立交。另建连接线13.065km,同步建设必要的交通工程和沿线设施。

(3)技术指标。息烽至黔西高速公路路线全长89.584km。设计速度80km/h,路基宽度24.5m,桥涵设计荷载采用公路Ⅰ级,其他指标按照部颁《公路工程技术标准》(JTG B01—2003)执行。其中流长连接线长4.912km,路基宽8.5m,设计速度40km/h;大石连接线长8.153km,路基宽度8.5m,设计速度40km/h。

(4)投资规模。贵州省息烽至黔西高速公路由贵州交通建设集团有限公司投资,于2014年成立贵州黔烽高速公路建设有限公司作为项目建设单位,本项目采用BOT+EPC和政府补贴的建设模式,总投资概算为101.58亿元人民币(含建设期贷款利息),建安费约为72.29亿元人民币。

(5)主要控制点。六广河特大桥,全长1280.4m。

(6)沿线地形地貌。项目地处贵州黔北山地,地势西高东低。乌江支流六广河贯穿其间。在其水动力作用下,广泛出露的碳酸盐形成险峻幽深的峡谷、磅礴雄伟的悬崖、飞流直下的悬泉瀑布等溶蚀、侵蚀地貌。沿线地貌特征受控于地质构造、山脉、河流走向,地貌格局形成于燕山造山运动。在漫长的相对稳定阶段,强烈的风化剥蚀成为一个广泛的过程,喜山运动强烈的断块式垂直升降,使云贵高原开始抬升,完成了黔北山地的地势高度。风化剥蚀、侵蚀、溶蚀作用塑造了千姿百态的现代地貌景观和不同的地貌类型。依据不同的地貌形态和正负地形特征,可将沿线划分为三个地貌形态类型:溶丘洼地、峰丛洼地、峰丛谷地。

(7)勘察设计。2013年6月初,贵州省交通规划勘察设计研究院股份有限公司组织对本项目进行了实地踏勘,核实路线走廊方案及沿线重点工程的建设条件,并与沿线地方政府领导及项目建设涉及的发改、交通、建设、国土、水利、旅游、文物等相关职能部门进行了座谈,向沿线各级政府介绍了项目的建设背景及初拟的各种工程方案的概况,了解沿线的社会经济现状、产业布局及发展构想,听取了沿线地方政府、相关各职能部门及乡镇对本项目建设方案提出的意见和建议,进一步收集沿线城镇规划、产业园区、旅游区、矿产资源、水源等各项资料,并与地方政府一起对其关心的互通式立交、线位等进行了初步的确认,并根据对重要工点实地踏勘的情况分析,结合补充收集到的大量城镇规划、产业园区、旅游区、沿线矿产分布以及重要工点的资料对路线走廊进一步优化、调整和补充,同时在1/10000 地形图上进一步细化路线方案。

至 2013 年 6 月底,工程可行性研究报告编制完成。经反复优化论证、报告,提出推荐方案路线长 87.496km,并结合工程方案的重点、难点,提出走廊带及比较方案约 81.332km。

(8)项目审批。在项目申请报告完成及进行初步设计的同时,息黔高速公路的项目选址、土地、林地、环评、水保工作也同步展开。2013 年 11 月 20 日,贵州省住房和城乡规划厅批复了项目选址意见书;2013 年 11 月 20 日,贵州省环境保护厅批复了环评报告书;2013 年 11 月 18 日,贵州省水利厅批复了水土保持方案;2016 年 7 月 15 日,国家林业局正式批复了林地使用同意书。

(9)主要构造物。全线共有土石方工程 1418.5 万 m^3。其中土方 328.2 万 m^3、石方 1090.3 万 m^3,平均每公里土石方 16.21 万 m^3。排水防护工程 $751800m^3$。沥青混凝土路面层厚18cm,路面面积共计 $1258761m^2$。

全线共有桥梁 23175m/60 座,桥梁占路线总长的 26.49%。特大桥 2320m/2 座,大桥 20515m/54 座,中桥 340m/4 座。

全线共有隧道 4869m/4 座,隧道占路线总长的 4.21%。其中,长隧道共 4206.5m/3 座,中隧道 662.5m/1 座。

项目共设互通式立体交叉 9 处,有枢纽互通 1 处。互通连接线长 7.42km。项目沿线共设分离式立交计 75 处,除去桥梁兼作分离式的,实际建设 17 处。全线设通道 89 道,天桥 6 处,项目设服务区 2 处,停车区 1 处,管理分中心 1 处,匝道收费站 8 处。全线交通工程及沿线设施采用 A 级,计 87.496km。息黔高速公路桥梁及隧道明细见表 6-105、表 6-106。

息黔高速公路桥梁汇总表 表 6-105

规 模	名 称	桥梁全长(m)	结构类型	备 注
特大桥	六广河特大桥	1280.4	双塔双索面叠合梁斜拉桥	
大桥	上寨大桥	296	预应力混凝土箱形梁桥	
		300	预应力混凝土箱形梁桥	
	息烽河大桥	473.6	预应力混凝土箱形梁桥	
	鹿龙大桥	右 334,左 256.16	预应力混凝土箱形梁桥	
	荷包寨大桥	258	预应力混凝土箱形梁桥	
	瓮沙 1 号大桥	138	预应力混凝土箱形梁桥	
	瓮沙 2 号大桥	313	预应力混凝土箱形梁桥	
	上寨中桥	74	预应力混凝土箱形梁桥	
	鹿窝大桥	右 332,左 332	预应力混凝土箱形梁桥	

续上表

规模	名 称	桥梁全长(m)	结 构 类 型	备 注
大桥	头道河大桥	293	预应力混凝土箱形梁桥	
	黄土田1号大桥	左248.5,右213.16	预应力混凝土箱形梁桥	
	黄土田2号大桥	右176.16,左212.16	预应力混凝土箱形梁桥	
	马家坡大桥	左136,右132	预应力混凝土箱形梁桥	
	袁家垅1号大桥	290	预应力混凝土箱形梁桥	
	袁家垅2号大桥	372	预应力混凝土箱形梁桥	
	华溪大桥	左163,右221	预应力混凝土箱形梁桥	
	杜家山中桥	68	预应力混凝土箱形梁桥	
	甘溪1号中桥	97	预应力混凝土箱形梁桥	
	甘溪2号中桥	97	预应力混凝土箱形梁桥	
	甘溪3号中桥	37	预应力混凝土箱形梁桥	
	流长互通立体交叉L线卧龙溪大桥	192.16	预应力混凝土箱形梁桥	
	荷包寨分离式立交桥	42	预应力混凝土箱形梁桥	
	黄家寨大桥	左783.931,右782.79	预应力混凝土箱形梁桥	
	XLK26+200车行天桥	53.08	预应力混凝土箱形梁桥	
	流长互通立体交叉A匝道大桥	204	预应力混凝土箱形梁桥	
	流长互通立体交叉B匝道大桥	206.16	预应力混凝土箱形梁桥	
	流长互通立体交叉C匝道大桥	286.5	预应力混凝土箱形梁桥	
	袁家陇分离式立交桥	62.08	预应力混凝土箱形梁桥	
	马家坡中桥	102	预应力混凝土箱形梁桥	
	鹿窝互通主线跨线桥	38.08	预应力混凝土箱形梁桥	
	腰寨中桥	44.08		
	九庄互通主线跨线桥	73.08		
	三口堰中桥	38.08		
	沙坝大桥	890		
	桐枝驿大桥	656		
	大荒田大桥	116.08		
	鹿窝互通式立交A匝道桥	118		
	鹿窝停车区匝道D桥	130		
	邱家寨大桥	936		
	六桶大桥	253		
	六桶互通主线跨线桥	470		

续上表

规 模	名 称	桥梁全长(m)	结 构 类 型	备 注
大桥	漆树漕1号大桥	左776,右856		
	漆树漕2号大桥	256.16		
	屯上1号大桥	693		
	屯上2号大桥	449		
	六桶互通立体交叉木林村大桥	377		
	大寨中桥	92		
	大寨大桥	116		
	大水井大桥	370		
	银盘山大桥	左252,右208		
	六搞冲大桥	170.08		
	山王庙中桥	40.08		
	五爱大桥	410		
	石家漕大桥	254.16		
	五家漕大桥	左256.16,右252.16		
	红旗大桥	左458,右457		
	匝道车行天桥	38		
	三岔沟1号大桥	214.16		
	砖房大桥	左286,右316		
	石浪厂中桥	97.08		
	小春湾大桥	左102,右128		
	协和互通立体交叉海光大桥	左347,右348.04		
	协和互通主线跨线桥	102		
	ZK60+060天桥	52		
	营盘脚大桥	612		
	韩家店1号中桥	74		
	韩家店2号中桥	41		
	韩家店枢纽跨线桥	74		
	路家坝分离式立交桥	61.6		
	徐家寨大桥	401.2		
	双洞坡大桥	434		
	蔡家湾大桥	332		
	徐家田大桥	462		
	甘棠大桥	824		

续上表

规模	名 称	桥梁全长(m)	结 构 类 型	备 注
大桥	甘棠互通主线跨线桥	40		
	甘棠互通运煤大道预留桥	80		
	罗家田坝大桥	193.16		
	甘棠互通式立体交叉 A 匝道甘棠中桥	32		
	穿洞湾大桥	278		
	小石梯大桥	168		
	徐家娅口分离式立交桥	44		
	石园子大桥	349		
	黄家槽大桥	左673,右671		
	K79+450 人行天桥			
	马家坪中桥	76.08		
	小河沟大桥	404		
	杜鹃大桥	202		
	白龙坡大桥	256		
	黔西北互通主线跨线桥	38		
	下槽大桥	400		
	黔西北互通立体交叉匝 E 桥	38		
	K81+400 人行天桥	40		
	K82+320 车行天桥	40		
	五里牌分离式桥	52		

息黔高速公路隧道汇总表   表6-106

规模	名 称	隧道全长(m)	洞门形式	备 注
长隧道	鹿窝隧道	左1932		
		右1975		
	九庄隧道	左1272		
		右1245		
中隧道	小春湾隧道	左620		
		右630		
	大青山隧道	左740		
		右750		

2.建设情况

2014年4月28日,投资人与毕节市地区行政公署签订投资协议,明确了在项目安全寿命期内各自的权利和义务,以及项目建设和服务标准等相关事宜。2013年11月22日,项目工可经发改委核准。2014年12月8日,项目初步设计经交通运输厅审批通过。2015年7月28日,息黔高速公路项目召开第一次工地会议,息黔高速公路正式开工,息黔高速公路建设进入全面攻坚阶段。2016年5月1日,全线最大控制性工程六广河特大桥完成主塔封顶。2016年12月底,六广河特大桥实现双幅合龙,息黔高速公路建设进入收尾阶段。

本项目在建设过程中,实行项目法人责任制、招标投标制、工程监理制和合同管理制等管理制度,建立了"企业自检、社会监理、第三方检测、业主管理、政府监督"的五级质量保证体系。

(1)融资情况。贵州黔烽高速公路建设有限公司于2014年7月8日注册成立,贵州交通建设集团有限公司共向黔烽公司注入资金11.7050亿元;于2015年2月6日与国家开发银行股份有限公司、中国工商银行股份有限公司贵州省分行、贵州农业银行股份有限公司签订息烽至黔西高速公路项目分组银团贷款合同,贷款金额20亿元。

(2)重点控制性工程。六广河特大桥主跨中心桩号位于贵州省江口至都格高速公路息烽至黔西段K40+300处,桥梁全长1280.4m,为跨越六广河而设,孔跨布置为(5×40)m先简支后连续T梁+(243+580+243)m双塔双索面叠合梁斜拉桥。本合同施工的黔西岸8号主墩索塔采用钢筋混凝土薄壁空心花瓶形塔柱结构,外形为折H形,主塔高248m;主梁采用双工字形钢梁与混凝土板共同受力叠合梁,标准节段长度12m,主梁高度2.93m,桥面全宽27.7m。

施工总体方案:六广河特大桥主墩承台设计共计5237.8m^3混凝土,拟采取二次浇筑,每次浇筑3.5m高。主塔塔柱分为塔墩、下塔柱、中塔柱及上塔柱,塔墩高40m,下塔柱高50m,中塔柱86m,上塔柱72m,各部分以横梁水平中轴面为分界,塔柱施工混凝土浇筑按标准节段垂直高度6m/节进行水平分层,设若干调节段;下横梁和第16、17节段同步施工,上横梁和塔柱异步施工;上塔柱以每节塔柱安装两道钢锚梁为控制高度。黔西岸边跨钢梁采用顶推施工,中跨采用悬臂拼装。

(3)施工管理。息黔高速公路建设由贵州交通建设集团有限公司于2014年7月28日成立贵州黔烽高速公路建设有限公司(以下简称"项目公司"),项目公司作为项目业主全权代表投资人负责息黔高速公路的融资、建设和运营(经营期30年)。

息黔高速公路实行两级监理,设立一个总监办、两个中心试验室和三个驻地监理办。总监办由项目公司成立;通过招投标程序,一中心试验室中标单位为贵州交通建设监理咨询有限公司工程质量检测中心子分公司;二中心试验室中标单位为贵州顺康路桥咨询有限公司。第一驻地监理办中标单位贵州陆通公路工程监理咨询有限责任公司;第二驻地监理办中标单位为重庆中宇工程咨询监理有限责任公司,第三驻地监理办中标单位为贵州省交通建设咨询监理有限公司。

息黔高速公路施工共分为10个施工标段,分别为8个路基土建施工标段(1~8标)、2个路面施工标段(LM1、LM2标)、2个交安施工标段、2个机电施工标段、2个绿化施工标段和2个房建施工标段。标段划分如表6-107所示。

标 段 划 分 表 表6-107

标段号	标段所在地	工程内容及长度	从业单位
TJ-1	贵州省息烽县	路基工程、绿化工程,全长14.04km	贵州桥梁建设集团有限责任公司
TJ-2	贵州省息烽县	路基工程、绿化工程,全长15.8890km	贵州公路工程集团有限公司
TJ-3	贵州省修文县	路基工程、绿化工程,全长9.500km	贵州桥梁建设集团有限责任公司
TJ-4	贵州省黔西县	路基工程、绿化工程,全长9.781km	贵州路桥集团有限公司
TJ-5	贵州省黔西县	路基工程、绿化工程,全长16.7km	贵州公路工程集团有限公司
TJ-6	贵州省黔西县	路基工程、绿化工程,全长6.938km	贵州桥梁建设集团有限责任公司
TJ-7	贵州省黔西县	路基工程、绿化工程,全长5.980km	贵州虎峰工程建设有限公司
TJ-8	贵州省黔西县	路基工程、绿化工程,全长8.140km	贵州桥梁建设集团有限责任公司

项目建设过程中,项目公司总经理李军每月组织各参建单位召开月生产调度会议,对上月工作做总结、对本月工作做出详细的安排和部署,根据当月完成情况进行奖励,工程进度控制管理是工程项目建设中与质量、安全并列的重要部分。结合项目特点,黔烽公司组织进行现场核查和技术交底工作,根据实际情况编制了合理可行的施工组织计划,并定期跟踪、检查工程实际进度状况,找出偏差,分析原因及时进行调整,使工程进度在计划执行中不断循环往复;黔烽公司一直以坚持抓好精细管理为原则,建立质量保证体系,实行自检、抽检、工序交验制度,运用四个手段:旁站、巡查、检查、检测,抓四个重点:料场、拌和厂、试验室、施工现场。并认真配合各项检查工作,积极响应贵州省交通运输厅、省交通建设工程质量监督局及贵州交通建设集团有限公司"打造品质工程"的号召。图6-149为省交通建设工程质量监督局正在进行检查指导。

在抓好息黔高速公路建设项目的工程质量、安全、进度管理的同时,项目公司也高度重视环境保护、资金使用、农民工工资兑付及廉政建设等其他管理工作。

项目公司始终把"围绕发展抓党建,抓好党建促发展"作为项目公司的重要建设目标,党建工作与业务工作同安排同部署,列入重要议事日程,在修建公路的同时不忘党建和精神文明创建,项目公司坚持理论学习与实际工作相结合,自觉加强理论学习,不断提高自己的政治素质和理论水平,深入开展"两学一做"活动,并结合项目实际,充分发挥党员干部在基层党组织的先锋模范作用,促进息黔高速公路保质保量的如期建成通车,项目公司编制实施了"四比四创,大干一百天暨争创党员先锋岗"的竞赛活动,不断鼓励和激励参建人员的信心和决心,为项目建设营造了良好的建设氛围。

图6-149 省交通建设工程质量监督局对息黔高速公路进行检查指导

2015年7月28日,息黔高速公路召开第一次工地会议,息黔高速公路正式开工,计划2017年6月完工。截至2015年年底,息黔高速公路累计完成543203万元,占总投资1015778万元的53.48%。

(4)招投标、合同管理。在选取服务单位上,项目公司严格按照相关法律法规实施,招标文件报送上级主管单位备案,在公共交易平台对外公开招标,招标程序、过程透明、公开。在合同的管理上,严格合同成立条件,费用标准有依据可查,严格合同审查流程,降低合同风险,合同条款公平公正。

(5)计量、变更管理。施工图下发后,项目公司要求各合同段在限定时间内编制0号台账并分批次审查,导入建设项目动态管理系统流程计量,进一步向无纸化、信息化办公靠近。项目通过加强现场工程完成量统计,每期制定计量目标,计量又为质检资料的完成起到督促作用,及时上报计量,为项目建设提供资金保障。严格计量程序,要求所报的计量必须是现场完成且合格的资料,遵循实事求是的基本原则。

为加快项目变更申报签认工作进度,项目公司根据交建集团关于印发《设计变更管理办法(试行)》(黔交建发〔2014〕36号)的通知,制订详细的周申报计划,明确责任人,强制要求各标段按照周计划申报变更资料。在审查变更资料时,严格审查资料的逻辑性、可追溯性、合法性、合理性。在工程结束后,项目短期内迅速完成各标段的变更签认、工程结算和竣工资料归档收集工作。

(6)投资费用管控。企业的盈利及项目投资费用的管控能力,关系到企业的生存和发展。在实施过程中,我们始终把投资控制作为重要环节来抓,现场采取动态设计,在确保结构安全及满足服务功能的情况下采取最优的、最经济的方案。在隐蔽工程的签认中,遵循实事求是的原则,严格审查过程资料,要求程序合法、理由充分、签证齐全,保证所签认的资料真实、有效。

(7)征地拆迁。息黔公路征地拆迁在贵阳境内、毕节境内,截至 2016 年 12 月,红线征地 8740.25 亩,兑现补偿款 278726757.33 元,房屋拆迁共 114194.2m^2,兑现拆迁资金 198047737.19 元,地面附着物 26422219.77 元;三电迁改及其他补助 221540971.39 元,全线共兑现征拆款 724737685.68 元。

项目公司自进场开始就统一认识到"三分建设,七分征拆"的思想,选调领导能力强、基层工作经验丰富、协调能力强的人员组成综合部负责息黔高速公路的征地拆迁工作。息黔线征地拆迁工作主导单位为地方政府组建的征地拆迁指挥部,项目公司配合指挥部对红线内构筑物的类别、结构、位置、产权人进行摸底,逐一登记造册,并逐户进行摄像、照片存档,做好证据保全工作,防止抢搭、抢建、抢种。

在建设过程中,项目公司征拆及涉农设施工作实行清单销号制,以标段长、征地拆迁协调员为主要责任人,要求各施工标段认真梳理所辖范围需业主解决的所有问题,并将问题汇成清单报项目公司,公司根据问题清单的轻重缓急,及时抓好动态管理,明确各方责任,落实到人,对问题的处理情况逐一销号,确保征地拆迁工作顺利开展。

(8)交(竣)工。本项目交(竣)工严格按质量监督程序及有关部门文件要求执行,分阶段实施交验。2016 年 4 月,项目开始路基交验,至 2016 年 12 月已完成整体路基、桥梁、隧道实体工程交验,于 2017 年 1 月 27 日建成通车运营;竣工资料收集整理工作正按计划推进。

3. 复杂技术工程

六广河特大桥。六广河特大桥(图 6-150)主跨中心桩号位于贵州省江口至都格高速公路息烽至黔西段 K40+300 处,桥梁全长 1280.4m,为跨越六广河而设,孔跨布置为(5×40)m 先简支后连续 T 梁+(243+580+243)m 双塔双索面叠合梁斜拉桥,7 号、8 号主墩索塔采用钢筋混凝土薄壁空心花瓶形塔柱结构,外形为折 H 形,7 号主塔高 236m、8 号主塔高 248m;主梁采用双工字形钢梁与混凝土板共同受力叠合梁,标准节段长度 12m,主梁高度 2.93m,桥面全宽 27.7m。

六广河特大桥施工过程中,项目公司成立了以项目公司总经理李军为指挥长,总工程师韩洋及各部室、标段技术人员作为技术顾问团的大桥施工指挥部。对桥梁的施工作业统筹策划,精心布置,科学调度,合理安排。对于重点、难点工序及时通过邀请知名专家进行评审,以知名专家的评审意见来指导施工。因此,六广河特大桥,从桩基施工、到承台施工、到墩柱施工、到上部构造的施工没有发生一起质量安全事故。这样的结果,离不开上级单位的支持和关怀,离不开各位知名专家的悉心指导,离不开一线工作者的辛勤劳作。

图6-150　建设中的六广河特大桥

主要施工工艺:一是桩基施工:液压抓斗施工。通过创新,其一是抓斗结构简单、操作简单快捷;其二是爆破后不需通风排除有害气体,缩短了出渣时间;其三是只需一人操作,节省人工费,减少施工成本;其四是劳动强度低,出渣速度快、效率高,是传统人工出渣效率的数十倍;其五是机械化施工,远程遥控操作,施工进度快、安全风险低;抓斗能在各种恶劣环境下长时间连续工作。二是大直径孔桩爆破。孔桩传统爆破每次进尺少,借鉴隧道开挖爆破方式,采用微差爆破。全断面开挖,选用垂直孔桶形掏槽,以中点为圆心、20cm为半径作圆(掏槽区),掏槽孔由7个孔组成,其中有4个空孔作为临空面不装药,另外3个孔装药,辅助孔数目$N_2=21$个,周边孔的数目$N_3=23$个,炮孔总数$N=47$个。掏槽孔深度比其他孔加深0.3m,即掏槽孔的深度为1.5m。其中有4个空孔作为3个装药炮孔爆破时的辅助自由面和破碎体的补偿空间。每次循环爆破方量$V=S\times L_{进}=10.8\times 1.3=14m^3$。相对传统爆破具有施工进度快、炸药使用量低、炮孔利用率高、循环进尺深度深、节约雷管使用量等优点,施工成本低。三是边跨顶推工艺。在六广河大桥上部构造施工过程中,其中息烽岸因墩柱过高、跨径多、场地受限等原因,上部构造施工采取常见的悬臂施工;黔西岸9号墩柱与路基平齐,场地适宜,8号～9号墩之间仅为一跨,经施工组织设计及多次资深专家评审,同意黔西岸边跨采用顶推施工,通过总结拖拉式顶推和传统步履式顶推施工工艺,边跨上部构造施工采用步履式顶推,在传统步履式顶推基础上做出多项改进。其一是本项目研究的步履式同步顶推系统,将竖向升降系统、纵向顶推系统、横向动态纠偏等子系统集成在一起,实现竖向升降、纵向水平顶推及横向自动纠偏的智能化;其二是首次采用超声波传感技术进行位移测量和数据传输,并与液压传动、FLC控制、计算机软件等多学科技术集成,实现实时动态纠偏;其三是设计了梳齿板结构,有效解决了常规顶推方法过拼接板的难题,不必额外增加临时设施,顶推过程不必停机即可快速通过拼接板。

4. 运营管理

根据贵州交建集团前期统筹部署,项目公司在项目建设期2016年12月便成立以项目公司总经理李军为组长的筹备工作领导小组,正式开展运营筹备各项工作。全线有流长、鹿窝、九庄、六桶、太来、协和、甘棠、黔西8个收费站,设立鹿窝停车区1处,六广河、甘棠服务区2对,线路分管中心1处,路政1处,设养护工区1处,养护救援计划由贵州桥梁集团黔通养护公司承担。

运营前期工作人员计划共160人,设置5个管理部门,各部门也延续建设期实行岗位责任制。具体人员配置情况及管理机构职责如下:

运营期设书记(总经理)1人,作为公司法定代表人,执行公司决议,主持息黔高速公路运营管理全面工作;设2名副总经理,其中一名副总经理协助配合总经理做好项目日常运营工作,跟踪检查、协调各职能部门工作,另一名副总经理兼任纪检委员,在党支部书记领导下,分工负责党支部的纪律检查工作。

5个管理部门,分别为:综合办公室,5人,主要负责处理公司日常事务,掌握公司动态情况,负责行政、后勤与站区总务、文秘、人事、党工团、三产业务管理等方面的工作;财务稽查科,2人,负责财务预算、控制、核算、分析和考核工作,规范公司的财务行为,准确计量公司的财务状况和经营成果,有效控制和合理配置公司的财务资源,实现公司价值的最大化;运营管理科,2人,主要负责收费站的设置、收费员配置,对收费系统进行管理,负责收费员机制与制度的建立等管理工作;工程养护科,4人,负责机电管理维护、日常养护工路段设施设备损毁修复与检查、监督养护站工作、道路巡查、养护设备管理和桥隧管理负责机电档案的备案修订等;安全应急科,3人,按照规范化管理要求,制订日常巡查计划,完善管理措施,明确责任目标,对路产资源进行巡查,对土地资产、车辆、机电进行管理,确保运营保障、保畅系统的正常运行,有效维护公司合法权益。

收费站点设置见表6-108。

收费站点设置表 表6-108

桩号位置	站点名称	MTC车道数量	ETC车道数量	合计车道数量
K10+035	流长	3进6出	1进1出	4进6出
K19+509	鹿窝	2进2出	1进1出	3入3出
K24+500	九庄	3进5出	1进1出	4入6出
K35+652	六桶	3进5出	1进1出	4入6出
K48+129	太来	3进5出	1进1出	4入6出
K59+364	协和	3进5出	1进1出	4入6出
K72+904	黔西东	3进6出	1进1出	4入7出
K87+800	黔西	4进8出	1进2出	5进10出

(四)S30 江口至都格高速公路黔西至织金段

S30 江口至都格高速公路黔西至织金段与 S55 黔西至织金高速公路共线。详见 S55 黔西至织金高速公路。

(五)S30 江口至都格高速公路织金至纳雍段

S30 江口至都格高速公路织金至纳雍段与 G76 厦蓉高速公路织金至纳雍高速公路共线,详见 G76 厦蓉高速公路织金至纳雍高速公路。

(六)S30 江口至都格高速公路毕节至都格段

S30 江口至都格高速公路毕节至都格段与杭瑞高速公路毕节至都格(黔滇界)公路共线,详见 G56 杭瑞高速公路毕节至都格(黔滇界)公路。

十一、S35 道真至新寨高速公路

(一)S35 道真至新寨高速公路道真至瓮安段

贵州省道真至瓮安高速公路项目包括贵州省道真至新寨高速公路福寿场至和溪段项目、和溪至流河渡段项目、流河渡至陆家寨段项目。详见 G69 银川至百色高速公路贵州境道真至瓮安高速公路。

(二)S35 道真至新寨高速公路瓮安至马场坪段

1. 基本情况

(1)项目决策背景及过程。本项目是《贵州省高速公路网规划》"6 横 7 纵 8 联"中第三纵道真至新寨高速公路在黔南州境内的一段,第三纵起于道真县北面渝黔界,对接重庆市武隆县,向正南方至湄潭县与杭瑞高速公路思南至遵义段交叉,跨乌江至黔南布依族苗族自治州的瓮安县、福泉市,接贵新高速公路,之后为正在改建的都匀至新寨高速公路至黔桂界,对接广西壮族自治区的南丹县。本项目起点接第三纵的道真至瓮安段,终点接已建的兰海高速公路贵阳经马场坪至新寨段,是我国西南地区出海通道的重要组成部分——遵义至贵阳通道的重要补充,在国家和地区高速公路网中具有重要的地位和作用,同时也是沿线城镇连接贵阳和黔南州都匀的一条快速公路大通道。

本项目的建设是完善国家和贵州省高速公路网的需要,是带动区域矿产资源和旅游资源开发、提高城镇化水平的需要,是改善区域交通条件、满足日益增长的交通发展的需要,是推动"西部大开发",实现区域经济协调可持续发展、促进民族团结、构建和谐社会的需要,项目的早日建成不仅必要,而且十分迫切。

本项目地跨贵州省黔南州瓮安县和福泉市,区域为少数民族聚居区,沿线旅游资源十分丰富,瑰丽的自然风光和丰厚的人文景观,使得该区域日益成为贵州省旅游热点之一。优越的区位优势和丰厚的自然、人文环境条件,因此建设本项目在满足道路使用功能和环境保护要求前提下,还应积极体现旅游路、景观路、人文路,切实将新设计思想和理念落到实处,使工程设计成果更上一个新台阶。

(2)公路的功能、定位、里程。瓮安至马场坪高速公路是《贵州省高速公路网规划》中第三纵线道真至新寨高速公路在黔南州境内的一段,是我国西南地区出海的主要组成部分——遵义至贵阳通道的重要补充,同时也是沿线城镇连接省会贵阳和黔南州州府所在地都匀的快速公路大通道,是贵州省内企业采用BOT模式修建的高速公路,由贵州桥梁建设集团有限责任公司独资建设。

瓮马高速公路全长55.477km,按四车道高速公路标准设计,设计速度80km/h,路基宽度24.5m,桥涵设计荷载采用公路Ⅰ级,其他指标按照部颁《公路工程技术标准》(JTG B01—2003)执行。主线通过马岩枢纽与沪昆高速公路(G60)相接。项目总投资为48.2858亿元。沿线设置服务区2处、匝道收费站6处、互通式立交7处。路基土石方1690万m^3、防护排水圬工43.8万m^3、大中桥梁(含天桥)12767m/54座(其中,特大桥1座——浪坝河大桥,大桥32座,中桥21座)、通道及涵洞170座。

(3)技术指标。全线按四车道高速公路标准设计,设计速度80km/h,路基宽度24.5m。桥涵设计荷载采用公路Ⅰ级,其他指标按照部颁《公路工程技术标准》(JTG B01—2003)执行。瓮安互通连接线采用设计速度60km/h,一级公路标准建设,路基宽23.0m;福泉互通连接线分段采用设计速度60km/h,二级公路和一级公路标准建设,其中,二级公路路基宽12m,一级公路路基宽23m;龙昌、平定营互通连接线采用设计速度40km/h,三级公路标准建设,路基宽8.5m。

(4)投资规模。瓮安至马场坪高速公路项目总投资估算约48.29亿元,平均每公里造价8703.75万元。

(5)主要控制点。浪坝河大桥:采用(100+180+100)m的连续刚构桥方案。应根据咨询关于跨中梁高、纵向配束以及主墩截面设计的具体意见,逐条对照,进一步调整优化设计;该桥主墩处虽地质情况良好,但由于地势陡峭,主墩前排桩基础的设计和施工,在满足嵌固深度的同时,临空一侧要确保有足够的距离。施工过程中还应注意以下事项:为改善主墩受力,在中跨合龙前的顶推采用顶推力与墩顶位移双控;刚构节段施工,预应力钢束的张拉时间要严格控制,保证混凝土龄期、强度及弹模达到要求。周家院大桥:采用$2×(3×40)m+3×(4×40)m$五联共18孔40m的预应力混凝土先简支后结构连续箱梁桥方案。由于桥下高墩数量多,基础施工的工作量和难度较大,施工过程中应注意以下事项:重视桩基开挖前的地质补钻工作,注意基础施工过程中当实际情况与地质钻探资料不符时,要适时调整基础的设计,重视承台大体积混凝土浇筑质量,重视控制高墩墩顶施工位移,尤其是在架桥机施工条件下的高墩稳定。

2. 建设情况

(1) 立项审批。2010年12月22日,贵州省发改委以《关于瓮安至马场坪高速公路项目申请报告核准的批复》(黔发改交通〔2010〕2760号)对瓮马高速公路可行性研究报告进行了批复。2011年7月25日,贵州省交通运输厅以《关于瓮安至马场坪高速公路初步设计的批复》(黔交建设〔2011〕148号)对瓮马高速公路初步设计进行了批复,确定了主要技术经济指标、路线、路基、路面、桥涵等方案,项目总概算为48.28亿元,总工期为3年。2014年9月16日,贵州省交通运输厅以《关于瓮安至马场坪高速公路施工图设计的批复》(黔交建设〔2014〕286号)对瓮马高速公路施工图设计进行了批复。

(2) 勘察、设计。根据工程地质勘察的任务、工期、技术要求,业主单位组建了贵州省道真至新寨高速公路瓮安至马场坪段工程地质勘察项目组,编制了《贵州省道真至新寨高速公路瓮安至马场坪段详细工程地质勘察工作大纲》。2011年7月31日,项目部负责人带队进场,在福泉市牛场镇设立勘察项目组,进行前期准备1:2000的工点补充工程地质调绘工作。从2011年8月5日开始,勘探人员、设备陆续进场,开展工程地质勘探施工。

详细工程地质勘察执行的技术标准是公路行业现行勘察设计规范和标准。为弥补行业规范中某些不足,参照执行相关行业规范。在项目管理和具体操作中,编写了工程地质勘察技术要求及勘察大纲、钻探技术要求等相关文件,以利于勘察工作的正常开展,便于规范的具体执行和落实。

在初勘的基础上,进一步开展详细的工程地质勘察工作,全面查明本段公路的工程地质条件和主要工程地质问题,以定量评价为主,定性评价为辅,对公路路基、构造物及路线位置做出较全面的工程地质评价;为施工图设计提供必需的工程地质勘察、测试资料,为工程的施工提供地质依据。

(3) 施工、监理。在实际建设过程中,瓮马高速公路由贵州桥梁建设集团有限责任公司独立建设,该项目划分为7个标段,分别为:T1标、T2标、T3标、T4标、T5标、LM标、JD标。

T1标在瓮安县境内,负责路基工程、绿化工程,长10.78km;T2标在福泉市境内,负责路基工程、绿化工程,长12.15km;T3标在福泉市境内,负责路基工程、绿化工程,长12.19km;T4标在福泉市境内,负责路基工程、绿化工程,长10.35km;T5标在福泉市、麻江县境内,负责路基工程、绿化工程,长10.007km;LM标在瓮安县、福泉市、麻江县境内,负责路面、交通工程,长55.477km;JD标在瓮安县、福泉市、麻江县负责机电工程,长55.477km。

2013年8月,瓮马公路动工。建设过程中实行"项目法人制、招标投标制、政府监督、社会监理、合同管理、廉政建设"等管理制度及质量保证体系,建立了质量责任制、质量检查和整改制度等。采取了如下措施:工程质量实行"三控制"措施——预防控制、过程控制和整改控制;制定相应的规章制度及质量控制条文、工作指示,如《冬季混凝土施工指南》《沥青混凝土施工技术指南》《桥梁模板技术要求》等,规范监理和施工,以达到保证工程质量的目的。对于重点、难点工程采取相应提高质量的保证措施。针对重点、难点工程,成立专门的专家组,通过研讨、论证、交流等多种形式,做好详细的技术交底,确保工程安全,进一步确保工程质量。强化质量责任制,加强质量考核,制定激励制度,根据设计图、规范、《项目管理手册》等指导性文件,制定了《瓮马高速公路项目工程建设检查办法》,跟踪检查施工现场质量状况,对承包人及驻监办奖优罚劣。组织施工单位进行质量管理知识考试、质量管理知识竞赛,提高工程技术管理人员的技术素质和质量意识,确保工程质量。针对部分监理工程师的业务技能缺乏、工作责任心不强的情况,组织全段监理进行业务知识考试,增强业务水平,更好地从事本职工作,将对待监理工作严重缺乏责任心者予以清除出监理队伍。激励各施工单位和监理加强施工管理水平,针对项目建设情况,树立示范工程,邀请各建设单位召开现场会,互相激励学习,以实现共同进步。对监理、施工单位的技术创新、管理创新办法,组织全线各单位交流学习,并给予物质奖励,以鼓励施工、监理单位广泛推广应用新工艺、新材料、新技术、新办法。开工以来,项目部组织了路基填方、大桥下部工程、特大桥文明施工、隧道工程洞身开挖及初期支护、桥面系施工等现场会议进行交流学习。

为便于投资的事前控制,瓮马总监办于2013年8月初安排设计咨询单位进场,对软土地基、高挖方边坡、隧道等关键工程开始监控咨询,在全线动工前对原始地貌进行踏勘,对关键工程的技术可行性、经济合理性、安全可靠性指标进行综合评估,对后续施工可能遇到的问题先行掌握,与原设计单位及时讨论研究,将重大变更的初步方案及时上报,尽快确定解决方案。经过调查研究,对部分不合理、不完善的设计提前判断,拟出不能按照原设计施工的工点,列出清单下发各监理、施工单位,暂缓施工,避免因盲目施工造成不必要的经济损失。

在原施工方案变更方面,按照有关要求制定了瓮马高速公路工程变更管理办法,外业实行现场组集体管理体制,按专业划分工作职责,使现场工程技术人员的专业强项得到充分发挥。对于较大的工程变更方案必须经总监办办公会议集体决策,对于重大的工程变更,总监办先行确定初步方案后,及时上报总公司,严格按照总公司的指示实施,避免因考虑不充分以至于变更方案错误,造成不必要的工程成本增加。

由于瓮安至马场坪段项目区域位于贵州高原中部地段,路线途经海拔高程为780~1360m,最低点位于路线与浪坝河相交处(K43+000),最高点位于任家大坡(K10+500)

附近。相邻峰谷相对最大高差239m(任家大坡与搭边河高差);区内自然坡度变化较大,地形高低差异明显。全线地势高低走势不明显。区内主要的山峰、河流受构造物控制明显,走向往往与构造物方向一致,与断层、褶皱轴方向一致。按照成因及形态,本合同段大致可分三大类型:构造侵蚀河谷地貌、剥蚀溶蚀丘陵地貌及构造剥蚀低中山地貌。

瓮安至马场坪段:瓮安至马场坪段全长55.477km,起于瓮安县城西南的陆家寨,与道真至瓮安高速公路相接,终点位于麻江县马岩附件,与贵新高速公路相接,贵新高速交叉桩号为K1733+304.093。

瓮安至马场坪高速公路项目总投资估算约48.29亿元,平均每公里造价8703.75万元。

为确保工程质量,瓮马总监办建立了由总监理工程师任组长的质量领导小组,制订了防止质量通病的管理措施。路基土石方施工方面,要求填方路基压实严格按照《公路工程技术标准》(JTG B01—2003)执行,填石路堤采用碎石、石屑嵌缝、找平。在挖方路床施工过程中,控制超挖,否则按照路面底基层的要求进行回填施工。高边坡施工采取逐级开挖、逐级防护的施工程序,石方边坡采用预裂爆破、光面爆破,杜绝洞室爆破和葫芦炮。按照合同文件要求和施工需要配足平地机、压路机、推土机等机械设备。在砌体工程施工方面,要求圬工砌体砂浆使用砂浆搅拌机集中拌和。圬工砌体所选用的石料尺寸、强度、外观、勾缝按照总监办制定的相关工作指示执行,杜绝勾假缝和皮带缝。在桥、涵施工中,要求T梁预制,保证钢筋保护层厚度的准确,梁底采用混凝土预制垫块,侧面采用塑料垫块。确保桥面铺装厚度达到设计要求,在梁、板预制底模跨中部位采用预留上拱度。先简支后连续的桥梁,顶板负弯矩预应力钢绞线严格按照设计要求张拉和孔道灌浆。为确保工程质量,并为后期工程处理提供科学依据,采取在涵台、桥台处设置预埋点,并对其下沉量进行长期观测。伸缩缝开槽一次施工到位,其填塞严格按规范及设计执行。隧道施工中,对施工过程中容易出现质量问题的防水板施工工序,采取了施工单位与厂家签订技术服务合同的办法。防水板搭接长度严格按照设计及规范的要求进行施工。确保锚杆数量、长度、钢格栅间距,采取检测单位进行跟踪监控并及时反馈信息的办法。电缆槽预制盖板经验收合格后统一集中堆放,盖板铺装工序由机电安装单位负责施工,确保机电工程施工时不损坏盖板及电缆槽。开挖时根据围岩类别的变化,严格按照变更程序及时对变化地段进行变更处理。二衬施工及时跟进,开挖掌子面与二衬距离确定的原则,充分考虑了围岩地质及围岩收敛情况,加强观测,确保掌子面放炮时对二衬混凝土结构不造成影响。路面工程施工中,要求路面面层混合料的配合比设计必须按照《公路沥青路面施工技术规范》(JTG F40—2004)的要求,经过目标配合比设计、生产配合比设计及生产配合比设计检验三个阶段。生产配合比设计与生产配合比设计检验应在大面积施工前进行。生产配合比设计与检验应符合《公路沥青路面施工技术规范》(JTG F40—2004)的有关要求。要求路面工程施工前,必须铺筑试验路段,进行试验检测,来确定混合料合理的配合比及施工工艺等,用以指导路面大规模施工。改性沥青玛蹄脂碎石混合料温度对路面的压实、混合料的离析有很大影响,在施工的各个环节,要求有专门的工作人员检测温度,对温度不符合要求的混合料坚决废弃。水泥稳定碎石上基层、下基层均采用集中厂拌、单层碾压的施工方法进行施工。沥青混合料的拌和,要求纤维稳定剂在集料烘干后投入,并与热的集料干拌10~15s。纤维由专门的纤维投放设备直接投入拌和机。每天在拌和楼进行抽提试验和马歇尔试验,还在刚摊铺完没有碾压的路面上进行随机取样。关于沥青混合料的运输,运料车的车厢底部涂刷油水混合物,运输车运输过程中加盖苫布,以防表层混合料降温结硬壳。当气温低于10°C时,不得进行改性沥青玛蹄脂碎石混合料(SMA-13)路面施工。关于沥青混合料的碾压,路面的碾压必须严格控制好碾压温度,按照"紧跟、慢压、高频、低幅"的原则进行。在桥涵等构造物的接头处以及匝道、紧急停车带等摊铺机和压路机难以正常操作的部位,辅以小型机械或人工进行快速施工,保证其施工温度。其他措施:小型混凝土构件采用集中预制(如盖板涵的盖板等)。

同时,定期核查施工单位的试验自检频率台账,以及监理单位、中心试验室的实验抽检台账。高度重视混凝土配合比试配工作,特别是高强度等级混凝土。钢筋的绑扎、焊接及垫块的安放,严格按规范及设计要求执行。"三背"回填所用填料质量、分层厚度及压实度等指标严格按照规范及总监办下发的相关《工作指示》执行。各施工标段建立了工程质量管理档案。每月带领中心实验室、驻监办对各施工单位进行12次质量大检查,对检查中发现的问题通报、限期整改并进行违约处罚。

定期开展工地例会和监理例会,指出施工中和监理工作执行中存在的问题,并就如何解决问题提出意见和要求,并指定专人跟踪落实。施工单位所采用的施工技术措施,现场负责人严格把关,事先做好技术交底,做到人人心中有数,确保不出现质量问题。

监理人员加强对施工单位所用各种材料的监督及检查,不合格的材料严禁进入施工现场,主要材料必须按总监办下发的经总公司批准的入围厂家进货。

每季度进行综合评比,对质量、安全、环保、进度等方面做得最好和最差的前后几名进行奖惩,对施工单位和监理单位进行有效的激励和鞭策。针对极端不利施工的气候条件,制订专项施工方案,明确施工措施(如雨期施工措施、冬期施工措施等)。积极联系、调查并引进全国知名厂家的水泥、钢筋、钢绞线等工程主材,保证材料市场正常有序,确保工程质量。组织施工人员及监理人员,对各种施工方案和工艺进行认真细致的研究讨论,集思广益,制订出最佳的施工方案。

引入工程检测、监控系统,全方位、全过程地对其施工进行控制与指导,确保工程质量。对隧道检测单位的资质、业绩、实力及知名度等方面进行了比选商定,确定隧道检测单位,确保隧道施工质量,保证初支和二次衬砌混凝土强度及厚度、锚杆数量及长度、格栅钢拱架间距等。

在各项工程施工过程中,如果发现工程项目存在不符合技术规范、设计图纸的规定和要求,当因施工引起的质量事故处于萌芽状态时,要求监理工程师及时发出警告,要求施工单位立即更换不合格材料、设备或不称职的施工人员,或要求立即改变不正确的施工方法或工艺,从而确保工程有序进行,最大限度地减少后期返工带来的经济损失。

当因施工引起的质量缺陷出现时,总监办要求现场监理工程师立即发出口头停工指令,并立即向驻地监理工程师报告,由驻地监理工程师填写"工程暂时停工指令",并报总监办批准后通知施工单位。待施工单位采取了能保证工程质量的有效措施,对质量缺陷进行了补救处理和专业监理工程师检查合格后,承包人填写"复工申请",经过驻地监理工程师核实确认签署意见后,再由总监办签署"复工指令"恢复施工。

当质量缺陷出现在某道工序或单位工程完工后,且对下一道工序或分项工程产生质量影响时,总监办要求监理工程师必须拒绝检查验收和工程计量,并指令承包人进行返工处理。

通过采用承包人自控、驻监办监控、检测单位监督、总监办,不定期地检查、监督、落实,这种规范化、多层次、互控式质量管理体系的良好运转,使全线工程实体质量均处于可控状态。

为保证施工进度,制定科学有效的施工组织设计,严格按照施工组织设计的要求监督计划的落实情况,督促施工单位投入资源、现场劳动力,配置符合施工进度要求的施工设备,督促施工单位购置材料,材料的储备要能满足施工生产的需要。加强对施工现场的管理力度,不定期地对全线的人员资质和机械进场情况进行检查核实。首先对上岗人员的从业资格及业务素质,以及到场的机械数量和完好率是否能够满足施工现场要求,进行检查和提出具体要求。同时对施工便道通行能力进行检查,也为施工单位施工期材料到位和机械的进出场提供了保障,既保证其运输线的畅通,也保证了进度的顺利完成。

利用工程总价的1%作为奖励奖金,充分调动承包人、驻监办及中心实验室的积极性,同时对那些暂时落后的单位起到促进作用,从而保证了进度的完成。

不定期召开全线进度专题会议,检查各标段施工生产计划的落实情况,对各标段在会议上提出的问题进行分析处理;通过每期的工地例会、监理例会解决工作中出现的问题,为各项工作的顺利开展尽量扫清障碍,赢得宝贵的时间。对一些进度滞后的施工标段及时召开专题整顿会议,整顿效果不明显的施工单位还专门发函邀请法人到现场分析研究原因,提出解决方案,并要求法人成立现场工作组进行现场督促处理。更换不称职的项目经理;要求增加项目经理部施工技术和管理人员;更换不称职的监理人员;要求驻监办根据现场施工进度情况增派监理人员。图6-151所示为相关领导亲临瓮马高速公路施工现场指导工作。

第六章
贵州高速公路

图6-151　2014年7月30日，原贵州省省长、全国政协港澳台侨委员会副主任、十二届全国政协常委林树森（左二）在省交通运输厅党委书记、厅长陈志刚（左一）陪同下到瓮马高速公路指导工作

瓮安至马场坪公路项目在投资管理上，一是下发了《工程建设资金封闭运行管理办法》的工作指示，确保工程资金用于工地施工，防止资金外流；并成立了变更领导小组，专人抓变更设计，制定了《工程变更管理办法》。制定严谨的变更申报、审批制度和程序，层层把关，有效地控制变更增加费用；在合同谈判备忘录条款对砌体工程规范加以明确，如承包人自行采用混凝土块做砌体，须报总监办批准，费用不作调整；对于桥梁基础，桥面高程以下部分按桥梁挖基单价计算，桥面高程以上按路基挖方单价计算。从而明确规定各项费用；对于漏缺项单价的制定，工程量清单中涵洞工程部分在施工中凡属涵洞的孔径或类型的变更均按本标段或相邻标段的孔径或类型来套用或内插确定变更单价，不另行编制合同单价，基础增加部分按照总公司相关的管理规定来制定变更单价；计量及变更实行网络化管理，建立了严谨的合同管理体系。采取计量现场复核制度，严格把好计量关；在合同谈判中对不平衡报价进行了调整；认真组织图纸审查，并进行现场调查复核，提出优化设计。

在建设中，注重保护道路所在地生态环境。在进场初期，项目部就确立了环保管理目标，构建了组织机构，成立了环境保护领导小组，并且制定植被保护和恢复、声环境保护、临时工程用地恢复、环境空气质量保护、水土保持、施工废水污染防止、生产污水控制、生活污水控制、隧道施工涌水防止以及水土流失的管理等一系列措施。还邀请了具有环境监测资质的贵州交通环保监测站，对全段环境实行实时监测，以量化指标动态掌握全段环境现状。监测内容包括：水质监测、声环境监测、空气质量监测、水土流失监测和固体废弃物排放监测。通过环保制度的建设，措施的落实，该项目自开工以来，未造成环境污染事故，未出现较大的水土流失现象，项目部要求的各项环保措施，施工方、监理方基本落实到位。

瓮安至马场坪项目重视企业文化建设,大力做好宣传工作。先后组织了迎新春文艺会演、迎"五一"篮球比赛等活动,并且创办了内部刊物《瓮马简报》,加大了舆论宣传,增强了各参建单位的凝集力,弘扬企业文化,提高职工的业务素质,充分发挥了各单位的能动力、创造力。

该路建设过程中,质量管理机构健全、制度完善、责任明确,体现了较强的质量控制能力。施工中所采取的一系列质量管理措施比较得力,对确保工程质量发挥了较好的作用。路基、路基防护以及桥涵等工程,通过了车辆运行及大雨的考验。

(4) 资金筹措。瓮安至马场坪高速公路项目总投资估算约 48.29 亿元,平均每公里造价 8703.75 万元,由贵州桥梁建设集团有限公司出资,其余 33.3 亿元利用国内银行贷款解决。

(5) 招标投标。项目所有参建单位均全部采用统一招标。本项目的设计单位由原业主通过招标选定,并完成了施工图设计,贵州桥梁建设集团延续原设计合同约定,设计单位仍为北京交科公路勘察设计研究院有限责任公司;监理和中心试验室均通过招标确定,于 2013 年 6 月 21 日发出中标通知书,选定了监理单位及中心试验室。第一驻地监理工程师办公室为北京华通公路桥梁监理咨询有限公司,负责 T1~T3 合同段的路基工程监理工作;第二驻地监理工程师办公室为重庆市交通工程监理咨询有限责任公司,负责 T4、T5 合同段的路基工程以及全线的房建、绿化、机电、交安工程的监理工作。

中心试验室由贵州顺康路桥咨询有限公司组建。

施工单位在贵州桥梁建设集团内评选较强的施工队伍实施本项目。标段划分见表 6-109。

标段划分情况表　　　　表 6-109

标段号	标段所在地	工程内容及长度	从业单位
T1	贵州省瓮安县	路基工程、绿化工程,全长 10.78km	贵州桥梁建设集团有限责任公司
T2	贵州省福泉市	路基工程、绿化工程,全长 12.15km	贵州桥梁建设集团有限责任公司
T3	贵州省福泉市	路基工程、绿化工程,全长 12.19km	贵州桥梁建设集团有限责任公司
T4	贵州省福泉市	路基工程、绿化工程,全长 10.35km	贵州桥梁建设集团有限责任公司
T5	贵州省福泉市、麻江县	路基工程、绿化工程,全长 10.007km	贵州桥梁建设集团有限责任公司
LM	贵州省瓮安县、福泉市、麻江县	路面、交通工程全长 55.477km	贵州桥梁建设集团有限责任公司
JD	贵州省瓮安县、福泉市、麻江县	机电工程,全长 55.477km	贵州桥梁建设集团有限责任公司

(6) 征地拆迁。瓮马高速公路自 2013 年 5 月启动征拆工作,贵州省委、省政府,省交通运输厅、黔南州委、州政府和黔东南州委、州政府以及瓮安县、福泉市、麻江县三县县委、县政府及沿线均给予了大力的支持和关注。地方征拆指挥部更是付出了辛勤的劳动,为保障施工建设、营造良好的施工环境创造了有利条件,使项目顺利完成。本项目用地指标设计取低限值,导致实际建设用地超过国土资源部批复数量约 10%。

经过外业勘丈登记、内业资料的整理及资料公示工作,全段土地赔付资金顺利支付。在征拆工作的不断深入过程中,各种存在的问题和矛盾突出,为了使存在的问题得到妥善的处理,主抓了以下几个方面的工作:一是对被拆迁的农户,在坚持"以分散安置为主,集中安置为辅"的原则下,做好思想动员工作,并对确需集中安置的拆迁户做好调查摸底和统计工作;二是积极配合上级业务部门做好林地、土地的报批工作;三是积极做好工程用电、火工产品的供应和管理,以及地方关系的协调工作。

建设用地经国土资源部关于道真至新寨高速公路瓮安至马场坪段工程建设用地国土资涵〔2012〕374号文件批准。瓮马高速公路建设征地拆迁主要在瓮安、福泉和麻江三地进行。瓮安境内正线征地1488.14亩,临时用地600.82亩,合计被征收户数为1705户,林木户数660户,其中,房屋拆迁191户,迁坟890座,涉农设施8处,征拆补偿费用合计92998297元;麻江境内正线征地359.586亩,临时用地10.7163亩,合计被征收户数为101户,其中,房屋拆迁4户,迁坟87座,涉农设施23处,征地补偿费用398283元;福泉境内正线征地4843.152亩,临时用地1898.191亩,合计6741.34亩,其中,房屋拆迁313户,迁坟1426座,水利涉农设施121处,征拆费用合计242046616元。本项目征拆费用合计为335443196元。

(7)交(竣)工。本项目于2013年8月5日正式动工,2014年11月30日建成通车(图6-152),工期共计16个月,比原计划工期36个缩短了20个月,是贵州交通建设"三年会战"2014年第一个建成通车的重大交通基础设施项目。

图6-152 2014年11月30日建成的瓮马高速公路

3. 营运管理

瓮马高速公路省政府批复的收费年限为30年。全线设有1个营运中心,瓮安南收费站(图6-153)、平定营收费站、牛场收费站、福泉北收费站、福泉东收费站、福泉南收费站6个站点,2个服务区(福泉服务区、瓮安停车区)。瓮马营运中心下设营运科、综合科、养护科、财务科和监控中心。现有工作人员 120 人,其中管理人员 28 人、收费员 63 人、监控员 4 人、后勤 25 人。瓮马公司通过建立两级营运管理体系,提高管理的科技含量,充分调动员工的积极性,推进文明创建进档升级,加强文明服务形象窗口等途径,对瓮马高速公路的收费、养护、安全、监控、通信、服务等工作进行系统的计划、组织、指挥、调度和管理。随着江瓮线的通车,瓮马高速公路将会迎来车流高峰,预计单日车流量将会增至 20000 辆左右,增幅 30% 左右;通行费收入预计将会增至每月 1200 万元,增幅 30% 左右。

图 6-153　2014 年 12 月 2 日瓮马高速公路瓮安南收费棚

收费站站点设置见表 6-110。

收费站站点设置表　　　　　　　　表 6-110

站 点 名 称	车 道 数	收 费 方 式
瓮安南收费站	3 进 6 出	人工收费、ETC 电子不停车收费
平定营收费站	3 进 5 出	人工收费、ETC 电子不停车收费
牛场收费站	3 进 6 出	人工收费、ETC 电子不停车收费
福泉北收费站	3 进 3 出	人工收费、ETC 电子不停车收费
福泉东收费站	5 进 8 出	人工收费、ETC 电子不停车收费
福泉南收费站	3 进 5 出	人工收费、ETC 电子不停车收费

（三）S35 道真至新寨高速公路马岩至都匀段

S35 道真至新寨高速公路马岩至都匀段与 G75 兰海高速公路贵阳至新寨高等级公路共线。详见 G75 兰海高速公路贵阳至新寨高等级公路。

（四）S35 道真至新寨高速公路都匀至新寨段

S35 道真至新寨高速公路都匀至新寨段与兰海高速公路都匀至新寨(黔桂界)公路改扩建工程共线,详见 G75 兰海高速公路都匀至新寨(黔桂界)公路改扩建工程。

十二、S40 鲇鱼铺至胜境关高速公路

S40 鲇鱼铺至胜境关高速公路与 G60 沪昆高速公路共线。详见 G60 沪昆高速公路贵州境路段。

十三、S45 崇溪河至罗甸高速公路

S45 崇溪河至罗甸高速公路崇溪河至尖坡段与 G75 兰海高速公路共线,尖坡至下坝段与 G75 兰海高速公路、G6001 贵阳绕城高速公路共线,下坝至牛郎关段与 G69 银百高速公路、G6001 贵阳绕城高速公路共线,牛郎关至杨眉堡段与 G69 银百高速公路、S01 贵阳绕城高速公路共线,杨眉堡至峨坝段与 G69 银百高速公路共线。

十四、S50 从江至江底高速公路

S50 从江至江底高速公路由水口至都匀段、都匀至惠水公路(待建)、惠水至兴仁高速公路、晴隆至兴义高速公路、贵州省板坝(贵黔界)至江底(黔滇界)公路各路段构成。

(一)S50 从江至江底高速公路水口至都匀段

S50 从江至江底高速公路水口至都匀段与 G76 厦蓉高速公路共线,分别与水口(桂黔界)至榕江格龙公路和榕江格龙至都匀公路共线。

详见 G76 厦蓉高速公路水口(桂黔界)至榕江格龙公路;G76 厦蓉高速公路榕江格龙至都匀公路。

(二)S50 从江至江底高速公路惠水至兴仁高速公路

1. 基本情况

(1)项目决策背景及过程。为落实贵州省"实现经济社会发展历史性跨越"的战略构想,贵州省第十一届人民代表大会通过的《2008 年贵州省政府报告》提出要实行"交通优先发展"战略,加快交通基础设施建设步伐,加快形成以高速、高等级公路和铁路为骨架,多种运输方式相配套的综合交通运输体系;并明确提出"使所有县市都有高速公路连接"的战略构想。《贵州省 2009 政府工作报告》进一步提出围绕构建高速公路体系,以 10 年左右实现县县通高速公路为目标,加快贵州省高速公路网规划的项目前期工作,力争在"十一五"期间全面开工建设。

惠水至兴仁高速公路是《贵州省高速公路网规划》中"5 横"的重要组成部分。该项目的建设对贵州省西南部地区更好地承接珠三角、环北部湾等区域具有辐射作用,对开拓贵州省西南线广阔的旅游市场具有重大战略意义。项目起于惠水县紫油寨,西南走向,经

长顺、紫云、镇宁、贞丰县境,止于兴仁县城西面与晴兴高速公路相接,对全省实现县县通高速公路的目标具有重要的现实意义。

惠兴高速公路由贵州省发改委于2009年11月3日以《关于惠水至兴仁高速公路可行性研究报告的批复》黔发改交通〔2009〕2793号文对工程可行性研究报告进行批复:项目总投资估算为140.56亿元。其中,资本金为35.14亿元(约占总投资的25%),分别由省交通运输厅安排专项资金21.09亿元(约占总投资的15%),黔南州政府、安顺市政府和黔西南州政府按境内路段投资的10%筹措资金14.05亿元;其余105.42亿元利用国内银行贷款解决。

2009年12月31日,由省交通运输厅以《关于惠水至兴仁高速公路初步设计的批复》黔交建设〔2009〕247号文批复初步设计,总概算核定为152.03亿元,项目总工期42个月。

(2)公路的功能、定位、里程。惠水至兴仁高速公路是《贵州省高速公路网规划》("678"网)中第5横从江至兴义高速公路的重要组成部分,全长200.762km。项目区位于贵州省南部的黔南州、安顺和黔西南州,地处桂、滇、黔三省接合部,拥有丰富的矿产资源、生物资源、水能资源和旅游资源。本项目在惠水县同时与"4纵"和"6联"相连接;在紫云县与"5纵"交叉,终点在兴仁并入"6纵"的晴隆至兴义段,从而构建一个与城镇、产业布局相协调,功能明确、服务高效的高速公路网络。

(3)技术指标。惠水至兴仁高速公路全线采用双向四车道高速公路标准,设计速度80km/h,整体式路基宽度21.5m,新建分离式路基宽度11.25m,利用老路作为分离式路基仍采用12.0m,新建桥涵设计汽车荷载等级采用公路—Ⅰ级(改扩建路段维持原汽—超20级,挂—120标准),路基设计洪水频率为1/100,最大纵坡为5%,路面为沥青混凝土路面,桥梁设计荷载为公路—Ⅰ级,其他技术指标按《公路工程技术标准》(JTG B01—2003)执行。

(4)投资规模。该项目总概算为1502263418元(初步总投资估算为140.56亿元)。其中资本金为35.14亿元(约占初步概算的25%),分别有省交通厅安排的专项资金21.09亿元(约占总投资的15%),黔南州政府、安顺市政府和黔西南州政府按境内投资的10%筹措14.05亿元(约占总投资的10%);其余105.42亿元利用国内银行贷款解决。

(5)主要控制点。惠兴项目惠水至镇宁段起于惠水县紫油寨,接拟的都匀至惠水高速公路和建设的贵阳至惠水高速公路,经过大龙、威远、长顺、摆所、板当、紫云、乐纪、至八大村东跨乐运河。路线起点桩号K0+000,终点桩号K106+600,路线全长104.701km。

惠兴高速公路镇兴段控制性工程北盘江特大桥,孔跨布置为5×40m+(118+2×220+118)m+6×40m,桥长1127m,主桥为4孔一联连续刚构。墩高147m,过渡墩高达99m,基础为大直径钻孔灌注桩。

(6)沿线主要地形地貌。惠兴高速公路惠镇段工程项目位于贵州省西南部珠江水系与长江水系分水岭,海拔1678m,南端良田乡北盘江出县界处为最低点,海拔356m,相对高差1322m。镇宁是一个典型的山区县,山地面积1098km², 丘陵面积157.8km², 分别占全县总面积的63.91%和9.19%。岩溶地貌分布广,占全县总面积60%以上,是贵州省岩溶地貌发育最典型的地区之一,属亚热带湿润季风气候,跨南亚热带、中亚热带、北亚热带及南温带等多个气候带,具有冬无严寒、夏无酷暑、雨热同季、湿暖共节等特点。地域性温差较大,自北而南,气候随海拔降低而升高,降水量则相反。

惠兴高速公路镇兴段以北盘江为界,分别位于安顺和黔西南境内。地势总体为东低西高,沟谷展布与地质构造有很大程度的一致。

镇宁境内段落地形起伏大,沟壑纵横,地形切割剧烈,属于地形复杂区,地貌属于构造剥蚀、溶蚀低山地貌区。

黔西南境内段落位于珠江流域北盘江水系,属岩溶地貌区,属中低山,分溶蚀和侵蚀两种类型,按照微地貌的形态及成因,可以再细分为中—浅切脊状山沟谷Ⅰ、峰丛洼地(Ⅱ1)、残丘坡地(Ⅱ2)、丘峰沟谷(Ⅱ3)四种形态。

北盘江两岸地形切割较强烈,地貌较复杂,山高谷深,路基高填深挖普遍,高墩桥梁密集,桥隧相邻,工程量大,施工难度高。

主要构造物。惠镇段全线土建工程路基挖方2791.41万m³,路基填方2208.52万m³,特大桥3座/4247m,大桥60座/19226.6m,中、小桥15座/789.5m,长隧道7座/5804m,中、短隧道9座/4390m,通道、天桥100道,涵洞87道,互通式立交6处,增加惠水主线临时收费站1处,服务区、停车区3处,路面工程级配碎石底基层1769903.42m²,下基层1756723.15m²,上基层1643212.15m²,沥青下面层1489768m²,沥青中面层2328979.78m²,沥青上面层2362865.18m²,交通工程波形护栏200327m,刺铁丝隔离栅133797m,点焊网隔离栅38970m,交通标牌855个,交通标线137175m²,防抛网1561m。

镇兴段主线长96.2km,坝草和白层联络线长共21.775km。桥梁44座、隧道11座、涵洞通道273道。路基土石方挖方1355.2万m³,填方1060.2万m³。互通立交8处,停车区2处,服务区1处。

2. 建设情况

(1)立项审批、勘察、设计。2009年11月3日,贵州省发展和改革委员会以《关于惠水至兴仁高速公路可行性研究报告的批复》(黔发改交通〔2009〕2793号)正式批复了本项目可行性研究报告;2009年12月31日,贵州省交通运输厅以《关于惠水至兴仁高速公路初步设计的批复》(黔交建设〔2009〕247号)批复了本项目的初步设计,确定了主要技术经济指标、路线、路基、路面、桥涵等方案,项目总概算为152.027亿元,总工期为42个月;2012年1月21日,国土资源部以《国土资源部关于惠水至兴仁高速公路工程建设用地的批复》(国土资函〔2012〕30号)批复了本项目建设用地;2011年12月31日,贵州省交通运输厅以《关于惠水至兴仁高速公路施工图设计的批复》(黔交建设〔2011〕260号)批复本项目的施工图设计;2009年8月7日,贵州省环境保护厅以《关于惠水至兴仁高速公路环境影响报告书的批复》(黔环函〔2009〕169号)批复本项目的环境方案;2009年10月29日,贵州省水利厅以《关于惠水至兴仁高速公路工程水土保持方案的复函》(黔水保函〔2009〕90号)批复本项目的水土保持方案,2012年4月16日,贵州省交通建设工程质量监督局以《贵州省关于惠水至兴仁高速公路项目监督申请受理通知书》(黔交质〔2012〕28号)同意办理政府监督手续;2012年4月24日,贵州省交通运输厅批复了《贵州省惠水至兴仁高速公路建设项目施工许可申请书》。

惠水至兴仁高速公路工程可行性研究报告及补充报告由贵州省交通勘测设计研究院编制完成,贵州省发展和改革委员会以黔发改交通〔2009〕2793号文对工可报告予以批复。

惠兴高速公路土建工程勘察设计共划分为3个合同段,设计单位分别为贵州省交通规划勘察设计研究院股份有限公司、中交公路规划设计院有限公司、中交第二公路勘察设计研究院有限公司。

贵州省交通规划勘察设计研究院股份有限公司、中交公路规划设计院有限公司、中交第二公路勘察设计研究院有限公司于2009年7月与贵州高速公路总公司签订设计合同并全面展开初步设计工作,对工可路线走廊实地踏勘、地质勘察、外业勘测及相关资料收集整理,结合当地政府部门的意见,针对沿线地形、地质条件综合比较和分析,多角度、多层次进行路线方案比选。2009年8月26~28日贵州高速公路总公司领导和咨询专家抵达现场检查初测中间成果,初测的主体工作于2009年9月下旬结束。10月28~30日初测外业成果通过了贵州高速公路开发总公司召开的验收会议。贵州省交通运输厅于11月25~27日主持召开初步设计审查会议,经修编后对初步设计文件以黔交建设〔2009〕247号文予以批复。

设计院于2009年12月展开定测工作,根据初步设计咨询意见和批复精神,补充调绘1/2000地形图,全面优化和完善施工图路线方案。外业阶段各专业组依据现场施放的路线中桩,全面收集沿线地形、地质、水文、规划、路网、桥位、筑路材料及运输条件等资料,对重大方案问题(如不良地质、关兴公路改扩建段施工辅道)和涉及本项目能否顺利实施的问题(如拆迁、立交、桥涵设置等)多方征求了建设单位、沿线地方政府及各级部门的意见。定测主体工作于2010年2月8日结束(地勘外业于2010年5月上旬结束),随后通过了贵州高速公路开发总公司组织的定测外业验收会议。

2010年3月23~24日,贵州省交通运输厅、贵州高速公路开发总公司对项目进行了定测外业验收,并形成会议纪要,同意转入内业设计。同时,设计咨询单位北京中交京华公路工程技术有限公司通过听取汇报、现场抽查、查阅记录等手段对定测外业资料进行了检查,并形成《定测外业验收咨询意见》。

2010年3~6月,项目组进行了施工图设计内业工作,地勘外业工作于5月全部结束,6月初向咨询单位提交施工图设计文件送审稿。

2010年6月10日,项目通过了贵州高总司组织的施工图设计审查,随后设计院对施工图设计文件进行完善和修改。

交安、机电设计由北京交科公路勘察设计研究院有限公司完成;景观绿化设计分别由中交第二公路勘察设计研究院有限公司、招商局重庆交通科研设计院有限公司完成;房建设计分别由贵州省交通规划勘察设计研究院股份有限公司及中交第二公路勘察设计研究院有限公司完成。

(2)施工、监理。惠兴高速公路是2010年贵州省内在建高速公路建设中线路最长且投资规模最大的一个项目,也是省政府督查的重点项目。因惠兴项目投资大、路线长,贵州高速公路集团有限公司于2010年7月26日以黔高总司人〔2010〕73号文,将惠兴高速公路划分为惠水至镇宁项目建设办公室,任命旷光洪为项目办主任,以及镇宁至兴仁段项目建设办公室,任命龚玉华为项目办主任。

惠镇段:惠兴高速公路惠水至镇宁段,是公路工程建设超常规、跨越式的发展的一个建设项目,体现"紧紧围绕以工程进度为核心的指导思路",使进度信息及时畅通。搭建一个"超、赶、比、拼"的信息平台,让其发现自己在相隔标段中存在差距,以便及时调整在管理上、技术上、组织上、创新上的模式,整合资源,充分发挥项目经理部各职能部门的综合整体作用。使惠兴高速公路惠镇项目朝着"又好又快、更好更快"的大方向发展。

惠兴高速公路惠水至镇宁段以省委、省政府对交通建设提出的"又好又快,更好更快,强化团结,上下同心同德,干好各项工作"为指导思想,要求各单位要有高度的政治责任感,抢抓机遇,以征地拆迁为主线和突破口,团结一心,依靠地方各级政府和指挥部,造创性地开展征地拆迁工作,认真履行职责,强化施工管理上台阶。谨记质量重于泰山,深知安全高于一切,创造条件全面动工,团结协作,同心同德保目标。

按照省交通运输厅和省高速公路开发总公司的总体部署,抓好落实,采取切实有效的措施,更加全面地认识又好又快、更好更快、高效率建设惠兴高速公路的重要性,明确目标,定性目标,确保项目建设成为"安全、环境优美、节约资源、质量优良、系统最优"。同时以《2010年工作计划会》的目标任务为起点,精心组织,确保各项目标的实现。

同时,惠兴高速公路惠水至镇宁段在紧紧围绕"以工程进度"为核心,主抓各施工控制点,以时间节点来倒逼工程进度,督促各单位加强科学管理、精心组织、合理安排,充分利用各种资源,使工程建设能够有序、有利、有组织地按计划完成实施。按照"高质量、快速度、高标准"的施工理念,整体推进惠兴高速公路惠镇段的各项目建设。整体提高全体监理人员素质,使全体监理人员达到全面发展,监理单位提出的"高起点监理、高效益运行、高水平管理、高质量交验"管理口号,总监办制定各专业方面的学习计划,特邀请学院教授、有关专家、业务能力较强的高级监理工程师进行有关专业的培训。

2010年8月13日,为全面加快惠兴高速公路惠镇段第ZJLB1总监办所辖1~6合同段的工程项目建设,给下一阶段工程施工创造良好的条件,使工程进度能够有序、有力地按计划实施,进一步梳理工程施工前的各项准备工作,理清工作思路,动员第ZJLB1总监办所有参建单位的参建人员齐心协力,克服困难,努力为惠兴高速公路开工打开一个良好的、新的工作局面。会议提出:各单位要理清总体思路,科学、合理地根据目前工程所面临的实际情况、实际问题进行工作安排,严格按照总监办的总体布置去安排各项目工作。

2010年9月9日提出:要按照省交通运输厅和省高速公路开发总公司的总体部署,抓好落实,采取切实有效的措施,要更加全面地认识又好又快、更好更快、高效率建设惠兴高速公路的重要性,明确目标,定性目标,确保项目建设"安全、环境优美、节约资源、质量优良、系统最优"。同时各单位要以"2010年工作计划会"的目标任务为起点,精心组织,确保各项目标的实现。

2011年春节未放假,为更好地完成"十二五规划"实现惠兴项目首战开门红,总监办各位领导非常重视工程进度,春节期采取领导值班制,在2月4日(大年初二),总监办张副总深入1-6合同段现场,了解1-6合同段春节期间各单位施工情况;在2月7日(大年初五),总监办负责人深入1-6合同段施工现场,了解春节期1-6合同段施工情况及人员、机械、设备情况。1-6合同段施工情况都比较良好。

惠兴高速公路惠镇段路面施工委托招商局重庆交科院进行了技术咨询,从配合比设计到施工过程进行过程技术咨询,使路面质量得到了保障;2012年6月12日,省交通运输厅党委副书记、机关党委书记李程,省交通质监局副局长许湘华,省高总司总经理任仁对惠镇段路面施工流程及效果进行了观摩,对路面施工质量及效果给予充分的肯定。

惠兴高速公路惠镇段党风廉政建设要求:预防交通系统职务犯罪的措施有:一是建立完善遏制和预防职务犯罪的管理体系,确保系统性、有序性;二是对干部强化教育,引导树立正确的世界观、人生观、价值观;三是建立健全监督制约体系;四是加大对职务犯罪的打击力度,依法惩处犯罪是有效预防的方式之一;五是不断强化与纪检、检察、监察机关的配合机制。总监办针对惠兴高速公路惠镇段高速公路建设特点,高度重视,多次专题研究,注重从党的建设、思想教育、规章制度、监督措施等方面加强廉政工作。进一步建立完善有效的监督机制。认真贯彻党内监督条例,着力抓好领导干部个人重大事项报告、述职述廉、廉政谈话等制度的执行;把党内监督与党外监督结合起来,畅通举报渠道,发挥社会各界和广大技术人员及社会群众的监督作用;加强与纪检监察、政法部门、上级主管部门的联系,重要交通基础设施建设,主动邀请纪检等部门参与管理和监督;进一步加大政务公开力度,推进行政许可阳光工程建设,加快行政综合执法改革,完善行政执法责任制、公示制、考评制和过错追究制。

业主与监理、监理与承包人层层签订廉政责任书,共同打造优质工程、廉政工程。深入推进交通廉政文化建设,加强反腐倡廉宣传教育,推动形成以廉为荣、以贪为耻、风清气正的行业风尚。惠兴高速公路惠镇段工程结构复杂,有工程量大、造价高、工期紧、任务重等特点,总监办将结合本项目的实际情况,监理做到服务到位、咨询到位、监督到位、奖罚到位。还明确了工作职责、工作任务、工作纪律和监督检查内容等;加强领导,健全组织机构,落实廉政责任制。加强制度建设,确保反腐倡廉工作落到实处。投入了"一箱一表一手册""两牌两书两细则"的各种廉政的道德防线。建立廉政档案,抓好廉政建设的长效机制。最终实现优良质量、优化管理、优秀干部、优良业绩;无利用职务犯罪现象、无不合格工程项目、无贪污受贿违法犯罪干部、无资金不安全问题;加强民主监督,确保阳光工程。

镇兴段:建立四级质量保证体系。该项目按国家有关规定办理了政府监督手续,由贵州省交通工程质量监督局负责质量监督工作,行使政府监督权力。省质监局指派质量监督工程师叶安萍、刘礼英对本项目进行质量监督。施工现场由项目办负责指导督促管理,各总监办、驻地办负责具体实施全方位、全天候、全过程的监理工作。为强化质量安全管理,项目办由工程质安科负责项目质量安全管理工作,全线土建工程划分两个片区,路面工程划分2个片区,后续工程由3个专业工程师分类进行管理。工地现场分工区、班、组设质量小组,从而建立起"承包人自检、社会监理、业主管理、政府监督"的四级质量保证体系。以合同文件、国家相关规范和标准以及各级政府的法律法规为依据,制定了"质量缺陷率为零,合格率100%,优良率90%以上"的质量管理目标。项目办、总监办、驻地办、项目分级建立质量管理小组,指导项目工程质量管理工作,对项目工程质量进行全员、全方位的控制。

施工过程质量控制及管理措施有:

一是对全线技术人员、监理人员、干部职工等全线参建人员开展政治思想、职业道德、廉政建设、质量管理等方面的培训教育,严格进行"企业级、项目级、班组级"的三级技术交底工作,提高全员质量安全意识和技术业务素质。建立层层检查、层层落实、层层负责、层层追究的制度,充分发挥各级的职能职责作用,强化质量安全管理力度。

二是控制质量源头(原材料、半成品、机具)。首先对水泥、钢材、钢绞线、锚具、伸缩缝、支座等原材料,按照总公司罗列的入围厂家名单提供给承包人,从原材料采购着手,防止伪劣产品进入施工现场,确保工程质量。项目办还责成总监办、驻监办和中心试验室严把抽检关,在技术上加强检测把关,保证内业资料的真实性、完整性、及时性及严禁做假资料,平时巡视检查、抽查是把关的重要环节,一旦发现原材料质量不合格,或不是指定范围的产品及厂家,视情况重罚并追究当事人的责任,责令全部不合格材料清退出场。

三是从技术上严把质量关。在强化规范化施工、工序交接的同时,加强监控检测、试验等技术管理,严把工程质量安全关。

全线桥梁和抗滑桩桩基,一律埋声测管,用超声波法检测;对挖孔桩、扩大基础及地质复杂的各类桥基础均用地质雷达和钻孔钎探进行判断,通过检测,有异议或判断困难的桩基一律抽芯钻孔。一切检测正常的桩基,仍按合同规范抽芯检验3%。在检测抽芯过程中,对个别桩抽芯发现断桩的情况进行了及时处理,避免了成桥后留下质量安全事故隐患。对经检查检测外观质量及强度不合格的T梁、桥台、桩基、涵洞、路基及砌体,一律坚决废弃或返工处理。

安全生产方面。项目办、总监办及驻监办和项目经理部分级成立项目安全管理小组,指导项目安全管理工作,项目办设立专职安全工程师负责全项目的安全管理工作,按合同条款要求,总监办、驻地办、项目经理部设置满足合同要求的专职安全员。根据《中华人民共和国安全生产法》《中华人民共和国建筑法》《建设工程安全生产管理条例》《安全生产许可证条例》《公路水运工程安全生产监督管理办法》和建设部《建筑工程安全防护、文明施工措施费用及使用管理规定》及《贵州省建设工程安全生产费用监督管理暂行规定》,结合项目的实际情况,制定了镇兴项目《安全文明施工管理办法(试行)》,要求各参建单位严格执行。

对隧道施工安全、桥梁桩基施工安全、爆破作业施工安全,下发了强制性补充条款,确定"零伤亡事件"的安全生产管理目标,全线至今未发生一起重大安全事故。

进度管理方面。施工单位结合惠兴高速公路镇兴段公路建设项目整体施工计划安排、合同承诺,制订总体施工计划、年度施工计划、季施工计划、月施工计划及阶段性关键工程施工计划。工程进度实行阶段目标考核与单项控制性工程考核,以确保工期目标。项目办具体明确规定各节点需要完成的工程量、金额、形象进度等,作为对施工单位进行工程进度考核的依据。施工单位严格按照项目办下达的阶段目标任务精心组织、科学管理、充分调度好人、机、料等各种资源,确保阶段目标任务的完成。

镇兴项目自2010年9月份下达开工令起,项目办每月进行一次例行检查,省交通厅、省交通质监局对该项目每季度组织一次质量安全大检查,确保2013年10月30日惠兴高速公路镇兴段K104+701.489~K147+400段通车目标的实现图6-154为相关领导到现场调研。

工程变更管理。镇兴项目办由项目办工程科负责工程变更的组织和管理工作,合同计量科参与工程变更方案审查,并负责变更单价和费用审定工作。变更方案由项目办主任按变更管理审批权限批准或上报高总司批复后执行。

单价确定原则(按下列先后次序):一是直接使用同类细目单价;二是间接使用同类细目单价;三是若没有相同项目单价套用,则根据投标时交通部实行的预算编制办法和定额及本省相关规定按投标时贵州省交通建设工程造价管理站出版的《造价管理信息》和贵州省建设工程造价管理总站出版的《贵州省建设工程造价信息》公布的材料单价编制变更项目的预算单价,并按中标价低于招标时业主公布的限价相同的比例下浮;若招标时业主没有公布限价的,则参照类似项目或相邻合同段类似细目的单价;若类似项目的单价都没有,则由承包人、驻地办与总监办、项目办在现场纪检组的监督下,根据工程实际情况协商并将结果报总公司备案。变更新增单价实行总公司备案制。

图6-154 2012年3月13日,原贵州省交通运输厅党委书记、副厅长陈志刚(左二),原省交通质量监督局局长潘海(左一)在镇兴项目11标1号梁场调研安全文明建设情况

工程变更审批权限:单项工程变更总费用在20万元以内的工程变更,由总监办直接审批,报项目办备案;单项工程变更总费用在20万~150万元的工程变更由总监办负责审查,报项目办审批;150万元以上的工程变更由总公司总工办现场确定,项目办负责审查,报总公司审批;500万元以上的变更由省交通运输厅负责确定、审查、审批。

(3)资金筹措。该项目初步总投资估算为140.56亿元。其中资本金为35.14亿元(约占初步概算的25%),分别为由省交通厅安排的专项资金21.09亿元(约占总投资的15%),黔南州政府、安顺市政府和黔西南州政府按境内投资的10%筹措的14.05亿元(约占总投资的10%),其余105.42亿元利用国内银行贷款解决。

(4)招标投标。惠镇段:惠镇高速公路工程项目办由贵州高速公路集团有限公司派出,总监理办公室采用公开招投标制度,项目实施中全面实行了项目法人制、招标投标制、工程监理制及合同管理制。施工单位和监理单位通过社会招标选择确定,完善了项目质量监督手续。项目资金的拨付以国家有关法规的要求为依据,严格按照合同及资金管理办法进行监督和监控,确保资金运行安全。惠水至镇宁项目总监办由贵州高速公路集团有限公司招标完成,共设置3个总监,土建1~6合同段由第一总监办(贵州陆通公路工程监理有限责任公司)负责管理,土建7~9合同段由第二总监办(贵州交通建设咨询监理有限公司)负责管理,机电单位由第五总监办(北京兴通工程咨询有限公司)负责管理;

中心试验室由公开招标贵州交通科学研究院有限责任公司、贵州工大土木工程试验检测股份有限公司组建。

惠水至镇宁工程路基土建工程10个合同段,路面工程、交安工程、绿化工程、房建工程、桥面防水、隧道机电、伸缩缝均设2个合同段,交通机电、声屏障、硅芯管工程1个合同段,边坡绿化单位4个,全部采用国内竞争性招标。

镇兴段:惠兴高速公路镇宁至兴仁段项目办由高总司派出,项目实施中全面实行了项目法人制、招标投标制、工程监理制及合同管理制。施工单位和监理单位通过社会招标选择确定,完善了项目质量监督手续。项目建设管理严格按政府监督、法人管理、社会监理和施工企业自检所形成的四级质量保证体系进行运作。项目资金的拨付以国家有关法规的要求为依据,严格按照合同及资金管理办法进行监督和监控,确保资金运行安全。

①设计单位招标。总体设计单位为贵州交通勘测设计院;工程地质勘察监理单位为贵州省建筑工程勘察院;路基工程施工图设计单位为中交公路规划设计院有限公司、中交第二公路勘察设计研究院有限公司;路面工程施工图设计单位为中交公路规划设计院有限公司、中交第二公路勘察设计研究院有限公司;机电工程施工图设计单位为北京交科公路勘察设计研究院有限公司;交安工程施工图设计单位为北京交科公路勘察设计研究院有限公司;房建工程施工图设计单位为中交第二公路勘察设计研究院有限公司;景观绿化工程施工图设计单位为招商局重庆交通科研设计院有限公司。

②施工单位招标。土建工程施工中标单位:2010年7月27日的中标单位是中铁十七局集团第四工程有限公司(第12合同段)、贵州桥梁建设集团有限责任公司(第13、第14合同段)、中交第二航务工程局有限公司(第15合同段)、中铁五局集团第二工程有限责任公司(第16合同段)、中铁一局集团有限公司(第17合同段)、中国路桥集团西安实业发展有限公司(第19合同段),2010年8月3日的中标单位是中铁十一局集团第三工程有限公司(第11合同段),2010年9月8日的中标单位是中铁三局集团有限公司(第20合同段),2010年9月26日的中标单位是贵州桥梁建设集团有限责任公司(第18合同段)。

路面工程施工中标单位:中铁十二局集团第一工程有限公司(第27合同段)、云南第二公路桥梁工程有限公司(第28合同段)。中标时间:2012年6月4日。

桥梁、隧道路面防水层施工中标单位:湖北古城建筑防水工程有限公司(第55合同段)、安徽省通源环境节能有限公司(第56合同段)。中标时间:2012年9月5日。

桥梁伸缩缝施工中标单位:成都市新筑路桥机械股份有限公司(第49合同段)、山西交科桥梁附件有限责任公司(第50合同段)。中标时间:2012年8月6日。

交安工程施工中标单位:陕西高速交通工贸有限公司(第39合同段)、云南云桥建设股份有限公司(第40合同段)。中标时间:2012年8月31日。

房建工程施工中标单位:中国第四冶金建设有限责任公司(第35合同段)、贵州省交通工程有限公司(第36合同段)。中标时间:2012年9月6日。

机电工程施工中标单位:南京凌云科技发展有限公司(第42合同段)、中海网络科技股份有限公司(第45合同段)、西安金路交通工程科技发展有限责任公司(第46合同段)。中标时间:2012年9月25日。

硅芯管采购中标单位:华龙光通信技术有限公(第52合同段)。中标时间:2012年8月8日。

景观绿化工程施工中标单位:绍兴市四季青景观建设有限公司(第31合同段)、贵阳芳园园林艺术有限公司(第32合同段)。中标时间:2012年9月19日。

③监理单位招标。土建工程施工监理中标单位:广西桂通公路工程监理咨询有限责任公司(第ZJLB3合同段)、贵州科达公路工程咨询监理有限公司(第ZJLB4合同段)。中标时间:2010年6月25日。

中心试验室中标单位:湖南联智桥隧技术有限公司(第Z3合同段)、贵州省交通建设咨询监理有限公司(第Z4合同段)。中标时间:2010年8月3日。

机电工程施工监理中标单位:云南纪星交通工程监理咨询有限公司[第ZJLB6(JD)监理合同段]。中标时间:2012年9月19日。

(5)征地拆迁。惠镇段:长顺指挥部正线内征地共计3184.7783亩,临时用地593.34亩,坟墓搬迁1020座,林木补偿1953户,房屋及附属设施拆迁174户,三电拆迁及青苗补偿28个,涉农设施工程44个;紫云县征地5446.259亩,临时用地462.71亩,房屋拆迁306户,房屋主体32625.71m^2,附属12106.82m^2,坟墓搬迁1267座;惠水县红线内征地979.34亩,其中,耕地、牧草地、建设用地601.75亩,林地377.59亩,临时用地征地119.19亩(含耕地、林地、牧草地、建设用地),拆迁42户6304.16m^2;坟墓搬迁410冢,涉农设施恢复补偿35个,企业搬迁1个。镇宁县临时用地:惠镇段涉及耕地1.554亩,合计1.554亩,拆迁房屋26户3214.275m^2。

镇兴段:项目办积极与安顺及黔西南州各级指挥部配合,抓好征地拆迁工作,共征地8587.98亩、临时用地1673.45亩、拆迁381户计40255.753m^2、迁坟104座、"三电"改造238.171km。

(6)重大变更。惠镇公路工程项目建设过程中产生重大变更共计5份。

一是K100+450~K100+650段原设计为高填方填筑路基,最大填高为38.5m,处于较陡的斜坡上,斜坡上表层为粉质黏土和淤泥,下部为强风化炭质泥岩,对高填方路基存在较大的安全隐患。2011年3月3日,各单位领导到现场察看,通过对填方的处理和改桥的方案比选,根据黔高总司纪要〔2011〕84号文改为顶洪大桥,7跨30m T梁。

二是K71+830~K72+020为填方路基,该段填方总量33万m^3,最大中心线填方高度39.99m。其中,K71+830~K72+020段填方高度为5.3~29m,最大高度29m。其余最大填方高度13.6m,路基左侧设计为5～17m墙高的C20片石混凝土堤墙。在2012年5月21日夜间至5月22日上午暴雨,施工现场发现K71+898～K71+936段路基右侧红线外侧0～7.2m范围内出现纵向段性裂缝(部分路基为裂纹);K71+898～K72+019段路基左侧路堤墙基础外侧12.67～21.37m斜坡上原地表出现裂缝及剪出口,同时有局部地表坍塌,K71+895～K73+020段左侧路堤墙在K71+895沉降缝处产生向路基外水平错位3cm。设计单位安排补勘工作,得出此段路基呈现不稳定状态,对继承不稳定地质体范围及厚度较大,不稳定边坡体未见明显后壁,属于蠕变滑动。根据黔高总司纪要〔2012〕152号会议纪要第三条,〔2012〕171号会议纪要第一条,〔2012〕184号会议纪要第一条,惠镇ZJLB2-C7变〔2012〕002号会议纪要,在K71+830～K71+994.8段路基左侧采用微型钢管桩加锚索,桩顶混凝土与挡墙形成整体。

三是K56+240～K56+460段左侧边坡原设计为五级边坡,坡比为1∶0.5,防护形式为:第一、二级植草绿化,第三、四、五级为主动防护网。该段边坡最大挖方高度为47m,覆盖层为粉质黏土,硬塑～可塑状,局部砂岩碎石,厚0～1m。基岩为强风化、中风化薄层状灰岩夹钙质泥岩,岩石产状与边坡开挖方向相反,为逆层边坡,岩石发生突变,岩体节理很发育,将岩体分割呈破碎状松散结构。施工过程中,该边坡已经过多次变更,项目办曾多次邀请相关单位对该边坡治理进行察看,根据开挖情况、坡体岩石的破碎程度,对处治措施进行及时调整加强。第三、四、五级防护工程实施完毕后,在5月4日,坡口线上方35m处突然出现宽约5m、长约100m的裂缝,整个坡体下错,坡体表层岩石崩落,对三、四、五级边坡已经施工完毕并检测合格的防护工程造成了破坏,框架锚索崩落,框架锚杆整体滑落。根据惠镇ZJLB1-B6变〔2012〕058号会议纪要,最终根据惠镇项目办2012年8月20日下发的由贵州省交通规划勘察设计研究院设计的《K56+270～K56+410段左侧挖方边坡变更设计图》,本边坡按照抢险工程进行施工,该边坡开挖完毕后,山顶岩体较稳定,但整个坡面比较破碎,尤其是一、二、三级边坡,存在安全隐患。特别是在桩号K56+400坡口线左侧10m两户房屋多道裂缝,影响百姓生活,户主要求搬迁。经各方人员现场察看后讨论决定:在第一级增设6m高C20片石混凝土挡墙,整个开挖坡面采用挂网喷射C20混凝土封住整个坡面,厚度为10cm,钢筋网片30cm×30cm,锚杆间距3m×3m,长4.5m,梅花形布置,在第二、三级位置增设框架锚索,锚索长18m。

四是K93+295～K93+435左侧路堤,由于地基覆盖层较厚,且承载能力差,填筑完第二级路堤后地基发生破坏,导致路堤出现整体滑塌现象,根据黔高总司纪要〔2011〕199号变更(抗滑桩)在K93+314.063～K93+435段路基左侧3级平台处设置27根抗滑桩,断面尺寸2m×3m,1号～7号、25号～27号抗滑桩桩长22m,8号～22号抗滑桩长19m,桩间距5m,整修第四级边坡及开裂的护脚墙,做好防排水,保证其稳定。

五是K92+820～K93+129.230段路基右侧为五级高边坡,坡面岩层为炭质泥灰岩,易软化膨胀、易坍塌;边坡开挖后坡顶级坡面多次发生开裂和垮塌现象。根据黔高总司纪要〔2012〕152 号、黔高总司纪要〔2012〕172 号、黔高总司纪要〔2012〕184 号、黔高总司纪要〔2012〕171 号:卸载已产生裂缝及裂缝影响区域边坡土体,对边坡进行卸载放缓处理,四、五、六级边坡卸载放缓后做绿化生态防护,所卸载土石方均作弃方处理;在第一级边坡平台位置增设 10 根抗滑桩,抗滑桩采用单根 24m 长,结构尺寸 2.3m×3.3m,中心间距 6m;在第一级路堑边坡对应边坡中心设置 41m 长 C20 片石混凝土抗滑挡墙,抗滑挡墙基础采用 ϕ108 微型钢管桩,单根钢管长 12m,总根数 336 根;抗滑挡墙两侧设置普通 C20 片石混凝土路堑墙;在第二、三级边坡采用满铺 M7.5 浆砌片石进行防护。

惠兴高速公路镇宁至兴仁段建设过程中产生重大变更共计 2 份。

一是坝草互通连接线 AK1+850~AK2+080 段左侧边坡滑坡处治。坝草互通连接线 AK1+850~AK2+080 段挖方路基处于强风化土夹石堆积层位置,土体极不稳定,原设计为护面墙及骨架护坡,施工过程中开挖上边坡发生滑坡。为了保证路基边坡稳定,故根据《贵州省交通运输厅关于惠水至兴仁高速公路坝草连接线 AK1+850~AK2+080 段路基左侧边坡滑坡治理设计变更的批复》(黔交建设〔2014〕344 号)、《镇兴高速公路、板江高速公路设计变更审查会会议纪要》(黔高速专议〔2013〕158 号)、黔高总司纪要〔2011〕33 号《办公会议纪要》第八条、黔高总司纪要〔2012〕72 号《办公会议纪要》、黔高总司纪要〔2011〕156 号《办公会议纪要》第八条第 3 点、黔高总司纪要〔2011〕199 号《办公会议纪要》第三条以及 HXZX001 号《公路工程设计变更申请表》对坝草互通连接线 AK1+850~AK2+080 段左侧滑坡进行边坡处治,采用排水、锚索抗滑桩支挡、主滑区两侧设锚索、C20 混凝土抗滑挡墙和锚杆边坡防护的综合处治方案。

二是 YK129+219~YK129+377 段右侧挡土墙滑移治理。土建第 14 合同段 YK129+219~YK129+377 段路基右侧挡墙受降雨等因素作用,发生侧向滑移、下沉,导致该路段路基沉降、开裂,为保证路基施工质量和安全,故根据《贵州省交通运输厅关于惠水至兴仁高速公路第 14 合同段 YK129+219~YK129+377 段右侧挡土墙滑移治理设计变更的批复》(黔交建设〔2015〕39 号)、《公路工程设计变更申请表》(HXZX004 号)、《办公会议纪要》(黔高总司纪要〔2012〕179 号)第三条、《办公会议纪要》(黔高总司纪要〔2012〕225 号)第二条、《办公会议纪要》(黔高总司纪要〔2012〕264 号)、《工作会议纪要》(镇兴项目纪要〔2012〕112 号)、《工作会议纪要》(黔高速镇兴项目纪要〔2013〕13 号)第一条对 ZK129+315~ZK129+425 左侧边坡进行卸载处理;ZK129+243~ZK129+278 段左侧拉裂处上边坡增设挡土墙,右幅挡墙外侧采用矩形抗滑桩防护,设高强钢筋,桩顶设承台及 C20 片石混凝土回填,使之与挡墙连接成整体,挡墙背面及下部路基范围内进行钢花管注浆处理;对于开裂的路基,地表 1.5m 深度范围内进行路基换填。

(7)交(竣)工。惠镇段:2010 年 9 月,惠水至镇宁段工程开工,2010 年 10 月,项目建设办公室揭牌(图6-155),于2012年12月惠水至镇宁工程建成通车。2012年12月24日,贵州高速公路集团有限公司在黔南州长顺县浩瀚大酒店主持召开了惠水至兴仁高速公路惠水至镇宁段(K0+000~K106+600)交工验收会议(图6-156)。贵州交通运输厅、贵州省交通建设工程质量监督局、贵州省交通建设工程造价管理站、贵州省高速公路管理局、黔南州指挥部、安顺市指挥部、惠水县指挥部、长顺县指挥部、紫云县指挥部、镇宁县指挥部、贵州高速公路集团有限公司相关部门(总工办、计划部、工程部、财务部、决算办、联网办、营运管理中心、征拆办)、惠镇项目办、总监办、设计单位、中心试验室、施工单位等参建单位参加了本次交工验收会议。

图6-155　2010年10月18日,惠兴高速公路惠水至镇宁段项目建设办公室揭牌仪式

图6-156　2012年12月24日,集团有限公司党委委员、董事、总工程师梅世龙在惠兴高速公路惠水至镇宁段交工验收会议作重要讲话

参加会议的各单位代表于2012年12月24日上午对拟交工的惠水至兴仁高速公路惠水至镇宁段土建、路面、交安及绿化工程进行了现场检查,会议成立了交工验收委员会,会议听取了建设、设计、施工、监理等单位代表的工作总结,贵州省交通建设工程质量监督局向大会提交了惠水至兴仁高速公路惠水至镇宁段土建、路面及交安工程交工验收质量检测报告。

镇兴段:惠兴高速公路镇宁至兴仁段分为两段分期交工验收通车。贞丰至兴仁段（K147+400～K200+762.357）于2012年12月28日交工验收（图6-157），2012年12月31日通车;镇宁至贞丰段（K104+701.489～K147+400）于2013年10月30日交工验收，2013年11月1日通车。图6-158为已建成的贞丰互通。

图6-157　2012年12月28日，惠兴高速公路镇兴段（贞丰至兴仁）交工验收会

图6-158　2013年4月24日，已建成的惠兴高速公路镇兴段贞丰互通

2012年12月28日，贵州高速公路开发总公司在贵州省贞丰县主持召开了惠水至兴仁高速公路贞丰黄腊田至兴仁段交工验收会议。贵州省交通运输厅、贵州省交通建设工程质量监督局、贵州省交通建设工程造价管理站、贵州省高速公路管理局、黔西南州公路管理局、惠兴高速公路黔西南州指挥部、贞丰县指挥部、兴仁县指挥部、黔西南州安监局、黔西南州安局交通警察支队直属高速大队、黔西南州高等级公路管理处、贵州高速公路开发总公司相关部门（总工办、计划部、工程部、决算办、征拆办、联网办、财务部、营运管理中心、联网收费管理中心）、镇兴项目办、中交第二公路勘察设计研究院有限公司、贵州科达公路工程咨询监理有限公司、中铁一局集团有限公司、贵州桥梁建设集

团有限责任公司、中国路桥集团西安实业发展有限公司、中铁三局集团有限公司、云南第二公路桥梁工程有限公司、云南云桥建设股份有限公司等参建单位参加了本次交工验收会议。

参加会议的各单位代表于 2012 年 12 月 28 日上午对拟交工的惠水至兴仁高速公路贞丰黄腊田至兴仁段土建、路面及交安工程进行了现场检查,会议成立了交工验收委员会,听取了建设、设计、监理、施工等单位代表的工作总结,贵州省交通建设工程质量监督局向大会提交了惠水至兴仁高速公路贞丰黄腊田至兴仁段土建、路面及交安工程交工验收质量检测报告。经验收委员会认真研究、讨论,同意惠水至兴仁高速公路贞丰黄腊田至兴仁段土建、路面、交安工程通过交工验收。

惠水至兴仁段高速公路贞丰黄腊田至兴仁段自 2012 年 12 月 28 日通过交工验收,即日起,由贵州高速公路开发总公司营运管理中心进行管养,缺陷责任期从 2012 年 12 月 28 日起,至 2014 年 12 月 28 日止。

2013 年 10 月 30 日,贵州高速公路集团有限公司在贵州省贞丰县主持召开了贵州省惠水至兴仁高速公路惠镇段(K99+101.498～K104+701.489)、镇兴段(K104+701.489～K147+400)交工验收会议。贵州省交通运输厅、贵州省交通建设工程质量监督局、贵州省交通建设工程造价管理站、贵州省高速公路管理局、贵州省安顺市高等级公路管理处、贵州省黔西南州高等级公路管理处、惠兴公路黔西南州指挥部、兴仁县指挥部、贞丰县指挥部、安顺市指挥部、镇宁县指挥部、安顺市公安局交警支队直属高速大队、黔西南州公安局交警支队直属高速大队、贵州高速公路集团有限公司相关部门(总工办、计划部、工程部、决算办、征拆办、联网办、财务部、营运管理中心、联网收费管理中心)、镇兴项目办、惠镇项目办、设计、监理、施工等参建单位参加了本次交工验收会议。

参加会议的各单位代表于 2013 年 12 月 30 日上午对拟交工的贵州省惠水至兴仁高速公路惠镇段(K99+101.498～K104+701.489)、镇兴段(K104+701.489～K147+400)的土建、路面、交安及站点房建工程进行了现场检查,会议成立了交工验收委员会,会议听取了建设、设计、监理、施工等单位代表的工作总结,贵州省交通建设工程质量监督局向大会提交了《惠水至兴仁段高速公路惠镇段(K99+101.498～K104+701.489)、镇兴段(K104+701.489～K147+400)质量检测报告》。经验收委员会认真研究、讨论,同意贵州省惠水至兴仁高速公路惠镇段(K99+101.498～K104+701.489)、镇兴段(K104+701.489～K147+400)的土建、路面、交安及站点房建工程通过交工验收。

贵州省惠水至兴仁高速公路惠镇段(K99+101.498～K104+701.489)、镇兴段(K104+701.489～K147+400)自 2013 年 10 月 31 日通过交工验收,即日起由贵州高速公路集团有限公司营运管理中心进行管养,缺陷责任期从 2013 年 10 月 31 日起,至 2015

年10月31日止。

3. 复杂技术工程

惠兴高速公路的控制性工程及重难点工程,主要集中于横跨北盘江大峡谷两岸的土建11~16合同段,北盘江两岸群峰矗立、深谷峭壁、地形险峻、地质复杂,路线高差达900m以上。在便道的修建、材料运输,尤其工程的施工中具有挑战性的难度。

(1)北盘江大桥。惠兴高速公路北盘江大桥,孔跨布置为5×40m+(118+2×220+118)m+6×40m,桥长1127m,主桥为4孔一联,连续刚构。墩高147m,过渡墩高达99m,基础为大直径钻孔灌注桩。本桥是控制整个惠兴高速公路进度的关键工程。

(2)土建工程。土建16合同段起点段,起点K137+835~老熊湾隧道进口ZK139+836,长2km的路线处于山体横坡60°以上的陡崖峭壁上,三桥两隧紧密相连。把坝桥2号桥4×40m T梁、麻窝大桥9×40m T梁、坡内地大桥23×40m T梁、海子坝隧道325m、老熊湾隧道2565m,连接成一线。尤其是必须先沿线路在悬崖上修长达3km的主便道,再修支便道至各墩台,便道的工程量大,施工极端困难。桥墩高达70m。三座桥700片T梁仅有起点处300m路基设置预制场,T梁堆放、运输、架设都极困难,并严重制约镇兴段的工期。该段落既是重难点工程,也是控制性工程之一。

土建18~20合同段位于龙场至兴仁,利用关兴公路扩建段,交通保畅和安全保障措施及管理也是工作的重点之一。

(3)隧道工程。镇兴段共有隧道11座,控制性工程有祥礼特长隧道(左)3658m,是镇兴高速公路中最长的隧道。另有老熊湾长隧道2565m,纳窑隧道(左)2088m。

4. 营运管理

全线设Ⅰ类服务区2处(紫云、白层),Ⅱ类服务区2处(威远、贞丰),Ⅲ类停车区3处(团坡、镇宁、巴玲),匝道收费站14处,桥隧管理站共计3个,应急保畅中队共2个,监控管理所2个,养护站共计2个。本项目于2012年12月30日建成通车,批准收费时间为2012年12月30日,批准收费终止时间为2042年12月29日。通车至2015年8月,收费总计36693.237万元,出口车流量共计9052051辆。收费站点设置如表6-111所示。

惠兴高速公路收费站点设置表 表6-111

站点名称	车道数	收费方式
板当收费站	3进3出(含ETC车道1进1出)	联网收费
摆所收费站	3进3出(含ETC车道1进1出)	联网收费
长顺收费站	3进5出(含ETC车道1进1出)	联网收费
威远收费站	3进5出(含ETC车道1进1出)	联网收费

续上表

站点名称	车道数	收费方式
乐纪收费站	2进3出(含ETC车道1进1出)	联网收费
紫云收费站	3进5出(含ETC车道1进1出)	联网收费
乐运收费站	3进3出(未设置ETC车道)	联网收费
坝草收费站	3进3出(未设置ETC车道)	联网收费
白层收费站	3进3出(含ETC车道1进1出)	联网收费
贞丰收费站	3进5出(含ETC车道1进1出)	联网收费
龙场收费站	3进3出(未设置ETC车道)	联网收费
巴铃收费站	3进3出(未设置ETC车道)	联网收费
兴仁东收费站	3进5出(含ETC车道1进1出)	联网收费
兴仁北(大桥河)收费站	3进3出(含ETC车道1进1出)	联网收费

(三)S50从江至江底高速公路兴仁至红岩洞段

S50从江至江底高速公路兴仁至红岩洞段与晴隆至兴义高速公路共线。详见G7612晴隆至兴义高速公路。

(四)S50从江至江底高速公路红岩洞至江底段

S50从江至江底高速公路红岩洞至江底段与贵州省板坝(贵黔界)至江底(黔滇界)公路共线。详见G78汕昆高速公路贵州境板坝至江底高速公路。

十五、S55赤水至望谟高速公路

S55赤水至望谟高速公路包括仁怀至赤水高速公路,遵赤公路白腊坎至茅台高速公路,赤水至望谟高速公路白蜡坎至泮水段、泮水至韩家店段、息烽至黔西高速公路、黔西至织金高速公路(在建)、织金至普定高速公路(在建)、普定至安顺及安顺西绕城高速公路、贵阳(花溪)至安顺高速公路(在建)、安顺至紫云高速公路(在建)、惠水至兴仁高速公路(沙子哨至紫云西段)、紫云至望谟高速公路(在建)。

(一)S55赤水至望谟高速公路仁怀至赤水高速公路

1.基本情况

(1)项目决策背景。仁怀至赤水高速公路是《贵州省高速公路网规划》中第五条纵线的主要组成路段,为加快形成贵州省高速公路体系,同意建设仁怀至赤水高速公路。2009年12月3日,贵州省发改委《关于仁怀至赤水高速公路可行性研究报告的批复》(黔发改交通〔2009〕2939号);2009年12月29日,贵州省水利厅《关于仁怀至赤水高速公路工程水土保持方案的复函》(黔水保函〔2009〕174 号);2010 年 2 月 9 日,贵州省交通运输厅《关于仁怀至赤水高速公路初步设计的批复》(黔交建设〔2010〕14 号);2010 年 3 月 19 日,贵州省环境保护厅《关于对仁怀至赤水高速公路工程环境影响报告书的批复》(黔环审〔2010〕36 号);2011 年 6 月 7 日,贵州省交通运输厅《关于仁怀至赤水高速公路施工图设计(土建工程部分)的批复》(黔交建设〔2010〕14 号);2011 年 9 月 10 日,国土资源部《关于仁怀至赤水高速公路工程建设用地的批复》(国土资函〔2011〕623 号)。

(2)公路的功能、定位、里程。仁怀至赤水高速公路是《贵州省高速公路网规划》中"五纵"赤水至望谟高速公路的重要组成部分,是贵州省北上的一个重要出口通道,本项目建设不仅对完善贵州省高速公路网布局、充分发挥高速公路网的整体效益具有十分重要的作用,也是对厦蓉、兰海两条国家高速公路的重要补充。本项目起点位于仁怀市西侧罗旺田,与已建成的茅台高速公路顺接,路线经过中枢、苍龙、大坝、火石岗、二郎、桑木、回龙、马临、东皇、隆兴、土城、元厚、葫市、旺隆、新店、天台,止于赤水市境内的赤水河大桥黔川两省交界处,与成都—自贡—泸州—赤水高速公路相接。路线全长163.665km。

(3)技术指标。全线采用四车道高速公路标准建设,设计速度 80km/h,路基宽度 21.5m(其中赤水互通至赤水河大桥黔川两省交界处约 1.4km 采用 24.5m)。桥涵设计汽车荷载采用公路—Ⅰ级,其他技术指标按《公路工程技术标准》(JTG B01—2003)规定执行。互通式立交连接线采用二级公路标准建设(其中连接县城的公路采用一级公路标准)。

(4)投资规模。项目总投资估算约为 131 亿元,初步设计总概算 143.2581 亿元,施工图预算 142.05 亿元。

(5)沿线主要地形地貌、主要控制点。路线位于云贵高原黔北山地北缘与四川盆地的中部低山丘陵南缘的衔接地段,地形切割强烈(俗称鸡爪地形),总体地势南高北低,最低海拔高度 262m,最高海拔高度 1220m,相对高差 958m,全线桥梁设置多,桥隧比例大,跨越仁怀、习水、赤水三个地质地貌情况截然不同的地区,施工难度在贵州省已建(在建)高速公路中绝无仅有。其中桐梓河特大桥主墩高达 172m,二郎河特大桥主墩高达 167m,分别排名贵州省刚构桥梁高墩第二位和第三位,莫洛、邓家沟隧道均为高瓦斯隧道,施工风险极大。

(6)主要构造物。桥梁全长 47177.71m/162 座(含习水支线),占主线全长的 28.82%;隧道全长 25219.50m/30 座,占主线全长的 15.41%。桥隧比为 44.23%。路基挖方 2411.27 万 m^3,防、排水砌体工程 158.502 万 m^3,涵洞及通道 158 道,路面 174.618 万 m^2。图 6-159 和图 6-160 分别为赤水河元厚大桥和五岔河特大桥。

图6-159 仁赤高速公路赤水河元厚大桥

图6-160 仁赤高速公路五岔河特大桥

2.建设情况

（1）项目立项审批。2009年12月3日，贵州省发改委下发《关于仁怀至赤水高速公路可行性研究报告的批复》（黔发改交通〔2009〕2939号），同意建设该项工程。2010年9月，仁怀至赤水高速公路正式开工建设。

（2）勘察、设计。项目总体设计单位中交一公院在"六个坚持、六个树立"的指导思想下，坚持"安全、耐久、节约、和谐"的设计理念，力求公路与自然、人文环境的和谐统一，以最小的投入获取最大的社会、经济、环境综合效益。本项目路线设计以降低造价、与自然环境相融合为总体指导原则，以与本项目交通量和技术标准相适应的路线平纵面指标布线，路线随弯就势，不为了追求高指标而大填大挖。

针对本项目沿线地质条件复杂的实际情况，结合沿线自然、地质条件，切实做好路基路面设计，确保路基路面具有足够的强度及稳定性。路基防护尽可能采用生物工程防护，并采取经济有效的排水措施和病害防治措施，保证路基安全、路容美观。

桥梁、立交桥、涵洞的结构形式根据本地区的自然条件、材料来源、地基情况、施工特点和使用要求进行设计。设计时，遵循技术可行、经济合理的原则，尽量做到标准化、系列化及施工专业化，同时注意了桥型美观与周围景观协调。

隧道尽可能布置在地质条件较好的地层中，洞口段无不良地质现象，并有利于两端接线及洞外工程布置；隧道结构设计着重安全可靠、技术可行、不渗不漏、经济合理。

景观绿化设计充分展现沿途优美自然风光和历史资源，将该项目分为黔北民居地域特色带、红高粱文化特色带、长征文化特色带。绿化设计采用"露""透""封""诱"的设计手法，充分利用乡土植物，如杜英、紫薇、香樟和红叶李、杨树等，突出体现地域特色。

环保设计以恢复公路生态、防治水土流失为出发点，最大限度地恢复当地生态环境，达到人、车、路与自然环境和社会环境的和谐统一。

（3）施工管理。仁怀至赤水高速公路建设项目办公室下设综合科、标段长室、总工办、征拆科、安全环保科、财务室，管理人员24人（其中高级工程师10名、工程师4名）。项目办坚持"以政府监督、业主管理、社会监督、企业自检，全面加强业主的项目建设管理工作与监理管理工作"的总体工作思路和"安全良好、质量优良、资源节约、环境优美、系统最优、公众满意"的理念进行全过程管理。在加强监管的同时深化服务意识，原则范围内坚持急事急办、特事特办的原则，对各级部门报送资料必须做到不推不拖。要求监理单位充分发挥主动性，增强全体参建人员的紧迫感、责任感、使命感、危机感，为仁赤高速公路建设履行好应尽的职责。

为确保工程进度，项目办按照管理围着目标走的思路采取以下四点措施促进工程进度。一是成立4个专项工作组。针对路基、路面、交安、机电、绿化、房建等诸多工作成立3个专项工作组，项目办、总监办班子成员分别担任专项组领导。做到各组责任明确，加强调度。通过这种形式，及时有效地处理了施工中存在的问题和困难，实现对施工过程的控制。二是项目办与各单位倒排工期，签订目标责任书，明确奖惩，严格兑现。项目办与各土建、路面、交安、房建、机电、绿化施工单位和相应监理单位分别签订剩余工程目标责任书，明确各节点完成时间。对全线各个合同段的剩余工程进行了详细的核查统计，按照10月18日通车时间要求，充分酝酿并征求施工单位的合理化建议，制订切合可行的施工组织计划。对没有按时完工且严重影响到通车目标的，除了给予重罚外，还通过通报批评、约见法人或要求施工单位的副总经理驻守工地"督战"、扣2013年信用评价分数等措施进行严格管理、处罚。三是加快变更工程的处理速度。在施工中，不可避免地会出现一些变更原设计的工程，项目办在要求施工单位及时上报工程变更资料的同时，还对自身内部的管理作了明确规定，明确了工程变更的审批时间。四是及时拨付工程资金。工程资金的拨付是整个工程施工中的核心环节。仁赤高速公路项目的建设资金是有保障的，只要工程计量完成审核，项目办就会及时地把工程计量款拨付给施工单位。在及时拨付的同时，项目办对工程资金的使用进行了有效监管，绝不允许工程资金外流。

监理工作方面。项目设置二级监理机构，由业主自行组建成立了仁怀至赤水高速公路总监理工程师办公室，办公驻地设在贵州省习水县西城区，设置总监、副总监，下设5个科室，即工程监理科、合同计量科、安全环保监理科、综合科、财务室。并通过招标，确定了3个中心试验室，9个土建驻地办（其中RCJL-1、3、7、9驻地办包含路面监理工作），1个房建驻地办，2个机电驻地办，2个交安绿化驻地办，为全线提供监理服务。

监理工作坚持守法、诚信、公正、科学的工作准则，严格监督承包人履行施工合同；使监理服务完全达到监理服务合同及行业标准的要求,不发生监理责任的质量事故;积极配合业主的质量目标,使项目整体质量等级达到交通运输部质量评定标准优良级,确保工程进度、费用目标均在合理控制范围内。

(4)资金筹措。项目总投资估算约为131亿元,其中,资本金为32.75亿元(约占总投资的25%),资金来源为省交通运输厅安排专项资金19.65亿元(约占总投资的15%),遵义市政府出资13.1亿元(约占总投资的10%);其余98.25亿元资金利用国内银行贷款解决。

(5)招标投标。仁怀至赤水高速公路项目原业主为遵义市交通局,于2009年4月进行勘察设计招投标工作。后转换贵州省公路局为业主,于2010年3月开始土建施工、监理等内容的招投标工作。参建单位见表6-112。

仁怀至赤水高速公路参建单位表 表6-112

通车里程桩号:K0+997.235~K156+978.256

参建单位	单位名称	合同段编号及起止桩号		主要负责人
项目管理单位	贵州省公路局	K0+997.235~K156+978.256		粟周瑜
勘察设计单位	中交第一公路勘察设计研究有限公司	1	K0+997.235~K52+967.554	刘志
	中国公路工程咨询集团有限公司	2	K51+000~K95+065.146	刘子剑
	贵州省交通规划勘察设计研究院	3	K95+100~K156+978.256	单永森
施工单位	中铁四局集团有限公司	RCTJ-01	K0+997.235~K9+450	张勇
	中铁二十局集团第二工程有限公司	RCTJ-02	K9+450~K18+900	翟战金
	贵州桥梁建设集团有限责任公司	RCTJ-03	K18+900~K25+350	韦龙林
	中铁十二局集团第二工程有限公司	RCTJ-04	K25+350~K32+200	王引仓
	贵州桥梁建设集团有限责任公司	RCTJ-05	K32+200~K36+243	龙云波
	龙建路桥股份有限公司	RCTJ-06	K36+243~K41+050	文福
	中铁隧道集团二处有限公司	RCTJ-07	K41+050~K48+917	刘志成
	路桥集团国际建设股份有限公司	RCTJ-08	K48+917~K52+967.554	张争鹏
	河北路桥集团有限公司	RCTJ-09	K51+000~K54+800	祖连春
	贵州桥梁建设集团有限责任公司	RCTJ-10	K54+800~K60+597	董颖
	中铁隧道集团三处有限公司	RCTJ-11	K60+597~K66+195	高少亮
	中铁五局集团第二工程有限责任公司	RCTJ-12	K66+195~K72+300	蒋胜利
	中交一公局第二工程有限公司	RCTJ-13	K72+300~K74+060	方文富
	中交一公局第五工程有限公司	RCTJ-14	K74+060~K78+810	郝纯宗
	贵州省公路工程集团有限公司	RCTJ-15	K78+810~K83+700	陈进
	中铁二局股份有限公司	RCTJ-16	K83+683~K89+615	徐华
	中铁二十局集团有限公司	RCTJ-17	K89+615~K95+065.145	朱清利
	中铁五局集团第三工程有限责任公司	RCTJ-18	K95+100~K100+000	江永煌
	中铁三局集团有限公司	RCTJ-19	K100+000~K109+820	王茂

第六章
贵州高速公路

续上表

参建单位	单位名称	合同段编号及起止桩号		主要负责人
施工单位	中交二公局第六工程有限公司	RCTJ-20	K109+820~K115+360	李根明
	浙江省交通工程建设(集团)有限公司	RCTJ-21	K115+360~K122+200	何懿成
	东盟营造工程有限公司	RCTJ-22	K122+200~K129+080	刘洪双
	中交一公局第六工程有限公司	RCTJ-23	K129+080~K135+360	张新立
	中铁十一局集团第二工程有限公司	RCTJ-24	K135+360~K145+720	王叶清
	贵州省公路工程集团有限公司	RCTJ-25	K145+720~K156+978.256	胡涛
	广东如春园林工程有限公司	RCTJS-2	K9+450~K18+900	邹刚
	四川省瑞云环境绿化工程有限公司	RCTJS-24-1	K135+360~K140+000	张飞
	贵州绿地园林建设实业有限公司	RCTJS-24-2	K140+000~K145+720	许琦
	贵州黔贵园艺景观有限公司	RCLH-1	K0+997.235~K25+350	胡涛
	深圳市如茵生态环境建设有限公司	RCLH-2	K25+350~K52+967.554	秦安成
	四川高速公路绿化环保开发有限公司	RCLH-3	K51+000~K78+700	汪东
	四川益生园艺工程有限责任公司	RCLH-4	K78+700~K109+820	白支辉
	杭州萧山凌飞环境绿化有限公司	RCLH-5	K109+820~K135+360	黄志华
	四川立森园林有限公司	RCLH-6	K135+360~K156+978.256	康成科
	中铁十四局集团有限公司	RCLM-1	K0+997.235~K39+250	公衍文
	浙江交工路桥建设有限公司	RCLM-2	K39+250~K78+700	翁艾平
	贵州省公路工程集团有限公司	RCLM-3	K78+700~K122+120	吕瑞安
	贵州桥梁建设集团有限责任公司	RCLM-4	K122+120~K39+156+978.256	田小波
	山西交研科学实验工程有限公司	RCJA-1	K0+997.235~K39+250	徐庆峰
	贵州宏阳公路交通设施有限公司	RCJA-2	K39+250~K78+700	赵明富
	南京金长江交通设施有限公司	RCJA-3	K78+700~K122+120	卢建忠
	山西长达交通设施有限公司	RCJA-4	K122+120~K39+156+978.256	薛晓东
	中交第四公路工程局有限公司	RCFJ-1	K0+997.235~+K50+000	刘国明
	贵州公路工程集团有限公司	RCFJ-2	K50+000~+K72+000	吴昆
	贵州公路工程集团有限公司	RCFJ-3	K72+000~+K139+000	任达成
	贵州公路工程集团有限公司	RCFJ-4	K139+000~+K156+978.256	张雪痕
	中海网络科技股份有限公司	RCJD-1	K0+997.235~K156+978.256	朱林泉
监理单位	贵州省交通建设咨询监理有限公司	RCJL01	K0+997.235~K25+350	李月
	重庆中宇工程咨询监理有限责任公司	RCJL02	K25+350~K36+243	苗发壮
	贵州陆通公路工程监理有限责任公司	RCJL03	K34+360~K51+000	向周贵
	武汉大通公路桥梁工程咨询监理有限责任公司	RCJL04	K51+000~K66+195	肖永多
	武汉中交路桥设计咨询有限公司	RCJL05	K66+195~K78+700	彭学忠

续上表

参建单位	单位名称	合同段编号及起止桩号	主要负责人
监理单位	广西桂通公路工程监理咨询有限责任公司	RCJL06	K78+700~K95+065.145	王顺白
	贵州通力达公路工程监理咨询有限公司	RCJL07	K95+100~K109+820	王周
	四川天接工程咨询监理有限公司	RCJL08	K109+820~K129+080	丁昌荣
	中国公路工程咨询集团有限公司	RCJL09	K129+080~K156+978.256	黄金山
	贵州省交通建设咨询监理有限公司	RCLHJAJL-1	K0+997.235~K78+700	梁德礼
	贵州陆通公路工程监理有限责任公司	RCLHJAJL-2	K78+700~K156+978.256	吴鑫
	贵州通力达公路工程监理咨询有限公司	RCFJJL	K0+997.235~K156+978.256	董露霞
	北京兴通工程咨询有限公司	RCJDJL-1	K0+997.235~K65+000	王楠
	北京华路捷公路工程技术咨询有限公司	RCJDJL-2	K65+000~K156+978.256	邓本红

(6)征地拆迁。省交通运输厅、省公路局分别与遵义市政府、市国土局签订了征地拆迁协议书,沿线各县、镇(乡)分别成立了协调服务指挥部。征地拆迁协调工作在各级政府和指挥部的领导下,在沿线人民的大力支持、紧密配合下,努力克服各种工作困难,积极处理各项群工纠纷,及时化解各类征拆矛盾,有效控制了阻工事件的发生,切实解决了损坏群众利益的问题,为高速公路建设创造了良好施工环境,确保了工程建设的顺利实施。截至2013年7月9日,全线累计征用红线建设用地15418.6亩,支付征拆资金10.93亿元。

(7)重大变更。其一,根据贵州省交通运输厅厅长办公会议纪要第十四期《关于协调解决仁怀至赤水高速公路建设有关问题的会议纪要》及2012年1月12日习水县人民政府备忘录精神增设习水连接线,习水连接线(K0+000~K1+560)路线全长1.56km,公路等级一级,设计速度60km/h,路基宽度21.5m,设中桥38.04m/1座、汽车天桥44.08m/1座、通道1道、涵洞6道。

其二,赤水城市连接线施工图设计技术标准采用二级公路,长0.547km,路基宽10m。项目开工后,赤水市人民政府认为连接线标准与其城市规划不适应,严重制约地方经济发展,多次向省交通运输厅汇报情况,要求加宽连接线,省交通运输厅对此做了专门研究,原则同意将赤水城市连接线标准由二级公路调整为一级公路。变更后的赤水城市连接线技术标准采用一级公路标准,长0.547km,连接线L及匝A和匝C、匝D分合流点前段路基宽度设计变更为21.5m宽。同时,匝C(CK0+280~终点)、匝D(起点~DK0+220)段平纵横做了相应调整;对连接线L原设计LK0+215.185涵洞移位到LK0+180处。对原设计匝A的旧屋基大桥进行加宽。

(8)交(竣)工。2013年10月18日,贵州省公路局组织了仁怀至赤水高速公路仁怀至火石岗段交工验收;2013年11月28日,组织了仁怀至赤水高速公路火石岗至赤水段交工验收。

3. 复杂技术工程

仁怀至赤水高速公路项目复杂技术工程主要有桐梓河特大桥、莫洛隧道、邓家沟隧道。

(1)桐梓河特大桥(图6-161):桥址区地形起伏较大,该桥南北向跨越桐梓河V形河谷,宽70～100m,常年流水,水量较大。两岸地形陡峭,坡度近似直立,便道施工难度大。全桥跨径组成:12×30m T梁+(108+2×200+108)m连续刚构+50×30m T梁,桥梁全长1131.6m。最大桥高222.6m左右,最深桩基55m,孔径2.5m。

图6-161　仁赤高速公路桐梓河特大桥

(2)莫洛隧道:隧道在习水福平煤矿井田北段穿过,含煤层10余层,煤层倾角平均35°,平均含煤总厚11.52m,施工中严格按照《莫洛隧道过煤层地段的施工安全专项设计》《瓦斯专项安全施工方案》《瓦斯监控专项方案》进行管理和施工。

(3)邓家沟隧道:瓦斯主要为裂隙天然气,围岩节理越发育,岩体破碎,完整性越差,天然气赋存量越大,揭露涌出量越大。针对邓家沟隧道地段存在瓦斯的情况,施工中采用前探地质钻孔、打孔引排瓦斯、高负压抽排瓦斯的技术措施,解决了该隧道穿越软岩、断层及破碎带的瓦斯涌出超限、燃烧、爆炸等隐患。

4. 营运管理

全线共设13个收费站,停车区、服务区共6处,3个养护工区(仁怀北养护工区、习水养护工区、赤水养护工区),2个管理所(仁怀北管理所、赤水管理所),1个监控通信分中心(习水监控通信分中心),2个隧道管理救援站(火石岗隧道管理救援站、习水隧道管理救援站),2个路政管理救援站(习水路政救援站、赤水路政救援站),1个超限超载检测站,2个停车加水区。

贵州省人民政府以《省人民政府关于仁怀至赤水高速公路设站收取车辆通行费有关事宜的批复》（黔府函〔2013〕252号）同意设置1个主线收费站、12个匝道收费站收取车辆通行费,收费年限为20年,自2013年11月29日起至2033年11月28日止。截至2014年年底,共收取车辆通行费3.2647亿元。收费站点设置见表6-113。

仁怀至赤水高速公路收费站点设置表 表6-113

站点名称	车道数	收费方式	备注
仁怀西			贵州高总司负责
仁怀北	8	人工+ETC	
银水	7	人工+ETC	
大坝	5	人工	
火石岗	5	人工	
二郎	5	人工+ETC	
习水	8	人工+ETC	
柑甜	5	人工	
土城	8	人工+ETC	
元厚	5	人工	
旺隆	5	人工+ETC	
月亮田	5	人工+ETC	
赤水	15	人工+ETC	

（二）S55赤水至望谟高速公路遵赤公路白腊坎至茅台高速公路

1. 基本情况

（1）项目决策背景及过程。贵州茅台酒厂集团总部位于贵州省北部风光秀丽的赤水河畔的茅台镇。作为国家特大型企业、白酒行业国家一级企业,2001年8月贵州茅台股票在上交所挂牌上市。2002年就以营业收入25多亿元,跻身于中国500强企业,成为一个拥有著名品牌和自主知识产权、主业突出,核心竞争力强大的大企业集团。2005—2009年仅5年就实现销售收入373.98亿元,上缴利税314.8亿元,利润总额218.45亿元。在茅台集团的带动下,其地处的仁怀市经济增长迅速,是贵州省首个跻身全国百强县的县级市。

茅台集团身处黔北贫困地区,直到1953年才修通第一条通往遵义的土路。2004年,连接南北通道的盐津河大桥和两河口大桥相继成为病桥后,交通状况大幅下滑。虽然经过多年建设,该地区交通落后、信息闭塞的情况有了很大改善,但经营发展环境仍是异常艰苦。长期以来,仅有省道S208线从遵义通往茅台,交通不畅成为制约茅台集团及其所处地区发展的瓶颈。

(2)公路的功能、定位、里程。茅台高速公路是遵义至赤水高速公路中最重要的一段,是《泛珠江三角洲区域合作公路水路交通规划纲要》"十射、五纵、五横、六条国际通道"高速公路网第八射"麻江—遵义—泸州支线"中的一段。起自遵义县鸭溪镇白腊坎,起点桩号 K0+000,经遵义县枫香镇、青坑、平正乡和仁怀市长岗镇、坛厂镇、中枢镇,止于茅台镇沟头,终点连续里程桩号为 K46+156.25,接省道 208 线,全长 46.16km,沥青混凝土路面。全线设枫香、正平(长岗)、坛厂、仁怀 4 座互通立交,6 处收费站(白腊坎、枫香、平正、坛厂、仁怀、茅台),1 处停车区(白腊坎),1 处服务区(仁怀)。

(3)技术指标。茅台高速公路按四车道高速公路标准进行设计,全部控制出入。其中白腊坎至两路口段设计速度为 80km/h,整幅路基宽 21.5m,分幅路基宽 2×11.25m,桥梁与路基同宽,隧道均为分幅隧道,宽度为净 10.25m;两路口至茅台段设计速度为 60km/h,整幅路基宽 20m,分幅路基宽 2×10.25m,桥梁与路基同宽,隧道为分幅隧道,宽度为净 9.75m。设计速度和路基宽度的渐变在 K37+156.94~K37+296.94 范围内完成,过渡段长 140m,全线采用沥青混凝土路面。

(4)主要控制点。全线控制性工程有茅台特大桥、坛厂隧道、坪子上特大桥、盐津河大桥及构皮屯高填方施工。

坪子上特大桥(K24+056.6~K24+739.8)两岸为高山,系跨峡谷的多跨桥,主跨径(96+180+96)m 三跨连续刚构,遵义岸引桥为 6×30m 预应力钢筋混凝土 T 梁,仁怀岸引桥为 4×30m 预应力钢筋混凝土 T 梁。桥长 683.2m,桥面距谷底高 110m,全桥分左右幅。主桥连续刚构采用挂篮悬浇施工工艺,两岸引桥 T 梁采用预制吊装施工工艺,先简支、后转为连续结构梁桥。施工单位是山东省路桥集团有限公司,施工监控和桥梁竣工荷载试验单位是中南大学土木工程检测中心。桥位处于不通公路的深山大峡谷,修建施工便道运输机械材料,大桥施工条件非常困难。2007 年 5 月~2009 年 7 月建成。

盐津河大桥和茅台大桥都位于仁怀市盐津河上,茅台大桥位于上游,盐津河一桥(老桥桁式组合拱桥)位于下游,老桥仁怀岸即为仁怀市的国酒门。盐津河大桥(新桥又名盐津河二桥)位于两桥之间,为茅台高速公路辅道二级公路桥梁,桥宽 13m,主跨为非对称预应力混凝土连续刚构,孔跨(76+198+110)m,全长 395.48m,桥面距水面高差为 115m,大桥中心为凸形竖曲线,设计高程为 752.66m,从桥中至两岸为纵坡 0.5%的双向下坡。大桥位于盐津河 V 形峡谷中,桥墩施工条件困难。施工单位是中港二航局,施工监控和竣工荷载试验单位是同济大学,2005 年 8 月~2007 年 12 月建成,于 2007 年 12 月 18 日交工验收。

构皮屯高填方路堤施工。构皮屯高填方路堤段 K42+520~K42+930 长约 400m,最大填方高度 55m,填方量超过 100 万 m³,系当时贵州高填方之最,超过《公路路基设计规范》(JTG D30—2004)中规定填石路堤边坡坡率全部高度20m的最大坡率1:1.75的限值,高于20m的坡率设计规范没有标出。施工时,所有边坡均以大块石进行叠砌;填方地基地面线以下的上部冲沟软土进行挖换,回填小片石;设置大于挖换深度的纵横向片石盲沟,将地表水、地下水引入溶洞口,流入地下洞穴。

(5)主要构造物。完成的主要工程数量:路基挖方793万m^3,填方796万m^3;防护工程砌体49.3万m^3;涵洞6433m/195道;中小桥626m/15座;大桥、特大桥4989m/17座;隧道11260m/5座,其中大于1km长的隧道4座,设有通风照明和消防、火灾报警系统;全线互通立交4处,分离式立交16处,收费站7处(含新建1处)。停车区和服务区各1处。沥青混凝土路面952421m^2,水泥稳定碎石基层749110m^2,级配碎石底基层788577m^2,罗汪田平交环岛工程新增沥青混凝土路面和基层、底基层各13146m^2。中央分隔带钢筋混凝土护栏27648m。路侧钢筋混凝土护栏8639m。路侧波形梁钢护栏34128m,实施过程中,在涵洞和桥头及向路堑起点延伸20m(按技术规范规定),共增加波形梁钢护栏5094m。

2.建设情况

(1)立项审批。按照贵州省原有规划,遵义县青坑至买水土城二级公路将通过茅台。在茅台集团和地方政府的强烈要求下,2005年6月,省政府第84次省长办公会议决定,将原定青坑至茅台段的二级公路,改为按照高速公路的标准建设,并命名为茅台高速公路。由此,茅台高速公路成为遵赤高速公路的首段,列入2008年贵州省政府批准的"6横7纵8联"高速公路网规划(即"678"网)"七纵"之一,即赤水—仁怀—白腊坎—黔西—织金—安顺—望谟高速公路中的一段,也是《泛珠江三角洲区域合作公路水路交通规划纲要》"十射、五纵、五横、六条国际通道"高速公路网第八射的"麻江—遵义—泸州支线"中的一段。

2005年是遵义会议和红军长征胜利70周年,遵赤公路被列为全国30条红色旅游精品线之一。而遵赤公路遵义至白腊坎段为G326国道,白腊坎至青坑段为S208省道,共长40km,均已改建为二级公路;土城至赤水市段已按二级公路标准建成通车;全线仅余青坑至土城段公路未经全面改造。由于该段等级低、路况差,成为全线交通运输的"瓶颈",已不能适应社会经济发展的需要。

为确保遵赤公路作为贵州省骨架公路应具备的通行能力,促进区域社会经济发展,推动红色旅游,对遵赤公路青坑至土城段进行升级改造日显迫切。

受仁怀市交通局委托,省交勘院承担了遵赤公路青坑至土城段工程可行性研究的修订、编制工作,双方签订了《遵义至赤水公路青坑至土城段工程建设项目可行性研究》的合同,据此开展工程可行性研究工作。2005年4月,完成《遵义至赤水公路青坑至土城段工程可行性研究报告》的编制。

2005年6月22日下午,省人民政府第84次省长办公会议决定,青坑至土城二级公路青坑至茅台段改按高速公路标准建设。

(2)勘察、设计。2005年6月24日下午,省交通厅在高总司召开专门会议,研究、落实第84次省长办公会议的决定。会上明确,白腊坎至中枢段作为遵赤高速公路率先建设的一段,在路线走向上,要充分考虑后续路线走廊衔接的需要;中枢至茅台段作为支线,与白腊坎至中枢段构成项目的整体;青坑至土城二级公路青坑至茅台段改按高速公路标准建设后以国酒命名,定名为"茅台高速公路"。会议决定委托省勘院实施茅台高速公路项目工可。考虑到省交勘院是原青坑至茅台二级公路的设计单位,在长约46km的项目走廊里做过150余公里的方案比选,熟悉其地形、地质、地貌,尤其是地质病害情况,同时,根据遵义市政府2005年3月16日《前期工作座谈会会议纪要》,会议建议由贵州省交通规划勘察设计研究院在原有工作基础上继续完成茅台高速公路项目的勘察设计工作,不再另行招标。

2005年7月23日,高总司在省交勘院召开了"《贵州省公路工程技术指标运用指南》在茅台高速公路设计工作中试运用的研讨会",确定由省交勘院在茅台高速公路工可、初步设计和施工图设计工作中依据《贵州省公路工程技术指标运用指南》开展工作。茅台高速公路的设计、施工、交(竣)工验收以及中间评审均应按试验路所确定的原则进行。

因为茅台高速公路是《贵州省公路工程技术指标运用指南》运用的试验路,省交通厅在2005年6月24日和7月23日的会议上均明确:由于本项目具有试验、科研性质,不再进行勘察设计招标,由原承担青坑至土城二级公路测设任务的省交勘院继续担任项目的工程可行性研究和勘察设计工作。受省交通厅委托,省交勘院承担了茅台高速公路工程可行性研究工作,并与业主高总司签订了《茅台高速公路工程建设项目可行性研究》合同。

接受任务后,省交勘院根据项目在《贵州省骨架公路网规划》《遵义市骨架公路网规划》和《泛珠江三角洲区域合作公路水路交通规划纲要》中的功能定位,拟定设计思路,并结合地形、地质条件在1/50000和1/10000的地形图上初步拟定了路线方案。2005年7月4~8日,省交勘院工程技术人员会同遵义市交通局、仁怀市政府及茅酒集团负责人进行了实地踏勘,在路线走向、起终点位置、主要控制点、互通立交的设置预想及茅台特大桥桥位等方面取得了共识。与此同时,还就项目影响区的社会经济、交通运输、路网现状、水利、城建、国土资源等方面的现状及中远期发展规划进行了综合调查,收集了沿线的社会经济、交通量、现有道路技术状况、地质、气象、水文等资料。同月13~15日,省交勘院进行了内部管理的中间检查,对路线方案的总体构想予以确认,并提出了局部路段的修正和新增比选内容,尤其对一些重要构造物的选址和选型,提出了进一步加深勘察和比选的要求。同月19日,进行了实地交通量调查。同月23日,向交通厅领导汇报工作开展情况和路线方案。此后,进入紧张的报告编制阶段。8月11日,在交通厅召开的汇报会上作阶段成果汇报,并最后完成了报告的编制。

2005年11月3日,省发改委以《关于遵赤公路白腊坎至茅台段高速公路项目建议书的批复》(黔发改交通[2005]1268号)批准立项,明确项目法人为高总司。

2005年12月19日,黔发改交通[2005]1459号文批复了该路工可。

茅台高速公路是省委省政府十分关心的项目,副省长包克辛在黔委督察字[2005]16号文中批示,要求必须于当年完成前期工作及力争开工。省交通厅及高总司于2005年6月决定,为最大限度缩短设计周期,由原青坑至茅台二级公路的设计单位省交勘院继续完成茅台高速公路的勘察设计工作,不再另行招标。省交勘院按照《贵州省公路工程技术指标运用指南(试行)》等进行了施工图设计。

省交勘院按照相关要求,完成了项目的地质灾害危险性评估报告、初步设计。并于2006年7月完成施工图设计。2005年12月23日,黔发改交通[2005]1473号文批复了该路初步设计。省环境保护局黔环函[2006]57号文批复了环境影响报告,省水利厅黔水保[2007]110号文批复了茅台高速公路工程水土保持方案报告,省人民政府和省国土资源厅黔国土资用地函[2006]17号文批准了茅台高速公路的控制性工程先行用地,2007年6月29日国土资源部以国土资函[2007]508号文批复茅台高速公路工程的建设用地。同年12月25日,省交通厅以《关于遵赤公路白腊坎至茅台段高速公路施工图设计的批复》(黔交建设[2007]220号)对全长45.06km的施工图设计文件进行了批复。

整个设计坚持保护环境与改善环境相结合的原则,充分利用绿化或工程措施改善公路与沿线地形的配合,消除因修建公路而造成的对自然景观的破坏。在路线设计中,从沿线实际地形、地质条件、自然和社会条件出发,在满足技术标准的前提下,尽量顺应地形变化的趋势,减轻人为的切割。根据不同的地形,采用了整体式路基、分离式路基、错台路基等多种路基形式,既节约了工程投资,又保护了环境。路线经过城镇时,遵循"近而不进、离而不远"的原则,力求做到利用土地合理、少搬迁、少扰民,并满足城市规划的要求。沿线山多地少,植被贫乏,为尽量少占耕地和经济林地,在确定路线方案时,宁肯多占荒山、坡地,增加一点工程造价,也要多留一片良田和森林。在构造物选型及沿线设施布局方面,除力求经济、安全、实用外,同时注重美学效果及环境景观设计,使公路与周围景观和谐一致,充分体现公路现代化水平。

茅台高速公路两阶段设计采用GPS全球卫星定位系统、红外测距仪及全站仪进行平面控制测量及中线测量;地形图采用航测、数字化技术成图,提高了功效,保证了勘测精度。在内业设计中,运用计算机高速、优效的特点,进行平、纵、横以及结构设计,绘制各种图表,保证了设计的准确性及文件的美观性,确保了测设质量。设计使用了道路CAD系统,桥梁、涵洞CAD系统,平面杆系计算系统,路面设计综合计算程序,结构计算综合程序,同望公路概预算编制系统,理正岩土软件等软件,整体设计水平有了进一步提高。

(3)施工、监理。茅台高速公路是省、地两个积极性结合最好的典范,仁怀市的干部和人民将之称为"仁怀模式"。

茅台高速公路项目先期抢险建设工程盐津河特大桥于2005年8月开工。2006年10月17日,省长林树森、省国资委主任卢守强、省交通厅厅长彭伯元等领导视察盐津河特大桥遵义岸工地及辅道公路,要求施工单位在保证质量的前提下早日建成盐津河二桥,解决仁怀市的交通瓶颈制约问题。

2006年12月19日,茅台高速公路在仁怀市境盐津河二桥拟建收费站举行了开工典礼。

2007年春节过后,遵义市人民政府及遵义市指挥部为了确保茅台高速公路土建工程于同年3月15日开工,在省里的征地拆迁费还未到位、银行贷款延迟的情况下,先行垫付资金支付先行开工路段的村民兑现补偿费。

2007年年初,在进行合同谈判签约的同时组织参建单位进场,抢抓驻地建设、便道、供电、征拆等施工准备工作。于2007年3月15日下达开工令,全线从2007年5月进入全面施工阶段。

茅台高速公路虽然项目小、线路不长、工程量不大,但地形和地质条件极其复杂,呈悬崖峭壁、深谷沟壑、高差起伏大的地形地貌特点,存在滑坡、溶洞、煤层、瓦斯、采空区等不良地质,施工难度大。2007年年底又遭遇百年一遇的严重雪凝灾害影响,缺粮断电、御寒物和食品运不进,走出深山特别艰难;2008年年初又受到钢材、水泥、燃油等建筑材料涨价的冲击。尽管如此,山东路桥、贵州路桥、贵州桥梁等施工单位,克服各种困难,以26个月时间(比合同工期29个月提前3个月)完成了长隧道和两座特大桥建设任务。

茅台高速公路坛厂隧道(图6-162)、青坑隧道、坪子上隧道、中枢隧道4个长隧道由中铁西南科学研究院等4家专业单位进行隧道施工控制,进行地质超前预报及监控量测。

图6-162　2007年5月6日,坛厂隧道出口右洞砂浆锚杆

2009年1月14日,贵州省桥梁工程总公司承建茅台特大桥全桥合龙。该桥施工条件恶劣,在悬崖峭壁上开凿便道,施工55m深的桩基,完成承台墩柱及桥梁上构,大桥全长502m,全部完成仅2年时间,开创了特大桥建设新范例。2009年3月中旬,山东省公路工程总公司承建的第一合同段K1+100～K8+200长7.1km和枫香互通式立交的路桥工程全面完成,为路面工程等后续施工队伍创造了条件。2009年3月底,第三、四、七、八合同段路基、桥梁、隧道工程完成。2009年4月,第十合同段承建的路、桥、隧包括新增加的交通隧道和交通大桥在内全部完工。2009年5月,山东省路桥集团有限公司在地处长干山区、运输便道和乡村便道达20km的第五合同段,克服了高差大、交通难、边远闭塞等各种困难,建成了坪子上特大桥。贵州省公路桥梁工程总公司在第六合同段,建成了坛厂隧道。随着路基工程的逐段交验,路面工程、房屋建筑、安全设施、环境绿化、消防设施、监控通信收费、隧道机电等后续施工单位相继进入施工。

在建设过程中,采取一系列措施来保障质量安全,建立健全各项规章制度和实施细则奖惩办法,发布《安全生产管理办法及奖惩制度》《施工质量管理手册》等,要求承包人按照相关法规、规定,比照执行。

施工中,要求各收费站、服务区的办公、生活用房尽量布置在挖方地基上,置于填方地基上的房屋设置钢筋混凝土筏形基础。在石方、土方综合地基上,在石方地基上加设碎石基层,防止不均匀沉降引起基础墙体开裂。要求桥涵、挡墙等结构物的扩大基础最好建在石质地基之上,以避免贵州红黏土随着降雨引起含水率变化而大大降低承载力,致使结构物失稳而破坏,尤其要注意斜坡上的挡土墙及地基基础,土质地基必须采取技术措施处理,例如:浆砌块片石换基或桩基等。

全线所有填方路基、半挖半填路基、土方和软石挖方路基,在路基面(路槽上)都基本以YZ32型全液压自行式振动压路机(质量32t,加激振力达81t)进行补强碾压,减少工后沉降,使沥青混凝土路面各结构层有好的承载基础。路基面达到设计允许弯沉之后方能通过验收,施工路面底基层。以确保在超大吨位的汽车活载作用下,路基路面的强度和稳定性都能满足使用要求。

在构皮屯填方软弱地基增设片石垫层进行强夯碾压和设置片石盲沟排水,以振动压路机反复压实,以保障这一控制性工程的质量及安全。

对用于沥青马蹄脂碎石路面SMA的粗集料严格检验,并按照工艺标准施工,以保障路面结构层的质量。

仁怀至茅台段高速公路,K40+960～K41+160路段右侧高边坡在2009年5月19日凌晨因暴雨引发地质灾害滑坡,冲毁了已建成的下方左右幅路基及两侧挡土墙。该处滑坡治理由贵州省桥梁工程总公司在茅台高速公路第九合同段施工的队伍按抢险工程实施。滑坡治理按黔高总司纪要〔2009〕99号文和〔2009〕211号文会议精神,对右侧高边坡强中风化灰岩层间夹泥质软弱层的顺层滑坡,首先按 1∶1 刷坡减载,土质边坡增设截水沟,全坡面挂网喷射混凝土防护;在坡脚挡墙以上设 3 排独立锚座锚索;YK41+037~YK41+112 分幅式路基,右幅路基左侧原设计已毁坏的浆砌片块石衡重式挡土墙改为 C20 片石混凝土挡墙恢复。如图 6-163 所示为路基工程 K14+600 初砌拱在加强施工管理的同时,高度重视技术管理和控制。招聘具备相应资质的监控单位,对箱梁的挠度、应力、混凝土弹模、混凝土水化热等进行监控。组织多种形式的设计、施工、监控、监理等单位进行技术交底和技术探讨。深入工班为技术工人讲解基本原理和施工要求。确保了工程没有重大质量事故,尤其是确保了箱梁底板没有发生拉爆事故。

图 6-163　2007 年 6 月 10 日,路基工程 K14+600 初砌拱

茅台高速公路全线未设置绿化隔离带,视觉效果稍差,但节约了大量土地;另外,面层未使用玄武岩,也降低了造价。

全线机电工程由交通机电(监控通信、收费)和隧道机电及隧道消防组成。本路段监控系统信息体制采用三级结构:贵州高速公路监控中心、仁怀监控中心和监控外场设备。通信系统在仁怀收费站设置仁怀通信分中心(为有人通信站),沿线设枫香、青坑隧道、长岗、坪子上隧道、坛厂隧道、坛厂、中枢隧道、茅台共 8 个无人值守光通信站。收费系统有白腊坎、枫香、长岗、坛厂、仁怀、罗汪田、茅台 7 个收费站。

全线青坑、坪子上、坛厂、中枢 4 座隧道,均设有交通监控、供电、通风、照明、消防设施,并设有 5 座隧道变电所,隧道机电系统包括隧道闭路电视,火灾报警系统,隧道通风、照明、交通控制系统,供配电系统,现场工业以太网,隧道管理所中控室及防雷接地系统等。

每个隧道包含消防系统水泵、高低位水池、室内消火栓、室外消火栓、水泵结合器,环保型水成膜泡沫灭火装置,手提式干粉灭火器,消防给水管网,水泵供电电缆及高低位水池液位控制电缆。

茅台高速公路通车之前,盐津河危桥都是限载通行,只准小车行驶,客车空车过桥,乘客下车步行至对岸桥头上车。载货汽车从盐津河危桥遵义岸左转下坡行驶,像蜗牛似的行驶在急弯陡坡老路上,经过盐津峡谷再爬坡至仁怀,且白腊坎至茅台车行 208 省道,总里程 88km,新建茅台高速公路 46km,缩短行程 42km,所以,茅台高速公路的建成,极大地改善了遵义西部片区的交通条件和投资环境,有利于推动区域合作,带动经济社会全面进步。仅茅台高速公路通车的当年,茅台酒年产量即达 2.3 万 t,实现销售总收入超百亿元大关。

(4)资金筹措。茅台高速公路为贵州省第一条省内自筹资金投资建设的高速公路。初设批复概算总投资为 23.25 亿元(含盐津河辅道 6263.68 万元)。项目资本金共 8 亿元,由项目业主高总司出资 5 亿元,茅台集团出资 2 亿元,遵义县和仁怀市共同出资 1 亿元(实际到位 8000 万元)。茅台高速公路提前使用了软贷款,到位 1 亿元。作为全国红色精品旅游线路之一,交通部给予茅台高速公路建设补助资金 2500 万元。其余建设资金由项目业主在国家开发银行和建设银行贷款筹得。

(5)招标投标。主线于 2006 年完成招标。第二合同段承包人山东琴通路桥集团有限公司自 2008 年 5 月 1 日起,因受物价上涨影响,不能继续履约,停工半年之久,遗留工程由省桥梁工程总公司完成。项目实施中全面实行了项目建设法人制、工程社会监理制、招标投标制及政府监督制。项目办和总监办由高总司派出,监理单位和施工单位通过社会招投标评定,开工前完善了公路工程施工质量监督手续和施工许可证手续。项目建设管理按政府监督、法人管理、社会监理和施工企业自检所形成的四级质量安全保证体系进行运作。规范项目资金的拨付使用,确保资金运行安全。参建单位见表 6-114。

S55 遵赤公路白腊坎至茅台高速公路参建单位表　　　　表 6-114

通车里程桩号:K1+100~K46+137.608

参建单位	单位名称	合同段编号	起止桩号	主要负责人	备注
项目管理单位	贵州高速公路开发总公司		K1+100~K46+137.608	邹瑞农	
勘察设计单位	贵州省交通规划勘测设计研究院		K1+100~K46+137.608	刘长春	
施工单位	山东省公路工程总公司	1	K1+100~K8+200	侯建国	土建工程
施工单位	山东琴通路桥集团有限公司	2	K8+200~K12+500	马白虎	土建工程
施工单位	中铁十三局集团第五工程有限公司	3	K12+500~K17+600	罗通富	土建工程
施工单位	新疆兴达公路工程部	4	K17+600~K24+070	孔亮	土建工程
施工单位	山东省路桥集团有限公司	5	K24+070~K25+060	郝印	土建工程
施工单位	贵州省公路桥梁工程总公司	6	K25+060~K28+180	姚豪	土建工程
施工单位	贵州省公路工程总公司	7	K28+180~K30+040	詹超宇	土建工程
施工单位	广西壮族自治区公路桥梁工程总公司	8	K30+040~K34+500	苏伟胜	土建工程
施工单位	贵州省桥梁工程总公司	9	K34+500~K35+900	马白虎	土建工程
施工单位	中铁二十局集团有限公司	10	K35+900~K40+200	唐仕德	土建工程

第六章 贵州高速公路

续上表

参建单位	单位名称	合同段编号	起止桩号	主要负责人	备注
施工单位	贵州省桥梁工程总公司	10	K37+395～K37+911.5、YK38+110	马白虎	罗汪田平交环岛工程
	江西省公路桥梁工程局	11	K40+200～K46+137.608	冯学峰	土建工程
	贵州省桥梁工程总公司	11	K40+860～K45+260	马白虎	抢险及帮促工程
	贵州省桥梁工程总公司	12	K1+100～K46+137.608	谢海波	路面工程
	宜昌市葛洲坝凤景园林有限公司	13	K1+100～K46+137.608	胡强江	绿化工程
	贵州省交通工程有限公司	14	K1+100～K46+137.608	陶平	交通工程
	上海交技发展股份有限公司	15	K1+100～K46+137.608	张春辉	机电工程
	广东新粤交通投资有限公司	16	K1+100～K46+137.608	刘以建	机电工程
	山西海达消防工程有限公司	16-1	K1+100～K46+137.608	孙志宏	机电工程
	贵州省公路工程集团总公司	17	K1+100～K46+137.608	黄经祥	房建工程
监理单位	贵州路通公路工程监理有限责任公司	A	K1+100～K24+070	向周贵	土建监理
	贵州交通建设咨询监理有限公司	B	K24+070～K34+500	官卓章	土建监理
	贵州科达公路工程监理咨询有限公司	C	K34+500～K46+137.608	王建平	土建监理
	贵阳交通监理站	D	K1+100～K46+137.608	刘舟延	路面监理
	贵州交通建设咨询监理有限公司	F	K1+100～K46+137.608	颜家休	沿线实施监理
	北京兴通交通工程监理有限责任公司	G	K1+100～K46+137.608	元全	机电监理
	贵州省桥梁工程总公司	联络线	K31+687.426～K32+482.892、LK0+000～LK0+655.604	谢海波	联络线
	贵州交通建设咨询监理有限公司	D	K1+100～K46+137.608	颜家休	中心实验室
设计咨询单位	中交公路规划设计院				技术咨询、设计审查
	贵州交通岩土工程有限责任公司				地质灾害检测和治理设计
	贵州省交通环保检测站				环境检测
	云南润滇节水技术推广咨询有限公司				水土保持检测

（6）征地拆迁。2006年11月，茅台高速公路尚在招标期间，仁怀市人民政府在市政府二楼会议室，召开了茅台高速公路建设动员大会，要求把茅台高速公路沿线的征地拆迁工作、涉农群工工作、协调服务工作当成政治任务来抓，并和各单位政绩考核挂钩。要求各单位向广大人民群众做好动员宣传工作，要像革命战争时期支援红军那样支持茅台高速公路建设。特别强调：茅台高速公路即是红军长征经过的政治路又是仁怀经济可持续发展路，要把茅台高速公路建设当成自己的事来办。

在省交通厅、高总司、遵义市委市政府的领导下，在两县市地方各级党委政府的高度重视和各级指挥部强有力的工作配合下，征拆工作抓得早、抓得紧，进展迅速，执法操作管理公正公平及透明,受影响的群众均得到及时的安置和兑现,赢得了群众的满意和支持。自2006年12月开工以来,征地拆迁工作在2个月内迅速完成。

相较于其他路段的建设,茅台公路的征拆工作在组织管理上有如下特点:

一是政府高度重视,倾尽全力加以配合。市委市政府明确表态,凡是有利于征拆工作的工作建议,随到随批。

二是抽调精兵强将,专职负责征拆工作。工程启动之初,政府即从纪检、国土、交通、房管各部门选调200余名干部,组成若干工作组。所有抽调人员不再兼管原来的工作任务,全身心投入征拆工作中。

三是首创"群工110"服务形式。对征拆工作中出现的各类问题及群众诉求,要求以公安110的速度和效率加以解决,确保第一时间奔赴第一现场调查处置。2007年11月22日,长岗指挥部报来14件涉农问题,第二天,副指挥长张文伦会同项目办副主任万大钧,带着民事纠纷和涉农设施调查处理工作组的同志赶赴长岗,顶风冒雨踩着泥泞山路到60多公里的礼貌沟现场办公,使问题及时得到解决。

再次是加强路地联系。从2007年春节以来,仁怀市委市政府班子领导多次参加仁怀指挥部组织的迎春团拜会,与茅台项目办、总监办、施工单位等进行沟通。每逢年节,都对建设单位进行慰问。茅台项目办主任邹瑞农同志在茅台高速公路建设期间,被提名任职仁怀市委常委、副市长,对茅台高速公路建设的顺利推进产生了相当作用。

茅台高速公路征拆指挥部认真解决各种涉农工程,为保群众安居乐业,在集中大量拆迁时,市政府投资40多万元修建了40套过渡房,解决了拆迁户过渡周转困难。在安置经费未划拨时,市政府先拨款2000万元启动安置小区工程,并人性化地规划了学校、医院、文化、集贸等公共服务设施,确保拆迁户建房后能搬得进去、住得下来。在物价上涨拆迁户情绪不稳时,指挥部平价供应拆迁户,并找企业座谈争取支持,优惠供应水泥,还积极协调担保小额贷款,千方百计让拆迁户建好房。在征拆过程中,市纪委监察部门抽专人全程跟踪监督,严禁征"人情地"、量"人情房",确保拆迁面积、标准及补偿金额准确无误。指挥部主动与市财政、审计、发改、纪委监察、检察院相关部门配合,防止腐败现象的发生。组建以来,指挥部共接待群众来信来访300余件,化解和处理各种矛盾纠纷400余件。有一家农户在征地拆迁中有情绪,指挥部的工作人员上门做了30多次工作,直到该户思想通为止。在群众不理解甚至采取骂人打人等过激行为时仍坚持做耐心细致的思想工作,最终赢得群众的理解和支持。

茅台高速公路土地征用涉及2县(市)、7个镇(乡)、18个村、58个村民组、2508户农户;房屋拆迁涉及7个镇(乡)、14个村、41个村民组、607户,共征用各种用地4927亩,共拆迁房屋91853m^2,果园竹林103亩,各种林木12万株,坟墓1196座。拆迁沿线输电线路、通信光缆、通信电缆共195km,涉及8家单位。安置拆迁农户共531户。

通过做好群工协调工作,使征拆工作进展顺利。自2006年12月开始征拆工作以来,24天就完成了外业勘丈工作,并很快完成了内业计算,通过了"三公开""三张榜""两监督"后,于2007年3月兑付了补偿,按时交付了土地,完成了正线内房屋拆迁工作。整个征拆工作实现了"零阻工""零上访",其速度、效率创下了贵州高速公路建设征地之最,有力地促进了茅台高速公路的建设。

(7)交(竣)工。2009年4月,省质监站完成第1~10合同段的路基工程质量检测和中间工序交工验收。同年6月20日,中铁西南科学研究院、中南大学土木工程检测中心、省交勘院试验检测中心、省质安交通工程监控检测中心,完成了茅台特大桥、两路口大桥、坛厂1号大桥、玉岩坡2号大桥、坪子上特大桥、枫香1号桥的桥梁检测及其荷载试验。同年6月23日~7月13日,贵州省交通建设工程质量监督站对路基、路面、桥梁、隧道和交通工程等进行了全面质量检测。同年7月14日,白腊坎至仁怀段高速公路土建工程交工验收。同年7月17日开通白腊坎至仁怀段,投入试运行。同年9月25日,遵义市公安消防支队对茅台高速公路隧道消防工程(青坑隧道、坪子上隧道、坛厂隧道、中枢隧道)进行了实地消防验收,综合评价工程消防设施验收合格。

2009年11月初,省质安交通工程检测监控中心完成并提交了星宿田大桥、交通大桥、土岩大桥的荷载试验报告。2009年11月中旬,省质监站对茅台高速公路进行了全面质量检测。2009年11月24日,交通运输部通信管理工程质量监督站完成了全部机电工程质量检测评定的工作。同年11月26日,茅台大道(仁怀至茅台段高速公路)土建工程、全段机电工程交工验收。

经验收评定,所有项目均满足设计要求,质量优良,准予交工。

3.营运管理

全线设Ⅰ类服务区1处(仁怀),Ⅲ类停车区1处(白腊坎),匝道收费站6处,桥隧管理站共1个,应急保畅中队共2个,养护站共1个。本项目于2009年6月28日建成通车,批准收费时间为2009年6月28日,批准收费终止时间为2039年6月27日,2009年6月~2010年1月,收费总计为27114441.00元。2010年1月~2015年7月,收费总计61623.63万元。2012年1月~2015年8月,进出口车流量共计12102601辆。收费站点设置见表6-115。

收费站点设置表 表6-115

站点名称	车道数	收费方式
枫香站	2进2出(未设置ETC车道)	联网收费
坛厂站	2进2出(未设置ETC车道)	联网收费
平正站	2进2出(未设置ETC车道)	联网收费
仁怀站	2进4出(未设置ETC车道)	联网收费
茅台A站	4进(含ETC车道1进)	联网收费
茅台B站	5出(含ETC车道1出)	联网收费

(三)S55 赤水至望谟高速公路白腊坎至泮水段

S55 赤水至望谟高速公路白腊坎至泮水段与杭瑞高速公路遵义至毕节公路共线,详见 G56 杭瑞高速公路遵义至毕节公路。

(四)S55 赤水至望谟高速公路白腊坎至黔西高速公路

1. 基本情况

(1)项目决策背景。贵州是我国西部多民族聚居的省份,拥有区位条件重要、能源矿产资源富集、生物多样性良好、文化旅游开发潜力大等优势,但由于长期受交通等因素的制约,贵州省物流不畅、信息闭塞,经济社会发展相对滞后,经济总量小,人均水平低,是我国贫困问题最突出的欠发达省份。改革开放特别是实施西部大开发战略以来,贵州省经济社会发展取得显著成就,但由于自然地理等原因,全省发展仍存在特殊困难,与全国的差距仍在拉大。为促进贵州省经济社会又好又快发展,加快脱贫致富步伐,2012 年 1 月 12 日,国务院出台了《国务院关于进一步促进贵州经济社会又好又快发展的若干意见》(以下简称"国发〔2012〕2 号文")。国发〔2012〕2 号文将贵州定位为"西南重要陆路交通枢纽",明确提出"坚持把交通基础设施建设放在优先位置,建设对内对外大通道,加强贯通东西、连接南北的公路、铁路、水运、能源大通道建设,形成布局完善、功能协调的区域综合交通运输枢纽",并在财税政策、土地政策等方面给予较多优惠。面对西部大开发和经济全球化发展趋势,省委省政府提出了"坚持科学发展,奋力后发赶超,与全国同步全面建成小康社会"的目标。贵州要同步建成全面小康社会,核心在发展,关键在交通,重点在高速公路建设。为此,2012 年 12 月贵州省人民政府出台了《贵州省高速公路三年建设会战实施方案》,明确提出:按照攻坚突破、提速升位的总体要求,突出打通出省通道、增加省会城市至市(州)射线、连接县级中心城镇,初步形成以贵阳市为中心,覆盖全省、通达全国、内捷外畅的高速公路骨架网络,坚持率先发展、安全发展和可持续发展,以高速公路大提速、大跨越推动产业大发展、城镇大繁荣,为贵州冲出"经济洼地"、总攻"绝对贫困"、实现与全国同步全面建成小康社会提供坚实的交通运输保障。高速公路三年建设会战总体目标:2013—2015 年,全省高速公路建设总投资近 4000 亿元。到 2015 年,新建成高速公路 2500km 以上、实现通车里程 5100km 以上、实现县县通高速公路、建成贵阳市到其他市(州)双通道、形成 15 个出省通道、高速公路覆盖全省重点产业园区和风景名胜区等。高速公路三年建设会战为全省高速公路迎来了快速发展的又一个新的高潮。

根据贵州省交通厅的前期工作要求,贵州省交勘院开展了贵州省赤水至望谟高速公路白腊坎至黔西段的可行性研究。接受任务后,贵州省交勘院根据《贵州省高速公路网规划》和《贵州省高速公路三年建设会战实施方案》,仔细分析研究项目的功能和作用,从建设形式和建设方案等多个方面充分研究了贵州省赤水至望谟高速公路白腊坎至黔西段建设必要性并拟定路线走廊带。并在充分收集了沿线的矿产分布、风景名胜区规划、城镇规划，以及与项目衔接的相关道路的设计资料后，进一步在1/10000地形图上拟定了路线方案。

2013年6月7～9日，贵州省交勘院规划咨询室会同院总工办赴工地进行了实地踏勘，根据初步拟定的路线方案核实线位及沿线重点工程的建设条件，对一些对项目工程建设影响较大的如石板塘水库保护区、G326国道等利用卫星定位仪进行了实地调绘，并收集了遵毕、白黔高速公路相关资料信息，同时与沿线的遵义、各级政府领导及公路建设涉及的发改、交通、建设、国土、水利、旅游等相关职能部门进行了座谈，并专门与开磷集团进行了对接，充分了解沿线的社会经济现状、产业布局及发展构想，听取了沿线各级政府及相关部门对本项目建设提出的意见和建议，补充收集了大量的相关社会经济、规划等方面的资料，并结合地方政府的相关意见及实地考察的情况对方案进一步的补充和优化。

2013年5月23日，交通量调查小组在地方交通部门的大力协助下完成了OD调查及与之相配合的交通量观测调查。

根据本项目沿线地形、地质、矿产资源分布、地方政府产业布局及规划、环境敏感点、相邻路网等状况，项目组在五万分之一的图纸上进行东、西两条走廊带反复优化论证，东走廊带从起点遵义县的泮水至黔西县的永兴长约41.5km；西走廊带起点从遵义县的马蹄至黔西县的永兴长约43.5km，另外结合路网布局、沿线规划状况在万分之一的图纸上对终点进行了方案论证。

截至2013年6月底，工程可行性研究报告编制完成。经反复优化论证，报告提出推荐方案路线长56.351km，并结合工程方案的重点、难点，提出走廊带及比较方案约71.656km。

（2）公路的功能、定位、里程。贵州省赤水至望谟高速公路白腊坎至黔西段是贵州省人民政府批准实施的《贵州省高速公路网规划》中"五纵"的重要组成。"五纵"起于赤水（川黔界），向南经遵义市的习水、仁怀、白腊坎，毕节市的金沙、黔西、织金，安顺市的普定、安顺、紫云，止于黔西南州的望谟，全长约515km，是贵州省中西部地区北南向的运输大通道，连接了4个市（州）的10个县（市），将茅台集团、贵航集团等大型国有大型企业连成一线；也串联了赤水世界自然遗产地、织金洞、黄果树瀑布、格凸河等国内外著名旅游景点；同时也是贵阳连接黔中经济区经济重镇仁怀、金沙最便接的通道。截至2012年底，"五纵"已建和在建路段已达64%，本项目列入了全省高速公路三年建设会战实施方案，项目实施对加快黔中经济区快速发展意义重大。

本项目路线起于遵义县泮水镇西面的外寨稻田坝处，通过枢纽互通与遵毕高速公路相连，并且设泮水收费站连接国道G210。出互通立交后，在长寿田偏岩河处进入金沙境、途经金沙县禹谟镇的羊添石、龙塘坝水库东侧,在条子铺处进入黔西境,过黔西县的中建乡、中坪镇、借角箐、刘家沟、三岔土、耳海河、永燊乡的西侧,终于韩家店海墓处,通过枢纽互通与同期拟建的息烽至黔西高速公路相接,路线全长56.14km。

(3)建设规模。贵州省赤水至望谟高速公路白腊坎至黔西段由贵州交通建设集团有限公司投资建设,2014年7月2日注册成立贵州金黔高速公路建设有限公司作为白黔高速公路的业主单位,项目公司作为项目业主全权代表投资人负责白黔高速公路的融资、建设和运营(经营期30年)。本项目采用BOT建设模式,总投资概算为66.2789亿元人民币。

(4)技术指标。全线按双向四车道高速公路标准建设,设计速度为80km/h,路基宽度为24.5m。桥涵设计汽车荷载采用公路—Ⅰ级,其他技术指标按《公路工程技术标准》(JTG B01—2003)规定执行。

2.建设情况

(1)立项审批。2013年11月22日,贵州省发改委批复了白黔高速公路可行性研究报告;2014年4月,投资人与贵州省交通运输厅签订投资协议,明确了在项目安全寿命期内各自的权利和义务,以及项目建设和服务标准等相关事宜;2014年11月18日,贵州省发改委批复了白黔高速公路项目核准报告;2015年6月26日,省交通质监局对公路质量监督申请进行了批复;2016年省交通运输厅已对项目施工许可申请进行批复。

(2)勘察设计。贵州省交通规划勘察设计研究院股份有限公司承担工程的初步勘察设计及施工图勘察设计工作;2014年12月8日,贵州省交通运输厅批复同意了白腊坎至黔西高速公路的初步设计,同意建设规模与技术标准、路线、桥梁涵洞、隧道等方案,核定总概算投资66.2789亿元,项目总工期(自开工之日起)3年;2016年4月6日,贵州省交通运输厅正式批复施工图设计。

(3)项目选址、环评、水保、林地、土地等手续审批。在项目申请和初步设计进行的同时,白腊坎至黔西高速公路项目选址、环评、水保、林地、土地等前期手续办理也同步开展。2013年9月27日,贵州省国土资源勘测规划研究院批复了用地矿产资源压覆评估报告。2013年11月15日,贵州省水利厅批复了水土保持方案。2013年11月20日,贵州省环境保护厅批复了环评报告书。2013年11月20日,贵州省住房和城乡规划厅批复了项目选址意见书。2015年12月31日,国家林业局正式批复了林地使用同意书。2016年11月30日,国土资源部批复了项目建设用地。

(4)机构设置。白腊坎至黔西高速公路建设模式为"BOT+EPC+政府补助",贵州桥梁建设集团有限责任公司、贵州路桥集团有限公司、贵州省交通规划勘察设计研究院股份有限公司、贵州交通建设集团有限公司为投资联合体。贵州交通建设集团有限公司成立项目法人贵州金黔高速公路建设有限公司。

(5)施工管理。白腊坎至黔西高速公路共分为14个施工合同段,由贵州省公路工程集团有限公司、贵州桥梁建设集团有限责任公司、贵州路桥集团有限公司、贵州省交通规划勘察设计研究院股份有限公司在其资质允许范围内采取施工总承包,施工合同段分别为8个土建施工合同段,两个路面施工合同段,一个机电交安施工合同段,两个房建施工合同段,一个绿化施工合同段。在资源投入上,各家公司为本项目配置优秀技术和管理资源。在组织调度上,贵州交建集团公司党委高度重视,公司领导每月定期或不定期亲临项目现场调度指导;项目公司实行每月调度会制度,解决项目当前存在的问题,安排下一阶段工作。在项目建设中后期,项目公司采取每周一调度和剩余工期实时倒排的方式安排生产工作。

(6)监理工作。白腊坎至黔西高速公路实行二级监理,设立一个总监办、一个中心试验室和两个驻地监理办。通过招投标程序,中心试验室中标单位为贵州顺康路桥咨询有限公司;第一驻地监理办中标单位贵州陆通工程管理咨询有限责任公司;第二驻地监理办中标单位为贵州省交通建设咨询监理有限公司。

(7)项目开工及完工时间。白腊坎至黔西高速公路于2014年10月开工,省委省政府、省交通运输厅要求2016年年底部分建成,2017年全面建成通车。在各级部门和领导的大力关怀与支持下,项目不断克服地质条件差、技术难度大、施工组织难、协调难度大、气候条件恶劣、环境保护要求高等重重难关,其中泮水至中坪段和永燊至韩家店段于2016年12月30日通过交工验收,计划于2017年1月26日投入运营,实际工期将比计划工期提前7个月。中坪至永燊段计划于3月28日交工验收。

(8)前期策划。从项目进场开始,交建集团和项目公司高度重视项目的策划工作,通过项目策划,使所有管理人员在实施过程做到心中有数,使白黔高速公路在建设管理中目标明确、界面清晰、程序衔接工程有条不紊。

(9)设计管理。白黔高速公路从设计阶段就贯彻"安全舒适、节约投资、环境友好、景观优美"的设计理念,深入贯彻全寿命周期,准确把握技术标准,合理运用技术指标,严格控制建设规模,运用先进的测设技术和方法,认真勘察,科学比选,精心设计。在选线上,结合咨询专家的意见,与设计充分沟通,坚持地质选线、地形选线、环保选线、节地选线、节材选线理念,确保工程造价与全寿命周期有机结合。

(10)招投标、合同管理。在选取服务单位上,项目公司严格按照相关法律法规实施,招标文件报送上级主管单位备案,在公共交易平台对外公开招标,招标程序、过程透明、公开。在合同的管理上,严格合同成立条件,费用标准有依据可查,严格合同审查流程,降低合同风险,合同条款公平公正。

(11)计量、变更管理。施工图下发后,项目公司要求各合同段限定时间内编制0号台账并分批次审查。项目通过加强现场工程完成量统计,每期制定计量目标,计量又为质检资料的完成起到督促作用,及时上报计量,为项目建设提供资金保障。严格计量程序,要求所报的计量必须是现场完成且合格的资料,遵循实事求是基本原则。

为加快项目变更申报审批进度,项目公司根据集团公司管理规定,强制要求各单位在规定时限内申报审批变更资料。在审查变更资料时,严格审查资料的逻辑性、可追溯性、合法性、合理性。在工程结束后,项目短期内迅速完成各标段的变更签认、工程结算和竣工资料归档收集工作。

(12)投资控制。白黔高速公路在实施过程中,采取动态设计,根据现场情况选取合理的设计方案。既保证工程安全又节约了投资。

(13)资金筹措。白腊坎至黔西高速公路总投资为66.2789亿元,采用"BOT + EPC + 政府补助"模式建设。投资人出资建设资本金16.5697亿元,银行贷款49.7092亿元。

(14)征地拆迁。白黔高速公路征地拆迁涉及遵义市播州区、毕节市金沙县和黔西县,自2014年7月征拆工作开始后,按照"指挥部主导,项目公司参与、标段配合"的原则开展工作,截至2016年12月,土地征用已完成6485.69亩(设计6549.87亩),兑现补偿款15322.6万元;拆迁房屋351户,兑现补偿款10903.3万元;拆迁坟墓2022座,兑现补偿款634.58万元;兑现补偿款林木1415.76万;三电迁改4301.10万元;涉农设施497.40万元;森林植被恢复费1103.53万元;社保资金6708.70万元;耕地占用税621.03万元;占补平衡3661.21万元。

项目公司自进场开始就认识到征地拆迁的重要性,选调协调能力强的人员负责征地拆迁工作,并得到了贵州交建集团公司领导的大力支持。集团公司领导多次向两市主要领导协调沟通征地拆迁工作。

项目公司委托地方政府实施征地拆迁、安置补偿和协调工作,并明确土地必须采取GPS丈量。百姓对GPS丈量法认可满意,认为GPS丈量清楚,边界明晰,可追溯性强,显得更公平、公正。进场测量放样后,协调地方指挥部立即组织国土、林业、住建、司法等部门组成联合工作组,对红线内构筑物的类别、结构、位置、产权人进行摸底,逐一登记造册,并逐户进行摄像、照片存档,做好证据保全工作,防止抢搭、抢建、抢种。通过证据保全,白黔高速公路在整个拆迁过程中,没有为抢搭抢建抢种户多付费用。

在建设过程中,征拆及涉农设施工作实行清单销号制,要求各施工标段认真梳理所辖范围需业主解决的所有问题,并将问题汇成清单报项目公司,项目公司根据问题清单的轻重缓急,及时抓好动态管理,明确各方责任,落实到人,逐一销号。

(15)交(竣)工。本项目交(竣)工严格按质量监督程序及有关部门文件要求执行,分阶段实施交验。2016年4月,项目开始路基交验,截至2016年12月已完成泮水至中坪段、永乐至韩家店段路基、桥梁、隧道实体工程交验,全线计划于2017年3月28日建成通车试运营。

3. 营运管理

白黔高速公路设有泮水西、金沙南、中建、中坪、永燊共 5 个收费站（表 6-116），柳塘和官寨两个服务区。白黔高速公路由交建集团运营公司负责运营管理。

收费站点设置表　　　　表 6-116

站点名称	车道数	收费方式
泮水西收费站	4 进 6 出	人工收费、ETC 电子不停车收费
金沙南收费站	3 进 5 出	人工收费、ETC 电子不停车收费
中建收费站	3 进 5 出	人工收费、ETC 电子不停车收费
中坪收费站	3 进 5 出	人工收费、ETC 电子不停车收费
永燊收费站	3 进 5 出	人工收费、ETC 电子不停车收费

（五）S55 赤水至望谟高速公路韩家店至石板段

S55 赤水至望谟高速公路韩家店至石板段与息烽至黔西高速公路共线。详见 S30 江口至都格高速公路息烽至黔西高速公路。

（六）S55 赤水至望谟高速公路黔西至织金高速公路

1. 基本情况

（1）项目建设依据。黔西至织金高速公路经贵州省发展和改革委员会、贵州省交通运输厅、贵州省环境保护厅、国家林业局、国土资源部等相关部门批准建设，主要批复文件如下：《关于黔西至织金高速公路可行性研究报告的批复》黔发改交通〔2009〕2034 号；《关于黔西至织金高速公路初步设计的批复》黔建设〔2009〕176 号；《关于黔西至织金高速公路环境影响报告书的批复》黔环审〔2009〕14 号；《使用林地审核同意书》（林资许准〔2009〕377 号）；《国土资源部关于黔西至织金高速公路工程建设用地的批复》（国土资函〔2010〕176 号）；《关于黔西至织金高速公路施工图设计的批复》（黔交建设〔2011〕261 号）。

（2）公路的功能、定位、里程。S55 赤水至望谟高速公路黔西至织金段项目是《贵州省高速公路网规划》（"678"网）中"五纵"与"三横"的重要组成部分。项目起自黔西县贵毕公路石板，经金碧、沙井、织金洞，止于绮陌（接拟建中的厦蓉公路清镇至织金至纳雍段）。项目起止桩号为 K15+660～K51+060。

黔织高速公路作为贵州省高速公路的重要组成部分，也是贵州省采取"多业主制"后，由地方政府组织业主建设的第一批高速公路，这是贵州省采取 BT 模式建设高速公路的一次有益尝试，它的建成，是交通行业的一件大事，也在贵州省高速公路建设中写上了浓重的一笔。

（3）技术指标。路线长度35.533088km，桥隧比为27%，四车道高速公路。根据《公路工程技术标准》（JTG B01—2003），公路等级为高速公路，设计速度80km/h，整体式路基宽度21.5m（桥梁与路基同宽），分离式路基宽度11.25m（桥梁与路基同宽）。

（4）投资规模。省交通运输厅批复总概算29.14亿元，项目建设为BT性质，由总承包单位贵州桥梁建设集团有限责任公司注资25%资本金（72750万元）成立毕节市黔织高速公路有限公司，银行贷款75%（219000万元）。

（5）主要控制性工程。六冲河特大桥（图6-164）、小长冲隧道、笋子岩特大桥。

（6）主要构造物及工程量。路基土石方776万m^3，路基填筑578万m^3，防护及排水工程31.37万m^3，涵洞及通道4014.99m/124道，分离式隧道2890m/3座，互通式立体交叉3处，中、小桥662.249m/17座，大桥2567m/8座，特大桥2511.66m/2座，沥青混凝土路面75.9万m^2。

图6-164 黔织高速公路六冲河特大桥

2. 建设情况

（1）建设管理。本项目建立以项目公司领导下的质量负责制，总监理工程师办公室、中心试验室、驻地监理工程师办公室作为第三方，负责监督管理施工单位的质量。为加强黔织高速公路项目工程质量管理，强化全员质量意识，使黔织项目工程质量管理制度化、规范化、程序化，确保黔织高速公路总体项目工程交工验收达到质量目标要求。根据国务院《建设工程质量管理条例》、建设部《建设工程质量管理办法》、交通部《公路工程质量管理办法》《公路工程质量监督暂行规定》的要求制定《黔织高速公路质量管理办法》。办法规定各部门、各参建单位的质量控制重点、要点，明确奖惩方案，从而保证质量在可控范围内。通过各单位的有效掌控，黔织高速公路建设项目质量均为合格。

在安全生产管理中，认真贯彻"安全第一、预防为主、综合治理"的方针，坚持以防为主、防治结合，落实安全生产责任制，实行安全生产工作的科学、规范、制度化管理，力争实现无伤亡事故的目标。根据《中华人民共和国安全生产法》《建设工程安全生产管理条例》(国务院令第 393 号)、《建筑施工企业安全生产许可证管理规定》(建设部令第 128 号)、《公路水运安全生产监督管理办法》(2007 年交通部 1 号令)、《公路水运工程质量安全督查办法》(交质监发〔2008〕52 号)以及《公路工程施工安全技术规程》等现行法律、法规、办法和有关安全生产规程、规范,结合黔织公路项目的实际情况,制定《黔织高速公路安全生产监督管理办法》。办法要求各项目部须建立和健全各项安全生产规章制度,包括:安全生产责任制度,安全生产检查、评比、奖罚制度,安全生产会议制度,安全生产培训制度,安全生产技术交底制度,安全生产技术考核制度,安全措施和费用管理制度,危险物品使用管理制度,重大危险源管理制度,安全隐患排查和治理制度,应急管理制度,人员安全管理制度,设备设施安全管理制度,环境安全管理制度,安全事故报告制度等。认真做好安全资料档案管理工作。通过办法的实施,黔织高速公路开工至交工期间未发生较大以上安全事故,圆满完成施工任务。

黔织项目较合同工期提前 6 个月完工,计划的真正落实是目标任务提前完成的保障。计划管理工作的职能部门为黔织公司、监理、承包人的计划和工程部门。计划管理工作范围包括项目整个实施过程(包括施工前准备阶段、施工阶段、交工阶段等)的有关计划工作,发挥计划工作的指导作用,提高计划管理工作的标准化、规范化水平,保证了黔西至织金公路工程项目提前建成通车。

在工程变更管控方面,严格按照《公路工程设计变更管理办法》(交通部令〔2005〕第 5 号)、贵州省交通运输厅《贵州省重点公路建设项目设计变更管理规定》,对本项目设计变更管理。

(2)勘察、设计。在工程可行性研究补充报告完成后,业主毕节市黔织高速公路有限公司对黔织高速公路工程的勘察设计工作进行了公开招标,贵州省交通规划勘察设计研究院股份有限公司承担了黔织高速公路工程的初步勘察设计及施工图勘察设计工作,在工可补充报告完成及进行初步设计的同时,黔织公路的环评工作也同步展开。

(3)施工、监理。黔织高速公路施工主体为贵州桥梁建设集团有限责任公司,为施工总承包单位,绿化标、交安标为专业分包。监理单位(总监办、驻地办)为贵州陆通监理有限公司。本项目于 2010 年 7 月 2 日开工,2013 年 2 月 3 日完工,计划工期 3 年,通过各方努力,提前半年交付使用。该项目的建设得到各级领导的大力关怀和支持。

(4)资金筹措。黔织项目公司注册成立后,贵州桥梁建设集团公司共向黔织项目公司注入资金 7.275 亿元(25%注册资本金),毕节市黔织高速公路有限公司银行贷款 21.90 亿元(75%银行贷款)。

(5)招标投标。本项目为 BT 项目,贵州桥梁集团为总承包单位,负责实施项目路基、桥梁、隧道、路面、房建、机电等工程,绿化、交安工程为专业分包。本项目在建设过程中,实行项目法人责任制、招标投标制、工程监理制和合同管理制等管理制度,建立了"企业自检、社会监理、第三方检测、业主管理、政府监督"的五级质量保证体系。参建单位见表6-117。

黔西至织金高速公路参建单位　　　　表6-117

标　段	单 位 名 称	合同段编号及起止桩号	主要负责人
第一合同段(土建标)	贵州桥梁建设集团有限责任公司	K15+660～K40+100	田小波
第二合同段(土建标)	贵州桥梁建设集团有限责任公司	K40+100～K43+300	黄胜
第三合同段(土建标)	贵州桥梁建设集团有限责任公司	K43+200～K51+060	杨胜江
第四合同段(路面标)	贵州桥梁建设集团有限责任公司	K15+660～K51+060	王志
第五合同段(绿化标)	贵州华美园林绿化有限公司	K15+660～K51+060	周庆平
第六合同段(交安标)	黑龙江省北龙交通工程有限公司	K15+660～K51+060	周恩勇
第七合同段(机电标)	贵州桥梁建设集团有限责任公司	K15+660～K51+060	石铸明
第八合同段(房建标)	贵州桥梁建设集团有限责任公司	K15+660～K51+060	孙黔
设计	贵州省交通设计院股份有限公司	K15+660～K51+060	梁中恒
总监办、驻地办	贵州陆通监理有限公司	K15+660～K51+060	王勇

(6)征地拆迁。由毕节市政府抽调相关领导及人员成立毕节市高速公路建设指挥部,下设黔西县、织金县高速公路建设指挥部,负责黔织高速公路的征地拆迁工作。

为保障施工建设,使项目顺利完成,两地征拆指挥部付出了辛勤的劳动。项目启动后,织金、黔西县立即成立黔织高速公路建设办公室。明确一名副县级领导兼任指挥长,具体协调处理相关工作,还从相关单位抽选业务能力强、责任心高的相关人员充实办公,确保各相关工作落到实处,形成"办公有着落、经费有保障、有人做活路"的建设氛围。

在丈量土地和房屋的过程中,除群众现场参与外,县指挥部每次都派相关人员参与丈量,起到督促监督效果。对丈量结果实行每日一报制度,做到"公平、公正、公开",对有疑问的,组织相关人员重新丈量复核,维护群众最大利益。由于工作扎实,作风端正,征地拆迁工作提前预期完成,得到好评。在兑现相关补偿款的过程中,实行"先公布,再复核,后发放"的资金兑现流程,做到让百姓高兴让出土地,满意领取补偿金。同时,向施工方公布办公电话,只要施工方需要帮助,只要能做到的,将竭尽全力,全力以赴,做到"矛盾尽快化解,施工照常进行",为工程施工及顺利完成营造了良好的施工环境,并创造了有利条件。

(7)交(竣)工。黔织高速公路于2013年2月3日完工,经验收委员会认真研究、讨论,同意黔织高速公路通过交工验收,评定均为合格工程。2013年2月8日,正式开通运营。

3. 复杂技术工程

六冲河大桥。黔织高速公路六冲河大桥是本项目最重要的控制性工程,也是复杂技术工程。大桥全长1508m,主跨438m,桥面离水面303m高,大桥造价共3.46亿元。由于该桥建设工期紧,要求严,施工难度大,技术含量高,自2009年9月开工以来,贵州桥梁集团高度重视,科学组织,精心安排,并实施班组包干,实行24小时不间断轮班作业,全面落实安全和质量责任,优化施工方案,倒排细化工期,认真推行施工技术质量管理机制,制定了相应的施工安全保障措施和应急预案。在施工过程中遇到问题,积极开展技术攻关,及时破解施工难题。在每一个主要环节,标段经理必须亲临现场靠前指挥,并在施工现场监控整个混凝土浇筑的技术规范和安全质量,排查消除施工现场安全隐患,确保了主梁混凝土浇筑顺利进行及大桥的顺利完工。

4. 营运管理

全线设Ⅱ类服务区1处(黔西),匝道收费站3处(原新富、绮陌两个临时收费站已拆除),应急保畅队1个,监控管理所1个,养护工区1个。本项目于2013年2月8日建成通车,批准收费时间为2013年2月8日,批准收费终止时间为2043年2月7日。收费站点设置见表6-118。

黔西至织金高速公路收费站点设置表　　表6-118

站点名称	车道数	收费方式
金碧	3进4出(含ETC车道1进1出)	非联网收费
沙井	2进3出	非联网收费
织金洞西	3进4出(含ETC车道1进1出)	非联网收费

(七)S55赤水至望谟高速公路织金至普定高速公路

贵州省织金至普定高速公路(简称"织普高速公路")是贵州"678"网第五纵赤水至望谟高速公路的中段,是毕节地区和安顺市共同筹建并实施项目,项目起点顺接已开工建设的赤水至望谟高速公路黔西至织金段,并与厦蓉高速公路形成十字交叉,终点顺接已建成的普定至安顺段。本项目的建设对开发利用矿产资源,加快项目区域脱贫致富,加快我省中、西线旅游业的发展都具有重大战略意义。

本项目起点位于织金县绮陌乡以北约2.5km的瓦房寨村,顺接织金至纳雍高速公路的绮陌十字交叉型枢纽互通。终点位于普定县城北郊,与建成通车的普定至安顺高速公路起点顺接。

织普高速公路采用BOT+EPC建设模式,全线按四车道高速公路标准设计,设计速度80km/h,路基宽度21.5m。在绮陌(织金北)、织金东、高山、熊家场、坪上5处设置互通立交;拟设1处服务区,1处停车区,1处管理分中心,1处养护工区。织普高速公路控制性工程为四方洞特长隧道、夜郎湖特大桥。四方洞特长隧道单洞长4060m;夜郎湖特大桥为主跨210m的钢筋混凝土箱形拱桥。

本项目路线全长52.619km,含断链119.335m,桥梁全长14040.6m/40座,隧道全长9032m/5座,桥隧比例43.85%。概算投资共55.96亿元,计划建设工期为36个月。四方洞特长隧道于2013年6月先期开工,截至2016年12月底,本项目累计完成投资33.80亿元,完成总投资的60.40%。本项目计划于2018年3月底全线建成。

（八）S55赤水至望谟高速公路普定至十二营段

S55赤水至望谟高速公路普定至十二营段与普定至安顺及安顺西绕城高速公路共线。详见S03普定至安顺及安顺西绕城高速公路。

（九）S55赤水至望谟高速公路十二营至小屯段

S55赤水至望谟高速公路十二营至小屯段与普定至安顺及安顺西绕城高速公路共线。详见S03普定至安顺及安顺西绕城高速公路。

（十）S55赤水至望谟高速公路小屯至中红土段

S55赤水至望谟高速公路小屯至中红土段与贵阳(花溪)至安顺高速公路共线。详见S89贵阳(花溪)至安顺高速公路。

（十一）S55赤水至望谟高速公路安顺至紫云高速公路

1. 基本情况

（1）项目功能、定位。贵州省赤水至望谟高速公路安顺至紫云段是《贵州省高速公路网规划》的"五纵"的中段,项目起点与已建成通车的沪昆国家高速公路清镇至黄果树段相接,同时与贵州省普定至安顺高速公路安顺北环线的终点径向衔接;项目终点与"五横"惠水至兴仁高速公路在沙子哨相接。本项目的建设,可更好地发挥沪昆国家高速公路及贵昆铁路、沪昆铁路客运专线对沿线地区经济的带动作用。对于完善贵州省高速公路网,实现贵州省县县通高速公路的战略目标,改善区域交通条件,加快少数民族地区脱贫致富步伐,促进区域旅游等优势资源开发,实现贵州省经济社会跨越式发展等均具有重要意义。

（2）项目里程。本项目北端起于安顺市东面的猫猫洞,与在建普定至安顺高速公路安顺北环线径向相接,起点桩号K0+000,普安高速公路终点桩号K32+600(郑家屯枢纽互通终点),南端终点位于紫云县城东北的沙子哨,通过设置枢纽互通连接已建的惠水至兴仁高速公路,终点桩号 K56+200,路线全长 55.844km。图 6-165 为安紫高速公路中红土互通。

图 6-165　安紫高速公路中红土互通

主线起点至中红土段(K15+705 与沪昆高速公路贵阳至安顺第二高速公路交叉点)设计速度 100km/h,整体式路基宽度 26m,分离式路基宽 2×13m;中红土至终点段(K15+705~K56+200)设计速度 80km/h,整体式路基宽度 24.5m,分离式路基宽 2×12.25m。该公路为双向四车道高速公路,沥青混凝土路面。

全线共设置互通式立交 6 座,分别为云峰互通、旧州互通、双堡互通、杨武互通、打扒河互通和沙子哨枢纽互通(图 6-166),匝道收费站 5 处,服务区 1 处。占用土地约 6069.8 亩。路基土方 331.7 万 m^3,石方 764.26 万 m^3,路基排水及防护工程 34.214 万 m^3;桥梁总长 9.31468km/46 座(其中:大桥 8372.78m/25 座,中桥 507.62m/7 座,小桥 434.28m/14 座),占路线全长的 16.68%,主线涵洞 115 道;隧道总长 3.6636km/8 座(其中:长隧道 1318.5m/1 座,中隧道 1283.6m/2 座,短隧道 1061.5m/5 座),占路线全长的 6.56%;全线共设置分离式立交 21 处,天桥 3 处,通道共 82 道。桥梁和隧道占路线全长的 23.24%。沙坝一号隧道见图 6-167,座马河桥见图 6-168。

图 6-166　沙子哨互通雄姿初展

图 6-167 沙坝一号隧道

图 6-168 座马河桥

全线另建互通立交连接线 27.457km(含新增连接线总长 20.344km,详见新增连接线工程设计),其中:云峰互通连接线 3.400km,旧州互通连接线 2.543km,双堡互通连接线 1.884km,杨武互通连接线 2.051km,打扒河互通连接线 3.915km,坝羊支线 13.665km。按照《连接线工程建设、验收、管养、移交协议》,交由地方实施。

(3)主要控制点。起点郑家屯互通、贵昆铁路、沪昆铁路客运专线、云峰风景区、旧州镇、双堡镇、杨武乡、打扒河、沙子哨及终点惠兴高速公路枢纽互通接线点。主要城镇有:安顺市、旧州镇、双堡镇、杨武乡(以上属安顺市西秀区)、猫营镇、板当镇(以上属紫云县)。主要河流有:打扒河、座马河。主要公路有:普定至安顺高速公路安顺北环线、惠水至兴仁高速公路、国道 G320、省道 S102、省道 S309、县道 X402,以及规划和在建的公路等。主要铁路:贵昆铁路、沪昆铁路客运专线。

(4)建设规模。安顺至紫云高速公路建设规模见表 6-119。

安顺至紫云高速公路建设规模　　　　　　表 6-119

类　别	分项名称	单　位	合　计	备　注
路线	路线长度	km	55.844	
路基工程	路基土方	10000m^3	331.7	
	路基石方	10000m^3	764.26	
	排水、防护工程	10000m^3	34.214	
桥涵工程	大桥	m/座	8372.78/25	折合为主线整幅长
	中桥	m/座	507.62/7	折合为主线整幅长
	小桥	m/座	434.28/14	折合为主线整幅长
	桥梁	m/座	9314.68/46	折合为主线整幅长
	涵洞(道)	道	178	其中,主线 115 道
隧道工程	长隧道	m/座	1318.5/1	
	中隧道	m/座	1283.6/2	折合为主线整幅长
	短隧道	m/座	1061.5/5	折合为主线整幅长
	隧道合计	m/座	3663.6/8	

续上表

类　别	分项名称	单　位	合　计	备　注
交叉工程	互通式立交	处	6	
	服务区	处	1	
	分离式立交	处	21	
	天桥	座	3	
	通道	道	82	
拆迁	拆迁建筑物	m³	63471	
用地指标	征用土地	亩	6069.8	

(5)沿线地形、地貌及气候、气象。区内地形总体上北高南低,海拔高程1069.5~1554.5m,以杨武(K30)为界,北部以平缓(坝子)谷地、丘峰为主,一般高差小于100m,山体孤立,形如竹笋,以南山体较大、浑厚,为典型岩溶山区,路线经过区域地貌以岩溶地貌为主,其次为侵蚀构造地貌。

项目所处区属于北亚热带季风湿润气候区,极端最高温为34.3℃,极端最低温为-7.6℃,年平均气温13.2~15℃。最冷月为1月,平均气温3.3~5.1℃;最热月为7月,平均气温21.7~22.4℃。

2.建设情况

安紫高速公路为贵州省利用社会资本建设的BOT项目,投资人为由中铁建投资公司、中铁一院和中铁十八局组成的联合体,2014年3月20日联合体与贵州省交通运输厅签订了"投资协议",于2014年9月3日签订了"特许权协议"。2014年5月19日组建成立了中铁建贵州安紫高速公路有限公司,负责项目的融资、建设、运营和移交工作。铁一院承担设计总体工作,中铁十八局组建中铁建贵州安紫高速公路施工总承包指挥部,承担施工总承包职责。

土建分5个标段,监理分3个标段,分别为总监办(含中心试验室)、驻地1标和驻地2标,驻地办受总监办管理。

(1)设计工作。2014年8月13日,项目获得贵州发改委核准批复,历经初步设计、施工图设计。2014年11月26日,土建部分施工图设计通过投资公司投资控制部审查。

(2)工程概预算。项目核准批复的投资估算为49.85亿元,初步设计批复的概算为52.798亿元。

(3)招标工作。2014年12月完成了施工单位和监理招标工作。

(4)项目融资。项目融资由中铁建贵州安紫高速公路有限公司与农行贵州省分行、建行贵州省分行联合组团进行贷款,农总行、建总行于2015年2月6日分别上会通过28亿元、20亿元授信额度,农总行2月11日正式下达28亿元、期限25年、基准利率上浮

5%的贷款审批通知书。

(5)政府投资补助。安紫项目政府投资补助为项目核准投资估算的14%即69790万元,分3期,按30%、30%、40%的比例拨付。

(6)施工进展。2015年7月初,监理单位和施工单位已经进场,各单位已完成驻地建设;5家试验室通过验收,修通便道50km,建成拌和站5座,钢筋加工厂5座;先期工程跨沪昆客专挖方段已完成50万 m^3。截至2016年12月底,安紫高速公路路基土方完成97%,桥梁工程完成95%,全线9座隧道中7座隧道已贯通,路面底基层完成2km,基层完成2.6km,房建、景观绿化、机电交安工程施工单位正在进场。

(十二)S55赤水至望谟高速公路沙子哨至紫云西段

S55赤水至望谟高速公路沙子哨至紫云西段与S50惠水至兴仁高速公路共线,详见S50惠水至兴仁高速公路。

十六、S62余庆至安龙高速公路

S62余庆至安龙高速公路由余庆至凯里高速公路、凯里至羊甲高速公路、三都至独山高速公路(在建)、独山至平塘高速公路、平塘至罗甸高速公路(在建)、罗甸至望谟高速公路(在建)、望谟至安龙高速公路、贵州省板坝(桂黔界)至江底(黔滇界)高速公路巧马至安龙段构成。

(一)S62余庆至安龙高速公路余庆至凯里高速公路

1.基本情况

(1)项目决策背景及过程。

贵州省余庆至安龙高速公路余庆至凯里段是《贵州省高速公路网规划》"678"网中的"六横"余庆至安龙的前段,在起点与"三横"(江口至六盘水高速公路)相接,主线终点顺接凯里至羊甲高速公路,同时与沪昆高速公路凯里至麻江段相接,主线起点位于遵义市余庆县城西面的长湾,经牛大场、金坑、罗朗、黄平、重安江、龙场、虎庄,终点为凯里鸭塘;施秉支线起于黄平罗朗,与主线相接,终于施秉县城,向东延伸至镇远可接上建设中的"二纵"思南至剑河段高速公路。施秉连接线的起点位于罗朗,经东坡、大田坳,终点为施秉马后田。

2010年12月6日,工可获省发改委批复《关于余庆至凯里高速公路可行性研究报告的批复》(黔发改交通〔2010〕2604号);2010年12月31日,初步设计获省交通运输厅批复《关于余庆至凯里高速公路初步设计的批复》(黔交建设〔2010〕267号);2011年7月12日,获省发改委批复《关于余庆至凯里高速公路工程项目招标初步方案核准的批复》(黔发改交通〔2011〕1680号）;2011年12月5日,施工图设计获省交通运输厅批复《关于余庆至凯里高速公路施工图设计（土建部分）的批复》（黔交建设〔2011〕225号）;2010年9月15日,环境保护方案通过贵州省环保厅黔环审〔2010〕174号文批复;2010年9月2日,水土保持方案通过贵州省水利厅黔水保函〔2010〕156号文批复;2012年12月27日,正式施工用地获国土资源部批复（国土资函〔2012〕986号）;2013年1月10日,贵州省交通建设工程质量监督局批复工程质量监督（黔交质〔2013〕2号）;2013年1月15日,《施工许可》获省交通运输厅批复。

（2）公路的功能、定位、里程。贵州省余庆至安龙高速公路余庆至凯里段是《贵州省高速公路网规划》"678"网中的"六横"余庆至安龙的前段,在起点与"三横"（江口至六盘水高速公路）相接,主线的终点顺接凯里至羊甲高速公路,同时与已建成通车的沪昆高速公路凯里至麻江段相接。施秉支线起于黄平罗朗,与主线相接,终于施秉县城,向东延伸至镇远可接上建设中的"二纵"思南至剑河段高速公路。本项目位于遵义市余庆县,黔东南州施秉县、黄平县、凯里市。项目主线起点位于余庆县城西面的长湾,经牛大场、金坑、罗朗、黄平、重安江、龙场、虎庄、终点凯里鸭塘,余凯项目全长108.9km,其中主线84.6km,施秉支线24.3km。

（3）技术指标。按双向四车道高速公路标准建设,设计速度采用80km/h,路基宽度采用21.5m,桥涵设计荷载采用公路—Ⅰ级。根据交通部《公路工程技术标准》（JTG B01—2003）,并结合区域经济发展和沿线地形、地貌特征,全线采用全封闭、全立交高速公路标准建设。全线共设互通立交7处、共有桥梁73座,其中特大桥1座、大桥53座、中小桥19座,隧道11座（单幅）。

（4）投资规模。余凯工程项目概算为84.62287872亿元。资金来源于贵州省交通运输厅下拨专项资金、黔东南州政府出资及项目业主国内银行贷款。

（5）主要控制点。本工程主要控制性工程为:瀼阳河大桥（采用$3\times40m+80m+150m+80m+5\times40m$连续刚构配预应力混凝土组合T梁）、余庆特大桥（采用$27\times40m$预应力混凝土T梁）、五里墩隧道（1135m分离式隧道）、黄平大桥（主桥跨采用$73m+3\times135m+73m$连续刚构配预应力混凝土组合T梁）、重安江大桥（主桥跨采用$81m+150m+81m$连续刚构配预应力混凝土组合T梁）、重安江隧道（左幅2758m,右幅2720m）、沙坝隧道（左幅1947m,右幅1970m）、沙坝大桥（主桥跨采用$95m+951m$连续刚构配预应力混凝土组合T梁）、清水江大桥（主桥跨采用$81m+150m+81m$连续刚构配预应力混凝土组合T梁）、台辰大桥（主桥跨采用$81m+150m+81m$连续刚构配预应力混凝土组合T梁）。

（6）沿线主要地形地貌。地层岩性。沿线出露地层岩性复杂,均为沉积岩,根据实地调查及有关地质资料,地层从新到老分别为:第四系(Q)、二叠系(P)、石炭系(C)、志留系(S)、奥陶系(O)及寒武系(∈)。其中,第四系(Q)不甚发育,多零星分布于河谷盆地、岩溶盆地及岩溶洞穴等低洼地带。厚度一般较薄,以亚黏土、亚砂土、沙砾土及碎石土为主。其成因类型主要是残积和坡积。二叠系(P)地层主要出露下统茅口组(P1m)、栖霞组(P1q)灰岩,白云质灰岩,梁山组(P1l)砂岩夹页岩,局部夹薄层煤。泥盆系(D)地层主要出露上统尧梭组(D3y)白云岩、望城坡组(D3w)白云岩夹页岩和独山组(D2d)页岩夹灰岩。志留系(S)地层主要出露上~中统翁项群(S2~3wn,S2w)泥岩夹砂岩。奥陶系(O)地层主要出露下统大湾组(O1d)砂岩夹页岩、红花园组(O1h)灰岩、桐梓组(O1t)白云岩夹泥岩。寒武系($\in$)地层主要出露中上统娄山关组($\in$2~3ls)砾状白云岩、中统高台组($\in$2g)白云岩、下统清虚洞组($\in$1q)白云岩及砂质白云岩和金顶山组($\in$1j)砂页岩夹生物灰岩。

地质构造及区域稳定性。测区构造部位位于扬子准地台黔北台隆遵义断拱贵阳复杂构造变形区和黔南台陷贵定南北向构造变形区。区内以北东向构造为主,受南北向和东西向构造叠加,局部地段如黄平、重安、金家寨等构造较复杂。其中,南北向黄平复式向斜、北东向黄平断裂带、金坑东西向断裂带。

根据地质调查,项目区无影响工程建设的区域地质构造,场地稳定性较好。其次,地震烈度相当于Ⅵ度,属基本稳定区至稳定区。大部分地段出露岩性稳定,工程地质条件及水文地质条件较好。无大的不良地质问题,局部地段存在的不良地质问题范围小,影响不大且易于处理。因此,从工程地质条件角度考虑,本项目建设方案可行。

(7)主要构造物。路基土石方工程:路基挖方2050.36万m^3,路基填方1616.37万m^3。桥梁工程:特大桥1091m/1座,大中桥19541m/62座,小桥310m/11座,天桥1090m/22座,涵洞242道。路面工程:级配碎石底基层202.31万m^2;水泥稳定碎石基层226.03万m^2;沥青混凝土下面层189.33万m^2;沥青混凝土中面层259.1万m^2;沥青混凝土上面层259.1万m^2。隧道工程:长隧道8407.5m/2座(单幅长度),中短隧道3132.5m/6座。排水与防护工程:浆砌块片石85.87万m^3,边沟60.93km,截水沟43.123km,排水沟62.356km。交安工程:波形钢护栏22.11万m,标志2274处,标线10.96万m^2,隔离栅18.22万m,防眩板2.26万m。

2. 建设情况

(1)立项审批、勘察、设计。2010年夏,为完善贵州省高速公路网布局,充分发挥国家高速公路网的整体效益,促进黔东南地区的经济、文化、民生发展,加快推进区域经济文化强县建设,经贵州省交通运输厅详细讨论研究,并报贵州省发展和改革委员会批准,贵州省S63余安高速公路余庆至凯里段的建设任务被正式提上了日程。

2010年12月6日,在经过大量现场调查和研究后,贵州省发展和改革委员会以黔发改交通〔2010〕2604号文批准了贵州省余庆至凯里高速公路的工程可行性研究报告,项目总投资估算约77.1亿元,其中,资本金为19.3亿元(约占总投资的25%),分别由省交通运输厅安排专项资金 11.6 亿元,黔东南州政府出资 7.3 亿元;遵义市政府出资 0.4 亿元;其余约 57.8 亿元通过国内银行贷款解决。根据批准意见,余凯高速公路起于贵州省遵义市余庆县屋基土,接规划建设中的石阡经余庆至瓮安高速公路,经牛大场、罗朗、黄平、重安江、虎庄,止于凯里鸭塘,接已建成的沪昆高速公路麻江至玉屏段和拟建的凯里至羊甲高速公路。凯羊高速公路的建成,将有效提升黔东南地区、遵义市的交通枢纽地位,对提高黔东南地区及遵义市经济、文化发展,促进民生和谐,有着至关重要的作用。

为促进项目建设尽快启动,受贵州省交通运输厅的委托,贵州高速公路集团有限公司负责开展余凯高速公路的建设。根据上级领导部门的意见,余凯项目于 2010 年 5 月 10 日启动了土建工程勘察设计招标工作,依照国家有关法律、法规,贵州省交通运输厅基本建设管理处于 2010 年 8 月 18 日公布了中标候选单位为中交第二公路勘察设计研究院有限公司(第一合同段)、贵州省交通规划勘察设计研究院股份有限公司(第二合同段)。

2010 年 5～8 月,在勘察设计招标工作结束后,贵州高速公路集团有限公司立即督促设计单位进场开展勘察设计工作,并于 2010 年 12 月向贵州省交通运输厅上报了贵州省余庆至凯里高速公路初步设计文件。经省交通运输厅组织相关专家认真评审、研究,同意了余凯高速公路技术设计标准,确定了主要技术经济指标、路线、路基路面、桥涵等方案,2010 年 12 月 31 日,贵州省交通运输厅以黔交建设〔2010〕267 号文批复了余凯项目的初步设计,核定概算总金额为 84.62 亿元,项目总工期为 3 年。

为确保项目如期建设完成,余凯高速公路的环评、水保工作也同步启动着,2010 年 9 月 15 日,贵州省环境保护厅以黔环审〔2010〕174 号文批准同意了余凯项目环境影响报告书;2010 年 9 月 2 日,贵州省水利厅以黔水保函〔2010〕56 号文批准同意了余凯项目水土保持方案;2012 年 12 月 27 日,国土资源部以国土资函〔2012〕986 号文批准同意了余凯高速公路工程建设用地。至此,余凯高速公路的报批程序全部完成,具备全面动工的条件(图 6-169)。

图 6-169　2012 年 9 月 5 日,贵州省余庆至凯里、凯里至羊甲高速公路项目办、总监办揭牌仪式在项目驻地隆重举行

（2）施工、监理。项目办在项目建设之初明确了余凯高速公路的建设目标：高标准、高质量、高水平，建成省内一流、国内先进的优质精品路、示范路、生态路。为实现这一目标，项目团队坚定了高速公路建设中全面推行标准化施工及管理的战略理念，通过思路创新、管理创新、超前谋划、过程管控、强化执行，使标准化施工和管理在余凯项目得以全面贯彻实施和推进，为顺利实现项目建设目标奠定坚实的基础。大力开展工地标准化建设工作。在项目建设前期，项目办积极开展工地标准化建设工作，会同各参建单位通过规划、评审、整改、审批等一系列研究和讨论，最终较好地完成了余凯项目工地建设各项目标任务，为下一步的施工标准化和管理标准化建设提供了重要保障。

积极组织开展宣贯教育工作。项目办在项目建设期间，根据工程进度情况积极组织开展各类标准化施工及"平安工地"建设的宣贯教育活动，并针对施工现场开展各类检查工作。通过宣贯、检查、整改等工作，使参建单位各级管理人员在质量安全管理工作思路上得到了有效的统一，施工现场质量安全态势良好可控。

通过示范首件工作进一步推进施工标准化管理。在项目建设过程中，项目办通过推行首件示范工程工作，进一步推进施工标准化各项工作，通过现场交流、宣贯等明确了施工质量及现场安全管理生产标准，强化了各级管理人员的施工质量安全管理生产工作，提高管理意识，使质量安全工作水平得到了有效提高。大力开展安全生产活动，改善施工现场安全环境，提高各级管理人员的安全生产意识。

（3）资金筹措。项目总投资估算约77.1亿元。其中，资本金为19.3亿元（约占总投资的25%），分别由省交通运输厅安排专项资金11.6亿元，黔东南州政府出资7.3亿元，遵义市政府出资0.4亿元；其余约57.8亿元通过国内银行贷款解决。

（4）招标投标。余庆至凯里高速公路项目办和总监办由高总司派出，项目实施中全面实行了项目法人制、招标投标制、工程监理制及合同管理制。施工单位和监理单位通过社会招标选择确定，完善了项目质量监督手续。项目建设管理严格按政府监督、法人管理、社会监理和施工企业自检所形成的四级质量保证体系进行运作。项目资金的拨付以国家有关法规的要求为依据，严格按照合同及资金管理办法进行监督和监控，确保资金运行安全。

余庆至凯里路基土建工程12合同段、路面工程3个合同段、边坡绿化工程4个合同段、交通工程及站点房建工程各2个合同段、景观绿化工程3个合同段、机电工程3个合同段、施工监理7个合同段、中心试验室2个合同段全部采用国内竞争性招标。

监督机构为贵州省交通基本建设质量监督站。中心试验室由福建南平市天茂公路工程试验检测有限公司、贵州省交通建设咨询监理有限公司组建。监控、检测单位有陕西高速公路工程试验检测有限公司、中铁西南科学研究院有限公司、招商局重庆交通科研设计院有限公司、贵州省交通建设工程检测中心有限责任公司、贵州省交通规划勘察设计研究院股份有限公司。

余庆至凯里高速公路参建单位见表6-120。

余庆至凯里高速公路参建单位　　　　表6-120

参建单位	单位名称	合同段编号及起止桩号	主要负责人	备注
项目管理单位	贵州高速公路开发总公司	K3+900~LK24+976	任仁	
勘察设计单位	中交第二勘察设计院研究院有限公司	K3+900~K37+766.765、LK7+700、LK7+700~LK24+976	杨季湘	YT1~YT4、YT11~YT12(含房建),边坡绿化1、2,景观绿化
	贵州省交通规划勘察设计研究院	K36+750~YK88+500	张林	YT5~YT10,边坡绿化3、4
	北京交科公路勘察设计研究院	K3+900~LK24+976	孟书涛	交安、机电
施工单位	中铁十二局集团第四工程有限公司	YT1、K3+900~K9+680	李宏权	土建工程
	岳阳市公路桥梁基建总公司	YT2、K9+680~K23+900	周天璧	土建工程
	中交第一公路工程局有限公司	YT3、K23+900~K33+250	刘晟	土建工程
	新疆交通建设(集团)有限责任公司	YT4、K33+250、LK0+686.434~K37+766.765、LK7+700	尹强	土建工程
	中交二公局第三工程有限公司	YT5、K36+750~K45+560	胡志勇	土建工程
	中铁二十二局集团有限公司	YT6、K45+560~K57+400	刘顺超	土建工程
	中铁四局集团第四工程有限公司	YT7、K57+400~K63+400	高前发	土建工程
	河北北方公路工程建设集团有限公司	YT8、K63+400~YK69+065.325	尚占军	土建工程
	中交第一公路工程局有限公司	YT9、K69+065.325~K79+796.358	陈智发	土建工程
	中铁十一局集团有限公司	YT10、YK79+796.358~YK88+500	丁永全	土建工程
	中铁十七局集团第一工程有限公司	YT11、LK7+700~LK17+300	解培一	土建工程
	朔州路桥建设有限责任公司	YT12、LK17+300~LK24+976	李文照	土建工程
	山东省公路建设(集团)有限公司	YLM1、K3+900~K34+500	闫发明	路面工程
	贵州桥梁建设集团有限责任公司	YLM2、K34+500LK0+686.434~K45+560、LK24+976	汤友声	路面工程
	贵州桥梁建设集团有限责任公司	YLM3、K45+560~YK88+500	杨胜杰	路面工程

续上表

参建单位	单位名称	合同段编号及起止桩号	主要负责人	备注
施工单位	中交第一公路工程局有限公司	YJA1、K3+900、LK0+686.434~K37+766.765、LK24+976	刘光焱	交通工程
	湖南通顺交通工程有限公司	YJA2、K37+766.765~YK88+500	罗刚	交通工程
	中交第一公路工程局有限公司	YFJ1、K3+900、LK0+686.434~K37+766.765、LK24+976	屈保忠	房建工程
	贵州桥梁建设集团有限责任公司	YFJ2、K37+766.765~YK88+500	吴鹏	房建工程
	浙江伟达园林工程有限公司	YBP1、K3+900~K23+900	韩杰	边坡绿化
	云南云岭高速公路养护绿化工程有限公司	YBP2、K23+900、LK0+686.434~K37+766.765、LK7+700	沈涛	边坡绿化
	云南云岭高速公路养护绿化工程有限公司	YBP3、K36+750~YK69+065.325	苏文煊	边坡绿化
	安徽开源园林绿化工程有限公司	YBP4、K69+065.325~YK88+500	张乾	边坡绿化
	江苏安防科技有限公司	YJD1、K3+900、LK0+686.434~K37+766.765、LK24+976	张辉	隧道机电
	贵州桥梁建设集团有限责任公司	YJD2、K37+766.765~YK88+500	韩小波	隧道机电
	贵州桥梁建设集团有限责任公司	YJD3、K3+900、LK0+686.434~YK88+500、LK24+976	任亮	隧道机电
	湖南柏加建筑园林有限公司	YLH1、K3+900主线、LK0+686.434支线~K27+543主线、LK24+946支线	彭铁义	景观绿化
	杭州萧山凌飞环境绿化有限公司	YLH2、K27+543~YK63+420	杜星高	景观绿化
	宁波甬政园林建设有限公司	YLH3、YK63+420~YK88+500	刘强礼	景观绿化
	河北易德利橡胶制品有限责任公司	YFFS1、K3+900（主线）、LK0+686.434（支线）~YK88+500（主线）、LK24+976（支线）	赵广泽	桥梁伸缩缝
监理单位	贵州省交通建设咨询监理有限公司	YJ1、K3+900~K33+250	胡大乾	YT1、YT2、YT3、YBLH1
	重庆市交通工程监理咨询有限责任公司	YJ2、K33+250、LK0+686.434~K37+766.765、LK7+700、LK7+700~LK24+976	余志凯	YT4、YT11、YT12、YBLH2

续上表

参建单位	单位名称	合同段编号及起止桩号	主要负责人	备注
监理单位	贵州科达公路工程咨询监理有限公司	YJ3、K36+750~YK69+065.325	朱强	YT5、YT6、YT7、YT8、YBLH3
	贵州省交通建设咨询监理有限公司	YJ4、K69+065.325~YK88+500	刘敏	YT9、YT10、YBLH4
	武汉中交路桥设计咨询有限公司	YJ5、K3+900~LK24+976	肖小黎	路面、伸缩缝
	贵州陆通公路工程监理有限责任公司	YJ6、K3+900~LK24+976	田小泼	交安、房建、景观绿化
	贵州科达公路工程咨询监理有限公司	YJ7、K3+900~LK24+976	孙龙声	机电监理
中心试验室	福建南平市天茂公路工程试验检测有限公司	YZ1、K3+900~K37+766.765、LK7+700、LK7+700~LK24+976	陈智胜	YT1、YT2、YT3、YT4、YT11、YT12
	贵州省交通建设咨询监理有限公司	YZ2、K36+750~YK88+500	王勇	YT5、YT6、YT7、YT8、YT9、YT10

(5)征地拆迁。余凯高速公路项目完成正线征地8966亩,完成施工便道、取弃土场临时用地征地601亩,两项合计兑付补偿款1.44亿元;完成房屋拆迁566户,兑付房屋拆迁补偿款0.99亿元。

(6)重大变更。一是重安至鱼洞改线。2013年2月18日,凯里市龙场镇发生山体崩塌,该崩塌地点位于贵州省余庆至凯里高速公路YT8合同段小江口隧道出口与两岔河大桥之间,为了确保施工安全,立即组织设计单位前往现场调研,并要求施工单位暂缓开展施工。2013年4月16日,小江口隧道出口附近山体再次发生坍塌,本次崩塌岩石30余万m^3,导致凯里至施秉的县道交通中断。根据地方政府的要求,为了确保余凯高速公路的施工、运营安全,经2013年7月15日贵州省交通运输厅、贵州高速公路集团有限公司及相关专家讨论研究,决定将余庆至凯里高速公路小江口坍塌段落线路进行改移。

二是YT3合同段翁口大桥改填方路基变更设计。贵州省余庆至凯里高速公路YT3合同段翁口大桥原设计为4×30m预应力混凝土T梁,承包人提出将其改为路基,经贵州高速公路集团有限公司邀请相关专家,组织总监办、驻地办、设计单位于2013年2月27日通过现场调查,仔细研究了设计单位完成的桥改路基方案,认为该项变更可以充分利用弃方,技术方案可行,同意该项变更。

三是YT3合同段K24+520~K24+720段路基滑坡治理。2014年3月初,施工单位在完成左侧第二、三级边坡开挖后,边坡上方自然坡体出现裂缝,裂缝处距坡口线约50m,同时在K24+590左侧第二级、第三级边坡出现贯穿性的剪出口,且K24+540~K24+590

段第二级边坡出现连续的小型裂缝。2014年3月18日,K24+590~K24+670段第二、三级边坡发生小型滑坡,滑坡体体积约1万m^3,边坡后缘裂缝不断延续(伸)发展,滑坡范围逐渐扩大。5月26日,在经过一次强暴雨后,边坡再度发生滑塌,形成大型滑坡,原开裂的黏土层全部顺基岩(泥岩)高速滑移至右侧路基200m以外,掩埋大量农田,堵塞河道形成堰塞湖。设计单位在完成现场勘察后,提出挡墙+清方+锚索的综合治理方案。清方减载后共形成6级边坡,每级边坡高8m,其中第一、二、三、四级边坡坡率1:2,第五、六级边坡坡率1:2.5。除第五、六级边坡部分段落采用锚索地梁防护外,其余坡面采用窗式护面墙防护。第一、二、四、五级边坡设3m宽边坡平台,第三级设10m宽边坡平台。坡脚设置高3m、顶宽1.5m、面坡1:0.3的抗滑挡墙,本次变更申请于2014年8月28日经贵州省交通运输厅批复。

从2015年1月开始,对该边坡进行了深层位移、地表位移监测,至2015年6月中旬,位移速率1mm/月,6月12~13日受持续强降雨影响,深部位移急剧增大,增幅最大达5~28mm,同时路面出现横向剪切裂缝(K24+590~K24+610,宽度17mm),路肩处沥青路面轻微鼓起(K24+580~K24+620段,鼓起约10mm),左侧第二、三级(K24+560~K24+580)及第五、六级(K24+650)边坡出现纵向剪切裂缝,右侧K24+550~K24+630坡顶出现张拉裂缝,坡脚下方边沟挤压变形。

四是YT3合同段K31+100~K31+300段右侧路基滑坡治理。2015年6月,受黔东南地区持续强降雨影响,K31+100~K31+300斜坡体局部失稳下滑,形成工程滑坡,滑坡边界见明显裂缝,前缘路基路面见鼓胀裂缝。该处微地貌属中低山地貌,地势上左低右高,该处线路走向约173°,原地面边坡坡向约119°,坡度10°~25°。滑坡所在斜坡体为民宅及旱地,滑坡体后缘高程约869.0m,前缘剪出口高程约833.0m,最大高差约36m,主滑方向方位角约105°,滑坡体纵向长约120m,横向宽度约200m,滑坡边界总体呈"圈椅状",滑坡中上部及后缘可见15~80cm的张拉裂缝,根据现场地形及稳定性计算结果,该滑坡采用抗滑桩加固。

五是YT4合同段关冲大桥改填方路基变更设计。贵州省余庆至凯里高速公路YT4合同段关冲大桥原设计为5×30m预应力混凝土先简支后连续T形梁,承包人提出将其改为路基,经贵州高速公路集团有限公司邀请相关专家,组织总监办、驻地办、设计单位于2013年2月27日现场调查,仔细研究了设计单位完成的桥改路基方案,认为该项变更可以充分利用弃方,同时采取将LK7+110~LK7+310左右侧边坡降缓取土填筑,可有效保证边坡的稳定性,技术方案可行,形成黔高总司纪要〔2013〕49号文,同意该项变更。

六是YT7合同段老李湾大桥改填方路基变更设计。贵州省余庆至凯里高速公路YT7合同段老李湾大桥原设计为6×30m预应力混凝土先简支后连续T形梁,承包人提出将其改为路基,经贵州高速公路集团有限公司邀请相关专家,组织总监办、驻地办、设计单位于 2013 年 2 月 27 日通过现场调查（黔高总司纪要〔2013〕49 号），仔细研究了设计单位完成的桥改路基方案，认为该项变更可以充分利用弃方，技术方案可行。

七是 YT10 合同段麟洞大桥改填方路基变更设计。贵州省余庆至凯里高速公路 YT10 合同段麟洞大桥原设计为 $7 \times 30m$ 预应力混凝土先简支后连续 T 形梁，承包人提出将其改为路基，经贵州高速公路集团有限公司邀请相关专家，组织总监办、驻地办、设计单位于 2013 年 2 月 27 日通过现场调查（黔高总司纪要〔2013〕49 号），仔细研究了设计单位完成的桥改路基方案，认为该项变更可以充分利用弃方，技术方案可行，在不增加造价的情况下，同意该项变更。

八是 YT11 合同段石家榜大桥改填方路基变更设计。贵州省余庆至凯里高速公路 YT11 合同段石家榜大桥原设计为 $9 \times 20m$ 现浇钢筋混凝土箱梁，承包人提出将其改为路基，经贵州高速公路集团有限公司邀请相关专家，组织总监办、驻地办、设计单位于 2013 年 2 月 27 日通过现场调查（黔高总司纪要〔2013〕49 号），仔细研究了设计单位完成的桥改路基方案，认为该项变更可以充分利用弃方，技术方案可行，同意该项变更。

九是 YT5 合同段棉花冲大桥桥改路基变更设计。根据现场地形、地质条件，棉花冲大桥变更为填方路基后，可以消化路基弃方，保护施工环境，节省工程投资。变更后增加填方约 12 万 m^3，填方坡面防护采用 M7.5 浆砌片石衬砌拱护坡，拱内采用挂网喷播植草灌进行绿化。路基边坡左侧坡脚设 M7.5 浆砌片石护脚墙，填方外侧设 M7.5 浆砌片石排水沟等相应排水、防护措施。棉花冲大桥变更为填方路基后，在冲沟余庆岸设置一道 $1-4.0m \times 3.0m$ 人行通道涵，与线路正交；将冲沟右侧洼地填平以便于排水，在冲沟凯里岸设置一道排水涵与线路斜交。

十是黄平机场互通 J 匝道调整。余凯高速公路施工图设计时凯里黄平机场尚在工可阶段，后机场先于高速公路建成，于 2013 年 10 月实现通航。余凯高速公路施工单位进场后（此时机场正在平整场坪），发现原设计接机场大门处的设计高程比机场大门场坪低 7m 左右，随后设计单位根据现场实际情况进行了调整，项目办根据省政府要求该段连接线要先于机场建成的计划，组织施工单位于 2013 年 9 月基本完成了路基场坪。地方政府为提高机场与当地的通行能力，从凯施公路新建了一条二级路接到了机场大门，并于 2013 年 10 月与机场同步建成。机场和二级路建成后，二级路占据了原有黄平机场互通连接线接机场的平交口，同时原接线位置的高程比建成后的机场大门场坪高程低 1m，比二级路交叉点低 3.4m，导致连接线无法与二级路或机场大门相接，需对连接线进行变更设计。

十一是 YT10 合同段 $K82+900 \sim K83+240$ 段路基改桥梁。在该段路基施工过程中发现，地质情况与原设计有出入。设计单位查看现场后及时进行了补勘，补勘资料显示，该覆盖层厚 $7 \sim 26m$，原设计方案已经难以实施，如直接进行填筑路基，可能导致填方路堤失稳。由于覆盖堆积层自然稳定,因此,将该段斜坡沟谷内填方高度大的路段设桥梁跨越,低填浅挖段采用路基的方案。

十二是YT6合同段黄平互通滑坡治理。黄平互通位于黄平断裂带附近,该处下伏基岩为志留系中上统翁项群泥岩夹砂岩,层间夹软弱夹层,岩体节理裂隙发育,岩体破碎,风化强烈,风化层厚度较大,地表水、地下水发育,边坡施工期间长时间降雨,2014年10月,A区右侧挖方边坡已基本开挖至路基高程,开挖显示,第四级边坡为粉质黏土夹碎石,第一、二、三级边坡为强~中风化泥岩,岩体较破碎,局部风化强烈,层间夹有软弱夹层。2014年10月24日,该处坡口线后侧约40m处产生开裂,其发展速度快,2~3日内形成多条环向裂缝,后缘形成错台,最大错台达1~2m,后缘裂缝已闭合成圈椅状,坡脚处产生鼓胀现象,根据现场位移监测,该区处于慢速滑动状态,截至2014年11月13日,仍继续向路线方向滑移。B区段路基为挖方路段,路基右侧边坡原设计为4级边坡,第一、二级坡比1:0.75,第三、四级坡比为1:1,右侧最高边坡高约30m,原设计第一级为拱形骨架,第二、三级四级为框架锚杆。该边坡于2014年6月开始开挖,2014年9月底开挖接近第二级平台。开挖显示,该边坡第四级为碎石土,二、三级为全、强风化泥岩夹砂岩,岩体极破碎,岩石风化强烈。2014年10月2日,边坡后侧约200m处出现裂缝,其发展速度较快,至10月中旬,滑坡中部出现多条环向裂缝,后缘裂缝已基本闭合成圈椅状,于滑坡体后缘形成错台,最大错台约1m,坡脚处局部产生鼓胀现象,根据现场位移监测,现滑坡处于慢速滑动状态,仍在继续向路线方向滑移。C区段左侧为填方路基,收费站广场半挖半填,场坪下方为改移的老省道,省道为1~3级填方路堤。收费站广场外侧为1~2级填方边坡,填方高度约12m,填方边坡坡脚处设置路堤墙,该处填方施工完毕后,老省道改移填至第二级边坡。2014年10月下旬,场坪段坡脚处外侧地段房屋、填方坡脚挡墙出现开裂,形成滑坡,根据现场位移监测,该区仍处于蠕滑状态,仍在继续向外侧滑移。

十三是K53+800~K54+140右侧边坡滑坡治理。K53+780~K54+160段2014年12月开挖至第一级边坡平台时,揭示岩体较为破碎,岩层为志留系砂岩夹泥岩,产状90°∠10°,岩层顺向路基,且上方为水田。2015年4月进入雨季后,在连日暴雨作用下,上部覆盖层利于地表水下渗,下部泥岩遇水易软化,且相对隔水,地表水下渗后于泥岩表层或土石分界面富集,降低了土体的物理力学指标,从而导致该边坡上部坡体顺软弱夹层剪出形成滑坡,坡口线外100~180m外出现裂缝。

十四是K46+360~K46+565右侧边坡滑坡治理。K46+360~K46+565右侧挖方边坡下伏基岩为志留系中上统翁项群(S2~3wn)砂岩夹泥岩,岩层顺倾,岩体较破碎,为易滑地层。2015年3月底边坡主要工程防护即第一级抗滑桩及坡面锚索已基本施作完成,正进行K46+400~K46+500段桩前土开挖及桩前护面墙及边坡绿化工程施工。2015年3月下旬进入雨季以后,边坡坡面持续受雨水冲刷,持续降雨也导致边坡土体长时间处于饱和状态,坡体荷载大幅度增加,同时,坡体内泥岩长时间被水浸泡软化,土体的物理力学指标降低。2015年4月28~29日连续强降雨,坡面锚索框架梁底部土体受水冲刷严重,框架梁脱空,锚索预应力大部分失效导致框架梁整体前移挤出,桩间土体挤出导致已施作的护面墙崩塌,坡口线外60~80m老凯施路裂缝加剧,形成滑坡。

十五是YT6合同段K54+200~K54+410右侧边坡滑坡治理。K54+200~K54+410右侧挖方边坡下伏基岩为志留系中上统翁项群(S2~3wn)砂岩夹泥岩,岩层顺倾,岩体较破碎,为易滑地层。该段边坡于2014年6月初开挖边坡时,就发生坡面坍塌、掉块现象,目前边坡已基本开挖至路基高程,尚未施作防护工程。2015年4月进入雨季后,受连日暴雨影响,该段坡体后部汇水面积较大,上部覆盖层利于地表水下渗,下部泥岩遇水易软化,且相对隔水,地表水下渗后于泥岩表层或土石分界面富集,降低了土体的物理力学指标,从而导致边坡形成一条环向裂缝,其宽度为1~5cm,形成约30cm的错台,最后导致滑坡产生。

十六是YT6合同段K46+810~K46+980右侧边坡治理。K46+810~K46+980右侧挖方边坡位于江南古陆西侧新生代坳陷区过渡地带,为黄平断裂影响带附近,岩体受构造影响强烈,岩层扭曲严重,产状变化大,路段处位置综合产状98°∠5°,岩层顺向路基。强风化岩体节理很发育,节理产状主要有65°∠80°、160°∠75°两组,节理间距为80~150mm,节理很发育,节理面泥质充填。该段边坡属于构造侵蚀—剥蚀型中低山地貌,自然坡度为10°~20°,边坡较为平缓。覆盖层为残坡积层(Q_{el+dl})含碎石粉质黏土,下伏基岩为志留系中上统(S2~3wn)翁项群砂岩夹泥岩,该段路线沿一单向斜坡中下部通过,切割山体形成路堑边坡。2014年年底该路段挖至路床高程,2015年4~6月间持续暴雨,坡体荷载急剧增大,6月12~13日持续强降雨后,K46+845~K46+960段路堑挡墙出现开裂,其上方坡口线外20~50m便道出现下沉开裂,最远处裂缝外余钢管桩外侧,裂缝封闭成环,形成滑坡。

十七是YT6合同段K50+340~K50+600右侧边坡治理。K50+340~K50+600右侧挖方边坡位于黄平县城老鱼庄村附近,覆盖层为残坡积层(Q_{el+dl})含碎石粉质黏土,下伏基岩为志留系中上统(S2~3wn)翁项群砂岩夹泥岩。该处原设计为3级边坡,坡比分别为1:1、1:1.25和1:1.25,坡面防护为拱形骨架护坡。2013年11月,该段路基开始清表并在K50+400左侧开挖施工便道;根据贵州省交通运输厅《关于加强高速公路建设及管养安全工作的紧急通知》(黔交建设〔2015〕2号)、集团公司《关于转发贵州省交通运输厅关于加强高速公路建设及管养安全工作的紧急通知》(黔高速工程〔2015〕3号)以及《营运高速公路安全隐患排查的紧急通知》的要求,设计单位贵州省交通规划勘察设计研究院股份有限公司组成由单位副总经理、副总工牵头,各桥梁、隧道、路基和地质专业负责人参与的排查小组,在对余凯项目排查过程中发现YT6合同段K50+340~K50+600右侧挖方边坡第一级边坡开挖揭露地质情况为砂岩和泥岩互层的典型顺层边坡,且存在泥化夹层,由于第一级框架锚索防护需开挖坡面后方可进行施工,且施工周期较长,施工期间存在边坡沿层面滑坡的潜在风险,具有较大的安全隐患,因此提出对该边坡的防护方案进行调整。

十八是余凯项目新增声屏障。余凯高速公路通车段于2014年通车运营后,贵州高速公路集团有限公司委托了贵州省环境工程评估中心作为余凯高速公路的环评验收评估单位,环评单位进场对噪声敏感点进行调查后,按照相关规范要求,于2015年11月提交了《关于贵州省余庆至安龙高速公路余庆至凯里、凯里至羊甲段竣工环境保护验收工作的整改意见》,建议对高速公路中心线两侧各200m以内噪声超标敏感建筑物增加控制噪声污染的措施。设计单位收到该整改意见后,与环评验收评估单位一起到现场进行了调查,经复查需对部分段落增加声障墙。设计单位提出按原设计声障墙结构,共增加声障墙共13处。

(7)交(竣)工。2015年12月30日,贵州高速公路集团有限公司在贵州省凯里市组织召开贵州省余庆至凯里高速公路交工验收会议。贵州省交通运输厅、贵州省交通建设工程质量监督局、贵州省交通建设工程造价管理站、贵州省高速公路管理局、贵州省黔东南州高等级公路管理处、余庆高速公路黔东南州指挥部、凯里市指挥部、黄平县指挥部、黔东南州公安局交警支队直属高速大队、贵州高速公路集团有限公司相关部门(总工办、决算办、征拆办、工程部、财务部、营运管理中心)、余庆至凯里高速公路项目办(总监办)、设计单位(中交第二勘察设计院研究院有限公司、贵州省交通规划勘察设计研究院、北京交科公路勘察设计研究院)、监理单位(贵州省交通建设咨询监理有限公司、重庆市交通工程监理咨询有限责任公司、贵州科达公路工程咨询监理有限公司、贵州陆通公路工程监理有限责任公司、武汉中交路桥设计咨询有限公司)、施工单位(中铁十二局集团第四工程有限公司、岳阳市公路桥梁基建总公司、中交第一公路工程局有限公司、河北北方公路工程建设集团有限公司、贵州桥梁建设集团有限责任公司)等参建单位参加了本次交工验收会议。

3.复杂技术工程

潕阳河大桥(采用3×40m+80m+150m+80m+5×40m连续刚构配预应力混凝土组合T梁)、余庆特大桥(采用27×40m预应力混凝土T梁)、五里墩隧道(1135m分离式隧道)、黄平大桥(主桥跨采用73m+3×135m+73m连续刚构配预应力混凝土组合T梁)、重安江大桥(图6-170)(主桥跨采用81m+150m+81m连续刚构配预应力混凝土组合T梁)、重安江隧道(左幅2758m,右幅2720m)、沙坝隧道(左幅1947m,右幅1970m)、沙坝大桥(主桥跨采用95m+951m连续刚构配预应力混凝土组合T梁)、清水江大桥(主桥跨采用81m+150m+81m连续刚构配预应力混凝土组合T梁)、台辰大桥(主桥跨采用81m+150m+81m连续刚构配预应力混凝土组合T梁)。

图 6-170　余凯项目——重安江大桥

4. 营运管理

本项目共设 4 个收费站（表 6-121），分别为鸭塘复合（接地）互通、大寨互通、兴仁互通、丹寨互通匝道收费站。

收费站点设置　　　　　　　　　　表 6-121

站点名称	车道数	收费方式
余庆站	4 进 6 出	联网收费
牛大场匝道站	3 进 3 出	联网收费
罗朗匝道站	3 进 5 出	联网收费
黄平匝道站	3 进 7 出	联网收费
重安匝道站	3 进 3 出	联网收费
虎庄匝道站	4 进 6 出	联网收费
机场匝道站	4 进 6 出	联网收费
施秉临时主线站	3 进 3 出	联网收费

本项目设 1 处服务区——兴仁服务区；设 1 个养护工区——丹寨养护工区，与丹寨收费站合设；设 1 个隧道变电所——舟溪隧道变电所；设 1 个管理分中心，设置在凯里管理分中心；设 1 处丹寨路政中队，与丹寨收费站合设。

本项目还设置了完善的安全设施、监控设施、通信设施以及高效的管理体制，完全能够满足通行、运营与养护等的要求。

全线设 Ⅰ 类服务区（重安），匝道收费站 6 处，临时主线收费站 2 个，桥隧管理站 1 个，路政、交警救援站 2 个（与收费站合建），养护工区 1 个（与收费站合建），本项目于 2015 年 12 月 31 日（除虎庄到重安收费站段落外）建成通车。

(二)S62余庆至安龙高速公路凯里至羊甲高速公路

1. 基本情况

(1)项目决策背景及过程。贵州省凯里至羊甲高速公路(以下简称"凯羊高速公路")是《贵州省高速公路网规划》中第六条横线的重要组成路段,路线起于凯里经济开发区鸭塘青虎冲,接余庆至凯里高速公路,并通过鸭塘(复合)互通与已建沪昆高速公路凯里至麻江段相接,经舟溪、南皋、兴仁、丹寨,止于羊甲,通过羊甲枢纽互通与厦蓉高速公路相连,路线全长56.363km。本项目的建设将沪昆国家高速公路与厦蓉国家高速公路连接起来,对完善贵州省高速公路网布局,充分发挥公家高速公路网的整体效益具有十分重要的作用。

2010年10月20日,工可获省发改委批复《关于凯里至羊甲高速公路可行性研究报告的批复》(黔发改交通〔2010〕2306号);2010年12月31日,初步设计获省交通运输厅批复《关于凯里至羊甲高速公路初步设计的批复》(黔交建设〔2010〕266号);2011年3月23日,省发改委批复《关于凯里至羊甲高速公路工程项目招标初步方案核准的批复》(黔发改交通〔2011〕523号);2011年12月5日,施工图设计获省交通运输厅批复《关于凯里至羊甲高速公路施工图设计(土建部分)的批复》(黔交建设〔2011〕226号);环境保护方案通过贵州省环保厅黔环审〔2010〕178号文批复;水土保持方案通过贵州省水利厅黔水保函〔2010〕92号文批复;2012年6月20日,正式施工用地获国土资源部批复(国土资函〔2012〕472号);2013年1月10日,贵州省交通建设工程质量监督局批复工程质量监督(黔交质〔2013〕2号);2013年1月15日,施工许可获省交通运输厅批复。

(2)公路的功能、定位、里程。凯羊高速公路起于凯里经济开发区鸭塘青虎冲,接余庆至凯里高速公路,并通过鸭塘(复合)互通与已建沪昆高速公路凯里至麻江段相接,经舟溪、南皋、兴仁、丹寨,止于羊甲,通过羊甲枢纽互通与厦蓉高速公路相连,路线全长56.363km。

(3)技术指标。凯羊高速公路按双向四车道高速公路标准建设,设计速度采用80km/h,路基宽度采用21.5m,桥涵设计荷载采用公路—Ⅰ级。根据交通部《公路工程技术标准》(JTG B01—2003),并结合区域经济发展和沿线地形、地貌特征,全线采用全封闭、全立交高速公路标准建设。全线共设互通立交5处、共有桥梁61座,其中特大桥2座、大桥24座、中小桥35座、隧道8座(单幅),建设总投资为41.78627293亿元。

(4)投资规模。凯羊高速公路项目总投资估算约38.85亿元,其中,资本金为9.71亿元(约占总投资的25%),分别由省交通厅安排专项资金5.83亿元,黔东南州政府出资3.88亿元,其余约29.14亿元通过国内银行贷款解决。

（5）主要控制点。工程主要控制性工程为：石桥特大桥（主桥跨采用 106m + 200m + 106m 连续刚构配预应力混凝土组合 T 梁）、摆捞河大桥（主桥跨采用 65m + 120m + 65m 连续刚构配预应力混凝土组合 T 梁）、台辰大桥（主桥跨采用 81m + 150m + 81m 连续刚构配预应力混凝土组合 T 梁）。

（6）沿线主要地形地貌。凯羊项目位于贵州高原腹地，属浅切中低山侵蚀、溶蚀地貌，海拔高程大致在 750～1100m。总体起终点较低，中部舟溪至丹寨段较高；西部及兴仁以南地势较平缓，相对高差一般为 50～100m，地形较好；东部山高谷深，自然山坡较陡，相对高差一般为 100～200m，森林茂密，植被覆盖较好，地形较差。路基高填深挖普遍，高墩桥梁密集，桥隧相邻，全线采用全封闭、全立交高速公路标准建设，所以工程量大、施工难、风险高。

（7）主要构造物。路基土石方：挖方 1290.99 万 m^3，填方 1208.94 万 m^3。桥梁工程：特大桥 2143.48m/3 座（图 6-187～图 6-189），大桥 7530.48m/24 座，中桥 1557.115m/26 座，小桥 124.1m/4 座。隧道工程：长隧道 2202m/2 座（单幅），中隧道 1195m/2 座（单幅），短隧道 1490m/4 座（单幅）。涵洞工程：6878.31m/210 道。交叉工程：车行、人行天桥 259.24m/9 座。互通式立交：5 处。防护、排水砌体工程：36.51 万 m^3。路面工程：级配碎石底基层 1211820m^2，水泥混凝土基层 1181822m^2，粗粒式沥青下面层 945028m^2，中粒式沥青中面层 1320275m^2，改性沥青混凝土面层 1320275m^2。交通工程：波形护栏 93952m，标志标牌 389 个，标线 87075m；突起路标 26398 个；反光轮廓标 13256 个；防眩板 18217m；刺铁丝隔离棚 94609m；焊接网隔离棚 23707m。图 6-171～图 6-174 分别为羊甲枢纽互通、亢家特大桥、排牙特大桥和台辰特大桥。

图 6-171　凯羊项目羊甲枢纽互通

2. 建设情况

（1）立项审批、勘察、设计。2010 年夏，为完善贵州省高速公路网布局，充分发挥国家高速公路网的整体效益，促进黔东南地区的经济、文化、民生发展，加快推进区域经济文化强县建设,经贵州省交通运输厅详细讨论研究,并报贵州省发展和改革委员会批准,贵州省 S62 余安高速公路凯里至羊甲段的建设任务被正式提上了日程。

图6-172　2013年8月14日,凯羊项目施工中的亢家特大桥

图6-173　2014年9月9日,凯羊项目排牙特大桥　　　图6-174　凯羊项目台辰特大桥

2010 年 10 月 10 日,在经过大量现场调查和研究后,贵州省发展和改革委员会以黔发改交通〔2010〕2306 号文批准了贵州省凯里至羊甲高速公路的工程可行性研究报告,项目建设总投资估算为 38.85 亿元,其中资本金为 9.71 亿元(省交通运输厅安排专项资金 5.83 亿元,黔东南州政府出资 3.88 亿元),其余约 29.14 亿元通过国内银行贷款解决。根据批准意见,凯羊高速公路起于贵州省黔东南自治州凯里市,与 2001 年建成的 G65 沪瑞高速公路(贵州境)凯麻段相接,经凯里市、舟溪镇、兴仁镇,止于丹寨县羊甲,与 G76 厦蓉高速公路(贵州境)榕江格龙至都匀段相接。凯羊高速公路的建成,将有效提升黔东南地区的交通枢纽地位,将 G76 厦蓉高速公路、G65 沪瑞高速公路、G75 兰海高速公路进行有效的串联,对提高黔东南地区经济、文化发展,促进民生和谐,有着至关重要的作用。

为促进项目建设尽快启动,受贵州省交通运输厅的委托,贵州高速公路集团有限公司(前身为贵州高速公路开发总公司)负责开展凯羊高速公路的建设。根据上级领导部门的意见,凯羊项目于 2010 年 5 月 11 日启动了土建工程勘察设计招标工作,依照国家有关法律、法规,贵州省交通运输厅基本建设管理处于 2010 年 7 月 8 日公布了中标候选单位为贵州省交通规划勘察设计研究院股份有限公司。

2010 年 8~12 月,在勘察设计招标工作结束后,贵州高速公路集团有限公司立即督促设计单位立即进场组织开展了勘察设计工作,并于 2010 年 12 月向贵州省交通运输厅上报了贵州省凯里至羊甲高速公路初步设计文件。经省交通运输厅组织相关专家认真评审、研究,同意了凯羊高速公路技术设计标准,确定了主要技术经济指标、路线、路基路面、桥涵等方案。2010 年 12 月 31 日,贵州省交通运输厅以黔交建设〔2010〕266 号文批复了凯羊项目的初步设计,核定概算总金额为 41.78 亿元,项目总工期为 3 年。

为确保项目如期建设完成,凯羊高速公路的环评、水保工作也同步启动着,2010 年 9 月 16 日,贵州省环境保护厅以黔环审〔2010〕178 号文批准同意了凯羊项目环境影响报告书;2010 年 5 月 26 日,贵州省水利厅以黔水保函〔2010〕92 号文批准同意了凯羊项目水土保持方案;2012 年 6 月 20 日,国土资源部以国土资函〔2012〕472 号文批准同意了凯羊高速公路工程建设用地。至此,凯羊高速公路的报批程序全部完成,具备全面动工的条件。

(2)施工、监理。项目办在项目建设之初即明确了凯羊高速公路的建设目标:高标准、高质量、高水平,建成省内一流、国内先进的优质精品路、示范路、生态路。为实现这一目标,项目团队坚定了高速公路建设中全面推行标准化施工及管理的战略理念,通过思路创新、管理创新,超前谋划,过程管控,强化执行,使标准化施工和管理在凯羊项目得以全面贯彻实施和推进,为顺利实现项目建设目标奠定坚实的基础。

项目办积极开展工地标准化建设工作,会同各参建单位通过规划、评审、整改、审批等一系列研究和讨论,最终较好地完成了凯羊项目工地建设各项目标任务,为下一步的施工标准化和管理标准化建设提供了重要保障。

建设期间,根据工程进度情况积极组织开展各类标准化施工及"平安工地"建设的宣贯教育活动,并针对施工现场开展各类检查工作。通过宣贯、检查、整改等工作,使参建单位各级管理人员在质量安全管理工作思路上得到了有效的统一,施工现场质量安全态势良好可控。

通过示范首件工作进一步推进施工标准化管理。在项目建设过程中,项目办通过推行首件示范工程工作,进一步推进施工标准化各项工作,通过现场交流、宣贯等明确了施工质量及现场安全管理生产标准,强化了各级管理人员的施工质量安全管理生产工作,提高管理意识,使质量安全工作水平得到了有效提高。大力开展安全生产活动,改善施工现场安全环境,提高各级管理人员的安全生产意识。

两年的建设工期内,凯羊高速公路项目先后组织了两次"安全生产月活动",活动紧紧围绕增强各级管理施工人员安全生产基础知识,提高安全生产管理意识,强化安全生产管理水平等各项工作为中心,开展了丰富多彩的活动,通过一系列的活动,既提高了各参建单位管理人员的安全认识,又强化了各管理人员的安全生产基础知识,使高速公路建设项目安全生产工作得到了有效提高。

(3)招标投标。项目的招标投标工作均严格按照国家有关法律、法规进行,遵循公开、公平、公正和诚实信用原则,招投标过程中的评标委员会由交通部设立的评标专家库中的专家组成。

凯羊高速公路工程施工采用国内竞争性公开招标方式。

路基工程:2012年1月18日公开招标,经过专家工作小组及招标委员会仔细认真的评审,按照相关法规的规定以及公正、公平、公开的原则,推荐并报备了中铁二十一局集团有限公司等6家企业为路基工程中标单位。

路面工程:2012年12月9日进行公开招标后,中交第一公路工程局有限公司、中交第二航务工程局有限公司2家企业成为路面工程中标单位。

边坡绿化工程:2013年4月3日进行公开招标后,安徽开源园林绿化工程有限公司、浙江中瓯园林建设有限公司、浙江跃龙园林建设有限公司3家企业成为边坡绿化工程中标单位。

交通工程:2014年1月8日进行公开招标后,中交一公局交通工程有限公司成为交通工程中标单位。

景观绿化工程:2014年3月4日进行公开招标后,安徽开源园林绿化工程有限公司、江西南昌山湖园林建筑有限公司2家企业成为景观绿化工程中标单位。

房建工程:2014年1月8日进行公开招标后,湖南省郴州建设工程集团有限公司成为房建工程中标单位。

机电工程:2014年1月9日进行公开招标后,成都曙光光纤网络有限责任公司成为机电工程中标单位。

凯羊高速公路工程监理采用国内公开招标形式。

路基工程监理:2012年4月6日公开招标,经过专家工作小组及招标委员会仔细、认真的评审,按照相关法规的规定及公正、公平、公开的原则,推荐武汉中交路桥设计咨询有限公司等3家企业为路基监理中标单位。

路面工程监理:2014年1月15日进行公开招标后,贵州陆通公路工程监理有限责任公司成为路面监理中标单位。

交通工程、绿化工程、站点建设监理:2014年4月1日进行公开招标后,贵州科达公路工程咨询监理有限公司成为交通工程、绿化工程、站点建设监理中标单位。

机电工程监理:2014年4月1日进行公开招标后,北京泰克华诚技术信息咨询有限成为机电工程监理中标单位。

第六章
贵州高速公路

凯羊高速公路参建单位见表6-122。

S62凯里至羊甲高速公路参建单位　　　　　表6-122

通车里程桩号：　YK0+139.196~K57+320

参建单位	单位名称	合同段编号及起止桩号	主要负责人
项目管理单位	贵州高速公路集团有限公司	YK0+139.196~K57+320	覃俊
勘察设计单位	贵州省交通规划勘察设计研究院股份有限公司	YK0+139.196~K57+320 土建设计	傅学军
勘察设计单位	贵州省交通规划勘察设计研究院股份有限公司	YK0+139.196~K57+320 交安机电设计	余红
勘察设计单位	贵州省交通规划勘察设计研究院股份有限公司	YK0+139.196~K57+320 房建工程设计	赵峰
勘察设计单位	中交第二公路勘察设计研究院有限公司	YK0+139.196~K57+320 景观绿化	江盛杰
施工单位	中铁二十一局集团有限公司	KT1合同段：YK0+139.196~K7+628.894 路基、桥隧工程施工	李世才、伍顺成
施工单位	中铁二十一局集团有限公司	KT2合同段：K7+532.889~K17+611.486 路基、桥隧工程施工	杨红亮、王润怀
施工单位	中交第二航务工程局有限公司	KT3合同段：K17+598.899~K23+460 路基、桥隧工程施工	易贤圣、张爱涛
施工单位	中铁十四局集团第三工程有限公司	KT4合同段：K23+460~K35+120 路基、桥隧工程施工	田敬军、杨玉强
施工单位	中交第一公路工程局有限公司	KT5合同段：K35+120~K47+000 路基、桥隧工程施工	王高航、张长在
施工单位	中铁二局股份有限公司	KT6合同段：K47+000~K57+320 路基、桥隧工程施工	胡翔、余义国
施工单位	中交第一公路工程局有限公司	KL米1合同段：YK0+139.196~K23+460 路面工程施工	钟吉棕、张志新
施工单位	中交第二航务工程局有限公司	KL米2合同段：K23+460~K57+320 路面工程施工	郑勇生、翟世鸿
施工单位	中交一公局交通工程有限公司	KJA1合同段：YK0+139.196~K57+320 交通安全设施工程施工	石磊、刘培芳
施工单位	湖南省郴州建设工程集团有限公司	KFJ1合同段：YK0+139.196~K57+320 沿线站点（房建）工程施工	杜启东、袁爱武
施工单位	成都曙光光纤网络有限责任公司	KJD1合同段：YK0+139.196~K57+320 机电工程施工	粟海滨、李博
施工单位	山东建桥钢材有限公司	KSSF1合同段：YK0+139.196~K57+320 伸缩缝工程施工	卞维、徐峰

续上表

参建单位	单位名称	合同段编号及起止桩号	主要负责人
施工单位	安徽开源园林绿化工程有限公司	KLH1合同段：YK0+139.196~K23+460环境保护与景观工程施工	程伟、张中岳
	江西南昌山湖园林建筑有限公司	KLH2合同段：K23+460~K57+320环境保护与景观工程施工	刘华、赵慧
	安徽开源园林绿化工程有限公司	KBLH1合同段：YK0+139.196~K17+611.486边坡绿化生物防护工程施工	王新立、付少旗
	浙江中瓯园林建设有限公司	KBLH2合同段：K17+588.899~K35+120边坡绿化生物防护工程施工	邵俊江、郑元森
	浙江跃龙园林建设有限公司	KBLH3合同段：K35+120~K57+320边坡绿化生物防护工程施工	梁俊松、章红娟
监理单位	武汉中交路桥设计咨询有限公司	KJ1合同段：YK0+139.196~K17+611.486路基、桥隧工程施工监理	胡兵环
	贵州陆通公路工程监理有限责任公司	KJ2合同段：K17+598.899~K35+120路基、桥隧工程施工监理	郑雷
	贵州省交通建设咨询监理有限公司	KJ3合同段：K35+120~K57+320路基、桥隧工程施工监理	王迎
	贵州陆通公路工程监理有限责任公司	YK0+144~K57+320路面工程施工监理	刘诚
	贵州省交通建设咨询监理有限公司	YK0+144~K57+320安全设施、沿线房建、景观绿化工程施工监理	罗泰来
	北京泰克华诚技术信息咨询有限	YK0+144~K57+320机电工程施工监理	李文凯
中心试验室	贵州省交通建设咨询监理有限公司	KZ1合同段：YK0+139.196~K57+320中心试验室试验检测服务	余延禹
设计咨询单位	北京中交京华公路工程技术有限公司		姚为民

（4）重大变更。贵州省凯羊高速公路KT4合同段兴仁互通原设计方案在设计伊始已征求地方政府相关部门同意，项目建设过程中，由于丹寨县兴仁镇地方建设规划发生变化，导致兴仁互通需要进行移位，以适应地方发展要求。根据贵州省人民政府、贵州省交通运输厅、丹寨县人民政府以及高速公路集团公司相关文件要求，原则同意兴仁互通移位方案，变更增加费用高速公路集团公司与丹寨县人民政府按省、厅意见进行分担及时支付。

贵州省凯羊高速公路KT2合同段K11+580~K11+720段路基边坡于2013年10月在施工过程中发生第一次滑坡，经贵州高速公路集团有限公司邀请相关专家、组织总监办、驻地办、设计单位到现场调查，明确了清方减载+抗滑挡墙的处理方案，并形成专题纪要(黔高速专议〔2013〕186号)。2014年5月底,由于连续降雨,导致该边坡发生二次滑移,已完成施工的坡体发生滑动。2014年7月10日,贵州高速公路集团有限公司邀请相关专家,组织总监办、驻地办、设计单位到现场调查,并召开了专题会议对设计方案进行了评审,会议仔细研究了设计单位提出的清方减载+坡面锚固的分区治理措施,认为该变更可行。

2014年6月,施工单位根据变更设计文件施工时,由于连续强降雨,导致K16+480~K16+520段边坡坡面发生坍塌,边坡后缘坡口线外5~22m附近出现拉裂缝,裂缝宽度0.2~1.5m,可见深度大于1.5m;K16+390~K16+480段边坡坡面未见异常,但坡面后缘出现裂缝;K16+480~K16+570段边坡局部发生坍塌、部分锚索框架梁失效。

(5)交(竣)工。2014年12月30日,贵州高速公路集团有限公司在凯里市组织召开贵州省凯羊高速公路交工验收会议。贵州省交通运输厅、贵州省交通建设工程质量监督局、贵州省交通建设工程造价管理站、贵州省高速公路管理局、贵州省黔东南州高等级公路管理处、凯羊高速公路黔东南州指挥部、凯里市指挥部、丹寨县指挥部、黔东南州公安局交警支队直属高速大队、贵州高速公路集团有限公司相关部门(总工办、决算办、征拆办、工程部、财务部、营运管理中心)、凯里至羊甲高速公路项目办(总监办)、设计单位(贵州省交通规划勘察设计研究院股份有限公司)、监理单位(武汉中交路桥设计咨询有限公司、贵州陆通公路工程监理有限责任公司、贵州省交通建设咨询监理有限公司、北京泰克华诚技术信息咨询有限公司)、施工单位(中铁二十一局集团有限公司、中交第二航务工程局有限公司、中铁十四局集团第三工程有限公司、中交第一公路工程局有限公司、中铁二局股份有限公司、中交一公局交通工程有限公司、湖南省郴州建设工程集团有限公司)等参建单位参加了本次交工验收会议。

3.复杂技术工程

贵州省凯里至羊甲高速公路K7+500~K10+500路段位于小苗岭堆积体发育带,堆积体厚10~50m不等,主要为砂岩的块石、漂石土,结构松散,右侧坡面的大量地表水下渗,导致坡体地下水埋藏较浅,暴雨季坡体处于饱水状态。路线方案设计阶段该路段进行了8个路线方案的比选,若要避让需设置2个刚构特大桥或设置长隧道穿越,受地形地质影响,最终确定从小苗岭堆积体前缘设置路基通过,共计5段填方边坡,8段挖方边坡,设计阶段均考虑设置抗滑桩进行支挡,设置缓坡率放坡等措施。现路基边坡均已经全部施工完成,建成通车,但由于工程地质条件、水文地质条件复杂,边坡开挖,连续强暴雨及施工顺序等原因诱发了K9+300~+500段发生了滑坡,现滑坡在进一步治理中。

4.营运管理

凯羊高速公路全线设Ⅰ类服务区1处(兴仁)、匝道收费站4处、桥隧管理站共计1

个,应急保畅中队共1个,监控管理所1个,养护站共计1个。本项目于2014年12月30日建成通车,批准收费时间为2014年12月20日,批准收费终止时间为2044年12月20日,2014年~2015年7月收费总计985.709万元,进出口车流量共计664730辆。收费站点设置见表6-123。

收费站点设置 表6-123

站点名称	车道数	收费方式
凯里南站	5进11出(含ETC车道1进1出,6条预留车道)	联网收费
大寨站	4进6出(含ETC车道1进1出)	联网收费
兴仁站	3进5出(含ETC车道1进1出)	联网收费
丹寨站	4进6出(含ETC车道1进1出)	联网收费

(三)S62余庆至安龙高速公路独山至平塘高速公路

1. 基本情况

(1)项目功能、定位。独山至平塘高速公路是《贵州省高速公路网规划》中"第六横"余庆至安龙高速公路的一段。余庆至安龙高速公路起于遵义市余庆县,自北向南,经黔东南州的黄平县、凯里市、雷山县、丹寨县,黔南州的三都县、独山县、平塘县、罗甸县,黔西南州的望谟县、册亨县,止于安龙县。

独山至平塘段是"第六横"线的中段。项目起点同独山至三都段一起与兰海高速公路都匀至新寨段成"十字交叉";终点位于平塘县城东北面的冲头,通过互通连接线与平塘县城相连,路线将来向西延伸,经罗甸、望谟、册亨,在安龙与汕昆国家高速公路衔接。

项目起于独山县麻万镇麻柳村,其延伸线与都新高速公路交叉(交叉桩号K1+622.092=都新高速公路K187+422.714),采用独山互通(双喇叭形式)(图6-175)连接两高速公路,该互通分期实施,独平线上出入三都方向的双向匝道待三都至独山公路修建时再实施。路线起点桩号为K1+700,路线出互通后,下穿黔桂铁路扩能线,经弄务、穿罗汉坡、过漂里、响水洞、大钟、拉良、梭草坡、拉海,经坝莫寨、虎头山、大田边、甲乙寨、旧寨、小新寨、核桃树、至终点冲头,设置平塘互通与县城相接,该互通分期实施,本项目只实施往独山方向的2条匝道,其余匝道待平塘至罗甸项目实施时再行建设。终点桩号K26+130,独山至平塘高速公路长为24.369116km。

(2)技术指标。根据《贵州省余庆至安龙高速公路独山至平塘段工程可行性研究报告》:采用双向四车道高速公路标准,设计速度80km/h;整体式路基宽21.5m、分离式路基宽11.25m;汽车荷载等级为公路—Ⅰ级;全线采用全封闭、全立交,同时设有相应的交通工程和服务设施。

图 6-175　独山互通

根据《公路工程技术标准》(JTG B01—2003)中的有关规定,其主要技术指标见表 6-124。

主要技术指标　　　　　　　　　　　　　　表 6-124

项　目	单　位	指　标
公路等级		高速公路
车道数		四
设计速度	km/h	80
路基宽度	m	21.5(分离式路基 2×11.25m)
平曲线极限最小半径	m	250
平曲线一般最小半径	m	400
不设超高平曲线最小半径	m	2500
缓和曲线最小长度	m	70
停车视距	m	160
最大纵坡	%	5
最大合成坡度	%	10
凸型竖曲线一般最小半径	m	4500
凹型竖曲线一般最小半径	m	3000
竖曲线一般最小长度	m	170
中央分隔带宽度	m	1.5
硬路肩宽度	m	2×1.5
行车道宽度	m	2×3.75
设计荷载		公路—Ⅰ级
设计洪水频率		特大桥 1/300,其他 1/100

(3)主要控制点。全线设置独山(枢纽)、平塘两处互通立交以及平塘服务区等沿线服务设施,图6-176为正在施工中的服务区。

图6-176　独平高速公路服务区B区

(4)投资规模。项目批复初步设计总概算核定为27.3738亿元(含建设期贷款利息1.4756亿元)。

(5)沿线地形地貌。黔南州地处云贵高原东南部向广西丘陵过渡的斜坡地带,地势西北高,东南低,平均海拔997m。全州土地以山地和丘陵为主,山地和丘陵面积分别占总面积的72.5%和21.3%。森林面积800.8千公顷,森林覆盖率41.91%。

2.建设情况

(1)项目批复。2012年8月31日,贵州省发展和改革委员会对本项目申请报告进行了批复。2012年11月13日,贵州省交通运输厅对本项目初步设计进行了批复(黔交建设〔2012〕235号)。2013年6月27日,贵州省交通运输厅对本项目施工图设计(土建工程部分)进行了批复(黔交建设〔2013〕100号)。2013年11月14日,国土资源部对本项目工程建设用地进行了批复(国土资函〔2013〕790号)。2011年11月10日,省环境保护厅对本项目环境影响报告书进行批复(黔环审〔2011〕233号)。贵州省水利厅对本项目水土保持方案进行批复(黔水保函〔2011〕198号)。质量监督手续:贵州省交通建设工程质量监督局《关于贵州省独山至平塘高速公路项目监督申请受理通知书》(黔交质〔2013〕202号)。2014年5月22日,贵州省交通运输厅在独平公司上报的《贵州省独山至平塘高速公路施工许可申请书》中审批准予开工建设。

(2)勘察设计。2012年7月25～27日,业主、勘察设计单位一同进行现场踏勘,对本项目进行初测阶段的中间检查工作,并提出了初测外业中间检查咨询意见。

2012年9月5～8日,进行现场踏勘,听取勘察设计单位现场方案汇报,并进行了现场方案讨论。9月7日,在独山县参加了本项目初测外业验收会,会后并提出了初步设计外业阶段咨询意见。

2012年10月9日,收到勘察设计单位提交的两阶段初步设计文件,随即组织了各专家进行初步设计文件查阅和咨询工作,并编制了初步设计阶段咨询报告。

2012年10月18~19日,进行现场踏勘,听取勘察设计单位现场方案汇报,10月19日,召开本项目初步设计地勘专项验收及审查会。

2012年12月5日,贵州独平高速公路有限公司在贵阳组织召开了贵州省余庆至安龙高速公路独山至平塘段先行工程罗汉坡大桥(图6-177)、虎头山隧道(图6-178)施工图审查会。

图6-177　罗汉坡大桥

图6-178　虎头山隧道出口段施工

2012年12月27~28日进行现场踏勘,听取勘察设计单位现场方案汇报,并进行了现场方案讨论。12月28日在贵阳市参加了本项目施工图外业验收会,会后并提出了施工图设计外业阶段咨询意见。

2013年5月7日,贵州独平高速公路有限公司在贵阳组织召开了贵州省余庆至安龙高速公路独山至平塘段施工图设计审查会,会后并提出了施工图设计咨询意见。

(3)项目公司组建。独平项目为经营性公路建设项目,经贵州省发改委核准,采用国内BOT+EPC+政府补贴模式组织实施,项目由贵州省公路局和贵州路桥集团有限公司共同投资,并依法组建贵州独平高速公路有限公司,对建设项目筹划、资金筹措、建设实施、运营管理、债务偿还和资产管理全过程负责。

2012年11月6日,贵州独平高速公路有限公司在平塘县揭牌。贵州独平高速公路有限公司办公驻地设在贵州省平塘县三棵树道班。省公路局和贵州路桥集团为贵州独平高速公路有限公司股东,其中,省公路局占股87.5%、贵州路桥集团占股12.5%,独平公司设董事长1人、董事4人、监事会主席1人、监事2人、总经理1人、项目书记1人、副总经理3人、总工程师1人,下设工程部、安质部、合同部、综合协调部、设备物资部、财务部,管理人员26人(高级工程师7名、工程师4名)。下设总监理办公室。

贵州独平高速公路有限公司严格按照国家、交通部有关规定,全面执行"项目法人责任制、招投标制、工程监理制和合同管理制"，并以此为依托，进行建设管理，实行岗位责任制和目标责任制。各分项业务做到岗位分工明确，责任到人。通过分工合作，确保工程项目建设如期、优质、顺利完成。

(4)施工管理。项目管理总体思路及建设理念：坚持"以政府监管、业主管理、社会监督、企业自检，全面加强独平公司的项目建设管理工作与监理管理工作"的总体工作思路和"安全良好、质量优良、资源节约、环境优美、系统最优、公众满意"的理念进行全过程项目管理。在加强监管的同时深化服务意识，原则范围内坚持急事急办、特事特办，对各级部门报送资料必须做到不推不拖。要求监理单位充分发挥主动性，增强全体参建人员的紧迫感、责任感、使命感、危机感，为独平高速公路建设履行应尽职责。在开展征地拆迁工作时要紧紧依靠各级地方政府、征拆部门及沿线广大群众，妥善处理公路施工产生的涉农涉群问题，征拆工作及炮损处理牵涉到千家万户老百姓的切身利益，要做到有组织、有安排地开展工作，创建良好的施工环境，努力做到和谐、互利、共赢。

质量控制措施：坚持以质量为本，精心组织，科学安排，根据贵州省交通运输厅黔交建设〔2013〕137号文件精神和省质监局要求，结合项目建设情况，独平项目编制下发了独平项目管理办法、管理手册、标准化实施指南、安全质量管理办法和管理体系，建立安全质量登记制度和责任追究制。推广执行施工标准化建设与考核验收、平安工地建设与考核验收，严格实施"首件工程验收"制度，严格落实"四个集中""四个准入"制度，加强安全质量技术交底与培训工作。独平公司每月对工地现场安全、质量进行检查并对发现的问题及时进行处理，并取得了一系列行之有效的质量管理工作成果。

安全生产管理：为了实现独山至平塘高速公路建设项目安全生产管理目标，杜绝重大伤亡事故发生，减少一般事故；无重大责任事故；不得因施工对周边环境、建筑、设施等造成破坏，留下重大安全隐患。独平公司紧紧围绕"安全第一、预防为主、综合治理"的安全生产方针和"管生产必须管安全"的安全生产管理原则，从五个方面开展了安全生产管理工作。一是督促监理单位、施工单位建立健全安全生产组织机构、规章制度和层层签订安全生产目标责任书，并监督检查各单位安全生产规章制度和责任目标落实情况。二是开展安全生产教育培训，组织监理单位、施工单位项目主要负责人每年进行安全教育培训，并督促监理单位、施工单位对新进场人员、转岗人员、特种作业人员进行教育培训和安全技术交底，坚持未经教育培训不得上岗作业。三是召开安全生产专题会或生产调度会，通报现阶段安全生产状况，分析问题原因，提出整改措施，部署下阶段工作安排，并监督检查各单位对会议要求的落实情况。四是组织开展安全生产专项整治和季度综合考核评比工作，对人工挖孔桩施工、高边坡施工、墩柱施工、隧道施工、临时用电、民用爆炸物品的管理及使用、特种设备的管理及使用、高空作业等进行专项检查，督促施工单位落实整改措施，对整改不力的单位进行违约处罚。在季度综合考核评比中，把安全生产管理内容作为考核重要内容,奖优罚劣,兑现奖惩。五是督促施工单位做好跨公路的安全防护工作,确保公路安全畅通。

环保、文明施工管理:做好施工现场文明施工、规范施工是实现工程质量、安全、环保的重要保证,独平公司从四个方面开展了环保、文明施工管理工作。一是督促监理单位、施工单位建立健全环保组织机构、规章制度和层层签订环保目标责任书,并监督检查各单位环保规章制度和责任目标落实情况。二是督促施工单位认真做好沿线自然生态、人文环境、施工范围外的农田保护,最大限度地减少扬尘和噪声污染,做到废水、废气达标排放,废渣运到指定地点堆放并进行治理,使沿线学校、村庄居民生活基本不受施工影响。三是督促施工单位保护好河流水质不受施工污染,防止河道淤塞。加强路侧废渣清理,及时施工取土场、弃渣场、边坡水保工程和绿化工程,防止水土流失。四是在季度综合考核评比中将各单位环保、文明施工管理工作纳入考核评比内容进行考核评比,奖优罚劣,兑现奖惩。

工程进度管理:为认真贯彻落实省交通厅高速公路三年会战的目标要求,围绕独平高速公路2014年建成8km目标,2015年全面建成通车目标任务。独平公司、总监办切实开展行之有效的各阶段施工大战活动,2014年度推出了"大干一百二十天"和"强劲六个月"的生产建设活动。活动的目的:重质量、保安全、抓生产、促进度并与相关资料同步完成为准的原则进行。独平公司每月对各标段现场完成情况进行考核,确保适时掌握现场完成情况,保证通车目标实现。同时采取以下措施促进工程进度:一是成立施工大战活动领导小组。针对路基、路面、交安、机电、绿化、房建等诸多工作。独平公司、总监办班子成员分别担任专业组领导,明确责任,加强各分项工程的调度。通过这种形式,及时处理施工中存在的问题和困难,实现对施工过程的控制。二是施工大战期间"以年总控,阶段评,月考核,旬核查"为活动目标,制定严格的奖惩办法。以独平公司、总监办批准的施工进度计划中各阶段的施工任务为相应阶段施工大战的活动目标。按照2014年12月底前建成通车8km的要求,充分酝酿并征求施工单位的合理化建议,制定切实可行的施工组织计划。对没有按时完工且严重影响到通车目标的除了给予重罚外,还通过通报批评、约见法人或要求施工单位的主要负责人驻守工地"督战"。三是加强变更工程的处理速度。在施工中,不可避免地会出一些变更原设计的工程,独平公司在要求施工单位要及时上报工程变更资料的同时,还对自身内部的管理作了明确规定,规定明确了工程变更的审批时间。四是及时拨付工程资金。工程资金的拨付是整个工程施工中的核心环节。独平高速公路项目的建设资金是有保障的,一旦工程计量完成审核,独平公司就会及时把工程计量款拨付给施工单位。但在及时拨付的同时,独平公司对工程资金使用进行监督,绝不允许资金外流。五是在环水保定期监测管理方面聘请贵州省水土保持技术咨询研究中心、贵州省交通科学研究院,对施工期间的环境、水土定期定点监测,并提前提出防治措施,充分保护施工沿线生态自然环境。六是建立独平项目数字化管理平台、考勤系统、试验数据远程监控系统,增强了对人员的履约考核和施工现场的质量安全管理与控制。预制场采用智能监控系统、智能化养护系统、智能化张拉、大循环智能压浆系统,充分保证梁板预制质量。

(5)资金筹措。股东筹资项目投资总额的40%作为资本金,其中贵州省公路局出资95808.4285万元占87.5%,政府补助资金92540万元作为贵州省公路局投入本项目的资本金,差额3268.4285万元由贵州省公路局出资解决,贵州路桥集团有限公司自筹资金13686.9183万元(实际投入13540万元),其余资金(164243万元)通过银行贷款解决。

(6)招标投标。本项目共设8个施工合同段,其中土建、路面、房建由贵州路桥集团实施,机电、交安采用公开招标的方式确定施工单位。监理和中心试验室招标采用公开招标的招标方式,委托华杰工程咨询有限公司为招标代理机构。2012年12月13日,经过评标委员会评审后,确定贵州陆通公路工程监理有限责任公司为中标单位;2013年8月21日,经过评标委员会评审后,确定湖南中大建设工程检测技术有限公司为中标单位。

独平高速公路项目隧道监控量测和超前地质预报通过竞争性谈判的方式,按照集团公司和独平公司的相关管理办法,秉着公平、公正、公开的原则,通过评审小组综合评审,在同等条件下,选择最有利独平公司的单位作为隧道监控量测和超前地质预报的服务单位。2014年完成独平项目机电及交安施工的招标工作,采用公开招标的招标方式,委托华杰工程咨询有限公司为招标代理机构。根据土建施工及专业工程设计进展情况,2014年5月启动招标工作,于6月12日经过评标委员会评审后,确定山西交研科学实验工程有限公司为机电及交安施工中标单位,于2014年8月签订合同。

(7)征地拆迁。独平项目公司与黔南州独平高速建设指挥部签订了征地拆迁工作协议书。都匀市、独山县、平塘县分别成立了协调服务指挥部,具体负责本项目的征地拆迁工作。独平公司的征地拆迁工作有分管领导、综合协调科负责具体协调解决与当地政府相关部门的征地拆迁和涉农问题。

(8)交(竣)工。2014年12月28日,独平高速公路(虎头山至平塘段)正式通过验收,并在平塘召开交工验收会议。贵州省交通运输厅基建处高工陈建蕾,贵州省公路局高速公路建设营运中心主任李松,黔南州人大常委会副主任陈忆秋,平塘县领导张建海出席验收会。贵州省、黔南州、平塘县相关部门负责人及专家,工程项目设计、施工、监管、监控、试验检测等代表参加会议。各参建单位代表首先对建设、设计、施工、监理等相关工作进行总结汇报。随后,贵州省交通建设工程质量监督局宣读了工程质量检测报告,对独平高速公路(虎头山至平塘段)各方面工程质量给予肯定,并提出意见。

3. 营运管理

独平高速公路于2015年12月底通过交工验收交付使用,2016年1月起正式进入营运管理。由省公路局高速公路建设管理营运中心设立都匀营运中心负责营运管理,都匀中心设行政、营运、养护工程、人力资源、党群工作、机电、计划财务、安全应急、资产设备、纪检监察10个部室,下设平塘东收费站,平塘养护、机电、监控、救援、应急巡查站所队及平塘东服务区管理站7个站所队,管理及生产人员共计100人,对所管辖路段的收费、工程养护、机电维护、应急救援等进行全面管理。都匀中心在工商银行平塘分行设立收费专户,对所收通行费委托银行直接转缴省高速公路联网中心进行拆分,2016年全年度共收缴通行费2773.5138万元,拆分到省公路开发公司1819.8195万元。2016年度营运管理支出926.1304万元。

(四)S62余庆至安龙高速公路望谟至安龙高速公路

1. 基本情况

(1)项目决策背景及过程。望安项目属省交通运输厅"三年会战"项目,是贵州省"县县通高速"的重要组成部分。项目建成后对册亨、望谟脱贫发展同步小康有着十分重要的意义和作用,对加快南北盘江及红水河流域开发有重要作用,对贵州三个民族自治州形成环向外围通道有着重要意义。

项目建设采用省地共建模式,即由贵州高速公路集团有限公司与黔西南州政府联合出资成立贵州西南高速投资公司,作为项目建设的业主。又由贵州西南高速投资公司委托贵州高速公路集团有限公司代建,组建项目办和总监办具体实施项目建设的全过程管理。

望安项目受省内融资困难影响,建设中采取了施工总承包模式(提前开工的岩架北盘江特大桥除外),施工总承包单位须承担银团贷款的部分协调工作。

(2)公路的功能、定位、里程。望安高速公路起点位于望谟县城北平洞,经望谟县油迈乡、册亨县岩架镇、册亨县城、册亨县丫他镇,终点在巧马镇通过巧马枢纽互通与汕昆高速公路相接。路线起点桩号K1+900,终点桩号K70+023,全长68.658km,桥隧占路线总长58.2%。

(3)技术指标。全线采用双向四车道高速公路技术标准,设计速度80km/h,路基宽度21.5m;桥涵设计荷载等级为公路—Ⅰ级,共设桥梁21501.64m/73座(含互通立交主线桥),其中特大桥817.5m/1座、大桥18789.5m/57座、中桥1000.8m/14座;隧道18470.5m/14座(按整幅计),其中特长隧道6156.5m/2座,长隧道8106.5m/5座,中隧道3131m/4座,短隧道1076.5m/3座;互通式立交5处(图6-179为施工中的册亨互通),分离式立交11处,天桥1座;设置管理分中心1处、服务区2处、隧道管理站1处、养护工区2处、匝道收费站4处。

(4)投资规模。项目估算修正调整经贵州省发改委审批由55.9亿元调整为67.9亿元,概算修正调整经贵州省交通运输厅审批由61.4亿元调整为74.3亿元。

图 6-179 册亨互通

(5) 沿线主要地形地貌。项目地处云贵高原向广西丘陵过渡的斜坡地带,属乌蒙山脉东南侧边缘山区。因后期地质构造运动继承了前期"燕山运动"的基础,使区内地表大幅度抬高,且受南、北盘江及其支流强烈切割侵蚀,致使区内沟壑纵横,河谷深切,形成切割强烈的山地地貌。

项目区域总体地势为西部高,中部及北部低,望谟境一般海拔为 400~800m,册亨境一般海拔为 700~1000m。地形起伏大,山体坡度达 30°以上,局部地形切割强烈地段达 65°,地形条件差。

(6) 主要构造物。路基土石方开挖 993.7 万 m^3,路基填筑 736.3 万 m^3,桥梁 20607.8m/72 座,桩基 3917 根,桥梁基础混凝土 20.6 万 m^3,桥梁下部结构混凝土 46.4 万 m^3,桥梁上部结构预制梁板 6214 片,桥梁上部结构现浇混凝土 4.9 万 m^3,涵洞、通道 137 道,涵洞、通道圬工体积 11.19 万 m^3,隧道 18420m/14 座,防护、排水 36.9 万 m^3,路面底基层 16.6 万 m^3,基层 38.5 万 m^3,下面层 64.6 万 m^2,中面层 142.9 万 m^2,上面层 143 万 m^2。

2. 建设情况

(1) 立项审批、勘察、设计。立项批复:2009 年 2 月 20 日,省人民政府以黔府函〔2009〕23 号文件进行批复。地质灾害危险性评估:2010 年 6 月 13 日,省国土厅对地质灾害危险性评估进行备案。水保批复:2010 年 7 月 1 日,省水利厅以黔水保函〔2010〕111 号文对水土保持进行批复。文物保护批复:2010 年 7 月 1 日,省文物局以黔文物函〔2010〕87 号文对文物保护调查进行批复。项目选址意见书批复:2010 年 7 月 27 日,省住建厅对建设项目选址意见书进行批复;环境影响评价批复:2010 年 9 月 2 日,省环保厅以黔环审〔2010〕156 号文对环境影响评价进行批复。工可批复:2010 年 9 月 15 日,贵州省发展和改革委员会以黔发改交通〔2010〕1977 号文件进行批复。

初设批复:2010年11月26日,贵州省交通运输厅以黔交〔2010〕234号文件进行批复。地震评估:贵州省地震局2010年12月7日以黔震复〔2010〕25号文对望安高速公路尾燕山隧道工程场地抗震设防要求进行了批复。贵州省地震局2010年12月7日以黔震复〔2010〕26号文对望安高速公路北盘江特大桥工程场地抗震设防要求进行了批复。北盘江特大桥通航安全评估报告已于2011年1月6日经贵州省地方海事局以黔海安监〔2011〕2号文批复。北盘江大桥通航影响意见批复:2011年1月31日,贵州省交通运输厅以黔交规划〔2011〕12号文件进行批复。压覆矿产批复:项目已取得贵州省国土资源厅同意压覆金矿等矿产资源批复(黔国土资储压函〔2011〕161号),项目建设单位履行了压覆矿产资源登记手续,并已妥善处理相关矿业权人权益关系。征地拆迁补偿方案批复:征地拆迁补偿方案经征求省交通运输厅意见,州人民政府于2011年10月12日以州府办发〔2011〕106号文件行文批复。同南昆铁路交叉设计于2012年1月19日经南宁铁路局以宁师技函〔2012〕3号文审查批复。施工招标初步方案批复(含标段划分情况):2012年2月27日,贵州省发改委以黔发改交通〔2012〕298号文件进行批复。林地批复:2012年4月23日,国家林业厅以林资评准〔2012〕056号文件进行批复。工程建设用地批复:2012年8月23日,国土资源部以国土资函〔2012〕664号文件进行批复。土建施工图设计批复:2012年12月31日,贵州省交通运输厅以黔交建设〔2012〕286号文件进行了批复。招标方案调整批复:2013年8月5日,贵州省发展和改革委员会以黔发改交通〔2013〕2113号文件进行了批复。修正概算批复:2013年8月20日贵州省交通运输厅以黔交建设〔2013〕156号文件进行了批复,修正概算为74.3亿元。

(2)施工管理。项目建设目标:望安项目坚持"以政府监督为指导、以业主管理为抓手、以社会监理为依托、以施工企业自检为基础、以地方支持为依靠",全面切实加强业主的项目建设管理工作与监理管理工作的总体工作思路,确保质量、安全、进度、成本、环保(水保)、廉政、征地(拆迁)等工作目标的实现。图6-180所示为望安项目第一次工地会议。

质量目标:实施科学管理,树立精品意识,工程合格率100%,合同履约率100%,确保双优工程,争创一流省高项目。

安全目标:杜绝重大伤亡事故发生,减少一般事故;无重大安全责任事故,因施工负伤率小于3‰,重伤率小于0.5‰;无重大安全隐患,不得因施工对周边环境、建筑、设施等造成灾害性破坏;并不得影响S312和X666等道路的交通安全畅通和南昆铁路的营运安全;施工现场安全生产标志、标牌及安全设施必须完善。

工期目标:本项目控制性工程岩架特大桥(图6-181)已于2013年5月正式开工建设,计划2015年12月完工。其余施工合同段拟于2014年1月开工建设,根据工程规模、地形、地质分段开工等具体情况,力争 2015 年 12 月全面建成通车。对只有一般路基、中小桥、短隧道的施工合同段,其主体工程工期目标要求在 20 个月内完成;对有大桥及中长隧道的施工合同段,其主体工程工期目标要求在 24 个月内完成;对有特大桥并以桥梁为主的施工合同段,其主体工程工期目标要求在 32 个月内完成,路面、站房、机电、交安、绿化等后续工程要求在建成前 10 个月内完成。

图 6-180　望安项目第一次工地例会会议现场

图 6-181　施工中的岩架特大桥

环保(水保)目标:遵守环保法规,切实保护沿线自然生态和人文环境,最大限度地减少扬尘和噪声污染,做到废物达标排放。搞好文明施工,保持良好施工形象;保护施工范围外的基本农田保护区、规范取土场、弃土场施工行为,防止水土流失;保护河流水质基本不受施工污染;保证学校教学环境与村庄居民的生活质量基本不受施工影响。

征地(拆迁)目标:始终坚持"修一条路造福一方百姓"的思维意识,创建良好的施工周边环境,努力做到和谐、互惠、共赢;成本控制目标:严把设计变更关,力争把建设费用控制在修正概算之内。

廉政目标:遵守"十个严禁、五个不准、三个一律",做到工程优质、干部优秀。

望安项目建设的具体工作思路。望安项目以贯彻落实交通运输部"施工标准化建设·平安工地建设"的要求为基础,严守"三条高压线"。第一条高压线是必须突出"质量就是生命"。坚决防止盲目赶进度而降低质量标准、放松技术标准,坚决防止偷工减料、监理流于形式,建设精品工程,杜绝"豆腐渣"工程;第二条高压线是必须坚持"安全第一"。严格执行施工安全生产各项制度,认真落实施工安全属地管理责任,深入开展"平安工地"建设活动,坚决防止安全事故发生;第三条高压线是必须打造"廉政工程"。要总结经验教训,实行防线前移,采取切实有效的举措,加大从源头上预防和遏制工程领域腐败的治理力度。建立完善严格规范的项目管理办法和流程,确保项目管理的每个环节都成为"阳光工程"。

安全管理:认真执行国家、交通运输部等行业主管部门颁发的各类安全生产管理规定与督查办法,始终坚持"安全第一、预防为主、综合治理"的一贯方针,以交通运输部要求的"平安工地建设"为依托,督促承包人资源投入到位、责任分解落实到位,教育培训及管理到位;督促驻监办监管到位,总监办监控到位。把实现"零死亡率"作为各施工合同段的安全生产控制最高目标,严防有责任的安全事故发生。

质量管理:以交通运输部"施工标准化建设"的要求为基础,结合项目实际。严把原材料进场关,必须把拌和站、砂石加工场、钢筋加工棚等场站建设作为硬件投入到位,实现标准化生产。其次严把工序交接关,抓好施工工艺标准化。最后抓成品质量关,对不合格不满意的单项工程甚至分项工程一经发现,坚决要求返工重来,树立零缺陷工程理念。在全项目通过实行"首件工程认可制"树标兵合同段,在合同段内树样板工程,大力弘扬实施精品工程的模范带动策略。制定奖惩办法,严格奖惩制度,坚决克服当前贵州高速公路建设中常出现的砌体质量不高、填方作业不规范、三背回填杂乱无章等质量通病是本项目质量管理工作的一项紧迫任务,必须抓好落实。

进度管理:坚持从紧安排、统筹兼顾、均衡发展原则。做到不松懈、不盲目、不折腾。坚持质量安全这个大前提,按又好又快、能快则快的思路开展和安排一切工作,针对不同季节不同施工条件,必要时要求承包人加大设备、财力、人力的投入,有重点地突击一些阶段性施工工作,有节奏地掀起阶段性施工高潮。力争做到统筹兼顾、环环相扣、紧张有序、整体推进,尽量避免出现野蛮施工,忽视质量安全抢工期等不良现象。

文明施工:以交通运输部"施工标准化建设·平安工地建设"的要求为基础。搞好工地现场文明施工、规范施工是实现工程质量、安全、环保的重要保证,抓好全线各合同段开工前期的驻地建设(图6-182)、拌和站、预制场、料场、施工便道等的规范化、标准化、科学化设计布置工作,是施工准备阶段的一项重要工作任务。建立健全各类标志、标牌、标识、告示及宣传标语,搞好文明规范施工。

图6-182　中铁航空港望安高速公路项目部驻地

设计变更管理与投资控制:狠抓施工图设计开工前现场审查阶段的放样复核复查工作,重点审查高填方、桥梁等方案的可靠性、经济合理性及可实施性,通道设置的适用性及可持续交通发展需要,土石方调运可行性,不良地质边坡及地基处置方案的可靠性等,要认真调查并听取各方意见,尽可能地优化和完善施工图设计,将大的方案变化消化在施工前期,避免施工高峰期因再作方案变动影响施工工期和投资控制。施工中的设计变更处理程序必须按交通运输部、省交通运输厅及集团公司的有关规定执行。设计变更与计量工作要强调数量的真实性、程序的完备性、费用的准确性及支付的合法性,杜绝弄虚作假和虚报冒领行为,维护公平公正和资金安全。

监理服务:始终遵循"严格监理、优质服务、公正科学、廉洁自律"的工作准则。在加强监管的同时深化服务意识,原则范围内坚持急事急办、特事特办、有事必办的原则,对各级单位报送资料必须做到不推不拖不压。要求监理单位充分发挥主动性,增强积极性,带动施工单位创造性开展工作,增强全体参建人员的紧迫感、责任感、使命感、危机感,为望安高速公路建设分享所有热情和力量。

路地关系:要紧紧依靠各级地方政府、征拆部门及沿线广大群众,密切路地关系,妥善处理公路施工产生的涉农涉群问题,征拆工作及炮损处理牵涉到千家万户老百姓的切身利益,要做到有组织、不纠缠地开展工作,创建良好的施工环境,努力做到和谐、互惠、共赢。

确保通车目标的保证措施。望安项目由于开工较晚,项目建设管理采取了特殊模式,施工总承包队伍又是第一次到贵州修建山岭重丘区高速公路,不到两年的施工期中需经历两个雨季和两个春节的不利影响,期间又不断面临了资金持续紧张短缺的问题,为确保年底通车目标,项目建设已处于需背水一战的境地,项目办已号召各参建单位在省厅及集团公司的统一安排部署下,在地方各级政府的大力支持协调下,尽全力振奋精神、迎难而上、群策群力、顽强拼搏,充分利用项目区域良好的冬季施工气候,争分夺秒完成最后阶段的冲刺任务,并提出了始终坚持"一个不动摇,八个狠抓不放松"的思路及措施。

项目管理体会。望安项目受融资困难影响,是三年会战县县通高速公路项目中最晚开工的项目,又采取了路地共建模式和引资施工总承包模式,各方协调工作难度大,利益交织,博弈频繁,自开工起就存在工期紧、任务重、管理难和资金持续紧张等问题,为确保2015年年底通车目标,项目办组织协调参建各方群策群力、奋力拼搏、苦干实干,基本完成了县县通高速公路的目标,取得了很大成就,同时也有一些教训值得今后改进和完善提高。

一是提前开工重点控制性工程。望安项目列入三年会战县县通高速公路项目后,2012年年底省地及集团公司超前谋划,将望安项目最大控制性工程北盘江岩架特大桥提前通过招标组织实施,实现了望安项目的全面建成,使得三年会战县县通高速公路目标完美收官,未留遗憾。

二是高度重视并提前解决项目建设中的投资合理性问题。望安项目建设前期工作由地方交通局主导完成,原批复估算及概算均严重偏低且极不合理。集团公司介入成立项目办后,高度重视此问题的解决。在上级主管部门的积极支持下,重新编制申报审批了项目的调整估算和修正概算,为项目建设的顺利快速推进奠定了良好基础,使得投资控制步入了良性可控轨道。

三是强力推进施工总承包模式下的施工标准化和平安工地建设。望安项目采取的施工总承包模式实质是一个中标施工单位要主导项目施工的全方位和全过程,具有"一好均好,一差均差"的集群式施工特点。项目开工后项目办会同总承包指挥部统一了思想,强力推进了各分部各工区各工点的施工标准化和平安工地建设,对整个项目的质量、安全、文明施工及成本控制均起到了良好推动作用,为在20个月内完成近60%桥隧比工程提供了坚强保障。

四是狠抓设计变更方案的快速落实工作。望安项目开工后许多原设计方案不合理的问题十分突出,要实现平安高速和最美高速必须变更原设计中的一些工点实施方案。为此项目办反复沟通厅主管部门并会同集团公司技术管理部门多次踏勘现场进行落实,使得项目共13项超500万设计变更方案得到了及时有效落实,保证了项目建设的安全、优质、可靠,提升了项目的全寿命周期质量。

五是发挥总承包易于联合作战优势,快速推进项目的施工进展。施工总承包模式下参建各分部各标段各工区及各专业分包单位均受总承包项目经理总部指挥调度,减轻了项目办的一些协调工作量,项目办着重协调解决项目建设中的思路和方法问题,主要对项目施工各阶段提要求和采取必要措施,并协调解决好资金到位和征拆协调到位,指导服从上级主管部门及监管部门的各项服务监管工作，真正实现项目建设中各专业各工序的良好衔接和有序推进，为项目建设实现短工期内建成通车创造了较好条件。

六是引资施工总承包模式的招标文件须进一步完善。望安项目建设实践说明，现有引资施工总承包招标文件及合同条款存在一些不清晰和不完善之处，对合同管理、投资控制及责任明确产生了一些消极影响，业主管理行为得不到完整落实，不利于总承包模式项目建设的顺利收尾工作。

（3）资金筹措。望安项目概算投资74.3亿元，资本金配比35%，需匹配资本金26亿元，已到位资本金16.5633亿元，其中省级配套到位资本金10.9534亿元，地方资本金到位5.6099亿元。

望安项目贷款规模为48亿元，由中国进出口银行成都分行、中国工商银行贵州分行和中国建设银行贵州分行组建的银团负责承贷，贷款额度分别为17亿元、16亿元和15亿元。

（4）招标投标。望安项目由贵州高速公路集团有限公司采用国内公开招标方式对施工单位进行公开招标。

第一次招标情况：2012年11月13日至2012年12月20日，对土建T4合同段开展了招投标工作，经评审确定了贵州桥梁建设集团有限责任公司为中标单位。

第二次招标情况：2013年9月5日至2013年10月16日，对除T4合同段以外剩余土建、路面、房建、交安、机电、绿化合并为WASGZ合同段进行了招标。经评审确定了中铁航空港集团第一工程有限公司和贵州省公路工程集团有限公司（联合体）为中标单位。

监理单位招标情况：由贵州高速公路集团有限公司以国内竞争性招标方式进行公开招标，诚邀具备相应资格条件的监理单位参与投标。监理招标采用资格后审方式。

2012年12月20日通过公开招标确定了1家土建监理单位；2013年3月27日通过公开招标确定了1家中心试验室；2013年12月5日通过公开招标确定了3家土建监理单位；2014年10月22日通过公开招标确定了1家路面、房建、交安、绿化监理单位；2015年5月20日通过公开招标确定了1家机电监理单位。望安高速公路参建单位见表6-125。

望安高速公路参建单位　　　　　　表6-125

参建单位	单位名称	合同段编号及起止桩号	主要负责人	备注
项目管理单位	贵州高速公路开发总公司	K1+900～K70+023.607	任仁	
勘察设计单位	贵州省交通规划勘察设计研究院	K1+900～K70+023.607	林晓阳	全线交通工程（含交安、机电等）
施工单位	中铁航空港集团第一工程有限公司	K1+900～K20+000，K21+800～K70+023.607	王鹏飞	除岩架特大桥、北盘江隧道外的全线交通工程（含交安、机电等）

续上表

参 建 单 位	单 位 名 称	合同段编号及起止桩号	主要负责人	备 注
施工单位	贵州桥梁建设集团有限责任公司	K20+000~K21+800	陈永刚	土建工程
监理单位	贵州科达公路工程咨询监理有限公司	K1+900~K20+000	刘善文	土建工程
监理单位	贵州陆通公路工程监理有限责任公司	K20+000~K21+800	伍华刚	土建工程
监理单位	重庆市交通工程监理咨询有限责任公司	K21+800~K42+720	吴畏	土建工程
监理单位	四川省公路工程监理事务所	K42+720~K70+023.607	王瑞中	土建工程
监理单位	贵州省交通建设咨询监理有限公司	K1+900~K70+023.607	梁德礼	路面、交安、房建、绿化
监理单位	江西通慧科技发展有限公司	K1+900~K70+023.607	李实	机电
中心试验室	贵州省交通建设咨询监理有限公司	K1+900~K70+023.607	刘富金	

（5）征地拆迁。2011年10月12日，该项目征地拆迁补偿方案经征求省交通运输厅意见，黔西南州人民政府以州府办发〔2011〕106号文件行文批复。全线设计占用土地共计4435.15亩，望谟县1063.6亩，册亨县3371.55亩。因设计变更和设计漏计算等增加用地，全线实际征地5094.85亩，望谟县1224.27亩，增加160.67亩，册亨县3870.58亩，增加500.03亩。全线涉及拆迁房屋238栋，望谟69栋，册亨169栋。实际拆迁房屋288栋，望谟90栋，册亨198栋。分散安置174户，集中安置114户。全线涉及坟墓搬迁数量为1563冢，望谟692冢，册亨871冢。"三电"迁改共计694.9km，电力103.58km，移动265.9km，联通131.99km，电信131.115km，广电72.726km。自2013年施工单位进场以来，共调处和化解因建设施工引起的各类矛盾纠纷5300余起，涉及地方征拆类1190余起，施工类3500余起。由于协调工作到位，方法得当，调处及时，措施有力，有效管控，未发生因矛盾纠纷调处不力产生司法诉讼案件。因征地拆迁和劳务合同纠纷引起群体性阻工事件先后发生20余起，均有效管控在县级以下处置和化解。征地拆迁未发生越级上访案件。有效地维护了望安高速公路正常的建设施工秩序，确保了建设施工进度，营造了较好的建设施工环境。全面推广先进仪器勘丈征地面积。望安高速公路征地勘丈，实现统一采用GPS进行勘丈，提高了土地勘丈的工作效率，保证了勘丈征地面积的准确性和真实性。更为重要的是解决了土地面积原始勘丈中的诸多争议矛盾。

（6）重大变更。望谟至安龙高速公路按上级主管部门变更分级管理规定，顺利开展了望安项目的设计变更方案审查审批工作,到 2015 年年底完成总承包范围内共有路改桥等 13 项超 500 万元设计变更方案报批工作。

(7)交(竣)工。2015 年 12 月 29 日,贵州高速公路集团有限公司在贵州省安龙县组织召开了望谟至安龙高速公路交工验收会议。交工验收委员会评定:望安高速公路工程质量合格,同意本项目通过交工验收。2015 年 12 月 31 日,望谟至安龙高速公路正式运营通车。

3. 复杂技术工程

(1)岩架大桥。全桥梁总长 817.5km,其结构形式为:3×30m 现浇箱梁+150m+328m+150m 斜拉桥+3×30m 现浇箱梁。

(2)河边隧道。该隧道为分离式特长隧道,左幅长 3005m,最大埋深 299m;右幅长 3008m,最大埋深 297m。

(3)尾燕山隧道。该隧道为分离式特长隧道,左幅长 3110m,最大埋深 333m;右幅长 3190m,最大埋深 330m。

4. 营运管理

全线设匝道收费站 4 处,桥隧管理站 1 个,应急保畅中队 1 个,监控管理所 1 个,养护站共计 1 个,本项目于 2015 年 12 月 31 日建成通车,批准收费时间为 2015 年 12 月 31 日,批准收费终止时间为 2035 年 12 月 31 日。收费站点设置见表 6-126。

收费站点设置　　　　表 6-126

站点名称	车道数	收费方式
望谟收费站	4 进 6 出	联网收费
岩架收费站	3 进 5 出	联网收费
册亨收费站	4 进 6 出	联网收费

(五)S62 余庆至安龙高速公路巧马至安龙段

S62 余庆至安龙高速公路巧马至安龙段与汕昆高速公路贵州省板坝(桂黔界)至江底(黔滇界)公路共线。详见 G78 汕昆高速公路贵州省板坝(桂黔界)至江底(黔滇界)公路。

十七、S63 凯里至雷山高速公路

1. 基本情况

(1)项目决策背景及过程。贵州省凯里至雷山高速公路是《贵州省高速公路网规划》中第六条横线的重要组成路段,路线起点连接沪昆高速公路,向南布线经下长坡、连城、黄里、陶尧至终点雷山,终点连接雷山至凯里的二级公路,路线全长 21.919km(另设雷山连接线与已建省道S308连接,雷山连接线1.224km,西江连接线4.06km)。项目的建设对完善贵州省高速公路网布局,充分发挥国家高速公路网的整体效益具有十分重要的作用;可使雷山县城及其周边乡镇,特别是西江千户苗寨、雷公山景区等地的车辆快捷地上、下沪昆国家高速公路及沪昆快速铁路,可更好地带动沿线地区经济发展,对于全面建设小康社会和构建和谐社会,实现贵州省社会经济跨越式发展具有极其重要的意义。

2011年11月16日,工可获省发改委批复《关于凯里至雷山高速公路可行性研究报告的批复》(黔发改交通〔2011〕3077号);2012年7月3日,初步设计获省交通运输厅批复《关于凯里至雷山高速公路初步设计的批复》(黔交建设〔2012〕130号);2012年9月24日,省发改委批复《关于凯里至雷山高速公路工程项目招标初步方案核准的批复》(黔发改交通〔2012〕2635号);2012年12月11日,施工图设计获省交通运输厅批复《贵州省交通厅关于凯里至雷山高速公路施工图设计(土建工程部分)的批复》(黔交建设〔2012〕256号);环境保护方案通过贵州省环保厅黔环审〔2011〕232号文批复;水土保持方案通过贵州省水利厅黔水保函〔2011〕171号文批复;2013年4月26日,正式施工用地获国土资源部批复(国土资函〔2013〕288号)。

(2)公路的功能、定位、里程。贵州省凯里至雷山高速公路是《贵州省高速公路网规划》中第六条横线的重要组成路段,路线起点连接沪昆高速公路,向南布线经下长坡、连城、黄里、陶尧至终点雷山,终点连接雷山至凯里的二级公路,路线全长21.919km(另设雷山连接线与已建省道S308连接,雷山连接线1.224km,西江连接线4.06km)。

(3)技术指标。按双向四车道高速公路标准建设,设计速度采用80km/h,整体式路基宽度21.5m;分离式路基宽度11.25m。全线桥涵设计汽车荷载等级采用公路—Ⅰ级,根据交通部《公路工程技术标准》(JTG B01—2003),并结合区域经济发展和沿线地形、地貌特征,全线采用全封闭、全立交高速公路标准建设。全线共设互通立交3处;共有桥梁27座,其中大桥23座,中桥3座,小桥1座;隧道9座(单幅)。

(4)投资规模。凯雷工程项目总投资概算为24.80734498亿元人民币,资金来源于贵州省交通运输厅下拨专项资金、黔东南州政府出资及项目业主国内银行贷款。

(5)主要控制点。本工程重点控制性工程为乌轰郎隧道(分离式,后改名为脚勇隧道),左线长2936m,右线长3005m;黄里坳隧道(分离式,后改名为雄则隧道,如图6-183所示),左线长1315m,右线长1275m。

(6)沿线主要地形地貌。项目区位于贵州高原苗岭山区,总体以浅切中低山为主,海拔一般在700～1000m之间,局部地段有1300m的山脉,地势复杂,山势零乱,相对高差较大(100～300m),为侵蚀低山地貌。沿线森林茂密,植被覆盖率高,群山丛生,峰峦叠翠,至今尚保存有原始森林,自然生态较好,其中雷山县是全省10个重点林业县之一。

(7)主要构造物。路基土石方:挖方577.3350万m^3,填方487.1036万m^3;桥梁工程:

共 7559.07m/35 座,其中大桥 5576.1m/23 座,中桥 435.35m/5 座,小桥 36m/1 座,匝道桥 1511.62m/6 座;隧道工程:隧道 6845m/9 座(折合整幅长度);特长、长隧道 4295m/2 座(折合整幅长度),中、短隧道 2550m/7 座(折合整幅长度);涵洞工程:74 道;交叉工程:车行天桥 1 座,人行天桥 1 座;互通式立交:3 处;防护、排水砌体工程:浆砌块片石 17675.58m^3;边沟 10003m,截水沟 3073m,排水沟 6711m;路面工程:级配碎石底基层 33.6341 万 m^2;水泥稳定碎石基层 34.9348 万 m^2;沥青混凝土下面层 20.9616 万 m^2;沥青混凝土中面层 56.2934 万 m^2;沥青混凝土上面层 56.2934 万 m^2;交通工程:波形栏 39031m,标志标牌 249 个,标线 48245m^2;突起路标 14364 个;反光轮廓标 8217 个;防眩板 10510m;刺铁丝隔离棚 23076m;焊接网隔离棚 6120m。

图 6-183 黄里坳隧道

2. 建设情况

(1)立项审批、勘察、设计。2011 年 11 月,贵州省发展和改革委员会批复了本项目可行性研究报告。项目建设总投资估算约 23.4 亿元,其中资本金为 5.85 亿元(约占总投资的 25%),分别由省交通运输厅安排专项资金 3.51 亿元,黔东南州政府出资 2.34 亿元;其余 75% 约 17.55 亿元通过国内银行贷款解决。根据批准意见,凯雷高速公路主线起自凯里东的下长坡,接已建成的沪昆高速公路,经连城、黄里,止于雷山县陶尧。

2011 年 7 月,贵州省交通规划勘察设计研究院股份有限公司与招标人黔东南州畅达交通建设投资有限公司签订了勘察设计合同,2012 年 2 月完成了初步设计文件,同年 8 月贵州省交通运输厅、黔东南州畅达交通建设投资有限公司对本项目施工图进行了定测外业验收。

施工图设计在初步设计方案的基础上,根据贵州省交通厅的有关指示和贵州高速公路开发总公司的要求,结合中交第二公路勘察设计研究院有限公司的《初步设计咨询报告》、贵州省交通厅的初步设计批复及相关会议精神,进行了优化和调整,路线起、终点以及路线走向符合初步设计批复意见。路线平、纵面布设结合了地形地质、城镇规划等因素，技术指标总体运用恰当，平面线形顺适流畅，纵断面设计均衡、合理，平纵配合协调，符合初步设计批复要求。

路线布设满足区域经济、城镇、区域路网等规划的要求。线位由平、纵、横三维立体综合设计确定，避免路线过于迂回弯曲、只顾工程经济、过分迁就地形、平面标准低，或只顾平面顺捷而造成高填深挖、工程过大且不利于安全环保的做法。为减少高填深挖，优化土石方调配，减少弃方，合理控制工程数量，施工图设计结合定测资料对平纵面线位和几何线形进行了优化调整，调整后进行了运行速度检验，以保证相邻线元之间连续、均衡，运行速度与设计速度基本协调。平、纵线形配合良好，路线平面顺适，纵坡均衡，横向合理，视觉良好，行车安全舒适。

该项目多处与既有公路干扰，设计单位进行了充分调查，较好地处理了主线与既有公路的交叉关系，充分考虑了施工期间对既有公路保畅的影响。

该项目加强了高填深挖路段、斜坡路基、软土、断层、岩溶等地段路基稳定性的勘察与分析计算，进一步优化了路基设计方案。

根据地形、地质情况选择合理的路基断面形式、边坡坡率、排水措施和病害防治措施，确保路基的强度和稳定性。

桥梁设计选择尽可能采用技术先进、受力明确的桥型，做到经济、合理、安全、可靠，重视与周围环境的协调性，同时考虑结构的耐久性。结合桥位处地形、地物、水文及地质条件、施工工艺、场地等综合考虑，尽可能采用标准化、系列化和施工工业化。跨越道路、河流、沟渠的桥梁，同时考虑行车、泄洪、灌溉要求，尽可能选择建筑高度较小的结构，降低路堤高度、缩短桥长、减少工程投资。

加强了隧道工程地质、水文地质的综合勘察，特别是对岩溶、断层破碎带等不良地质路段进行了有针对性的勘查工作。

隧道平面服从路线总体走向，在考虑线形指标及造价的前提下，充分考虑隧道进口、出口、隧址地质条件、管理场地等因素。纵断面考虑隧道长度、施工方向、通风、排水、洞口位置等因素。由于隧道洞口普遍存在偏压情况，对洞口线形进行了必要的优化，对偏压隧道洞口的设计尽量避免采取大开挖的形式，结合具体的地质条件选择护拱进洞、回填反压等措施，减小了洞口边仰坡高度，优化了洞口设计。干皎隧道完全位于断层破碎带内，隧道建设风险较大，根据地勘资料对线位做了适当调整，并采取相应的工程措施减低了隧道建设风险。

重视大桥、隧道、互通式立交等大型构造物的选址论证，尽量减少建设难度，降低投资与自然景观协调。互通立交设计充分考虑沿线的社会、经济发展和与各条高速公路的连接选择合理的形式。

2012年7月，贵州省交通运输厅批复了本项目初步设计。2012年12月，贵州省交通运输厅批复了本项目施工图设计（土建部分）。

为确保项目如期建设完成，凯雷高速公路的环评、水保工作也同步启动，2011年11月10日，贵州省环境保护厅以黔环审〔2011〕232号文批准同意了凯雷项目环境影响报告书；2011年8月22日，贵州省水利厅以黔水保函〔2011〕171号文批准同意了凯雷项目水土保持方案。2013年4月26日，国土资源部以国土资函〔2013〕288号文批准同意了凯雷高速公路工程建设用地。至此，凯雷高速公路的报批程序全部完成，具备全面动工的条件。

（2）施工、监理。在交通运输部、贵州省交通运输厅全面推行高速公路标准化施工的背景下，凯雷项目办结合集团公司建管养一体化、多元化、集团化发展战略对项目建设的新形势、新要求，在项目建设之初，即明确了凯雷高速公路的建设目标：高标准、高质量、高水平，建成省内一流、国内先进的优质精品路、示范路、生态路。为实现这一目标，项目（总监）办坚定了在凯雷高速公路建设中全面推行标准化施工及管理的战略理念，通过思路创新，管理创新，超前谋划，过程管控，强化执行，使标准化施工和管理在凯雷项目得以全面贯彻实施和推进，为顺利实现项目建设目标奠定坚实的基础。施工单位保畅工作由开工之初的被动、按部就班，变为积极配合，并认真做好实时性施工组织设计计划，从施工工艺、方案、方法上解决好保畅问题，协调好交警、路政的关系，共同有组织地解决好施工中出现的保畅问题，建立协调到位、信息互通、指挥及时、保畅有效的施工保畅体系。

（3）招标投标。凯雷高速公路项目办和总监办由高总司派出，项目实施中全面实行了项目法人制、招标投标制、工程监理制及合同管理制。施工单位和监理单位通过社会招标选择确定，完善了项目质量监督手续。依据《中华人民共和国招标投标法》和《招标公告发布暂行办法》的有关规定，招标人于2011年6月9日在中国采购与招标网、贵州省招标投标网、贵州省交通运输厅网站发布了设计招标公告，并于2011年6月9日至6月15日每日上午9:00至11:30，下午14:00至17:00（北京时间）在华杰工程咨询有限公司（地址：贵阳市延安西路2号建设大厦西楼12层）向符合报名条件的潜在投标人出售招标文件，共售出4份招标文件。

招标人于2011年6月28日上午10:00（北京时间）在贵阳市丽豪大酒店5楼会议室召开了贵州省余庆到安龙高速公路凯里至雷山段工程勘察设计招标第一信封开标会议。贵州省交通运输厅基本建设管理处、黔东南州畅达交通建设投资有限公司、黔东南州纪委驻黔东南州交通运输局纪检组代表、公证处人员、华杰工程咨询有限公司代表及投标人代表参加了开标会。

评标委员会于2011年6月30日在贵阳市丽豪大酒店5楼会议室进行了评标工作。最终选定贵州省交通规划勘察设计研究院股份有限公司为第一中标候选人。

2012年11月,招标人对施工总承包单位及监理单位进行了公开招标,通过评标,最终中标施工总承包单位为中国水电建设集团路桥工程有限公司,监理单位为贵州省交通建设咨询监理有限公司(土建监理)和贵州陆通工程咨询管理咨询有限责任公司(机电交安监理),并于2013年2月4日下发了中标通知书。

凯里至雷山高速公路项目建设单位见表6-127。

凯里至雷山高速公路项目建设单位 表6-127

参建单位	单位名称	合同段编号及起止桩号	主要负责人
项目管理单位	贵州高速公路开发总公司	K0+000~K21+910	任仁
勘察设计单位	贵州省交通规划勘察设计研究院股份有限公司	K0+000~K21+910	张林
施工单位	中电建路桥集团有限公司	KLSGZ,K0+000~K21+910	方珍平
监理单位	贵州省交通建设咨询监理有限公司	KLJ1,K0+000~K21+910	魏红宇
监理单位	贵州陆通公路工程监理有限责任公司	KLJ2,K0+000~K21+910	彭小平
中心试验室	福建南平市天茂公路工程试验检测有限公司	KLZ1,K0+000~K21+910	叶贤茂

(4)资金筹措。项目总投资估算约23.4亿元。其中,资本金为5.85亿元(约占总投资的25%),分别由省交通运输厅安排专项资金3.51亿元,黔东南州政府出资2.34亿元;其余约17.55亿元通过国内银行贷款解决。

(5)征地拆迁。凯雷高速公路凯里段于2013年5月份开始进行征地工作,2015年12月24日正式通车营运。凯里市境内高速公路全线征收红线建设用地779.517亩,涉及征地资金31231191.62元;房屋拆迁74户(包含简易棚),涉及资金13756120.48元;坟墓搬迁75座,涉及资金385800元。雷山段于2012年11月份开始进行征地工作,2015年12月24日正式通车营运,雷山县境内全线征收红线建设用地2103亩,涉及资金51426800元;房屋拆迁146户,涉及资金73849063元;坟墓搬迁1659座,涉及资金3405500元。

(6)重大变更。该项目重大变更有4处:一是西江服务区。2012年11月12日,集团公司组织相关单位在嘉华酒店20楼会议室召开了贵州省凯里至雷山高速公路施工图设计审查会议。由于西江景区季节性交通流较为集中,现有服务设施不能满足旅游高峰期的服务需求,会议提出增设西江服务区。

二是K22+000~K22+200段挖方路基右侧边坡治理变更设计。贵州省凯里至雷山高速公路K22+000~K22+200段路基边坡在施工过程中发生滑坡。经贵州高速公路集团有限公司邀请相关专家,组织总监办、驻地办、设计单位到现场调查,并召开了专题会议对设计方案进行了评审,会议仔细研究了设计单位提出的治理措施,认为采用隧道方案通过滑坡体更有利于安全。

三是凯里至雷山高速公路YK15+770~YK15+906段挖方边坡变更设计。贵州省凯里至雷山高速公路YK15+664~YK15+860段路基边坡在施工过程中发生滑坡。经贵州高速公路集团有限公司邀请相关专家,组织总监办、驻地办、设计单位到现场调查,并召开了专题会议对设计方案进行了评审,原则同意该项变更(黔高速专议〔2015〕6号),并要求按相关程序申报省交通厅审批。

四是黄里互通连接线变更设计。2015年5月雷山遭遇暴雨袭击引发大量的山体滑坡,位于贵州省凯里至雷山高速公路黄里坳隧道进口附近的X886县道受暴雨影响,多次发生塌方,危及凯雷高速公路的安全;同时今后进出雷公山景区从凯雷高速公路黄里互通上下,黄里坳至雷公山路段现为已建成的三级路。为了解决这一问题,黔东南州交通运输局以"关于将黄里互通至黄里坳油路改造项目纳入凯雷高速公路同步实施的请示"文件形式上报省交通运输厅,请求将黄里互通至黄里坳路段按三级路标准进行升级改造。2015年9月9日,设计单位收到贵州省交通运输厅专题会议纪要第七十四期,同意将黄里互通至黄里坳连接线纳入凯雷高速公路项目。贵州省凯里至雷山高速公路黄里互通连接线,经贵州东南高速投资有限公司邀请相关专家,组织省交通运输厅、贵州省交通工程建设工程质量技术监督局、贵州高速公路集团有限公司、凯雷项目办、总监办、驻地办、设计单位到现场调查,并召开了专题会议对设计方案进行了评审,形成东南高投专议〔2015〕9号文。

(7)交(工)竣。2015年12月23日,贵州高速公路集团有限公司在贵州省雷山县组织召开贵州省凯里至雷山高速公路交工验收会议。贵州省交通运输厅,贵州省交通建设工程质量监督局,贵州省交通建设工程造价管理站,贵州省高速公路管理局,贵州凯里高速公路管理处,黔东南州交通局,黔东南州安监局,黔东南州"两高"建设指挥部,凯里市指挥部,雷山县指挥部,黔东南州、凯里市、雷山县政府,凯里市公安局交警支队直属高速大队,贵州高速公路集团有限公司相关部门〔总工办、综合计划部、党委工作部、纪检监察室、工程部、决算办、联网办、征拆协调办、办公室、财务部、审计部、投发部、营运管理部营运管理中心(含凯里市营运管理中心)、宣教中心、贵州东南高速投资有限公司、凯雷总监办等〕,设计单位,监理单位,施工单位等参建单位参加了本次交工验收会议。贵州省凯里至雷山高速公路自2015年12月23日通过交工验收,即日起移交贵州高速公路集团有限公司营运管理中心进行管养。本次交工项目的质量缺陷责任期从2015年12月23日起至2017年12月22日止。

3. 复杂技术工程

贵州省凯里至雷山高速公路K22+000~K22+200段位于凯雷高速公路雷山连接线上,西江大断层从路基中部通过,受断层影响,边坡岩体破碎,结构松散。右侧坡体上方为大量民房,部分边坡开挖后,连续降雨,大量雨水下渗,导致坡体发生变形开裂,危及居民的生命财产安全,坡体进一步开挖将可能诱发大范围的滑坡,为保证居民的安全和路基的稳定,鉴于该路段地质条件脆弱,决定设置陶尧隧道(长度215m,现通车后改名为雄水隧道)通过该路段,避让地质不良坡体。

4. 营运管理

收费站:本项目共设置 3 个收费站,分别为西江互通(图 6-184)匝道收费站、黄里互通匝道收费站、雷山互通主线收费站(图 6-185)。

图 6-184　西江互通

图 6-185　雷山收费站通车仪式

服务区:本项目共设 1 处服务区,为西江服务区;停车区:本项目无停车区;养护工区:本项目共设 1 个养护工区,为西江养护工区,与西江收费站合设;隧道变电所:本项目共设 5 个隧道变电所,为乌轰郎隧道进口端、乌轰郎隧道出口端、干豆儿隧道进口端(与乌轰郎隧道出口端变电所合设)、黄里坳隧道进口端、黄里坳隧道出口端变电所;路政救援站:本项目设 1 处,为雷山路政救援站,与雷山(原陶尧)收费站合设。

本项目还设置了完善的安全设施、监控设施、通信设施以及高效的管理体制,完全能够满足通行、运营与养护等的要求。

全线设 I 类服务区 1 处(西江)、匝道收费站 2 处、主线收费站 1 处、桥隧管理站 1 个、应急保畅中队 1 个,养护站 1 个,本项目于 2015 年 12 月 25 日建成通车。收费站点设置见表 6-128。

收 费 站 点 设 置　　　　　　　　　表 6-128

站点名称	车道数	收费方式
西江站	5 进 9 出（含 ETC 车道 1 进 1 出）	联网收费
黄里站	3 进 3 出（含 ETC 车道 1 进 1 出）	联网收费
雷山（原陶尧）站	4 进 8 出（含 ETC 车道 1 进 1 出）	联网收费

十八、S65 生机至兴义高速公路

S65 生机至兴义高速公路生机至纳雍段与 G76 厦蓉高速公路共线，纳雍至兴义段与 G7612 纳兴高速公路共线。详见 G76 厦蓉高速公路贵州境路段及 G7612 纳雍至兴义高速公路。

十九、S71 铜仁至怀化高速公路（铜仁段）

铜怀高速公路项目（铜仁段）被列入贵州省 PPP 项目库，并于 2015 年 12 月 15 日，由甲方贵州省交通运输厅、乙方中交第二公路工程局有限公司和中交公路规划设计院有限公司、丙方铜仁市人民政府签订了本项目的投资协议。2015 年 12 月 24 日，贵州中交铜怀高速公路有限公司在铜仁市碧江区注册成立。贵州高速公路集团有限公司代表政府出资，并代表本项目争取到中央专项建设资金 5.6 亿元（以资本金形式投资入股本项目），中交第二公路工程局有限公司和中交公路规划设计院有限公司组成社会资本联合体，中交第二公路工程局有限公司为牵头人。中交第二公路工程局有限公司为总承包方，中交二公局上海远通路桥工程有限公司、中交二公局第二工程有限公司、中交二公局隧道工程公司、中交二公局东盟营造工程有限公司为参建子公司。

项目合作期暂定为 33 年，分为建设期和运营期（含收费期），其中建设期 3 年，自项目开工日起至交工日止；运营期（含收费期）自交工日起至项目移交日止，其中收费期自本项目收费许可颁布之日起至项目移交日止，暂定为 30 年。

项目起自碧江区照壁岩枢纽互通，经高兴坪、暗塘、苗家溪、瓦屋，止于罗水田（湘黔界）。项目工可推荐线主线全长 33.723km，估算 42.74 亿元，平均每公里造价 1.21 亿元。桥隧比为 55.7%。设计标准为双向四车道高速公路，设计速度 80km/h，路基宽度 24.5m，汽车荷载公路—Ⅰ级，地震动峰值加速度系数 <0.05g，设计洪水频率特大桥 1/300、其他桥涵及路基 1/100。由于投资建设模式及政策变化，2016 年 6 月重新对本项目的投资估算及经济评价等相关内容进行调整（现正在申报批复中），调整后，本项目投资估算总额为 45.4668 亿元，平均每公里造价 1.3693 亿元，其中建安工程费 32.3765 亿元，平均每公里造价 0.9751 亿元，初设阶段推荐线主线全长 33.723km，桥隧比 62.33%。

项目主要控制性工程有 K17+210～K17+575 段路基挖方、中木林大桥、黄蜡溪 1 号

大桥、锦江大桥、甲洲隧道、田冲溪隧道。主要难点包括：照壁岩互通至灯塔互通段横穿铜仁市经开区，征迁协调难度大，项目上跨渝怀铁路及拟建设的渝怀2号线铁路，涉铁施工协调难度大，丁家溪隧道出口至罗水田隧道进口段改路改水，现场施工组织要求高。工程量主要包括路基土石方、桥梁工程、隧道工程及相关功能性设施。

根据国务院批复的《武陵山片区区域发展与扶贫攻坚计划》，本项目是武陵山片区"内环"交通主通道"重庆经铜仁至怀化通道"中的一段，是贵州省至湖南省的省级高速公路连线，也是国家重点建设和贵州省"十三五"期间公路建设重点工程之一。

铜仁至怀化高速公路（铜仁段）于2016年9月开工建设，计划2018年年底完工。截至2016年年底，项目总体进度完成42.68%，建安费完成41.03%，其他费用完成66.33%。

二十、S74 江津（渝黔界）经习水至古蔺（黔川界）高速公路

江津（渝黔界）经习水至古蔺（黔川界）高速公路（简称"江习古高速公路"）位于贵州省习水县境内。路线全长80.499km，采用24.5m的四车道高速公路标准，设计速度80km/h。主要工程规模有：桥梁29644.75m/99座，其中特大桥6735.3m/5座（赤水河特大桥为1200m悬索桥），大中桥梁22909.45m/94座；涵洞122道；隧道6849m/9座，其中长隧道贵州坪隧道2495m/1座，中隧道2465m/3座，短隧道1916m/5座。全线桥隧比45%。该项目投资估算95.02亿元，工程概算101.739亿元，由四川公路桥梁建设集团有限公司按"EPC+BOT+政府补助"的方式进行投资、建设、运营管理。合同总工期4年。

2013年，贵州省交通运输厅上报了《关于报请审批江津（渝黔界）经习水至古蔺（黔川界）高速公路可行性研究报告的函》（黔交规划〔2013〕134号）及有关补充材料，贵州省发展和改革委员会于2013年11月25日以黔发改交通〔2013〕3623号文《省发展改革委关于江津（渝黔界）经习水至古蔺（黔川界）高速公路可行性研究报告的批复》，认为江津（渝黔界）经习水至古蔺（黔川界）高速公路是列入贵州省高速公路三年建设会战实施方案中明确2013—2015年新开工建设的重点项目，为满足区域经济社会发展需要，加快形成贵州省高速公路网络，构建黔北经济协作区与成渝经济区快速通道，正式批复了江习古高速公路可行性研究报告。

江习古高速公路项目起于重庆江津柏林与习水寨坝交接的两路口，途经习水县境内7个乡镇、27村居、141个村民组，与仁赤高速公路相连，经习水县习酒镇与四川太平镇与叙古高速公路对接，全长86km，涉及占用征收土地面积约7330亩。2014年9月，贵州江习古高速公路开发有限公司与习水县人民政府以包干形式签订了《江习古高速公路征地拆迁建设协调工作协议书》，同年10月，征地拆迁工作正式启动。

根据2014年12月3日贵州省发展和改革委员会黔发改交通〔2014〕2107号文《省发

展改革委关于江津(渝黔界)经习水至古蔺(黔川界)高速公路项目核准的批复》,项目业主先后对勘察、监理及中心试验室进行了公开招标。

截至 2016 年 12 月底,自开工累计完成总投资 59.0 亿元,其中建安投资 43.52 亿元。总体形象进度计划为 TJ01～TJ09 分部于 2017 年 12 月完工,TJ10～TJ13 分部于 2018 年 6 月完工。路基工程总体形象进度 93.0%,桥涵总体形象进度 69.0%,隧道工程总体形象进展 92.0%。

二十一、S77 威宁至板坝高速公路

S77 威宁至板坝高速公路由以下路段构成:中水至水淹坝段、水淹坝至鱼塘段,该两条路段与贵州省六盘水至威宁(黔滇界)公路共线;鱼塘至法窝段,该路段与贵州省毕节至都格(黔滇界)公路共线,详见 G56 杭瑞高速公路毕节至都格(黔滇界)公路;六盘水至盘县高速公路;盘县至兴义高速公路;吴埂坡至江底段,该路段与贵州省板坝(桂黔界)至江底(黔滇界)公路共线,详见 G78 汕昆高速公路贵州省板坝(桂黔界)至江底(黔滇界)公路。

(一)S77 威宁至板坝高速公路六盘水至盘县高速公路

1. 基本情况

(1)公路的功能、定位、里程。六盘水至盘县高速公路(以下简称水盘高速公路)是贵州省高速公路"6 横 7 纵 8 联"网中第七纵昭通至安龙高速公路的一段,同时也是国家高速公路网中杭瑞线与沪昆线之间的横向联系大通道。本项目的建设对于完善区域公路网,促进"毕—水—兴"经济带的发展,实现全省西部大开发战略目标具有重要意义。六盘水至盘县高速公路起讫 K0+000～K91+420,路线全长 90.905km。

(2)技术指标。根据交通部《公路工程技术标准》(JTG B01—2003),结合本项目在路网中的地位、功能、远景交通量以及本项目"工可报告""初步设计批复",结合沿线地形、地物等情况,全线采用完全控制出入双向四车道高速公路标准,设计速度 80km/h,整体路基宽度 21.5m,分离式路基宽度为 11.25m,桥涵设计汽车荷载等级为公路—Ⅰ 级。

(3)投资规模。水盘高速公路全线(概算)投资 89.53 亿元[初步设计概算批复 70.2 亿元+增加(概算)投资 19.33 亿元]。

(4)主要控制点。路线主要控制点有法窝、发耳、北盘江(望龙包)、兰花箐、松河、扎营山、海铺。

(5)沿线主要地形地貌。项目沿线地貌以中低山、台地和峡谷为主,区域气候属亚热带云贵高原山地季风湿润气候,多年平均降雨量 1100～1500mm,年均气温 14.0℃,土壤类型以黄壤、山地黄棕壤、石灰土等为主,植被类型以中亚热带常绿阔叶林和常绿落叶混

交林为主,林草覆盖率约39%。项目区水土流失类型以轻、中度水力侵蚀为主,分属国家级珠江南北盘江水土流失重点治理区、贵州省人民政府公告的水土流失重点治理区和重点监督区。根据水土流失预测内容和方法,预测工程建设新增水土流失量约43.4万t,损坏水土保持设施面积823.2公顷。

(6)主要构造物。桥梁26453.39m/61座;隧道20745.83m/12座;涵洞、通道183道;人行天桥5座;互通式立交6处;收费站6处;管养工区2处;服务区2处。

2. 建设情况

(1)立项审批。2006年2月22日,贵州省发展和改革委员会以《关于六盘水至盘县高速公路项目建议书的批复》(黔发改交通〔2006〕160号),正式对项目申请报告进行了批复;2007年5月21日,贵州省发展和改革委员会以《关于六盘水至盘县高速公路工程可行性研究报告的批复》(黔发改交通〔2007〕648号),正式批复了本项目可行性研究报告。

(2)勘察、设计。2007年8月30日,贵州省交通运输厅以《关于六盘水至盘县高速公路初步设计的批复》(黔交建设〔2007〕133号),批复了本项目的初步设计,确定了主要技术经济指标、路线、路基、路面、桥涵等方案,项目总概算为70.2亿元,项目总工期(自开工之日起)4年。2009年12月30日,贵州省交通运输厅以《关于六盘水至盘县高速公路施工图设计的批复》(黔交建设〔2009〕248号),批复本项目的施工图设计。

水盘高速公路总体设计单位为湖南省交通规划勘察设计院。

路基工程施工图设计单位为湖南省交通规划勘察设计院(勘察设计范围第1~6施工合同段、第10~12施工合同段);中交第二公路勘察设计研究院有限公司(勘察设计范围第7~9施工合同段);贵州省交通规划勘察设计研究院股份有限公司(勘察设计范围第13~22施工合同段)。

路面工程施工图设计单位为湖南省交通规划勘察设计院(勘察设计范围第23施工合同段,桩号为:K0+000~K42+470);贵州省交通规划勘察设计研究院股份有限公司(勘察设计范围第24施工合同段,桩号为:K42+470~K91+420)。

交安、机电工程施工图设计单位为贵州省交通规划勘察设计研究院股份有限公司。房建工程施工图设计单位为贵州省建筑设计研究院。绿化工程施工图设计单位为贵州省城乡规划设计研究院。

(3)施工、监理。水盘高速公路土建工程于2009年2月6日起开工建设;路面、房建工程于2011年6月16日开工建设;交安、绿化工程于2011年12月16日开工建设;机电工程于2012年11月14日开工建设;2013年8月13日工程基本完成,路基及交安工程通过交工验收,并于2013年8月16日通车试运营(图6-186)。

图 6-186　通车后的水盘高速公路

2011年7月,为深入贯彻落实交通运输部《关于开展公路水运工程平安工地建设活动的通知》(交质监发〔2010〕132号)以及贵州省交通运输厅、贵州省交通质监局、贵州省安监局、贵州高速公路开发总公司《贵州省开展公路水运工程"平安工地"建设活动实施方案》等文件精神,水盘项目积极推动创建"平安工地"示范工程、示范工地建设活动,通过各参建单位推荐,水盘公司与总监办、驻监办、总承包等管理单位共同甄选确定,推荐水盘第7A合同段及施工的北盘江特大桥作为水盘项目"平安工地"示范工程。

通过开展"平安工地"建设活动,切实加强水盘高速公路的安全生产基础工作,努力提高安全生产管理水平和应急保障能力,促进水盘高速公路建设项目安全生产形势持续稳定好转,努力将北盘江特大桥建设成为水盘线、贵州省乃至全国"平安工程,示范工程,示范工地",带动整个项目的建设标准和氛围,起到以点带面、以面带全的示范作用,为水盘高速公路实现通车目标打下了坚实的基础。

(4)资金筹措。根据2007年9月26日贵州省交通厅《关于成立贵州水盘高速公路有限公司的批复》文件,水盘高速公路全长91.031km,总概算70.2亿元,项目建设申请银行贷款24.57亿元,分别由贵州高速公路开发总公司出资40%、六盘水市开发投资有限公司出资23%、公开招标引进的部分投资人出资37%。

2010年5月31日,黔交财〔2010〕25号文《关于调整水盘高速公路有限公司投资比例的批复》指出:"一、同意贵州高速公路总公司增持水盘公司5亿元的股权,资金从通行费中安排,路桥公司的违约金纳入项目资本金。二、同意路桥公司水盘项目的总承包资格不变"。至此,贵州高速公路开发总公司出资14.8亿元占60%,六盘水市开发投资公司投资5.6亿元占23%,总承包单位投资4.13亿元占17%。

2012年9月25日,黔交建设〔2012〕195号文《贵州省交通运输厅关于贵州省六盘水至盘县高速公路增加(概算)投资的批复》指出:"原则同意本项目增加(概算)投资1933008735元。其中:建设期工程变更金额1381537382元;建设期主要材料价格调整金额增加433763900元;土地、青苗等补偿费用和安置补助费增加204899250元;建设期贷款利息金额增加163198595元;预备费(预备)减少302381066元"。

(5)招标投标。水盘高速公路总体设计中标单位为湖南省交通规划勘察设计院。2007年12月29日,施工总承包中标单位是贵州路桥集团有限公司与中交第二航务工程局有限公司联合体,第1、6、7A、14、15、17、18合同段属于施工总承包单位自行施工标段。2009年4月29日的中标单位分别是:北京海龙公路工程有限公司(第2合同段)、中铁十局集团第二工程有限公司(第8合同段)、中铁十二局集团有限公司(第9合同段)、中铁十五局集团第一工程有限公司(第12合同段)、中铁十局集团第二工程有限公司(第20合同段);2009年4月30日的中标单位分别是:安徽省公路桥梁工程总公司(第21合同段)、浙江交工路桥建设有限公司(第22合同段);2009年5月12日的中标单位是:中交一公局厦门工程有限公司(第11合同段);2009年6月22日的中标单位分别是:浙江正方交通建设有限公司(第5合同段)、安徽省公路桥梁工程总公司(第19合同段);2009年7月7日的中标单位是:浙江交工路桥建设有限公司(第4合同段);2009年8月27日中标单位分别是:中铁十四局集团第五工程有限公司(第3合同段)、中铁二局股份有限公司(第10合同段)、葛洲坝集团第五工程有限公司(第13合同段)、中铁十二局集团有限公司(第16合同段)。

路面工程施工中标单位分别是:贵州省公路工程集团有限公司(第23合同段)、葛洲坝集团第五工程有限公司(第24合同段),中标时间:2011年3月16日。

交安工程施工中标单位分别是:成都市路桥工程股份有限公司(第25合同段)、贵州省交通工程有限公司(第26合同段),中标时间:2011年10月14日。

机电工程施工中标单位分别是:陕西公路交通科技开发咨询公司(第27合同段),中标时间:2011年10月14日;中铁电气化局集团第三工程有限公司(第28合同段)、中国铁建电气化局集团第一工程有限公司(第29合同段)、陕西公路交通科技开发咨询公司(第30合同段),中标时间:2011年12月14日。

房建工程施工中标单位分别是:中铁二十局集团第六工程有限公司(第31合同段)、贵州省交通工程有限公司(第32合同段),中标时间:2011年3月16日。

绿化工程施工中标单位分别是:深圳铁汉生态环境股份有限公司(第33合同段)、成都绿地园林工程有限公司(第34合同段),中标时间:2011年11月1日。

土建工程施工监理中标单位:2008年6月6日,JL-A总监办中标单位是贵州省交通建设咨询监理有限公司、JL-B总监办中标单位是贵州陆通公路工程监理咨询有限公司,同期中标的驻地监理单位分别为:湖南省交通建设咨询监理有限公司(JL-A-1驻监办)、贵州科达公路工程咨询监理有限公司(JL-A-2驻监办)、长沙中核公路工程监理有限公司(JL-A-3驻监办)、北京华路捷公路工程技术咨询有限公司(JL-B-1驻监办)、浙江通衢交通建设监理咨询有限公司(JL-B-2驻监办)、贵州通力达公路工程监理咨询有限公司(JL-B-3驻监办)。

路面工程施工监理中标单位:山西交科公路工程咨询监理有限公司(JL-C驻监办),中标时间:2011年5月5日。

交安、房建、绿化工程施工监理中标单位:育才—布朗交通咨询监理有限公司(JL-D驻监办),中标时间:2011年5月5日。

机电工程施工监理中标单位:浙江通衢交通建设监理咨询有限公司(JL-E驻监办),中标时间:2011年5月5日。

(6)征地拆迁。水盘高速公路起于水城县法窝,终于盘县海铺段,途经水城县的玉舍镇、都格乡、杨梅乡、发耳镇、营盘乡,盘县的坪地乡、松河乡、滑石乡、盘江镇、两河乡共10个乡镇。其中涉及水城县共有5个乡镇,涉及正线征地面积4407亩,临时用地1938亩、拆迁房屋面积89642m^2;涉及盘县共5个乡镇,涉及正线征地面积5828亩、临时用地578亩、拆迁房屋面积119739m^2。

(7)重大变更。水盘高速公路自开工建设共产生较(重)大设计变更15份,合计变更预估金额为22089.44万元;截至目前已通过省交通运输厅批复的有13份,批复变更金额合计17868.9351万元;最后一份《关于申请批复水盘高速公路增设声屏障变更费用的报告》已于2015年5月11日报送至省交通运输厅,现等待批复中。其中《第12~13合同段土石方调配方案》(编号003)省交通运输厅原本已批复,但总承包单位对批复金额存在争议,后经交通运输厅同意总承包单位提供相关资料给造价站依据进行修改,现正在修改中。

水盘项目实行施工总承包管理模式,在初步设计批复后进行了施工总承包招标,使用概算进行总价控制。所有工程项目均是在总承包招标后完成的施工图设计,因此施工图设计与初步设计产生了较大变化。水盘项目地质复杂,溶洞及煤炭采空区较多,边坡不太稳定,以及地方政府有关要求等原因,导致产生了较多较(重)大设计变更。

水盘项目变更依据:水盘公司与总承包的合同约定(交通部5号令对较大、重大变更的界定),贵州省交通运输厅2013年12月3日《关于对水盘项目建设中存在问题的处理意见》及2014年1月22日在贵州省交通运输厅4楼召开的"水盘项目设计变更专题会"会议精神。水盘公司根据总承包上报的变更进行了认真甄别和梳理,经过甄别和梳理的变更请设计审查单位中交一公院出具咨询审查意见,并行文(黔水盘司综〔2014〕22号)于2014年7月10日将变更(含咨询审查意见)上报贵州省交通运输厅审批,变更主要涉及路基不良地质变更、隧道支护方案变更、桥梁结构形式变更、因地方政府要求增加设施及涉农变更、房建基础及方案变更、机电联网调整变更、交通安全设施变化变更等,经统计,产生较(重)大变更共计8份,变更预估金额约为

100734.8471万元。

（8）交（竣）工。水盘高速公路路基及交安工程于2013年8月13日通过交工验收，房建工程于2013年12月16日通过交工验收，机电、绿化等工程于2015年9月30日完成交工验收及移交工作。

3. 复杂技术工程

水盘高速公路复杂技术工程主要体现在北盘江特大桥、发耳隧道、松河隧道3项工程上。

（1）北盘江大桥。北盘江大桥（图6-187）位于发耳乡石板寨，处大山深处，跨越北盘江大峡谷，桥轴线呈120°左右横跨东西流向的北盘江，河谷呈V形，切割深度大，河床地面高程在875m左右，桥轴线经过地段地面高程在1130~875m之间，相对高差300m。该桥是水盘高速公路的关键控制性工程，桥梁全长1261m，桥宽21.5m。主桥中心桩号为：K31+345。桥跨布置为：5×30m+(82.5+220+290+220+82.5)m+3×30m+4×30m，其中主桥(82.5+220+290+220+82.5)m为预应力混凝土空腹（斜腿）式连续刚构，引桥采用预应力混凝土T梁先简支后连续或刚构形式。主墩采用空心薄壁墩，引桥采用单排双柱式，桥墩采用桩基础。桥台采用桩柱式台。主跨290m的预应力混凝土空腹式（斜腿）连续刚构名列世界第一，其空腹式连续刚构施工工艺属世界首创。

图6-187 建成通车后的北盘江大桥

该桥由中交第二公路勘察设计研究院有限公司进行勘察设计。由于北盘江大桥设计结构新颖，施工工艺复杂，施工安全控制难度高、风险大，施工单位分别由贵州省路桥集团有限公司（第7A合同段）在水城岸与中交第二航务工程局有限公司（第7B合同段）在盘县岸的两端向前平行推进施工至中跨合龙，其中第7A合同段作为施工标准化"示范工程"实施，为确保施工质量、安全，业主单位贵州水盘高速公路有限公司特委托监控单位中铁大桥局武汉桥梁科学研究院有限公司对全桥进行施工全过程监控,JL-A 总监办、JL-A-2 驻监办、总承包派驻专职管理人员及桥梁工程师随时掌握桥梁施工情况,并及时上报桥梁施工进展、质量控制情况,严格按照标准化、制度化、规范化的现代企业管理理念和质量、安全、环境三位一体的战略规划,高标准、高要求地进行施工工艺、质量、安全体系的管理。

(2)发耳隧道。位于水盘高速公路第6合同段的发耳隧道为分离式长隧道。属于高瓦斯隧道且地处煤与瓦斯突出区域,是水盘高速公路的关键控制性工程,瓦斯浓度、穿越煤层数、瓦斯含量、瓦斯压力在国内已建公路瓦斯隧道中属罕见。该隧道是一座上下行分离式四车道高速公路长隧道,左线隧道起讫桩号为 K22+413~K24+477,全长 2064m,右线隧道起讫桩号为 K22+385~K24+484,全长 2099m。隧道最大埋深 206.10m,下穿发耳乡街道和 S212 省道。隧道设计地质资料揭露隧道洞身共穿越 17 层煤,煤层平均厚度在 1.01~4.80m,根据重庆煤科院现场取样检测,已揭煤层最大瓦斯含量为 $12.95m^3/t$,超过突出临界 $8m^3/t$,瓦斯压力大部分在 1.5~3.12MPa,远超出瓦斯突出临界值 0.74MPa;同时该隧道整个洞身穿越煤系地层,所处地理位置又为煤与瓦斯突出矿区,洞身围岩均为Ⅳ、Ⅴ级,围岩极其破碎,施工支护十分困难,安全管理措施要求极高;另在 K22+900、K23+350 处还存在 F1、F2 两处断层,断层是煤与瓦斯突出的高发区。

与常规隧道相比,发耳隧道施工难度极大、风险极高、工期较长、投入增大、工效极低,施工安全技术措施需增强。而目前在国内公路建设领域,瓦斯隧道没有现成的规范和施工指南指导施工。在地方安监部门的指导下,按照《煤炭安全规程》《防治煤与瓦斯突出规定》《防治水的规定》等煤矿行业规定完善了瓦斯治理和揭煤防突管理制度,建立了揭煤防突领导机构,配置了专业的防突队伍,并按要求完善了"三专""两闭锁"装置,将洞内电气设备全部更换成防爆设备,对通风设施进行完善,增加了备用风机,并对内燃作业机械进行了防爆改装,在爆破方面全部使用煤矿许用炸材,同时完善了压风自救装置等安全防护措施,在揭煤防突方面,严格按照"先探后掘"的原则执行双"四位一体"的综合防突措施。为确保高瓦斯隧道施工安全,施工过程中严格执行"严禁烟火""进洞安检、出洞清点""一通三防""三专两闭锁""一炮三检""三人连锁放炮制""一焊四查""人机互检"的要求。

(3)松河隧道。松河隧道(图 6-188)位于贵州西部盘县雨格乡与松河乡交接位置,是水盘高速公路的关键控制性工程,为分离式特长隧道,隧道线间距进口约为 22m,中间段为 40m,出口约为 23m。左幅隧道起讫桩号为 ZK53+830~ZK58+590,长 4760m,最大埋深 566m;右幅隧道起讫桩号为 YK53+833~ZK58+555,长 4722m,最大埋深 571m。是目前贵州省已建及在建最长的公路隧道。

隧道中部 ZK54+455~ZK54+680,YK54+430~YK54+660 浅埋段位于冲沟之下,

覆盖层厚,为岩堆体和冲洪积物,该段位于冲沟内,为地表水汇集场所,易造成隧道突水,易发生坍塌及冒顶,开挖至该段进行注浆固结、及时支护,并加强监测,确保安全。隧道进口段至中部为可溶岩地层,部分地段岩溶较发育,特别是隧道在灰岩与玄武岩接触段推测岩溶较发育。做好超前地质预报工作。隧道出口 ZK58+520~ZK58+560、右幅 YK58+470~YK58+540 段危岩分布,岩体节理裂隙发育、破碎,勘察期间常见危岩坠落,对出口仰坡进行放缓边坡,清除坡体危岩,并进行加固防护。隧道洞身衬砌设计以新奥法原理为指导,采用复合式衬砌,即以环向注浆小导管、系统锚杆、钢筋网、喷射混凝土、工字形钢拱架作为初期支护,并根据不同的围岩级别辅以管棚、超前小导管等超前支护措施,二次衬砌采用模筑素混凝土或钢筋混凝土。

图 6-188 松河隧道

松河隧道左幅 ZK53+830~ZK58+590 与右幅 YK53+933~YK58+555 隧道开挖时,根据地质超前预报报告资料显示左右幅隧道岩体主要为第四系冲洪积的黄色黏土夹碎石堆积层,左洞堆积物主要为崩坍堆积和冲洪积的黏土夹碎石,呈松散至稍密状态,碎石含量为 25%~30%,偶见少量孤石,碎石块主要成分为中风化灰岩,地下水发育,堆积岩体含水率较大、潮湿、局部渗水、强度低、稳定性差;右洞掌子面左右部及拱部主要为松散至稍密状态碎石土,地下水发育,土体含水率较大,掌子面潮湿渗水,围岩自稳能力较差。两段隧道掌子面前方存在较大溶洞,溶洞填充有黄褐色黏土及碎石,局部可见溶槽和溶腔,自稳能力较差。开挖过程极易发生垮塌现象,为了确保左幅 K42+480~K43+957 与右幅 YK42+425~YK43+965 隧道内稳定以及高速公路运营的安全,对该段隧道采取衬砌类型变更设计并予以实施。

4. 营运管理

进入通车试运营后,由于水盘项目建设管理的特殊性,经贵州高速公路集团公司同意,贵州水盘高速公路有限公司继续对水盘项目后期营运进行统一管理;由水城营运管理中心进行日常收费、巡查等营运管理,养护工作交由股东之一的贵州路桥集团有限公司派驻工作人员组建养护中心进行水毁、抢险等处置及日常养护工作。

全线设Ⅱ类服务区1处(鸡场坪),Ⅲ类服务区1处(发耳),匝道收费站6处,桥隧管理站2个,应急保畅中队2个,监控管理所1个,养护站1个,本项目于2013年8月16日建成通车,批准收费时间为2013年8月16日,批准收费终止时间为2043年8月15日。通车至2015年8月,收费总计21068.069万元,出口车流量共计3534131辆。

水盘高速公路收费站点设置见表6-129。

水盘高速公路收费站点设置　　　　　　　　表6-129

站 点 名 称	车 道 数	收费方式
法窝临时收费站	2进4出(未设置ETC通车)	联网收费
发耳收费站	2进3出(含1进1出ETC通道)	联网收费
营盘收费站	2进2出(未设置ETC通车)	联网收费
雨格收费站	2进2出(未设置ETC通车)	联网收费
鸡场坪收费站	3进5出(含1进1出ETC通道)	联网收费
滑石收费站	2进3出(未设置ETC通车)	联网收费

(二)S77威宁至板坝高速公路盘县至兴义高速公路

1. 基本情况

(1)项目背景。贵州省位于我国西南中心腹地,是西南地区通往珠江三角洲、北部湾经济区和长江中下游地区的交通枢纽。全省矿产、生物、水能、旅游等资源丰富,煤、磷、重晶石、铝土等矿产储量位居全国前列,资源优势明显。长期以来,受交通基础设施落后的制约,贵州的资源优势难以转化为经济优势,欠发达、欠开发仍是当前最突出的省情。按照党和国家对西部大开发战略的指示精神,贵州省提出"实现经济社会发展历史性跨越"的总体构想。为落实该战略构想,贵州省第十一届人民代表大会通过的《2008年贵州省政府报告》提出要实行"交通优先发展"战略,加快交通基础设施建设步伐,明确提出"使所有县市都有高速公路连接"。2008年年底,贵州省交通运输厅对《贵州省骨架公路网规划》进行了修编,形成了《贵州省高速公路网规划》。

盘县至兴义高速公路(以下简称"盘兴高速公路")由于交通不畅、基础设施建设相对滞后,已经阻碍了经济社会的快速发展,而本项目北起盘县,南抵兴义,贯穿毕水兴能源资源富集核心区,其建设是贯彻落实党的十八大精神和"国发2号"文件,推进新一轮西部大开发战略实施和实现贵州经济社会跨越式发展的需要。

(2)公路的功能、定位、里程。盘兴高速公路属于昭安(云南昭通至贵州黔西南州安龙)高速公路的南段,是"678"网中的第七纵,是环贵州高速公路的一段。本项目起于盘县海铺互通,通过海铺枢纽互通与沪昆高速公路和水盘高速公路相接,经盘县双凤、丹霞、民主、大山、保田、普田、兴义品甸、清水河、马岭,接已建成通车的汕(头)昆(明)高速公路兴义东互通式立交,全长88.943km。

盘兴高速公路的建设是完善区域公路网、优化区域交通运输结构需要。本项目是贵州省"678"网规划中昭通至安龙公路的组成部分,连接了贵州省骨架公路中的四横"鲇鱼铺—胜境关"、五横"水口—江底"、六纵"生机—兴义"等线路,其北通云南昭通,南接云南百色,是贵州省西部地区的纵向交通主动脉,是我国大西南南下出海、出关和东进珠江三角洲的又一便捷大通道。该通道位于两条国家高速公路纵向线"兰州—海口"线和"重庆—昆明"线之间,与两条纵向线相距都在200km以上,填补了兰海线和重昆线之间的纵向线空白区,使路网布局更均衡。此外,项目影响区内铁路网纵横交错,公路基础设施相对落后,现状区域内南北向的公路干线仅有S212与铁路衔接,该道路技术标准低,服务水平差,与铁路运输不匹配,联运、集散均不通畅。而本项目建成后与南昆铁路红果支线并行,北连贵昆铁路,南连南昆铁路,与铁路站点紧密联系,有利于整合各种运输方式的集约效应。

盘兴高速公路的建设是促进项目影响区域经济社会快速发展的需要。毕节、六盘水、黔西南州构成贵州西部经济带,是贵州省矿产资源富集区,是煤炭资源富集区,是辐射周边地区能源和原材料的基地,与周边地区经济交往非常频繁,但由于交通基础设施薄弱,在很大程度上制约了经济的发展。本项目连接了毕水兴区域内最主要的城镇、资源点、"西电东送"工程、厂矿等,其建设将改善毕水兴区域的交通区位条件,加快"昭通—六盘水—兴义—安龙—百色—南宁—北海"公路走廊的建成,缩短毕水兴地区与东盟及珠三角的时空距离,促进项目影响区域经济社会的快速发展。

盘兴高速公路的建设是增加通道承载能力,适应交通量日益增长的需要。本项目南北向公路通道内布设有省道S212和红(果)威(舍)公路。S212盘县刘官至兴义段技术标准为三级公路,路基宽7.5~8.5m,部分路段为沥青表处路面,部分路段为水泥混凝土路面。S212是六盘水至盘县至兴义的主要通道,构成六盘水市北接昭通,南下兴义直至广西的通道,是六盘水和黔西南州的一条重要干线。S212盘县至兴义段技术等级低、路况差,全线平均车速为30km/h,煤车超载重,道路损害严重,服务水平极低。根据2009年交通量观测数据显示,S212刘官至兴义段2009年年均日交通量5698pcu/d,最大路段兴义已达到5833pcu/d,已基本达到饱和。已建的红威公路为路基宽8.5m的二级公路,适应的年平均日交通量约为6000pcu/d。通道内现有公路和在建公路总适应能力约为10000pcu/d。根据交通量的分析预测结果,无拟建项目时2036年通道交通量将达到37554pcu/d,远远超过了现有公路的适应能力,通道内必须增加一条新的大容量的公路通道。本项目的运营里程比老路的运营里程短约30km,节约行驶时间近3小时,可显著节约客货在途时间,提高服务水平,减少运输成本,减少交通事故。

盘县至兴义高速公路的建设能促进沿线旅游的发展,带领居民脱贫致富,有利于民族团结,有利于建立和谐社会。六盘水市和黔西南州的经济发展都还比较落后,属于老少穷地区。六盘水市2011年年末人口285.12万人,聚居着38个民族,少数民族人口达到75万人,约占全市人口25%,是一个多民族聚居地区。2011年,全市生产总值为613.39亿元。黔西南州2011年末人口344.74万人,聚居着33个民族,少数民族占全州总人口的42%。2011年,全州生产总值为375.32亿元,人均生产总值仅10587元。

本项目直接辐射了盘县的古银杏风景名胜区、大洞竹海风景名胜区,兴义的马岭河峡谷风景区、顶效贵州龙科普中心区。其中古银杏风景名胜区景区面积约146km^2,包括石桥乐民镇景区、水塘镇景区、城关景区、火铺镇景区。盘县大洞竹海风景名胜区是省级风景名胜区,包括大洞古人类生活遗址、林场风景片区、十里长滩风景片区、席草坪风景片区、黑牛坪风景片区、大山垭竹海风景片区。马岭河峡谷风景区是国家级风景区,峡谷全长74.8km,上如地缝、下如天沟,景观十分神奇,被称为"云贵奇缝,天下奇景"。顶效贵州龙科普中心区主要以产贵州龙动物群化石的三叠纪碳酸岩地层和岩溶地貌构成。本项目建成后将在贵州西南部地区打造一条旅游观光带,促进旅游资源的整合,发挥旅游资源的集聚效应。

本项目纵贯六盘水市和黔西南州,沿线贫困人口较多,且有近40%的居民是少数民族,是贵州省实施脱贫致富战略的重点。本项目的建设将使沿线居民加强与外界交流,改变封闭的生活习惯,转变陈旧的思想观念,对促进脱贫致富具有深远的影响。

(3)建设规模。盘兴高速公路项目起于盘县海铺互通,通过海铺枢纽互通与沪昆高速公路和水盘高速公路相接,经盘县双凤、丹霞、民主、大山、保田、普田,兴义品甸、清水河、马岭,接已建成通车的汕(头)昆(明)高速公路兴义东互通式立交。盘县至兴义高速公路路线全长88.943km,总投资为117.6亿元,采用"BOT+EPC+政府补助"的模式建设。设桥梁25455.6m/64座,其中,特大桥8807.8m/8座、大桥15820.9m/40座、中桥826.9m/16座;涵洞131道;隧道15298m/13座,其中特长隧道7461m/2座,瓦斯隧道2235m/2座;全线桥隧比为46%。全线在盘县、丹霞、民主、大山、保田、普田、品甸、清水河设置8处互通式立交。另建互通立交连接线5.868km,其中,保田互通立交连接线2.272km,品甸互通立交连接线3.596km。全线设置路段管理分中心1处、服务区1处、停车区2处、养护工区1处、隧道管理所2处、匝道收费站8处。

(4)技术指标。全线按双向四车道高速公路标准建设,设计速度80km/h,整体式路基宽24.5m。桥涵设计汽车荷载采用公路—Ⅰ级,其他技术指标按《公路工程技术标准》(JTG B01—2003)规定执行。保田、品甸互通式立交连接线采用二级公路标准建设,设计速度60km/h。保田连接线路基宽12m,品甸连接线路基宽度10m。

(5)主要控制点。本项目路线走廊带位于贵州省西南部高原丘陵、中低山地区,地势总体北高南低,路线高程从海拔2000m降为900m,长大纵坡多,桥隧比高且集中,平均桥隧比为46%,部分地段桥隧比达到83%。同时,地处典型岩溶地区,存在溶洞、滑坡、危岩、软基、煤层、瓦斯、采空区等不良地质地带,技术难度大,施工组织难度高,特大型桥梁和特长隧道等控制性工程较多,如城关特长隧道、背武甲特大桥(图6-189)、下平川特大桥、民主特长隧道、夹马石特大桥、下保田特大桥(图6-190)、大山高瓦斯隧道、大海子大桥等。

图6-189 背武甲特大桥

图6-190 下保田特大桥

城关特长隧道:起讫桩号K2+104~K5+673,该隧道为分离式特长隧道,左幅隧道全长3572m,最大埋深约278.51m。右幅隧道全长3569m,最大埋深约281.41m。隧址区不良地质主要有岩溶、煤层瓦斯和采空区,其中隧洞出口段K4+630~K5+667段为瓦斯隧道。

下平川特大桥:下平川特大桥位于贵州省盘县水塘镇下平川村,大桥跨越下平川峡谷,起讫桩号K12+523.219~K13+220.719,桥长697.5m,桥型设计为3×30m+85m+160m+85m+9×30m连续刚构和预应力混凝土T梁,最大墩高141.9m。

民主特长隧道:起讫桩号K29+734~K33+635,隧道位于盘县境内,隧道进口位于民主镇木瓜村,出口位于大山镇,右线长3901m,左线长3880m,隧址区范围不良地质主要有涌突水、岩溶和嘎拉河古滑坡。

大山高瓦斯隧道:起讫桩号K35+967~K37+163,隧道从斜坡下部穿越山体,进出口位于大山镇司家寨村龙蟒滩坡下部,出口位于忠义乡毛草坪村田家冲左岸斜坡中下部,左线长1210m,右线长1196m。该隧址区地层为煤系地层,穿越M3、M5、M7、M9、M12、M17、M19、M26煤系地层,存在采空区、瓦斯、老煤窑积水等。

大海子大桥:起讫桩号为K67+975.865~K68+779.465,桥梁位于品甸货场旁,全长803.6m,结构形式为4×30m T梁+(81+150+81)m连续刚构+9×40m T梁,上跨南昆铁路。

2. 建设情况

(1)立项审批。受贵州省交通运输厅的委托,2006年6月,中咨公司和湖南院联合成立了本项目的研究组,对路线方案进行了反复比较、筛选,初步提出了各种可能的路线方案。确定初步方案后,进行现场踏勘和全面调研,并征求项目沿线地方政府对路线方案的意见。2007年6月,中咨公司和湖南院编制完成了本项目的预可研究报告。

2011年4月上旬,项目组进行现场勘察,向地方政府相关部门收集资料和意见;2011年4月下旬,初步完成了建设理由、建设条件、交通量、技术标准、建设方案、建设规模、投资估算等内容的研究,并于2011年5月底形成初步的工可文件。

2012年10月,根据贵州省交通运输厅要求,将盘县至兴义高速公路工可,依据盘县和兴义市的地域分界,拆分成盘县至铁山和铁山至兴义两部分。

2013年3月,进行了工可研究报告的预评审,并根据专家审查意见进行修改,提交正式文件。

2013年8月27日,经贵州省交通运输厅公开招标程序确定投资人,投资人由贵州省公路工程集团有限公司(以下简称"公路集团公司")、贵州省交通规划勘察设计研究院股份有限公司、苏交科集团股份有限公司联合组成,根据各投资人投资比例,由贵州省公路工程集团有限公司作为主要投资人。2013年10月10日,投资人与贵州省交通运输厅签订投资协议,按照协议要求,投资人随即组建贵州盘兴高速公路有限公司(以下称"项目公司"),并在前期工程可行性研究报告的基础上,负责项目申请报告按程序报批。

2013年11月,进行了工可研究报告的正式评审,并根据专家审查意见进行修改,提交正式文件。

2013年11月20日,贵州省发展改革委以《关于盘县至兴义高速公路项目核准的批复》(黔发改交通〔2013〕2507号)正式批复了盘县至兴义高速公路。

(2)勘察、设计。苏交科集团股份有限公司承担盘县至兴义高速公路盘县段工程的初步勘察设计及施工图勘察设计工作,贵州省交通规划勘察设计研究院股份有限公司承担黔西南州段工程的初步勘察设计及施工图勘察设计工作。

2014年8月22日,贵州省交通运输厅以《关于盘县至兴义高速公路初步设计的批复》(黔交建设〔2014〕236号)同意了盘县至兴义高速公路的初步设计,同意建设规模与技术标准、路线、桥梁涵洞、隧道等方案,核定总概算投资117.6亿元,项目总工期(自开工之日起)3年。

2016年4月29日,贵州省交通运输厅以《关于盘县至兴义高速公路施工图设计的批复》(黔交建设〔2016〕80号)正式批复施工图设计。

(3)项目审批。在项目申请和初步设计进行的同时,盘县至兴义高速公路项目选址、环评、水保、林地、土地等前期手续办理也同步开展。2011年11月23日,贵州省国土资源厅批复项目建设用地预审;2012年7月16日,贵州省水利厅批复水土保持方案;2013年11月18日,贵州省住房和城乡建设厅批复项目选址意见书;2013年11月18日,贵州省环境保护厅批复环评报告书;2015年7月13日,国家林业局批复使用林地同意书。

(4)机构设置。项目建设管理。盘县至兴义高速公路建设模式为"BOT+EPC+政府补贴",贵州省公路工程集团有限公司、贵州省交通规划勘察设计研究院股份有限公司、苏交科集团股份有限公司为投资联合体,其中贵州省公路工程集团有限公司持股99.944%、贵州省交通规划勘察设计研究院股份有限公司持股0.028%、苏交科集团股份有限公司持股0.028%。投资人共同成立项目法人贵州盘兴高速公路有限公司。

施工。盘县至兴义高速公路共分为11个施工合同段,全部由贵州省公路工程集团有限公司在其资质允许范围内采取施工总承包,施工合同段分别为6个土建施工合同段,2个路面施工合同段,1个交安施工合同段,1个房建施工合同段,1个绿化施工合同段,2个机电施工合同段。

监理。盘县至兴义高速公路实行一级监理,设立1个中心试验室,2个驻地监理办。通过公开招投标程序,中心试验室为贵州省交通规划勘察设计研究院股份有限公司,第一驻地监理办为贵州陆通工程管理咨询有限责任公司;第二驻地监理办为安徽省科兴交通建设工程监理有限公司。

(5)项目开工及完工时间。盘县至兴义高速公路是贵州省公路工程集团有限公司承接的第二条BOT高速公路,项目于2014年9月局部开工,2015年3月全面开工,按照省委省政府、省交通运输厅2016年年底建成通车的要求,为确保如期实现通车,公路集团公司举"全司之力"组织建设盘兴高速公路,创建绿色低碳示范高速公路。项目的建设成为社会各界关注的焦点,在各级部门和领导的大力关怀与支持下,项目不断克服地质条件差、技术难度大、施工组织难、协调难度大、气候条件恶劣、环境保护要求高等重重难关,于2016年12月26日建成通车投入运营,工期共用近27个月,比原计划工期36个月缩短了

9个月。

（6）设计管理。盘兴高速公路从设计阶段就充分贯彻"安全舒适、节约投资、环境友好、景观优美"的设计理念，深入贯彻全寿命周期，准确把握技术标准，合理运用技术指标，严格控制建设规模，运用先进的测设技术和方法，认真勘察，科学比选，精心设计。在选线上，项目公司结合咨询专家的意见，与设计充分沟通，坚持地质选线、地形选线、环保选线、节地选线、节材选线理念，确保工程造价与全寿命周期有机结合。

（7）施工管理。在资源投入上，公路集团公司为本项目配置全公司优秀技术和管理资源，从总公司机关和各分公司抽调精干技术力量组建项目公司，选择了全公司在技术力量和项目管理水平方面均领先的第一、三、四、七、九、十分公司及机化分公司分别承担路基和路面工程的施工，林都园林公司承担绿化工程施工，第七分公司承担房建工程施工，电控管理公司承担机电交安工程施工。

在组织调度上，公路集团公司党委高度重视，党委书记、董事长、总经理廖柳及公司其他领导每月定期或不定期亲临项目现场调度指导，从2016年2月起，公司党委书记、董事长、总经理廖柳每月固定现场检查后组织召开一次月调度会议，调度当月生产情况，并作阶段部署安排；公路集团公司督导组每季度到项目检查，抓现场关键问题和重点，提出督导意见；公路集团公司各职能部门每月定期与不定期到项目进行检查和服务指导；项目公司实行由项目公司总经理主持召开每周调度会，解决项目当前存在的问题，安排下一阶段工作，在项目建设中后期，项目公司根据排查结果，按照清单消耗进行排查，采取"三天一督查、每周一调度"到"每天一督查、每天一调度"及要求各施工标段"每天一排查、每天一调度"和剩余工期实时倒排的方式全力向通车目标冲刺。

在施工组织上，项目公司组织监理单位和施工单位深入调查、详细研究、超前谋划，把整个项目按照通车目标进行分解和倒排，化整为零，定点突破，所有工作面全面铺开，有效组织并整合现有资源，确保人、料、机等各项保障要素。项目建设高峰期，路基、路面、房建、绿化、机电交安各标段全面铺开交叉作业，紧密沟通，24小时不间断作业。虽然工期十分紧张，但是各项目施工单位还是严格按照项目公司的要求，做好各个工序的交接工作。

在高度紧张的作业管理和极大规模的资源调配的保障下，全线参建人员在建设过程中不分昼夜、战晴天抢雨天，放弃节假日与休息日，春节期间依然坚守岗位加班施工。项目建设任务重、工期紧、问题多、难度大，对项目公司及各施工标段管理层来说，是极大的挑战和考验。期间，项目公司实行技术及管理帮扶参与标段施工组织和决策。公司各领导及技术骨干带头扎根工地现场，对施工条件特殊的工程点进行重点帮扶。项目公司以进度管理为主线，根据统筹与整体的原则，以保证路面施工通道为主结合控制性工程的方法，采用倒排方式对各通道计划（隧道单幅贯通、桥梁单幅架通、全线单幅先通）进行编制并评审。由施工单位根据评审后的通道计划编制《实施性施工组织设计》,审批后严格按计划实施。围绕"决战盘兴线"和"起步就是冲刺,开局就是决战"等主题,项目公司在各个阶段组织各参建单位掀起"大干100天""100天劳动竞赛""决战60天"等劳动竞赛,并评选"先进个人""先进管理组织""优秀施工班组",不断鼓励和激励参建人员的信心和决心。全体参建人员终不负使命和重任,坚定实现通车目标不动摇,振奋精气神,全力投入工作,在关键时期,将"艰苦奋斗、敢于担当"的筑路人精神发挥极致,攻坚克难,逐步实现了各个节点目标,确保进度全面可控。

在材料组织和资源供应上,公路集团公司统筹提前安排钢材等主要材料进场储备,建立资源共享平台,由项目公司牵头对各标段的劳动队伍、主材、周转材料、设备等资源建立数据平台,实时更新和汇总资源信息,对资源进行整合调度,实现资源内部共享。

在质量安全管理上,强力推行标准化建设和"平安工地"建设,要求各单位做到场站标准化、行为标准化、工艺标准化,做到人人讲标准、事事按标准,让标准成为制度、成为习惯。从开工进场的驻地建设、拌和站建设、钢筋加工房建设到开工后的孔桩施工现场、桥梁下部结构施工现场、隧道施工现场、T梁预制场等工地现场处处实现标准化。同时,在施工过程中以创建"平安工地"达标活动来推动施工现场的安全文明施工管理,保持工地干净、整洁、有序,要求各参建单位时刻注重工程整体形象。

(8)招投标、合同管理。在选取服务单位上,项目公司严格按照相关法律法规实施,招标文件报送上级主管单位备案,在公共交易平台对外公开招标,招标程序、过程透明、公开。在合同的管理上,严格合同成立条件,费用标准有依据可查,严格合同审查流程,降低合同风险,合同条款公平公正。

(9)计量、变更管理。施工图下发后,项目公司要求各合同段限定时间内编制0号台账并分批次审查。项目通过加强现场工程完成量统计,每期制定计量目标,计量又为质检资料的完成起到督促作用,及时上报计量,为项目建设提供资金保障。严格计量程序,要求所报的计量必须是现场完成且合格的资料,遵循实事求是基本原则。

为加快项目变更申报签认工作进度,项目公司制定了《盘兴高速公路变更申报管理办法》,制定详细的周申报计划,明确责任人,强制要求各标段按照周计划申报变更资料。在审查变更资料时,严格审查资料的逻辑性、可追溯性、合法性、合理性。在工程结束后,项目短期内迅速完成各标段的变更签认、工程结算和竣工资料归档收集工作。

(10)投资控制、成本管理。项目的盈利能力,关系到企业的生存和发展管理。盘兴项目在实施过程中,始终把成本控制作为重要环节来抓,现场采取动态设计,对开挖边坡进行逐坡核对,在确保结构安全的情况下采取最优的防护方案。隧道工程依据超前地质预报及洞身开挖对围岩的判别,采用最优的支护参数。在隐蔽工程的签认中,遵循实事求是的原则,严格审查过程资料,保证所签认的资料真实、有效。

(11) 资金筹措。盘县至兴义高速公路总投资为117.6亿元,采用"BOT+EPC+政府补助"模式建设,政府补助22.202亿元。其中盘县人民政府应出资16.14亿元、黔西南州人民政府应出6.06亿元,投资人出资建设资本金21.705亿元,银行贷款73.7亿元。自项目建设初期至2016年6月,盘兴高速公路尚未得到银行长期贷款,国家当前经济形势下行,且地方政府补助资本金筹措困难,使得盘兴高速公路建设融资工作难上加难。通过短期贷款、银行票据、争取中央建设专项基金等多种方式解决项目资金困难,使项目顺利建设得以基本保障。

(12) 征地拆迁。盘兴高速公路征地拆迁建设涉及六盘水市盘县段、黔西南州兴义段,截至2016年11月,盘县境内正线征地6264.776亩,兑现补偿款179687600.5元;临时用地2783.89亩,兑现补偿款80710656.47元;房屋拆迁396户,共67420.56m²,兑现拆迁资金97056290.11元;迁坟1128座,兑现补偿资金7453000元;三线迁改15595949.7元,盘县段共兑现征拆资金380503497元。兴义境内正线征地2711.6066亩,兑现补偿款73779691.68元;临时用地684.8484亩,兑现补偿款18725816元;房屋拆迁176户,共40957.934m²,兑现拆迁资金38515435.1元;迁坟793座,兑现补偿资金2563000元;三线迁改53922440元,兴义共兑现征拆资金187506383元。全线共兑现征拆款568009880元。

项目公司自进场开始就统一认识到"三分建设,七分征拆"的思想,选调领导能力强,基层工作经验丰富,协调能力强的人员组成综合部负责盘兴高速公路的征地拆迁工作,并得到了公路集团公司领导的大力支持。为此,党委书记、董事长、总经理廖柳率盘兴公司相关领导向六盘水市和黔西南州两地主要领导汇报沟通,摆明观点、分清责任,争取地方政府在资金、人力和政策方面的支持。项目公司总经理就压矿、征拆重点难点问题主动向市、州和县领导汇报沟通协调处理,主管领导和综合部的同志不知疲倦夜以继日地工作。

项目公司委托地方政府实施征地拆迁、安置补偿和协调工作,并明确土地必须采取GPS丈量。由于率先采用GPS丈量方法,开始地方政府极力排斥,但通过多次沟通协调,明确GPS测量费用由项目公司承担后,地方政府同意试验。通过试验,百姓对GPS丈量法认可满意,认为GPS丈量清楚,边界明晰,可追溯性强,显得更公平、公正。最终全线均采用GPS丈量,误差控制在1%范围内。进场测量放样后,协调地方指挥部立即组织国土、林业、住建、司法等部门组成联合工作组,对红线内构筑物的类别、结构、位置、产权人进行摸底,逐一登记造册,并逐户进行摄像、拍照存档,做好证据保全工作,防止抢搭、抢建、抢种。通过证据保全,盘兴高速公路在整个拆迁过程中,没有为抢搭抢建抢种户多付费用。

在建设过程中,征拆及涉农设施工作实行清单消耗制,要求各施工标段认真梳理所辖范围需业主解决的所有问题,并将问题汇成清单报盘兴公司,盘兴公司根据问题清单的轻重缓急,及时抓好动态管理,明确各方责任,落实到人,逐一销号。

通信光缆迁改和电力线路迁改方面,为确保光缆、电力线路运行安全及盘兴高速公路施工与运营安全,为施工提供有力保障,按照"建设时间先后划分责任"的原则,在指挥部的协助下,项目公司得以顺利组织迁改队伍实施迁改工程。盘兴高速公路共涉及10条高压输电线路迁改,大部分200kV高压输电线路集中在黔西南州段,影响盘兴四标施工共达37处,特别是三冒山特大桥、泥溪特大桥(图6-191)及其他大桥T梁的架设;其中的两条500kV电力线路对保田服务区建设造成极大影响,按照相关规范,保田服务区所规划的加油站修建位置在高压输电线路限制范围内,导致保田服务区的施工严重受到影响。根据将保田服务区改为半开放式服务区总体规划思路,通过对加油站位置调整可行性及迁改该两条500kV电力线路造价充分比对研究,决定实施迁改方案。通过招投标程序,确定施工、监理单位分别对高压电力线路实施迁改。2016年12月底,完成第二批次500kV、220kV高压电力线路迁改工作。

图6-191　泥溪特大桥

盘兴项目共涉及10个国家矿产地、5个探矿权、15个采矿权、5个煤气田单位,大部分在盘县境内。由于涉及矿权众多,压矿协调难度极大、协调工作复杂,2014年初开始,项目公司便同步推进项目用地各项报批工作,由项目公司总经理亲自统筹,专人负责压矿协调工作。经过不懈努力,多次与被压覆矿产及矿权单位、地方政府充分沟通协调,本着依法依规、科学发展、双赢互利的原则,创新协调方式,项目公司至2016年6月,才先后完成与被压覆矿产及矿权业主单位协议的签订。

在良好的合作氛围和相互信任的基础上,盘兴高速公路建设得到了黔西南州和六盘水市地区各级党委政府的大力支持,地方政府高度重视盘兴高速公路的征地拆迁工作,指派经验丰富的领导和工作人员专职负责,并从相关部门抽调精干人员组建了各级指挥部,沿线乡镇一级也相应成立指挥部,由乡领导专职分管征拆。县乡征拆队伍组织机构健全,工作机制健全,工作方式创新、工作作风务实,各级指挥部的同志不辞辛劳,高效、强有力地推动征拆工作,并及时解决施工中的矛盾纠纷,为项目建设提供了优质的环境保障及和谐的施工氛围。

(13)交(竣)工。本项目交(竣)工严格按质量监督程序及有关部门文件要求执行,分阶段实施交验。2016年3月,项目开始路基交验,至2016年11月已完成整体路基、桥梁、隧道实体工程交验,2016年12月26日建成通车运营;竣工资料收集整理工作正按计划推进。

3.运营管理

盘县至兴义高速公路于2016年12月26日开通运营。根据公路集团公司的前期统筹部署,公司在2016年6月项目建设期便成立以项目公司总经理为组长的筹备工作领导小组,正式开展运营筹备各项工作。全线设置路段管理中心盘兴公司1处,盘州东、丹霞、民主、大山、保田、普田、品甸、清水河收费站8处(表6-130),丹霞、保田、马岭服务区3对,大山养护工区1处、桥隧管理所1处。养护救援采取委托方式由黔贵养护公司承担,丹霞、保田、马岭3对服务区打包通过邀标方式确定合作经营单位为湖南慧美高速公路管理有限公司。

收费站点设置　　　　表6-130

站点名称	MTC车道数量	ETC车道数量	合计车道数量
盘州东收费站	4入6出	1入1出	5入7出
丹霞收费站	2入4出	1入1出	3入5出
民主收费站	2入4出	1入1出	3入5出
大山收费站	2入4出	1入1出	3入5出
保田收费站	3入6出	1入1出	4入7出
普田收费站	2入2出	1入1出	3入3出
品甸收费站	2入4出	1入1出	3入5出
清水河收费站	3入5出	1入1出	4入6出

运营期工作人员共181人,设置5个管理部门,各部门也延续建设期实行岗位责任制。具体人员配置情况及机构岗位职责如下:运营期设书记(总经理)1人,作为公司法定代表人,执行公司决议,主持盘兴高速公路运营管理全面工作;副经理2人,一名副总经理协助配合总经理做好项目日常运营工作,跟踪检查、协调各职能部门工作,另一名副总经理兼任纪检专员,在党支部书记领导下,分工负责党支部的纪律检查工作。

5个管理部门,分别为综合事务部4人,主要负责处理公司日常事务,掌握公司动态情况,负责行政、后勤与站区总务、文秘、人事、党工团、三产业务管理等方面的工作;财务稽查部2人,负责财务预算、控制、核算、分析和考核工作,规范公司的财务行为,准确计量公司的财务状况和经营成果,有效控制和合理配置公司的财务资源,实现公司价值的最大化;运营管理部5人,主要负责收费站的设置、收费员配置,对收费系统进行管理,负责收费员机制与制度的建立等管理工作;工程养护部 2 人,负责机电管理维护、日常养护工路段设施设备损毁修复与检查、监督养护站工作、道路巡查、养护设备管理和桥隧管理负责机电档案的备案修订等;安全应急部 2 人,按照规范化管理要求,制定日常巡查计划,完善管理措施,明确责任目标,对路产资源进行巡查,对土地资产、车辆、机电进行管理,确保运营保障、保畅系统的正常运行,有效维护公司合法权益。

4. 绿色低碳示范公路创建

(1)创建背景。高速公路建设是一个大投入、高能耗的传统行业。盘兴高速公路地质条件复杂、长大陡纵坡多、途经煤矿带和生态敏感区,是贵州省公路建设难度较大的项目之一。在贵州省正在实施的《绿色贵州建设三年行动计划(2015—2017)》《"多彩贵州·最美高速"创建工作实施方案》和《关于加快行业转型升级建设群众满意交通的意见》等政策背景下,盘兴项目结合工程实际,高度契合上述政策背景,秉承典型性、示范性等原则,2015 年 4 月,盘兴高速公路在省交通运输厅领导的关心和支持下,在项目各方的帮助和努力下,由省交通运输厅与省财政厅联合推荐申请国家交通运输部绿色公路示范项目。2015 年 5 月,经审查,盘兴高速公路被列为国家交通运输部绿色公路示范创建项目。本项目根据特色性、适应性、创新性原则,充分结合项目工程和区域环境特点,共遴选出 34 个重点支撑项目,其中必选项目共 17 个,自选项目共 17 个。

(2)机构组织及资金保障。贵州省交通运输厅成立以罗强副厅长为组长的工作领导小组,负责指导工作,协调解决重大问题;盘兴公司成立以总经理为组长的工作领导小组,负责绿色公路建设的组织和管理;由交通运输部科学研究院专家组成技术顾问小组,为项目的实施提供有力的技术保障;设置"绿色示范公路办公室"开展日常的创建工作。盘兴高速创建绿色低碳示范项目获得国家交通运输部专项补助资金共 1869 万元。

(3)绿色低碳公路的实施。在被列为国家交通运输部创建绿色低碳示范项目后,项目公司便成立创建机构,并建立系列绿色公路管理制度,印发至各施工单位实施,包括《贵州盘兴绿色公路建设领导小组管理办法》《贵州盘兴绿色公路施工设备能耗管理办法》《绿色低碳管理工作大纲》《绿色施工管理制度》《绿色公路建设档案管理制度》和《绿色公路建设奖惩管理制度》。结合工期进展情况,制定详细的教育培训计划,针对不同层级的工作人员设立不同的培训主题,组织节能减排相关领域专家、施工节能先进个人、节能技术能手等进行培训和交流。经统计,项目共培训达 10 余次,期间还特别邀请交通运输部科学研究有关专家多次到盘兴项目开展绿色公路创建培训。

项目公司在创建初始,就充分考察项目整体情况,统筹考虑资源利用。针对资源统筹利用不足,能耗高的特点,项目从设计、施工组织及运营维护等多个方面进行统筹资源利用。在整个公路建设过程中融入节约资源、降低能耗的绿色理念。与此同时,围绕施工进度为项目管理主线,统筹编制进度计划。路面施工时通道的畅通与否不仅影响进度,更关系着质量、安全、成本和能耗。在编制计划时,将盘兴高速公路作为一个整体、一个系统考虑,把系统的最优作为整体的最优目标来实现。盘兴高速公路的总体进度基本按此计划实施,这种统筹全局绿色施工的理念,是BOT项目管理的优势,能将施工各个阶段的能耗降到最低。

本项目线路所经区域地形起伏大,地质条件复杂,石漠化现象较为严重,石漠化问题已成为制约和束缚地区经济可持续发展的关键问题之一。该区域土壤稀薄、土地资源极其珍贵,公路建设占用的大量土地对区域的社会影响巨大,项目建设管理节地、复垦成效具有良好的经济与社会效益。在项目施工过程中,项目始终遵循最小破坏、最大恢复的绿色生态保护理念,盘兴高速公路一直高度重视边坡施工,采用多种技术及管理措施,尤其是严格执行"逐坡核对—逐坡设计—逐级开挖—逐级防护—逐级绿化"的施工方式,在确保边坡稳定和保护生态环境的同时,还节省了投资、降低了能耗,更因边坡顺直促使公路具有良好的环境协调性,践行了绿色公路的核心要义;K37+100~K41+200段路基改为 $72\times30m$ 桥梁,初步设计 K37+100~K41+200 段为沿溪线路基通过,煤系地层强风化泥质粉砂岩,边坡自稳性差,易坍塌,途经3处滑坡,有高边坡4处,改河2处。为最大限度减少边坡开挖破坏及对水系的影响,同时保证营运安全和减少边坡养护成本,将该段路基改为 $72\times30m$ 桥梁;改变桥梁承台开挖方式,最大限度减少对岸坡的破坏,在地形陡峭的桥梁承台开挖中,原有的开挖方式是先开挖承台,再施工桩基,优点是桩基施工场地平整,但承台边坡的开挖,会对边坡造成很大的破坏和安全隐患,增大防护的工程量。为深入贯彻绿色施工的理念,减少对环境的破坏,改变开挖方式,即先施工桩基,成桩后再用支架法施工承台,最后封闭承台,虽然在桩基和承台的施工造成一定难度,但减少了边坡的开挖,避免了对环境的破坏。盘兴高速公路共有13座隧道,根据现场实际共有8座隧道采用零开挖进洞方案;房屋依山而建,减少土石方开挖;对取弃土场、临时用地实行清单消耗制恢复管理,目前效果明显。

项目着眼周期成本,强化建养并重,采用安全耐久技术。如耐久性路面结构应用,盘兴高速公路路面采用Superpave结构,中面层和上面层均采用SBS改性沥青,增大抗车辙能力提高路面的耐久性。K14+600丹霞互通复杂地质边坡削坡减载自稳,K13处丹霞互通区域边坡边坡属于典型的煤系地层,开挖过程中发现,坡面及路基范围内有多处煤窑,局部煤窑积水,边坡自稳能力极差,为了今后营运安全,采纳专家建议削坡自稳,将边坡坡比调整为1∶2,虽然增大投资,但一劳永逸,运营中无边坡安全隐患且无养护费用,同时环境协调、视线通透、行车舒适,践行了以"工程质量、安全、耐久、服务"为根本的绿色公路理念;推进绿色服务区建设。服务区是落实绿色公路建设循环、低碳、生态、环保思想的重要场所,加强绿色服务区建设对于宣传公路绿色发展成就、树立公路行业社会形象具有至关重要的作用,初步设计服务区为4个,最少距离仅为18.3km,通过调研和协调,将4个服务区调整为3个服务区,实现了"集约节约、降低能耗"的绿色理念。其中,丹霞服务区(图6-192)原设计在 K10+250,该处虽然地形平缓便于设置服务区,但两侧均为高山遮挡视线。将服务区移位至 K13+600 处,该处地势开阔,视线通透,可远观丹霞山和下平川峡谷。使公路使用者在休憩之中,能体验公路与环境协调平衡的概念,贯彻了"服务提升"的绿色公路理念;保田服务区是集旅游、休闲、商业街、小型物流中转站的大型多功能生态式半开放式服务区,在该服务区建设绿色低碳展馆,用于展示和传播绿色低碳文化。另外服务区还采用建筑节能设计,所有服务区建筑保温满足3星标准要求,厕所采用自然节能通风与自然采光技术,服务区污水经过处理后循环利用,实现中水合理利用。

图6-192 丹霞服务区远眺

创新是发展的强大驱动力,实施创新驱动,实现科技增效。盘兴高速公路把创新贯穿到绿色公路建设的各个环节,大力推进理念创新、技术创新、管理创新和制度创新。实践中强化科技创新引领作用,以项目为载体进行产学研相结合的科技研发和成果推广应用模式,依托本项目,重点开展了《贵州地区石灰岩质块片石自密实混凝土应用技术指南》《贵州省高速公路瓦斯隧道设计技术指南》《贵州省高速公路瓦斯隧道施工技术指南》《贵州山区高速公路粗填料高路堤工后沉降强夯加固施工技术指南》四项技术指南的研究与制定,为盘兴高速公路调整绿色公路创建注入强大动力。

截至 2016 年 12 月,盘兴高速公路联合科研单位组成科研团队就项目向交通厅科教处进行申报立项共计 13 个;自行研发和推广应用项目 11 项,已发表论文 30 余篇;获专利 7 项,还有 5 项已申报受理;获得了国家级工法 1 项,另有 4 个工法正在编写;编制了《贵州省高速公路瓦斯隧道设计技术指南》《贵州省高速公路瓦斯隧道施工技术指南》,并已于 2015 年 8 月由贵州省交通运输厅以黔交建设〔2015〕198 号文件颁布实施;《贵州地区石灰岩质块片石自密实混凝土应用技术指南》和《贵州山区高速公路粗填料高路堤工后沉降强夯加固施工技术指南》正在编制中;"盘兴绿色公路能耗统计管理信息系统"已完成软件开发,并已上线应用。通过利用所开发的能耗统计管理信息系统,实现本项目能耗统计的远程监测、数据上传与信息管理,并获得由国家版权局颁发的软件著作权2项。

重点支撑项目完成情况。根据项目主体工期进度,按照《实施方案》进度安排,现已正在实施或实施完成的重点支撑项目有32个,2个项目受施工阶段控制未施工。

(4)实施效果。重点支撑项目总投资约为10.98亿元,其中节能减排相关投资额2.8亿元。项目实施后预计可节约能源5.02万t标准煤,替代2.95万t标准油,减少10.4万吨CO_2排放。根据交通运输部发布的《交通运输节能减排专项资金支持项目节能减排量核算技术细则》等文件资料,经核算,截至2016年12月底,本项目已实现节约能源5.03万t标准煤,替代2.31万t标准油,减少9.8万t CO_2排放。

二十二、S79 毕节至镇雄高速公路

毕节至二龙关(黔滇界)高速公路(以下简称"毕龙高速公路")是毕节至镇雄高速公路中贵州境路段,全长37.5km,是规划中的宜宾经镇雄县、威信县至毕节高速公路的一段,起点为贵州省毕节市清丰村,与毕节至威宁高速公路相接,沿线经过七星关区水箐镇、青场镇、二龙关(省界)。

毕节至二龙关高速公路向北通过宜宾至镇雄高速公路,接入四川省高速公路网;向南经毕节至威宁高速公路,与贵州省高速公路网连接,是镇雄县北上四川、重庆,南下贵州、两广的重要通道,建成后将结束镇雄县不通高速公路的历史,极大改善镇雄县的交通出行条件,对加强毕节市和昭通市的经济联系,具有十分重要的意义。

毕龙高速公路采用"BOT+EPC"和政府补贴的建设模式,全线按四车道高速公路标准设计,在清丰村、水箐镇、青场镇设置4处互通立交;拟设1处服务区,1处养护工区。毕龙高速公路控制性工程为大寨隧道。大寨隧道左幅长4000m,右幅长3922m,计划工期36个月。

本项目概算投资共49.45亿元,资金来源:25%为企业自筹,27.5%来自政府补助,47.5%贷款。

毕龙高速公路于2015年4月开工,预计2017年6月完工。截至2016年12月31日,累计完成47.31亿元,占总投资的95.67%。

二十三、S81 绥阳至遵义高速公路

S81绥阳至遵义高速公路由遵义至绥阳高速公路延伸线南坪至马槽沟段(在建项目)及绥阳至遵义高速公路马槽沟至李子垭段构成。

1. 基本情况

(1)项目决策背景及过程。原绥阳至遵义公路称为S207公路,是S207省道(道真

县尖子山至遵义）的一段，长 42km，道路等级为二级。只此一条道路联系遵义市与绥阳县，以及较远的正安县、务川县和道真县。该线路遵义至绥阳段道路以微丘区和山岭区二级路为主，路面状况相对较好。但受地形限制，道路技术指标偏低，平面线形差，视距有限，个别路段最小曲线半径仅为 15m 左右；纵坡大且变化频繁，存在部分急弯陡坡事故多发路段，路线最大纵坡大于 8%，降低了运输车辆行驶速度和效率，不利于安全驾驶。

S207 线遵义至绥阳段沿线穿越了蒲场、四面山、李子垭等乡镇中心区，街道化水平约为 15%，其中路线穿蒲场镇段已完全街道化，连续里程约 5km。由于道路上非机动车、行人大量增加，加上公路两侧建筑和平面交叉路口增多，迫使机动车辆在过镇路段减速行驶，形成交通瓶颈，而频繁的交通瓶颈严重降低道路的通行能力及行车速度，直接影响了公路的功能效用，且带来了一定的安全隐患。

从遵义至绥阳公路通道相关老路现状路况看，较差的线形条件及部分路段严重的街道化现象制约、降低了通道的通行能力和服务水平，通道内需要建设一条便捷、快速、顺畅的公路干线。

为了改变这一状况，贵州公路局以《关于委托华杰工程咨询有限公司对绥阳至遵义高速公路工程可行性研究报告编制的函》委托华杰工程咨询有限公司进行工可编制，华杰工程咨询有限公司据此对项目进行工程可行性研究，项目组于 2009 年 4 月 11～30 日开展外业调查，对项目影响区域内沿线各区县的社会经济、路网布局、城镇规划、工程地质等方面进行了大量的资料收集和调查，并于 2009 年 4 月 22 日在项目影响区域内主要道路上组织安排了 OD 调查及交通量观测。同时对走廊带内各种可能路线方案进行实地踏勘，通过多次踏勘，对项目起终点两个方案进行论证，确定选用起终点方案后，对走廊带内可能的路线方案进行布设，共布设 5 个比选方案，最终形成推荐线。在充分论证、综合分析评价的基础上，于 2009 年 6 月初编制完成了项目工程可行性研究报告。遵义市发改委以《关于上报绥阳至遵义高速公路工程可行性研究报告的报告》（〔2009〕24 号），贵州省发展和改革委员会以《关于绥阳至遵义高速公路工程可行性研究报告的批复》（黔发改交通〔2009〕2595 号）正式批复同意建设绥遵高速公路。

（2）公路的功能、定位、里程。绥阳至遵义高速公路是贵州省规划的"六横七纵八联"高速公路网中的一条联络线。项目起自绥阳县，向南沿 S207 线走廊布设，终点与规划中的遵义市环线相交，路线全长约 30.82km。本项目所在区域为贵州省自然保护区和革命老区所在地，项目建成后，将进一步完善贵州省高速公路网布局，为贵州省东北部的交通运输提供一条全新的、便捷的城乡联络线，发挥大城市的辐射带动作用，促进绥阳县与遵义市以及省会贵阳市之间的经济往来，带动绥阳县矿产、旅游资源的开发利用，从而提高地区经济发展水平。

项目位于遵义市中部地区，根据贵州省高速公路网规划以及遵义市干线公路网规划，项目定位为遵义市区与绥阳县间的重要联络线。目前该地区内的运输方式主要为公路运输，遵义与绥阳间公路通道主要以 S207 线承担客货运输。

项目位于贵州北部，北起绥阳县城规划区西侧马槽沟，经牛心、蒲场、四面山、李子垭、南接遵义市汇川区的省道 S207，走廊带位于遵义地区，主要通过绥阳县、遵义市汇川区，全长 30.82km。

（3）技术标准。本项目主线按四车道高速公路标准建设，设计荷载公路—Ⅰ级，设计速度 80km/h，路基宽度 21.5m，主线采用沥青混凝土路面。其他技术标准均按《公路工程技术标准》（JTG B01—2003）执行。

本项目依据相关设计规范，全线设有完善的安全设施，含标志、标线、护栏、隔离设施、防落物网、轮廓标、防眩设施和防撞设施，能够有效确保本项目安全、高效的运行。

（4）投资规模。绥阳至遵义高速公路项目估算总投资 18.72 亿元，平均每公里造价为 6077.92 万元。

（5）主要控制点。路线起点位于绥阳县城西侧马槽沟附近，与现行的连接绥阳县城至风华镇的地方道路顺接。路线向东南经冯家湾、李家堡、牛心、浦场，在周家院子附近设置蒲场互通，路线继续向东南延伸，在桂花树附近设置四面山互通（图 6-193），经李家垭并上跨规划中的遵义环线，在周家湾与汇川大道相接。本项目主要控制点为绥阳县城、牛心、浦场、四面山、李家垭、终点汇川区（汇川大道）。

图 6-193　绥遵高速公路四面山互通

（6）沿线主要地形地貌。路线走廊带位于贵州黔北腹地大娄山脉中段，属中亚热带湿润季风气候。这里平均海拔 866m，相对高差一般为 200～500m，主要为中低山区。区域内水系较发育，湘江及洛安江自南而北纵贯测区，水能资源丰富，除湘江及洛安江外，尚有天然的大小河流百余条，均属长江水系，各条河年平均输沙量呈增加趋势，水土流失面积5000余平方公里,约占土地面积的15%。随着流域植被的改善,水土流失情况在逐步缓解。地质构造属于扬子八面山褶皱带武陵山系的一部分,为新华夏系构造,山岳与谷地在区内多呈南北向延展,与测区构造线基本一致。地层主要为下古生界及二叠系—三叠系,缺少泥盆纪和石炭纪地层。沉积了较厚的海相和滨海相的碳酸盐和碎屑岩类地层,多为志留纪和二叠纪的石灰岩和砂岩及少许的紫色砂页岩,各种岩类成互层分布。

(7)主要构筑物。绥遵高速公路完工实测里程为30.82km,主要工程数量:路基土石方451万 m^3,填方467万 m^3;桥梁工程:大、中桥4884.63m/20座;整体式立交519.92m/6座;涵洞184道;隧道工程:中短隧道2040m/3座;路面工程:水泥稳定碎石层127.39万 m^2,沥青混凝土下面层49.72万 m^2,沥青混凝土中面层71.64万 m^2,沥青混凝土上面层71.64万 m^2;互通式立交3处;交通安全设施(护栏):钢筋混凝土中央分隔带防撞护栏23.32km,波形护栏48.94km。

2. 建设情况

(1)立项审批。贵州省交通运输厅以黔交呈〔2009〕9号文《关于报请审批〈贵州省高速公路网规划〉的请示》上报贵州省人民政府,省人民政府以黔府函〔2009〕23号文《省人民政府关于贵州省高速公路网的批复》批复同意规划,省人民政府以黔府办发电〔2008〕185号文《省人民政府办公厅关于进一步加强固定资产投资项目前期工作的通知》中第二条"规范和简化审批核准程序"第一项"实行审批制的政府投资项目"第三点"列入国家和省相关规划的项目视为立项,不再批复项目建议书"。

受贵州公路局委托,华杰工程咨询有限公司于2009年6月初编制完成了本项目工程可行性研究报告,遵义市发改委以〔2009〕24号文《关于上报绥阳至遵义高速公路工程可行性研究报告的报告》,贵州省发展和改革委员会以黔发改交通〔2009〕2595号文《关于绥阳至遵义高速公路工程可行性研究报告的批复》正式批复同意建设绥遵高速公路。

(2)勘察、设计。工程可行性研究报告完成后,从2009年5月开始,遵义市交通运输局对绥阳至遵义高速公路工程项目的勘察设计工程进行了公开招投标,湖南省交通规划勘察设计中标,承担了绥阳至遵义高速公路工程项目的初步勘察设计及施工图勘察设计工作。

根据本项目的建设条件和工程特点,本项目的设计目标为:"安全、环保、节约、先进、和谐—建设一条行车安全、环境友好、资源节约、技术先进的和谐型山区高速公路"。勘察与设计始终围绕质量目标,坚持"六个坚持、六个树立",坚持方案与细节并重的设计理念。2009年8月~2010年3月完成了本项目初测、初步勘察、施工图设计工作,并上报交通运输厅审批,交通运输厅以黔交建设〔2009〕198号《关于绥阳至遵义高速公路初步设计的批复》，同意了绥阳至遵义高速公路技术设计标准，并确定了主要技术经济指标、路线、路基路面、桥涵等方案，确定项目概算为18.72亿元，项目总工程期为30个月。2010年6月25日，省交通运输厅以〔2010〕102号文《关于绥阳至遵义高速公路土建工程施工图设计的批复》对施工设计图文件进行了批复。

在工可报告完成及进行初步、施工图设计进行的同时，2009年7月27日，省文物局以黔文物函〔2009〕71号文《关于贵州省高速公路绥阳至遵义段建设工程文物保护的函》批准同意《绥阳至遵义高速公路文物考古调查勘探评价报告》；2009年9月2日，贵州水利厅以黔水保函〔2009〕24号文《关于贵州省绥阳至遵义高速公路工程水土保持方案的复函》批准同意《贵州省绥阳至遵义高速公路水土保持方案报告书》，2009年8月27日，贵州省环境保护厅以黔环函〔2009〕239号文《关于对贵州省绥阳至遵义高速公路工程环境影响报告书的批复》批准同意《贵州省绥阳至遵义高速公路环境影响报告书》；2009年9月1日，贵州省国土资源厅以黔国土资储压函〔2009〕292号文《关于对贵州省绥阳至遵义高速公路项目建设用地压覆矿产资源评估的批复意见》批准同意《贵州省绥阳至遵义高速公路项目建设用地压覆矿产资源评估报告》；2009年9月7日，贵州省国土资源厅以黔国土资预审字〔2009〕223号文《关于绥阳至遵义高速公路建设项目用地预审意见》批准同意《绥阳至遵义高速公路建设项目用地预审申请》；2010年1月8日，贵州省林业厅以黔林资地许准〔2010〕008号文《使用林地审核同意书》批准同意使用林地；2012年1月21日，国土资源部以国土资函〔2012〕75号文《国土资源部关于绥阳至遵义高速公路工程建设用地的批复》批准同意使用工程建设用地。

（3）施工、监理。项目建设管理方面：绥遵高速公路项目经省发改委批准同意，由贵州遵义高速公路建设投资有限公司（原遵义高速公路开发有限公司）作为业主单位，于2009年12月组建成立了绥遵高速公路建设项目部，并经书面报请省交通运输厅同意，由业主单位自行组建总监办。

项目划分1个设计标段、10个施工标段、5个监理标段、1个中心试验室、1个隧道监控量测单位。所有标段均按照规定依法进行了公开招投标，择优选定了中标单位。

项目于2010年6月21日正式开工建设，按照省交通运输厅批复的项目建设总工期为30个月，推算完工时间为2012年12月20日，实际通车时间确定为2012年7月18日，比批复工期提前5个月完工并进入试营运阶段。为确保投资、进度、质量、安全得到有效控制，采取以下工作措施：狠抓制度建设、规范建设行为；严抓工程质量，努力建设优质工程；优化施工组织，加快工程进度；严格计量程序，准确控制工程投资；加强安全管理，杜绝工程安全隐患；严格资金管理，确保建设资金使用安全；严格工程变更程序，控制项目投资概算；加强各方协调，创造优良施工环境。

监理方面：绥遵高速公路总监办成立后，始终坚持"严格监理、优质服务、公正科学、廉洁自律"的十六字的监理工作方针,全体职员通过两年多的共同努力,积极配合,克服了在监理过程中的种种困难,以"质量第一,安全第一"的信念,按监理服务的范围和内容,履行监理义务,独立、公正、科学、有效地服务于本工程,实施全面监理,强化管理,使本项目工程达到了质量优、进度快、投资省、效益高的目标。

绥遵高速公路项目监理机构设置为二级监理组织机构,第一级监理组织为绥遵高速公路总监办,由业主自行组建,聘请薛明亮为总监理工程师,下设合同计量部、工程监理部、安全环保部、中心试验室。其中,中心试验室通过招标程序由遵义市公路工程质量检测中心组建;第二级监理组织机构为第A、B、C、D、E驻地监理办,均通过招标程序确定。

为了更好地开展监理工作,总监办对每位监理人员明确了岗位职责,实行岗位责任负责制。为加强对项目质量、安全、进度、费用、环保等方面的控制及合同、信息的管理,提高工程管理水平,总监办组织全体监理人员学习和掌握工程设计图纸,合同文件及相关的技术规范,使施工监理工作法治化、标准化、规范化、程序化;在施工中与业主及承包单位协调配合,做到有组织、有纪律地正常开展监理日常工作,并得到业主和承包人对监理工作的大力支持,公正地维护业主和承包人权益。

施工方面:建立了完善的质量保证体系。建立开工前的技术交底制度:在分项工程开工前,须由项目总工向全体施工人员进行技术交底,讲清该项工程的设计要求、技术标准、定位方法、几何尺寸、功能作用及与其他工程的关系、施工方法和注意事项等,使全体人员在彻底明确施工对象的情况下投入施工。各班组施工负责人在施工前再次对施工重点、难点进行全面详细的技术交底。建立"五不施工":未进行技术交底不施工;图纸及技术要求不清楚不施工;测量资料未经换手复核不施工;材料无合格证或试验不合格者不施工;上道工序不经检查签认不施工。对工序实行严格的"三检":自检、抽检、交接检。上道工序不合格,不准进入下道工序,确保各道工序的工程质量。建立严格的隐蔽工程检查签认制度:凡属隐蔽工程项目,先自检合格后,会同监理工程师复检,结果填入验收表格并签字确认。建立测量计算资料换手复核制度:测量资料须经换手复核,现场测量基线、水准点及有关标志,需进行定期复测。建立施工过程质量检测制度:施工过程的质量检测按三级进行,即"跟踪检测""复测""抽检"。其中跟踪检测为:随着施工过程进行质量检测,及时掌握质量情况及时采取措施,实现对施工过程的信息化指导和动态控制,该级检测由测量组、工地试验室实施;复测是指项目部质检工程师对"跟踪检测"结果不满意或工程进度达不到"复测"规定频率时,要进行复检,复检工作由项目部组织实施;抽检是指在项目部质检工程师或监理工程师对"复检"结果不满意或工程进度达到"抽检"规定的频率时,要进行抽检,抽检结果由项目部工程科、质检科和监理工程师同时实施。建立严格的原材料、成品、半成品现场验收制度:对采购进场的原材料及成品、半成品要由质检工程师组织进行验收。建立健全原材料、成品、半成品管理制度:检查合格同意进场的原材料、成品、半成品要分类、分批堆放,并设立标志,按用途保管、发放,不得混杂,对易受潮的物品要做好防雨、防潮工作。建立原材料采购制度:制订采购计划,采购由采购部门按技术部门提出的施工总进度计划、施工图纸、技术要求制定。建立仪器设备的标定制度:测量仪器、试验设备、仪器仪表、计量器具,按照规定定期或不定期进行标定,取得合格证书后方能使用。建立严格的施工资料管理制度:施工原始资料的积累和保存设专人负责,确保资料与施工同步。建立质量保证奖罚制度:奖励先进,督促后进。

路基土方施工中,采取机械配套、划分区段、桥涵先行、平行作业的方式,以求施工优质高效。路基正式填筑前,经试验确定填料土的最大干密度为1.87,最佳含水率为8%,填筑前清除地表杂土。进行试验段施工,取得松铺厚度、松铺系数、压实遍数与压实度之间的关系。进行设备选型和设备配套。按路基横断面全宽分层填筑,从借土场取土,挖掘机、装载机装车,自卸汽车运输。每层从地层较低处分层填筑,做成2%~4%的横坡,以利排水。每填一层先用推土机推平,并初步碾压,然后平地机刮平,人工配合路基外形整理,最后用压路机压实。施工中一个控制填筑层的松铺厚度,保持为60cm,使压实度得到保证。为使路基边缘也达到规定的压实度,每层填筑沿路基横向每侧加宽填筑30cm,以利压实机械作业。碾压采用18t光轮振动压路机,根据招标文件要求下路堤(即1.5m以下)的压实度≥93%,原地面≥90%。路基防护及排水施工:在路基、桥涵施工的同时,我们及时施工路基防护和路基排水设施,浆砌工程在保证几何尺寸的同时,严格控制砂浆强度等级和砌筑的密实度,勾缝做到整齐划一。结合路段基础情况、护坡结构形式、砌筑高度、长度选择适宜的施工方式、方法,充分满足这几要求及相关设计规范的要求。其伸缩缝、沉降缝、泄水孔施工符合相关要求。

为了保证混凝土质量,设置了电子计量混凝土拌和站,混凝土浇筑均采用定型组合大钢模板,模板接缝全部采用双面胶条粘接,面板每次使用前仔细用抛光机抛光,专用高效脱模剂脱模。梁体预制底模全部使用大面积钢板,所有混凝土构件严格使用同一厂家同一强度等级的水泥,同一产地的砂、石料,严格按设计配合比施工,以确保混凝土构件色泽一致,这样所做工程达到混凝土构件内实外美。

(4)资金筹措。项目概算总金额18.72亿元,项目资本金25%由贵州省公路局和遵义市政府共同筹集(其中省公路局承担60%、遵义市承担40%),其余部分由贵州遵义高投司向银行贷款解决,项目建设资金基本能够按照进度需要到位。

(5)招标投标。项目参建单位均全部采取统一招标,按照2009年10月28日省发改委《关于绥阳至遵义高速公路工程招标初步方案核准的通知》(黔发改交通〔2009〕2745号),本项目依法进行公开招标勘察设计、施工、监理等单位,见表6-131。

第六章
贵州高速公路

S81 绥阳至遵义高速公路建设单位　　　　　　　表 6-131

通车里程桩号:k3+960~k34+780.468

参建单位	单位名称	合同段编号及起止桩号	主要负责人	备注
项目管理单位	贵州遵义高速公路建设投资有限公司	K3+960~K34+780.468	叶涌	
勘察设计单位	湖南省交通规划勘察设计院	K3+960~K34+780.468	宋志勇	
施工单位	贵州省公路工程集团总公司	TJ1 K3+960~K10+860	张焰玢	
	贵州省公路工程集团总公司	TJ2 K10+860~K16+780	吴万山	
	贵州路桥集团有限公司	TJ3 K16+780~K20+420	许曙光	
	贵州路桥集团有限公司	K17+700~K18+200	杜鹏飞	
	中铁二十局集团有限公司	TJ4 K20+420~K24+800	赵成宝	
	中铁十一局集团第四工程有限公司	TJ5 K24+800~K29+000	陈阳	
	北京城建远东建设投资集团有限公司	TJ6 K29+000~K34+780.468	杨启飞	
	成都华川公路建设集团有限公司	路面7K3+960~K34+780.468	肖建华	
	贵州交通工程有限公司	交安8K3+960~K34+780.468	何恒	
	重庆市华驰交通科技有限公司	机电8K3+960~K34+780.468	罗远波	
	贵州交通工程有限公司	房建9K3+960~K34+780.468	王军	
	厦门厦生园林建设集团有限公司	绿化10K3+960~K34+780.468	陈泉平	
监理单位	武汉大通公路桥梁工程咨询监理有限责任公司	A监办 K3+960~K20+420	苏继荣	
	浙江通衢交通建设监理咨询有限公司	B监办 K20+420~K34+780.468	赵黔义	
	重庆景程工程咨询有限责任公司	C监办 K3+960~K34+780.468	龙镁	
监理单位	中国公路工程咨询集团有限公司	D监办 K3+960~K34+780.468	赵仁义	
	重庆景程工程咨询有限责任公司	E监办 K3+960~K34+780.468	龙镁	
	遵义市申达交通建设工程咨询监理有限公司	先行段监理 K17+700~K18+200	周鹏	
中心试验室	遵义市公路工程质量检测中心	K3+960~K34+780.468	李明	

(6)征地拆迁。为了营造良好的建设环境,遵义市及汇川区、绥阳县分别成立了两级协调指挥部,指派富有丰富工作经验和协调能力的领导和专职工作人员为工程建设服务,解决处理整个建设过程中的征地拆迁和群工协调工作。廉政工作方面,上级纪检监察部门在绥遵高速公路项目设置了纪检派驻组,在项目建设全过程开展廉政教育和纪检监察工作,努力实现"工程优良、干部优秀"的双优目标。

绥遵高速公路征地拆迁工作从2009年9月底开始,在各级政府、部门和公司的关心帮助和支持下,业主办征拆及协调部门积极与地方各级政府征地拆迁部门、各级协调指挥部密切配合,加强沟通与联系,征地拆迁工作开展有序高效,为进场的各施工单位做好了临时用地和先行动工用地的征用及协调等服务,为主线的施工打下了良好的基础,确保了全线征地拆迁工作在工期需要和市人民政府要求的时间节点上全面完成。

绥遵高速公路征地拆迁工作主要在汇川区和绥阳县境内（图6-194），项目途经高坪、董公寺、杨川、风华、蒲场五个镇，建设里程为30.82km，绝大多数通过两个万亩大坝，其征地拆迁工作涉及面广、数量大。经过外业勘丈登记、内业资料整理确认、资料公示等工作，全线土地赔付资金安全的顺利支付。随着征地拆迁工作的不断深入，各种存在的问题和矛盾越来越突显，为了使存在的问题和矛盾得到妥善的处理，主要抓了以下几个方面的工作：一是加大工作力度，加大宣传力度，切实做好项目建设的征地拆迁工作。抽调工作扎实、作风严谨的同志参与征地拆迁工作并做好岗前培训，严格执行政策标准，坚持公平、公正、公开的原则；明确工作纪律，责任任务落实到人；加强调度，坚持半个月开一次调度会；组织工作组深入农户家中进行面对面的宣传动员和做耐心细致的解释工作。二是搞好协调服务，及时化解群工矛盾。参建各方齐心协力、密切配合、克难攻坚、全力以赴做好建设中各方面、各环节的协调服务工作，及时解决涉农设施恢复、炮损赔偿、断水、断路等影响群众生产、生活的各类群工纠纷问题，有效地减少和防止了阻工事件的发生，降低了发生群体性事件的可能性。三是做好全方位协调服务，为施工开辟绿色通道。根据施工要求及时做好料场、弃土场、炸材库等用地中的协调工作，在"三电"迁改工作中，及时召开产权单位协调调度会，协调迁改单位施工迁改。对个别无理要求，不听劝阻，煽动闹事，恶意阻工阻路的，由公安机关及时介入处理，为高速公路建设施工营造了安全、和谐、顺畅的施工环境。

图6-194　绥遵高速公路通过绥阳县黔北民居

绥遵高速公路征地拆迁工作于2012年6月顺利完成，共征用土地3576亩，兑现补偿金额12625万元，其中：汇川区征用土地1420亩，兑现补偿款6325万元；绥阳县征用土地2156亩，兑现补偿款6300万元。共拆迁房屋554户，拆迁房屋面积97478m^2，兑现补偿款8626万元，其中：汇川区拆迁房屋263户，拆迁房屋面积42189m^2，兑现补偿款4367万元；

绥阳县拆迁房屋291户,拆迁房屋面积55289m²,兑现补偿款4269万元。"三电"迁改14处,兑现补偿款2207万元,其中:绥阳县"三电"迁改7处,兑现补偿款1537万元;汇川区"三电"迁改7处,兑现补偿款670万元。恢复涉农设施(乡村公路,机耕道,施工便道,沟渠)94条,兑现补偿金额989万元,其中:汇川区60条,兑现补偿金额305万元;绥阳县34条,兑现补偿金额684万元。炮损处理1423户,兑现补偿金额372万元,其中:汇川区炮损处理417户,兑现补偿金额132万元;绥阳县炮损处理1006户,兑现补偿金额240万元。企业拆迁8户,兑现补偿金额1460万元,其中:汇川区7户,兑现补偿金额1336万元;绥阳县1户,兑现补偿金额124万元。集中安置农户208户,其中:汇川区144户;绥阳县64户。分散安置农户305户,其中:汇川区28户;绥阳县227户。共兑现各种补偿金额26289万元,其中汇川区13135万元,绥阳县13154万元。在绥遵高速公路征地拆迁工作过程中未发生违法违纪案件,且未发生群体性事件和上访事件。

(7)交(竣)工。2015年7月16~17日,贵州遵义高速公路建设投资有限公司在遵义市交通运输局附楼会议室组织召开绥阳至遵义高速公路交工验收会议,参加会议的有贵州省交通运输厅、贵州省公路局、贵州省交通建设工程质量监督局、贵州省高速公路管理局、贵州省交通建设工程造价管理站、遵义市人民政府、遵义市交通运输局、遵义市公路管理局、市绥遵高速公路协调指挥部、遵义高速公路开发投资有限公司、遵义高速公路管理处、遵义市交警支队、汇川区人民政府及指挥部、绥阳县人民政府及指挥部、绥遵高速公路项目部(总监办)、湖南省交通规划勘察设计院以及施工、监理、中心试验室等有关单位,分别对路基6个合同段、路面合同段、机电工程、交安工程、房建工程、绿化工程分别进行了交工验收。与会人员在工地现场进行了认真检查,并听取了建设、设计、施工、监理等单位代表的汇报。根据贵州省交通建设工程质量监督局出具的工程交工质量检测意见,结合施工单位自检、监理单位抽检报告,经交工验收委员会现场检查、调阅相关资料,并结合建设、设计、施工、监理等单位的工作总结,会议一致认为:绥遵高速公路工程质量达到设计及规范要求,路基填筑分层均匀,碾压密实;桥梁、隧道等大型构造物混凝土强度合格,外观色泽均匀,结构尺寸符合设计要求,线形顺直;路面铺筑平整、密实,行车舒适;交通工程安全设施标识完善,波形梁安装规则,各项检测指标合格。交工验收委员会评定:绥阳至遵义高速公路工程质量合格,同意通过交工验收。

3.营运管理

全线设Ⅲ类停车区2处(李子垭、绥阳)、匝道收费站5处(表6-132)、桥隧管理站3个、应急保畅中队1个、监控管理所1个、养护站1个。本项目于2012年7月18日建成通车,批准收费时间为2012年4月1日,批准收费终止时间为2042年3月31日。2012年7月~2015年8月,收费总22975.43万元。2012年7月~2015年8月车流量共计13538098辆。

S81 绥阳至遵义高速公路收费站点设置 表 6-132

站点名称	车道数	收费方式
绥阳	2进3出(含ETC车道1进1出)	联网收费
牛心	2进2出(含ETC车道1进1出)	联网收费
蒲场	2进2出(含ETC车道1进1出)	联网收费
四面山	2进2出(含ETC车道1进1出)	联网收费
李子垭	3进9出(含ETC车道1进1出)	联网收费

二十四、S82 黔西至大方高速公路

(一)S82 黔西至大方高速公路贵阳至黔西公路

1. 基本情况

(1)项目决策背景及过程。贵州省位于我国西南中心腹地,与四川、重庆、湖南、广西、云南5省(自治区、直辖市)毗邻,是我国西部地区的矿产资源大省,国家重要的能源和原材料基地,也是西南地区通往珠江三角洲、北部湾经济区和长江中下游地区的陆路交通枢纽。全省矿产资源、生物资源、水能资源和旅游资源丰富,煤、磷、重晶石、铝土等矿产储量位居全国前列,资源优势明显,但长期以来受交通基础设施落后的制约,资源优势难以转化为经济优势,欠发达、欠开发仍是当前最突出的省情。该项目的建设是落实省委、省政府提出的重点实施工业强省战略和城镇化带动战略,是完善贵阳市规划路网,加密贵州省高速公路网,打造沿线循环经济带,促进贵阳、毕节两地经济优势互补、实现双赢、带动区域矿产资源和旅游资源开发,实现社会经济水平快速提高、改善区域交通条件,满足日益增长的交通发展、推动新一轮"西部大开发",实现区域经济协调可持续发展、促进民族团结、构建和谐社会的需要。

2008年,贵州省交通运输厅启动贵州省高速公路网修编,布局以促进全省经济社会发展、推进城镇化建设、优化产业布局、促进资源开发和构建综合运输体系为宗旨,坚持强化通道、突出核心、协调推进的总体思路,并强调以贵阳为中心,形成具有一定发展规模和辐射能力的核心都市圈,规划按"井"字形布置,形成以贵阳市为中心,辐射都匀—瓮安—黔西—安顺的大环线,环线东南、西南方向均有加密斜线,本项目可视为环线西北方向的加密线,在规划网中未列入。

随着贵阳市经济的发展和毕节经济交流的增多,两地政府对项目建设的意愿也趋于迫切,均认为择时启动很有必要。2009年9月15日,贵阳市、毕节地区主要领导商洽贵阳(清镇)至黔西高速公路建设等事宜,商谈会认为:建设贵阳(清镇)至黔西高速公路将大大缩短两地的行程时间,增进两地的联系与交流,进一步促进两地的资源互

补,实现优势共享。会上两地政府签订了《共同建设贵阳清镇至毕节黔西高速公路框架协议》。2010年2月2日,贵阳市《政府工作报告》要求做好本项目前期工作;2011年1月12~14日,贵州省人民政府专题会议纪要《关于研究纳雍县和黔西县有关问题的会议纪要》(黔府专议〔2011〕7号)中关于贵阳到黔西高速公路提出:请省交通运输厅将贵阳至黔西高速公路列入县县通高速公路规划,请省发展改革委列为省重点项目,采用BOT模式建设。

(2)公路的功能、定位、里程。贵州省贵阳至黔西高速公路(以下简称"贵黔高速公路")是连接省会贵阳及黔西、毕节等地的又一区际高速公路通道,是贵阳市市域快速公路体系中"一环、两横、九射线"的重要组成部分,是国发2号文件及黔中经济区规划的重要公路。贵黔高速公路起于贵阳市曹关,经贵阳市白云区、观山湖区、清镇市及毕节市的黔西县,止于黔西县石板,在石板互通(图6-195)顺接黔大高速公路。本项目全长78.436km。

图6-195 贵黔高速公路黔西石板互通

(3)技术指标。贵黔高速公路按四车道高速公路标准修建,分段采用两种设计速度和路基宽度的技术标准。K0+000.000~K28+637.251路段(里程长28.637km)采用设计速度100km/h,路基宽度26.0m,分离式路基13.0m。K27+906.698~K77+940路段(里程长49.799km)采用设计速度80km/h,路基宽度24.5m,分离式路基12.25m。汽车荷载标准公路—Ⅰ级。设计洪水频率特大桥1/300、其他桥梁和路基1/100。

根据贵州省交通运输厅《关于贵阳至黔西公路初步设计的批复》(黔交建设〔2013〕82号),本项目总投资概算约90.12亿元,其中,资本金为22.53亿元(约占总投资的25%),由中交路桥建设有限公司出资;其余约67.59亿元利用国内银行贷款解决。

(4)主要控制点。该项目起点曹关,经百花湖、麦格、卫城、王庄、新店、百腊嘎,终点位于黔西县石板;跨乌江干流鸭池河及其支流猫跳河、跳蹬河、皮家河等。

(5)沿线主要地形地貌。贵州地处云贵高原,地势西高东低,平均海拔1100m左右,92.5%的面积为山地和丘陵,素有"八山一水一分田"之说。贵州岩溶地貌发育非常典型,喀斯特(出露)面积10.9万km^2,占全省国土总面积的61.9%,境内岩溶分布范围广泛,形态类型齐全,构成一种特殊的岩溶生态系统。

贵阳市属山地、丘陵为主的盆地地区,境内山峦重叠,地势起伏较大,山地丘陵占总面积的89.7%。喀斯特地貌发育完好,占总面积的73.3%。

毕节市境内地势西高东低,山峦重叠,河流纵横,高原、山地、盆地、谷地、平坝、峰丛、槽谷、尘地、岩溶湖等交错其间,平均海拔1600m。境内岩溶面积占总面积的80%以上,除威宁中部和赫章西部地势较平缓外,其余地方地形切割大,地表十分破碎,地下溶洞、伏流较多,主要山脉为乌蒙山。

(6)主要构造物。全线设置桥梁13954.95m/50座,其中,特大桥2770.5m/2座,大中桥11183.95m/48座;涵洞121道;设置隧道7983.5m/11座,其中,长隧道4020.0m/3座,中隧道2432m/4座,短隧道1731.5m/4座,桥隧比为28.18%。

2. 建设情况

(1)立项审批。2013年4月16日,贵州省发改委以《贵州省发展改革委关于贵阳至黔西公路项目核准的批复》(黔发改交通〔2013〕897号)核准该项目。土地报建于2014年4月21获国土资源部正式批复,这是贵黔项目前期准备工作中最重要的一项成果,也为项目贷款的最终落实提供了最重要的保障。2014年5月12日,贵州省交通运输厅关于贵阳至黔西高速公路(主体工程部分)施工图设计的批复正式下发。

(2)勘察、设计。贵州贵黔高速公路项目主体勘察设计单位为中交第二公路勘察设计研究院有限公司,在合同段交工验收过程中,业主、监理、施工单位分别就该院设计文件及其后期服务工作作了初步评价。各方评价均认为总体设计方案基本经济、合理;设计文件均能按照相关标准、规范进行;设计文件按相关设计规范编制,无大的错、漏项和质量事故;设计单位按规定派出常驻设计代表,设计后期服务工作及时可靠,各专业设计人员均能根据工地实际需要到现场进行指导,并根据施工实际需要及时对设计方案进行优化调整,在设计变更管理方面,做到了客观、科学、合理并出具设计变更文件,有力地推进了项目建设。

贵阳市于2009年即与毕节地区对接,达成有关经济合作协议,并在2010年初做出了相关部署,初拟建设清镇至黔西高速公路,委托贵州省交通规划勘察设计研究院股份有限公司进行清镇至黔西高速公路工可研究;2012年5月,根据贵州省交通运输厅、贵阳市的意见,对清镇至黔西高速公路路线方案进行调整,确定本项目从贵阳市区至黔西不再绕行清镇,直接沿贵阳市区至黔西两地轴线顺直布线的走向方案。

2010年年底,贵州省交通规划勘察设计研究院股份有限公司在承接任务后,按质量体系要求,成立了贵州省贵阳(清镇)至黔西高速公路工程可行性研究项目组,指定了项目负责人,制定详细的工作计划和创优措施,编制工作大纲,并据此开展工作,其过程主要分以下几个阶段:

2010 年,项目准备阶段。根据委托书指定的路线控制点,收集项目影响范围的 1:200000、1:100000、1:50000 和 1:10000 地形图,在 1:50000 地形图上初步分析本项目的大致走向,确定项目影响区、通道出行、路线走廊等,并拟定需要收集的资料清单、交通调查和社会调查方案等。根据 1:50000 地形图拟定的路线走廊带,进一步在 1:10000 地形图上初步拟定路线方案,并会同公司总工办就路线走廊带、交通调查等方案进行讨论、研究,做好实地踏勘的准备工作。

2011 年 1 月,现场踏勘。根据拟定的路线方案,中交路桥建设有限公司总工程师办公室、规划咨询室、生产经营部多个专业的技术人员赴现场实地踏勘,进行了为期两天的现场踏勘工作,就路线起点、终点、主要工矿企业控制点、鸭池河特大桥位、互通拟建点、沿线主要矿产分布、水源点、城镇规划等进行了卫星定位仪实地调绘,并就路线走廊带、互通预设位置等初步设想与地方政府进行座谈,分发资料收集清单、社会调查表。座谈主要是与沿线的各级政府领导及公路建设涉及的发改、交通、建设、国土、水利、旅游等相关职能部门,以充分了解沿线的社会经济现状、产业布局及发展构想,并听取针对本项目所提出的意见和建议。

2011 年 2 月,地质勘察。为进一步查明项目区域工程地质、水文地质情况,项目组地质人员结合地形图资料对路线方案(含同深度比较方案)进行了详细的工程地质调绘,特别是溶洞、软土、滑坡、崩塌等不良地质现象的分布情况,并收集了贵清高速公路、黔织高速公路及黔大高速公路等相关工程的地质勘察报告,并根据调绘成果,进行资料整理与分析,为重大结构物选择、路线方案比选提供了可靠依据。

2011 年 2 月 28 日~3 月 2 日,交通量调查。为全面掌握与本项目有关的机动车辆流量、流向及运营状况,把握旅客和货物的流量流向,为交通量预测工作提供可靠的基础数据,在避开 2011 年春运高峰后,项目部在沿线地方政府及交通部门的积极配合下,于 2011 年 3 月 1 日上午 7:00~3 月 2 日上午 7:00 对项目影响区域进行了机动车 OD 调查和交通量观测,共布设 OD 点 5 个。

2011 年 3 月,方案研究和报告编制。在充分收集了沿线地质、水文、城镇规划、工矿产业现状及规划布局、地方政府意见和建设、相关道路如等级、现状、交通流量等一系列资料后,项目组进一步深入研究路线方案,并拟定桥梁、隧道、互通等具体规模,对有比较价值的方案进行了同深度比选论证,原报告共提出推荐方案路线长 87.132km。

2012 年 6 月,贵阳至黔西高速公路工可报告修改阶段。在收到贵州省交通运输厅、贵阳市对贵阳(清镇)至黔西高速公路线位走向修改的相关意见后,中交路桥建设有限公司组织相关技术人员对路线方案进行了具体研究，在1∶100000地形图、卫星影像图上初步拟定了起点接于贵阳环城高速公路西南段、直连清镇市卫城的路线方案，根据拟定的路线方案，并对部分工点再次实地踏勘，至2012年6月底，贵阳至黔西高速公路工程可行性研究报告编制完成；8月，针对贵阳市新出台的百花新城规划，进一步增加了绕避方案。8月底，贵阳至黔西高速公路可行性研究报告完成，修改完成的报告共提出推荐方案路线长77.041km，比较方案三条共87.379km。

（3）施工管理。贵黔高速公路采用BOT+EPC的建设方式，经贵州省交通运输厅公开招标，中交路桥建设有限公司（中交路建）中标，随后于2012年12月成立了贵州中交贵黔高速公路发展有限公司。由贵州中交贵黔高速公路发展有限公司负责投资、建设、经营和养护管理、移交等工作。由中交路桥建设有限公司以施工总承包模式承建，成立中交路桥建设贵州中交贵黔高速公路总承包部，负责贵黔高速公路全部施工任务。监理单位公开招标选定。

贵黔公司主要行使业主职能，负责项目资金筹集、土地征拆、设计管理、监理管理及协调等工作，并接受上级单位及政府监督部门的监督和管理，按程序向上级公司汇报工程进度、安全、质量、费用情况。施工总承包部负责现场施工管理，接受监理单位的监督，管理施工标段。主要负责现场进度、成本、安全、质量控制，负责对所有分包单位的管理及组织协调工作。

进度管理方面，贵黔高速公路对工程项目的进度控制管理，实行项目经理领导下的分管领导分工负责制；项目公司工程管理部是工程项目进度控制的业务归口管理部门；项目办作为项目公司现场重要的职能机构，负责现场进度计划的实施与调整，负责按照进度计划监督施工单位的资源配置。贵黔高速公路开工时，便建立了完整的施工进度计划编制体系，并根据施工项目、时段及时期的划分，编制针对性的施工控制计划。具体划分的施工计划有：

以施工项目为对象划分为：施工总进度计划、单项施工进度计划和专项（重要临时工程、重要辅助工程、特殊部位、抢工项目）施工进度计划。

以施工时段（里程碑式）划分为：开工、路基初通、隧道贯通、桥梁合龙、路面完工、试运行、正式通车等施工进度计划。

以施工时期划分为：阶段性施工进度计划，年度、季度、月度施工进度计划和旬、周、日施工作业计划。

工程质量管理方面，根据各级参建单位质量管理职责，贵黔高速公路建立以建设单位统筹安排，监理单位监督实施，施工单位全面负责的质保体系，辅第三方检测监控单位的贵黔高速公路内部质量控制体系，同时按照"企业自控、社会监理、业主监管、政府监督"的四级质量管理体制，接受政府和社会的监督管理，及时发现和解决施工过程中出现的偏差,为质量管控提供保障。

安全生产方面,贵黔高速公路始终贯彻"安全第一,预防为主、综合治理"的方针,牢固树立"以人为本、安全发展"的理念,贯彻执行国家及项目所在地政府及行业监督管理部门有关安全生产工作的法律、法规、标准规范及相关要求,积极开展在建项目隐患排查治理工作,未发生生产安全责任事故。

2016年7月16日上午10时,贵阳至黔西高速公路通车仪式在鸭池河大桥上举行,贵黔高速公路开通运营后,两地由原来的2小时缩短为50分钟车程,是贵阳经黔西抵达毕节的最快公路通道,连接黔大、黔织、黔白等高速公路后,辐射毕节各县交通要道,覆盖乌江源百里画廊东风湖、织金洞、百里杜鹃等国家级旅游风景区,为沿线农产品运输提供便利条件。在将毕节交通打开的同时,亦将迅速融入大贵阳经济圈,对黔中经济区的发展注入活力。经厦蓉、杭瑞高速公路畅通周边邻省,连接以北广大区域变得更加紧密通畅,形成整个地区高速公路网。经贵广高速铁路快捷连通珠三角;通过兰海高速公路快速连接北部湾地区,实现西部出海、面向世界的广阔市场,有效助推黔西北经济大发展。

(4)招标投标。该项目建设单位为贵州中交贵黔高速公路发展有限公司。本项目由建设单位委托中招国际招标有限公司作为招标代理,采用资格后审的方式编制了招标文件,2013年10月25日起在交通厅网站、中国采购与招标网、贵州招标投标网上发布招标公告,开始发售招标文件。截至2013年11月20日上午10时,共收到40份投标文件。

2013年11月23日,评标委员会全体成员集中在贵阳市花溪迎宾馆进行封闭式评标。评标委员会由5人组成,其中在交通运输部评标专家库中随机抽取专家4人,业主代表1人。贵州省交通运输厅基本建设管理处派员对评标进行全程监督。主要参建单位如下。

勘察设计单位:根据投资人招标文件投标须知中对于勘察设计单位的要求,第3.3款规定:投标人应与国内的勘察设计单位、施工单位联合、协作,取得其合作参与本项目建设的承诺。本项目在投标时按招标文件要求确定了由中交集团下属的中交第二公路勘察设计研究院有限公司、中交路桥建设有限公司作为本项目的勘察设计联合协作单位,故未另行招标。

环境保护及水土保持监测单位:西安长大公路工程检测中心。

监理单位:北京交科工程咨询有限公司(监理TJ1、2标);湖北中交公路桥梁监理咨询有限公司(监理TJ3、4标);北京中交安通工程技术咨询有限公司(监理TJ5、6标,LM1、2标);北京华通公路桥梁监理咨询有限公司(监理TJ7、8标,LM3标);中交建工程咨询(北京)有限公司(监理TJ9、10标);江苏纬信工程咨询有限公司(监理绿化、房建、交安、机电标)。

施工单位:中交路桥华南有限公司(TJ1、7、8标,LM1标);中交路桥北方有限公司(TJ2、3、9、10标,LM3标);中交路桥华北工程有限公司(TJ4标);中交路桥南方工程有限公司(TJ5标,LM2标);中交路桥华东工程有限公司(TJ6标);中交路桥建设有限公司总承包分公司(绿化、房建、交安标);北京瑞拓电子技术发展有限公司(机电标)。

(5)征地拆迁。2013年10月贵黔高速公路开始征地拆迁。全线征地9009.336亩(包括新增加的白云互通、百花湖互通、麦格互通、东风湖及新店互通、黔西县的坪子互通和黔西服务区),全部征收完成,征地率100%。全线应拆迁557栋房屋,已拆迁557栋,房屋拆迁率100%;全线应迁移坟墓4104座,已迁移4104座,坟墓迁移率100%。总支付补偿费用80171.3万元。

(6)交(竣)工。该项目依据施工许可证计划工期48个月。申请开工日期为2014年9月29日,计划交工日期2018年9月29日,计划竣工日期2020年9月29日。

2015年12月29日,贵州中交贵黔高速公路发展有限公司组织召开K28+537~K52+800、K54+280~K77+940段落的交工验收会议。2016年7月8日,贵州中交贵黔高速公路发展有限公司组织召开K0+000~K28+537、K52+800~K54+280段落的交工验收会议。

3.复杂技术工程

鸭池河大桥(图6-196)是贵黔高速公路主要控制性工程,也是目前世界第一大跨径钢桁梁斜拉桥。

图6-196 贵黔高速公路鸭池河大桥

主塔采用H形索塔,贵阳岸塔高243.2m、黔西岸塔高258.2m,索塔沿高度方向设置上、下2道横梁。索塔采用C50混凝土,总方量3.9万m^3;索塔钢筋总用量约1.1万t。基础采取整体式承台+群桩基础,单个承台厚8.0m、顺桥向宽25.5m、横桥向宽38.5m。两承台下均设有24根直径3.0m的混凝土灌注桩,贵阳岸桩长40m、黔西岸桩长48m。

主梁边跨为预应力混凝土箱梁结构、中跨为钢桁梁结构,预应力混凝土箱梁与钢桁梁之间采用钢箱过渡。中跨钢桁梁结构采用N形桁架,横向两片主桁,中心间距为27.0m,桁高7.0m,节间长度为16.0m;钢桁梁最大梁段质量240t,总用钢量约1.8万t。边跨混凝土主梁采用等截面预应力混凝土双边箱梁结构,标准梁宽27.7m、梁高8.2m;采用C55高性能混凝土,总方量2.3万m³。

斜拉索采用环氧涂层钢绞线斜拉索,质量约3000t;其中最长索达428m,质量达42t。斜拉索塔端采用钢锚梁的锚固方式,全桥钢锚梁共96套,总质量2150t。钢锚梁通过钢牛腿和索塔连接,单根锚梁最大质量为9.6t,单套钢牛腿最大质量为7.3t。

鸭池河大桥桥址属于峡谷地貌区,河谷呈U形深切,地质条件极为复杂,桥址区瞬时风力可达11级,具有典型的深切峡谷地区大跨径桥梁的施工特点;大桥建设规模大,技术含量高、施工组织难度大。项目在施工中大胆创新,突破常规思路,采用多种新技术和工艺保障了大桥施工的顺利进行。

4. 运营管理

贵阳至黔西高速公路收费期限为30年,自2016年6月30日起至2046年6月29日止。收费期限届满停止收费并撤除收费站。

全线在卫城设立贵黔高速公路运营管理中心(图6-197)。在白云(枢纽)及石板(枢纽)设置2大互通,在百花湖、麦格、卫城、王庄、东风湖、新仁、大海子、黔西县南等处设置8大收费站(表6-133),设置麦格服务区和黔西县南服务区,设置新店停车区。

图6-197　卫城收费站收费员的规范礼仪培训

收 费 站 点 设 置　　　　　表6-133

站点名称	车 道 数	收费方式
百花湖互通匝道收费站	8	封闭式收费
麦格互通匝道收费站	8	封闭式收费
卫城收费站管理中心	9	封闭式收费
新店互通	8	封闭式收费
东风湖互通	8	封闭式收费
新仁收费站	8	封闭式收费
大海子收费站	8	封闭式收费
黔西南收费站	12	封闭式收费

(二)S82 黔西至大方高速公路石板至东关段

1. 基本情况

(1)项目决策背景及过程。毕节地区位于贵州省西部,地处川、滇、黔三省接合部的中心,拥有丰富的矿产、生物、水能和旅游资源,其中煤炭可开采储量257亿元t,居贵州全省之首,占贵州已探明的煤炭储量的48%以上;铁矿探明储量2.27亿元t,占全省探明储量的51.7%。

一是项目建设是改善区域交通运输环境,完善贵州省高速公路网,构建毕节试验区综合交通运输体系的需要。连接黔西县与大方县并向毕节试验区政治经济文化中心毕节市延伸的公路有贵毕二级公路和321国道。贵毕二级公路于2001年10月16日建成通车,起点在扎佐接贵遵高速公路,终点毕节市,是目前毕节试验区连接省城贵阳的快捷通道,设计速度60km/h,路基宽度11m。近年来,随着交通运输量大幅增长,该条公路交通事故频发。据统计,2003—2008年,共发生交通事故228起,死亡371人,受伤427人,已不能适应交通量急剧增长的需要。321国道黔西至大方段长约64km,路基宽7.5~8.5m,路线平纵指标较低,属3、4级公路标准,坡陡弯急,加上沿线城镇发展,居民建房依路而建,公路街道化十分严重。该项目的建设,对构建毕节试验区出境快速通道、减少交通事故、满足经济社会发展需求具有重要意义。项目建成后,将把成都至贵阳快速铁路、毕节飞雄机场串联起来,形成区域性的交通网络。

二是项目建设是开发矿产资源,实现区域经济协调可持续发展的需要。项目区域内矿产资源丰富,特别是煤矿资源,是贵州低硫优质无烟煤的重要产区。黔西县煤炭资源远景储量达70亿元吨以上,其中优质无烟煤34亿元吨,现已精查探明上表储量14.34亿元吨;大方县以能源、生物、旅游"三大资源"为主,矿产资源有无烟煤、硫铁矿、高岭土、石灰石和大理石等19种,煤炭、硫铁矿产资源量大质优,理论储量分别达112亿元吨和109.7亿元吨。本项目建成后,将大大推动黔西、大方两县矿产资源开发,将资源优势尽快转化为经济优势,从而推动社会进步和经济发展,为项目区人民早日脱贫致富奠定坚实的基础。

三是项目建设是开发扶贫,加快毕节试验区改革发展,构建和谐社会的需要。项目地处的毕节地区是1988年时任贵州省委书记的胡锦涛同志亲自倡导,并经国务院批准成立的"开发扶贫、生态建设"试验区。在这片红军长征时走过的革命老区,由于历史和自然等多方面的原因,人民生活水平仍然不高,2010年农民人均纯收入仅有3544元,贫困面依然比较大。本项目的建设,将改善区域交通落后现状,拉近沿线区域与周边地区的时空距离,促进扶贫开发和招商引资,推动经济社会发展,并能极大地促进地区之间、民族之间的交融,加快毕节试验区改革发展,为构建社会主义和谐社会创造有利的条件。

(2)项目功能、定位。黔西至大方高速公路是《贵州省高速公路网规划》中的"二联",项目起点黔西是规划的"三横"和"五纵"的结点;项目终点连接杭瑞国家高速公路,是国家高速公路在贵州西北部的扩展和延伸。其建设不仅对区域经济发展具有重要的推动作用,也是促进民族地区扶贫开发,构建和谐社会的重要举措。

项目的主线起自黔西城南的石板桥,经黔西县林泉镇、红木乡、在西溪设西溪河特大桥(图6-198)跨河后至大方县境内,经黄泥塘镇大土、六龙镇、止于大方城北的东关乡,与在建的杭瑞国家高速公路遵义至毕节段相接,并顺接拟建的黔西至大方高速公路东关至清丰段。设置石板枢纽、林泉、百里杜鹃西、六龙、大方共5处互通式立交;主线建设里程长51.781km,另建连接线17.095km,其中百里杜鹃连接线长14.14km,石板互通临时连接线长0.75km,林泉互通连接线长0.7km,大方北互通连接线长0.15km,六龙互通连接线长1.5km,同步建设必要的交通工程和沿线设施。

图6-198 黔大高速公路西溪河特大桥

(3)主要技术指标。黔大高速公路石东段主线建设里程长51.781km,主线按双向四车道高速公路标准建设,设计速度80km/h,路基宽度21.5m;桥涵设计荷载采用公路—Ⅰ级,其他指标按照部颁《公路工程技术标准》(JTG B01—2003)执行。

(4)沿线地形地貌。项目地处贵州省毕节地区黔西县、大方县。位于东经105°33′~106°2′,北纬26°20′~26°30′。起于黔西县城南石板桥,与规划中的清镇至黔西高速公路和在建的黔西至织金高速公路连接,形成十字交叉。终点为大方县东关乡,与在建的杭瑞高速公路遵义至毕节段形成十字交叉。

黔西县地势西北高,东南低。东北、西北、西南及南部山峦绵延。东南西三面呈河谷深切,中部为浅洼地、缓丘坡地和丘峰洼地,地势比较平坦开阔。境内最高点海拔

1679.3m,最低点海拔760m。具有低纬度、高海拔的地理位置特点。县城属丘陵地形,在群山环抱之中,九座狮山分布在城内外,城池如含苞欲放的莲花,故有"九狮闹莲"之称。

大方县地貌处于乌蒙山脉东麓的黔西高原向黔中山原丘陵过渡的斜坡地带,广泛分布着碳酸盐岩,峰林、峰丛、溶洞、竖井、漏斗等岩溶地貌十分发育。全县最高海拔2325m,最低海拔720m,岩溶地貌和侵蚀地貌相互交错共存,山地、丘陵、盆地构成主要地貌。

(5)投资规模。本项目采用BOT+EPC和政府补贴的建设模式,总投资概算为54.27亿元人民币。

(6)主要工程量。路基土石方1591万m^3、防护排水圬工56.23万m^3、大中桥梁(含天桥)11149.4m/28座(其中特大桥2座,分别为西溪河特大桥、松河特大桥,大桥23座)、通道及涵洞67座。

2. 建设情况

(1)立项审批。2011年7月22日,投资人与毕节市地区行政公署签订投资协议,明确了在项目安全寿命期内各自的权利和义务,以及项目建设和服务标准等相关事宜。2011年9月11日,项目工可经发改委核准,2011年9月26日,项目初步设计经交通运输厅审批通过。

(2)勘察设计。勘察设计工作由贵州省交通勘察设计研究院股份有限公司承担,省交勘院2009年初赴工地进行了实地踏勘,核实路线方案及沿线重点工程的建设条件。同时与沿线的各级政府领导及公路建设涉及的发改、交通、建设、国土、水利、旅游等相关职能部门进行了座谈,向沿线各级政府介绍了本项目的建设背景及初拟的各种工程方案的概况。了解沿线的社会经济现状、产业布局及发展构想,听取了沿线相关各职能部门对本项目建设方案提出的意见和建议。并与地方相关领导一起共同对地方关心的互通、线位等进行了实地踏勘。至2009年4月底,初步完成工程可行性研究报告,然后向地方政府汇报,并征求意见;结合地方政府意见,省交勘院对路线及互通方案进行了调整,至2009年12月底,编制完成工程可行性研究报告第二稿;2010年3月,大方县提出,报告推荐的路线方案在六龙段占用了大量煤矿,希望尽量绕避,同时,百里杜鹃风景区管理处提出增设百里杜鹃连接线的要求,因此,省交勘院对路线方案进行了再次调整,2010年6月,完成工程可行性研究报告;2011年9月26日完成初步设计概算;2013年6月14日完成施工图设计工作。

(3)施工管理。2013年4月3日,黔大高速公路召开第一次工地会议,黔大高速公路正式开工,2014年7月16日,黔大高速公路召开二期工程第一次工地会议,二期工程全面展开建设,黔大高速公路建设进入全面攻坚阶段。2013年5月3日,全线最大控制性工程西溪河特大桥完成主墩基础施工,正式进入桥梁墩柱施工,2013年11月30日,西溪河特大桥全部主墩封顶正式进入0号段施工,标志着全桥施工合龙进入倒计时,2014年11月13日,西溪河特大桥实现双幅完全合龙,黔大高速公路建设进入收尾阶段。

贵州省黔西至大方高速公路石板至东关段由贵州桥梁建设集团有限责任公司、贵州公路集团有限公司联合投资,两家股东单位于2011年7月13日成立黔大石东高速投资建设股份有限公司作为黔大高速公路建设单位,2013年4月3日全面开工建设。项目主要控制点为:石板互通、西溪河特大桥(全长1319.54m)、松河特大桥(全长802.14m)、六龙隧道(全长1308m),本项目工期短、任务重,在这样的情况下,黔大石东公司加大了各方面的投入力度,保证工程建设施工质量和安全管理的前提下,全力以赴,攻坚克难,狠抓进度,于2014年12月25日建成通车,从原来36个月的工期缩短为20个月。

在施工组织方面,黔大项目公司董事长李军每月组织各参建单位召开月生产调度会议,对上月工作做总结、对本月工作做出详细的计划,各股东单位领导更是每周固定到施工现场组织监理及施工单位对全线基本建设情况进行调查,要求各参建单位认真梳理本合同段工期节点计划,推行科学组织、合理施工,合理协调交叉作业、平行作业、24小时作业,实施"白加黑、五加二及晴加雨"等组织方案,在投入力度上增强人力资源、机械设备的投入力度,全面推进施工进度。

为积极响应"三年大会战"实施计划,确保完成省交通运输厅下达的黔大高速公路石东段本年度总投资额35亿元以及年底通车的目标任务,结合黔大高速公路项目的总体进度情况,黔大石东公司在黔大高速公路石东段先后开展了"大战一百天""大战六个月"等劳动竞赛活动,不断鼓励和激励参建人员的信心和决心;该项目的建设得到各级领导的大力关怀及获得社会各界的聚焦关注和支持。

本项目在建设过程中,实行项目法人责任制、招标投标制、工程监理制和合同管理制等管理制度,建立了"企业自检、社会监理、第三方检测、业主管理、政府监督"的五级质量保证体系。

(4)融资情况。黔大公司于2011年7月13日注册成立,贵州桥梁建设集团公司、贵州公路工程集团有限公司共向黔大公司注入资金14.48574亿元;2015年2月6日与国家发开银行股份有限公司、中国工商银行股份有限公司贵州省分行、贵州银行股份有限公司签订黔西至大方高速公路石板至东关段项目分组银团贷款合同,贷款金额35亿元。

(5)招标投标。黔大高速公路施工共分为5个总承包施工标段(表6-134),分别为五个路基土建施工标段(1~5标)、两个路面施工标段(LMA、LMB标)、两个交安施工标段、两个机电施工标段、两个绿化施工标段和两个房建施工标段。

标段划分情况　　　　　　　　　　　　　　　　　　　　　表6-134

标段号	标段所在地	工程内容及长度	从业单位
T1	贵州省黔西县	路基工程、绿化工程,全长19.496km	贵州桥梁建设集团有限责任公司
T2	贵州省黔西县	路基工程、绿化工程,全长5.7km	贵州桥梁建设集团有限责任公司
T3	贵州省大方县	路基工程、绿化工程,全长5.3km	贵州公路工程集团有限公司
T4	贵州省大方县	路基工程、绿化工程,全长8.04km	贵州公路工程集团有限公司
T5	贵州省大方县	路基工程、绿化工程,全长13.35km	贵州桥梁建设集团有限责任公司

黔大高速公路项目由贵州桥梁建设集团有限责任公司、贵州公路集团有限公司两家股东单位于2011年6月14日收到贵州省毕节市政府的投资人中标通知书,2011年7月12日签署投资协议,其后成立黔大石东高速公路投资建设股份有限公司(以下简称"项目公司"),项目公司作为项目业主全权代表投资人负责黔大高速公路的融资、建设和运营(经营期30年)。

黔大高速公路实行两级监理,设立一个总监办、一个中心试验室和两个驻地监理办。由华杰工程咨询有限公司通过招投标程序,公开招标总监办、驻地办、试验检测单位;总监办中标单位为安徽省科兴交通建设工程监理有限公司;中心试验室中标单位为安徽省公路工程检测中心;第一驻地监理办中标单位贵州陆通公路工程监理有限责任公司;第二驻地监理办中标单位为贵州陆通公路工程监理有限责任公司。

黔大高速公路参建单位见表6-135。

黔大高速公路参建单位　　　　　　　　　　　　　　　　　表6-135

参建单位	单位名称	合同段编号及起止桩号	主要负责人
项目管理单位	黔西至大方高速公路石板至东关段	主线 K1+104~K52+994,连接线13.790km	李军
勘察设计单位	贵州交通规划勘察设计研究院股份有限公司	主线 K1+104~K52+994,连接线13.790km	漆贵荣
施工单位	贵州桥梁建设集团有限责任公司	T1 K1+104~K20+600	吴祖权
施工单位	贵州桥梁建设集团有限责任公司	T2 K20+600~K26+300	韩小波
施工单位	贵州公路工程集团	T3 K26+300~K31+600,连接线13.790km	张忠胜
施工单位	贵州公路工程集团	T4 K31+600~K39+640	刘泽宽
施工单位	贵州桥梁建设集团有限责任公司	T5 K39+640~K52+994	全圣彪
施工单位	贵州桥梁建设集团有限责任公司	LMA K0+940~K26+300	郭定勇
施工单位	贵州桥梁建设集团有限责任公司	LMB K26+300~K39+640	李涛
总监理工程师办公室	安徽省科兴交通建设工程监理有限公司	T1、T2、T3、T4、T5、LMA、LMB K1+104~K52+994	杜荣宏
监理单位	厦门港湾咨询监理有限公司	T1、T2 K1+056~K30+800	冯学平
监理单位	贵州陆通公路工程监理有限责任公司	T3、T4、T5 K30+800~K52+994	王勇

（6）征地拆迁。2013 年 4 月～2014 年 12 月，黔大高速公路石东段征用土地 4920.8985 亩，拆迁房屋 162780m²（房屋拆迁 450 户），支付补偿费用 34296.555 万元。

（7）交（竣）工。黔大石东高速公路于 2014 年 12 月 5 日向贵州省交通运输厅递交交工验收报告申请，2014 年 12 月 15 日召开交工验收会议，2014 年 12 月 30 日下发交工验收证书并通车试运营。

3. 营运管理

本项目于 2014 年 12 月 30 日正式通车运营，收费期限为 30 年，即 2015—2045 年；黔大高速公路全线设有 1 个营运中心，黔西（图 6-199）、林泉、百里杜鹃西、六龙共 4 个收费站（表 6-136），1 个服务区（西溪服务区）。黔大营运中心下设营运科、综合科、养护科、财务科、收费监控中心和桥隧监控所。现有工作人员 83 人，其中管理人员 23 人、收费员 34 人、监控员 6 人、后勤 20 人。黔大公司通过建立两级营运管理体系，提高管理的科技含量，充分调动员工的积极性，推进文明创建进档升级，加强文明服务形象窗口等途径，对黔大高速公路的收费、养护、安全、监控、通信、服务等工作进行系统的计划、组织、指挥、调度和管理。

图 6-199　黔大高速公路黔西收费站

收 费 站 点 设 置　　　　　表 6-136

站点名称	车 道 数	收 费 方 式
黔西收费站	5 进 10 出	人工收费、ETC 电子不停车收费
林泉收费站	3 进 3 出	人工收费、ETC 电子不停车收费
百里杜鹃西收费站	2 进 2 出	人工收费、ETC 电子不停车收费
六龙收费站	3 进 3 出	人工收费、ETC 电子不停车收费

二十五、S83 扎佐至修文高速公路

本节主要介绍贵阳至毕节高速公路的内容。

1. 基本情况

（1）项目决策背景及过程。长期以来，毕节地区由于地处边远山区，交通不便，信息

不灵,资源优势未能及时发挥,已成为全国少数贫穷落后地区之一,而交通滞后是极其重要的原因。贵阳至毕节区间无铁路、水运、航空、管道等交通运输方式,当时唯一绕经清镇的在用公路是20世纪30年代所建,技术标准低,虽然几经改造,但仍弯多、坡陡、路况差、事故频繁,拥挤度高达2.0以上,完全处于超饱和状态,已不适应地区经济发展和交通量增长的需要。为改善贵州西北部地区的公路运输条件,尽快振兴与发展区域经济,重点推进公路网中的通道建设,贵州省从1993年开始贵毕公路建设的前期准备工作。

(2)公路的功能、定位、里程。贵阳至毕节高等级公路是西南公路出海通道贵州境的一段,也是贵州省当时规划建设的"二横二纵四联线"公路主骨架中的重要路段。该公路起于贵阳市,经扎佐、修文、六广、黔西、大方,止于毕节市,全长214.31km,实际建设里程为扎佐至毕节178.31km。其中,贵阳至扎佐利用已建成的贵遵(贵阳至遵义)高等级公路36km,路基宽21.5m;扎佐至修文10km为汽车一级公路,路基宽21.5m;修文至归化段150.12m为汽车二级公路及路基宽12m;归化至二铺5.55km为二级公路,路基宽12m;二铺至毕节12.63km为一级公路,路基宽23m。这条路是国道主干线西南出海通道的辅助通道,全线设有防撞护栏、隔离栅、夜间视觉轮廓和反光道钉等交通安全设施。

(3)技术指标。贵毕公路设计为汽车专用一、二级,全封闭,全立交公路,设计速度60km/h,停车视距75m,线路总长178.773km(扎佐至毕节),平曲线最小半径125m,最大纵坡7%,一级路路基宽度为21.5m,路面净宽19m,二级路路基宽12m,困难地段路基宽11m,路面结构为中粒式沥青混凝土。由毕节行署组织实施的路段,一、二级路路基宽分别为23m和12m。全线车辆荷载汽车—超20级,挂车—120,桥面净宽为净-11m,隧道净宽为净-8m+2×1.0m人行道。全线桥涵与相应路段路基同宽,隧道建筑限净宽9.25m,路面为沥青混凝土路面。

(4)投资规模。贵毕公路总投资19.92亿元。

(5)主要控制点。贵毕公路起于贵阳市,经扎佐、修文、六广、黔西、大方,止于毕节市,全长214.31km,实际建设里程为扎佐至毕节178.31km。

(6)沿线主要地形地貌。贵毕公路所处地形、地质情况复杂。线路通过的地段为东南低,西北高,海拔为1200~1600m,多为喀斯特漏斗和溶蚀洼地。岩溶漏斗、软土、煤系地层及局部采空区等地质特点增加了施工建设难度。

(7)主要构造物。一级路段无大型构造物,主要构造物有六广河、西溪、乌溪、落脚河、小阁丫5座特大桥,均位于二级路段。

2. 建设情况

(1)立项审批、勘察、设计。1998年3月,交通部重庆公路科学研究所和贵州省交通科学研究所共同进行《贵阳至毕节公路环境影响报告书》的编制。报告书从社会环境、生态环境、环境空气、声环境、环境损益四方面进行分析评价。认为贵毕公路的建设和营运不会对沿线环境造成不利影响,其推荐方案社会效益明显,环保投资落实,环保措施可行。同时,贵毕公路建成营运将极大地减小清毕公路的交通压力和沿线的噪声、环境空气污染,改善清毕公路社会居住环境。总之,从环保角度来说,贵毕公路项目选线基本合理,工程建设可行。

1998年,交通部在福州召开会议,为贯彻落实中央关于加快公路建设的重要决定,加快公路新开工项目建设速度,将贵毕公路列入了1998年度新开工项目。6月10日,省交通厅以黔交计〔1998〕228号文《关于请求交通部批准贵阳至毕节公路项目开工建设的报告》报送交通部,请求当年开工建设。1998年6月,交通部以交计发〔1998〕396号文《关于下达1998年公路建设新开工项目建议计划的通知》批准贵毕公路开工。贵毕公路从工程可行性研究到开工建设,历时5年半。

1993年3月24日,毕节地区行署委托贵州交通勘察设计院承担本项目的工程可行性研究,外业成果分别于1993年年底及1994年5月验收,1994年上半年完成初步设计。1994年秋由于工程可行性研究报告尚未通过评审,工作一度停顿。1995年,贵州省交通厅以〔1995〕黔计工字第75号文《关于报送〈贵阳至毕节公路项目建议书〉的报告》报交通部;1996年,交通部以交计发〔1996〕379号文《关于贵阳至毕节公路项目建议书的批复》批复了贵毕公路项目建议书;1996年,贵州省交通厅以黔交计〔1996〕第158号文《关于报送〈贵阳至毕节公路可行性研究报告〉的报告》报交通部。交通部于1997年以交计发〔1997〕27号文《关于〈贵阳至毕节公路可行性研究报告〉的批复》批复了贵毕公路的可行性研究。1997年8月,省交通规划勘察设计院完成初步设计工作后,贵州省交通厅以黔交计〔1997〕221号文《关于报请审批贵阳至毕节公路初步设计文件的请示》上报,交通部于1998年6月4日以交公发〔1998〕332号文《关于贵阳至毕节公路初步设计的批复》同意了贵毕公路的初步设计。

(2)施工、监理。1998年11月1日,贵毕公路正式破土动工。为加快贵毕公路建设,高总司主动为承包人增加了5%的动员预付款,为承包人加快进度,确保合同期提供了有利的条件。为保证质量,主材(水泥、钢材、沥青、桥梁支座等)由高总司统一采购名牌优质产品。开工两个多月时间里,高总司已基本完成全线的大部分征地拆迁工作。各合同段承包人按合同要求全部进入施工现场,基本完成各项施工准备工作,为贵毕公路的施工工作全面展开提供了有利条件。

监理工作方面,贵毕公路全面实行业主法人责任制、招投标制、工程监理责任制、合同管理制。采用了邀请招标方式,选择有资质、有能力、独立的监理单位进行项目驻地监理。全线驻地监理人员进场102人,监理人员基本素质较好。为了加强对贵毕公路项目建设的管理,根据菲迪克条款管理要求,任命马珍为贵毕公路总监理工程师,设置了总监理工程师办公室,作为该项目的监理管理执行机构,根据业主要求,合同文件和协议书,制定和完善监理规章制度及各种监理程序,发布《工作指示》,统一管理整个项目的监理业务,搞好质量控制、进度控制、造价控制,加强合同管理和计算机辅助管理。为强化对质量监督管理,让数据说话,真正做到公正、科学、准确。设置了贵阳和黔西两个中心试验室,配备了足够的试验设备,建成了最先进、最完善的检测试验中心。中心试验室根据业主的委托协议范围开展平行试验,成为总监办的"数据库"。各合同段工地试验室也按合同要求配齐了相应的试验人员和设备,设备由贵州省计量局负责检定,由中心试验室负责数据核查,提高了承包人自查资料的准确性。

贵毕公路建设项目严格实施"政府监督、社会监理、企业自检"三层质量保证体系时,让驻地监理充分用好三权(质量否决权、计量支付权、工序验收权),对工程的"质量、进度、造价"三大目标实施全过程、全方位、全天候的动态监控,进行合同和计算机辅助管理,为确保工程质量起到了关键作用。贵毕公路由贵州省交通建设工程质量监督站负责全项目的质量监督工作。各驻地监理办的监理大纲、管理制度及图表都已上墙。贵毕公路的三层质量管理体系有效地确保了贵毕公路的工程建设质量。

在工程施工质量上,采用 FIDIC 条款管理,使承包人懂得有质量才有效益的道理,业主、监理和承包人已开始能协调抓质量。各驻地监理办的情况汇报和总监办上路检查情况表明改变了过去只以口头下达指示,不留文字记录、自行处理的不良做法。基本实现计算机辅助管理,逐步向现代化管理迈进。驻地监理、承包人上墙图表资料比较美观齐全,职责分明,程序明确施工组织合理。中心试验室的建立和厅交通物资公司的进场,有效地控制了原材料的质量,也方便和确保了对建安成品的检测,有利于及时发现质量问题。工地试验室的建立设备的合理配置,便利了承包人对工程质量的控制,有利于及时准确地发现施工中的质量问题,便于及时改正,避免损失。由于严格按照合同条款和技术规范办事,强化了承包人的质量意识,加强了承包人与监理合作的自觉性。贵毕公路圬工砌体外观质量良好,内在质量也有了很大提高,为了保证桥梁墩台的质量,很多承包人采用了精加工的新钢模,既确保了外观质量,也提高了内在的质量。全线路基填筑,各合同段均严格按照技术规范要求,按三分层法(分层填筑、分层碾压、分层检测)施工,路基压实度普遍较好。质监站和贵毕公路总监办都加强重点工程、高填方、高边坡、复杂的地质不良地段等重点地段和重要工序的检查和质量隐患的预防检查工作,加大了对质量通病的处置力度,落实整改措施。

(3)资金筹措。1995年7月5日,毕节地区行政公署办公室在《关于编制贵(阳)毕(节)二级公路工程可行性研究报告的委托书》(毕署办发〔1995〕49号)中提出,贵毕公路所属工程建设资金拟采取地方自筹,国家补助,贷款和引资多渠道解决。其中请求交通部补助50%,地县财政预算安排2亿元,其余部分采取引资,贷款和省补贴方式解决。初步设计概算经部批准后,资金问题得到了落实,即国家拨款5.64亿元,建行贷款6.0亿元,开发银行贷款6.0亿元,其余为省内自筹。贵毕公路总投资19.92亿元。交通部用购车费安排 5.64 亿元,其余资金省自筹解决。

(4)招标投标。1998 年 7 月 15 日,交通部公路管理司以公建字〔1998〕134 号文《关于贵阳至毕节公路邀请招标单位资格审查的批复》同意省交通厅采用邀请招标方式对贵阳至毕节公路实行招标。1998 年 8 月开始招投标工作。省交通厅专门成立了贵毕公路项目评标委员会及评审专家工作小组,按照交通部《公路工程招标投标管理方法》《关于发布〈公路工程施工招标资格预审办法〉〈公路工程施工招标评标办法〉的通知》(交公路发〔1997〕451 号),参照《贵州省贵阳至新寨公路项目土建工程国际招标评标细则》,对投标书的有关内容进行了认真仔细的评审并将评标结果按交通部要求报备。施工中标单位为贵州省公路工程总公司、贵州省桥梁工程公司等公司。监理单位均为议标,中标单位为贵州省陆通公路工程监理责任有限公司、贵州省交通建设咨询监理有限公司、贵州科达公路工程咨询有限公司、贵阳市交通建设监理站、重庆安宏公路工程监理咨询有限公司。贵阳至毕节公路参建单位见表 6-137。

贵阳至毕节公路参建单位　　　　　　　表 6-137

通车里程桩号:K0+000~K214+310

参建单位	单位名称	合同段编号及起止桩号	主要负责人	备注
项目管理单位	贵州省高速公路开发总公司	K0+000~K214+310		
勘察设计单位	贵州交通勘察设计院	K0+000~K214+310		
	江苏省交通科学研究院股份有限公司			计重收费工程
施工单位	贵州省公路工程总公司	第 1 合同段 K0+000~K10+000		土建工程
	贵州省公路工程总公司	第 2 合同段 K9+588.111~K23+197.704		土建工程
	贵州省公路工程总公司	第 3 合同段 K22+600~K37+600		土建工程
	深圳粤龙实业发展公司	第 4 合同段 K39+070~K56+518.889	胡正伟	土建工程
	交通部第一公路工程总公司	第 5 合同段 K70+000~K80+000		土建工程
	贵州省桥梁工程总公司	第 6 合同段 K80+000~K95+400	石城祥	土建工程
	贵州省桥梁工程总公司	第 7 合同段 K95+400~K101+600	石城祥	土建工程
	上海警通路桥建设有限公司	第 8 合同段 K101+600~K109+542.59	叶伟坤	土建工程
	贵州省建工集团总公司	第 9 合同段 K109+542.59~K116+861.48	李治安	土建工程
	贵州省建工集团总公司	第 10 合同段 K144+996.324~K149+120	李治安	土建工程

续上表

参建单位	单位名称	合同段编号及起止桩号	主要负责人	备注
施工单位	中国葛洲坝水利水电工程集团公司	第11合同段 K149+120~K154+570	黄辉光	土建工程
	贵州省赤水河航道处	第12合同段 K156+500~K161+447.02	李建中	土建工程
	贵州公路桥梁工程总公司	第13合同段 K161+447.02~K166+020	章征宇	土建工程
	贵州省交通工程有限公司	第14合同段 K166+020~K167+886.7		土建工程
	贵州省交通工程有限公司	第15合同段 K167+866.7~K173+400	雷振强	土建工程
	武警交通独立支队	第16-1合同段 K173+400~K178+577.667	罗继林	土建工程
	武警交通独立支队	第16-2合同段 K178+271.52~K180+360	罗继林	土建工程
	贵州桥梁工程总公司	第17合同段 K37+271.52~K180+360	罗继林	土建工程
	贵州桥梁工程总公司	第18合同段 K145+420~K146+300		土建工程
	贵州省公路工程总公司	第19合同段 K154+570~K156+500		土建工程
	贵州省桥梁工程总公司	第20合同段 K191+179.862~K191+687.28		土建工程
	中铁第十八工程局	第21合同段 K41+180~K42+920	安宝祥	土建工程
	中国人民武装警察部队交通独立支队	第22合同段 K180+360~K187+500	罗继林	土建工程
	贵州省桥梁工程总公司	第23合同段 K187+616.07~K214+310		土建工程
	贵州省公路工程总公司	第24合同段 K0+000~K92+400		路面工程
	贵州省桥梁工程总公司	第25合同段 K92+601~K214+310		路面工程
	贵州省交通工程有限公司	第26-1合同段	李忠	交通工程
	贵州省交通工程有限公司	第26-2合同段	李忠	交通工程
	贵州省交通工程有限公司	第27-1合同段	李忠	交通工程
	贵州省交通工程有限公司	第27-2合同段	李忠	交通工程
	贵州省公路工程总公司	第28合同段 K172+611~K175+860		滑坡治理工程

第六章

贵州高速公路

续上表

参建单位	单位名称	合同段编号及起止桩号	主要负责人	备注
施工单位	云南园景科技产业有限公司	第29-A合同段 K0+000~K47+500		绿化工程
	贵州卉翠园林艺术中心	第29-B合同段 K47+500~K154+200	段建平	绿化工程
	厦门市夏生园林绿化工程有限公司	第29-C合同段 K154+200~K214+310		绿化工程
	贵州省公路工程总公司	第30合同段		滑坡治理工程
	贵州桥梁工程总公司	第31合同段 K79+300~K200+506		滑坡治理工程
	重庆市华驰交通科技有限公司	第JZ2-4合同段	袁佳	计重收费工程
监理单位	贵州陆通公路工程监理有限责任公司	第1合同段 K0+000~K10+000	漆贵荣	土建工程
	贵州交通工程监理站	第2、3合同段 K9+588.111~K37+840	杨明月	土建工程
	重庆安宏监理有限公司	第4合同段 K37+840~K70+000		土建工程
	贵州交通建设咨询监理有限公司	第5~13合同段 K70+000~K166+020	王登礼	土建工程
	贵州省科达公路工程咨询监理有限公司	第14~16合同段	林毅	土建工程
	重庆安宏公路工程监理咨询有限责任公司	第17、18、20合同段	方凯	土建工程
		第19、21合同段		土建工程
	贵州省科达公路工程咨询监理有限公司	第22、23合同段		土建工程
	北京成明达监理有限公司	第24标段		路面工程
	贵州省交通建设咨询监理有限公司	第25标段	魏红宇	路面工程
	贵州省科达公路工程咨询监理有限公司	第26(1)标段		交安工程
	湖北省公路水运工程咨询监理有限公司	第26(2)标段		交安工程
	贵州省科达公路工程咨询监理有限公司	第27(1)标段		交安工程
	湖北省公路水运工程咨询监理有限公司	第27(2)标段		交安工程
	贵州科达公路工程咨询监理有限公司	第28、31合同段	林毅	滑坡治理工程

续上表

参建单位	单位名称	合同段编号及起止桩号	主要负责人	备注
监理单位	北京成明达监理有限公司	第30合同段		滑坡治理工程
	贵州省科达公路工程咨询监理有限公司	第29-A、29-B、29-C合同段		绿化工程
	北京华路捷公路工程技术咨询有限公司	第JZ2-4合同段		计重收费工程

(5)征地拆迁。1998年6月,贵毕项目征拆工作开始。贵州高速公路开发总公司以黔高总司计〔1998〕66号文向贵毕公路沿线的毕节地区行署、修文县人民政府申请贵毕公路的建设用地。征用修文县农村集体耕地233.5287公顷、林地62.8932公顷、居民点用地2.8666公顷、未利用地53.7499公顷,大方县农村集体耕地280.5478公顷、林地8.4428公顷、草地48.0322公顷、居民点用地5.7676公顷,黔西县农村集体耕地364.3142公顷、园地0.011公顷、水域0.236公顷、林地47.566公顷、草地19.6527公顷、居民点用地13.474公顷、未利用地4.9703公顷,共征用农村集体土地1146.053公顷。其中1143.7197公顷土地作为贵毕公路工程建设用地,2.3333公顷土地作为拆迁安置用地。在各地、县委和政府的重视、支持下,经过各地征拆办的共同努力,1999年贵毕公路的征地、拆迁工作顺利完成。

(6)交(竣)工。1998年11月1日,贵毕公路正式开工建设,在建设单位、设计单位、科研单位、施工单位、监理单位及监督单位通力协作,艰苦奋斗下,2001年10月贵毕公路竣工,同年12月16日全线建成通车,提前两年建成通车。

3.营运管理

贵毕公路于2000年建成通车,批准收费时间为2000年,2011年6月二级路停止收费,除了保留贵阳至毕节方向的修文收费站以外,其余所有沿途收费站点全部取消。本项目共设两处服务区,为素朴服务区和黔西服务区;共设置两处加油站,为素朴加油站和黔西加油站;设置应急保畅中队1个,养护站1个。

二十六、S84天柱至黄平高速公路

S84天柱至黄平高速公路由天柱至三穗段、三穗至施秉段、施秉至黄平段构成。

(一)S84天柱至黄平高速公路天柱至三穗段

天柱至黄平高速公路天柱至三穗段与三穗至黎平高速公路共线,详见S15三穗至黎平高速公路。

（二）S84 三穗至施秉高速公路

本项目于 2016 年 8 月开工，目前在建。

（三）S84 天柱至黄平高速公路施秉至黄平段

S84 天柱至黄平高速公路施秉至黄平段与 S62 余庆至安龙高速公路施秉支线共线。详见 S62 余庆至凯里高速公路。

二十七、S85 都匀至织金高速公路

S85 都匀至织金高速公路与 G76 厦蓉高速公路共线。详见 G76 厦蓉高速公路贵州境路段。

二十八、S86 惠水至安顺高速公路

S86 惠水至安顺高速公路与 G7611 都香高速公路共线，属待建项目。

二十九、S87 大山至六盘水高速公路

S87 大山至六盘水高速公路与 G7611 都香高速公路共线。详见 G7611 都香高速公路。

三十、S88 榕江至麻尾高速公路

S88 榕江至麻尾高速公路由荔波至榕江高速公路、三都至荔波高速公路、驾欧至荔波高速公路、麻尾至驾欧高速公路构成。

（一）S88 榕江至麻尾高速公路荔波至榕江高速公路

本项目为待建项目。

（二）S88 榕江至麻尾高速公路三都至荔波高速公路

本项目为待建项目。

（三）S88 榕江至麻尾高速公路驾欧至荔波高速公路

1. 基本情况

（1）项目决策背景及过程。2011 年 9 月 29 日，贵州省发改委于以黔发改交通〔2011〕2659 号文《关于驾欧至荔波高速公路可行性研究报告的批复》对工程可行性研究报告进

行了批复,项目总投资估算约23.2亿元。2011年11月10日,贵州省交通运输厅以黔交建设〔2011〕227号文《关于驾欧至荔波高速公路初步设计的批复》批复初步设计,确定了主要技术经济指标、路线、路基路面、桥涵、隧道等方案,概算投资为24.9647亿元。2012年9月26日,国土资源部以国土资函〔2012〕766号文《国土资源部关于驾欧至荔波高速公路工程建设用地的批复》对本项目建设用地进行了批复。2012年12月11日,贵州省交通运输厅以黔交建设〔2012〕257号文《贵州省交通运输厅关于驾欧至荔波高速公路施工图设计(土建工程部分)的批复》对本项目的施工图设计进行了批复。

(2)公路的功能、定位、里程。驾欧至荔波高速公路是贵州省规划的"678"网中"第八联"榕江至麻尾高速公路(起点在榕江接厦蓉高速公路,终点在麻尾接兰海高速公路)的中段。本项目的建设对实现贵州省县县通高速公路目标,完善高速公路网,推动荔波旅游发展,打造荔波独具特色的国际性旅游城市具有重大意义。项目起点接麻驾高速公路(起点桩号YK0+000,麻驾高速公路K24+100),经拉更腊、小岜故、拉岜、朝阳至荔波县城南面的坡田,即本项目终点(桩号K25+240),连接拟建的榕江至荔波高速公路,本项目路线全长26.16km,除起点段(约1km)位于独山境内外,其余均位于荔波境内。

(3)技术指标。驾欧至荔波高速公路主要技术指标见表6-138。

驾欧至荔波高速公路主要技术指标　　　　　　表6-138

技术指标名称	单位	规范值	采用值
公路等级		高速公路	高速公路
设计速度	km/h	80	80
停车视距	m	110	110
路基宽度	m	21.5(整体式路基) 2×11.25m(分离式路基)	21.5(整体式路基) 2×11.25m(分离式路基)
一般最小半径	m	400	750
最大纵坡	%	5	3.9
竖曲线半径	m	4500/3000	12000/10000
行车道宽度	m	4×3.75	4×3.75
桥涵设计车辆荷载		公路—Ⅰ级	公路—Ⅰ级
设计洪水频率		大、中桥、路基、涵洞:1/100	

(4)投资规模。该项目总投资估算23.2亿,初步设计批复总概算为24.96472145亿元。

(5)主要控制点。该项目主要控制点有驾欧互通、荔波互通、樟江大桥、拉岜隧道。

(6)沿线主要地形地貌。项目区域位于贵州高原南部斜坡向广西丘陵盆地的过渡地段,相对高差100~500m,地势西高东低。沿线为以碳酸盐为主体的宽缓褶曲地区,溶蚀作用广泛而强烈,地貌类型属以峰林谷地、峰林洼地、峰丛洼地及峰丛槽谷为主的喀斯特

第六章 贵州高速公路

地貌类型。

(7)主要构造物。沿线主要构筑物有桥梁31座、隧道6座、涵洞及通道42座,互通式立交两处、分离式立交两处,详见主要构造物一览表(表6-139)。

主要构造物一览表　　　　表6-139

序号	类　型	指　标	备　注
1	大中桥	23座	大桥20座(其中钢构桥1座),中桥3座
2	隧道	6座	长隧道2座、中隧道2座、短隧道2座
3	互通式立交	2座	驾欧、荔波互通式立交各1座
4	分离式立交	2座	联山拉耐分离式立交各1座

2.建设情况

(1)立项审批。2011年9月29日,贵州省发改委于以黔发改交通〔2011〕2659号文《关于驾欧至荔波高速公路可行性研究报告的批复》对工程可行性研究报告进行了批复。

(2)勘察、设计。2011年9月26~27日,贵州高速公路集团有限公司组织有关单位对驾欧至荔波高速公路进行了初步设计外业检查。2012年1月10~11日,贵州高速公路集团有限公司组织有关单位对驾欧至荔波高速公路进行了施工图外业中间检查。2012年2月27~28日,贵州高速公路集团有限公司组织有关单位对驾欧至荔波高速公路进行了施工图设计阶段工程地质勘察设计外业专项验收。2012年4月10~11日,贵州高速公路集团有限公司组织有关单位对驾欧至荔波高速公路进行了施工图定测外业勘查工作验收。2012年12月11日,贵州省交通运输厅以黔交建设〔2012〕257号文《贵州省交通运输厅关于驾欧至荔波高速公路施工图设计(土建工程部分)的批复》对本项目的施工图设计进行了批复。

(3)施工、监理。驾荔高速公路在省交通厅和贵州高速公路集团的领导及关心下,在地方政府的支持与配合下,紧紧围绕省委、省政府"三年会战"要求的2014年驾荔高速公路实现通车的年度工作目标,团结协作、艰苦奋斗、克难奋进、努力拼搏,在全线相继组织开展了"大战一百天""大战四季度"劳动竞赛活动,采取了各种有效措施,掀起了全线的施工高潮,形成了比、学、赶、帮、超的良好氛围,有效地激发了广大参建人员的积极性和创造性,各参建单位在最后阶段坚持不懈、日夜鏖战、奋力冲刺,保证了各项任务的完成,驾荔项目于2014年12月30日顺利通过交工验收。

质量、安全工作方面:按照省交通运输厅、集团公司在"三年大会战"期间绝不放松工程质量、安全管理的要求,以省交通运输厅137号文为总领,施工标准化、平安工地建设为抓手,以高压的态势,全力推进驾荔高速公路的工程质量、安全管理专项工作。驾荔高速公路开工至通车未发生人员伤亡事故,全线质量、安全管理工作均处于可控制状态。

该项目以"标准化"施工、"平安工地"建设为抓手,推进质量安全管理,结合项目实际,对安全生产管理、质量管理等一系列管理规章制度及监理大纲不断进行完善补充,落实到项目管理的各个方面,加强质量意识,对施工的全过程实行严格、科学的监督和目标管理,建立考核制度,以严格、公正、廉洁的工作作风踏实地进行全面监督管理,确保工程质量优良。

按照省交通运输厅、省质监局下发的《贵州省交通运输厅关于印发全省交通运输系统安全生产大检查工作方案的通知》及《深入开展全省交通建设工程领域"防坍塌、防坠落、反三违"专项整治活动方案》等相关文件的要求,结合项目实际情况,成立了领导小组,制定了专项整治活动方案,并行文要求各施工单位积极开展相应的专项检查活动。积极贯彻落实厅137号文件精神,以"标准化施工""平安工地"建设活动为抓手,加强质量安全管理。项目办、总监办多次召开会议宣贯、学习、落实,分工明确、责任到人、持续推进并结合省质监局综合督查驾荔项目检查情况,针对目前驾荔高速公路质量安全存在的通病,总监办以开展质量安全综合大检查、专项检查、日常巡查相结合的方式,从源头上保证工程质量安全。同时,持续开展"自查自纠"及"防坍塌、防坠落、反三违"专项检查,坚持"安全第一、预防为主、综合治理"的方针,以专项整治为抓手,以落实主体责任、加强过程管理、推进施工安全标准化、强化隐患排查治理为主要措施,切实把各项责任落实到位,把法规制度和标准规范落到实处,确保驾荔项目所有工程施工安全生产形势平稳有序。通过专项整治,督促落实安全生产主体责任,治理纠正各类"三违"行为,有效防范和坚决遏制重特大事故的发生,实现了驾荔项目制定的质量安全生产目标。

进度管理方面:科学合理倒排工期,狠抓节点目标情况。驾荔项目要求各参建单位按照"三年大会战"任务要求制订详细的整体施工计划安排、年度施工计划、季度施工计划、月施工计划及阶段性关键工程施工计划。总监办、驻监办每周组织一次调度,根据工程进度实行阶段目标考核与单项控制性工程考核,对偏离计划的节点及时做出调整,以确保工期目标。施工总承包单位严格按照项目办下达的阶段目标任务精心组织、科学管理、充分调度好人、机、料等各种资源。

在省交通运输厅提出"三年大会战",全面完成今年交通建设目标任务的要求后,项目办(总监办)认真贯彻落实,督促施工单位24小时施工作业,并全面关注项目工程建设情况,保证节点目标工点上足人员和机械设备,抢抓实干,超前完成。对施工难度大、地形条件复杂的二分部,集大家的智慧,群策群力,人人关注,积极调配机械设备、材料等去支持,实现资源共享,来促进施工进度,效果非常明显。

全体管理人员齐心合力、团结奋进。项目班子政治责任感强、团队精神强、业务能力强、作风务实、勇于担责,项目领导亲自抓、分管领导具体抓,层层落实责任,真正做到共同进退、共赴难关的工作作风,并形成"五加二、白加黑"的工作机制,取得了良好的效果。

驾荔高速公路控制性工程、关键节点工期完成情况:2014年10月24日,控制性拉邑隧道左右幅全部贯通;2014年10月28日,拉耐隧道贯通,标志着所有隧道全部贯通;2014年11月23日,控制性工程樟江大桥(图6-200)刚构段现浇箱梁合龙;2014年12月3日完成全桥全部工程;2014年12月7日完成全线最后一片T梁架设;2015年12月30日,全线路面沥青层摊铺基本完成(除ZK17+640795边坡塌方段),交安工程同步完成。

图6-200　樟江大桥施工

强化作风建设,提升服务意识。驾荔项目始终高度重视党风廉政建设工作,进一步抓好宣传教育。一是制订教育计划。学习贯彻上级反腐倡廉建设精神,牢固构筑拒腐防变的思想道德防线。组织广大党员学习贯彻党的十八大、十八届中央纪委二次全会和省委十一届二次全会等一系列重要会议精神,按照集团公司的部署安排党风廉政建设和反腐败工作,开展了理想信念教育、宗旨教育和权力观教育,引导广大党员干部牢固树立正确的人生观、价值观、权力观,促进了党员干部廉洁从业,带动了广大群众反腐倡廉。落实专项工作坚持召开民主生活会,领导班子成员,认真对照检查遵守廉洁从政规定的问题。深入开展党的群众路线教育实践活动,紧紧围绕"三年大会战"目标,结合项目工程建设的特点,积极推进廉政文化建设,配合集团公司搞好廉洁从业文化共建活动。

总之,驾荔高速公路项目能保质保量圆满完成建设任务,得益于省委省政府、交通运输厅、贵州高速公路集团有限公司的正确领导,得益于沿线地方各级政府及广大人民群众的大力支持和帮助,得益于驾荔项目全体参建单位、参加员工的共同努力。

(4)资金筹措。资本金为5.8亿元(约占总投资的25%),分别由省交通运输厅安排专项资金3.48亿元,黔南州政府投资2.32亿元;其余约17.4亿元利用国内银行贷款解决。

(5)招标投标。驾荔项目建设实行招标投标制、合同管理制、项目法人责任制与工程监理制等基本制度。根据国家相关法律规定,结合贵州省高速公路建设实际情况,成立了贵州高速公路集团有限公司驾欧至荔波高速公路项目建设办公室。同时,根据贵州高速公路集团有限公司项目规定及文件,成立驾欧至荔波高速公路总监理工程师办公室,代表贵州高速公路集团有限公司行使项目建设管理职能。项目建设管理严格按政府监督、法人管理、社会监理和施工企业自检所形成的四级质量保证体系进行运作。

勘察设计中标单位为贵州交通规划勘察设计研究院股份有限公司,设计咨询单位为中国公路工程咨询集团有限公司。房建工程设计单位为北京华咨工程设计公司、景观绿化工程设计单位为中交第二公路勘察设计研究院有限公司。

驾欧至荔波高速公路采用施工总承包模式,施工总承包单位为贵州桥梁建设集团有限公司,中标时间为2013年2月6日。

本项目共招标2个驻监办,1个中心试验室。其中A驻监办负责土建、路面、交安、房建、绿化等工程监理,B驻监办负责机电工程监理,A、B驻监办中标单位为贵州陆通公路工程监理有限责任公司,中心试验室中标单位为贵州省交通建设咨询监理有限公司。

监控监督机构为贵州省交通建设工程质量监督局。

桥梁监控、隧道超前地质预报及监控单位为贵州交通规划勘察设计研究院股份有限公司,桩基检测单位为西安瑞通路桥科技有限责任公司、贵州顺康路桥咨询有限公司,边坡咨询单位为中铁西北科学研究院有限公司。

(6)征地拆迁。本项目红线征地共2797亩,其中田地960亩,旱地758亩,建设用地1.7亩,林地445亩,其他农用地254亩,未利用地300亩,牧草地0.5亩,园地77亩,临时用地508亩。图6-201所示为驾荔高速公路征地拆迁动员会。

图6-201　征地拆迁工作动员大会

(7)重大变更。驾荔高速公路建设过程中共产生较大变更4份。

一是荔波互通连接线变更。通原设计连接线长2.1km,起点接荔波县在建的迎宾大道,交叉位置为迎宾大道与规划的民族路的交叉处,连接线一部分与民族路重合,路线因跨越樟江,设板望大桥,桥长566m(54m+90m+54m+12m×30m的V形刚构+箱梁)。

根据荔波县委、县政府申请,要求将连接线接至在建的玉朝大道,共用玉朝大道坡平大桥进入县城,有利于提供土地利用率,有利公路路网于城市规划的协调发展。

变更设计方案为驾荔高速公路直接从荔波互通匝 AK2+200 处直接接至荔波县玉朝大道 K0+700 处,改线后连接线较原施工图方案缩短 1.2km,且取消了跨越樟江河的板望大桥,原施工图设计收费岛布置为 4 进 6 出变更为 5 进 11 出,场坪占地由 35 亩变更为 100 亩。

二是拉耐中桥变更为路基。拉耐中桥(左幅起讫桩号为 ZK17+444~ZK17+496,全长 52.0m;右幅起讫桩号为 YK17+464~YK17+536.0m,全长 72.0m)变更路基有利于消化相邻路基挖方弃方,有利于拉耐隧道进洞的施工组织和消化洞渣,能有效加快施工进度。黔高速专议〔2013〕180 号文、黔高速专议〔2014〕31 号文、黔高速专议〔2014〕46 号文同意了桥改路基填方的方案。

三是大坡大桥变更为路基。大坡大桥(左幅起讫桩号 ZK16+330~ZK16+422.175,为 4×20m 连续 T 梁,全长 92.175m;右幅起讫桩号 YK16+341~YK16+452.808,为 5×20m 连续 T 梁,全长 111.808m)变更为路基,可消耗路基弃方 6 万 m^3,同时可有效提高工期,减少弃土场征地,节省工程造价,也能确保工程质量。根据黔高速专议〔2013〕180 号文、黔高速专议〔2014〕31 号文,会议同意大坡大桥变更为路基填方的方案。

四是拉岜大桥变更为拉岜中桥+路基。拉岜大桥(7×20m 预制 T 梁)变更为 3×20m 现浇箱梁+路基方案,该桥变更中桥+路基可消化弃方,加快施工进度。黔高速专议〔2014〕31 号文同意了拉岜大桥变更为拉岜中桥+路基方案。

(8)交(竣)工。驾荔高速公路于 2013 年 6 月 29 日召开第一次工地会议,2014 年 12 月 30 日召开交工验收会议,2015 年 1 月 15 日正式通车营运。

2014 年 12 月 30 日,贵州高速公路集团有限公司在黎平主持召开了驾欧至荔波高速公路交工验收会议。贵州省交通运输厅、贵州省交通建设工程质量监督局、贵州省交通建设工程造价管理站、贵州省高速公路管理局;黔南州指挥部、荔波县指挥部、贵州高速公路集团有限公司相关部门(总工办、决算办、征拆办、工程部、财务部、营运管理中心)、驾荔项目办(总监办)、设计单位、中心试验室、监理单位、施工单位等参建单位参加了本次会议。

参加会议的代表于 2014 年 12 月 30 日到现场进行认真检查,会议成立了交工验收委员会,并在会议上听取了建设、设计、施工、监理等单位代表的工作总结,贵州省交通建设工程质量监督局向大会提交了交工验收质量检测报告。经验收委员会认真研究、讨论,同意驾荔高速公路通过交工验收。

贵州省驾欧至荔波高速公路自 2014 年 12 月 30 日通过交工验收,即日起移交贵州高速公路集团有限公司营运管理中心进行管理。本次交工项目的质量缺陷责任期从 2014 年 12 月 31 日起至 2016 年 12 月 30 日止。

竣工文件资料(决算资料除外)由参建单位按照交通部颁发的《竣(交)工文件编制办

法》《贵州高速公路开发总公司建设项目管理表格》进行编制,经贵州高速公路集团有限公司竣工文件验收小组验收后进行归档。

3. 复杂技术工程

新型支挡结构体系的研究与应用。以本项目大坡大桥、拉耐中桥桥改路基为依托工程,项目与华中科技大学、贵州交通规划勘察设计研究院股份有限公司开展了科研课题《典型陡横坡条件下桩墙联合受力结构体系的理论研究与应用》,结合现场试验数据,研究内容如下:

通过现场试验,测试抗滑桩的桩身应力分布、挡土墙的应力和位移;对支挡结构体系的整体稳定性进行研究,并考虑雨水入渗对结构体系稳定性的影响;研究支挡结构体系中抗滑桩、片石混凝土基座、挡土墙与路堤的共同作用机理;通过数值计算得出抗滑桩的最优锚固深度、总长度和截面尺寸以及挡土墙的合理厚度与高度。

该新型支挡结构体系采用抗滑桩和C15片石混凝土基座作为现浇整体式复合基础,在基础上设置C15片石混凝土挡墙,有效地减短了抗滑桩的长度,路堤碎石填料、片石混凝土基座及挡墙能够有效地消化利用拉耐隧道洞渣,进而达到优化施工组织和减小工程预算的目的。

4. 营运管理

全线设匝道收费站1处,即荔波东站(图6-202),该收费站车道数为16(5进11出,含ETC车道1进1出),收费方式为联网收费。设营运、监控、养护办公楼、路政、交警用房,服务区2处(小七孔服务区、联山湾服务区)。

图6-202 荔波东站收费站

按《省人民政府关于同意驾欧至荔波高速公路设站收取车辆通行费有关事宜的批复》(黔府函〔2014〕242号)文件,收费期限暂定为30年。贵州高速公路集团有限公司荔波东收费站于2015年1月15日12时正式开通试运营,收费标准执行《省发展改革委关于驾欧至荔波高速公路车辆通行费收费标准的通知》(黔发改价格〔2015〕1053号)文件标准。

全线设Ⅲ类服务区1处(驾欧河),匝道收费站1处,本项目于2015年1月15日建成通车,批准收费时间为2014年12月20日,批准收费终止时间为2044年12月20日。2015年1~7月,收费总计243.537万元,进出口车流量163304辆。

(四)S88榕江至麻尾高速公路麻尾至驾欧高速公路

1. 基本情况

(1)项目决策背景及过程。2009年2月16日,贵州省发展与改革委员会以黔发改交通〔2009〕295号文对工程可行性研究报告进行批复。2009年3月17日,贵州省交通运输厅以黔交建设〔2009〕36号文《关于麻尾至驾欧高速公路初步设计的批复》批复了麻驾高速公路初步设计文件,并确定了主要技术经济指标、路线、路基路面、桥涵等方案,确定项目总概算为14.53亿元,总工期为2年。2009年3月18日,国土资源部以国土资函〔2010〕149号文《国土资源部关于麻尾至驾欧高速公路工程建设用地的批复》对麻驾高速公路建设用地文件进行了批复。2009年8月20日,贵州省交通运输厅以黔交建设〔2009〕146号文批准施工图设计。

(2)公路的功能、定位、里程。贵州省麻尾至驾欧高速公路(以下简称"麻驾高速公路")是《贵州省高速公路网规划》中"6横7纵8联"的路线之一,将全省优先发展的三个重点旅游区中的荔波樟江国家级风景名胜旅游区与兰海高速公路贵州境都匀至新寨高速公路连接起来。本项目的实施对于荔波县依托世界自然遗产推动旅游发展整体战略以及将荔波打造成独具特色的国际性旅游城市有着十分深远的意义。

麻尾至驾欧高速公路起于黔南州独山县麻尾镇纳落村黄泥哨,与兰海高速公路贵州境都新公路呈T形交叉,采用"半定向T形"互通与之相接。路线经白泥、秧寨、冷水、县界拉更腊、止于荔波县驾欧乡,路线全长28.772km。本项目采用双向四车道高速公路标准建设,设计速度80km/h;整体式路基宽21.5m,分离式路基宽2×11.25m;汽车荷载为公路—Ⅰ级。

(3)技术指标。麻驾高速公路技术指标见表6-140。

麻驾高速公路主要技术指标 表6-140

指标名称		规范值	采用值
设计速度(km/h)		80	
停车视距(m)		110	
圆曲线最小半径(m)	一般值	400	635
不设超高最小平曲线半径(m)		2500	2500

续上表

指 标 名 称	规 范 值	采 用 值
最大纵坡(%)	5	4.9
最小坡长(m)	200	355.439
路基宽度	整体式21.5m,分离式2×11.25m	
隧道建筑界限	10.25m×5.0m	
汽车荷载	公路—I级	
地震设防标准	地震动峰值加速度小于0.05g,按抗震细则进行设计	
设计洪水频率	大、中、小桥涵、路基	1/100

(4)投资规模。麻驾高速公路投资总概算为14.53亿元。

(5)主要控制点。麻尾枢纽互通匝道BK0+918.6跨线桥及匝CK0+660.257跨线桥、白泥大桥、小七孔隧道(图6-203)、驾欧大桥。

图6-203　小七孔隧道

(6)沿线主要地形地貌。项目所在区域为贵州高原广西丘陵过渡的斜坡地带,线路经过地段相对平缓,地线起伏不大,主要通过槽谷和田坝中,两侧山体横坡较陡。由于测区主要为以碳酸盐为主体的宽缓曲地区,溶蚀作用广泛强烈,地貌类型主要为以峰林谷地及峰林谷槽为主的溶蚀地貌类型。沿线大部分地段基岩基本裸露,坡面上灌木较发育,主要生长在岩石的缝隙中。

(7)主要构造物。路基土石方开挖、填筑760.49万m^3;沥青混凝土路面614.566万m^2;大桥241.8m/2座、中小桥330.33m/9座;分离式立交桥149m/4座;互通式立体交叉2处;涵洞及通道125道;隧道1703.5m/1座(双洞);养护工区1处;收费站2处。

2.建设情况

(1)立项审批。2009年2月16日,贵州省发改委以黔发改交通〔2009〕295号文《关于贵州省麻尾至驾欧高速公路可行性研究报告的批复》,正式批复了麻驾高速公路可行性研究报告。

(2)勘察、设计。麻驾高速公路设计、咨询单位为贵州省交通规划勘察设计研究院、北京中交京华公路工程技术有限公司。2009年4月21~22日,贵州高速公路开发总公司总工办组织麻驾项目办、设计单位贵州省交通规划勘察设计研究院、咨询单位北京中交京华公路工程技术有限公司对麻尾至驾欧高速公路施工图外业定测工作进行中间检查,并召开了中间检查总结会。2009年5月20日,贵州高速公路开发总公司组织有关单位对贵州省麻尾至驾欧高速公路进行了施工图定测外业验收,并于21日在荔波县三力酒店二楼会议室召开了施工图定测外业验收总结会。2009年7月15日,贵州高速公路开发总公司组织有关单位召开会议并通过了麻尾至驾欧高速公路施工图设计审查。

(3)施工、监理。麻驾高速公路于2009年8月动工建设,2011年3月25日基本完成全部工程。在建设过程中,严格执行项目法人责任制、招标投标制、工程监理制。以合同管理制的建设项目管理体制,建立和完善"政府监督、法人管理,社会监理、企业自检"的四级质量保证体系。

该项目在省交通运输厅和集团公司的领导及关心下,在地方政府的支持与配合下,团结协作、艰苦奋斗、克难奋进、努力拼搏,在全线相继组织开展了"大战一百天""大战四季度"劳动竞赛活动,采取了各种有效措施,掀起了全线的施工高潮,形成了"比、学、赶、帮、超"的良好氛围,有效地激发了广大参建人员的积极性和创造性,各参建单位在最后阶段坚持不懈、日夜鏖战、奋力冲刺,保证了各项任务的完成,麻驾项目于2011年3月30日顺利通过交工验收,2011年3月31日通车。

质量、安全工作方面:一是建立健全各项规章制度,增强质量意识,明确质量控制程序。在项目开工前,项目办根据交通部公路建设质量管理办法和省交通运输厅有关工程质量管理规定,制订了《麻驾高速公路工程质量管理细则(试行)》,建立了质量控制例会制度。把质量控制作为工程管理永恒的主题,把质量管理作为本工程优质高效完成的重中之重,贯穿于施工的全过程。项目办以专文形式层层明确了工程质量责任人,建立了严格的质量管理体系,为了提高全体参建人员质量意识,经常组织施工单位、监理单位人员认真学习相应施工规范,使每一位工程建设者牢固树立"质量第一"的观念,为提高工程整体质量水平奠定了坚实的基础。二是加强质量工序管理,增加质量检查频率,消灭工程质量隐患。麻驾项目办定期召开项目管理会议,不定期召开工地现场专题会议(图6-204),及时处理工程中存在的技术难题,解决环境问题,通报施工质量问题,严格按合同要求进行奖罚,确定总体质量目标任务,逐一分解落实。同时多次在全线路基、路面施工单位中分别开展了工程建设综合检查考评活动,激励先进,鞭策后进,形成了你追我赶的劳动热潮,确保本项目能够保质的前提下如期完成。如在2011年春节前的凝冻期间对全线进行了安全生产综合大检查,重点对生活、生产用电,冬季施工保障措施等进行了全面细致的检查,消除了质量及安全隐患。三是麻驾项目办配合贵州省交通建设工程质量监督局共同进行了多次综合检查,期间对因T梁预制现场管理混乱,混凝土外观质量差、局部漏浆、露筋等问题进行了处理。四是通过严格的质量控制,麻驾高速公路全线完工后,总体工程质量符合设计及施工规范要求。该项目由贵州省交通建设工程质量监督局组织进行全线质量检测,评定为质量合格工程。

图6-204　2010年6月25日,麻驾高速公路总监理工程师卓国平主持开展安全生产及应急救援知识宣传教育活动部署会

进度管理方面:为使开工初期施工单位能在短期内走向正轨,根据合同要求,项目办与驻监办一起,逐个标段组织检查主要人员、机械设备进场情况及施工组织设计的落实情况,保证工程很快进入正轨。根据工程总体计划,下达年度计划,各合同段按工期要求和下达的年度计划,做出月施工计划甚至周施工计划,报监理工程师审批执行。为保证各施工单位在合同工期内完成施工任务,克服了行车干扰大,季节不利,工期紧等困难,项目办组织相关人员不定期突击检查项目工期计划的落实情况,确保总体进度计划要求的各阶段任务目标的完成。由于加强了实施性总体进度计划的宏观控制,在施工中加大工程进度计划管理,最终保证了主体工程提前交工。

麻驾高速公路于2009年8月21日召开第一次工地会议,2010年10月21日召开后续工程第一次工地会议(图6-211),2011年3月30日建成通车,总工期586天。较计划缩短工期近半年。

图6-205　后续工程第一次工地会议

作风建设方面:麻驾高速公路项目办自成立以来,项目办领导班子一直将党风廉政建设工作放在首要位置,以争创"工程优质、干部优秀"为目标。严格按照省交通运输厅及总公司党委的要求开展工作,建立健全了党的组织机构,成立了麻驾高速公路项目办、总监办廉政工作小组,并要求各参建单位对应成立廉政工作小组。为更好地开展好党风廉政建设工作,麻驾项目办积极与各参建单位沟通、交流,共同探讨加强党风廉政建设工作的一些思路和方法,组织召开了廉政建设经验交流会,与黔南州检察院联合召开了预防职务犯罪工作会议。积极与厅派纪检组联系,全面配合好厅派纪检组开展廉政建设的各项工作,并召开专题会议对廉政建设工作作了部署及安排,确保了工程项目的顺利开展。

(4)资金筹措。项目总投资估算为14.62亿元(静态投资约13.14亿元),其中省专项资金3.66亿元,黔南州政府投资1.46亿元,共计5.12亿元作为项目资本金,约占总投资35%,其余9.5亿元利用国内银行贷款解决。

(5)招标投标。麻驾项目建设实行招标投标制、合同管理制、项目法人责任制与工程监理制等基本制度。根据国家相关法律规定,结合贵州省高速公路建设实际情况,成立了贵州高速公路开发总公司麻尾至驾欧高速公路项目建设办公室、总监理工程师办公室,代表贵州高速公路开发总公司行使项目建设管理职能。麻驾高速公路主要参建单位见表6-141。

麻驾高速公路主要参建单位   表6-141

单　　位	名　　　称	管　辖　范　围
业主单位	贵州高速公路开发总公司	全线
总监办	贵州高速公路开发总公司麻尾至驾欧高速公路总监理工程师办公室	全线
质量监督单位	贵州省交通建设工程质量监督局	全线
设计单位	贵州省交通规划勘察设计研究院	全线
中心试验室	贵州省交通建设咨询监理有限公司	全线
驻地办	A驻地办:贵州省交通建设咨询监理有限公司	1、2、3合同段
	B驻地办:贵州陆通公路工程监理有限责任公司	4、5合同段
	C驻地办:贵州科达公路工程咨询监理有限公司	6合同段
	D驻地办:贵州科达公路工程咨询监理有限公司	7、9、10合同段
	E驻地办:西安金路交通工程科技发展有限责任公司	8合同段
施工单位	第1合同段:中交第二航务工程局有限公司	路基K0+000～K3+700
	第2合同段:贵州路桥集团有限公司	路基K3+700～K11+00
	第3合同段:中交二公局第六工程有限公司	路基K11+000～K16+800
	第4合同段:中交一公局厦门工程有限公司	路基K16+800～K23+800
	第5合同段:贵州省公路工程集团总公司	路基K23+800～K28+841.45
	第6合同段:贵州路桥集团有限公司	全线路面工程
	第7合同段:天津市政公路设备工程有限公司	全线安全设施工程

续上表

单 位	名 称	管 辖 范 围
施工单位	第8合同段：上海交技发展股份有限公司	全线机电工程
	第9合同段：贵州省交通工程有限公司	全线房建工程
	第10合同段：深圳市铁汉生态环境股份有限公司	全线景观绿化工程
隧道监测单位	SJK1标段：成都畅达通地下工程科技发展有限公司	小七孔隧道(左1702m,右1685m)监控

（6）征地拆迁。麻驾高速公路项目办于2009年4月开始组建,项目办组建完成后即安排专人负责征地拆迁工作,通过项目办与地方指挥部的积极协调配合,于2009年5月8日开始进行控制性工程先行用地征拆工作,截至2009年6月24日,控制性工程先行用地已全部提交给各施工单位,全线工程用地征地工作在2010年2月初基本完成。全线需征地2680亩,实际征地3045亩。全线需进行拆迁共55户,实际为57户,集中安置32户,于2010年5月拆迁完毕。

（7）重大变更。麻驾高速公路增设驾欧平交与加油站设计变更：黔高总司纪要〔2010〕2号,原则同意在麻驾高速公路右侧YK21+200及左侧ZK21+500增设一处加油站及在麻驾高速公路K28+500附近左、右幅各增设上、下行车道的方案,以满足驾欧规划区与驾欧至朝阳公路与高速公路联络的需要。

（8）交（竣）工。麻驾高速公路于2011年3月30日召开交工验收会议（图6-206）,2011年3月31日正式通车营运。

图6-206　交工验收会议

2011年3月30日,贵州高速公路开发总公司在荔波县三力酒店会议室组织召开麻驾公路交工验收会议。贵州省交通运输厅、贵州高速公路开发总公司、贵州省交通建设工程质量监督局、贵州省高速公路管理局、贵州省交通建设工程造价管理站、贵州省交通运输厅驻麻驾纪检组、贵州省交通规划勘察设计研究院股份有限公司、黔南州指挥部、独山县指挥部、荔波县指挥部、麻驾项目办（总监办）、麻驾公路各施工、监理及中心试验室等单位参加了交工验收会议。

根据施工单位自检、监理单位抽检报告,结合贵州省交通建设工程质量监督局对麻驾高速公路工程质量的检测评估意见,经交工验收委员会现场检查、查阅相关资料安全生产,并结合建设、设计、施工、监理、中心试验室、监控等单位的工作总结,会议一致认为:麻驾高速公路工程质量基本达到设计文件、规范、规程的要求。路基填筑分层均匀,碾压密实;桥梁、隧道等大型构造物混凝土强度合格,外观色泽均匀,结构尺寸符合设计要求,线形顺直;路面铺筑平整、密实,行车舒适;交通工程安全设施标志完善,波形梁安装顺适。交工验收委员会评定:本项目工程质量合格,同意通过交工验收。本次交工验收路段的质量缺陷责任期为2011年3月30日~2013年3月30日。

竣工文件资料由参建单位按照交通运输部颁发的《公路工程竣(交)工验收指南》及贵州高速公路开发总公司《竣工资料编制指南》进行编制,各参建单位于2013年11月25日竣工资料通过验收。

3. 新工艺新技术应用

麻驾高速公路项目在设计时定位就是按旅游公路进行设计的,为避免施工对小七孔水源的污染,在设计时充分考虑了小七孔风景区的岩溶地貌特征,麻驾高速公路沿线设计了油水分离池对施工产生的污水进行处理,有效地避免了施工污水对小七孔水源的污染。考虑到麻驾高速公路按旅游公路定位的情况,高总司将麻驾高速公路环境保护与景观绿化工程由原来的施工总承包改为了设计施工总承包的项目,这种模式在贵州高速公路上采用尚属首次,根据现场施工的质量及效果,基本达到了预期的效果。麻驾高速公路项目也是贵州省打造的第一条樱花大道。

4. 营运管理

麻驾高速公路全线设Ⅲ类服务区1处(驾欧),全线设匝道收费站2处(秧寨收费站、小七孔收费站,设营运、监控、养护办公楼)(表6-142),应急保畅中队1个,养护站1个。本项目于2011年3月31日建成通车,根据黔府函〔2011〕55号文《关于麻尾至驾欧高速公路设置收费站收取车辆通行费有关事宜的批复》,收费期限30年,2011年3月31日~2041年3月30日。收费标准:根据黔价经〔2000〕278号、黔价费〔2007〕87号,通车至2015年8月,收费总计1653.617万元,出口车流量共计679044辆。

麻驾高速公路收费站点设置 表6-142

站点名称	车道数	收费方式
秧寨收费站	4(2进2出)	联网收费
小七孔收费站	11(4进7出,含1进1出ETC车道)	联网收费

三十一、S89贵阳(花溪)至安顺高速公路

1. 基本情况

(1)项目背景。贵州省位于祖国西南腹地,是我国西部多民族聚居的省份,也是贫困

问题最突出的欠发达省份。贫困和落后是贵州的主要矛盾,加快发展是贵州的主要任务。改革开放特别是实施西部大开发战略以来,贵州经济社会发展取得显著成就,进入了历史上发展的最好时期。但由于自然地理、交通条件的制约等因素,贵州发展仍存在特殊困难,与全国的差距仍在拉大。

让贵州尽快实现富裕,是西部和欠发达地区与全国缩小差距的一个重要象征,是国家兴旺发达的一个重要标志。因此,在2012年初国发〔2012〕2号文件《国务院关于进一步促进贵州经济社会又好又快发展的若干意见》中,国务院针对贵州省当前的发展形势与战略机遇,提出了54条促进贵州经济社会又好又快发展的意见。在这些意见中,贵州应扩大对外开放,充分利用中国—东盟自由贸易区、大湄公河次区域、泛珠三角地区等平台,积极参与东南亚、南亚等国际区域合作,全面提高对外开放水平。贵州应积极有效利用外资和国外优惠贷款。在有条件的市(州)设立海关,支持条件成熟的地区设立综合保税区等海关特殊监管区,建立加工贸易承接基地。拓展对外贸易市场,扩大对外贸易规模,支持国家出口基地和输港澳鲜活产品出口基地建设。积极开展境外工程承包、劳务合作、服务外包等,鼓励具备援外资格企业积极参与援外工程项目及其他经援项目竞标。"大力实施工业强省和城镇化带动战略,着力加强交通、水利设施建设和生态建设,全面提升又好又快发展的基础条件。"是作为整个贵州经济社会发展的指导思想提出的。

黔中经济区作为贵州省经济社会发展的一个重要战略布局,不仅是国家实施新一轮西部大开发重点培育的"省域经济增长点",也是国家"十二五"规划发展的重要经济区,是贵州省工业化、城镇化最重要的支撑平台。黔中经济区具备了较好的交通和经济基础,处于全国"两横三纵"城市化战略格局中沿长江通道横轴和包昆通道纵轴交汇地带,国家规划的多条高速铁路与高速公路由此通过,区域路网相对完善。此外,经济区内矿产资源分布相对集中,工矿企业基础较好,在全省生产力布局中居重要战略地位。因此,在新时期西部大开发建设中,以贵阳城市圈为核心,以遵义、安顺、都匀、凯里等黔中城市群为依托,形成以主要交通走廊为主轴的空间开发格局,大力发展优势产业和承接产业转移,同时构建黔中产业集群,建设贵阳至遵义、贵阳至安顺工业走廊和沿贵广高速公路产业带,促进黔中经济区加快发展将是贵州省当前经济社会发展的重要工作内容。

国务院正式批复国家发改委《西部大开发"十二五"规划》,其中贵安新区作为西部地区重点城市新区建设被列入其中。贵安新区将建设成为内陆开放型经济示范区,形成以航空航天为代表的特色装备制造业基地、重要的资源深加工基地、区域性商贸物流中心和科技创新中心。

贵阳市、安顺市在地形条件上处于同一高程面上,两市之间无山脉、河流和深谷相隔,具备同城化发展的先天优势,贵安新区的建设和开发,必将使两市的经济发展更加融为一体,对整个省域经济的带动和发展起着极为重要的支撑作用,随着黔中经济区的逐步构建,两地间的人流、物流需求不断提升,也迫切需要在贵阳、安顺间形成一个能在较长时期内支撑两地不断融合、扩展的物流通道来作为工业化、城镇化发展的主骨架。

现有的沪昆高速公路贵阳至安顺段主要由贵阳至清镇高速公路和清镇至安顺高速公路组成,其中:贵阳市金阳至清镇段于2011年建成通车,为双向六车道高速公路,清镇至镇宁段高速公路于2004年建成通车,为双向四车道高速公路。2011年路段交通量19747辆/日(折合小客车),已处于服务水平快速下降期。

(2)公路的功能、定位、里程。贵阳(花溪)至安顺高速公路项目起于贵阳市花溪区绕城高速公路南环线桐木岭,止于沪昆国家高速公路清镇至镇宁段小屯枢纽处,沿线经过花溪区、贵安新区、长顺县、安顺市四个地州6个县(区),规划线路里程约88km。该区域总面积为5215.7km^2,占全省的2.96%;2011年常住半年总人口共160.9万,占全省的4.64%;项目直接影响区生产总值287.18亿元,占全省的5.04%;人均生产总值17501元,高于全省平均水平16413元。

花安项目横贯黔中腹地,是我国东西向的交通主动脉,也是连接贵州经济两大核心城市之间最重要的交通走廊与产业发展轴,对贵州乃至西部地区的经济社会发展都起着至关重要的作用,是确保贵州经济社会发展的核心发动机超速运转的重要保障之一。因此,实施本项目是推进新一轮西部大开发,实现党的十八大提出的"全面建成小康社会"目标的需要。

花安项目位于黔中经济区内,是贵州省委省政府通过的《黔中经济区发展规划》"一核四带多节点"布局中重点打造贵阳安顺一体化核心区,产业带中的布局轴线与交通主干线,未来两市间经济社会联系及产业协作将更加密切。项目的建设对于提高两地及沿线的物流能力与效率有着重要的作用,对于提升区域城镇化水平,拓展城市带、产业带辐射范围有着重要的意义。

贵州未来的发展,发动机是黔中经济区,而黔中经济区的核心区域是贵安新区。贵安新区为引擎,带动黔中经济区火车头,促进贵州腾飞。花安项目的建设,必将破解贵安新区基础设施建设的困局,打开贵安新区南部交通通道,为贵安新区的开发建设插上腾飞的翅膀。项目直接服务贵安新区,对于打开贵安新区南部交通通道,促进贵安新区的开发建设具有关键作用。同时将贵阳、安顺以及贵安新区串接起来,形成了新的高速公路通道。不仅减轻了现有高速公路的交通压力,增加了贵阳至安顺通道的通行能力;而且对建设贵州省高速公路网主骨架、完善国家高速公路网,也具有十分重要的意义。

(3)建设规模。贵阳(花溪)至安顺高速公路起于贵阳市花溪区绕城高速南环线桐木岭,途经贵阳市花溪区青岩镇、燕楼乡、马铃乡,贵安新区马场镇,黔南州长顺县凯佐乡、马路乡,安顺市东屯乡、双堡镇、旧州镇、龙宫镇、宁谷镇、幺铺镇等地,项目终点小屯互通枢纽连接安普高速公路及沪昆高速公路清镇至镇宁段。

花安高速公路项目全线采用双向六车道高速公路技术标准,设计时速在起点桐木岭至蔡官屯段为120km/h,路基宽度34.5m;在蔡官屯至小屯段为100 km/h,路基宽度33.5m。路线全长约87.99km,其中贵阳市花溪区约17.02km,贵安新区约8.85km,长顺县约17.06km,安顺市约45.06km,项目概算总投资113.87亿元。

项目全线互通式立交13处,其中互通枢纽3处,落地互通10处(含1处改造),停车区/服务区各2处,总挖方量3041万 m^3,总填方量2656万 m^3;全线主线桥梁7671.3m/85座,其中大桥4441.3m/16座,中桥2612.8m/43座,小桥617.2m/26座;隧道4233m/6座,涵洞通道312道,路面339万 m^2。

(4)主要控制性工程。桐木岭互通枢纽(图6-207):位于项目起点K0+000,交叉搭接贵阳市南环高速公路并跨越花溪区田园南路。共新建匝道4条,匝道全长4.912km,其中桥梁1.794km。需拼宽原有桥梁2座,新建桥梁5座,主要为预制T梁和现浇箱梁,跨径不等。

图6-207 花安高速公路桐木岭互通枢纽

小屯互通枢纽:位于项目终点K87+020,交叉搭接沪昆高速公路及安普高速公路,同时跨越沪昆铁路,需改建匝道1条,新建匝道6条,匝道全长约8.882km,其中桥梁3.806km,主要为预制T梁及现浇箱梁,预制梁片383片,跨径不等。

新寨大桥:起讫桩号K70+029.1~K70+471.1。右幅全长442m,桥跨结构为(3×40+4×40+5×30)m预应力混凝土T梁;左幅全长400.5m,桥跨结构为(3×40+3×40+5×30)m预应力混凝土T梁,桥梁最高墩50.15m,是花安项目最高墩桥梁。其中右幅第7跨、左幅第6跨上跨两紫线220kV高压线。

青龙山隧道:起讫桩号K62+285~K63+295。左幅全长1 000m,其中明洞60m,Ⅳ级围岩720m,Ⅴ级围岩220m,最大埋深约80m;右幅全长1010m,其中明洞70m,Ⅳ级围岩580m,Ⅴ级围岩360m,最大埋深约63m,隧道进出口均为削竹式洞门,是花安项目唯一长隧道。隧道不利地质条件主要是岩体节理裂隙发育,溶蚀槽谷及溶蚀峰丛集中分区,隧道进出口端存在浅埋偏压。

（5）技术指标。全线按双向六车道高速公路标准建设，设计速度120（100）km/h，整体式路基宽34.5（33.5）m。桥涵设计汽车荷载采用公路—Ⅰ级，其他技术指标按《公路工程技术标准》（JTG B01—2003）规定执行。

（6）主要控制点。全线总体地势平缓开阔，其轮廓为东西高、中部较低，山岭、沟谷展布与地质构造有很大程度的一致性。地貌类型主要有溶蚀中低山地貌和溶蚀槽谷及溶蚀峰丛相间地貌。项目沿线主要控制点为桐木岭互通枢纽、石头寨大桥、旧盘隧道、摆古大桥、竹林山大桥、冷坝隧道、响水塘隧道、中红土互通枢纽、青龙山隧道、跳花坡隧道、九龙山隧道、新寨大桥、蔡官屯大桥、小屯互通枢纽等。

2. 建设情况

（1）立项审批。根据贵州省发展与改革委员会的要求，项目前期主要是贵州省公路局高速公路建设管理办公室跟踪。受省公路局建管办的委托，贵州省交通规划勘察设计研究院股份有限公司负责工程可行性研究报告的编制工作。2012年7月，省交勘院组织专家组进行现场调研，根据初步拟定的路线方案进一步核实线位及沿线重点工程的建设条件。对项目工程建设影响较大的如起点、终点、各互通连接线的起点位置及高压线走向等利用卫星定位仪进行了实地调绘；并与沿线各级政府及公路建设涉及的发改、交通、建设、国土、旅游、环保、文化、水利等相关职能部门进行了座谈，充分了解沿线的社会经济现状、产业布局及发展构想，听取了沿线各级政府及相关部门对本项目建设提出的意见和建议；同时对项目沿线群众的社会评价问卷调查，补充收集了大量的相关社会经济、规划等方面的资料；最后结合相关意见及实地考察的情况对方案作进一步补充和优化。经反复优化论证，报告提出推荐方案路线长74.5427km，提出同精度的比较方案1条，共15.49km，占推荐线总长的21%。

2013年1月底，《贵阳（花溪）至安顺高速公路预可行性研究报告》编制完成。2013年2月底，受国家发改委委托，中国国际工程咨询公司组织专家组一行，对本项目预可性研究报告进行了评审，并提出相关意见和建议。2013年5月底，受交通运输部委托，中交公规院专家组一行，对本项目预可性研究报告进行了评审，并提出相关意见和建议。2013年6月，结合预可补充报告成果，完成《贵阳（花溪）至安顺高速公路工程可行性研究报告》编制。

2013年7月，省交通运输厅组织专家对本项目的工程可行性研究报告进行了评审。2013年8月，省厅与贵阳市就起点方案与花溪区规划进行协调，对起点方案做了局部调整修改。综合各方面的意见，通过进一步优化论证，报告将原起点十字枢纽互通改为T形枢纽互通与现有单喇叭互通复合，终点调整至小屯，推荐方案路线长88.872km，提出同精度的比较方案5条，共57.134km，占推荐线总长的64.29%。2013年11月26日，贵州省发展与改革委员会批复花安项目工可报告(黔发改交通〔2013〕3624号)。

随着项目前期工作的不断推进,经贵州省交通运输厅同意,贵阳(花溪)至安顺高速公路拟采取招商引资,按BOT+EPC建设模式,采用投资、设计、施工总承包的方式进行建设,为项目的投融资创造了良好的条件。

经贵州省交通运输厅的公开招标,贵州交通建设集团有限公司作为联合体牵头人中标,成为贵阳(花溪)至安顺高速公路项目业主,与贵州省交通运输厅达成投资协议,并委托贵州省交通规划勘察设计研究院股份有限责任公司承担贵阳(花溪)至安顺高速公路项目申请报告编制工作。根据项目工可报告及专题报告成果,结合项目工可及专项报告评估意见,2014年5月底,《贵阳(花溪)至安顺高速公路项目申请报告》编制完成。2014年12月25日,贵州省发展与改革委员会批复花安项目核准报告(黔发改交通〔2014〕2406号)。

(2)勘察、设计。根据项目前期业主贵州省公路局建管办招标结果,贵州省交通规划勘察设计研究院股份有限公司、辽宁省交通规划设计院联合承担花安高速公路初步勘察设计及施工图勘察设计工作。贵州省交通规划勘察设计研究院股份有限公司作为主体牵头单位,主要负责起点至K51+400段土建部分及全线二期工程的勘察设计;辽宁省交通规划设计院主要负责K51+400至终点段土建部分;项目咨询/代厅审查单位为中交公路规划设计院有限公司。

2014年4月17日,贵州省交通运输厅组织通过花安高速公路初步设计预审查;2015年8月6日,贵州省交通运输厅以《关于贵阳(花溪)至安顺高速公路初步设计的批复》(黔交建设〔2015〕181号)文件,批复花安高速公路初步设计,同意初步设计建设规模与技术标准、路线、桥梁涵洞、隧道、路线交叉等方案,核定概算总投资113.87亿元,项目总工期(自开工之日起)3年。

2014年10月15日,花安高速公路施工图设计通过预审查;2016年4月27日,贵州省交通运输厅以《关于贵阳(花溪)至安顺高速公路施工图设计的批复》(黔交建设〔2016〕91号)文件,正式批复花安高速公路施工图设计。

(3)项目选址、环评、水保、林地、土地等手续审批。在项目工可编制、项目核准申请和初步设计推进的同时,花安高速公路项目选址、环评、水保、林地、土地等前期手续办理也同步开展。2013年11月10日贵州省国土资源厅批复项目建设用地预审(黔国土资预审字〔2013〕140号);2013年11月17日贵州省住房和城乡建设厅批复项目选址意见书(选字第520000201300025号);2013年11月5日贵州省水利厅批复水土保持方案(黔水保函〔2013〕292号);2013年11月20日贵州省环境保护厅批复环境影响评价报告书,(黔环审〔2013〕197号);2016年6月17日国家林业局批复使用林地审核同意书(林资许准〔2016〕260号)。

(4)机构设置。项目管理机构:花安高速公路采用"BOT+EPC"建设模式。2014年

4月28日,贵州省交通运输厅与贵州交通建设集团有限公司(联合体牵头人)、贵州省公路工程集团有限公司、贵州省交通规划勘察设计研究院股份有限公司联合体各成员单位签署项目投资协议。按照合同约定及有关法律法规,经联合体各成员单位授权,2014年6月26日成立贵州花安高速公路建设有限公司,首期注册资金14亿元,经营期限30年。主要负责贵阳(花溪)至安顺高速公路的投资开发、建设、运营、管理及养护,以及高速公路沿线广告的经营管理。项目公司依法设立法定代表人,法人治理结构有股东会、董事会、监事会、经理层等决策、监督和执行机构,下属工程合约部、质量安全部、综合协调部、财务部等部门。

施工组织设置:花安高速公路共分为13个施工合同段,主要采取施工总承包管理模式,总承包单位有贵州桥梁建设集团有限责任公司,负责土建TJ—1、TJ—2合同段(包括房建工程)和机电、交安合同段;贵州省公路工程集团有限公司,负责土建TJ—3、TJ—5合同段(包括房建工程)和路面LM—1合同段;贵州路桥集团有限公司,负责土建TJ—6、TJ—7合同段(包括房建工程)和路面LM—2合同段;贵州省交通规划勘察设计研究院股份有限公司,负责土建TJ—4合同段(包括房建工程)。

监理管理模式。花安高速公路项目采用二级监理模式,总监办由项目公司组建,下设2个中心试验室,3个驻地办。通过公开招标程序,第1中心试验室为广西交通科学研究院,第2中心试验室为贵州顺康路桥咨询有限公司;第1驻地办为重庆市交通工程监理咨询有限责任公司,第2驻地办为贵州省交通建设咨询监理有限公司,第3驻地办为贵州陆通工程管理咨询有限责任公司。

(5)项目开工及完工时间。花安高速公路是贵州交建集团成立以来首批高速公路项目,项目于2014年8月组织各参建单位进场开展前期工作,2014年12月局部地区启动征地拆迁,2015年3月部分控制点先开工,2015年7月全面开工建设。本项目计划于2017年6月30日建成通车,实际总工期约为两年。为确保项目如期实现通车,花安项目公司正按省委省政府、省交通运输厅的要求,积极协调沿线地方政府加快征地拆迁协调,强化组织各参建方加大投入、统筹调度、科学管理地推进项目建设。

(6)前期策划。从项目进场开始,项目公司就高度重视项目的前期策划工作。由项目公司总经理王友明担任组长组成策划团队,通过项目策划,使公司所有管理人员在实施过程中明确"5W1H"管理理念,即Why为什么做,What做什么,Where在那里做,When什么时候做,Who谁来做,How怎样做。使花安高速公路在建设管理过程中目标明确、界面清晰、程序衔接工程有条不紊,项目前期策划为花安高速公路的顺利建成起到非常重要的作用。

(7)设计管理。花安高速公路从设计阶段就充分贯彻"技术可行、经济合理、安全舒适、最美高速"的设计理念。深入贯彻全寿命周期、全过程动态管理,准确把握技术标准,合理运用技术指标,严格控制建设规模,充分运用先进的测设技术和方法,认真勘察、科学比选、精心设计。在选线上,项目公司结合咨询专家的意见,与设计充分沟通,坚持地质选线、地形选线、环保选线、节地选线、节材选线等理念,确保工程造价与全寿命周期有机结合。

(8)施工管理。贵州交建集团领导高度重视。交建集团党委书记、董事长杨贵平亲自定目标、定节点、定要求;交建集团党委副书记、副董事长、总经理马显红亲自挂帮花安项目。要求各总承包单位加强管理、精心组织,切实保障工程质量、施工安全和工程进度。要求项目公司严格管理、热情服务、科学统筹、全面推进。

在组织机构管理上,项目公司严格合同履约管理,要求各参建单位特别是施工总承包单位要严格合同履约,配足、配全、配强施工管理技术力量,保障施工班组、机械机备、物资材料按照总体目标计划和倒排工期计划要求全面落实组织到位。要求中心试验室、监理单位要切实履行监管职责,严格监理、热情服务,超前谋合、科学调度;加强巡查、提醒帮助。

在生产组织调度上,花安项目公司实施动态管理,根据目标责任书,按照征地拆迁进度合理组织,保障生产建设统筹谋划、交叉作业、化整为零、定点突破、见缝插针、全面推进。同时通过周调度、月调度、季调度等综合方式,采用组织调整、通报批评、经济奖惩、加强监管等手段,确保建设投资和节点目标得以双控。

在资源配置上,项目公司积极协调交建集团交投商贸公司,统筹安排钢材、沥青等大宗物资材料进场储备;对接沿线指挥部协调保障砂石材料、民爆物品等有序供应。同时建立数据信息资源共享平台,实时更新和汇总各标段劳务队伍、大宗主材、周转材料、机械设备等信息资源,对资源配置进行合理调度,实现资源内部共享。

在奖惩管理措施上,项目公司要求全体参建人员不等不靠、不推不拖,昼夜奋战、轮班作业,战晴天抢雨天、"白加黑五加二"。紧紧围绕总体目标任务,组织各种劳动竞赛,掀起施工建设高潮。同时根据阶段性成果开展综合检查评比,推选出一批"先进集体""先进个人"和"优胜班组",评选出多项"攻坚克难奉献奖""特殊协作贡献奖""单项工程品质奖",不断激励各参建单位、人员的信心和决心,振奋精神、全心投入,艰苦奋斗、敢于担当,促进了总体目标实现。

在质量安全管理上,强力推行标准化建设和"平安工地"建设,严格落实工程首件制。要求各单位做到场站标准化、行为标准化、工艺标准化,做到人人讲标准、事事按标准,让标准成为习惯,让习惯符合标准。实现定点加工、定点预制、定点拌和,采取集中运输、集中堆放、集中清理。同时,在施工过程中以创建"平安工地""安康杯"等竞赛达标活动来推进现场安全文明施工管理,保持工地整洁、标志醒目、排放达标、环境友好,充分展现各参建单位整体形象。

(9)招投标、合同管理。在选取服务单位上,项目公司严格按照相关法律法规实施,招标文件报送上级主管单位备案,在公共交易平台对外公开招标。招标程序过程公开透明、公平公正。在合同的管理上,严格合同成立条件,费用标准有据可查,严格合同审核流程,有降低合同风险,杜绝违规违纪行为。

(10)计量、变更管理。施工图下发后,项目公司严格按照贵州交建集团计量管理办法,要求各合同段限期完成0号台账统计并分批审查。项目通过加强现场工程完成量统计,每期制定计量目标,计量又为质检资料的完成起到督促作用,及时上报计量,为项目建设提供资金保障。严格计量程序,要求所报的计量必须是现场完成且合格的资料,遵循实事求是基本原则。

为加快项目变更申报签认工作,项目公司严格按照贵州交建集团变更管理办法,制定详细的变更管理流程,明确责任人,要求参建单位及时完善变更申报资料。工程变更过程严格遵循"实事求是、技术可行、安全可控、经济合理"的原则。在审查变更资料时,严格审查资料的逻辑性、可追溯性、合法性、合理性。在工程结束后,项目短期内迅速完成各标段的变更签认、工程结算和竣工资料归档收集工作。

(11)投资控制、成本管理。项目的盈利能力,关系到企业的生存和发展管理。花安项目在实施过程中,始终把成本控制作为重要环节来抓,现场采取动态设计,对开挖边坡进行逐坡核对,在确保结构安全的情况下采取最优的防护方案。隧道工程依据超前地质预报及实际洞身开挖围岩情况,采用即安全又便捷的支护参数。在隐蔽工程的签认中,遵循实事求是的原则,严格审查过程资料,保证所签认的资料真实、有效。项目在施工图设计阶段,进行了多处优化设计,节约投资近亿元。

(12)资金筹措。花安高速公路概算总投资为113.87亿元,采用"BOT+EPC"建设模式,项目投资人出资25%,银行贷款75%,无地方政府补助资金。项目建设初期,主要通过短期贷款、银行票据、争取中央建设专项基金等多种方式解决项目资金困难,使项目建设得以顺利推进。

(13)征地拆迁及协调工作。花安高速公路途径贵阳市、贵安新区、黔南州、安顺市四个市州六个县区,途径15个乡镇,46个村组。红线用地约13234亩,其中贵阳市花溪区红线用地约3215亩,贵安新区红线用地约1357亩,长顺县红线用地约2256亩,安顺市红线用地约6406亩;全线拆迁房屋528户共126627m^2,坟墓搬迁6703座;沿线电力电信线路迁改170多条,其中涉及220kV高压线技改或迁改12处,征地拆迁及其他费用约18亿元。

面对点多面广、复杂困难的征拆局面,贵州交建集团党委副书记、副董事长、总经理马显红积极协调并争取省厅及市州层面的督促指导;项目公司总经理、分管领导就征拆重点及难点主动向市、州和县区领导汇报沟通协调处理;项目公司选调综合协调能力强、基层工作经验丰富的人员组成工作组,夜以继日地开展征地拆迁工作。

根据项目特点,项目公司通过竞标方式引进有资质的单位配合地方政府实施征地丈量和房屋拆迁测绘工作,明确要求土地采取GPS丈量,房屋采取专业测绘调查。通过专业单位测绘丈量,数据清楚、边界明晰、可追溯性强,显得更公平、公正,政府接受,群众满意。

施工测量放样后,积极协调地方指挥部组织国土、林业、住建、司法等部门组成联合工作组,对红线内构筑物的类别、结构、位置、产权人进行摸底,逐一登记造册,并逐户进行摄像、照片存档,做好证据保全工作,防止抢搭、抢建、抢种。征地拆迁费用采取全新的动态系统报账制,最初指挥部抵触情绪较大,后来慢慢适应和接受,工作也得以顺利推进。

在项目建设过程中,征地拆迁问题及涉农设施工作实行清单销号制。要求各施工标段认真梳理所辖范围需业主解决的所有问题,并将问题汇成清单报花安公司,花安公司根据问题清单的轻重缓急,及时抓好动态管理,明确各方责任,落实到人,逐一销号。

通信光缆和电力线路迁改方面,项目公司通过竞标方式确定迁改单位,请指挥部予以支持协调。按照属地管理、分片实施的原则,弱电分两个标,强电分有三个标。其中220kV以上高压线技改或迁改通过公开招标确认。

花安项目未涉及重大压矿事宜,初步设计规划压矿区域在施工图设计阶段也有效避让。但长顺县祥玉煤矿还是以影响期矿界扩容问题为由多次上访,最终导致项目被额外赔付。

花安高速公路尽管拆迁难、问题多、协调慢,但在各地市县区指挥部、地方政府和沿线居民群众的支持配合下,通过加强协调、保持沟通、化解纠纷、保障资金等方式,最终顺利完成征地拆迁工作任务。

(14)交(竣)工。项目交(竣)工验收将严格按质量监督程序及有关部门要求执行,分阶段实施交验。2016年4月,项目就开始路槽交验,计划2017年4月前完成整体路基、桥梁、隧道实体工程交验。鉴于凯坝互通连接线及新增刘家院互通因征地拆迁问题工期相对滞后,项目整体计划于2017年6月30日建成通车运营,竣工资料收集整理工作正按计划有序推进。

3.运营管理

花安高速公路计划于2017年6月30日开通运营。根据贵州交建集团前期统筹部署,项目公司在项目建设期2016年10月便成立以项目公司总经理王友明为组长的筹备工作领导小组正式开展运营筹备各项工作。全线有燕楼路段管理中心1处,设燕楼、林卡、凯坝、刘家院、广顺东(凯佐)、广顺北(马路)、东屯、宁谷、龙宫北(蔡官屯)、安顺西(幺铺)10个收费站(表6-143),其中安顺西(幺铺)收费站为改造项目,已移交省公路局运营中心管理,设青岩、东屯两组服务区及广顺、宁谷两组停车区;在凯坝、宁谷收费站分别设养护工区及救援中心,在宁谷设隧道管理所。养护救援计划由桥梁集团黔通养护公司承担。

收费站点设置表 表6-143

桩号位置	站点名称	MTC车道数量	ETC车道数量	合计车道数量
K6+650	燕楼	3进7出	1入2出	4进9出
K12+250	林卡	3进5出	1入1出	4进6出
K17+488	凯坝	3进7出	1入1出	4进8出
K22+207	刘家院	3进7出	1入1出	4进8出
K26+700	广顺东(凯佐)	3进5出	1入1出	4进6出
K42+350	广顺北(马路)	2进5出	1入1出	3进6出
K50+300	东屯	2进5出	1入1出	3进6出
K73+890	宁谷	3进5出	1入1出	4进6出
K78+385	龙宫北(蔡官屯)	3进5出	1入1出	4进6出
APK12+470	安顺西(幺铺)	4进7出	1入2出	5进9出

运营前期工作人员计划共120人,设置五个管理部门,各部门也延续建设期实行岗位责任制。具体人员配置情况及管理机构职责如下:

运营期设书记、董事长(兼总经理)1人,作为公司法定代表人,执行公司决议,主持花安高速公路运营管理全面工作;设副总经理2人,一名副总经理协助配合总经理做好项目日常运营工作,跟踪检查、协调各职能部门工作,另一名副总经理兼任纪检委员,在党支部书记领导下,分工负责党支部的纪律检查工作。

5个管理部门分别为,综合办公室3人,主要负责处理公司日常事务,掌握公司动态情况,负责行政、后勤与站区总务、文秘、人事、党工团、三产业务管理等方面的工作;财务稽查科2人,负责财务预算、控制、核算、分析和考核工作,规范公司的财务行为,准确计量公司的财务状况和经营成果,有效控制和合理配置公司的财务资源,实现公司价值的最大化;运营管理科5人,主要负责收费站的设置、收费员配置,对收费系统进行管理,负责收费员机制与制度的建立等管理工作;工程养护科3人,负责机电管理维护、日常养护工路段设施设备损毁修复与检查、监督养护站工作、道路巡查、养护设备管理和桥隧管理负责机电档案的备案修订等。安全应急科2人,按照规范化管理要求,制定日常巡查计划,完善管理措施,明确责任目标,对路产资源进行巡查,对土地资产、车辆、机电进行管理,确保运营保障、保畅系统的正常运行,有效维护公司合法权益。

附录一

贵州高速公路建设大事记（1986—2016 年）

1986 年

3 月 26 日,贵州省政府批准成立"贵州省公路重点工程建设指挥部"（简称"省指"）,副省长刘玉林任指挥长,省指的任务是负责贵阳至黄果树、马临至合江等 9 项省级公路重点工程。

8 月 15 日,贵阳至黄果树汽车专用公路开工建设,由此拉开了贵州高等级公路建设的帷幕,贵州交通发展进入一个新的历史时期。该路是国家"七五"期间重点公路建设工程之一,路长 137.25km,其中贵阳艺校立交桥至清镇庙儿山一级路 25.25km,庙儿山至黄果树景区二级路 112km,全线独立大桥 5 座。

8 月,省交通厅及省公路局受中国公路学会委托,在花溪召开全国公路系统年会。年会以推广贵州省公路局完成的交通流量统计调查计算机处理成果及培训推广运用为主要内容。出席会议的专家、学者及公路系统建设管理者就我国高速公路发展问题进行了充分讨论。此次年会被行业内认为回答了当时中国要不要修建高速公路的疑问,统一了思想认识,为贵州省开启高等级公路建设提供了创新的思路。

1987 年

12 月 15 日,大方至四川纳溪公路开工建设,该路是国家"七五"交通建设重点项目,贵州境内路长 91km（二级）。1992 年 12 月 26 日,大方至四川纳溪公路一期工程建成通车,结束了毕节地区没有高等级公路的历史。

1988 年

10 月,贵州交通系统增设了高等级公路管理机构,贵州省高等级公路机动车通行费征收处成立,为省交通厅所属县级事业单位,下设贵阳、清镇、平坝、安顺 4 个通行费征收所。

12 月 11 日,省委书记刘正威,省委副书记、省长王朝文,省委副书记、省委组织部部长龙志毅视察贵黄公路工地和贵阳市西南环线工地。

12 月 21 日,副省长刘玉林在省交通厅厅长杨守岳陪同下视察贵黄公路建设,刘玉林要求交通部门要制定公路建设、江河开发利用战略规划。

1989 年

2月11日,贵阳市西南环线龙洞堡至烂泥沟二级路开工建设。该项目的中曹司立交桥跨越花溪大道,于1988年6月中旬动工,1990年12月完工,桥长654.3m,高32m,是贵州当时最长的双曲拱桥。该项目于1991年12月30日建成通车。

1990 年

7月10日,贵阳至花溪一级公路建成通车。该路全长13.2km,1989年1月18日开工建设。

12月15日,省政府成立贵黄公路绿化工程指挥部,省长王朝文任指挥长。当日召开贵黄公路绿色工程动员大会,王朝文提出:"要把贵黄公路建设成贵州的'绿色长廊'"。

12月,贵阳市城市道路与公路共用的第一座立交桥——艺校立交桥完工。

1991 年

3月1日,《贵州省高等级公路养护管理暂行办法》从即日起施行。2008年8月4日,根据《贵州省人民政府修改废止部分政府规章的决定》,本法进行了第二次修正。

5月16日,金关收费站处举行贵黄公路通车庆典。省长王朝文和交通部副部长王展意为贵黄公路通车剪彩,省委书记刘正威和张玉环、苗春亭、喻忠桂等省、市党政军负责人参加了通车庆典。

12月15日,由中国科学院、国家环保局、交通部专家组成的鉴定委员会实地考察贵黄公路声屏障墙。该声屏障墙所在公路通过贵州工学院地段,1991年8月建成,全长778.72m,高3.5m,降噪量为10.5dB,防噪技术属国内首创,专家称之为"中国公路第一墙"。

12月19~26日,中共中央总书记江泽民在黔视察工作期间,高度评价贵州省公路交通建设。他说:"交通条件比我上次来时有了明显改变,既有二级公路,也有一级公路,实际上就是高速公路。所有这些成绩的取得,是全省工人、农民、知识分子和党政军干部共同奋斗的结果"。

1992 年

4月17日,贵阳东出口汽车专用公路开工建设,省委常委、副省长张树魁等出席开工典礼。1997年5月20日,贵阳东出口汽车专用公路建成通车。

6月4日,贵遵公路在贵阳市乌当区长坡岭破土动工。1997年11月29日全线正式通车,国务院副总理邹家华下达通车令并剪彩,交通部副部长李居昌发表讲话,国务院副秘书长石秀诗等出席。贵遵公路是国家规划的西南出海通道的重要组成部分,全长155.3km,总投资18亿元,全线设有互通式立交桥10座,大桥、特大桥17座3488m,隧道5座606m。

7月16日,撤销省高等级公路机动车通行费征收处、省高等级公路管理处及所属机构,合并成立贵州省高等级公路管理局,为省交通厅所属县级事业单位。

1993年

3月11日,经省政府同意,成立省高等级公路建设总公司。同年4月3日,为适应对外引资的需要,更名为贵州高速公路开发总公司(简称"高总司"),控股6个公司。2004年5月8日,划归省国有资产监督管理委员会管理。2007年4月,经省委同意,划归省交通厅领导。

4月14~20日,国务院副总理邹家华视察贵州时指出:"一定要支持贵州把交通发展起来"。

7月16~19日,中共中央政治局常委、副总理朱镕基在黔视察时指示:"贵州必须大修公路,特别是多修水泥路"。

8月7~11日,中共中央政治局委员、副总理兼外交部部长钱其琛在黔考察时指出:"贵州高原建成高等级公路很不简单,只要努力下去,改变交通闭塞的状况大有希望"。

8月14日,全国人大常委会副委员长李沛瑶在黔考察时指出:"贵州经济发展最大的问题是交通,要集中力量抓好交通建设"。

9月24日,贵黄公路获"全国十大公路工程"称号。

9月20~26日,交通部副部长刘松金先后考察了贵黄公路、以工代赈修建的县乡公路和在建的贵阳至遵义高等级汽车专用公路。

1994年

1月18日,第六届国家级优秀设计奖评选揭晓,贵阳至黄果树汽车专用公路获得国家级优秀设计银奖。

3月15日,省人大常委会委员、人大财经委副主任周邦华、龙兴洋、陈理等组成的考察组一行9人到贵黄公路金关收费站考察。

6月7~14日,中共中央政治局常委、全国人大常委会委员长乔石在黔考察时强调:"公路主干道一定要力争搞得好些,以便和周边省区的高等级公路接轨联网"。

7月21日,省委常委、贵阳市委书记李万禄,省人大常委会副主任刘玉林等省、市领导和省交通厅党组书记、厅长杨守岳等调研贵阳市交通发展规划,提出20世纪末在贵阳建成"四放(以云岩、南明两城区为中心向东南西北方向辐射)一环(环城高速公路)"高

附录一
贵州高速公路建设大事记(1986—2016年)

速公路网络。

8月31日,省交通厅厅长杨守岳陪同副省长姚继元、省计委、建行贵州省分行等有关领导到贵遵公路工地调查研究、指导工作,现场解决工程建设资金不足问题。

10月16~17日,交通部在贵阳召开"贵黄公路声屏障技术成果推广会",国家环保局噪声污染处处长郭秀兰、交通部科技信息研究所总工程师赵淑康、交通部科技成果处处长潘忠琴等专家出席了会议。

1995年

1月13日,省委副书记、省长陈士能,省委常委、副省长胡贤生到贵遵公路阳朗坝大桥工地慰问一线施工建设者。

7月18~22日,交通部副部长刘锷分别在省委副书记、代省长吴亦侠,副省长王广宪、莫时仁,省人大常委会副主任杨守岳等陪同下,先后到贵阳市、黔南州和毕节地区,查看了贵遵公路的建设情况,对贵新公路、贵毕公路的线路方案及实施办法进行了调查研究,并考察了大纳公路的运行情况。

1996年

1月18~30日,日本海外经济协力基金项目促进代表对贵阳至新寨公路进行实地考察,在确认公路建设方案可行、贷款条件成熟后,于1月31日在北京与省交通厅签署了贷款备忘录。日本海外协力基金贷款1.5亿美元(折合人民币12.45亿元)。这是贵州省第一次利用外资修建公路,是贵州省为加快交通建设筹措资金,提高公路施工管理水平以及和国际通用的、先进的管理方法接轨的一项举措。1997年4月29日,贵州省利用日本海外经济协力基金修建贵新公路转贷仪式在北京人民大会堂举行。省委副书记王思齐、副省长楼继伟、国家外经贸部副部长龙永图、外经贸部贷款司司长殷宏、中国进出口银行行长雷祖华等出席了签字仪式。

2月16日,省政府常务会议通过决定:对公路建设征用的土地,免征耕地占用税。

5月10~18日,中共中央政治局常委、书记处书记胡锦涛考察贵州省期间强调:"要切实加强以交通为重点的基础设施建设,为对外开放创造良好的环境。"他指出:"现在的问题最突出的是公路交通,要把公路建设作为'九五'的重中之重,好好抓一抓。"

11月28日,贵阳东北绕城公路在乌当奶牛场破土动工,副省长楼继伟、省厅等有关领导和数百名各界群众代表参加了开工典礼,楼继伟等领导为贵阳东北绕城公路挥铲奠基并剪彩。贵阳东北绕城公路于2003年12月31日竣工。

1997年

4月,经省委、省政府批准,招商局集团有限公司与高总司共同投资成立的中外合作企业,负责经营管理贵黄高速公路(贵阳至清镇段)和贵阳东出口机场高速公路(含机场联络线)的通行费征收及沿线加油站、广告及其他服务设施的开发与经营,经营路段里程共计45km。

6~11月,贵阳至新寨公路进行招投标工作,这是贵州省在交通项目建设中首次运用FIDIC条款实行国际招标选择承包商。

9月29日,贵州省首条快速直达客运班线在贵阳至遵义高速公路开行。

11月30日,交通部副部长李居昌在贵州省调查研究指导工作时强调:"千方百计提高全省公路网络整体水平。"12月2日下午,在省委常委李万禄和省交通厅相关人员的陪同下,李居昌副部长到贵阳东北绕城公路工地了解施工情况。

1998年

2月26日,大纳公路第二期工程(水泥混凝土路面)全面完工。该路全长90.85km,原为泥结碎石路面,于1993年4月竣工。后被列入省"一横二纵"交通规划中的干线重点工程,改铺水泥混凝土路面,于1997年1月31日开工,同年12月底竣工。

3月28日,兴义至威舍高等级公路开工建设,该路全长32.98km。1999年1月8日建成通车。

5月28日,贵阳至新寨汽车专用公路项目国际竞争性招标合同签订仪式在贵阳举行。共有8个大型一级施工企业中标建设贵新公路。

6月1日,贵阳至新寨汽车专用公路开工建设。2000年年底,贵阳至都匀白岩143.22km一级路通车。2001年6月25日,贵阳至新寨汽车专用公路全线260.77km通车,比批准工期提前半年。省委书记钱运录、省长石秀诗致信祝贺。该路是国家规划的西南出海通道的重要组成部分,也是省规划建设的"二横二纵四联线"公路主骨架中的重要路段;是贵州省第一次引进外资建设的公路项目;是贵州省首个全面实行FIDIC条款的公路建设项目。省交通厅副厅长肖泽章兼任该项目总监理工程师。

6月20~23日,交通部在福州召开全国加快公路建设工作会议提出,逐步建立"国家投资,地方筹资,社会融资,引进外资"和"贷款修路、收费还贷,滚动发展"的投资机制。

8月1日,贵毕高等级公路正式开工建设。2001年10月16日,贵毕高等级公路建成通车。该路是国家规划的西南出海通道(过渡方案)的一段、省规划的"二横二纵四联线"的一条联线,全长178.3km,采用FIDIC条款进行施工管理。公路的建成使贵阳至毕节的行车时间缩短了5个小时。

9月4日,交通部公路管理司司长张之强率交通部公路建设检查组深入贵新公路、贵阳东北环线高速公路和贵毕高等级公路等建设工地,就加速公路建设的措施、资金落实情况和工程质量进行了指导和检查工作。

9月17日,省政府批复《贵州省公路网规划(1991—2020年)》。2004年4月,为贯彻落实党中央西部大开发战略,《贵州省公路网规划》调整为"二横二纵四联线",在原规划基础上增加了"一横"。根据规划,至2020年贵州省道路总长3204km,其中重复里程300km,实际建设里程2904km。

10月25日,交通部副部长胡希捷一行6人考察贵州省重点公路和干线公路建设情况。

同年,贵州省对高等级公路收费站逐步实行监控收费管理。2002年,全省高等级公路收费站全部实现计算机监控收费管理。

1999 年

5月30日,贵州省第九届人民代表大会常务委员会第九次会议通过并予以公布《贵州省高等级公路管理条例》,该条例自1999年7月1日起施行。

8月18日,交通部副部长李居昌到贵新公路视察朝阳洞大桥、唐家寨大桥、观音阁大桥等控制工程,要求把贵新公路建设成一条与环境景观相协调的现代化公路。

10月,第九届全国人民代表大会常务委员会第十二次会议通过了《中华人民共和国公路法》修正案。将该法第四章第三十六条修改为:国家采用依法征税的办法筹集公路养护资金,具体实施办法和步骤由国务院规定。

11月8日,凯里至麻江高速公路开工建设。2001年12月30日,贵州省第一条高速公路凯里至麻江高速公路建成通车。该路全长50.9km,全线路基宽度22.5m,为沥青混凝土路面。

12月26日,水城至黄果树高等级公路开工建设。该路是贵州"一横二纵四联线"公路主骨架的重要路段,全长141.9km,其中,黄果树至双水段长120km,采用二级公路标准建设,路基宽12m;双水至德坞段长21.9km,已建成通车,路基宽20m。省委副书记、省长钱运录致贺信,原省人大常委会副主任刘玉林到会祝贺。

2000 年

1月19日,贵州高速公路开发总公司与澳大利亚联合国投资有限公司公路合作项目协议签字仪式在贵州饭店举行。双方协议合作的项目是:清镇至黄果树高速公路,全长93km,总投资35亿元,将其改建成4车道高速公路;镇宁至兴义高等级公路,全长200km,总投资18亿元,按二级公路标准建设。

4月23~24日,贵阳至遵义汽车专用公路在贵阳正式通过以交通部公路管理司司长张之强为主任委员的验收委员会的竣工验收,被评为优良工程。

2001年

4月上旬,交通部副部长张春贤、交通部总工程师凤懋润考察了凯麻高速公路的建设情况。

11月1日,《贵州省公路路政管理条例》施行。该条例于2001年9月23日经省人大常委会议讨论通过,该条例的实施,标志着贵州省的公路管理走向法治化轨道。2004年5月28日,《贵州省公路路政管理条例》重新修订后颁布实施,为依法治路、依法行政、强化公路路政管理提供了可靠的法律依据。

2002年

1月20日,全国人大常务委员会委员长吴邦国考察了贵州交通基础设施建设。

4月22日,交通部总工程师凤懋润率交通部"西部地区公路建设主要技术政策"课题组对贵遵、贵新、凯麻、崇遵等公路进行考察。

6月29日,清镇至镇宁高速公路开工建设。2004年9月29日,清镇至镇宁高速公路竣工通车。该路是上海至瑞丽国道主干线的重要路段、贵州"二横二纵四联线"公路主骨架的重要组成部分,全长89.652km,是贵州省当时已建成高速公路中设计标准最高、服务设施最完善的高速公路,因此被称为"贵州第一路"。该路串联了黄果树瀑布、龙宫、红枫湖、织金洞等风景名胜。

7月1日,崇溪河至遵义高速公路开工建设。2005年12月26日,崇溪河至遵义高速公路建成通车。崇遵高速公路是国家规划建设的"五纵七横"公路主骨架中GZ50国道的主干线,是西南出海通道中承前启后的关键工程。该路北起渝黔交界崇溪河,连重庆渝黔高速公路,南至遵义,接贵遵高等级公路,全长118km。该路全线位于遵义境内大娄山脉崇山峻岭中,路线最低海拔450m,最高海拔1130m,地形、地质条件极为复杂,松坎地区桥隧占路线长度83%,被外籍专家组称为"极具挑战性的世界级难度的高速公路"。

7月15~17日,西部地区通县公路建设现场交流会在贵阳市召开,国务院副总理吴邦国致信祝贺。会议总结、推广了贵州等省区通县公路建设的经验。会议期间,在省长石秀诗陪同下,交通部部长黄镇东对贵州省的部分通县公路建设、国省道干线改造、高等级公路建设及公路养护道班建设、交通量观测站、高等级公路征费站等进行了考察。

8月17日,省委书记钱运录考察了崇遵高速公路月亮包特大桥、董公寺互通式立交桥、娄山关隧道、凉风垭隧道4个施工点。在娄山关隧道施工工地与来自苏格兰的外方监理专家詹姆斯·凯恩进行了友好交谈。钱运录要求施工单位要认真采纳监理方的意见,按照国际惯例办事,努力建设一流工程。

10月23日,中共中央政治局常委、全国政协主席贾庆林在省委书记、省人大常委会主任钱运录,省委副书记、省长石秀诗等陪同下,视察清(镇)镇(宁)高速公路建设工地。

同年,崇遵公路上凉风垭隧道开工建设,该隧道为分离式双洞隧道,左右两隧相距 33m,左幅长 4106.40m,右幅长 4109.50m,为当时贵州已建和在建公路中最长的公路隧道。2005 年元旦,凉风垭隧道全面打通。该隧道建成后,原需蜿蜒行驶 40 分钟的山路仅需 4 分钟即可通过。

2003 年

2 月 10 日,省委副书记、纪委书记曹洪兴视察玉屏至三穗公路建设情况时强调:加强招投标管理,搞好交通基础设施建设。

3 月 26 日,省高管局邀请国内外有关专家在遵义召开"公路养护新技术、新材料应用交流会",以应用先进技术、材料,提高高等级公路养护水平。

5 月 2 日,中共中央政治局常委、中纪委书记吴官正视察清黄高速公路施工现场。

5 月 11 日,三穗县三凯高速公路第三合同段平溪特大桥工地三号墩附近凌晨 1 时 50 分发生山体滑坡,35 名施工工人被埋。交通系统、武警、公安先后赶赴现场抢险。省委书记钱运录、省长石秀诗亲临现场指挥,至 12 日下午,清出 33 具尸体,2 人失踪。省交通厅党组按照国家调查组的意见妥善处理了善后工作。

6 月 14 日,省委书记钱运录、副省长陈大卫考察清镇至镇宁高速公路时提出,要把清镇高速公路建成"优质、精品、示范"的"贵州第一路",省交通厅提出要做到"工程优质、干部优秀"。

11 月 28 日,贵阳至开阳高等级公路动工建设,公路全长 60.85km。2006 年 11 月 28 日,贵阳至开阳高等级公路全线贯通。贵阳市在全省率先实现了县县通高等级公路,并形成了 1 小时经济圈,即从贵阳市区到各区(市、县)所在地,各区(市、县)所在地到各乡镇,各乡镇到村均不超过 1 小时车程。

2004 年

5 月 5 日,中共中央政治局常委、中纪委书记吴官正视察清镇高速公路施工现场。

8 月 20 日,交通部召开第二次全国治理车辆超限超载工作电视电话会议,张春贤部长作重要讲话。交通部、公安部和国家发改委联合发出《关于进一步加强车辆超限超载集中治理工作的通知》。

10 月,沪瑞国道主干线贵州境镇宁至胜境关高速公路镇宁至新寨段开工建设。镇胜高速公路是省规划的"两横两纵四联线"公路主骨架的重要组成部分,全长 187.57km。2008 年 1 月 10 日,该路(除坝陵河特大桥外)主体工程完工,与全国同步实现了国道主干线基本贯通。

2005 年

1月13日，国务院发布由交通部制定的《国家高速公路网规划》，其中贵州省列入《国家高速公路网规划》的路段共有2263km。

4月18日，镇宁至胜境关高速公路控制性工程坝陵河大桥正式开工，该工程是国内首次采用遥控氢气飞艇牵引先导索。大桥于2009年5月18日，精确合龙。2009年12月23日10时许，世界级大跨径钢桁梁悬索桥——坝陵河大桥建成通车，省委书记石宗源、省长林树森、交通部副部长冯正霖等领导出席通车典礼。该桥位于国家高速公路网规划的上海至昆明高速公路镇宁至胜境关段，大桥全长2237m，其主桥为1088m钢桁架悬索桥，桥面至水面距离370m，总概算约14.8亿元，为当时省内交通建设独立大桥投资之最。该桥是当时建成的"中国第一，世界第六"的世界级大跨径钢桁梁悬索桥，是实施西部大开发战略以来的一项标志性成果，也是国内在高山峡谷区修建上千米超大跨径桥梁的新起点，为中国桥梁史开创了一个新的篇章。

10月30日，镇胜高速公路北盘江大桥开工建设。该桥全长964m，桥面至水面高约320m，为主跨636m单跨双铰钢桁加劲梁悬索桥。2008年11月27日，大桥建成通车。

12月23日，贵州省采用代建制模式建设的凯里施秉二级公路开工建设，2009年4月28日，该工程交工验收。

12月26日，遵（义）重（庆）高速公路正式开行贵州至重庆的省（市）际快速直达客运班车。

2006 年

1月10日，《贵州省骨架公路网规划（2003—2020）》（以下简称"《规划》"）经省政府批复正式实施。《规划》确定的骨架公路网包括三条南北纵向线、三条东西横向线和八条联线、八条支线，即"三纵三横八联八支"（简称"3388"网），总规模约7400km（扣除重复里程），其中高速公路约2960km，一、二级公路约4140km。

5月24日，省高管局与省交警总队直属支队、高速公路联网管理中心商定，从5月29日开始在清镇线实行《贵州省高速公路交通管理信息联动工作方案》，统一收集所有高速公路上的相关信息，预防和减少重特大交通事故的发生，确保行车安全。

12月，省骨架公路网"县县通高速"规划中的首条自筹资金建设项目遵（义）赤（水）高速公路的重要路段白（腊坎）茅（台）高速公路白腊坎至仁怀段开工建设，该路起于遵义县鸭溪镇白腊坎，止于茅台镇，全长45km。2009年7月17日，该路建成通车。

2007 年

1月25日，贵州省人民检察院与高总司召开预防职务犯罪工作座谈会，会议针对该公司的行业特点,按照中共中央《建立健全教育、制度、监督并重的惩罚和预防腐败体系实施纲要》的要求,对于促进党风廉政建设制度和各项工程建设管理制度的完善和落实,加强高总司与检察机关的联系和配合,不断完善共同预防协调机制进行了研讨。

3月15日,遵义至赤水高速公路白腊坎至茅台段(以下简称"茅台高速公路")开工建设。该项目是贵州省第一条省内自筹资金修建(省内自筹是指没有国家补助,也就是没有交通部的补助,本省自己解决)的高速公路,起于遵义县鸭溪镇白腊坎,止于茅台镇,全长46km。2009年7月17日,该路建成通车。

4月16日,副省长孙国强主持召开专题会议,研究了贵州高速公路开发总公司成建制划转省交通厅管理的事宜,并下发了《关于研究高总司成建制划转省交通厅管理有关问题的会议纪要》。

5月24日,厦蓉高速公路贵阳至水口段建设工作领导小组举行第一次会议,省委书记、省人大常委会主任石宗源出席会议并讲话,省委副书记、省长、领导小组组长林树森主持会议,领导小组副组长曹洪兴出席会议。

5月29日,省政府召开调整收费公路车辆通行费标准和高速高等级公路货车试行计重收费电视电话会议,明确从2007年6月1日起,调整收费公路车辆通行费标准,并首先在崇溪河至遵义、贵阳至新寨、凯里至麻江和玉屏至凯里4条高速公路上试行货车计重收费。

5月29~31日,根据省政府召开的消除贵州高等级公路沿线加油站交通隐患会议的会议精神,两个检查组对贵州高速(高等级)公路沿线近百座加油站交通安全隐患情况进行了全面排查,并根据排查情况提出了整改要求。全省高速公路和高等级公路一级路段加油站于2007年10月底前基本完成全面改造,高等级公路二级路段于2007年12月底前完成全面改道。

7月23~25日,交通部副部长翁孟勇等对高速公路、国省干线公路、农村公路等的建设、管理及养护情况进行考察调研,了解水毁公路恢复情况。24日,翁孟勇在视察工作中明确指出:沪瑞高速公路镇宁至胜境关段坝峻河大桥2008年8月通车的时间不容推迟,交通部将对全国高速公路标志、编号、起终点等进行重新调整。

8月28~31日,交通部专家委员会主任、前总工程师凤懋润带队到乌江特大桥、坝陵河特大桥、320国道断桥治超检测点检查指导安全隐患排查治理工作。

9月6日上午10点,由国家煤矿安全监察局赵铁锤局长等一行组成的国务院安全生产委员会安全生产隐患排查治理督查组对坝陵河大桥施工现场进行检查。

10月27~31日,交通部桥隧安全隐患专项检查组一行9人,对省内开展的公路桥隧安全隐患排查专项治理工作进行检查。

12月18日,汕昆高速公路板坝至江底段工程举行开工典礼。该项目全长129.9km,

计划总投资92.27亿元。2011年12月31日,汕昆高速公路板坝至江底段建成通车,项目投资92.3亿元。

12月22日,水盘高速公路开工建设。项目全长91km,概算总投资70.2亿元。公路竣工通车后,水城至盘县的公路里程较老路缩短80km,行车时间由原来的5小时减少到一个半小时。

12月28日,厦蓉高速公路贵州段(水口至格龙、格龙至都匀、贵阳至都匀)开工仪式在黔南布依族苗族自治州都匀市火石坡隆重举行。省委书记、省人大常委会主任石宗源发布开工令,省委副书记、省长林树森发表讲话。项目建成后,可将贵阳市至广州市的公路里程由1400余公里缩短到880余公里,贵州省将与珠三角地区连为一体,对于促进贵州省经济社会又好又快发展具有深远的战略意义。其中贵都高速公路全长80.68km,由路桥集团国际建设股份有限公司、中交投资公司、中交一公局组成联合体以BOT+EPC模式建设。该项目建设工期两年,收费期29.5年。

2008年

1月10日,镇胜高速公路主体工程(除坝陵河特大桥外)已完工,与全国同步实现了国道主干线基本贯通。镇胜高速公路全长186.173km,起于安顺市镇宁县,接已建清镇至镇宁高速公路,经黄果树、关岭、永宁、北盘江、晴隆、沙子岭、普安、盘县(刘官)、两河、沙坡(红果)、平关,止于盘县特区与云南省富源县交界处胜境关,与云南省已建胜境关至曲靖高速公路相连。全线采用四车道高速公路标准建设。至此,形成了贵州横贯东西的大通道。

1月12日~2月底,贵州受到强降温影响,出现雪凝灾害天气,14条高速(高等级)公路凝冻严重。省减灾救灾委员会召开救灾工作紧急会议,研究安排救灾具体措施。省政府全面启动三级应急预案,省交通厅启动了《恶劣气候工作预案》,发出《关于进一步采取措施加强恶劣天气交通抢险保畅工作的通知》和《关于采取紧急措施保障重点救灾物资运输的通知》,出动人员、车辆,运用铲冻、撒盐、送食品等手段,对滞留车辆和受困人员开展紧急救援。交通和公安部门联合启动应急预案,应对恶劣天气高速公路大量车辆滞留的问题。

1月29日,凯雷(凯里市三棵树镇至雷山县大塘乡)二级公路开工建设。总投资5.2亿元,全长63.58km。2010年9月17日,贵州省首条二级环保生态旅游公路——凯雷二级生态旅游公路正式通车。该公路沿线修建了旅游观景台,因地制宜种植了树木、花草,苗寨景点还设置了苗族神话传说故事浮雕等,成为贵州自然、人文景观相结合的环保生态旅游示范公路。

1月30日~2月1日,中央政治局常委、书记处书记习近平受胡锦涛总书记委托,率中央政策研究室副主任何毅亭、民政部副部长姜力、铁道部副部长彭开宙、交通部副部长冯正霖、电监会首席工程师顾峻源等有关部门负责人在黔检查指导抗灾救灾工作。强调要加快公路除冰除障进度,尽快恢复铁路输电,尽早疏通主要铁路、公路干线,恢复交通动脉畅通。

2月2日,国务院副总理曾培炎在交通部副部长冯正霖陪同下视察贵州灾情,强调要再接再厉,奋发努力尽快实现保电、通路、安民。

2月5日上午,中共中央政治局常委、国务院总理温家宝奔赴贵州,直接到灾区了解交通灾情。

3月30日,为恢复在雪凝灾害中受损的公路及其附属设施,已累计投入资金2000余万元。

5月5~9日,全国人大常委会委员长吴邦国和随行的全国人大常委会副委员长、秘书长李建国等在省委书记、省人大常委会主任石宗源,省委副书记、省长林树森等陪同下,考察了沪瑞高速公路晴隆至关岭段公路和北盘江、坝陵河特大桥施工现场。吴邦国指出:贵州要用10年左右时间彻底解决交通问题。

6月中旬,经周密组织,交通部门完成了"奥运火炬传递"在贵州省685km高速公路转场线路的交通安全保障工作。

7月22日,省交通厅发布《贵州省骨架公路网规划(高速公路网)修编(2008—2025)(征求意见稿)》。

8月4日,省政府修改发布《贵州省高等级公路养护管理办法》。

11月28日,沪瑞国道主干线贵州境镇宁至胜境关高速公路北盘江特大桥通车。该桥为主跨636m的单跨双绞钢桁加劲梁悬索桥,主跨跨径在当时已建和在建的国内同类型桥梁中位列第三位,在采用缆索吊装施工方法的国内公路桥梁中位列第二位。

12月28日,杭(州)瑞(丽)高速公路(贵州境)遵义至毕节段开工,该段公路全长174.054km,起于遵义县龙坑枢纽镇分水堰,止于毕节市鸭池镇石桥村。该工程预计2012年12月竣工。

2009年

1月1日,国务院决定从即日起开征燃油附加税,取消原在成品油价外征收的公路养路费、航道养护费、公路运输管理费、公路客货运附加费、水路运输管理费、水运客货附加费6项收费。

1月18日,石阡经镇远至剑河高速公路开工建设,"县县通高速"工作正式启动。该路全长95km,副省长孙国强宣布开工令。

1月23日,省委副书记、省长林树森一行到丹寨县考察水都项目建设情况,看望慰问建设者。林省长指示,2009年水都项目建设力争完成100亿元投资。

2月14日,省政府批复了《贵州省高速公路网规划》。根据规划,高速公路网规划布局方案为"6横7纵8联",总规模约6851km,其中国家高速公路2251km,省高速公路4600km。

5月22日,由省人大常委会副主任傅传耀、省人大财政经济委员会主任刘汉樵等组成的视察组一行,到厦蓉高速公路格都项目施工现场指导工作,慰问厦蓉高速公路的建设者。

6月11日,省长林树森到贵州省黎平县、从江县、榕江县、丹寨县和都匀市考察调研厦蓉高速公路贵州境水口至都匀段和贵阳至都匀段高速公路建设情况。

6月18日,省交通厅在贵阳召开"国家高速公路网络线命名调整及标志更换工程(贵州境)新闻通气会"。崇溪河至遵义高速公路、贵阳至遵义高速公路、贵阳至新寨高速公路、玉屏至凯里高速公路、凯里至麻江高速公路、清镇至镇宁高速公路和镇宁至胜境关高速公路、贵阳东出口公路、贵阳东北绕城公路等,统一更名为国家高速公路网的名称和编号,即:杭瑞高速公路(G56)、沪昆高速公路(G60)、兰海高速公路(G75)、厦蓉高速公路(G76)、汕昆高速公路(G78);公路里程桩号统一采取全国标准编排。即日起,国家高速公路网内的每一条路,都将以"G"为标志,后加阿拉伯数字,按序列编号。国家高速公路网规划在贵州省境内共有5条线路,已建成900多公里。

7月20日,高速公路收费养护管理体制改革动员大会在贵阳召开。会议对财产移交及人员安置等工作进行了全面部署。

7月21日,省交通厅与中国建设银行贵州省分行在贵阳签订全面战略合作协议,建行贵州省分行将为贵州省交通运输厅在"十一五"和"十二五"期间组织实施的高速公路项目提供800亿元的意向性综合融资额度。

7月23日,贵州省交通运输厅正式挂牌。根据《中共中央办公厅国务院办公厅关于印发〈贵州省人民政府机构改革方案〉的通知》和《中共贵州省委贵州省人民政府关于省人民政府机构改革的实施意见》组建贵州省交通运输厅,不再保留贵州省交通厅;根据省委《关于组建中共贵州省交通运输厅委员会、纪律检查委员会及彭伯元等同志任免职的通知》,省委常委会讨论决定:组建中共贵州省交通运输厅委员会、中共贵州省交通运输厅纪律检查委员会,撤销中共贵州省交通厅委员会、中共贵州省交通厅纪律检查委员会。

8月19～20日,全国人大内务司法委员会主任委员、原交通部部长黄镇东视察贵州省公路交通建设情况。黄镇东实地视察了坝陵河大桥建设工地,巡视了清镇高速公路及红枫湖大桥、贵遵高速公路、贵毕高等级公路及S209黄泥塘至织金、S307织金至牛场等公路。

8月21日,荔波县驾欧乡至独山县麻尾镇高速公路正式开工建设。该路起于独山县麻尾镇,止于荔波县驾欧乡,全长28.8km。2010年7月15日,该路交工验收。

8月28日,贵州省交通运输厅与中国银行贵州省分行在贵阳签订全面战略合作协议,标志着双方战略合作已走向全面深入。根据协议内容,中国银行贵州省分行将积极参与包括厦蓉高速公路织金至纳雍段、杭瑞高速公路毕节至都格段等在内的全省重点高速公路建设项目的授信工作,向贵州省高速公路建设提供贷款600亿元人民币。

9月28日,贵州省12条高速公路实行联网收费,同时拆除小碧、笋子林、红枫和都匀南4个主道收费站,全省高速公路收费实现"一卡通"。

9月29日,绥阳至遵义高速公路开工建设。该路采取"多业主制"建设,起于绥阳县城,止于遵义城区汇川大道,全长31km,预计2012年建成通车。

9月30日,赤水至望谟高速公路(黔西至织金段)、铜仁至宣威高速公路(毕节至威宁段)开工典礼在黔西举行,副省长孙国强出席并宣布工程开工。

10月17~19日,中共中央政治局常委、国务院副总理李克强在省委书记、省人大常委会主任石宗源,省委副书记、省长林树森,省委常委、常务副省长王晓东,省委常委、省委秘书长张群山等陪同下,在马岭河特大桥建设工地实地考察。

11月9日,以坝岐河大桥和北盘江大桥为依托的2009年全国桥梁年会在贵阳举行。

11月19日,省委副书记、省长林树森到贵州省桥梁工程总公司承建的坝陵河大桥施工现场视察。

12月6日,交通运输部总工程师周海涛一行在厦蓉高速公路贵阳至水口段公路建设工作领导小组常务副组长曹洪兴、省交通运输厅党委书记彭伯元等陪同下,到坝陵河大桥考察调研并指导工作。

12月8日,杭州至瑞丽高速公路(思南至遵义段)开工建设。开工典礼在凤冈县隆重举行,省交通运输厅、遵义市委、市政府负责人出席开工典礼。该路连接铜仁、遵义、毕节、六盘水四区市,是横贯黔北的一条重要快速通道,也是省高速公路网规划"六横七纵八联"中"六横"之"第二横"的重要组成部分。该路计划2014年建成通车。

12月10日,贵阳至都匀高速公路新场隧道顺利贯通。隧道位于龙里县龙山镇新场村,为分离式单向行车双车隧道,全长3743m。

12月21日,红色旅游线仁怀至赤水高速公路开工建设。该路起于仁怀市罗汪田,止于赤水市,全长约163km,其中习水支线长约7km。

同日,都匀至新寨段高速公路实行联网收费,都匀南临时主线收费站停止运行并撤除,全省联网收费"一卡通"全面实现,贵州省实现联网收费的高速公路里程增至1257km。

12月26日,晴隆至兴义高速公路和惠水至兴仁高速公路破土动工。晴隆至兴义高速公路全长73.26km;惠水至兴仁高速公路全长200.677km。两条公路均采取"多业主制"建设,预计 2013 年完工。

12 月 29 日,杭州至瑞丽高速公路大兴至思南段和铜仁至大龙高速公路破土动工。大兴(湘黔界)至思南段起于松桃县大兴镇洞脑壳,止于思南县鹦鹉溪镇双龙,全长 151.4km,计划 2013 年建成通车。铜仁至大龙高速公路起于铜仁市河西办事处茅溪村坝灌溪,止于玉屏县大龙镇,全长 57.094km,计划 2012 年建成通车。

同日,绥阳至遵义高速公路开工建设。该路起于绥阳县城,经牛心、蒲场、李子垭,止于遵义城区汇川大道,全长 31km,路基宽度 21.5m,双向四车道,总投资 19.01 亿元,计划 2012 年建成通车。

2010 年

5 月 31 日,由建设银行贵州省分行和工商银行贵州省分行牵头,7 家银行与省公路局签订"三条高速公路银团贷款 277.4 亿元协议"。省交通运输厅党委书记彭伯元与会祝贺。

8 月 27 日,贵州高速公路投资有限公司开业庆典暨银企战略合作协议签署仪式在贵阳市举行,副省长孙国强出席并讲话。

8 月 31 日,贵州省高速公路管理局(贵州省高速公路路政执法总队)在贵州省高等级公路管理局和省征费稽查局的基础上成立。贵州省高速公路管理局(贵州省高速公路路政执法总队)为省交通运输厅所属县级事业单位。

8 月,贵州省高速公路联网管理中心开始实施 ETC 测试示范工程建设前期准备工作。

9 月 26 日,副省长孙国强实地检查坝陵河大桥安全管理环节,明确大桥安全管理要求。

9 月 30 日,省委书记栗战书,省委副书记、省长赵克志视察晴兴高速公路。强调在高速公路建设中,要抓住工作重点,艰苦奋斗,高举"发展、团结、奋斗"三面旗帜,千方百计加快发展步伐,推动贵州交通建设事业又好又快、更好更快发展。

11 月 3 日,高总司联网收费管理中心组织完成贵遵路、崇遵路、茅台路、清黄路、镇胜路、凯麻路、贵新路、玉凯路合计 428 个车道的车牌识别设备供货与安装、监理和检测。建成后的车牌识别系统可进一步完善收费系统,提高收费综合管理水平和服务水平。

11 月 10 日,省委副书记、省长赵克志到厦蓉高速公路贵阳至水口段建设工地进行调研时强调:要坚持高标准、高质量,统筹安排、精心施工,切实加快建设步伐,争取工程早日建成并发挥效益。

11 月 24~26 日,省交通运输厅党委书记彭伯元在厅党委委员、总工程师罗强和有关负责人陪同下,赴厦蓉高速公路水口至都匀段和贵阳至都匀高速公路全线督查调研建设情况。

11月28日,三穗至黎平高速公路开工典礼在三穗县桐林镇举行。该路为省内第一条由省地共同组建的地方高速公路融资平台建设的高速公路,按照双向四车道高速公路标准建设,全长138km,投资102亿元。

12月2日,省委常委、省纪委书记宋璇涛视察晴兴高速公路建设工地时强调:要坚持抓质量、抓进度、抓安全、抓廉洁,确保将晴兴高速公路建成精品工程、廉洁工程。

12月20日,余庆至凯里(含施秉连接线)、凯里至羊甲高速公路开工典礼在凯里市举行,两条公路预计2013年年底建成。

12月22日,省委常委、副省长黄康生到贵阳北收费站和贵新高速公路调研时强调:要全力以赴,进一步提高贵州高速公路的交通安全畅通,改善投资环境,促进经济社会更好更快发展。

12月28日,厦门至成都高速公路织金至纳雍段、毕节至生机段和杭瑞高速公路毕节至都格段开工建设,副省长孙国强出席开工仪式。

12月31日,受强冷空气影响,省内高速公路路面结凝,除镇胜高速公路部分路段外,其他高速公路全部封闭,国省干线公路部分路段路面结凝。灾情发生后,省交通运输厅立即启动《贵州省交通运输厅处置自然灾害应急预案》,安排应急值班,指挥协调应急处置工作。截至2011年1月6日,交通部门投入路政人员1.4万人次,出动设备2530台次,撒盐1895.8t、防滑沙8149m³。

2011年

1月1日晚~3日,受凝冻影响,全省高速(高等级)公路除镇胜线外全部封闭,国省干线公路大部分阻断,农村公路通行条件恶化,道路交通运输基本处于中断状态,累计公路滞留车辆28346台,滞留54206人;2.4万台客车停运,影响46万旅客通过公路出行。截至1月31日,累计造成6.3亿元的路面和设施损毁。灾情发生后,全省交通运输系统广大干部职工坚决贯彻执行省委、省政府的决策部署,迅速反应,主动出击,发扬不怕疲劳、连续作战、全力以赴的交通精神,确保公路畅通。

1月6日,副省长孙国强到贵阳市金阳客运站调研凝冻期间旅客运输情况,省道路运输局局长欧小海等陪同。

1月20~21日,交通运输部副部长冯正霖率队在贵州检查春运和公路抗冰保通工作。冯正霖要求:全力抢通保通贵州高速公路和干线公路,并进一步延伸至县乡公路,确保春运道路运输安全畅通。检查组先后在遵义茅草铺客运站、贵阳金阳客运站检查客运工作,实地考察兰海高速公路贵州段的路况,并在贵州高速公路抗冰保通现场指挥部详细了解近期公路抗冰保通工作。

1月28日,贵州省高速公路管理局、贵州省高速公路路政执法总队授牌暨换装仪式在贵阳市公路大厦18楼举行。

2月16日,2011年全省公路工作会议在贵阳市召开。会议总结了"十一五"公路工作,安排部署了"十二五"及2011年的公路工作。省交通运输厅副厅长张群力出席会议并讲话。

3月4日,全省道路运输工作会议在贵阳市召开,各市(州、地)交通运输局分管局长、运管处长、客管局长参加会议。省交通运输厅党委委员、副厅长刘扬出席会议并讲话。

3月9日,全国人大代表、贵州省省长赵克志在十一届全国人大四次会议贵州代表团记者会上表示,未来5到10年,贵州将建成连接全国的"7小时高铁交通圈",并实现县县通高速公路,经济发展的基础条件将得到彻底改善。

3月15日,2011年全省交通建设工程质量安全监督工作会议在贵阳市紫林宾馆二楼会议室召开。会议贯彻落实全国交通质量监督站(局)长座谈会、2011年全省交通运输工作会议的精神,回顾总结了"十一五"贵州交通建设工程质量监督、安全监管、工程监理、试验检测、党建工作、精神文明建设等工作,分析了当前交通建设工程质量安全存在的一些主要问题。省交通运输厅党委委员、副厅长刘扬到会并讲话。

3月17日,省交通运输厅召开《贵州省高速公路管理条例》立法起草工作座谈会,正式启动《贵州省高速公路管理条例》立法起草工作。省人大财经委、省人大常委会法工委、省政府法制办等单位有关领导和专家应邀出席会议。

3月24日,交通运输部西部交通建设科技项目管理中心在贵阳市主持召开"坝陵河特大桥梁建设关键技术研究"项目成果鉴定会。专家组认为坝陵河大桥工程应用理论分析、数值计算、模型试验、现场监测等方法,针对山区深切峡谷特大跨径悬索桥设计、施工关键技术进行研究,取得3个大项10个子项一系列创新成果,项目总体达到国际领先水平,建议加强研究成果的推广应用。

3月31日,贵州省首条采用BOT模式建设的高速公路——贵阳至都匀高速公路正式通车试运行。

4月22日,贵州高速公路开发总公司团委和共青团贵阳市委共同主办的"微笑传递文明·满意在贵州高速"微笑之星选拔大赛启动仪式在贵阳北收费站广场举行。省交通运输厅党委委员、副厅长陈骏,贵州高速公路开发总公司党委副书记、纪委书记、工会主席钟蔚等出席启动仪式。启动仪式上,贵州高速公路开发总公司团委与共青团贵阳市委签订了"一对一结对共建帮扶协议书",双方将共同对贵阳市周边的留守儿童开展帮扶。参赛的"微笑之星"选手在"微笑承诺条幅"上签名,承诺将"微笑传递文明。满意在贵州高速"的宗旨落实到工作中去,做到文明服务。

4月25~27日,交通运输部部长李盛霖就贵州"十二五"交通运输发展规划和农村公路、国家高速公路建设等进行实地调研。李盛霖强调:要切实落实中央深入实施西部大开发战略的部署和要求,认真组织实施"十二五"交通运输发展规划,为贵州经济社会发展、转型、追赶提供服务保障。

5月16日,省长助理慕德贵、省政府副秘书长周建琨一行到省交通运输厅调研指导工作,并就贵州省高速公路建设有关问题召开专题座谈会。

5月18日,贵州省交通运输厅与中国交通建设股份有限公司在贵阳市签订战略合作框架协议。

6月27日,全省交通运输系统采取多种形式,广泛开展《公路安全保护条例》宣贯工作,在新闻媒体、公共场所和交通要道、车站码头、运输工具等载体通过宣讲、报道、悬挂标语、发放资料等方式,形成了全省上下知晓、学习和遵守条例的良好氛围。

6月29日,贵州省交通运输摄影协会在贵阳市成立。省交通运输厅党委委员、副厅长陈骏出席会议并讲话,省摄影家协会名誉主席王长春、主席韩贵群应邀出席会议。

9月25日,交通运输部安全督查组一行在省交通运输厅副厅长吴强及副巡视员杨平陪同下,对坝陵河特大桥安全隐患排查治理工作进行检查指导。

10月25日,板坝至江底高速公路者告河大桥成功合龙。

11月1日11时30分左右,福泉市永远发展有限公司两辆载运民用炸药的货车由湖南载运炸药至贵阳,在兰海高速公路贵新线马场坪匝道以外约80m处修理厂发生爆炸,造成8人死亡、264人受伤。其中,收费人员受伤8人、重伤2人、路政人员受伤7人、重伤1人。爆炸还造成1座收费站、3栋办公楼等交通设施严重受损。截至11月2日8时40分,经省交通运输部门紧张抢险,因福泉市马场坪镇爆炸事故受损的兰海高速公路贵新线马场坪段车道、收费站、道路标志等交通设施已抢通、更新、清理完毕。

11月11日,驾欧至荔波高速公路开工仪式在黔南州荔波县驾欧乡举行。

11月16日,银川至龙邦国家高速公路惠水至罗甸高速公路(控制性工程)开工仪式在黔南州惠水县三都镇举行。

11月19日,凯里至雷山高速公路开工仪式在雷山县丹江镇举行。

11月23日,道真至瓮安高速公路在正安县安场镇瑞濠村正式开工建设。该工程总投资约240亿元,为当时贵州省高速公路建设投资规模之最。

11月29日,松桃至铜仁高速公路、沿河至德江高速公路分别在松桃县大兴镇、沿河县沙子镇举行开工仪式。

12月16日,贵州惠(水)兴(仁)高速公路全线重点控制工程、第二长大隧道——老熊湾隧道左线顺利贯通,从而实现了双线贯通。这是全线首座双线贯通的中长隧道。

12月26日,余庆至安龙高速公路独山至平塘段开工仪式在黔南州平塘县举行。

12月30日,贵州省第一条双向六车道高速公路——贵阳至清镇高速公路交工验收并通车试运行。

12月31日,汕昆高速公路板坝至江底段宣布建成通车。

2012年

4月9日,全省交通建设工程平安工地暨施工标准化示范创建标段现场会召开,该活动至此由创建转为全面推广应用。

7月1日,《贵州省高速公路管理条例》正式施行。

7月5日,思南至剑河高速公路木蓬特大桥成功合龙。该桥主拱圈采用悬臂浇筑施工工艺,填补了贵州省拱桥施工工艺空白,其扣、锚索一次张拉控制、斜爬施工挂篮等为国内首次采用。

8月8日,贵州省高速公路ETC(电子不停车收费)第一期工程在贵阳环城高速公路桐木岭收费站开工。全年计划建成100条ETC车道。

8月31日,省交通运输厅召开交通重点项目建设120天大会战动员大会,省交通运输厅党委书记、副厅长陈志刚作动员讲话,要求在全省开展为期4个月的交通建设大会战,全面完成和超额完成全年交通各项工作任务。

9月30日,贵州省境内所有高速公路对7座及以下小型客车免费开放,免费时间为9月30日0点~10月7日24点。

10月9日,省委常委、副省长秦如培在《交通重点建设项目快报》第2期上作重要批示,对省交通运输厅"120天大会战"工作给予高度肯定。

10月20日上午,贵阳至瓮安高速公路投资协议签字仪式在贵阳市举行。省委常委、副省长秦如培,中国交通建设股份有限公司副总裁陈奋健出席签字仪式。中交投资有限公司董事长兼总经理李茂惠、中交二公局董事长兼总经理韦世国、中交公路规划设计院有限公司董事长兼总经理张喜刚、省政府副秘书长吴强、省交通运输厅及有关部门负责人等参加签字仪式。

10~12月,贵州省交通运输厅邀请中央驻黔和地方媒体记者先后五次赴全省高速公路建设工地,就实施"120天大会"战的具体措施、保障体系、建设进度、管理模式等进行采访,取得良好宣传效果。

11月30日,省委派员到省交通运输厅宣读任免决定:陈志刚任贵州省交通运输厅厅长。

11月30日,贵州省最大的双塔斜拉桥——黔西至织金高速公路六冲河大桥成功合龙。

12月16日,贵州高速公路三年建设会战动员大会在贵阳市召开。省委书记、省长赵克志作重要批示。由此,贵州高速公路建设三年会战的序幕正式拉开。

同日,全省13条高速公路同时动工建设,里程共计1073km。总投资约1093亿元,除几座特殊结构的大桥外。拟于2015年年底建成主体工程。这13条高速公路包括：惠水至罗甸、松桃至铜仁、沿河至德江、道真至瓮安4个出省通道项目。贵阳至瓮安、瓮安至江口、贵阳至黔西、兰海高速公路遵义至贵阳扩容工程尖坡至小碧段4个贵阳至各市（州）射线项目，以及凯里至雷山、望谟至安龙、务川至正安、驾欧至荔波、独山至平塘5个县县通高速公路项目。项目的实施，将为提前3年（即到2015年）实现县县通高速公路、建成贵阳至各市（州）双通道、形成15个出省通道、高速公路覆盖全省重点产业园区和风景名胜区、建成和在建高速公路规模达到6100km以上五大目标的实现创造条件。

12月17日下午，省委副书记、省政府党组书记陈敏尔在贵阳市会见中国交通建设股份有限公司董事长、党委书记周纪昌，并共同见证贵州省人民政府与中国交通建设股份有限公司关于交通基础设施建设战略合作协议签约仪式。省委常委、副省长秦如培，中国交通建设股份有限公司副总裁陈奋健分别代表贵州省人民政府和中国交通建设股份有限公司在战略合作协议上签字。

2013年

1月6日，省委常委、省委政法委书记、副省长秦如培对省交通运输厅抗凝保通反应迅速、应对得当给予充分肯定。

1月14日，省交通运输厅召开2013年高速公路计划通车项目建设调度会，对当年要建成通车的高速公路项目从路基工程、桥梁工程等方面逐一倒排工期。

1月18日，全省交通运输工作暨水运发展电视电话会议在贵阳市召开。为减少开支，节省时间，方便基层，这次会议转变会风，采用电视电话会议方式，把全省交通运输工作会、水运发展动员会、安全生产工作会和党风廉政会"四会合一"，全部会议议程被控制在3小时左右，开短会、讲实话成为会议一大亮点。省委常委、副省长秦如培出席会议并就交通运输工作进行了部署。

1月24日，驻黔金融机构支持贵州交通建设座谈会在贵阳市召开。省委常委、副省长秦如培出席会议并发表重要讲话。省政府副秘书长、省政府金融办主任周道许，省政府副秘书长、省铁建办主任吴强出席会议。国家开发银行贵州省分行、工商银行贵州省分行、建设银行贵州省分行、中国银行贵州省分行、中国农业银行贵州省分行、交通银行贵州省分行、兴业银行贵阳分行、招商银行贵阳分行、浦发银行贵阳分行、中信银行贵阳分行、邮储银行贵州分行、贵州银行、重庆银行筹备组、光大银行贵阳分行主要负责人、分管信贷工作的负责人、信贷部门负责人参加会议。省交通运输厅党委书记、厅长陈志刚，副厅长刘扬及厅有关处室、相关二级局负责人参加会议。

1月29日，毕节至都格高速公路建设用地通过国土资源部评审。

1月31日，省交通运输厅在遵义市召开高速公路项目建设工作调度会，要求项目与地方加强统筹协调,加快工程进度,确保实现年度投资计划及通车目标。

2月3日,黔西至织金高速公路交工验收。

2月20日,全省高速公路建设三年会战实现"开门红"。1月~2月18日,全省高速公路已累计完成投资68亿元,同比增长58.8%,融资到位资金144.5亿元,创造历史同期最好水平。

3月13日,省委常委、副省长秦如培在三年会战快报2013年第5期上批示:第一次调度会后,各地三年会战力度加大,省交通运输厅等单位的督促、指导、协调、服务工作做得扎实,总体进度较快,对存在问题,省政府督查室会同省交通运输厅督办限期解决。

3月18日,省委常委、副省长秦如培就全省高速公路项目招商引资推介会筹备工作进行调度。

3月19日,贵阳市境内高速公路征地拆迁协调会召开。

3月21日,省委常委、副省长秦如培在省交通运输厅召开调研座谈会,要求加大力度、加快速度、全力推进高速公路建设,确保完成各项目标任务。

3月26日,全省高速公路瓦斯隧道设计、施工等建设技术交流会在贵阳市召开。

3月27日,全省高速公路建设三年会战遵义片区调度会在遵义市召开。

同日,省交通运输厅全面启动"高速公路文明大道"创建活动,动员全省高速公路管理、服务部门力量,创建"畅、安、适、美"的高速公路行车环境,以优质管理和优良服务展现交通运输行业文明形象。

3月29日,同类桥型亚洲第一高墩的毕节至威宁高速公路第六合同段赫章特大桥顺利合龙。

4月8日,省交通运输厅采取高速公路建设施工现场观摩形式在惠水县召开全省高速公路建设三年会战2013年第二季度调度会。

4月11日,交通运输部在贵阳市召开交通运输"十二五"发展规划中期评估等专题调研座谈会。

4月18日,贵州高速公路招商引资推介会暨签约仪式在贵阳市举行。这是贵州省首次对高速公路待建项目进行集中招商。招商项目共计15个、960.1km,总投资约944.1亿元。招商会后的签约仪式上,省交通运输厅与中交集团等省内外企业签订了特许权协议、投资协议、经营权转让协议、融资协议、其他类战略合作意向协议五大类20项协议,协议金额共计1536亿元。

4月27日上午,省总工会在贵阳市举行表彰大会,向荣获全国、省五一劳动奖状、五一劳动奖章、工人先锋号的先进集体和个人颁奖。贵州高速公路开发总公司惠水至镇宁高速公路项目办主任旷光洪荣获全国五一劳动奖章;贵州高速公路开发总公司都匀营运管理中心新寨收费站荣获全国工人先锋号;贵州省毕节公路工程处荣获贵州省五一劳动奖状;贵州省乌当公路管理段羊昌站站长王富祥,贵州省乌江航道处工程师王治轩荣获贵州省五一劳动奖章;贵州高速公路开发总公司凯里营运管理中心大龙主道收费站、贵州省公路工程集团有限公司第六分公司、贵州省高速公路管理局剑河路政执法大队荣获贵州省工人先锋号。

5月4~5日,省委常委、副省长秦如培到仁(怀)赤(水)高速公路建设工地考察调研,强调要以科学的管理确保高速公路按期通车。

5月6日,全省高速公路建设三年会战项目调度会在湄潭县召开。

5月8日,檬梓桥至乐理高速公路开工建设。

5月10日,全省高速公路服务区、收费天棚及景观建设改造工作全面启动。

5月19~20日,省委常委、副省长秦如培赴毕节市、六盘水市、安顺市专题调研交通建设情况,现场办公协调解决存在的困难和问题。

5月22日,中国交通建设集团在黔投资建设高速公路项目调度会在贵阳市召开。

5月31日,六盘水至盘县高速公路北盘江特大桥顺利合龙。该桥为空腹式连续刚构,跨径居同类桥型亚洲第一位。

6月8日,织金至普定高速公路开工建设。

6月24日,省交通运输厅对2012年底新开工的13个控制性工程项目展开督导。

6月28日,思南至遵义高速公路湄潭至遵义段通车试运行。

6月30日,大兴至思南高速公路铜仁西至德旺段通车试运行。

7月3日,交通运输部副部长翁孟勇到贵州省遵义县、湄潭县考察调研。

7月10日,省委常委、副省长秦如培主持召开中国交通建设集团在黔投资的5个BOT项目建设协调会议,研究加快推进项目建设的有关问题。

7月18日,全省交通建设半年调度会召开。全省交通固定资产投资实现时间过半,任务过半。

7月23日,交通运输部副部长何建中率国务院安委会第七督察组督察贵惠高速公路安全生产工作。

7月25~26日,杭瑞高速公路大兴至铜仁西段通过交工验收。

8月7日,全省高速公路征地拆迁现场观摩会及高速公路建设三年会战8月份调度会在瓮安县召开。

8月11日,贵州省高速公路建设质量安全工作会议召开。

8月16日,六盘水至盘县高速公路全线通车。

8月23日,省委副书记、省长陈敏尔主持召开省政府第11次常务会议,在研究关于组建交通建设集团有限公司议题时强调:这事很好,体现了改革思路;交通重视抓建设、抓会战,重视运营管理,也重视体制改革,现阶段建设、运营、管理、体制改革整个工作都做得比较好。

8月27~28日,交通运输部、部分省区纪检监察工作座谈会在贵阳市召开。交通运输部党组成员、中纪委驻部纪检组组长李建波出席会议并作重要讲话,驻部纪检组副组长张建传达了交通运输部反腐倡廉建设专题会议精神。贵州省交通运输厅党委书记、厅长陈志刚简要介绍了贵州省情和全省交通运输发展状况,以及厅党委围绕"能干事、干成事、不出事"目标,深入推进贵州交通运输特色惩防体系建设工作开展情况。李建波在讲话中充分肯定了近年来贵州交通运输工作取得的突出成就,以及贵州省交通运输厅党委一手狠抓交通运输的科学发展不动摇、一手狠抓干部队伍的廉政教育、廉政管理不动摇所采取的制度、措施、办法。座谈会上,15家单位进行了工作交流发言。贵州省交通运输厅党委委员、纪委书记翟晓辉就"查根源,抓防控,全面加强制度建设;强监管,抓落实,积极推进责任下移;重根本,抓预防,筑牢思想道德防线;促执行,抓作风,着力提高行政效能;严惩处,抓监督,保持案件查办高压"五个方面的工作做了交流发言。

9月3日下午,省委常委、省委政法委书记、副省长秦如培在省政府副秘书长、铁建办主任吴强等同志陪同下到省交通运输厅调研指导工作。

9月23日,2013年通车高速公路项目调度会和2013年新开工高速公路项目前期工作调度会召开。

9月26日,全省高速公路建设三年会战9月份调度会在贵阳市召开。

10月2日,省委常委、省委政法委书记、副省长秦如培深入施工一线慰问广大建设者,并检查思剑、大思、思遵高速公路。

10月8日,省人大常委会副主任龙超云、傅传耀率省人大代表一行调研贵惠高速公路建设情况。

10月10日,交通运输部副部长高宏峰一行,结合党的群众路线教育实践活动,到贵州开展交通运输科技工作专题调研。

同日,贵阳至惠水高速公路通车试运营。贵阳至惠水高速公路采用双向6车道,全长40km,是由贵州桥梁建设集团有限责任公司于2012年5月8日,投资兴建的BOT项目,贵惠高速公路的开通打通了贵阳"南大门"。

10月18日,仁怀至赤水高速公路仁怀至火石岗段通车试运营。

10月22日,省交通运输厅与电力系统有关单位召开高速公路建设项目电力设施迁改协调会。

同日,省交通建设工程质量监督局启动为期一个月的平安工地、施工标准化建设督查,并同时启动石质边坡光面爆破等专业督查。

10月24日,绥阳至遵义高速公路青山至檬梓桥段通过交工验收,并于25日通车试运行。

10月24~25日,省人大常委会委员、省人大财经委主任委员陈仁贵,省人大常委会委员、省人大常委会副秘书长夏勇军等一行人在省交通运输厅党委书记、厅长陈志刚等人陪同下,到省交通基层一线考察调研。

10月29日,省交通运输厅召开全省高速公路建设三年会战宣传工作会。

10月30日,惠水至兴仁高速公路镇宁至贞丰段通过交工验收,并定于11月1日通车试运营。至此,惠兴高速公路全线实现通车试运营。

11月26日,思南至剑河高速公路通过交工验收,并定于11月28日通车试运行。

11月28日,仁怀至赤水高速公路火石岗至赤水段通过交工验收,于当日24时与贵州省高速公路管理中心联网收费运营,标志着仁怀至赤水高速公路全面正式通车试运行。

12月5日,大兴至思南高速公路实现全线通车试运营。

12月22日,六枝至镇宁高速公路通车试运营。六镇高速公路是贵州省2013年最后通车的一条高速公路。

12月23日,省委书记赵克志在"2013年贵州最后一条高速通车,总里程达3281km"消息上批示:"68个县、9个出省通道。交通建设不简单呢。硬约束大为改善了。2014年要确保4000公里,79个县通高速公路,离'县县通'仅一步之遥,可喜可贺,翘首以盼啊!"

12月底,全年建成高速公路651km,高速公路通车里程达3281km,新增印江、思南、贞丰、六枝、石阡、镇远、习水、赤水8个县通高速公路,通高速公路县达68个,近八成的县通高速公路,形成贵阳至兴义的双通道连接。

2014年

1月2日,全省高速公路三年建设会战2014年首次调度会召开。

1月8~9日,贵州省十二届人大常委会第六次会议表决通过了《贵州省交通建设工程质量安全监督条例》。该《条例》填补了贵州省交通建设工程质量安全监督地方规章的空白,从源头上控制了工程质量安全事故,对提高工程质量和安全有着极其重要的作用。

2月13日,全省高速公路交通安全紧急电视电话会议在贵阳市举行。

2月17日,省交通运输厅接受省政府考核,被省政府评为2013年度安全生产工作目标和任务考核优秀单位。

2月18日,全省交通金融工作座谈会在贵阳召开。省委常委、省委政法书记、副省长秦如培,省人大常委会副主任傅传耀,省政协副主席黄康生等出席会议。

3月1日,《贵州省交通建设质量安全监督条例》正式施行。

3月5日,全省高速公路三年建设会战开局之年先进事迹演讲活动在贵阳市召开。旷光洪、陈林、吴奇伟、徐胜、何一清等分别代表项目办主任、项目经理、技术干部、工人、拆迁办负责人等建设群体作演讲。

3月20日,贵州省交通运输厅与中国铁建投资有限公司在贵阳市签订安顺至紫云高速公路投资协议。

3月27日,省委副书记、省长陈敏尔到惠罗高速公路12合同段路面摊铺现场调研指导工作。

4月11日,省总工会、省交通运输厅在银川至龙邦国家高速公路贵州境惠水至罗甸高速公路第一合同段启动"决战高速·助推跨越"全省高速公路三年建设会战劳动竞赛。

4月23日,创建"文明大道·最美高速"工作推进会在铜仁市召开。

5月13~15日,省政协主席王富玉率省政协专题视察团赴贵阳、安顺、惠水等地,对贵州省"多彩贵州·最美高速"创建工作实施情况进行调研。

5月26日,省委书记、省人大常委会主任赵克志,省委副书记、省长陈敏尔深入惠罗高速公路项目建设现场调研。

6月18日,贵州省交通运输厅与浙江省交通投资集团有限公司战略合作签约仪式在贵阳市举行。

7月11日,生态文明贵阳国际论坛2014年年会"绿色交通·低碳城市"分论坛召开。交通运输部副部长冯正霖作主旨演讲,交通运输部党组成员、运输司司长刘小明作专题演讲,交通运输部科学研究院副院长石宝林,欧盟流动与交通总司高级官员马克·马其尔(Mark Major),美国交通与发展政策研究所(ITDP)创始人迈克尔·安东尼·雷普罗格(Michael Anthony Replogle),英国驻华大使馆可持续增长参赞吴侨文(John Edwards),美国公共交通协会副总裁亚瑟·路易斯·古赛蒂(Arthur Louis Guzzett),沃尔沃集团(中国)投资有限公司总裁陈然峰等嘉宾展开对话。英国前副首相彭仕国,贵州省政协副主席孙国强,贵州省交通运输厅党委书记、厅长陈志刚及国际国内有关专家学者,贵州省交通运输厅领导李程、刘扬、孙力、翟晓辉、韩剑波、潘海、张群力等参加论坛。本论坛由贵州省交通运输厅承办,交通运输部科学研究院和大连理工大学协办。

8月18日,省交通运输厅召开"8·10"事故救援工作总结会。8月10日17:50左右,安江高速公路项目两天窝隧道发生坍塌,导致隧道被阻、13名工人被困。在各方通力合作和共同努力下,8月16日14:00,13名工人在遇险140小时后成功脱险。会议总结了"8·10"事故救援工作的经验教训,对下一阶段安全工作做了安排部署。

10月1日,国庆长假期间,省交通运输厅、省公安厅共同成立了路警联合指挥部,交警、路政、经营单位联合协作,对全省高速公路实施"一路三方"统一调度管理。

11月7日,"多彩贵州·最美高速"名优商品招商会在贵阳市举行。省委常委、省委政法委书记、副省长秦如培出席并讲话,省交通运输厅党委书记、厅长陈志刚作主题推介演讲。举行招商会的目的是让更多商家了解贵州高速公路建设,推介贵州高速公路服务区名优特产专买,寻求合作共赢机会,搭建起高度融合、优势互补、互利互惠、合作共赢的新平台，拓展服务区经营领域，丰富高速公路经营业态，共同构筑提升贵州高速公路配套产业、打造贵州高速公路经济带的美好愿景。约200家企业代表出席招商会，现场签约项目20余个，签约项目主要涉及烟、酒、茶、药、食品、旅游、餐饮等产业。

11月19日，省交通运输厅、发改委、国土厅、环保厅、住建厅、水利厅、林业厅、农委、文物局等涉及高速公路前期工作审查、审批的单位在省交通运输厅办公楼内集中联合办公，标志着全省新开工高速公路项目前期工作联合会审、集中办公机制正式建立。

11月21日，全省"多彩贵州·最美高速"创建工作动员大会在遵义市召开，省长陈敏尔作重要批示。会议对加快提升贵州高速公路管理水平和服务质量，打造贵州交通新品牌，树立贵州对外开放新形象，全面推进"多彩贵州·最美高速"创建工作进行了安排部署。省政府副秘书长、铁建办主任吴强，省委宣传部副部长、省文明办主任朱新武，省交通运输厅党委书记、厅长陈志刚出席会议并对下一步工作做安排部署，会议由省交通运输厅党委副书记、机关党委书记李程主持。

11月25日，环贵州高速公路（南部三州段）开工仪式在"贵州南大门"独山县举行。省委书记赵克志出席开工仪式。省委副书记、省长陈敏尔讲话并宣布开工。省委常委、省委政法委书记、副省长秦如培主持开工仪式。省交通运输厅党委书记、厅长陈志刚及黔东南、黔南、黔西南州等有关部门负责人参加开工仪式。环贵州高速公路总规模1952km，总投资约1978亿元，其中环贵州高速公路南部三州片区总里程815km。截至2014年11月25日，环贵州高速公路已建成895km、在建367km、待建690km。预计至2017年，新建成高速公路可达480km以上，环贵州高速公路通车里程达1370km以上；至2018年，力争新建成高速公路515km以上，实现1952km环贵州高速公路全线贯通。

12月3日，省交通运输厅在贵阳市召开全省"十三五"交通运输规划编制工作领导小组第一次会议。

12月30日，凯里至羊甲、六盘水至六枝、驾欧至荔波、三穗至黎平等高速公路项目通过交工验收。至此，惠水至罗甸（惠水至断杉段）、瓮安至马场坪等16条（段）高速公路通过交工验收，并陆续开放交通试运营。全省新建成高速公路721km，高速公路通车里程突破4000km，达到4002km，新增余庆、施秉、黄平、天柱、锦屏、纳雍、荔波、瓮安、务川、松桃、平塘11个县通高速公路，通高速公路县（市、区）达79个，占全省88个县（市、区）的90%。

12月31日，省交通运输厅与省环境保护厅签署《关于建立应急联动工作机制的协议》。

2015年

1月12日，2015年全省交通运输工作会议在贵阳市召开。省委常委、省委政法委书记、副省长秦如培出席会议并讲话,省政府副秘书长、省铁建办主任吴强主持会议,省交通运输厅主要领导陈志刚作全省交通运输工作报告。会上,秦如培对2014年全省交通运输工作取得的各项成绩给予了充分肯定。

会议强调,各地各部门要按照保持定力、深处着力、精准发力、加倍努力的要求,以决战决胜的勇气和信心确保2015年交通运输工作各项既定目标任务得以实现。同时,要全力以赴,加快推进全省高速公路三年建设会战、水运建设三年会战、普通国省干线公路建设攻坚、"四在农家·美丽乡村"小康路行动计划和"多彩贵州·最美高速"创建工作,千方百计改善交通基础条件,为全省经济社会发展提供交通运输保障。

1月28日,银川至龙邦高速公路贵阳至惠水段惠水服务区正式开业运营。开业当天,当地名优产品展销会在惠水服务区举办。

惠水服务区是贵州交通建设集团有限公司建设的第一对服务区,秉承"一区一特色,一区一品牌"的经营思路,对惠水服务区精心打造,突出特色。服务区总占地面积80亩,建筑面积4万m^2,总体设计融合了浙江交投和贵州本土元素,将地方建筑特色和现代经营理念完美融合。在建筑外观上充分融入青岩特色,古朴的大门、青灰的砖瓦、端方的气韵,彰显出惠水服务区独具地方特色的主题风格。

2月28日,全省高速公路建设三年会战3月份调度会在贵阳市召开,会议通报了各建设项目进度、施工组织和进度计划,并对2015年实现高速公路通车里程突破5000km、确保全面完成全省高速公路建设三年会战目标任务做了安排部署。厅党委书记王秉清出席会议并讲话,厅党委委员、副厅长罗强主持会议,厅党委委员、总规划师邱祯国出席会议。

王秉清指出:"2015年是全省高速公路建设三年会战的收官之年,全省交通运输系统干部职工要紧盯一个目标,即2015年全省新建成高速公路1171km,实现高速公路通车里程突破5000km,全面完成高速公路建设三年会战目标任务。"

会上,各项目业主单位主要负责人和各在建高速公路项目办主任汇报了项目进展和复工情况、确保一季度实现开门红以及12月25日前实现通车目标的工作安排。

4月13日,全省高速公路建设三年会战、普通国省干线公路建设攻坚、水运建设三年会战劳动竞赛誓师大会在乌当区新堡乡遵贵复线12标工地举行。省人大常委会副主任、省总工会主席袁周,省总工会党组书记、副主席杨兴举,副主席程安,省交通运输厅党委副书记、机关党委书记李程,省交通运输厅副厅长罗强、韩剑波等领导与会。大会对在全省高速公路建设三年会战劳动竞赛获奖的先进集体和优秀个人进行了表彰。15个优胜单位荣获贵州省五一劳动奖状,100个优胜班组荣获贵州省工人先锋号,35名优秀个人荣获贵州省五一劳动奖章。劳动竞赛誓师大会,标志着贵州高速公路、国省干线、水运建设三年会战的帷幕已经拉开。誓师大会上,省交通运输厅副厅长罗强要求交通建设者要进一

附录一
贵州高速公路建设大事记（1986—2016 年）

步统一思想，明确任务，增强信心，鼓舞干劲，为实现三年大会战既定目标任务做出应有贡献，用智慧和汗水践行誓词，再次掀起贵州高速公路、国省干线、水运建设新高潮。

5月12日，贵州省交通运输厅与湖南省交通运输厅在贵阳市举行座谈，共商省际通道建设合作事宜。省交通运输厅党委书记、厅长王秉清，副厅长罗强，总规划师邱祯国，湖南省交通运输厅党组书记、厅长刘明欣，副厅长赵平等出席会议。

双方一致认为，推进两省高速公路省际通道建设，对促进两省边界民族地区、贫困地区加快发展，具有十分重要的意义。双方就同步开工、同步竣工等事宜达成共识。两省协商共建的省际高速公路项目分别是贵州铜仁至湖南怀化、贵州黎平至湖南靖州、贵州铜仁经湖南新晃至贵州天柱高速公路，建设里程共计205km。其中，怀化至铜仁高速公路全长约67km，项目起于湖南省怀化至芷江高速公路罗旧镇，往西北经五郎溪乡、拖冲乡后进入贵州，经漾头镇后与杭瑞国高大兴至思南段相接。黎平至靖州高速公路项目路线起于靖州，经藕团，止于湘黔两省交界处界牌，路线长约72km。铜仁经湖南新晃至天柱高速公路是贵州省"678"高速公路网中"1纵"松桃至从江高速公路的重要组成部分，也是环贵州省高速公路的组成部分，是贵州省东部又一重要纵向省际联系通道。

5月25日，为进一步贯彻落实省委、省政府关于安全生产工作部署和省主要领导有关"形成一道风景线，培育一个服务业"的重要批示精神，调度"多彩贵州·最美高速"推进情况，全面启动"多彩贵州·平安高速"创建三年攻坚行动，将高速公路建、管、养、运一体化发展推向深入，全省"多彩贵州·最美高速"创建工作推进会暨"多彩贵州·平安高速"创建三年攻坚行动启动大会在贵阳市召开。省委常委、副省长慕德贵出席会议并讲话。

6月30日，在交通运输部召开全国高速公路电子不停车收费（ETC）联网工作调度会之际，贵州省ETC正式并入全国联网，成为西南片区首个全国联网省份。联网工作调度会当天，河南、湖北、广东、三省同时成功并入全国ETC联网。至此，全国已有18个省市ETC联网开通，全国ETC联网纵贯南北、互通东西的格局初步形成。

贵州省按照交通运输部相关技术标准，2010年，启动了高速公路ETC示范工程，建成了第一批ETC。通过一年多的运行，于2012年启动了贵州省高速公路ETC车道（一期）工程建设。截至2015年年底，贵州省高速公路建成联网收费站278个、ETC车道365条。

12月31日，全省县县通高速公路暨2016年交通重点项目集中开工仪式在贵阳至瓮安高速公路清水河大桥举行。省委书记陈敏尔隆重宣布贵州省县县通高速公路目标全面实现，宣布"十三五"时期新一轮交通建设2016年度重点项目集中开工。省委副书记、代省长孙志刚讲话，省政协主席王富玉，省委副书记、省委政法委书记谌贻琴，省领导秦如培、慕德贵、龙超云、张群山、孙国强等出席。仪式由慕德贵主持。省交通运输厅党委书记、厅长王秉清在仪式上发言，介绍了有关县县通高速公路的情况。中国交通建设集团有限公司副总裁陈云,省委秘书长刘奇凡,省政府秘书长唐德智,省有关部门、各市州、贵安新区有关负责人,在黔投资高速公路项目企业代表和部分干部群众代表参加开工仪式。

至此,贵州省88个县全部通高速公路,全省高速公路通车里程突破5100km达5128km,形成了15个高速公路出省通道,高速公路总里程居全国第八位,新增高速公路里程居全国第一位,提前三年实现了"县县通高速"目标,成为西部首个、全国为数不多"县县通高速"的省份。

2016年

1月15日,全省"县县通高速"公路建设总结座谈会在省交通运输厅4001会议室召开。会议在总结了贵州省高速公路建设取得的丰硕战果及8年来贵州省高速公路建设管理的经验做法,同时指出了存在的不足。省交通运输厅党委副书记、机关党委书记李程,副厅长韩剑波,总规划师邱祯国出席会议并讲话。会议由省交通运输厅副厅长罗强主持。会议要求,2016年是"十三五"规划的起步之年,要以"起步就是冲刺、开局就是决战"的态势,全面推动交通运输建设、改革、发展各项工作,确保首战告捷。要举全系统之力,行超常规之举,以舍我其谁的责任担当和苦干实干的拼搏精神,加快推进新阶段的高速公路建设,为贵州"守底线、走新路、奔小康"提供坚实的交通运输保障。

1月19日,全省高速公路营运服务管理工作会议在贵阳市召开,省交通运输厅党委委员、副厅长罗强出席会议并讲话,省高管局党委书记朱永献主持会议,省高管局局长刘金坤作高速公路营运服务管理工作报告。

会议全面总结了"十二五"全省高速公路营运服务管理工作,研究了"十三五"全省高速公路营运服务管理工作总思路,安排部署了2016年的重点工作。会议指出,"十二五"期间贵州省高速公路营运服务管理工作成效显著。各种管理体制机制和地方性法规制度体系基本形成,高速公路路政执法和行业监管工作扎实推进,高速公路养护和安全生产工作不断加强,高速公路联网收费、智慧路网运行平稳,"一路多方"联勤联动工作机制初步构建,党的建设、廉政建设和行业文明创建工作得到加强。"十二五"期间累计查处路政案件4.5万件,查处结案率达95%以上;累计拆除违法建筑1100余处,拆除违法广告近800处,取缔违法加水点及摊点7300余处;累计治理超限运输车辆135万余辆(次),恶性超限运输车辆控制在3.5%以内;依法办理高速公路各类行政许可事项4400余件。路政执法基本实现了执法"四统一","多彩贵州·最美高速"创建活动取得明显成效。

1月31日,贵州省紫云至望谟、三都至荔波、三穗至施秉高速公路PPP项目投资融资协议签字仪式在贵阳市举行。贵州省交通运输厅党委书记、厅长王秉清,中冶集团党委常委、总经理、中国中冶总裁张兆祥,中国农业银行总行大客户部总经理金喜年等出席签字仪式。

附录一

贵州高速公路建设大事记(1986—2016年)

紫云至望谟、三都至荔波、三穗至施秉三条高速公路是《贵州省高速公路网规划》的重要组成部分,是贵州省"十三五"交通规划建设的重点项目。紫云至望谟高速公路全长70.9km,桥隧比例61%,总投资估算102.08亿元;三都至荔波高速公路全长75.7km,桥隧比例44%,总投资估算90.65亿元;三穗至施秉高速公路全长44.85km,桥隧比例42%,总投资估算50.7亿元,三个项目共计191.45km,总投资估算243.43亿元。经公开投标,中冶集团旗下的中冶交通建设集团有限公司组建的联合体成为这三个项目PPP合作的社会资本方。贵州交通建设集团有限公司作为政府指定平台,与中冶联合体共同组建项目公司负责项目投融资、建设、运营,实现央企与政府平台的深度融合、优势互补、合作共赢。这三条高速公路的建成,将对完善贵州省高速公路网络,优化区域交通运输结构,促进区域优势资源开发和产业发展,加快少数民族贫困地区脱贫致富奔小康发挥重要作用。

2月3日,在贵州省高速公路管理局联网中心的指导下,贵州高速集团黔通智联公司与中国银联贵州分公司共同推出使用"银联卡"在高速公路MTC车道(人工车道)刷卡支付过路费的方式,这是高速公路通行费缴付方式的重大创新。

2月4日,贵州省高速公路ETC应用推广工作总结会在省高速公路联网收费管理中心4楼会议室召开。省交通运输厅副厅长罗强参加会议并作讲话,省高速公路管理局副局长刘仁敏主持会议,省高速公路联网收费管理中心主任张涛做工作报告,厅法规处、厅科教处、厅基建处、厅路网中心、省高速公路管理局、省联网中心、黔通智联科技公司、工商银行和建设银行代表参加了会议。各单位分别就"十二五"期间高速公路ETC建设、营运、应用推广、客户服务等内容作了专项汇报,并提出了存在的问题和对"十三五"高速公路ETC发展的建议。

3月8日下午,贵州省交通运输厅与中国交通建设股份有限公司深化战略合作框架协议签约仪式在北京市举行。贵州省交通运输厅党委书记、厅长王秉清在北京与中国交通建设股份有限公司副总裁陈云进行工作座谈,并共同见证贵州省交通运输厅与中国交通建设股份有限公司深化战略合作框架协议签约仪式。2012年年底,贵州省人民政府与中交集团在贵阳共同签订了《战略合作框架协议》,在此基础上,双方合作关系深入、广泛而富有成效,中交集团以优良的服务、精湛的技艺、一流的管理得到了社会各界的高度赞誉。中交集团不仅积极参与贵州高速公路建设,还成功探索推动了铜仁至怀化高速公路项目"PPP+EPC+运营期补贴"模式建设,此外,还就农村公路"建养一体化"服务采购模式与贵州省达成一致。

4月20日,为总结调度"多彩贵州·最美高速""多彩贵州·平安高速"两项创建工作,全面启动普通国省干线公路"建养一体化"工作,以高速公路和普通国省干线公路的"创新、协调、绿色、开放、共享"发展,切实为全省守底线、走新路、奔小康做出新的更大贡献,全省"多彩贵州·最美高速""多彩贵州·平安高速"创建推进暨普通国省干线公路"建养一体化"启动大会在贵阳市召开。省委常委、副省长慕德贵出席会议并讲话,会议由省政府副秘书长吴强主持,省交通运输厅党委书记、厅长王秉清对相关工作做安排部署,厅领导李程、刘扬、罗强、章征宇、潘海、邱祯国等出席会议。

5月18日,贵州省交通运输厅与交通运输部规划研究院在北京市签署"交通运输部西南交通流量调查数据落户贵州暨战略合作协议"。贵州省交通运输厅副厅长罗强、交通运输部规划研究院副院长关昌余分别代表双方签字,并交换了战略合作意见。贵州省交通运输厅科教处、省交通信息与应急指挥中心、贵州黔通智联科技产业发展有限公司大数据部等相关负责人与交通运输部规划研究院相关部门负责人参加了签字仪式和座谈。

5月20日,贵阳至黔西高速公路鸭池河大桥实现合龙。该桥主跨800m、全长1450m,建成后是世界上最大跨径的钢桁梁斜拉桥,并将成为世界山区斜拉桥之最。

5月30日~6月1日,省交通运输厅党委委员、总工程师潘海到都香国高六盘水至威宁段、杭瑞国高毕节至都格段、普定至安顺高速公路实地调研,对相关工作进行安排部署,督促项目加快推进建设进度,确保完成目标任务。

6月21日,交通运输部安全质量司黄勇巡视员一行到高速集团遵贵扩容项目开展安全生产综合督查,省交通运输厅总工程师潘海,安全处处长冉龙志,建管处副处长肖勇;省交通建设工程质量监督局党委副书记、局长许湘华,党委委员、副局长杨黔江;高速集团公司党委副书记、副董事长、总经理吴俊以及遵贵扩容项目办相关负责人陪同检查。

6月19~24日,原交通部部长、《中国高速公路建设实录》编审委员会主任黄镇东一行到贵州进行峡谷桥专题调研,并对《贵州高速公路建设实录》编撰工作进行检查指导。

7月16日10时,贵阳至黔西高速公路通车仪式在鸭池河大桥上举行,省交通运输厅党委书记、厅长王秉清宣布贵阳至黔西高速公路全路段通车试运营。

贵黔高速公路开通运营后,两地车程由原来的2小时缩短为50分钟,该路是贵阳经黔西抵达毕节的最快公路通道,连接黔大、黔织、黔白等高速公路后,辐射毕节各县交通要道,覆盖乌江源百里画廊东风湖、织金洞、百里杜鹃等国家级旅游风景区,可为沿线农产品运输提供便利条件。在将毕节交通打开的同时,亦将其迅速融入大贵阳经济圈,将为黔中经济区的发展注入活力。经厦蓉、杭瑞高速公路畅通周边邻省,连接以北广大区域变得更加紧密通畅,形成覆盖整个地区的高速公路网。经贵广高速铁路快捷联通珠三角;通过兰海高速公路快速连接北部湾地区,实现西部出海、面向世界的广阔市场,将有效助推黔西北经济大发展。

7月27~29日,国家发改委稽查特派员胡振玉一行4人,在贵州省交通运输厅总工程师潘海、建管处调研员张晓忠、贵州省发改委稽查办主任杨萍英、贵州高速公路集团有限公司党委副书记、总经理吴俊、副总经理覃杰等陪同下,检查六盘水至威宁高速公路项目建设情况。

稽查组一行重点对六威项目的项目前期手续办理情况、项目建设进展情况、项目完成投资情况、项目资金到位及拨付情况、征地拆迁进展情况以及项目存在的困难进行了细致了解。并到六威项目LWTJ12、LWTJ13合同段现场进行了检查。

8月8日，为提升交通基础设施品质，推行现代工程管理，开展公路水运建设工程质量提升行动，着力打造"品质工程"，加快推动贵州"质量兴省"战略，全面提升贵州交通工程质量安全水平和服务质量，贵州省公路水运品质工程创建启动大会在平塘至罗甸高速公路平塘大桥建设现场召开。省交通运输厅党委书记、厅长王秉清出席会议并宣布贵州省公路水运品质工程创建正式启动，会议由省交通运输厅党委委员、副厅长罗强主持，省质量技术监督局党组成员、总工程师黄春银，省交通运输厅党委委员、副厅长韩剑波，省交通运输厅党委委员、总工程师潘海等出席会议。

8月20日，贵州交通产业发展基金有限责任公司、贵州交通投资管理有限公司揭牌仪式在贵阳市举行，正式宣告总规模将达400亿元、首期募集资金规模90亿元的贵州交通产业发展基金正式成立运营。省交通运输厅领导王秉清、刘扬、韩剑波、章征宇等出席仪式并为贵州交通产业发展基金有限责任公司、贵州交通投资管理有限公司揭牌。厅机关相关处室负责人，贵州高速公路集团有限公司、贵州交通建设集团有限公司相关负责人和部分社会资本代表等共同见证贵州交通产业发展基金揭牌成立。

贵州交通产业发展基金于2016年7月16日经贵州省人民政府以《关于贵州交通产业发展基金设立方案的批复》（黔府函〔2016〕88号）批复同意，贵州省人民政府授权省交通运输厅履行政府出资人职责，委托贵州高速公路集团有限公司、贵州交通建设集团有限公司利用省级财政交通建设专项资金和自有资金，作为共同发起人设立的。省财政厅会同省交通运输厅负责落实财政出资，并分年度纳入财政预算。

8月26日，贵州省高速公路上的首对"果园式服务区"——福泉服务区正式向过往司乘人员开放。福泉服务区位于贯通瓮安、福泉两地沿线城镇连接黔南州府都匀和省会贵阳的快速大通道的瓮马高速公路上，总占地面积150亩，建筑面积7614.7m^2，投入资金970万元，是集停车、餐饮、购物、住宿、休闲为一体的综合型服务区。服务区还配置了母婴室、驾驶员休闲室、免费WiFi、广播、免费加水等人性化服务设施。

9月10日下午，杭瑞高速公路贵州毕节至都格段（黔滇界）北盘江大桥顺利实现合龙。北盘江大桥是杭瑞高速公路毕都段的控制性工程，位于贵州省和云南省交界处，东塔位于贵州省水城县都格镇，西塔位于云南省宣威普立，由贵州省和云南省共建。2016年12月29日，该桥建成通车，云南宣威城区至贵州六盘水的车程将从此前的4个多小时缩短为1个多小时。北盘江大桥桥面至江面高差达565m，超越当时的世界第一高桥四渡河特大桥（桥高560m）。

9月10日,贵州省高速公路建设攻坚决战动员大会在贵阳市召开。贵州省委副书记、省长孙志刚会议上强调:要认真贯彻中央和贵州省委、省政府决策部署,坚决打赢高速公路建设攻坚决战,力争到"十三五"末或"十四五"初,贵州省高速公路通车里程突破1万公里,巩固提升贵州西南重要陆路交通枢纽地位,为决战脱贫攻坚、决胜同步小康提供强力支撑。贵州省委常委、副省长慕德贵主持会议。

10月17日,为认真贯彻中央和贵州省委、省政府决策部署,进一步统一思想、凝心聚力,明确职责、推动落实,确保全省高速公路建设取得突破性进展,巩固提升贵州西南重要陆路交通枢纽地位,为决战脱贫攻坚、决胜同步小康提供强力的交通支撑,全省高速公路建设攻坚决战工作部署会议在贵阳市召开。省交通运输厅党委书记、厅长王秉清出席会议并讲话,厅领导刘扬、罗强、潘海、邱祯国等出席会议。

10月19日,贵州省政府原则同意省交通运输厅报请审批的《贵州省高速公路网规划(加密规划)》。该规划在原"678"网和《省政府高速公路建设三年会战实施方案》确定的7768km高速公路网基础上,从加密黔中路网、完善省际出口、提升通道能力、强化市州辐射、提高过境效率、加强路网衔接6个方面进行了补充完善,共增加高速公路2328km,调增后全省高速公路网规划总里程为10096km,其中国家高速公路4127km、省级高速公路3641km、地方高速公路2328km。

10月24日,香火岩特大桥主拱合龙。香火岩特大桥跨越香火岩景区峡谷,是兰海高速公路贵州境遵义至贵阳段扩容工程的重点控制性工程之一。该桥采用双向六车道高速公路标准,为结构连续T梁上承式钢管混凝土变截面桁架拱桥,跨径300m,桥长839m,宽33.5m,桥面离峡谷170m,最大墩高52.5m,是贵州省目前唯一的一座双向六车道钢管混凝土大桥,也是由省交通勘察设计院独立设计的一座特大桥。该桥主拱圈采用等宽度变高度空间桁架栓接连接结构,断面高度从拱顶5m变化到拱脚9m。拱肋断面由12个弦管组成,拱肋间设置横联和米撑。拱上立柱采用排架式空心矩形截面钢箱结构,横桥向各柱肢分别固定于钢管拱肋上,柱间采用横撑连接,制造安装工期30个月,大桥预计2017年建成。

11月2日,以"文明创建后的再提升"为主题的第十届中国高速公路服务区管理年会在贵阳市召开,中国公路学会理事长翁孟勇出席并讲话,交通运输部公路局副局长孙永红,贵州省交通运输厅党委委员、副厅长罗强以及中国公路学会高速公路服务区工作委员会、贵州省高速公路管理局、贵州省高速公路集团有限公司等单位负责人及全国29个省(市、自治区)六百多名行业代表出席会议。

11月16日,交通运输部科技成果推广项目"山区高速公路建设及运营管理技术在黔西毕都高速公路的推广应用项目验收工作会"在贵阳市召开。贵州省交通运输厅党委委员、副厅长罗强,中国工程院院士、长沙理工大学教授郑健龙,沪蓉西高速公路建设指挥部高级工程师白山云,重庆大学教授刘新荣等相关专家领导出席会议。罗强指出:山区高速公路建设及运营管理技术在黔西毕都高速公路的推广应用,是2012年度交通运输部科技推广项目,主要是为了解决杭瑞高速公路贵州省毕节至都格公路建设与运营面临的关键技术问题,着重开展了交通安全保障类、低碳环保类等15个项目的科技示范,针对性解决了一批复杂地质、地形、气候环境下山区高速公路建设和运营管理技术难题,提高了工程科技含量,推动了行业科技进步,使毕都高速公路成为贵州省及全国的样板示范路。

11月29日,黔桂两省份合作共建的银川至百色高速公路贵州境惠水至罗甸(黔桂界)高速公路红水河特大桥顺利合龙,标志着北起银川,贯穿宁夏、甘肃、重庆、贵州至广西龙邦口岸等五省的银百高速公路(G69)贵州境内段全线贯通。红水河特大桥是惠罗高速公路项目的控制性工程,位于贵州省罗甸县与广西天峨县交界处,横跨红水河U形峡谷。桥梁全长956m,塔高195.1m。该桥的上部结构为:引桥(2×20m)预应力混凝土现浇箱梁+主桥(213m+508m+185m),设计为双塔双索面混合式叠合梁斜拉桥。其中主桥贵州岸及中跨主梁采用叠合梁,广西岸采用预应力混凝土π形主梁,是世界首座非对称混合式叠合梁斜拉桥。

12月2日,为推进贵州省交通气象业务,共同应对气象灾害可能对交通运输产生的不利影响,进一步提高全省高速公路、国省干线公路和内河航运的交通运输安全和应急保障能力,服务人民群众安全便捷出行,更好地发挥贵州公路交通枢纽的重要作用,省交通运输厅与省气象局签订了合作开展交通运输气象服务框架协议。省交通运输厅党委书记、厅长王秉清,省气象局党组书记、局长赵广忠,省交通运输厅党委委员、总工程师潘海,气象局党组成员、副局长刘曙光等出席签字仪式。

12月9日,为加快贵州省公路交通基础设施建设,通过深化改革和资源整合,进一步理顺贵州省公路局高速公路建设营运管理体制,着力打造省公路局高速公路、普通公路建设融资新平台,拓宽融资渠道,经贵州省交通运输厅批准同意,贵州省公路开发有限责任公司正式挂牌成立。省交通运输厅党委书记、厅长王秉清出席成立大会并讲话,厅党委副书记、机关党委书记李程,厅党委委员、副厅长刘扬、韩剑波、章征宇等出席会议。

12月28日,盘县至兴义高速公路正式通车,盘县到兴义的车程由原来的3小时缩短为1小时。

附录二

贵州高速公路项目表

国家高速公路项目

附表 2-1

序号	路　　段	路线编号	工可批复项目名称	投　资　人	项目建设管理法人	备　注
一	杭州—瑞丽高速公路	G56				
1	大兴—大同岩段		贵州省大兴（湘黔界）至思南公路	—	贵州省公路局	
2	大同岩—龙坑段		贵州省思南至遵义公路	—	贵州省公路局	
3	龙坑—龙滩边段		遵义至毕节公路	—	贵州高速公路集团有限公司	
4	龙滩边—都格段		贵州省毕节至都格（黔滇界）公路	—	贵州高速公路集团有限公司	龙滩边至龙场段与G76厦蓉高速公路共线
二	上海—昆明高速公路	G60				
1	鲇鱼铺—七里塘段		玉屏至铜仁公路	—	贵州高速公路集团有限公司	
2	七里塘—三穗段		沪瑞国道主干线玉屏至三穗公路	—	贵州高速公路集团有限公司	
3	三穗—凯里段		沪瑞国道主干线三穗至凯里公路	—	贵州高速公路集团有限公司	
4	凯里—大良田段		凯里至麻江公路	—	贵州高速公路集团有限公司	

附录二

贵州高速公路项目表

续上表

序号	路 段	路线编号	工可批复项目名称	投 资 人	项目建设管理法人	备 注
5	大良田—下坝段		贵阳至新寨高等级公路	—	贵州高速公路集团有限公司	与G75兰海高速公路共线
6	下坝—金华段		国道主干线贵阳绕城公路西南段	—	贵州高速公路集团有限公司	与G6001贵阳绕城高速公路共线
7	金华—清镇段		贵阳至清镇公路	—	贵州高速公路集团有限公司	与G76厦蓉高速公路共线
8	清镇—镇宁段		沪瑞国道主干线清镇至镇宁公路	—	贵州高速公路集团有限公司	小屯至镇宁段与G7611都香高速公路共线
9	镇宁—胜境关段		上海至瑞丽国道主干线贵州镇宁至胜境关（黔滇界）公路	—	贵州高速公路集团有限公司	
三	银川—百色高速公路	G69				
1	福寿场—和溪段		道真至新寨高速公路福寿场至和溪段	路桥集团国际建设股份有限公司/中交第四航务工程局有限公司/中交第二公路勘察设计院有限公司	贵州中交福和高速公路发展有限公司	与S35道新高速公路共线
2	和溪—流河渡段		道真至新寨高速公路和溪至流河渡段	路桥集团国际建设股份有限公司/中交第四航务工程局有限公司/中交第二公路勘察设计院有限公司	贵州中交和兴高速公路发展有限公司	与S35道新高速公路共线
3	流河渡—陆家寨段		道真至新寨高速公路流河渡至陆家寨段	路桥集团国际建设股份有限公司/中交第四航务工程局有限公司/中交第二公路勘察设计院有限公司	贵州中交兴陆高速公路发展有限公司	与S35道新高速公路共线
4	陆家寨—羊昌段		贵阳至瓮安公路	中交投资有限公司/中交第二公路工程局有限公司/中交公路规划设计院有限公司	贵州中交贵瓮高速公路有限公司	

1013

续上表

序号	路段	路线编号	工可批复项目名称	投资人	项目建设管理法人	备注
5	羊昌—下坝段		贵州省遵义至贵阳公路扩容工程	—	贵州高速公路集团有限公司	与G75E兰海高速公路复线共线
6	下坝—牛郎关段		贵阳绕城公路西南段	—	贵州高速公路集团有限公司	与G60沪昆高速公路、G6001贵阳绕城高速公路共线
7	牛郎关—杨眉堡段		贵阳市环城高速公路南环线	—	贵阳通源路建设开发有限公司	与S01贵阳绕城高速公路共线
8	杨眉堡—惠水段		贵阳至惠水高速公路	贵州桥梁建设集团有限责任公司	贵州贵惠高速公路建设有限责任公司	
9	惠水—峨堡段		惠水至罗甸公路	—	贵州高速公路集团有限公司	
四	兰州—海口高速公路	G75				
1	崇溪河—忠庄段		重庆至湛江国道主干线贵州崇溪河至遵义公路	—	贵州高速公路集团有限公司	
2	忠庄—南白段		贵阳至遵义公路	—	贵州高速公路集团有限公司	
3	南白—扎佐段		重庆至湛江国道主干线贵阳至遵义公路扎佐至南白段改扩建工程	—	贵州高速公路集团有限公司	
4	扎佐—尖坡段		贵阳至遵义公路	—	贵州高速公路集团有限公司	
5	尖坡—笋子林段		贵阳东北绕城公路	—	贵州高速公路集团有限公司	与G6001贵阳绕城高速公路共线
6	笋子林—下坝段		贵阳东出口公路	—	贵州高速公路集团有限公司	与G60沪昆高速公路、G6001贵阳绕城高速公路共线
7	下坝—都匀段		贵阳至新寨高等级公路	—	贵州高速公路集团有限公司	下坝至大良田段与G60沪昆高速公路共线
8	都匀—新寨段		贵州省都匀至新寨（黔桂界）公路改扩建工程	—	贵州高速公路集团有限公司	

附录二
贵州高速公路项目表

续上表

序号	路段	路线编号	工可批复项目名称	投资人	项目建设管理法人	备注
五	兰州—海口高速公路复线	G75E				
1	崇溪河—青山段					待建
2	青山—羊昌段		贵州省遵义至贵阳公路扩容工程	—	贵州高速公路集团有限公司	在建
3	羊昌—李资段		贵州省遵义至贵阳公路扩容工程	—	贵州高速公路集团有限公司	与G69银百高速公路共线
4	李资—下坝段		贵州省遵义至贵阳公路扩容工程	—	贵州高速公路集团有限公司	以贵阳东北绕城高速公路头坡至小碧段项目实施,与G69银百高速公路共线
六	厦门—成都高速公路	G76				
1	水口—格龙段		贵州省水口(桂黔界)至榕江格龙公路	—	贵州高速公路集团有限公司	
2	格龙—火石坡段		贵州省榕江格龙至都匀公路	—	贵州高速公路集团有限公司	
3	火石坡—秦棋段		贵阳至都匀高速公路	路桥集团国际建设股份有限公司/中交投资有限公司/中交第一公路工程有限公司	贵州中交贵都高速公路建设有限公司	
4	秦棋—金华段		国道主干线贵阳绕城公路西南段	—	贵州高速公路集团有限公司	与G6001贵阳绕城高速公路共线
5	金华—庙儿山段		贵阳至清镇公路	—	贵州高速公路集团有限公司	与G60沪昆高速公路共线
6	庙儿山—红枫湖段		沪瑞国道主干线清镇至镇宁公路	—	贵州高速公路集团有限公司	与G60沪昆高速公路共线
7	红枫湖—大木嘎段		贵州省清镇至织金公路	—	贵州高速公路集团有限公司	
8	大木嘎—龙场段		贵州省织金至纳雍公路	—	贵州高速公路集团有限公司	

续上表

序号	路　段	路线编号	工可批复项目名称	投资人	项目建设管理法人	备　注
9	龙场—龙滩边段		贵州省毕节至都格（黔滇界）公路	—	贵州高速公路集团有限公司	与G56杭瑞高速公路共线
10	龙滩边—生机段		贵州省毕节至生机（黔川界）公路	—	贵州高速公路集团有限公司	
七	汕头—昆明高速公路	G78				
1	板坝—江底		贵州省板坝（桂黔界）至江底（黔滇界）公路	—	贵州高速公路集团有限公司	
八	贵阳市绕城高速公路	G6001				
1	尖坡—笋子林段		贵阳东北绕城公路	—	贵州高速公路集团有限公司	与G75兰海高速公路共线
2	笋子林—下坝段		贵阳东出口公路	—	贵州高速公路集团有限公司	与G75兰海高速公路共线
3	下坝—秦棋—牛郎关—花溪—金竹—金华—尖坡段		国道主干线贵阳绕城公路西南段	—	贵州高速公路集团有限公司	下坝至秦棋段与G60沪昆高速公路，秦棋至金华段与G60沪昆高速公路、G76厦蓉高速公路共线
九	都匀—香格里拉高速公路	G7611				
1	都匀—广顺段					待建
2	广顺—小屯段		贵阳（花溪）至安顺高速公路	贵州交通建设集团有限公司/贵州省公路工程集团有限公司/贵州省交通规划勘察设计研究院股份有限公司	贵州花安高速公路建设有限公司	与S89花安高速公路共线，在建

附录二

贵州高速公路项目表

续上表

序号	路段	路线编号	工可批复项目名称	投资人	项目建设管理法人	备注
3	小屯—镇宁段		沪瑞国道主干线清镇至镇宁公路	—	贵州高速公路集团有限公司	与G60沪昆高速公路共线
4	镇宁—六枝段		六枝至镇宁高速公路	—	贵州高速公路集团有限公司	
5	六枝—老鹰山段		六盘水至六枝公路	—	贵州高速公路集团有限公司	
6	老鹰山—中水段		贵州省六盘水至威宁(黔滇界)公路	—	贵州高速公路集团有限公司	在建
十	纳雍—兴义高速公路	G7612				
1	纳雍—晴隆段				贵州省公路局	待建
2	晴隆—兴义段		晴隆至兴义高速公路	—		
十一	成都—遵义高速公路	G4215				
1	赤水—罗旺田段		仁怀至赤水高速公路	—	贵州省公路局	与S55赤望高速公路共线
2	罗旺田—海龙段					待建
3	海龙—檬梓桥段		遵义北环(檬梓至乐理段)高速公路	—	贵州遵义高速公路建设投资有限公司	与S02遵义绕城高速公路共线

贵　州
高速公路建设实录

附表 2-2

省级高速公路项目

序号	路　段	路线编号	工可批复项目名称	投资人	项目建设管理法人	备注
一	贵阳绕城高速公路	S01				尖坡—笋子林—下坝—荼棋—牛郎关段与G6001贵阳绕城高速公路共线,牛郎关—杨眉堡—金竹段与G75兰海高速公路共线
1	尖坡—笋子林段		贵阳东北绕城公路	—	贵州高速公路集团有限公司	与G6001贵阳绕城高速公路,G75兰海高速公路共线
2	笋子林—下坝段		贵阳东出口公路	—	贵州高速公路集团有限公司	与G6001贵阳绕城高速公路,G75兰海高速公路共线
3	下坝—牛郎关段		国道主干线贵阳绕城公路西南段	—	贵州高速公路集团有限公司	与G6001贵阳绕城高速公路,G60沪昆高速公路,G76厦蓉高速公路共线
4	牛郎关—杨眉堡—金竹段		贵阳市环城高速公路南环线	—	贵阳通源建路建设开发有限公司	
5	金竹—金华段		国道主干线贵阳绕城公路西南段	—	贵州高速公路集团有限公司	与G6001贵阳绕城高速公路,G60沪昆高速公路,G76厦蓉高速公路共线
6	金华—尖坡段		国道主干线贵阳绕城公路西南段	—	贵州高速公路集团有限公司	与G6001贵阳绕城高速公路共线
二	遵义绕城高速公路	S02				
1	檬梓桥—青山段		绥阳至遵义高速公路青山至檬梓桥段	—	贵州遵义高速公路建设投资有限公司	
2	青山—冷水坪段		贵州省遵义至贵阳公路扩容工程	—	贵州高速公路集团有限公司	与G75E兰海高速公路复线共线,在建
3	冷水坪—乐理段					拟建
4	乐理—檬梓桥段		遵义北环(檬梓桥至乐理段)高速公路	—	贵州遵义高速公路建设投资有限公司	海龙至檬梓桥段与G4215海遵高速公路共线

附录二

贵州高速公路项目表

续上表

序号	路段	路线编号	工可批复项目名称	投资人	项目建设管理法人	备注
三	安顺绕城高速公路	S03				
1	十二营—郑家屯段		普定至安顺及安顺西绕城高速公路	—	贵州省公路局	
2	郑家屯—小屯段		沪瑞国道主干线清镇至镇宁公路	—	贵州高速公路集团有限公司	与G60沪昆高速公路共线
3	小屯—十二营段		普定至安顺及安顺西绕城高速公路	—	贵州省公路局	与S55赤望高速公路共线
四	毕节绕城高速公路	S07				
1	东关—清丰段		黔西至大方高速公路东关至清丰段	贵州省公路工程集团有限公司/贵州桥梁建设集团有限责任公司	贵州黔大东清高速公路投资建设有限公司	在建
2	清丰—龙滩边段		毕节至威宁高速公路	—	贵州毕节高速公路发展有限公司	与S20大威高速公路共线
3	龙滩边—东关段		遵义至毕节公路	—	贵州高速公路集团有限公司	与S56杭瑞高速公路共线
五	六盘水绕城高速公路	S08				
1	水淹坝—老鹰山段		贵州省六盘水至威宁（黔滇界）公路	—	贵州高速公路集团有限公司	以G7611都香高速公路共线，在建
2	老鹰山—鱼塘段		贵州省毕节至都格（黔滇界）公路	—	贵州高速公路集团有限公司	与G56杭瑞高速公路共线
3	鱼塘—水淹坝段		贵州省六盘水至威宁（黔滇界）公路	—	贵州高速公路集团有限公司	以G7611都香高速公路六盘水西联络线实施，在建
六	德江—习水高速公路	S10				

续上表

序号	路 段	路线编号	工可批复项目名称	投 资 人	项目建设管理法人	备 注
1	德江—务川段		德江至务川高速公路	—	贵州省公路局	在建
2	务川—正安段		务川至正安公路	—	贵州省公路局	
3	正安—温水段		正安至习水高速公路	中建国际投资（中国）有限公司/中国建筑第四工程局有限公司/中国建筑股份有限公司	贵州正习高速公路投资管理有限公司	在建
4	温水—习水段		江津(渝黔界)经习水至古蔺(黔川界)高速公路	四川公路桥梁建设集团有限公司	贵州江习古高速公路发展有限公司	在建
5	习水—石板田段		仁怀至赤水高速公路	—	贵州省公路局	与S55赤望高速公路习水支线共线
6	石板田—岔角滩段		江津(渝黔界)经习水至古蔺(黔川界)高速公路	四川公路桥梁建设集团有限公司	贵州江习古高速公路发展有限公司	在建
七	松桃—从江高速公路	S15				
1	两河口—大兴段		松桃至铜仁公路	贵州省公路工程集团有限公司	贵州松铜高速公路有限公司	
2	大兴—坝灌溪段		贵州省大兴(湘黔界)至思南公路	—	贵州省公路局	与G56杭瑞高速公路共线
3	坝灌溪—大龙段		铜仁大龙高速公路	—	贵州高速公路集团有限公司	
4	大龙—七里塘段		玉屏至铜仁公路	—	贵州高速公路集团有限公司	与G60沪昆高速公路共线
5	七里塘—三穗段		沪瑞国道主干线玉屏至三穗公路	—	贵州高速公路集团有限公司	与G60沪昆高速公路共线

附录二

贵州高速公路项目表

续上表

序号	路 段	路线编号	工可批复项目名称	投 资 人	项目建设管理法人	备 注
6	三穗—黎平段		三穗至黎平高速公路	—	贵州高速公路集团有限公司	三穗至郎溪段与S84天黄高速公路共线
7	黎平—洛香段		黎平至洛香高速公路	—	贵州高速公路集团有限公司	
八	大兴—威宁高速公路	S20				
1	大兴—大同岩段		贵州省大兴(湘黔界)至思南公路		贵州省公路局	与G56杭瑞高速公路共线
2	大同岩—龙坑段		贵州省思南至遵义公路		贵州省公路局	与G56杭瑞高速公路共线
3	龙坑—龙滩边段		遵义至毕节公路		贵州高速公路集团有限公司	与G56杭瑞高速公路共线
4	龙滩边—威宁段		毕节至威宁高速公路		贵州毕节高速发展有限公司	
5	威宁—金中段		贵州省六盘水至威宁(黔滇界)公路		贵州高速公路集团有限公司	与G7611都香高速公路共线,在建
6	金中—圊仗段					待建
九	沿河—榕江高速公路	S25				
1	纸坊坪—汤口湾段	S25	沿河至德江公路	中交第一公路工程局有限公司	中交一公局贵州沿德高速公路投资建设有限公司	
2	汤口湾—双龙段		贵州省大兴(湘黔界)至思南公路	—	贵州省公路局	与G56杭瑞高速公路共线

续上表

序号	路段	路线编号	工可批复项目名称	投资人	项目建设管理法人	备注
3	双龙—岑松段		思南至剑河高速公路	—	贵州高速公路集团有限公司	柏杨坪至羊满哨段与S84天黄高速公路共线
4	岑松—榕江段					待建
十	江口—都格高速公路	S30				
1	江口—瓮安段		江口至瓮安公路	中交第二公路工程局有限公司/中交第二公路勘察设计研究院有限公司	贵州中安江高速公路有限公司	
2	瓮安—开阳段					待建
3	开阳—息烽段		开阳至息烽高速公路	贵州交通建设集团有限公司/贵州桥梁建设集团有限责任公司/贵州省交通规划勘察设计研究院股份有限公司	贵州永峰高速公路建设有限公司	在建
4	息烽—黔西段		息烽至黔西高速公路	贵州交通建设集团有限公司/贵州省交通规划勘察设计研究院股份有限公司	贵州黔峰高速公路建设有限公司	在建
5	黔西—织金段		黔西至织金高速公路	—	贵州毕节高速发展有限公司	与S55赤望高速公路共线
6	织金—纳雍段		贵州省织金至纳雍公路	—	贵州高速公路集团有限公司	与G76厦蓉高速公路共线
7	纳雍—都格段		贵州省毕节至都格（黔滇界）公路	—	贵州高速公路集团有限公司	与G56杭瑞高速公路共线
十一	道真—新寨高速公路	S35				
1	周家坡—大塘口段					待建

附录二 贵州高速公路项目表

续上表

序号	路段	路线编号	工可批复项目名称	投资人	项目建设管理法人	备注
2	大塘口—和溪段		道真至新寨高速公路福寿场至和溪段	路桥集团国际建设股份有限公司/中交第四航务工程局有限公司/中交第二公路勘察设计院有限公司	贵州中交福和高速公路发展有限公司	与G69银百高速公路共线
3	和溪—流河渡段		道真至新寨高速公路和溪至流河渡段	路桥集团国际建设股份有限公司/中交第四航务工程局有限公司/中交第二公路勘察设计院有限公司	贵州中交和兴高速公路发展有限公司	与G69银百高速公路共线
4	流河渡—陆家寨段		道真至新寨高速公路流河渡至陆家寨段	路桥集团国际建设股份有限公司/中交第四航务工程局有限公司/中交第二公路勘察设计院有限公司	贵州中交兴陆高速公路发展有限公司	与G69银百高速公路共线
5	陆家寨—马岩段		瓮安至马场坪高速公路	贵州桥梁建设集团有限责任公司	贵州瓮马高速公路建设有限责任公司	
6	马岩—都匀段		贵阳至新寨高等级公路	—	贵州高速公路集团有限公司	马岩至大良田段与G75兰海高速公路共线,G60沪昆高速公路共线,大良田至都匀段与G75兰海高速公路共线
7	都匀—新寨段		贵州省都匀至新寨(黔桂界)公路改扩建工程	—	贵州高速公路集团有限公司	与G75兰海高速公路共线
十二	鲇鱼铺—胜境关高速公路	S40				与G60沪昆高速公路共线

续上表

序号	路段	路线编号	工可批复项目名称	投资人	项目建设管理法人	备注
十三	崇溪河—罗甸高速公路	S45				崇溪河至尖坡段与G75兰海高速公路共线,尖坡至下坝段与G75兰海高速公路、G6001贵阳绕城高速公路共线,下坝至牛郎关段与G6001贵阳绕城高速公路、G69银百高速公路共线,牛郎关至杨眉堡段与G69银百高速公路、S01贵阳绕城高速公路共线,杨眉堡至峡坝段与G69银百高速公路共线
十四	从江—江底高速公路	S50				
1	水口—都匀段			—	贵州高速公路集团有限公司	与G76厦蓉高速公路共线
2	都匀—惠水段			—		与G7611都香高速公路共线,待建
3	惠水—兴仁段		惠水至兴仁高速公路		贵州高速公路集团有限公司	
4	兴仁—红岩洞段		晴隆至兴义高速公路		贵州省公路局	
5	红岩洞—江底段		贵州省板坝(桂黔界)至江底(黔滇界)公路	—	贵州高速公路集团有限公司	与G78汕昆高速公路共线
十五	赤水—望谟高速公路	S55				
1	赤水—罗旺田段		仁怀至赤水高速公路	—	贵州省公路局	

附录二

贵州高速公路项目表

续上表

序号	路段	路线编号	工可批复项目名称	投资人	项目建设管理法人	备注
2	罗旺田—白腊坎段		遵赤公路白腊坎至茅台段高速公路	—	贵州高速公路集团有限公司	
3	白腊坎—洋水段		遵义至毕节公路	—	贵州高速公路集团有限公司	与 G56 杭瑞高速公路共线
4	洋水—韩家店段		白腊坎至黔西高速公路	贵州交通建设集团有限公司/贵州路桥集团有限责任公司/贵州省交通规划勘察设计研究院股份有限公司	贵州金黔高速公路建设有限公司	
5	韩家店—石板段		息烽至黔西高速公路	贵州交通建设集团有限公司/贵州路桥集团有限公司/贵州省交通规划勘察设计研究院股份有限公司	贵州黔烽高速公路建设有限公司	
6	石板—绮阳段		黔西至织金高速公路	—	贵州毕节高速发展有限公司	与 S30 江都高速公路共线
7	绮阳—普定段		织金至普定高速公路	贵州交通建设集团有限公司/贵州省交通规划勘察设计研究院股份有限责任公司	贵州织普高速公路建设有限公司	
8	普定—十二营段		普定至安顺及安顺西绕城高速公路	—	贵州省公路局	
9	十二营—小屯段		普定至安顺及安顺西绕城高速公路	—	贵州省公路局	与 S03 安顺绕城高速公路共线
10	小屯—中红土段		贵阳(花溪)至安顺高速公路	贵州交通建设集团有限公司/贵州省公路工程集团有限公司/贵州省交通规划勘察设计研究院股份有限公司	贵州花安高速公路建设有限公司	与 S89 花安高速公路共线,在建

续上表

序号	路段	路线编号	工可批复项目名称	投资人	项目建设管理法人	备注
11	中红土—沙子哨段		安顺至紫云公路	中国铁建投资有限公司/中铁第一勘察设计院集团有限公司/中铁十八局集团有限公司	中铁建贵州安紫高速公路有限公司	在建
12	沙子哨—紫云西段		惠水至兴仁高速公路	—	贵州高速公路集团有限公司	
13	紫云西—平洞段		紫云至望谟高速公路	中冶交通建设集团有限公司/中冶建信投资基金管理(北京)有限公司/中冶(北京)交通科技发展有限公司/贵州桥梁建设集团有限责任公司	贵州紫望高速公路建设有限公司	在建
十六	余庆—安龙高速公路	S62				
1	余庆—凯里段		余庆至凯里高速公路	—	贵州高速公路集团有限公司	施秉支线与S84天黄高速公路共线
2	凯里—羊甲段		凯里至羊甲高速公路	—	贵州高速公路集团有限公司	
3	羊甲—独山段		三都至独山高速公路	贵州交通建设集团有限公司/贵州省交通规划勘察设计研究院股份有限公司/贵州路桥集团有限公司	贵州三独高速公路建设有限公司	
4	独山—平塘段		独山至平塘公路	—	贵州省公路局	
5	平塘—罗甸段		平塘至罗甸高速公路	—	贵州省公路局	
6	罗甸—望谟段		罗甸至望谟高速公路	—	贵州高速公路集团有限公司	
7	望谟—巧马段		望谟至安龙高速公路	—	贵州高速公路集团有限公司	

附录二 贵州高速公路项目表

续上表

序号	路 段	路线编号	工可批复项目名称	投 资 人	项目建设管理法人	备 注
8	巧马—安龙段		贵州省板坝（桂黔界）至江底（黔滇界）公路	—	贵州高速公路集团有限公司	与G78汕昆高速公路共线
十七	凯里—雷山高速公路	S63				
1	凯里—雷山		凯里至雷山高速公路		贵州高速公路集团有限公司	
十八	生机—兴义高速公路	S65				生机至纳雍段与G76厦蓉高速公路共线，纳雍至兴义段与G7612纳兴高速公路共线
十九	铜仁—怀化高速公路	S71	铜仁至怀化高速公路（铜仁段）	中交第二公路工程局有限公司、中交公路规划设计院有限公司	贵州中交铜怀高速公路有限公司	在建
1	照壁岩—罗水田段					
二十	黎平—靖州高速公路	S72				待建
1	黎平—界牌段					
二十一	三都—荔波高速公路	S73				
1	三都—荔波		三都至荔波高速公路	中冶交通建设集团有限公司、贵州桥梁建设集团有限责任公司、中国五冶集团有限公司、中冶建信投资基金管理（北京）有限公司	贵州三荔高速公路建设有限公司	在建

续上表

序号	路 段	路线编号	工可批复项目名称	投 资 人	项目建设管理法人	备 注
二十二	江津—习水—古蔺高速公路	S74				
1	江津—习水—古蔺段		江津（渝黔界）经习水至古蔺（黔川界）高速公路	四川公路桥梁建设集团有限公司	贵州江习古高速公路发展有限公司	在建
二十三	威宁—板坝高速公路	S77				
1	中水—水泄坝段		贵州省六盘水至威宁（黔滇界）公路	—	贵州高速公路集团有限公司	与G7611都香高速公路共线，在建
2	水泄坝—鱼塘段		贵州省六盘水至威宁（黔滇界）公路	—	贵州高速公路集团有限公司	与G7611都香高速公路六盘水西联络线共线，在建
3	鱼塘—法窝段		贵州省毕节至都格（黔滇界）公路	—	贵州高速公路集团有限公司	与G56杭瑞高速公路共线
4	法窝—海铺段		六盘水至盘县高速公路	—	贵州水盘高速公路有限公司	
5	海铺—吴硬坡段		盘县至兴义公路	贵州省公路工程集团有限公司/贵州省交通规划勘察设计研究院股份有限公司/江苏省交通科学研究院股份有限公司	贵州盘兴高速公路有限公司	
6	吴硬坡—江底段		贵州省板坝（桂黔界）公路	—	贵州高速公路集团有限公司	与G78汕昆高速公路共线
二十四	毕节—二镇雄高速公路	S79				
1	毕节—二龙关段		毕节至二龙关（黔滇界）高速公路	贵州桥梁建设集团有限责任公司/贵州省交通规划勘察设计研究院股份有限公司	贵州毕龙高速公路建设有限责任公司	在建

附录二

贵州高速公路项目表

续上表

序号	路　　段	路线编号	工可批复项目名称	投　资　人	项目建设管理法人	备　注
二十五	绥阳—遵义高速公路	S81				
1	南坪—马槽沟段		遵义至绥阳高速公路延伸线	贵州遵义高速公路建设投资有限公司,中冶交通建设集团有限公司,贵州省交通规划勘察设计研究院股份有限公司	遵义绥正高速公路开发有限公司	在建
2	马槽沟—李子垭段		绥阳至遵义高速公路	—	贵州遵义高速公路建设投资有限公司	
二十六	黔西—大方高速公路	S82				
1	曹关—石板段		贵阳至黔西公路	中交路桥建设有限公司	贵州中交贵黔高速公路发展有限公司	
2	石板—东关段		黔西至大石东高速公路石板至东关段	贵州桥梁建设集团有限责任公司/贵州省公路工程集团有限公司	贵州黔大石东高速投资建设股份有限公司	
二十七	扎佐—修文高速公路	S83				
1	扎佐—修文段		贵阳至毕节公路	—	贵州高速公路集团有限公司	
二十八	天柱—黄平高速公路	S84				
1	天柱—三穗段		三穗至黎平高速公路	—	贵州高速公路集团有限公司	郎溪至三穗段与S15松从高速公路共线
2	三穗—施秉段		三穗至施秉高速公路	中冶交通建设集团有限公司、贵州桥梁建设集团有限责任公司、中冶天工集团有限公司、中冶建信投资基金管理(北京)有限公司	贵州三施高速公路建设有限公司	杨满哨至柏杨坪段与S25沿榕高速公路共线

续上表

序号	路　段	路线编号	工可批复项目名称	投　资　人	项目建设管理法人	备　注
3	施秉—黄平段		余庆至凯里高速公路	—	贵州高速公路集团有限公司	与S62余安高速公路施秉支线共线
二十九	都匀—织金高速公路	S85				与G76厦蓉高速公路共线
三十	惠水—安顺高速公路	S86				与G7611都香高速公路共线,待建
三十一	大山—六盘水高速公路	S87				与G7611都香高速公路共线
三十二	榕江—麻尾高速公路	S88				
1	榕江—水各段		荔波至榕江(待批复)	中交投资有限公司、中交公路规划设计院有限公司、中交第二公路工程局有限公司		在建
2	水各—罗家寨段		三都至荔波高速公路	中冶交通建设集团有限公司、贵州桥梁建设集团有限责任公司、中国五冶集团有限公司、中冶建信投资基金管理(北京)有限公司		
3	罗家寨—驾欧段		驾欧至荔波高速公路	—	贵州高速公路集团有限公司	
4	驾欧—麻尾段		麻尾至驾欧高速公路	—	贵州高速公路集团有限公司	
三十三	花溪—安顺高速公路	S89	贵阳(花溪)至安顺高速公路	贵州交通建设集团有限公司/贵州省公路工程集团有限公司/贵州省交通规划勘察设计研究院股份有限公司	贵州花安高速公路建设有限公司	
1	花溪—安顺					在建